# 太平天国财政经济资料汇编

赵德馨 编

国家清史编纂委员会·文献丛刊

上海古籍出版社

# 第十三章
# 占领区内的商业

# 第一节
# 商业政策

## 一、宣传与贯彻商业政策

### （一）宣传保护商业政策

**【湖南省道州・咸丰二年六月】**郑光今供。据郑光今供：年四十二岁，湖南道州郑家村人。父故，母亲潘氏，现年六十七岁。兄弟三人，小的居长，二弟满任，三弟透任，又名光祐。小的娶妻陈氏，生有一女。平日耕种，并做买卖生理。

咸丰二年四月二十五日，广西贼匪来到道州，占据城池。那贼人来村，向富户讹索谷米银钱，并叫各村的人仍做生意。五月十二日，小的同族人郑元财、元吉三人合伴，挑得洋布白布去卖。不想撞见贼人，把小的扭去，胁逼入伙。

（《太平天国》，第三册，第 279 页。罗尔纲、王庆成，桂林：广西师范大学出版社，2004。）

**【湖南省道州・咸丰二年六月】**据蒋光明供……咸丰二年四月二十五日，广西贼人来到道州，占据城池。那贼人来到小的村内，向富户讹索各米银钱，并叫村人仍做生意……二十八、二十九、六月初一、初二，小的……先后各挑谷米盐油进城发卖，也就投充入伙……十八日……[被派出]往连州一带探听路径，并有无官兵防守。恐怕路上盘问，又发出银一百零五两并买货草单一纸，上有太平天国圣库图记，装扮客人前来。

（《太平天国》，第三册，第 276 页。罗尔纲、王庆成，桂林：广西师范大学出版社，2004。）

**【江苏省镇江・咸丰三年】**多张告示谕民家，衔署钦差也押花。布匹纱绸同补网。自然有果结琵琶。[咏罗大纲以钦差大臣名义出示向民间购物事也。称：一切买物给价公平。]

（海虞学钓翁：《粤氛纪事诗》，载《粤匪杂录》。抄本，北京图书馆藏。《太平天国史料丛编简辑》，第六册，第 379 页。太平天国历史博物馆，北京：中华书局，1962。）

【江苏省·咸丰三年】[科派制度]乡民因(成)[承]平日久,罕见兵革,贼至迁避一空,任贼虏劫。此壬子、癸丑冬春情形。嗣贼蹂躏沿江,往来骆驿,习见不怪。故于每村镇各举数耆老设一公所,贼至作黍,使耆老周旋其间,哀告贫苦,输纳钱数百千,粮数百石,求免穷搜。贼去则按田亩而摊之。此科派之始也。最可异者,贼每以豁免三年钱粮惑我乡民。逮虏劫既尽,设立乡官之后,则又出示曰:"天下农民米谷,商贾资本,皆天父所有,全应解归圣库,大口岁给一石,小口五斗,以为口食而已。"此示一出,被惑乡民方如梦觉,然此令已无人理,究不能行。

(张德坚:《贼情汇纂》卷十《贼粮》。《中国近代史资料丛刊:太平天国》,Ⅲ,第274—275页。中国史学会编,编者:向达、王重民等,上海:神州国光社,1952。)

【江苏省南京·咸丰三年元月至二月】正月二十八日,贼逼城下,各门拥土堵闭,贼又自南而北,绕城告人曰:"百姓勿惊,照常贸易。"其党每购什物,倍价与之。见有乞丐,辄掷钱数百文。百姓愈惑之……[二月]十二三,既在大城内外及远近乡村掳人当兵,农夫匠作及强力少年约数万,胁令上船往攻镇[江]、扬[州]……越日传言:进贡者免差。于是财帛猪羊米粮贡者络绎不绝。

(佚名:《金陵被难记》。《中国近代史资料丛刊:太平天国》,Ⅳ,第750—751页。中国史学会编,编者:向达、王重民等,上海:神州国光社,1952。)

【江苏省镇江·咸丰三年】钦差大臣罗谕:本大臣谕尔镇江,买卖公平,并谕该村民等,凡虎、豹、熊、罴、兔、鹰、鹞、鸽、雀以及五色绸缎布匹,奇货等项,有能捕网者,送到西门行即买,给价公平,决不短少,(答)[各]宜遵办。

(苕山逸史:《镇江见闻录》。《时闻丛录》,《太平天国史料丛编简辑》,第五册,第72—74页。太平天国历史博物馆,北京:中华书局,1962。)

【江苏省镇江·咸丰三年四月】贼于镇江出示,招买虎、豹、熊、罴、雀、鸽、鹞、鹰,许给平价。

(佚名:《哀江南总目提要》。《太平军初占江南史事别录》,第122页。)

【江苏省镇江·咸丰三年四月】镇江城内外多贴告示,无非妄语。其尤可笑者,衔署钦差大臣罗谕称:自本大臣临你镇江,一切买物给价公平。今并谕尔该乡民等,凡虎、豹、熊、罴、鸡、兔、鹰、鹞、鸽、雀,以及五色绉纱、绸缎、布匹,奇妙宝贝物件、杂货等项,有能捕网者,送到西门口即买,给价公平,决不短少,各宜遵办。

(海虞学钓翁:《粤氛纪事诗》,第5页。《太平天国史料丛编简辑》,第六册,第379页。太平天国历史博物馆,北京:中华书局,1962。)

【江苏省·咸丰三年四月十八日】军机大臣字寄钦差左副都御史雷、江南河道总督杨。咸丰三年四月十八日奉上谕：雷以诚、晋康、杨以增奏请酌量添设渡口，以便居民一折。黄河上下渡口，前经杨以增奏，归并八处，实力巡查。兹据雷以诚等奏称，归并渡口太远，居民买食维艰，并以杂粮商船民食倚赖，势难夜间紧靠北岸，请添设渡口变通办理等语。自系实在情形。着照所请，准其于清华观及双沟、洋河、皂河等镇，酌添渡口四处，每处以渡船五只为额，仍照原奏章程，由官编号给票，派拨弁兵专驻盘查。其河南杂粮商船在徐城南岸起卸，亦照所拟办理。惟于各商船到时，即令验票赶卸，迅速挽回北岸，毋得托故逗留。此系为体恤民隐起见，仍当酌量缓急，一律严密巡查，毋稍疏懈。将此由六百里各谕令知之。钦此。

（寄谕。军机处全宗·剿捕档。中国第一历史档案馆编《清政府镇压太平天国档案史料》，第六册，第459—460页，北京：社会科学文献出版社，1992。）

**【江苏省丹徒县·咸丰三年六月】**十四日，贼到京岘山。十五日，贼到丹徒镇，关照街市各铺照旧开张。

（佚名：《蘋湖笔记》。南京大学历史系太平天国史研究室编《江浙豫皖太平天国史料选编》，第93页，南京：江苏人民出版社，1983。）

**【江苏省镇江·咸丰三年】**［七月］十七日，逆领贼众四百余名，身穿五色缎背心，五色扎巾，手执枪刀，摆对上街，告知居民铺户，不必惊惶，买办物件，均照市价付给，并未滋扰。

（《忆昭楼时事汇编》。《太平天国史料丛编简辑》，第五册，第377页。太平天国历史博物馆，北京：中华书局，1962。）

**【安徽省合肥县·咸丰三年十二月】**［二十四日］贼首又说："你说有几千担米，你知到是谁的？是天父赐的。"我说："天父赐的是不错，我已经说过，我是生意人。"贼说："你这样是有家资的。"我说："我家住在乡下，家中只有老母妻子两人，所有家资房屋钱财米粮货物全在城内。"贼又说："明日将你锁起来，叫老兄弟们带你去你店内搜挖银钱。"我说："好的很。到我店搜挖出银钱，就杀了我。"贼又说："你说的好，搜挖出银钱就杀你，搜挖不出银钱就放你。"……稍顷，周三喜来说："恭喜恭喜。我走城外来，见县桥口贴春官丞相告示：'士农工商各有生业，愿拜降就拜降，愿回家就回家。'……"

二十五日早饭后，本城沈广庆手执令箭，长毛打锣，大声喊叫："合肥新兄弟们听着！士农工商各执其业，愿拜降就拜降，不愿拜降就叫本馆大人放回，倘不放就到丞相衙门去告。"［二十八日即放周邦福回家。］

（周邦福：《蒙难述钞》。《中国近代史资料丛刊：太平天国》，V，第65、66、69—70、75页。中国史学会编，编者：向达、王重民等，上海：神州国光社，1952。）

**【江西省·天历六年】**元勋殿左贰拾柒检点赖裕新安民晓谕

一、凡尔民一切贸易无容闭歇，免致采买无向，自迫其乱；务要照常平买平卖，以应军民，不得格外高价过取，致失公平，伤事民定干究。

一、凡官兵如见子民安业买卖，胆敢恃势抢民货物，不依平买给价者，民宜当即扭拿禀送，论罪处斩。

（《太平天国》，第三册，第52页。罗尔纲、王庆成，桂林：广西师范大学出版社，2004。又杜德风选编：《太平军在江西史料》，第590—591页，南昌：江西人民出版社，1988。）

**【浙江省桐乡县濮院·咸丰十一年正月】**廿八日，局中出告示，贴行牌上迎于街道，言今汪大人安民把卡，一应过往弟兄概行禁止，断无骚扰等情。特此晓谕居民迁回镇上，安居乐业，开店贸易等语。四市梢皆贴告示，然镇人亦无敢信者。又差人到四乡催沈小芸及仲刘濮等大家至镇议办公事，亦无人敢至者。

（沈梓：《避寇日记》。《太平天国史料丛编简辑》，第四册，第66页。太平天国历史博物馆，北京：中华书局，1962。）

**【浙江省桐乡县乌镇·咸丰十一年六月】**献天豫六月初莅镇，一反魏长毛之政，先谕师帅张□锡等曰："予此来不打先锋，惟以安抚为事，尔民庶遭魏某之苛虐，筋力已竭，脂膏久空，予甚悯焉。使尔舟航不通，商旅□□，货物壅积，室家畏避，是皆魏某之自绝其生也。今后可各开张店业，以通财源。"众闻是令，颇深感悦，流离之人，渐有还归者。又将河港之湮塞者，截去桩钉而疏通之。水道既达，远人遂集。

（佚名：《寇难琐记》卷一，手抄本。南京大学历史系太平天国史研究室编《江浙豫皖太平天国史料选编》，第152—153页，南京：江苏人民出版社，1983。）

**【浙江省余姚县·天历十一年】**为此特颁钧谕，仰该县四乡乡民一体知悉，即早认天识主，归顺天朝，前来纳款。并有尔等各都中一向办事之人，以及各都甲长一并会合前来该县报名，旦夕伺候，备替天朝办事。准其尔等各归故里，各安本业，通商贸易，买卖公平。本主将军令严明，不准官兵滋扰以及奸淫焚杀。倘竟有不遵约束之官兵，准尔四民扭送该县，以凭究办。

（《殿左军主将宝天义招安余姚县四乡乡民示》。英国公共档案局编号F·O·682/27/1。《太平天国文献史料集》，第13—15页。北京：中国社会科学出版社，1982。又见《太平天国》，第三册，第117—118页。罗尔纲、王庆成，桂林：广西师范大学出版社，2004。）

**【浙江省嘉兴·咸丰十一年】**斯时也，予一家八口，托命孤舟，儿啼女哭，几不聊生。至六月，嘉兴贼渠调魏逆去，遣逆弁何信义来代。何至镇即出伪示，谕各店铺尽开，照常贸易，并谕四乡馈饷，余不苛索。由是人心渐安，烟户少集，远避者大半迁回。

（谢绥之：《燐血丛钞》。摘录自无名氏：《庚申遇难杂记》。引自《光明日报》1962年8月23日范烟桥文。）

**【江苏省苏州·咸丰十一年】**［招商旗］系黄咈布，上有伪印，印长六寸，阔三寸，不知何字。旗一尺八寸，阔一尺。上写"奉命招商"四字。字有小饭碗大。

（陈孚益：《舍生记略》，稿本。苏州市图书馆藏。南京太平天国博物馆藏有磬天福程颁"奉令通商"旗实物。郭毅生：《太平天国经济史》，第402—403页。南宁：广西人民出版社，1991。）

## （二）平买平卖

**【湖北省汉口·咸丰二年】**臣闻贼之所至，专示假仁假义。其到汉口也，先使人安抚市肆，令如常买卖，毋得关门；其买市物也，照常市价，无有短少，市人安之。官兵一到，反多残害。

（王茂荫：《条陈军务事宜折》，咸丰二年十二月十四日。《王侍郎奏议》卷二，第19页。）

**【湖南省蓝山县·咸丰二年四月】**十四日，溃兵数百至蓝山，时方日午，南郭富民墟趁市，群见逸马数十，负載多人，惊为贼至，如鸟兽散，后乃知为官兵也。自是奸民乘乱劫家平仓，钞暴不宁。六月二十七日，粤西军遂由道州、宁远突至，焚烧庐舍，邑之北鄙被祸尤烈……二十九日，贼走嘉禾。沿途相属约四五万人，妇女千余人，头目软轿怒马，或骑牛，荷戟前导。遇途卖酒浆者饮之罄，辄投以钱。驱民负载，有值酬。童男掳去为养子。好毁神祠偶象，焚扑无遗。

（雷飞鹏纂：《蓝山县图志》民国二十二年刻本卷七《事纪中》。）

**【安徽省安庆、黟县·咸丰三年】**黟人平日素贾于省城。贼据省城，而黟人之贾如故，且与贼甚习。于是导贼入黟之羊栈岭而为之居间，黟富集钜资以馈献，蕲［祈］免淫掳而已。贼受馈献，仍淫掳。遂破休宁，入郡城，皆不免于馈献，而实无救于事也。及张文毅公莅徽令助饷，劝捐者犹以此为藉口，富户始有所愧慑，而不敢抗也。呜呼，商贾嗜利，不恤其乡；绅户恋财，乞怜于贼。古人言徽［州］人必有抱金而死者，信矣夫！

（杨沂孙：《书黟人馈献引寇事》。选自《杨沂孙文集》原稿本。《太平天国史料丛编简辑》，第二册，第119页。太平天国历史博物馆，北京：中华书局，1962。）

**【江苏省南京·咸丰三年三月三十日】**［嘉善县］东门开三益店之李老耀，昨日自南京回来说：先是南京因有湖广来之难民团结不散，官府择精壮者六百人，资以粮，教以技，藉为乡勇，及贼来则倒戈相向，故金陵易破也。向大人至南京悬赏格，土匪及盐枭，始以短发相欺，后以妇人首求赏，真实长发贼百无一获也。现在贼将各门堆塞，仅容一人出进之路。大江之中只有贼船三千余号，自广西而至金陵，来往搬运货物不绝，间有商船过，一问即放去，真长发者并未伤害乡人。贼有女兵二千人，捷走过于奔马，陷阵冲锋，凶勇异常，现在城中不出。李过镇江被拿住，盘诘即释。

（王文镕：《癸丑纪闻录》。《太平天国史料专辑》，第 504 页。上海：上海古籍出版社，1979。）

**【湖北省·咸丰三年四月初七日】**杀贼所以安民，安民乃可以杀贼。将出令而兵不敢哗，兵奉令而民不知扰，则有制之师也。粤逆所过之处，横刀踊马，市肆一空，民人遭其屠戮，子女遭其掳胁，财物遭其搜括，室庐遭其焚毁。惨酷之状，固已触目心伤，被害遗黎群焉饮恨，市井愚民罔识大义，亦容有谓盗贼之害，犹愈于兵勇者。何也？粤逆志在择肥而噬，下户穷檐搜求不暇，且或一时诈示仁义，愚弄吾民，买饭求浆，多给市值。至于不法兵勇罔知号令，方其攫取奸污，则虽穷苦之家亦鲜得免。于是民不怨贼，而反怨官军矣。夫以盗贼而诡施小惠，民于盗贼宜有怨词。以官军而行同盗贼，民于官军能无隐恨？若不随时严按军法，以服民心，恐草野怨咨郁勃之言，将有难于尽诘者。军中兵勇而外有余丁、有长夫、有随营贸易之人，兵丁旧服营规管辖甚密，果令严为约束，无难一律肃然。乡勇多系四方无籍之民，较兵丁殊为难管，然犹名隶伍籍，有犯自可按籍而稽。至于长夫及随营买卖之人，则均游荡性成，不安乡里，名虽贸易营生，实则不堪问其所自，倏来倏往，踪迹靡常。甚或伪造兵勇腰牌，假其装束，时赴近营各乡村掠取各物，转卖营中，肆行无忌。乡民误为兵勇，不敢格杀，且畏其势横人众，莫可谁何。

（江忠源奏。军机处全宗·录副奏折。中国第一历史档案馆编《清政府镇压太平天国档案史料》，第六册，第 324 页。北京：社会科学文献出版社，1992。）

**【江西省丰城县·咸丰三年五月】**贼匪会用诈谋，初买小菜，必数倍偿值。吾丰有贪利者，闻之送去，初亦大获利。嗣后邀集多船装小菜前往，伊即连人船留住，不遣归焉。

（毛隆保：《见闻杂记·五月见闻记》。杜德风选编《太平军在江西史料》，第 487 页，南昌：江西人民出版社，1988。）

**【江西省南昌县·咸丰三年九月】**贼匪每买小菜食物，或无钱，即取衣物偿之，多新衣，且俱系绸缎者。

（毛隆保：《见闻杂记·九月见闻记》。杜德风选编《太平军在江西史料》，第 503 页，南昌：江西人民出版社，1988。）

**【湖南省永明县·咸丰九年】**发逆石达开复窜踞城乡数月，以重值招贫民市易，间有执筐筥售蔬果者。

（周诜诒：《永明县志》光绪三十三年刻本卷三十八《人物志·文学》。）

**【湖北·咸丰九年】**[太平军]饮水亦投数钱。

（方玉润：《星烈日记汇要》抄本，卷三十二，第 22 页。）

**【江苏省南部·咸丰十年】**忠王以一炮艇送余返。沿途见人民各回乡里，而极大之黄色告示到处悬挂。阿林为余译之，大要劝人安居乐业，守法纳税而已。在苏州城门及他处乡镇，往往见人头累累，系于高处，下贴告示，宣布其罪状，或劫掠民财，或吃鸦片，或奸淫妇女，皆军人之违法者。

沿途所历各村，每三四处，必有一完全焚毁者；亦有三村相连处，二村未动，而中一村则仅余焦土者。余问之乡人，或云为官军所毁；或云居民逃避，而官军焚其房屋以示警戒；或云为满军占守，太平[军]攻击之遗迹。

余回三里桥时，买丝事犹未完毕，余乃再事游历。离三里桥四英里之地，田野荒芜，遍地荆棘，鸡犬不留，浑似沙漠。此地大约为太平[军]与官军奋斗之剧场。余闻三里桥人言：太平军购物极有规则，非出相当之价，虽一鸡蛋不妄取，其行为与官军大异。

（林利著，孟宪承译：《太平天国外纪》卷上，第 39 页。上海：商务印书馆，1915。）

**【湖北省黄州·1861 年 3 月】**[22 日]进城时，我[巴夏礼]看见城门上贴着一张英王告示，上面说太平军一定保护居民，劝居民回来与军队进行自由贸易。另一张颁给军队的告示中说，自布告张贴之日起，禁止军队下乡抢掠百姓。第三张布告上挂着两个叛军[按：指太平军。]的头颅。据说这两个人是因为在征收军粮时偷盗了老百姓的衣服而[被]杀头的。站在我们周围的穿着杂色服装的叛军说，他们之中有一些都犯了同样的罪行而处死。叛军很少穿好的服装，大部分留着长发。

（王崇武释注：《英国侵略者破坏太平天国革命的一段史料，英国参赞巴夏礼报告在黄州访问英王陈玉成的经过》，第 33 页。原件载于英国 1861 年出版的蓝皮书关于开放长江对外通商的信札中。）

**【安徽省太平县·咸丰十一年】**[禁打先锋之后，]有本钱，做生意，买卖通行。苦百姓，纵饥饿，安稳度日……有钱的，进城来，也无妨碍；或买东，或买西，进口百文。一棵[树]杯样大，要钱八十，稀水粥，一碗二十八文。

（周公楼：《劫余生弹词》。《安徽、浙江省相继发现太平天国革命文物史迹》。《历史教学》1955 年 02 期。）

**【浙江省太平县·咸丰十一年】**十二月廿七，贼李某率匪数千至，先贴伪示于四门，令百姓毋惊恐。团局董事日送米五十挑、柴廿挑，余皆自备，交易公平。

（叶蒸云：《辛壬寇纪》。《中国历史文献研究集刊》，第三集，第 184 页。又见《太平天国》，第五册，第 371 页。罗尔纲、王庆成，桂林：广西师范大学出版社，2004。）

**【浙江省宁波·1862 年 1 月】**据说在宁波的叛军[按：指太平军。]表现得相当好，并且急欲恢复商业贸易。上海少数中国人惊讶于这种情形，已开始回宁波，可是有钱的大商人，对叛军的许诺仍然不相信。

（《上海怡和洋行1862年1月23日致香港总行的信》。《太平天国史料译丛》，第一辑，第111—112页。上海：神州国光社，1954。）

**【浙江省桐乡县濮院·同治元年三月初六日】**右营师帅沈出告示：禁索诈、恃强卖买。

（沈梓：《避寇日记》。《太平天国史料丛编简辑》，第四册，第211页。太平天国历史博物馆，北京：中华书局，1962。）

**【浙江省太平县·同治元年三月】**贼终日无事，嬉戏街上，与人交易甚公平。有取醋而不给钱者，店主诉诸头目，即斩以殉。入人家不妄取器物。贼酋颇知弹压，而人终畏之不敢近。无耻之徒，间有乐与往来，以丐便宜者。贼于大街开点心店，卖馄饨，作法胜本地；办酒菜，价与本地同；亦有屠户卖肉，买卖俱公平。城中居人寥寥，闲街曲巷，绝罕人迹，门皆昼闭，白日若惨淡无光也。

（叶蒸云：《辛壬寇纪》。《中国历史文献研究集刊》，第三集，第186页。又见《太平天国》，第五册，第375页。罗尔纲、王庆成，桂林：广西师范大学出版社，2004。）

**【浙江省桐乡县、同治元年四月十三日】**有千余长毛至濮院宿夜，镇人皆逃逸……局中伪官出迎，知系前陡门卡上伪官粹天侯谭姓兵马也。于是谒见谭公，约兵马且止于外，不得进市，恐百姓惊惶也。既乃引至翔云观打馆子。谭竖旗于桥堍为界……令其下曰：有敢过桥一步者斩。其过陡门时，有小长毛妄取人篮中豆腐干一块，即斩之以徇，以其首级带襆悬诸翔云山门西首号令。其御下颇严。有走入沈鱼池上小屋中借釜为炊者，谭知之，即召之，不终炊而行，故于民间秋毫无犯……是晚局中出示，令民间开店。黄昏时，谭又至北横街天意绸庄买湖绉及绸千余匹。当夜发炼，次日朝晡时，谭先以其众行，留百人在濮，候绸出炼，午后乃去。

（沈梓：《避寇日记》。《太平天国史料丛编简辑》，第四册，第151—152页。太平天国历史博物馆，北京：中华书局，1962。）

**【江苏省南京·同治元年十二月】**录薛安林语金陵贼事：买卖街七条，俱在城外，繁盛不亚苏州中市。城内旧有茶酒肆，因彼中拿获我军奸细，一日之间，尽将各铺逐出。城内巡查甚严，夜行如无口号，立斩不贷。城门俱设坚栅，仅容一骑，并无挖城陷坑之说。城内旧有三十余王，各伪目无不极富，一馆内箱桄总不下数百件。买卖街极多做洋枪铺户。佛兰西人城内甚多，俱穿长毛服饰，携带洋枪及各种炮械在彼销售。有轮船名不设，泊仪凤门外，专做此等生意[此系去年之事]。……各伪目妇女，俱骑马入市中买物，服饰华极。每入茶肆，但男女不准交谈。街内巡查极多，烟、酒之禁最严。间有私卖旱烟者，亦不能明吃。吃水烟、鸦片者，一人俱无……废铜每斤四十文，不准出城，城内收铜铸钱，面文曰“太平天国”，幕文曰“圣宝”。其苏州仍在宝苏局内铸乾隆道光钱，初亦铸伪钱而不成，故铸国家年号……贼向禁纸钱锭,后亦用以禳谢。

(赵烈文:《能静居士日记》。《太平天国史料丛编简辑》,第三册,第256页。太平天国历史博物馆,北京:中华书局,1962。)

**【浙江省桐乡县·同治二年七月十九日—二十日】**濮镇张镇邦于二十日出示晓谕:凡弟兄所欠各店钱款,各开帐来取。于是夜二鼓如数给发。局中诸董事办酒作饯。

(沈梓:《避寇日记》。《太平天国史料丛编简辑》,第四册,第266—267页。太平天国历史博物馆,北京:中华书局,1962。)

**【浙江省吴江县·同治二年九月十六日】**时夷兵以火轮船三只在吴江城外,[开炮助清兵打太平军。荣王廖败下来,]然溃兵水陆尚万余,徒行数十里,无一入民间私取草木者。廖虽伪王,能节制其下于溃败之余,故异于他贼。

(沈梓:《避寇日记》。《太平天国史料丛编简辑》,第四册,第277页。太平天国历史博物馆,北京:中华书局,1962。)

**【浙江省乌程县、桐乡县·同治二年】**兵有小犯,民有小窃,被告者即行枭斩。

(皇甫元垲:《寇难纪略》抄本。现藏桐乡市图书馆。)

## 二、关于城市的交易场所

[参见第十七章"城市政策"]

### (一)或在城外设买卖街

**【广西省永安县·咸丰二年二月】**初七日,未雨,出队击贼七八十人,兵勇亦有伤亡。已撤队矣,忽传贼有千余出窜,亟探之,乃博白勇投效自南路来,误为贼诱,受伤数人。亥刻,买卖街火起,焚茅棚数十处。

(丁守存:《从军日记》。《太平天国史料丛编简辑》,第二册,第309页。太平天国历史博物馆,北京:中华书局,1962。)

**【湖北省武昌·咸丰二年十二月】**初十日……汉阳门外有乡民来,肩挑贸易,皆鸡、豚、鱼虾、饼饵之属,贼许人出城买物,自是亡者甚众,后贼觉之,始命守门贼盘查严密,然脱逃者如故,不幸见获,亦甘殒命。

(陈徽言:《武昌纪事》。《中国近代史资料丛刊:太平天国》,Ⅳ,第594页。中国史学会编,编者:向达、王重民等,上海:神州国光社,1952。)

**【江苏省南京·咸丰三年】**贼见人逃走,皆由出城买物,又见买者之多,冀于此取利,乃立五市于北门桥，不准人出城买物，并不准在各街买物，悉归五市。嗣因五市价踊贵，老长毛不便，又议罢。

（谢介鹤：《金陵癸甲纪事略》。《中国近代史资料丛刊：太平天国》，Ⅳ，第663页。中国史学会编，编者：向达、王重民等，上海：神州国光社，1952。）

**【江苏省南京·咸丰三年】**宛陷为贼种菜。其中表某为大营勇，假卖菜来城外侦贼情。宛出城，时与相见，余廉得其情。

（金树本：《张郝原金陵内应纪略》。《太平天国文献史料集》，第362页，北京：中国社会科学出版社，1982。）

**【江苏省南京·咸丰三年】**盖贼中买物，许携械出以防变。

（金树本：《张郝原金陵内应纪略》。《太平天国文献史料集》，第364页，北京：中国社会科学出版社，1982。）

**【江苏省南京·咸丰三年】**请大兵易乡人服，于神策门买卖街会合，夺门入。

（金树本：《张郝原金陵内应纪略》。《太平天国文献史料集》，第364页，北京：中国社会科学出版社，1982。）

**【江苏省南京·咸丰三年】**我军之在孝陵者，朝闻警报，夕即驰师，而城坚卒不可拔。五月一日黎明，余与孙芝亭离尖山至孝陵卫买卖街。买卖街者军市也。

（胡恩燮：《患难一家言》卷上。《太平天国史料丛编简辑》，第二册，第341页。太平天国历史博物馆，北京：中华书局，1962。）

**【江苏省南京·咸丰三年】**《作买卖》：初言商贾毋潜通，虏物殆尽势且穷。城外直如五都市，"外小"负贩时相从。[贼呼城外人为"外小"。]继因胁从多变妖，诛不胜诛逃自逃。城中设立五大行，自出买办奇货藏。兄弟姊妹买之卖，什一逐利充饥肠。窃幸一举可两得，一禁出城一省粮。那知远引尚如昨，贾用不售且高阁。

（马寿龄：《金陵癸甲新乐府》。《中国近代史资料丛刊：太平天国》，Ⅳ，第740页。中国史学会编，编者：向达、王重民等，上海：神州国光社，1952。）

**【江苏省南京·咸丰三年二月】**南京于二十日贼传令开店，不开者封起，故已开齐也。杭州之门条匾额，一夜去尽。

（王文镕：《癸丑纪闻录》。《太平天国史料专辑》，第493页。上海：上海古籍出版社，1979。）

**【江苏省南京·咸丰三年三月】**十七日，伪总制传令，衙中不得容留外人。时贼中买卖衙方立杂行，有机匠、菜园各目。外舅与家君议乘此出图一容身之地，而留予暂匿伪衙。

（陈作霖：《可园备忘录》。《太平天国》，第四册，第 359 页。罗尔纲、王庆成，桂林：广西师范大学出版社，2004。）

**【江苏省南京·咸丰三年四月】**余自旗帜馆脱出，东窜西逸，困已匝月，既俾眷属安置女馆，乃谋只身出城，布置阖家脱难事。闻余戚孙澂之弟砚农，为贼胁入仪凤门买卖衙充伪书吏，颇能自主，乃与中表周某拟往投之。

（胡恩燮：《患难一家言》卷上。《太平天国史料丛编简辑》，第二册，第 338 页。太平天国历史博物馆，北京：中华书局，1962。）

**【江苏省南京·咸丰三年四月】**初十日，有城外卖菜人来，外祖买蚕豆、鲜笋、猪肉共食，荤腥久断，不啻龙脂凤髓之珍矣。

（陈作霖：《可园备忘录（选录）》。《太平天国史料丛编简辑》，第二册，第 372 页。太平天国历史博物馆，北京：中华书局，1962。）

**【江苏省南京仪凤门买卖街·咸丰三年】**四月二十五日黎明，[孙]砚农促余起，挈出城，将近夹江，谓余曰："前途珍重，请从此辞。"余身怀青蚨二百，乃沽酒两大瓯饮之，乘醉渡夹江。向南行，见一贼荷刀自前来，未俟盘诘，迎前将伪凭与阅，问沿江有鲥鱼卖否，贼熟视不答而去。

（胡恩燮：《患难一家言》卷上。《太平天国史料丛编简辑》，第二册，第 339 页。太平天国历史博物馆，北京：中华书局，1962。）

**【安徽省亳州，河南省怀庆·咸丰三年五月初三日】**贼呼官兵为妖，官为妖头。贼营并无存粮，每日出去打粮，或去谕近村民人在某村庄买。贼去买粮，绝不许卖物人到木城外，恐有探信的。

（《张维城口述》。《近代史资料》1963 年第 1 期，第 16 页。又见《太平天国》，第三册，第 287 页。罗尔纲、王庆成，桂林：广西师范大学出版社，2004。）

**【江苏省南京·咸丰三年九月】**又太平门外买卖街负贩如市，该逆买物出入自如，且在该处招集奸民进城充勇。[咸丰三年九月二十五日南京大营发。]

（《李庆琛禀》。《忆昭楼时事汇编》，《太平天国史料丛编简辑》，第五册，第 459 页。太平天国历史博物馆，北京：中华书局，1962。）

**【江苏省南京·1853—1854 年】**没有交易，看不到店铺，也看不到任何商货出卖。

（C. L. Brine，*The Teiping Rebellion*，P195. London：Murray，1862.）

**【江苏省南京·咸丰四年】**南门外西南驯象门亦有贼营……营外里许即贼之买卖场，城中之贼逐日来此购买食物之所，因之逃出者纷如也。其水西门外则于外桥西首空地垒砌砖石矮墙……此处贼营……出此贼营，可以径达江东门买卖场并上河街上……其栅栏门、神策门、太平门三处贼营外皆有买卖场。

（涤浮道人：《金陵杂记》。《中国近代史资料丛刊：太平天国》，Ⅳ，第633—634页。中国史学会编，编者：向达、王重民等，上海：神州国光社，1952。）

**【江苏省南京·咸丰四年】**又上河街上此时为卖菜人来往必由之道，此地亦可开茶馆、浴堂，城中之贼出城买菜，至此并可洗澡吃茶，亦照常给价，长毛亦不之禁。故此地逃窜最易。贼又于街上设伪巡查，挨户搜查，以防我兵混入探听消息，并恐被胁者出城于此处藏匿潜逃。其实两项皆有，贼亦查不出也。

（涤浮道人：《金陵杂记》。《中国近代史资料丛刊：太平天国》，Ⅳ，第637页。中国史学会编，编者：向达、王重民等，上海：神州国光社，1952。）

**【江苏省南京·咸丰四年八月十一日】**臣又访得太平门外时有奸民贪利，于每日黎明距城一里之地与贼贸易。因又密派守备李定太、蒋锡光带兵五百名，于初六日寅刻驰往截拿，见有肩挑及有小车载物与该逆互市者，我兵先将长毛贼拿获二十余人，杀毙三十余人，余皆向城门飞奔逃回，我兵追杀近城，忽见城门骤闭，城上炮声连发，近处贼兵有从城上驰至救援者，我兵本少，亦即收队。遂将该处买卖街焚毁，并拿获贸易数十人，分别惩处。择其久与贼通者，正法数人，悬首示众。

（向荣奏。宫中全宗·朱批奏折。中国第一历史档案馆编《清政府镇压太平天国档案史料》，第十五册，第408页。北京：社会科学文献出版社，1994。）

**【江苏省苏州·咸丰十年】**贼始陷城月余，渐通百物于郭外，谓之买卖街。或抢鱼肉，顷刻罢市。伪忠王知之，斩于市，而后照常贸易。

（沧浪钓徒：《劫余灰录》。《太平天国史料丛编简辑》，第二册，第145页。太平天国历史博物馆，北京：中华书局，1962。）

**【浙江省嘉兴·咸丰十年】**南堰于庚年[咸丰十年]冬设市肆，贼呼为买卖街。

（沈梓：《避寇日记》。《太平天国史料丛编简辑》，第四册，第132页。太平天国历史博物馆，北京：中华书局，1962。）

**【江苏省苏州·咸丰十年】**伪同检熊姓，既令难民出城，而应者寥寥，迟数日，又于城中招各乡官申谕云："百姓出城，以免弟兄们之扰，实是开放一条生路，而尔民胆怯性愚，不肯出去，岂均情愿饿死耶？务必再行申明劝谕，周遍详明为要。"嗣后出城者渐多，居然发出资本，开设各种铺户，于是山塘成集，名为买卖街，而藉此不复拘束，即于数日间络续脱逃至他处谋生者,十有八九。

(潘钟瑞:《苏台麋鹿记》卷下。《中国近代史资料丛刊:太平天国》,Ⅴ,第 300 页。中国史学会编,编者:向达、王重民等,上海:神州国光社,1952。)

**【江苏省苏州城内·咸丰十年】**虎阜后山各乡馈献土物,熊姓[即同检熊万荃]即令采办日用所需,前来贸易,众安桥、通贵桥一带,遂成朝市。长毛意在得食,绝不论价,小篮贮苋菜些些,辄云"百钱一筐",醃鱼诸物称是。城中各馆闻之,竞出争买,日益轰闹。有不偿价者,熊立为民拿二贼,枭首悬示,众皆帖然;各乡传播,船来日多,售亦日盛,乡民过午,满载而归,奚止利市三倍?

(潘钟瑞:《苏台麋鹿记》卷下。《中国近代史资料丛刊:太平天国》,Ⅴ,第 300 页。中国史学会编,编者:向达、王重民等,上海:神州国光社,1952。)

**【江苏省常州·1860】**这支围城部队原已认为他们的阵地如此巩固,故在那里已经成立了一个市场。

(《太平军进抵常州》。《北华捷报》第 511 期,1860 年 5 月 12 日。《太平军在上海——〈北华捷报〉选译》,第 77 页。上海:上海人民出版社,1983。)

**【江苏省溧阳县·咸丰十年正月】**城内为侍逆[李世贤]巢穴,伪府在焉。贼馆甚安静,居处若无事,然街衢往来,与平人等。乡人蓄发来此摆摊贸易,各物咸备。城外瓦砾场,搭草屋,称买卖街,土娼且争趋之。盖自失守几及一载,贼酷烈之气,销磨于子女玉帛中,故渐得与百姓无扰。

(李圭:《思痛记》卷下。《中国近代史资料丛刊:太平天国》,Ⅳ,第 488 页。中国史学会编,编者:向达、王重民等,上海:神州国光社,1952。)

**【江苏省无锡县、金匮县·咸丰十年四月】**[初十日太平军入城。]十六日,贼在亭子桥出卖所掠服物,使老妪贩至东亭,而担负经营地摊,交易之初也颇获利,而市渐兴,贼称买卖街。十七日,伪四百三十四丞相樊毛大[无锡人]遍贴安民伪示,设卡于北门外梵音阁,收土匪窃物之税。

(佚名:《平贼纪略》。《太平天国史料丛编简辑》,第一册,第 262—263 页。太平天国历史博物馆,北京:中华书局,1962。)

**【江苏省苏州·咸丰十年五月】**五月中旬,始设掩埋局收暴露,南濠街民人搭盖茅庐,开设食店,肩挑菜蔬、糕饼等类,价得数倍。时贼众颇有出城买物,方用钱之始也。

(戴熙:《吴门被难纪略》。《太平天国》,第四册,第 398 页。罗尔纲、王庆成,桂林:广西师范大学出版社,2004。)

**【浙江省桐乡县·咸丰十年五月十五日】**张玉良亲营在陡门……张令濮镇开设钱庄，以便兵勇兑银子为用，使不闹事。又令濮院大开市肆，平价卖买以给军需。

（沈梓：《避寇日记》。《太平天国史料丛编简辑》，第四册，第17页。太平天国历史博物馆，北京：中华书局，1962。）

**【江苏省苏州·咸丰十年六月六日】**初六日，三兄代置糙米五升，钱一百三十文。

（汪德门：《庚申殉难日记》。《太平天国史料专辑》，第10页。上海：上海古籍出版社，1979。）

**【江苏省苏州·咸丰十年六月九日】**梅生置菜油[钱借三哥。]三百三十文，每斤五百文，共二斤，三家均分。

（汪德门：《庚申殉难日记》。《太平天国史料专辑》，第10页。上海：上海古籍出版社，1979。）

**【江苏省苏州·咸丰十年六月十日】**潘子诚云：六门俱有夷人，且有官兵，行贩不能近城，须至虎阜后山交易。

（汪德门：《庚申殉难日记》。《太平天国史料专辑》，第10页。上海：上海古籍出版社，1979。）

**【江苏省苏州·咸丰十年六月十二日】**又买糙米四升六、七合，一百二十文。自钱。馆子发米，米甚好。

（汪德门：《庚申殉难日记》。《太平天国史料专辑》，第10页。上海：上海古籍出版社，1979。）

**【江苏省南京·1860年10月13日—1862年1月20日】**他[洪秀全]反对商业，自从我到南京以后，共有十二三个他自己的人，仅是由于在南京城内进行买卖而没有犯过其他罪过被杀掉。不论在南京城内还是在城外，凡是外国人要想在那里成立合法的商务组织，都立即为他所驱逐。我们曾经提醒他，说这种商务是根据忠王的布告而进行的，但他们同样加以拒绝，并且说，天王和他的顾问们并未授权忠王这样办！

（《罗孝全致美驻华公使蒲安臣书》，《北华捷报》第606期，1862年3月8日。《太平军在上海——〈北华捷报〉选译》，第71页。上海：上海人民出版社，1983。另一种译文见简又文：《太平天国典制通考》，中册，第702页。香港：简氏猛进书屋，1958。）

**【江苏省苏州·咸丰十年至同治二年】**有一人于山塘买卖街见卖糖豆者，以旧书作包纸，遂日买其豆数十包，[与难民分食。]

（潘钟瑞：《苏台麋鹿记》卷上。《中国近代史资料丛刊：太平天国》，Ⅴ，第285页。中

国史学会编，编者：向达、王重民等，上海：神州国光社，1952。）

**【江苏省南京·1861】**据富礼赐报告：天王新近诏禁城内商务，以天京不能允许商人叫闹，只许可在城外买卖。[载郭志，西一八六一、三、二八、阴历十一、二、十八]

（简又文：《太平天国典制通考》中册第695页。香港：简氏猛进书屋，1958。）

**【江苏省南京·咸丰十一年】**买卖街七条，俱在城外，繁盛不亚苏州中市。城内旧有茶酒肆，因彼中拿获我军奸细，一日之间，尽将各铺逐出。城内巡查甚严，夜行如无口号，立斩不贷。城门俱设竖栅，仅容一骑，并无挖成陷坑之说。城内旧有三十余王，各伪目无不极富，一馆内箱桅总不下数百件。买卖街极多做洋枪铺户。佛兰西人城内甚多，俱穿长毛服饰，携带洋枪及各种炮械在彼（消）[销]售。有轮船名不设，泊仪凤门外，专做此等生意。

（赵烈文：《能静居士日记》。《太平天国》，第七册，第168页。罗尔纲、王庆成，桂林：广西师范大学出版社，2004。）

**【浙江省海宁州·咸丰十一年】**隆恩泰屯长安镇，筑营房，在西广福桥及东卢家桥设垒，"其余大桥悉毁拆，以绝往来两坝设卡收税，现上为买卖街"。

（光绪《海宁州志稿》卷四十《兵寇》，第26页。）

**【江苏省常熟县·咸丰十一年二月二十五日】**现在城上自西门至南门，俱有房屋连接走通，城外人家，开张生意，甚是热闹，各色俱有。

（佚名：《庚申避难日记》。《太平天国史料丛编简辑》，第四册，第497页。太平天国历史博物馆，北京：中华书局，1962。）

**【江苏省苏州·咸丰十一年二至四月】**苏城内绝无居民负贩交易。聚市金阊门外，每贼馆分给一牌……有事持之出城……无牌印出城，以脱逃论。

（杨光霁：《劫余杂识》。《中国近代史资料丛刊：太平天国》，Ⅴ，第314页。中国史学会编，编者：向达、王重民等，上海：神州国光社，1952。）

**【浙江省杭州·咸丰十一年六月】**次日贼头云："有丝十数车，先生可同老弟兄到买卖街去销卖，买些鱼肉回来，大家好饱吃几餐；来日天光[即黎明]即要拔馆进省，愿者同去，不愿者放行。"予以为到街或可乘机脱逃，孰知老长毛前后押定，无机可乘，遂偕回馆，将丝卖钱若干，鱼肉买钱若干，逐一报明。贼云："何须计较，你不知长毛情事，模模糊糊过去便了。"明日五更造饭后，呼予出云："我等此番进省，分派各处把卡；先生在此恐受惊吓，不如同进省城，可觅些银钱使用。"彼时心欲求放，恐遭不测，不敢开口，其三人则竟放行。

（张尔嘉：《难中记》。《中国近代史资料丛刊：太平天国》，Ⅵ，第639页。中国史学会编，编者：向达、王重民等，上海：神州国光社，1952。）



**【江苏省南京·咸丰十一年三月初二日】**伊去时过江宁，曾进城，城中街市繁盛，绝不盘诘。

（赵烈文：《能静居士日记》。《太平天国史料丛编简辑》，第三册，第166页。太平天国历史博物馆，北京：中华书局，1962。）

**【江苏省南京·咸丰十一年春】**［有外人发表通讯云：］天京内无商店，只有医生，特准开业。［皆受天朝任用之公医生也。］南门外有粮食店四五十家，西门外亦有少数。东面以往，商店全无……江岸亦有少数商店。

（《H、通讯》。《华北先驱》第556期，1861年3月23日。简又文：《太平天国典制通考》中册，第695页。香港：简氏猛进书屋，1958。）

**【浙江省平湖县·咸丰十一年八月】**北门外有福真寺，店户颇多，贼称买卖街，设立卡子，贼之市也。城中贼如欲出去，必须头子处领了门牌，方不拦阻。

（顾深：《虎穴生还记》。《中国近代史资料丛刊：太平天国》，Ⅵ，第734页。中国史学会编，编者：向达、王重民等，上海：神州国光社，1952。）

**【江苏省常熟县·咸丰十一年八月二十六日】**南门一带火废基，为贼翻造市房，据要路，大可谋利。

（龚又村：《自怡日记》。《太平天国史料丛编简辑》，第四册，第409页。太平天国历史博物馆，北京：中华书局，1962。）

**【浙江省湖州双林镇·咸丰十一年】**青果八鲜等客货必另投行发卖，且并鱼虾、蔬菜亦不许商民入市经营。

（民国《双林镇志》卷三十二《兵灾记》。）

**【浙江省嘉兴·咸丰十一年十二月十二日】**嘉兴塘汇、南堰等处百姓开店与长毛交［易］，长毛称为买卖街。

（沈梓：《避寇日记》。《太平天国史料丛编简辑》，第四册，第106页。太平天国历史博物馆，北京：中华书局，1962。）

**【浙江省太平县·同治元年】**吕贼之来镇守也……以镇守兵少，心恒惴惴，移大街市集于南门外，百姓出入，俱验腰牌，稽查严密，惟恐侦察者溷迹其中。

（叶蒸云：《辛壬寇纪》。《近代史资料》1963年第1期，第199页。又见《太平天国》，第五册，第375页。罗尔纲、王庆成，桂林：广西师范大学出版社，2004。）

**【江苏省南京·同治元年五月初八日】**又遇钟芝台,言江梦兰自南京来,已升伪广天豫,言伪天皇不可见,仅见其左右列王。闻宫中有数千女伪官给事幼主而已。城中百姓毫无,皆系伪官馆子,亦有开茶酒肆及豆腐肉店者。城外百里平地云云。

(沈梓:《避寇日记》。《太平天国史料丛编简辑》,第四册,第 215 页。太平天国历史博物馆,北京:中华书局,1962。)

**【江苏省常熟县·同治元年五月三十日】**南郊瓦砾堆已造市房,一街又添锦绣。

(龚又村:《自怡日记》。《太平天国史料丛编简辑》,第四册,第 449 页。太平天国历史博物馆,北京:中华书局,1962。)

**【江苏省南京·同治二年十二月】**初五日,丁丑,晴。晨起,日色如血。代萧军门拟禀中堂、中丞稿,代中丞拟李中丞、沈中丞等信四件。初鼓时,买卖街火起,顷刻延烧里许,风势甚猛,火燃竹木,飞舞满空。

(赵烈文:《能静居士日记》。《太平天国史料丛编简辑》,第三册,第 308—309 页。太平天国历史博物馆,北京:中华书局,1962。)

### (二)或在城内交易

**【安徽省芜湖县·1854 年 5 月底】**星期三,军舰启碇上驶……次日上午抵芜湖。于此,当局与人民施以最诚敬的欢迎。游历此城,饶有兴味,因在此得有机会以考察太平军在已无战争之区域内如何宰治人民。此间状况完全与南京不同。人民安居乐业,各从事平常职业。店铺开门做生意,一如往时,不过经兵事之后全城繁荣不如旧观。此间,男女不分隔如南京,然禁吸洋烟及烟草之令仍严厉执行。人民敬畏其新统治者至甚,而统治者之手段非常强硬。全城受兵燹之灾极大,大部被焚毁,广漠地皆变为瓦砾场。

(佚名:《天京见闻录》。《华北先驱》第 204 期,1854 年 6 月 24 日。简又文译,见《大风》第 91 期。又见简又文:《太平天国典制通考》中册,第 828 页。香港:简氏猛进书屋,1958。)

**【江苏省常熟县·咸丰十年】**[王市,十月初五]催逼各家启户开店。闭门者封锁,欲求入室,必输银钱;又不许迁移,倘查见,则锁禁家人,财物充公,费赂始罢……店铺皆开,贸易公平。

(汤氏:《鳅闻日记》卷下。《近代史资料》1963 年第 1 期第 100、102 页。又见《太平天国》,第六册,第 328、330 页。罗尔纲、王庆成,桂林:广西师范大学出版社,2004。)

**【江苏省苏州·咸丰十年四月】**贼中称为伪忠王,李姓,其渠假作仁义,慈爱军民,约束手下各头目,勿许杀害良民、无故焚掠。叠出伪谕,远近张贴,招徕四民开设店铺,俾各复业。释放男女难民出城。究竟其众杀人放火,依旧肆横,而城中店铺无人敢应焉。

（汤氏：《鳅闻日记》卷上。《近代史资料》1963 年第 1 期第 72 页。又见《太平天国》，第六册，第 298 页。罗尔纲、王庆成，桂林：广西师范大学出版社，2004。）

**【浙江省秀水县·咸丰十年十一月十三日】**［新塍进贡后商业即恢复。］盖自前月二十以各处乡镇开航船、通商贾。沈牌士及朱星槎合开一洋货行，一班巨室恃有进贡，故各各回镇。初一日，源丰、洪兴两当俱开，市色甚好。

（沈梓：《避寇日记》。《太平天国史料丛编简辑》，第四册，第 51 页。太平天国历史博物馆，北京：中华书局，1962。）

**【江苏省常熟县·咸丰十年冬】**是冬，民间日用之物，凡油、盐、柴、菜无一不贵，狡猾之徒，往江北贩货，与贼贸易，得利极厚……［太平军］叫木工入城，修房造屋于城外，赁人开店生理。又打造八桨船二三百号，装载姑苏、太仓、昆山等处长毛，屡相往来。

（汤氏：《鳅闻日记》卷下。《近代史资料》1963 年第 1 期第 102—103 页。又见《太平天国》，第六册，第 330—331 页。罗尔纲、王庆成，桂林：广西师范大学出版社，2004。）

**【浙江省绍兴·咸丰十一年十月】**安民后，颇禁杀掠，民渐聚，稍稍理生业，设市肆。

（王彝寿：《越难志》。《中国历史文献研究集刊》第一集，第 233—234 页。又见《太平天国》，第五册，第 144 页。罗尔纲、王庆成，桂林：广西师范大学出版社，2004。）

**【浙江省海宁州·咸丰十一年十一月】**十三日，花溪贼……并强逼市人作买卖，有因无货及避局匪勒者，尽被打毁其店……局匪又下乡勒钱米及絮被，为本镇馆卡贼之食用。

（冯氏：《花溪日记》。《中国近代史资料丛刊：太平天国》，Ⅵ，第 695 页。中国史学会编，编者：向达、王重民等，上海：神州国光社，1952。）

## 三、对商人的政策

### （一）给城市贫民贷商本以营生

**【江苏省苏州·咸丰十年】**熊姓先自立馆于城外，预煮粥以待出城者，且云“出城住定，每口给米五升，俾度四五日。于四五日内各谋生业，开出铺面。无资本者，具呈请领本钱，或呈明何业，认领何等货物，仍估定货价，于售卖后缴还钱七成，留三成，俾其永远藉以运转。”等语。令乡官传播。难民听之，又恐不谋生业，则五升之米易罄，谋业开铺而生意不通，则追缴资本，无从措还，犹不得生也，仍畏惧不敢出。

（潘钟瑞：《苏台麋鹿记》卷上。《中国近代史资料丛刊：太平天国》，Ⅴ，第 276 页。中国史学会编，编者：向达、王重民等，上海：神州国光社，1952。）

**【江苏省·咸丰十年五至六月】**伪忠王假仁假义，其属下有左同检，煮粥济饥，给钱助乏。

（沧浪钓徒：《劫余灰录》。《太平天国史料丛编简辑》，第二册，第150页。太平天国历史博物馆，北京：中华书局，1962。）

**【江苏省苏州·天历十年】**此时七、八月之间，以近省[按：指苏州。]之民，亦有安好，亦有未安好，此外尚有难民，当即发粮发饷以救其寒[饥]。各门外百姓无本为业，亦计[借]给其资。发去[出]钱十万余串。难民每日施粥饭。苏州百姓应纳粮税并未足收，田亩亦是听其造纳，并不深追，是以苏州百姓之念我也。

（广西壮族自治区通志馆编：《忠王李秀成自述校补本》，第59页。又见《中国近代史资料丛刊：太平天国》，Ⅱ，第813页。中国史学会编，编者：向达、王重民等，上海：神州国光社，1952。）

**【江苏省常熟县·咸丰十一年】**[二月中旬，福山新城堡筑成。]港口街中开设茶坊酒肆，又与店本，庇民贸易，每晨发卖所掳衣服，奸民贩鸦片兑换，亦肯赊欠。进出城门，必取路票。常城亦然。城外亦有店铺……又有借贼资本，赊欠贼物，商贩获利。

（汤氏：《鳅闻日记》卷下。《近代史资料》1963年第一期，第115页。又见《太平天国》，第六册，第343—344页。罗尔纲、王庆成，桂林：广西师范大学出版社，2004。）

**【浙江省杭州·咸丰十一年】**[入城后]即将省内难民一一安抚……难民无食，即到嘉兴载米万石，载钱二十万千来杭，将此米粮发救穷人。各贫户无本资生，借其本而资其生，不要其利，六个月将本缴还。粮米发救其生，不要其还。

（广西壮族自治区通志馆编：《忠王李秀成自述校补本》，第72页。又见《中国近代史资料丛刊：太平天国》，Ⅱ，第819页。中国史学会编，编者：向达、王重民等，上海：神州国光社，1952。）

**【江苏省苏州·天历十一年底】**[李秀成上江西湖北招兵时]将苏州、浙江、嘉兴军务民务妥交陈坤书执掌，我方去。后十二年回到苏省，民已失散，房屋被拆。良民流泪来禀……苏省之民，又被陈坤书扰坏。后我回省，贴出为民之钱、米，用去甚多。各铺户穷家不能度日者俱给本钱。田家未种，速令开耕。我在省时，斯民概安，仍然照旧发米二万余石，发钱十万余千。发此钱、米之后，百姓安居乐业。后丰足之时，各民愿仍将此本归还，我并不追问，其自肯还我也。后又将郡县百姓民粮、各卡关之税轻收，以酬民苦。

（广西壮族自治区通志馆编：《忠王李秀成自述校补本》，第76—78页。又见《中国近代史资料丛刊：太平天国》，Ⅱ，第820—821页。中国史学会编，编者：向达、王重民等，上海：神州国光社，1952。）

**【浙江省桐乡县·同治元年四月初十日】**又菱湖、双林等处长毛招聚散亡，令以贩卖治生,各商贾均由新塍办货,船以数十计。近则陡绝往来,定有官兵阻隔也。

(沈梓:《避寇日记》。《太平天国史料丛编简辑》,第四册,第151页。太平天国历史博物馆,北京:中华书局,1962。)

**【江苏省南京・同治二年七月二十四日】**见城贼伪示二张……一言在城之人,贫富不均,令贫民至其府内,领钱以十千为度,领米以二石为度,以作小本生意及贩粜小米店,限一年归还云云。皆是忠逆出名。

(赵烈文:《能静居士日记》。《太平天国史料丛编简辑》,第三册,第284页。太平天国历史博物馆,北京:中华书局,1962。)

**【江苏省南京・天历十二年至十三年】**收拾忍心笑李猫,假仁煦煦亦无聊。试看通济门前路,买米归来满担挑。[伪忠王李(自)(秀)成于湖熟、解溪诸镇搭盖草房,设立米市,转运入城,以资商贾,并给资本。]

(陈庆甲:《金陵纪事诗》。《太平天国史料丛编简辑》,第六册,第404页。太平天国历史博物馆,北京:中华书局,1962。)

### (二)向富商借饷与令商人填补钱粮缺额

[参见第七章"乡官制度"和第十章"富户经济的变化"]

**【江西省・咸丰四年秋以后】**每县设伪官,有监军、军帅、师帅、旅帅名目。开科取士,[下残数字],官皆迫[下残数字]举为之。钱漕悉依旧制……绅商家资,十分抽一。

(黄彭年:《陶楼群先生日记》,《思朔录》。)

**【浙江省・同治元年五月初八日】**桐乡粮米缺额一千二百两,着各镇派填,濮[院]派三百廿千。朱星河同钱鹤田至桐[乡]求钟缓征。

(沈梓:《避寇日记》。《太平天国史料丛编简辑》,第四册,第215页。太平天国历史博物馆,北京:中华书局,1962。)

**【浙江省平湖、嘉兴、秀水、桐乡四县・同治二年二月】**其田捐,于冬底特办三个月,每亩每月捐钱二百文,乡人不能给,则镇人措派股捐以垫之,不必尽取诸乡人也。总计嘉、秀、桐三邑所办贼务,惟嘉兴为最苛,系伪总制章、伪监军陈姓所为,章等皆务聚敛病民者也。其秀邑,则沈子山,夏月帆所办。桐邑则姚福堂、王花大所办。惟银粮两□[正]赋实取之田户,其余杂捐及海塘,听王殿等费,皆系各镇殷户派股支应,其派及乡人者犹暂而不常。(下阙数字)桐邑,盖桐邑田账册籍具在,民间全无分毫可免。秀邑则专编田而不及地,是以民间无田[?地]业者,尚终岁无催租人到门也。

(沈梓:《避寇日记》。《太平天国史料丛编简辑》,第四册,第237—238页。太平天国

历史博物馆，北京：中华书局，1962。）

［按：参见该书第290页。］

## 四、禁止交易的商品

### （一）禁屯积粮食和禁谷米出境

#### 1. 禁屯积粮食

**【江苏省常熟县·同治元年三月二十七日】** 闻申参军升仕天预，与桓天侯罗□□专司前营各师帅事，设局庙桥。定议筑海塘，造牌坊，修塘路及上忙条银，每亩征钱七百廿，佃农疲惫不堪。况添过匪供应三厘，下忙银三百，复闻有免冲钱六百四十五。师发役五十名，以备追索……又粮局闻屯米家，夺米代粜，粜尽不给钱，则曰奉令罚蕴利者，或曰汝有捐在簿，已填姓名，或曰借征下忙，留此备抵赋。噫！有此蓄租，胡弗指囷为仁粟，而致令劫夺乎。若假威之狐，藉肥私橐，不足诛矣。

（龚又村：《自怡日记》。《太平天国史料丛编简辑》，第四册，第439页。太平天国历史博物馆，北京：中华书局，1962。）

**【江苏省常熟县·同治元年五月三十日】** 闻卡匪到各家查米，除数口可给外，勒令交局出粜，至索米钱，或半价，或竟不偿，恃强凌弱，民间得高枕乎。

（龚又村：《自怡日记》。《太平天国史料丛编简辑》，第四册，第449页。太平天国历史博物馆，北京：中华书局，1962。）

#### 2. 禁谷米出境

**【安徽省庐州·咸丰四年二月】** 贼遏籴，［禁止船只装运米谷］，贼设伪关伪卡坊［征收钞银，稽查逃亡］。

（吴光大：《见闻粤匪纪略》。）

**【江苏省吴江县·咸丰十年】** 十年冬月，贼兵攻围杭州，王永义出令禁止客米往西南一带，声言毋得接济妖军。于东西两庙设卡巡查，派仲纶为伪卡员，悬挂枫阁户书伪示。杭城粮饷罄尽，无处探买，遂至失守。

（鹤樵居士：《盛川稗乘·同治三年吴江县绅士公呈》。《太平天国史料丛编简辑》，第二册，第204页。太平天国历史博物馆，北京：中华书局，1962。）

**【江苏省常熟县·咸丰十一年三月十九日】** 又有钱伍卿禁止（饭）［贩］米告示："奉令饬查米船，不准私自出洋。食米过卡报税，本境原准流通。牙户平买平卖，出洋踏获充公。军民藉端索诈，立即按提严究。诚恐未及周知，合令出示晓谕。"

（佚名：《庚申避难日记》。《太平天国史料丛编简辑》，第四册，第501页。太平天国

历史博物馆，北京：中华书局，1962。）

**【浙江省慈溪县·咸丰十一年至同治元年】**贼初来时[咸年十一年十月]，即命伪官在统属乡里查民间积有谷米者，悉行封贮充公，不准粜卖。由是奸民假势鱼肉良善，恣意勒诈，稍拂其欲，即驾害倾家。谷价倍涨，每百斤大钱三千三四百文，而贫民日谋升斗者几难存活。又禁止各乡谷米不准出里，邻村不能通贷。慈城所进之米，存贮永明寺，每月约计千余石；所进之银，每月约计三四万两。熔倾(千)[十]两大锭，堆垒满室，诚为没奈何、不动尊矣。

（柯超：《辛壬琐记》。《太平天国资料》，第190页。北京：科学出版社，1959。）

**【江苏省常熟县·同治元年二月初八日】**长毛出告示，禁止客商贩米。

（佚名：《庚申避难日记》。《太平天国史料丛编简辑》，第四册，第520页。太平天国历史博物馆，北京：中华书局，1962。）

[编者按：一个版本说是八日，一个版本说是十日。]

**【江苏省常熟县·同治元年六月廿七日】**长毛不许麦、蚕豆诸物出镜。现今价有低昂，客人来贩者甚多。今晨有客籴货，被庙内长毛锁住。

（佚名：《庚申避难日记》。《太平天国史料丛编简辑》，第四册，第531页。太平天国历史博物馆，北京：中华书局，1962。）

### （二）禁出售鸦片、烟、酒和迷信用品

[参见总政策章禁令目]

**【广西省·1849年】**洪[秀全]禁吸鸦片，即平常烟草及饮酒均在被禁之列。关于鸦片，彼有一诗，原文曰：烟枪即铳枪，自打自受伤，多少英雄汉，困死在高床。关于饮酒，秀全谓以米蒸酒，是夺去人所必需之食粮，其后复予人以无用而有害之饮料。从前秀全之酒量甚大，其后则为应酬友人，只饮三小杯，在家亦以此为限。但自入广西后，大概完全禁绝。如果人言为可信，则彼禁绝其信徒饮酒也。

（韩山文：《太平天国起义记》。《中国近代史资料丛刊：太平天国》，Ⅵ，第867页。中国史学会编，编者：向达、王重民等，上海：神州国光社，1952。）

**【江苏省·1853年】**太平军之道德纪律亦极为严正，凡吸鸦片，甚至抽旱烟者，盗窃者，及淫虐妇女者，皆治以死罪。

（晏玛太著，简又文译：《太平军纪事(讲词)》。《中国近代史资料丛刊：太平天国》，Ⅵ，第925—926页。中国史学会编，编者：向达、王重民等，上海：神州国光社，1952。）

**【江苏省南京·咸丰三年】**君[张郦原]之友萧某，寄迹于朝阳门之伪城守将军陈桂堂，贼禁洋烟而陈嗜之，与萧为吸烟密友，萧有所挟，渐语以叶知发之谋。

（金树本：《张郦原金陵内应纪略》。《太平天国文献史料集》，第363页。北京：中国社会科学出版社，1982。）

**【江苏省南京·咸丰三年】**伪官风帽看黄边，小大绸衣暑尚棉。洋伞非关遮赤日，严刑先戒食黄烟。红鞋倒镫常骑马，白浪空舱亦放船。如此太平诳天命，火神六合聚歼旃。

（佚名：《金陵纪事》。《太平天国史料丛编简辑》，第二册，第52页。太平天国历史博物馆，北京：中华书局，1962。）

**【江苏省南京·咸丰三年】**凡聚集饮酒，私议军事，巡查拿获，一概全斩。

凡吹洋烟者，斩首不留。

凡吃黄烟者，初犯责打一百，枷一个礼拜。再犯责打一千，枷三个礼拜。三犯斩首不留。

凡朝内军中如有兄弟赌博者，斩首。

（张德坚：《贼情汇纂》卷八《伪文告下·伪律诸条禁》。《中国近代史资料丛刊：太平天国》，Ⅲ，第229—232页。中国史学会编，编者：向达、王重民等，上海：神州国光社，1952。）

**【江苏省南京·咸丰三年】**天王诏曰：高天灯草[心]似条箭，时时天父眼针针。不信且看黄以镇，无心天救何新金。吹去吹来吹不饱，如何咁蠢变生妖？戒烟病死胜诛死，脱鬼成人到底高。并钦此。

（张德坚：《贼情汇纂》卷七《伪文告上·伪诏旨》。《中国近代史资料丛刊：太平天国》，Ⅲ，第191页。中国史学会编，编者：向达、王重民等，上海：神州国光社，1952。）

**【江苏省南京·咸丰三年】**至于烟酒，为贼最禁之物。吸洋烟谓之犯天条，杀无赦。水旱烟名曰黄烟，名酒曰潮水，有犯禁吸饮者，重则立决，轻亦枷杖。贼令虽严，然未能周察，故杀者自杀，而食者自食也。

（张德坚：《贼情汇纂》卷八《伪礼制·饮食》。《中国近代史资料丛刊：太平天国》，Ⅲ，第187页。中国史学会编，编者：向达、王重民等，上海：神州国光社，1952。）

**【江苏省南京·咸丰三年】**至于枷责无一定过犯，则视贼目之强懦喜怒，有一馆日枷数人者，有一馆数月未枷一人者，所犯之事无非吃旱烟、脱衣卧、些小口角及礼拜一次不到，见官长至不起身奉茶，喂马不如法，役使懒惰之类，毛举细故，藉以儆众。

（张德坚：《贼情汇纂》卷九《贼教·刑罚》。《中国近代史资料丛刊：太平天国》，Ⅲ，第265页。中国史学会编，编者：向达、王重民等，上海：神州国光社，1952。）

**【江苏省南京】**小弟杨秀清立在陛下，暨小弟韦昌辉、石达开跪在陛下，奏为吹吸洋烟大犯天条事。缘据夏官正丞相何震川禀称，转据殿右贰检点胡海隆禀称，前叁巡查赖桂英于十月十八日在天京城内新桥地方拿获周亚九、李连升、于顺添等朋吹洋烟一案，并起获烟具烟泥等件，已由该官承审确实，取有口供禀报前来。弟等未敢擅专，理合肃具本章，粘附原供，启奏我主万岁万岁万万岁御照施行。

年　月　日

御照：弟等所议皆是，周亚九等即斩首不留。钦此。

（张德坚：《贼情汇纂》卷七《伪文告上·伪本章》。《中国近代史资料丛刊：太平天国》，Ⅲ，第206页。中国史学会编，编者：向达、王重民等，上海：神州国光社，1952。）

［编者按：此事大约发生在天历三年十月。］

**【江苏省南京·1853年】**他们不独恪守“十诫”以期实施一种清洁的道德于此纵欲的及腐化的民族中，更要攻击种种特殊的罪恶。其中最难禁绝的乃是已上瘾的吸鸦片与饮酒，甚至禁吸黄烟。这样，他们是与人类一种最普遍的本能交战——即是：欲求刺激与欲求各种违禁的麻醉品与酒类，——虽然可以预料他们终于发觉人类的本性及其大欲强力太大无可与敌。

（《华北先驱》第178期，1853年12月24日社论。简又文：《太平天国典制通考》中册，第836页。香港：简氏猛进书屋，1958。）

**【江苏省南京·咸丰三年至四年】**［吸鸦片］小兵草草灯一盏，对眠吐纳语声软；大帅岩岩灯两碗，左左右右免展转。吸烟未了又熬烟，烟鬼满营烟满天；翻羡贼人法令严，手乍持枪头已悬。

（马寿龄：《金陵城外新乐府》。《中国近代史资料丛刊：太平天国》，Ⅳ，第742—743页。中国史学会编，编者：向达、王重民等，上海：神州国光社，1952。）

**【江苏省南京·咸丰三年至四年】**［禁烟酒］此物耗血兼损年……闯入人馆用鼻嗅［酒气］……烟筒酒壶见即夺，缚献巡查法不宥。

（马寿龄：《金陵癸甲新乐府》。《中国近代史资料丛刊：太平天国》，Ⅳ，第734页。中国史学会编，编者：向达、王重民等，上海：神州国光社，1952。）

**【江苏省南京·咸丰三年二月】**［汪星垣］烟具未尝释手，贼禁吸黄烟，入见，令掷去烟具。

（张汝南：《金陵省难纪略》。《中国近代史资料丛刊：太平天国》，Ⅳ，第698页。中国史学会编，编者：向达、王重民等，上海：神州国光社，1952。）

**【江苏省江宁·咸丰三年四月初四日】**谨将访闻贼匪情形，开单呈览……贼禁食旱烟、水烟、潮烟,有吸鸦片烟者立杀。

(祁寯藻奏。军机处全宗·录副奏折。中国第一历史档案馆编《清政府镇压太平天国档案史料》,第六册,第284页。北京:社会科学文献出版社,1992。)

**【江苏省南京·1853年4月】** 革命军殊有特异处。据麦多[士]君之记载,描写其为清教徒的性质而兼是狂信的:全军在饭前必事祈祷。强奸奸淫与吸食鸦片者,处以死刑,吸烟草者则笞之。在战地所俘得之妇孺,使其分住别馆,均给予衣食及教育。

(《乔治·濮亨致克拉兰登伯爵书》,1853年4月22日自上海发。曹墅居译、简又文校:《英国政府蓝皮书中之太平天国史料》。《中国近代史资料丛刊:太平天国》,Ⅵ,第892页。中国史学会编,编者:向达、王重民等,上海:神州国光社,1952。)

**【江苏省南京·天历四年五月】** 东王杨秀清通令朝内军中人等禁酒诰谕

且闻得朝内军中嗜酒滋事者,甚属不少,此等行为,殊(甚)[堪]痛恨。为此再四诰谕朝内军中国宗、国亲、贵亲、(候)[侯]相大小各官员兄弟姊妹人等知悉,自谕之后,仍还有私自饮酒者,许该统下国使、将使、听使人等拿解送案,奏封丞相。如该统下人等畏怯不举,一经别人拿获,定将该国使、官使人等共同治罪……倘敢仍蹈前辙,一经有人拿获送案,除将吃酒人犯遵旨斩首示众外,并将获犯之人奏封恩赏丞相,以奖其功。如知情不举,亦一体治罪,决不宽贷。尔等慎勿乘片时之兴,以致身首异处也。亟宜凛遵,毋违诰谕。

太平天国甲寅四年五月日诰谕。

(《太平天国》,第三册,第39—40页。罗尔纲、王庆成,桂林:广西师范大学出版社,2004。)

**【江苏省南京·天历四年五月二十三日下】** 东王杨秀清答复英人三十一条并质问英人五十条诰谕。一复:凡食洋烟、水旱等烟及吃酒并奸淫,皆我主天王遵天父圣旨斩邪不赦也。

(蒋孟引:《1854年6月太平天国东王答复英国人三十一条并责问五十条诰谕》。《文史》,第1辑,第72页。1962年10日出版。《太平天国》,第三册,第21页。罗尔纲、王庆成,桂林:广西师范大学出版社,2004。)

**【江西省湖口县·咸丰四年十二月】** 贼势大振,禁例森严,征求无厌,甚至封选子女,民间嫁娶几为之空。[贼禁民间不许饮酒,不许吃烟,不许戴帽笠,不许带衣领,不许妇人穿红着绿。但乡下尚未大变。]

(张宿煌:《备志纪年》。《近代史资料》总34号,第190页。北京:中华书局,1964。)

**【江西省分宜县·咸丰五年】** 十二月十四日转分,禁民剃发、焚香、吸烟,犯者黥面,反缚游城,挞,令自呼其名,身犯某罪。

（同治《分宜县志》卷五《武备·武事》。）

**【安徽省安庆·1856年】**有安庆居民云……他们施政，正直不阿，甚至严竣。凡吸鸦片与烟草者皆受刑罚。

（丁韪良博士 Dr. Wm Martin 文。载 *North China Herald* No.323，译文转引自简又文：《太平天国典制通考》上册，第396—397页。香港：简氏猛进书屋，1958。）

**【江西省抚州·1856年9月10日。即咸丰六年八月十二日】**丁韪良博士报告在1856年9月10日［阴历咸丰六年八月十二日］与一卖书商人晤谈所得：

"此商人为江西抚州人，先于是年阳历五月离开本乡。其时，抚州被太平军占领已历数月矣。［按：太平军于咸丰六年二月二十日占抚州。］……太平军政治严明而有力。其所颁文告，初在一八五三年时鄙俚粗俗，今则尽反之，文字优雅，语气温和，有江南才子士人之韵味。饮酒只限一杯为止。鸦片则严禁，但私吸者亦难尽禁矣。

（丁韪良博士 Dr. Wm.Martin 的报告，载 *North China Herald* No.323，1856年10月4日。译文引自简又文：《太平天国典制通考》上册，第405—406页。香港：简氏猛进书屋，1958。）

**【江苏省苏州·咸丰十年】**难民看囊之钱，谓非所已有，而贼众抢劫之罪不问。严立奸淫之禁，而贼酋方广选女色。不许民间吸烟，见烟袋辄拗折毁弃，而众贼身畔各有短烟管；鸦片之禁尤酷，而搜夺烟膏及老枪等具，喜形于色。

（潘钟瑞：《苏台麋鹿记》。《中国近代史资料丛刊：太平天国》，V，第284页。中国史学会编，编者：向达、王重民等，上海：神州国光社，1952。）

**【江苏省常熟县·咸丰十年】**［自八月底至九月中，］乡民每贩食货、洋烟，到城外与长毛贸易，换兑衣服器用，以一本博四、五利息。难民仗此餬口，奸匪借此丰足。

（汤氏：《鳅闻日记》卷上。《近代史资料》1963年第1期，第96页。又见《太平天国》，第六册，第323页。罗尔纲、王庆成，桂林：广西师范大学出版社，2004。）

**【江苏省南部·咸丰十年五至六月】**城陷五十余日，余始出城，水、旱烟价十倍于昔，鸡子一枚六十文，菜油一斤三百文，鲞鱼一尾四百文，肉价如之，贼言："百文之狐裘勿穿，千文之肉必食。"今时之达者。

贼之烟禁极严，见即斩首，无不互相瞒隐。盖吸洋烟者亦复不少，烟土一两白金一两，烟膏一分制钱五十文。

是时土皮极贵，每两三百文，某向为伙于烟馆，积土皮二十斤获重利，贩货上洋，人或赠其外字曰芹坡，犹言廿斤土皮也，亦黠之至矣。

（沧浪钓徒：《劫余灰录》。《太平天国史料丛编简辑》，第二册，第159页。太平天国

历史博物馆，北京：中华书局，1962。）

**【江苏省常熟县·咸丰十年冬】**贼中素禁吸烟，至鸦片则愈犯戒。前黄逆之众，吸者甚少。兹缘苏、徽二府人多，故染洋烟者十分之八也。又各随手带五六寸竹烟筒，呼吸旱烟，但避其贼主而已。

（汤氏：《鳅闻日记》卷下。《近代史资料》1963 年第 1 期，第 103 页。又见《太平天国》，第六册，第 331 页。罗尔纲、王庆成，桂林：广西师范大学出版社，2004。）

**【江苏省常熟县·咸丰十年十二月十六日】**［太平军四人到黄家桥］鸦片铺被其拿去鸦片烟两有余。

（佚名：《庚申避难日记》。《太平天国史料丛编简辑》，第四册，第 492 页。太平天国历史博物馆，北京：中华书局，1962。）

**【江苏省吴江县·咸丰十年】**军帅金，出示禁开烟灯，锁打枷号三人。

（倦圃野老：《吴江庚辛纪事》。）

**【江苏省常熟县咸丰十一年】**贼中禁吃雅片烟，钱竹溪适被贼查出，捉去杖责，荷校鸣锣示众。莠士、博士，如是如是。

（佚名：《避难纪略》。《太平天国史料专辑》，第 62 页。上海：上海古籍出版社，1979。）

**【江苏省·咸丰十一年】**禁止迷信与后期弛禁。［以下内容见于龚又村：《自怡日记》。《太平天国史料丛编简辑》，第四册各页。太平天国历史博物馆，北京：中华书局，1962。］

① 二月十五日　拆寺。（第 388 页。）

② 三月十五日　佛像首缠红绢，可免毁。（第 395 页。）

③ 三月廿八日　禁纸马。（第 396 页。）

④ 四月廿三日　断屠求好天气。（第 399 页。）

⑤ 七月八日　迷信用具被没收。用咸丰年号罚钱。（第 406 页。）

⑥ 同治元年六月十三日，苏省熊天善主持生病求佛，病愈大送礼。“致各匪信从。香筵极盛，常城匪疾亦祀神斋佛。”“原拟摈废纸马，各店仍卖者坐罚，至此禁弛。与鸦片之愈禁愈盛，同一具文。”（第 450 页。）

**【安徽省芜湖县、太平·咸丰十一年二月十八日(公元三月二十八日)】**巴等［巴夏礼及 Bouncer 舰长 Creasy］过芜湖及太平府，上岸视察。据云：当地女多于男，鸦片可自由吸食，每田一亩收粮四升。当日抵天京。

（简又文：《太平天国典制通考》中册，第 946 页。香港：简氏猛进书屋，1958。）

【江苏省常熟县·咸丰十一年三月一日】禁人吃一切水、旱、大烟。

（佚名：《庚申避难日记》。《太平天国史料丛编简辑》，第四册，第498页。太平天国历史博物馆，北京：中华书局，1962。）

【湖北省黄州·1861年3月】军中没有妇女，他们说家眷都留在南京。

太平军……虽然没有明文教条例来维持军队的秩序，但兵士们却能和好相处……从没有看见他们打架，争吵或醉酒[酗酒]，同样也没有看见他们赌博或吸鸦片。

（王崇武译注：《英国侵略者破坏太平天国革命的一段史料，英国参赞巴夏礼报告在黄州访问英王陈玉成的经过》。《历史教学》，1957年第4期。）

【江苏省常熟县·咸丰十一年四月】闻得贼中接到南京贼例十条，伪禁洋烟、旱烟及无故杀人、掠货、拆屋、伐树等事。

（汤氏：《鳅闻日记》卷下。《近代史资料》1963年第1期。又见《太平天国》，第六册，第349页。罗尔纲、王庆成，桂林：广西师范大学出版社，2004。）

【江苏省常熟县·咸丰十一年八月四日】长毛有告示禁鸦片。

（佚名：《庚申避难日记》。《太平天国史料丛编简辑》，第四册，第511页。太平天国历史博物馆，北京：中华书局，1962。）

【江苏省吴江县·同治元年二月初八日】贼禁洋烟及民间戴帽。十二日，近镇抢去烟筒一只，毡帽十余顶，去发辫五人。

（蓼村遁客：《虎窟纪略》。《太平天国史料专辑》，第40页。上海：上海古籍出版社，1979。）

【江苏省常熟县·同治元年四月】《禁洋烟》：熟悉乡村日要钱，非非妙想入非天；洋烟自吃相呼走，反说忠王禁洋烟。

（陆筠：《海角悲声》，南京图书馆藏抄本。转引自蒋顺兴《关于"海角悲声"》，《江海学刊》1962年第1期。）

【浙江省乌程县·同治二年九月】廿一日，闻乌镇何长毛又出师攻吴江。何，广东人也，乌镇广东人开土行、卖鸦片者六十余店，悉令从军，得五六百人。

（沈梓：《避寇日记》。《太平天国史料丛编简辑》，第四册，第278页。太平天国历史博物馆，北京：中华书局，1962。）



【江苏省南京·天历十一年】本军师曾游诸洋，深悉外洋鸦片烟甚为中国害，且寻其各洋邦售卖实数，每年总计耗中国银两不下四五千万之多，我中土(花)[华]人其何以堪?

前将此情启奏我真圣主天王，而圣心悲悯，不胜悼叹，乃蒙面降纶言，必除鞑妖此弊，方能永保我民……天王诏旨云：朕诏天下军民人等知之：烟枪即铳枪，自打自受伤，多少英雄汉，弹死在高床。钦此。

（洪仁玕：《钦定军次实录》。《太平天国史料》，第63页，北京：中华书局，1959。）

**【江苏省南京·1860年】**［赞］嗣君道歉谓可惜有肴无酒，待慢得很，盖饮酒犯天条也。天国内无一人私饮，但彼前日刚使人来我们处买了一瓶蒸酒；昨日我在某官家内又尽量饮其“天酒”，不特此也，就在天京已有人制酒矣。

（富礼赐著，简又文译：《天京游记》。《中国近代史资料丛刊：太平天国》，Ⅵ，第948页。中国史学会编，编者：向达、王重民等，上海：神州国光社，1952。）

**【江苏省南京·1860年】**［在忠王之弟所设之宴会上，两瓶来路“雪梨”酒和“天酒”被各“大人”饮着］，由此显见他们高级的领袖并不遵行天王之荒谬的禁令，因席上人人尽量畅饮……抽烟亦也常事，为座中人人所好者。

（富礼赐著，简又文译：《天京游记》。《中国近代史资料丛刊：太平天国》，Ⅵ，第952页。中国史学会编，编者：向达、王重民等，上海：神州国光社，1952。）

**【湖北省·咸丰三年至五年】**真天命太平天国天朝国宗提督军务韦［俊］、石［凤魁］诲谕官兵良民人等各宜革除污俗以归正道事……

三、洋烟黄烟不可贩卖吸食也。洋烟为妖夷贻害世人之物，吸食成瘾，病入膏肓，不可救药。黄烟有伤肤体，无补饥渴，且属妖魔恶习。倘有贩卖者斩，吸食者斩，知情不禀者一体治罪。

（张德坚：《贼情汇纂》卷七《伪文告上·伪告示》。《中国近代史资料丛刊：太平天国》，Ⅲ，第224—225页。中国史学会编，编者：向达、王重民等，上海：神州国光社，1952。）

逆于洋烟禁最酷，酒次之。禁吸黄烟，贼众有偷吸者，市中居为奇货，价与洋烟同。

（杜文澜：《平定粤寇纪略》附记二《邪说记》，第7页。上海申报馆仿聚珍版印。）

## 五、公营商店、买卖衙和盐专卖

### （一）公营商店和买卖衙

［含公私合营商店］

贼匪以古法一万二千五百人为军。……每军十二典：圣库，曰圣粮，曰油盐，曰旗帜，曰铳炮，曰铅码，曰硝磺，曰竹木，曰铁，曰药材，曰买卖，曰医。

(汪士铎:《乙丙日记》卷二,第 8 页。明斋丛刻,民国 25 年铅印线装本。)



**【江苏省镇江·咸丰三年】**贼卖贱米,诱人入城,数日后,买米者多,悉闭城内,胁当头阵。有送小菜者,给免死腰牌。在镇江事。

(佚名:《哀江南总目提要》。见《太平年初稿江南史事别录》,第 120 页。按:卖贱米事又见《贼情汇纂》卷十一《贼数·掳人》;卷十《贼粮关榷·交易》条。买小菜事又见《金陵癸申纪事略》及《贼情汇纂》卷八《伪官照》条。)

**【江苏省南京·咸丰三年】**伪诏命衙。主为贼写伪示。

伪买卖衙。主采买之事。三月间,杨逆忽传令,买凤凰、狮子、老虎、象等若干,其狂妄亦可哂矣。

(佚名:《粤逆纪略》。《太平天国史料丛编简辑》,第二册,第 35—36 页。太平天国历史博物馆,北京:中华书局,1962。)

**【江苏省南京·咸丰三年】**天官以下[有]六官,官皆有协理,皆稍知文理识字者。其余掌仪、春人,名目甚多,忽增忽改,并无定见。最重牌刀手,错杀皆不问。封伪职则为参护。亦最重书手,敬如宾客。即识字与知文理者,封升伪职则为监军,余多为总制。今忽南京数十人皆封为总制,分各行铺,牢笼之术也。

(佚名:《金陵纪事》。《太平天国史料丛编简辑》,第二册,第 49 页。太平天国历史博物馆,北京:中华书局,1962。)

**【浙江省嘉善县·咸丰三年二月初六日】**苏州来之腌猪肉六十文一斤,山东黄芽菜七文一斤。西塘布庄不开。张泾汇布庄亦于昨日令主顾于城中、相泾去卖,因无客销而本钱已完也。

(王文镕:《癸丑纪闻录》。《太平天国史料专辑》,第 481 页。上海:上海古籍出版社,1979。)

**【安徽省太湖县·咸丰三年至同治十二年】**在太平天国以前,有原编商税(31.56 两),协济昌平州银(3 两),马路河地租(55.61 两),牙帖税(72.6 两),典税银(5.5 两),房地(0.35 两),新增驿站,倒马皮张(10 两),税契(每两征 0.03 两),牲畜,棉花,油,烟,布尺税。(棉每石征税 0.012 两,油 0.252 两,烟 0.12 两,布 10 尺征 0.018 两,牲畜税价每两征 0.03 两)。同治元年至同治十二年修志时止,原编商税协济昌平,马路地租,典税,房地五款因阛阓被毁商贾失业,尚未启征;牙行向有 68 帖,现仅 6 帖。

(民国十一年《太湖县志》卷九《食货志·杂课》,第 34 页。)



**【江苏省扬州·咸丰六年三月】**阅七日名礼拜期,三更即起诵经,买(辨)[办]衙致米、盐、食品，嗣后以为常。

（刘贵曾口述：《余生纪略》。《太平天国》，第四册，第375页。罗尔纲、王庆成，桂林：广西师范大学出版社，2004。）

**【安徽省六安州·咸丰七年五月】**月之初二日，接读宗台大人赐覆，可见包容大度，不弃庸愚，弟不胜忻幸之至。但所委约同旧衙兄弟来州之语，弟已在闸上面会到孙奠邦，谈及此事。伊云无为州兄弟，原系过馆而来，此刻伊等俱不愿到六安州境，望大人不必再三。惟奠邦自己云，将经手各店铺账目了清，即复归馆。弟蒙宗台错爱，理应账事粗了，随即归衙；奈接家信来云，前月大福回家口说，代弟所带些须物件并艮信若干，行至老田村内，俱被土匪抢去，伊比回至府上，托采芝先生写信一封，追出物件少许，弟料此事必假，因欲回家一查。

（《六安州总制掌书陈凤曹上六安州总制陈禀》。《太平天国资料》，第6—7页。北京：科学出版社，1959。又见《太平天国》，第三册，第52—53页。罗尔纲、王庆成，桂林：广西师范大学出版社，2004。）

**【江苏省湖州南浔镇·咸丰十年】**在南浔，设有"官丝行"四家。

（温鼎：《庚申粤匪据浔纪略》。周庆云：《南浔志》卷四十五。民国十二年刊本。）

**【江苏省湖州南浔镇·咸丰十年】**产丝重地南浔镇，对丝行每日买丝斤数、货价，均有专人登记造册。

（吴焦生：《杂忆》。周庆云：《南浔志》民国十二年刊本。）

**【江苏省常州·咸丰十年九月】**所闻近事记左：吾常有人来云，贼令城乡各民纳钱，与布一方，上有印记，悬门首以当门牌。分大小户，大者洋钱三、四元，少[小]者一元，又每一烟灶，按月纳钱四百二十文。贼又于各要路置卡，吾民往来贸易不禁，但需按货纳税。又有贼以掠得衣物出售，每包洋二元，不许拣择，有得珍裘者，有得败絮者。

（赵烈文：《能静居士日记》六。《太平天国史料丛编简辑》，第三册，第157页。太平天国历史博物馆，北京：中华书局，1962。）

**【浙江省桐乡县乌镇·咸丰十年】**贼众夜入土营，晨则奔驰四方，喜铸短刀枪，刀匠力辞不得，往往负其工值。又将掳掠之衣服、器具列肆变卖。人贪其价廉，竞买之。长毛或嘲笑曰："汝善收拾，某□等仍来取也。"此正售其奸术，何其愚哉。

（佚名：《寇难琐记》卷一，手抄本。南京大学历史系太平天国史研究室编《江浙豫皖太平天国史料选编》，第145页，南京：江苏人民出版社，1983。）

**【浙江省秀水县·咸丰十年十二月十一日】**［太平军在新塍出卖衣服与镇人，价才十分之一。]镇人争买便宜。局中出告示不许买。

（沈梓：《避寇日记》。《太平天国史料丛编简辑》，第四册，第59—60页。太平天国历史博物馆，北京：中华书局，1962。）

**【浙江省桐乡县乌镇·咸丰十一年五月】**打菱湖之役，长毛先胜后溃。乌镇魏军政司同何献天豫在军中自双堂子漾之奔也，沿途仍打先锋。魏素凶狠，独领至善琏村，焚烧营房阁，又掳掠典栈。同党嫉之，尝赴懲朗天义，方用事而未能问，会西北乡多方骚扰，皆魏之故也。十一日之变，魏实有以致之。至是始命撤任至嘉兴。魏不肯行，泣数行，先将所掠货物尽行贱值变卖，余物运入禾中[指嘉兴城中]。

（佚名：《寇难琐记》卷一，手抄本。南京大学历史系太平天国史研究室编《江浙豫皖太平天国史料选编》，第152页，南京：江苏人民出版社，1983。）

**【浙江省桐乡县濮院·咸丰十一年七月】**初七日。有伪军政司朱姓者，[同一姓马的，封仲秋坪茂才之屋，贴上封条，]上写“天意丝绸庄”，下署伪官名某封，旁注：“着产主即速到卡面议租价”。盖马姓者盛川人，向为绸业，自去年以来，既与长毛比合经营谋利，故欲至濮镇开设绸庄，系长毛发本而马姓者为之谋主，总管钱货出入，盖藉长毛之名以居奇者也。谋利之局，为之一变，而人心之狡狯可知。

（沈梓：《避寇日记》卷二。《太平天国史料丛编简辑》，第四册，第75页。太平天国历史博物馆，北京：中华书局，1962。）

**【浙江省湖州·咸丰十一年九月初九日】**见匪船重载，系自湖属打先锋回，所掳物件俱摊卖。[把在浙江省湖州府属地区打先锋所得之物，在江苏省常熟县出售。]

（龚又村：《自怡日记》。《太平天国史料丛编简辑》，第四册，第413页。太平天国历史博物馆，北京：中华书局，1962。）

**【江苏省吴江县·咸丰十一年九月十八日】**溧阳贼数百过境，抢掠食物。至土地堂毁伤神像。中元桥一妪买贼船上旧衣几件，为贼酋所见，[即攫舟子]杀死。

（倦圃野老：《庚癸纪略》。《太平天国》，第五册，第318页。罗尔纲、王庆成，桂林：广西师范大学出版社，2004。）

**【浙江省桐乡县濮院·咸丰十一年十二月二十一日】**北横街仲敬德堂又开天章绸庄，乃盛泽伪汪心(根)[耕]所开。十二月初旬始开。

（沈梓：《避寇日记》。《太平天国史料丛编简辑》，第四册，第112页。太平天国历史博物馆，北京：中华书局，1962。）

**【浙江省湖州双林镇·同治元年四月至三年七月间】**营业有与镇人合资者，报贴所书，必有天字。

（民国《双林镇志》卷三二《兵灾记》。）

**【浙江省·同治元年八月】**初一日，闻徐渭书于六月二十边破。初二，有大股贼过东，皆重装，所掳人及所割稻头不少。初二日至新，知贼于各处购镰刀，将四出□割。又闻前月尽，余杭寒林埠大打先锋，掳人甚多，凡客商在船中可逃，登岸者无一人一家得免也。盖彼处竟与长毛合做生意，不以为意，讵知此日贼从徽州旱路下来，猝发于不及知也。

（沈梓：《避寇日记》。《太平天国史料丛编简辑》，第四册，第 225 页。太平天国历史博物馆，北京：中华书局，1962。）

**【浙江省桐乡县·同治元年八月二十五日】**自塘西以上……百姓负贩，沿途必遭劫夺，故经营者百姓必与长毛合同谋利。

（沈梓：《避寇日记》。《太平天国史料丛编简辑》，第四册，第 187 页。太平天国历史博物馆，北京：中华书局，1962。）

**【江苏省吴江县盛泽镇·同治元年八月】**伪礼部右侍郎汪心根者，[按："根"又作"耕"，鹤樵居士《盛川稗乘》有汪心耕传。]苏人也。家陷贼，有妹为伪听王七公子所得，遂为夫妇。汪以王亲授伪职，甚见信用。在盛川分设市肆，权子母，贼资数十万，皆涉其手。汪又拔苏人陷贼者，分居各市肆，司会计，多至数十人，皆其亲戚故旧也。

（沈梓：《养拙轩笔记（选录）》。《太平天国史料丛编简辑》，第二册，第 267 页。参见沈梓：《避寇日记》，《太平天国史料丛编简辑》，第四册，第 181 页。太平天国历史博物馆，北京：中华书局，1962。）

**【浙江省余杭县·同治元年九月初三日】**且贼兵载道，商贩者多被劫，居民不得已与贼合同设肆贸易。

（沈梓：《避寇日记》。《太平天国史料丛编简辑》，第四册，第 189 页。太平天国历史博物馆，北京：中华书局，1962。）

**【浙江省·同治二年三月】**初五日，闻官兵至富阳不退，居民大得沾惠，营中粜米每一百文得米三升云。初余杭等处自去年以来米价昂贵已久，每升百二十文，贩米者与长毛合伙营生，除去关卡路费尚不获利。自余杭以上至于潜、昌化，则更贵而不可得。富者迁徙，贫者十存一二，皆白日行劫，杀人为食之徒。行道者必与长毛结队而行，二三人不能走也。自富阳米贱，而民气小苏，商贩皆折本，以五元八九角往者，仅卖四元有余。

（沈梓：《避寇日记》。《太平天国史料丛编简辑》，第四册，第 244 页。太平天国历史博物馆，北京：中华书局，1962。）

### （二）出售打先锋之物

［参见第二章第四节“打先锋制度”］

**【江苏省吴江县·咸丰十年十月】**二十五日贼往西路横扇等处劫掠，捆载衣服货物至镇售卖，匪人与之交易，购贱贩贵，获利数倍。

（倦圃野老：《庚癸纪略》。《太平天国资料》，第 100 页。北京：科学出版社，1959。）

**【江苏省常熟县·咸丰十年十二月九日】**恬庄、徐市、庙桥、塘桥等处俱有长毛作馆，或二三人，或七八人，皆有带下衣服、铜锡碗盆等物，卖于市上，其价或贱或贵，买者时有时无。

（佚名：《庚申避难日记》。《太平天国史料丛编简辑》，第四册，第 491 页。太平天国历史博物馆，北京：中华书局，1962。）

**【浙江省桐乡县·咸丰十年十二月十一日】**所掳衣服皆锦绣灿烂轻裘之润泽鲜好者，充斥于船舱中。贼卖衣服与镇人，平时十洋之货，不过卖一洋之数，镇人争买便宜。局中出告示不许买。

（沈梓：《避寇日记》。《太平天国史料丛编简辑》，第四册，第 59—60 页。太平天国历史博物馆，北京：中华书局，1962。）

**【安徽省太平县·咸丰十一年】**横街里，一条街，兵卒开店。装修的，齐齐整，卖买各流。好衣服，真公道，无人敢要。恐买去，还依旧，“先锋”回头。街坊上，规矩重，巡查几个。早一班，晚一班，往来巡游。不强卖，不强买，违者就打。

（周公楼：《劫余生弹词》。）

**【江苏省吴江县梨里·咸丰十一年三月二十五日】**廿五日，晴，暖。朝上慎兄来，留朝餐后，驾小舟同往梨川，至邱氏后河登敬承堂，外父见后，留慎兄中饭。先同慎兄至街上走候王谱琴，在聚五陈氏，稍谈，即回夏信盛店内略坐，见长毛满街行，其所携衣服，皆平湖、乍浦劫掠来，居民昏昏，争买如鹜，他日此地必受其荼毒也。

（柳兆薰：《柳兆薰日记》。《太平天国史料专辑》，第 180 页。上海：上海古籍出版社，1979。）

**【江苏省常熟县·咸丰十一年四月十四日】**次日，从城外转至福山塘，见大小东门房屋尽焚，仅存花园浜、东仓街数处。长发开市颇盛，牌署天朝，掌柜者俱土人，亦辫红履朱，诩诩自得。

（龚又村：《自怡日记》。《太平天国史料丛编简辑》，第四册，第 397 页。太平天国历史博物馆，北京：中华书局，1962。）

**【江苏省常熟县·咸丰十一年】**［四月中旬调去打湖、杭，失败而归，］掠得民间壮年男女，并金帛、财物、衣服、食货，不计其数，载百余船回来变卖。

（汤氏：《鳅闻日记》卷下。《近代史资料》1963 年第 1 期，第 120 页。又见《太平天国》，第六册，第 349 页。罗尔纲、王庆成，桂林：广西师范大学出版社，2004。）

**【浙江省乌程县、桐乡县·咸丰十一年五月】**魏逆掠双林、马腰，董某具舟百，使其戚某招乡民之无藉者随之往。泊贼打先锋所，候贼饱掠过，以银易货，并以其舟借贼，俾再掠，桀黠者助之掠，谓之先锋货，载赴上洋等处市之，获利无算。

（皇甫元垲：《寇难纪略》抄本。现藏桐乡市图书馆。）

**【浙江省绍兴·咸丰十一年九月至同治二年正月】**贼掠各乡衣物，多货之于市。李某者，以贱价得一荔红绫袄。其女喜而着之，忽仆地。家人急扶起，询之，呜咽不胜，作萧山女音曰："我王氏女也，生时最爱此衣。贼来，着之而缢。贼恶报，竟剥以去。今乃为汝所得，汝何人，敢着我衣耶！"以手自击不已。家人惧，问所欲，鬼曰："须焚此衣，多以冥资与我，则舍之去矣！"从之，女果霍然。

（王彝寿：《越难志》。《中国历史文献研究集刊》，第一集，第 246 页。又见《太平天国》，第五册，第 161 页。罗尔纲、王庆成，桂林：广西师范大学出版社，2004。）

**【浙江省秀水县·同治元年二月】**初七日，新塍开设公行□□益，凡长毛所掳衣服货物皆入此行，以品第其价目而卖之，不得私相贸易，致启争端。盛泽伪官沈子珊出告示，新塍伪军、师帅及局内董事俱派股作本钱，本少利重，卖主除三厘捐款，买主除加一用钱。

（沈梓：《避寇日记》。《太平天国史料丛编简辑》，第四册，第 134 页。太平天国历史博物馆，北京：中华书局，1962。）

**【江苏省常熟县·同治元年四月】**《卖衣裳》：棉布丝绸价不分，男人衫裤女人裙；乡民入市争相买，为值千文卖百文。

（陆筠：《海角悲声》抄本，南京图书馆藏。蒋顺兴：《关于"海角悲声"》。《江海学刊》1962 年第 1 期，第 19—20 页。）

**【江苏省常熟县·同治元年四月】**《卖丝绸》：贼船返旗自杭州，载货归来到处售。寄语乡人沽酒饮，休贪价贱买丝绸。

（陆筠：《海角悲声》抄本，南京图书馆藏。蒋顺兴：《关于"海角悲声"》。《江海学刊》1962 年第 1 期，第 19—20 页。）

**【浙江省嘉兴·同治元年八月二十五日】**塘栖米价皆百文,皆系长毛贩卖。

(沈梓:《避寇日记》。《太平天国史料丛编简辑》,第四册,第224页。太平天国历史博物馆,北京:中华书局,1962。)

**【安徽省·同治二年】**二月十六日……一长毛……言:休宁数百里无人烟,一切往来卖买者都是长毛为之,并不见百姓之面。每盐四两值价须洋一元。

(沈梓:《避寇日记》。《太平天国史料丛编简辑》,第四册,第240页。太平天国历史博物馆,北京:中华书局,1962。)

**【江苏省常熟县·同治二年】**凡贼掳得衣服器用归,或在城外,或在乡镇,廉其值以卖,贪利土人每买之,而互相贩卖者,曰先锋货。

(曾含章:《避难记略》。《太平天国》,第五册,第347页。罗尔纲、王庆成,桂林:广西师范大学出版社,2004。)

**【江苏省无锡县·同治二年三月】**[潮王黄子澄来守锡地,民称潮白地]居民迁避,乡镇市肆渐散,或由荡口至上海,或出江阴至靖江、泰州,或走常熟渡江至通州、海门等处,凡遇贼卡,亦无阻碍。此时酷烈之气,消磨于子女玉帛之中,兼且上下官军皆捷,惟勒索银钱而已,附城买卖,皆贼为之。

(佚名:《平贼纪略》。《太平天国史料丛编简辑》,第一册,第291页。太平天国历史博物馆,北京:中华书局,1962。)

### (三)盐专卖

**【江苏省·咸丰三年】**濮南之盐,奸民偷送贼营者,粤匪贱售于各口岸,大获其利。

(光绪《两淮盐法志》卷五十四,第31页。)

**【湖北省、江西省·咸丰五年四月】**去年自岳州以下新堤起,及武汉、黄州,下至武穴、龙坪、九江等地,皆食贼中之濮盐,皆从贼营贱售而来。本年在江西,见东北各州县遍食贼中私盐。

(曾国藩:《求阙斋奏疏》,咸丰五年四月初一日咨。)

**【江苏、江西、湖北、湖南等省·咸丰五年四月】**自贼据金陵,长江阻塞,濮南盐务片引不行,场产堆积如山,而江西、湖南无盐可售,民忧淡食。淮南之盐,奸民偷送贼营,粤匪贱售于各口岸,大获其利。江西南路食粤私,北路食贼之私盐;湖广南路食粤私,西路食川私,东北亦食贼之私盐。以国家富有之物产,不克设法行销,自食之而自利之,而反资以为贼之利,诚可惜也。

(曾国藩:《请部驳浙引用盐抵饷折》,咸丰五年四月初一日。《曾文正公全集·奏稿》

卷六，第 20 页。）

**【安徽省巢湖县·咸丰五年六月】**［盐枭起于漕粮改道海运，河运船水手遂贩盐为生，并通太平军境内，］获利颇厚，是以负贩日多，往来如织。

（佚名：《平贼纪略》。《太平天国史料丛编简辑》，第一册，第 229 页。太平天国历史博物馆，北京：中华书局，1962。）

**【江西省·咸丰五年十二月】**［二十日，抵吴城至盐饷总局。］先是曾帅奏请浙中接济饷项，奉旨每月拨解二万。浙中议以现银、（监）［盐］引各一万搭解，名为以（监）［盐］抵饷。而准私从贼中至者充斥道路，官运日滞。始议于饶州吴城设局抽税，每盐一斤制钱十，准作官盐，任令行销……一月中虽税课不多，然私运既艰，于官运必有济也。

（赵烈文：《落花春雨巢日记》。《太平天国史料丛编简辑》，第三册，第 51 页。太平天国历史博物馆，北京：中华书局，1962。）

**【江苏省扬州·咸丰六年】**盐运司以盐产于场，且课税所出，将藉之充饷，宜与贼远，故寄馆于泰州。初试就场征课法，销甚畅；嗣思引地渐退出，仍行票盐，商人冒险往，获利颇厚。泰州繁富，几与往昔之郡城相埒。

（臧穀：《劫余小记》上。《太平天国资料》，第 87 页。北京：科学出版社，1959。）

**【江苏省常熟县·咸丰十一年】**钱伍卿又立盐公堂，在城外，鹿苑两处。不许民吃江北私贩之盐，着乡官按户派售，各为盐捐，到后来又派人捐贼吃盐费，愈出愈奇。

（汤氏：《鳅闻日记》卷下。《近代史资料》1963 年第 1 期，第 121 页。又见《太平天国》，第六册，第 349—350 页。罗尔纲、王庆成，桂林：广西师范大学出版社，2004。）

**【浙江省绍兴县·咸丰十一年】**曩称富人，重为刻剥，名曰大捐，千金万金亦不等。不受者，械击之。商家侨寓之民，砧斧尤亟。商人藏盐皆禁锢，据为己有。别立伪官，曰盐师帅，董其事，亦名乡官。

（隐名氏：《越州纪略》。《中国近代史资料丛刊：太平天国》，Ⅵ，第 769 页。中国史学会编，编者：向达、王重民等，上海：神州国光社，1952。）

**【江苏省常熟县·咸丰十一年春】**设难民局。

时钱福锺号华卿，避居东徐市，贼慷天福钱桂仁数赉伪文招之，始入城。予以伪职，不受，云；不会他事，只会安插难民。贼许之。时难民络绎载道，遂设局于南门外花园浜刘宅，称［总办常昭难民局绅士］。不三日，难民就养者三百余人。钱贼运米济之……复移其家眷进城，派往鹿苑开设盐栈，遂逼授伪职，兼理民务、盐务，仍办难民局事。

（陆筠：《海角续编》。柯悟迟：《漏网喁鱼集》，第 127—128 页。北京：中华书局，1959。）

**【江苏省常熟县·咸丰十一年六月二十二日至二十三日、七月一日】**钱伍卿在鹿苑港开张盐行，给凭卖盐。

钱伍卿开张盐行，有告示发各处，领帖卖盐。

（佚名：《庚申避难日记》。《太平天国史料丛编简辑》，第四册，第510页。太平天国历史博物馆，北京：中华书局，1962。）

**【江苏省常熟县华墅·咸丰十一年七月六日至七日】**钱伍卿有盐栽来发卖。

（佚名：《庚申避难日记》。《太平天国史料丛编简辑》，第四册，第511页。太平天国历史博物馆，北京：中华书局，1962。）

［按："栽来"，是硬派下来之意。］

**【江苏省常熟县·咸丰十一年八月初八日】**闻伪示，业主呈田数给凭，方准收租，每亩出田凭费六十。又欲呈田契钤印，图取税银，曹和卿劝止。现设公局于西庄存仁堂，议各乡租米归粮局代收，其盐务则拨各乡着军、师帅销卖，领价每斤十八，捐难民局二文，钱帅归四文，各局赚四文，定价廿八。城中最有权者如陈军政□□，专管粮务。其次为□伯和［蕴祜］，以文案兼理刑名。又其次为汪监军□□，各军解粮须经其手。土官则钱参军伍卿，主留养局兼司盐政、团防。

（龚又村：《自怡日记》。《太平天国史料丛编简辑》，第四册，第406页。太平天国历史博物馆，北京：中华书局，1962。）

**【浙江省湖州双林镇·咸丰十一年】**青果八鲜等客货必令投行发卖，且并鱼虾蔬菜亦不许乡民不入［？入市］经售。盐行则为贼所专利。其他营业有与镇人合资者，招帖所书，必有天字，天茂衣绵公行，其最著者也。

（蔡蓉升：《兵燹记》。民国《双林镇志》卷三十二。）

**【浙江省桐乡县濮院·同治元年正月二十五日】**其时适有贩盐船四五十艘将出塘。

（沈梓：《避寇日记》。《太平天国史料丛编简辑》，第四册，第132页。太平天国历史博物馆，北京：中华书局，1962。）

**【江苏省常熟县·同治元年二月】**［钱桂仁手下之内军帅、六门总巡之毛奸钱某］径到梅里书院，传齐伪职，亲讲道理……而徐六泾为各海口第一热闹，［钱桂仁］令义弟恁天安二大人为正守，训天豫毕毛为副守，命白茆土豪，禁开张钱公正盐局，着各职领盐派卖民间。

（顾汝钰：《海虞贼乱志》。《中国近代史资料丛刊：太平天国》，V，第372—373页。

中国史学会编，编者：向达、王重民等，上海：神州国光社，2004。）

**【江苏省常熟县·同治元年三月】**民间食盐向由公堂发卖，以有盐课上供故也。贼至后，沿海私贩甚多，而贼亦有伪税，各海口设立盐行，每担抽钱数百文，且又强卖土人，按图分人口造册核数，有增无减，其不纳伪税而潜相贩卖者，辄受害。

（佚名：《避难纪略》。《太平天国史料专辑》，第 70 页。上海：上海古籍出版社，1979。）

**【浙江省桐乡县·同治元年三月初二日】**有杭人周锡堂者，在新塍正兴盐店作伙，年老无子，日耽烟花，往岁曾至禾城［嘉兴］买盐，得识伪［朗］天义［陈炳文］，贩盐大获其利。至今年正月，怂恿长毛令理盐政，以敛为务。贼深信之，令乌镇伪莱天燕何为盐官，而以周及故为盐公堂司事者四人为大司事，援据大清旧例，禁民间私贩私买。于是盐船不得过卡，而各酱园生意皆为掣肘。

（沈梓：《避寇日记》。《太平天国史料丛编简辑》，第四册，第 141 页。太平天国历史博物馆，北京：中华书局，1962。）

**【江苏省六合县东沟·同治元年五月二十日】**［盐商买盐，运至东沟口时，］买大蒲包改装，三包并一，甚至四、五包并一，过贼卡时，每舟有私费三、四、五、六元等，即可隐混过去。

（赵烈文：《能静居士日记》。《太平天国史料丛编简辑》，第三册，第 233 页。太平天国历史博物馆，北京：中华书局，1962。）

**【江西省·同治元年五月二十一日】**西省之盐，自军兴贼梗，向皆零贩，由贼中买路而出。

（赵烈文：《能静居士日记》。《太平天国史料丛编简辑》，第三册，第 234 页。太平天国历史博物馆，北京：中华书局，1962。）

**【江苏省常熟县黄家桥·同治元年八月初四日】**有收盐课钱长毛七八人到镇。

（佚名：《庚申避难日记》。《太平天国史料丛编简辑》，第四册，第 534 页。太平天国历史博物馆，北京：中华书局，1962。）

**【江苏省吴江县黄埭·同治元年闰八月丁亥日】**慕酋至黄埭讲道理。

潘某［按：原盐公堂董事。］住侍其巷，贼至日，将一妻、一妾、两女生钉诸棺，曰：留汝必为贼污。已被掳后，闻其子某在贼处谋事，贼有所未知者，彼道之；为设盐公所，凡卖盐者须至贼所用凭，盐价立时昂贵。

钟小亭、蓉轩昆季皆为盐贾，复失扬州时，小亭为团董，率勇拒敌，死于马上。蓉轩勹饮不入口,三日而死。后奉旨建专祠以妥[慰]忠魂,其子世袭云骑尉,入籍于苏,为邑庠生,城陷时慕贼掳得之,授伪官经政司。

遁史氏曰: 潘某其天资刻薄人也,以骨肉而置诸死地,惧贼淫污也,不可云洁(己)[已]。不然,而己何以不去? 去之不能,而何以不死? 吾观其盛时,尝为盐公堂董事,行事多浮夸不谨,人皆欲殴之,故其子卒受恶名,有以也夫。至钟氏昆季,身死王事,后先辉映,棣华韡韡,天乃以不肖之子辱门户,余甚感焉。小亭既死,祀典垂诸奕祀,我国家之所以待之者亦云厚矣。而其子身受伪职,有何面目见先人于地下乎? 盖实有愧于其父云。

(蓼村遁客:《虎窟纪略》。《太平天国史料专辑》,第 43 页。上海: 上海古籍出版社,1979。)

**【浙江省绍兴·同治元年闰八月】** 先是绫天义兵书杨连科者把镇中卡。连科本姓欧阳,名锺,南京人,祖父皆搢绅,兄亦需次于浙。连科被掳已三年,周文嘉爱其能,以为兵书,陷越后把斗门卡,兼盐务。连科有降志,颇护民,合镇皆感之。伪师帅吴瑞琪又宽仁,故诸村多糜烂,而斗门独完善。自刘某来,百姓怨苦。连科心恨其所为,然无以抗也。惟日劝文嘉谋坐镇,冀得行己意。

(王彝寿:《越难志》。《中国历史文献研究集刊》,第一集,第 240 页。又见《太平天国》,第五册,第 152 页。罗尔纲、王庆成,桂林: 广西师范大学出版社,2004。)

**【浙江省·同治元年十月十九日】** 乌镇故有盐公堂在河西,湖州所设,杭人周息塘识朗天义,劝之收盐税,立公堂于乌镇,以伪莱天福统辖盐政,凡杭、嘉、湖三府酱园用盐者,必于公堂纳税,每斤□□,杭人故业盐者多依之。

(沈梓:《避寇日记》。《太平天国史料丛编简辑》,第四册,第 194—195 页。太平天国历史博物馆,北京: 中华书局,1962。)

**【江苏省泰州·同治元年十二月十六日】** 录沈俊甫语盐务: 每引十二包,每包八十四斤,一引一千零八斤。现在淮南总局之盐,俱归何子华[名铣,绍兴人,商伙出身,后开钱店。咸丰元、二年已当票商。]一人包课……其实场下私贩接踵,何止能禁有名之恒商,而不能禁无名之水客,从通[州]、海[州]、靖[江]一带出江济匪者,帆樯相望,无如何也。

(赵烈文:《能静居士日记》。《太平天国史料丛编简辑》,第三册,第 254 页。太平天国历史博物馆,北京: 中华书局,1962。)

## 六、打击枪船,保护市场正常交易



**【江苏省、浙江省·咸丰九年】** 枪船匪徒,始自道光中年间。其初在赌博场停泊,恐地方官擒拿,又同党中有争殴事,藉以捍卫,未尝害及良民也。道光末,连遭歉岁,乡民抗粮者众,官吏不能制。震泽令沈则可始用吴砂锅等下乡捉人,船渐繁盛。咸丰初,归安令张家缙又用此辈擒捉长兴顽民[王长春]。自此之后,效尤蜂起,南浔有钱荣章,新塍有吴连升,盛泽有孙七、小鸡法度,又有卜小二、沈三等,皆各争胜逞强,多造船只,僭画即邑官衔防卫名号,游奕数百里内,几于充塞江湖矣。咸丰九年,江苏巡抚徐有壬会同浙江巡抚胡兴仁,剿办枪船匪徒,严饬各属侦缉,不数月尽逃匿,行旅相庆,江湖无警矣。自十年春,长毛势益猖狂,枪船乘间窃发,横行四境,较前尤盛。守土官力不能禁,任其跋扈,亦付之无可如何。

(佚名:《寇难琐记》卷二,手抄本。南京大学历史系太平天国史研究室编《江浙豫皖太平天国史料选编》,第169页,南京:江苏人民出版社,1983。)

**【江苏省吴江县、浙江省嘉兴县等地·咸丰九至十年】**两年来,枪船虽众,然惟卜小二龙记旗号之船威名独盛,党羽既繁,精壮亦聚,横行江湖上,数百里间如入无人之境。余众枪船,有时顾名,亦暂助官军,如严墓沈三、吴砂锅之子及吴连升之属,独卜小二归心长毛,往往助打先锋,人尤怨恨之,而无如其凶悍何。

(佚名:《寇难琐记》卷二,手抄本。南京大学历史系太平天国史研究室编《江浙豫皖太平天国史料选编》,第171页,南京:江苏人民出版社,1983。)

**【江苏省·咸丰十年】**椒河船[按:应为焦湖船,苏南俗称巢湖帮船为焦河船。],平时多运米往来,船身高敞,水手劲悍多膂力。贼初发难时,尚无船只,后于破岳州时得大湖中巨艘五千余,势益披猖。今则以万万计矣,无论巨港狭流,藏壑沉渊,皆能负之而趋。所到之处,行旅避匿,惟恐不及,独于椒河帮船劫夺之,而以利啖之使来者也。以其趋捷轻利,重载客物,人又奸黠,善为侦谋,故往往用为先导。人初见犹疑为商贾之舶,后来者益伙,始有惧色。然大舟不便于狭小溪港。近来长毛深入僻村,喜驾枪匪小船,取其驶快,此辈亦渐疏退不用。

(佚名:《寇难琐记》卷二,手抄本。南京大学历史系太平天国史研究室编《江浙豫皖太平天国史料选编》,第168—169页,南京:江苏人民出版社,1983。)

**【浙江省嘉兴县新塍镇·咸丰十年】**吴连升初设赌抽头于乌镇北栅之北宫桥,几及十载,颇能约束群小,不多害人。长毛既设馆新塍,伊阳奉贼而阴助镇人,聚党千人,时时排难解纷,百姓多德之,长毛亦不敢为难,新塍实赖其保障焉。

(佚名:《寇难琐记》卷二,手抄本。南京大学历史系太平天国史研究室编《江浙豫皖太平天国史料选编》,第170页,南京:江苏人民出版社,1983。)

**【浙江省桐乡县·咸丰十年】**仲冬廿二日,诸家埭既焚,直逼南村,枪匪意在索财,非真欲毁其居也。村人汹惧,谋以千金馈之。伊等先索万贯钱,再三请减,至洋银三千三百之数,分取给于孟邻浜界境桥庵前诸村落。经此次饱其欲壑,群不逞之徒视为利薮,相率效尤,时而驾小舟,挟枪炮,突然而至者不一而足,此乡从此多事矣。

（佚名：《寇难琐记》卷一，手抄本。南京大学历史系太平天国史研究室编《江浙豫皖太平天国史料选编》，第171页，南京：江苏人民出版社，1983。）

**【浙江省桐乡县·咸丰十年】**献天豫既莅乌镇，兼隶练市及各乡村，不以打先锋为亟亟，严惩土匪之掠夺者，命琏市军帅沈国帧理民事。七月初五日，拿获四家村之童何大，戮之。迩来周墅塘一带二三十里间，白昼劫夺，即相识之家，亦公然无忌，不得不重刑惩治。然巨恶如沂水下之施永秀弟兄，诨号和尚、道士，党羽甚伙，又投入石门僚天福名下，时新设卡于涵山塘口，令永秀等司其事，意在羁縻，勿令逸出，令彼自相擒拿，然亦未有成效。而别村匪徒，多附龙记小船，相率肆劫，日日有之。石镇军政司姚长毛亦不能禁止。

（佚名：《寇难琐记》卷二，手抄本。南京大学历史系太平天国史研究室编《江浙豫皖太平天国史料选编》，第174—175页，南京：江苏人民出版社，1983。）

**【浙江省桐乡县·咸丰十一年十二月】**自小船之横行江河也，动以万计。旗枪山列，剑炮林排。各有记号，最著名者先有吴砂锅士记，嗣后卜小二龙记，尤繁庶豪横。辛酉十二月，龙记之船白昼抢劫乌戍市廛，何莱天福悉力擒拿，登时扫尽。士记之船，随亦败事。然蜂屯蚁聚，继起者有周三歧记、孙双喜金记、胡坤记、总字沈三荣记，以及无名匪徒，亦纷纷自标旗帜，相与夸耀，凡数十家，二百余里间所在充塞。行旅往来，必假其名号，始得免卡局之盘诘，奸宄之侵掠，可谓横极矣。长毛虽忌之，畏其众而不能制。壬戌五月间，桐乡周三与海盐所属沈塘镇之陈某，因赌起衅，会集众枪匪数千艘，将决胜负于桐乡南门外，排列阵势，旌旗赫耀。适为钟符天福见之，谓其下曰："彼众如此声势，何难反戈相向，必当先发制人。"遂申请于苏州忠王，许所在擒拿，小船初不知也。六月十四日，各头目四路会齐，逢船便捉，自服紫短衫、黑裤者，尽行拘縶。顷刻间，豨奔豕突，就戮者数十百人，拿获船只以千计，或毁之，或焚之，旬日内波恬浪静，四境肃清，反赖长毛之力，为除一害。自是客商船掠夺之患，稍稍敛迹。

（佚名：《寇难琐记》卷三，手抄本。南京大学历史系太平天国史研究室编《江浙豫皖太平天国史料选编》，第197页，南京：江苏人民出版社，1983。）

**【浙江省嘉兴县练市·同治元年】**练市自壬戌正月起，盛开赌博，小船数百停泊市河，大率旗上所标某记者为之首倡。可异者本地儒流旧家，各醵钱作本，招集无赖，聚赌抽头。又有教□著名文士呼卢喝采，终日据案，招摇在市，风俗之坏，于斯极矣。

（佚名：《寇难琐记》卷一，手抄本。南京大学历史系太平天国史研究室编《江浙豫皖太平天国史料选编》，第160页，南京：江苏人民出版社，1983。）

**【浙江省乌程县青镇、桐乡县乌镇·咸丰十一年至同治元年五月】**枪船到镇，焚西栅、东栅，并焚董某店铺。

**【同治元年五月】**其时赌风愈盛,旧家厅屋,博徒强占之,排设□□摊桌,呼幺喝六,自昼达旦。沿河枪船,停泊如蚁。门前悬纸灯一,大书某地老记老桌。或伙伴分设,则书某庄某记。称其主曰"场东"。场东之著名者不一,而三人为之魁:乌镇则程邑地保王大;青镇则桐邑盐捕周华、差役吴坤,皆故枪匪,又皆为贼军帅。统船数百,开局纵赌,睚眦好杀,贼亦为之敛手。

(皇甫元垲:《寇难纪略》,抄本。现藏桐乡市图书馆。)

**【江苏省常熟县·同治元年六月二十五日】**见伪将谭□□示,奉忠王谕,禁各处枪船,着令速缴军器,枪勇留营,倘逾限不能如令,即派慕王谭剿洗一乡。

(龚又村:《自怡日记》。《太平天国史料丛编简辑》,第四册,第451页。)

**【浙江省桐乡县·同治元年六月十三日】**遂有捉枪船之警,自陡门而吾镇、桐乡、屠甸市、庙牌卡等处无不会齐拿获……盖自是赌局豪横之风始息……徐抚军合两浙官员禁除赌匪,穷年累月而不得,而伪忠王以一土寇之号令一朝灭之而肃清,我朝大僚之与逆贼才智不相及且如此。

(沈梓:《避寇日记》。《太平天国史料丛编简辑》,第四册,第174—176页。太平天国历史博物馆,北京:中华书局,1962。)

**【浙江省桐乡县·同治元年】**自六月十三日以后,[至七月二十七日]赌匪逃匿净尽,各镇各乡,无枪船踪迹。余生三十余年,目不见睹,独有此时。窃叹长毛号令,清时地方官所不逮也。

(沈梓:《避寇日记》抄本,卷三。《太平天国史料丛编简辑》,第四册,第175页。太平天国历史博物馆,北京:中华书局,1962。)

## 第二节
# 经商凭证

［编者按：经商凭证中除本节所列商凭、船凭、卡凭外，还有路凭。路凭见第十四章“与清政府管辖区的贸易”］

## 一、颁发商凭、店凭、船凭的规定

**【浙江省山阴县·咸丰十一年】**又发店凭、商凭。令把卡伪官按日抽厘……以致市场物价腾贵，较平时倍蓰，垄断转或得利。

（王彝寿：《越难志》。《太平天国》，第五册，第144页。罗尔纲、王庆成，桂林：广西师范大学出版社，2004。）

**【江苏省·咸丰十一年七月二十四日】**苏酋刘姓，［逢天安刘肇均，总理苏福省民务。］……贴伪示，查店铺本钱，给商凭，抽厘。

（倦圃野老：《庚癸纪略》。《太平天国资料》，第103页。北京：科学出版社，1959。）

**【江苏省常熟县·同治元年】**时正秋(没)［末］冬初，［骆］国忠语钱逆曰：“主将可速传各营开征漕米，一月三限，概不准欠。”而苏［福］省伪慕王已传札两次，着各店商船户，以忠王凭倒换慕王凭，若过期不倒，店不许开，船只充公。钱逆谕各凭陆续缴倒，不要一齐倒清，致他再生别项风波也。

（顾汝钰：《海虞贼乱志》。《中国近代史资料丛刊：太平天国》，Ⅴ，第375页。中国史学会编，编者：向达、王重民等，上海：神州国光社，1952。）

**【江苏省常熟县·同治二年六月】**各乡镇店家必有伪凭方得开张，曰“商凭”。每张索钱数千文，小或数百文，上书某人开张某店者。贸易无利，俱加于货物上，所以各货倍昂。

船只来往，亦必有伪凭，曰“船凭”，上书某人某船，大小、装载担脚若干。海船亦然。每张大者数千文，小亦数百文，船钱亦因之昂贵……

又令业户领伪凭，曰“田凭”，诱以领凭之后得以收租，卒无人应之者。盖明知租之必不能收，而深虑贼之知为业户而加害不休也。

（佚名：《避难纪略》。《太平天国史料专辑》，第72—73页。上海：上海古籍出版社，1979。）

## 二、商凭种类

### （一）商凭

［含商凭、凭执］

**【江苏省金匮县荡口镇·天历十一年十一月初八日】**商凭：开朝勋臣殿前户部正地官陈、天朝九门御林副掌率殿后军主将求天义陈，为开朝王宗逢天安总理苏福省民务刘颁给商凭以裕国课而利民生事。今有金匮县左四营右四军帅统下荡口地方商户黄兴和向系开张头绳花布铺生理，合给商凭，以备稽查，而垂永久。仰黄兴和存执，此后一切货物务须公平交易，既不得奇货自居，亦不得高抬市价，如敢垄断渔利有害民生者，准尔铺户指明禀究。凡是置办货物，(尚)[上]下客商，尤须询明来踪去迹，不准容留匪类，自贻后悔。给凭之后，无论大小贸易，概须至公至正，无党无偏。从此百货流通，万商辐辏。将见家给人足，同历光天化日之中；攘往熙来，永昭一道同风之盛。岂不懿与？其即遵照。此凭。

右给黄兴和头绳花布店。准此。

太平天国辛酉十一年十一月初八日给。

金字第一百六十七号。

（《太平天国革命文物图录》六五，太平天国起义百年纪念展览会，上海：上海出版公司，1954。《太平天国文物图释》二四三。罗尔纲，北京：三联书店，1956。取名：太平天国求天义陈坤书等发给金匮县商凭。印文：在商凭二字中间盖一长方印：“荡口镇官卡查过。”年月日上长方大印：“天父天兄天王太平天国开朝勋臣殿前户部正地官陈？武”。此凭是印的，只有金匮等字是用笔填写的。）

［编者按：（一）可见发商凭卡凭之目的：(1)“以裕国课”。(2)“安民业”，保护商业，承认营业合法。(3)“利民生”。不准“高抬市价”，“垄断渔利有害民生”；“务宜出入公平，价昭划一，毋得欺诈。”(4)“以备稽查”或“以备稽察”。管理商业及商人，对来往商人及货物去向要查明白，以防商人通反革命，及反革命假装商人，故行商有路凭，坐贾有卡凭，不使货物被敌人买去利用。(5)宣传商业政策。太平天国的凭证都有此等作用。

（二）此凭证由中央各主管官名义发的，盖的朱印是户部主管官，及管理苏福省民务者，可见是全国和全省统一的，故金匮都是填上的，大概“户部正地官陈”管财政，包括商税收款甚至有关商业各事，求天义陈坤书是苏福省地区最高军事负责人，“总理苏福省民务刘”是当地民政最高长官。］

**【浙江省嘉兴·天历十一年十一月三十日】**凭执。九门御林开朝勋臣提掌忠府大前队朗天义陈为给发执凭以安民业事。今有嘉兴县营黄军帅统下凤桥地方业户陆松盛闻张南货店生理业经报明册，合给凭执，以备稽查而垂永□。□□□□仰户存□此后一切□□□□务须公平交易，不得□货自居，亦不准高抬市价，如有私自开设者，准尔各行店指名禀究，并有置办货物，远近客商尤须询明来踪去迹，不准容留匪类，自贻后悔。给凭之后，无论大小贸易，概须至公至正。从此百货川流，万商云集。将见安居乐业，同在光天化日之中；攘往熙来，永昭一道同风之盛。岂不美欤，其即遵照。此凭。

天父天兄天王太平天国辛酉拾壹年拾壹月卅日给。

凤字第壹佰壹拾号

(《太平天国革命文物图录补编》六二。郭若愚，上海：上海群联出版社，1955。取名：《太平天国朗天义陈炳文发给嘉兴陆松盛南货店凭执》印文：(1) 年　月　日上："太平天国天朝九门 御林开朝勋臣 后军正总提 朗天义陈炳文"(2) 左边骑缝上："……"。)

## (二) 牙帖

**【浙江省桐乡县·天历十一年七月十七日】**牙帖。

天朝九门御林开朝勋臣符天福锺为颁发牙帖以定税额事。照得各处牙帖岁有增添，市井奸牙恃为护符，把持争夺，苦累商民，甚非兴利除弊之道。今本爵援照旧章，因地制宜，妥为酌定：凡在统下所有各色牙行，理应造册禀申，领换新帖，按年输税。兹据桐乡县东八都叁图高涌盛嘉记在于本镇西市开设烟业行呈禀朱镶，合行给帖。为此，帖给该牙行的名高元喜遵守开张，每年输税银钱，各须公平交易，照例扣用，不得苛索。如该牙户不愿充当，闭歇改业者，即赴镶禀缴印帖，另招诚实良民顶补换新帖，以足税额。如有新开集场应设牙行者，务须确实开名禀申，不许无帖私开，顶冒朋充。倘有土豪光棍垄断把持，恃强争夺，私开漏税，一经首告，或被察实，实行查拿治罪，决不姑贷。须致帖者。

计开

浙江省桐乡县烟叶行牙户高元喜，住□字地地方开张高涌盛嘉记号。现年四十一岁，身中，面白无须。

右帖给牙户高涌盛嘉记准此。

天父天兄天王太平天国辛酉十一年七月十七日。

给符字第七号

(注：《太平天国革命文物图录补编》，第63页。郭若愚，上海：上海群联出版社，1955。取名：太平天国符天福锺良相发给桐乡牙户高元喜牙帖。印文：(1) 年月日上盖"天父天兄天王太平天国开朝勋臣符天福钟良相"双龙纹朱纹印。(2) 左边骑缝上"太平天国桐乡县左营师帅"印。)

(张葱玉藏品。《逸经》第二十期。简又文：《太平天国典制通考》中册，第676页。香港：简氏猛进书屋，1958。)

### （三）店凭

［含店帖］

**【江苏省常熟县·咸丰十年十二月初二日】**［长毛多人至恬庄、庙桥，］发告示各处，要各店铺领凭，并要各样生意或摊头等，都要每日税钱若干，以作馆中供饮之费。

（佚名：《庚申避难日记》。《太平天国史料丛编简辑》，第四册，第490页。太平天国历史博物馆，北京：中华书局，1962。）

［按：从此处及《避寇日记》看来，钱粮归县统一收支、上解，各地方馆费则由当地店捐开支。］

**【江苏省常熟县·咸丰十年十二月初五日】**本镇各店，俱付税钱，或十余文，或二三十文，多至五十文。

（佚名：《庚申避难日记》。《太平天国史料丛编简辑》，第四册，第490—491页。太平天国历史博物馆，北京：中华书局，1962。）

**【江苏省常熟县黄家桥·咸丰十一年二月二十四日】**［有长毛十五人同张金来镇，］速催各店铺即要领凭，每家要领凭钱洋二元半，不然便要在本镇上做馆。

（佚名：《庚申避难日记》。《太平天国史料丛编简辑》，第四册，第497页。太平天国历史博物馆，北京：中华书局，1962。）

**【江苏省常熟县黄家桥·咸丰十一年二月二十五日】**廿五，阴、小雨。饭后，鹿园长毛二马十余人，自鹿苑来黄家桥各店，给凭收钱，共领廿一张凭，付去洋钱四十七元，钱十千文，即行回去到庙桥。闻城中长毛迩日又冲横泾镇，尽取所有。现在城上自西门至南门俱有房屋连接走通，城外人家开张生意，甚是热闹，各色俱有。

（佚名：《庚申避难日记》。《太平天国》，第六册，第214页。罗尔纲、王庆成，桂林：广西师范大学出版社，2004。）

**【江苏省常熟县·咸丰十一年二月】**廿九日，洪伪官到莘庄查各户门牌。又至洞港泾议店家领帖，并报大小本钱，千金本日捐十千，百金本日捐一千，十千本日捐一百。货殖亦难得利，闭歇者多。

（龚又村：《自怡日记》。《太平天国史料丛编简辑》，第四册，第390页。太平天国历史博物馆，北京：中华书局，1962。）

**【江苏省常熟县·咸丰十一年九月十二日】**有长毛数人到镇［黄家桥］查店凭，每家又出钱七百文……恬庄、塘桥、庙桥俱如是。

（佚名：《庚申避难日记》。《太平天国史料丛编简辑》，第四册，第512页。太平天国历史博物馆，北京：中华书局，1962。）

**【浙江省桐乡县濮镇、秀水县新塍・咸丰十一年十二月】**廿六日，闻钟长毛派濮镇开店领凭银一千五百元。大街派五百元，北横街至严家会三百五十千，大有桥南至卧龙街亦派三百五十千，朝阳桥至西市稍派□□，南横街至御见桥派钱□□，屠甸寺派三千。新塍为秀邑地，派钱六千两云。

（沈梓：《避寇日记》。《太平天国史料丛编简辑》，第四册，第115页。太平天国历史博物馆，北京：中华书局，1962。）

**【浙江省桐乡县・同治元年正月十九日】**见局中人于大街写店(评)[凭]，许姓铜匠店写两元。许姓曰：尽我店中货不过二洋生意出息，饭食不给，奈何？然局中人不顾也。南横街茶坊，寥寥无人，写洋三元，店主为之垂泪。

（沈梓：《避寇日记》。《太平天国史料丛编简辑》，第四册，第129页。太平天国历史博物馆，北京：中华书局，1962。）

**【江苏省常熟县・同治元年三月二十四日】**福山长毛十余人到镇[黄花桥]查店凭，索去钱八十余千，各店派出。

（佚名：《庚申避难日记》。《太平天国史料丛编简辑》，第四册，第523页。太平天国历史博物馆，北京：中华书局，1962。）

**【江苏省常熟县・同治元年六月十八日】**白渡、卢庄等处，议明限五日内缴清钱款，先锋不打。晚有札子自庙桥来[黄家桥]，有长毛在庙桥，要需索各店银钱，名为"查凭抽厘"。

（佚名：《庚申避难日记》。《太平天国史料丛编简辑》，第四册，第530页。太平天国历史博物馆，北京：中华书局，1962。）

**【江苏省常熟县黄家桥・同治元年六月十九日】**饭后，旅帅钱永兴将各店所出之钱，共八九十千，付至庙桥，闻查凭之长毛清晨已去，此钱是(课)[谋]天侯陶代收。

（佚名：《庚申避难日记》。《简辑》，第四册，第530页。）

**【江苏省常熟县黄家桥・同治元年七月初八日】**有长毛三人自塘桥来，又要查店凭抽厘，旅帅不见。卡中闻知，与他讲说。须臾庙桥谋天侯陶有札来，云渠自与他工钱作讫。

（佚名：《庚申避难日记》。《简辑》，第四册，第532页。）

**【浙江省・同治元年十一月】**十九日……嘉兴陈监军为章义群爪牙，初至盛泽查店凭索洋八千。十九日至新塍查凭索洋五千。寻为沈子山诉于嘉兴廖公，廖怒斥责章，于是陈所索洋皆免。

（沈梓：《避寇日记》。《简辑》，第四册，第199页。）

**【浙江省桐乡县濮镇·同治元年十二月二十六日】**复收店捐如故。

（沈梓：《避寇日记》。《简辑》，第四册，第207页。）

### （四）浙江省嘉兴米店执照

**【浙江省嘉兴·天历十一年十一月】**朗天义陈[炳文]统下右四文经政司汪发给嘉兴业户恒源昌米店执照。

（《逸经》第二十期。照片见简又文：《太平天国典制通考》中册，第762页之后，香港：简氏猛进书屋，1958。）

### （五）茶馆卡凭

**【江苏省吴江县盛泽镇·天历十二年七月二十六日】**卡凭。

天朝殿前忠诚壹佰柒拾肆天将队内保天侯朱为给发卡凭，以便稽查而安民业事。照得盛镇地方，商贾并臻，群工毕集，行商既领路凭，坐贾岂无执据，为此给予卡凭，以备稽查。兹查德兴楼开张西充圩地方茶馆业生理，自给之后尔等贸易，务宜出入公平，价照划一，毋得欺诈，致搆衅端。倘有过往兄弟，本境匪徒，在铺扎馆，以及持强硬买滋事等因，准赴本辕呈控，立拿究治，其各凛遵，切切特谕。须至凭者。

太平天国壬戌拾贰年柒月廿六日给。

云字第卅九号右给铺户德兴楼执照。

（《太平天国革命文物图录》六六。太平天国起义百年纪念展览会，上海：上海出版公司，1954。取名：太平天国保天侯朱保同发给盛镇德兴楼茶馆卡凭。印文：年月日上长方印："天父天兄天王太平天国开朝勋臣保天侯朱保同"。全文是印的，只是"德兴楼""西充"茶馆"拾贰""柒""廿六""云""卅九"等字是填的，连盛镇二字也是印好的，可见此卡只由朱保同的名义发给他管辖的盛镇的狭小地区，而具体发卡凭的，可能是其属下人员故填"云"字。由此可见，前一商凭是由中央统一发出的，各地又有卡凭，地方分散，各自出凭收税，政策不统一，此卡未提发卡凭是为"裕国课"，强调是为了"安民业"，保护商业。卡凭是发给坐贾的商凭或店凭。"自给之后"中疑缺一"凭"字。）

## 三、船凭

[参见第八章第三节第五目"船户门牌"]

**【江苏省常熟县·咸丰十年十月底】**曹和卿因招入城，见胡伪官，邀同见慷天燕钱[桂仁],议及设勇防土匪与设局收漕事。伪帅听旧书吏王某言,拟每亩办粮三斗二升,贴费钱二百十四,各乡官经理。余如门牌、船凭,亦须一二千文,统归各帅,生财之门颇多。其祥天福侯姓,系文职,不理军务,唯钱伪帅操兵农之权。

(龚又村:《自怡日记》。《太平天国史料丛编简辑》,第四册,第 379 页。太平天国历史博物馆,北京:中华书局,1962。)

**【江苏省常熟县、昭文县·咸丰十年十一月】**民家大小舟船,必领船凭,每张二千八百文,否则以私船论,查出充公。客商亦领凭。

(汤氏:《鳅闻日记》卷下。《近代史资料》1963 年第 1 期,第 111 页。又见《太平天国》,第六册,第 339—340 页。罗尔纲、王庆成,桂林:广西师范大学出版社,2004。)

**【江苏省常熟县·咸丰十年十二月十四日】**恬庄、塘桥、石龙桥俱有关税,桥下横一木,来往船要完税。

(佚名:《庚申避难日记》。《太平天国史料丛编简辑》,第四册,第 491—492 页。太平天国历史博物馆,北京:中华书局,1962。)

**【江苏省常熟县·咸丰十一年三月初十日】**近因各路梗塞,办货者择地,东则往上海,南则往余杭,北则往通州,以及嘉定之黄渡、南翔,金匮之东亭、荡口,长洲之陆墓、黄埭,吾邑之野塘、彭桥,若山塘、金项桥数处,则浮摊不成市,时发时收……知城匪章姓、毛姓来查门牌、船凭,以图取利。

(龚又村:《自怡日记》。《太平天国史料丛编简辑》,第四册,第 394 页。太平天国历史博物馆,北京:中华书局,1962。)

**【江苏常熟·同治元年四月】**《给船凭》:船凭给过给商凭,商户船户一一登;敛得银钱先后献,义安伪号一时升。

(陆筠:《海角悲声》。南京图书馆藏抄本)

**【江苏省常熟县·同治元年十月十七日】**而近处各卡匪伙仍酷,假托伪慕王命,有船者旧凭不准,着领新凭,每船费钱六七百,又开一利途矣。

(龚又村:《自怡日记》。《太平天国史料丛编简辑》,第四册,第 472 页。太平天国历史博物馆,北京:中华书局,1962。)

**【浙江省乌程县·天历十二年】**九门御林宿卫天军主将谭为给发船凭以免阻滞事。兹有浙江省湖州郡乌程县子民胡信诚船一条,业已遵口完费以助军需,凡遇沿途把卡官员兄弟人等验凭放行。

右给船户胡信诚收执。

太平天国壬戌拾贰年　月　日给。

（太平天国壬戌年宿卫天军主将谭绍光发给乌程县子民胡信诚船凭。原件藏浙江省博物馆。）

［编者注：毛边纸墨刷，墨笔填写，年月上盖“太平天国天朝九门御林健天义右贰武经政司”双龙纹朱印。］

## 附：陆地运输与水上运输

**【江西省九江·咸丰三年正月十二日】**［太平军正月至九江，］张国樑领头队正月十二日即至九江，无舟不得骤下，因咨江抚由省河拨回空漕船载之东渡。

（杜文澜：《平定粤匪纪略》卷二。《太平天国资料汇编》，第一册，第 14 页，北京：中华书局，1980。）

**【江苏省、江西省、安徽省·咸丰三年七月戊午】**长江自江宁至江西千数百里，毫无阻遏，贼船来往自如。前月初旬，江西贼船百余，满载米粮，远馈江南之贼，今值秋成宜迩，野有余粮，贼匪转输甚易，恐江南之贼永无坐困之期，或且乘间突出，大举他窜，尤属不堪设想。

（李滨：《中兴别记》。杜德风选编《太平军在江西史料》，第 400 页，南昌：江西人民出版社，1988。）

**【湖北省武昌·咸丰五年八月初三日】**至水师深入险地，转战十日，破贼垒十余座，夺贼舰数十只，夺大炮三百余尊，焚贼资粮船六百余只。

（胡林翼奏。军机处全宗·录副奏折。中国第一历史档案馆编《清政府镇压太平天国档案史料》，第十七册，第 497 页。北京：社会科学文献出版社，1994。）

**【安徽省芜湖·咸丰五年九月十六日】**又据吴全美及副将李德麟禀报，师舡上下游协剿，节次断贼接济，先后击沉贼舡二十余只，溺贼无数，夺获贼舡十一只，均系装载米豆、铅药、火器等物，生擒伪军师王毕、伪旅帅黄阿苏、伪百长曹维道、伪司马冯高及贼党徐步高等十名，讯明正法。

（向荣奏。军机处全宗·录副奏折。中国第一历史档案馆编《清政府镇压太平天国档案史料》，第十七册，第 570 页。北京：社会科学文献出版社，1994。）

**【江苏省南京·咸丰年间】**太平天国之交通，驿站，官书传递制度。

据《金陵杂记》所载：太平军由天京沿江而上，以至皖鄂占领区域，每隔三五十里设一“汛”，置有“疏附衙”，为接递文书之处，等于昔之驿站。［文书传递］均有凭照，文后粘立排单，到处登填时刻。每处设军官一，率兵二三十名。递送文报者，陆路骑马，水路则用八桨快船，亦如州县中之驿站也。寻常文书日行百余里。若紧急军情，“文上加印圆戳，中刻有翅飞马，周围刻云，名为‘云马文书’。其圆戳皆系占据各地主官始有，不轻用也。此等文书一到，即须转递，每一时必须驰五十里。”

此“云马”图戳，不特各地主官，即天王颁发紧急“诏旨”亦用之，如庚申十年六月所颁忠王一诏，外有“内壹道云马飞递苏省交与”之语，下附递文路程单，沿途各“汛”书明接到及照递日期以核稽便。

于今所得见者，有忠王及英王所用之“云马”圆戳。在“太平天国文书”内有忠王致康玉吉“谆谕”，上盖此戳。……同书又有英王谕张洛行文上亦有此戳……。可见此“云马”圆戳系全国全军通用之制度也。

（简又文：《太平天国典制通考》上册，第 203—204 页。香港：简氏猛进书屋，1958。《金陵杂记》有关部分见《中国近代史资料丛刊：太平天国》，Ⅳ，第 632—633 页。中国史学会编，编者：向达、王重民等，上海：神州国光社，1952。）

**附：码头条规《太阳河码头渡船规条碑》**

[上残]头船户，以儆刁顽，以安行旅[上残]乘舆之济，诚可深恶而痛绝之也。荷蒙[上残]漓，人心尽坏，江河日下，恩我□鸿恩暨王厚恩，正(时)[是]万国来朝之候，太平一统之时。窃以太阳河牛路一带码头，系□□往来客商之要路，设舟对渡，原以利民，有行人(涣)[唤]渡者，毋(客)[容]阻滞，有急务催行者，不可迟延。码头船户，任情讹索，恐于行旅有亏。腰间富有，自能放艇而行；手内空虚，未免临江而叹！为此晓[谕]码头船户人等知悉：自今以后，□于远近往来客商对渡，务宜随到随行，无论车子肩挑，以及牛骡驴马猪羊等物，悉遵已定之章，同□不刊之款，倘若[?][仍]蹈前辙，贪诈存心，一经查出，定按天法究治，决不宽[贷]。凛之慎之，毋贻后悔。特此晓谕。

计开所定规列后

一、凡单身，人出钱贰拾文。　　一、凡牛骡驴马，每条出钱贰百文。

一、凡挑担，人出钱四拾文。　　一、凡羊，每只出钱拾文。

一、凡无钱之人有紧急事情，务宜飞渡，虽系一人，亦须送去。

太平天国甲寅四年十二月三十日告示。

（罗尔纲：《太平天国文物图释》，第 43 页。北京：三联书店，1956。该碑在安徽当涂采石与和县之间的长江上之江心洲上太阳河村，为太平天国甲寅四年十二月三十日告示。太平军于 1853 年 3 月 6 日攻克当涂，7 日攻克和县，以后旋失旋复[1854 年 4 月 28 日]。从碑上可知：① 社会秩序迅速安定，商旅频繁，[金柱关在当涂]。② 为便利交流物资，加强管理交通，改革码头陋规，规定收费标准。③ 照顾“无钱之人”。）

**【江苏省常熟县・同治元年一月七日】**饬乡官唤人敲冰，工食给自粮局。

（龚又村：《自怡日记》。《太平天国史料丛编简辑》，第四册，第 426 页。太平天国历史博物馆，北京：中华书局，1962。）



**【浙江省嘉兴・同治元年十二月八日】**闻伪听王运粮至南京，船百余号，闻苏城有变而回嘉兴。伪满天安廖[发寿]不敢收入城内,[其船蜂拥至各乡镇,]寄各米行收贮。

(沈梓:《避寇日记》。《太平天国史料丛编简辑》,第四册,第202页。太平天国历史博物馆,北京:中华书局,1962。)

**【浙江省海宁州·同治二年九月】**二十三日,海宁贼治平道路,计阔一丈,皆自城至花溪、硖石、黄湾、尖山诸地方,有过大队,五马并行等语。

(冯氏:《花溪日记》。《中国近代史资料丛刊:太平天国》,Ⅵ,第712页。中国史学会编,编者:向达、王重民等,上海:神州国光社,1952。)

## 四、卡凭与关凭

[含关票、卡票。参见第十七章“城市政策章”]

**【江苏省南京·咸丰三年】**《贼情汇纂》(卷六)载:“伪王妃印,长二寸,阔一寸。”同书另于卷八“伪文告”篇内绘有此印式样——为“松树立凤”图,而无文字。“其印据用长四寸余宽二寸余白纸一张,钤印于上,四面留边数分,别无字迹。”据云:其用途系为一种特准出城之凭证。缘太平军初克南京,凡出城者须领“关凭”,用长八寸宽四寸之白洋布,墨笔写“关凭”二字,上盖“巡查”印。印旁别有暗号,背面有粉笔花押,衙中有底簿可稽。其暗号数日一换,仿造甚难。另有买菜凭据,即由各馆开一黄纸条,上写“着某人出城买菜,诸兄弟不得拦阻”,上盖本馆主官印,亦可出城。迨张继庚等在城内谋内应事泄,盘诘加严,忽改用此“松树立凤”之印,非此凭据,万不能出城云……乃误信为“王妃”印耳。

(简又文:《太平天国典制通考》,上册,第190—191页。香港:简氏猛进书屋,1958。)

**【苏南——皖北·咸丰十年四月至十一年二月】**其把卡有官卡、民卡之别。民卡,凡肩挑贸易来往,均需验货抽税,给票放行。空身者任过。官卡,凡公事人来往,均须验路票挂号放行,无路票则指为逃兵,立时锁究,衣百姓衣则不问。

(余一鳌:《见闻录·伪官职》。《太平天国史料丛编简辑》,第二册,第126页。太平天国历史博物馆,北京:中华书局,1962。)

**【江苏省吴江县·天历十一年七月二十日】**

票关浦夹

| 太平天国辛酉拾壹年七月廿日 | 第四家 | 验明通行不得拦 | 尚海办货 | 今有 夏春云 |
|---|---|---|---|---|

四千六百

（郭若愚编：《太平天国革命文物图录补编》五一。上海：上海群联出版社，1955年11月，第51页。取名：《太平天国辛酉拾壹年发夏春云夹浦关票》。印文：中间大字“夹浦关图记”，月日上“夹浦关东卡查过”。）

［编者按：夹浦关在江苏省吴江县，在同里镇与周庄镇之间，见陶煦《贞丰里庚申见闻录》卷下第15页。夹浦关是太平天国的一个重要海关，见知非：《吴江庚辛纪事》。夹浦为湖州郡□宣门户，见《俭德斋随笔》。《中国近代史资料丛刊：太平天国》，Ⅵ，第758页。现存的关票实物还有芦墟关卡票，其照片载《文物》1961年第1期第18页。］

## 第三节
# 商　税



［太平天国的商业税分为关税和店铺税两大项。手工业作坊税和商店捐费，参见第五章“捐、费与役”和第十四章“与清政府管辖区的贸易”］

### 一、关税与税关

**【江西省九江・咸丰三年九月】**又有人说贼匪在九江立关收税，弟心笑之。夫贼至省城河下，连划子俱无一只，岂有伊俨然在城，有如此大胆之货船敢过耶？彼亦姑妄言之，弟亦姑妄听之而已。

（毛隆保：《见闻杂记》。《太平天国史料丛编简辑》，第二册，第 79 页。太平天国历史博物馆，北京：中华书局，1962。）

**【江苏省南京・咸丰三年】**贼于九月内设守卡官六人，专司稽查货物。结营上河者曰提头关官，下关者曰提中关官，观音门者曰提下关官。

（佚名：《粤逆纪略》。《太平天国史料丛编简辑》，第二册，第 40 页。太平天国历史博物馆，北京：中华书局，1962。）

**【江苏省南京・咸丰三年】**贼掳各处银钱货物，运回宁城，向有专管各目主守，贼等以为归公，在首逆等自然取用不竭，分给群贼，殊有限制，名虽公而实不公也。故群贼运物回宁，船抵马头，往往私自送入己馆。于是首逆又设关卡三道，以防偷漏，其名为伪天朝提中关、提头关、提下关。每关正副伪职各一，中关职同指挥，头下两关职同将军，并受中关统辖。中关设于仪凤门外鲜鱼巷口河下，头关设于上河夹江，下关设于七里洲河内。各关有伪协理书手听使等人，并有查货关票、查船铁印，查毕给票，船尾并大书粉字某关查过字样，与向来关口查税无二致也。如上江船回地头，必先有贼目发票，经过头关，照单查货，不足不准船只进口，如有多余，又必随时提取以为夹私，查毕换给伪票，并给小黄旗一面，上书提头关，并盖伪印，令将旗插于船头，放至鲜鱼巷口伪中关，又复照票查验，如票货不符，仍有多余，轻则将押船逆目重责，如查有私藏银钱，即将其捆送入城，献诸首逆，听候拷打，或将头目戕害，以为私藏金宝犯天条也。中关如将货物查对符合，如零星银两衣物牲畜，则有各伪典职群贼船只在彼，随时由中关查明注簿取去，各自聚趸运回城中各馆收储，其成趸油盐米谷粗重货物，仍令原船装放水汉西门马头，归城中伪典职贼目派人搬取。中关查过，亦给关票小旗，粉书船尾字样。如下游镇江瓜洲等处来船则由伪提下关查船给票，亦如提头关查验，情形相同。又伪疏附衙船只，系为贼等递送文报伪书之船，每日皆有出入，经过伪关，亦须查验给票，并给小旗。总之首逆等之待群贼，严而且刻，恐余匪藏私。该伪关有武昌人叶姓者，去春被掳而来，并授以副提中关伪职，叶颇悉贼情，船只货物皆系掳抢而来，只有多余，断无不足，余匪又无不藏私，叶遇匪等掳抢船回，必搜查净尽，无论何贼，轻则随时痛打，或将其捆送入城，于是群贼船回，往往将私藏银两货物投诸江中，且自追悔，以为早知不能入已，何必甘为掳抢。在首逆以为叶能认真理事，殊不知伊实离间匪党之心，暗中解散余贼，正复不少。至三伪关并各有营盘围护，每关设望楼一座，高五丈余，上插正副伪职黄旗二面，夜令人在上瞭望来往船只等。本定伪头关夹江洲上设一小营盘，上有望楼，江东岸洲滩上亦扎一营盘，共派贼兵二百名，其实人数不及一半，并有伪总制、卒长、两司马管带……相传贼在上河设有水营，并非水营也。又上河街上此时为卖菜人来往必由之道，此地亦可开茶馆浴堂，城中之贼出城买菜，至此并可洗澡吃茶，亦照常给价，长毛亦不之禁，故此地逃窜最易。贼又于街上设伪巡查，挨户搜查，以防我兵混入，探听消息，并恐被胁者出城于此处藏匿潜逃，其实两项皆有，贼亦查不出也。伪下关亦有营盘，亦定贼兵二百名，数亦不足，亦有伪总制等贼管带，伪管关贼亦住河内船上，伊处贼营稍多，缘七里洲宝带桥两岸本有贼营三四座也。伪中关营盘一道，紧在鲜鱼巷口西岸，派贼兵八十名，有伪恩赏总制卒长管带。此处贼兵转少者，因紧靠贼之水营口门，上下围扎木城约长里许，外面虽壮，内实空空，即水营贼兵亦不过数百，然皆系各处掳来百姓，胁令为兵，平日并非持戈之辈，其营中各关住船上仅有小炮一二尊放于船头，火枪一两杆，炮子火药一两小桶，亦无多刀矛器械，贼之关卡，较营盘尤易破也。

（涤浮道人：《金陵杂记》。《中国近代史资料丛刊：太平天国》，Ⅳ，第 636—638 页。中国史学会编，编者：向达、王重民等，上海：神州国光社，1952。）

**【江苏省南京·咸丰三年】**自武昌至江宁，向设四关。贼于武昌、芜湖两关，因与官军相持，不暇榷税。其龙江关则专设提中关伪官一人，职同指挥；九江关则以伪九江郡总制陈作霖兼收关税。贼踞之处，凡有身家商贾，岂肯来往其境？间有贫不能度之民，觅蝇头之利，冒死贸易，亦殊为可怜。尝询曾过贼关贾人曰：贼之抽税，无一切章程则例。其报船料也，以船长一丈，抽税千钱；所载之货分粗货细货，粗货船长一丈，抽税钱二千，细货倍之。大率以盐、布、棉花、煤、米为粗货，丝绸，苏货为细货。抽税之后，给伪船票一张，如遇贼党，竟可免虏劫。前在九江问陈作霖之子口供云：九江榷税，一月不过数千钱，无非附近贫民，小贸于数十里之内，成载客船，实未经见。以此类推，其龙江关之税不能多获可知。是贼之关榷，似有实无也。贼之关榷所获寥寥，然贼之交易颇足资贼。盖掳得百货，凡不济用者，或所掳过多者，皆于村镇屯积，命三五贼目招徕交易，较常价倍减。乡民始犹疑惧，既见靡他，遂趋利争赴，或以钱买，或以米豆互易，不数日售销净尽，船载钱米赍送贼巢矣。百货之中，尤以淮盐及湖北布棉为大宗。载江淮之盐，运至兴国、蕲、黄，卖于民间，掳得湖北布匹、棉花，复卖与安徽、江南百姓。物系掳来，全无资本，似贡献、掳劫、科派而外，即此所入，亦复甚巨。大都交易，多在已立乡官之处；若贼甫陷之地，亦恒招民交易，然默记买货之多寡，以觇其家之有无，少迟数日，另易一伙剽贼突入其室，搜刮一空，所卖之物，亦并取去，此则以交易为钩饵，而愚民骛利，不觉误吞者也。

（张德坚：《贼情汇纂》卷十《贼粮》。《中国近代史资料丛刊：太平天国》，Ⅲ，第276—277页。中国史学会编，编者：向达、王重民等，上海：神州国光社，1952。）

**【长江沿岸·咸丰三年至六年】**皖、楚遭粤逆复陷后，自太平府以至武昌，贼匪分设伪关太平、芜湖、安庆、九江、武穴、武昌共六处。每处派贼目一名，率群贼数十名踞守。贼目伪督关将军，专查来往民船货载索税并给伪单。所收银钱，闻系在芜湖关搜得户工各部则例仿照索取，有加增无少减也。各伪关上下每隔二三十里即设一卡，由伪大关派小目在彼复查，有伪单者再索照单钱一百文，无则照查收税。长江千余里，共设贼卡无数，是贼之防偷越较关榷更为严密也。其所过私盐，每担索钱百文，故上江一带民间遭兵劫后仍无食淡之虞，然贼之获利甚厚。现在楚省官兵围剿，武昌城外贼关早为我军所毁矣。

（涤浮道人：《金陵杂记·金陵续记》。《中国近代史资料丛刊：太平天国》，Ⅳ，第641—642页。中国史学会编，编者：向达、王重民等，上海：神州国光社，1952。）

**【安徽省安庆·咸丰四年】**迫民献粮册，按亩输钱米。立榷关于大星桥，以铁锁巨筏横截江面，阻行舟，征其税。

（王定安：《湘军记》卷六。）

**【江西省湖口县·咸丰五年七月】**二十八日，探得离湖口五里之柘矶[连下钟山]与八里江遥对，有伪关一座，伪典圣库黄贼把守征收船税，屯匪数百名。派彭斯举等驰往剿办。

（光绪《石钟山志》卷十《武功》。）

**【江苏省·咸丰十一年六月】**初八日，夹浦关贼颜姓，苏城贼酋派来守关，日收税银几千两。时值新丝既登，湖州丝商至上海，卖与夷人，必经此路；又米艘来往亦多，获利既久。是夜停船二百余号，吴江贼垂涎，截杀掳掠，死三百余人，船货银钱数百万。苏酋[向吴江]索取为首者，几相斗，久之无所问，而过关之船寥寥矣。

（倦圃野老：《庚癸纪略》。《太平天国资料》，第102页。北京：科学出版社，1959。）

**【浙江省杭州·咸丰十一年】**七月初，先饬各造兵册，汇而作总。并云："天京被困紧急，奉忠王令，过七月拔队全行，以顾根本，仅留老弱守馆。"予一闻此言，恐胁入金陵，更难解脱，亟筹归计。探得各门严查，非牌照不能出，惟武林一门查验尚宽。七月十二夜，阖馆斗牌，至晓倦不能起；同房之孙医患病不省人事。予取其小镐衣大脚裤罩服于外，潜出馆赴武林门，门未启，至洗马桥暂坐。突有追扭逃馆之人，属予暂看，答以"身有要公不能代管"。匆匆即走，城门已开，适有首黄巾身黄衣之贼策马前驱，后无跟人。予即逐马飞奔，守门贼以予为跟马从人，马上贼亦不回顾，一径北驰，至左家桥；予遂折而东，过得胜桥，遇一乡人之卖冬瓜者，忽云："尔非逃长毛乎？前面路口有贼征收瓜税，视此穿着必不能过。"询以"百姓衣服能过否？"则曰："可。"遂脱外罩孙医衫裤掷瓜担上，与乡人同行，至路口，果有桌凳拦路。收纳瓜税者即问云："是逃长毛否？"答以"姚店桥杂货行伙，由湖墅收帐回来"。即故与挑瓜者佯为招呼，若似曾相识者。贼不复诘，但云："直前行走，不可鬼头鬼脑，像逃长毛模样。"遂过白田坂，到坍总管堂略歇，惊魂方定。至横塘，遇胡君肖眉留我饮食，代唤一乡老引道，并假以篮，盛以瓜，若出市归者，经丁桥贼卡，竟免盘诘，平安到家。

（张尔嘉：《难中记》。《中国近代史资料丛刊：太平天国》，Ⅵ，第640页。中国史学会编，编者：向达、王重民等，上海：神州国光社，1952。）

**【安徽省安庆】**贼于安庆大星桥立榷关。因沙州基地，增筑丈余，四围甃以石，上建崇楼，以炮船十只环之，铁锁木筏，横截江滨，以阻民船。九江、芜湖一例创设。沿江州县岔河小港，地当要冲者亦设卡，征收杂税。

（杜文澜：《平定粤匪纪略》附记三《逆迹记》第5页。《太平天国资料汇编》，第一册，第323页。太平天国历史博物馆，北京：中华书局，1980。）

## 二、卡税与税卡

**【湖南省·咸丰四年左右】**［太平天国在长江沿岸设卡，对所过盐商］节节收税。

（郭嵩焘：《玉池老人自叙》，第4页）

**【浙江省嘉兴县·咸丰十年四月】**贼遂于王江泾、三里桥，设立税务，置关栅。

（佚名：《寇难琐记》卷一，手抄本。南京大学历史系太平天国史研究室编《江浙豫皖太平天国史料选编》，第134页，南京：江苏人民出版社，1983。）

**【江苏省常熟县·咸丰十年】**贼于各镇店家悉有伪捐，多者数百文，少至数文。五日一收，虽豆腐、汤罐等店亦无遗漏。又于各镇设立卡房，商贾过卡，皆须完税。若在他镇完过者，取照票钱数十文，于伪税票上加一伪印。若隔县便不能照票，又须完税矣。白茆口设立伪关，曰白宝关。徐陆泾、浒浦、福山各海口皆有伪关。百货进出，亦须完税。

（佚名：《避难纪略》。《太平天国史料专辑》，第61页。上海：上海古籍出版社，1979。）



**【江苏省吴江县·咸丰十年】**于完善之地，必以土人授伪职……始则令设门牌，有门牌捐；继又有红粉捐……至冬，设局收田租，尽命官为之。于官塘、三里桥，七里□诸处设卡，凡民船出境者必勒索。

（光绪《吴江县续志》卷三十八《杂志一》，第 9—11 页。）

**【浙江省归安县新市·咸丰十年七月】**新市既破，七月间僚天福遣戍兵设立卡局，专司货敛。

（佚名：《寇难琐记》卷二，手抄本。南京大学历史系太平天国史研究室编《江浙豫皖太平天国史料选编》，第 175 页，南京：江苏人民出版社，1983。）

**【浙江省石门县·咸丰十年八月】**涵山塘设立卡局，施永秀奉石门僚天福令，率长毛党羽总其事，专管客商往来船只税务。

（佚名：《寇难琐记》卷二，手抄本。南京大学历史系太平天国史研究室编《江浙豫皖太平天国史料选编》，第 176 页，南京：江苏人民出版社，1983。）

**【江苏省吴江县香山等村·咸丰十年八月乙丑】**纳贡之后，各处要路设立贼卡，左右夹之以铍，如罗刹然。所过商船，视货之多少完税。

（蓼村遁客：《虎窟纪略》。《太平天国史料专辑》，第 25 页。上海：上海古籍出版社，1979。）

**【江苏省常熟县·咸丰十年十月】**支塘设栅收税，白茆新市照票。十一月，白茆口龙王庙设关收税……十二月，张市、徐市设卡收税，即担柴只鸡，亦不得偷漏，假空车亦要买路钱，草屦华衮，分别抽捐。廿日，设局太平庵，着佃启征田赋。

（柯悟迟：《漏网喁鱼集》，第 49—50 页。北京：中华书局，1959。）

**【江苏省吴江县芦墟胜溪·咸丰十年十月十八日】**十八日，晴。朝上诵宝训经卷。上午，略阅《辽史拾遗》，晒一遍。下午，阅《木鸡书屋文》五集。闻长毛芦川南栅已设关，利获千金，才三日耳，民资那得不竭？

（柳兆薰：《柳兆薰日记》。《太平天国史料专辑》，第 150 页。上海：上海古籍出版社，1979。）

**【江苏省常熟县·咸丰十年十二月中】**恬庄、塘桥、石龙桥，俱有关税，桥下横一木，来往船要完税。

（佚名：《庚申避难日记》。《太平天国史料丛编简辑》，第四册，第 491—492 页。太平天国历史博物馆，北京：中华书局，1962。）

**【江苏省无锡县、金匮县·咸丰十一年正月】**锡金城设卡城贼既收田捐，复收各镇铺捐。不满欲壑，又立卡抽税。在荡口、新桥、老湖桥、新塘桥、东亭、龙舌尖、茅塘桥、观音墩、马口里、南北四河口、五丫浜、大渲南桥、八士桥、倪家湾、万安桥、堰桥等处外，又巡船分卡无数，勒索行商。扦舱者皆土匪为之。

（佚名：《平贼纪略》。《太平天国史料丛编简辑》，第一册，第276页。太平天国历史博物馆，北京：中华书局，1962。）

**【江苏省吴江县芦墟北栅・咸丰十一年一月二十一日】**廿一日，阴冷。饭后，诵经卷。同乙老舟至芦川，见北栅长毛又设关，民利一网打尽矣。

（柳兆薰：《柳兆薰日记》。《太平天国史料专辑》，第168页。上海：上海古籍出版社，1979。）

**【江苏常熟县、昭文县・咸丰十一年二月初】**知[徐]少蘧与伪帅熊万荃、钱贵仁甚融洽，出示两伪札，均称奉忠王谆谕安民，地区如有新兄弟不守纪律擅自抄扰良民，准乡官捆解来辕按天法究办等语。徐局于正月五日在黄埭拿获长发十余人，捆送到苏交于伪帅逢天福[原眉批：即刘肇均]，其中正法一人。闻之甚慰，想乡镇暂可偷安。次日返棹，见荡口杨树港稍[梢?]，贼匪又设一卡收捐，每由民众自报，每值千钱收捐四文，较湖口卡短收一文。询余侄味初，据云：江阴、常昭两县为英逆[陈玉成]麾下攻取，苏省为忠逆独占，陈逆不慊，每择繁荣市镇，多设一卡，归英逆管辖，以资军需。八月间[按：当指十年八月]，伪天王弟洪军师[按：指洪仁玕]到苏，即调停忠英二酋之误会也。贼中互相猜忌如此。然忠酋外柔内刚，深得民心；英酋恃勇而骄，人皆惮之，江南无立足之地。熊伪帅为余言之。

（华翼纶：《锡金团练始末记》。《太平天国资料》，第124—125页。北京：科学出版社，1959。）

**【江苏省常熟县・咸丰十一年春】**贼于城外各乡要路设立伪卡，每遇船只过，搜查有无货物完纳税，税过给以税票，在本境或过他卡俱可照票，另出钱百文加用伪印，不必再完。如于小路规避，一遇巡查，谓之逃税，必行重罚。贼验路凭及税票多有不识字倒看者。

（陆筠：《海角续编》。柯悟迟：《漏网喁鱼集》，第125—126页。北京：中华书局，1959。）

**【江苏常熟县・咸丰十一年四月初八】**莘庄又设卡，在三官堂，系百长胡[长泰]作主。欲望远，上搭凉台。若审案，则到天父堂，地稍宽敞。其余小港，均有巡船查漏税，货船苦之。十一日，冒雨过吴塔，见卡旁添南货店，系师帅所设，因市罢，卡官不便，故作此周旋。

（龚又村：《自怡日记》。《太平天国史料丛编简辑》，第四册，第397页。太平天国历史博物馆，北京：中华书局，1962。）

**【江苏省、浙江省·1861年】**设卡收税的办法现在被大大推广。在华金桥的税卡，向往来于太湖和苏州郊区之间的船只征收百分之二的捐税。而在另一个名叫三里桥的税卡，也向往来于湖州和松江之间的生丝商人征收同样的税金。

（《太平军在苏浙两省各地建立地方政权》。《北华捷报》第559期，1861年4月13日，《太平军在上海——〈北华捷报〉选译》，第182页。上海：上海人民出版社，1983。）

**【浙江省桐乡县·咸丰十一年七月】**廿五日，濮镇长毛调去者皆回至镇上卖衣服及家用杂物，云从周王庙打先锋而来，非往湖州打仗也。陡门卡子中，凡客商来往货物，每一千文税三十文。是时米价贵至七千五百之数，故伪关税每担须二百二三十文。而自春间贼攻海盐，凡出兵三次，所过劫掠殆尽，居民无三日之粮，射利者皆至新塍贩籴，而长毛又各处设卡收税。盖陡门一大关，而濮院，而王店，而屠镇各处卡子密布，税钱甚众，米价腾贵，居民不安。五月中，长毛掳周王庙、斜桥等处，陡门皆贼船往来，商贾裹足，南路居民绝粮，喊声大震，贼为寒心。于是令各卡免米税，通商贾，而陡门之关亦免。盖东南方百数十里间，居民千万口，皆仰给于新塍，故贩米过此关者，每日必一千数百斛，计入米税，日必三四百千，而其他所入货税皆不及米税之多，故伪司关者坚执不允。自钟长毛来桐乡，以食者民之天，故累出告示免米税，而贼犹坚执如故。钟乃讼诸镇守嘉兴之伪朗天义陈姓处，陈乃为之调停，饬令免一半税，故自七月望后，每担收税一百十五文云。

（沈梓：《避寇日记》。《太平天国史料丛编简辑》，第四册，第76页。太平天国历史博物馆，北京：中华书局，1962。）

**【浙江省诸暨县·咸丰十一年】**余天安出示安民，访招旧胥，设伪乡官，造门牌，[原注：每户给一牌，索番银一元。]令四乡各村进贡。[原注：米粟财帛豕鸡须备。]市镇设卡抽税。[原注：肩挑手挈皆须纳税挂名，否即指为奸细。]

（《诸暨县志》卷一五，第17页。）

**【江苏省无锡县荡口镇·咸丰十一年八月初六日】**湖口两卡则贼收税。每千钱纳五文，每货值千钱纳钱十五。有收票，出湖呈据，不再完。

（龚又村：《自怡日记》。《太平天国史料丛编简辑》，第四册，第406页。太平天国历史博物馆，北京：中华书局，1962。）

**【浙江省桐乡县濮镇·咸丰十一年八月、九月】**[八月]廿四日，有嘉兴长毛来濮东栅，占岳成茂河埠店面设卡收税，至香海僧房取其台桌凳椅以去。真长毛不过二三人，其管账办事者十余人，皆府县吏胥，其服长毛服而为爪牙者亦皆禾人，停枪船二三十只，旗号嘉兴监军。盖设卡初非长毛意，皆禾人之从贼者勾合而来。镇东美食桥张九、草鞋桥张七，又与府县胥吏有旧，招之使来而分肥焉。卡印为奉伪扛天豫令，每担米税一百六十文，盖较陡门为更酷云。是日陡门长毛伪粹天侯者出告示云“前奉朗天义令，嘉兴只设陡门一关，其余关口均已辍去，岂有七里设两卡之理，倘卡上无龙文印，并不奉朗天义、裘天安、僚天福令者，定系秘设，凡商贾可不必完纳”等云。是日吾镇师帅往桐禀钟长毛，钟移文至伪朗天义处，言百姓凋敝已极，何堪此七里两卡之税，回文未转。

九月初一日，陡门伪粹天侯谭姓者骑马六匹，并船五六只，带领小长毛数十人，军器旗帜俱全，来濮打此卡。卡中诸长毛望见旗帜皆逃，惟一人逡巡未逃，遂被执。谭姓遂将八仙桌一只，去其四足，中敲一洞，加其颈为枷，外贴字条云：“私设卡税，枷号示众。”命四五小长毛敲锣前导，在镇游街一遭，随即带归陡门卡中，所有器具铜钱并账船一只均被掳去。

（沈梓：《避寇日记》。《太平天国史料丛编简辑》，第四册，第 81 页。太平天国历史博物馆，北京：中华书局，1962。）

**【浙江省桐乡县·咸丰十一年九月】**初六日，嘉兴人及长毛复奉朗天义陈[陈炳文]令来濮设卡。

（沈梓：《避寇日记》。《太平天国史料丛编简辑》，第四册，第 84 页。太平天国历史博物馆，北京：中华书局，1962。）

**【江苏省吴江县·咸丰十一年】**于官塘、三里桥、七里湾诸处设卡，凡民船出境者，必勒索，嘉兴之贼，赖以接济。时湖州逃难来者，尽至盛泽，人众比平时数倍。

（光绪《吴江县续志》卷三十八。）

**【浙江省桐乡县濮院·同治元年】**四月二十八日，闻故伪军帅沈幼巢于濮镇南设一卡，盖以猎乡人之卖丝者及南乡贩籴客船之往来者也。

（沈梓：《避寇日记》。《太平天国史料丛编简辑》，第四册，第 158 页。太平天国历史博物馆，北京：中华书局，1962。）

**【浙江省石门县、德清县新市镇·同治元年】**新市镇设立卡务，所有厘捐税务，先经石门县邓光明所获取。其地隶德清后，德清头目欲觊觎之。三月之杪攻击数次，市人罢肆，邓既不肯让，出兵力亦胜，今仍归其利于石门。

（佚名：《寇难琐记》卷三，手抄本。南京大学历史系太平天国史研究室编《江浙豫皖太平天国史料选编》，第 195 页，南京：江苏人民出版社，1983。）

**【江苏省、浙江省·同治元年】**各处商贾往来要津，无不设立卡局，尽力征税，贾人无路可避。所最要者如上海至盛泽二百里间，约有七八路关津，无怪货物之昂贵也。即如桐乡、归安、石门，区区之地，白马塘有税，符天安主之；杨堡塘桥有税，莱天福主之；涵山之局尤为利薮，分其余于五河泾，系石门僚天安主之。总之，舟楫所通之处，有一网打尽之计。

（佚名：《寇难琐记》卷三，手抄本。南京大学历史系太平天国史研究室编《江浙豫皖太平天国史料选编》，第 195—196 页，南京：江苏人民出版社，1983。）

**【江苏省·同治元年四月】**十九,辛未日,朝雨。起来已到得胜,计行九十六里,待潮未能开船。午时晴,潮来启行,风顺,到关王庙,计行七十里。本欲停船,因炮船、枪船甚多,遂不敢停歇。天已抵暮,即开出(田珊)[淀山]湖,风甚大,此间常经抢掠,不免皆有戒心,遂到石人庙宿,计行十八里。有贼之关卡,渐入粤逆境界,人各惊惶,因少稷、少愉所带货物不少,恐有意外之虞。

(蒋寅生:《寅生日录》。《太平天国史料专辑》,第 424 页。上海:上海古籍出版社,1979。)

**【江苏省·同治元年四月】**二十,壬申日,晴。船上所带之货,在卡上(换)[完]税,即开行到(邹)[周]庄,计卅里。到同里宿,计十八里。今日所过贼关甚多,且(换)[完]税颇严,稍有疏忽,即欲遗失物件,遂偕五母舅等上岸吃茶,回舟推牌九。

(蒋寅生:《寅生日录》。《太平天国史料专辑》,第 424 页。上海:上海古籍出版社,1979。)

**【江苏省·同治元年四月】**念一,癸酉日,晴。到瓜泾桥,计十二里,待(换)[完]税。良久,到横泾,卅六里,上岸过卡子,被小长毛□见余等皆是新剃头,问有票子,始可放过。乃托人至局中取票,遂到家中。

(蒋寅生:《寅生日录》。《太平天国史料专辑》,第 424 页。上海:上海古籍出版社,1979。)

**【江苏省常熟县·同治元年五月】**守卡之贼对乡农,虽布一匹,麦一斗,皆要捐税,粪船柴担亦然;各店日捐又加,贼之苛刻如此。

(柯悟迟:《漏网喁鱼集》,第 70 页。北京:中华书局,1959。)

**【浙江海盐县、海宁州·同治元年】**[七月]二十四日,海宁贼四十余至花溪,设卡于高庙桥,强逼水陆投税。

[闰八月]又,海盐贼遍捉各县乡官,每[图]强逼千余银,于是军师帅等乘势逼粮户家完粮,借款……二十四日,海盐县地方所设税卡尽吊去,商贩货物稍流通。

(冯氏:《花溪日记》。《中国近代史资料丛刊:太平天国》,Ⅵ,第 706—707 页。中国史学会编,编者:向达、王重民等,上海:神州国光社,1952。)

**【江苏省无锡县、金匮县·同治元年七月】**万安桥贼卡被劫

北乡万安桥卡抽税颇多。一日黄昏后,突有枪船两只登十余人,内有贼目装束者,手执黄绢小龙旗,口称奉忠王令,查拿沿途私卡,以安商民。手刃一贼……获资二千余金。

(佚名:《平贼纪略》。《太平天国史料丛编简辑》,第一册,第 286 页。太平天国历史博物馆,北京:中华书局,1962。)

**【浙江绍兴·同治元年闰八月】** 伪坐镇刘某设船卡于斗门、东浦诸村镇。越陷后,郡城为贼踞,设肆者多聚于村镇,自负贩至乞食者,皆借以资生……舟过必查,小有所载,即输金……黠者或挟之纡道从陆,然一被获,则输金十倍。

(王彝寿:《越难志》。《太平天国》,第五册,第152页。罗尔纲、王庆成,桂林:广西师范大学出版社,2004。)

**【浙江省桐乡县·同治元年闰八月二十日】** 塘西米价与此镇[濮院]悬绝,每升百文。自塘西以上,随地加长,以彼地半系贼兵往来,百姓负贩,沿途必遭劫夺,故经营者百姓必与长毛合同谋利,而所过卡甚多,其价不得不昂。

(沈梓:《避寇日记》。《太平天国史料丛编简辑》,第四册,第188,186—187页。太平天国历史博物馆,北京:中华书局,1962。)

**【江苏省·同治元年闰八月】** 念二,壬寅日,晴。早开行,大顺风,到瓜泾桥,计十八里。上岸,见管卡之头子系姓雷,头上系黄绉纱,订帽花一朵,身上穿棉袄、棉马褂,脚上着花鞋子。余见此,甚为可恨。待卡上(换)[完]税,至茶篷中吃茶,回舟吃早膳,即开到同里,计十二里。

(蒋寅生:《寅生日录》。《太平天国史料专辑》,第429页。上海:上海古籍出版社,1979。)

**【江苏省苏州·天历十二年】** 十二年回转苏州。那时我上江西、湖北招兵之时,将苏州、浙江嘉兴军务、民务妥交陈坤书执掌,我方去。后十二年回到苏省,民已失散,房屋被拆,良民流泪来禀……后又将郡县百姓民粮,各卡关之税,轻收以酬民苦。

(《李秀成自述》。《中国近代史资料丛刊:太平天国》,Ⅱ,第820—821页。中国史学会编,编者:向达、王重民等,上海:神州国光社,1952。)

**【浙江省桐乡县·同治元年十月】** 初九日,升平桥卡始不收税。

(沈梓:《避寇日记》。《太平天国史料丛编简辑》,第四册,第193页。太平天国历史博物馆,北京:中华书局,1962。)

**【浙江省桐乡县濮院·同治元年十月十一日】** 镇上店捐仍归入陡门卡矣。

(沈梓:《避寇日记》。《太平天国史料丛编简辑》,第四册,第194页。太平天国历史博物馆,北京:中华书局,1962。)

### 附:对不交卡税商贩的惩罚



**【浙江省乌程县、桐乡县·同治二年】** 又有四人负贩潜过贼卡,亦以长枷梏其项,揹牌,鸣锣押行四栅,且令沿途自唱为某事得罪,否则鞭挞之。

（皇甫元垲：《寇难纪略》抄本。浙江图书馆藏。抄本现藏桐乡市图书馆。）

**【浙江省湖州双林镇】** 四栅官塘各设卡征税，乡人出（？入）市鬻物，不论贵贱皆抽厘……漏税罚甚苛……商贾输税虽重，而乘时易得利，或且大获。癸亥米价石十三千钱，豕肉斤四百文，则以客货不至，抽厘过重故也。

（民国《双林镇志》，《兵燹志》。）

## 三、店税

［含店日税、店日捐、店捐、铺捐、商厘、商捐、摊贩税、摊费、摊贩费、门摊钱。参见第五章第一节“店捐”目］

**【江苏省无锡县、金匮县·咸丰十年五月】** 商民市肆分大小，每日纳款百钱至千钱，任其苛派，五日一缴入监军局。

（佚名：《平贼纪略》。《太平天国史料丛编简辑》，第一册，第 267 页。太平天国历史博物馆，北京：中华书局，1962。）

**【浙江省桐乡县乌镇、乌程县青镇·咸丰十年八月】** 乌、青两镇有七典库，寇兴数年，捐饷不资，典主力不能支，凡入库之物以千钱为限。自八月初一炬之后，典屋各废，质物靡有孑遗，民多不便。而贼来营馆，益肆诛求，市肆不论大小店户，日抽取厘捐以供无厌之欲。其富室大户另分股派费，动以数万两计，再三请损，络绎送解，皆责成于司事师帅。后司事不堪驱使，马兰芬逃逸上海，周官勋诡词得脱，惟董沧洲晨夕供奉，内外事赖以调停。有时长毛无故骚扰民间，强取货物，或捉人藏匿土城，或非意恣行毒虐，皆诉于董。董入见魏长毛，颇见听信，将贼众重惩创，稍稍得安枕席，故人之感沧洲者亦复不少。

（佚名：《寇难琐记》卷一，手抄本。南京大学历史系太平天国史研究室编《江浙豫皖太平天国史料选编》，第 146 页，南京：江苏人民出版社，1983。）

**【江苏省吴江县·咸丰十年十月初一日】** 吴江贼酋典伪监军，括取门牌钱，每户或三百，或五百，或一千不等。又请富户十四家为伪董事，收各铺户抽厘钱，日数十千……

二十二日枪船在镇滋闹，居民或下船逃避。贼侦知，押四人至局，罚捐菜油钱五十担，又钱五百千，释放。

（倦圃野老：《庚癸纪略》。《太平天国资料》，第 100 页。北京：科学出版社，1959。）

**【江苏省常熟县黄家桥·咸丰十年十二月五日】** 本镇各店俱付税钱，或十余文，或二三十文，多至五十文。

（佚名：《庚申避难日记》。《太平天国史料丛编简辑》，第四册，第 490 页。太平天国

历史博物馆，北京：中华书局，1962。）

**【江苏省常熟县·咸丰十一年】**逼领行店凭，先报明存本若干，如成本一千，每日抽钱十文；生意一千，抽钱五文。

（柯悟迟：《漏网喁鱼集》，第 55 页。北京：中华书局，1959。）

**【浙江省湖州·咸丰十一年】**献天豫自升莱天燕后，苛派厘捐尤甚。始时，每日市肆大小店铺敛钱七十缗，近日又增至百千矣。以有尽之脂膏，养无厌之狼虎，仅蕞尔烬余之两栅，其何以堪此诛求？

（佚名：《寇难琐记》卷一，手抄本。南京大学历史系太平天国史研究室编《江浙豫皖太平天国史料选编》，第 157 页，南京：江苏人民出版社，1983。）

**【浙江省桐乡县濮院·咸丰十一年正月】**十二日，谭长毛[粹天侯谭奉宣]出告示，令民间开店贸易……议收店捐，为供给长毛经费。

（沈梓：《避寇日记》。《太平天国史料丛编简辑》，第四册，第 65 页。太平天国历史博物馆，北京：中华书局，1962。按：同页记：十六日，始有汪姓至濮设卡，谭姓乃去。）

**【浙江省秀水县新塍·咸丰十一年二月初一日】**时镇上店口寥寥，多是摊子……[写店捐]每日不过一二十文，至六七十文而止。

（沈梓：《避寇日记》。《太平天国史料丛编简辑》，第四册，第 66 页。太平天国历史博物馆，北京：中华书局，1962。）

**【江苏省常熟县·咸丰十一年二月二十九日】**洪伪官到莘庄查各户门牌。又至洞港泾议店家领帖，并报大小本钱，千金本日捐十千，百金本日捐一千，十千本日捐一百。货殖亦难得利，闭歇者多。

（龚又村：《自怡日记》。《太平天国史料丛编简辑》，第四册，第 390 页。太平天国历史博物馆，北京：中华书局，1962。）

**【江苏省常熟县黄家桥·咸丰十一年五月一日】**有长毛四人，自庙桥来，收摊费钱。

（佚名：《庚申避难日记》。《太平天国史料丛编简辑》，第四册，第 505 页。太平天国历史博物馆，北京：中华书局，1962。）

**【江苏省常熟县黄家桥·咸丰十一年五月二十一日】**有长毛三人来镇，取摊费……近日本镇有粮食船二十余只，生意甚闹。

（佚名：《庚申避难日记》。《太平天国史料丛编简辑》，第四册，第 507—508 页。太平天国历史博物馆，北京：中华书局，1962。）

**【浙江省秀水县·同治元年三月初七日】**屠甸市每一糕盘收钱十文。

（沈梓：《避寇日记》。《太平天国史料丛编简辑》，第四册，第 213 页。太平天国历史博物馆，北京：中华书局，1962。）

**【浙江省桐乡县·同治元年三月初七日】**闻屠镇初六日有大潮头，盖贼搜抚甚重，富户不堪其求，率皆规避，军帅欲敛财供贼，乃于夜间写捐，捐户皆逃。盖至每一卖糕盘上每日出捐十文，而其他可知也。

（沈梓：《避寇日记》。《太平天国史料丛编简辑》，第四册，第 143 页。太平天国历史博物馆，北京：中华书局，1962。）

**【江苏省常熟县·同治元年八月】**贼目以粮饷不充，着城乡各乡官，挨查店铺资本多寡抽厘若干，生意大小，抽厘重轻，风雨不更，逐日收缴，真民不聊生。

（柯悟迟：《漏网喁鱼集》，第 72 页。北京：中华书局，1959。）

**【江苏省常熟县黄家桥·同治元年闰八月十二日】**长毛又到镇要抽厘，各店写去，逐日来收。

（佚名：《庚申避难日记》。《太平天国史料丛编简辑》，第四册，第 537 页。太平天国历史博物馆，北京：中华书局，1962。）

**【江苏省常熟县黄家桥·同治元年十二月二十五日】**[来长毛二人]说要各店铺门摊钱，照旧帐。

（佚名：《庚申避难日记》。《太平天国史料丛编简辑》，第四册，第 547 页。太平天国历史博物馆，北京：中华书局，1962。）

**【浙江省桐乡县·同治二年正月十二日】**各店口加店捐，并增司事之人。凡殷实之家，于十三日各分红帖，请为司事。

师帅董春圃请各司事饮酒会议，局中有紧急用款，加店捐，一日七倍，而罢股捐。盖各司事皆自为己计，而卸股捐于各市肆也。

（沈梓：《避寇日记》。《太平天国史料丛编简辑》，第四册，第 233 页。太平天国历史博物馆，北京：中华书局，1962。）

**【江苏省常熟县华墅·同治三年七月四日】**收抽厘自今日始，余店每日四十文。

（佚名：《庚申避难日记》。《太平天国史料丛编简辑》，第四册，第 584 页。太平天国历史博物馆，北京：中华书局，1962。）

# 第四节
# 物　价

## 一、物价的特点

**【浙江省秀水县新塍·咸丰十年五月初三日】**肉价每斤八十文。

（沈梓：《避寇日记》。《太平天国史料丛编简辑》，第四册，第15页。太平天国历史博物馆，北京：中华书局，1962。）

**【江苏省常熟县黄家桥等处·咸丰十年十二月二十二日】**今岁秋水发，河塘水涨，船行甚便，本镇等处每有货船进出，买卖络绎不绝。自十二月初长毛(订)[钉](册)[栅]以后，断绝往来，货路不通。所[有]通州买货客商往来，自海中八桨船、艇船、长龙船等滋事劫掠，被劫者不一而足，客商来往亦断绝矣。所以诸货昂贵甚，而缺物最多，良可恨也。

（佚名：《庚申避难日记》。《太平天国史料丛编简辑》，第四册，第492页。太平天国历史博物馆，北京：中华书局，1962。）

**【江苏省南京·咸丰十一年二月】**二十五日，金陵城内市廛如旧，无物不贵。

（姚济：《小沧桑记》。《中国近代史资料丛刊：太平天国》，Ⅵ，第462页。中国史学会编，编者：向达、王重民等，上海：神州国光社，1952。）

**【江苏省常熟县·咸丰十一年三月初五日】**城市食物恶劣而价转昂。其始，城匪买物，不论市价，以渔夺之钱，自不重视，土人大得奇(赢)[赢]。嗣因浮店亦须抽捐，不得不抬价。附郭妇女唯制履织布，以博生资……时有番船往来，系夷人销货，各卡并不阻拦，亦不征税。

（龚又村：《自怡日记》。《太平天国史料丛编简辑》，第四册，第392—393页。太平天国历史博物馆，北京：中华书局，1962。）



**【江苏省苏州、常熟县·咸丰十一年】**已陷之苏州，南腿每斤二千文；未陷之常熟，南腿每斤一百文。咫尺百里，相去霄壤，故胆壮者运入苏州，不半年居然小康之家。

（沧浪钓徒：《劫余灰录》。《太平天国史料丛编简辑》，第二册，第161页。太平天国历史博物馆，北京：中华书局，1962。）

［编者按：太平天国境内物价高，引起物资流入。］

**【江苏省金匮县·天历十一年十一月初八日】**一切货物，务须公平交易，既不得奇货自居，亦不得高抬市价。如敢垄断渔利，有害民生者，准尔铺户指明禀究……无论大小贸易，概须至公至正，无党无偏。

（《金匮商凭》。《中国近代史资料丛刊：太平天国》，Ⅱ，第874页。中国史学会编，编者：向达、王重民等，上海：神州国光社，1952。）

**【江苏省吴江县·咸丰十一年十二月二十日】**连日市上贼众往来，昼夜摩肩接踵，食物昂贵，从来未有。

（倦圃野老：《庚癸纪略》。《太平天国资料》，第104页。北京：科学出版社，1959。）

**【江苏省吴江县芦墟胜溪·同治元年二月二十二日】**饭后，始登清内帐簿。奎儿之丧约共费钱乙百十千左右，材木、衣服而外，诸事俱草草也。费用之加倍，时事之艰难若此。

（柳兆薰：《柳兆薰日记》。《太平天国史料专辑》，第243页。上海：上海古籍出版社，1979。）

**【江苏省吴县·咸丰至同治】**长毛中十里一卡，县属四乡置卡十余，客货往来，抽捐纳税，民皆苦之。自平定以来，关仍未立，卡则依然，虽十中止留二三，其货物之贵较常两倍。大约四海肃清，乃立关榷，庶可望其到处流通，货物稍平。

（沧浪钓徒：《劫余灰录》。《太平天国史料丛编简辑》，第二册，第162页。太平天国历史博物馆，北京：中华书局，1962。）

## 二、粮价

### （一）安徽省

**【安徽省潜山县·咸丰七年】**闰五月，大饥。［斗米八百钱。］贼勒征上忙地丁银。

夏秋间，大疫。

秋七月，……贼勒征下忙地丁银，每亩复收钱二百文。限同缴。

冬十月，贼勒每亩收钱二百文。

（储枝芙：《皖樵纪实》卷上。《太平天国史料丛编简辑》，第二册，第97页。太平天国历史博物馆，北京：中华书局，1962。）

**【安徽省歙县·咸丰十年】**乡人皆谓贼不甚扰民……故十年贼陷之后，居人狃于前事,皆不肯远徙,皆谓贼必不久驻。贼入山焚掠,犹以为官军所为,以致巨家大族,无一能脱者。庚申[1860年],徽人遇贼被害者不过十之一二耳。辛酉[1861年]五月贼退后,以疾疫亡之六七。[太平军退后]每斗米二千钱,每斤肉五六百钱……民间农器毁弃殆尽,耕牛百无一存……昔时温饱之家,大半皆成饿莩。

(黄崇煋:《凤山笔记》。《近代史资料》1963年第1期。)

**【安徽省·咸丰十年八月初三日】**徽州米贵至十七千余一担。

(沈梓:《避寇日记》。《太平天国史料丛编简辑》,第四册,第119页。太平天国历史博物馆,北京:中华书局,1962。)

**【安徽省泾县】**过麻岭,是铜山,泾县所管;离我邑,三十里,水郭山村。此处人,真大胆,团成乡勇。四山高,一条路,布满防营。他乡勇,蓄满发,敌营贸易。带本钱,到大通,百货通行。一银元,挨足钱,七百左右;只籴得,冲水米,不过二升。小秤盐,每一两,六十四个;菜子油,每一两,七十余文。潮黄豆,一小升,足钱二百;大麦粉,每一斤,三百有零。萝茀粉,每一斤,做粿六个;每一粿,要大钱,三十二文……将家中,动用物,去换粮食;好锡器,过大秤,七文一斤。红紫铜,过秤称,每斤十四。好铁器,每一斤,只值四文。土夏布,新蚊帐,百文上下。土布被,连新絮,不上百文。桕子油,能炒菜,每两二十。大麦麸,能充饥,四分一斤。

(周公楼:《劫余生弹词》。《安徽、浙江省相继发现太平天国革命文物史迹》,《历史教学》1955年第2期。)

## (二)江苏省

**【江苏省南京·咸丰三年五月】**十五日,随家君至安品街沈姓买米。沈,舆夫也,时米百文一升,私卖者有禁,沈以旧役代购,可感也。

(陈作霖:《可园备忘录》。《太平天国》,第四册,第362页。罗尔纲、王庆成,桂林:广西师范大学出版社,2004。)

**【浙江省、江苏省仪征县·乾隆至光绪年间】**浙江汪辉,宦成后尝作《病榻梦痕录》自述生平。有曰:乾隆五十七年,予六十三年,忆余十余岁时,米价斗九十,或一百文,间至一百二十文,即讶其贵。乾隆十三年,价至二百六十文,即有饥者。十余年来,此为常价。或斗二百钱,则以为贱矣。木棉花一斤,制钱八十余文,向不过三四十一斤,自五十六年歉收,价至百文。时已少杀,不知何得复归也。凡银输柜,银一钱,折制钱一百八九十文,至二百余文……程子[程畹自称]曰:……犹忆儿时,斗米不过二百文,斤棉不过百数十,自咸丰六年大旱,斗米率以五六百为常,至岁暮有千钱不获斗米者。同治光绪之朝,虽米价增减无常,棉花虽贵,较米稍杀。则一日恒兼数日之用,一人恒费数人之食。而生机转蹙,恒产如虚,富贵之家,其靡侈则数倍畴者。中人效之,因以益困,重以官司征敛,正供钱粮,经各大[吏]裁正,每银一钱,收制钱二百五十……又何论强暴侵渔,官吏鱼肉,厘卡林立,所在皆是哉!

(程畹:《汪龙庄遗书书后》。《啸云轩文集》卷一,第13—14页。)

**【江苏省常熟县·咸丰十年五月十一日】**[城内,米]粜钱每升止二十四文。

(龚又村:《自怡日记》。《太平天国史料丛编简辑》,第四册,第350页。太平天国历史博物馆,北京:中华书局,1962。)

**【江苏省常熟县·咸丰十年九月二十日】**[阴雨半月,]米价尚未昂贵……早豆价二六。花价四五。元米三六。

(佚名:《庚申避难日记》。《太平天国史料丛编简辑》,第四册,第486页。太平天国历史博物馆,北京:中华书局,1962。)

**【江苏省常熟县·咸丰十年九月二十二至二十七日】**花价四四。米价稍长。

(佚名:《庚申避难日记》。《太平天国史料丛编简辑》,第四册,第487页。太平天国历史博物馆,北京:中华书局,1962。)

**【江苏省吴江县芦墟胜溪·咸丰十年十月】**初二日,晴。朝上诵宝训神咒。饭后中兄来,知青浦决计东出,领兵官向奎打两仗,胜负未分。如此一邑,尚难即望成功,奈何?范省父子来,资以米、钱二千。东易七公又来,费二枚,不上岸。下午,沈慎兄、凌古泉来,定冬一仓用不足,以米自济,减价成交一两伍钱三分,力七钱九分。

(柳兆薰:《柳兆薰日记》。《太平天国史料专辑》,第148页。上海:上海古籍出版社,1979。)

**【江苏省吴江县芦墟胜溪·咸丰十年十一月】**十一月初吉日,晴。朝上诵宝训经卷。饭后,衣冠焚香,虔叩东厨司命神前、祠堂内,拜祷能得默佑平安,不遭大劫,不独一家之幸也。午前,有成米交易,一两七钱九分,尚称得价也。暇则碌碌,不能坐定。作札,写就答杨斗翁。此中措辞,易生枝节,须斟酌之。

(柳兆薰:《柳兆薰日记》。《太平天国史料专辑》,第152页。上海:上海古籍出版社,1979。)

**【江苏省常熟县·咸丰十一年三月初八日】**是晚,予过狄家坝瑞云庵,知狄□□新充里正,设局补粮,三斗加一斗,下忙银一百六十,局费、解费钱二百,每斗折钱三百。

(龚又村:《自怡日记》。《太平天国史料丛编简辑》,第四册,第393页。太平天国历史博物馆,北京:中华书局,1962。)

[编者按:田粮折价,或折钱,或折银,都是粮价的表现。第三章中有田粮折价的资料

可供参考。]

**【江苏省常熟县王市·咸丰十一年】**[天阴雨,]米价每石五千余,五谷俱贵,饿莩盈野。

(汤氏:《鳅闻日记》卷下。《近代史资料》1963年第1期,第121—122页。)

**【江苏省常熟县·咸丰十一年四月二十七日】**[阴雨,]米价遂长。

(佚名:《庚申避难日记》。《太平天国史料丛编简辑》,第四册,第504页。太平天国历史博物馆,北京:中华书局,1962。)

**【江苏省吴江县梨里·咸丰十一年五月十六日】**时市[梨川]中米价腾跃,均为浙中菱湖买涨,市上每升半百,余减二文,犹为极贱。

(柳兆薰:《柳兆薰日记》。《太平天国史料专辑》,第191页。上海:上海古籍出版社,1979。)

**【江苏省吴江县芦墟胜溪·咸丰十一年六月十一日】**观羹处下米,时价极昂,川[三]元二三左右。村人串通乡愚,大肆咆哮,幸米客孙[金彪]局保卫,发威而散,吾村之恶薄如此。

(柳兆薰:《柳兆薰日记》。《太平天国史料专辑》,第197页。上海:上海古籍出版社,1979。)

**【江苏省吴江县芦墟胜溪·咸丰十一年七月二十七日】**饭后出旧岁租米冬一小囤卅五石,价川[三]三八分,外间米价已松,然尚要每升五十五文,依然昂于去年也。开销无着,饭米之外,不得不粜,未识今岁能大熟否?

(柳兆薰:《柳兆薰日记》。《太平天国史料专辑》,第204页。上海:上海古籍出版社,1979。)

**【江苏省吴江县芦墟胜溪·咸丰十一年九月一日】**殷达泉来,商冬二担,价共[一一六]百,因佛银不佳,付米,约渠异日归款,留饭而去。是日(属)[嘱]工人收香珠稻。

(柳兆薰:《柳兆薰日记》。《太平天国史料专辑》,第209页。上海:上海古籍出版社,1979。)

**【浙江省——江苏省·咸丰十一年十月初七日】**笪琴舫自浙回,言萧山、余杭、德清、武康俱失,杭州被围,唐栖罢市。米价极贱,所贩米有七处完税,资本须亏。

(龚又村:《自怡日记》。《太平天国史料丛编简辑》,第四册,第415页。太平天国历史博物馆,北京:中华书局,1962。)

【江苏省常熟县·咸丰十一年十月】闻新进士文者官统制，武者官□□，防后来试士裹足，不令留京。回籍包揽词讼，阴图局规，怂人捏浮收之弊，诬告乡官，朱局遂至被控。实则七斗二升，连租在内，况兑斛大于收斛，欲减不能。城帅过听谤辞，定粮三等：上田办二斗二升，中田办二斗，下田办一斗八升，馀归租款。各局不便更张，权减折价，每石二千四百文。

（龚又村：《自怡日记》。《太平天国史料丛编简辑》，第四册，第418页。太平天国历史博物馆，北京：中华书局，1962。）

【江苏省常熟县·咸丰十一年十二月七日】迩日米价稍增，因客船贩去甚众，以故价高，南路尤甚。

（佚名：《庚申避难日记》。《太平天国史料丛编简辑》，第四册，第517页。太平天国历史博物馆，北京：中华书局，1962。）

【江苏省吴江县芦墟胜溪·咸丰十一年十二月二十八日】开发一切工帐及上仓一升，共十八石五斗四升，价三千算，诸公于此稍润行囊。夜酌帐房诸君，余齿痛未痊，不能饮，团叙陪之而已，一更余蒇事。

（柳兆薰：《柳兆薰日记》。《太平天国史料专辑》，第230页。上海：上海古籍出版社，1979。）

【江苏省吴江县芦墟胜溪·同治元年正月二十九日】出售糙米五十石，价二元九角，合钱四千二百一石。且销出以应所需。

（柳兆薰：《柳兆薰日记》。《太平天国史料专辑》，第237页。上海：上海古籍出版社，1979。）

【江苏省吴江县芦墟胜溪·同治元年正月三十日】账房内出粞三米，应接售之。

（柳兆薰：《柳兆薰日记》。《太平天国史料专辑》，第237页。上海：上海古籍出版社，1979。）

【江苏省常熟县·同治元年二月】[钱桂仁手下之内军帅、六门总巡之毛奸钱某]径到梅里书院，传齐伪职，亲讲道理。讲道理者，即沿途比较也。分派统下头目，散往各镇，将庙中神佛移置别处，大殿改作天父堂，排书案，群毛执刀列两行，拘农民具限期，每亩赋役折价涨价至二千零六十文。农民何力完办？到麦熟，有未清者，伪职代坐天父堂，看[？着]司马、伍长交出欠户，当堂行杖，命听差随至其家，将所收麦子、蚕豆尽行拿出作价抵偿。

（顾汝钰：《海虞贼乱志》。《中国近代史资料丛刊：太平天国》，Ⅴ，第372—373页。中国史学会编，编者：向达、王重民等，上海：神州国光社，1952。）

**【江苏省吴江县芦墟胜溪·同治元年四月十二日】**上午,顾萃虞来,为米售就[三百八十四],廿四日来下,价之腾贵于此极矣。

(柳兆薰:《柳兆薰日记》。《太平天国史料专辑》,第252页。上海:上海古籍出版社,1979。)

**【江苏省常熟县·同治元年五月】**初十日,见天久不雨,例破黄梅,农夫望云益甚,致米珠粟玉,度日大难,而追呼仍如火急。予寓买米每石价至六千五百,乃未几而增至八九千,谁能堪此。

(龚又村:《自怡日记》。《太平天国史料丛编简辑》,第四册,第446页。太平天国历史博物馆,北京:中华书局,1962。)

**【江苏省苏州·同治元年五月】**大旱,糙米一升百文,每人仅许籴三升,限以午时,过时无籴处。

(蓼村遁客:《虎窟纪略》。《太平天国史料专辑》,第41—42页。上海:上海古籍出版社,1979。)

**【江苏省吴江县芦墟胜溪·同治元年五月十四日】**米价腾贵,每石七千,百年来从未有此昂贵。贫人度食无从,奈何!奈何!

(柳兆薰:《柳兆薰日记》。《太平天国史料专辑》,第259—260页。上海:上海古籍出版社,1979。)

**【江苏省吴江县芦墟胜溪·同治元年五月十五日】**饭后出冬与邻友、邻人,零拔纷纷,价[四五]角,力十四,合钱[一五八]七十二个四毛,如此骤(长)[涨]缺货,从来未有。秋黄之交,将何以接济?亦日后一大患事,思之急甚。

(柳兆薰:《柳兆薰日记》。《太平天国史料专辑》,第260页。上海:上海古籍出版社,1979。)

**【江苏省常熟县·同治元年五月二十二日】**豆花大好,麦、蚕豆、菜子本镇尚属平常,外边大市桥已经价高,宕口尤高,相去每石千文,无如长毛处处有卡,要完税,要捐钱,颇不省俭。

(佚名:《庚申避难日记》。《太平天国史料丛编简辑》,第四册,第528页。太平天国历史博物馆,北京:中华书局,1962。)

**【江苏省吴江县芦墟胜溪·同治元年六月三日】**惟米价腾跃,每石须八千余文,即过七十老翁,亦云从未见此,无食者将何以度日?

(柳兆薰:《柳兆薰日记》。《太平天国史料专辑》,第263页。上海:上海古籍出版社，1979。）

**【江苏省吴县横泾·同治元年六月】**十二日，癸亥日，晴。午后读古文。近日天久不雨，米价日高，今日已买九十文一升，殊深焦急。

（蒋寅生：《寅生日录》。《太平天国史料专辑》，第427页。上海：上海古籍出版社，1979。）

**【江苏省常熟县黄家桥·同治元年六月二十四日】**刻下米价，本处六千。

（佚名：《庚申避难日记》。《太平天国史料丛编简辑》，第四册，第531页。太平天国历史博物馆，北京：中华书局，1962。）

**【江苏省常熟县·同治元年七月十九日】**宕［荡］口等处米价稍减，蚕豆、小麦亦稍减。廿二——廿三，近日闻外路各处米麦等价皆减，近处、本处稍平。

（佚名：《庚申避难日记》。《太平天国史料丛编简辑》，第四册，第532页。太平天国历史博物馆，北京：中华书局，1962。）

**【江苏省常熟县·同治元年】**八月廿三日，各师帅出示晓谕，先完早豆粮，每亩三斗。

闰八月三日，各旅帅入城结算上年米账……

十一月廿五日，刻下每亩粮折钱加各项要三千之数。

（佚名：《庚申避难日记》。《太平天国史料丛编简辑》，第四册，第535、536、542页。太平天国历史博物馆，北京：中华书局，1962。）

**【江苏省常熟县黄家桥·同治元年闰八月初十日】**籼米，西路人贩米甚多，以故价贱；否则本地新米未熟，籼米甚少，价不贱矣。

（佚名：《庚申避难日记》。《太平天国史料丛编简辑》，第四册，第536页。太平天国历史博物馆，北京：中华书局，1962。）

**【江苏省常熟县·同治元年十月二十五日】**米价大贵，洋钱则价贱。因匪党籴米满万，限定每石三千内。又着每师办米千石，而天阴不动砻，农家出米甚寡，致铺户粜空，白粲价至六千，而不能多籴。匪闻上海、余杭米价十千，乃严禁商船出境。佛洋、英洋并行。英洋重一分，银虽低而价长。佛洋虽净银，故意捺价，每个作钱千二百文。进出不得一价，往往伸缩至七八十文。荡口，钱每百通用九十七，腰串减六文，余镇则仍九十九。

（龚又村：《自怡日记》，《太平天国史料丛编简辑》，第四册，第472页。太平天国历史博物馆，北京：中华书局，1962。）

**【江苏省常熟县·同治元年十一月】**昨晚［二十四日］到催粮长毛，是兴天燕佘之先生。现在城隍庙师帅局(微)[征]比司马、百长、粮户甚严,横行鞭挞,日夜不停。刻下每亩粮折钱加各项,要三千之数。

(佚名:《庚申避难日记》。《太平天国史料丛编简辑》,第四册,第542页。太平天国历史博物馆,北京:中华书局,1962。)

**【江苏省常熟县·同治元年十二月初一日】**[发生叛变之后,]米价骤跌二千,每石四千。洋价骤长二百,每枚千四。而吴塔牙行因迁居速粜,每石减至三千七百。

(龚又村:《自怡日记》。《太平天国》,第六册,第127页。罗尔纲、王庆成,桂林:广西师范大学出版社,2004。)

**【江苏省吴江县·同治二年十月】**十一日,委员徐致和奉抚军札,至同里办饷捐租息事。章程二十四条,每亩照额五成,以二斗捐饷,以六升作抚恤,以二成半给业户租息,馀作局费。农民自业田每亩共完米二斗八升,俱照时价折钱。城局有总董。同里董事三人,设局陆家埭郑宅。各业户报田数造册,乡民亦报数核对。

[十一月]初七日,饷捐租息局设五柜分收,另一柜专收自业田、荡。每柜司事六七人,由单收票司事十余人。内设总柜、委员、董事,经理军饷,随收随缴。租息五日一期,业户出领资给发,石米折价钱三千八百。又有书役差船数十人。

(倦圃野老:《庚癸纪略》。《太平天国》,第五册,第330、332页。罗尔纲、王庆成,桂林:广西师范大学出版社,2004。)

**【江苏省苏州相城·同治二年十一月初十日】**晚至莫城,晤张西亭景翰、陈玉峰闲话。知相城饷局被游勇抢散,因折价每石三千八百,佃农贪其便宜,缴者如市,故有此劫。长洲定议每亩收五成,业主归成半,余作饷捐经费及抚恤捐,锡金亦尔。

(龚又村:《自怡日记》。《太平天国》,第六册,第142页。罗尔纲、王庆成,桂林:广西师范大学出版社,2004。)

### (三)浙江省

**【浙江省归安县新市·咸丰十年】**宵小报复,此来彼往,浸假而官兵至矣,浸假而长毛至矣。又有土匪枪船乘间窃发,民不安席,包裹什物常置身旁,以俟逃避。生此时也,艰苦已极。现今六月,田水初退,莳秧未毕,有不及遍种之虑。各路米票告竭,远商惧寇盗劫夺,裹足不前,每石米长价至八千文,较之枯旱淫潦之年,从未有如此昂贵者也。九月间,必至饿莩载道,师旅饥馑,同时并至。不图于暮年遭此厄境,令人辄唤奈何?[新市大斛有此昂价,乌镇石米六千五六百文。]

(佚名:《寇难琐记》卷二,手抄本。南京大学历史系太平天国史研究室编《江浙豫皖太平天国史料选编》,第172页,南京:江苏人民出版社,1983。)

**【浙江省·咸丰十年十二月】**初三日闻新[塍]市米贵,每石六七千文。湖州路米价都如此数,若塘栖、临平等处米价,每石须十千文,自塘西、临平而上,则糠粞亦每升五六十文矣。

(沈梓:《避寇日记》。《太平天国史料丛编简辑》,第四册,第 98 页。太平天国历史博物馆,北京:中华书局,1962。)

**【浙江省湖州·咸丰十一年七月十八日】**湖[州]境米价每石至十一千,民难生活矣。

(龚又村:《自怡日记》。《太平天国史料丛编简辑》,第四册,第 403 页。太平天国历史博物馆,北京:中华书局,1962。)

**【浙江省杭州·咸丰十一年】**自杭城失陷,困于围城者饿死大半,以至采办米粮每石价至十千。

(龚又村:《自怡日记》。《太平天国史料丛编简辑》,第四册,第 431 页。太平天国历史博物馆,北京:中华书局,1962。)

**【浙江省嘉兴·同治元年四月二十一日】**闻濮院米价每升七十七文,屠甸市每升八十四文。

(沈梓:《避寇日记》。《太平天国史料丛编简辑》,第四册,第 153 页。太平天国历史博物馆,北京:中华书局,1962。)

**【浙江省海盐县、海宁州·同治元年】**五月初一日,米又飞腾,每石十千。时贼大逼各处乡官钱,乡官逼良民愈厉。

六月十五日,花溪市……米价……每石十三千……至七月中,顿廉三千。

[六月]二十八日,贼把卡长山桥、黄泥堰、二王庙诸处,强逼商贩投税,故我南路粮食愈贵。[杭州太平军]至八月初尽聚宜兴,割稻打粮。[此时,杭州粮不继。]

(冯氏:《花溪日记》。《中国近代史资料丛刊:太平天国》,Ⅵ,第 704—706 页。中国史学会编,编者:向达、王重民等,上海:神州国光社,1952。)

**【浙江省海宁州花溪·咸丰十一年底至同治二年三月】**米价索引

咸丰十一年年十二月底　每石十二千。

同治元年四月中　每石八千五百。

同治元年五月初一日　每石十千。

同治元年六月十五　每石十三千。

同治元年七月　每石十千。

同治二年三月　每石七千。

(冯氏:《花溪日记》。《中国近代史资料丛刊:太平天国》,Ⅵ,第 703—709 页。中国史学会编，编者：向达、王重民等，上海：神州国光社，1952。）

**【浙江省绍兴·同治元年七月七日】**且有前任田令之仆邵二到［江苏省吴江县］东玲，详知绍兴光景，斗米一洋。

（柳兆薰：《柳兆薰日记》。《太平天国史料专辑》，第269页。上海：上海古籍出版社，1979。）

**【浙江省秀水县濮院镇等地的米价。每条资料后的页码都是《太平天国史料丛编简辑》第四册上的。】**

咸丰十一年七月二十五日　米每石7 500文。（第76页）

咸丰十一年三、四月间　安徽“升米值500文之贵”。（第79页）

咸丰十一年十二月初一　杭州米贵至每升170文。（第96页）三、四合须洋一元。（第104页）每升一洋。（第98页）

咸丰十一年十二月初五　米价每石，新市　六七千文。湖州路都如此。塘栖、临平等处十千文。自塘西、临平而上，则糠粞亦每升五六十文。（第98页）

咸丰十一年八月初三　徽州米贵至十七千余一担。（第119页）

同治元年四月二十一日　濮院米价每升七十七文，屠甸市八十四文。（第153、217页）

同治元年五月十八日　濮院米价每升九十余文，王店百余文，冬舂每斛六元内外，绍兴斗米一洋，合钱千五六百文。（第160页）（又见第219—220页）

同治元年七月初九　濮院以南每升米一百二十文以上。（第176页）

同治元年七月二十五日　新塍米价每升百余文。（第179页）

同治元年七月初　新塍米每升百二十余文，而濮院可知矣。（第222页）

同治元年八月初五　前月二十日下雨后，米价下降，每石不过六洋余，合钱十千文之数。本月初旬冬舂约五元余，尖米四洋之左。（第180页）

同治元年八月二十日　六月间桐乡米贵，斗米一千三百文。（第183页）

同治元年八月二十五日　塘西米每升百文，塘西以上随地加长。（第186页）

同治元年闰八月初三　新登米已出，每石三元五角。（第187、224页）

同治元年十二月初十　米价由每石五元降至四元。（第203页）

同治元年十二月十三日　糙冬每石三元七角。（第204页）

同治元年五月间　南京城内新麦每升三十余文。（第200页）

同治二年正月六日　水乡米价每升百二三十，山区几及二百。（第231页）

同治二年正月十八日　萧山、诸暨每升一百二十文，以在长毛地界也。（第235页）

绍兴、山阴、余姚、上虞每升四十余文，因通宁波。（第235、290页）

同治二年三月初五　余杭等处去冬米价每升一百二十文，今下降，因富阳有清军粜米，三升米才一百文。（第244页）

同治二年六月十二日　冬春米每升约百文,每石七元余。(第260页、294页)

同治二年六月十六日　米由七元四角,降二三角。(第260页)

同治三年正月十日　新塍,米至六千余文。(第301页)

(沈梓:《避寇日记》。《太平天国史料丛编简辑》,第四册。太平天国历史博物馆,北京:中华书局,1962。)

## 三、棉花、棉纱、棉布价格

**【江苏省常熟县・咸丰十一年一月十六日】**现又限日收银漕,甚属要紧。西路华市等处人来镇买花者甚众,以故花价稍昂。

(佚名:《庚申避难日记》。《太平天国史料丛编简辑》,第四册,第494页。太平天国历史博物馆,北京:中华书局,1962。)

**【江苏省常熟县・同治三年十一月十九日】**布、纱、花俱贱。

(佚名:《庚申避难日记》。《太平天国史料丛编简辑》,第四册,第592页。太平天国历史博物馆,北京:中华书局,1962。)

## 四、食盐价格

**【江苏省、湖北省・咸丰元年】**楚岸价已提至十三两。场价自二两三四以至三两一二钱为止,核算已有利息。

(《吴云等致冯桂芬书札》。《何桂清等书札》,第208页。)

**【湖南省・咸丰五年】**[自太平军入湖南后]淮盐片引不抵楚岸者三年矣。[以至盐贵。过去]穷人贩运谷米、煤炭、桐茶油、竹木、纸、铁及各土产赴汉口销售,易盐而归。[今则不行,以至]农民卖谷一石,买盐不能十斤。

(骆秉章:《采买淮盐济食分岸纳课济饷折》。《骆文忠公奏稿》卷三第30页。)

**【江苏省常熟县・咸丰十一年十月十七日】**盐价二十文一斤。

(佚名:《庚申避难日记》。《太平天国史料丛编简辑》,第四册,第514页。太平天国历史博物馆,北京:中华书局,1962。)

# 第五节
# 商情与商贩利润

## 一、商情

### (一) 湖南省、江西省

**【江西省玉山县·咸丰五年十二月初五日】**[玉山县城中]舍宇寥落,城外商贾凑集之所,喧溢十倍。是春经贼焚掠,方图兴建,板筑之声达于远近,孝拱尝云"今世一商贾之天下",信哉言乎!

(赵烈文:《落花春雨巢日记》。《太平天国史料丛编简辑》,第三册,第48—49页。太平天国历史博物馆,北京:中华书局,1962。)

**【江西省、湖南省·咸丰十一年十月十三至十七日】**十月十三日……下午,抵萍乡县,落张姓客寓,即趁得一舟,约明日行。日中所经道为商贾往来之地,凡蜀、楚百材由是者多,江、浙贾于楚者,亦往来是径。自贼踞沿江,水道不通,益繁荟。五年,贼曾一至,无大损毁,房屋俱未燹……

十四日……因到城内观览,城垣新整,市肆殷繁,不觉其曾遭贼乱也……

十七日,壬申,晴。晨到湘潭登岸,城外市井甚繁,为江、浙贾者来会之地,行市中,遇操吴音者不一二也。

(赵烈文:《能静居士日记》。《太平天国史料丛编简辑》,第三册,第208—209页。太平天国历史博物馆,北京:中华书局,1962。)

### (二) 江苏省

**【江苏省吴县·咸丰十年】**贼据城后,陆续驱民出城,散居各乡,故乡镇之买卖转盛。且有小航船至苏城外,遇有贼挟城中衣物出者,贱价购之,至上海贩卖,辄获数倍利。又有由上海贩物至乡镇者,利亦如之。惟虑中途为贼所劫耳。人多冒险,趋之如鹜。

(杨引传:《野烟录》。《太平天国史料丛编简辑》,第二册,第175—176页。太平天国历史博物馆,北京:中华书局,1962。)

【江苏南部·咸丰十年】到处兵燹之余,绝无原物,止药铺完善如旧者有也。如杭州之种德堂、苏城之益生堂、常熟之生生堂,一无所少,由贼病所需之物耳。

(沧浪钓徒:《劫余灰录》。《太平天国史料丛编简辑》,第二册,第143页。太平天国历史博物馆,北京:中华书局,1962。)

【江苏省宜兴县·咸丰十年三月至同治三年四月】

四处皆设厘卡,初只镇下,后设乡间,米盈石,布成匹,皆税之,人莫敢忤。市最盛者为大浦,左右设卡尤密,商贾云集,交易日数十万金。贼以为通省都会,流贼亦不敢扰。难民依大浦者,化居皆得厚利。一人在市,余悉坐视,然薪桂米珠,久而食尽。

(《宜兴荆溪县新志》卷五《咸丰同治年间粤寇记》第11—12页。引自郭廷以《太平天国史事日志》,上册,第683页。重庆:商务印书馆,1946。)

【江苏省无锡、金匮、常熟、长洲等县·咸丰十年】四月初十,县城不守。先是金陵败兵逃下,掳掠财物,无所不为,乡间土匪又四出抢劫,居民之载辎重遁者,无一幸免,以至乡民进退维谷。而城内贼酋伪忠王李秀成出示安民,反而严禁长发肆扰,杀土匪数人,悬首城门,居民逃出者皆欲回家,而四乡黠者遂创进贡之说,以牛羊食米献贼,冀得免杀掠。伪忠王驻锡五日,军政悉派乾天安李贼,民事派监军黄顺元、厉双福,俱本邑人。南门外天授乡伪军帅黄德元即顺元之兄,以近城故被害较轻。长安桥、市头等处有富户过姓、胡姓充当旅帅,供应周到,民居未毁。扬名、开化二乡,金玉山为军帅,颇护乡民,本有团练,势甚旺,后为贼注意,赖金左右之。西门外富安乡、万安乡为宜兴冲途,钱南香为军帅,因贼踪充斥,逃避远方。北门外景云乡亦近城厢,有杨念溪为军帅,未甚损坏。但杨之旧宅在江溪桥,房屋百余间,土匪毁其半,官军坏其半,存无几矣。其大镇为东亭,贼与民贸易之所,商贾往来如织,小市遂为雄镇矣。怀仁乡地半金匮,通江阴之要道,人民被掳者众,军帅张承寿,旅帅浦紫卿,均是役吏出身,为虎作伥而已……

八月初二日巳刻,贼进城……常、昭既失……贼众奉伪忠王命,变为假仁假义,笼络人心。时届年终,忠贼赴安徽,守苏福省者为熊万荃[即喜天福伪爵],专以要结为事,不复杀掠,忠逆倚为腹心,于是各团有阴相约降。九月中,长洲张汉槎先纳款,受伪爵,而徐氏遂孤。十月中,常、昭守将钱得胜[即慷天燕]由伪举人曹和卿[名敬]作介,授少蘧以同检官衔,两相和约,赏犒甚丰。伪帅熊逼令同至[长洲县]黄隶安民,给示收漕。乡民完粮后,每家墙门贴一纸印凭,长发便不到抄扰。常熟之辛庄、吴塔,苏州之相城、陆巷,一例效尤。而吾邑各团遂无斗志矣。至十月二十日,熊万荃与徐少蘧来议和,言各不相犯,附近各乡造册征粮,均归本地人办理,不派长发一个,乡民不愿留发者听其自便。

(华翼纶:《锡金团练始末记》。《太平天国资料》,第121—124页。北京:科学出版社,1959。)

【江苏省吴江县盛泽镇·咸丰十年四月】盛泽王永义,以贩绸起家,富为一镇巨擘。

各省有交易字号，京师亦通懋迁。故道光、咸丰间开捐例，凡佐杂职衔，多托王氏会票，往反甚易。其子弟有入秀水庠者，以捐饷盈万贯钱，得钦赐举人，复加捐部郎之职，供职都下。自庚申四月姑苏失守，其家不胜长毛之扰，不得已投顺。凡有所诛求，必为之首倡筹办，因封以检点之职，在军帅之上。盛泽人安堵如故，不遭兵燹，赖王家扶助之力居多。今家计已如悬磬矣，而廛市甚哄闹，百姓多感之。

（佚名：《寇难琐记》卷二，手抄本。南京大学历史系太平天国史研究室编《江浙豫皖太平天国史料选编》，第168页，南京：江苏人民出版社，1983。）

**【江苏省无锡县·咸丰十年四月】**［太平军打散阳湖乡雪雁桥（地滨太湖，距常州城五十里，距无锡地三十里）之地主武装后，］亦得商贾幅集，每月可收捐钱万串。

（佚名：《平贼纪略》。《太平天国史料丛编简辑》，第一册，第266页。太平天国历史博物馆，北京：中华书局，1962。）

**【江苏省无锡县·咸丰十年四月下旬至五月】**旋因众民求安，倩华二纳贡，以胡三庆为军帅，立局收捐，以供贼支，贼不复扰……六月中，江北商船绕道由下港至堰［桥］销售，市肆遂起。常熟陷后，江阴诸港大通，商贾云集，各牙行纳款于贼，请伪照，开行抽用，渐成市廛。九月，城逆派贼至镇立卡，勒贾出捐，索商投税，或过境贼滋扰，卡贼领乡官出为弹压，如遇大队，亦即逃避焉。辛酉春，华监军声势已壮，租顾氏当房，由塘头移局至镇。

（佚名：《平贼纪略》。《太平天国史料丛编简辑》，第一册，第269页。太平天国历史博物馆，北京：中华书局，1962。）

**【江苏省无锡县、金匮县·咸丰十年五月】**［募得］米业华二［为无锡监军］，猪业黄顺元［为金匮监军］……旋［无］锡监军移局塘头镇，金［匮］监军移局东亭镇，两处市肆大兴。

（佚名：《平贼纪略》。《太平天国史料丛编简辑》，第一册，第267页。太平天国历史博物馆，北京：中华书局，1962。）

**【江苏省宜兴县·咸丰十年五月】**钱桥为宜兴水陆要道……［厉］双福升伪军帅，移局钱桥章巷，以当房立局设柜，派收田捐，以供贼用，招无赖数十人以资弹压，市面渐兴。

（佚名：《平贼纪略》。《太平天国史料丛编简辑》，第一册，第268页。太平天国历史博物馆，北京：中华书局，1962。）

**【江苏省金匮县·咸丰十年六月】**东亭市肆渐盛，百工动作，起造门面房屋。图董华仙洲等立难民局，一在紫金观，一在龙潭庵，收养男女难民，多至九百余口。造册给米，大口每月白米半升，小口减半，资出商贾。

（佚名：《平贼纪略》。《太平天国史料丛编简辑》，第一册，第269页。太平天国历史博物馆，北京：中华书局，1962。）

**【江苏省常熟县东乡王市·咸丰十年】**[七月]王市素有当铺一爿,民居四五百家,无甚大富,稍有衣食营生,一小聚落而已。[梅里为东乡镇之大者……市心五六百家,有两处典当]……一所当房,百余间楼屋……[七月初四日]白米每石价只三两有余,棉花土布竟无售主……[初八日——十九日]因四乡俱已罢市,惟王市生意热闹,货物从江北贩来,尚可应酬。又乡民中抢夺敷余,狂吃浪用,店贩者交易甚好。故两毛亦来办货,先寻乡官……代其买办。

(汤氏:《鳅闻日记》卷上。《近代史资料》1963 年第 1 期,第 87、91、99、87、93 页。又见《太平天国》,第六册,第 314、321 页。罗尔纲、王庆成,桂林:广西师范大学出版社,2004。)

**【江苏省元和县·咸丰十年八月】**初八日,有伪忠殿左同检,令江苏候补府熊观察建勋[熊万荃],遣巢湖黄姓[枪船首领]致书[费]玉成……言业已禀明忠王,各不打仗,望为依旧团练云云。玉成乃会集镇董商议,俱言三面皆贼,周庄孤立无援,势必不支,不如姑允之,以俟大军。玉成云,然则吾以一身应贼,诸君依旧团练可也。乃复书于熊,与之约:周庄一镇及附近乡村在十里内者,不得设官设卡,所有征收、传唤等事,当设局承办;往来供应亦由局派人,城中一切不问,方可从命。熊持其书告知忠逆,遂率数舟径至镇,与玉成会,言一切如约,即与招安告示,信宿而去。

[管元和的为超天燕胡玉衡,设各级乡官,]均着本地人为之。名曰乡官,即令征收钱粮,传唤工役,复派贼目监催。前者甫往,后者踵至,苛索无厌,民不聊生。而为乡官者又多借贼势,以恐吓乡愚,肆行无忌。近地乡官俱由费局举用,凡事禀命而行。其初,贼亦派一山东人来监催银米,横甚。玉成令逐之,不去,众怒,缚而沉诸河。贼乃不复派人到乡,悉叫费氏主持,里人赖以稍安。

(陶煦:《周庄镇志·贞丰里庚申见闻录》,第 6—7 页。)

**【江苏省吴江县平望镇·咸丰十年八月】**是役也,贼约千人,死伤百余,沙哥亦丧数十人,贼相谓以为下江南第一次逢此血战也。自是不敢轻视平望镇,而沙哥名遂因之大著。邻镇有盛泽、同里、梨里、八[圻]坼,皆各厚致其赂,乞分众保护。沙哥乃拨费阿玉于盛泽,卜小二兼同里、梨里,以其人多于费,故使护两镇。

(王步青:《见闻录·平望记事》。《太平天国史料专辑》,第 558 页。上海:上海古籍出版社,1979。)

**【江苏省金匮县·咸丰十年九月】**[金匮荡口镇始终为地主武装占据,太平军曾与之议和,]以两不相犯,彼此便宜,于是商贾繁盛,百货堆积,似有升平景象。

(佚名:《平贼纪略》。《太平天国史料丛编简辑》,第一册,第 273 页。太平天国历史博物馆,北京:中华书局,1962。)

**【江苏省常熟县、金匮县一带·咸丰十年冬至十一年春】**[太平天国在四处设卡局收粮收税,]东至支塘、唐市、徐市、梅里,南至练塘、莫城,北至沿江,皆有生息之地。商贾往来,店铺热闹,故长毛往来亦多。惟有金匮界地名荡口,为常熟、苏州连界之所,三城士民避乱多居其处,有绅富华姓[华翼纶],团练乡勇,与永昌徐氏合局。先时拒敌,后又讲和。华姓为军帅,仍有枪船防守公局,不服长毛管束。所驻贼目某姓,亦和平公正,往来众毛不敢生事,地方安静。故避乱之民,与巨商店铺,负贩营生者甚众,极为热闹,人烟凑集,真如小桃源焉。

其时,内地货物,皆从上洋、江北而来,故各港口皆有贼卡完税。各乡市镇,十里、三里,寸节俱设小卡,照票检凭。货船往来,费用颇繁,故诸物昂贵。各店日捐诸款,无非增价抵偿,民间克剥极苦。

(汤氏:《鳅闻日记》卷下。《近代史资料》1963年第1期,第112—113页。又见《太平天国》,第六册,第341页。罗尔纲、王庆成,桂林:广西师范大学出版社,2004。)

**【江苏省苏州·1860年11月】**苏州的叛军似已安定下来,度其文明的生活。一些不幸的居民已经接受劝告,回到他们的家庭,类似商业贸易的活动,也开始有所发展。各种发售食品的商店,到处可以看到;布匹,特别是外国织造的布匹,是大家热烈追求的货品;出售冬季服装的商店,货源充沛,可以任意购买;事实上,人们的信任心已经恢复得很多,货币流通也未遇到什么障碍。关于在苏州城内以及在长毛攻占地方禁止抢劫一事,叛军已颁布极其严格的法律,而据华人方面消息,他们已对数案严肃处理,以树立榜样。叛军似不甚缺乏现银,虽然,我们相信,根据叛军的条规,任何人不得保有银锭或银币,因为这些形式的贵重金属,是真圣主天王所特有的财产。在苏州以及其他为叛军占据的城市,所有米店过去都是专营的事业,但目前已有所改变,因为听说,现在已有私人开设的米店,以极为便宜的价格出售这类货品。总而言之,叛军似比以往任何时候都更兴旺。

(《太平军使苏州更兴旺,清军在上海附近抢劫》。《北华捷报》第539期,1860年11月24日。《太平军在上海——〈北华捷报〉选译》,第168页。上海:上海人民出版社,1983。)

**【江苏省常熟县·咸丰十年十二月除夕】**市上甚闹,生意照常,各店收账仍旧如故。

(佚名:《庚申避难日记》。《太平天国史料丛编简辑》,第四册,第493页。太平天国历史博物馆,北京:中华书局,1962。)

**【江苏省元和县周庄镇·咸丰十年至同治元年】**各镇焚掠而周庄独完善,市肆皆获三倍利,此其为人垂涎也久矣。

(陶煦:《周庄镇志·贞丰里庚申见闻录》卷下,第4页。)

**【江苏省青浦县·咸丰十一年】**重固镇在青浦城东北,去城五里,本为青邑所管辖。

城陷后,为贼所扰,胡[某]率镇民与贼目约,月送银若干,谓之进贡,镇庶免扰,贼佯许之,不见扰者半载。镇民恃以安堵,商贾汇萃,人烟日为稠密。而贼时时屯营于镇南,中隔一水,贼艇往来不绝,或泊而不去。胡使讯之,且诘约言,贼以防护答之,于镇无害。久之,习以为常,各不介意。一夕昏夜,艇贼突然入镇,大肆掳掠,纵火杀人,阖镇之民方酣眠,无得幸免者。天明,始满载去,镇受大创,人皆怨胡之诳己。胡又使诘营贼背约,贼诿罪艇贼,而不任咎。胡由是恨贼,欲报之。

(王步青:《见闻录·泗泾记事》。《太平天国史料专辑》,第552页。上海:上海古籍出版社,1979。)

**【江苏省常熟县·咸丰十一年一月二十六日】**近日生意往来,虽有长毛,只要完税,尽可行船等情。惟海中盗贼甚众,不能往来。

(佚名:《庚申避难日记》。《太平天国史料丛编简辑》,第四册,第495页。太平天国历史博物馆,北京:中华书局,1962。)

**【江苏省常熟县·咸丰十一年二月二十二日】**又到新浜高诚斋宅,适开杂货店,生意兴隆。

(龚又村:《自怡日记》。《太平天国史料丛编简辑》,第四册,第389页。太平天国历史博物馆,北京:中华书局,1962。)

**【江苏省常熟县·咸丰十一年二月二十五日】**闻城中长毛,迩日又冲横泾镇,尽取所有。现在城上自西门至南门俱有房屋连接,走通城外人家,开张生意,甚是热闹,各色俱有。

(佚名:《庚申避难日记》。《太平天国史料丛编简辑》,第四册,第497页。太平天国历史博物馆,北京:中华书局,1962。)

**【江苏省常熟县黄家桥·咸丰十一年二月二十六日】**清明节,市上甚闹。

(佚名:《庚申避难日记》。《太平天国史料丛编简辑》,第四册,第497页。太平天国历史博物馆,北京:中华书局,1962。)

**【江苏省常熟县·咸丰十一年二月三十日】**高增全领妇女回城,言城市生意渐盛,徙者半归。

(龚又村:《自怡日记》。《太平天国史料丛编简辑》,第四册,第391页。太平天国历史博物馆,北京:中华书局,1962。)

**【江苏省·咸丰十一年】**[从常州城赴新安镇途中]抵焦垫镇,市中极行热闹……饮茗后即赴新安,至镇,其热闹十倍于前。

（张绍良：《蒙难琐言》，抄本。中央民族学院藏。编者按：张绍良，江苏省阳湖县人。）



**【江苏省南部·咸丰十一年三月初十日】**近因各路梗塞，办货者择地东则往上海，南则往余杭，北则往通州，以及嘉定之黄渡、南翔，金匮之东亭、荡口，长洲之陆墓、黄埭，吾邑之野塘、彭桥，若山塘、金项桥数处则浮摊不成市，时发时收。

（龚又村：《自怡日记》。《太平天国史料丛编简辑》，第四册，第394页。太平天国历史博物馆，北京：中华书局，1962。）

**【江苏省苏州·咸丰十一年四月二十七日】**[从北面齐门逃出，]出城由官塘大路急驰。一路肩摩毂击，来往不绝。五里许至陆墓始有街市，铺户稠密，齐门一带城贼贸易采办处也，至此始见居民……[至蠡口]有小市，就茶肆买饼充饥。黄埭市肆稠密，鱼龙混杂。[二十九日晚抵光福，]天明登岸，市廛栉比，视黄埭尤旺。

（李光霁：《劫余杂识》。《中国近代史资料丛刊：太平天国》，Ⅴ，第316—317页。中国史学会编，编者：向达、王重民等，上海：神州国光社，1952。）

**【江苏省常熟县华墅·咸丰十一年五月二十一日】**近日本镇有粮食船二十余只，生意甚闹。

（佚名：《庚申避难日记》。《太平天国史料丛编简辑》，第四册，第507—508页。太平天国历史博物馆，北京：中华书局，1962。）

**【江苏省常熟县·咸丰十一年七月三十日】**晦日，步至辛庄答陈霭亭，承留酒食，同过小桥卡及粮局，便访颜心谷[敦仁]暨李瑞棠丈，与吴下丁□□、同里吴秋亭茗谈良久，视我《续哀江南赋》，系癸丑破金陵事，叙次甚详，不堪卒读。两岸茗馆、酒坊、博场、烟铺，兼有唱书，颇觉热闹。

（龚又村：《自怡日记》。《太平天国史料丛编简辑》，第四册，第405页。太平天国历史博物馆，北京：中华书局，1962。）

**【江苏省金匮县·咸丰十一年八月】**初六日，偕贾词仙、毛憩堂、家福庭、佩秋[文兰]舣舟至荡口镇，闹如赛会，杨树港一带舟填不能再容。酒馆茗楼均仿苏式，茶食铺有数十家，适贼匪新抄塘栖，得衣服摊卖……湖口两卡则贼收税，每千钱纳五文，每货值千钱纳钱十五，有收票，出湖呈据，不再完。

（龚又村：《自怡日记》。《太平天国史料丛编简辑》，第四册，第406页。太平天国历史博物馆，北京：中华书局，1962。）



**【江苏省常熟县·咸丰十一年九月初三日】**便过东邻，见叶树勋开设布庄，陈心斋为记室，生意尚隆。

（龚又村：《自怡日记》。《太平天国史料丛编简辑》，第四册，第 410 页。太平天国历史博物馆，北京：中华书局，1962。）

**【江苏省吴江县斜桥·咸丰十一年九月八日】**下午，街上闲游，阛阓稠密，如苏城南濠，实乱后此地一大都会也。

（柳兆薰：《柳兆薰日记》。《太平天国史料专辑》，第 211 页。上海：上海古籍出版社，1979。）

**【江苏省元和县周庄·咸丰十一年十月二十三日】**潘柱岩开店在桥头，生意尚可，意甚殷勤。

（柳兆薰：《柳兆薰日记》。《太平天国史料专辑》，第 218 页。上海：上海古籍出版社，1979。）

**【江苏省常熟县北桥·咸丰十一年十月二十五日】**闲步镇上，晨市颇嚣。憩觉林寺粮局，知每亩纳二斗。时潘淇竹为军帅……租局则设尤宅，每石收三成。其不归局者业主自收。惜吴县、元和未设局。

（龚又村：《自怡日记》。《太平天国史料丛编简辑》，第四册，第 417 页。太平天国历史博物馆，北京：中华书局，1962。）

**【江苏省常熟县·咸丰十一年十二月初五日】**到莫城，晨市极闹，米行酒馆均全。瞿秋塘参军[翼朝]以馆菜见留。适钱城帅[桂仁]到卡，各馆主迎接，炮船、枪船随尾，满路赭衣，如观春社，馆外贴新壮士喜单，一为张虎彪，一为袁高虎，并三甲前列。馆主姓孙，粮局设城隍庙，军师旅帅、司马、百长俱扎黄红巾接城伪官。晤张寄轩丈及黄季培、高飞宾、童养真、张鹿车舟、毛卓斋，话同难之苦。唯狄懋亭丈暨谭松年、陈惇年、吴毓芝尚有余资开米铺。

（龚又村：《自怡日记》。《太平天国史料丛编简辑》，第四册，第 420—421 页。太平天国历史博物馆，北京：中华书局，1962。）

**【江苏省、浙江省·咸丰十一年】**苏乡流民雨集，百货云屯，盛于未乱时倍蓰……自江浙以达上海，帆樯林立，来去自如。

（王韬《上当事书》。《韬园尺牍》卷六。）

**【江苏省无锡县·咸丰十一年】**是时各镇口热闹如城市。

（张乃修：《如梦录》。《太平天国史料丛编简辑》，第四册，第 610 页。太平天国历史博物馆，北京：中华书局，1962。）

**【江苏省常熟县王巷桥·同治元年正月十五日】**是夕,同人观灯,烈帝、城隍两庙香火颇盛,犹是升平。戏台两部,笙歌亦足悦耳。后殿有大珠灯,不减吾乡邑庙。庭有古银杏各二株,殊忘尘世,而街市喧哗,百货丛集,较盛往时。华局枪手巡街,旗帜刀枪如胜会,月明若昼,夜光春意,心化欲仙。同卧薛氏书斋。

(龚又村:《自怡日记》。《太平天国史料丛编简辑》,第四册,第429页。太平天国历史博物馆,北京:中华书局,1962。)

**【江苏省吴江县·同治元年九月】**十四日,闻贼自松江败归,初旬过黎里,大掳。黎里未遭贼难,米业甚盛,商贾辐辏,贼大得志。

(沈梓:《避寇日记》。《太平天国史料丛编简辑》,第四册,第190页。太平天国历史博物馆,北京:中华书局,1962。)

**【江苏省苏州·同治元年九月十八日】**又遇钱吟樵者,言苏属乡镇未遭烽火者十之七八,且迁徙者多,人烟转盛,城市富民往来贸易,货财充斥,增设市廛,贼但抽租增税而已,初不知其为乱世也。彼常以事至荡口镇,目见其然也。

(沈梓:《避寇日记》。《太平天国史料丛编简辑》,第四册,第191页。太平天国历史博物馆,北京:中华书局,1962。)

**【江苏省常熟县·同治元年九月】**廿五日,赴平也园、邢湘舟、王省斋家会话,并赴收粮总局,晤李菊亭、朱诚斋两丈及俞吟梅、张葭汀、施受卿、瞿锦成、邵松圃、朱少英、竹书,见粮米已解,粮户赶头限拥挤,仓场博局多败,戏台又搭朱宅后,花船齐泊,小市喧阗。

(龚又村:《自怡日记》。《太平天国史料丛编简辑》,第四册,第470页。太平天国历史博物馆,北京:中华书局,1962。)

**【江苏省常熟县黄家桥·同治元年十二月三十日】**此两日幸无谣说,市上照常,颇似年节气象。各店归账,尚属如旧。入市人亦大热闹,惟物货不全,欲求不得耳。

(佚名:《庚申避难日记》。《太平天国史料丛编简辑》,第四册,第548页。太平天国历史博物馆,北京:中华书局,1962。)

**【江苏省无锡县荡口,吴江县黎里、盛泽·同治元年】**黎里米市未经烽火……又遇钱吟樵言荡口镇市面甚大,亦未经烽火,生意大聚,市房有兴造而无拆毁,与盛泽仿佛。

(沈梓:《避寇日记》。《太平天国史料丛编简辑》,第四册,第219页。太平天国历史博物馆,北京:中华书局,1962。)



**【江苏省吴县甫里·同治二年】**七月二十二日,突有枪船数百自东来,里人习之不为异,孰知大肆抢掠。时各铺户皆殷实,且仓卒间未及将银钱藏匿,倾囊倒箧,为之一空,合计之,不止腰缠十万也。虽未杀人放火,而财已罄,咸惋惜之。夫乱世之财,不宜积聚,吾里此后不致听贼之剽掠,亦不受官兵之骚扰,冥冥之中或散其财以淡其灾,塞翁失马,未始非福也。此次枪匪之首恶姓朱,其党呼之为朱大老,抢劫之事,重重叠叠。或控之于沈公[锡华],公方以章练塘县丞兼摄吴江、元和两篆,竟捕得朱而杀之,生斫其手,人心大快。

(杨引传:《野烟录》。《太平天国史料丛编简辑》,第二册,第 178 页。太平天国历史博物馆,北京:中华书局,1962。)

**【江苏省常熟县华墅·同治二年十二月三十日】**市上热闹,生意颇隆,还账亦好。

(佚名:《庚申避难日记》。《太平天国史料丛编简辑》,第四册,第 570 页。太平天国历史博物馆,北京:中华书局,1962。)

**【江苏省常熟县黄家桥·同治三年六月十六日】**余买塘桥孙氏田十四亩。

(佚名:《庚申避难日记》。《太平天国史料丛编简辑》,第四册,第 583 页。太平天国历史博物馆,北京:中华书局,1962。)

### (三)浙江省

**【浙江省常山县·咸丰五年十二月初四日】**[至常山县属草平,江浙判境处,]百货维行,负担相望,商旅纠资治道,平直如砥,沿途人居稠密,此半道税驾之所尤最盛焉。

(赵烈文:《落花春雨巢日记》。《太平天国史料丛编简辑》,第三册,第 48 页。太平天国历史博物馆,北京:中华书局,1962。)

**【浙江省桐乡县乌镇、嘉兴县练市·咸丰十年至同治元年】**乌镇自遭毁后,惟东南二栅市肆颇盛,近时西栅亦所在兴筑,草草完葺,意在经营生业。前岁每日店捐不过数十缗,去冬增至二百余千。壬戌之春,莱天福见贸易日盛,又欲增半,计日之所入约有六百缗,民间脂膏竭矣。又于扬□□塘桥设一卡局,征往来船只之税。练市廛肆萧条,每日不及十千,命一曹姓司其事,除军、师帅及局中书手费用外,所余尽归于何处,善琏亦此例。

(佚名:《寇难琐记》卷二,手抄本。南京大学历史系太平天国史研究室编《江浙豫皖太平天国史料选编》,第 167 页,南京:江苏人民出版社,1983。)

**【浙江省桐乡县·咸丰十年】**各镇荡毁,店舍无烟。杨南村集一小市,日用饮食蔬果鱼肉,无不毕具,所以补石镇、琏市之缺也。其俗粗鄙贪利,而性浮薄多吝,平时自矜有备,遇事变则畏葸逃匿,惟恐不及。宵小习知其态,屡次搜括而未有已也。

(佚名:《寇难琐记》卷二,手抄本。南京大学历史系太平天国史研究室编《江浙豫皖太平天国史料选编》,第 171 页,南京:江苏人民出版社,1983。)

**【浙江省乌程县·咸丰十年】**[南浔为]贼往来孔道,被扰安得不甚,然商贾纠集残资,支栅设摊,又复成市。何则?店少价贵,日用所需,缺一不可,颇获倍利。

(民国《南浔志》卷四十五《大事记》四。温鼎:《庚申粤匪据浔纪略》。)

**【浙江省桐乡县乌镇·咸丰十年四月二十一日】**乌镇为浙东镇市之冠,广长十余里。

(赵烈文:《能静居士日记》。《太平天国史料丛编简辑》,第三册,第149页。太平天国历史博物馆,北京:中华书局,1962。)

**【浙江省乌程县青镇、桐乡县乌镇·咸丰十年】**八月初一日太平军占乌青。先是有镇人董某者,颇有资财,创献纳之计,勒派殷户、市肆集银数千元,被征人方姓拐走。太平军至,无以进,被焚。十一月初九日,武经政司魏某至镇,军帅吴某为其前驱,筑土城踞乌。于是四乡博徒,土棍及地保等,皆作乡官,乘机吓诈,荼毒乡民。又禁剃头,犯禁者辄被罚,尽毁庙中神像。辛酉六月,魏某去,何某来,出示谕各肆照常贸易。[何即何培章。]

(民国《乌青镇志》卷四十《大事记》第9页。)

**【浙江省秀水县新塍·咸丰十年十二月】**自二十[日]以后,日中尚有市。除夕,镇上尚有灯笼火往四栅讨账者。

(沈梓:《避寇日记》。《太平天国史料丛编简辑》,第四册,第62页。太平天国历史博物馆,北京:中华书局,1962。)

**【浙江省秀水县新塍·咸丰十一年正月六日】**镇失业者皆买糕饵、花生、瓜子等物,往东岳庙卖与长毛。

(沈梓:《避寇日记》。《太平天国史料丛编简辑》,第四册,第65页。太平天国历史博物馆,北京:中华书局,1962。)

**【浙江省秀水县新塍·咸丰十一年二月初一日】**时镇上店口寥寥,多是摊子,所有者不过豆腐店、茶馆店、油店及米摊、杂货摊而已,[写店捐]计每日不过一二十文至六七十文而止。

(沈梓:《避寇日记》。《太平天国史料丛编简辑》,第四册,第66页。太平天国历史博物馆,北京:中华书局,1962。)

**【浙江省桐乡县乌镇、乌程县青镇·咸丰十一年】**两镇遭兵火后,西北一片焦土。平原遍生蔓草,东南市肆仍复云集。以各处萧条,除新塍、屠甸市外,惟此地为热闹也。南栅自宫桥至茶亭尚为完土,河西亦然。东栅自庚申八月焚去三之一,辛酉四月被西乡民团烧去凉岗下至朝宗门,几及百家,仅存三两户。先是,乡民恨魏长毛屡打先锋,欲来复仇,衔董氏之奉长毛迁怒众姓,而董氏宅在三里塘,与东栅不相比联,仅毁前面两高屋,徐氏数十间得存其半。董沧洲一帆[字颂如]自知不理于口,于焚屋次日哭而过市,且行且言,予得罪于众，但焚予一家足矣，奈何害及众姓，同罹此难耶！佞哀诈泣，其狡谲多智类如此。时大小人家无不残破，惟董氏油车豆饼、柏子、丝、米各种经理利市三倍，两年来生息以数万计矣。桐城未陷时，奔走县庭，勒捐饷银，因而肥己，今又供亿长毛，身任其事，老当益壮，家业愈饶。

（佚名：《寇难琐记》卷一，手抄本。南京大学历史系太平天国史研究室编《江浙豫皖太平天国史料选编》，第 156—157 页，南京：江苏人民出版社，1983。）

**【浙江省平湖县·咸丰十一年八月中下旬】** 当是时，平湖地界已立乡官，出示安民，各村庄进贡后给一小令旗，扯于树梢，名曰"安民旗"，又曰"进贡旗"。从此不许剃头，纳赋完粮，各安生业。贼过时亦不许掳掠，所以衙前镇生意依旧。

（顾深：《虎穴生还记》。《中国近代史资料丛刊：太平天国》，Ⅵ，第 733 页。中国史学会编，编者：向达、王重民等，上海：神州国光社，1952。）

**【浙江省·咸丰十一年至同治元年】** 山乡难民，被灾殆尽，惟沿海间得瓦全，陡亹三江贸易成巨镇。

（陈昼卿：《蠡城被寇记》，抄本。南京大学历史系太平天国史研究室编《江浙豫皖太平天国史料选编》，第 259—260 页，南京：江苏人民出版社，1983。）

**【浙江省·同治元年正月二十一日】** [桐乡城中]市色清淡，与吾镇[濮院]仿佛……桐村名复……乃敛余财开纸肆，逐什一之利，利颇饶溢。

（沈梓：《避寇日记》。《太平天国史料丛编简辑》，第四册，第 130 页。太平天国历史博物馆，北京：中华书局，1962。）

**【浙江省慈溪县·同治元年】** 丈亭市镇本为商贾通衢，贼见喧阗，遂于二月初勒各店抽厘，每千五十文，设簿稽查，不容隐漏。市廛苦之，皆去其业，民莫安其处次，徒饱奸宄之欲壑耳。

（柯超：《辛壬琐记》。《太平天国资料》，第 191 页。北京：科学出版社，1959。）

**【浙江省慈溪县·同治元年三月初四日】** 慈溪山北尚安静，有范绅，团练严密，与贼面定勿抄，故各市照旧贸易，不比山南孔道多差徭也。

（龚又村：《自怡日记》。《太平天国史料丛编简辑》，第四册，第 435 页。太平天国历史博物馆，北京：中华书局，1962。）

**【江苏省上海县·一八六二年】** 四月三日，联军进攻距徐家汇几公里的王家寺(Wang kiatche)[土音 Wongkaza——作者]。那是一个建了工事的村庄，在河港的左岸。英方有一千五百人，带九门炮，还有华尔洋枪队三百多人。法方有四百一十人，四门炮。离徐家汇一公里,就是一片败瓦颓垣,因为革命军曾到过那里。下午快到四点钟的时候,我们到了七宝,依预定计划在这里过夜。这镇市在太平军来之前有二万五千人口,现在完全空了;抢掠和焚烧毁灭了一切,真是十室十空,连庙也难免。窄狭的街道上塞满了砖瓦、破家具,烧掉一半的栋梁。

([法]梅朋:《上海租界当局与太平天国运动·第三章》,范希衡译。南京大学历史系太平天国史研究室编《江浙豫皖太平天国史料选编》,第449页,南京:江苏人民出版社,1983。)

**【浙江省长兴县·同治元年五月初三】**[堵王占湖州郡城,]迨惊魂稍定,城中伪襄王暨夹浦伪天将均出榜安民,按户给予门牌,索钱五百至二千不等,以有乡官为之,视其肥瘠也……其时,民贼贸易都在鸿桥,始则傍岸结茅,继则砍桑为屋。凡开设行、铺者,必用伪帖,必与人和局头目合伙,[人和局,系与太平军联合之枪划而设,设于南阳墩,头目受职于太平天国。]庶不为贼欺凌。而每日所抽客商之厘捐,则概归人和局收取。他如西之篠浦,北之环城、后漾,近城之上莘桥,虽亦小有市面,然时聚时散,不若鸿桥之辐辏也。米价常在十千之外。惟新米出粜,价又不过二千。盖农人以船为家,每船不过装载三石。而难民之无钱市米者,虽明知极贱,仍以茹草为生,故道殣恒相望也。山乡之民,大都荀草杂进,据云得盐尚可不死,然盐亦难得,往往数十里不见人烟。

(胡长兴:《俭德斋随笔》。《中国近代史资料丛刊:太平天国》,Ⅵ,第760—761页。中国史学会编,编者:向达、王重民等,上海:神州国光社,1952。)

**【浙江省·同治元年五月十八日】**时新丝初出,各处丝贾皆领长毛文凭报捐贸易,丝市大开。桐乡以南,屠镇为盛。吾镇限于南北两卡税,乡人带丝出卖,每车卡税百文,若不售而归,则卡税复如前数,以故商贾不聚,价贱货少,不复能聚市。桐乡以北,乌镇、新塍则大盛。新塍军[帅]在长毛处预报出进丝共十八万两,乌镇不(知)[如]也。

(沈梓:《避寇日记》。《太平天国史料丛编简辑》,第四册,第160页。太平天国历史博物馆,北京:中华书局,1962。)

**【浙西·同治元年六月】**时浙西各属,久经陷贼,贼伪称安民,随处粘示,乡民恃以无恐,市肆如常贸易,第各物腾贵,一粗粝需百钱……

[六月廿五日]抵乌镇地方。乌近两省三府交界处,极大市肆,丝业所萃,虽为贼踞,而贸易若承平然。[胡]梅垞遇其弟某于某丝行,邀往小住,饮食周备,惊魂于是乎乃定。

(李圭:《思痛记》。《中国近代史资料丛刊:太平天国》,Ⅳ,第495—496页。中国史学会编,编者:向达、王重民等,上海:神州国光社,1952。)

**【浙江省绍兴·同治元年闰八月】**伪坐镇刘某设船卡于斗门、东浦诸村镇。越陷后,郡城为贼踞,设肆者多聚于村镇,自负贩至乞食者皆借以资生。刘某遣其属以大舸横截镇之前后水口，舟过必查，小有所载即输金，米盐零杂无以免也。黠者或挟之纤道从陆，然一被获，则输金十倍，多有因此倾其囊者。

（王彝寿：《越难志》。《中国历史文献研究集刊》，第一集，第240页。又见《太平天国》，第五册，第152页。罗尔纲、王庆成，桂林：广西师范大学出版社，2004。）

**【浙江省海宁州·同治元年十月】**贼于长安镇筑城成，市易稍集。又，宁贼开仓征漕，因无田册，以所得我十年分收漕总数做田单，花溪六图三折，我图七五折，阳窖五折，新仓以西图有尽免者。花溪所管二十五图，限十月十一日开解赴海宁城。米以秤作数，如不送秤手钱，强折米无算。先是，九月二十日，贼来看荒，勒送钱许报荒。该年秋收，每亩不过石，又间有棉花、白豆田，亦大歉收，再加荒田十之三四，故除完漕、种子外，皆无过岁粮耳。

（冯氏：《花溪日记》。《中国近代史资料丛刊：太平天国》，Ⅵ，第707页。中国史学会编，编者：向达、王重民等，上海：神州国光社，1952。）

**【浙江省桐乡县乌镇·同治元年】**十月十九日，在乌镇……是夜，往访谱兄沈子鸿于天章冶坊。炉镇沈氏故开冶坊，贼至业废，乌镇伪莱天义何姓［何培章］尽得冶坊之铁，于乌镇大制军器，号曰军需炮局。有张虹桥者，故冶坊友也，劝何开设冶坊，号曰天章。何又开三分押当及山货行等店，皆乌镇人导之也。乌镇故有盐公堂，在河西，湖州所设。杭人周息塘识朗天义［陈炳文］，劝之收盐税，立公堂于乌镇，以伪莱天福统辖盐政，凡杭，嘉、湖三府酱园用盐者，必于公堂纳税，每斤□□，杭人故业盐者多依之。乌镇自魏倒担［捣蛋］去后，伪莱天义者颇能禁束其下，百姓安堵，商贾流通。镇人董易帆为绅董，主长毛局事，贼甚信任，凡地方小船，地棍、鏖诈以及盗贼劫掠诸事，只须董一言，无不立决枭示，四境肃然，长毛呼为董老(班)［板］。虽括民财以奉贼，商者怨咨，然为虎狼办事，不得不尔。西、南、北三栅所烧民房皆起复，东栅增设市廛，与三里塘相接，市色甚闹。夜则挨户支更，乃是太平景象。惟市中及北栅不复。北栅，自马道衖以北尽为贼营，贼筑土城居之，严太史第已为贼仓廒。粮米每亩四斗。市中，以近贼营，且有急难进退无路，故商人不聚。

（沈梓：《避寇日记》。《太平天国史料丛编简辑》，第四册，第194—195页。太平天国历史博物馆，北京：中华书局，1962。）

**【浙江省绍兴·同治元年十一月初九日】**［清军占领宁波、余姚后，］绍兴府城长毛寥寥，百姓安堵，贸易如故。

（沈梓：《避寇日记》。《太平天国史料丛编简辑》，第四册，第198页。太平天国历史博物馆，北京：中华书局，1962。）

**【浙江省嘉善县西塘镇·同治二年八月初二日】**我军单弱，而惧战不利且败，［蔡］提督乃开炮击贼炮，坐船退触木桩而破，贼兵呼民船竞渡溺者，提督遂遇害。提督之妻王夫人者亦有胆量，请于［李］抚台，愿领兵复夫仇，屠灭西塘镇，而我兵亦以西塘百姓之助贼也,故于破西塘时,焚劫杀戮惨酷特甚,镇遂为墟。

(沈梓:《避寇日记》。《太平天国史料丛编简辑》,第四册,第268页。太平天国历史博物馆,北京:中华书局,1962。)

**【浙江省上虞县】**西乡自上虞陷后,颇称完善,贼盖留此为逃窜地。梁湖商贾所聚,百货充牣,尤饶富焉。

(光绪《上虞县志》卷三十五《咸同间兵事》。)

[编者按:沈梓《避寇日记》中有关商业的记载甚多。今作一索引,供读者参阅.每条资料后的页码都是《太平天国史料丛编简辑》第四册上的。]

咸丰十年

① 七月十八日"长毛日日在乌镇买物"。(第27页)

② 七月十九日在上海的告示:"与百姓客商无伤"。(第28页)

③ 咸丰十年十月十四日,"居民贩卖治生,尚有生机"。(第48页)

④ 十一月初五"货俱被掳"。(第49页)

⑤ 十月二十日进贡后,(见第47页。廿七、八日)巨室开洋货行,回镇,当铺亦开,市色甚好。(第51页)

⑥ "肉店","洋货店"。(第52页)"零押店"。(第56页)

⑦ 土匪私立关卡收税[道成桥]。(第54页)

⑧ 贼卖衣服与镇人,便宜。局中出告示不许买。(第60页)

咸丰十一年

⑨ 镇失业者卖糕点等物与长毛。(第65页)

⑩ 路凭。(第65页)

⑪ 出告示令民间开店贸易,议收店捐,为经费设卡,招集流亡。(第65页)

⑫ 二月初一写店捐。(第67页)

⑬ 向新塍索金子350两,罢市;讲道理安民,开店。(第67页)

⑭ 外国人由新塍至濮院买丝,雇枪船,图免税,枪船人被杀。"夷人告状不准"。(第69页)

⑮ 陡门设卡收税。(第70页)

⑯ 长毛士兵"买物交易皆公平。"(第72页)

⑰ 告示:"出外经营可以剃头。"

"商贾贩卖,平价交易,不准低昂其价"。

"强买货物者,经军帅禀明,立斩示众"。(第73页)

⑱ 七月初七,租空屋设"天意丝绸庄",向营绸业之马姓"与长毛比合经营谋利","系长毛发本",马借以居奇。(第75页)

⑲ 出卖打先锋之物。

每卡货物税3%,卡多,米价由此贵,绝粮,于是令各卡免税,新塍为米市,东南方圆百数十里间，皆仰给于此，每日过一千数百斛米，税三四百千，卡官不准免税，钟告至朗天义陈炳文处，准免半税，每担收 115 文，即 1/50＝2%。（第 76 页）

⑳ 原拟租屋开天意绸庄，因“濮镇衰敝已极，不聚市，遂易开钱庄”。（第 81 页）

钱庄营业，“初不以生意出息为事也”。（第 81 页）

㉑ 濮院设卡，旧吏胥怂恿办的，用胥吏办理。米每担收 160 文。（第 81 页）被粹天侯谭打掉，刑私设卡者。（第 81 页）

㉒ 九月初濮院、王店、师姑庙皆设卡，“盖节节皆垄断矣”。（第 85 页）

㉓ 妓船二百余，“长毛富商出入其中，千金一掷”。（第 88 页）

㉔ “局中所借费用亦归于钱庄内”。（第 89 页）

“七里两卡，民不堪命。”（一在秀水，一在桐乡。）（第 89 页）

㉕ “船市面极阔”，出卖去杭州打先锋之物。（第 94 页）

㉖ 不开店者，长毛枷号迎[游]于市。（第 99 页）

㉗ 嘉兴塘汇、南堰等处百姓开店与长毛交易，称买卖街。（第 106 页）

㉘ 南浔、双镇被烧得厉害。（第 108 页）

㉙ 在濮院开的钱庄名天源钱庄。（第 106 页）

㉚ 在濮院开天章绸庄，盛泽汪心耕所开。十二月初。（第 112 页）

㉛ 出卖打先锋之物，船三四十只。（第 112 页）

同治元年

㉜ 桐乡钟良相派开店领凭银，濮院 1 500 元，屠甸寺派 3 000，秀邑派新塍 6 000 两。（第 115 页）

㉝ 濮院写店捐，铜匠二元，茶坊三元，很重。（第 129 页）

㉞ 桐乡与濮院“市色清淡”。（第 130 页）

㉟ 吴桐村在乌镇“开纸肆，逐什一之利，利颇饶溢”。（第 130 页）

㊱ 濮院镇秀水地界设卡收店捐，不收船税。（第 132 页）

㊲ 濮院镇停盐船四五十艘。（第 132 页）

㊳ 陡门失业者靠与长毛交易（卖糕点）为生。（第 133 页）

㊴ 嘉兴南堰 1860 年冬设买卖街，“未尝有风波”，至 1862 年二月被掳一空。（第 133 页）

㊵ “新塍开设公行□□益，凡长毛所掳衣服货物皆入此行，以品第其价目而卖之，不得私相贸易，致起争端。盛泽伪官沈子珊出告示，新塍伪军帅及局内董事俱派股作本钱，本少利重，卖主除三厘捐款，买主除加一用[佣]钱”。（第 134 页）

㊶ 夷人出入清关不完税，过太平天国关口则完税，“虽鬼子且奈之何哉”。（第 138 页）

㊷ 新塍有加入太平军后又与私人合伙贩卖食物，初次至杭大关，得利三倍，后即被杀，私人者逃归。（第 141 页）

㊸ 杭人盐伙周锡堂识天义援大清旧例，禁民间私贩私卖，设莱天燕何培章为盐船官，

于是盐船不得过卡。(第 141 页)

㊹ 菱湖、双镇等处令招聚散亡，令以贩卖治生，各商贾均由新塍办货，船以数十计，近则陡绝往来，定有官兵阻隔也。(第 151 页)

㊺ 粹天侯谭不准兵入市，取豆腐一块即杀。(第 151 页)

㊻ 粹天侯谭至天口[意]绸庄买湖绉及绸千余两，当夜发炼。(第 152 页)[可知太平军与此等天字号商店也是买卖关系。]

㊼ 南京城内有肉店等，“亦皆长毛所开”。(第 157 页)

㊽ 湖州城内清军占领下，每洋一元购米不及 8 合，(第 158 页)用夷人保进从上海运来入城。(第 150 页)

㊾ 沈幼巢设卡收卖丝税及粜米税。(第 158 页)

㊿ 丝行、米行皆存在。(第 159 页)

○51 新丝上市，丝市大开。丝贾领凭报捐贸易。新塍军帅预报出进丝共 18 万两。桐乡以南屠镇为盛，以致新塍、乌镇大盛。(第 160 页)桐乡与秀水两地争丝税，不统一事。(第 160 页)每包丝，一收三元，一只收一千。

○52 打先锋，在乌镇，一次“失丝以十余万计。”(第 169 页)(又见第 171 页)

○53 烟店至新昌买货而归。(第 178 页)

○54 钟良相开设钱庄于屠甸寺，被盗窃。(第 179 页)

○55 有人贩米至余杭。(第 181 页)

○56 听王新戚汪心耕，“贼资数十万皆入其手，在盛泽开设市肆”。(第 181 页)“汪又引用苏人为店伙，不下数十人，皆其亲戚也。”(第 181 页)

○57 管秋泉引太平军至十景塘设卡，收船税，大船 100，小船 50，其他货物较陡门减 1/3。(第 183 页)

○58 八月“吾镇机业断绝”。(第 183 页)

○59 无锡买烟客出钱百元赈饥民。(第 114 页)各乡官、烟行主捐钱，沈梓与岳蓉村劝盛泽礼书员沈子山至濮院开绸行，使生意发动，则饥民得所糊口。(第 184 页)塘西及其以上，百姓贸贩，经营者必与长毛合商谋利。过卡多，价贵。(第 186—187 页)

○60 余杭居民因关卡多税重，及旅途不平安，“居民不得已与贼合同设肆贸易”。(第 189 页)

○61 掳黎里四乡，而不掳黎里镇，盖掳乡不掳镇也。(第 191 页)

○62 苏州属“言苏属乡镇未遭烽火者十之七八。且迁徙者多，人烟转盛。城市富民往来贸易，货财充斥，增设市廛，贼但抽租增税而已，初不知其为乱世也。彼常以事至荡口镇，目见其然也”。徐少蘧，“方周百里之地皆其所属”。(第 191 页)

○63 王店有土行[鸦片行]。陈监军与人合伙开典店。屠甸市乡官开山货行，又开公估行。钟之钱庄被盗三千余金，令乡官及绅董赔三万余金。(第 191—192 页)“王店长毛齐开当”。(第 226 页)

○64 “是时湖绉腾贵，吾镇绉机皆织通宵，生意甚好，亦因贼众办衣故也。”(第 194 页)

⑥⑤ 乌镇莱天义何就沈氏故冶坊开军需炮局，大制军器。故冶坊友劝何开天章冶坊。何又开三分押当及山货行等，皆乌镇人导之也。（第 194 页）

何又统辖盐政，收盐税，令杭、嘉、湖三府酱园用盐纳税，杭人故业盐者多依之。（第 194—195 页。参见㊸条）乌镇商业“百姓安堵，商贾流通”，“增设市廛”，“市色甚闲”，“仍是太平景象”。（第 195 页）

⑥⑥“绍兴府城长毛寥寥，百姓安堵，贸易如故”。（第 198 页）

⑥⑦“贼适专掳乡而不掳镇”。（第 201 页）

⑥⑧“永康人买绢者”言江北严州城破不可居。（第 206 页）

⑥⑨ 许公子在濮院大街设天意绸庄，又开茶馆。（第 208 页）

⑦⓪ 屠甸市每一糕盘收钱 10 文。（第 213 页）

⑦① 荡口镇“生意大聚，市房有兴造而无拆毁，与盛泽仿佛”。（第 219 页）

⑦② 在黎里掳乡不掳镇，原因是镇上米市对太平军“大得利”。（第 219 页）

⑦③“塘楼米价皆百文，皆系长毛贩卖”。（第 224 页）

⑦④ 余杭寒林埠“彼处竟与长毛合做生意”。（第 225 页。参见⑥⓪条。）

⑦⑤ 濮院十二月十四日，长毛收隔日店捐。（第 228 页）

⑦⑥“□胜关官兵见鬼子无税，长毛四关皆有税”。（第 228 页）

⑦⑦“是故省会之地，要害重镇，人物辐辏，风俗极弊，则遭难必极重，府县次之，市镇又次之，乡居为最轻。今则不然。”山居反比水乡遭难重。（第 231 页）

同治二年

⑦⑧ 同治二年正月初，“各店口加店捐”。（第 233 页）

⑦⑨ 休宁数百里无人烟，“一切往来买卖者都是长毛为之，并不见百姓之面，每盐四两值价须洋一元”。（第 240 页）

⑧⓪“海宁塘上生意人往来自若”。（第 241 页）

⑧①“海宁塘上贸易人往来甚众，若无其事”。（第 242 页）

⑧② 濮院“罗庵为贼火药局”。（第 242 页）

⑧③ 守陡门之先生“自去冬及今春收□濮院所织湖绉千余匹”，忽逸去。（第 243 页）

⑧④ 余杭等处“贩米者与长毛合伙营生”。（第 244 页）

⑧⑤ 海宁贼目某[蔡元隆?]谕百姓剃头过江贸易，每给剃头凭，须费 26 文，剃者甚众。（第 245 页）

⑧⑥ 罗长毛至新塍酱园查缸，缸数浮多，议罚 6 000 元。（第 252 页）

⑧⑦ 苏州城内有商人，且可与上海通。（第 253 页）

⑧⑧ 忠王以苏州所掳皆生意人，食指浩繁，货物不给，财用将匮，故令各头子开店，如染坊、药材、粮食等项。所用染匠等皆从上海雇去，货物皆从上海进去，故苏城情形上海纤悉皆知。（第 256 页）

⑧⑨“双休施小圃设九军护商[局]于南浔，实无益也。盖三里桥以外皆是官兵，小船动以抢劫为事，惟火轮迅疾不能行劫。故丝帮皆用轮船出进，护商小船随其后而已，假谓之

送商局。"(第 257 页)

⑨⓪ 常州 1862 年田地价甚贵,市面经商得利。1863 年田荒人丁,富者逃走,仅乡下聚一二小市,百物昂贵,颇难聊生。(第 259 页)

⑨① 秀水"公估庄□天福陈百川"负责。(第 263 页)

⑨② 张镇邦离濮院前出示:"凡弟兄所欠各店钱款,各开账来取,于是夜二鼓如数给发。"(第 267 页)

⑨③ 濮院"北横(街)公估洋庄改用天益公估印记,与新塍、盛川天意公估不相通,百姓贸易者大不便"。(第 270—271 页)

⑨④ 何培章令"乌镇广东人开土行卖鸦片者六十余店,悉令从军,得五六百人"。(第 278 页)

⑨⑤ 曾国藩之胜利,不是由于战胜,"皆贼自变而降","否则,金陵贼兵久称绝粮,何以不见饿死,官军卖之也"。(第 284 页)

⑨⑥ 海宁州盐枭"自盐利归长毛以来,贩盐失业,因纠党劫掠"。而海塘圮后,禾田斥卤,不能种植,引起饥民附从,"然所行劫者,或系土行、公估庄,及偕长毛合开山货行者,以及乡官司马、百长之家,皆系不义之财也"。(第 288 页)

⑨⑦ 嘉兴夷人铸落地生花炮。(第 296 页)

⑨⑧ 浙江巡抚王有龄奏:"且附郭[嘉兴城]一带,逆匪遍贴告示,贸易交通日久,更多附和。"(第 319 页)

**(以上均见沈梓:《避寇日记》。《太平天国史料丛编简辑》,第四册。太平天国历史博物馆,北京:中华书局,1962。)**

[编者按:今将龚又村《自怡日记》中有关商业的记载作一索引,供读者参阅.每条资料后的页码都是《太平天国史料丛编简辑》第四册上的。]

咸丰十年

① 太平军第一次攻杭州,遇到打箔工人抵抗。(第 340 页)

② 五月二十七日。"闻苏城内皆打元宵锣鼓,奸商结贼,家留食宿,得钱为贩鱼盐"。(按:即苏州商人热烈欢迎也)。(第 353 页)

③ 常熟被太平军占领以前,各处因县城在太平军手中,皆来常熟县城办货。(第 361 页)

④ "捉人当差"造战船,每工工钱 300 文。(第 387 页)300 文合米一斗。(第 393 页)

⑤ "人见东家贸易,西家居奇,利必倍蓰。况乘乱劫夺者,俱成富儿。"(第 388 页)

⑥ "到新滨高诚斋宅,适开杂货店,生意兴隆。"(第 389 页)

咸丰十一年

⑦ 二月二十九日"洪伪官到莘庄查各户门牌。又至洞港泾议店家领帖。并报大小本钱,千金本日捐十千,百金本日捐一千,十千本日捐一百。货殖亦难得利,闭歇者多"。(第 390 页)

⑧ 二月卅日,“言城中生意渐盛,徙者半归”。(第 391 页)

⑨ 三月初四日,城市贫者有靠得富家物娶妻,或作贾者。(第 391—392 页)

⑩ 三月初四日,“城市食物恶劣,而值转昂。其始城匪买物,不论市价,以渔夺之钱,自不重视,土人大得奇赢。嗣因浮店亦须抽捐,不得不抬价。附郭妇女唯制履织布,以博生资……时有番船往来,系夷人销货,各卡并不阻拦,亦不征税。贼众出城买衣”。(第 393 页)

⑪ 三月初十日,“近因各路梗塞,办货者择地,东则往上海,南则往余杭,北则往通州,以及嘉定之黄渡、南翔,金匮之东亭、荡口,长洲之陆墓、黄埭,吾邑之野塘、彭桥。若山塘、金项桥数处,则浮摊不成市,时发时收”。(第 394 页)

⑫ 三月廿八日,“限以三月,村庄小店一例抽捐”。(第 396 页)

⑬ 十年十月十五日,吴塔接待寺设卡。(第 380 页)

⑭ 十一年四月初八日,苇庄设卡,百长胡长泰作主。其余小港有巡船查漏税,货船苦之。(第 397 页)

⑮ 四月十一日,吴塔“卡旁添南货店,系师帅所设。因市罢,卡官不便,故作此周旋”。(第 397 页)

⑯ 四月十五日,“从城外转至福山塘……长发开市颇盛,牌署天朝,掌柜者俱土人,亦辫红履朱,诩诩自得”。又新塔旁遇新造八桨船下水。(第 397 页)

⑰ 有“盐局”。(第 398 页)

⑱ 湖州□米价每石至十一千。(第 403 页)

⑲ 辛庄小桥卡,“两岸茗馆、酒坊、博场、烟铺,并有唱书,颇觉热闹”。(第 405 页)

⑳ 八月初六日,“至荡口镇。闹如赛会。杨树港一带舟填不能再容。酒馆、茗楼均仿苏式,茶食铺有数十家。适贼匪新抄塘栖,得衣服摊卖”。(第 406 页)

㉑ 八月初六日,荡口局前集枪船,“其余湖口两卡则贼收税,每千钱纳五文,每货值千钱纳十五文,有收票,出湖呈据,不再完”。(第 406 页)

㉒ 八月初八日,土官钱参军伍卿并司盐政,盐交各乡军、师帅销卖,价每斤十八文,售价二十八文,赚十文。其中二文归难民局[钱伍卿管留养局],四文归钱帅,四文归各局。(第 407 页)

㉓ 八月初八日闻南京“街添庐舍”。“伪号钱亦铸。盖彼此久(民)[已]安民,不若吾邑之纷扰也”。(第 408 页)“金陵贼颇富。”(第 410 页)

㉔ 八月廿六日,常熟“南门一带火废基,为贼翻造市房,据要路,大可谋利”。(第 409 页)

㉕ 九月初三日,“便过东邻,见叶树勋,开设布庄。陈心斋为记室,生意尚隆”。(第 410 页)

㉖ 九月初九日,“近来洋银不通。因中华用佛洋,英夷欲兼用唤洋,故相争,以致减价”。(第 413 页)

㉗ 九月初九日,自湖州打先锋来,所掳物件俱摊卖,惜无钱以居之。(第 413 页)

㉘ 十月初一日，城内撬砖刮硝。（第 415 页）

㉙ 十月初八日，笪琴舫从浙回。“米价极贱，所贩米有七处完税，资本须亏”。（第 415 页）

㉚ 十月廿四日，北桥镇上“晨市颇嚣”。（第 417 页）

㉛ 十二月初五日，莫城，“晨市极闹，米行酒馆均全”。（第 420 页）

㉜ 十二月初五日，莫城“……唯狄懋亭丈暨谭松年、陈惇年、吴毓芝，尚有余资开米铺”。其余皆话同难之苦。（第 421 页）

㉝ 同治元年一月十五日，甘露泊王巷桥，“街市喧闹，百货丛集，较盛往时”。（第 429 页）

㉞ 一月廿七日，修元和塘，“纤夫自食，每工五十文”。（第 431 页）

㉟ 一月廿七日，杭州由太平军占后，“以至采办米粮者每石十千……铺户每往西路办粮，以备救济。予寓向食白粲，至此欲得脱粟，尚苦无钱。(孔)[乳]妪仍挑荠撩螺，佐我清苦”。（第 431 页）

㊱ 三月初四日，“宓静岩自慈溪回……慈溪山北尚安静，有范绅团练严密，与贼面定勿抄，故各市照旧贸易，不比山南孔道多差徭也。静岩住宓家堡，较吾乡尤安，缘黄伪帅法律森严，不专图利之故”。（第 435 页）

㊲ 三月廿七日，“又粮局闻屯米家，夺米代粜，粜尽不给钱，则曰：……噫！有此蓄租……”（第 439 页）

㊳ 四月十三日，“内人率二女纺纱织带，得棉子换油。乳妪就月光碾米，亦度难之诀”。（第 442 页）

㊴ 五月初十日，“予寓买米每石价至六千五百，乃未几而增至八九千，谁能堪此”。因天旱。（第 446 页）

㊵ 五月卅日，常熟“南郊瓦砾堆已造市房一街，又添锦绣”。（第 449 页）

㊶ 五月卅日，“闻卡匪到各家查米，除数口可给外，勒令交局出粜。至索米钱，或半价，或不赏。恃强凌弱，民间得高枕乎？”（第 449 页）

㊷ 八月十七日，“遣人到毛氏索债，无偿”。（第 458 页）

㊸ 闰八月十二日，吴塔(南乡)乡官于 1860 年残冬封米数百石而不给钱，则曰：申帅[申参军]罚款。（第 463 页）

㊹ 闰八月十五日，“有周泾、汤乐山□□仲贤□□来，云海口夷船被卡匪击毁，劫货逾万金，恐夷报怨，徐陆泾镇又危”。（第 465 页）

㊺ 九月廿五日收粮总局，“花船齐泊，小市喧阗”。

㊻ 十月底，“米价大贵，洋钱则价贱。因匪党籴米满万，限定每石三千内。又着每师办米千石。而天阴不动砻，农家出米甚寡，致铺户粜空，白粲价至六千，而不能多籴。匪闻上海、余杭米价十千，乃严禁商船出境。佛洋、唤洋并行。唤洋重一分，银虽低而价长。佛夷虽净银，故意捺价，每个作钱千二百文。进出不得一价，往往伸缩至七八十文。荡口钱每百通用九十七，腰串减六文。余镇则仍九十九。”（第 472 页）

（以上均见龚又村：《自怡日记》。《太平天国史料丛编简辑》，第四册。太平天国历史博物馆，北京：中华书局，1962。）

## 二、商贩利润

［参见本章以上各节］

**【江苏省苏州、常熟县·咸丰十年五至六月】**已陷之苏州，南腿每斤二千文。未陷之常熟，南腿每斤一百文。咫尺百里，相去霄壤。故胆壮者运入苏州，不半年居然小康之家，今承平后尚有数家。其赤手于贼中获利者，闻其囊空如洗也久矣。

（沧浪钓徒：《劫余灰录》。《太平天国史料丛编简辑》，第二册，第161页。太平天国历史博物馆，北京：中华书局，1962。）

**【江苏省常熟县·咸丰十一年二月】**人见东家贸易，西家居奇，利必倍蓰，况乘乱劫夺者俱成富儿，爰劝予抛书且襄局务，以博蝇头，或借本资以图渔利。岂知历届在公，我非畏事者；为贫奔走，我亦爱钱者。但已息影年余，犹欲操筹晚节，士林将笑冯妇，姑忍饥寒，从吾所好，为赋《守拙行》。

（龚又村：《自怡日记》。《太平天国史料丛编简辑》，第四册，第388页。太平天国历史博物馆，北京：中华书局，1962。）

**【浙江省绍兴·同治元年二月】**其时，又有黄贼率五六百人，自金陵来，其衔为一百零八天将，秩降王一等，云奉其伪天王诏，赴宁郡公干。留城北十余日，占民居住宿，勒供饮食务丰洁，稍拂之，即掷器具令再进，悲怨之声溢道路。贼临去，索赆仪于乡官，乡官则醵之市肆。时唯市肆颇获利，盖贼掠各物，多以贱价货之肆，本微而利巨也。然因此而受逼勒，至倾囊者，亦指不胜屈。

（王彝寿：《越难志》。《中国历史文献研究集刊》，第一集，第237页。又见《太平天国》，第五册，第147—148页。罗尔纲、王庆成，桂林：广西师范大学出版社，2004。）

# 第十四章
# 与清政府管辖区的贸易

## 第一节

# 太平天国反经济封锁的政策与措施



### 一、清政府对太平天国实行经济封锁政策

**【广西省桂平县·道光三十年十二月二十日】**其南宁、太平等处,谆饬左右两镇及该道府等,会督官兵壮勇,或堵或剿,节节严防,一俟金田办竣,迅即移兵分捕。轻重缓急之间,臣等再三筹计。至金田贼匪人众需粮,势必四出劫掠。迭经密饬附近州县会营多带兵练,择隘堵截,使之坐困乏食。其后路逼近山瑶,亦饬浔州府县预先设法开导,毋为贼诱,并拟酌雇瑶练,使之从后来攻,办理皆刻不容缓。

(李星沅等奏。军机处全宗·录副奏折。中国第一历史档案馆编《清政府镇压太平天国档案史料》,第一册,第132页。北京:社会科学文献出版社,1992。)

**【江苏省镇江·咸丰三年五月】**即如昨探报镇江南山油车代贼运油,西门二十里铺山嘴头百姓接济匪贼米肉食物。又经请伊[麟方伯]严禁,以绝贼之口食。

(《时闻丛录》。《太平天国史料丛编简辑》,第五册,第141页。太平天国历史博物馆,北京:中华书局,1962。)

**【江苏省丹徒县·咸丰三年六月】**十三日,潮勇、侉勇到诈输岗[在镇江市西南面,属丹徒县],抄捉买食物与贼匪者。

(佚名:《蘋湖笔记》,手稿本。南京大学历史系太平天国史研究室编《江浙豫皖太平天国史料选编》,第93页。南京:江苏人民出版社,1983。)

**【江苏省扬州·咸丰三年七月】**中旬后,钦差福济探知徐凝钞关南门城外,远近居民,皆以鸡豚果品售之于贼,因出示:附城十里,一切农工迁移他所,如违重究。且更委冯某等,由桂花庄屯营,以防贼之出入。



(佚名:《咸同广陵史稿》卷上。《太平天国》,第五册,第95页。罗尔纲、王庆成,桂林:广西师范大学出版社,2004。)

**【安徽省舒城县·咸丰三、四年间】**迭经示禁：各安生理，买卖食物，毋为贼济。兹经访明，仍昧大义，约限三日，速即移徙；如再济贼，定即焚洗。

（《署正堂杨示》。载《舒城文告》。）

**【江苏省镇江、南京·咸丰四年六月初二日】**现在水师既归该大臣节制，惟当激励将弁，力图振作，督饬各船驶赴上游，力扼镇江、金陵贼匪接济之路。倘仍前玩泄，即遵迭次谕旨，将该镇等从严惩办。

（寄谕。军机处全宗·剿捕档。中国第一历史档案馆编《清政府镇压太平天国档案史料》，第十四册，第498页。北京：社会科学文献出版社，1994。）

**【江苏省盱眙县·咸丰四年七月初二日】**本年四月钦奉上谕，袁甲三奏有小船载米入湖，恐接济逆匪，饬臣严查防范。当经派员分路巡查奏明，于蒋坝设卡稽查米船，并遵旨赶办捐厘，挹注该处兵勇口食。兹据委员等禀称，严定章程，于船只必由之处及各船坞随地搜查匪船，不致偷漏。其捐厘钱文，以本境之输将，办本境之防堵，亦甚踊跃等情。除饬认真办理不许松懈，亦不得借滋扰累外，理合附片陈明，伏乞圣鉴。谨奏。咸丰四年七月初九日奉朱批：知道了。钦此。

（杨以增奏。军机处全宗·录副奏折。中国第一历史档案馆编《清政府镇压太平天国档案史料》，第十四册，第645—646页。北京：社会科学文献出版社，1994。）

**【江苏省丹徒县鲇鱼套·咸丰四年闰七月十二日】**再，据拿获瓜洲逃出难民供称，大江南岸鲇鱼套地方，每夜有奸民乘驾小舡，运米至瓜洲，卖与贼匪。等情。伏查现值防剿吃紧之际，自以杜绝接济为先。臣已飞咨余万清严行查办，并知照陈国泰督饬红单船，在于高资港一带设法截拿。理合附片陈明。谨奏。咸丰四年闰七月十九日奉朱批：知道了。钦此。

（翁同书奏。军机处全宗·录副奏折。中国第一历史档案馆编《清政府镇压太平天国档案史料》，第十五册，第223页。北京：社会科学文献出版社，1994。）

**【江西省、湖北省·咸丰六年三月】**[太平军]只因南昌省[城]未下，不遑他顾，故三楚之境得以偏安。而南北商人亦趁此通利于岳州、新堤、仙桃镇等处，北由常德至荆州、安陆、弥它[陀]寺等埠。此日廛居复兴，货财之利溥矣。山陕商人舟航陆达，往来安邑，采买茶叶，客家产户，通功易事，民商均便矣。然武昌、汉阳，商人终不敢入，何者？粤人不拒，官兵阻耳。

（李汝昭：《镜山野史》。《中国近代史资料丛刊：太平天国》，Ⅲ，第11页。中国史学会编，编者：向达、王重民等，上海：神州国光社，1952。）



**【咸丰七年五月】**桓意此种奸商，虽为渔利起见，而内亏者恒储备之需，外资强寇饱腾之具,以至官军日日攻剿,贼食仍充……今既捕得之,必得尽杀……庶于各郡营济贼者咸得警惕。

(李桓:《致彭雪琴观察》。《宝书斋类稿》卷卅二。)

**【江苏省南京·咸丰十年闰三月二十日】**伏念洪逆嵎踞金陵已经八载,各路贼党皆有所恃,以为声援,到处蜂起,迄无已时,计惟有先拔本根,则枝叶自萎,用是不敢畏难,竭力图维。又以此城高大坚厚,唯有断其粮道,克复尚有可望。是以奏明南北合围,绝彼生路。又知铤走困斗,势所必至。

(和春奏。军机处全宗·录副奏折。中国第一历史档案馆编《清政府镇压太平天国档案史料》,第二十二册,第216页。北京:社会科学文献出版社,1996。)

**【江苏省常熟县、长洲县·咸丰十年秋、冬间】**苏城初失,蠡口、陆墓等处人到常熟贩卖鱼盐等物,在徐局[指徐少蘧]地方经过,获住,辄谓与贼交易,必杀之。计所杀不下数十人。

(佚名:《蠡湖乐府》。《近代史资料》总34号,第171页。北京:中华书局,1964。)

**【江苏省南京·同治二年六月初十日】**有归正人来说,贼中米少,城外居民赴大胜关一带贩米济匪,每斗千三百文。贼中转贩者每斗千五百文。近因官军严拿,正法数人,为之者渐少。

(赵烈文:《能静居士日记》。《太平天国史料丛编简辑》,第三册,第278页。太平天国历史博物馆,北京:中华书局,1962。)

**【江苏省上海县同治二年六月】**时闻上海官兵以谓杭、嘉、湖三府地贼多民少,禁商贩,不许进米得胜关,[上海每石五千],于是米价复贵,斗米千钱,络绎饿死,人又遭时疫[吊脚痧],亦伤无计。

(冯氏:《花溪日记》。《中国近代史资料丛刊:太平天国》,Ⅵ,第710页。中国史学会编,编者:向达、王重民等,上海:神州国光社,1952。)

## 二、太平天国反经济封锁的政策

### (一)鼓励通商

**【江苏省丹徒县·咸丰四年】**诈输岗[在镇江市西南面,属丹徒县。]极为热闹,店开多少。闻得人皆卖东西与贼者,常有官兵巡缉,获之辄斩。

(佚名:《蘋湖笔记》,手稿本。南京大学历史系太平天国史研究室编《江浙豫皖太平天国史料选编》,第99页。南京:江苏人民出版社,1983。)

**【江苏省扬州瓜洲·咸丰四年三月】**贼[守瓜洲之太平军]闻湘军作长龙快蟹船，亦作多桨船济艇师，卒无绩……更勒居民供捐役，起碉寨，清野而耕种，商贩于兵贼间者无少禁。[兵勇与贼共饮茶寮中，各不相诘，数或少异，则寡者自避去，亦不相逐。亡命者遂张寮弋利于中，无或禁者。]军书午发，贼夕知之。[……屠者某日击百豕以市贼，亦不觉。]

（倪在田：《扬州御寇录》卷上。《中国近代史资料丛刊：太平天国》，Ⅴ，第113页。中国史学会编，编者：向达、王重民等，上海：神州国光社，1952。）

**【江苏省镇江·咸丰十一年二月】**闻得川、广货物，均由长江直下，运至仪真[征]贼匪处，纳银若干，无阻当者。淮北盐栈现设口岸，听其买卖。

（佚名：《蘋湖笔记》，手稿本。南京大学历史系太平天国史研究室编《江浙豫皖太平天国史料选编》，第117页。南京：江苏人民出版社，1983。）

**【江苏省常熟县·咸丰十一年三月】**[乡官钱伍卿禁止贩米私自出洋]告示："奉令饬查米船，不准私自出洋，食米过卡报税，本境原准流通，牙户平买平卖，出洋踏获充公，军民借端索诈，立即按提严究，诚恐未及周知，合令出示晓谕。"

（佚名：《庚申避难日记》。《太平天国》，第六册，第217页。罗尔纲、王庆成，桂林：广西师范大学出版社，2004。）

## （二）为通商而采取的特殊措施

1. 剃头凭

**【江苏省江宁县·咸丰四年至五年】**[八都]上庄民有蓄发借名与贼通市者甚众，人皆知之，彼亦不畏人也。

（汪士铎：《乙丙日记》卷二，第8页。明斋丛刻，民国二十五年铅印线装本。）

**【湖北、安徽、江西三省·1856年】**天朝在湖北之一部，安徽之大部，江西几乎全部[只南昌、赣州两郡为例外]，均抽税，税收有定规。有一书店老板言："安徽太平军抽收税饷，其税率低于清廷所抽者。"又有杭州土人闻自一商人云："曾见太平军领袖出示规定税率及征税规则。"[简又文按：此设施比后期在苏浙两省为优。]又曾遇一江西商人之旅居安庆者，问其生意如何，则答云："长毛对待我们殊好"(remarkably well)，续言，他们[商人]"还可以与非天朝治下的区域做生意；彼本人即剃了发，由安庆到江西经商者"。[简又文按：此乃自由商业政策之实施也。]太平军占领江西大部之后，人民享受太平之福，在新朝统治下，安居乐业，各务本业。

["T"论曰]由以下三点：

(一) 天朝领域广大，人民众多，可比之欧洲强国；其人民废除满服装而恢复大明衣冠[不剃发]；

(二)在此广大区域中[至少一大部分]人民纳税于天朝以供养天京的政府；

(三)开科取士使人民得自由竞取功名及官职；——可以证明革命军显著地确为事实的政府。其施政当然仍以军事为重，但已表露民政组织的迹象[简又文按：此即指各地方乡官]，而为期已历三年，且日事扩大。是故结论：我们可以承认其为独立的而不至违反中立政策及历史前例。

(摘译："T"报告之原文，载 *North China Herald* No.319.1956 年 8 月 16 日。简又文：《太平天国典制通考》上册，第 404—405 页。香港：简氏猛进书屋，1958。)

**【江西省·咸丰六年五月二十三日】**凡江、楚文报，自贼中经过，辄被杀害。臣等雇募长发探卒，蜡丸细字，作为隐语，以通消息。

(曾国藩：《曾文正公奏稿》卷上《陈明邻省援兵协饷疏》，咸丰六年五月廿三日。又见李桓：《宝韦斋类稿》卷之八十二《琐合》。)

**【江苏省南京·天历八年】**于是天父上主皇上帝同其天兄基督及众天使送主下凡，见凡人剃头，天父上主皇上帝怒曰：尔看凡人这样贪威风；见凡人好饮酒，天父上主皇上帝怒曰：尔看凡人这样变怪，其口好吃；见凡人食烟，天父上主皇上帝怒曰：尔看凡人这样变怪，其口出烟；见人淫邪，天父上主皇上帝怒曰：尔看凡人这样变怪，不成人类。

(《太平天日》天历十二年刻本。咸丰八年初刻。《太平天国史料》，第 13—14 页。金毓黻、田庆余，北京：中华书局，1955。)

**【江苏省苏州、常州·咸丰十年十月】**苏、常一带，道路通行无碍，来往者人货俱抽厘税，不蓄发亦可。

(赵烈文：《能静居士日记》。《太平天国史料丛编简辑》，第三册，第 162 页。太平天国历史博物馆，北京：中华书局，1962。)

**【江苏省·咸丰十年五至六月】**贼皆长发。市井中置货以通有无，则领凭剃发，无不数倍利息，然亦冒险而行也，兵勇所获奸细半此辈耳。人财两失，顷刻之间。无如有以洋枪火药济贼者，虽杀之不为枉也。

(沧浪钓徒：《劫余灰录》。《太平天国史料丛编简辑》，第二册，第 152 页。太平天国历史博物馆，北京：中华书局，1962。)

**【江苏省常熟县·咸丰十一年】**[徽商在常熟的，去秋回家的多遭劫，]目下留店在常熟乡镇，小本生理，又恨长毛屡来派捐，查各店资本数目，限令自报。又被乡官酌估，每日抽厘捐若干。又输银五六两或十余两，领店凭一张。又每日再捐，名店捐，又钱伍卿派养民捐。如此层叠全依，方准开店。[且福山黄来收，常城钱也要收。]于是查店凭，催钱粮，捉剃头，办货食，两处联缕不绝。

（汤氏：《鳅闻日记》卷下。《太平天国》，第六册，第344—345页。罗尔纲、王庆成，桂林：广西师范大学出版社，2004。）

**【江苏省常熟县·咸丰十一年二月十七日】** 近日长毛连发告示，禁止剃发，如有剃者，或修去半段者，即要(穿)[捉]去，索取银钱，始可放回。各处乡镇，都要来查。

（佚名：《庚申避难日记》。《太平天国史料丛编简辑》，第四册，第496页。太平天国历史博物馆，北京：中华书局，1962。）

**【江苏省常熟县·咸丰十一年三月初一日】** 闻庙桥长毛不许人拖辫子，今日割去一人辫子，悬示于众。并要禁人吃一切水、旱、大烟。

（佚名：《庚申避难日记》。《太平天国史料丛编简辑》，第四册，第498页。太平天国历史博物馆，北京：中华书局，1962。）

**【江苏省常熟县黄家桥·咸丰十一年四月二十四日】** 朝晨掳新剃发者二人，将辫子结在项家茶馆门次，旋即释去。

（佚名：《庚申避难日记》。《太平天国史料丛编简辑》，第四册，第504页。太平天国历史博物馆，北京：中华书局，1962。）

**【江苏省常熟县黄家桥·咸丰十一年五月一日】** 有长毛四人自庙桥来收摊费钱，至中街见有新剃头者获张昌观，索其(回)[四]洋放回。

（佚名：《庚申避难日记》。《太平天国史料丛编简辑》，第四册，第505页。太平天国历史博物馆，北京：中华书局，1962。按：五月十七日有类似的记载。）

**【江苏省常熟县·咸丰十一年五月二十三日】** 闻滨海居民因官兵而剃头者皆遭毒害。

（龚又村：《自怡日记》。《太平天国史料丛编简辑》，第四册，第400页。太平天国历史博物馆，北京：中华书局，1962。）

**【江苏省嘉定县、青浦县一带·同治元年四月】** 贼复陷嘉定、青浦。忠酋调遣各路贼数十万众赴太仓抗拒，仍冲突至嘉定、青浦。所遇官兵克复之处，大肆屠戮，见剃发者辄杀之。

（蓼村遁客：《虎窟纪略》。《太平天国史料专辑》，第41页。上海：上海古籍出版社，1979。）

**【江苏省青浦县·同治元年四月十五日】** 金泽复为嘉善贼焚掠，尽杀剃发者。既而官军炮船至，复杀发长者。

（陶煦：《周庄镇志·贞丰里庚申见闻录》，第14页。）

［编者按：在太平天国战争期间，留不留头发，是一种政治态度问题。太平天国给经营两地贸易的商人发剃头凭，准其剃发，是为了发展两地贸易的特殊措施。］

**【浙江省嘉兴县练市·同治元年五月】**蓄发之令极严。五月初十，练市有一乡人剃发过市，为长毛所见，擒至馆中，曹头目令笞之数十。其人不服，怒目相视，投之以机。曹大怒，杀之，掷其首于河，冤哉！

（佚名：《寇难琐记》卷三，手抄本。南京大学历史系太平天国史研究室编《江浙豫皖太平天国史料选编》，第196页。南京：江苏人民出版社，1983。）

**【江苏省常熟县·同治元年五月二十三日】**闻朱岭梅、克谐两丈，因捐饷未足，兼往上洋剃头，被人唆城匪提审，以通我军营论，勒罚千五百金。又旅帅顾秋香被匪逼完夏赋，始则就食，继则封门，累及兄嫂，掠物空空。爰遣妪问顾姨消息，知衣箱交局，大半抽散，画舫、木屋亦被夺去，殊属鸱张。况缘日久未偿，拘挛其弟妇，淹留局中，迨徐局遣人调停，出千金而消案。

（龚又村：《自怡日记》。《太平天国史料丛编简辑》，第四册，第447页。太平天国历史博物馆，北京：中华书局，1962。）

［编者按：无剃头凭而剃头者则受罚。］

**【浙江省海宁州·同治二年三月十三日】**海宁贼目某谕百姓，剃头过江贸易，每给剃头凭，须费仅廿六文。剃者甚众，盖将使人混作细作也。

（沈梓：《避寇日记》。《太平天国史料丛编简辑》，第四册，第245页。太平天国历史博物馆，北京：中华书局，1962。）

2. 路凭

［含路票，通商执照，护照。路凭有用于太平天国境内贸易的，有用于出入城门的，有用于与清管辖区贸易的，也有用于收租的。］

**【安徽省建德县·天历五年三月】**安徽池州郡建德县监军平胡加一等黄札谕

军中兄弟人等知悉：本监军恭发上谕给发执照，便民通商。今据本系良民徐先昆今往沿江一带贸易，兄弟人等验明放行，切勿拦阻讹索。此照。

旅帅徐襄黼补保。

太平天国乙荣五年三月初一日　给。

（刘序功：《一张太平天国的通商执照》。《文物》1960年第1期。编者注：建德县，今东至县）。

**【湖北省广济县·天历六年二月廿六日】**广济县监军宋为给票通商事。照得前奉秋官又正丞相钟大人、现峰夏官又副丞相曾大人各恩谕：凡属公正之人，准给路票水路通商等因。奉此，兹有徽州客民汪志南一行五人挑运绒、锡往徽州发卖，带货回转，恐有前途逼剃短发，赴局领票，本属良民，凡我天朝大人及各卡兄弟见票放行。切切。此票给汪志南执照。

太平天国丙辰六年二月廿六日。

保户东阳店。

贰月二十六日准行。限回日销。

（原件藏上海博物馆。用白棉纸制成，高 26.8 厘米、宽 30 厘米，墨笔楷书。全文朱圈标点，出票日用朱笔填写。离境后“贰月二十六日准行”则另笔墨书，中盖“八里江关上水查过”条戳。）

［编者按：“广济县监军宋”为宋征祥。］

**【湖北省崇阳县·天历六年三月初六日】**崇阳县监军加三等曾、中营总理军帅加壹等熊，为给发路凭以便通商事。照得朱任才，世居方珊堡，实属清白子民，素以贸易为业。凡我天朝所属地方，准其往来贸易，以应军需。倘遇往来以及关卡大小官员、老少兄弟，照票放行，万勿拦阻。太平天国丙辰六年三月初六日出给。

（张铁宝、吴瞻望：《新发现的太平天国珍贵文物》，《四川文物》2002 年第 5 期。）

［编者按：此路凭为布质。内容由右往左墨笔书写。右上角盖有“太平天国湖北省武昌郡县监军”朱印。印纵 13.5 厘米，横 6.5 厘米。年月日上盖有“崇阳县中营军帅”朱印。］

**【江苏省扬州瓜洲·咸丰六年三月】**十七日，晨兴，汪来喜任扫除之役。早膳后，贼目崔如松，安徽太平府人，胁赴十三门外刈草。出城时，给以执照，上有伪印，及城门，缴之。入城时，验明给照，放入。伪令得草必十斤，不如约者责。晚，由城外归局。

（真州刘贵曾口述：《余生纪略》。《太平天国》，第四册，第 375 页。罗尔纲、王庆成，桂林：广西师范大学出版社，2004。）

**【福建省汀州·咸丰七年二月】**本日龙头乡奸民刘祥运来报：“知府延英携眷口载数十杠入渔溪。”有殿左五十五检点程姓，给祥运路票，令往戕之。时渔溪乡廖永亨，［即监生廖歆，年三十岁，家本素封。］与龙头乡刘祥全、刘祥运、刘奕梅，荣坑乡刘进晃，上蕉乡曹胜英，瑞金县杨会淮等，俱千万会中头目，暗约江西、广东会匪千余人，乘乱起事，各持铳炮刀械，抢掠乡村。见延太守经过竹子凹，永亨即鸣锣放炮，喝令伙党持刀前劫。太守急出肩舆，以刀抵格；永亨之族廖伍三用飞石劈面掷太守脑额，太守晕绝仆地，永亨之徒曹连科以尖刀砍下头颅，凡杠夫仆从及骁勇八十人一时逃散。乡民廖月东以会匪戕害郡尊，变出非常，乃谋诸同族廖石富，寄官眷其家。刘进晃复报知程检点，拟献知府首级来降。朱同知因瑞金会匪充斥，复登舟次于邱坊，会匪复踪迹得之，劫其宦囊如洗，朱与子寿祺、孙士英，赴水死；其孙媳万氏，代理宁化立鉴之女，贼讯知系江西人，念同乡之谊，寄之修坊民舍。立鉴时募广东勇三百，订期初七日赴任矣，突闻贼至，出战不敌，被贼刃首，妻缢死；次女年十三，贼掳去。两家姻戚，连日遇难，惨哉。

（曹大观：《寇汀纪略》。《中国近代史资料丛刊：太平天国》，Ⅵ，第 812 页。中国史学会编，编者：向达、王重民等，上海：神州国光社，1952。）

**【福建省汀州·咸丰七年二月】**庞公驻成上里，随丁相失在后，惟团练局经承李彬、承发书饶雨霖随之，传谕丁屋岭绅士贡生丁拱南、廪生丁捷芳、附生丁郁文等，按户派丁，分把隘口。逆党突来攻之，壮勇丁胜洪、丁克进杀贼十人，夺旗三杆。各乡皆照丁屋岭派丁守隘，令乡长督之，凡成上里守隘者，不下二万人。其成下里谕熟坑乡绅士赖鉴泉、谢坊王永森往各乡招集田兵，约得万余人；古贵里牛坑乡吴鉴堂亦招得万余人，一切隘口，严加盘诘。凡商民士庶过往，悉给路票，互相稽查。其时富镇在濯田，会匪欲戕之，有走空神棍号木猫大王者受其赂卫之，得走上杭。贾游戎、杨守戎皆逃出境。他如严益彪、范应霖、范应兰各营弁皆土著，挈眷走匿古贵里之大喊山，贼党知之，数往劫其藏，夺其马，乡民苦掠，醵番镪千余圆输贼，始稍稍得免焚劫。

初九日，程检点示民蓄发留须，遣党随土匪径牛坑口，隘丁搜之，有“斩取知府首级”伪示；并刘远达给上蕉陈姓采买牲口路票；庞公令绅士丁捷芳截杀之，毙死六人。初十日，张指挥遣红巾数百过隘，托言往乡买马，搜得与廖永享、赖登洲伪信，并会匪曹德元；守隘者各持刀迎贼，擒十余人，余俱杀于分水凹。十一日，会匪刘进晃、赖登洲导水营三百六十一正将军郭某来渔溪等乡大劫资财。郭某令将汀州府印去缴，并解知府首级，约定次日兵至东陂冈相会，风雨无误；并给予制旗式样，队旗黄心红边，护旗四方黄旗不用边。进晃等遣党送信与廖永享等，有“一路上汀，通知各乡备茶饭，明日面见郭某”语，又有“分水凹官兵满千，众兄弟胆大放心”等语。有水营炎一将军邵某给奸民路票，下乡买菜，俱被隘丁搜获杀之。

（曹大观：《寇汀纪略》。《中国近代史资料丛刊：太平天国》，Ⅵ，第 813 页。中国史学会编，编者：向达、王重民等，上海：神州国光社，1952。）

**【江苏省吴江县·咸丰十年八月】**贼在吴江出示云：清朝皇帝非亡国之君，其臣皆亡国之臣。目下杭州尚未归天朝，尔民且无蓄发，俟杭州破后，大事已定，再用天朝制度，庶不致胜负反复，有累尔等云云。又在彼点粮总造烟户册，下等人纳口赋每日三十五文，中上渐加；又设立小票，每张二百五十文，有票许赴各处城市贸易，填明地方，不得逾越界限，票只得用十日，期满再换。虽征取甚重，然各处货物俱竭，执票往者无不倍利。

（赵烈文：《能静居士日记》。《太平天国史料丛编简辑》，第三册，第 155 页。太平天国历史博物馆，北京：中华书局，1962。）

**【江苏省常熟县·咸丰十一年春】**贼于城外各乡要路设立伪卡，每遇船只过，搜查有无货物完纳税，税过给以税票，在本境或过他卡俱可照票，另出钱百文加用伪印，不必再完。如于小路规避，一遇巡查，谓之逃税，必行重罚。贼验路凭及税票多有不识字倒看者。

（陆筠：《海角续编》。柯悟迟：《漏网喁鱼集》，第 125—126 页。北京：中华书局,1959。)

**【浙江省秀水县新塍·咸丰十一年正月十二日】**[从新塍至双]寻知贼船来往颇多,人趁船只须局中取路凭可也。

(沈梓:《避寇日记》。《太平天国史料丛编简辑》,第四册,第65页。太平天国历史博物馆,北京:中华书局,1962。)

**【安徽省芜湖·天历十一年三月初四日】**

王宗脉天安洪　　为
给发路凭以备稽查事　兹有洋
兄弟三名前往天海关　仰守
城官员验凭放行无阻切切
此凭
太平天国辛酉十一年三月初四

(王宗脉天安洪发给英国舰长雅龄路凭。萧一山《太平天国诏谕》。见罗尔纲:《太平天国文物图释》,第265页。北京:三联书店,1956。此据郭毅生《太平天国经济史》第416页照片。)

**【江苏省淀山湖一带·咸丰十一年十一月】**杭城既陷[十一月廿七日],长江以南尽为贼踞。上游惟镇江府城……下游只存松江府属之上海及浦东三县一厅。忠逆命江、浙境内统属一体安民,征收税课,并设营卡于各要隘。靖江而上,瓜洲为内江。靖江而下,海门、崇明为内洋。北岸皆官军艇船防守。南岸之江阴福山、徐六泾、杨林、浏河等口皆贼垒重重。兵与贼两不相攻,各收商税。苏沪水道,以淀山湖为界。官军炮船泊湖东,营于关王庙。贼踞隔湖石人庙,西岸皆贼营。兵与贼亦不相犯,各抽商税。惟周庄费玉[存]枪船数百艘停泊居中,水队颇壮,陆勇亦盛,日夜赌博,阳为保卫地方,阴以假缉私土,抢劫商船。兵、贼两通,以故彼此不闻。商船皆剃发。贼卡需路票,一人一凭,遇卡验凭放行。其票一纸,须索番银饼两枚或三枚。如遇官卡,务藏贼凭。经营极险,获利颇重。虽有劫夺之事,通年会计尚可获利。行商坐贾,俱聚乡镇。

(佚名:《平贼纪略》。《太平天国史料丛编简辑》,第一册,第279—280页。太平天国历史博物馆,北京:中华书局,1962。)

**【天历十二年三月二十六日】**

后一军帅孙为给发路凭,以便稽查事。兹有子民吕魁、袁仁老贰名,前往西毛洋赶公。凡我天朝把卡官员,以及路过兄弟,验凭放行,任其往返,毋得拦阻。须至凭者。遵。

太平天国壬戌拾贰年三月廿六日给。

限叁日内回缴。

（《太平天国革命文物图录》，五七。太平天国起义百年纪念展览会，上海：上海出版公司，1954。取名：太平天国后一军帅孙发给吕魁袁仁老路凭。年月日上盖有后一军帅长方朱印。）

［编者按：可见路凭是通行证也。］

**【江苏省常熟县·同治元年四月】**《伪卡官》：不识丁东做卡官，枕边酒盏并烟盘。索钱喝住商船过，俨执路凭字倒看。

（陆筠：《海角悲声》抄本·南京图书馆藏。蒋顺兴：《关于“海角悲声”》。《江海学刊》1962年第1期，第19—20页。）

**【江苏省常熟县·同治元年】**城中修造改作，用水作、木作及杂作者，俱令伪乡官雇之。城门上进出，皆于面上打一图记，以为识认，或向贼馆中取一伪凭，曰飞纸。士人携家眷什物而避难者，恐途中被扰，向伪乡官取一伪凭，曰路凭。

士人中不得剃发，而商贾有往上海、通州、海门去者，不能不剃，至从上海、通州、海门归者，短发又不便，因有向贼中说明缘故，而取伪凭为据者，曰剃头凭。

（曾含章：《避难记略》。《太平天国》，第五册，第345页。罗尔纲、王庆成，桂林：广西师范大学出版社，2004。）

**【浙江省海宁州·天历十三年六月二十五日】**

路凭、买物

开朝勋臣万天安任会殿 分发军务陈 为

发给路凭以便稽查事 兹有

汤天安队饬官乙员带领兵士壹名

马△匹 船壹条

骡△匹 水手三名

自海宁起程为买 麻丝 石灰 白米 事 前往硖石镇

地方 限回日缴销 仰沿途把卡官兵 验凭放行

毋得阻拦 须至路凭者

太平天国癸开拾三年六月贰拾伍日

元字第贰拾壹号

（原物存浙江省博物馆。照片：太平天国革命文物图录补编，四九。郭若愚，上海：上海群联出版社，1955。印文：天父天兄天王太平天国开朝万天安任会勋臣殿分发军务陈□□。）

**【天历十三年十月十八日】**

左军中营师帅艾　　　　　为
发给路凭以免查看事　照得
本营绅士朱树德　为收租完
漕　并非出外贸易等情　为此
给凭　仰沿途关卡
官员兄弟　验明凭印放行　毋得拦
阻　切切此凭
护
太平天国癸开十三年十月十八日
护　照　　　　　收　　执
右给

（原件藏上海博物馆。此据郭毅生《太平天国经济史》第233页。南宁：广西人民出版社，1991。郭注：据《柳兆薰日记》记载，他在吴江芦墟收租之前，先向乡官"领凭领旗"，方得开船到各地收租。"领凭"即领路凭，"领旗"即领船旗，以便所经关卡验明放行。）

**【江苏省·天历十三年十月二十六日】**

真忠军师忠王李为
给凭事　兹有洋兄弟呤唎　前往上海宁波一带
采办兵船　凡是经过地方　随时接济米粮油盐
柴火等件　不致缺乏为要　一经办就　即驾至
嘉兴郡　交与听王查收　并付价值可也　再仰
沿途把守关卡官兵　验明放行　并准其往来毋
阻　切切此凭
天父天兄天王太平天国癸开十三年十月廿六日

（照片：[太平天国革命文物图录]五八。选自呤唎：[太平天国外纪]中六插图。按：可见一八六三年十月忠王仍要呤唎去上海宁波买兵船，大概是火枪船，价值则后给，即呤唎在对太平军做过手的军火生意也。）

[编者按：现存的太平天国路凭实物还有以下几件。]

(1) 太平天国玕王洪仁玕发给古路吉路凭："门卡各员知悉。兹有洋邦古路吉先生，前往洋船公干，再次来府回复。仰见谕准其出入，毋得阻拦。切切此谕。天父天兄天王太平天国辛酉十一年八月二十二日。"（见郭若愚：《太平天国革命文物图录补编》，第48页。上海：上海群联出版社，1955。）

(2) 太平天国开朝勋臣万天安陈某发给汤天安队官员路凭

（其照片载郭若愚：《太平天国革命文物图录补编》，第49页。上海：上海群联出版社，1955。）

(3) 太平天国东洞庭后师左营后师帅发给各司催捐献贡人员路凭:“各司员催捐献贡人员因公务急急,在路行走到处水陆无阻此凭。太平天国辛酉十一年月日给。军帅局照,限即日缴。”(其照片载郭若愚编:《太平天国革命文物图录补编》。第50页。上海群联出版社,1955。唐综在此书序言中提出怀疑。从内容上既要即日缴回,又未填日期,其他路凭日期皆用朱笔填写,又此凭上印文也特异。)

## 第二节

# 太平天国地区与清管辖区贸易的经营者

## 一、商人

[编者按：在太平天国地区与清管辖区之间经营贸易的，有中国商人，有外国商人。关于外国商人的见第十五章“与外国商人的贸易”。]

**【江苏省高淳县·咸丰三至六年】**盖自江路梗阻，豫章、吾皖皆由东坝贩浙淮之盐，吾桐[城]来市者不下千人。[盐]舟至高淳，兵弁以盘诘奸宄为名，见有贼所给门牌并关票，即指为贼，必贿以重资乃已，不则缚献营中，即寘之法。予至高淳，知其弊，白诸总戎，[编者按：田岫生。]言市盐者愿抽厘助饷。总戎谋之高淳令，具牍请于大府，抽盐厘以输兵饷，不支官款，大府许之。从此盐船往来无阻。然每见伪牌伪票，与不剃发者，犹借端诈索，缚至营。予谓总戎：“既已抽厘输饷，若曹往来贼中，非牌票并稍蓄发不行，公须怜而恕之。”……自后兵弁乃不敢与市盐者为难。

（许奉恩述，方濬颐记：《转徙余生记》。《中国近代史资料丛刊：太平天国》，Ⅳ，第505—506页。中国史学会编，编者：向达、王重民等，上海：神州国光社，1952。）

**【江苏省丹徒县·咸丰三年七月】**廿二日，乡勇朱近三在诈输岗得火药五车，扬灰一车，米二车，系去买[卖]与贼者，拿至丹徒镇杀之。

（佚名：《蘋湖笔记》，手稿本。南京大学历史系太平天国史研究室编《江浙豫皖太平天国史料选编》，第95页。南京：江苏人民出版社，1983。）

**【江苏省丹徒县·咸丰三年七月】**前北村有买[卖]猪与贼匪者三人，经官军拿至和营。和拷实，系带[代]客人推至西首，与乡人无涉，放之，拿其客人。

（佚名：《蘋湖笔记》，手稿本。南京大学历史系太平天国史研究室编《江浙豫皖太平天国史料选编》，第95页。南京：江苏人民出版社，1983。）



**【江苏省丹阳县·咸丰三年九月】**丹阳县拿获卖朱香者数十车，系买[卖]与贼去者。

盖在两湖时每用此法，放鸟枪后即将香放内，所以每见青烟四起。

（佚名：《蘋湖笔记》，手稿本。南京大学历史系太平天国史研究室编《江浙豫皖太平天国史料选编》，第 96 页。南京：江苏人民出版社，1983。）

**【江苏省苏州·咸丰三年至十年】**清咸丰三年，洪秀全踞南京。向荣、张国梁驻兵紫金山，筑长围围之，号江南大营。十年，大营溃。其间六七年中，苏、嘉、湖一带人心渐觉浮动，桀骜不驯之辈，以保卫乡里为名，打造枪船，结党横行。枪船之起，始于苏属之吴江、震泽两县，蔓延于湖属之新市、练市、双林、乌镇，嘉属之桐乡、石门，到处开设赌台，包办贩盐，招徕娼妓，设台演剧，而遇事生风，武断乡曲，颐指气使，无人敢逆其意。其势最张者，震泽县属之严墓镇有卜小二，吴江县属之盛泽镇有孙七、小鸡法度沈姓[应为朱法度]，平望镇有吴砂锅喇叭，各有众数百人。

（万流：《枪船始末》，抄本。南京大学历史系太平天国史研究室编《江浙豫皖太平天国史料选编》，第 125 页。南京：江苏人民出版社，1983。）

**【河北省香河县独流·咸丰四年正月十二日】**本年十月二十三日，小的与官兵运火药路过独流，被贼将小的连火药船只全裹进木城去了。过了四五天，贼首王起凤叫我出来拾柴，我就每日出木城，到西南地方三里庄并下圈等处地方。因无官兵瞧见，我每日搬运柴草并将庙宇木料折毁运进木城。至十二月初一日，有贼首王起凤叫我带领着青皮王平到了北仓老爷庙后头吕大家买了七吊钱的硝，初二日才回的木城。初五日又带领四五个贼人，又买了二十多吊钱硝磺，各用细口袋围在腰里运回。到了初七日夜间，又叫我带领贼人出来买药，小的乘空就跑了。走到河西务北边，即被官兵拿获。

（文瑞奏获人犯石宝山供词。宫中全宗·朱批奏折。中国第一历史档案馆编《清政府镇压太平天国档案史料》，第十二册，第 249 页。北京：社会科学文献出版社，1994。）

**【北京·咸丰四年四月初七日】**查孙受儿所供被贼裹去，贼目李姓、张姓将伊头上烙印，并给单刀跟同在独流打仗一次，杀死官兵五名，贼目张姓给予头目。又同贼目张姓、李姓至阜城县打仗一次，杀死官兵七人。贼目张姓、李姓给伊并山西人李三、王五、山东人高二、王四共五人盘费钱文，张姓又向伊告说交给李三等银二千两，来京买办火药。伊来京装做拣拾煤渣，被官人盘获等语。是该犯随从逆犯打仗，杀死官兵多名，得受伪头目，复为贼来京买办火药，已据供认不讳。

（联顺等奏。宫中全宗·朱批奏折。中国第一历史档案馆编《清政府镇压太平天国档案史料》，第十三册，第 551 页。北京：社会科学文献出版社，1994。）

**【江苏省洪泽湖·咸丰四年四月初九日】**袁甲三奏请饬杨以增于洪泽湖内稽查贩买粮米股众片。再，臣前奏临淮拿获奸细，为粤贼私买硝磺等情。该犯等均籍隶怀远、凤阳等县。现又盘获阜阳县贩马四人，搜出粤贼给予伪札，内称沿途兄弟勿得拦阻等语。是该逆勾通内地奸民几于到处皆然。上年四月贼未扰临淮时,先有米船数十只停泊河内,居民均无觉察,及贼既到,始知米船均为贼船,是其诡计奸谋往往出人意外。兹查前月二十[日]前后,忽有小船蜂拥来淮,贵价买米,运至下游,数日之间米价增至一倍。时臣尚未到淮,接据李文安、臧纡青等来函,即令其一面出示禁止,一面遣人侦探究竟米运何处。兹据差探回称,小船之米均运入洪泽湖归并大船,驾船人多系湖北口音,是否屯驻洪泽湖,抑或再运他处,尚无确信。查洪泽湖周围数百里,交通江河,本可纵横自如,且该处米价并不昂贵,何以买米贩运如此之多,形迹不无可疑。现当贼焰方张,布满奸细,不得不加意严防。应请饬下河臣杨以增密派妥员,于洪泽湖上下及紧靠湖岸之盱眙县一带严密稽查防范,以杜奸萌而截贼路。

(袁甲三奏。方略馆全宗·钦定剿平粤匪方略稿本。中国第一历史档案馆编《清政府镇压太平天国档案史料》,第十三册,第581—582页。北京:社会科学文献出版社,1994。)

**【安徽省·咸丰四年四月二十日】**再,逆贼奸细布满通衢,官兵驻扎之处为尤甚。临淮叠次拿获多犯,均系附近居民。兹复据巡哨官弁告知外间马价骤然昂贵,贩马之人极多,即饬令暗地访查。旋据盘获贩马之穆应书、梅应全等多人,细加研鞫。据供,俱系定远县人,初因全椒县鲁尊贩马通贼,该犯等为所购引,分头贩马,交送江宁、庐州贼营,并代为传送官兵消息,穆应书并因该逆许封伪官,约定到定远时出城二十里接应。并据该逆告以调到江宁大兵抄袭庐营,一走定远,一走寿州,同赴临淮取道北犯等语。臣查该犯供词虽未必尽属可信,然逆情诡计,骤以重价购马,显属另有诡计。南北之贼往来奔窜,路径既熟,再得本地奸民交相勾引,其害不可胜言。

(袁甲三奏。宫中全宗·朱批奏折。中国第一历史档案馆编《清政府镇压太平天国档案史料》,第十四册,第90—91页。北京:社会科学文献出版社,1994。)

**【江苏省苏州、常州至太平军占领区·咸丰五年六月】**贼据金陵后,有庐州人,结伴负贩,自苏、常一带运物于被陷地方,获利颇厚,是以负贩日多,往来如织,间有雇船装运者。

(佚名:《平贼纪略》。《太平天国史料丛编简辑》,第一册,第229页。太平天国历史博物馆,北京:中华书局,1962。)

**【江苏省苏州·咸丰十年】**枪船之事,虽起于一隅,而存在有七八年之久,亦可据以推测当时内地之实况。当太平军未至时,县官已失去其统治力,而利用当地之地痞豪强以安其位,一也。知识阶级之绅士,与略有武力之地痞,互相为用,二也。一般人民,均屈服于地痞及绅士之下,三也。枪船之逐江长贵与“剥毛皮”,何信义之剿枪船,均表现主客之不相容,四也。语云:将萎之花,惨于枯木。大乱将至未至之时,人民恐怖之心理,与(宛)[婉]转求全于豪强、地痞之下,恶政府犹愈于无政府,其语验矣。

(万流:《枪船始末》,抄本。南京大学历史系太平天国史研究室编《江浙豫皖太平天国史料选编》,第128—129页。南京:江苏人民出版社,1983。)

**【江苏省·咸丰十年】**兼有焦湖船[编者按：一名巢湖船，实为盐枭船]为前导，预先散泊各处，盘诘则曰贩米生意，查视皆枪炮火药，实皆贼之粮台也。

（柯悟迟：《漏网喁鱼集》，第39页。北京：中华书局，1959。）

**【江苏省苏州·咸丰十年五月】**闻贼在苏城为守城之计，城加高五尺，卖货者塞途，午后散。

（佚名：《蘋湖笔记》，手稿本。南京大学历史系太平天国史研究室编《江浙豫皖太平天国史料选编》，第114页。南京：江苏人民出版社，1983。）

**【江苏省泰州·咸丰十年八月】**泰州盐店生意大起，因江面广艇(买)[卖]到仪征与贼匪，贼装至湖广、江西等处。

（佚名：《蘋湖笔记》，手稿本。南京大学历史系太平天国史研究室编《江浙豫皖太平天国史料选编》，第115页。南京：江苏人民出版社，1983。）

**【江苏省·咸丰十年八月二十日】**顷诵来示，一切均悉。胡宝与金尚贞均已见过郑国魁[即郑小老]及史怀甫所招盐枭头，打仗甚为勇敢。此人陷贼内不久，今来投诚，急应受降为是。已谕胡巡检、金把总出具保结，弟处即发札，准其立功赎罪。惟此起船只，即系巢湖船，[顷询得郑船有一百余号之多。]将来只可令其泊于近贼之处，随时剿匪，凡完善地方，皆不准其前来，以示区别。钓船往江北迎兵，此事嘱乃舟代办，定可有成，其船价由捕盗局开销可也。务祈办船十余只或二十只方好。此乃切己之事，总以办成为要。夷务不知要到如何地步方息，殊可虑也。顷接八月十六日夹板，系催粤省解还红单船饷银事，并不提及夷务。吟蕉信附缴。此请勋安。弟焕顿首。二十日。

（《薛焕致吴煦函》1860年10月4日。《吴煦档案选编》，第1辑，第425页。太平天国历史博物馆，南京：江苏人民出版社，1983。）

**【江苏省镇江·咸丰十一年】**丹徒庄泉人李德林总镇奉命防各港口，率领战艇，与镇江富(估)[贾]戴献之合干盐至仪征卖。

（佚名：《蘋湖笔记》，手稿本。南京大学历史系太平天国史研究室编《江浙豫皖太平天国史料选编》，第119页。南京：江苏人民出版社，1983。）

**【江苏省苏州、常熟县·咸丰十一年】**已陷之苏州，南腿每斤二千文；未陷之常熟，南腿每斤一百文。咫尺百里，相去霄壤，故胆壮者运入苏州，不半年居然小康之家。

（沧浪钓徒：《劫余灰录》。《太平天国史料丛编简辑》，第二册，第161页。太平天国历史博物馆，北京：中华书局，1962。）

［编者按：太平天国境内物价高，引起物资流入。］

**【江苏省吴江县太湖上・咸丰十一年】**六月初三日,有商船二百余,自浦东贩米还,停泊太湖。贼在吴江城上望见,四面拢舟围合,尽劫去,商人大半落河死。

(蓼村遁客:《虎窟纪略》。《太平天国史料专辑》,第 35 页。上海:上海古籍出版社,1979。)

**【江苏省长洲县、昆山县・天历十二年十一月初六日】**殿前又副掌率邓光明复抚天侯徐

蘧谕

谕复……但兄现下带队驻守昆珊,防剿妖逆,军中缺乏红粉洋布应用,务望弟台劳心,代兄买办红粉数十担,如无红粉,即买硝六百并买洋布数千匹,该价若干,或兄先将银送(尚)[上]亦可,或弟买就,兄再行给付银钱亦可,务望吾弟劳心,总须将兄托买之件赶紧办就,以济兄军中急需之用,是为至望。但兄所托之件,实因弟处着人往赴(尚)[上]海各处,路途熟悉,又甚便当之故耳。诸凡有费(清)[清]神,容后再当面谢也。特此谕覆,并询近佳。

为托代买红粉洋布事。

天父天兄天王太平天国壬戌十二年十一月初陆日谕。

(《太平天国》,第三册,第 162—163 页。罗尔纲、王庆成,桂林:广西师范大学出版社,2004。)

## 二、清军官兵与太平军官兵

**【广西省永安县・咸丰二年正月十七日】**抚勇张钊、田芳调赴军前运大炮听用,以杜接济火药之弊。

(山左日照丁守存手录:《从军日记》。《太平天国史料丛编简辑》,第二册,第 307 页。太平天国历史博物馆,北京:中华书局,1962。)

**【江苏省南京、上海县・咸丰三年九月十八日】**有人述,金陵兵勇不时与城中贼匪打话,并有银钱往来,向帅亦不为禁。如此用兵,诚未之前闻也。近悉上海官勇亦有此风[与小刀会起义群众]。咄咄怪事!

(姚济:《苟全近录》。《近代史资料》1963 年第 1 期,第 52 页。)

**【江苏省扬州瓜洲・咸丰三年】**贼[守瓜洲之太平军]闻湘军作长龙快蟹船,亦作多桨船济艇师,卒无绩……更勒居民供捐役,起碉寨,清野而耕种,商贩于兵贼间者无少禁。[兵勇与贼共饮茶寮中,各不相诘,数或少异,则寡者自避去,亦不相逐。亡命者遂张寮弋利于中,无或禁者。]军书午发,贼夕知之。[屠者某日击百豕以市贼,亦不觉。]

(倪在田:《扬州御寇录》卷上。《中国近代史资料丛刊:太平天国》,Ⅴ,第 113 页。中

国史学会编，编者：向达、王重民等，上海：神州国光社，1952。）

**【江苏省南京·咸丰三年至十年】**张帅围金陵，筑长堑，濬深沟以困之。谍知贼无火药，乃率精兵直犯，贼以洋炮御之，张退，责谍欲斩，谍求免之。俄而禀曰："某队炮船通贼，以白金一瓮易火药一瓮耳。"张斩通贼者，以谍者补其缺，赏罚分明，故兵卒乐为所用。

（沧浪钓徒：《劫余灰录》。《太平天国史料丛编简辑》，第二册，第162页。太平天国历史博物馆，北京：中华书局，1962。）

**【江苏省南京·咸丰四年】**作买卖

民非民，兵非兵，行伍著其名，市井谋其生。买贱卖贵各垄断，纳污藏垢同蝇营。土著贸迁能跋涉，安用远人厚资挟。纵令君子贾三倍，争似小人月三捷。

（马寿龄：《金陵城外新乐府》。《太平天国》，Ⅳ，第745页。中国史学会编，编者：向达、王重民等，上海：神州国光社，1952。）

[编者按：清军水师由艇船贩运食盐粮食军火出境，自己或通过商人卖给太平军。清官吏要抽税和赚钱，不加阻止。太平军需要军火、粮食和盐，当然不加阻止。故太平军能将扬州以下地区产的淮盐运至其占领地的各地区，换取湖北一带的棉布，亦能使扬州附近的粮食运至天京。]

**【江苏省扬州·咸丰十年】**[清军将领聚敛物资，售于太平军，以求厚利。如詹启纶在和太平军交通的要道口泗沅沟、沙漫洲一带地方，开设不少商店，贩运粮食物资。]

（倪在田：《扬州御寇录》。《中国近代史资料丛刊：太平天国》，Ⅴ，第130—131页。中国史学会编，编者：向达、王重民等，上海：神州国光社，1952。）

**【江苏省苏州·咸丰十年十一月】**逾二日，余返自周庄，趁申江航船，因连日不开，即在舟中宿候，每上岸，见发贼在该庄公然无忌，以为安民之地，各业照常生意。该处伪官有军帅、里帅、师帅之称。黄阿玉系当年著盗，苏城失守遁出，今固居之长，黄冠异服，领带枪船千号，独自为尊。以次又有葛姓者，巢(何)[？河]人，时领眷居于舟，亦为伪官，但不改服，亦不育发，每出从者颇伙，平日常在茶馆与众毛谈戏。余以为奇，自思现在上海防御严密，城门紧急，出入稽查，可谓鼠窜不漏，若辈到时能辨其官乎贼乎。所谓奸细者，类如此耳。

（戴熙：《吴门被难纪略》。《太平天国》，第四册，第401页。罗尔纲、王庆成，桂林：广西师范大学出版社，2004。）

**【江苏省扬州·咸丰十年至十一年】**詹启纶[按：原剧盗，以伍卒起为清军官。]请立营捐自食其部，许之。遂植旗牌刀箭于营次。[大书"奉旨抽厘"箭印令矢以侈观。]舟税而人索，至于避贼之民携稻种必横税，执绕行者捶而罚输百十倍，共呼"阎王关"。以是富无艺，购田庐，筑馆舍，罗伎妾，粉白黛绿，鳞列待幸。又自军于三汉河，执民夫为土堙，起宝塔湾，次旧港，按户而役，使捐代之。大拘工匠竹木为炮船，饰营幕，不胜役者亦使捐代之。[谓之土城捐、竹子捐，其他名色尚伙，役者即亲往亦无益，不若任捐，谓其意不在役而在捐也。]书佐弁勇宵夜驰画，捶绅董，闯衙署，役丁壮，而赂猎其妇女，道府州县履冰奉之，恐一失启纶意。所入营捐，不隶乎粮台，兵饷自握，颇若藩镇。然[李]若珠[按：帮办。]一切许之。被税之物，亦不复有票照簿计，直如攫夺，而淫求横杀以济，若珠亦一切许之。又作马草捐……计亩赋草额数百斤，使输于垒，民畏见启纶，则折色，亩数百至七八百钱。层立乡董，荒洲小落，必以一人长之，转相吞噬。村民嫠妇，鬻簪珥，货豚卵，茹泣以供者勿绝也。已赴诸亭场，货其盐，出江市贼。执民舟，扰市镇，困亭灶，坏盐制，而扬州受祸达海滨[东台亭场尤逼于海]。启纶之焰亦日恣。至余营将刁经明、周万福，若而人势少杀，而仆马伎妾，极态骋妍，荡无战志。粮台在泰州者分南北名，北台食扬州军，南台以食镇江及吴全美诸艇师。乔松年又请凡长龙舢板之军，并隶于南台。然江北地丁、漕折、厘金所得，悉入北台，南台鲜所得。旋檄都天庙厘金入筹饷局，仅以物税食南军，兵勇喧竞，遂略北台之资去，松年不能制。其焦山货税，泰坝盐厘，瓜扬关税，北台更假酌拨名取之过半。水师呼馕不复应，终岁或才得四月食，乃自立厘卡食其军，合而加嚣，屡相奏讦，部将郭完猷、李明新先与贼目相酬应，[皆东粤产，又只一江隔之。]都司冯日坤亦纵兵通于贼。此风一启，奸徒市侩，大舟小楫，自沙漫洲、泗源沟、七濠口、沙头镇、中闸、仙女庙、荷花池、三江口，日夕运送，滨江滩坑，倏成闹市，官吏且就税之。而轮艘夹板于扬州江中，曳商舟，冒私贩物，远至九江、湖北，近饷金陵之贼，愈不能禁也。有太平洲者，江中之瓯脱也，又固盗薮，痞徒棍匪并匿之。苏常告陷，诸人假团练，立捐卡，扣厘税，作枪械，曾无一纸之檄，而又通贼资而利之。

(倪在田：《扬州御寇录》。《中国近代史资料丛刊：太平天国》，Ⅴ，第130—131页。中国史学会编，编者：向达、王重民等，上海：神州国光社，1952。)

**【江苏省南京·1862年】**除曾国藩在天京上游之战船外，尚有战船一队在下游出现，常对天京那方面施以恐吓。但是彼等之封锁并不严密，因我们反可借彼等之力，由Eching而得米盐之接济也。

(《洪仁玕自述》。《中国近代史资料丛刊：太平天国》，Ⅱ，第854页。中国史学会编，编者：向达、王重民等，上海：神州国光社，1952。)

**【江苏省扬州·同治元年】**都兴阿又奉命以"扬州完善，港汉纷歧，其与曾国藩共防之"。侍郎潘祖荫再疏论江北事，诏："曾国藩、都兴阿、李鸿章议之。"鸿章以淮扬水师战淞沪不能还扬州，曾国藩请以杨岳斌巡下游，别立太湖军，以黄翼升军防扬州，卫下河，而谓战舟猝难成，与李鸿章皆请令都兴阿、黄彬严守其境。然彬不足恃，既与都兴阿疏征师船于广东，[事在去年。]增新去故，而现兵以无饷不能汰，粤东师船来者三十有六，李鸿章议止之，而已及彬军，新旧猥杂，其势益纷而食愈匮，则更剽夺沙头已东，水陆攻杀，商民困悖。其屯瓜洲上次仪征者，舟朽器敝，殆不能战，奸民叛校，益自扬州贩薪米食物以济贼。[谓之卖苗食，以贼起广西近苗洞也。]或舟树洋人旗，[纳金于夷，求其一旗悬之舟上，所经关卡不纳厘税，一征不再用，洋俗也，故沿江厘卡所失不少。]或系其舟于洋艘之末，[谓之拖带，逋税而求速也。]或并洋艘洋帜而不之托，横行江上，沿流卡局不能问。下河四邑稻米所出，所谓出口处也，凡诸厘卡冀征其金，第我税盈，亦即不叩其所之，故江禁虽严，曾无实事。内河港汊则焦湖长龙舢板数百十，靡所不之，皆李世忠部。泛水遵陆，闯而益东，至诸盐场，横市强载，人不敢校。又折而南，至于江澨，凡江都、甘泉、仪征、兴化、高邮、泰州、东台城厢市落，无或无豫胜军。寻立盐卡于高良涧，安徽巡抚唐训方劾之弗悛；遇苗沛霖党于洪泽湖，争盐舟，列阵以战，世忠不胜，遣党助之，水陆争竞，弥月不解。又与陈国瑞斗湖中，则国瑞强劫之。詹启纶亦作诸店肆于泗源沟沙漫洲，其实济贼，水陆交哄，人心蚁动。[其吉泰公栈则启纶与胡士礼合为之，启纶又不名一钱，坐分其所市利，士礼则假启纶势以叛法。有曾署两淮盐运司者，乃使其徒市私盐以济贼，得资数十万。其他富商鬻物济贼者不胜举。曾国藩以金陵围久合，贼卒不匮，必有济之者，使知府至沙漫洲四源沟按之，奸徒乃盗其檄，诬知府为贼间径杀之，使国藩无可按。及彭公玉麟至，伪为贼谍，就侩市米麦，乃得其实，立杀数十人，祸乃止。]加以西洋轮舶日夕驰济，扬州江境沸如也。

（倪在田：《扬州御寇录》。《中国近代史资料丛刊：太平天国》，Ⅴ，第139—140页。中国史学会编，编者：向达、王重民等，上海：神州国光社，1952。）

**【江苏省扬州·同治元年十一月】**御史卞宝第尽发水师通贼匿厘金状，诏都兴阿讯之。都兴阿疏："赖镇海、郭定献、张瀚、文裕通贼无实，李德麟、黄彬难辞咎。"诏以吴全美总统水师，夺德麟秩，使黄彬就讯于曾国藩，彬不受命，匿其箭[即令矢]印；其部黄廷彪尤悖，将以众叛，都兴阿使颜宗骥等说之，乃行。[国藩议遣戍，都兴阿援养亲例止之，盖亦鉴其军终岁才得数金尔。]

（倪在田：《扬州御寇录》。《中国近代史资料丛刊：太平天国》，Ⅴ，第141页。中国史学会编，编者：向达、王重民等，上海：神州国光社，1952。）

## 第三节
# 太平天国地区与清管辖区交换的物资

## 一、军火

**【江苏省南京·咸丰十年】** 或云金陵大营主师和春,张国梁副之,有太仓人某,在浙江候补佐杂班差,往解火药到军前,和春不纳,必先要馈送,而后能收纳,其佐杂官苦无告贷。即有人指曰:若有孝敬,即空坛亦可交卸。于是将火药暗卖贼营,然后即内外交卸。我朝豢养二百余年,不可谓之不厚,如何满朝文武属僚,无一忠君爱国,真豺狼当道,虎豹专权,天意使然,黎庶应遭此劫数也!

(柯悟迟:《漏网喁鱼集》。第36—37页,北京:中华书局,1959。)

**【浙江海盐县、海宁州·咸丰十年】** 六月十六日,张玉良复攻嘉兴城,知贼火药已尽,遂进迫城下,不意福勇卖与,不能当,引回。

(冯氏:《花溪日记》。《中国近代史资料丛刊:太平天国》,Ⅵ,第665页。中国史学会编,编者:向达、王重民等,上海:神州国光社,1952。)

**【江苏省松江府·咸丰十一年十月】** 十二日,本府回,据闻因冯镇军标下兵勇贩卖洋枪火药,被卡上查出。

(姚济:《小沧桑记》。《中国近代史资料丛刊:太平天国》,Ⅵ,第482页。中国史学会编,编者:向达、王重民等,上海:神州国光社,1952。)

## 二、粮食

**【江苏省扬州·咸丰五年七月】** 初旬外,吉[吉尔杭阿]抚台示:禁艇船赴仙女镇买米,如仙女镇客商卖米与艇船,即将客商照军法定拟。盖艇船本有米,无须买而犹买者,将转售之于贼也。贼之奸细假冒艇师,尤不一而足。里下河米商利其利,而争相交易。数月以来,拖罾等船,招集且多,除汛粮通贼外,更贩米于江浙腾贵处售之,缘无水脚,无关钞,往来迅速,易获重利。扬地米价转昂,贫民受累,大业无余……顷托[托明阿]将军形同聋赎，雷[雷以诚]贪仙女镇捐厘巨款，雷六少等受艇船之私，故任大商粜谷出江。

……九月以来，艇师至仙女庙镇强买米，米商禀县，县禀府，府禀雷藩，雷委府嘱县无须拦禁，免滋事端。县令李因科敛米商，雷亦加倍抽厘，艇师贩粮而售诸贼。

（佚名：《咸同广陵史稿》，第18—27页。江苏扬州人民出版社。又见《太平天国》，第五册，第117、120页。罗尔纲、王庆成，桂林：广西师范大学出版社，2004。）

**【江苏省常熟县·咸丰十一年三月】**［乡官钱伍卿禁止贩米私自出洋。］告示："奉令饬查米船，不准私自出洋。食米过卡报税，本境原准流通，牙户平买平卖，出洋踏获充公，军民藉端索诈，立即按提严究，诚恐未及周知，合令出示晓谕。"

（佚名：《庚申避难日记》。《太平天国》，第六册，第217页。罗尔纲、王庆成，桂林：广西师范大学出版社，2004。）

**【江苏省吴江县太湖上·咸丰十一年】**六月初三日，有商船二百余自浦东贩米还，停泊太湖。贼在吴江城上望见，四面拢舟围合，尽劫去，商人大半落河死。

（蓼村遁客：《虎窟纪略》。《太平天国史料专辑》，第35页。上海：上海古籍出版社，1979。）

**【江苏省常熟县·同治元年十月廿六日】**米价大贵，洋钱则价贱，因匪党籴米满万，限定每石三千内，又着每师办米千石，而天阴不动砻，农家出米甚寡，致铺户粜空，白粲价至六千，而不能多籴。匪闻上海、余杭米价十千，乃严禁商船出境。

（龚又村：《自怡日记》。《太平天国史料丛编简辑》，第四册，第472页。太平天国历史博物馆，北京：中华书局，1962。）

**【江苏省上海县·同治元年十二月初九日】**饭后理齐家中所带来账目，大约收票兴隆票居多。此番所来，要紧者不与焉。

（柳兆薰：《柳兆薰日记》。《太平天国史料专辑》，第294页。上海：上海古籍出版社，1979。）

**【江苏省上海县·同治元年十二月十七日】**顾兰洲来寓，即回，知米已粜完，此番不得利，大约明后日回去。

（柳兆薰：《柳兆薰日记》。《太平天国史料专辑》，第295页。上海：上海古籍出版社，1979。）

**【江苏省南京·同治二年十一月二十日】**金陵贼兵久称绝粮，何以不见饿死？官军卖之也。

（沈梓：《避寇日记》。《太平天国史料丛编简辑》，第四册，第284页。太平天国历史博物馆，北京：中华书局，1962。）



## 三、食盐

**【湖南省·咸丰五年】**［自太平军入湖南后］淮盐片引不抵楚岸者三年矣。［以至盐贵。过去］穷人贩运谷米、煤炭、桐茶油、竹木、纸、铁及各土产赴汉口销售，易盐而归。［今则不行，以至］农民卖谷一石，买盐不能十斤……今淮盐之利，不归于官，不归于民，而潜归于贼，何以征之？淮南片引不行，转运之路已断矣。而民间买食之盐，亦有产自淮场者，谓非奸民与贼贩易，此盐何自而来。风闻各处，并有贩运谷米、硝磺，潜越下游荒僻州渚，搬堤转坝，与贼易盐。

（骆秉章：《采买淮盐济食分岸纳课济饷折》。《骆文忠公奏稿》卷三，第 30—31 页。）

**【江苏省高淳县·咸丰六年】**盖自江路梗阻，豫章、吾皖皆由东坝贩浙淮之盐，吾桐［城］来市者不下千人。［盐］舟至高淳，兵弁以盘诘奸宄为名，见有贼所给门牌并关票，即指为贼，必贿以重资乃已，不则缚献营中，即寘之法。

（许奉恩述，方濬颐记：《转徙余生记》。《中国近代史资料丛刊：太平天国》，Ⅳ，第 505—506 页。中国史学会编，编者：向达、王重民等，上海：神州国光社，1952。）

**【江苏省·咸丰十年二月二十七日】**况盐乃处处可卖，人人皆吃之物，如何能禁人不吃贼盐，此乃弟生气之一事也。

（《何桂清致自娱主人等书札》。《何桂清等书札》，第 83 页。南京大学历史系、江苏师院历史系，南京：江苏人民出版社，1981。）

**【江苏省·咸丰十一年七月廿二日】**又官盐厘少则合本轻，合本轻则岸价跌，岸价跌则可以敌灌私。不独此也，向来小贩于贼中出入，贼税每引至四十余千文，又盐舟过境，供其差使以及夹带他物，种种有利于贼。今用火舟带行，一概绝之，实我之大利，而贼之大不利也。

（赵烈文：《能静居士日记》。《太平天国史料丛编简辑》，第三册，第 182 页。太平天国历史博物馆，北京：中华书局，1962。）

**【江苏省·同治元年十二月十三日】**录郑枫坪语：盐引现在十包，每包八十六斤。［此说不确，现在仍是十二包一引。］盐商运盐俱赴泰州淮南总局缴价领盐，场下出盐，俱赴局交官卖，不如是者皆为私盐。盐厘每引二两六钱，扬属各县食盐，总商何子华承办，江、甘、仪、高、宝五岸，每岸派引五千，而实消每岸多至二万。何买通各官局，一票辄运四五次，影射蒙混，莫能究诘。近又图认靖江一岸，缘其地度江入贼之盐，无不经由，(消)［销］路甚大，其利不赀故也。

（赵烈文：《能静居士日记》。《太平天国史料丛编简辑》，第三册，第 254 页。太平天国历史博物馆，北京：中华书局，1962。）

**【江苏省·同治元年十二月十六日】** 现在淮南总局之盐，俱归何子华[名铣，绍兴人，商伙出身，后开钱店，咸丰元、二年已当票商。]一人包课，运司希图省事干净。

（赵烈文：《能静居士日记》。《太平天国史料丛编简辑》，第三册，第 254 页。太平天国历史博物馆，北京：中华书局，1962。）

## 四、其他商品

**【江苏省南京·咸丰十年间】** 官军之围攻[天京]为状确奇怪。在南方留下一条出路，任长毛自由出入。在此路线上，开设有买卖场。清军所储存之米粮……等等，在此处以高价售与革命党[太平天国]。而且城内私逃者由此路出，成为良民，然由此路逃入城内而成为叛匪者为数更多。于此，天王之勇猛战士来与张国梁之兵丁赌博，并以劫掠所得之钱银，换取军械、火药、鸦片及妇女。有时，张帅施行威权，捕获几个叛党即置之法，但此等举措只是因为天军于赌博时行骗，或收得品物而不付代价，以致激起围军之怒恨所致。天军被袭击后，必施以报复，所以双方均受同等损失。

（《华北先驱》第 546 期，1861 年 1 月 12 日。简又文译文。《太平天国典制通考》中册，第 695 页。香港：简氏猛进书屋，1958。）

## 第四节
# 与上海的贸易

**【江苏省吴江县盛泽镇·咸丰十年】**伪恩赏检点王子青，浙江秀水县人，住居盛泽，捐纳郎中王恩寿、贡生王家鼎之侄。家鼎荐其妾弟沈枝珊为军帅，把守盛泽，即以子青为副。子青为人外貌和易，中怀阴险，既为贼信用，遂极意媚贼，按月批解粮饷。嘉兴贼营粮米、火药、军器，全靠王永义源源接济……贼所掠嘉、湖、杭、绍各郡珠玉衣饰，珍玩古董，皆王姓为之赴沪销售，渔利无算。后见官兵势盛，各县相继收复，恩寿先到上海，投入劣绅潘曾玮门下，馈献金银珍宝，得派善后局董事，冒充绅士，意气昂然，首先迎降，接济贼饷之罪，概置不问。王本盛泽首富，拥有巨资，从贼之后，搜刮贼饷，又代贼销售掳掠各物，逼索侵渔，富更数倍于昔。劣绅污吏垂涎贼资，无不要结交欢，因此反得保举，大吏亦特加青盼，破格相待，子青之为贼官，实为恩寿替身，然亦借潘曾玮之力，得与保举云。

（鹤樵居士：《盛川稗乘》。《太平天国史料丛编简辑》，第二册，第194—195页。太平天国历史博物馆，北京：中华书局，1962。）

**【江苏省吴江县·咸丰十年七月至同治元年八月】**逆党[汪心耕属下]往来上海，侦探官兵信息，并购买洋枪火药，接济贼营。

（鹤樵居士：《盛川稗乘》。《太平天国史料丛编简辑》，第二册，第184页。太平天国历史博物馆，北京：中华书局，1962。）

**【江苏省常熟县·咸丰十年冬】**[汪胜明]借与[吴月槎]本银，俾商贩营生。又给百金，托赴上海买办绸缎。故奸民结贼者颇多。

（汤氏：《鳅闻日记》卷下。《近代史资料》1963年第1期，第111页。又见《太平天国》，第六册，第339页。罗尔纲、王庆成，桂林：广西师范大学出版社，2004。）

**【江苏省长洲县、上海县·咸丰十年至同治元年】**李贼[秀成]打嘉定时向徐[少蘧]借炮船十号，熊贼[万荃]打湖州时向徐借枪船数十号、勇百余人。徐勇在湖州地面尽打先锋，满载而归，徐与勇瓜分其利。又使刘淡园[陆家桥人]以洋药三十桶、大炮四尊、洋枪数十枝送于常熟贼钱得胜、许三、申士林等。凡贼置买火药，每托刘至上洋代办，刘必借徐旗号方可到沪。

（佚名：《蠡湖乐府·资寇兵》。《近代史资料》总34期，第169页。北京：中华书局，1964。）

**【江苏省上海县、长洲县·同治元年六月】**少蘧六兄大人阁下：

久未晤教，歉臆滋深。兹于月之二十日由钱竹亭兄寄到手书，嘱办药物。当往各行面询，得悉近日到货甚少；又各营均在此间采买；大约须迟一月方能应手。届时函致吾兄，或由内河，或走水道，总俟尊处复到再行发货，似较稳妥。专泐，复请近安不一。弟刘芝亭手泐。[廿六日。]

（《徐佩瑢代刘芝亭复少蘧嘱办火药事》。《双鲤编》卷一。《近代史资料》总34号，第14页。北京：中华书局，1964。）

**【江苏省上海县·同治元年九月】**初七日，王听泉来云：近有人自贼中到此[上海]，在城中剃头店内遗失忠逆办火药护照壹纸，上写投交抚房王鹤卿王大人收执。[鹤卿系抚房王兰亭之弟，营书任秋诗之婿。]当经败露，由县提讯。口供内牵涉王埭金姓、荡口陆姓及我处唐少莲，同在贼中串办此事。中丞之意，一俟审讯确实，王姓一定正法，余则未定见。弟思进谒时，上宪如果面讯，只得回称："此人本系我处账房，因省城陷失时不甚安分，业经分手。刻下此人确无定踪，虽于我处时常往来，并无交涉事件。"望兄见信后迅将此人托故回绝，任其远飏可也。初八日谒见中丞，此事未提及。惟我处劝捐济饷一事，中丞之意总观后效，得能尽力，此等事件便可设法过去。并嘱吾兄事事防微杜渐，万勿疏忽，致有节外生枝等事。

（《徐佩瑢致徐少蘧》，九月初十日第十五号信。《双鲤编》卷一，《近代史资料》总34号，第33页。北京：中华书局，1964。）

**【江苏省长洲县·同治元年十月】**须托各航船陆续运出白米三四挑，[或黄米亦可。]同一粜卖。此间较可生色也。[我处航船七八只，每只十担，每次可运数十担]。

（《徐佩瑢致徐少蘧》，十月十九日十八号。《双鲤编》卷一，《近代史资料》，总34号，第41页。北京：中华书局，1964。）

[按：徐佩瑢在同治元年十二月给李鸿章禀稿中说，十二月初五日太平军到他家中，"封去米石一万余担"，可见存粮之多。见上书第47页。]

**【江苏省长洲县·天历十二年十一月初六日】**殿前又副掌率邓[光明]谕复抚天侯徐[佩瑗]弟知之：接阅来文，领悉壹是。但现在苏省事务纷繁，(荃)[全]赖弟台一人回天之力，措置得宜。以弟台干练之才，自能胜任愉快。乃承弟台惠爱情深，屡责瑶函，殷殷致候。兄接阅之下，感怀曷胜。惟是弟台一片忠心报国，又有乡里之仁，兄心诚为忻慰之至。如苏省人员或有不遵弟之照料，致办事诸多掣肘之虞，弟尽可放胆具禀前来，兄自当汇齐转禀忠王，自有定章，决不负弟一番劳苦之心也。但兄现下带队驻守昆(珊)[山]，防剿妖逆,军中缺乏红粉、洋布应用。务望弟台劳心,代兄买办红粉数十担,如无红粉,即买硝亦可;并买洋布数千匹。该价若干,或兄先将银送(尚)[上]亦可,或弟买就,兄再行给付银钱亦可。务望吾弟劳心,总须将兄托买之件,赶紧办就,以济兄军中急需所用,是为至望。但兄所托之件,实因弟处着人往赴(尚)[上]海,各处路途熟悉,又甚便当之故耳。诸凡有费(菁)[清]神,容后再当面谢也。特此谕复。并询近佳。

为托代买红粉洋布事。

天父天兄天王太平天国壬戌十二年十一月初六日谕。

(《太平天国谕札》,《邓光明谕》。《近代史资料》,总34号,第5—6页。北京:中华书局,1964。)

**【江苏省吴江县盛泽镇·同治元年】** 伪左军政司庄东甫,横泾人。右军政司徐绩卿,光福人。为汪心耕随员,带至盛泽,派充捐局总办,掳掠勒诈,无不与焉。汪资既厚,遣庄、徐二人剃发到上海,侦探官军,并贩绸缎到海门厅出售。

(鹤樵居士:《盛川稗乘》。《太平天国史料丛编简辑》,第二册,第197页。太平天国历史博物馆,北京:中华书局,1962。)

**【江苏省吴江县、浙江省秀水县·同治元年】** 张提督玉良攻打嘉兴,六月二十九日夜间,将范蠡湖一带城墙轰倒,贼匪火药已尽,窘急欲遁。王永义急将火药运往接济,复派沈枝珊、陶云亭挨户逼勒红粉捐,到上海购买火药,[编者按:同书第191页,王永义在上海租界区设有行庄。]解赴贼营,资其拒守,势复猖獗。呈内训导张森干、生员张乃治,均被锁逼红粉捐,生员王壬泽勒捐洋三百三十元,金首饰四件。八月二十日,仲纶随同沈枝珊逼勒秀水县举人郑庆庄洋,持刀入室,其妻程氏投井殒命。十一年正月,又逼勒吴慎庄银洋,将其妻马氏捆缚,吓成疯癫。又同李广廷锁捉荫生仲元熺母计氏,逼捐洋三百元。

(鹤樵居士:《盛川稗乘·同治三年吴江县绅士公呈》。《太平天国史料丛编简辑》,第二册,第203页。太平天国历史博物馆,北京:中华书局,1962。)

**【江苏省苏州·同治二年四月二十一日】** 赵[竹生]居贼中久,洞悉贼中虚实,而贼众半系苏属人,在城中设肆贸易者与申江商贾声气相应。

(沈梓:《避寇日记》。《太平天国史料丛编简辑》,第四册,第253页。太平天国历史博物馆,北京:中华书局,1962。)

**【江苏省苏州·同治二年五月初七日】** 沈韵篪从上海来……言伪忠王以苏城所掳皆生意人,城中食指浩繁,货物不给,财用将匮,故令各头子开店,如染坊、药材、粮食等项。所用染匠等皆从上海雇去,货物皆从上海进去。

(沈梓:《避寇日记》。《太平天国史料丛编简辑》,第四册,第256页。太平天国历史博物馆,北京:中华书局,1962。)

# 第十五章
# 与外国商人的贸易

# 第一节
# 太平天国的对外通商政策

## 一、太平天国对外国宣布的通商政策

**【安徽省芜湖县·1853年3月】**有些太平军官长上船[编者按：指美国公使访问芜湖所乘之船。]探视，其外貌和一般的智力，予舰上人以很好的印象。其实芜湖的民众也是如此。他们的面色似比沿海岸的中国人较白一点，而其相貌亦较佳。且其人亦比较注意于身体洁净。"洋兄弟"乘此奇船到访，令他们欣喜不胜。有些高级军官竟表示将来可借此等轮船实行通商，直至凡航路可达之处——航路相信足有千余里。

（佚名：《美公使长江游记》。《华北先驱》第202期，1854年6月10日。简又文：《太平天国典制通考》中册，第823—824页。香港：简氏猛进书屋，1958。）

**【江苏省镇江、扬州·天历三年三月二十三日】**今我朝真主奉天伐罪，方将怀柔远人，和洽中外，通商不禁，货税不征。

（《罗大纲吴汝孝致濮亨书》[回译]，1853年4月28日。曹墅居译、简又文校：《英国政府蓝皮书中之太平天国史料》。《中国近代史资料丛刊：太平天国》，Ⅵ，第911页。中国史学会编，编者：向达、王重民等，上海：神州国光社，1952。）

[编者按：其时，罗大纲与吴汝孝分别为镇江、扬州主帅。]

**【江苏省南京·同治三年六月】**官兵必能战胜洋人，惟宜陆战，不宜水战；宜与之硬杀，不宜斗巧；宜以中国土炮为主，以洋炮辅之，不宜尽用洋炮，盖洋炮之精者皆不肯售与中国也。洪秀全本广东滨海之人，素知洋人反复，故不肯与之合伙。

（《李鸿裔手录问辞及李秀成答语》。《中国近代史资料丛刊：太平天国》，Ⅱ，第845页。中国史学会编，编者：向达、王重民等，上海：神州国光社，1952。）

**【江苏省镇江·1853年】**费士邦舰长乘Hermes舰到其地[镇江]参观，他得受太平军领袖们的友善的欢迎，称他为兄弟，并告诉他说：将来外国人可以随便用汽船、铁路、电线及其他西洋机器而无碍。他们对他说："我们将要同您们一样，咱们同拜一位上帝，而且共同生活如弟兄。”

（晏玛太著，简又文译：《太平军纪事（讲词）》。《中国近代史资料丛刊：太平天国》，Ⅵ，第925页。中国史学会编，编者：向达、王重民等，上海：神州国光社，1952。）

**【江苏省上海县·1853年4月】** 自从我在一八五三年四月初到上海以至于今，凡属非武装的外人前去太平军外哨的，直至现在最近由上海商人前去苏州的，无一不得到和平的款待，而有几个先怀成见而非其朋友的人，一经探访他们之后即幡然改观，为其友善的接待所感动而化仇为友了。

（简又文译文：《太平天国典制通考》中册，第952页。香港：简氏猛进书屋，1958。）

**【天历三年三月】** 真天命太平天国天朝禾乃师赎病主左辅正军师东王杨、右弼又正军师西王萧谕尔远来英人知悉：尔等英人久已拜天，今来谒主，特颁谕抚慰，使各安心，请除疑惑……尔海外英民，不远千里而来归顺我朝，不仅天朝将士兵卒踊跃欢迎，即上天之天父、天兄当亦嘉汝忠义也。兹特降谕，准尔英酋带尔人民自由出入，随意进退，无论协助我天兵歼灭妖敌，或照常经营商业，悉听其便。深望尔等能随吾人勤事天王，以立功业，而报答天神之深恩。为此用特示以吾主太平昭命，告谕尔等英人，使凡人皆识崇拜天父、天兄，而且得知吾主天王所在之处，凡人当合心朝拜其受命自天也。特此谕示，一体周知。

太平天国癸好三月二十六日。

（杨秀清、萧朝贵：《谕英使文翰》。罗尔纲编注：《太平天国文选》，第83—84页。上海：上海人民出版社，1956。原编者注：原件今未见，英译文载1853年英国下院蓝皮书有关中国内战的文书 Papers Respecting the Chinese Civil War 1853，由曹墅居回译，载《逸经》第十期。案李圭《金陵兵事汇略》卷一，第二六至二七页录有这篇谕文的节要，大意与英译符合，可以参看，兹抄录于下。文云：“我天父上主皇上帝六日造成天地、山海、人物，天兄耶稣代世人赎罪，天下本一家，四海皆兄弟。不料我天国为满洲夺取，遍地立土木偶像，敬拜邪神，大失真道。耶稣初显圣外国，传下圣书，英国信之；近又显圣天国，遣使迎我主升天，封为天王，令将三十三天邪神驱入地狱。自戊申年三月天父降凡，九月天兄降凡，助我天王成万国真主以来，六年于兹矣。尔远人愿为藩属，天王欢乐，天父、天兄亦欢乐，既忠心归顺，是以降旨尔头人及众弟兄可随意来天京，或效力，或通商，出入城门，均不禁阻，以顺天意。另给圣书数种，欲求真道，可诵习之。癸好三月二十五日。”）

**【江苏省南京·天历三年四月】** 殿左伍检点罗大纲致上海英国领事馆书[①]

英吉利国诸公麾下

真天命太平天国殿左伍检点罗，书到英吉利国诸位兄弟台前：五月初一日，贵邦有兄弟戴作士带来各书，俱已收到。既系同拜上帝，皆系兄弟，所阅来书，两相符合，总属一条

① 据原抄件照片著录。原抄件藏英国剑桥大学图书馆。

道路也。

兹前者贵邦船到，随后则有伪清妖船，今贵邦复有船来，而清妖船又于后。在贵邦以诚信待人，弟处亦不疑及。惟目下天人应顺，正兴[汉]灭满之时，谅诸明公通达气运，不待询之。今弟处非阻通商，终以两下交兵，恐其往来不便。依揆情势，须俟三两月之间，灭尽妖清，庶贵邦之往来不受伪清之欺侮也，不亦宜乎？今藉羽便，特修寸楮，伏惟明鉴！既候统佳。

现便携弟处各书，仰恳悉散历阅。

（《太平天国》，第三册，第 6—7 页。罗尔纲、王庆成，桂林：广西师范大学出版社，2004。）

［编者注：戴作士是美国传教士，罗大纲误以为他是英国传教士。］

**【江苏省南京·天历四年四月二十四日】**地官又正丞相罗苾芬又副丞相刘承芳致美国水师提督布嘉南札谕①

……至尔等蒙天父天兄开恩，化醒心肠，来朝真主，得近天京，皆天父天兄开恩所得，又是尔等之福也。然输诚者必须备办奇珍宝物，来享来王，以表尔等识天之心。盖我天父上主皇上帝是独一真神，天下万国人之讼父，天兄救世主耶稣是天下万国人之长兄，我主天王为天下万国太平真主，则天下万国皆当敬天从主，知所依靠者也。然特恐尔等不识天情，以为有彼国此国之分，而不知真道之无二也。为此特行札谕，尔等果能敬天识主，我天朝视天下为一家，合万国为一体，自必念尔等之悃忱，准尔等年年进贡，岁岁来朝，方得为天国之居民，永沐天朝之恩泽，安居疆土，坐享荣光，本大臣有厚望焉。亟宜凛遵，毋违札谕。

太平天国甲寅四年四月二十四日。

（《太平天国》，第三册，第 15—16 页。罗尔纲、王庆成，桂林：广西师范大学出版社，2004。）

**【江苏省南京·天历四年五月二十三日】**东王杨秀清答复英人三十一条并质问英人五十条诰谕

一复：平定时，不惟英国通商，万国皆通商，天下之内兄弟也。立埠之事，候后方定，害人之物为禁。

（《太平天国》，第三册，第 19 页。罗尔纲、王庆成，桂林：广西师范大学出版社，2004。）

**【江苏省南京·天历四年五月二十三日】**东王杨秀清答复英人三十一条并质问英人五十条诰谕

① 据《中美关系史料》台北版 163 页至 164 页著录。

一复：前月花旗国炎轮船来京者，经诰谕他，不但许伊国通商，至万国亦许往来通商，但通商者务要凛遵天令。凡欲来天国通商者，准到镇江焦山下，听守镇江大员办理。

（《太平天国》，第三册，第 20 页。罗尔纲、王庆成，桂林：广西师范大学出版社，2004。）

**【江苏省江宁·咸丰四年五月二十九日】**再，正缮折间，接据镇江水师带兵官浙江黄岩镇右营游击叶长清、江南苏松镇右营都司华封等禀称，五月二十三日酉刻，瞭见焦山以下江面有二桅火轮夷船二只，由南上驶，当即驾坐小船追往探问。讵轮船行驶甚速，直向金山江面而去，追之不及。至夜，复见从金山迤东江面转驶至甘露寺山下寄碇。该游击等当于二十四日黎明前诣该船查询，知系英吉利国夷船，会经夷首华陀据称从上海而来，欲至江宁看看情形，过数日再行返棹，并无别情等语。该游击等再三劝阻，坚执不从，理合禀报等情前来。除严饬实力防范，毋任滋生事端，并确探该夷前赴江宁情形，密速禀报外，理合附片以(实)[奏]。谨奏。咸丰四年六月十三日奉朱批：知道了。钦此。

（许乃钊奏。军机处全宗·录副奏折。中国第一历史档案馆编《清政府镇压太平天国档案史料》，第十四册，第 486—487 页。北京：社会科学文献出版社，1994。）

**【江苏省南京·1854 年 6 月】**［答复·第二十九条］一复：不单准上海闽广党投降，天下万国皆要来降也。

（蒋孟引：《1854 年 6 月太平天国东王答复英国人三十一条并责问五十条诰谕》。《文史》，第一辑，第 72 页。1962 年 10 月出版。又见《太平天国》，第三册，第 21 页。罗尔纲、王庆成，桂林：广西师范大学出版社，2004。）

**【江苏省南京·1855 年】**当我们从街上走过时，看见许多人正在搬回家具，如同人们在上海所做的那样。这说明人们已恢复信心。我们见到有几所房屋已被封，从外表上看，它们是些富人的住宅。织丝机似乎也留了下来，主人们顺理成章地认为叛军不会毁坏这些东西，尤其是因为他们总是留意避免做任何会影响贸易的举动。正是由于这种关注，我们的出口贸易才没有受到什么干扰。

（费熙邦：《中国印象记》。《太平天国》，第九册，第 66—67 页。罗尔纲、王庆成，桂林：广西师范大学出版社，2004。）

**【江苏省南京·天历八年】**朕据众臣本章奏，方知弟等到天都。朕诏众臣礼相待，兄弟团圆莫疑孤。朕虑弟们不知得，故降诏旨情相孚。西洋番弟朝上帝，人间恩和在斯乎。

（洪秀全：《赐英国全权特使额尔金诏》。《太平天国文书汇编》，第 44 页。北京：中华书局，1979。）



**【江苏省上海县·1860 年 8 月 21 日】**忠王李秀成致英美葡三国领事书

以下为忠王致本埠各国领事函件的译文，由英国领事馆交本报发表。该函注明日期为"太平天国十年七月十二日"，按此系叛军所用的历法，相当于西历8月21日。

太平天国忠王李谨致书大不列颠、花旗、巴多其等各国领事：

我天朝与外人本来关系友善，向以守信为准则，而存心欺骗，背弃前约，实为外国铸成大错之真因。

当我军到达苏州后，有法人数名偕同别国人等前来交易。伊等谒见本藩，邀约本藩亲到上海，共同商议尔我间之未来友善关系事宜。深知贵国等一如我等，礼拜天父及天兄耶稣，故而与我等同教同源，故本藩对伊等所言深信不疑，旋即亲来上海，以便与阁下等会晤。

讵料法人已受妖兵之诱惑，竟食前言，背弃前约。本藩到时，法人不特不来觌面会商，且与妖兵订约，保卫上海县城，抗拒我军，故尔违反原议。此种行动，实属不公不义，无以复加矣。

法人纵能守卫上海县城与环城数里之地，试问伊等在区区弹丸之地，安能出售其货品，得有转运交易之便利耶？……

凡人情人事，必有因果。今者法人已坏其信义，与我失和。伊等既有背理之行动在先，倘日后只在上海贸易，尽可作此打算。倘伊等再入我天朝领土贸易，本藩个人宽大成性，慷慨为怀，或能容许其行为而不咎既往。然而我军兵将，既受其欺骗，定当义愤填膺，希图报复，深恐不能准其再到我天朝疆土矣。

本藩进驻苏州，统率大军，勇将千员，精兵数万，雄师所至，势若山岭之坚强，足摧一切顽敌。若我军有志来攻上海，犹如探囊取物，何城不下，何镇不克？惟本藩仍念及尔我共同崇拜耶稣，尔我关系之间，拥有共同之基础，信仰同一之教义。况本藩前来上海，只为订定条约，欲借通商贸易结成一致之关系，原非与尔等交战。若竟下令攻城，杀戮百姓，则无异同室操戈，徒令妖兵冷笑耳。

再则旅沪外人，各人之量度与地位相殊，其中必有具常识、明大义而辨利害者，伊等必不致人人贪图妖金而忘却与我天朝通商之利益也。

因此之故，本藩兹暂息一朝之愤，一本仁慈之心，从宽开放尔我间前进之路，以期转易目前互相对峙之局面。本藩深恐我天兵一旦占领上海，势将不分良莠，设有伤害，本藩将无面目以对天兄耶稣也。本藩为尔等深滋忧虑，不得不剀切向贵国等进言：就此等事件尔等前进之道路，陈其智愚，晓以利害，孰得孰失，深愿贵国审慎考虑焉。

贵国等果能痛悔前愆，如有愿与我天朝保持友善关系，以达至善之境者，不妨前来与本藩面商一切，无庸疑惧。本藩素以仁义待人，必不至令其稍受凌辱。但若贵国等仍继续受妖兵之迷惑，事事顺妖，不计及对于尔等关系如何，则今后尔等往来通商倘发生困难，土产无由运出，当莫怪本藩也。

本藩一再恳请尔等量之度之，专函奉告，务望回字。顺询勋祺。

太平天国庚申十年七月十二日(西历1860年8月21日)。

(《北华捷报》第527期，1860年9月1日。《太平军在上海——〈北华捷报〉选译》，第

8—11页。上海：上海人民出版社，1983。）



**【江苏省上海县·1860年8月23日】**忠王李秀成给上海各国领事通告

真天命太平天国钦命忠王李通告各国领事：

兹清妖气数已尽，我真圣主受天命下凡，拯救世界。本藩恭奉诏旨，替天行道，惩罚清妖之罪孽。自本藩举义旗于广西，大军所至，战无不胜，攻无不克。

不久以前，本军攻克苏州，贵国等曾屡邀吾人前来上海，俾亲自商讨有关对外贸易之种种事宜。本藩爰于收复松江后，随即进军上海，此来意图，非欲与诸外国争吵或交战，而欲与各该国议订通商条约。顷阅诸贵国来照，言词之间，背情悖理，殊出意外。

本藩兹以忠王名义正告执事等：余今统率部下，将领如云，勇兵数万，本可不费吹灰之力，使上海蕞尔弹丸之地顷刻毁灭。惟我军抵沪，驻留城下，按兵不动，纯系出于尊重，顾念尔我双方之共同信仰。倘本藩心怀敌意，立即下令攻击，势将同室操戈，徒遭清妖之耻笑耳。

诸贵国刻正与清妖争吵，当不忘天津之战役。我天朝刻下正处于交战状态，除恢复我祖国基业外，别无他图。我方只与清妖敌对，而与诸外国则并无争执之点也。

诸贵国对通商贸易极为重视。今尔等从我天朝所得之利益，将远胜于清妖之所给予者。盖一旦与我天朝建立和平关系，则全国各地，均可一例通商贸易，不受限制。

惟阅执事等来照，狂妄荒谬，实属莫解。本藩不得不断言，尔等绝不顾念贵我双方信奉同一宗教，当有同心同德之情谊，来信似有借端寻衅之意图。

为此，本藩兹特通知各国驻沪领事一体知悉。执事等倘欲达成与我通商之协议，着即前来商讨协议之条款。但若尔等意欲制造纠纷，挑动战争，则我军所向披靡，有如洪水之声势浩大，本藩令出必行，势如山岭之坚，胜负之数，指日可待。本藩深信尔等不致自贻伊戚也。

切切此告。

太平天国十年七月十四日(1860年8月23日)。

(《北华捷报》第527期，1860年9月1日。英国领事密迪乐T. T. Meadows译。《太平军在上海——〈北华捷报〉选译》，第11—12页。上海：上海人民出版社，1983。)

**【浙江省宁波·太平天国十一年】**[戴王黄呈忠攻宁波时，外国人]求宽屯五日，候其将宁城内洋行什物运出城齐，然后我军方进。求限五日，戴王不准。限其三日，将其洋行运净，其亦已愿。在外屯军，所食之粮米，皆洋鬼以及四民供应。

（广西壮族自治区通志馆编：《忠王李秀成自述校补本》，第66—67页。又见《太平天国》，第二册，第375页。罗尔纲、王庆成，桂林：广西师范大学出版社，2004。）



**【江苏省南京·天历十一年二月二十四日】**天王诏旨……六部主佐将暨西洋同家众弟妹、众使徒中西一体，众臣庶选民知之！……齐遵九约六不杀，奸掠妄杀被永罚……中西永远和约章,太平一统疆土阔……太平天国辛酉十一年二月二十四日诏。

(《中国近代史资料丛刊:太平天国》,Ⅱ,第678—679页。中国史学会编,编者:向达、王重民等,上海:神州国光社,2004。)

**【江苏省上海县·1861年】** 在一八六〇年英法联军之役及其媾和条约签订之后,长江沿岸各埠应开放给外国通商;英方派了十二只汽船组成的一支小舰队去到镇江、九江、汉口建立领事馆。何伯将军率领着这支小舰队路过南京,会见天王。他要求天王保证上海及其四周不受骚扰。这种保证他很容易就得到了,因为彼时太平军目标只倾向确保长江中游。所以在一八六一年大部分时间里,保卫上海的外国军队无重要军事行动的必要,至多不过要去镇压若干逗留附近地区旨在抄掠、不在作战的小股革命军以及皇室军方面,闲了下来肆行抢劫和平居民的散兵游勇。

([法]梅朋:《上海租界当局与太平天国运动·第三章》,范希衡译。南京大学历史系太平天国史研究室编《江浙豫皖太平天国史料选编》,第436页。南京:江苏人民出版社,1983。)

**【江苏省上海县·1861年】** 城里的绅士们看革命军就要侵入黄浦江右岸的富庶大邑浦东,而上海的食用品大部分要靠浦东供给,因此慌起来了。他们送交爱棠一封请愿书,其目的还是要求法军保护。法国领事就将请愿书转送给卜罗德将军。然而,浦东是到九月才受到抄掠者的蹂躏。卜罗德将军派一位密使——名巴斯加尔(Pascal),后来知道也是与太平军通气的——到太平军首领那里,限令太平军不得越过一个指定的界线。他不仅通告一下就算了事,并派香港号带着两只武装木船在黄浦江上董家渡上游梭巡。另一方面,高级指挥官德奥罗格(Theologue)大佐又派一支兵到黄浦江左岸,保护天主教耶稣会的房产,那里原已驻有一个警卫岗位。果然,一支革命军过黄浦江来了,和去年一样,徐家汇四周烧起来。距徐家汇三小时路程的相当大镇七宝已经被蹂躏烧毁;然而,革命军队伍并不集结成大队到城四周来,公开的攻城似尚未必。

([法]梅朋:《上海租界当局与太平天国运动·第三章》,范希衡译。南京大学历史系太平天国史研究室编《江浙豫皖太平天国史料选编》,第437页。南京:江苏人民出版社,1983。)

**【浙江省宁波·天历辛酉十一年十月二十二日】** 讨逆主将范汝增照复英美驻宁波领事等……所有贵各国之房楼屋宇人口物件,本主将自当严加禁止,秋毫无犯。至于贵各国通商交(意)[易]照前营业,尤宜公平买卖,断不致强行抢掳也。但大丈夫一言为定,以信以诚,决无差失矣。专此照复,并候升佳。附来封条贰拾壹纸。太平天国辛酉十一年十月二十二日。

(《讨逆主将范汝增照复英美驻宁波领事等》。原抄件藏英国公共档案局。《太平天国》,第三册,第118—119页。罗尔纲、王庆成,桂林:广西师范大学出版社,2004。)

**【江苏省·天历十一年十一月二十八日】**真天命太平天国九门御林忠义宿卫军忠王李为谆谕(尚)[上]海松江人民,清朝兵勇,各宜去逆归顺,同沐天恩,毋得自取灭亡事。照得伐暴安良,固宜逆诛而顺抚;而开疆拓土,尤宜柔远而怀来。缘念本藩自去冬恭承简命,统师上游江楚,复由江楚班师而进至浙省。凡所经过之地,其于投诚之百姓则抚之安之,其于归降之勇目则爵之禄之,无不在在仰体上天好生之德,我主爱将重士之心,而戡乱治平,招降纳众,谅尔一带人民亦所深知而灼见也。兹因东南舆图附近归我版籍,而惟有(尚)[上]海□□□逼处,此乃我必收之地,而固□苏浙之屏藩。故特分师五路,水陆并进,而进攻(尚)[上]海、松江。恐尔人民惊恐,惶惶如丧家之犬而穷无所归。为是特颁谆谕,先行令人前来张贴。仰尔(尚)[上]海、松江一带人民兵勇知悉:尔等试看我师一路而来,抚恤各处投诚之人,着即放胆,亦照该等急早就之如日月,归之如流水,自当于纯良之百姓加意抚安,其于归降兵勇留营效用。至于在(尚)[上]海贸易之洋商,去岁□□□□有成约,各宜自爱,两不相扰。自谕之后,倘不遵我王化而转助逆为恶,相与我师抗敌,则是飞蛾扑火,自取灭亡,无怪本藩师到而大肆杀戮之威,有伤天地之和也。其宜凛遵,毋违!

太平天国辛酉拾壹年十一月二十八日。

(《太平天国文书》影印。简又文:《太平天国典制通考》中册,第1003页。香港:简氏猛进书屋,1958。)

**【江苏省嘉定县·天历十一年十二月初二日】**莱天福兼浙省文将帅何信义致英国兵总照会

……至于各国贸易之行,断无加害。倘再愚顽,惟利是图,不但一隅之地,普天下皆我朝之版图也。倘不听妖言,洗心归顺,不但通商而贸易茶丝益广,两(荃)[全]其美。宜早思之。本爵督兵嘉定,仰速复文,切勿迟延,以致后悔。切切。特此。

为照会事。

天父天兄天王太平天国辛酉拾壹年十二月初二日照会。

(《太平天国》,第三册,第126页。罗尔纲、王庆成,桂林:广西师范大学出版社,2004。)

**【江苏省上海县·1862年】**他们[太平军]就在虹桥抓着两名英国水手,后来又把他们放出来,叫他们送一封信——信上是一月二号的日子——给英军事当局。

信里对于太平军历次胜利予以铺陈之后,大意是这样说:"现在南方军事已定,忠王即将进军上海。我们既已占有苏州与浙江省,即必须取得上海。事实如此,并非夸饰。因此我们通知你们不要干预我们和皇室军的战事。在此条件下,我们将顾全你们,并让你们通商获得厚利。但如果你们冒昧行事,必贻后悔。我现驻军嘉定,望你们将回信送到嘉定来,愈速愈佳。"

([法]梅朋:《上海租界当局与太平天国运动·第三章》,范希衡译。南京大学历史系太平天国史研究室编《江浙豫皖太平天国史料选编》,第438—439页,南京:江苏人民出版社，1983。）

**【浙江省宁波·天历十二年二月二十四日】**志天义何文庆致宁波法国领事命戒饬该国船商人等照会

照会

天朝九门御林真忠报国志天义何照会大法国领事府兄台大人阁下：案照中外和顺，国之至宝，而商贾流通，亦属物阜民丰。尊国历朝国王与我中国历朝国王永归和好，交相贸易，均为恭敬，千百年来，各无嫌隙。岂知胡妖猖獗，夺我中国疆土，辱我中国赤子，含恨蓄怒，二百余载。上年曾欺尊国，欲负经商之约；粤东火烧洋行，互动干戈。后虽仍归和好，立约通商。奈胡妖反复无常，去岁天津叛议，以致复劳征伐。种种诡秘，不堪言状。

我天王与尊国王并蒙耶稣圣主恩养，何甘坐受凌虐！是以兴师征讨，扫荡妖氛。自抵宁、镇地界，弟即首谕兵士，凡遇尊国之人，待以宾客之礼，妥为通商，视同一体，本属两无猜忌。无如尊国之人，不知何意，欲代胡妖行挟制之事，凡遇我国货船米艭来镇，尊国之人受雇在船，驶闯进关，既不容关卡稽查，又不容兵民平买。睹此情形，殊失同心之义。况尊国志在通商，我朝扫荡胡妖，彼此两不相关，本可毋庸嫌衅。兹特遣使来馆，务望速行戒谕船商人等，嗣后各不相犯，永远通商营业，同受升平之福。倘非尊国之人受雇阻挠，或虽尊国之人而尊领事不便禁止，亦不妨飞速声覆也。除前日照会外，为此再行照会，请烦尊领事查照来文，希即示覆施行。须至照会者。

太平天国壬戌年拾贰年贰月二十四日。

（《太平天国》，第三册，第144—145页。罗尔纲、王庆成，桂林：广西师范大学出版社，2004。）

**【江苏省南京】**鬼子到过天京，与天王叙过，要与天王平分地土，其愿助之，天王云不肯："我争中国，欲相[想]全图，事成平定[分]，天下失笑，不成之后，引鬼入邦。"此语是与朝臣谈及后[不]肯从。

（广西壮族自治区通志馆编：《忠王李秀成自述校补本》，第119页。又见《太平天国》第二册，第397—398页。罗尔纲、王庆成，桂林：广西师范大学出版社，2004。）

**【江苏省南京】**今天朝之事此[已]定，不甚费力，要防鬼反为先。此是真实之语。

（广西壮族自治区通志馆编：《忠王李秀成自述校补本》，第120页。又见《太平天国》，第二册，第398页。罗尔纲、王庆成，桂林：广西师范大学出版社，2004。）

**【江苏省上海·1863年1月31日】**在整个生丝季节中，叛军对生丝的运输，很少加以干扰，而在某些地区，他们似乎还急于扶植这种贸易，因为他们可以从这种贸易中得到一笔可观的税收。然而无容怀疑，由于叛军在极其重要的时刻到达产丝的地区，他们确曾严重地干扰生丝的收集工作，而且大体上正是由于这个原因，去年年终生丝市场货源缺乏的情形才得到说明。

(《外国商业与航运在中国的发展》。《北华捷报》第653期,1863年1月31日。《太平军在上海——〈北华捷报〉选译》,第472页。上海:上海人民出版社,1983。)



**【浙江省湖州·天历十三年九月初六日】**谭绍光复戈登书

慕王谭书复大英会带常胜军戈登(桂)[贵]台惠览:洋商回转,接到复信,知所答笺已经雅照。赐马拜收,骑之甚良。枪炮等件,亦已领取。种种厚情,感谢不尽。现令小制金镯、金珮,聊以报琼,一俟制就,即行寄呈。至外邦之人,来去原听自便,既不诱之使来,亦不禁之不去,总之我国系与清朝争取疆土,于外邦毫无嫌怨。前此两军阵前捉获外邦之人,尚且立时释放,彼此关情,岂有来在我处买卖者,转欲留难加害之理,请询往来洋商,谅知我处底细,嗣后尽管前来照常通商,万勿疑虑。至于受伤之人已于(桂)[贵]处未经来信之前,妥送南浔,难以追转,希为原谅。又另示洋书,亦已拜悉……即请台安。余令来人代致不宣。

九月初六日。

再启者:洋官白聚文身患重病,回转上海医治,路经(桂)[贵]处,恳祈劳心饬令轮船护送,庶免妖卡阻拦侵害。

[按:封面作"内信烦顺交大英会带常胜军戈登(桂)[贵]台惠览"。]

(《太平天国史料》,第180—181页。北京:中华书局,1955。又见《中国近代史资料丛刊:太平天国》,Ⅱ,第762页。中国史学会编,编者:向达、王重民等,上海:神州国光社,1952。)

**【江苏省南京·同治三年六月】**现在说到我朝祸害之源,即洋人助妖之事。自我军两位勇猛王爵——英王翼〔?〕王[E-Wang]死后,我军确受重大损失,但如洋人不助敌军,则吾人断可长久支持。

(《洪仁玕自述》回译补充部分。《中国近代史资料丛刊:太平天国》,Ⅱ,第853页。中国史学会编,编者:向达、王重民等,上海:神州国光社,2004。)

[编者按:忠王只提出李鸿章之成功是得洋人之力,玕王则认为是天朝祸害之源。忠王认为清朝以后要"防鬼反为先",因天朝已不甚费事矣,玕王认为对天朝已是祸害之源。是玕王从教训中得到的认识比忠王更深刻些。]

**【江苏省·同治六年十二月】**又有忠王李秀成者,不知君命而妄攻上海,不惟攻之不克,且失外国和约之大义,败国亡家,皆由此举。

(《赖文光自述》。《中国近代史资料丛刊:太平天国》,Ⅱ,第863页。中国史学会编,编者:向达、王重民等,上海:神州国光社,2004。)

## 二、为方便外国商人出入境采取的措施

[含给外国商人发过境文凭和洋人旗。]

**【1853 年】**在许多毫无经验的说话与骄傲自大的幻想中，共和党[按：指太平军]领袖于其外交政策的姿态既表现充分的谨慎即如其骄傲，外则具有智慧的顾虑与和平的愿望，而内则不欲其政府陷于困难及负累。

（麦迪乐：《中国人及其革命》Guizot：Republiqued Angleterre 原著第 278 页。简又文译文：《太平天国典制通考》中册，第 808 页。香港：简氏猛进书屋，1958。）

**【江苏省南京·咸丰四年】**伪中提关报称洋船已来四只，随后尚有二十余号，伪北王等惊慌已极，惟伪东王故作镇静。

（《张继庚遗稿》。《中国近代史资料丛刊：太平天国》，Ⅳ，第 774 页。中国史学会编，编者：向达、王重民等，上海：神州国光社，1952。）

**【江苏省南京·1854 年 5 月 30 日】**[地官又正丞相、地官又副丞相给美国公使的札谕]然恐尔等不识天情，以为有彼国此国之分，而不知真道之无二也。为此特行札谕：尔等果能敬天识主，我天朝视天下为一家，合万国为一体，自必念尔等之悃忱，准尔年年进贡，岁岁来朝，方得为天国之臣民。

（《太平天国资料》，第 13 页。北京：科学出版社，1959。）

**【江苏省南京天历四年四月二十日】**太平天国钦差大臣周谕饬事：照得有言当言，有事当行，古之道也。尔等船只入我圣境，当即饬令兵士暂停开炮，恐此彼伤和，但船只泊在大江，意欲何为？未据禀报。

（《殿左九检点周札谕》。《太平天国资料》，第 12 页。北京：科学出版社，1959。）

**【江苏省南京·1854 年 6 月】**我主天王奉天行道，凡事秉乎至公，视天下一家，胞与为怀，万国一体，情同手足……计复三十一条。

[答复第一条]一复平定时不惟英国通商，万国皆通商。天下之内兄弟也。立埠之事，候后方定，害人之物[编者按：指鸦片等物]为禁。

[答复第二条]一复天下者天父之天下，天父能六日造成天地山海人物，我主天王亲承上帝明命，为天下万国真主，大兴仁义之师，此举天下皆平矣。

[答复第十八条]一复前月花旗国[美国](炎)[火]轮船来京者，经诰谕他，不但许伊国通商，至万国亦许往来通商。但通商者务要凛遵天令，凡欲来天国通商者，准到镇江焦山下，听守镇江大员办理。

[答复第十九条]一复天地皆是天父所造,地产万物,煤炭谅亦随处皆有,凡归贮天朝之煤而无出贩,贵船自后凡欲贩运煤炭者请免来也。

[责问第五十条]一问尔各国拜上帝耶稣咁久,现今上帝同耶稣降凡作主,诛灭妖魔几年,因何不见尔等各国具些圣物进贡上帝、进贡耶稣、进贡万国真主,还敢大胆强(瞒)[蛮]无礼,诡向天国讨取煤炭,尔等各国自想叛逆上帝为何如?叛逆耶稣为何如?叛逆上帝真命万国真主为何如?请问合得天情否?尔亦当自思也。

[责问第四十一条]请问尔等各国齐会天国,是上帝权能默护尔等,各国齐到天国欤?还是尔等权能自能到也?

[责问第四十二条]请问尔各国都齐会天国是何缘故?是上帝默差尔等各国齐会天国扶尔主、朝尔主,同尊上帝欤?抑还是上帝专差尔等各国齐会天国贸易也?

(蒋孟引:《1854年6月太平天国东王答复英国人三十一条并责问五十条诰谕》。《文史》,第一辑,第70—74页。1962年10月。又见《太平天国》,第三册,第18—24页。罗尔纲、王庆成,桂林:广西师范大学出版社,2004。)

**【江苏省南京·1854年6月24日】**这些统治天下的自尊自大语是与欲与外国通商的宗旨不符的。这是无知和骄傲的结果。其为订立条约之障碍可以断言,是故各条约国应速行纠正这一点。在南京,对于外国人之款待,并没有显出太平军人和其领袖们之敌视的恶感之存在。他们自然厌恶这样的访问,因其不明外人宗旨所在,而且他们对于与他们的仇敌[清廷]有友善关系者起了疑心也不为奇。他们怎知道来访者不是奸细,特来为清军刺探军情的呢?

(佚名:《天京见闻录》。《华北先驱》第204期,1854年6月24日。简又文译载《大风》第91期。又见简又文:《太平天国典制通考》中册,第824页。香港:简氏猛进书屋,1958。)

**【江苏省南京·1854年7月22日】**至以目前事实而论,他们对于外人之态度如何,乃成为极严重的事件,与极兴奋的兴味。他们在镇江和南京的官员一再对我们说,他们的队伍将不开至上海,并言现在他们亦无意到广州。他们再言现在上海起事的会党[按:即小刀会起义。]亟欲归附他们,而且在广东省及广州城内,他们的真朋友真兄弟数以千万计。然而在天京高级官员所说的一切话,其声调与精神类皆傲慢得很,或为夸张的臆断。以其过分的非常奇异。以平常的理性度之,仍不能漠视,盖其非尽是无稽之言也。

这班结为兄弟的王爷与其国务大臣等……如其将成为中国的统治者……将至承认中国与英法美各国所订立之条约吗?可断言必不承认的,除非在压迫之下,或除非他们肯由高超地位自行降低。

(裨治文牧师:《太平天国的政治与宗教》。《华北先驱》第208期,1854年7月22日。简又文译,载《大风》第92期。又见简又文:《太平天国典制通考》中册,第841—842页。香港:简氏猛进书屋,1958。)

**【江苏省南京·1856年4月12日】**且忆前在上洋,曾闻夷人到南京,光景似不敢与其抗衡。旋闻夷人走后,杨逆问计于群贼,数日无善策,仍是杨逆自谋,锁断金山江面,则洋妖不能上驶,众皆稽首称颂神智。此又从贼中得来。所以麦连看透贼情,有汉口通商之请。似此看来,贼不犯海道,未识高明以为何如?

(《孙丰致吴煦函》(1856年4月12日)。《吴煦档案选编》,第一辑,第137页。太平天国历史博物馆,南京:江苏人民出版社,1983。)

**【江苏省苏州·1860年7月7日】**太平军对外国人的态度,虽然属于极其友好的性质,他们总是称呼外国人为"我们的洋兄弟",说"我们同是敬拜天父,信奉同一个天兄,我们之间为什么要发生分歧"?他们似乎很想同外国人来往,并希望促进贸易关系。他们说,把十八省开放通商,将使他们非常高兴。有人也许会说,太平军不过口头上这样说说,把它作为一种策略而已。然而即使如此,清政府又为何不用这种策略,不谈这些同样的问题呢?他们说,凡是经过太平军地区的外国人都将得到尊重;他们对曾经去过的外国人给予的照顾,足以证明他们的诚意。

(《传教士艾约瑟等五人赴苏州谒见忠王的经过》,《北华捷报》第519期,1860年7月7日。《太平军在上海——〈北华捷报〉选译》,第59页。上海:上海人民出版社,1983。)

**【江苏省·1860年8月18日】**干王在他新近的著作中说:"外国将得到完全平等的待遇,绝不再用任何侮辱的名字来称呼外国人。传教士可以到每一个地方去传扬福音。"丝船来往于太平军领土之内,满载生丝与财物,从来没有发生过一点麻烦,也没有丝毫害怕的理由。有人告诉我们,适才开到上海的两艘外国船,它们带着十只装丝的民船,虽在松江碰到大队叛军船只,但后者并未表现一丝恶感。

(《英国读者C君投书,指责英法军队干涉太平军对上海的进攻》。《北华捷报》第525期,1860年8月18日。《太平军在上海——〈北华捷报〉选译》,第144页。上海:上海人民出版社,1983。)

**【江苏省·1860年9月22日】**本藩奉天王诏令,巡视各府州县,辄欲与诸贵国钦差全权大臣会晤,俾便阐明情势,面聆教益,庶几彼此之间达成友善之谅解。第本藩终于未经约期,亲来上海。讵料中途遇见贵国之洋船一艘,意欲拒绝我军接近上海!我天朝与贵国同奉天父天兄之真道,自是同属基督教徒,贵国为何迫不及待,抗拒我军?未悉本藩之谋划,为何心怀疑惧?本藩之图谋与原委倘蒙明察,则勋爵阁下当能获悉贵我两国实同具善意……

贵国暨其他诸国钦差全权大臣倡议在上海开设工厂,扩充商务一节,本藩请为诸全权大臣进一言。近几年来,贸易本在赓续进行,贵国等为何不遵循往日之途径?本藩甚愿亲自与诸全权大臣商议,并将据海关征税之原有条例,完全照章办事,绝不增加税率。盖我天朝与诸贵国同拜上帝,同敬耶稣,彼此同沐天恩,堪称同属一家,无分东西南北,四海之内，皆兄弟也，相互之间，为何不以和平与善意相待耶？总之，本藩切望诸贵国以开阔的胸怀，真诚相待也。

（《忠王李秀成致英国专使额尔金勋爵书》。《北华捷报》第535期，1860年10月27日。《太平军在上海——〈北华捷报〉选译》，第14—15页。上海：上海人民出版社，1983。）

**【江苏省·1860年】**忠王致英专使公函［由罗孝全英译词回译］

［忠王函略］我今为贵国作一真实的说明以扫除困难，使得了解。

余于今年连克苏杭二州，甚愿得传教士前来两地传播福音真道。

近年以来，商务如常，何以不继续如此进行呢？我们前到上海，何以即被拒绝？如贵国真系因无知而驱逐我们，则余于今不事斤斤置辩，亦不愿详细考查此事。只因我部下军官进前十数里作短期扎营，传来嘉兴危急之警告，我迫得急行提师往救。此为余上次到沪之事实也。

（简又文译文：《太平天国典制通考》中册，第921页。香港：简氏猛进书屋，1958。）

**【江苏省·1860年10月24日】**印度《时报》［Times 1860年10月24日］发表以下评论：

我感谢你为受苦难的中国人所做的善事，然这工作是未完。直迄于今，你所得闻的只是：——关于革命军人［被英法军］移交清吏使其受酷刑；关于上海之被英法军踞守；关于法军军舰水兵驾驶一艘轮船，满载米粮，运往救济清军所守之各城；关于英国军官与士兵加强各城的防御工事，装架大炮，而且训练清兵以攻击太平军；关于抢夺太平军的大炮；关于代清吏征收关税；最后但不是最小的，关于英国人惨杀无辜，等等消息，而太平军对于以上种种事为皆不施以报复的行动，——这一情况也许是全世界历史中无有可与比拟的。

（简又文：《太平天国典制通考》中册，第935页。香港：简氏猛进书屋，1958。）

**【江苏省苏州·1860年10月27日】**忠王于是说到联军一面在白河同清军打仗，一面又在上海保护清军，真是矛盾。这时我面有愧色，承认这不仅是一种矛盾，也是我所不能同意的，因为它违犯各国政府应该遵守的中立条款。

（《传教士罗孝全到苏州谒见忠王的经过》。《北华捷报》第535期，1860年10月27日。《太平军在上海——〈北华捷报〉选译》，第65页。上海：上海人民出版社，1983。）

**【江苏省南京·天历十一年正月二十日】**赞王蒙得恩与章王林绍璋照会何伯，谓如外人欲上岸入城，应由天海关派人引导。是日英“仙岛”号（Centaur）舰长雅龄（Capt. Aplin）奉何伯命，照会天朝以八事：

（1）英人已取得长江通商许可，本人奉命停泊南京，以便行使职权。

（2）英商船通过南京，由本人给予护照，请太平军承认，勿加干涉。

(3) 英船悬挂英旗，非自卫不开炮，遵守太平军法令。

(4) 凡在南京停泊英船，均通知太平军当局。

(5) 英人上岸入城，必先取得许可，通知海关主官。

(6) 太平军攻九江、汉口、镇江时勿侵及英人生命财产，该处英兵船除保护英人外，不加干涉。

(7) 英人在岸上犯法，送交英人处理，华人在英国船上犯法，交还中国处置。

(8) 本人只负英船之责任。

(郭廷以：《太平天国史事日志》，第 764 页。重庆：商务印书馆，1946。)

[编者按：天朝对此八事均复允。]

**【江苏省南京·天历十一年二月初三日】**天王特颁处理外交事务之诏旨，文曰：

凡未助妖之人，均须宽赦。外国商人，一如兄弟，杀之者处死。前曾诏明：外国人犯须交外务大臣罗孝全与各国领事官审理，由天王裁决。今再命罗总理一切外国商人事务，各国可派遣领事官协同办理，并选派一公正裁判官，由天王任命，与罗会审外人犯罪案件，仍由天王作最后裁判。[此裁判官名曰副大臣，其印为“九门御林天朝外务裁判官”。]

(原译文载 Parliamontary Papers; *Correspondence Respecting the Opening of the Yang-Tze-Kiang River to Foreign Trade*. p.30 及 Brine: *The Taiping Rebellion in China*. p.294。郭廷以：《太平天国史事日志》，第 750 页。重庆：商务印书馆，1946。)

**【浙江省宁波·天历十一年十月】**讨逆主将照复英美驻宁波领事等

太平天国辛酉十一年十月二十二日，照复

真天命太平天国天朝九门御林讨逆主将范照复大英钦命驻扎宁波总理通商事务领事府夏、大美钦命驻扎宁波总理通商事务领事府毕麾下：为照复请希大英钦命驻扎宁波督带兵船水师参府哈、大法钦命驻扎宁波督带兵船水师参府何宽心事。缘蒙天父上主皇上帝天兄耶稣差我真圣主天王降凡御世，宰治中原。总期诛妖救民，援救中夏。兹者，本主将恭承简命，专征阃外，拓土开疆，无非吊民伐罪。刻下我军大队兵抵宁波，正谓克取郡城为根本，俾得安抚四民。惟今接到惠函，得知一切。所云各事，本主将皆可依从。自应禁止官兵，仰体天心，不得滋扰，望希宽心是幸。至于面云期日，务勿失言，总期以信为本。所有贵各国之房楼屋宇人口物件，本主将自当严加禁止，秋毫无犯。至于贵各国通商交(意)[易]照前营业，尤宜公平买卖，断不致强行抢掳也。但大丈夫一言为定，以信以诚，决无差失矣。耑此照复，并候升佳。

附来封条二十一纸。

太平天国辛酉十一年十月二十二日。

(英国公共档案局编号 F.O.682/340。呤俐著，王维周译：《太平天国革命亲历记》中有此件，是英译文的回译。《太平天国文献史料集》，第 11—12 页。北京：中国社会科学出版社，1982。)

**【浙江省·天历十一年十二月】**莱天福兼浙省文将帅致英国兵总照会

太平天国辛酉十一年十二月初二日，天朝九门御林开朝勋臣莱天福兼浙省文将帅何照会大英国兵总知悉：照得天地循环，(珊)[山]河改变，古之常理。鞑妖扰害中原，二百余载，无所不至。

兼之甲子既终，皇天震怒，降我真圣主，定鼎金陵，十有余载。战胜攻克，指不胜屈，大非人力能为，此乃天定。去年节节重解京围，顺流而复苏、常及太、昆、常、定一带郡县并浙省嘉郡。又发兵前往(尚)[上]海，招集流亡，并饬各属国，准其通商。因各国未有章程妥议，军令虽严，恐难周集，即行回师。绕道而取平湖之嘉善，剿尽嘉郡城外残妖。直(尚)[上]两湖，收复江左。分兵克复金、台、宁、绍等处，重兵围困杭城两月，不意成功，南方底定。现在忠王瑞驾统兵五路，收取(尚)[上]海，想一隅之地何足(戒)[介]意？业经苏浙两省尽行克复，势不得不攻取(尚)[上]海，以端王化。并非大言，实历可据。查沿海一带，皆外国通商之地，发兵进剿，谅必有伤和气。再四思维，先行谕知：所有妖地，毋容滥理。至于各国贸易之行，断无加害。倘再愚顽，惟利是图，不但一隅之地，普天之下皆我朝之版图也。倘不听妖言，洗心归顺，不但通商而贸易茶丝益广，两全其美。宜早思之。本爵督兵嘉定，仰速复文，切勿迟延，以致后悔。切切。特此。

为照会事

天父天兄天王太平天国辛酉十一年十二月初二日照会。

（英国公共档案局编号 F.O.682/42。《太平天国文献史料集》，第 12—13 页。北京：中国社会科学出版社，1982。）

**【浙江省·同治元年五月二十二日至六月初六七日】**时新丝初出，各处丝贾皆领长毛文凭报捐贸易，丝市大开。桐乡以南，屠镇为盛。吾镇限于南北两卡税，乡人带丝出卖，每车卡税百文，若不售而归，则卡税复如前数，以故商贾不聚，价贱货少，不复能聚市。桐乡以北，乌镇、新塍则大盛。新塍军[帅]在长毛处预报出进丝共十八万两，乌镇不知[?如]也。

（沈梓：《避寇日记》。《太平天国史料丛编简辑》，第四册，第 160 页。太平天国历史博物馆，北京：中华书局，1962。）

**【江苏省吴江县至上海县途中·同治元年七月十四日】**洋鬼子押买来舟，洋旗每面一洋，不受，则有鞭至出血者，皆通事所指使也。

（柳兆薰：《柳兆薰日记》。《太平天国史料专辑》，第 270 页。上海：上海古籍出版社，1979。）

**【江苏省吴江县至上海县途中·同治元年七月十五日】**中午过四镇止口，有官卡，见鬼子旗，不出钱，就即放过。行里许，始出黄浦江。又行二三十里，过五舍，至豆腐浜，潮又来，即停舟等候。是日稍热，黄昏时至得胜官卡，泊舟停宿。夜间阵雨，大雷电，幸无风，安稳之至。是夜闻鼓角之声,知是处有营兵盘查,有洋人旗则不索钱,否则津吏扰嬲不已。

（柳兆薰:《柳兆薰日记》。《太平天国史料专辑》,第 271 页。上海:上海古籍出版社,1979。)

**【江苏省吴江县至上海县途中·同治元年八月一日】**同帮船二十余号,洋鬼子共五名,船户即与前来之通事买旗合帮。闻是日前途来船,均平安无事。晚间舟人复五六里,过陆家港,投报后不看船,至丁家栅外口止宿,适有枪船三四只,勒索更钱,每船二百,幸人众船多,不敢动手。探知前途盗薮,被湖丝帮鬼子数十名打退,擒获枪船一只,解送上洋,同舟额手称庆。

（柳兆薰:《柳兆薰日记》。《太平天国史料专辑》,第 274 页。上海:上海古籍出版社,1979。)

**【浙江省宁波·天历十二年三月二十七日】**天朝九门御林开朝王宗殿左军主将黄、讨逆主将范,照会大英钦命总领驻扎宁波水师各兵船总兵官晤、大法钦命驻扎宁波水师兵船统领官耿台下:本主将顷接来照,一切诵悉。贵总镇所言虽属合理,但本主将等抵宁之时,与贵国和好之后,凡贵国所言,能于依允,莫不依从。即如贵国前文嘱本主将等将城墙炮台对江北岸之炮位移开,本主将等当即饬令兵丁,将城墙炮台对江北岸之炮眼塞闭,何谓本主将等不肯依从?至于清兵带得无数大炮船前来攻取宁波,本主将等奉命专征,复有何虑?唯炮台城墙炮眼,我军性命攸关,清兵由何处前来,我国自必对何处开炮。至贵国慈厚为怀,恐其炮伤江北百姓,即烦贵总镇饬清兵由别处来攻宁波,勿由江北而来,我国自不对江北岸开炮。如其我国无故轰击江北,那时即是我国不是,听凭贵国施行。所有恳本主将等弃此宁波,本主将等北剿南征,无非欲得疆土,如镇海滨海小邑,弃之无妨,宁郡何能擅弃?本主将为臣下者,有一分力自要尽其一分,如其与清妖争斗不胜,即弃之再为缓图,断不能擅自弃之也。谨此照会台鉴,并候即祺。为照复事。天父天兄天王太平天国壬戌十二年三月二十七日。

（《黄呈忠范汝增致英法领事照会》。《中国近代史资料丛刊:太平天国》,Ⅱ,第 748—749 页。中国史学会编,编者:向达、王重民等,上海:神州国光社,1952。)

[编者按:此照会原件藏镇海向风楼处。此据《诗文钞》付印,文中避讳名字均经《诗文钞》厘正。据《诗文钞》所附按语云,原作后钤二大印,一作“太平天国九门御林殿左军主将宝天义黄呈忠”,一作“太平天国天朝九门御林开朝王宗讨逆主将进天义范汝增”。]

**【江苏省·1863 年 3 月 7 日】**我们不能懂得你们贵国的政策。你们讲的是一回事,而做的却又是一回事。你们说,你们不要在三十英里界限外同我们进行战斗,但当鞑虏前来向我们实施袭击时,你们竟又命令你们的军官,要他们随同鞑虏来攻。你们曾容许你们的国人到华尔部队中担任军官的职务,对于这一点,我们并不责备你们。我们知道他们这样做,是出于他们自己的选择,贵国怎样也不会对他们的行动负责。但当你们派遣自己的军官来反抗我们时,情形当然不同,因为除非贵国政府准许他们这样做,他们是不能越出三十英里的界限来同我们作战的。因此,他们这样做,是代表你们国家进行的一种敌对行为。

(《太平天国第二次投书》。《北华捷报》第 658 期,1863 年 3 月 7 日。《太平军在上海——〈北华捷报〉选译》,第 25 页。上海:上海人民出版社,1983。)

**【江苏省·1863 年 5 月 23 日】** 倘若你们准许我们进入上海以及其他条约口岸,那你们便无需担负这种经费,也用不着费心在上海维持一支军队。除此而外,对清军所欠贵国赔款余数,我们也乐于承担偿还的责任。

(《太平军四次投书》。《北华捷报》第 669 期,1863 年 5 月 23 日。《太平军在上海——〈北华捷报〉选译》,第 37 页。上海:上海人民出版社,1983。)

**【江苏省南京】** 天朝九门御林忠贞朝卫军赞嗣君蒙、殿前忠诚二天将李书复敛天安梁、溉天安萧贤弟阁下:兹接来文,览悉一切。昨于初四日雅龄来京,面称请借三丈之地盖屋堆贮煤炭,兄等未便擅专,业既登朝面奏圣闻,荷蒙旨准,在于七里洲圣营之下壕沟外江边借地三丈与洋人盖屋堆贮煤炭。祈阁下劳心,即转嘱洋人在于七里洲圣营之下壕沟外江边盖屋可也。此复,并询近佳。

(《蒙时雍李春发复梁凤超等书》。《中国近代史资料丛刊:太平天国》,Ⅱ,第 730 页。中国史学会编,编者:向达、王重民等,上海:神州国光社,1952。)

## 三、保护外人在华的财产

**【江苏省上海县·1860 年 8 月 25 日】** 有些军[太平军]人进入南门外一外人家里,即告诉宅主不用害怕。其主官问他拜上帝否。答:"是的,我拜上帝,而且来此是教人拜上帝的。"军官即说:"好极了,你不用畏惧我们。"他即取出一张字条,令宅主贴在门外,上书:"忠王严令:上海洋人住宅,不准兵将毁坏,违令者斩!"无疑的,这是他们对待外人之固定的政策。他们本来无意到此与外人冲突,而且分明是坚决恭恭敬敬地对付我们——无论我们如何任意枪击及炮轰他们。南门外人的住宅,西门华德那(Wardner)的住宅,及徐家汇之天主教堂房屋,今仍无恙。[如其有意焚之,自属易事。]据报,有一天主教士被杀于徐家汇。这是大为可惜的憾事。但我们坚信,这是由于他们不知教士之真相而致的。教士穿了中国长袍,很可能被误会为中国人而被误杀,或另有我们所不知之他因,足以剖白杀此外人的事。

C. 一八六〇年八月二十四日于上海。

(《C 的通讯》下,《华北先驱》第 526 期,1860 年 8 月 25 日。简又文:《太平天国典制通考》中册,第 928—932 页。香港:简氏猛进书屋,1958。)

**【江苏省上海县·天历十年七月十五日】**徐家汇天主教堂外贴的忠王告示(回译)

(衔略)忠王李为通告全军兵将事：照得本藩恭奉王命，四处作战。本军已到上海，现在教堂扎营。凡外人财产，虽一物之微不得损害。凡我老兄弟谅皆熟悉天条，外人与我天朝臣民一体同拜上帝，同敬耶稣，皆是兄弟也。各老兄弟自不敢违犯，但最近入伍之新兵仍有不知此乃礼拜堂，及不洞悉彼此之宗教同一，真道同源，为此特行晓谕全军兵将无论老兄弟新兄弟，以后如查获有敢损害外人之财产、货物、房屋或礼拜堂者，定斩不饶。各宜凛遵毋违，特示。天历七月十五日[即西历八月二十四日，咸丰十年七月初八日，上文由林利原著页二九八回译，并见“华北先驱”五二六号，C通讯下，看下文。]

(简又文译文：《太平天国典制通考》中册，第918页。香港：简氏猛进书屋，1958。下面是这个告示的另一种译文。)

叛军昨天[8月23日]下午撤离徐家汇，据他们说，三天以后将回来。下面为在教堂墙上所发现的布告，是上星期日[8月19日]贴上的。

忠王兹谆谕官兵，俾众一体咸知：恭奉天命，率军各地征战，现大军进抵上海，扎营天主堂。兹特严申军令，凡属外人财产，务须秋毫无犯。查我久列戎行之士兵素明天教，深知外人与天朝臣民同拜上帝，同敬耶稣，应视若兄弟[或属兄弟一体]，谅我士兵鲜敢侵犯。但恐投营未久之士兵，尚不知此乃崇拜上帝之所，亦不深明外人之宗教与我相同，彼等所讲之道理属同一来源。为此特颁谆谕：凡我新旧士兵，均应一体知悉，嗣后其有损害外人财产、货物、房屋、教堂者，应予斩首不贷。仰我官兵，其各凛遵，毋违。

七月十五日[即1860年8月24日抄录]。

(《北华捷报》第526期，1860年8月25日。《太平军在上海——〈北华捷报〉选译》，第7—8页。上海：上海人民出版社，1983。)

**【浙江省绍兴县·同治元年】**会二月间，有夷商赴绍兴平水镇设立茶庄，偕伴三人。贼欺其寡，尽杀之，夺其资财。有耶稣教之牧师往绍，亦受贼之所创。由是相忤，屡寻其隙。贼亦早自为计，防守严密。

(柯超：《辛壬琐记》。《太平天国资料》，第182页。北京：科学出版社，1959。)

**【江苏省上海县·1863年5月】**当我军开抵上海附近时，我们是怎样对待出来会见我们以及我方官员的几个外国人的呢？我们曾以一切礼貌对待他们，并且向他们保证，如果让我们进入上海城，我们决不会触犯外国人一文钱的财产。

(《太平军四次投书》。《北华捷报》第669期，1863年5月23日。《太平军在上海——〈北华捷报〉选译》，第38页。上海：上海人民出版社，1983。)

**【咸丰三年】**最近，天德的代表散发一种文告，我们要特别请读者加以注意：

为布告事：特谕尔等民人，立即驱逐满贼，待我建都金陵之后，议定考试，衡文取士，再定甲乙。各国夷民，暂留相当距离之外，待征服全国，即行宣布商务政策。至于僧道，应

一律消灭，道观僧寺，应一律拆除，其它腐朽教派，一并拿究。其各凛遵。（据英文回译）

（[法] 加勒利、伊凡原著，徐健竹译：《太平天国初期纪事》，第 142 页。上海：上海古籍出版社，1982。）

[编者按：从布告的内容，此"天德的代表"所宣告的，与太平天国的主张一致。]

**【广东省广州·咸丰四年十二月二十四日】** 知照

统领水陆兵马众大元帅致书各大国公使大臣知照。前者清国入寇，原约二百年交回江山与我明主，迄今二百余年，犹复不肯交回，是以我等起兵剿灭清国，复回明主疆土，所有湖南、湖北、江西、安徽、南京、广西，皆已恢复，而广东之肇庆、花县各府州县均已望风归附，只有省城未服，刻下进兵攻除在即。惟各大国贸易者每每以舺艇等船，用兵盖住火药，载运进省，其火炮名为防贼，而实卖与奸官，殊非正理。愿各大国自今以后，禁止舺艇装载火炮火药粮米等物卖与奸官所用，及以火船载渡奸兵进省。俟我等得城，然后通商便是。兹限至年底止，其大英国、大美利驾、大法兰西三国所有货物在省尽行搬迁，若到新年后所有船只不得装载往来，须至知照者。右将新定章程开列。大英国、大美利驾、大法兰西三国限至年底，将在省各货尽行搬迁，其余各国限三日内即要搬清。

甲寅年十二月二十四日知照。

（印文：年月日上盖"万夫大长之印"。取名："天地会领袖陈显良致广州英法美三国领事照会"。编者按：封套上写的是：

公文赍呈
大法兰西公使大人升启
由岭南总局发

另一名片：陈显良。照会第一折上有法国领事馆中办档案加的几个字："发逆陈显良致英、美、法三国限至年底将在省货物尽行搬清由"。即认为是"发逆"。正当英、美、法宣布守"中立"之时，此照会揭露其中立之虚伪性，说明了对外贸易政策，义正词严。《太平天国革命文物图录》四六—四七。太平天国起义百年纪念展览会，上海：上海出版公司，1954。）

## 附：其他起义者对外通商主张



**【广东省·天历十年二月】** 钦命殿左叁中队后永忠先锋葛耀明、中队中赤忠先锋林彩新、左队前精忠先锋陈荣、右队后永忠先锋谭星、中队将李鸿昭、右队将郑乔、中队前精忠先锋周春、左队后永忠先锋陈寿、右队右耿忠先锋李积、右队前精忠先锋朱义德、正元帅侯陈带暨镇国公陈显良、副元帅曾超等,仝致书于大法国统领广东省陆路各营水师船只军务达、大英钦命督理香港等处各营驻扎陆路军务提督军门斯、大英驻扎广东代理水师提督军门墨列列兄台麾下:闻之抚我则后,虐我则仇,古今共此人情,中外同其心性。慨自清末以来,国祚之气运将终,主德之昏庸尤甚。在位者尽是贪残,在野者常形憔悴。而且贿赂公行,良歹莫辨。此所以官逼于上,民变于下,有由来也。兹蒙天父天兄耶稣开天恩,命我天王定鼎南京,扫除贪官污吏之所为,以行伐暴救民之善政,不许妄拜邪神,务期共归正道。尊崇礼拜,仍然七日为期;敬奉耶稣,总为万民赎罪。亦犹贵国之设立天父堂、礼拜亭,时时讲明天情道理,处处化醒世俗愚蒙,惟敬上帝,不拜邪神,同此意也。亦可见中外虽别,而心性本同矣。现弟等恭奉天王之命,统领雄师百万,战将千员,剿抚兼施,恩威并济。溯自湖南,进取江右,趋谒天京,按临福建,无不体上天好生之大德,与及我真主受民之至意,未尝行一不义,杀一无辜。即过村庄市镇,不犯秋毫;凡为士农工商,咸安乐利,而况东粤为父母之邦,既罹妖官之凶害,又何忍加之荼毒乎?惟有等人不能认天识主,不晓纳款输诚,未有箪食壶浆以迎,又见团练乡兵相拒。弟等用是提兵剿洗,以儆效尤。兹弟等已抵连州、中宿、英德、四会等处,久闻麾下已破仙城,革除吏弊,施行仁政,大得民心,弟等曷胜欣幸。意欲刻即统兵前来,大齐斟酌,共展鸿图,使助纣而为虐者无地自容,斯民之倒悬指日可解,将见同享无穷之福,永立不朽之功。但恐突然而来,未免邦人大恐,为此飞文照知:伏望麾下不必过为疑虑,不可听信谣言。并祈麾下将此意转谕阖省军民人等周知,毋庸迁避,不必惊惶;但要多办军粮,切勿团练乡勇,则我军自无滋扰之虞,而乡民便享太平之福。至弟等之兵士俱是束发留须,弟等之号旗着写太平天国,务宜饬令亲信人员密为查确,庶不误事,免中奸谋,望为先容,统祈原谅。希惟钧鉴,竚候玉音。顶询勋安不一。并请通事掌书列列先生近好,恕不另札。

太平天国庚申十年二月　日照会。

(《李鸿昭等致粤港英法军官书》。《中国近代史资料丛刊:太平天国》,Ⅱ,第718—721页。中国史学会编,编者:向达、王重民等,上海:神州国光社,1952。)

## 第二节
# 外国对太平天国的政策

**【广东省广州·1852年10月6日】**天意真是奇妙！与外国战争之出人意外的结果乃是中国之开放。如今，倘此次之革命将推翻偶像之崇拜而开放门户，使福音得普遍传播于全国，则其结果岂非同样奇妙耶。

（罗孝全：《洪秀全革命之真相》。写于1852年10月6日，广州。《华北先驱》第160期，1853年8月20日。简又文译：《逸经》第25期。《中国近代史资料丛刊：太平天国》，Ⅵ，第825页。中国史学会编，编者：向达、王重民等，上海：神州国光社，1952。）

**【江苏省镇江·1853年】**［英国公使到镇江前向清政府说明此行的理由。］各国仰蒙大皇帝天恩，得在中国海口通商，俾有利益，实深感戴。现在贼匪据扰沪城，以致中华税务有碍，各国贸易有损，实堪忿恨。各国官商未能帮同剿贼，更深惭愧……刻下本公使亲自来沪，欲往镇江等处，察看贼匪情形。如果有可为之处，可以商量。显欲想整顿商务，使中华税务有盈无拙，方为安心。

（《筹办夷务始末》咸丰朝，第七卷，第29页。）

**【江苏省镇江·咸丰三年】**三月，郑逆迁伪金官将军，奉调扬州，偕予同扎城外观音堂。不知何国夷船八只，突来镇江，船有内外火轮转动，其行甚速。镇江守贼出队，排列江岸，混战一日，夷船竟不敢过。夷人用西瓜大炮，子落两岸，复又开花，内有散子，伤人甚多。郑逆在扬州得信，移扎瓜洲江岸，即于营外多掘土坑，使西瓜炮子悉落坑内，不能伤人。次日约会镇江守贼，咸用瓜头小划，坐贼八人，用一小铜炮，围裹夷船，专击火轮，小划仰攻，甚易得手，轮船高大，转移不便，炮难俯施，一阵击破轮船三只，满江飘落夷人，悉被贼杀。夷人始遣通事以军械进贡贼营，情愿归降。伪将军等会同镇江守贼派船同送南京，闻洪逆封夷将军四人，并约会北上日期，同攻天津，颇有赏赉，夷船始退出海。

（陈思伯：《复生录》。《太平天国》，第四册，第345页。罗尔纲、王庆成，桂林：广西师范大学出版社，2004。）



**【江苏省南京·1853年4月28日】**至于满洲官雇广艇置买西洋船只，本大臣并不闻问,所有英国商民船只,均不准其雇用。其买卖英国人商船者,与买洋布及各货无异,难以禁止。如他国买卖船只,本大臣更难阻(当)[挡]。但买去之船,俱不许用我国之旗号。设有我国人民仍旧在船为满洲官使用者,实属不该,本国决不护庇。

(《英使文翰致太平天国照会》,1853 年 4 月 28 日。《太平天国史料》,第 184 页。北京:中华书局,1955。)

**【江苏省上海县·1853 年 5 月】**此革命运动如能成功,吾人至少亦可以期得其对于基督教传教士之完全容忍,而且将来如此党得胜,因与吾人彼此教义大概相同,则对于外人必怀好感,彼等将必准许通商。但就彼等之书籍之故[?]与行动而言,鸦片将被严厉禁绝,非同现在只有禁烟之虚名,将必实行禁绝也。

如革命军成功后,吾人所可预料之利益,乃是大开海禁,以便传教及通商,及输入种种科学的改善。此在授受两方,均受其益。革命军确有进步及改革之能力与趋向,[观其新历之推行可为明证。]此为清朝所绝不能有所表示者;因此之故,如基督教国家对此运动,加以阻挠而打倒之,诚为大可惜事也。

(《濮亨上克拉兰登伯爵书》,1853 年 5 月 11 日自上海发之附件之十。《中国革命军概况》,牧师米赫士[或译麦都思]作。见第 900—901 页。曹墅居译、简又文校:《英国政府蓝皮书中之太平天国史料》。《中国近代史资料丛刊:太平天国》,Ⅵ,第 917 页。中国史学会编,编者:向达、王重民等,上海:神州国光社,1952。)

**【广东省广州·1853 年 9 月 17 日】**我完全同意于许多人的意见,主张在此内战中,外国政府当守严格的中立。然而我们可能料到将来的局面——拖长时间的及不分皂白的滥杀,与财产之毁坏——则基督教国家的政府及时介入,以制止内战无限期无止境的大破坏,也许是适当的。

在这斗争中,有许多事尚未能决定的。如果革命军失败,则外国人之与叛徒同在一处或曾与通讯者,其命运将如何?在不久以前,咸丰帝及其大臣等已谋恢复从前之闭关政策。如其权力能及,将不独消灭"长毛",而且复限制"外夷"于广州一处。

(《华北先驱》第 164 期,1853 年 9 月 17 日。简又文:《太平天国典制通考》中册,第 834 页。香港:简氏猛进书屋,1958。)

**【江苏省·1853 年】**于传教士的报告书外,最早的真凿有据的关于太平军的报道,在一八五三年即传到西洋各国。其时英国驻华代表文翰爵士[Sir George Bonham]乘何木斯军舰上驶南京。他发见太平军对"洋兄弟"态度友善,他们崇拜"独一真神"。他与他的随员又见到太平军战士中,有不少清教徒的热诚。其中一随员云:"有一青年为骑马入南京城的外宾之向导者,于徒步偕行间,一再向翻译官麦迪乐[T. T. Meadows]恳请,如由上海回时,带一两面的利剑来给他,但又劝告这位君子[麦氏]不要吸烟,不要饮酒,及禁绝其他恶嗜好;他具有一片天真的诚心,殊可发笑及钦佩。"

文翰爵士的随员中有些不喜欢太平军的外观的，然而麦迪乐——即全体人员中最识透中国语文的——则所感印象良好。他察见太平军的基督教略受了儒道之改变[调节或折衷]，但相信不必因此之故而失去被视为基督教之权。因为基督教的信仰，历来传到各国，“无不被接受此新宗教的国族所自奉的原有的基本信仰系统大大改变其内容与性质的”。他坚信在天朝治下中国人反对外人的成见必行消灭，而所有各国的商人，将得在全中国商业行动上的完全自由。

（贾希尔：《华尔传》。简又文：《太平天国典制通考》中册，第 1116 页。香港：简氏猛进书屋，1958。）

**【江苏省上海县·1853 年】**在各领事中，麦氏不是独一的对太平军有好评的。在革命初期，欧美人士对之均有好感。报上常载种种动人情感的故事，说中国的基督教弟兄方在与满洲异教徒作生死战。在一八五〇年以后，当太平军起义建国期间，西洋各国的领事和商人们，察觉向满洲政府取得所要得之条件非常艰难，于是转对太平军采取赞助姿态。他们企望向以对外人友善闻[名]的太平军随随便便地接收这些条件，例如：开放全中国为外国商业，鸦片营业之合法化[即正式容许]，实行条约[强迫清廷签订的]及赔偿英国与清交战之军费。在一八五三年间，有上海外商领袖函致英专使马绍尔[Humphrey Marshall]有云：“我希望天王[误作天德]将得成功而打倒现在的清朝。那时，我们的局面不能比现在更坏，闻天王是很自由[开通]的一个人。”然而商人们的希望终不得实现。太平军诚为友善，但不能出卖国家的特权以交换胜利。

（贾希尔：《华尔传》，Holger Cahill：*A Yankee Adventurer*。简又文：《太平天国典制通考》中册，第 1117 页。香港：简氏猛进书屋，1958。）

**【1853 年】**由此，他们现在妄自尊大之自称，在他们自己人民之心中，将被日渐加增之地理知识及历史知识祛除而去。如此，太平军建国既成，则外人之地位，关于合法的国际目的，将不至流为比以前益坏的。反之，将树立一种宽大而坚定的基础以吸收民族的基本信仰及以和平伸展自由交通与商务权益。由已往十五年的经验终可证明，在清朝治下这些利益只由战争夺取之——对于华人残酷非常及为祸甚大，而这些战争只有启发民族仇恨及趋于毁灭国家的工业——即是独赖此种工业而后有国际商务之可能者。

（麦迪乐：《中国人及其革命》，第 324—325 页。简又文：《太平天国典制通考》中册，第 844—845 页。香港：简氏猛进书屋，1958。）

**【1853 年】**中国的变乱是当今最重大的事件之一，世界各国的政治家都用好奇的眼光来注视这支攻城略地的军队的进展。三年以来，这支军队一直稳步地迈向他们认定的目标，——推翻清朝。他们会不会获得这个艰巨的成果呢？现在谁也不能预言，不过一般热衷于传教或做买卖的教士和商人，都以不安的心情注意这场斗争的变化，西洋各国政府也急切地期待着战争的结局，因为不管结果如何，都必然会改变他们与中华帝国的关系。

（[法] 加勒利、伊凡原著，徐健竹译：《太平天国初期纪事》，第 1 页。上海：上海古籍出版社，1982。）

**【江苏省南京 · 1853 年】** 濮亨致书太平天国各王，说军东下时必须保护英侨生命财产，否则必如 1842 年那样。

濮亨将南京条约之中文译本一分给太平军政府。企图从太平军手中捞到比南京条约已定的更多的特权，说条约中规定“在内地自由贸易”。

（以上论点，见《英国政府蓝皮书中之太平天国史料》，曹墅居译、简又文校。《太平天国》，Ⅵ，第 895 页，第 898 页，第 908 页，第 910 页。中国史学会编，编者：向达、王重民等，上海：神州国光社，1952。）

**【江苏省镇江 · 天历四年四月十九日】** 1854 年 5 月 25 日布嘉南致太平天国镇江府一带地方军务督兵大员的照会：……并曾着本舡委员，往问晨间贵国炮台何以开炮轰击本舟之故……如果出于无心，必须直认所以错误原由；若贵国不肯认错，如此公文所云，则属有意欺藐本国。在本军门惟有待至由南京回日，必要报复。

（《太平天国资料》，第 15 页。北京：科学出版社，1959。）

**【江苏省南京 · 1854 年 5 月 30 日，天历四年四月二十四日】** [布嘉南致太平天国照会]但来文中所用语句，正是蒙昧，……并无尊重我国之辞，是以本军门于此时不得不暂止，不与贵国照会知闻矣。现只因奉本国钦差大臣着令达知，以后遇有必要与贵国天京大宪知会之事，有如讲论，按照中华与本国所定立条约内所载，凡属我国商民在中华所应得之利益公义等事款，本国钦差大臣自必早日以礼以尊敬事照会，并望所与互相照会之员，亦依样以恭敬礼仪相答。

（《太平天国资料》，第 16 页。北京：科学出版社，1959。）

**【江苏省南京 · 1854 年 6 月 24 日】** 这些统治天下的自尊自大语是与欲与外国通商的宗旨不符的，这是无知和骄傲的结果。其为订立条约之障碍可以断言，是故各条约国应速行纠正这一点。在南京，对于外国人之款待，并没有显出太平军人和其领袖们之敌视的恶感之存在。他们自然厌恶这样的访问，因其不明外人宗旨所在，而且他们对于与他们的仇敌[清廷]有友善关系者起了疑心也不为奇。他们怎知道来访者不是奸细，特来为清军刺探军情的呢？

（佚名：《天京见闻录》。《华北先驱》第 204 期，1854 年 6 月 24 日。简又文译：《大风》第 91 期。又见简又文：《太平天国典制通考》中册，第 824 页。香港：简氏猛进书屋，1958。）

**【1855 年 10 月 1 日】** 麦迪乐于一八五五年十月一日在《伦敦泰晤士报》发表对中国内

战的意见云：

现在最好的政策，无论是为着出入口商务之发展，或为着新旧宗派的基督教之传播，西方国家只有一条稳当的道路可走，即是：各自训令其驻华代表认真实行任由中国人自理中国事……至如在商界，我不能不说，利用交战之一方之软弱或恐慌可以巧取豪夺而获得的什么东西，将不至有长久的利益的；而以武力干涉战事，无论偏袒那一方，将必延长无治的状态，并将毁坏中国人之工业精神——这精神是一切永久的商业所根本倚赖的。

（《华北先驱》第301期，1856年5月3日。简又文：《太平天国典制通考》中册，第842—843页。香港：简氏猛进书屋，1958。）

**【安徽省、江西省·1856年8月16日】**有外人T在《华北先驱》发表通讯，报道天朝在皖、赣两省之治绩，其结论云：

由以下三点：——(一) 天朝领域广大，人民众多，可比之欧洲强国；其人民废除满清服装而恢复大明衣冠[不剃发]；(二) 在此广大区域中[至少一大部分]，人民纳税于天朝以供养天京的政府；(三) 开科取士使人民得自由竟取功名及官职，——可以证明革命军显著地确为事实的政府。其施政当然仍以军事为重，但已表露民政组织之迹象，[按：此即指各地方乡官。]而为期已历三年，且日事扩大。是故结论：我们可以承认其为独立的[政权]而不至违反中立政策及历史前例。

（《华北先驱》第319期，1856年8月16日。简又文：《太平天国典制通考》中册，第842页。香港：简氏猛进书屋，1958。）

**【江苏省上海县郊外·1860年8月】**[忠王于1860年8月19日抵上海郊外，致书租界外国官]书中，忠王提出意见云："太平军将不占领丝茶出产之城邑，以免妨碍外人通商，但须以外人不许清军以上海为招兵及征集之兵站为条件。"但外官拒绝接受其公文，并不欲与忠王发生任何关系，简直置之不理。

（晏玛太著，简又文译：《太平军纪事(讲词)》。《中国近代史资料丛刊：太平天国》，Ⅵ，第939页。中国史学会编，编者：向达、王重民等，上海：神州国光社，1952。）

**【江苏省上海县·1860年7月14日】**本报访员说，英国专使已对各家洋行发出通知，要它们不得以火药售给中国人，外国人也不得对中国人进行支援。[这个通知显然是对密迪乐另一天发布通告的一种暗示。]

（《薛焕勾结外国侵略军的活动》。《北华捷报》第520期，1860年7月14日。《太平军在上海——〈北华捷报〉选译》，第116页。上海：上海人民出版社，1983。）

**【江苏省上海县·1860年8月11日】**根据目前的条约，我不知道外国人有无权利可以将任何货物运往上海以上各地销售。照本人的意见，假如中国政府捕获一艘载运武器与军火的船只，我们必然不能有所申诉。

(《英领事密迪乐的通告》。《北华捷报》第 524 期,1860 年 8 月 11 日。《太平军在上海——〈北华捷报〉选译》,第 125 页。上海:上海人民出版社,1983。)

**【江苏省上海县·1860 年 8 月 11 日】**又一篇社论[《华北先驱》524 号,1860 年 8 月 11 日,太平军到沪前一星期]:

据可靠的中国报告,太平军已决定来攻上海了。其理由:——他们说,自始即与外国友好,任丝茶贸易继续无扰。事实上,确有许多船只载运丝茶到沪,来往平安。他们又说,凡到苏州之外人,皆受欢迎,得其优待与保护;对各传教士则尊敬其言,且邀请到南京及他处传教。然而虽有此种种表示,而外国当局[使节]曾有两次拒绝收拆其公函,原封退还,亦无一字之说明。外人为道台守卫上海城,助其捉拿许多太平军,任从外人为清吏服役,且任其入内地交战而不阻止之。[按:此指华尔之常胜军。]然而,同时,各领事则严词布告,不许外人与苏州[太平军]互相交通。道台则得在沪购军械弹药,而其款项皆由外人而来。[按:此指关税,由外人代收,交与清吏。]是故,太平军决定在其能力之下,封闭丝茶贸易,突进上海;其意非在进攻租界,只为打倒清廷在上海之统治,而迫令外人与其互相交接而已。

(简又文:《太平天国典制通考》中册,第 925—926 页。香港:简氏猛进书屋,1958。)

**【江苏省上海县·1860 年 8 月 25 日】**一经察觉他们确是太平军,我军即下令向其开火。他们摇手,恳求我们的军官勿放枪,而且立定不动——无疑地渴欲与我们通讯及解释其目的。我军置之不理,仍放枪,约两小时之久,他们乃退去,死者无数[或云四十,或云二百。]……无论多少,这些死者是被谋杀的,不是被杀于奉令开火的军人之手,而却是被杀于在幕后发动者之意志。像这样的行为,令我们心愧颜赧,而要遮蔽面部于尘土内。我们的基督教与我们的文明,在奉邪教的人士眼中都成为可恨的了。我们国家民族的地位也降低了,而且我们的荣誉也被这颠倒是非曲直而且卑鄙下贱的兽性暴力之表现完全玷污了。这些人[太平军]现在也许是太孱弱,不能以暴还暴,然而报复之日子必来;今日在风中所播之恶因,将来必结恶果的。[次述西历八、二十、礼拜日法军攻击事,并详述法军残害平民之种种暴行,及英法军之放火,另译载“军纪考”下篇之柒,下述次日英军炮轰事,及以后太平军退兵事,兹略。]

有一天此城在道台手中,则有一天太平军有权占领之,即如有权占领十八省内其他郡邑一般。真的,我们恃有强兵,欺其力弱。介入干涉,而说——你们不能占有此城,然这样的举动只于一只无主义、无道德的蛮牛适宜行之。当此城仍属于清朝所有之时,我们不能派兵于其城内踞守且抵拒向是与我们友善的权力[太平军]而不至违反一大原则——凡违反这原则将必对于我们之最高利益引出大害的。站稳在中立地位呢?则双方均尊敬你;一离开这地位呢?一方将憎恨你而他方将鄙视你。署理巡抚、道台及知县,将因此次之力助他们而尊敬你多一点吗?咸丰帝将感谢你吗?必不然的。如果他们慷慨据实上奏,将被革职,甚或正法。[按:这是后来证实的预言,事后薛焕尽掠守城之功,不提外人之助。

额尔金后来不忿,对清廷戳破其虚伪。]

我们为清廷踞守上海是大有物质助力的。薛焕大可藉此为攻击太平军之根据地,由此可派遣兵勇进攻,败则退回赖外军之保护,军械弹药供给不竭。我们以名誉之保证来保卫他,我们牺牲壮丁之生命宝血以庇护他。给予太平军以上海吧！否则驱逐清军出城而自行占领之吧！那么,全省及浙江将为天朝所有。由此种种事实以观,无怪革命军亟图自清吏手中夺取上海了,而且大概非得手不满足的。

虽外兵之踞守上海为害恶之根源,而另有一事令太平军各领袖受创至甚者,此即是各国驻华代表对伊等之沉默。忠王于下苏州后未久,即致一公函与布鲁斯、蒲步龙及华约翰[美公使],欲与各使商议关于上海处置问题。这公函没有复音,我相信并未开拆……干王[艾约瑟牧师往晤,回来为其说好话。]致各领事之公函亦同样被拒。闻其认此举为对其个人之侮辱及对革命运动之最不公道的怨恨。他急欲避免与外人冲突,不惜纡尊降贵忍辱负重再致英领事麦迪乐一函,亦同样见拒。这当然不是麦先生之过。如有过错,则其上宪当负责。在我们看来,布鲁斯先生关于太平军之事件之态度[地位]是最不堪辩护的。如果这样的行为在外交上是合理的,则一切外交愈为可怜可惜了。试将上述的行为与一八五三年文翰爵士的行为两相比较。[中述文翰先遣麦氏入内地探访,继则亲到南京,宣布中立。]文翰的政策是开明而且公道的,而布氏的政策则使人昏迷愚懵的。文翰政策之光荣优越,两相比较,不啻天渊之别了。如果前者[文氏]是对的合的,[而谁怀疑之?]则后者[布氏]显然是错的,不合的了。如果我们的国家,向有定规,凡在我国人经商所到的国家中遇有内争发生,必不加以干涉而介入任何一方,那么,这一定规在我们目前的事件上已被大大的违反了。[中段比较清朝与天朝之局势,前者愈坏愈弱,后者愈优愈强;如强行压迫后者,则贻祸无穷。略。]

不特此也,我们握权者,更疯狂似的对付这个至有权力的团体[太平军]如同一伙强盗一般;将在上海所有过去的或将来可能有的一切恶事直接或间接诿过于太平军。这一定案[即非太平军之罪。]为开明的理性及健全的断论所判决者,将得一般的舆论之赞成及证实之。

自上文写成后[西八、二十四],有三位先生[大概指送公文之富礼赐等。]由徐家汇回来。[据报告]……有一神庙在天主教堂附近的,所有偶像全被毁坏。他们只看见两个尸骸,一浮在河中,一在田间,主要天主教堂完全无恙,其旁之房舍不大可观,但仍未受到物质的破坏。有一肥壮的教士及两人留堂看守以防小窃……一人说,前有一教士在罗家湾被太平军所杀,但另有一人——似是其中之主要人——却说无能证实。革命军昨日全退去了……教堂壁上仍贴有忠王告示。

由此告示可知太平军之来对于外人是怀有最和平的本意的。他们来沪之后,对于我们的行为,在比较上,反映出他们的光荣与我们的耻辱。无论他们在教义上有何错误,他们分明是对于耶稣之遗训却有实际的知识,多于我们好些个人。耶稣说:“凡咒骂你的,为他祝福;凡憎恨你的,以善行对待他。”上言之告示所发挥的[教理]太多了。

C. 一八六〇年八月二十四日于上海。

(《C的通讯》下,《华北先驱》第526期,1860年8月25日。简又文:《太平天国典制通考》中册,第928—932页。香港:简氏猛进书屋,1958。)

**【江苏省上海县·天历十一年二月二十四】**我[雅龄]于是回答:我们的讨论大致只是关于上海的事及关于总司令对于他们进向上海之警告,然而我却渴欲得知他们所宣布的友善态度究竟达到什么程度——将令他们确实不至于妨碍我们的商务否?而且将令他们同意于以下的两款否。

(1)太平军不侵入各商埠及各处开放与英人通商之地周围一百里内,——如果清政府不得在此等地方内开出军队以攻击太平军。

(2)天朝官员与军队将不阻碍各种土产输出于上言的各地方,亦不禁止英国商品经过此等地方而运入内地。

在会晤终止时,我必须再事解释中立之权益与职责,这是因为他们询问停泊南京之英军舰肯为他们运输粮食以接济在安庆被围困之太平军否,我当然答以不能做到。[以上报告原载英国"蓝皮书"Upon the Rebellion in China一八六二年四月咨送议会者。]

(简又文译文:《太平天国典制通考》中册,第960—961页。香港:简氏猛进书屋,1958。)

[编者按:呤唎:《太平天国亲历记》亦有此记载。天历十一年二月二十四,天王诏旨所称之和约即此事。赖文光亦称此为和约。]

**【江苏省苏州·咸丰十一年】**五月初四日,忽传夷人进城……或谓夷人来与贼酋讲言:"苏城是我国通商之地,每月计售货银若干万两,今被尔等占据,通商减色,着尔等赔偿货价,否则速即让出苏城;倘两言不听,请决雌雄。"此语不知确否?

(潘钟瑞:《苏台麋鹿记》卷上。《中国近代史资料丛刊:太平天国》,Ⅴ,第285—286页。中国史学会编,编者:向达、王重民等,上海:神州国光社,1952。)

**【太平天国天历十一年五月】**先于十一年五月间[西六月],英商林西公司[Lindsay & Co.]有丝一千六百捆在汉口附近[大约在武昌县附近。]被太平军忠王所部截留,要索外国货物及枪枝子弹。[时忠王实行救皖大计划率师远征至此。]汉口英领事金执尔[Gingell]亲往兴国州谒忠王,交涉放还。[此系英使布氏于西历七月二十二日向外务大臣罗素报告。]郭廷以谓"金执尔之见忠王,除交涉被扣丝捆外,同时或曾劝阻其进兵武汉,一如[西历]三月二十二日巴夏礼在黄州之晤英王陈玉成。秀成于金执尔自兴国州西返过黄州之便,因托其代投谕函与赖文光,[载"太平天国书翰"。]结果竟为金执尔所扣留,盖不欲南北两岸太平军互通消息取得联系,威胁汉口也。"["日志"第七九一页。]郭氏之见,诚有理由,可以入信,盖忠王之军已到武昌附近,却不施攻击,忽尔返旆,想受到英人之威胁一如英王所遇。至金执尔之扣留托带之书,如果确如郭氏所言之理由,则偏心之甚,其左袒清廷亦明显矣。

(简又文:《太平天国典制通考》中册,第 965 页。香港:简氏猛进书屋,1958。《太平军在上海——〈北华捷报〉选译》,第 55 页。上海:上海人民出版社,1983。)



**【江苏省上海县·1862 年 1 月 28 日】**卑职近期曾连续发奉陈述太平军即将向上海发动进攻情况的函件,兹特敦请公使阁下注意当前局势使我想起的有关该商埠未来的安全保障与福祉的若干事项,缕陈如下:

首先是上海租界未来的安全保障问题。南京条约规定:英国侨民在中国境内应充分享有生命财产的安全保障。但目前的情势与过去的经验十分清楚地证明,就上海而论,这是一项无论如何也无法切实履行的条款。在这一带,可以说清政府已经失去了从镇江到杭州一线海岸线与大运河之间的所有疆域,如果不是外国海陆军驻扎在上海,他们早就同样从这个小小的角落被驱逐出去了。鉴于清政府精疲力竭,清军纪律荡然无存,战斗力丧失,假若得不到外来援助,他们显然永远无法收复失地,重新站定脚跟。道台天天请求我们给予援助与保护,由此可见,即使在上海,清政府也绝对没有履行条约义务的能力,而他们在此确实拥有履行条约义务的手段。因此,如果我们指望上海英租界有朝一日将会得到清政府的保护,那是枉费心机。

另一方面,在太平军占据上海邻近地区的情形下寻求和平与安全保障,他们所能给予我们的希望甚至比清政府更加渺茫。我们迄今得到的有关太平军统治的全部经验证明,他们绝对缺少行政管理的能力,丝毫没有取得广大民众的信赖,而只有这两者才能使中国趋向和平,并有可能让我们同中国人建立往来贸易的关系。纵使太平军首领承诺在与外国人交往中尊重条约权利,但他们嗜血好杀、凶恶残忍、肆无忌惮的性格早已声名狼藉,如果容许他们有片刻时光紧靠像上海那样一个规模宏大而财物富饶的租界,那也是很危险的。

(《麦华陀领事致普鲁斯公使函》。《太平天国》,第十册,第 365 页。罗尔纲、王庆成,桂林:广西师范大学出版社,2004。)

**【江南·1862 年 5 月 3 日】**正是在今天这个日子,我们必须记住,约有二千多枪剑林立的英军,已经开赴战场从事战斗。这次战斗的结果不久将见分晓。但读者如果问起,我们将得到什么结果,本报愿公开地答复他们:大不列颠将占有江南这个富庶的省份,而不会少于这个战果。我国对清朝并不寄予任何希望。大量税款由于英国人在中华帝国海关的经营擘画而被征收起来,这些金额竟被暧昧不明地消耗殆尽,这将会给《天方夜谭》的一千零一个故事又增添一个。中国人具有普通人的肌肉和体魄,但是他们除能辨别银洋的叮当之声外,仅仅具备儿童的智能罢了。我们只能把他们当作儿童看待,因而必须保护受大法院监护的未成年人,经办他们的事务,管理他们的资财。这是强加在我们身上的一种严肃而神圣的信托,我国同胞将诚实地完成这项任务,他们的决心或毅力是无容怀疑的。我们的格言将是 Secundis dubiisque rectus[听从正确的意见]。



(《关于英国占领江南的主张》。《北华捷报》第 614 期,1862 年 5 月 3 日。《太平军在上海——〈北华捷报〉选译》,第 302—303 页。上海：上海人民出版社,1983。)

【1862 年 12 月 13 日】正是为了外国在华利益,它们才帮助清政府对太平天国的叛乱实行镇压。

(《关于“赦免”俘虏的阴谋》。《北华捷报》第 646 期,1862 年 12 月 13 日。《太平军在上海——〈北华捷报〉选译》,第 394 页。上海：上海人民出版社,1983。)

【江苏省上海县 · 1862 年 12 月 20 日】普鲁斯同布尔布隆两位先生,当时倘若不“违反中立政策”,[实际上,我们那时正和中国进行着战争。]且不把上海县城包括在欧洲军队防线内,那我们在上海的贸易必然已随之覆灭。到那时,这个东方最繁荣、最昌盛的商业中心——上海租界的情形,将变成什么样子呢？当时联军在白河两岸作战,一步一步与中国订定的条约,从中取得直接利益又将怎么样呢？现在用以陆续支付联军的赔款,其现金还有什么来源呢？英国从上海贸易每年得到的金钱利益为数达一千三百万英镑,它将减少到什么地步呢？

(《对理雅各关于太平天国文章的评论》。《北华捷报》第 647 期,1862 年 12 月 20 日。《太平军在上海——〈北华捷报〉选译》,第 399 页。上海：上海人民出版社,1983。)

【浙江省 · 同治二年三月二十六日】初贼兵之在绍[兴]也,设乡官理民务,贼兵有不法者,乡官得而治之,地方粗安。自藩台以夷兵克城,而夷人之势转出官兵上。有花绿队者,以印花布包头,宁波人假扮夷兵放洋枪者也,往往出城劫掠,而与夷兵通事者分肥。百姓诉之官,则府县皆不能治罪;诉之夷官,则为通事所格。城中民房无论租屋自产,夷人又欲强收租钱,故夷兵之累甚于贼兵,而官兵所至,关卡店捐等项皆照长毛,事不甚相远也。

(沈梓：《避寇日记》。《太平天国史料丛编简辑》,第四册,第 247 页。太平天国历史博物馆,北京：中华书局,1962。)

### 附：英、法、美在华官员与商人的思考与态度

【江苏省上海县 · 1853 年】据敏体尼[法国领事 Montigny]的情报,[见该氏五月四日呈上峰函。]乔治爵士[英国全权公使、香港总督 Sir George Bonham]不仅在南京,就是在沿途,也和革命军会晤了,只要有机会和革命军接头,他就极力使他们相信他的完全中立。他似乎也和皇室军首领接过头,他似乎和双方都接谈过好几次。敏氏结论说:“这样的两面做人不曾使任何一面相信。”

([法] 梅朋：《上海租界当局与太平天国运动 · 第一章》,范希衡译。南京大学历史系太平天国史研究室编《江浙豫皖太平天国史料选编》,第 393 页,南京：江苏人民出版社,1983。)

【江苏省上海县 · 1853 年】不论如何,有一点却是确实的：就是英侨大众,以及上海

大部分美侨也是如此，都确信革命要成功，都认为皇室算完事了。大家的同情都在太平军方面。美全权公使马沙利提到传教士时曾写到："这些人们出去传播福音去了，但是他们的心是萦系在革命军方面的。"法使馆秘书古尔西(Courcy)在他的日记里写道："英报揭载了太平王和他的大臣的宗教宣言，英侨的绝大多数，特别是耶稣教的牧师们，对革命战争都感到同情的兴奋。"

([法] 梅朋：《上海租界当局与太平天国运动·第一章》，范希衡译。南京大学历史系太平天国史研究室编《江浙豫皖太平天国史料选编》，第 394 页，南京：江苏人民出版社，1983。)

**【江苏省上海县·1853 年】**在《北华捷报》上，麦都思牧师(H·W·Medhurst)就大捧其场，先译出"天条书"(The Book of Religious Precepts of the T'hai Ping Dynasty)(五月十四日)，又译出"天命诏旨书"(The Book of Celestial Decres and Declarations of the lmperial Will)，被誉为"革命党人的另一可注意的作品"(another remarkable work of the insurgents)(五月二十八日)，又译出"天父下凡诏书"(The Book of Declaration of the Divne Will made during the Heavenly Father's Descent upon Earth)，编者说这是"对于西方国家的一个具有巨大意义的作品"(Work of powerful interest to western nations)(六月四日)。六月十一日，编者又以这样的词句公告一部新书："本周与读者见面的麦都思博士的译品使人确信地证明太平军中有智慧高强眼光超绝的人才"，在这公告下就发表了(六月十一日、十八日)"太平诏书——原道救世歌"(The lmperial Declaration of T'hai Ping, An Ode on the Origin of Vertue and the Saving of the World)。但是，如果像这样征引，真是引不完，该报后又陆续登载太平天国军事首领们的许多告谕，还有一篇专文介绍太平军的组织，有"新历法"(New Calendar)，有"礼仪规制"(Ceremonial Regulations)！该报八月二十日转载伦敦出版《外国教士与广西起义之关系》(*Connection between Foreign Missionnaries and the Kwangse Insurrection*)一书首篇时，编者扼要指出："洪秀全年纪不大就开始认识真理，领导革命事业又那样坚毅沉着，都表明他不是一个能力平凡的人。我们很可以希望不久真理就可以打倒迷误……全世界文明国家将欢欣鼓舞地迎接这样的一件大事。"

([法] 梅朋：《上海租界当局与太平天国运动·第一章》，范希衡译。南京大学历史系太平天国史研究室编《江浙豫皖太平天国史料选编》，第 394—395 页，南京：江苏人民出版社，1983。)

**【1853 年】**"列强"及其在华的代表们，也许在焦急中观望着。如果这次的斗争无[限]期延长，则可怕的无政府[无治]状态是不可免的，而中外商务将受到不小的损害。在此史无前例而前路茫茫之中，各国代表将走何路线，将走到几远以期防免此种恶果，这实是极难决定的任务。

(《华北先驱》第 164 期，1853 年 9 月 17 日。简又文：《太平天国典制通考》中册，第

835 页。香港：简氏猛进书屋，1958。）

**【江苏省上海县・咸丰四年二月】**唯上海蕞尔一城，相持以至于今日，深愧用兵无术，以致糜饷劳师。缘该邑为匪徒[按：指小刀会起义者。]麇集之区，又系各国蜂屯之地，围攻六月，而竟不能得手者，实英夷为之庇护也。米粮、火药以至一切动用之物，无一非奸夷为之接济，藉以从中渔利，而丝茶出口，又无人稽查，关税大可偷漏，(贼)[夷]以(夷)[贼]为利薮，贼以夷为靠山，揆其心惟恐沪城之不用兵矣。

（《吉尔杭阿陈时事禀》1854 年 3 月。《吴煦档案选编》，第一辑，第 128 页。太平天国历史博物馆，南京：江苏人民出版社，1983。）

**【江苏省南京・咸丰四年】**又闻伪顶天侯欲上安庆，换伪翼王回省……至洋人之来，似非无意，而此番逆首待之甚傲，洋人一怒而去，似是约众船来斗。

（张继庚：《上向帅书五》。《张继庚遗稿》。《中国近代史资料丛刊：太平天国》，Ⅳ，第 772 页。中国史学会编，编者：向达、王重民等，上海：神州国光社，1952。）

**【1856 年】**我们所呼吁的，不是承认这中国的新政权之独立，彼开朝立国之辈[指洪秀全等]并不要求此大恩惠。他们所得见的基督教文明之先锋[指英法美诸国在华政客或海陆军]并不令他们尊敬。然而我们仍然恳请外国的代表们防止一再以武力介入此内战。若只从商务的观点看之，则这个进步党[太平军]之胜利，将令外人得有各种希望，而其失败却令外人损失甚大。压迫这革命运动，即是散播毁灭一切的无治状态的种子，推翻这个半基督教的政府，即可见到在各省区将有无穷期的革命。至终，和平实现之时，只剩下一片贫乏不堪荒瘠不毛的大地，而其所有人乃是抱守迷信与敌视外人者。

（《麦高文之通讯》，1856 年 10 月 1 日宁波发。《华北先驱》第 333 期，1856 年 12 月 13 日。简又文：《太平天国典制通考》中册，第 847 页。香港：简氏猛进书屋，1958。）

**【1860 年 7 月 28 日】**应该怎样对付这些人呢？究竟值得不值得，一年复一年，耐心地容忍他们的错谬，而同时为他们征收赋税、肃清海盗，或为他们当巡逻的警察呢？保护他们以敌对力求与我们为友的太平军，对于我们究竟是不是有利益呢？

必然的，经过由清吏所得的教训，我们与他们凌人的傲气相接愈少愈好。如在北方他们不肯接受我们的条件而切实履行之，则只留下我们可行的步骤：除非我们仍要支持一个已死了的与已颓萎的政府[指清廷]，惟有接受太平天国而让他们试一试。[按：须注意末语含意之微妙：反过来说，如清廷接受他们的条件——在枪炮压迫之下，那么，他们便要调转枪头来攻击太平军了。这正是后来的结果。]

（《华北先驱》第 522 期，1860 年 7 月 28 日社论。简又文：《太平天国典制通考》中册，第 925 页。香港：简氏猛进书屋，1958。）

**【江苏省上海县·1860年8月10日】**今日薄暮倏忽之间,潮头大起,洋泾浜各家纷纷躲避各洋商家,而西洋人亦多慌张。寓德记英兵酋前来,急要小船四五只,堵塞大王庙河道,各处防兵统加枪炮、药弹,一时声势惶极,究不知是何道理。即去访问,始识午刻有西洋人从苏而来,据云贼目言称,不日定到上海,已备轻舟四百号。各洋商你转我谣,英领事当集各处兵头及英商在公馆聚议,实亦浅见者多,纷纷不一。有说贼意无非欲踞城中,何不随其所欲,英法两兵撤防,免得开衅打仗。有说曷不分兵出外防堵,目下兵数不敷,各大洋商家出资招夷勇添数云云。幸得怡和东家大有主见,倡阻所议非理,宝顺东家随同附合,方得定论,悉照前办,如贼来犯,准行剿击,城中早竟允许已竖二国旗号,断难更改,况若此刻设防,是乃招之即来;即知在港兵船各兵,统为上岸,计数千百余名,[连前供给上船者,英兵有千七八百名,法兵五百,各船水手在外。]并将大炮车上。此乃七点钟光景,不知底细之人,一见愈觉生疑,是以惊惶到极。一面赶信北洋,速返兵船;一面催开后批加额英兵一万二千名[香港去信],不拘多寡,先赴上海添防,于途勿宜逗留。为此一闹,直到三鼓,稍得安静。深恐闻谣受惊,先行布呈,余容午间面禀。

(《杨坊致吴煦函》,1860年8月10日。《吴煦档案选编》,第一辑,第373页。太平天国历史博物馆,南京:江苏人民出版社,1983。)

**【江苏省上海县·1860年8月17日】**试问:在我们方面所有这些警报究有何意义?为什么要有这种种令人惊骇的准备——如建筑炮垒,组义勇军,在跑马场上扎营,在各街道上遍置障碍物等等?据说恐怕被太平军攻击是这些举动之原因。然而为什么我们要害怕太平军呢?他们已成为我们的敌人吗?如其是的,试问,怎么样的呢?直至最近,他们仍是我们的友人,——这是不容置辩的事实。凡有到过他们那里去的,无论其为商人或传教士,所有的证言,与夫他们对待外人的行为之一贯不变的仁惠及有礼,皆足为证。有一位曾到过那里的有言:"他们对待外人之感情分明是极为友善的性质。"他们似乎渴欲与外人发生关系[交接交通],兼深愿促进商务之利益。他们说,开放十八省与外人通商是他们所最喜欢的。他们说,凡外人无论何时经过他们的统治区域,一律得尊敬……来往购丝的船只,未尝被扰,亦未尝有畏惧之由。最近有两艘外船拖带十只丝船回沪,经过松江太平军的水师大队,也不见到他们任何的恶意之表示。由这种种事实看来,我们重复再问一句:这些人中间,究有什么足令我们害怕他们之处呢?有谁,或有什么东西,令他们转变而成为我们的敌人呢?我们坚信,这些举动[指种种军事警备]是在任何正义原则之下,不堪置辩,不能自解的,而一般有关者[指当局]将在常识与公道之法庭上必被裁判为有罪的。

无疑地,外军之踞守县城是弊害之根源。曾闻太平军一领袖的理解如下:"上海城是属于咸丰而非属于英人或法人的;既是如此,如有可能,我们当有权取之,为什么你们要介入干涉,说我们不能占有?为什么你们要协助满清而反对我们呢?我们对于你们怀有极仁爱的感情,而且已尽其所能以促进彼此间之和谐与善意。为什么你们以怒恨之心骄傲之态蔑视贱视我们呢?中立是你们所应采取的唯一的地位。然而你们的军人踞守上海城立意抵拒我们之占领,是否直接的与明显的违悖中立原则的呢?这样倒在我们敌人那一边而与他们并肩作战,你们分明成为我们的仇敌。你们不要害怕我们。你们的生命财产,皆得庄严神圣的尊重。如果你们想要的话,我们将明定军律不许一将一兵走入租界内;如有违犯此律踏过界限者,你们可自由囚禁、鞭笞,甚至杀死之。"

这样说法,岂不是很公道吗?我们愿知当局对此还有什么话可说。我们介入这完全与我们无关的事,究竟有何地下的或天上的理由呢?我们岂要为这些人民决定谁是他们的统治者么?我们岂要准备支持一个彻底腐化的——其内容朽烂至极行将崩溃的清朝么。我们岂准备消灭十八省内这个强有力的革命么?如其非也,则请勿疯狂至此——至要以不过暂时有效而实是薄弱的力量来抵抗这些人民——他们将来可从各方面滋扰我们,毁坏我们繁盛的商业,兼可于一旦没有英法兵力为后盾之时攻击我们的。

我们之作为,大足以延长这一争斗——这是转朝的争斗,为期愈久,人民受苦愈深——是合理的举动吗?此外,我们的动态是自相矛盾,——在上海则助清,同时在北方则与清廷作殊死战;亦是自贬国格——以英国国旗树立于城头上两条清军烂旗之间而为英国人所不忍见者,而且白白牺牲我们的壮丁以为道台服役,——这几点不堪提及也不必评论的了。[下段以英军之行动,比之华尔一军之为清方效力宗旨与政策相同,略。]

综观以上种种事实,则对于太平军对我们行为之愤怒,及其决定前来施行其固有之权[占领上海],我们将觉得诧异吗?如果我们决定为其敌人,将期望他们为我们的友人吗?假如额尔金爵士设身此地,在北方大沽炮台见俄人以二千兵代清军踞守而抵拒英军,将何以处此?英国政府岂不勃然大怒,要求解释与道歉吗?太平军对于他们的大事业之公道合理具有坚深的信仰,比之我们对于我们的事业之信心有过之无不及焉。他们可为自己所说的话当然多于我们。万一他们前来击败而且驱逐我们出租界[我相信这是无可能的事],那末,全部责任与罪过将不落在他们而落在这些致令他们变为我们的敌人者[指英法当局]——这些[当局]之作为皆为健全政策及寻常公道所谴责而以为一个伟大的基督教国家所不值得做的。我们不知道,亦不愿知道,外兵之踞守县城,是否受了[天主教]教士之影响有如人所坚称,然而我们知道大多数外侨受了整个星期的不宁与警报是受谁之赐,而且万一将来我们的家庭受枪击或身体受伤害之时,更要向谁致谢的……一八六〇年八月十七日发。

(《C的通讯》上,《华北先驱》第525期,1860年8月18日。简又文:《太平天国典制通考》中册,第926—928页。香港:简氏猛进书屋,1958。)

**【江苏省上海县·咸丰十年七月二十日】**瀚观今日兵勇之数既不敷,而天津抚局大定之后,西兵来者日众,似可派拨外出,并可拨发十余西兵常驻诸地,以作领队,训练火器,有事则西兵各率其所训之勇,首先冲突,而各勇则短衣窄袖,继而攻击,是所费少而收功广矣。瀚闻西兵自击贼之后,其头目各怀意见,领事及诸商谓丝、茶贸易皆在江浙,今悉为贼据,一与贼战,则势不能通,当俟其来而与之和。惟公使卜鲁斯独欲剿贼,谓贼所据之地,必无商贾往来,与之和好,亦无济于事,不如乘此有兵,帮同中国剿洗,则通商全局无碍矣。

瀚梼昧之见，是否有当，伏乞训示。瀚谨禀。七月二十日。

（《王瀚上吴煦禀》1860年9月7日。《吴煦档案选编》，第一辑，第410页。太平天国历史博物馆，南京：江苏人民出版社，1983。）

**【1860年9月11日】**无论英法联军在华北的行动[攻陷北京]对于世事有何种影响，最近在上海发生的事情大概将引出一种大伤害而为华北的[军事]成功所不会或不能补偿的，而且此事更有危险，因为其中有利益关系的[或感到兴味的]人们将被引导而至诽谤此革命运动，驯至将基督教的英国与天主教的法国联军在上海屠杀革命军之耻辱或至减轻了。由他处所报告的详情，可见革命军向上海之推进曾由联军与清廷的暴徒[或贱种]联合之直接干涉而遏止之，而且于致伤之外加以侮辱，及阻止对此举之怒潮——这怒潮即是真正的基督教的公论足以左右号令此项行动之政策者。有些人被劝诱以笔杆扫荡一般由枪炮射击下幸得保全的革命军，而描写他们之恶劣甚于信邪教的中国人。一自基督教的枪声回响，及其信邪教的盟军[清兵]斩完了已被杀死者尸骸之手足以报功邀赏之后，忽然发觉那些叛党都是亵渎神圣的逆贼[或歹徒]而且信三位一体的教义有如在英国及其他基督教国家中的神学院所教授者。一声号令既下，于是人人之要挽救联军之名誉者，立刻开始谴责革命军而加以亵渎神圣之罪，且藉以为联军之丑劣酷虐的残杀祝福。我们特别指出一位花牧师(Holmes)所撰的长篇，因篇幅过长，不便在本期录出，但纵能全录亦不适于登载。[编者按：花牧师原著节译载简又文著《太平天国典制通考》一书中的“宗教考”下篇拾肆之十。]虽然羞耻之心或致令许多人接受各种藉口之辞以宽恕对于半基督化的受害者[指太平军]之惨被非法的及凶酷的残杀——他们之来是求皈信[基督教]的，不是来送命的。然而我们相信也许有些人是以基督教位居国家民族之前，而革命军仍得有同情之人，纵使此同情心必须牵涉到指责那一种督促以枪炮扫射之或以笔杆扫荡之的政策……事实上，[联军]在上海已铸成愚笨而不可饶恕的大错，而且所有发表的文章都不能改变此大错，或洗刷而宽宥之。革命军之来并非宣告一种真纯的基督教；反之，凡有传教士之曾访问过他们的，甚至矢口毁谤他们者，在南京均得到他们厚善的款待，临别时又得到友善的馈赠。迨一归来，即在“华北先驱”上发表长达五栏肆口诽谤与谩骂的长文[指花牧师文]，证明革命军自承其宗教知识之不完全，而只是请求多派教师前去，使彼等得知适如在耶稣之内的真理[意谓耶稣所教的]。基督教的世界也许可以对各福音传教士之曾去访问过他们的高呼“羞耻啊！”——因其不从事教训他们，而只费了友善待遇的时间去吹求他们的错谬，事后又发表出来以使人之同情心变为反对他们的及洗刷代价取偿于他们的罪恶。

法国之厌恶此革命运动是自然的，因革命军得有圣经，而一本自由[读阅]的圣经可说是耶稣会[天主教会的一个传教机关]的教士所攻击最力的对象仅次于魔鬼而已。然而英国的荣誉、公道，及基督教的信奉，尽被沾污了，必须长久时间方可洗净。现有流行的传说，谓法人蛮横无理地坚决要根本毁灭革命军，而且主张直行进攻南京。[原文：这确是当其时曾经磋商的，见布鲁斯公使的报告书，但是从未实行，因为，如另一作者言“我们得闻革命军具有权力可能摧毁在上海的外国商务，但他们亦有权力可与此间的外国代表订立临时规则以防止外人商务之摧毁。”外人十分欣赏此点；是故一方面逐渐毁灭太平军，同时又假称中立。]……[结论云]……总而言之，上海事件等于六年前叶名琛屠杀粤人一事，恐怖达于整个文明世界，而其责任将归于自承为信奉基督教的国家，盖各国正是构成以上两事件之主因也。

革命军领袖辈之政治信条[纲领]，彰彰可见；凡吾人之所希望其能有者，彼等已尽有之。其所表现于文告及他种文字中者，有如下各条：

1. 中国人[指汉族]不是满洲人，应统治中国。的确，没有西方国家能说这是错误的。

2. 废除清朝一向闭关自守孤立排外的政策，而代之以自由政策，使中国得成为国际集会中之一员……

3. 自由接受他国的艺术与工业产品。

4. 与一切外人有仁爱友善的关系；藉着与外国自由交换其产品而发展本国的资源。

5. 外国各种机械技艺之改进与各种新发明，尽量输入本国。(简又文按：后三条皆见诸干王新著“资政新篇”，而一一为天王所亲笔裁可者。该著者所云，当是根据此书。)

我们没有时间与篇幅尽量发表他们全部的见解，但一般言之，在各革命领袖的政治信条中，自始至终，于中国各重要方面的传统观念皆有完全的[彻底的]革命，其所包涵之各款凡一般于自己国家之外兼顾念他国之幸福者，甚至对于外国关系只图获取自己的利益者，没有一人不表示热烈之同情的。

(录自《陆路记录》〈The Overland Register〉1860 年 9 月 11 日文章。简又文译文：《太平天国典制通考》中册，第 932—935 页。香港：简氏猛进书屋，1958。)

[编者按：呤唎《太平天国亲历记》亦引此文。]

**【1862 年 7 月—1863 年 3 月】**关于英国对中国进行干涉这一问题，已于上年 7 月 28 日在贵族院进行过冗长的辩论。罗塞尔勋爵(Lord Russell)曾在该院发表演说。我们认为，派遣军队来华一事，已在罗塞尔筹划之中。在对英国目前所拟遵循的方针加以阐明后，罗塞尔勋爵运用下述这句名言：“没有人能够说，太平军是否将使全中国完全受到蹂躏。果然如此，为要在中国建立一个政府，我们将被迫参加一次大战。”事情非常清楚，清军本身并不拥有足以阻止叛乱向前推进的能力，他们要这样做的唯一希望在于外援。而且除非外国给予这种援助，否则中国将毫无止境地陷入无政府状态之中。但我们却不认为有必要打一次“大战”。在现代战争的武器支援下，受过外人训练的华人小部队所已获得的胜利，足可证明少数由外人训练的军队，在反对成千上万没有受过外人训练的太平军时，能够做出什么事情来。我们已经采取步骤，要对恭亲王提供一支由我国最能干的军官指挥的海军舰队，但这支海军舰队如果得不到陆军部队的支援，它将不能达到消灭叛乱的巨大目的。我们需要一支陆军部队来和炮舰合作。而我们认为这两者都应置于皇帝支配之下，才说得上是聪明的(得)[决]策。毫无疑问，恭亲王将乐于借用一批印度军队来帮同作战。而且将以他同阿思本及其朋党所订契约为蓝本，对于印度军队也愿给以优厚的条件。只要有几团锡克兵和俾路支兵，加上一种优良的炮车，然后在得用的地方又有炮舰的

支持,我军便可横行全中国,能够到处赶跑在其面前的叛军。至于后方不忧叛军袭击的城镇,可以交与清军部队防守,相信他们是可以守得住的。

(《附:对太平军投书的反应》。《北华捷报》第 660 期,1863 年 3 月 21 日。《太平军在上海——〈北华捷报〉选译》,第 33—34 页。上海:上海人民出版社,1983。)

**【1862 年 10 月 27 日】**我觉得一个美国人统率外人训练的中国陆军,一个英国人则统率同性质的海军[区思本,事详后],是很公平的……所有外国在中国的利益都是相同的。我们本着合作精神精诚努力在东方加强文明的大事业。

蒲安臣

一八六二年十月二十七日自驻北京美国公使馆发。

(简又文:《太平天国典制通考》中册,第 1071 页。香港:简氏猛进书屋,1958。)

**【江苏省上海县 · 1863 年 1 月 31 日】**我们倘若自问一下以下这个问题:我们为什么要举行这许多次外交会议?而西方各个君主与共和国家又为什么要以战争的全副铠甲,对一个不愿同我们从事通商的国家横施压力呢?稍微思索一下,对于这个问题的答案是很明显的。因为这一切都是对外通商的结果。冒险进取的商人,首先来到中国,外交家与军人则继之于后。倘若商人不先在这个国家立定脚跟,联军的陆军与舰队大致永远不会开到这个国家的海岸来。因此,对侨民社会每一部分人来说,他们的兴趣主要在于贸易是否趋于繁盛,以及为维持与保护商业繁盛所使用的力量是否归于无效。

(《外国商业与航运在中国的发展》,《北华捷报》第 653 期,1863 年 1 月 31 日。《太平军在上海——〈北华捷报〉选译》,第 464—465 页。上海:上海人民出版社,1983。)

## 第三节

# 清政府阻拦外国商人与太平军的贸易



### 一、清政府想以互市之利为由，诱外国与之合作

**【江苏省·咸丰三年正月】** 月杪，直逼金陵，制军陆建瀛退入城，抚军杨文定退守镇江，奏请着兵备道借商船同守，以为水陆要隘防堵。其实乞借英夷兵船协助，白茆口见陆续向上行驶多只。

（柯悟迟：《漏网喁鱼集》，第16—17页。北京：中华书局，1959。）

**【江苏省上海县·咸丰三年二月】** 在革命之前，人心都是动摇不定的。我们很了解大部分人民真正同情的并不是满洲皇帝。统治者深知民心涣散，并不想鼓励国民的野蛮的爱国心，像对英战争时那样，而想乞求外援。咸丰和西班牙国王斐迪南一样，请求外国人来稳定他的皇位。这个亚洲的古老专制国家向英国和美国企求慷慨的援助。下面是上海道台给基督教国家驻在中国为欧洲人所开商埠的代表求援的信：

钦加按察使江南苏松太兵备道吴为照会事：

本道顷奉抚宪批示。前禀曾谓贵国战船尚未抵沪，可望于本月初旬到达。并谓仅有大英战船一艘，恐难供剿灭叛匪之用。案奉抚宪复批内开：

现叛匪已抵九江、安庆，所过之处骚扰不堪。长江两岸商埠城市所泊商船悉沦贼手。叛匪虽为湖南、江西大军痛剿，其主力则利用船只奋力东下。我军已于数处堵截，惟江面宽广，实难全部遏制。我大军由各处陆路开来，不能立刻会合，我战船又不能逼近匪船，阻其前进，以是逆匪愈形凶顽。上海道所派洋兵，虽数获小胜，然人数过少，未足御敌，以是贼船已抵南京城下，南京形势危急。倘我军不于初至时立即出击，则寇势蔓延，更难为力。该道其再与各国领事商议，即刻要求将现泊上海之战船开出击贼，然后要求将陆续开到之战船会合剿灭叛匪，如是则中国之可恨逆贼可告肃清矣。如诸领事允诺照办，不惟皇上深为嘉许，即官民人等亦深感谢；迨共享太平之时，则可各收互市之利，无有阻碍。若必待大军东下，会歼顽寇，当此危急之际，实属过晚。故仰该道火速办理，实深企盼。余拟即将致书各国全权钦差等因。奉此窃查湖南、湖北、江西、安徽、江南各省，均与上海有商务往来；然广西叛匪窜扰湖南，今方一年。兹又侵入湖北汉口与其他商务要地，混乱异常，商民辍

市，不敢营业。现逆匪沿江东下，意欲进扰南京，若不立予制止，商务将同归于尽矣。

遵奉抚宪批示，理应照会贵领事，仰祈鉴察，允将抵沪战船会同驻沪护港战船，立即开往南京，与该地洋兵联合进剿逆匪，以副民望而利商务。并请贵领事函促待命战船速即开到，陆续上驶南京，扫荡逆匪，使之绝迹天壤，举国太平。中国官民当深感阁下，本道亦将感佩之至。祈即火速办理。须至照会者。

咸丰三年二月初七日。

（据英文回译）

（[法]加勒利、伊凡原著，徐健竹译：《太平天国初期纪事》，第112—113页。上海：上海古籍出版社，1982。）

**【江苏省上海县·1853年3月11日】**江苏巡抚经令上海道台向[英国]阿尔考领事请求停泊上海口岸之兵船予以协助。

（《英国政府蓝皮书中之太平天国史料》。《中国近代史资料丛刊：太平天国》，Ⅵ，第882页。中国史学会编，编者：向达、王重民等，上海：神州国光社，1952。）

**【江苏省上海县·1853年3月】**自我到上海后[3月21日到]，有一家美国大商行曾派商船一只赴南京。本埠美国副领事即为该商行股东之一。竟有人言该商行实系将商船租与道台，每月收租价若干，派往混乱战区，藉以增加官军之势力而恐吓叛党……近来彼[上海道台，从前之行商]甚为活动，数日前又买了外国船一二艘，另有一艘正置备武装，将派往南京协助其政府。

（《濮亨致罗塞尔之报告书》，1853年3月28日自上海发。曹墅居译、简又文校：《英国政府蓝皮书中之太平天国史料》。《中国近代史资料丛刊：太平天国》，Ⅵ，第883页。中国史学会编，编者：向达、王重民等，上海：神州国光社，1952。）

**【江苏省·咸丰三年三月】**官绅会议，乞援于英夷协助。窃思该夷果能杀贼立功，不知奖其爵位抑分割土地耶？况彼早包藏祸心，兴贩鸦片，流毒已深，前经林则徐逐禁，俯首焚缴，因居心叵测，窜流沿江七省，林则徐大张国威兜剿，又琦善主和议，即贬林则徐爵拟罪，于是英夷占据上海、宁波、天津等处，大兴土木，肆无忌惮，今竟乞援，其大吏之筹划，不问可知矣。

（柯悟迟：《漏网喁鱼集》，第18页。北京：中华书局，1959。）

**【1853年】**清朝官吏深信，若是基督教徒仍对战争采取袖手旁观的态度，清朝将要灭亡。所以在叛军看来，他们很久就打算与外人妥协，现在他们利用商业的厚利，已经达到一部分目的。我们已经说过，上海道台曾经招募许多澳门雇佣兵，隶属于他的黄旗麾之下；并且从一家美国公司购置了一只船。这是一艘旧邮船，各叫赛因斯号[Science]，属于旗昌洋行[The Firm of Russell]，并不是出卖而只是租给清朝官员，每月索租金五万元！

当这只旧船驶入扬子江向南京进发时，道台的密探们便设法使叛军知道，外国侨民已经在帮助帝国政府。叛军营中立刻大起骚动，对夷人大肆恫吓，立誓要对这放弃中立的行动加以报复——中立政策本来是对外国人最适宜的政策。

（[法] 加勒利、伊凡原著，徐健竹译：《太平天国初期纪事》，第 146 页。上海：上海古籍出版社，1982。）

**【1853 年】**有两件事毫无疑问地可以断定，即是：一，叛军已到南京城下；二，形势危急异常，接近出事地点的中国政府人员，虽然厌恶欧洲人，结果却不得不请求他们帮助。

（[法] 加勒利、伊凡原著，徐健竹译：《太平天国初期纪事》，第 131 页。上海：上海古籍出版社，1982。）

**【江苏省·咸丰十年】**贼既连陷苏州、无锡、江阴，溃勇陆续由福山奔常熟，贼亦有窥伺常熟意。苏常各属绅士，先期赴各乡激励民团……贼复与上海夷人约，入上海城无相犯，上海亦迁徙一空……[何]桂清日与[薛]焕[查]文经谋以严防北窜为名，旋约夷人攻复苏州，许以事成后，自苏达汉，任设夷馆，夷人方怀观望，而桂清已由八百里驰奏矣。

（佚名：《东南纪略》。《中国近代史资料丛刊：太平天国》，Ⅴ，第 236—237 页。中国史学会编，编者：向达、王重民等，上海：神州国光社，1952。）

**【江苏省南京·1863 年 7 月】**官兵现已近逼金陵城下，长江一线肃清；若能断贼接济，金陵指日可复。惟外国商船在金陵城外停泊，查有接济贼匪情事。

（《奕䜣照会蒲安臣》，癸亥年六月初八日。朱士嘉辑：《清美政府勾结的几个文件》。《太平天国资料》，第 238 页。北京：科学出版社，1959。）

**【1864 年】**太平天国几有十四年之历史，不引外援而征服了全国版面之大半。如其不被外国所反对，则清廷必被其倾覆无疑。因对外贸易关系必要停止内战，故引用外援。其实，太平军之灭，是外人之功，但其功劳总不被承认。

（晏玛太著，简又文译：《太平军纪事（讲词）》。《中国近代史资料丛刊：太平天国》，Ⅵ，第 942 页。中国史学会编，编者：向达、王重民等，上海：神州国光社，1952。）

## 二、清政府想断绝外国商人与太平军的贸易

**【江苏省上海县·1860 年 9 月 1 日】**照会英领事密

为照会事：

案奉钦差大臣薛[焕]札准江北帮办军务李[若珠]来咨，以六月二十一日酉刻，有外国船一只，经过瓜(州)[洲]江面，系英国旗号，当派都司黄正荣往询。有贵国人二名，外国水手数名，宁波人十余名。问其来历，云自上海驶来，系奉贵国钦差使臣委令，察看江面，并

无货物。该都司意欲查船，外国人不许，仅出示付与镇江元戎小书一封，仍即收回，又将耶稣书三本送与黄正荣，当经黄都司界告以前途系属贼界，不可上驶。据云，不到贼境，只看江面，二三日仍即回来等语。随即开船而去。迄今数日，未见返棹。所付镇江元戎之书，亦不知递交何处。应请照会饬查等情，札饬照会查复等因。奉此，查贵国钦差大臣曾否遣外国人到镇江一带查看江面？该外国人所持镇江元戎之书，究未知递交何人？有无冒名影射，擅入南京贼营之处，理合备文照会。为此照会贵领事，请烦转禀贵国钦差大臣，查明有无遣船到镇江查看江面，投递书信之事？克日示复，以便转报。幸勿稽延，望速施行，须至照会者。七月十六。

（《吴煦为查询开往镇江英船各情致密迪乐照会（底稿）》，1860年9月1日。《吴煦档案选编》，第一辑，第103—104页。太平天国历史博物馆，南京：江苏人民出版社，1983。）

［编者按：清政府为禁止外国商人与太平天国贸易，多次给外国驻华使节照会。］

**【1860年9月1日】**照会英、法、美国领事密、伊、士觅

七月十六日速缮专投

为照会事：

照得粤逆窃踞苏州，四出窜扰，所到之处，民不聊生。前者闻有外国人与贼交易往还，并有运售枪炮情事，苦无禁阻之策。近访得又有外国商人广运枪炮火药，赴苏售卖，使该逆多得军火，于剿捕大有关碍，因思外国人违犯禁约，中国员役兵勇，与之言语不通，往往禁阻不力。本司再四筹划，必得另设良法，妥为拦截。兹拟此后正经洋商，如赴嘉、湖一带买丝等事，均令先赴新关，报明人数，请给路票。本司即于赴苏各要隘预设巡船，各派员役，仍每处另邀外国人二名，帮同稽查过往船只，验明路票，查无夹带，立刻放行，断不致稍有耽搁。其有未请路票之外国人，擅赴内地或竟私运枪炮火药者，立即押回，交与各本国领事查办，货物入官充公。如此设法盘查，或可稍为禁绝。是否可行，合亟先行奉商，为此照会贵领事，请烦转报贵国钦差大臣，俯加裁定，即日示复遵办，益纫厚情于无既。须至照会者。

（《吴煦为查禁军火济贼致密迪乐伊担士觅威良照会（底稿）》，1860年9月1日。《吴煦档案选编》，第一辑，第104—105页。太平天国历史博物馆，南京：江苏人民出版社，1983。）

**【1861年7月】**照录给英国照会底稿

为照会事：

查条约第十款内载，长江上下游均有贼匪，俟地方平靖，准将三口为通商之区等语。旋于上年十月准贵大臣照会，现拟汉口、九江先行开商，倘私卖军器等物，即将货物入官，并驱逐该船出口，不准在江面贸易，经本爵复准在案。嗣经上海钦差大臣薛［焕］与贵国巴［夏礼］参赞会议，暂订章程十款。其第十款内载：以上各章程，应悬除添改，随时会同酌议等语。查原定条约，因长江地方尚未平靖，故暂缓通商，嗣接贵大臣照会谆谆，以汉口、

九江先行开商为请，并虑及奸商接济贼匪，不准以军器为生理，办理本为公平，本爵是以通融办理，暂准通商，以期中外商人均沾利益，永敦和好。

本年六月间，准贵大臣照会内称，洋船到安庆起货一事，所报非实，现已出示晓谕各该处英民知悉，凡官兵相围之地，如有私欲相通之人，被官兵枪炮伤害，本大臣必不听禀等语。足见贵大臣防范甚严。凡中国有贼处所，洋船自不至前往有运货济匪情事，乃兹准湖广总督咨呈内开，内地奸商附载轮船，又买民船附益，插有贵国旗号，沿江直下，并不完税纳厘，并有奸商贪利济匪，凡往来之船，每停泊于黄州、安庆贼踞之地，将钢、铁、油、麻、米粮重价卖与贼匪，济其困乏，并由汉口购买木植，展转卖与贼中，使贼得造成战舰，以抗我师。地方不靖，亦与贵国通商事务有碍等因，本爵据此，不能不照会贵大臣一体立法禁止。

查八年所定税则，凡违禁货物，如火药、弹子、炮位、鸟枪一切军器及内地食盐，不准贩运进出口，又铜钱不准运出外国，又硝磺、白铅不准带入长江并各内港，亦不准代华商护送，均载在税则，为通商各口所不准买卖之货，又税则第十条内载，长江如何严防偷漏之处，任中国设法筹办。此次长江一带军务未经肃清，先行通商，自未能与别海口相同，而在别口违禁货物之外，另有数件不便允准任便贩运。除此等物件之外，其余无关军需之货，均可照章程贩运纳税。兹将上海暂订章程内所应添改之处，一一注明送阅，即希贵大臣示知长江各商遵照。倘商船不肯遵行，则贼匪得有接济，势更蔓延，于中国军务、饷需实有不便。而军营将士不能平贼，必谓本爵办理不善，本爵更无别法，只好仍按照条约暂缓通商，于镇江一带禁止商船入江，俟地方平靖，再行办理。相应照会贵大臣查照札复可也。须至照会者。

（《奕䜣为禁洋船接济贼匪致卜鲁斯照会（底稿）》，1861 年 7 月。《吴煦档案选编》，第一辑，第 106—108 页。太平天国历史博物馆，南京：江苏人民出版社，1983。）

**【浙江省绍兴·咸丰十一年】**又云：宁波之失，夷人招长毛来也。初浙抚及宁绍道送银若干万与夷人，令其保宁、绍两府，夷许保宁波而不保绍兴。

（沈梓：《避寇日记》。《太平天国史料丛编简辑》，第四册，第 116 页。太平天国历史博物馆，北京：中华书局，1962。）

**【长江流域·同治元年】**二月初二日，乙卯，晴。写士良观察信，即发。写弢甫信，又内子信。内江通商始末：庚申年和议成，按照戊午所定条约，内江各口通商，俟贼平后听其拣择，不逾三口。嗣于本年十月，英公使卜鲁斯再三欲先行通商，经总理衙门允准，由上海五口钦差薛与该国参赞巴夏里议定，暂订章程十条。嗣于辛酉年春、夏，叠因该国商人运木植、油麻等物济匪，又在安庆、黄州有贼处所停泊，经总理衙门将原例添为一十六款，增设防范，照会英国公使，并声言若不能照允，则内江通商一层，只可按照原约，事平再议云云。英公使卜照覆允准。又将新议改为内江暂定章程十二条，各口通商洋土货出入通共章程五条，及出示晓谕英商，其示文意义与总理衙门所订略同。方议此时，法、美二国不肯随同会议。总理衙门具奏，向来各国通商，俱以英国作主，余国从之。此次会议，既英国允从，即可作为定准云云。故暂定各文牍，并无法、美与闻字样。

（赵烈文：《能静居士日记》。《太平天国史料丛编简辑》，第三册，第224页。太平天国历史博物馆，北京：中华书局，1962。）

**【江苏省·同治元年二月】** 十七日，庚午，阴。阅楚督官帅奏稿，签注竟，送呈帅署，交巡捕桂君，有回片。识善后局徐君季恒[树剑]、总查委员刘君晴轩[星炳]。洪君琴西、吴君缵先来。揆帅见示官节相奏稿，命为签注其不妥处，末后复识数语，详查历来通商税法，总以勒存洋船船牌作为征收把握，可见洋船若无船牌，即难行驶各埠。再查内江新例，必须以船牌换取江照，而入江之船如查无江照，即可将船货一并入官。是节节关防，本为严密。洋船不绕上海，而径入长江，则无江照；不绕上海而径出长江，则无船牌。上游若能令其呈照验查，自不虑其偷漏。至于税饷之收，于彼于此，更何分别。今观此件所言，各洋商赴鄂并不呈单报验，则长江以内，洵属漫无稽考，其势不得不争。且按原例第四、第七二条中间，亦多矛盾，理宜详求划一。现在既已申明，到鄂、到浔呈照盘查一节，及请将七条删改，则大局已有防闲，不至如前散漫。至欲各关收税不归上海，则其中不便之处尚多。一则外洋货物名色、件数、斤两俱与中国不同，验税员役，上游无此熟手。一则粤、沪各关向延洋人查税，其俸薪有多至万余金一年及数千金一年者，今增数关，饷未必多，而费不可少。一则新与定议，复为变改，示人以不信。一则沪、鄂地异，同为王土，必欲移彼就此，似于畛域未除，亦足贻外邦口实。审观恭邸所定内江各款，意重防江，而不重征税。盖以一入长江，半皆贼境，若不立为门户，则其为行商，为济匪，无可区分。故设立上海请照一层，而江照、军械照、油麻铜铁一切验照，至为审密。既在上海请照，则税归上海完清再给，其法亦简绝而顺当。今但使入江船只有可稽查，又何必定言移税耶？至于入内之税单运照，须限制省分及转运土货之税当归江口各关，均近情理，未尝不可行也。

（赵烈文：《能静居士日记》。《太平天国史料丛编简辑》，第三册，第226—227页。太平天国历史博物馆，北京：中华书局，1962。）

## 第四节

# 外国商人与太平军占领区交易的商品种类



### 一、生丝

**【江苏省·1852—1865年】**西方国家干涉太平革命的理由只有一个——商业。但这不是说太平军干涉了西方诸国的合法商业。J·理雅各博士,英国有名的中国通,曾经这样说:"太平军有没有毁坏英国人的财产而拒绝赔偿损失?他们有没有和我们签订条约而故意不遵约?他们有没有威胁阻止我们的商务或者有没有为这个目的而制定任何法令呢?我没有听到在这些方面指责太平军的任何事件……"

有人说,由于太平军蹂躏江苏的农业区域,因而摧毁了茶丝商业。这样的诋毁,是没有统计数字作根据的。自一八五三年太平军占领南京以来,他们获得扬子江下游的大块产丝区域。一八五三年以前的十年中,中国的生丝出口,每年平均在一六,〇〇〇包至二五,〇〇〇包之间。一八五三年的出口为二五,五七一包。一八五四年即陡增至六一,九八四包。一八六〇—六一年间太平军占领苏州后,事实上握有整个产丝区域,丝的出口为六九,一三七包。次年,增至八八,七五四包。一八六二—六三年,太平军占领产丝区域的最后一年,丝的出口为八三,二六四包。一八六三年清朝军队占领苏州后,丝的出口降为四六,八六三包。一八六四—六五年,太平军完全被打败的年代,丝的出口,更降落为四一,一二八包。

茶的情况,比较稳定。其出口年复一年正常地扩大。一八五二—五三年,出口为七二,九〇〇,〇〇〇磅。一八五三年,太平军定都南京的一年,出口为七七,二一〇,〇〇〇磅。一八五四—五五年,为八六,五〇〇,〇〇〇磅。一八六〇—六一年为八七,二二〇,七五四磅。一八六一—六二,增至一〇七,三五一,六四九磅。一八六二年又继增至一一八,六九二,一三八磅。清帝国收复这些地区后,出口并没有增加。一八六三—六四年,出口为一一九,六八九,二三八磅。一八六四—六五年,出口为一二一,二三六,八七〇磅。这些数字,并没有证明太平军的统治使商业受到摧残。奇迹反而是太平军一面从事于生死斗争,一面还能够如此扩展其商业。

(H.Cachill: *A Yankee Adventurer*, pp.279—281。转引自彭泽益编:《中国近代手工业史资料》,第一卷,第543—544页。北京:三联书店,1957。)

**【江苏省、浙江省·1860—1863年】**单就生丝这一项商品而言,上海在过去三年内的出口额,已经降低约一万八千包。从1860年7月1日到1861年3月5日,生丝出口的整数为七万一千包。1861年7月1日到1862年3月5日的出口数为五万六千包。而自1862年7月1日到1863年3月5日则为六万二千包。照这样计算,生丝出口数量显然只下降九千包。但在1862年到1863年的出口数中包括日本生丝一万四千包,而前一年日本生丝只有五千包,故中国生丝的下降数应为一万八千包。在估计1860年至1861年出口数字时,我们还不大明白其中包含的日本生丝数量究有多大,但假定那年的日本生丝数量并不超过下一年度的数字,那我们仍然得出一万八千包这个数字。由于内地出产的各种产品的市场日益扩大,这在安定的时期,自将刺激生产者将更多的供应品运到上海来。就江苏、浙江这两个省份消费情形而言,我国的进口贸易也遭到严重的损害,而素来大量吸收各种货品的苏州,现在已对我们全部封闭起来。

(《附:对太平军投书的反映》。《北华捷报》第660期,1863年3月21日。《太平军在上海——〈北华捷报〉选译》,第33页。上海:上海人民出版社,1983。)

**【江苏省上海县·1861年】**有船十六只,满载丝货及蚕茧,各有欧人驾管,而是属于上海欧人商行者,经过距上海或黄浦江上游不远的Loo, Chee天朝税关。各船到关,货物照例抽收薄税——每捆丝课银四元。

(简又文译文,《太平天国典制通考》中册,第966—967页。)

**【浙江省湖州·咸丰十一年】**贼伪作官军之败绩者入镇,群不疑。俄呼杀妖,仓猝不知所为。焚民房十之二三,掠取湖丝亿万两,装载七十余船。是时蚕丝云集市肆,外夷来负贩者亦集于此。又夺油车中豆菜油数百瓮,民间衣物称是。乘势将攻城,适郡中发遣千余人迎击,又琏市新撤戍兵亦鼓噪而上,中间荻港民勇要路堵截,相遇于双堂子漾,前后受敌,僚天福不能持,遂麾旗令众贼沉其丝斤、油物于河,船身既轻,易于推挽,冲出重围扬去,犹留丝斤二十余船。盖暴殄天物又不知几千万矣。

(佚名:《寇难琐记》卷二,手抄本。南京大学历史系太平天国史研究室编《江浙豫皖太平天国史料选编》,第174页。南京:江苏人民出版社,1983。)

**【江苏省上海县·1862年初】**时上海大包围之势已成,附近清军四五万人已尽溃散。[城内尚有八千人。]据狄支沙言,太平军战略似不采急攻之策,惟密围上海,以俟其粮绝。于四郊乡村则尽行占领以断绝上海之接济。本地工业亦尽停止。在丝产区,桑树多被斩伐以为薪,丝产区有被毁者。运丝至沪之商船则被扣留勒赎巨金,故在[一八六一年至]一八六二年间,丝货出口跌至一万四千捆。茶业亦停顿。宁波失守后,上海来源又绝。上海租界内,人心惶惶,时恐“长毛”之袭击。一次,南京路上忽盛传太平军已由静安寺拥来,于是大群中国人惊骇奔走,共趋黄浦江边,有些堕水溺毙,又有妇孺被践踏而死者。四郊乡民亦有到沪求援者,沪方自保不暇,无能为力也。[以上参考狄支沙氏书第123—124页。]

[“郭志”第 855 页载南汇川沙绅士三十一人致书英司令何伯及领事麦华陀乞援。]

（简又文：《太平天国典制通考》中册，第 1009 页。香港：简氏猛进书屋，1958。）

**【安徽省芜湖县龙江关·同治元年元月】**何伯报告另一性质相同之事件[日期未详]云：

当其时，他们在芜湖[按：天朝于此设立“龙江关”。]停止有些英国木船，卒扣留两艘，[后为“朋沙”号 Bouncer 军舰所援释。]要求纳税二千两。他们[天朝]在其占领区内对一切来往商船征收薄税，原是在我们的原本协定中所许可的。但他们同时明白知道，我已在南京停泊军舰一艘，其明显的宗旨是使英国船只享有完全自由航行长江之权，防止太平军干预商船之需要所以发生，殆由于一经他们迫缴税款之后，非经严重的冲突不能追回，而这是不能实施的。若在清朝方面，则补偿费终可经由公使向北京清廷交涉而追得之。[载林利原著第 420 页脚注。]

同治元年元月十六日[公历一八六二年二月十四日]，英商费氏公司——[Fletcher & Co.]货船一艘，由汉口驶回上海，在福山之西为太平军所扣留[大概亦因为偷关漏税之故]。何伯即遣韦尔士[Willes]舰长率三炮船强行将其夺回，并毁太平军船五只。[上见“郭志”第 859 页]

（简又文：《太平天国典制通考》中册，第 967—968 页。香港：简氏猛进书屋，1958。）

**【浙江省湖州南浔镇·同治元年五月至三年七月】**产丝重镇南浔镇之太平天国政府，派枪船沿途保护，使本地丝货晏然出境。

（《南浔志》卷四五《大事记》四，第 6 页。）

**【1863 年 1 月 31 日】**茶叶而外，生丝的生产与出口构成中国对外贸易另一个重要部门。这项商品在季节开始时价格很高，而且正是因为它的价格高，商人才急于将生丝的收成运出遭受叛军骚扰的危险地区，这自然使运到市场的生丝多而且快，以至市场存货充斥，并使开市时的生丝价格略趋下降。在生丝季节过去一个时期后，大家对这年生丝收成是一个小年的预计得到证实，市场情形因告恢复。后来由于生丝货源缺乏的情形日益显著，丝价因即逐步回升，等到当年年终，它竟达到极高的标准。

在整个生丝季节中，叛军对生丝的运输，很少加以干扰，而在某些地区，他们似乎还急于扶植这种贸易，因为他们可以从这种贸易中得到一笔可观的税收。然而无容怀疑，由于叛军在极其重要的时刻到达产丝的地区，他们确曾严重地干扰生丝的收集工作，而且大体上正是由于这个原因，去年年终生丝市场货源缺乏的情形才得到说明。

（《外国商业与航运在中国的发展》。《北华捷报》第 653 期，1863 年 1 月 31 日，《太平军在上海——〈北华捷报〉选译》，第 472 页。上海：上海人民出版社，1983。）

**【江苏省上海县·1863 年 3 月】**你们虽然拒绝我们，不让我们进入上海或宁波，但我们没有试图干扰你们。你们的商人仍然派人带钱到我们这里收购生丝，我们也把生丝卖给他们。倘若我们将这些商人杀掉，并窃取他们的金钱，那么，贵国便有正当理由来和我们打仗。但是直到如今，为了满足你们的需要，我们既然做到一切，那你们为什么要派军官来反对我们呢？记者先生，我知道你们对我们具有一种错误的印象，故尔反对我们，但你们曾经宣布过，你们虽然放弃中立，还要保持公正。

（《太平天国第二次投书》。《北华捷报》第658期，1863年3月7日。《太平军在上海——〈北华捷报〉选译》，第26页。上海：上海人民出版社，1983。）

**【浙江省桐乡县・同治二年五月八日】**故丝帮皆用轮船出进。

（沈梓：《避寇日记》。《太平天国史料丛编简辑》，第四册，第257页。太平天国历史博物馆，北京：中华书局，1962。）

**【浙江省・同治二年】**有桑无蚕，有蚕无具，有具无食，男既废耕，女亦废织。

共道新丝足救贫，那知蚕具遭兵尽。坐见桑芽日日青，小姑无事空愁窘……四月不成茧，五月不成绸，况复厨娘告炊断，蚕不愁饥人自愁。

（许瑶光：《雪门诗草》卷六《饲蚕愁》。）

**【江苏省上海县・1864年6月20日】**马迦[John Major]刚从产丝区域收茧回来，大为失败，天蚕全部失收……原来春天叛军自产丝区域撤退前烧掉了房屋，正当蚕的头眠和成茧的时期天气太冷，下雨，又起暴风……因此不到做茧便会死去。

（《1864年6月20日开斯维克致香港什希佛尔》。严中平译：《怡和书简选》。北京太平天国历史研究会编：《太平天国史译丛》，第一辑，北京：中华书局，1981。）

## 二、茶叶

**【浙江省桐庐县、严州・咸丰十一年】**斯时，严州已失，予等船只停泊窄溪。有鬼子二位，同广东人另雇小舟先赴桐庐、严州，与该逆说明：外国人系来通商，乞借通路赴徽[徽州]运茶，该逆先准，并给贼旗三面。于是夷人、广人欣然而回，将该船一同运上。踞桐庐者，黄天福也。踞严州者，伪侍王[李世贤]也。

（《介夫年谱》。《安徽史学通讯》1957年第1期，第30页。）

**【浙江省绍兴县・同治元年】**会二月间有夷商赴绍兴平水镇设立茶庄，偕伴三人，贼欺其寡，尽杀之，夺其资财。有耶稣教牧师往绍，亦受贼之所创。由是相忤，屡寻其隙。贼亦早自为计，防守严密。

（柯超：《辛壬琐记》。《太平天国资料》，第182页。北京：科学出版社，1959。）

**【汉口、上海·1861—1862 年】**茶叶市场所受俄国修改关税的重大影响

由于俄国在关税制度上作出修改,使茶叶得以经过俄国的海口而进入那个国家,其价格既足与陆路上输入俄国的茶叶相竞争,且终将消灭陆上这项贸易。这一改变对英国茶叶市场,特别是宜于在该市场推销的红茶,是一个巨大的刺激。投机商人纷纷活跃起来,他们以比过去五年为高的价格买进优质茶叶。大家认为销售中国出产的这种茶叶的前景,是极足令人鼓舞的,因为据某些人估计,俄国每年消费量约为三千万磅。这些使人兴奋的消息,是当新的茶叶季节开始前在中国收到的,外国商人因此派出很多华人经理,到各地山区设立行庄,以便收购茶叶。外国行庄之间发生竞争,与前一年同一时期相比,茶叶价格迅速增涨,足足涨了百分之五十。

茶叶市场于去年 5 月底在汉口开始,最优等的茶叶每担值纹银三十六两。大量茶叶不断从产区运到市场,而在茶叶季节过去相当时候以后,茶叶质量虽然较差,但仍能充分维持开市时的价格。到 11 月初,茶叶出口增加的情形真是惊人,以致引起外国商人的注意,从而对茶叶的需求趋于停滞。这种情形之所以发生,无疑是由于茶叶价格很高,茶叶商人能够从中猎取巨额利润,于是尽量将茶叶运到市场。由 11 月到年终,此项买卖主要是用以货易货方式进行结算,即以茶叶换回进口的制成品。

茶叶季节结束时市场的衰退

由于每一艘从欧洲开到的邮船,都为我们带来关于欧洲市场不利的消息,而且由于俄国所将吸收茶叶的种类与数量也变化无常,故在去年 12 月底,市场对茶叶的需求几乎完全停止,除非价格比过去下降,买户是不会出面购进的。在茶叶季节当中,许多茶叶商人大都愿意将茶叶运至上海。出口情况起初很好,但后来由邮船从英国带来的消息一次不如一次,商人们不得不将茶叶售出以套回现款,而他们也不能再用以货易货办法使自己的货物脱手。由于这个原因,到去年年底,也就是茶叶季节快要结束的时候,上海方面的茶叶市场,竟比扬子江上同茶区最为接近的通商口岸汉口的茶价为贱。

绿茶市场的涨落不定

去年年初,绿茶曾照最高价格成交大宗买卖,它主要是运往美国市场销售的,但自收到关于特兰特事件消息后,绿茶即无人过问,每担价格差不多下降三两。整个春季期间内,茶叶市场的情形都甚疲敝,直到新茶上市,价格都没有变化。由于大家指望茶叶,特别是优质茶叶的供应量将会缺乏,茶叶价格将逐步回升,故在去年年终时,茶叶价格比起同季度最低点来,回升七两。到 12 月 31 日止的这一季度,或说六个月期间,各种茶叶出口总数为八千五百九十四万一千零七十三磅,而估计 1862 年至 1863 年十二个月的出口数应为一亿二千万磅。同过去出口数字相比,1861 年至 1862 年十一个月间的出口为九千八百九十八万九千六百二十二磅,1860 年至 1861 年十二个月为九千零六万六千一百六十磅,1859 年至 1860 年十二个月为八千五百五十六万零四百五十二磅,1858 年至 1859 年十二个月为六千五百七十八万零七百九十二磅。

(《外国商业与航运在中国的发展》。《北华捷报》第 653 期,1863 年 1 月 31 日。《太平军在上海——〈北华捷报〉选译》,第 469—471 页。上海:上海人民出版社,1983。)

## 三、军火、轮船

**【浙江省宁波、江苏省上海县·咸丰三年十月二十一日】**两江总督怡良、巡抚许乃钊奏：苏松太道吴健彰禀称，盘获宁波钓船一只，内有夷人三名，洋剑一把，洋枪六十杆，洋刀四十把，洋硝一包，火药一缸。并在夷人身上搜出夷书一封，上有"真命太平天国"等字样，当即拆阅，查系噗咭唎奸商嘞纳吐致镇江逆酋罗大纲一书。讯据船户王阿莫等供称，系英人雇装兵器至镇江卖给贼匪者。在后尚有一船，装载洋枪一百四十杆，洋刀六十把，及洋硝火药等物。

（《咸丰朝筹办夷务始末》卷七，第2—3页。）

**【江苏省·1853年】**贼[指太平军]踞城[南京]之踰月，有洋艘二，自海道泊下关。贼始疑是大兵之借援者。继侦知其为上海之领事，舟中所带皆洋枪火药，以通贸易为词。该逆延之入城，联教通款。是年八月，上海刘丽川之变，领事通焉。复藉贸易，遣舟赴江宁为寄书于杨逆[杨秀清]。行至镇江，被官兵巡船拿获，由制使咨照粤东查办。卒以内患未平，遂寝其事。其三月曾至江宁，则其寄该逆书中自道之。具详江督咨照中。

（夏燮：《粤氛纪事》第四卷。）

**【1853年】**英国与太平军在1853年有秘密的走私贸易，主要是出售军火，获得暴利，例如火药一桶，向来卖价是洋银三元，1853年冬季，却涨到二十五六元了。

（蒋孟引文。《文史》，第一辑，第75页。）

**【1854年6月】**由外人罗者从南京出来时说，后美国各港口查无此事。《蒲安臣照会奕訢》同治元年九月初三："本大人[蒲]到中华至今一向禁阻其事。"照会中还暗示卖军器给太平军的乃是清官吏从海关货栈中走漏给太平军。

（蒋孟引：《1854年6月太平天国东王答复英国人三十一条并责问五十条诰谕》。《文史》，第一辑，第233—234页。1962年10月。）

**【香港·1855年】**[香港政府在1855年禁止起义的中国人民在香港制造与购买军火，而准清方为之。]

乃有官兵红兵[指太平军，或其他天地会起义军？]借此地[香港]以置办船只，打造军(装)[械]，殊属放恣无忌。独不思我[英国]大宪[香港总督]虽不与中国之事，然断不容人在此造作战具以延以日祸也。故特立禁条五款，开列于左：

一、各色人等在香港居住者，不许协助内地两造交锋之人，无论将自身投入军中，或招集他人作队，或售卖救济军器，或备办分拨船只等弊。倘有违例者，罚银五千元，并监禁两年。

一、凡有船只插内地旗式到本港海面停泊者，倘若香港经历官谕其离港，须立即遵命。倘敢故违，定将船只拘拿，连船中货物一概充公。

一、自本年英二月初一日起，不许人在本港制造火药、铸火炮、炮码等具。倘有违例者，罚银五百元，并监禁十二月。

一、凡欲沽买火炮、火药、炮码等，每次须由刑讼司正使或两位绅士请领牌照，才准发卖。倘未领照而私售者，每次罚银一千元，并监禁十二个月……

一、如有制造火药、铸炮之屋宇，但经查出，定将屋内之人拿获，其赁主或督办之人，按例罚银一千大元，并监禁十二个月。

(《遐迩贯珍》1855年第二号。《太平天国史料》，第490页。金毓黻、田余庆，北京：中华书局，1955。)

**【江苏省·1856年】**中国人相信外洋的雇佣兵，皆藉私卖军火与叛党而图利的。这控诉的起因大概由于清军水师中之广东人与镇江的冒险家暗中大做此项买卖。外人之受清军雇佣者受尽各方之谴谪。吾人又须知这些洋人对于各种外国利益为害之烈至不可挽救。现悉外人在沪方力助清军配备新水师，而代替旧者，将以火轮船及新式武器，由信基督教的外人驾驶，准备上攻镇江。愿上帝保护正义合理的人！我们相信凡号称为政治家者必不能裁可一般任意胡闹妄行的冒险家。一般以为这少数堕落腐化而日渐减少的满洲人将可以永久统治那以万万计之生长不息的、日日进步的、与常常急进的中国人，必是近视者流。只是民族学便足以屏除这相反的事实之可能性了。

(《麦高文 Mac Gowen 之通讯 1856年10月1日宁波发》。《华北先驱》第333期，1856年12月13日。简又文：《太平天国典制通考》中册，第846页。香港：简氏猛进书屋，1958。)

**【江苏省镇江·咸丰六年四月二十日】**是日闻有西洋人四名投贼，因在焦山艇船与同辈博戏，负番饼五百元，争论欲寻兵，惧而投贼，贼输诚礼之。洋人为制巨炮、喷筒，甚精利，能达远。居以别馆，馈食每迫余往，余故见之。洋人日饮酒数斗，喜食生蛇，状甚恶，其衣上下衿相连，色红，手足皆毛毵毵然。

(刘贵曾口述：《余生纪略》。《太平天国》，第四册，第376页。罗尔纲、王庆成，桂林：广西师范大学出版社，2004。)

**【咸丰八年十一月十七日】**侯裕田致巴克照会[附：巴克复书]

真忠报国详天燕侯照会大英国总领水领巴克贤弟阁下：启者：

缘乏缺洋炮(伙)[火]门应用，祈贤弟劳心相让若干，是为深感。谨此恭候公安。

太平天国戊午八年十一月十七日。

附：巴克复书

昨接来信，藉悉尊处缺乏码火，欲于弟处商让。不知我系兵船，往来长江，专为已事，断勿干涉他人事。船上所有炮火，为一己御侮之具，不能让与他人御敌也。且我国律法，彼此相争，毋许相助，若以码火让彼则助彼，让此则助此矣，均属干禁。弟素守法度，不敢妄为，即祈原谅。此复。并候日安不一。

(《太平天国史料》，第 145—146 页。金毓黻、田余庆，北京：中华书局，1955。)

**【咸丰八年十一月十九日】**详天燕侯裕田致巴克照复

详天燕侯照复大英国统领水师巴克麾下：顷接手书，敬悉大英法度森严，而炮火毋得彼此相助，有干法纪等语。但弟与麾下，原系天父上帝之子，均是天兄耶稣之弟，彼此情同手足，谊切同胞，昨弟所需者，不过恳祈麾下相赠小洋炮壹贰杆、洋粉若干，洋炮火嘴拾余个而已，并非要尊船大炮也。为此再行照会，望乞见赠。至麾下统领水师兵船，经过敝境，有失迎迓，谅蒙原宥。谨此恭候戎安。

为再行照会事。

太平天国戊午八年十一月十九日。

(《太平天国史料》，第 147 页。金毓黻、田余庆，北京：中华书局，1955。又见《太平天国》，第三册，第 57 页。罗尔纲、王庆成，桂林：广西师范大学出版社，2004。)

**【江苏省吴江县平望镇·咸丰十年三月】**贼受创归，誓灭镇。阅三日，大至，沙哥悉众战于镇西，不胜。会贼炮炸，自相惊乱，沙哥疾击之，贼退去，阖镇交庆。避难者麇集，博局大开，喧嚣彻夜无禁忌，沙哥之名，亦由是著。贼本涎镇富，谓可唾手得，至是屡败，恚忿，更拨精锐，舁大炮，购泰西毛瑟火枪，发一子可洞数人，约同苏之常州、浙之嘉兴、湖州诸路悍贼，合队追镇；又调吴江城内贼，使袭镇之北；再令炮船贼为助，期一举灭镇。

(王步青：《见闻录·平望记事》。《太平天国史料专辑》，第 557—558 页。上海：上海古籍出版社，1979。)

**【江苏省吴江县盛泽镇·咸丰十年五月至同治元年八月】**[沈]枝珊两年以来，管卡派捐，攫获不资……又与乌镇富户徐氏合贩湖丝、烟土、洋枪、铜帽子等物，到嘉兴销售，本亦数万。

(鹤樵居士手辑：《盛川稗事》。《太平天国史料丛编简辑》，第二册，第 191—192 页。太平天国历史博物馆，北京：中华书局，1962。)

**【江苏省昆山县·1860 年 5 月 21 日】**还有不少人，好像怕人听到似的，悄悄地私下向我们问起鸦片，这是太平天国政府禁止吸用的药物。但是他们最关心的是外国的武器。

(《传教士赫威尔等三人到苏州访问太平军》。《北华捷报》第 518 期，1860 年 6 月 30 日。《太平军在上海——〈北华捷报〉选译》，第 43 页。上海：上海人民出版社，1983。)

**【江苏省·咸丰十年六月】**外国通贼图利，私卖军火，诚宜禁止。野鸡墩盘查亦宜札谕，倘有此情，可将该夷拦回，若不(复)[服]盘查，不妨将其人送交领事，其货扣留，但须将此情先行照会各国领事，方免后言。

（《薛焕致吴煦函》，1860 年 7 月 28 日。《吴煦档案选编》，第一辑，第 344 页。太平天国历史博物馆，南京：江苏人民出版社，1983。）

**【江苏省上海县、苏州·咸丰十年六月】**贼所短者火器，而此事西人最精。贼方不惜重价以购求，[难]保毋有不法贪利之西人前往贩售者。风闻已有瑞典国、花旗国无赖之恶商，将洋枪药弹至苏射利，此大干中外两国法纪，[两国于前年定议，有以火器兵船出售于敌者，重则按以杀人之律，定例置狱二年，罚银五千圆为率。]而西官置若罔闻，不即惩办者以无华人告发也。[西国律法最重证据，枪弹都已售去，真赃无从而得，舟子畏罪，口供必致反复，若拿获解送西官，必徇情面，久而释放，如前吴道普观察拿送镇江奸商之事可见。]……至西人所至之处，苏州为多，[其所由之路不一，从南黄浦出，则闵港、莘塔、金泽、同里、黎里一带，或由昆山，则唯亭、黄天荡过镇必加稽查，乡村则令农民鸣锣报信。]南浔、平望往来亦不少。[现尚系买丝正经商人。然岂无奸商杂出其间，查得有违禁物件者，即照前法惩办，如舟系西国式样者，则焚去，以灭迹。]

（《王瀚上书吴煦续陈管见十条》，1860 年 7 月。《吴煦档案选编》，第一辑，第 313—314 页。太平天国历史博物馆，南京：江苏人民出版社，1983。[]内文字系原注。）

**【江苏省青浦县·咸丰十年六月十三日】**胞弟奎又去告以炮船攻击西门，贼来御敌，亦可从南门登梯。伊说：毫不紧要，十人可以克复，炮船不必同去，俟克复后再去守城。轻敌一至于此，实属可恶之至。即于今日寅刻，炮船二十余只，夷勇一百七八十名，尽抵城下。城上贼匪甚众。华尔将铜炮三出，该贼稍避，上击砖石，以谓又无火器，华尔率勇一齐上梯，已有二十余人登城，弹如雨下。贼内有英夷百人，头扎红巾，身穿中国衣服，须目可辨，尚叫骂华尔，其弹却中，兼之贼匪蜂拥而来，中伤华尔两腮，又中胁肋，死黑夷二名，伤者十名，尚有二名无着，华尔带伤下梯，俱下炮船。

（《俞斌上吴煦禀》，1860 年 7 月 30 日。《吴煦档案选编》，第一辑，第 351 页。太平天国历史博物馆，南京：江苏人民出版社，1983。）

**【江苏省吴江县、苏州、青浦县，浙江省嘉兴等地·咸丰十年六月十七日】**伪忠王用黄旗白边，英王黑旗白边，吴江城内伪王萧红旗白边，城外绿边，又有胡麻子黑旗白边，至青浦等旗号不晓得，旗上均无字号。吴江北门外大桥有一大炮，城外炮船一百五十号，四门皆有，连掳船计千余号。苏州炮船二百余号，嘉兴炮船三百余号，又焦湖船数百号。忠王先至禾，英王初六早赴禾，现在被大兵围住。五月二十九日，彝船到吴江，黑者进城，住十余日，卖大炮四门、火药六大桶、五尺长洋枪八支，合银万余两。因火药未备，以两桶并炮三门赴青浦，两桶留吴江，两桶赴禾，炮枪均运禾中。闻载来两船，又赴苏州卖火药枪炮等物。贼专心攻杭州,分兵扑吴兴,又有从上海趋常、昭之意。严刑研(究)[审],青浦贼实不知道。但闻青浦贼拒甚紧。又云:夷人与他极知己,实在怕夷人情真,彼族好利,故以重金交易云云。六月十七日横泾发,二十三日到。

(《吴县令致首府信》,1860年8月3日。《吴煦档案选编》,第一辑,第362页。太平天国历史博物馆,南京:江苏人民出版社,1983。)

**【江苏省上海县·咸丰十年六月二十日】**新阳诸生王瀚谨上禀晓帆大公祖方伯大人阁下。

谨禀者:昨领钧谕,述及英国领事并无移复。瀚出署后,即途遇英译官密迪乐,询及何故不复?据云,按照西国律法,彼此不相助,今官募西兵杀贼,贼亦募西兵抗官,均非律所应有,法所当为,故出售火器一节,亦不能申禁矣。瀚以为移文领事,本属具文,且反与以觉察形迹,何弗密谕各处团长,就地严办,杀人灭口,得物归团,计无有善于此者。瀚缉闻成顺、啴哐二洋行又将继去,请委干员密察,待其出而杜截,亦无不可。附呈鄙见三条,乞求择之:

一、饬芦墟立一团防局,稽其往来。每一舟过,询其何国商船?洋行何名?现往何处?船长何姓?带银若干?买丝若干?归则稽其买丝若干包?立簿一一登记。当河筑立木栅,用人专司启闭,行船下舱查明,然后放过栅口。悬牌写明缘由,如有违禁物件,鸣锣集众,照法严办。

一、饬新闸、野鸡墩委员立簿稽查,记明每日过船若干,系何洋行,则可知其数。但在岸旁询问船家,即知底细。有此一簿,则各团长访察勤惰可见矣。

一、计苏州所由之路,密饬就近各团长办理。如绕道太湖,则由木渎,至黄渡则由昆山、唯亭,出南黄浦则由闵港、(萃)[莘]塔、金泽、同里,谕其日夜用心稽查,无有不得。稽查处当设悬木牌,大书盘诘奸商。河中须密排木桩,使有阻拦,旁曳大横木,可以启闭,则顺风航不得扬帆竟过。如此则似不专为西商起见,而内地奸细,亦可拿获矣。

肃此。恭请钧安。幸垂慈鉴。瀚谨禀。六月二十日。

再禀者:今年三十等保各团长已齐,明日当诣辕进禀矣。此禀即系公保陈常者。

(《王瀚上吴煦禀》,1860年8月6日。《吴煦档案选编》,第一辑,第366—367页。太平天国历史博物馆,南京:江苏人民出版社,1983。)

**【江苏省上海县、苏州、昆山县·咸丰十年七月】**苏、昆一带之乡民至上海贸易者,皆自贼窟中□□。无形迹可疑为贼作侦探者,不能尽禁,而又不能尽置不问。已住居在城外□□铺户,连环相保。苏乡往来之人,亦不得妄留,如察出有窝藏奸细者,一体□□别处者,则以广保广,以闽保闽,以宁保宁。游手好闲者,无得滋事。城外□□合义天宝二栈,其中销售货物者为多。今令栈主将往来客商细开名□□及所办何货,委员逐日按查。如有买洋枪火药无大宪护照可凭者,即行密地送信。果获奸细,则栈主有赏,否则治以通[贼之罪]。水路往来必需舟楫,去船必设有船埠,下货必见明注簿,外来之船,必专□□即行报明人数货物，亦必到船查验，然后给照，销货售物，令其自便，如□□即系私船，将人监禁取保。吴淞口为由海之要道，四处可达，前闻有人□□售买枪药者，皆从此路运出，必需设卡稽查。斜桥及泖河口已有长龙□□搜查军器，自不至漏出。然其勇闻极凶悍，[难]保毋有借此侵及货物者，则□□受其苦，需专派领兵官责成其事，加意弹压。黄渡一带，有一小路可通□□约由泗泾、七宝绕道走入，则红桥之盘查者尤宜严密，而小道亦□□□偷过。城外妓馆日多，无虑百余家，此藏奸之薮也。前英领事于七[宝、闵]行禁止，而势有不能，此议遂寝。瀚以为留妓馆正所以缉奸，凡有外□□住不出或散漫浪用者，准其密报往察，缉出有赏，包庇治罪。苏州、昆山往来者，宜设苏、昆专栈，一以便其办货居住，一则从中可以细察动止，□□可以专设是栈。瀚生长吴乡，绅民皆所熟悉，则易于盘缉矣。闻苏城之贼，西商售以枪药，不知由何路而往。而贼中亦有花旗奸民连阿四等为作□□行接待西商。则是路不可不设法亟图。瀚以为不必照会领事，与以形迹，但令附近民团要而杀之可也。此外最要者，设立巡查之局，与西国相辅而□□□相照会西国，通商大局全在于此，自无有不力为查察保护者也。瀚□□矣，略稔彝情，可效指臂之用。

（《王瀚上吴煦禀》，1860 年 9 月。《吴煦档案选编》，第 413—414 页。太平天国历史博物馆，南京：江苏人民出版社，1983。）

**【江苏省上海县·1860 年 8 月】**至于谈到[从上海]前去苏州的[外国]商人，由于他们经营合法贸易，我们没有什么可以评论的余地。但在条约规定以及在我们提出的警告面前，那些仍然进行至少说是不正当贸易的人，对于他们同叛军的来往，我们不能给以多高的评述。那些参加向叛军供应军火的人，当然在一定的时候将促使叛军同他们自己的同胞进行战争，而这批人确曾一致地邀请长毛来到上海。他们或多或少成为叛军的媒介，叛军通过他们把信息传到上海来，而且通过这班人，上海方面的叛军间谍又安全地把信息送到叛军总部去。我们每个人都知道各国公然参加这种事情的人。我们知道在叛军队伍中，有不少外国人。我方丝毫也不怀疑，叛军至少希望在上海受到这样一大批人的良好接待，致使他们克服上海城的任务轻而易举。一部分由于叛军这种想法，他们于星期一[8 月 20 日]向租界前进时，遂未发射一枪一弹……

没有人会否认，各式各样的武器——好的、坏的以及可有可无的，都为中国人从外国洋行一购而空，以至外国人无论用什么办法，都不能买到一支毛瑟枪或者一把刀。这些武器做什么用呢？它们绝不会用来对叛军进行战斗的，因为凡是倾向效忠清朝的中国人已从危险的地方远逃，而当叛军进军上海时，我们所看到的这样一些人，又有谁拿着一种武器呢？没有，极易掌握外国武器如手枪与短刀，均由广东人和歹徒搜藏在中国人的房子里与外国商行里。这批广东人与歹徒均同叛军互通消息，假使租界内部没有在防御方面作好那种卓越的部署，他们已于上星期一[8 月 20 日]在租界内实行暴动，并极其可能为叛军进军上海扫清道路……

在上海，难得有一个人会相信，在这次战争的全部时间内，所有的炮火都由联军部队、欧洲人，亦即从我们这方面打出去的。有一两个在我们看至少是可以尊敬的人，他们在黄浦江与苏州河上游各地向叛军出售火药与武器,而那批火药是用中国鼻烟的名义包装的!

(《太平军进攻上海的动机》。《北华捷报》第526期,1860年8月25日。《太平军在上海——〈北华捷报〉选译》,第141—142页。上海:上海人民出版社,1983。)

**【江苏省丹阳县·咸丰十年八月】**廿七日吴道宪于船上遥见一小划船行驶,内装夷人三名,向甘露寺去,当令随身健勇追上拿获,搜出炮子、火药各件,讯系偷卖与逆匪者,已将该夷三名,船户二名,发交丹徒移解卑县监禁候示。

(《太平天国史料丛编简辑》,第五册,第430页。太平天国历史博物馆,北京:中华书局,1962。)

**【江苏省上海县·1860年9月20日】**生丝照常从内地运抵上海;叛军对过往的生丝和航行江上的民船征收小额捐税感到心满意足。然而,不管这是由于工匠们逃散在外,还是由于纺织厂被毁,原来苏州大量出产的丝织品现在再也买不到了,该项谋求财富和平民就业的渠道现在显然已被切断了。

除军队服装所必需的布匹外,叛军似乎只要购买鸦片与武器。

(《普鲁斯公使致罗塞尔勋爵函》。《太平天国》,第十册,第135页。罗尔纲、王庆成,桂林:广西师范大学出版社,2004。)

**【江苏省苏州·咸丰十年】**洋人甘密达自上海来,售军火。自言癸丑岁,父王[洪仁玕]尝馆于其家。丙辰岁[?]父王至京时,甘曾厚增资斧。丁巳[?],甘尝入京谒父王,固旧好也。洋炮名落花,能轰至数十里外,而后散为数十百小炮,故一炮辄伤人数千。攻北京时,即用此炮,故所向无敌。每炮值价万金。又有大轮船,不藉人力而能日行六百里,每船需价十万金。忠王靳于资,仅购一船、两炮。洋人贸易,居间人例有所得,每值万金得银二千。甘以予所介绍,分其半一万二千金以馈予。每银一两,以洋平计,仅得七钱耳。

(谢绥之:《燐血丛钞》卷四。《太平天国史料专辑》,第411—412页。上海:上海古籍出版社,1979。)

**【江苏省苏州·咸丰十年】**贼无技勇,是以止重洋炮。夷人过昂其值。兵火后贼所掠之金银,半归夷人。且洋行中备货俟买,如有形迹可疑,以奸细报官,拿获其财物,无不吞没。

(沧浪钓徒:《劫余灰录》。《太平天国史料丛编简辑》,第二册,第152页。太平天国历史博物馆,北京:中华书局,1962。)

**【江苏省上海县·1860年10月17日】**生丝正以非常巨大的数量,源源不断地从内地运抵上海,有时丝商难免遭受叛军的勒索,虽然勒索的数额不尽相同,但在别的时候,他们并不需要缴纳苛捐杂税,即可顺利通过。鸦片和武器是回运的物资,此外还有少数奢侈品。至于主要进口物品的贸易,则完全陷于停顿。

(《普鲁斯公使致罗塞尔勋爵函》。《太平天国》,第十册,第136页。罗尔纲、王庆成,桂林:广西师范大学出版社,2004。)

**【1861年3月23日】**又有天朝人物到处向外人搜买,不问其为官为商,曾向英国军舰求买军火与鸦片而遭拒绝,足见其渴求之甚矣。[见《华北先驱》五五六号,一八六一年三月二十三日。]至天京、镇江间,则常有外人与天军作军火交易事。[见同上]

当时外商卖给太平军军火之多,殊足惊人,至造成严重的局势而令外人惊骇。如法人狄氏记云:

在一只船上获得字据,于一八六二年四月,有一上海洋行供给太平军以步枪三〇四六枝,野炮七九五尊,火药四八四桶及一〇九四七磅,子弹一八〇〇〇发,另炮盖四亿五千万个以上。有几只船被缉获,满载供给太平军之军火,系由洋行偷运者。清政府苦口埋怨,开放长江本以通商,但却利便敌人运械运粮,在外国旗下直至南京。此买卖极盛之处乃在星加波。一年之内,有大炮三千尊运出。香港及各口岸则公开运出军火。[de Jesus: *Historic Shanghai*, p.145]

(简又文:《太平天国典制通考》中册,第714—715页。香港:简氏猛进书屋,1958。)

**【江苏省苏州·1862年】**英夷以洋枪火药出入贼营谋利。咸丰十一年分路经支塘,伪卡员毕姓利其金,诱而杀之,满船尽为所有。计杀七人,华人三而英人四。其后未闻夷人之报复。

(沧浪钓徒:《劫余灰录》。《太平天国史料丛编简辑》,第二册,第149页。太平天国历史博物馆,北京:中华书局,1962。)

**【1862年3月8日】**小商人与叛军的关系不同,只要他们带着武器、弹药与鸦片,便可以十分安全地留在他们朋友的军营里。这些卑鄙的外国人,竟将武器交在这些残酷无情的叛军手中,并由他们在任何时候用来向我们进攻,正如他们现在攻击我方军队一样,这不是一种极为可耻的事吗?在他们的帮助下武装起来的顾客,现在竟用这些武器转过来攻击他们,致使他们也感觉到刺刀的锋锐,这正是上面所说的小商人们因卤莽地从事违禁品贸易而应该得到的报酬。

(《关于放弃"不干涉政策",支持清政府扑灭革命的主张》。《北华捷报》第606期,1862年3月8日。《太平军在上海——〈北华捷报〉选译》,第260页。上海:上海人民出版社,1983。)

**【江苏省上海县·一八六二年】**这些为皇室军供给军火的条件,太平军也常常沾光,因为商人并不严格挑选主顾,只要能出大价钱都是好的。一八六二年布鲁斯与何伯上将曾将下面的事实呈报英政府。许多船只为上海区内的洋行载运军械军火给革命军,在领事馆所能监督的范围以外,和太平军预先约定的地点卸货,让太平军来取。这种交易继续既久,自然难免引起纠纷,所以和中国官方的冲突屡见不鲜。一年之间,有三千尊口径不同的炮在新加坡成交;上海一家洋行在一八六二年四月一个月内就供给了革命军七百九十五门炮,和一万一千磅弹药;香港和通商口岸的洋行公开地做枪炮生意。斯塔佛来将军(General Staveley)于自革命军手里夺回宁波[一八六二年五月]后说道:"如果在这一役里,联军蒙受到较以前与革命军作战任何一次更多的损失,那是因为对方有欧洲的卡宾枪和手枪,都是那些假正派的走私能手供给他们的。"[一八六二年五月十八日爱棠呈上峰函。]当一个汉撒城的公民——德商向当时的法代办克勒可斯基要求法方保护的时候,克氏写信给领事说:"我们有什么保证能担保这位爱林浩森(M.Ellinghausen)弄第一批运华货物不正是供南京守城用的军械和军火呢?"一八六二年七月二十二日。

([法]梅朋:《上海租界当局与太平天国运动·第一章》,范希衡译。南京大学历史系太平天国史研究室编《江浙豫皖太平天国史料选编》,第426页。南京:江苏人民出版社,1983。)

**【江苏省丹阳县、苏州·1862年】**我不厌其烦地查看了叛军所携带的一些外国武器,发现买主几乎无一例外地成了外国奸商的牺牲品。我所查看的绝大多数大炮和所有的手枪都相当陈旧,而且制造粗糙,起爆装置已经破裂,是一些作废的武器。我在苏州曾看到许多滑膛枪,据士兵们讲,这些枪是最近从一些陌生的美国人那里买来的。可以这样描述,每射击12次,到了一半这些枪便必然会报废,甚至可能使持枪者丧命。大体上讲,我相信叛军所拥有的这些为数众多的外国武器对他们本身所构成的威胁要远甚于对他们的敌人所构成的威胁。

(《富礼赐的报告》。《太平天国》,第九册,第342—343页。罗尔纲、王庆成,桂林:广西师范大学出版社,2004。)

**【浙江省宁波·1861年11月—1862年5月10日】**在此六个月当中,违禁品贸易却很盛行,其中有商船"模范"号试图输入大炮三百尊、小型武器一百箱与军火五十吨。这艘商船与武器都落在英军手中。

(《一八六二年的回顾》。《北华捷报》第649期,1863年1月3日。《太平军在上海——〈北华捷报〉选译》,第449页。上海:上海人民出版社,1983。)

**【北京·同治元年八月二十七日】**风闻发逆令奸商私赴美国购买轮船枪炮,有汇银五十万两之说……[江苏巡抚、美国蒲大臣都]有所闻。

(《奕䜣照会蒲安臣》同治元年八月二十七日。朱士嘉辑:《清美政府勾结的几个文件》。《太平天国资料》,第233页。北京:科学出版社,1959。)



**【浙江省宁波·同治元年闰八月】**初二日。且宁波向多不肖外国人,欲借此销卖军火，尤属可虑……闻新关上有三百桶火药，外写“奶油”，欲往宁波。据云恐宁波有失，军火为贼所得。

（《会防局翻译新闻纸》同治元年五月十七日至九月十九日。《近代史资料》1955 年第 3 期，第 34 页。）

**【1862 年 12 月 20 日】**除与外国人进行军火等违禁物资的贸易外，凡是为叛军长期占据的地方，贸易总是同归于尽的。他们无分彼此，不论是繁荣而幸福的乡镇，不论是富裕而人众的城市，都在叛军毁灭性影响下表示屈服，而且犹如大火燃烧的速度一样，这些城镇迅即成为焦黑一团的废墟。

（《对理雅各关于太平天国文章的评论》。《北华捷报》第 647 期，1862 年 12 月 20 日。《太平军在上海——〈北华捷报〉选译》，第 399 页。上海：上海人民出版社，1983。）

**【1863 年 1 月 31 日】**除军火外，其他外国商品在 1862 年的进口，比前一年并没有什么重要改变。在依法进口的货单中，军火已经成为非常巨大的项目。这些主要是从英国兵工厂购进以供洋枪队之用的。然在同一期间，为叛军供应军火的违法贸易，其数量也很大。后述这种万恶的买卖，究竟达到什么程度，我们可以从悬挂英国旗帜、名叫“模范”号这艘商船所进行的军火贸易这个事实得到一些概念。这条船是在宁波为我军掳获的，它装载一船武器，包括：三百门六磅重至三十二磅重的大炮、一百箱小型武器与五十吨军火。至于为中国政府运进的战争物资，则包括极为有用的大炮与臼炮，加上各种能够发射的炮弹，与全套足以装备两万名的武器。此项武器与军火的全部价值，估计不致少于二十万英镑这个整数。

（《外国商业与航运在中国的发展》。《北华捷报》第 653 期，1863 年 1 月 31 日。《太平军在上海——〈北华捷报〉选译》，第 468—469 页。上海：上海人民出版社，1983。）

**【江苏省南京・同治元年十二月】**录薛安林语金陵贼事：买卖街七条，俱在城外，繁盛不亚苏州中市。城内旧有茶酒肆，因彼中拿获我军奸细，一日之间，尽将各铺逐出。城内巡查甚严，夜行如无口号，立斩不贷。城门俱设坚栅，仅容一骑，并无挖城陷坑之说。城内旧有三十余王，各伪目无不极富，一馆内箱栊总不下数百件。买卖街极多做洋枪铺户，佛兰西人城内甚多，俱穿长毛服饰，携带洋枪及各种炮械在彼销售。有轮船名不设，泊仪凤门外，专做此等生意[此系去年之事]。

（赵烈文：《能静居士日记》。《太平天国史料丛编简辑》，第三册，第 256 页。太平天国历史博物馆，北京：中华书局，1962。）

**【同治二年正月二十三日】**美国人私卖犯禁军器，被白齐文拿住。

（《蒲安臣照会奕䜣》，癸亥年正月二十三日。朱士嘉辑：《清美政府勾结的几个文件》。《太平天国资料》，第 235 页。北京：科学出版社，1959。）

**【江苏省苏州・同治二年】**[白齐文投苏州太平军,招外国人百余,]并有代购外洋枪炮情事。

(《奕䜣照会蒲安臣》,同治二年七月初六日。朱士嘉辑:《清美政府勾结的几个文件》。《太平天国资料》,第240页。北京:科学出版社,1959。)

**【江苏省上海县・同治三年正月】**三年正月,黄公芳引疾,应公以知府权关道。予独任会防,帅意视予益重,而予危尤甚。予则自行吾素,若勿闻焉。夷目马福臣、麦加礼、狄妥玛、阿喳哩、梅辉立等均与予洽。夷场巡缉,动资臂助。自总办会防,出入系乎一手。同局为陈太史元鼎,分局为陈令福勋,捐局为高令树森,会字营带练军为冯令宝圻,而军船、船捐局事,犹归予督办。予益诛锄强梗,不避嫌怨,多侵官。向例有司在夷人租界内拘人,县差持票,先赴领事加印,否则并县差亦被洋役系,独予局通事出拘人勿禁。如夷人有犯,领事辄以何不获送为言,惟予局则竟获且送。一日,予方封船应差,而船户埠头贿无赖众夷搅阻,标夷旗至三百船之多。予先檄领事定期拘拿,格杀勿论,即日缚夷七人。又屡次踹缉私卖军火给贼之夷,连获五人,领事均如命充发不少庇。苏城复后,予即禀请设卡冲(渠)[衢],增夷差二人,稽查中外行人。凡游历之夷,只准三人同行,随带民船,以三为限。申旧令通行各国悬炮船桅,违者轰击。黠夷无业,每雇粤、闽通事诱劫行舟,莫能获,即获之,亦以受雇不知情免。惟镇江谋命一案,曾正法一夷,予监刑焉。予与炮船巡捕者,叠获三案,通事证实,领事不能宥,因禀明立案。谓诚如夷言,受雇犯法,并不预知。若受盗雇以盗治,受贼雇以贼治,尽置重典,似亦可悯。请嗣后彼此不得私自互雇,悉报关道给照,方准夷人受雇,通行各国,均深欣感。未一月,则无业均至宁波,有司患之,知为上游所驱也。浙抚左中丞行文询上海所治,悉钞案予之。最后以租界民人理屈者,辄赴领事呈控,夷馆不分曲直,送两造至县,至有久押弗释者。同治二年冬,夷送未结之案且千起,予局乃派员日在夷馆代判,滥送有司累民,谓之会审公堂,即今理事同知是也。

(陈锦:《松沪从戎纪略》。《太平天国史料丛编简辑》,第二册,第212—213页。太平天国历史博物馆,北京:中华书局,1962。)

**【江苏省・同治二年三月初六日】**[在浦江至虹口高庙捉的船,有四个洋人,身上有太平军殷姓贼目伪凭,运有洋枪洋药,四人均系英人,英领事说英一、丹一、普二,船物皆系英国埃凡洋行之物。英领事说船借给美国宝隆行。]至宝隆行私售军火,供证确凿……积惯济匪。

(《奕䜣照会蒲安臣》。朱士嘉辑:《清美政府勾结的几个文件》。《太平天国资料》,科,第237—238页。北京:科学出版社,1959。)



**【江苏省苏州、浙江省湖州・天历十三年九月初五日】**从前白聚文等来此相依,数月之间,宾礼款待,尚未立有功绩,已经用银五万……今者(桂)[贵]台之助清朝,亦犹白聚文之前来我处，各从其便。至各人军装炮械，彼此皆知底细，你处图利，我处置办，听从通商，原无禁令。此时你处如有枪炮洋货，仍即照常来此交易；若或(桂)[贵]台肯到我处，我等亦乐共事。

（《李秀成、谭绍光复戈登书》，太平天国十三年九月初五日。《中国近代史资料丛刊：太平天国》，Ⅱ，第 760—761 页。中国史学会编，编者：向达、王重民等，上海：神州国光社，1952。）

[编者注：戈登来信“欲往来买卖枪炮”。]

**【江苏省南京·同治三年】**贼之火器精利于我者百倍之多，又无日不以开花大炮子打垒内，洋枪队多至二万杆，所以，此次殒我精锐不少，伤我士卒不少。

（罗尔纲：《忠王李秀成自述原稿注》，第 288 页引曾国荃语。编者按：据李鸿章《朋僚涵稿》卷三《上曾相》，在浙江作战的太平天国归王邓光明，拥有五千人的炮兵部队。《太平天国史料译丛》，第 73 页载，1863 年，苏州城中太平军拥有三万枝外国枪，四分之一的士兵装备步枪，忠王李秀成的一千多卫队官兵全都佩带来福枪。王崇武、黎世清编译，上海：神州国光社，1954。）

**【福建省漳州·天历十四年十月初一日】**侍王李世贤致美英法各国公使书

漳城称富足，目下军情平善，兵民两安，生意买卖，甚为热闹，金银满市。伏乞众仁兄台酌议拨移货物船只，内载一切洋物并铜帽洋火等项前来，自可立即出售。如虑及我军兵士，贤愚不一，或有硬自取货，不付银洋，贤照价赔偿，断无失信于朋友之理。

（《太平天国》，第三册，第 264 页。罗尔纲、王庆成，桂林：广西师范大学出版社，2004。）

## 附：外国商人将军火军需卖给其他武装组织，含反清起义者、团练、枪船

**【广东省广州·1854 年 9 月间，即咸丰四年闰七月、八月间】**广州绅士等集会，决议求外人援助。总督叶名琛允之，惟卒不成事。时在黄埔之匪首陈显良闻此会议事，亦向外人求援；如得攻下广州，即割出河南岛[在广州城南珠江南岸]之一部为酬。

[另载]在黄埔及香港，多有外人援助乱党者，或报告其胜利消息，或则接济以军火军需焉。

（卫三畏：《中国》Samuel W. Williams, *Middle Kingdom*, Vol. 2。按：此人乃美国传教士，1863 年抵粤。简又文：《太平天国典制通考》中册，第 863 页。香港：简氏猛进书屋，1958。）

**【江苏省上海县·咸丰四年十月】**二十八日[公元十二月十六日]阿领事[阿礼国]在[上海租界]居民大会中一再表示绝对必须严守中立，并公开批评租界已变为出卖城内掳掠品[赃物]之市场，及购买粮食与军火之市场，致召清吏之常常抗议，而一个严守中立的

租界竟于道德上及物质上援助乱党[小刀会起义者],实为耻辱的事,实是大大不对的;如此行为是违反国际公法与清方所缔结之条约而为英国政府所不容,且致令租界受危险的云云。

(简又文:《太平天国典制通考》,中册,第858页。香港:简氏猛进书屋,1958。)

**【江苏省吴江县平望镇·咸丰十年至同治二年】**平望镇在江苏苏州府吴江县治西南境,毗邻浙省,为商旅往来孔道,市廛稠密,户口富殷。咸丰庚申三月,粤贼陷江、浙,据镇。初,县有无赖子铁沙锅者,不知其姓氏。或云沙姓,因多力,比之为铁;见其有容人量,比之为锅,以锅能容米成饭也。善用刀,尝两手各舞短刀,令众举矛刺之,不能中其身。又令围而攒刺,则更跳荡巧避,矛卒落空,身无所伤。于是人咸称锅为哥以尊之,但呼沙哥焉。时俗尚摴蒲,风行各镇,平望尤甚。官禁之不止,发吏严捕,博徒无力抗拒。而沙哥方聚党百余人,私造小舟,首尾尖锐,形如蚱蜢,四桨双橹,旋转灵便,行水面若飞,不畏风浪,名蚱蜢船。又名枪船,因舵后有木枪作标识也。吴江素称泽国,环城有金鸡、淀山、鹦脰诸湖,复有三泖、大白荡、芦墟荡、吴淞江,众水汇流,汪洋浩瀚,东趋数百里入海,远近支港纷歧,广狭不可悉数,皆曲折可通。枪船驾轻就熟,出没其间,时劫商舟,商人苦之,按月醵资相酬,约弗劫。由是平望博徒因致重赂,使屯镇拒捕。沙哥乃增船招党,诸无赖归之,如箭赴的,如水赴壑。当日若费阿玉、卜小二、张斌、赵璜、孙四,唐广和等,皆党目也。各仿其船式,备西洋诸多火器,每船五六人,或七八人。选勇健善泅者操船,号曰老大,行止进退,悉听指挥。其党目以船多为强。沙哥有船八十余,为最强,共推[为]首领。其他则大不过五十,小惟二三十而已。日习战阵,试火器,声隆隆震耳。吏不敢捕,目其船曰枪船帮。人曰枪匪,博徒恃之。

(王步青:《见闻录·平望记事》。《太平天国史料专辑》,第556—557页。上海:上海古籍出版社,1979。)

**【浙江省海宁州·同治二年十一月】**初二日,有八夷人于澉洋登岸,以洋铳数十箱及刀枪无算,由花溪过黄道桥去,后闻即王辅清办来与盖匪。

(冯氏:《花溪日记》。《中国近代史资料丛刊:太平天国》,Ⅵ,第712—713页。中国史学会编,编者:向达、王重民等,上海:神州国光社,1952。)

**【浙江省余姚县·光绪五年】**御史孔宪瑴奏及梅启明的复奏:谢敬办团练时有铜铁炮、洋枪及刀矛多件。[太平天国后]仍藏于其家。其兄谢瑞豪霸一方,霸占沙地,强占妇女。

(《德宗实录》第一百零一卷,第8页。《东华录》第三十一卷,第1页。光绪五年十月戊申。)

## 四、粮油等物

**【江苏省南京·咸丰四年闰七月】**十八日,英夷以油四十篓入于城。

(周振钧:《分事杂记》。《太平天国史料丛编简辑》,第二册,第19页。太平天国历史博物馆,北京:中华书局,1962。)

**【江苏省南京·咸丰四年】**十月□□日,英夷以米六百石、药入于城。

(周振钧:《分事杂记》。《太平天国史料丛编简辑》,第二册,第20页。太平天国历史博物馆,北京:中华书局,1962。)

**【1861年7月】**照录给英国照会底稿

为照会事:

乃兹准湖广总督咨呈内开,内地奸商附载轮船,又买民船附益,插有贵国旗号,沿江直下,并不完税纳厘,并有奸商贪利济匪,凡往来之船,每停泊于黄州、安庆贼踞之地,将钢、铁、油、麻、米粮重价卖与贼匪,济其困乏,并由汉口购买木植,辗转卖与贼中,使贼得造成战舰,以抗我师。

(《奕䜣为禁洋船接济贼匪致卜鲁斯照会(底稿)》1861年7月。《吴煦档案选编》,第一辑,第107页。太平天国历史博物馆,南京:江苏人民出版社,1983。)

**【江苏省南京·天历十一年七月】**洪仁玕致英翻译官书

钦命文衡正总裁开朝精忠军师顶天扶朝纲干王洪书致大英钦命翻译官富弟台览:缘本军师昨承厚爱相请,不忍直言相拒,奈天朝礼制实[与]外国不同。外国之王,虽出街闲游,不嫌自轻,惟以双膝跪为重;我天朝则自列王及各大员跪为平常,但以轻出为非礼。至兄身任军师之重,虽英王、忠王、辅王、赞王、章王等,逢有大事,即传到本府会议,从未亲往各府,并各府亦不敢相请。今若一往洋船,情虽无妨,礼却有碍,后将何以处列王,又将何以对朝众乎?尔不轻跪,我不轻出,各守各礼,是为两得。诸蒙请宴厚意尽依我天朝之礼感谢天父上帝矣,仰祈宽心无劳可也。特此书致,顺询刻佳。再者,售卖米粮一事,查明现下粮仓皆不用再买,至于各府各衙或私买若干,问五天将莫世睽弟,自可明白。又致。

天父天兄天王太平天国辛酉拾壹年七月初七日。

(《太平天国史料》,第171—172页。金毓黻、田余庆,北京:中华书局,1955。)

**【长江中下游·同治元年】**二月初二日,乙卯,晴。写士良观察信,即发。写弢甫信。又内子信。内江通商始末:庚申年和议成,按照戊午所定条约,内江各口通商,俟贼平后听其拣择,不逾三口。嗣于本年十月,英公使卜鲁斯再三欲先行通商,经总理衙门允准,由上海五口钦差薛与该国参赞巴夏里议定，暂订章程十条。嗣于辛酉年春、夏，叠因该国商人运木植、油麻等物济匪，又在安庆、黄州有贼处所停泊，经总理衙门将原例添为一十六款，增设防范，照会英国公使，并声言若不能照允，则内江通商一层，只可按照原约，事平再议云云。英公使卜照覆允准。又将新议改为内江暂定章程十二条，各口通商洋土货出入通共章程五条，及出示晓谕英商，其示文意义与总理衙门所订略同。方议此时，法、美二国不肯随同会议。总理衙门具奏，向来各国通商，俱以英国作主，余国从之。此次会议，既英国允从，即可作为定准云云。故暂定各文牍，并无法、美与闻字样。

（赵烈文：《能静居士日记》。《太平天国史料丛编简辑》，第三册，第224页。太平天国历史博物馆，北京：中华书局，1962。）

**【江苏省·同治二年二月二十七日】**［华商用外国旗号，在长江一带沿途装卸货，偷漏税，外国领事不肯罚办。船上法国人有次打镇江关扦手。］现在金陵等处逆贼凡所食用之物，皆是此等挂外国旗之华船装去……乃近日外国商人在长江装运各货，接济贼匪之案，层见叠出。昨又据两江总督曾［国藩］、江苏巡抚李［鸿章］咨报，金陵城内有洋商先后运米数万石偷行卖给贼匪之事……惟各领事官遇有此等事件，一经知照，不肯罚办，直似长江通商专为济匪而设。［奕䜣同意，费税务司订的不及二百吨之船不准入江贸易之法，只禁华商，非禁洋商通太平军也。同时声明不会妨碍外商之贸易也。］

（《奕䜣照会蒲安臣》癸亥年二月二十七日。朱士嘉辑：《清美政府勾结的几个文件》。《太平天国资料》，第236—237页。北京：科学出版社，1959。）

**【江苏省南京·同治二年五月二十五日】**西北水师沿江堵截，洋人尚有船来城下，经水师击退，城中接济甚少，斗米千六百文。

（赵烈文：《能静居士日记》。《太平天国史料丛编简辑》，第三册，第276页。太平天国历史博物馆，北京：中华书局，1962。）

**【江苏省长洲县·咸丰十年至同治二年】**李贼打嘉定时，向徐借炮船十号。熊贼打湖州时，向徐借枪船数十号，勇百余人。徐勇在湖州地面尽打先锋，满载而归，徐与勇瓜分其利。又使刘淡园以洋药三十桶、大炮四尊、洋枪数十枝送于常熟贼钱得胜、许三、申士林等。凡贼置买火药，每托刘至上洋代办，刘必借徐旗号方可到沪。刘又造大枪船三只，送常熟贼钱，又买马送卡贼申士林。买马经手人汪可斋、施润卿。送药船户吕舍时，姓名可查。赋《资寇兵》。

近今攻战具，所资惟火器。东南况水区，更恃余皇利。中原频年纷战攻，三军战备已虚空。乃复一一资寇兵，诡计百出大吏蒙。囷囷大炮，俾击我民。峨峨巨舰，俾渡我津。我兵力日凋，寇兵气日骄。沪滨大僚筹饷急，其如内讧有蟊贼！

（佚名：《蠡湖乐府》。《近代史资料》，总34号，第169页。北京：中华书局，1964。）

## 五、高级消费品

［参见第二章相关内容和第十二章第一节“百工衙”目］

**【江苏省南京·咸丰三年至四年】**［听八音盒］一盒一百六十千，代贼采办死赚钱。

（马寿龄：《金陵城外新乐府》。《中国近代史资料丛刊：太平天国》，Ⅳ，第743页。中国史学会编，编者：向达、王重民等，上海：神州国光社，1952。）

**【江苏省南京·1857年1月30日】**叛军喜爱欧洲的所有物件，诸如八音盒、手套、雨伞、钟表和手枪。我们常见到外国的精致钟表以2.5美元的价格在南京街道上出售。几乎每条街上都有一个钟表店。在第二位［按：指杨秀清。］死后，第一位［按：指洪秀全。］曾宣布愿意接受任何外国制造的礼品。

（《中国陆上之友》。《太平天国》，第九册，第191页。罗尔纲、王庆成，桂林：广西师范大学出版社，2004。）

**【江苏省南京·天历十一年七月初十日】**莫仕暌致英翻译官福赐礼照会

忠诚伍天将莫照会翻译官福兄台阁下：兹奉干王面谕云：称兄处有大风琴一个，未知好丑以及价银若干，今特着队内福天燕陈万顺弟前来，祈望兄台劳心，即将大风琴与陈弟看视，如果合式，并祈与伊言明价银若干，俾好禀报干王宝夺可也。特此照会，顺候时安。

天父天兄天王太平天国辛酉十一年七月初十日。

［按：此件末钤“天父天兄天王太平天国　开朝王宗殿前忠诚伍天将任番镇统管莫仕暌印”。］

（《中国近代史资料丛刊：太平天国》，Ⅱ，第736页。中国史学会编，编者：向达、王重民等，上海：神州国光社，1952。《太平天国史料》，第172页。金毓黻、田余庆，北京：中华书局，1955。）

## 六、鸦片

**【江苏省上海县·1853年3月】**我从宁波的英商方面听说，上海生意瘫痪了，金价很高。中国人要掌握现钱。鸦片烟惨跌，以致达拉洋行（Maison Dallas）已经禁止他的各船长出售鸦片。

（法贯西义号舰司令卜拉呈上级函。《上海租界当局与太平天国革命运动》附录，第二辑。南京大学历史系太平天国史研究室编《江浙豫皖太平天国史料选编》，第478页，南京：江苏人民出版社，1983。）

**【1853年5月11日】**此革命运动如能成功……彼等将必准许通商;但就彼等之书籍与行动而言,鸦片将被严厉禁绝,非同现在只有禁烟之虚名,将必实行禁绝也。

(第六函《濮亨上克兰登伯爵书》,1853年5月11日自上海发,附件之十:《中国革命军概况》,牧师米赫士,或译麦都思作。见第900—901页。曹墅居译、简又文校:《英国政府蓝皮书中之太平天国史料》。《中国近代史资料丛刊:太平天国》,Ⅵ,第917页。中国史学会编,编者:向达、王重民等,上海:神州国光社,1952。)

**【江苏省上海县·1853年】**[太平军当时在南北进军都节节胜利,]上海这地方还算平静,但有钱的人们对危险的时局仍然很恐惧,他们的一切行动都很审慎。满清政府显然正在走下坡路,它企图向富户豪商们捐款救急,也没有成功。

从上月起,风雨连绵,鸦片转运时时受阻。上海对于鸦片的需要本来就不多,加以一般囤户急欲脱售,是以造成上等鸦片不断地跌价,即使减价到三百七十元一百斤,还卖不到现款。

(《上海怡和洋行致香港总行的信》,1853年8月6日。王崇武、黎世清编译:《太平天国史料译丛》,第103页。上海:神州国光社,1954。)

**【江苏省上海县·1853—1860年】**[太平天国革命时期的上海鸦片烟价,根据上海怡和洋行致香港总行的信。]

[1853年8月6日]即使减价到370元一百斤,还卖不到现款。

[1854年5月30日][马瓦鸦片]的价格不断下落,使每一百斤的价格降低到了345元。最近我们有一个非常呆滞的鸦片市场,卖货实属困难,上品烟土的价格已继续下降到330元一百斤,目前似乎没有上涨的希望。

[1855年1月1日]"马瓦"的价格表面上仍然保持370元一百斤,等到恒河号和别的轮船运到大批货品以后,它的价格又继续下落到350元,这是目前一般的市价。虽然价钱这样便宜,但仍然没有人买,同时囤户们也不愿意贱价出售。

[1855年3月8日]330元至333元一百斤的土货算是正常的价格。

[1860年5月30日]虽然生意稀少,但一般囤户的信心又渐渐恢复一点,因此,"马瓦"的价格已跌到460元一百斤,今天却提升到470元。

(王崇武译:《太平天国时代英国商人的鸦片贸易》。《太平天国史料译丛》,第103—112页。上海:神州国光社,1954。)

**【江苏省苏州·1860年7月】**至于叛军的一般道德品格,我们几乎无法提出意见。就其全体而言,他们大概不会在这方面比他们的同胞高明多少。吸食鸦片,依法是禁止的。但我们知道,叛军中有不少人是在吸,普通士兵与一些首领都任意吸烟。我们听到一位首领[他本人虽然不吸鸦片]提到他们愿意得到供应的物品清单时,把鸦片列为首位。这令人痛心。他们还不断地申请购买鸦片与军火。我们不能指望在这种情况下人们的道德品格会怎样高尚。

(《传教士艾约瑟等五人赴苏州谒见忠王的经过》。《北华捷报》第519期,1860年7月7日。《太平军在上海——〈北华捷报〉选译》,第60页。上海:上海人民出版社,1983。)

**【1860年】**英国必须考虑两事:(一)中国无治状态[乱事]将会影响到茶税之收入;(二)因革命军禁烟,初时处吸鸦片者以死刑,如得胜利,则由此源头[运卖烟土]所得之大宗收入必受损失。

(施嘉士:《旅华十二年》,John Scarth: *Twelve Years in China*。1860年,第277页。简又文:《太平天国典制通考》中册,第848页。香港:简氏猛进书屋,1958。)

**【1863年】**鸦片虽不属于生活必需品,且不列入制成品名单之内,然而我们对鸦片这项进口贸易,确有予以注意的必要,因为它在我国贸易中具有价值,它可以为我们从中国换回同等价格的土产品。同前一年交易情形相比,1862年的鸦片贸易量确有所增加,并为我们带来更多的利润。这项进口的药物不仅在消费量上有所增长,而且它的价格已经高达六百三十两一箱,这是多年来没有见过的价格。鸦片价格在1861年的幅度,是五百十五两到六百两,而在1862年内,它的最低价格是五百四十两,年终时则高达六百三十两。至于进口鸦片的数量,据每年交货的帐目,1861年是两万一千六百四十八箱,1862年是三万零一百四十二箱,说明在一年内增加八千四百九十四箱。

鸦片这项物品的贸易,在上一年[1861年],曾大受叛军的扰害,因为他们在各地方出现,中国商人便不能将鸦片运到内地去。但联军却排除这种困难,极力将叛军从内地市场上驱逐出去,使中国商人恢复他们的信心,并使鸦片贸易的规模比过去还大。太平叛军为我军驱逐后,由于我们在扬子江上以及通往华北各埠的海岸,开辟了经常行驶的轮船航线,鸦片贸易进口商人感到无比满足,这些口岸的鸦片贸易逐年在增长。

(《外国商业与航运在中国的发展》。《北华捷报》第653期,1863年1月31日。《太平军在上海——〈北华捷报〉选译》,第467—468页。上海:上海人民出版社,1983。)

**【江苏省上海·1864年】**现在我们的进口贸易整个儿在停顿中,鸦片几乎一点儿也卖不出去。

(《1864年6月17日开斯维克致香港惠涛》。严中平译:《怡和书简选》。《太平天国史译丛》,第一辑,北京:中华书局,1980。)

**【江苏省宿迁县·同治六年】**[鸦片]种植之区,已十居其一,小民贪利,相率效尤。

(丁日昌:《抚吴公牍》,卷三十六,第2页。)

**【安徽省砀山县·同治六年】**[种植鸦片]业已十居其一。

（丁日昌：《抚吴公牍》，卷三十六，第 3 页。）

**【江苏省苏州·光绪十三年】**鸦片烟之流毒则不然，损体耗财，废时失事，即至饔飧不给，衣履不完，仍陷溺而不能返……吾镇阛园几成列肆。近虽令申示禁，恐难塞此漏卮也。[故鸦片为]“四民之蠹”[之最后者也]。

（陶煦：《周庄镇志》卷一，第 3 页。）

我浏览英国档案馆有关太平天国的文件，大约得到这样的一个概念，就是：太平天国革命的势力越扩张，英国在华的鸦片贸易商人便越焦急。反之，太平天国占领的区域被反革命势力压迫得越缩小，则英国的贸易商人便越高兴。

（王崇武：《〈太平天国时代英国商人的鸦片贸易〉译者序》。《太平天国史料译丛》，第 100—101 页。上海：神州国光社，1954。）

# 第五节
# 外国商人深入太平军占领区做生意及其对中外商人关系的影响

## 一、外国商人深入太平军占领区做生意

**【江苏省镇江、扬州・咸丰三年二月】**二十二日，又被占据镇江，窜入扬州，掳掠殆尽。金山寺纵火焚烧，夷船受伤。

（柯悟迟：《漏网喁鱼集》，第17页。北京：中华书局，1959。）

**【江苏省常熟县・咸丰十年】**［有夷人五六名在咸丰十年十一月］由东乡乘小艇到城［常熟］，带洋枪、火药及诸洋货，欲售银三万。慷天福钱［钱桂仁］慌迎入馆，不敢怠慢，易银送出。自后闻亦屡来交易。

（汤氏：《鳅闻日记》卷下。《近代史资料》1963年第一期，第115页。又见《太平天国》，第六册，第344页。罗尔纲、王庆成，桂林：广西师范大学出版社，2004。）

**【江苏省苏州・咸丰十年七月】**闻苏城之贼，西商售以枪药，不知由何路而往。而贼中亦有花旗奸民连阿四等为作□□行接待西商。

（《王瀚上吴煦禀》1860年9月。《吴煦档案选编》，第414页。太平天国历史博物馆，南京：江苏人民出版社，1983。）

**【1860年】**英著者白灵克理氏［Capt. Brinkly］则确信太平军并没有肆虐滋扰人民及蹂躏毁坏地方，"然而清军之躲在敌后或逃在敌前者，则肆行残虐横暴……每当太平军过境之后，清军随至，要人民尽负其不可避免的后果之责任［即被太平军占领该地］，于是乎革命所经之地沿途满染血污，而并非全是太平军所致的……清军与太平军两方，各有相异的政策。清官以叛党断不能无民众拥护而生存，于是故意对人民作实际的表现——凡拥护赞助太平军将得如此的惩罚恶报。职是之故，清军每一重到太平军所曾占领之地，必大量屠杀人民以示教训。太平军则反之，每于胜利后得有充分力量则以宽容和谐而力图博取民众之拥护赞助。各方皆自依有智的动机，然语其结果乃大异：清军则残杀、蹂躏，凡

军行所至之处毁坏一切;而太平军则保护人民,保存物资,及防卫地方……再有一相异点:清军对待外人以厌恶及严酷之姿态,而太平军则欢迎之而且给于安全的通行”。

然而西方列国仍口口声声的宣言,他们之所以赞助清军是为着人道主义的理由。在种种真凭实据大光烛照之下,他们的宣言是空洞无物的。如果西国在远东的历史可以证明甚么,那就是没有一国是垄断文明与人道的。西国干预太平天国革命运动的理由,一言以蔽之,不外商业而已。这并不是因太平军阻挠西方各国之合法的商业。著名的英国汉学家理雅各博士说:“太平军曾否损害英人的财产而拒绝赔偿呢?他们曾否与吾人订定协约而故意违悖了呢?他们曾否威吓停止我们的商业,或立定各种办法以行之呢?我从来未曾得闻有关这些问题的而被人藉口反对太平军的事件。”

据说:太平军因毁坏了江苏之农产区而至损害了茶丝两种商业。这一说并不得统计数目之证实。太平军于一八五三年克南京后,即占领长江下游大部分的丝产区。在前此十年间中国生丝出口额,平均每年六千至二万五千包,以后历年出口额列下:

一八五二—五三　　二五,五七一包

一八五三—五四　　六一,九八四包

一八六〇—六一　　六九,一三七包

[此时太平军占领苏州后,全部丝产区几尽归治下。]

一八六一—六二　　八八,七五四包

一八六二—六三　　八三,二六四包

[天朝统治下最末之年。]

自清军攻复苏州后,出口额即大为减缩:

一八六三—六四　　四六,八六三包

一八六四—六五　　四一,一二八包(其年太平军全部覆灭。)

至于茶叶,较为稳定,出口额每年逐渐增加。

一八五二—五三　　七二,九〇〇,〇〇〇磅

一八五三—五四　　七七,二一〇,〇〇〇磅

一八五四—五五　　八六,五〇〇,〇〇〇磅

一八六〇—六一　　八七,二二〇,七五四磅

一八六一—六二　　一〇七,三五一,六四九磅

一八六二—六三　　一一八,六九二,一三八磅

太平军覆灭后,出口额大致同前:

一八六三—六四　　一一九,六八九,二三八磅

一八六四—六五　　一二一,二三六,六七〇磅

由以上统计数目看来,可见太平军之统治并未减缩茶、丝两业。反之,太平军正在作生死战之期间,仍能发展国际贸易,此诚非凡可奇的纪录也。

究言之,太平军并未毁害中西之国际商业,然却威胁入口额之足以使出入口平衡而有利于西国商人者。在中国初期的国际贸易中,外人很难找到各种货物输入中国使抵销茶、丝之

出口额。中国的出品在欧美大应需求,但西方却找不到甚么适合的货品可在中国市场上推销的。西国商人迫不得已要输入银币以平衡此贸易之出超额,直至十九世纪中叶,鸦片之输入乃得扭转此平衡,以前国际贸易皆出多入少的,而欧美大量的银币流入中国源源不绝。

赖多理氏[Latourette]说:美国向中国输入的货品之最重要者为银币。直至汇票通用之前,贸易价之半,甚至四分之三,是用硬币的,有一宗交易至需要现洋七百五十万元。运入银币虽过多,但是必需的。有几年间,需求硬币额过多,甚至美国要向各处搜购现洋以为货品交易之用。硬币大都是西班牙的银元,由西班牙治下的西印度群岛、南美、葡萄牙及芝不律佗而来。中国商人惯用此种银币,等到南美新建的国家后来所铸的银元流入之时,须要大打折扣方能通用。约在一八二七年,英国汇单通行,渐乃成为硬币之代。英人大量输入鸦片,使贸易平衡一旦扭转了,致不利于中国[入超],因使买汇票价廉于运输银币,从此以后,银币在输出品之重要性便没落了。至一八三三年,硬币与英汇票总数比较,只得七分之一,而实际交易上,只用不到三分之二。

自一七八一年以来,输运鸦片的商家大都是英人,虽然利之所在,各国商人均趋之若鹜。在一八〇〇年,中国政府明令鸦片输入为非法的,但仍未能禁绝此种贸易。许多著名的英美商行及其他各国的,在十九世纪中,是以鸦片为营业大宗。据莫尔士[H.B. Morse]解释外商之从事鸦片营业,不如今人之视为耻辱,盖由西方银币输出过多,令欧洲市场银根紧极,不得不以鸦片贸易取回现金,以得平衡,盖中国所肯同意购买者,惟鸦片一宗云云。

远在一八三九年,中国官吏宣称,鸦片每年吸取中国一千万两。至太平军兴,仍是如此。一八五四年,即太平军克南京后一年,有一英著者 C. W.Cook 发表英国对华贸易数目如下:

| 由大英帝国输入品 | |
|---|---|
| 鸦片六万五千至七万箱 | 二四,〇〇〇,〇〇〇元 |
| 棉二〇〇,〇〇〇包 | 四,〇〇〇,〇〇〇元 |
| 制造品 | 四,〇〇〇,〇〇〇元 |
| 马来亚及印度 | 一,六〇〇,〇〇〇元(此数字待考) |
| 总数 | 三三,六〇〇,〇〇〇元 |
| 对英输出品 | |
| 茶八五,〇〇〇,〇〇〇磅 | 一五,〇〇〇,〇〇〇元 |
| 丝四万包 | 九,二〇〇,〇〇〇元 |
| 杂货 | 一,五〇〇,〇〇〇元 |
| 总数 | 二五,七〇〇,〇〇〇元 |

以上统计表显出两相比较入超七,九〇〇,〇〇〇元,是中国的漏卮,但如除去鸦片,则英方损失一六,〇〇〇,〇〇〇元了。[按:这统计数目至有价值,藉见英国必须维持鸦片贸易。]

太平军克南京后,鸦片之需求骤减。自一八五四年起,国际贸易又有利于中国。莫尔士[Morse]说,在此期中,外商又须运银币入口。每年输出超过输入额,只有再运入银币,以求平衡。

多年以来,清廷素恶鸦片贸易,但于一八五八年与额尔金爵士所订之条约中,正式承认鸦片为合法的商业。满洲人洞知断不能拒绝此毒品。然太平军则否。他们仍相信他们可以禁绝鸦片贸易。面对此种种事实,我们不难了解,为什么一般商人与领事在各口岸内转而反对太平军了。一八五八年满洲人之正式接受鸦片,实是太平天国末日之开始。

对于天朝之另一大打击,则为一八六〇年之条约,开放长江口岸,远至汉口,以为外国通商口岸。英政府因长江沿岸有革命乱事必阻挠沿江商务,甚以为苦。一八六一年三月,额尔金令英海军司令何伯驶往上海,"以开放沿江两岸为通商之用",兼以警告太平军,使其勿阻碍商务进行。白灵克理说,"分明的,沿岸商业如须缴纳两重货物税——一对天朝,一对清朝,当不能发达的。何伯是狡黠精明而坚决善断的军官,了解必须于两交战团体之间选择其一,如非太平军则必为清朝,断不能兼容两方。事实上,他于轮船动程由沪西上之前,早已抉择了。他早经宣布太平军为一个'有组织的贼党',而在此估计之下,他不变成见而动程上驶的"。

(贾希尔:《华尔传》。简又文:《太平天国典制通考》中册,第1118—1123页。香港:简氏猛进书屋,1958。)

**【江苏省苏州·1860年7月】**谈话开始后,他[李秀成]以官话夹杂广西土音问我们[艾约瑟和杨笃信]甚么时候来到苏州的,来做甚么的……

[艾约瑟问]英国对于在华经商是不够在意的,可是英国商人却极愿在嘉兴南浔等地买到即将上市的新丝。这些地方,现在正是天朝的势力范围,如果在这带地方经商不被阻挠,并在天朝的安排之下能够继续,这对本地人和外国人都很有好处,我们将对天朝感到高度的满意。

[李秀成回答]天朝也极盼除去一切通商的阻碍,如果通商能继续下去,天朝将设立关卡,征收货物的进出口税。

(艾约瑟:访问苏州的太平军,一八六〇年七月二十二日作。王崇武等:《太平天国史料译丛》,第131、133页。上海:神州国光社,1954。)

**【1845—1863年】**

下列各表数字可以说明太平军存在时对于商业的影响。

**太平天国革命爆发前五年丝茶输出总额**

| 年　代 | 茶叶(磅) | 生丝(包) |
|---|---|---|
| 1845—1846 | 57 580 000 | 18 600 |
| 1846—1847 | 53 360 000 | 19 000 |
| 1847—1848 | 47 690 000 | 21 377 |

续 表

| 年 代 | 茶叶(磅) | 生丝(包) |
|---|---|---|
| 1848—1849 | 47 240 000 | 17 228 |
| 1849—1850 | 53 960 000 | 16 134 |

注：上表数字系塞克斯上校(Col.Skyes,M.P.)录自当时广州出版的《中国之友》杂志(The Friend of China),所载1843—1858年中国各通商口岸[宁波除外]输出总额表,在所著《对华贸易之进展》(The Progress of Trade with China)一小册子内发表者。

**革命发生的头三年,太平军北伐时期丝茶输出总额**

| 年 代 | 茶叶(磅) | 生丝(包) |
|---|---|---|
| 1850—1851 | 64 020 000 | 22 143 |
| 1851—1852 | 65 130 000 | 23 040 |
| 1852—1853 | 72 900 000 | 25 571 |

注：由上表可见革命军的进展,并没有干扰贸易的继续增长。

**太平军占领南京及许多丝茶产区后至1859年丝茶输出总额**

| 年 代 | 茶叶(磅) | 生丝(包) |
|---|---|---|
| 1853—1854 | 77 210 000 | 61 984 |
| 1854—1855 | 86 500 000 | 51 486 |
| 1855—1856 | 91 930 000 | 50 489 |
| 1856—1857 | 61 460 000 | 74 215 |
| 1857—1858 | 76 740 000 | 60 736 |

注：由上表可见输出的茶丝,特别是丝,虽然某种程度上是来自或要通过太平军占领区的,但仍然继续增长。

**太平军占领全部产丝区及大部产茶区的丝茶输出总额**

| 年 代 | 茶叶(磅) | 生丝(包) |
|---|---|---|
| 1860—1861 | 87 220 754 | 88 754 |
| 1861—1862 | 107 351 649 | 73 322 |
| 1862—1863 | 118 692 138 | 83 264 |

注：太平军于1860年5月占领了苏州,不久以后便占领了全部产丝区。由上表可见,从1860年6月1日起至1861年5月31日止,这一丝业年度终了时,太平天国不但没有破坏丝业,反而使生丝输出额从1859—1860年的69 137包增至88 754包,为中国一年中输出生丝从未有过的最大数额,1861—1862年度增为73 322包;1862—1863年度增为83 264包。同时,大部分产自太平军占领区的茶叶,其输出额亦自1860年的66 000 000磅增至1863年的119 000 000磅。上表数字包括太平军占领全部产丝区及徽州、太平,及安徽、浙江、江西、江苏等产茶地区并延至1863年5月底为止。

**太平军退出产丝区后丝茶输出总额**

| 年　代 | 茶叶(磅) | 生丝(包) |
| --- | --- | --- |
| 1863—1864 | 119 689 238 | 46 863 |
| 1864—1865 | 121 236 870 | 41 128 |

注：上表数字比任何历史记载或者争论更清楚的证明，原来属于太平军领土的破坏者究竟是谁。当革命军守住并治理着产丝地区时，生丝产量和输出量之大，为前所未闻。但当英国使此一产区沦为战场并赶走太平军之后，丝的供应量立刻降至太平军统治时输出额的半数，至次一年则更少。

（Lin-le：*The History of the Ti-ping Revolution*，Vol. Ⅱ，pp. 838—839. London，1866.呤利著：王维周译：《太平天国革命亲历记》，第 696—698 页。上海：上海古籍出版社，1985。）

**【1863 年 1 月 31 日】**在这个时候，进口物资的数量比较低落，而在上海这个商业中心的存货已有所减少，因为一部分货物已转运到其他口岸，一部分已在本地市场推销，其数量虽不算大。到去年年底，物价一般都在上涨，而在中国对外贸易史上，它要比任何时期的物价为高。虽然如此，这里的物价仍然要比曼彻斯特的市价为低，那里物价之所以升高，是由于美国发生内战，致使棉花供应缺乏的缘故。去年年终，商人手中所存各种棉织品存货的数量，虽与年初不同，不算过多，然而平均说来，货源仍极充分，照许多人估计，足敷此间一年的消费。

（《外国商业与航运在中国的发展》。《北华捷报》第 653 期，1863 年 1 月 31 日。《太平军在上海——〈北华捷报〉选译》，第 466—467 页。上海：上海人民出版社，1983。）

**【1863 年 1 月 31 日】**去年[1862 年]上半年，进口贸易的情形极为不振。交易上没有什么生气，对进口商人来说，当时的物价是无利可图的。无论在那个地方的市场，工业制造品的存货都是很多的，而以上海市场最为特殊；在这里，大量供应的货物远远超过日益降低的消费量，这使上海存货继续趋于膨胀。但到去年 7、8 月间，情况很为明显，支配国内市场的高物价，已在实际上使航运归于停顿，而由于每条邮船都带来国内物价继续高涨的消息，致使我国在上海的商品价格，日益同国内货价失去平衡。掌握货物在手的人，开始恢复他们的信心。外国商人带头进行投机，买进货物，而后外国与中国商人同样买进，致使原已低落的物价得以逐步提高。这种物价上涨的趋势，后来受到从英国陆续传来的消息的鼓舞，而且这种情形一直继续到去年年底……

应该注意的是，大量原棉存货是中外商人投机的对象，而掌握该项存货的，主要为外国商人，其次是华人资本家。汉口、九江、天津这三个地方，向来都是从上海市场得到原棉供应的。前两个口岸从上海吸进的物资，在数量上大致同前一年相等，天津与华北其他口岸的贸易则显著下降，据估计，去年消费量约等于 1861 年的三分之一。

（《外国商业与航运在中国的发展》。《北华捷报》第 653 期，1863 年 1 月 31 日。《太平军在上海——〈北华捷报〉选译》，第466—467页。上海：上海人民出版社，1983。）

## 二、中国商人对洋人依赖性的增强

**【江苏省上海县·1852—1860年】**［一八五二年以来，上海］经理洋货的市侩［目睹］盗贼蜂起，交通阻断，商品堆积，货价低落，［心］怀怨恨，其甚者，竟希望洋人来代为保护。

（徐蔚南：《上海在前期太平天国时代》。《上海通志馆期刊》第2年第2期。）

**【江苏省上海县·1853年】**在上海，一般人都注视这样一个进展神速的革命运动，最初是感到关切，接着是感到不安。省会一被占领，革命军的浪潮不会冲到上海来吗？中国官府十分焦急，考虑着防护措施。商业界——英美商界和中国商界一样——眼见着自身利益受到了威胁，交易已经日趋迟滞；自一八五二年年底起，货物就已经开始滞积。现在，上海各货栈堆积的存货，据估计，值二千万英镑之巨……一八五三年一月二十一日法国领事敏体尼［Montigny］写给法国使馆的一封信，对彼时情况提供了若干有趣的实例。他说："英美商人都在叫苦，几星期来，他们的棉布或毛料一匹也销不出去了，就是鸦片烟也都无法销售，每箱价格由五百六十元跌到三百九十元，四百元。"这种商业滞顿有三个原因："一、革命军进展神速；二、盗贼利用无政府状态，特别猖獗，拦路打劫，造成纷乱；三、内河水浅。"

（［法］梅朋：《上海租界当局与太平天国运动·第一章》。范希衡译。南京大学历史系太平天国史研究室编《江浙豫皖太平天国史料选编》，第386—387页，南京：江苏人民出版社，1983。）

**【江苏省上海县·1853年3月】**我发现上海比宁波恐慌多了。法、英两领事都对我说我们到的正是时候。据我看到的来说，商界十分不安，银根紧，生意停滞；总之，中西人士都有说不出的难过。

（法贾西义号舰司令卜拉致上级函。《上海租界当局与太平天国运动》附录，第二辑。南京大学历史系太平天国史研究室编《江浙豫皖太平天国史料选编》，第479页，南京：江苏人民出版社，1983。）

**【江苏省上海县·1853年3月】**上海生活必需品价格腾贵。乞丐和浪人都逃到这里来了，大家都怕要出乱子。

（法贾西义号舰司令卜拉致上级函。《上海租界当局与太平天国运动》附录，第二辑。南京大学历史系太平天国史研究室编《江浙豫皖太平天国史料选编》，第480页，南京：江苏人民出版社，1983。）

**【江苏省上海县·1853年10月31日】**虽然是战时状态，出口贸易没有吃到多大的苦头。茶还是逐日源源而来,大船装着,革命军和皇室军都不敢攻击。吴道台根据美使马沙利的同意,要收关税,并威胁着说,如被拒绝,他就要在内地扣留茶叶,或者见货预抽关税。由此道台与英领事之间文件往还颇为尖刻。如果华方真敢与欧洲列强为敌的话,可能演成完全决裂。海关由萨拉蒙德号派三个兵守着,霍尔特爵士把道台派到欧人船只边前来收税的两只大木船赶开。

(法贯西义号舰司令卜拉致上级函。《上海租界当局与太平天国运动》附录,第二辑。南京大学历史系太平天国史研究室编《江浙豫皖太平天国史料选编》,第 486 页,南京:江苏人民出版社,1983。)

**【1860 年】** 又有韦尔逊(*Adrew Wilson in the Ever-Victorious Army*, p. 66)有如下之解释:

如所周知,天主教在中国的教士们是一个极有权力的团体;在全国设有"地下"交通系统[派人深入内地各处工作]。他们对于太平革命运动反对最烈,不难派遣有些地下工作人员前往引诱忠王自投罗网——其设辞假称占领上海如何容易及如何安全。[按:麦迪乐亦言此是有些外人挑拨离间之诡计,看下文捌之四译文。]如果此言可信,则其引人入阱之阴谋毒计诚可惊异矣。[按:《华北先驱》,一八六〇年八月十五日,第五二六号社论,亦言外人邀请忠王来沪之言可信,大概是商人、教士或贩卖军火者。]

(简又文:《太平天国典制通考》中册,第 901 页。香港:简氏猛进书屋,1958。)

**【江苏省上海县·1860 年】** 忠王军于四月十三日(西国六月二日)克苏州后,上海中外人民益为震动。全埠"完全处于恐怖状态之下,路上行人绝迹,商店相继关门,居民迁徙各处,或往内地,或寄居于黄浦江中的船上。"

(简又文:《太平天国典制通考》中册,第 904 页。香港:简氏猛进书屋,1958。)

**【江苏省南京·天历十一年五月十七日】** 九门御林忠义宿卫军忠王李谆谕杰天义赖文光弟知悉:照得月之初五日接武昌县仁天安蔡弟送来弟自黄州寄来公文一件已悉,江北军情大略未得细悉,仰弟将英王的事及皖省如何情形细细禀明前来。弟昨所来文件,兄自十一日复谕寄送圻州转送弟处,曾将兄进兵通山、通城、嘉鱼、蒲圻、咸宁,发员镇守,及瑞州、靖安、奉新、武宁、义宁各处亦饬各将镇守各州邑,并兄扎兴郭,谭主将驻大冶,陆主将入蒲圻,一切情形诉明于弟,谅必接到矣。恐前文有误,今汉口大英国洋人送文来府,今又寄谕交该送文人便寄弟处,弟可速即回报兄知,庶可悉英王及皖省如何之的实。

外有英王公文一件,仰弟发往可也。为此特谕,仰即遵照,速即回文是也。

此谕。



太平天国辛酉十一年五月十七日。

(《李秀成致赖文光谆谕》。《中国近代史资料丛刊:太平天国》,Ⅱ,第 732—733 页。中国史学会编,编者:向达、王重民等,上海:神州国光社,1952。)

**【江苏省上海县·天历十一年十二月初二日】**同在十一日,有英水兵三名于上海附近虹口[今北四川路]为太平军俘去。有军官询以英法军情形。至十三日[西一、十二],所俘之两人被释。据云,外人在太平军中效力者约有二百名。又带回一姓 Ho 的[纳王部永宽?]军官公函数件。其致英军司令官的公函,[原文佚,兹从狄支沙氏书第 117—118 页英译文回译。]有曰:

[上叙大军最近在各处之胜利,略。]今南方已定,忠王已亲率大军分五路攻取(尚)[上]海。(尚)[上]海蕞尔小邑,有何可惧?现在我军已全得苏浙两省,必须收取(尚)[上]海以完成领土。事实如此,并非自夸。今者海岸一带常有外人通商。如派兵前往杀敌,恐尔我友善感情将至有损。为此,今特予以警告:凡妖军所在之地,切勿干预。如此则外人商行可免受损害。如尔愚顽不明,只顾图利,则不独(尚)[上]海将为我有,且全世必被克服。但如尔方不听妖言,悔悟归服,则不特可以通商,且多得丝茶,皆获厚利。请细思之。予现在统兵至嘉定,祈即复音勿延,以免后悔。此致上海英军总司令。太平天国辛酉十一年十二月初二日。

(简又文:《太平天国典制通考》中册,第 1004 页。香港:简氏猛进书屋,1958。按:狄支沙 C.A.M. de Jesus:*Historic Shanghai*,法国人。)

**【江苏省苏州·咸丰十一年十二月二十四日】**夷人去夏有人到苏城,告以上海空虚,尽可来取。又送洋枪百杆与贼,贼答礼尤丰。

(赵烈文:《能静居士日记》。《太平天国史料丛编简辑》,第三册,第 218 页。太平天国历史博物馆,北京:中华书局,1962。)

## 三、中外商人在反对太平天国上的合作

**【江苏省上海县·咸丰十年七月二十四日】**来示谨悉。夷商既有剿贼之意,能与华商商妥,出自中外商人之意,好极!妙极!弟亦敢于出奏,惟得金陵后,贼资甚多,如何分成充赏,亦应议及,方与弟前奏相符也。都中所虑者威夷之言,谓其占据地方,恐不肯还。只要华夷商人妥议,将此层暗中说明以破都中疑团,则无人阻滞矣。弟等以后亦不致有患,祈妥筹办理。

密领事狂妄已极。两国之事未有巴领事一人主持者。至额酋交出章程一事,弟前日业已虑及,既函询[李]太国,看其复信如何。弟致虎游击信录稿呈览。吴平斋送来探报一并附呈。此请台安。弟焕顿首。二十四日。

(《薛焕致吴煦函》,1860 年 9 月 9 日。《吴煦档案选编》,第一辑,第 415 页。太平天国历史博物馆,南京:江苏人民出版社,1983。)

**【江苏省青浦县·1862 年 2 月 11 日】**在产丝区的太平叛军,据传最近又发生了一起叛军在产丝区抢劫欧洲人财物的事件。有一艘货船装载着贵重物品与鸦片,准备到产丝

区去销售。在到达青浦附近的地带时，该船的货物经管人遭到当地叛军的袭击。劫掠者将几颗恶臭的便壶式炸弹扔进船舱内，致使他的面颊和双手严重灼伤。他忍着灼伤的剧痛，当即从船上纵身跳入水中，游到河边登岸，然后向苏州河下游逃去，到了夜晚只好通宵躺卧在冰上。第二天，他看到他的货船顺流而下，便向船舷游去，爬到船上。他发现船舱内装载的价值 4 000 两纹银的贵重物品已被抢劫一空，但藏在隐秘处的鸦片未被劫掠者注意到。

（《每日航运与商业新闻》。《太平天国》，第十册，第 392 页。罗尔纲、王庆成，桂林：广西师范大学出版社，2004。）

## 附：王韬献策

一

我窃为大王不取。曩者清国清（请?）兵于英，英之所以不遽发兵者，亦不欲开罪于大王耳。今闻尔兵将至上海与英为仇，英亦未敢退避也，敬请披甲枕戈以待。如此说系是民间谣言，则不妨遣一价行李，辱临于此，通好诸国，则贵处进兵自无后顾之虞，可奋前攻之力。事定之后，还请于汉阳、南京等处通商，照例纳税，则贵国柔远之功，岂不伟哉？请三思而行之。

按：此书作者不详。原抄本置此件于本书第三部分一般文书类所附残文之后，该文有云："贼匪之意并欲与大英诸国为敌……莫若遣谋略之士密至镇江，游说其主，慑之以兵威，动之以利害……如其仍许通商，复立和约，则英国按兵不动，永修万年之好。设或不然，则清遏其前，英蹑其后，法兰、合众横捣其间……则胜负未可知也。"今详此件文意与该文暗合，大概就是所谓"游说"之词。

二

方今天下以利为治，上下交征，风俗之坏，亦已甚□□□□□□已久矣，纳贿捐赂，覥然民上，缙绅之途亦已污矣，而□□□□□士抱名负节伏处草莽之间者，亦已困矣。磅礴郁勃□□□□□必宜有真人起，孰不欲去其旧染之污，拭目而观新命之鼎□□置调度此其大略，欲成帝业，愿勿他图。夫草茅崛起，缔造艰难，先必包括宇宙之心，而后有旋乾转坤之力，知民之为贵，俾[得?]民则与[兴?]，知贤之为宝，求贤则治，如汉高祖之宽雄[洪?]大度，如明太祖之夙夜维勤，一旦天人合应，顺时而动，莫可明喻。否则眷恋武昌□□□预怀得寸则寸之思，割据一方，偏隅自足，以致因循月[?]岁月[下缺]

（《太平天国史料》，第 182 页。金毓黻、田余庆，北京：中华书局，1955。）

[编者按：此为钱江上天王策中的一节，文字与《太平天国野史》所收者微有不同。]

## 第六节

# 海关与关税

**【江苏省镇江·1854年5月26日,天历四月二十日】**［殿左五检点督理镇江、瓜洲等处水陆军务吴如孝致布嘉南的照会。］适者,贵国突然来船二只,却未预闻于本检点,此我军士放炮之由,可为鉴原。至蒙遣贵介四人投入华翰一帙,阅知贵军门欲请引导上天京,固知所来友好诚意。但我左辅正军师东王有令,凡有邻封事宜量略,不论水陆前来,准止边关传奏,候旨宣夺等因。

(《太平天国资料》,第11页。北京:科学出版社,1959。)

**【江苏省苏州·1860年7月】**忠王问起外国客人还有什么其他问题要提出。教士们说他们有些朋友和同胞从事贸易,如果生丝贸易能不因叛军驻扎嘉兴和南浔两地而受到阻碍,那就好极了。如果有办法使这种贸易继续下去,中外人士都将受益。忠王回答说:天国愿意这样,如果贸易继续进行,天王将照章征收关税。

(《传教士艾约瑟等五人赴苏州谒见忠王的经过》。《北华捷报》第519期,1860年7月7日。《太平军在上海——〈北华捷报〉选译》,第55页。上海:上海人民出版社,1983。)

**【江苏省·1860年9月15日】**叛军已在苏州设置关卡,征收运来上海丝绸等货物的税捐。属于英国人的空船,每艘须付税二十五两。我们相信,叛军征收丝税是每包六两。凡是付过税款的货单都盖上红印,而叛军则一贯对此予以尊重。

(《太平军在宝山、吴淞、南翔等地的军事活动》。《北华捷报》第529期,1860年9月15日。《太平军在上海——〈北华捷报〉选译》,第161页。上海:上海人民出版社,1983。)

**【浙江省宁波天平关(镇海关)·咸丰十一年】**又有伪职衡天安,名潘起亮者,即咸丰三年在上海叛逆之绰号小镜子也。当大兵逼剿,逃往南京,今贼入寇,引领来宁,专司官税。改镇海关为天平关,征收商税。又自郡城北门至丈亭,设立巡卡,着贼目管守,查盘各货,恣意苛索,无一定之例。

(柯超:《辛壬琐记》。《太平天国资料》,第181页。北京:科学出版社,1959。)

**【江苏省南京天海关·天历十一年四月十二日】**李春发、莫仕睽照会，致美国从一品水师提督百龄[Stribling]。

所有贵国通商获利，经过长江，有何不可。经过商船，即由天海关佐将验明，有贵国领事执官[疑二字颠倒]照，即便放行。但本国现与咸丰相敌，虑有奸细，侦探军情。倘贵国商船夜晚经过，须于大江北岸浦口塔根湾泊，天明到关验放开行。贵国官兵无事亦不可登岸，及在本国城外营盘闲玩……至贵国在某处通商，请护资财民人一概堂馆等件；但本国与咸丰正在对敌之时，目下所有未克地方，贵国有堆货物在彼，我国大队官兵临至，与咸丰对战交兵，势难分别，此难应承保护。俟该处地方为本国克取管辖安抚之时，再行斟酌，定有铺派也。至贵国人民犯法，自当送交贵国惩治；本国人民犯法，亦由本国惩治，敬如所约……天下一家，视贵国人民亦如本国。

（《太平天国资料》，第13—14页。北京：科学出版社，1959。）

**【浙江省秀水县、桐乡县·咸丰十一年】**五月十四、五，闻有龙记枪船[载]夷人由新[塍]往濮[院]买丝，丝行主以长毛索关税，乃雇枪船保护而过。是时枪船甚强，凡客船过，必看船索费，枪船则听其自过，不敢看也。客商往往雇枪船为保，则免于税矣。是[日]，因枪船少，遂拿住枪船两只，计杀四人。十六日，廖[僚]天福邓来新[塍]讲道理。夷人告状不准。枪船之势自是稍戢，而卡上查税自此益严，连日杀人。七月初三、四，闻又杀四人号令，自是客商过者皆股栗矣。

（沈梓：《避寇日记》。《太平天国史料丛编简辑》，第四册，第69页。太平天国历史博物馆，北京：中华书局，1962。）

**【湖北省武昌、汉口·咸丰十一年五月间】**先于咸丰十一年五月间，英商林西公司(Lindsay & Co.)有丝一千六百捆在汉口附近[大约在武昌县附近]被太平军忠王所部截留，要索外国货物及枪枝子弹。

（简又文：《太平天国典制通考》中册，第965页。香港：简氏猛进书屋，1958。）

**【江苏省吴江县芦墟·咸丰十一年五月十四日】**闻芦川毛公关上，红夷丝船过亦要完税，拘夷二人。今日有夷人火轮小船过，居民惊惶，恐起争端，实则两不相照也，因之吃一空惊，以后能各无事为幸。

（柳兆薰：《柳兆薰日记》。《太平天国史料专辑》，第191页。上海：上海古籍出版社，1979。）

**【江苏省吴江县芦墟·咸丰十一年五月二十日】**闻芦川有红毛火轮船与长毛讲论，日前曾夺其丝故也。各店罢市。此事以和为贵，一动干戈，生灵涂炭矣，可虑之至。下午，慎甫来谈，拟尽一心事，付三十而托办。局中吴老玉、姚莲舫来，知为调停两毛["长毛"、"红毛"]事，又为长毛所累，勒局索洋二数，赎还红毛所掳在船之长毛八名，不得已而应之。火轮船未开,已向通事说明交洋、交毛言定矣。此项又出资地方,恐以后[红]毛之诛求无厌,可危之至。

(柳兆薰:《柳兆薰日记》。《太平天国史料专辑》,第192页。上海:上海古籍出版社,1979。)

**【江苏省吴江县芦墟·咸丰十一年五月二十一日】**闻芦事归结,实一四五数,报名二数,总之无论多寡,贻祸无穷也。

(柳兆薰:《柳兆薰日记》。《太平天国史料专辑》,第192页。上海:上海古籍出版社,1979。)

**【江苏省吴江县芦墟·咸丰十一年五月二十四日】**羹老自芦还,知红毛之事,本地出洋八百番了结。然后患甚不测,未识天意何如。

(柳兆薰:《柳兆薰日记》。《太平天国史料专辑》,第193页。上海:上海古籍出版社,1979。)

**【江苏省Leo,Chee天朝税关·1861年6月】**英领事麦华陀致刁舰长[Dew]函云:

其后效则是:一般凭藉外人为护符者驶入内地而无护照,又有一辈不负责的水手藉以走入内地……这种事情的后果断不能是好的……雇人入内地之最大危险而足令人畏惧的,不在太平军,而在清军之剥削及抢劫行为,与夫不守法的乡人[土匪]之攻袭……这两种事情,如我国兵舰不时上驶游弋于长江,将可制止之。……如阁下赞成此计划,我献议在几天之间由贵处派遣兵舰一艘上驶。……(载林利原著第397页)

(简又文译文:《太平天国典制通考》中册,第966页。香港:简氏猛进书屋,1958。)

**【江苏省Leo,Chee天朝税关·1861年6月】**有船十六只,满载丝货及蚕茧,各有欧人驾管,而是属于上海欧人商行者,经过距上海或黄浦江上游不远的Leo, Chee天朝税关。各船到关,货物照例抽收薄税——每捆丝课银四元。属于两商行的货船遵令照缴,即继续开行,但属于上海安达生行[Adamson & Co.]的人则拒绝缴纳所驾管各船之货税,彼即被通知不得前进,除非照章纳税,而其船只及丝货随被扣留。这一行动当即被解释为"凶悍的海盗行为"。"飞来麻"号[Flames]军舰及刁舰长立即开往该处要求归还。此地之天朝长官向其解释,但无效。在大炮轰击的要挟之下,坚要无条件放还丝货;于是船只及丝货当即交还与刁舰长,但遗失了些少小型枪械。刁舰长乃强行夺去税关的大炮,并掳去税关的警员,一并解去扣押起来,以俟船上所失枪械之归还。该地温[Wan]长官于此暴行发生之后,致函上海当局。原函十分尊严而容忍。我们的行动应当适如其所表示的精神。以上所载,不过是我们所宣称的中立政策或态度之例证而已,尚有许多[同样的]事实已经发生。

温长官之抗议书,诚尊严得体,为太平文献生色,译之如下:

予已查明，贵国商人所失之丝货等等，因未纳税而被扣留，实由该商强图经过关口而避免纳税[偷关漏税]，故而被捕。是故贵处指摘谓其被劫是完全无根据的。

真圣主建立天朝，于安靖地区皆设立税关。所有商人运货过关者均须遵令守法，照章纳税。今贵处商人竟敢强图过关而避免纳税，而阁下来此骚扰，强行夺回款项，如此举动殊为不合。

（简又文译文：《太平天国典制通考》中册，第966—967页。香港：简氏猛进书屋，1958。）

**【江苏省吴江县芦墟·咸丰十一年六月十四日】**闻芦川长毛又捉红毛米船，皆巢匪为之。恐吾镇之祸，终起此辈。

（柳兆薰：《柳兆薰日记》。《太平天国史料专辑》，第197页。上海：上海古籍出版社，1979。）

**【江苏省吴江县芦墟·咸丰十一年六月二十九日】**然镇上为红夷赔垫事，通事又变卦，谈定八百，忽要加至千三。夷人颇不怿，约三日后到镇再议。恐此事不落肩，必受两毛之累，难卜安堵也。

（柳兆薰：《柳兆薰日记》。《太平天国史料专辑》，第200页。上海：上海古籍出版社，1979。）

**【江苏省吴江县盛泽·咸丰十一年八月十日】**下午，舟回，接外父信，知近体平安。[黎里]镇上亦略安靖。盛川两毛争一镇，现可调停，然惊惶暗迁者甚多，日上可无事也。

（柳兆薰：《柳兆薰日记》。《太平天国史料专辑》，第206页。上海：上海古籍出版社，1979。）

**【浙江省宁波·咸丰十一年十一月初八日】**咸丰十一年十一月初八日，宝天义黄呈忠与进天义范汝增克宁波，即布告安民，并劝士绅相助，以衡天安潘起亮司关税。

（简又文：《太平天国典制通考》上册，第441页。香港：简氏猛进书屋，1958。）

[编者按：据柯超《辛壬琐记》，潘起亮即前在上海起事之"小镜子"潘可祥，又名潘金珠、潘金子、潘金枝、潘起亮。上海小刀会起义五虎将军。他事后逃逸，改名转投太平军。王韬《瓮牖余谈》卷七亦谓其投金陵。郭廷以《太平天国史事日志》，第831页，其父在黄呈忠部任掌书职。对此人的经历，《上海小刀会起义史料》中记载较详。]

**【江苏省南京·1861年】**是时，美国商人亦有与天朝通商者。先于是年二月十六日[公历三月二十八日]，有一美国商船驶到天京贸易。次日，又来一船。至三月二十五日[公历五月四日]美海军司令司徒百龄[Stribling]过天京，与当局商定：凡悬挂美国国旗及执有护照之美船，均可航行长江。四月初四日[公历五月十三日]，司徒到汉口晤官文，随赴岳州。至西历五月二十日乃返沪。

（简又文：《太平天国典制通考》中册，第962—963页。香港：简氏猛进书屋，1958。简又文按：由以上事实研究，英美在长江各口岸通商及沿江航行毫无阻碍，太平当局均予以利便及答应其各种要求。友谊表示，商务顺利，无以复加。据林利由其亲历亲见之报告，是时每日由上海来天京通商之船常多至三十艘以上云，页四八一。英人谓为阻挠商务而横加罪名，实不对也。）

**【浙江省宁波·咸丰十一年十一月】**初八日，陷郡城[宁波府城]。以伪职衡天安潘起亮司关税，盘踞江东。自郡北至文亭，逐段设立贼(峰)[卡]，恣意苛索。贼酋司文亭(峰)[卡]，尤惨酷，过客多被戕死。

（光绪《慈溪县志》卷五十五。郭廷以：《太平天国史事日志》下册，第836页。重庆：商务印书馆，1946。）

**【浙江省宁波·1862年1月4日】**就太平叛乱运动影响我们外国人的范围来说，宁波的陷落是一年中在政治上和商业上最重要的事件。获悉实际情况后，驻上海的海军当局立即和租界的商业团体商量，考虑在当时环境下应该采取什么行动。海军提督何伯爵士早先曾派遣英国军舰“侦察”号载送税务司巴夏礼 Harry Parkes 前往宁波，拟与叛军会谈，但军舰到达时该城已失守，不及干预其事；既然英国当局必须遵守条约里的中立条款，海军只能从旁观察，保护本国侨民的利益。在这种情况下，海军提督请上海英商公会会员提出他们对这个问题的意见，结果如何，未见分晓。去年年底，巴夏礼先生回沪，并伴随海军提督乘“科罗曼德尔”号溯江而上，显然是准备把他们关于宁波失陷的意见通知在南京的太平叛军的高级首领。这就是今年初这个问题的不明确的状态，我们相信，英国政府的这些代表出面交涉以后，一定会有一些明确的结果。

（《一八六一年的回顾(节译)》。《北华捷报》第597期，1862年1月4日。《太平军在上海——〈北华捷报〉选译》，第432页。上海：上海人民出版社，1983。）

**【江苏省上海县野猫口海关·1862年2月】**本月14日，即星期四，一支由英国轮船“科罗曼德尔”号、炮艇“跳跃者”号与“欧椋鸟”号上载从英舰“高傲”号调来的武装人员一小队、十二磅炮弹野战炮一门，与奥伦队长统率的英国驻沪领事馆皇家水兵一队，外加莫德先生与领事馆翻译阿拉巴斯德所组成的英军出征部队，在队长韦尔士指挥下由上海开往扬子江岸野猫口这个地方。他们要从太平军与海盗手中，收回最近为其掳掠过去的英国财产，并使被俘人员获释……

此次出征计毁坏武装炮船四艘，其中一艘尚在装备中，另毁民船三艘；释放吠礼查洋行的译员一名与船员十三名，另有宝顺洋行船员十三名也获释；几乎完全收回了属于前一家洋行所有值钱的货物；解除河浜口叛军炮台的武装；带回来五门大炮，销毁一大批武器与弹药；夺取这些掠夺者一种财源，压制他们的气焰，并给他们一次有益的教训，从而使他们知道,假若不经过流血牺牲,要想干扰欧洲人的贸易,或者制造任何一种事件,都是很危险的。

(《英军破坏野猫口太平天国海关》。《北华捷报》第604期,1862年2月22日。《太平军在上海——〈北华捷报〉选译》,第252—255页。上海:上海人民出版社,1983。)

**【江苏省上海县——浙江省秀水县新塍·同治元年二月二十一日】**遇德清茂才许藕卿,名士奇,自上海来……时世人盛说鬼子兵可恃之说,且生意船出入多用鬼子保者。藕卿又言:"鬼子所能霸占者惟官兵耳,若长毛则无益也。自上海至此[新塍]共过五关,惟得胜关系官兵所守,并不看船,不报税,自此以来,过长毛关皆看船报税,虽鬼子且奈之何哉?"

(沈梓:《避寇日记》。《太平天国史料丛编简辑》,第四册,第136—138页。太平天国历史博物馆,北京:中华书局,1962。)

**【浙江省湖州南浔镇·同治元年五月至三年七月】**当时富商先期挈眷避居沪上,亦有往来营运者,发逆关上往来稽查甚严,若用外国人,准外国旗保护,贼即不敢顾问,浔商之往来无阻者,赖有此耳。

(吴樵生:《南浔志·杂记》。)

**【江苏省常熟县·同治元年闰八月十四日】**有周泾汤乐山□□仲贤□□来,云海口夷船被卡匪轰击,劫货逾万金,恐夷报怨,徐陆泾镇又危。

(龚又村:《自怡日记》。《太平天国史料丛编简辑》,第四册,第465页。太平天国历史博物馆,北京:中华书局,1962。)

**【浙江省宁波·1862年4月21日】**乡间叛党对外国人好像相当的好,他们已在建立海关,任何通过海关的货物都付少量的税。越向内地去,关卡越多,税也越重。

(《1862年4月21日格林致香港怡和公司》。严中平译:《怡和书简选》。《太平天国史译丛》第一辑,北京:中华书局,1980。)

**【浙江省宁波天宁关·1862年】**由于我方缺少行动或者其他原因,使得这些人类蝗虫得以占领宁波,并使他们能够在一个海口取得立足点,由此得到供应;这就自然而然地助长他们的威势,从而激起他们占有上海这块"肥肉"的欲望。

(《关于由英国占领江南的主张》。《北华捷报》第614期,1862年5月3日。《太平军在上海——〈北华捷报〉选译》,第301页。上海:上海人民出版社,1983。)

# 第十六章
# 金融与货币

# 第一节
# 金 融

## 一、管理金融的机构与职官

### (一) 管理金融的职官

**【浙江省秀水县新塍·咸丰十一年九月初九至十日】**白雀寺前贴一伪告示,其伪官为户部正地官,示为评定洋价收漕米,惟滥板、隔铜不用,其光洋每元作洋八钱,以下小花等递降有差。

(沈梓:《避寇日记》。《太平天国史料丛编简辑》,第四册,第 85 页。太平天国历史博物馆,北京:中华书局,1962。)

### (二) 官营金融的机构

[官营中的“官”,含官方和包括乡官在内的官员。]

1. 钱庄

**【江苏省常熟县·咸丰十一年】**[城内]各大街店面俱无门户,廓然空虚。只有贼中所开茶馆、酒馆、浴堂、点心面店而已。亦有负贩小民进城。须打飞纸、出城牌,否则不能出入……又南门外、小东门外、白场头三处皆有贼馆,并各军、师会馆。长毛大开钱庄及各货店俱全,无异平时,但少良民所开。又有奸商赂乡官作保,借贼目资本营生,月拨利息。如长毛搅扰,贼主禁压。

(汤氏:《鳅闻日记》卷下。《近代史资料》1963 年第 1 期,第 120 页。又见《太平天国》,第六册,第 349 页。罗尔纲、王庆成,桂林:广西师范大学出版社,2004。)

**【浙江省桐乡县濮院·咸丰十一年八月】**贼封仲秋坪茂才住屋,为开天意绸庄。既而贼廉知濮镇衰敝已极,不聚市,遂易开钱庄。钟长毛[钟良相]伪子年约十四五,伪号嵚天豫,二十四日至吾镇开印,住钱庄内。有震泽秀才汪小香为之傅,亦有伪印,阖镇各殷户会银钱番饼往贺道喜……而调局中每日所供长毛薪水若干千,并给钱庄上。盖钱庄所收者皆滥板花洋钱,价甚短,初不以生意出息为事也。

(沈梓:《避寇日记》。《太平天国史料丛编简辑》,第四册,第 80—81 页。太平天国历史博物馆,北京:中华书局,1962。)

**【浙江省桐乡县濮院·咸丰十一年十二月十一日】**仲秋坪宅中天源钱庄伪钦天预钟之馆子,亦撤去。

(沈梓:《避寇日记》。《太平天国史料丛编简辑》,第四册,第 106 页。太平天国历史博物馆,北京:中华书局,1962。)

**【浙江省桐乡县·同治元年七月二十七日】**钟长毛开设钱庄于屠甸寺,八月初一日夜为盗所劫,失去洋七千余元。

(沈梓:《避寇日记》。《太平天国史料丛编简辑》,第四册,第 179 页。太平天国历史博物馆,北京:中华书局,1962。)

**【浙江省嘉兴·同治元年九月】**王店长毛齐开当,四月为满,每千按月六分钱,三千以外四分钱。屠甸寺抢钱庄,赔三万。

(沈梓:《避寇日记》。《太平天国史料丛编简辑》,第四册,第 226 页。太平天国历史博物馆,北京:中华书局,1962。)

2. 公估行

**【江苏省吴江县盛泽镇·咸丰十年七月至同治元年八月】**[汪心耕等]又开公估钱庄。洋钱出进必先到庄用印,每洋捐钱七十文。未经用印者概不准用。有某生偶有一洋未用印,锁至公估庄内,打折胫骨。

(鹤樵居士:《盛川稗乘》。《太平天国史料丛编简辑》,第二册,第 184 页。太平天国历史博物馆,北京:中华书局,1962。)

**【江苏省吴江县·同治元年】**酋陈百川设公估庄于盛泽,令义子俞蓉卿主之……酋章天福命南乡师帅设公估庄,市用洋钱必赴庄加戳,每洋钱一取估钱十。

(民国《双林镇志·兵燹琐记》。)

**【浙江省秀水县·同治元年九月】**十五日,闻宋盈斋言:王店乡官陈监军,合白云桥何、官弄口宋,开典当于王店,四月为满,每千按月取息六分,三千以外取息四分。屠甸市乡官开山货行。时市风刁薄,贾竖射利,洋价短折。新塍、屠甸市各乡官又开公估行,每洋以光、糙定其高下,分足折、九折、八折、七折、九五、八五、七五等折。以公估印为凭,非公估则市不用。每洋用印给估洋费十文。初甚便民。其中舞弊不一。一二月后公估又不通行,而市侩又就公估中判其高下而用之矣。

(沈梓:《避寇日记》。《太平天国史料丛编简辑》,第四册,第 191 页。太平天国历史博物馆，北京：中华书局，1962。）

**【浙江省桐乡县濮院·同治二年八月二十八日】**北横公估洋庄改用天益公估印记，与新塍、盛川天章公估不相通，百姓贸易者大不便。

（沈梓：《避寇日记》。《太平天国史料丛编简辑》，第四册，第270—271页。太平天国历史博物馆，北京：中华书局，1962。）

3. 当铺与银楼

**【浙江省太平县·咸丰十一年十二月二十二日】**子珊[原任清太仓知州蔡子珊]降贼，颇见信用，是日带兵数百，直至松门。松门当铺主家，亦黄岩人，邀之到地弹压。兵过后，南路土匪帖然，四乡道路亦渐通。

（叶蒸云：《辛壬寇纪》。《中国历史文献研究集刊》第三集，第183页。又见《太平天国》，第五册，第370页。罗尔纲、王庆成，桂林：广西师范大学出版社，2004。）

**【浙江省桐乡县乌镇·同治元年】**十月十九日，在乌镇……是夜，往访谱兄沈子鸿于天章冶坊。炉镇沈氏故开冶坊，贼至业废，乌镇伪莱天义何姓尽得冶坊之铁，于乌镇大制军器，号曰军需炮局。有张虹桥者，故冶坊友也，劝何开设冶坊，号曰天章。何又开三分押当及山货行等店，皆乌镇人导之也。

（沈梓：《避寇日记》。《太平天国史料丛编简辑》，第四册，第194页。太平天国历史博物馆，北京：中华书局，1962。）

**【浙江省吴江县·同治元年八月】**二十日，贼李姓胁取民财，无恶不作，开设钱庄六处，土行四五处。

（倦圃野老：《庚癸纪略》。《太平天国资料》，第106页。北京：科学出版社，1959。）

**【浙江省吴江县·同治二年正月】**二十日贼开设代当银楼，洋货店十余处，皆占民房。

（倦圃野老：《庚癸纪略》。《太平天国资料》，第107页。北京：科学出版社，1959。）

### （三）对私人钱庄典当的政策与私人钱庄典当的衰落

**【湖南省江华县·咸丰二年六月】**初七日，伪太平王叫罗亚旺带道州土匪一千余人，又叫百总朱红，广东人，带旧贼四百人，同到江华县攻城。初八日早到江华县。罗亚旺、朱红喝令伙贼把县官、捕厅及家属都杀了……从听得道州有信来，叫罗亚旺于十二日带一千人去攻永明县城，又派三百人到白马营劫当铺，并叫朱红带伙贼在江华守城。

（《黄非隆供》。《太平天国》，第三册，第275页。罗尔纲、王庆成，桂林：广西师范大学出版社，2004。）

**【江西省湖口县·咸丰三年正月】**十二日夜,土匪乘虚抄夺当铺,城内火起,红光烛天。

(张宿煌:《备志纪年》。《近代史资料》总第34号,第187页。北京:中华书局,1964。)

**【江苏省南京·咸丰三年】**二月十一日到苏信,[太平军在南京城外]封锁皋门、桥门典铺、米行,声言伊[太平军]备银两来买典当,恐乡下土匪抢去,致令贫民无从取赎等语,言颇有理。并未伤害一善良百姓。

(《时闻丛录》。《太平天国史料丛编简辑》,第五册,第103—104页。太平天国历史博物馆,北京:中华书局,1963。)

**【江西省宜春县·咸丰三年七月】**当铺三家,惟抢"恒源"一家。人家惟周、陆二姓,被祸最甚。贼匪入城,访土匪为引导,故知各富户也。贼入周姓家,入门,遇伊老大,即以刀吓问:"尔系堂邑财主,金银何处?"答以"任王爷搜括"。始释手,老大即逸去。搜获首饰,惟金银即要,如玉器则丢弃地下,衣物搜括净尽。

(毛隆保:《见闻杂记·七月见闻记》。杜德风选编《太平军在江西史料》,第490页。南昌:江西人民出版社,1988。)

**【江苏省镇江·咸丰四年】**匪初至[京口],不甚惊扰……[六年]余公善守,乡民乃获安业。然军民杂处,不轨之徒,勾引游勇,肆行抢劫,故咸丰四、五、六年间,典铺与富户,抢劫几遍,报官置若罔闻。

(解涟:《遭难纪略》。《中国近代史资料丛刊:太平天国》,Ⅴ,第83页。中国史学会编,编者:向达、王重民等,上海:神州国光社,1952。)

**【咸丰三年至五年】**大江南北,自军兴以来,典当之存者百无一二。

(赵瀛:《上湘乡相国曾文正公第一书》。《纽佩仙馆文钞》,第20页。)

**【湖北省·咸丰四年三月十八日】**(陈)[城]陵矶之下四十里,名白螺矶,北隄内六十里有里河,名朱家河。其地有土匪名张台元,于咸丰二年往从粤贼。去年曾经回籍一次,复去,在伪指挥费姓属下。昨三月初二日张台元乘轿回朱家河,自称已封伪军帅,劫抢当铺七家,环围五六十里,掳人、掳船,银米罄尽。北省之沔阳州、监利县皆系张台元滋扰失守。张台元新招之匪,不过千余人。

(曾国藩奏。宫中全宗·朱批奏折。中国第一历史档案馆编《清政府镇压太平天国档案史料》,第十三册,第313页。北京:社会科学文献出版社,1994。)



**【福建省汀州·咸丰七年二月】**庞公出金再募古贵里八约乡勇千二百名,饬监贡梁友魁等赶紧调齐，于次早赴东校场杀贼。时落日衔山，狱囚謷哗欲破械出。庞令典史余钊每囚给斗粟千钱以安其身。忽有青泰里河田乡犷民四五百，由丽春、惠吉两门入城，围长茂典铺，而诸坊列市，货积财充，悉遭剽掠，沿街横行，劫狱烧屋，无所不至。

（曹大观：《寇汀纪略》。《中国近代史资料丛刊：太平天国》，Ⅵ，第810页。中国史学会编，编者：向达、王重民等，上海：神州国光社，1952。）

**【江苏省常熟县·咸丰十年】**[贼众得奸民引导，打败西乡白头。八月初一日入常熟城时，]遇人扯住，先问衙署在何处，或问当铺、富户，胁使指引。

（汤氏：《鳅闻日记》卷上。《近代史资料》1963年第1期，第79页。又见《太平天国》，第六册，第306页。罗尔纲、王庆成，桂林：广西师范大学出版社，2004。）

**【浙江省乌程县乌青镇、桐乡县乌镇·咸丰十年】**[道光年间，乌青镇的典业，最盛时有十三家之多。太平军到来时仍有七家。咸丰十年]悉数被毁。

（卢学溥修：民国《乌青镇志》卷二十一《工商》。）

**【浙江省海盐县、海宁州·咸丰十年】**四月二十六日……贼首称东王，大逼各镇乡进贡。五月初一日，有数百土匪劫城外当[铺]，贼纵火，闭门，尽烧死之。

四月二十八日，忽讹传硖石[镇]蒋成倍当，可以票取物，本利俱免，于是当户大集，街道拥挤，当门紧闭罢市，当户空归，有几饿死者。

（冯氏：《花溪日记》。《中国近代史资料丛刊：太平天国》，Ⅵ，第662页。中国史学会编，编者：向达、王重民等，上海：神州国光社，1952。）

**【江苏省苏州·咸丰十年五月】**十八日……祝秋波在彼[车坊]督办团练，所需经费，先于祝氏当内自行捐备，毫无吝惜，其当照常开设，赎者免其出息，颇有定章。

（吴大澂原著、丙子季春溶卿氏重订：《吴清卿太史日记》。《中国近代史资料丛刊：太平天国》，Ⅴ，第338页。中国史学会编，编者：向达、王重民等，上海：神州国光社，1952。）

**【江苏省吴江县·咸丰十年六月】**泰源、恒源、永和三典被土匪抢掠，放火烧尽。焚漆字圩范氏屋数十楹。

（倦圃野老：《庚癸纪略》。《太平天国》，第五册，第313页。罗尔纲、王庆成，桂林：广西师范大学出版社，2004。）

**【江苏省无锡县·咸丰十年六月】**伪示典当开赎。

养沅典当，邑城顾氏所开。道光季年置地盖房，其门墙巩固，匪盗不能摧其坚。城陷时，典夥李某等守之。四月十八日贼至，李某就近出避，贼由邻墙而入，所掠极微。贼退，土匪窃取不过十之三。李某等回而逐之，保当本数万串。至秋，倩乡官谋踞。[无锡城]逆伪济天义[黄和锦]出示,令民备本让利取赎,乡民从之。半年告竣,从中花费若干,不知其详。邻当胡正昌,缘房屋之固不及养沅,甚至家伙亦被抢完。

(佚名:《平贼纪略》。《太平天国史料丛编简辑》,第一册,第269—270页。太平天国历史博物馆,北京:中华书局,1962。)

**【江苏省嘉定县·咸丰十年六月二十三日】**是日复据探报,刘塘百姓与贼相通来往,并设立公案,办物进贡,该处当典已进贡洋元三千块。

(《蔡映斗富安致吴煦函》,1860年8月11日。《吴煦档案选编》第一辑,第374页。太平天国历史博物馆,南京:江苏人民出版社,1983。)

**【浙江省桐乡县乌镇、乌程县青镇·咸丰十年八月】**乌、青两镇有七典库,寇兴数年,捐饷不资,典主力不能支,凡入库之物以千钱为限。自八月初一炬之后,典屋各废,质物靡有孑遗,民多不便。

(佚名:《寇难琐记》卷一,手抄本。南京大学历史系太平天国史研究室编《江浙豫皖太平天国史料选编》,第146页。南京:江苏人民出版社,1983。)

**【江苏省常熟县·咸丰十年八月初二日】**先搜衙署,次及各典铺,富户、绅宦皆遍,以及贫家,无有免者。

(汤氏辑:《鳅闻日记》卷上。《太平天国》,第六册,第308页。罗尔纲、王庆成,桂林:广西师范大学出版社,2004。)

**【江苏省常熟县·咸丰十年八月初二日】**[太平军入城,初三日]悉汪氏、何氏典铺之在常者,焚毁净尽。

(龚又村:《自怡日记》。《太平天国史料丛编简辑》,第四册,第362页。太平天国历史博物馆,北京:中华书局,1962。)

**【江苏省常熟县·咸丰十年八月初五日】**[王市,由汪胜明]率市民耆老十六七人[出迎,商议投降。长毛提出]民户免动,独取典当。[议未成,乃被打先锋,夺取典当。]打开典铺,恣取金银。

(汤氏:《鳅闻日记》卷上。《近代史资料》1963年第1期,第88页。又见《太平天国》,第六册,第315页。罗尔纲、王庆成,桂林:广西师范大学出版社,2004。)

**【江苏省常熟县·咸丰十年八月初七日】**[长毛到梅里,]仅将两处典当封闭,[该夜为本地土匪及农民所抢]。各处土匪之恶较甚长毛也。

(汤氏:《鳅闻日记》卷上。《太平天国》,第六册,第318—319页。罗尔纲、王庆成,桂林:广西师范大学出版社,2004。)

【江苏省常熟县·咸丰十年八月初十日】迩日土匪抢物,始而典当,继而大户。

(佚名:《庚申避难日记》。《太平天国》,第六册,第204页。罗尔纲、王庆成,桂林:广西师范大学出版社,2004。)

【江苏省常熟县·咸丰十年八月二十二日】[太平军到老吴市,将巡检衙门拆毁,]封当铺而回。

(顾汝钰:《海虞贼乱志》。《中国近代史资料丛刊:太平天国》,Ⅴ,第364页。中国史学会编,编者:向达、王重民等,上海:神州国光社,1952。)

【江苏省常熟县·咸丰十年九月】典铺存留之物,约于出月照票放赎,取本让利。

(汤氏:《鳅闻日记》卷下。《近代史资料》1963年第一期,第98页。又见《太平天国》,第六册,第325页。罗尔纲、王庆成,桂林:广西师范大学出版社,2004。)

【江苏省常熟县·咸丰十一年八月初六至八日】[数百长毛从福山到恬庄]拆毁典当房屋、慧隆庵。

(佚名:《庚申避难日记》。《太平天国》,第六册,第225页。罗尔纲、王庆成,桂林:广西师范大学出版社,2004。)

【浙江省太仓州·咸丰十一年十二月二十二日】子珊[按:原任清太仓知州蔡子珊]降贼,颇见信用。是日带兵数百,直至松门。松门当铺主家亦黄岩人,邀之到地弹压。兵过后,南路土匪帖然,四乡道路亦渐通。

(叶蒸云:《辛壬寇纪》。《中国历史文献研究集刊》第三集,第183页。又见《太平天国》,第五册,第370页。罗尔纲、王庆成,桂林:广西师范大学出版社,2004。)

【浙江省黄岩县·同治元年二月】二月十二日……[李]尚扬统兵五万留屯黄岩,逼取贡献,犹不足用,乃再索门牌费以益烦供。旋闻太平当商富于财,命蔡乡官往征,许三万金,不允,遣使召其人不与归,再加金五百,始饱其欲。

(陈懋森:《台州咸同寇难纪略》。《太平天国》,第五册,第198页。罗尔纲、王庆成,桂林:广西师范大学出版社,2004。)

【浙江省上虞县·同治元年】时予在王沛霖家居久,资斧已竭,沛霖之妻谢氏,蓉初之从堂侄女也,颇贤德,典衣饰供予餐,绝无怨怠,予抱不安,乃别去。

(林西藩:《隐忧续记》。《太平天国》,第四册,第430页。罗尔纲、王庆成,桂林:广西师范大学出版社,2004。)



【江苏省嘉定县·同治元年】贼之复窜嘉定也……娄塘镇有土豪某,以浮言煽惑居民，众误信之，遂顺于贼。贼至，迎入，而馆于质库。贼呼质库执事人，令其照常早开晏闭，不许半日即闭，并令其承办红布、绸缎、洋枪、火药等物，目不暇接。又软禁合当之人，不得行动。

（潘钟瑞：《苏台麋鹿记》卷上。《中国近代史资料丛刊：太平天国》，Ⅴ，第291页。中国史学会编，编者：向达、王重民等，上海：神州国光社，1952。）

## 二、民间借贷

**【浙江省秀水县新塍镇·咸丰十年十二月】**自二十以后，日中尚有市。除夕，镇上尚有灯笼火，往四栅讨账者。

（沈梓：《避寇日记》。《太平天国史料丛编简辑》，第四册，第62页。太平天国历史博物馆，北京：中华书局，1962。）

**【江苏省苏州·咸丰十年】**自贼匪到杭城之后，商贾不通，诸物昂贵，纱布不行，贫民无以生息……各业主麦租或有收者，或有不收者。各项钱财事务，一应不提，会期俱停。

（佚名：《庚申避难日记》附录二《灾异记》。《太平天国史料丛编简辑》，第四册，第598页。太平天国历史博物馆，北京：中华书局，1962。）

**【江苏省常熟县·咸丰十一年初】**因无王法，暗压孤弱，欺诈百出……安贫俟命之人，愈难度日。债务租税，概不逼融；典质变易，断绝门路，聊延残喘。

（汤氏：《鳅闻日记》卷下。《太平天国》，第六册，第343页。罗尔纲、王庆成，桂林：广西师范大学出版社，2004。）

**【江苏省常熟县·同治元年八月十八日】**遣人到毛氏索债，无偿。

（龚又村：《自怡日记》。《太平天国史料丛编简辑》，第四册，第458页。太平天国历史博物馆，北京：中华书局，1962。）

# 第二节
# 货　币

[编者按：货币是太平天国财政经济中的重要组成部分。关于太平天国的货币，除了文献资料外，能更生动地说明问题的是实物或其照片。现在，因已出版有马定祥、马传德编的《太平天国钱币》一书和简又文的《太平天国典制通考》第十篇《钱币考》，收集的文献与照片比较齐全。为了节省篇幅，本书一般不再重复，另外再录该两书未载的文献、新发现的货币和不同的见解。]

## 一、铜钱的铸造

### (一) 铸钱为天国三大政之一

**【江苏省南京·咸丰三年至四年】** 贼人虏得铜无数，大开洪炉资鼓铸。谁为老成垂典型，古来款识都变更。一面直行书“圣宝”，一面直行书“太平”。商旅不许妄藏市，[伪示有云：天京乃定鼎之地，安能妄作生理，潜通商贾。]城里无用人不争。出城与人互交易，依旧“咸丰通宝”行。何异邓通铜山高插云，到死一钱仍不名。

(马寿龄：《金陵癸甲新乐府》。《中国近代史资料丛刊：太平天国》，Ⅳ，第737—738页。中国史学会编，编者：向达、王重民等，上海：神州国光社，1952。)

[编者按：太平天国将南京城内居民纳入圣库制度，使财政背上沉重的包袱，以至1854年就出现了严重的财政危机。南京城内无粮可食，军政无钱可用，巨大的支出需要货币，在这个极端困难的关键时刻，铸造货币成了开拓财源渡过经济难关的重要手段。]

**【江苏省南京·咸丰初年】** 外人康内比[Cornaby]记云：“你明白吗？这是圣经啊！这是教人不要造偶像的。所以我们把一切铜的偶像都熔了，来铸大炮和铜钱。”

(《太平天国杂记》，《太平儿》，第167页。简又文：《太平天国典制通考》，上册，第573页。香港：简氏猛进书屋，1958。)

**【江苏省南京·天历四年五月二十三日】** 一复：天国圣宝即将颁行，妖号之钱，定将绝禁。

(《东王杨秀清答复英人三十一条并质问英人五十条诰谕》。《太平天国》,第三册,第19页。罗尔纲、王庆成,桂林:广西师范大学出版社,2004。)

**【江苏省南京·天历九年】**兴银行。倘有百万家财者,先将家资契式禀报入库,然后准颁一百五十万银纸,刻以精细花草,盖以国印图章,或银货相易,或纸银相易,皆准每两取息三厘。或三四富民共请立,或一人请立,均无不可也。此举大利于商贾士民,出入便于携带,身有万金而人不觉,沉于江河则损于一己而益于银行,财宝仍在也。即遇贼劫,亦难骤然拿去也。

(洪仁玕:《资政新篇》。《中国近代史资料丛刊:太平天国》,Ⅱ,第533页。中国史学会编,编者:向达、王重民等,上海:神州国光社,1952。)

[编者按:洪仁玕在天历九年提出"兴银行"、发行"银纸"的建议,得到天王洪秀全认同。这标志"兴银行"、"银纸"已成为太平天国后期领导核心的共识,他们的货币意识又有了新的飞跃。]

**【浙江省·同治元年】**桐乡开考秀士[秀才],[四月初八日复试。符天安钟良相亲命复试题:]《天国三大政赋,以耕田、铸钱、取粮三大政为韵》。

(沈梓:《避寇日记》。《太平天国史料丛编简辑》,第四册,第148页。太平天国历史博物馆,北京:中华书局,1962。)

### (二)铸钱的机构与职官

[参见第十二章第一节"诸匠营"目之七"铸钱"]

**【江苏省南京·天历三年六月】**[天朝各典官中有]铸钱匠四人,"职同指挥"。

(张德坚:《贼情汇纂》卷三。《太平天国》,Ⅲ,第87页。中国史学会编,编者:向达、王重民等,上海:神州国光社,1952。)

[编者按:同书卷十《附伪钱式》,第279页,癸丑六月,封四人为铸钱匠。铸钱匠营在南京城南评事街江西会馆,朝天官内建铸厂,开铸太平天国钱币。最初铸的钱币,钱文面"天国"、背"通宝"二字,不久背文改为"圣宝"二字。钱文直读,币值为小平、折十两种。]

**【江苏省南京·咸丰三年】**伪铸钱衙。贼铸钱之所也。其文,阳面曰"天国",阴面曰"圣宝",约重一两至五钱不等。自四月至八月,铸成若干,交伪圣库掌之。然所铸天字皆作大字,亦可异也。

(佚名:《粤逆纪略》。《太平天国史料丛编简辑》,第二册,第36页。太平天国历史博物馆,北京:中华书局,1962。)

### (三)始铸钱的时间

民国十二年六月二十五日,余在上海柴连馥先生家,得见"太平天国金田起义钱"一枚。因执笔记之。

钱以锡制，径宽一英寸又四分之一，面文曰“太平通宝”，背之左上画云龙，下画风虎；其右上有“会”字，下有“风云”二字，读之则为：“龙虎会风云”也。钱色黑，画像模糊不清，字尚清楚。背面肉好，周郭方孔均如常钱。钱之历史，柴先生口述如下。

……

李南奇既随德元公多年，感激大恩，自问虽含结无以为报，卒以其怀中至宝赠公。宝，即此太平天国起义钱也。据云：此钱为天王与众英雄聚义金田之时，以锡私行模铸者。聚义者人得一枚，共数十余，或二十余，或三十余，惟不能多个[？过]四十枚。其原意云何，不得而知，大概因聚义金田时，决议起事，故私造此以为群雄聚义——龙虎会风云——之纪念品也。嗣后，起义各首领，各佩此钱于怀中，视为奇宝。[钱数多少柴君记不清。]

（简又文：《太平天国金田起义钱记》。简又文：《太平天国杂记》，《民国丛书》，第三编，第203、204—205页，《民国丛书》编辑委员会编，上海：上海书店出版社，1989。）

**【北京·1851年7月】** 1851年阳历7月里，皇宫中发生了一件神秘的事情，详情现在还不十分清楚。有一天，皇帝照例在他的华美的御苑中散步，有一个武装的人突然拦住去路，想要刺他……

谋杀皇帝的消息在叛党的区域发生了反响。那里宣布了清朝的灭亡，有些地方流行着铸有天德名号的制钱。制钱，是中国的通货，是铜、锌、镍造的圆形薄片，和二十“苏”Sou的钱币相似，中间穿一方孔，以便把一定的数目的钱穿成一长串。

这种钱和我们的大“苏”钱一样难看。每一个制钱价值不到一生丁，极易氧化，样子看起来是极龌龊的。然而这种制钱却是最好的国定钱币，除此之外，只有完全没有国家标记的金银锞锭。制钱上从来不刻人像，只标着皇帝的年号，表示在他统治时期铸成的。在中国，钱是用模子铸成的，不是用币模锤击成的。法律规定伪造这可怜的小钱者处死，与法国以前的情形一样。然而奖励告发者的事在中国并不普遍，这是欧洲文明的一种长处。

新钱的出现，使广州的政客兼商人颇为迷惑。他们很早就在考虑僭主的谋叛标记。他们的意见也许和某一个欧洲人一样，此人从前是一个政客，后来担任教会中职务，他常说：“我有一个极简单的方法，知道谁是合法的统治者，只要拿出一枚最近铸造的一百‘苏’钱来看看，上边所刻的人像就是我的皇帝的像。因为在我看来，真皇帝就是造钱币的人！”

（[法]加勒利、伊凡原著，徐健竹译：《太平天国初期纪事》，第50—51页。上海：上海古籍出版社，1982。）

**【广西省象州·咸丰元年】** [太平军]时，铅弹稀少，至有用铜钱者。

（《钦定剿平粤匪方略》，咸丰元年六月初一日，周天爵等奏。）

[编者按：此记载未说明是何种铜钱。]

**【广西省永安州·咸丰元年十一月二十三日】** 许祥光、张敬修于二十三日辰刻由能六岭、红泥岭而进。查东乡各村民早经迁徙，其村舍多属贼巢，且闻该逆屯谷东乡最多。护镇王梦麟在古束冲口带勇策应，右路之勇焚烧木沟村、蒙寨村。各村匪党遥见东勇将到，先行逃跑。其蒙寨村内一窝正在熬硝，锅炉数十具均经打破。又有一炉正在倾铸锡锭数百锭，每锭十两，与关饷纹银无殊，遂起获带回。并起出火药五坛。中路则由大路直入大棠村，向有该逆造油之泰和、正顺油坊二所，当即放火烧毁……至其倾熔伪银，不过欲于穷极散窜时，掷诱我军，以冀免脱。经奴才遍传各营，免堕奸计。仍严饬各营，乘隙紧攻，不得丝毫松懈。

(赛尚阿奏。《钦定剿平粤匪方略稿本》。中国第一历史档案馆编《清政府镇压太平天国档案史料》第二册，第599—600页。北京：光明日报出版社，1990。)

**【湖北省汉阳·咸丰二年十二月至三年正月】**汉阳府城外观音阁铜像高三丈余，庙被贼焚，像犹完好，众贼牵拽不动，后欲取以铸钱，四围积炭，昼夜焚烧，贼首在旁督视，像忽倾仆，正压其身，立成齑粉。

(汪堃：《盾鼻随闻录》。《中国近代史资料丛刊：太平天国》，Ⅳ，第407页。中国史学会编，编者：向达、王重民等，上海：神州国光社，1952。)

[编者按：参见《太平天国杂记》第一辑，第168页和182页，知此事在太平军第一次占领汉阳之时。]

**【湖北省汉阳西村落·咸丰三年】**"你明白吗？这是圣经啊，这是教人不要造偶像又不要拜偶像的。所以我们把一切铜的偶像都镕了来铸大炮和铜钱。你看这大钱吧。"卒长一边说一边拿出一枚咸丰当百的大钱给他看。"这显出就是那猴子皇帝也闹穷了。一个钱有多重就应该值多少。但这钱却在后面写明'当百'，可见他们实在穷了。翻过来，有'咸丰通宝'四字。'咸丰'这名怎解的，你晓得吗？"

"人人丰富。"胜德说。

"人人拿这钱给咸丰都是这样说的，但试把那两个字分拆开，就看见咸字成为'一人戈'三字；丰(豐)字是两'主'加一'山'下有'豆'字。连起来念便成一歌谣；我唱给你听：

一人一口起干戈，

二主争山打破头；[按此系原文，见《太平天国野史》]。

咸丰帝取这年号，拆开来果然如此不详，真是偶然：中国叫这做'征兆'，'谶语'。这正似法皇'拿破仑'之名，分拆起来。即为'拿破仑，人民狮，向前进，毁城池。'(译意原文是Napoleon, om, oleon, leon, eon, opoleon, poleon)。"

"天条是不可以违犯的，"卒长继续说；"即使钱上的字都证明。来，又看看这钱吧；是不是光明新亮啊？这是我们的制钱。这是天王头一次模铸发用的。面上有'太平通宝'背后上有新月形——那是天王的指甲痕，这就是——"

"日月为明。"胜德说。

"对了，对了！又看看这一个识得吗？"

“太平天——什么？是国字吗？”

“自然，自然！”

“但是这不同寻常的国字啊。”

“一点不错，”卒长微笑说。“寻常的国字[國]内藏‘或’字。寻常的国所以不能长久。我们的国，内有真‘王’，长久无极。又看钱的那边吧！”

“圣宝。”

“不错，因为天王统治天下是替天行道的，故名为圣。”

（《太平儿》，由 W.A.Cornaby 原著第十至十四章改作。简又文：《太平天国杂记》，《民国丛书》，第三编，第 157、167—169 页，《民国丛书》编辑委员会编，上海：上海书店出版社，1989。又见简又文：《太平天国典制通考》，上册，第 573 页。香港：简氏猛进书屋，1958。）

**【江苏省南京·咸丰三年三月】**逆匪铸钱，有“太平”字样铜钱。

（《时闻丛录》，《候补未入流李庆探报》。《太平天国史料丛编简辑》，第五册，第 120—121 页。太平天国历史博物馆，北京：中华书局，1962。）

**【江苏省南京·咸丰三年】**贼之伪铸钱职同伪总制，有正副。贼之铸钱，正面直书“天国”二字，背面直书“圣宝”二字。铸有十余万，无人敢用。缘贼有伪例，私藏至十文者即有罪，如持赴城外买物，人亦不要，故悉收于伪圣库也。此伪钱厂在评事街江面会馆，伪钱式约如现行之当十钱大也。

（涤浮道人：《金陵杂记》。《中国近代史资料丛刊：太平天国》，Ⅳ，第 636 页。中国史学会编，编者：向达、王重民等，上海：神州国光社，1952。）

**【江苏省江宁县·咸丰三年六月】**癸丑六月，贼在江宁于所虏铜匠中觅能铸钱者，得十二人，封四人为铸钱匠，职同指挥。设厂开炉鼓铸，即以上所摹钱式。其大小如番钱，正面天国圣宝四字，幕无字。铜匠迫于威胁，既不谙又不愿，铅铜不匀，铸不如法，屡铸皆不成轮廓，字亦模糊莫辨，遂停止。杨逆诡称天父指示云，尚须迟三四年方可开铸……

余在上海夷馆中，夷人时乘火轮船至江宁城中，贼遗以铜钱，故上海夷人多有之。余曾见数十枚，面曰太平天国，幕曰统理政教，肉好如制钱。铜质红色，制颇工，仿佛如越南国太和、景统诸钱式，与此大异。

（张德坚：《贼情汇纂》卷十。《中国近代史资料丛刊：太平天国》，Ⅲ，第 279 页。中国史学会编，编者：向达、王重民等，上海：神州国光社，1952。）

[编者按：张德坚的记载，指明了太平天国铸钱的时间。但他所说的后一种钱，疑或有误，因“统理政教”是上海小刀会刘丽川和陈亚林的衔头。]

**【江苏省南京·咸丰三年六月】**癸丑六月，天王命在江宁铸钱，令典铜匠选择能铸钱者，得十二人，封四人为铸钱匠，职同指挥。设厂开炉鼓铸，其式大小不一，正面印天国圣宝四字。铜匠不谙铸法，钱质又以铅铜互杂，分配不匀，铸皆不成轮廓，字亦模糊莫辨。民间多不信用，遂停止……后隔年余，复命开铸，称为完善。有当十、当一等大小名目，钱面印太平天国四字。

（凌善清：《太平天国野史》卷九《食货》，第 9—10 页。上海：上海文明书局，1923。）

**【江苏省常熟县・同治二年三月二十六至三十日】**长毛于去年[同治元年]夏有太平天国钱行用。

（佚名：《庚申避难日记》。《太平天国史料丛编简辑》第四册，第 557 页。太平天国历史博物馆，北京：中华书局，1962。）

### （四）铸钱的地点

**【江苏省南京・咸丰三年】**[建都天京时铸钱，]其文阳面曰天国，阴面曰圣宝，约重一两至五钱不等。

（佚名：《粤逆纪略》。《太平天国史料丛编简辑》，第二册，第 36 页。太平天国历史博物馆，北京：中华书局，1962。）

**【浙江省海盐县、海宁州・咸丰十一年】**又本年八月，嘉[兴]贼铸钱，无文理，不成。

（冯氏：《花溪日记》。《中国近代史资料丛刊：太平天国》，Ⅵ，第 693 页。中国史学会编，编者：向达、王重民等，上海：神州国光社，1952。）

**【江苏省、安徽省、浙江省・咸丰三年至十一年】**太平天国钱，最初系由天京铸钱匠营所铸，颁发各占领地，但后来则各地有自行开炉铸钱者，如安徽、浙江各地均有。至末期则占领一州县之“王爷”，亦纷纷自铸钱币。如《浙江日记》[燕京大学藏原稿本卷上]载：“又本年[咸丰十一年]八月[嘉兴]贼[时守将为朗天义陈炳文]铸钱，无文理不成。”此次虽不成，却可见各王铸钱之举，是为事实也。太平制钱之种类繁杂，光怪陆离，花样百出，未尝不由此，而末期天国政治紊乱，纪纲废弛，亦可为明证矣。

（简又文：《太平天国钱币考》。《广东文物特辑》，第 157 页。）

**【浙江省杭州・咸丰十一年】**贼以郡庠为硝馆，兼铸伪钱，其文曰“太平天国圣宝”。

（丁葆和：《归里杂诗》。《庚辛泣杭录》卷十六。）

**【江苏省南京・咸丰十一年八月】**又言南京城凿濠沟，街添庐舍，比前改观。其馆主已巾拂作明朝装。伪号钱亦铸，盖彼处久(民)[已]安民，不若吾邑之纷扰也。

（龚又村：《自怡日记》。《太平天国史料丛编简辑》，第四册，第 408 页。太平天国历史博物馆，北京：中华书局，1962。）

**【江苏省苏州·同治元年四月】**同治元年壬戌四月，贼酋伪忠王在苏州开炉铸钱，正面刻太平天国四字，背之左右圣宝二字，从杂于官制钱中搭用矣。

（锡山拙翁：《师竹庐随笔》卷下。）

**【浙江省杭州·同治元年】**［太平天国］在杭州也开炉铸造。

（丁葆和：《归里杂诗》注。罗尔纲：《太平天国文物图释》，第282页。北京：三联书店，1956。）

**【浙江省湖州·天历十二年至十四年】**湖州曾铸过太平天国钱币。最直接的证据是湖州发现的钱币窖藏。1998年11月13日，湖州市白墙湾拆除民房时于地表［下］1米处发现一罐钱币。钱币均为书体、形制大小相同的太平天国背横圣宝小平钱，共计近200枚左右，都是出炉不久未曾行用的毛坯钱和铸残的废钱。笔者收得近90枚。

湖州发现的窖藏太平天国钱当为本地所铸，理由如下：1. 这批钱币版别单一，形制相同，均为黄铜质，太平天国背横圣宝小平钱，应为同炉所铸。2. 出土集中。3. 多为未经加工的仑边、满穿和残留铸柄的毛坯钱。还有变形、两面布满流铜的铸残钱。这种半成品和残钱一般不大可能远离铸地。4. 这批钱铸造粗糙，明显具有太平天国晚期钱币铸工低劣的风格，而太平军正是在太平天国后期入驻湖州的，铸造时间上也相吻合。5. 楷书太平天国背横圣宝小平钱浙江地区发现较多。这类钱轮郭稍阔，黄铜质，虽大小轻重不一，但钱文书体气韵一脉相承，显然是同一地区铸造。这种钱在湖州地区时有所见，总数约在五百枚以上，并有两批较大数量的发现：1992年有人在湖州西门外一次就收到数十枚；1994年又有人在湖州长兴县得到不下百枚。湖州这些发现居浙江省同类钱之首，流通范围也以湖州为中心。

（刘健平：《湖州窖藏太平天国背横圣宝钱应为本地所铸》，《中国钱币》，2000年第3期。）

**【江苏省南京、苏州，浙江省杭州、绍兴、嘉兴，安徽省徽州，湖南省株洲、衡阳·天历三年至十四年】**南京是为天朝铸钱的主要基地。嗣后，苏州、杭州、徽州、株洲、衡阳、绍兴、嘉兴等地才各自先后铸造钱币。

（马定祥、马传德：《太平天国钱币》，第3页。上海：上海人民出版社，1983。）

［编者按：1983年，我主编《中国经济史辞典》时，请复旦大学叶世昌教授负责货币部分。他请马定祥先生写“太平天国钱币”词条，交来的稿子是：太平天国钱币流通用的主要是铜钱，有少量铁钱和铅钱。早期铜钱正面铸“天国”、背面铸“圣宝”字样，有小平钱、当十两种。还铸过背为“通宝”的当十钱。后来铸造正面为“太平天国”、背面为“圣宝”的大小四等钱，以小平钱居多。这种太平天国圣宝1853年始铸。晚期在浙江地区还铸过正面为“太平天国”、背面为“圣宝”，正面为“天国圣宝”、背面为“太平”，正面为“太平圣宝”、背面为“天国”等多种小平和当五钱币。非流通的钱有镇库钱、大花钱等。钱上也铸有“太平

天国"、"圣宝"字样，作为镇库和赏赐之用。另有金钱和银钱，均属民间殉葬之冥钱。天京[南京]是太平天国铸钱的主要基地，苏州、杭州、徽州、株洲、衡阳、绍兴、嘉兴等地亦有铸造。在定稿时，为慎重计，我删了"徽州、株洲、衡阳"六个字。定稿文见赵德馨主编：《中国经济史辞典》，武汉：湖北辞书出版社，1990 年 8 月第 1 版，第 809 页。]

**【湖南省株洲、衡阳】**太平天国是否在株洲、衡阳设立铸钱局进行铸钱，尤其是大钱、花钱是否真在株洲、衡阳铸造？

株洲县原名渌口，查考史实，太平军仅于 1854 年 5 月 1 日[咸丰四年四月初五日]因战败而退出湘潭后有一支数百人的队伍路过这里，人数不多，未曾久驻，不存在有铸钱的可能性。

又衡阳原为衡州府，太平军于 1852 年[咸丰二年]从广西北上湖南时未对此地发动进攻，而后在 1853 年至 1854 年举行西征时也没有到达此地。同时衡阳还是湘军组建和训练的地方，曾国藩实行了坚壁清野的政策。太平天国不可能在此铸造钱币。

(邓昭辉：《湖南省博物馆藏太平天国大钱、花钱》。《中国钱币》，2001 年第 3 期。)

## (五) 太平天国铜货币的币形、币文与面值

**【江苏省南京·咸丰年间】**太平天国钱币中最常见的款式，是正面"太平天国"，背面"圣宝"直读或横读。分排起来，计有下列八种款式：

1. 正面"天国"直读，背面"通宝"横读。这类最早期的"天国通宝"真品钱中，楷书、隐起文、宋体都有。但只有当十型的，小平均伪。

2. 正面"天国"直读，背面"圣宝"亦直读。这类早期的小平钱，字体扁阔，书法介乎隶楷之间。

3. 正面"太平天国"直读，背面"圣宝"直读。大小钱都有宋体和楷书的。镇库大钱有宋体和楷书的，大花钱则只见宋体。

4. 正面"太平天国"直读，背面"圣宝"横读。有楷书和宋体的小平钱，以及隐起文的套子钱。此式的镇库大钱和大花钱，都只有宋体的。

5. 正面"天国太平"直读，背面"圣宝"横读。有楷书小平钱和折五型钱。但这类钱，实在应按太(右)、平(左)、天(上)、国(下)四字顺序而读，方符它的国号与年号相结合的体制。

6. 正面"天国太平"直读，背面"圣宝"也直读，只见宋体小平一种，这是仅见的孤例。

7. 正面"天国圣宝"直读，背面"太平"横读，有楷书小平。但极罕有的折五型钱，则为"太平"直读。

8. 正面"太平圣宝"直读，背面"天国"横读。有楷书小平、隐起文折五型钱，以及有含隶意的楷书小平钱。

(马定祥、马传德：《太平天国钱币》，第 14 页。上海：上海人民出版社，1983。)

太平天国钱币种类繁多,版别各异。主要类别有:天国·通宝、天国·圣宝、太平天国·圣宝、天国太平·圣宝、天国圣宝·太平、太平圣宝·天国六种。币质分为金、银、铜、铁、铅五种,其中以铜币为主。“太平天国·圣宝”小平钱最为常见,当百大钱和大花钱最为稀罕。

(许杰:《“太平天国”当五十大钱》。《收藏界》,2005年第3期。)

1. 天国

**【季长佑】**收藏一枚面“天国”光背小平钱,径21 mm,重3 g。

(季长佑:《“天国”小平钱当属太平天国钱》。《安徽钱币》,2007年第3期。)

2. 太平天国圣宝

**【江苏省南京·咸丰三年至五年】**贼之伪铸钱,职同伪总制,有正副。贼之铸钱,正面直书“天国”二字,背面直书“圣宝”二字,铸有十余万……此伪钱厂在[南京]评事街江西会馆,伪钱式约如现行之当十钱大也。

(涤浮道人:《金陵杂记》。《中国近代史资料丛刊:太平天国》,Ⅳ,第636页。中国史学会编,编者:向达、王重民等,上海:神州国光社,1952。)

[编者按:此处所言之当十钱,当系指咸丰当十大钱。]

**【江苏省苏州·咸丰十年至同治元年】**贼亦开科取士,逢卯铸钱。其钱面则“太平天国”四字,背则“圣宝”二字,克复后毁尽矣。

(沧浪钓徒:《劫余灰录》。《太平天国史料丛编简辑》,第二册,第144页。太平天国历史博物馆,北京:中华书局,1962。)

**【江苏省吴江县·同治元年二月】**

贼铸伪钱。钱面“太平天国”,背“圣宝”字。

(蓼村遁客:《虎窟纪略》。《太平天国史料专辑》,第40页。上海:上海古籍出版社,1979。)

**【江苏省南京·同治元年十二月】**录薛安林语金陵贼事:……废铜每斤四十文,不准出城,城内收铜铸钱,面文曰“太平天国”,幕文曰“圣宝”。其苏州仍在宝苏局内铸乾隆道光钱，初亦铸伪钱而不成，故铸国家年号。

（赵烈文：《能静居士日记》十六。《太平天国史料丛编简辑》，第三册，第 256 页。太平天国历史博物馆，北京：中华书局，1962。）

太平天国隐起文合面钱，折十型，钱径 3.51 厘米，钱重 15.7 克，青铜质，传世品，包浆自然，一面横圣宝，一面横圣宝穿上十，为仅见品。

（老牛：《几枚罕见的“太平天国”钱币介绍》。《收藏界》，2006 年第 6 期。）

“天国圣宝”小平钱一般径 21—25 mm，重 3 克多，面“天国”，背“圣宝”，径 38.0 mm，重 22.99 克，黄铜质。此类钱当五或当十钱大都出于南京，故又称为南京钱。

（季永才：《几枚太平天国圣宝钱赏析》。《收藏界》，2008 年第 2 期。）

**【许杰】**收藏一枚“太平天国”当五十大钱。此钱品相上佳，包浆完好。直径约 4.6 厘米，缘宽约 0.6 厘米，穿径约 0.8 厘米。面文“太平天国”四字苍劲有力，背为“圣宝”二字，为典型真书书法写成。

（许杰：《“太平天国”当五十大钱》。《收藏界》，2005 年第 3 期。）

在安庆地区宿松县出土的约在八十年代末期，宿松县一位老师从当地农民家中收得一百余枚太平天国钱币，其中只有一枚太平天国当五十楷书大钱，据这位老师讲是存放于一个小罐中。

（许迎新、张健：《安庆地区发现的太平天国铁钱及地契税票》。《安徽钱币》，2009 年第 3 期。）

［编者按：太平天国钱币可分为小平、当五、当十、当五十和当百五品，又有当千者。太平天国的套子钱，就是同一种书法的钱文，可以按照不同面值组成一套。有折一、折五、折十、折五十等。］

3. 大钱及其性质

**【江苏省南京·咸丰三年】**在朝天宫开炉铸钱，轮廓大如洋钱，一面天国字，一面圣宝字。

（一个在天京建都初期曾住在天京的凌耀生，在张汝南《金陵省难纪略》一书内加的注文。罗尔纲案：“洋钱”就是当时流行的外国银圆。据此知这一枚大钱是天京建都初期铸的钱。现南京堂子街太平天国某王府内陈列有九枚，每枚重五钱至六钱不等。罗尔纲：《太平天国文物图释》，第 278、282 页。北京：三联书店，1956。）



**【广西省】**近在广西发现太平天国背圣宝大钱，直径约十公分，文字铜色，远胜常品，是否作赏功或镇库之用，尚待考证。

（钱无咎：《古钱考略》，1957 年，第 44 页。）

**【湖南省、江苏省苏州、浙江省杭州】**现今所见六种太平天国大钱，虽系镇库钱，但均无“镇库”二字。——[不参与市场流通。]

（马定祥，马传德：《太平天国钱币》，第 101、109 页。上海：上海人民出版社，1994。）

**【湖南省】**笔者在反复观摩湖南省博物馆藏太平天国大钱的基础上，结合相关钱币资料，认为湖南省博物馆发现的 A 型、B 型大钱与镇库钱很难扯上联系。

太平天国钱币数量巨大，品种丰富。目前所发现的大钱与太平天国钱之宋体、楷体套子钱中之最大者[径约 45，厚 3 毫米，重 40—50 克之间。]相比较而言，亦非超重异常。故大钱极有可能是太平天国铸造的流通大面额钱币。

太平天国大钱均是从众多的普通钱币中挑选出来的，并且大都通体光滑，有明显流通使用过的痕迹。——太平天国大钱的发现地点有广西、湖南、江苏、浙江、上海等，分布广泛，这与当时太平天国运动活跃区域相符。

太平天国大钱称为镇库钱，或为赏功之用，不参与流通的说法是不确当的。它们应当是流通于市并且换当价值极高的正式流通货币。

（邓昭辉：《湖南省博物馆藏太平天国大钱、花钱》。《中国钱币》，2001 年第 3 期。）

### （六）不用于流通的铜质钱币

#### 1. 镇库钱

[编者按：镇库钱是指官炉钱局在开铸流通钱币之前，为镇钱库之邪恶特意铸造的特大型超重钱。镇库钱与普通大钱有明显的差别，体型大，超重，制作十分精美，数量稀少。]

**【江苏省南京】**太平天国历史博物馆珍藏一枚太平天国镇库钱。此钱于 1953 年在南京某物资回收仓库内发现。钱为黄铜铸，径 10.1 厘米、厚 1.4 厘米，重 810 克。正面为仿宋体直读“太平天国”四字，背直书“圣宝”二字。“天”字上横长、“国”字从“王”。

（《中国文物报》1993 年 3 月 21 日。）

镇库大花钱，南京太平天国博物馆所藏镇库钱重 815 g，厚 1.3 cm，堪称镇库钱之最。

（邓昭辉：《湖南省博物馆藏太平天国大钱、花钱》。《中国钱币》，2001 年第 3 期。）

#### 2. 花钱

[编者按：在中国钱币学上，“花钱”是指具有钱的形状、但不作流通用的、上面有花纹图案的物体。]

太平天国大花钱有四类，即：超号大花钱、大号大花钱、中号大花钱、小号大花钱。其中小号大花钱的直径7.12厘米,重量106克。小号花钱,直径在76毫米左右。正面钱文图案与上述花钱基本一致。唯背面"圣宝"两字系横书而成,旁无双凤图案,边缘框内仍为八宝纹饰。

(邓昭辉:《湖南省博物馆藏太平天国大钱、花钱》。《中国钱币》,2001年第3期。)

太平天国花钱不是流通钱币,也不属镇库钱,而是具开炉钱性质或是当时特命铸造用以赐赠的纪念钱币,故太平天国之大花钱具有双重性,而且这些大花钱也有称为大"礼钱"的。

(马定祥、马传德:《太平天国钱币》,第109页。上海:上海人民出版社,1983。)

大钱中有一种大花钱更为稀少,仅在罗尔纲著的《太平天国文物图释》一书中见到残片拓本二块。据此虽已知太平天国铸过大花钱,但大花钱的完整式样仍不清楚。近年来我们见到一枚完整的大花钱拓本,现把这枚大花钱介绍如下:

大花钱直径为十一厘米,郭有内外轮,内外轮之间相距二厘米,好二厘米,好与内轮之间相距二点五厘米,内轮与好之间有"太平天国"四个字,内轮与外轮之间左右各有五爪龙一条,昂首向上,正中镌一珠,下部正中作水纹状,整个图案为双龙戏珠。大花钱的背面内轮与好之间正中有直读"圣宝"两字,左右各镌凤凰一只,内轮与外轮之间有云雷、如意百结及鱼跃形状,上正中作莲花座,下正中镌有荷花一朵,制作非常精美。照太平天国文字特征,天字上横长于下横,国字为"国",大花钱的钱文完全与太平天国文字这些特征相符。大花钱龙有五爪,与金华太平天国侍王府墙上雕的双龙戏珠和壁画中的龙均为五爪也完全相一致。根据这些特征,这枚大花钱是太平天国铸造殆无疑问。

(斯文、章士严:《太平天国大花钱考订》。《历史教学》,1980年第十期。)

1860年5月,忠王李秀成率领太平军战士一举攻破了清军的江南大营,紧接着挥师东进,迭克丹阳、常州、苏州,在不满两个月的时间里,先后解放了常州、苏州、松江和太仓三府一州的广大地区,奠定了苏南大局。这是一次极其辉煌的胜利,忠王李秀成即以苏州为省会,成立了太平天国苏福省,为太平天国后期支持天京的主要根据地。大花钱当是这个时期李秀成为建立苏福省成功而铸造的纪念币。

大花钱的铸造地点,可以推定其为苏州。

中号大花钱是太平天国克苏州后所铸。

(郭若愚:《太平天国大花钱考》。《中国钱币》,1985年第2期。)

湖南省博物馆收藏的C型、D型、E型三类太平天国花钱具有以下几个显著的共同特征:一是钱币文字、纹饰基本相同。二是钱文系宋体书写,十分工整。"国"字从"王"旁,"宝"字从"击"旁。三是钱体除少数保存完好外,大部分有砍斫、火烧、磨损等累累伤痕。四是钱体规整,制作精良,全都系青铜铸造。太平天国花钱惟特大号是鎏金而成。

（邓昭辉：《湖南省博物馆藏太平天国大钱、花钱》。《中国钱币》，2001 年第 3 期。）

收集到一枚太平天国大花钱。钱径 3.41 厘米，钱重 10.7 克，与同时代的咸丰当十型大样钱差不多，钱上花纹及字体与小号或中号大花钱基本一致，雕工更为细致，该钱为红铜质。

（老牛：《几枚罕见的“太平天国”钱币介绍》。《收藏界》，2006 年第 6 期。）

特大花钱，直径 33.5 厘米，厚 0.8 厘米，重约 4 500 克，是我国历史上最大最重的钱币。钱上花纹及字体与小号或中号大花钱基本一致，雕工更为细致，该钱为红铜质。

（老牛：《几枚罕见的“太平天国”钱币介绍》。《收藏界》，2006 年第 6 期。）

关汉亨《中华珍泉追踪录》记载：太平天国大花钱又称双龙纹大钱，系太平朝大庆典时特别铸造之庆祝钱，仅作赐赠纪念品，不作通货。按其大小共有四类，小号大花钱即第四等，直径 7.5 厘米，厚 0.5 厘米，重 106 克。钱面图纹为双龙戏珠，背文“圣宝”二字横书，背面不镌双凤纹，周边仍为八宝图案。也有背双凤纹直“圣宝”小型花钱。

（渭潼：《太平天国花钱雕母(孤品)》。《收藏界》，2006 年第 8 期。）

所藏的大号花钱，直径 14.3 厘米，厚 0.71 厘米，穿径 2.8 厘米，重 810 克。钱的正面外圈为双龙，盘旋而上，极其威猛，内圈是“太平天国”四字；钱的背面外圈为佛家八宝，内圈刻双凤，中间书“圣宝”二字。此钱系紫铜铸造，铜质精良。图案设计美轮美奂，制作工艺细腻精致。文字为宋体，书写工整有力，端庄大气，极富书法之神韵。钱面老旧，宝光内聚，品相完美漂亮。包浆、锈迹自然、明显，有层次感。穿口和外缘曾经被精心打磨。

（湘文：《“太平天国·圣宝”大号花钱》。《收藏界》，2008 年第 8 期。）

3. 宫钱

收藏有一枚面文为“太平通宝”，背文为“天下太平”的大花钱，直径 70.5 毫米、厚 5 毫米、重 127 克，文字工整、铜质精良、纹饰精美，钱型硕大厚重。面、背缘上都镌刻有双龙抢珠、海水朝天圭纹，古气盎然、气度不凡。此钱是太平天国天王府制作的庆典节日用于赏赐、装饰的宫钱。

（方乘云：《太平天国大型宫钱赏析》。《广西金融研究》，2008 年增刊总 429 期。）

### （七）太平天国钱币的特色

“太平天国”钱币至今虽然少见，但由于太平天国运动影响的范围广，钱币铸地多，所以，该钱的品种和版别却不少。“太平天国”钱币有的铸工粗糙，比如几种隐起文钱；有的铸工精美，讨人喜欢，比如各种“太平天国”大花钱及官方或民间铸制的金银币。

(老牛:《几枚罕见的“太平天国”钱币介绍》。《收藏界》,2006 年第 6 期。)

太平天国钱币数量之大、品种之多,超过历代任何时期的农民政权。其制作技术也是历代钱币所无法比拟的,肉好,技术精,质量高,面背字幕具有独特的政治内涵和创新精神。文字结构和艺术风格丰富多彩。

(马冠武:《论太平天国钱币的开铸发行及其历史作用》。《中国钱币》,1999 年第 3 期。)

(一) 按其所用铸材有金、银、铜(又分红铜、青铜、黄铜)、铅多种。(二) 按其所用书体有宋体、楷书和隐起文。(三) 按其钱文有面文天国背文圣宝四文钱、有面文宋体太平天国背文直圣宝钱、有面文楷书太平天国背文直圣宝、有隐起文面太平天国背横圣宝、有隐起文面太平天国背直圣宝、有面文天国太平背文直圣宝、有面文天国太平背文横圣宝、有面文天国圣宝背文横太平、有面文太平圣宝背文横天国,以及很少见的太平天国合面错范钱和太平天国背满文的误铸钱。

(夏代明:《太平天国小平钱赏析》。《江苏货币》,2009 年第 1 期。)

1. 钱币形制不一:太平天国钱币规格繁多,大小不等。轻重悬殊,当值大的比当值小的直径小、而重量大。大钱大者达 500 多克(有些大花钱重达千余克),小钱轻仅数克而已。

2. 钱币名称混乱:太平天国制造的钱币名称未能统一,表现在钱币面文与背文名称随意,可以互相倒置,造成种类繁多,钱文复杂,读法不一。这或许与太平天国初期,农民游击战有关。

3. 钱币材质多样:太平天国钱币的铸造质量参差不齐,根据收集到的太平天国钱币,使用的材料种类有青铜、黄铜、红铜、银质等。而在各地所见的太平天国钱币实物中,更有铅质、金质等多种材料。有些钱币甚至同一形制者,却使用 2 种或者 2 种以上的材质铸造。

4. 钱币当值不一。

(盛观熙:《太平天国钱币在舟山》。《江苏钱币》,2008 年第 1 期。)

[编者按:太平天国铜钱币的文字分为三类:一类是两个字,如“天国”。二类是四个字,如“天国通宝”、“天国圣宝”。最初铸的钱币,钱文面“天国”、背“通宝”二字,不久背文改为“圣宝”二字。钱文直读。三类是六个字,如“太平天国圣宝”。六个字面背互相轮换,有正面为“太平天国”,背面为“圣宝”;有正面为“天国圣宝”,背面为“太平”;有正面为“太平圣宝”,背面为“天国”。“太平天国”四字,既是国号,又为年号,合而为一,在中国钱币史可谓独一无二。自唐开元以来,历代铸钱都称“通宝”、“元宝”、“重宝”,太平天国钱币改称“圣宝”。“宝”字袭承传统,意为珍贵的物品。“圣”字取意于赞美耶稣为救世主的宗教纲领。太平天国起义之初托名拜上帝教,故太平天国士兵称“圣兵”,国库称“圣库”,钱币称

“圣宝”。“圣”与“宝”合称“圣宝”，意思是救世圣主赐予的珍贵物品。这就废除了以前钱币上习用的“通”、“元”、“重”宝字样，是货币史上的一次币文改革。]



## 二、太平天国铜钱的使用与太平天国境内货币流通情况

### (一) 太平天国铜钱的流通情况与足额使用问题

**【湖北省·咸丰四年七月初四日】**连日接据差弁探报，知逆匪大股仍踞武昌，其汉阳、汉口、黄州等处亦为贼匪分股盘踞，并于孝感县界之胡家桥地方掳掠钱物。又据探报，六月十八日逆匪分窜至长江坡地方抢掠，经游击刘富成带镇筸兵勇斩杀长发贼百余名，夺获逆匪盐船三只、米船二只、大钱一千余串，旋将钱米充赏兵勇，人心鼓舞。

(英桂奏。军机处全宗·录副奏折。中国第一历史档案馆编《清政府镇压太平天国档案史料》第十四册，第661页。北京：社会科学文献出版社，1994。)

**【江苏省南京·咸丰四年】**[天京]铸有十余万，无人敢用。缘贼有伪例，私藏至十文者即有罪，如持赴城外买物，人亦不要，故悉收于伪圣库也。

(涤浮道人：《金陵杂记》。《中国近代史资料丛刊：太平天国》，Ⅳ，第636页。中国史学会编，编者：向达、王重民等，上海：神州国光社，1952。)

**【江苏省常熟县·同治二年三月】**廿六、七、八、九，三十……长毛于去年夏有太平天国钱行用。

(佚名：《庚申避难日记》。《太平天国史料丛编简辑》，第四册，第557页。太平天国历史博物馆，北京：中华书局，1962。)

**【湖南省安化县·同治二年】**将六月，我地[安化县]贸货汉阳者，归带“太平天国”钱号。想粤王[天王]坐江南，同治守幽燕，俨然一国二主，通宝交用，目见心惊。

(李汝昭：《镜山野史》。《中国近代史资料丛刊：太平天国》，Ⅲ，第14页。中国史学会编，编者：向达、王重民等，上海：神州国光社，1952。)

**【江苏省常熟县·同治二年】**七月廿六，晴。自夏至秋，太平天国钱甚多。[按：当时已是太平天国失守江苏省常熟后的几个月，尚在行用太平天国钱币。]

(佚名：《庚申避难日记》。《太平天国史料丛编简辑》，第四册，第563页。太平天国历史博物馆，北京：中华书局，1962。)

太平天国大钱的发现地点有广西、湖南、江苏、浙江、上海等，分布广泛，这与当时太平天国运动活跃区域相符。

太平天国大钱称为镇库钱，或为赏功之用，不参与流通的说法是不确当的。它们应当

是流通于市并且换当价值极高的正式流通货币。

（邓昭辉：《湖南省博物馆藏太平天国大钱、花钱》。《中国钱币》，2001 年第 3 期。）

太平天国钱币在安庆地区，除了少数稀有品种以外，几乎都有所发现，流通区域遍及整个安庆地区。材质有红铜、青铜、黄铜、铁质等。以小平和天国圣宝折十钱为多。

1994 年。在龙山路的自发古玩市场上，一钱贩从青阳县收钱而归，在市场上亮出了其在九华山农家收得一枚铁质太平天国隐起文折五十大钱。

（许迎新、张健：《安庆地区发现的太平天国铁钱及地契税票》。《安徽钱币》，2009 年第 3 期。）

太平天国行使钱文都用足钱，不准扣串，其布告中有："天朝万事满足，不准丝毫欠缺"等语……凡行使钱文，不准扣串。

（凌善清：《太平天国野史》，卷九，《食货》，第 9—10 页。上海：上海文明书局，1923。）

**【江苏省苏州·咸丰十一年】**吾郡交易，钱串九九。自贼踞三年，通以九十八文为百。至今市井相沿，不知何时复旧也。窃谓出如斯，入亦如斯，无所利于中耳。所僭者，自取人财者也。

（沧浪钓徒：《劫余灰录》。《太平天国史料丛编简辑》，第二册，第 163 页。太平天国历史博物馆，北京：中华书局，1962。）

**【江苏省上海县】**敬启者：此次潜逃兵勇约有四五万人，若派员拦截，断挡不住。缘和帅、璧帅及督、抚令箭均不能行，不如设法召集。然必与之说，夷人现在助我，方可以壮其胆，彼方肯乐为我招。否则若辈皆惊弓之鸟，若知其无所依傍，必不肯受招也。顷间盘查处拿获八名，自称系制军广胜勇。查制台处并无此勇名，惟苏州有广胜勇名目，即郭振瑞所带。又闻此八名均系真长毛，身边各有太平钱一枚。祈询得大略，速即正法，万不可迟为祷。

（《薛焕致吴煦函》，1860 年 5 月 25 日。《吴煦档案选编》第一辑，第 222 页。太平天国历史博物馆，南京：江苏人民出版社，1983。）

**【湖北省麻城县·咸丰四年七月二十九日】**又黄炳龙带领乡勇四千余人行至东岳庙，将贼匪粮簰夺获五十八对，粮米二百余石，钱三千余串，劈山炮四位，抬炮二十余杆，小枪七十余杆，火药七十余包，衣服、绸缎、布匹无数，杀贼多名。

（英桂奏。宫中全宗·朱批奏折。中国第一历史档案馆编《清政府镇压太平天国档案史料》第十五册，第 130—131 页。北京：社会科学文献出版社，1994。）

［编者按：《清政府镇压太平天国档案史料》以及其他历史文献中，有不少缴获太平军

银锭、铜钱和俘获的太平军官兵带有银锭、铜钱的记载。可知，他们到达那里便会将太平天国的货币带到那里。]

### （二）清政府铸的铜钱照旧流通

**【江苏省南京·咸丰三年至咸丰四年】**《铸大钱》：太公圜法重九府，利用厚生后人祖。下及货布与泉刀，文字广轮靡不古。贼人虏得铜无数，大开洪炉资鼓铸。谁为老成垂典型，古来款识都变更。一面直行书"圣宝"，一面直行书"太平"。商旅不许妄藏市，[伪示有云：天京乃定鼎之地，安能妄作生理，潜通商贾。]城里无用人不争。出城与人互交易，依旧咸丰通宝行。何异邓通铜山高插云，到死一钱仍不名。

（马寿龄：《金陵癸甲新乐府·铸大钱》。《中国近代史资料丛刊：太平天国》，Ⅳ，第737—738页。中国史学会编，编者：向达、王重民等，上海：神州国光社，1952。）

**【江苏省苏州·咸丰十年至同治三年】**始时搜括不取铜钱，或举而散撒之，掷碎之，奋投人面而唾弃之，其意盖谓钱上年号，我所深嫉而不欲见也。迨银锞洋钱罗致净尽，钱文亦不忍舍，买茶酒，易菜蔬，非此不可，而钱亦靡遗矣。

（潘钟瑞：《苏台麋鹿记》卷上。《中国近代史资料丛刊：太平天国》，Ⅴ，第283页。中国史学会编，编者：向达、王重民等，上海：神州国光社，1952。）

## 三、太平天国的银货币

### （一）银元、青钱、圣钱

**【江苏省南京·1862年】**城里正在继续大兴土木，据过去了解这座城市的人说，该城正日渐发生显著的变化。老百姓手中拥有大量的财富，因此，太平天国发行体积极为轻便、面值较高的银币一点也不令人奇怪。普通硬币的体积和先令一般大小，但面值要大得多；它和铜钱十分相像，上面铸有文字。另有一种面值最高、体积较大的银币，但我从来没有看到过。不过，人们情愿使用清朝的铜币，而不是他们自己铸造的太平天国铜币，当然，银锭尤为人们所好。

（《富礼赐的报告》。《太平天国》，第九册，第344页。罗尔纲、王庆成，桂林：广西师范大学出版社，2004。）

**【江苏省南京·天历十一年五月初九日】**天朝九门御林忠王宗酹天义李书致大英国翻译官福麾下。日前驾临敝府，别后常怀思慕，乃国务纷纭，未如志愿前来把晤。因承尊意，喜我国造圣钱，嘱余给付，余亦不胜欢喜。麾下雅情，颇增钦佩，余本不才，仰承殷联友谊，私衷愿满，愧莫能配。麾下轮帆清吉，不卜可知。兹将我国圣钱，如托付呈，银钱贰拾元，青钱拾元。祈麾下哂纳，留为粗玩，是所幸甚。并有私事一烦，付来金表一个。祈即惠换[玻]璃盖，代为整好，字如面祷。并候近佳。

天父天兄天王太平天国辛酉拾壹年五月初九日。

(《李明成致英国翻译官福礼赐文书》。《中国近代史资料丛刊：太平天国》，Ⅱ，第731页。中国史学会编，编者：向达、王重民等，上海：神州国光社，1952。)

**【江苏省南京·太平天国辛酉十一年七月十一日】**天朝九门御林开朝王宗酙天义李书复大英钦命翻译官福麾下：昨奉琅函，曷胜欣忭之至。兹承代买绉纱，现下已有，饬敝如要，即来采买；并辱问圣钱及字帖等因接此。但绉纱一项，既烦代购，何敢更辞。惟买卖之事，乃一时之变，敝昨遇有方便，已买有若干，略可济用，今未便再买，祈阁下将绉纱发卖别地，以取便利也。敝国圣钱今已办上大花钱壹元，敬呈麾下取玩，以表友情。字帖中华历来四大名家，并十数异士各种字帖皆有，不知麾下要用者哪种字帖也？而敝无才无学，文墨之中不甚齐集。且敝国干戈之际，凡物不齐，实愧下问，诸多负处，祈麾下幸勿为责。今着敝使带上圣钱壹元，祈即哂纳外，祈有上日承赠那种美酒，付下数瓶，或烦代买亦可，是恳。恕不恭敬，异日再为致谢佳情。此候勋祺，统维朗察不戬。

天父天兄天王太平天国辛酉拾壹年七月十一日。

(《李明成复英翻译官书》。《中国近代史资料丛刊：太平天国》，Ⅱ，第737—738页。中国史学会编，编者：向达、王重民等，上海：神州国光社，1952。)

**【王建国、程艺娟】**藏太平天国大型手工雕刻银饼钱一枚。正面穿上下刻阴线双钩文“天国”，“国”字为简化字，中间的“玉”字无点，成了“王”字。背面穿上下阴线双钩文繁体“圣宝”二字。穿廓及外廓内沿均刻阴线。锈色证明，这枚银饼钱从未入过土，是真正的传世品。

这枚天国圣宝银饼钱，含银量98%，直径3.53厘米，穿径0.42厘米，厚0.3厘米，重28.5克。而在华光普编著的《中国银币目录》中的天国圣宝大型银饼钱重量只有18.8克，相差将近10克。

《中国银币目录》中介绍的天国圣宝银饼钱，分为大、中、小三种型制，马定祥、马传德著《太平天国钱币》中只介绍了中、小两种，并无大型。其中一枚是马定祥早年所得，另两枚银钱，是美国出版的《世界钱币目录》中所载。中型的发现五枚，小型的仅发现三枚，大型的只有中国历史博物馆藏有一枚。

(王建国、程艺娟：《太平天国大型银质赏功钱天国圣宝》。《收藏界》，2004年第1期。)

[编者按：马定祥、马传德父子认为：这些银钱均非官炉铸造，是太平天国时期民间所造的冥钱，作为死者的随葬品。

王雪农、王建国、程艺娟等认为并非冥钱，而是赏钱或赏功钱。]

据马定祥、马传德[书]和关汉亨《中华珍泉追踪录》可知太平天国双钩文银钱，国内仅有中国历史博物馆藏有小型一枚。[刘恩甫]收得太平天国“天国圣宝”大型双钩文银钱一枚。

（刘恩甫：《国内发现太平天国双钩文银钱》。《中国钱币》，2003 年第 4 期。）

太平天国“九如三多”银质花钱。该钱银质，钱径 25、穿径 7、厚 0.7 mm，重 2 g，钱面阴刻直读“太平天国”，“国”字中间笔画从“王”，此为太平天国钱币重要特征之一。钱背文字阴刻直读“九如三多”，为清代常见之吉语。钱体为手工打制刻就，钱文刻写较为工整，原有鎏金层几乎褪脱殆尽，10 倍放大镜下仅依稀能辨残存金黄色。地张内原有的珍珠纹饰磨损平夷。此钱 2002 年元月收自江西宜黄县一位老乡。

（孙敏：《太平天国民俗花钱拾零》。《中国钱币》，2006 年第 4 期。）

太平天国“福寿绵长”银质花钱。

2001 年南京市清凉山畔一工地出土了一把锈蚀的铁质大战刀，同时出土了一枚太平天国银质花钱。该钱径 26.5，穿径 4，厚 0.7mm，重 2.9g，正面阳刻直读“太平天国”，“国”字从“王”，背面直读“福寿绵长”，钱表面为斑驳之黑色氧化银锈，地张内有珍珠纹饰。此银质花钱，当系太平军所遗之物。

（孙敏：《太平天国民俗花钱拾零》。《中国钱币》，2006 年第 4 期。）

**［国外藏品］**

**1. 英国**

英国博物院藏有太平天国银钱实物。

英国博物院中国钱币管理员 Joe Cribb（克力布）著“An Historical Survey of the Precious Metal Currencies of China”（“中国金银币之历史研究”）一文，以英国博物院之藏品为主来讨论中国金银币，它的第一拓图便是该院收藏品双钩文“天国”，“圣宝”银币。

1860 年前后，英国驻宁波的英国代理领事 Robert James Forrest 福礼赐，跟太平天国忠王李秀成的弟弟李明成有私人之交情。从 1861 年 6 月 19 日李明成写给福礼赐的信中知道：福礼赐要求李明成送给他一些字画以及太平天国钱币，而李明成要求福礼赐给他修理金表的玻璃盖。

（Franz Michael，*The Taiping Rebellion*，pp.1144－1145。此信中文原件现存于英国博物院，所提的银币也存在英国博物院里。）

**2. 美国**

1895 年有一位 James Lockhart 著了一本 *The Currency of the Far East*（远东货币），这本书是以 Glover 藏品为主的，书中第 122 页第 1198、1199 页的图片就是“天国圣宝”半两及四分之一两银币，这图片也是以双钩文描图的［图五］。Glover 的藏品在 1897 年全部送给美国 Smithsonian 博物馆，此二枚银币现今尚存于此博物馆。

（［美］曾泽禄：《太平天国银币》。《中国钱币》，1989 年第 1 期。曾泽禄说：他的文章主要根据美国人 Bruce Smith, Investigative Research Tells Authenticity of Taiping Pieces, 1978,《太平天国银币》,载《世界钱币周刊》写的。)

[外国人的记载]

1. 在一位 Lindesy Brine 1862 年出版的 *The Taiping Rebellion in China*《太平天国起义》一书第 279 页有详细描写,叙述了银币之造型、钱文与种类,其原文如下:

Building is going on in the city, and people who have known the place before, say that marked improvement is taking place. A good deal of wealth exists among the people, and it is not a little curious that the Taipings have a silver currency of a very convenient size and value. The common coin is of the size of a shilling, but worth rather more; it is exactly like a copper cash, and has an inscription engraved on it. A large silver coin of the value of a soverign, exists, but I have seen none. Imperial cash is used in preference to their own Taiping copper coins, and, of course, sycee is taken.

(Commander Lindesy Brine, *The Taiping Rebellion*, p. 279. Published 1862. London. Commander Lindesy Brine 是英国海军少将,曾到天京城里。)

中译文:……南京市大兴土木建筑,情形大有改善,市内有许多有钱人,而且毫无疑问地可以知道太平天国是发行有大小与价值适当的银币的,最常见银币其大小如同先令[英国银币名,2.6 厘米大],但比先令还有价值,银币之形状如同铜币方孔型,而且钱文是手雕刻的,另有一种大型的银币如同英国金镑[约有 3.0 厘米之大],但我尚未见到,当地人混用大清铜钱与太平天国钱,但人们还是喜欢用大清钱,而且银锭也被使用。

2. 1868 年出版的 *Monnaies Obsidionales et de Necessite*,作者为 Lt. Col. Mailliet,这本书专门介绍世界各国在战争时期紧急使用的钱币,有关中国方面,介绍了太平天国起义的"天国圣宝"银币,也是以双钩文描图(图四)。

3. 1878 年,在德国柏林有一本钱币拍卖杂志 Verzeichniss Von Munzen und DenkmUnzen der Erdtheile Australien, Asien, Afrika Berlin 1878.中,有一枚太平天国银币,1/2 两,钱文为面"天国",背"圣宝",长宽有 3.2 厘米,重量为 17.60 克,钱文为雕刻。

4. 1880 年,有一篇文章叫做《清朝钱》("Coins of the Present Dynasty of China"),刊在《皇家亚洲会刊》*Royal Associatic Society Journal*,作者为 S.W.Bushell,文章里面写道 Silver coins of different denominations were issued by the Taiping rebels with legend "T'ien kuo Sheng Pao", sacred coin of the celestial state。[太平天国有发行不同价值的银币,其钱文为"天国圣宝"]。作者 Bushell 是一位研究钱币的专家,他在 1860 年来中国,专门收集清朝钱,上面文字在会刊的第 214 页。

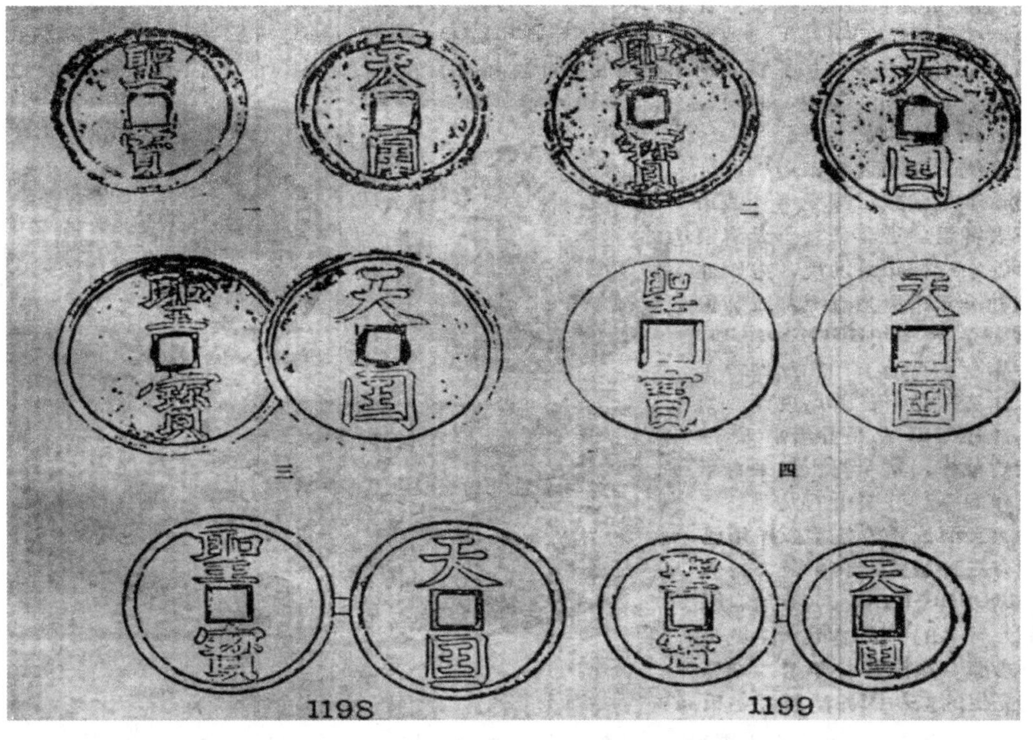


## （二）元宝

**【河北省永年县临洺关·咸丰四年二月初五日】**再，前据投出潮勇萧良芳供称，贼在临洺关窜出之时，因掳抢银两，难于携带，抛弃同知署中井内，约有数万两。奴才以该潮勇虽系倾心向顺，但所供是否确实，尚未可知。且事隔数月之久，即使实有抛弃银两，亦恐有人知觉，即至无存。然必须前赴该处查验，以证其言之信否。当即密委前任四川茂州知州牛树梅，带同前任山西河津县典史王承烈驰往临洺关，会同永年县知县陈政典不动声色，按照萧良芳供指之处设法捞取去后。兹据该员等禀称，驰抵临洺关，齐集人夫，制备器具，会同前往同知署内周围履勘，宅门以内尽被贼焚，一片瓦砾，幸墙壁未倒，尚可辨认。院落署中共有二井，一在东围墙内，一在西围墙内，井上皆积雪布满，并无人踪。井深三丈有余，先将东井之水汲浅，令人下井打捞，始则尽属砖块，继则先得宝银一锭。以后一层砖石，一层宝银，捞至三更，共得宝银五百余锭。次日复行打捞，又得二百余锭。以后连日捞觅，所得渐少。竭五日之力，统共捞得宝银八百三十六锭，约计四万一千八百余两，并起出铁炮二尊，复又开挖西井，竟无所得，已将起获银两装箱解送永年县库收存，听候调用。等情禀报前来……奴才酌拟于起获宝银内提出一万二千两以备充赏兵勇。遇有实在奋勉出力者，随时优赏，以鼓士气。其余银三万两，即作为正款，交粮台照例支销造册报部。如蒙俞允，即当札饬粮台钦遵办理。

（胜保奏。宫中全宗·朱批奏折。中国第一历史档案馆编《清政府镇压太平天国档案史料》第十二册，第428—429页。北京：社会科学文献出版社，1994。）

**【江苏省常熟县王市·咸丰十年八月】**又着典当与邵姓[编者注：布商邵心慎。]代应银钱，零星银子杜制元宝，一概发换。

（汤氏：《鳅闻日记》卷上。《太平天国》，第六册，第321页。罗尔纲、王庆成，桂林：广西师范大学出版社，2004。）

**【江苏省常熟县·同治元年】**凡避居乡者，日用匮乏，每将所带之首饰、衣服变卖，而不值钱，惟金尚可。每金一两兑制钱二十七、八千文至三十千文。宝银每两兑制钱一千七、八百文。若元丝等亦随宝银递降。最折色者银首饰，每两兑制钱七、八百文至一千二、三百文。盖刁商乘人之急，每以纹银而作五色、六色收去私铸元宝用者，所以近年新宝最多。

（佚名：《避难纪略》。《太平天国史料专辑》，第67—68页。上海：上海古籍出版社，1979。）

## （三）银两银元的使用情况

**【江苏省上海县周浦镇·1862年】**当在[周浦]镇上搜索各家房屋时，我军发现大批珍贵的珠宝、金银、现洋以及值钱的衣服，使我方官兵得到一种堂堂正正的掳获。一名水手找到一千六百块现洋，有几名士兵每人找到五百余元，还有许多人捡起耳环、手镯以及珍珠、宝石等装饰品。这对每个人来说，是一个从事掠夺的光荣日子；我们听到有一队士兵，当其在太平军财库中发现数千元现洋时，每个士兵自己的口袋装满后便心满意足，而为减轻布袋的负荷起见，不得不以一些现洋分给他人，这真是小人发财如受罪一个显著的事例。

（《周浦之战》。《北华捷报》，612期，1862年4月19日。《太平军在上海——〈北华捷报〉选译》，第299页。上海：上海人民出版社，1983。）

[编者按：从这则报道中可以知道，在江苏省上海地区活动的太平军，使用的货币主要是银元。]

### 1. 银元银两折价

**【江苏省吴江县芦墟·咸丰十一年六月六日】**存局之洋扣六外，余则照票算清，价〢〦[二六]，票钱〡〧[一七]，洋照前存价〢〨[二八]，似尚直落也。

（柳兆薰：《柳兆薰日记》。《太平天国史料专辑》，第196页。上海：上海古籍出版社，1979。）

**【浙江省秀水县新塍·咸丰十一年九月初九至十日】**白雀寺前贴一伪告示，其伪官为户部正地官，示为评定洋价收漕米，惟滥板、隔铜不用，其光洋每元作洋八钱，以下小花等递降有差。

（沈梓：《避寇日记》。《太平天国史料丛编简辑》，第四册，第85页。太平天国历史博物馆，北京：中华书局，1962。）

**【江苏省常熟县・咸丰十一年九月初十日】** 迩来洋银不通,因中华用佛洋,英夷欲兼用喫洋,故相争以致减价。

(龚又村:《自怡日记》。《太平天国史料丛编简辑》,第四册,第413页。太平天国历史博物馆,北京:中华书局,1962。)

2. 银钱兑换比价

[编者按:从本书收录的钱粮执照与由单所记银若干折钱若干中,可以知道某地某时银钱的比价。]

**【江苏省苏州・咸丰十年】** 吾郡交易,钱串九九。自贼踞三年,通以九十八文为百。至今市井相沿,不知何时复旧也。窃谓出如斯,入亦如斯,无所利于中耳。所僭者,自取人财者也。

(沧浪钓徒:《劫余灰录》。《太平天国史料丛编简辑》,第二册,第163页。太平天国历史博物馆,北京:中华书局,1962。)

**【江苏省常熟县、上海县・同治元年十月二十五日】** 米价大贵,洋钱则价贱,因匪党籴米满万,限定每石三千内,又着每师办米千石,而天阴不动砻,农家出米甚寡,致铺户粜空,白粲价至六千而不能多籴。匪闻上海、余杭米价十千,乃严禁商船出境。佛洋、喫洋并行,喫洋重一分,银虽低而价长;佛洋虽净银,故意捺价,每个作钱千二百文,进出不得一价,往往伸缩至七八十文。荡口钱每百通用九十七,腰串减六文,余镇则仍九十九。

(龚又村:《自怡日记》。《太平天国史料丛编简辑》,第四册,第472页。太平天国历史博物馆,北京:中华书局,1962。)

**【江苏省常熟县・同治元年】** 宝银每两兑制钱一千七八百文。若元丝等亦随宝银递降。

(佚名:《避难纪略》。《太平天国史料专辑》,第67页。上海:上海古籍出版社,1979。)

**【江苏省吴江县芦墟胜溪・同治元年六月十三日】** 梦书同来,欲买一账船,定价九十千,合洋六十元。解缆一千文。约二十[日]左右去看船。

(柳兆薰:《柳兆薰日记》。《太平天国史料专辑》,第264页。上海:上海古籍出版社,1979。)

## 四、太平天国的金货币

### (一) 太平通宝、太平天国圣宝金钱

**【山东省・咸丰三年四月初三日】** 又据冯景尼禀报,同日派勇出队,各有斩馘,并砍毙黄缎补服头目一名,搜出金伪钱一枚,有太平通宝等字样。

(杨殿邦奏。军机处全宗·录副奏折。中国第一历史档案馆编《清政府镇压太平天国档案史料》第六册,第279页。北京:社会科学文献出版社,1992。)

笔者[朱浒]有幸在南京太平天国博物馆一睹太平天国金银币风采,均为宋体小平钱,铸工精优。正面面文"太平天国",背书"圣宝"。

(朱浒:《钱币收藏里的"起义"币——太平天国钱币鉴赏与投资》。《艺术市场》,2007年第11期。)

太平天国的金币与银币在南京太平天国博物馆,均为宋体小平钱,铸工精优。正面面文"太平天国",背书"圣宝"。1953年2月在南京某仓库废铜中发现,藏太平天国历史博物馆。

(邓昭辉:《湖南省博物馆藏太平天国大钱、花钱》。《中国钱币》,2001年第3期)

江宁磁货,尽入军中……争求入军,每破寇,所虏获金币珍货不可胜计。

(王闿运:《湘军志·筹饷篇》第十六。)

[国外藏品]

1. 英国博物馆藏有一枚太平天国金币,是一位加拿大钱币商在1974年间[或以后]售给博物馆的,这一枚金币可能是耿氏的原藏品,在他的书里记载为27毫米,但书本的相片缩小了许多。

2. 纽约美国钱币协会博物馆藏有太平天国金币一枚,是在1900年左右由一位美国藏家捐赠的,同时捐献的还有四枚太平天国钱币。

3. 1992年前,日本一位藏家从台湾转手购得一枚金币。

4. 美国人曾泽禄于1990年代初得到一枚,面文"太平天国",背文"圣宝"金币,长度为27毫米,重12.8克,轮郭周正,肉好俊美,字文精神与制作一气呵成,其文字风格与钱体制作跟太平天国铜钱一致(见拓片)。

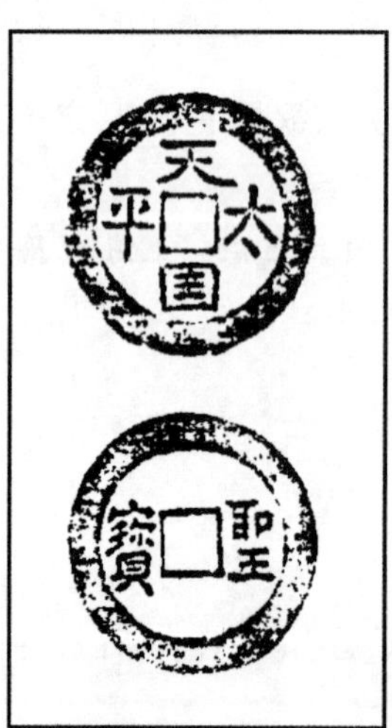


([美]曾泽禄:《太平天国金币》。《中国钱币》,1995年第3期。)

[外国人的记载]

**【江苏省南京·1860至1863】**有些作者并不认为中国曾有过铸造金币,但这并不全对。因为我曾亲见过中国金币,虽然这些金币并不是很普遍地使用流通,这些金币在1860年代早期时候,由太平天国政府在南京铸造,一枚金币等于银5两或5枚西班牙本洋银元。太平天国主管们的小裤带里都带有一些金币,以便对他们有功劳的服役者作为赏赐之用。我也看到许多外国人也有这样的金币,一位Jesey人名叫做Filicule[作者米士尼的同乡]也有二百多枚金币,是天王送给他的。这种金币有中文字,正面为太平天国,背面也有中文字,但现在我忘记了,在1863年,他们要我用银5两来换一枚金币。这种金币跟铜币的形状与大小相一致,当然,这些金币较重,而且制作也较精致美观。许多外国人在他们的手表链中挂着一枚金币当做压胜饰品,有的人放在他们裤袋里当为储备品,以便将来为应急之用。

(William Mesny 威廉·米士尼,*Mesny's Chinese Miscellany*《米士尼中国见闻杂记》,1905。)

米士尼的中文名问臬,1842年生,1860年18岁时到中国,协助左宗棠跟太平军作战,1862年被太平军俘虏,被软禁于南京一年,在1863年才被释放,此后他继续住在中国,为清政府到各地作自动性之服务。米士尼到了1895年开始计划出版他在中国之回忆录,到1905年这本书才出版,这本书在图书馆并不容易见到,我把他在南京时候,所见到金币有关内容节录于上。

[曾泽禄]收藏的太平天国金币重量是12.8克,约为三分之一两,在1860年间,市面上金与银之兑换率为1比15,所以太平天国金币重三分之一两,恰好可换5两银或5枚银元,留传下来金币与史料相合。

([美]曾泽禄:《太平天国金币》。《中国钱币》,1995年第3期。)

马定祥、马传德合著的《太平天国钱币》一书,在1982年第一版中是否定太平天国有金币之发行,但在1994年增订本则更改为有金币之发行,用作赏赐和馈赠之用,并非流通于市场的钱币。笔者[曾泽禄]认为,太平天国金币不仅可作为赏赐馈赠之用,也可以用来作货物买卖交易之用,因为金币是贵重物品,并非人人皆有,但私下仍可以跟银两互算换值,正如米士尼所言,一枚金币可以换5两银两或5枚西班牙本洋银元。

([美]曾泽禄:《太平天国金币》。《中国钱币》,1995年第3期。)

### (二)金钱比价

**【江苏省扬州·咸丰三年六月】**邓前数日换金子一千六百两,丹徒镇金价陡贵。

(佚名:《蘋湖笔记》。《太平天国》,第五册,第15页。罗尔纲、王庆成,桂林:广西师范大学出版社,2004。)

**【江苏省吴县横泾镇·同治元年五月】** 念七,戊申日,晴。朝出门到蜡烛铺内取钱六千文。其钱即五母舅换去黄货[黄金]一两七钱八分,计七十三千,划在烛铺内,余即打辫一条回来。与自己人家写押账无数。

(蒋寅生:《寅生日录》。《太平天国史料专辑》,第427页。上海:上海古籍出版社,1979。)

**【江苏省常熟县·同治元年】** 惟金尚可。每金一两兑制钱二十七八千文至三十千文。宝银每两兑制钱一千七八百文。若元丝等亦随宝银递降。最折色者银首饰,每两兑制钱七八百文至一千二三百文。

(佚名:《避难纪略》。《太平天国史料专辑》,第67—68页。上海:上海古籍出版社,1979。)

### (三)金质钱币的性质

**【江苏省南京·1860年】** 在太平天国的文献中,犹未见到有关铸造金钱的可靠资料。这枚面天国太平背横圣宝的金钱图文,见载于耿爱德氏所著的英文版《中国币图说汇考》。

耿氏文中要点,[节译耿爱德《中国币图说汇考》,英文版,第424—425页,以及参考简又文《太平天国典制通考》,第十篇,第582—583页的部分译文。]译其大意如下:

这种金钱大概是1860年[按即太平天国十年]所造。直径为27毫米,中有方孔,方孔的直径为6毫米。

耿氏说:"芝加哥的基弗氏 A.C.Keefer 藏有此品。"

同时他还提到,有个威廉·弥士尼[William Mesny]在其一本1866年所著的书里,谈到威廉本人曾经看到不少外国人有这种不是一般流通的金钱,说是太平天国政权于公元一八六〇年后在南京所铸,一枚等于值五两银子或五枚西班牙本洋。威廉还谈到另外一个名叫菲利克[Filicule]的人,拥有这种金钱二百余枚。并说太平天国的王侯们多有这种金钱,作为赏赐有功之人,他的所有亦是得自馈赠。这种金钱在太平天国十三年[公元1863年]时可值五两银子,金钱的大小和形状,与一般的太平天国流通钱币相似,惟分量较重。有些外国人作为饰物来玩云云。耿氏相信当时曾居中国的威廉氏所言是实。

太平天国官局没有正式铸造过金质钱币。故耿氏所言之金钱不会是什么赏赐钱,因为它的文字制作还不如铜钱的规整。所以上面耿氏所谈的那些金钱,事实上都是太平天国晚期权贵富户们所造的金质冥钱,作为殉葬之用。

(马定祥、马传德:《太平天国钱币》,第132—133页。上海:上海人民出版社,1983。)

赏赐钱。这种金钱直径为27毫米,中有方孔,孔径6毫米。当时居中国的威廉·弥士尼在其于1866年所著的书中说,他本人曾经看到不少外国人有这种不是一般流通的金钱,说是太平天国政权于1860年后在南京所铸,一枚等于五两银子或五枚西班牙银币。他还说,有一个名叫菲利克的人,拥有这种金钱200余枚。并说太平天国的王侯们多有这种金钱，作为赏赐有功之人，菲利克的金钱也是得自于赏赐。

马定祥、马传德认为："太平天国官局没有正式铸造过金质钱币，所以不会是什么赏赐钱，因为它的文字制作还不如铜钱规整。事实上都是太平天国晚期权贵富户们所造的金质冥钱，作为殉葬之用。"但笔者却有不同的看法，试想，如果作为殉葬的金质冥钱，为什么太平天国王侯们多有此钱？难道大家都在为自己准备后事？而且为什么一个外国人会得到这种金钱达 200 多枚？难道冥钱也可以当做礼品赠送外宾吗？那个外国人当时不可能是盗墓所得，即使盗墓也不可能得到那么多金钱。况且当时居住于中国的威廉·弥士尼本人就见到许多外国人有这种不是一般流通的金钱。威廉·弥士尼是在 1866 年著书提到这种金钱的，而清兵是在洪秀全死后 48 天，即 1864 年 7 月 19 日攻入天京城的。也就是说威廉·弥士尼是在太平天国灭亡之后仅仅过了两年的时间就写了此书，那么他的所见所闻难道不是最具真实性、可靠性和权威性的吗？

（王建国、程艺娟：《太平天国大型银质赏功钱天国圣宝》。《收藏界》，2004 年第 1 期。）

## 五、太平天国的铁钱、锌钱、铅钱

### （一）铁钱

**【江苏省南京】**太平天国铁钱，只有面文直天国、背文直圣宝的当十型钱。其版模亦为当十钱中较习见的一类，曾在三十年前发现于南京。真品只见两枚，版别略有不同……除了已经发现面天国背圣宝的当十型铁钱真品外，尚无其他任何别种太平天国的铁钱真品。

（马定祥、马传德：《太平天国钱币》，第 86 页。上海：上海人民出版社，1983。）

"太平天国"大花钱是太平朝举行重大庆典时特铸的纪念币，是赏赐给有功之臣和赠送给外国人的礼物。现发现特大、大号、中号和小号四种型号，皆为铜铸，一钱一模，很难找到两枚完全相同者，是我国钱币中珍稀的大名誉品。该钱大多发现于湖南地区，但据郭若愚先生论证，该钱应铸于 1861 年李秀成攻克苏州建立苏福局以后。

笔者集藏一枚"太平天国"铁质中号大花钱，外径 103 毫米，穿径 23.6 毫米，厚 4.3 毫米，重 199.6 克。

（王纪民：《太平天国铁质大花钱》。《收藏界》，2007 年第 7 期。）

1994 年，许迎新、张健在安徽小鹅安庆市龙山路的自发古玩市场上买得一枚铁质太平天国隐起文折五十大钱，该币做工精良，直径 40 mm，厚 2.2 mm，穿口 8 mm，重约 30 g 左右。据马定祥主编的《太平天国钱币》（增订本）中（十一）太平天国的铁钱中介绍：太平天国铁钱，只有面文直天国，背文直圣宝的当十型钱，其版模亦为当十钱中较常见的一类；曾在三十年前发现于南京，真品只见二枚，版别略有不同。

日本二瓶哲天《太平期钱币拓影集》,有铁质当十、当五十太平天国宋体套子钱拓图各一品。

太平天国钱币的铸行时期,也是清咸丰铁钱的铸行时期,由于太平天国起义占领了沿江各省,造成了铸钱铜料无法北运,始有铁钱。

(许迎新、张健:《安庆地区发现的太平天国铁钱及地契税票》。《安徽钱币》,2009 年第 3 期。)

## (二) 锌钱

2003 年笔者在南京朝天宫古玩市场觅得一枚锌质太平天国花钱。该钱锌质,铸制简陋,表面呈深灰色氧化锌包浆,钱体上有一砍折裂痕,钱径 57、穿径 14、厚 2.5 mm,重 21.8 g。正面刻有直读"天国太平","国"字从"王",背面钱文为六朵菊、荷类花朵。该钱所用金属经测锌含量 95%以上。

(孙敏:《太平天国民俗花钱拾零》。《中国钱币》,2006 年第 4 期。)

## (三) 铅钱

太平天国铸有铅质钱,华光普主编《中国古钱目录》下卷载有折十型一种;魏建猷著《中国近代货币史》记载"太平天国的一代货币制度,据我们所知道的有金币、银币、铜钱、铁钱和铅钱"。又说"太平天国所铸的铁钱和铅钱都极少见……铅钱现存当一、当十两种。当十铅钱面镌'天国',幕镌'圣宝',当一铅钱面镌'太平天国',幕镌'圣宝'"。

[文甦]从江西钱商处,征集得铅质太平天国背横圣宝小平钱一枚,该钱直径 23 mm,穿径 5.9 mm,厚度 1.3 mm,重 4.2 g;阔缘,包浆呈灰黑色,有土沁,背部磨损较重,应为旧铸品。这一枚钱币,是否就是《中国近代货币史》上记载的当一铅钱,笔者认为值得探究。

对比太平天国所铸的铜质小平钱,笔者认为,华谱中有一种,其形制大小,文字风格等特点,和这种铅质钱十分接近,故笔者认为,这一种铅钱,应该就是《中国近代货币史》上著录的太平天国铅质当一钱。

但是,太平天国以铅铸钱,始于何时,铸于何地,品种几种,铸量多大,流通多广等等,相关资料都较为缺乏,有关的论述,也不多见。

(文甦:《铅质太平天国钱》。《收藏家》,2009 年第 2 期。)

**【浙江省嘉兴】**[太平天国时]嘉兴地区曾准许民铸铅钱,[以作]暂时制用的一种代替筹码,等到太平天国铸钱局铸钱后,这种铅钱就责成制发人收回销毁。

(《太平天国时期浙江嘉兴府的民铸铅钱》。《文物》,1959 年第 5 期。)



**【江苏省南京·天历四年之后】**20 世纪 90 年代,在南京城南拆除某老宅时,发现太平天国宋体折五十铅质鎏金祖钱。该钱铅质,通体鎏金,传世包浆自然可见,为未经入土的熟坑品。径 54.2、穿 12、厚 4 毫米,重 62.31 克。钱面、背、外郭狭缘,坚挺而微有退拔度。边道[指钱边可以滚动之处]有圆弧度，十分光洁。穿口正反面有十分明显的斜势高低坡度。钱文直读，文字制作工整而高挺，应是太平天国中期铸行的宋体套子钱中最大币值——折五十祖钱或样钱。宋体套子钱是太平天国首创第1套钱式，分小平、折五、折十、折五十共4等，也是太平天国铸行自己钱币成熟期的开始。南京是天朝的首都，又是天国主要铸钱场地，太平天国的祖钱、样钱应多集中在南京，所以太平天国宋体折五十铅质鎏金祖钱或样钱又重现世间，具备当然的有利条件。

（杨立昌：《南京惊现太平天国宋体折五十铅质鎏金祖钱》。《江苏钱币》，2008年第1期。）

### （四）锡钱

[见本节“铜钱的铸造”目之三“始铸钱的时间”]

# 第十七章
# 城市政策

## 第一节
# 太平天国的城乡政策

**【咸丰元年至六年】**凡贼至境、过境,所张伪示辄数千言………“本军帅于军行相距数百里之先,即遍张诰谕,令尔百姓富者出资,穷者效力,候太平江山一统,定加擢用……本军帅特再出示,差某检点前来收贡,限三日齐解圣库,赏给贡单………”云云。此示一出,胆怯者无不担负银钱粮米,络绎于道,以献于贼。城市镇聚,所至皆然,非专行于乡村也。然贼中章程亦数改矣。其初陷武昌时亦如此出示,设馆收贡。仅行一日,见所获无几,遂逐户搜刮。此时盖专掳城市,仍不扰乡民。逮后陷安庆、江宁,再犯江西、湖北,于城市并不出示取贡,但肆虏劫,于乡村则仍出示督民进献。

(张德坚:《贼情汇纂》卷十《贼粮·贡献》。《中国近代史资料丛刊:太平天国》,Ⅲ,第270页。中国史学会编,编者:向达、王重民等,上海:神州国光社,1952。)

**【江苏省南京·1853年】**此外还有一队宣传员,戴着红的或黑的符号,到各城市宣传神圣的战争,散发起义的传单,并要群众接受起义者的誓词。这誓词的格式是:“不和我们一条心的,炮轰刀砍坠大海。”

([法]加勒利、伊凡原著,徐健竹译:《太平天国初期纪事》,第117页,上海:上海古籍出版社,1982。)

**【湖北省·咸丰四年四月十三日】**惟湖北膏腴,全系武、汉、黄、德四府,今俱被扰害,民间已搜洗一空,闻寸缕升粮同归于尽。且该逆抄掠后又令人人进贡,一有不从,即行斩杀,绅士已全行逃避,愚民实荼毒难堪,况已人人蓄发,如再不力图殄灭,又良莠何分?臣如坐针毡,寝食俱废。前虽设法布散告示,剪其羽翼,逃散者将以万计,又复劝举乡团,百姓亦尚齐心,无如省垣被困已久,饷绝师疲,只求固守一隅,尚不知能否获胜,实难再顾及他。且江北五属文报难通,亦久无只字到省。细揆贼情,大约欲将湖北各府属抢掠殆遍,则省城即不溃自溃,实毒计也。

(青麟奏。军机处全宗·录副奏折。中国第一历史档案馆编《清政府镇压太平天国档案史料》第十四册,第14—15页。北京:社会科学文献出版社,1994。)

**【江西省抚州、建昌·咸丰八年五月二十五日】**抚、建之贼鉴于瑞、临逆党以长围坐困,为官军所歼也,不复以踞城死守为得计,于是分其党羽散屯城外乡村,将俟官军深入,而层迭分抄,要其归路以困之。幸援军节节搜剿,先乡而后城,先县而后郡,卒能剪其枝柎,以拔其本根。三月之间,郡县城市先后收复,进止机宜尤为允协。

(骆秉章奏。军机处全宗·录副奏折。中国第一历史档案馆编《清政府镇压太平天国档案史料》第二十册,第391—392页。北京:社会科学文献出版社,1995。)

**【江西省吉安·咸丰八年六月十六日】**奴才伏查吉郡逆匪被水陆各营四面环攻,历时已久,粮食、火药日少,其势已极穷蹙,加以水东大炮直击城内,愈难驻足。是以屡图冲窜,均被各营击回。现复添造划船,计图水陆分路奔逃。此时江西境内仅只该郡之贼未除,必须聚而歼旃,庶期全境肃清。经奴才再三谆饬各营统领激励士卒,尤当加意严防,实力截击,速拔坚城,悉殄群丑,以免他窜为患。

(耆龄奏。宫中全宗·朱批奏折。中国第一历史档案馆编《清政府镇压太平天国档案史料》第二十册,第434页。北京:社会科学文献出版社,1995。)

**【江苏省·咸丰十年四月十三日】**贼至苏,广匪及六合难民逆贼入城……在城居民遭屠戮者什之二三,投河、投井、悬梁者亦什之二三,余则能逃出城者则逃出城,不能逃出者则从贼焉。先是在苏候补道李文炳,广东人,知苏城难守,私出城见贼蕃[藩]忠酋曰:请入城,珍宝尽有之,勿伤百姓一人。贼藩许之,故入城杀戮较他方稍轻。授李文炳伪职为文将帅,其侄君山改名善交,为吴县伪监军……

贼入城,先放狱中囚犯,使其引之劫库,逐户搜索。城内民房,大者作贼馆,小者多烧毁。不论男女,见之即掳。强壮者,使之运米、挑水、搬移物件。稍通文理者,使之教小长毛识字,或为之书记。老羸无用者则逐出城,不服者杀之。遇医生及裁缝俱留养馆中,裁缝使之改衣服,医生使之诊病,兼有与之钱开药铺者。妇女美者,贼目占为已妻;稍有姿色者,驱入女馆中以便拣选;余他不论妍媸,一任众长毛奸淫,虽老妪以及童稚亦所难免。贼初至,但知逐户穷搜,得奸宄引之,便知某家为富户,某家为显宦矣;但知启箱倒箧,得奸宄引之,便知掘地发窖矣。贼去后,土匪络绎攫取,寸缕不遗。

(蓼村遁客:《虎窟纪略》。《太平天国史料专辑》,第15—16页,上海:上海古籍出版社,1979。)

**【江苏省宜兴县·咸丰十年】**秋八月……贼将汤惟攸来据城,出示安民……其后伪将刘佐清来代。刘视诸贼性稍驯,约束部下,不令出城,但令乡间纳粮。

(《宜兴荆溪县新志》卷五《咸丰同治年间粤寇记》,第11—12页。引自郭廷以《太平天国史事日志》,上册,第683页。重庆,商务印书馆,1946。)

**【江苏省昆山县·同治元年十二月初五日】**又有角(泽)[直]人自桐乡逃来。言殳墓、角(泽)[直]、杨朱、句庄等处,皆昆山地界,长毛初到苏,即修贡完粮,颇称盛美。今春,官军克太仓后,始有被掳者。其后九月初大掳,各乡皆到。今十一月初,桐乡长毛又到。家居离镇六里,而贼适专掳乡而不掳镇,是以见获。由是各乡皆掳白矣。角直镇上因遣乡官送礼物银洋,是由得免。

(沈梓:《避寇日记》。《太平天国史料丛编简辑》,第四册,第 201 页。太平天国历史博物馆,北京:中华书局,1962。)

**【江苏省南京·咸丰三年至四年】** 贼初入城,发粮无数,来取者即与之。既有名数可稽,始议每日发米数。男馆,如泥水木匠一斤半,各伪衔一斤四两,各匠一斤,牌尾半斤。女馆,湖南以前每名一斤,湖北以前每名六两。[于是米价陡贵,每斤需银六两,尚无买处。有在城外买入者,贼谓之犯法,辄受杖打。]

(谢介鹤:《金陵癸甲纪事略》。《中国近代史资料丛刊:太平天国》,Ⅳ,第 656 页。中国史学会编,编者:向达、王重民等,上海:神州国光社,1952。)

[编者按:对于了解太平天国的城市政策来说,南京具有典型意义,因为它既是太平天国的首都,又是太平天国占领区内最大的城市。关于太平天国在南京的财政经济政策措施,记载甚多。本目录入的只是其中的小部分,大部分在其他各章。但只要查阅各条资料前的方括号,便可发现。]

**【江苏省南京·咸丰三年至四年】** [《当圣兵》:]人心之靡靡至此,乍见红巾道恭喜。制巾不及裹红布,宽布不及裹红纸……昼操井臼夜击鼓……

(马寿龄:《金陵癸甲新乐府》。《中国近代史资料丛刊:太平天国》,Ⅳ,第 729 页。中国史学会编,编者:向达、王重民等,上海:神州国光社,1952。)

**【江苏省南京·咸丰三年至四年】** [《牌尾馆》:]……巡查书手更无状,一卖零剪一银匠。

(马寿龄:《金陵癸甲新乐府》。《中国近代史资料丛刊:太平天国》,Ⅳ,第 732 页。中国史学会编,编者:向达、王重民等,上海:神州国光社,1952。)

[按:手工业者与商贩不再从事原来的行当。]

**【江苏省南京·咸丰三年至四年】** [《收菜子》:]种菜人多去乡里,巡查有令收菜子……炎炎有汗不敢挥,急趁天晴上场晒……送去打油等分惠,十日一人两勺派。

(马寿龄:《金陵癸甲新乐府》。《中国近代史资料丛刊:太平天国》,Ⅳ,第 733 页。中国史学会编,编者:向达、王重民等,上海:神州国光社,1952。)

**【江苏省南京·咸丰三年至四年】** [《姊妹馆》:]分男行分女行,女人廿五一室藏,女官狰狞叱私馆,户籍散漫无人管……回看老屋成灰堆,千辛万苦从兹来。

（马寿龄：《金陵癸甲新乐府》。《中国近代史资料丛刊：太平天国》，Ⅳ，730 页。中国史学会编，编者：向达、王重民等，上海：神州国光社，1952。）

**【江苏省南京·咸丰三年至四年】**［《削竹签》：］南北山深多竹子，女馆往返三十里。钝刀斫断两人扛，举步蹒跚颡有泚。归来乞人锯成段，五夜篝灯忙十指。侵晨各送八十斤，插地森森密如齿。

（马寿龄：《金陵癸甲新乐府》。《中国近代史资料丛刊：太平天国》，Ⅳ，第 730 页。中国史学会编，编者：向达、王重民等，上海：神州国光社，1952。）

**【江苏省南京·咸丰三年至四年】**［《搓麻绳》：］予以若干麻，责以若干绳。绳绳相续细于发，手掌生趼指血凝。私问何为促工作，城外急需绊马索。

（马寿龄：《金陵癸甲新乐府》。《中国近代史资料丛刊：太平天国》，Ⅳ，第 730 页。中国史学会编，编者：向达、王重民等，上海：神州国光社，1952。）

**【江苏省南京·咸丰三年至四年】**［《抬砖》：］砖在皇城根，抬至东辕门。砖在南城厢，抬至黄泥冈。数回已逼天昏黄，百长叱咤人踉跄。

（马寿龄：《金陵癸甲新乐府》。《中国近代史资料丛刊：太平天国》，Ⅳ，第 731 页。中国史学会编，编者：向达、王重民等，上海：神州国光社，1952。）

**【江苏省南京·咸丰三年至四年】**［《禁裹足》：］大者不能小，小亦不能大……出令戒缠足，违者遇之恚。轻或施以鞭，重且系以械。

（马寿龄：《金陵癸甲新乐府》。《中国近代史资料丛刊：太平天国》，Ⅳ，第 731—732 页。中国史学会编，编者：向达、王重民等，上海：神州国光社，1952。）

**【江苏省南京·咸丰三年至四年】**［《禁偷窃》：］封菜园，狂夫不许踰柳樊。拆妖庙，梁柱成山储木料。偶然拾得名曰偷，锒铛系颈枷上头。

（马寿龄：《金陵癸甲新乐府》。《中国近代史资料丛刊：太平天国》，Ⅳ，第 735 页。中国史学会编，编者：向达、王重民等，上海：神州国光社，1952。）

**【江苏省南京·咸丰四年至五年】**贼粮。初逆陷武昌、江宁、安庆等处，掳粮甚多，不甚爱惜，以喂驴马，不分牌面、牌尾，每名日给米一斤四两，妇女领得米牌者，给米称是。嗣因被掳妇女几二十万，每名减米至六两。食粥，不准食饭。甲寅五月间，江宁水陆路皆经我兵阻断，贼粮渐少，每牌面日给米十六两，牌尾八两。六月贼粮大缺，日给米一斤者，又减至八两；半斤者，又减至四两；妇女六两者，减至三两。下伪令，男女俱食粥，违者斩。闰七月，江宁未被扰害各乡，新稻正熟，纵众出城掳获，于是藉割谷逃出贼境者，男女日以千计。未及逃者，掳稻入城。又逆匪韦俊领贼众自湖北东下，冲散我水路兵船，贼复出采石、乌江，抢劫新稻，贼粮复足，每名渐加至十六两、十二两、八两不等。妇女仍给六两。是年冬，在城内种麦。乙卯春间，在江宁南乡并沙洲圩等处种田。自寅夏至卯夏，城内皆食粥，每七日许食饭一餐。四月间，城内又减米，惟城外守营各贼，日给米一升，许食饭。

（张晓秋：《粤匪纪略》。《太平天国》，第四册，第 51 页。罗尔纲、王庆成，桂林：广西师范大学出版社，2004。）

**【江苏省南京 · 1854 年 6 月】**然而在他们的圣城［按：指南京。］中，秩序与纪律可称为完善。全城各处维持秩序，非常的严肃。而凡不规则的行动，或犯法的行为，皆迅速纠正或惩罚。此在中国所罕见者。一切人等，无有例外，各有派定的岗位与职责，而全体动作各按轨道，循规蹈矩，如同钟表的机件。

（裨治文牧师 E.C.Bridgeman，或译毕列治氏：《太平天国的政治与宗教》。《华北先驱》第 208 期，1854 年 7 月 22 日。原载《大风》第 92 期。又见简又文：《太平天国典制通考》中册，第 839—840 页，香港：简氏猛进书屋，1958。）

**【江苏省常熟县 · 咸丰十年四月】**阖城迁避一空。西南乡蠢动。各乡局获解奸细土匪，陆续枭示。张市盘获逃兵一名，当地枭斩。人心愈懦怯。

（柯悟迟：《漏网喁鱼集》，第 39 页。北京：中华书局，1959。）

**【江苏省太仓州 · 咸丰十年】**七月下旬，我同汪庚山雇车到岳王市办纸货，耽搁太仓东门外。其时，贼虽退远，各门常闭，每日放进放出二次。我守其间，晨挨进而午后挨出。城中店面固少，居家亦稀。官虽在内，仍无兵勇守备，所有者皆绝苦之家，无可迁徙。后即旋里。

（柯悟迟：《漏网喁鱼集》，第 45 页。北京：中华书局，1959。）

**【江西省玉山县 · 咸丰十年】**十二月，先是章君［按：代理知县章澄。］以天寒贼近，出示谕民搬避入城。民见城守完密，争挈眷入，不下十余万丁口，县署大堂亦准寄耕牛农器。由是官民益惬，声势益振，屹然一重镇然。

（同治《玉山县志》卷五《武备 · 武事》。）

**【江苏省南京 · 咸丰十一年三月】**伊［按：指王兰卿。］去时［按：指自上海至汉口。］过江宁，曾进城，［编者按：随外国人入城。］城中街市繁盛，绝不盘诘。

（赵烈文：《能静居日记》。第一册，第 285 页。长沙：岳麓书社，2013。）

［编者按：王兰卿，宝顺洋行买办。又名王瀚，原名利宾。字子九，一字仲蘅。号兰卿，又号懒今。行四。道光戊子年生。新阳县人。附生。见该书，第 342 页。］

**【江苏省南京 · 同治元年十二月】**录薛安林语金陵贼事：买卖街七条，俱在城外，繁盛不亚苏州中市。城内旧有茶酒肆，因彼中拿获我军奸细，一日之间，尽将各铺逐出。城内巡查甚严，夜行如无口号，立斩不贷。城门俱设坚栅，仅容一骑，并无挖成陷坑之说。城内旧有三十余王，各伪目无不极富，一馆内箱栊总不下数百件。买卖街极多做洋枪铺户，佛兰西人城内甚多，俱穿长毛服饰，携带洋枪及各种炮械在彼销售。有轮船名不设，泊仪凤门外，专做此等生意[此系去年之事]。城内兄弟每日领米一斤，柴火菜蔬自备，往往断粮。出入城门，俱有火烙印牌，无者即作奸细论。每夜城上各馆俱支更，街上设栅。各伪目妇女，俱骑马入市中买物，服饰华极。每入茶肆，但男女不准交谈。街内巡查极多，烟、酒之禁最严。间有私卖旱烟者，亦不能明吃。吃水烟、鸦片者，一人俱无。戏班甚兴，唱戏赏号往往多至百金。废铜每斤四十文，不准出城。城内收铜铸钱，面文曰“太平天国”，幕文曰“圣宝”。其苏州仍在宝苏局内铸乾隆道光钱，初亦铸伪钱而不成，故铸国家年号。

（赵烈文：《能静居日记》，第一册，第610页。长沙：岳麓书社，2013。）

## 第二节

# 城市政策的内涵与特点

**【江苏省南京·咸丰三年二月】**总计不下十余万人……又四处出示，教人送礼物，有一小旗插孝陵卫街上，书“奉令收贡”四字。凡各村庄送猪、羊、米、面者，给与执照，上书“某村送物若干，吾等兄弟不得上门滋扰”，末书“太平天国三年　日给”。送礼之后，有人来抢夺者，可去彼处告状，号角一吹，各营毕至，即将抢夺之人锁住……罪轻论杖，重即杀之。一切庙宇俱毁，惟教人敬天。给人通书，有闰日无闰月，[按西洋各国皆如此。]以三百六十六日为一年……看此光景的是楚、粤天地会附和天主教者。

（赵烈文：《落花春雨巢日记》。咸丰三年二月二十八日附录《湖南李君在围城中致靖江县令书》。《太平天国史料丛编简辑》，第三册，第 32 页。太平天国历史博物馆，北京：中华书局，1962。）

[按：此书写于南京被围之第十天，太平军尚未攻入城内。]

## 一、将城与市，兵与民在空间上分开

**【安徽省芜湖·1853 年 6 月】**同样的荒废凄凉的景象在这里亦与镇江和南京所见无异。[芜湖]全城人口约五十万。商业皆因兵事而停止。全城为革命军所占领已有数月，[原注：一八五三年三月四日太平军克芜湖。]虽无军队驻防，但其地的军力却是武装的船只，其中许多是作运输粮食之用而来往上下游的。据确实消息，革命军已占领溯长江而上很远的地域。

[按：美公使 6 月 1—2 日在芜湖。]

（佚名：《美公使长江游记》。《华北先驱》，第 202 期，1854 年 6 月 10 日。简又文译文。《大风》，第 90 期。简又文：《太平天国典制通考》中册，第 823—824 页。香港：简氏猛进书屋，1958。）

**【江苏省苏州·咸丰十年四月】**[城内设七局，立乡官]分查户口，编造清册，当按口给粮……每口给米一斤。[半月后事不成，军民分居及人民各自谋生，商业设于城外。]

（潘钟瑞：《苏台麋鹿记》卷上。《中国近代史资料丛刊：太平天国》，V，第 275 页。中

国史学会编，编者：向达、王重民等，上海：神州国光社，1952。）

### （一）以城居兵，以乡居民

**【江苏省苏州·咸丰十年四月十三日】**翌日，熊姓复传令尽驱合城百姓出城，各自谋生，遂与诸乡官出齐门，绕至阊门，相度地方。熊谓乡官曰："城中兵民杂处，诚恐滋扰尔等不安，今以上塘为兵行之路，以下塘为民居之地。塞断上下津桥等口，于渡僧桥上设卡，俾兵民不得互越。其余三面亦各设卡。而山塘、虎邱之腹里湖田一带，听民居住，间设铺户谋生。"［按：此即设于城外的买卖街。］限三日内举行……［居民以］他日官军西来，尽为齑粉，皆畏惧不敢出。

［编者按：这是凭借城墙，在空间上将军与民分隔，同时将城与市分隔。］

（潘钟瑞：《苏台麋鹿记》卷上。《中国近代史资料丛刊：太平天国》，V，第275页。中国史学会编，编者：向达、王重民等，上海：神州国光社，1952。）

**【江苏省苏州·咸丰十年】**熊姓先自立馆于城外，预煮粥以待出城者，且云"出城住定，每口给米五升，俾度四五日。于四五日内各谋生业，开出铺面。无资本者，具呈请领本钱，或呈明何业，认领何等货物，仍估定货价，于售卖后缴还钱七成，留三成，俾其永远藉以运转"等语，令乡官传播。难民听之，又恐不谋生业，则五升之米易罄，谋业开铺而生意不通，则追缴资本，无从措还，犹不得生也，仍畏惧不敢出。

（潘钟瑞：《苏台麋鹿记》卷上。《中国近代史资料丛刊：太平天国》，V，第276页。中国史学会编，编者：向达、王重民等，上海：神州国光社，1952。）

**【江苏省苏州·1860年8月】**杨笃信和其他一些人则认为，迄今为止，所有叛军攻占的各个城市，只不过是处于严格军法下的一座军营而已。

（《传教士艾约瑟等五人赴苏州谒见干王和忠王的经过》。《北华捷报》第527期，1860年9月1日。《太平军在上海——〈北华捷报〉选译》，第63页。上海：上海人民出版社，1983。）

**【江苏省无锡·咸丰十年】**其守城也，城中无百姓，故心齐无内应。

（余一鳌：《见闻录》。《太平天国史料丛编简辑》，第二册，第129页。太平天国历史博物馆，北京：中华书局，1962。）

**【浙江省绍兴·咸丰十一年十月】**山邑［按：指山阴县。］安成村，素刚悍。贼至，呼噪逐之。次日，贼以大队来，村人散走。贼恣意焚杀，老弱为之一空。

会邑［按：指会稽县。］伧塘村，亦聚众至数千，与贼战，杀贼目二人，贼兵二十余人。既而贼大至，旌旗蔽天日。时余方窜伏斗鸡山之巅，山距伧塘仅数里，可望而见。村民裂裳为旗，削木作梃。贼击以火枪，如连珠然。村民不能支，返走。贼入村追杀，尸骸如山，大焚房庐，两日夜始去。由是各村无敢拒者，贼至，惟睹其逞凶而已。如是者十余日，伪主将陆顺德出示安民，令各献金银，名曰进贡，下令立乡官。

贼之制，以城居兵，以乡居民。官之在城者曰朝官，其兄弟为之，其党皆称兄弟也。朝官以王为最尊，然亦有等差，一千岁到九千岁不等。次曰朝将。又次曰六爵：天义、天安、天福、天燕、天预、天侯。入越之主将初以天义为之，总提、武将帅等官则安、福所兼也。又次为丞相、将军。王之属有王相六部尚书等官。六爵之属有经政、军政、六司、参军等官，不可悉数也，总名曰属官。又有坐镇，主一郡。有佐将，主一邑。六爵或经政为之。

（王彝寿：《越难志》。《中国历史文献研究集刊》，第二集，第 233 页。又见《太平天国》，第五册，第 143 页。罗尔纲、王庆成，桂林：广西师范大学出版社，2004。）

**【浙江省湖州·同治元年五月】** 新塍传言，湖城于初三寅时失守。城中粮匮，每洋一元购米不及八合，[赵]竹生见百姓饿死实多，遂开门放百姓，长毛入城亦不多杀人。

（沈梓：《避寇日记》。《太平天国史料丛编简辑》，第四册，第 158 页。太平天国历史博物馆，北京：中华书局，1962。）

**【江苏省南京、苏州·1863 年】**

麦迪乐给外务大臣罗素呈文

（1864 年 2 月 19 日上海发）

以上的论断皆得[为]最近的经验一一证实了。两三个月前，有一饱受教育及具有智慧的英国教士杨格非[笃信]Grillith John 先生，由上海到苏州，复到南京，一住七天。他问天朝官长，何故他们所据守的城邑中原有的居民、商人及工匠等等皆逃去。他所得的答复是：那些城邑俱已变为军营炮台，必须如此据守，以便由满人手上恢复全国。人民一逃出城去，即不许其回来，免使敌人假扮商人等等混入，致令城内渐渐有敌人充塞于其中。但如军事进展，疆域扩充至他处，他们乃渴欲和平的人民回籍照常营业的。中间，他们则尽力保卫留居于村镇间而服从天朝的安分良民。

这些解释与说辞，尽得实际情形及杨先生本人所亲见之真状一一证实。他居留于太平军治下之乡村约一月之久。他所旅行之路程共约三百余里[由青浦至南京]，日夜兼程，不携武器，从未受扰。他见到各地乡民如常安居执业，而且亲见太平军大队人马由一处开到别处，所过匕鬯不惊，地方宁谧。即有二三人经过亦不受袭击。——此足为人民与天朝统治者互相了解之明证。在苏州时，杨先生与一位有教育[？养]而善观察的中国人偕行[简又文按：即容闳]。后来我细细询问此中国先生，他曾见一班绅耆结队亲向天朝民政官表示输诚于太平天国。

（呤唎：《太平天国亲历记》，简又文译文。载简又文：《太平天国典制通考》中册，第 950—951 页，香港：简氏猛进书屋，1958。）

［按：麦迪乐 T.T.Meadows，是英领事，同情太平天国革命运动。］

## （二）城内官营工商业与城外买卖街

[参见第十二章第一节“百工衙”目和第十三章第一节“公营商店、买卖衙”目]

**【江苏省南京·咸丰三年三至九月】**未几，开各城门，准设柴薪馆，许居民市薪。余意蔚堂计，已而果然，余遂伪为卖薪者，往来北河口，因得与蔚堂计议，归禀向帅。向帅檄余任其事，遂于北河小果园赁屋数椽，以为暂憩之所。嗣蔚堂赚贼关凭，得出入无阻，故不时与晤，而消息以通。俄而张炳垣亦以书抵大营，言内应事焉。

（胡恩燮：《患难一家言》卷上。《太平天国史料丛编简辑》，第二册，第343页。太平天国历史博物馆，北京：中华书局，1962。）

**【江苏省南京·咸丰三年五月】**十五日，随家君至安品街沈姓买米。沈，舆夫也，时米百文一升，私卖者有禁。沈以旧役代购，可感也。路过旧宅，见门尚封锁，为之怅然。

（陈作霖：《可园备忘录》。《太平天国史料丛编简辑》，第二册，第375页。太平天国历史博物馆，北京：中华书局，1962。）

**【江苏省南京·1853年10至11月】**[公使于一八五三年十一月初五日抵天京，]有随行天主教(师)[士]入城住两日一宿……据教(师)[士]回称：“……城中贸易虽疏，而民众兴盛，闾阎各家门户洞开，士庶冠服修洁，市井安恬，极有规矩约束，鸦片烟断绝，庙宇偶像毁罄荡尽，官与兵皆一体平等，无轻重异视。”

（《佛兰西公使赴天京记》。原载《遐迩贯珍》1854年第2号9页上。《太平天国史料》，金毓黻、田余庆，北京：中华书局，第517—518页。）

**【江苏省南京·咸丰十一年二月】**二十五日，友人袁水伊自上年五月被掳至金陵……言：浙江亦遍地皆贼……金陵城内市廛如旧，无物不贵。

（姚济：《小沧桑记》。《中国近代史资料丛刊：太平天国》，Ⅵ，第462页。中国史学会编，编者：向达、王重民等，上海：神州国光社，1952。）

**【江苏省·同治元年五月初五日】**江梦兰自南京来，言：南京城外百余里均鞠为茂草，无复人烟。城中皆长毛馆子，皆老弟兄有家室者，无复百姓也。街上(惟)[唯]有茶坊、酒肆及肉店、豆腐店，亦皆长毛所开。

（沈梓：《避寇日记》。《太平天国史料丛编简辑》，第四册，第157页。太平天国历史博物馆，北京：中华书局，1962。）



**【江苏省南京·同治二年七月二十四日】**见城贼伪示二张：一禁谣言惑乱军心，内云天京官眷出城赴外府州县，止为就粮之计，各弟妹等不得惊慌。一言在城之人，贫富不匀，令贫民至其府内领钱,以十千为度,领米以二石为度,以作小本生意及贩粜小米店,限一年归还云云。皆是忠逆出名。可想其中人心惶惶,妇女纷纷逃避,及贫民不服情形。

(赵烈文:《能静居日记》第二册,第673—674页。长沙:岳麓书社,2013。)

### 附:清军的军市亦称买卖街或行营买卖街

**【安徽省芜湖县、江苏省南京·1854年6月】**他们维持秩序与执行纪律之强有力,并不稍逊于行政。在其新治权下,烟草与鸦片一律严禁。强烈的饮料[按:指酒。]亦已在被禁之列……芜湖之全城大部,在去年攻城之役被毁,惟其余留之房舍,则人民已陆续迁回居住。全家男女老幼,均可得见于其本宅中。商民则在其店铺中。又有做生意的,肩挑手携货物来往于市场。全体人民对于军官与巡防队之在街上者,皆恭顺之极。

(裨治文牧师E.C.Bridgeman,或译毕列治氏:《太平天国的政治与宗教》。《华北先驱》第208期,1854年7月22日。原载《大风》第92期。又见简又文:《太平天国典制通考》中册,第839页,香港:简氏猛进书屋,1958。)

**【安徽省庐州·同治元年四月】**寨主姓谢名福池,地方素有威望。观我通身赤条,叫人拿一黑布裤、黑绸小衫,皆是半湿;给我名片,叫拿到买卖街剃头。

(赵雨村:《被掳纪略》。《太平天国》,第四册,第413页。罗尔纲、王庆成,桂林:广西师范大学出版社,2004。)

**【江苏省南京·1862年2月24日】**该城的大多数城门都关闭着,仅有那些被特地发给证章或通行证的中国人才可以进城。由于严禁一切商业活动,城内街道的外观显得十分荒凉。这一禁令执行得如此严厉,以至于除了几个药铺外,城里见不到任何一个店铺或摊点。这一条规的目的是为了确保杜绝混杂之人[即除了在严格军事统治下各阶层之外的任何其他人]进城。

(《巴夏礼的报告》。《太平天国》,第九册,第308—309页。罗尔纲、王庆成,桂林:广西师范大学出版社,2004。)

## 二、对城内居民实行军事编制

**【湖北省武昌·咸丰二年十二月初四日】**省门陷后,首逆入城,将绅民铺户,无论男妇,逼胁投降,以二十五人为一军,男有男贼管带,女有女贼管领。其各家财物粮食搜掠一空,每日按口给米,男人少壮者,即命出城守营,其余分别男女馆,概令归馆住宿,彼此不许往来。可怜家则登时败坏,人则子散妻离,即父子夫妇均不能相顾,贼之残虐,诚不足论也。

(萧盛远:《粤匪纪略》。《太平天国》,第四册,第21页。罗尔纲、王庆成,桂林:广西师范大学出版社,2004。)

**【江苏省扬州·咸丰三年】**贼初入城,先至各衙署搜库帑,劫囚狱……嗣出伪示,令民进贡,驱民"拜降[?上]"。男为男馆,女为女馆,潜以兵法部勒。或夫妇暂相语,谓之"犯天条"。良民不肯为旅帅、为司马、为百长,市井无赖及蛮横仆妇喜充之。蓄发包黄䌷,扬扬得意。凡平昔睚眦之怨,藉以报复,其荼毒有不可胜言者……传闻有乡民进贡,诸门不禁其出入。

(臧穀:《劫余小记》抄本。《太平天国资料》,第82—86页。北京:科学出版社,1959。)

**【江苏省镇江·咸丰三年】**不准吃大烟,吃大烟者杀。不准吃(汉)[旱]烟,吃(汉)[旱]烟者,民人杖一百,贼人杖二百。不准戴小巾及领子。初入局时甚是亲热,俱称新弟兄。至次日,长官便向各人搜腰,如有银钱,尽行搜去,云:"你没衣,把衣你穿。你没饭,把饭你吃。你要银钱何用。"其用意怕人有银钱逃走。

(《咸丰三年镇江城内朱允吉日记》。佚名:《咸同广陵史稿》,第33—37页,扬州:江苏扬州人民出版社,1960。)

**【安徽省庐州·咸丰五年】**城内居民,贼每日人给米四两,驱役不休,居民因谋内变。

(吴光大:《见闻粤匪记略》。)

**【江苏省苏州市皮市街花桥巷·咸丰十年六月四日】**与三兄出城,一望越城及上塘,一片沙漠,吊桥尚坚固。歇息片时,至叶家弄熊馆[熊万荃],找李瑞山,未遇。下塘栈房、店铺未经遭劫,尚有馆子及女馆亦复不少。沿街两岸,坐守者密密。据云:钱、粥一日数次,三人吃用,绰绰有余。闲步弄内广栈略坐,来一广人王姓,号汉玉,云住水泼粉桥,家有老母,欲探信息,亦在熊馆当差,即托其寄信瑞山,仍至弄口守候。是处本日出城无安顿者居多。忽来数人,内有一人姓索,三兄旧邻,南京人,曾随贼五六年。云你们都是今日出城,不要走动,即有安排。不旋踵,瑞山至矣。告其所以,遂同至书馆,与馆内浦爱庭诸公相见。瑞山查点户口,托某友茶饭,其人亦极面善,问云,为在震泰生理,亦旧宾主也。与诸公叙谈,颇不寂寞。闻有通事三人,夷人两个,往熊馆。熊贼不在城外,馆内人同去窥视。据云:为生意,须面见,有船数十号在码头。

(汪德门:《庚申殉难日记》。《太平天国史料专辑》,第9页,上海:上海古籍出版社,1979。)

**【浙江省杭州·咸丰十一年十二月】**初五日,伪忠王传令城中禁匿妇女,大搜各馆,妇女俱逐出城,有数贼将妇女十余,来庙中寄顿,即嘱予看守,带有米面食物,予得饱餐。

(林西藩:《隐忧续记》。《太平天国》,第四册,第426页。罗尔纲、王庆成,桂林:广西师范大学出版社,2004。)



### (一)所谓城中乡官

**【江苏省苏州城内·咸丰十年四月十三日】**[城破后]二十余日,忠逆饬令伪逢天安刘姓[肇均]、左同检熊姓[万荃]办理地方事……而办事只熊姓一人。当日即令城中每门各集耆老至其馆中,举为乡官。六城门分段各立一局,局一乡官……另设城心一局……共为七局。伪左同检谕七乡官各局分查户口,编造清册,当按口给粮。越数日,七局送册,合计尚有八万三千余口,许每口给米一斤一日,着乡官分给,每局先发米五十石。而城心局钱姓不肯承领,曰:“领到乡官局中,一时不及散给,或被众兄弟取去,乡官不能赔偿也。”事遂寝,造册为徒然。

(潘钟瑞:《苏台麋鹿记》,卷上。《中国近代史资料丛刊:太平天国》,Ⅴ,第 275 页。中国史学会编,编者:向达、王重民等,上海:神州国光社,1952。)

**【江苏省苏州·咸丰十年】**闻六城俱设伪乡官……葑门系吴姓乡官。

(陈孚益:《余生纪略》。)

### (二)男女分居与女馆

**【湖北省武昌·咸丰二年十二月】**贼妇亦有伪职……间尝出战。

(陈徽言:《武昌纪事》。《中国近代史资料丛刊:太平天国》,Ⅳ,第 600 页。中国史学会编,编者:向达、王重民等,上海:神州国光社,1952。)

**【湖北省武昌·咸丰二年十二月初六日】**女贼尤矫健……善战。

(佚名:《武昌兵燹纪略》。《中国近代史资料丛刊:太平天国》,Ⅳ,第 572 页。中国史学会编,编者:向达、王重民等,上海:神州国光社,1952。)

**【湖北省武昌·咸丰二年十二月初八日】**贼妇[按:指太平军女兵。]入城,皆大脚高髻,力能任重,可胜二百斤,服饰都丽。

(陈徽言:《武昌纪事》。《中国近代史资料丛刊:太平天国》,Ⅳ,第 594 页。中国史学会编,编者:向达、王重民等,上海:神州国光社,1952。)

**【湖北省武昌·咸丰二年十二月初十日】**使妇女归馆。以数姓并居一家,亦以二十五人为率。

(陈徽言:《武昌纪事》。《中国近代史资料丛刊:太平天国》,Ⅳ,第 595 页。中国史学会编,编者:向达、王重民等,上海:神州国光社,1952。)

**【湖北省武昌·咸丰二年十二月十九日】**城中妇女更迁往火巷归馆……时各家男子多已出城……每馆贼日发油一杯、人各发谷三合。其居僻巷先与四邻联数十人为一馆者,得不迁。

(陈徽言:《武昌纪事》。《中国近代史资料丛刊:太平天国》,Ⅳ,第 596 页。中国史学会编,编者:向达、王重民等,上海:神州国光社,1952。)

**【湖北省武昌·咸丰二年十二月二十一日】**贼有闯入女馆欲行奸者……贼目闻之,骈戮数贼,悬首汉阳门外。

(陈徽言:《武昌纪事》。《中国近代史资料丛刊:太平天国》,Ⅳ,第596页。中国史学会编,编者:向达、王重民等,上海:神州国光社,1952。)

**【湖北省武昌·咸丰二年十二月二十二日】**僻巷人家尚有藏匿未出者,贼搜出决臀数十,即于城中归馆。

(陈徽言:《武昌纪事》。《中国近代史资料丛刊:太平天国》,Ⅳ,第596页。中国史学会编,编者:向达、王重民等,上海:神州国光社,1952。)

**【江苏省南京·咸丰三年】**女眷在馆[女馆],其家有男丁在城内者,尚可暗中照应,私送米菜。倘无人照应者,性命半难保全。

(涤浮道人:《金陵杂记》。《中国近代史资料丛刊:太平天国》,Ⅳ,第623页。中国史学会编,编者:向达、王重民等,上海:神州国光社,1952。)

**【江苏省南京·咸丰三年元月至四月】**女馆中……每名日发糙米四合,不能往取者则不得食……又城中男子无几,不敷使用,即令妇女充挑水抬泥等役……余脱网月余,城内借买菜、刈草逃出者,约有数万人。

(佚名:《金陵被难记》。《中国近代史资料丛刊:太平天国》,Ⅳ,第752页。中国史学会编,编者:向达、王重民等,上海:神州国光社,1952。)

**【江苏省南京·天历三年二月】**开立军伍,整立营规,东王佐政事,事事严整,立法安民,将南京城内男女分别男行女行,百工亦是归行,愿随营者随营,不愿随营者各归民家。出城门去者准手力拿,不准担挑。妇女亦(由)[同]。男与女不得谈及,子母不得并言,严严整整,民心佩服。安民者出一严令,凡安民家,安民之地,何官何兵无令敢入民房者,斩不赦,左脚(沓)[踏]入民家门口[者],即斩左脚,右脚(沓)[踏]入民家门口者,斩右脚。法律严,故癸丑年间,上下战功利,民心服,东王令严,军民畏。

(广西壮族自治区通志馆编:《忠王李秀成自述校补本》,第10页。南宁:广西人民出版社,1962。又见《太平天国》,第二册,第350页。罗尔纲、王庆成,桂林:广西师范大学出版社,2004。)

**【江苏省镇江·咸丰三年二月二十二日】**[太平军进城,烧大寺庙。二十三日,至各家搜鞑子。二十六日]至各方土匪投降者,手持一小旗,率领贼匪,各家遍搜。[二十七日]至参将[按:清军官衔。]门首,见有伪示,教人拜上,如三日内不拜上者,切勿自悔等语。二十八日辰刻鸣锣,催人拜上,暗行掳掠,将予所藏钱米行李衣服,以及零星物件,无不尽行掳去,所剩者唯两床棉胎耳。[三月初一日,新弟兄馆,新姐妹馆,]每馆二十五人,男馆内有营长一人，卒长一人管领。每吃饭，八人一桌，两荤两素[共]四碗[菜]。

（《咸丰三年镇江城内朱允吉日记》。佚名：《咸同广陵史稿》，第33—37页。扬州：江苏扬州人民出版社，1960。）

**【江苏省扬州·咸丰三年二月二十三日】**[后数日，]日促四乡民输米谷豕蔬为积久计，名曰进供。别城中民使各处，[谓之打馆子，每馆十数人，即民房室而错据之。]男女异地，夫妇不相闻，食必诵赞美语。

（倪在田：《扬州御寇录》卷上。《中国近代史资料丛刊：太平天国》，Ⅴ，第104页。中国史学会编，编者：向达、王重民等，上海：神州国光社，1952。）

**【江苏省南京·咸丰三年二月十四日】**三更时，有旧仆自外来云，贼但掳掠而不奸淫，见女馆则不敢入，于是觅死之念遂息。十五日，李鹤年舅祖来，探知贼掳掠已定，遂皆出复室。午后有贼四人至，见有女眷即去。俄又有一贼官至，索纸写女馆贴门首，而令男子出居前邻马氏宅为男馆，予则仍匿复室中也。因贼掠幼童，予身癯弱，恐为所掳耳。

（陈作霖：《可园备忘录》。《太平天国》，第四册，第357页。罗尔纲、王庆成，桂林：广西师范大学出版社，2004。）

**【湖北省武昌·咸丰三年十二月初八日】**令男子悉拜上，拜上者趋贼营充奴，或充兵也。女子勿许家居，悉迁他舍，二十五人一馆。

（佚名：《武昌兵燹纪略》。《中国近代史资料丛刊：太平天国》，Ⅳ，第572页。中国史学会编，编者：向达、王重民等，上海：神州国光社，1952。）

**【湖北省武昌·咸丰三年】**馆分男女泪汍澜，儿女夫妻见面难。任是金刚铁汉子，此时相对也心酸。[原注：贼分男女，各二十五人为一馆，彼此不相往来。或男至女馆，女至男馆，一经败露，即时斩首。男馆以两司马领之，女馆以蛮婆领之。规矩森严，不敢或犯。男女既各分馆，所空之屋，即为贼巢，于是阖城无一安居者。]

（张汉：《鄂城纪事诗》。《太平天国资料》，第36—37页。北京：科学出版社，1959。）

**【湖北省武昌·咸丰三年】**哄传贼示贴街前，不是安民止要钱。财宝金银输圣库，室家方许得完全。[原注：贼出示言武昌乃富饶之地，金银财宝，参桂鹿茸，绫罗缎匹，积聚必多，何以居民进贡者少？必须尽行献出，方不搜寻。若隐藏不献，全家斩首。又有黄鹤楼道人李少伯，倡言无论男女，每名出银五两，男在军营，女在女馆，皆可调出回家，谓之圣民，贼去亦不同走，并给龙票为凭。有力者竭囊倾注，共凑金银七千余两，尽被骗去。东王见民间尚有余银，以为搜寻未尽，次日又令牌刀手于女馆搜寻，其害愈甚。]

重门深闭昼垂帘，静寂无人伪示严。恼煞蛮婆村野妇，百般奉养总无厌。[原注：女馆门首挂一布帘，贼出伪示，禁闲人往来。蛮婆在馆，凡饮食一切，俱派妇女服役，稍不如意，即遭鞭挞，虽名门贵族之女，无不受其辱骂。]

担水析薪尽女娘，每因歧路欠彷徨。逢人怕把衷情诉，低首无言泪两行。[原注：女馆无男子，担水析薪，俱派少年妇人，深闺娇养，不识路途，每逢歧路询人，俯首流涕。]

（张汉：《鄂城纪事诗》。《太平天国资料》，第37—38页。北京：科学出版社，1959。）

**【江苏省南京·1854年】**一八五四年随美公使同到天京访问之一员报告云：

有大队的妇人负米进城。米粮皆分装小袋，每人各负一袋。妇人之特区中[女馆也]，未尝无男人往来其间，——至少在日间，因在街上得见之。有时在路上可遇见装束华丽的妇人，乘马或乘驴，往来驰骋，横跨雕鞍，如同男子，且亦如男子之以双脚踏马蹬一般无异焉。

（《华北先驱》二〇四号。一八五四年六月二十四日。简又文译，载《大风》九一期《天京观察记》。简又文：《太平天国典制通考》，第1194页。香港：简氏猛进书屋，1958。）

**【江苏省南京·天历四年四月】**东王杨秀清劝告天京人民诰谕

于去春曾统百万雄师，直捣建业。城破之日，本军师号令森严，约束兵士，只准诛戮妖魔之官兵，不许妄杀良民一人……

追其后仰承天意，分为男行女行，以杜淫乱之渐，不过暂时分离，将来罪隶诛锄，仍然完聚。在尔民人，以为荡我家资，离我骨肉，财物为之一空，妻孥忽然尽散，嗟怨之声，至今未息。尔等不知往古来今更换朝代，凡属兴师问罪者，当破城之日，无不斩杀殆尽，玉石俱焚，血流成渠，不留鸡犬，有似我天朝不妄杀一人，犹给与衣食，视同一体者乎？尔等若是不信，或问诸看过史册之人，或访诸白发父老，伊等自有见闻，尔心中自然豁释。今恐尔等未悉此情，为此特行诰谕。自谕之后，尔等要一心认实天父天兄生养之恩，才能保得性命，性命既在，享福自然有时也。总之考诸往古大乱之时，才知我天朝之仁厚，从不屠戮无辜。留得此生未尽之躯，天堂之恩荣，自然加给有日。各宜醒(误)[悟]，慎勿执迷，咸使闻知，毋违诰谕。

太平天国甲寅四年四月　　　日诰谕。

（《太平天国》，第三册，第17页。罗尔纲、王庆成，桂林：广西师范大学出版社，2004。）

**【江苏省南京·咸丰四年闰七月二十七日】**贼粮渐尽，乃于闰七月二十七日诡言令妇女割稻，尽驱无力无色者出城，听其自散，逸去者数万人。[年终指配婚姻。]

（杜文澜：《平定粤寇纪略》卷三，《太平天国资料汇编》第一册，第42页。太平天国历史博物馆，北京：中华书局，1980。）



**【江苏省南京·1854年6月】**[答复·第二十八条]一覆：男行女行，不许混杂，此是真道，万国当遵，此例不除。夫妇合婚，皆听天父旨命。

(《东王杨秀清答复英人三十一条并责问英人五十条诰谕》。《太平天国》,第三册,第21页。罗尔纲、王庆成,桂林:广西师范大学出版社,2004。)

**【江苏省苏州·咸丰十年六月八日】**傍晚,馆子发糙米,薛妪得四升。

(汪德门:《庚申殉难日记》。《太平天国史料专辑》,第10页,上海:上海古籍出版社,1979。)

**【江苏省苏州·咸丰十年六月十三日】**女馆点名。

(汪德门:《庚申殉难日记》。《太平天国史料专辑》,第10页,上海:上海古籍出版社,1979。)

**【江苏省苏州·咸丰十年六月十四日】**下午,又点名,归准二十五人,责成管事稽察,因昨夜有逃遁者。买青蚕豆半升,四百二十粒,钱一百二十五文。

(汪德门:《庚申殉难日记》。《太平天国史料专辑》,第10页,上海:上海古籍出版社,1979。)

**【浙江省绍兴县、杭州·天历十一年十月初三日】**城中妇女,总要分别,男归男行,女归女行,不得混杂。如有不遵,尔可按法处治。方不负尔父之训教,方为国之良臣也。

(《李秀成谕子侄,杭州发至绍兴》。《中国近代史资料丛刊:太平天国》,Ⅱ,第740页。中国史学会编,编者:向达、王重民等,上海:神州国光社,1952。)

[按:子,李容发。侄,李容椿。有人谓太平天国后期已废在城中设女馆制度。此文献及龚又村《自怡日记》中记常熟城内有女馆姊妹馆,见《太平天国史料丛编简辑》第四册,第343页,均证明此说不确切。但后期女馆设立情况有些变化,却是事实。]

**【浙江省杭州·咸丰十一年十二月】**今月十二日,伪忠王出令:各馆子不得私蓄妇女,尽放出城,有蓄者必斩。

(沈梓:《避寇日记》。《太平天国史料丛编简辑》,第四册,第109页。太平天国历史博物馆,北京:中华书局,1962。)

### (三)老人馆,外小、私馆

**【湖北省武昌·咸丰二年十二月】**初四、五日,贼浩漫若山海,封武库、仓廪、府藏……[十二月]初七日,贼令户有金帛珠玉者悉出以佐军,从则全汝身若家,不汝扰。民出金帛者肩摩踵接。明日,贼复令男子悉"拜上"。拜上者,趋贼营充奴,或充兵也。女子勿许家居,悉迁他舍,二十五人一馆。老、有病,亦二十五人为一馆,曰老人馆。

(佚名:《武昌兵燹纪略》。《中国近代史资料丛刊:太平天国》,第四册,神州,第571—572页。中国史学会编,编者:向达、王重民等,上海:神州国光社,1952。)

**【江苏省南京·咸丰三年】**老人则为牌尾，为扫街、拾字纸、看鱼塘菜园、割菜子蚕豆等事。

（佚名：《金陵纪事》。《太平天国史料丛编简辑》，第二册，第46页。太平天国历史博物馆，北京：中华书局，1962。）

**【江苏省南京·咸丰三年】**凡年过六十及十五岁以内，或有残疾者，皆免打仗……设老民残疾馆……共约有三千人，贼并逐日发米谷，每人约三四两。入此馆者，并不愿食贼之米，然贼匪不准不食。

（涤浮道人：《金陵杂记》。《中国近代史资料丛刊：太平天国》，Ⅳ，第621—622页。中国史学会编，编者：向达、王重民等，上海：神州国光社，1952。）

**【江苏省南京·咸丰三年】**宛陷为贼种菜。其中表某为大营勇，假卖菜来城外侦贼情。宛出城，时与相见，余廉得其情。

（金树本：《张郋原金陵内应纪略》。中国社会科学院近代史研究所近代史资料编辑室编《太平天国文献史料集》，第362页，北京：中国社会科学出版社，1982。）

**【江苏省南京·咸丰三年】**因有老民馆，菜园豆腐馆……至年轻以及中年之人，不能装作老民，又藏身菜园种菜，并做豆[腐]。迨此三项[老民残废馆、菜园馆、豆腐馆。]皆可各处住馆，类皆依附自己女馆左近，藉可不时看视，暗为照应。所种菜蔬，并磨成豆腐，听贼取用，故贼能容。然馆亦系自成一家，每馆四五人不等，仍可暗藏数人，皆不入贼党。

（涤浮道人：《金陵杂记》。《中国近代史资料丛刊：太平天国》，Ⅳ，第621—622页。中国史学会编，编者：向达、王重民等，上海：神州国光社，1952。）

**【江苏省南京·咸丰三年三月至七月】**三月间，逆匪韦昌辉谕老民以二十五人为一馆，司事四条：看守鱼塘，收拾字纸，打扫街道，掩埋枯骨。时老民以事尚轻，借可藏身，于是有三千余人。讵意点名验看后，即以一人为司马，逐日听令，抬盐、背稻等事皆不能免。迨七月间，又选年稍强壮者充当贼兵。此老民之大略也。

（佚名：《粤逆纪略》。《太平天国史料丛编简辑》，第二册，第32页。太平天国历史博物馆，北京：中华书局，1962。）

**【江苏省南京·咸丰三年至四年】**[《割麦》：]垢面蓬头各持剪，驱之出城无近远。田已荒芜半无麦……终朝采采不盈襜，女官督责何以堪！

（马寿龄：《金陵癸甲新乐府》。《中国近代史资料丛刊：太平天国》，Ⅳ，第731页。中国史学会编，编者：向达、王重民等，上海：神州国光社，1952。）



**【江苏省南京·咸丰三年至四年】**[《领稻》：]牌尾一馆廿五人，十日领米一百八十斤。米将不足减之少,少之又少继以稻。清晨领飞子……白叟黄童杂跛聋,牛喘蛇行欲倾倒……或以木相挫,或以砖相搓,或以瓮为臼,或以石为磨……一粒一粒几上捡,稻半未开米半破。

(马寿龄:《金陵癸甲新乐府》。《中国近代史资料丛刊:太平天国》,Ⅳ,第733页。中国史学会编,编者:向达、王重民等,上海:神州国光社,1952。)

**【江苏省南京·咸丰三年至咸丰四年】**侯阎伯,伪殿前丞相,广西人,总理鱼塘菜园地。

(谢介鹤:《金陵癸甲纪事略》。《中国近代史资料丛刊:太平天国》,Ⅳ,第674页。中国史学会编,编者:向达、王重民等,上海:神州国光社,1952。)

**【江苏省南京·咸丰三年至咸丰四年】**设天朝典农官,城内田地使主之。

(张汝南:《金陵省难纪略》。《中国近代史资料丛刊:太平天国》,Ⅳ,第709页。中国史学会编,编者:向达、王重民等,上海:神州国光社,1952。)

### (四)民间以钱雇役

**【江苏省南京·咸丰三年四月】**十七日,馆中派予充役,大惧,黎明即出,欲至家君处而不识路,乃避至油市三外祖处。三外祖携予至女馆门首。是时馆中人已向女馆来觅予,家中不知予所往,大惊。家母率席氏妇至外舅处寻予不得,归遇于途。适家君至,欲移予至油市机馆,而旧馆不肯,乃以钱雇役,予仍还旧馆。

(陈作霖自述:《可园备忘录》。《太平天国史料丛编简辑》,第二册,第373页。太平天国历史博物馆,北京:中华书局,1962。)

**【江苏省南京·咸丰三年四月】**二十一日,差派又及,仍雇人代充,雇资每次必一洋元也。

(陈作霖自述:《可园备忘录》。《太平天国史料丛编简辑》,第二册,第373页。太平天国历史博物馆,北京:中华书局,1962。)

### (五)圣库制度与粮食供应的状况

**【湖北省武昌·咸丰二年十二月初四日】**城陷……已而贼大队入汉阳门,传令云:"官兵不留,百姓勿伤。"贼入狱释诸罪囚出,而报复雪仇,凶暴弥甚……初六日,贼入城日众,皆居长街列肆及人家大厦。贼收罗军器,使人舁火药局硝磺入船。伪东王杨秀清传令"止杀"。胁城中人相从,谓之"拜上"。盖入彼教必以拜上帝为重也。分设写名数馆,从之者皆至馆报明名氏、年籍,登簿记注。既写名,则群居一所。初以十人为一馆,旋以二十五人为一馆,皆设头目领之……贼搜城中米盐,日分给各馆。使人毁窗槅及木具为薪。贼设伪圣库于长街汪姓绸店,凡珍贵之物咸纳焉。

（陈徽言：《武昌纪事》。《中国近代史资料丛刊：太平天国》，Ⅳ，第 592—593 页。中国史学会编，编者：向达、王重民等，上海：神州国光社，1952。）



**【湖北省武昌·咸丰二年十二月】**忽闻街上击铜钲，令出东王耳共倾。衣服银钱齐进贡，不教枉杀众残生。[原注：初五日清晨，街上鸣锣，言东王有令，不准枉杀百姓，衣服银钱俱要进贡。此令出时，城中老少男女，已死大半矣。]

（张汉：《鄂城纪事诗》。《太平天国资料》，第 35 页。北京：科学出版社，1959。）

**【湖北省武昌·咸丰二年冬】**江夏程之桢《维周诗钞·依依吟》中，有壬子武昌城陷后为《武昌哀》一首，云：豺虎压江官闭城，盲人侧耳坐瓮听。[官军尽纳入城，贼于城外凿地道。城中献策者，以大瓮埋城底，坐瞽者其中听之。]隧道振振凿有声，谁其守者如泥婴。砰訇大声起城底，垛口兵埋雪窖里。西头黑月射文昌，[贼凿文昌门。]东西逃卒如流水。须臾城门两道开，刀声齐逐人声来。蝥弧次第森蛇岭，髑髅狼藉满天街。穷搜妇女掘货财，大索十日昏阴霾。达官以死谢百姓，一死争抵十万命。初闻小丑下岳州，金口黄陵兵齐收。藩篱自撤长江路，外援那见临淮戍。北风侦报快如弦，炮台四面皆贼据。浮桥一夜亘飞虹，舳舻衔尾驰青骢。川勇疾呼请火攻，满城安坐处女同。汉阳对岸尸如山，众贼担尸尸满堆。鄂民待命尽股栗，大帅筑城催愈急。相持一月燕幕巢，惨听九门鬼怜泣。岳阳不守守江汉，下策犹可资防捍。咽喉连破下淮徐，流毒东南遍涂炭。蜡书辜负向军门，[先是军门欲奉书城内，为贼所隔，作蜡书，命壮士泅南湖以达。]覆局犹赖此志存。同心惟解兵法意，铮铮绣尹常镇军。[江夏令绣公讳麟，巷战，手刃数贼而亡。先时镇军常公奉向军门檄，由湖南来援，至是死去]。

（王葆心：《续汉口丛谈》卷四第 9—10 页。）

**【江苏省南京·咸丰三年至四年】**乡民因(成)[承]平日久，罕见兵革，贼至迁避一空，任贼虏劫，此壬子癸丑[1852—1853 年]冬春情形……设立乡官之后，则又出示曰："天下农民米谷，商贾资本，皆天父所有，全应解归圣库，大口岁给一石，小口岁五斗，以为口食而已。"……此令已无人理，究不能行。遂下科派之令，稽查所设乡官一军之地，共有田亩若干，以种一石终岁责交钱一千文，米三石六斗核算，注于册籍，存伪州县监军处备查，无上下忙卯限章程。

（张德坚：《贼情汇纂》卷十《贼粮·科派》。《中国近代史资料丛刊：太平天国》，Ⅲ，第 274—275 页。中国史学会编，编者：向达、王重民等，上海：神州国光社，1952。）



**【湖北省武昌·咸丰三年正月初一日】**驱火巷女馆妇女概行登舟。

（陈徽言：《武昌纪事》。《中国近代史资料丛刊：太平天国》，Ⅳ，第 598 页。中国史学会编，编者：向达、王重民等，上海：神州国光社，1952。）

**【湖北省武昌·咸丰三年正月初二日】**贼妇入僻巷各女馆搜括财物。

（陈徽言：《武昌纪事》。《中国近代史资料丛刊：太平天国》，Ⅳ，第598页。中国史学会编，编者：向达、王重民等，上海：神州国光社，1952。）

**【江苏省南京·咸丰三年元月至四月】**及贼入城，一家或搜出银数十万，或搜出银十数缸，此时富者试问能保否？或为农夫匠作，或去先行打头阵，此时贫者试问能免否？呜呼！余困城中，月有五日，始脱难，备见流离苦况……

正月二十八日，贼逼城下，各门拥土堵闭，贼又自南而北，绕城告人曰："百姓勿惊，照常贸易。"其党每购什物，倍价与之，见有乞丐，辄掷钱数百文，百姓愈惑之……[二月]十二三，既在大城内外及远近乡村掳人当兵，农夫匠作及强力少年约数万，胁令上船往攻镇[江]、扬[州]……越日传言：进贡者免差。于是财帛猪羊米粮贡者络绎不绝。孰知贼即以贡之轻重，分人之贫富，十四五日后挨门扣户，括取财物，虽贫家升斗之粮，亦必搜尽，或将全家逐出，盘踞其屋。数日内，居民铺户，寂然一空……

女馆中……每名日发糙米四合，不能往取者则不得食。

（佚名：《金陵被难记》。《中国近代史资料丛刊：太平天国》，Ⅳ，第750—752页。中国史学会编，编者：向达、王重民等，上海：神州国光社，1952。）

**【江苏省南京·咸丰三年二月十三日】**[出示号召大家"快来快来拜上帝"之后，]少顷，又传男行女行之令，令男女分馆，驱迫即行。见人家小儿抢去作义子，名曰带崽，于是父母弟兄妻子立刻离散，家业顿抛……[各馆按名册]每十日到圣粮馆领米。

（张汝南：《金陵省难纪略》。《中国近代史资料丛刊：太平天国》，第四册，神州，第695—696页。中国史学会编，编者：向达、王重民等，上海：神州国光社，1952。）

**【江苏省南京·咸丰三年二月至六月】**

[正文]逆匪破城之日，肆行杀戮……次日则纷纷搜索，无所不至。无论贫富，所有财物米谷，拣择掳去，有不合用不掳者，亦不存留，概行毁坏。

[眉批]掳人入党为兄弟之事，真情；掠财杀人，全无其事。所云掳广西、江宁人当兵，亦无其事。

[眉批]……无分富贵、贫贱，父子、兄弟各有差事，量才夺用，并不勉强，有(工)[功]则赏，有罪则罚。

[眉批]破城后并不惊动民间，至十五日各家搜索人口，防藏兵丁旗人。所有米粮多者归聚一处，按人口给发，登册。民间物件，秋毫不动。内中若有人抢夺，即行枭首。

[眉批]妇女称为姊妹，二十五人归在一处，紧闭门户，非不许亲人探望，防匪人。而进饮食按人发给饱餐。

[眉批]乡中百姓有人进财者，登名注册，(愚)[馀]人毫无有犯，其惨者(棋)[旗]下人，无论男女，俱皆杀尽。

（上元锋镝余生：《金陵述略》。《太平天国史料》，第479—481页。金毓黻、田余庆，北京：中华书局，1955。）

**【江苏省扬州·咸丰三年二月】**十九日贼入扬州，背约大掠。二十日入仪征，其头目黄先生名得胜，楚人陷贼者，年甫冠，恺悌多知，按行邑中，禁止焚掠，不率者杀无赦，邑人德之。

（程畹：《避寇纪略》。《太平天国》，第四册，第365页。罗尔纲、王庆成，桂林：广西师范大学出版社，2004。）

**【江苏省南京·咸丰三年二月二十日】**午后，忽传女馆必移至太平街，有女贼管辖运米挑砖差徭甚众，不能随意散处。并闻贼令金银皆送彼处，谓之进贡，如有私匿至一两以上者斩，合家惶急。

（陈作霖：《可园备忘录》。《太平天国》，第四册，第358页。罗尔纲、王庆成，桂林：广西师范大学出版社，2004。）

**【江苏省南京·咸丰三年三月】**十一日，闻贼有查私馆之说。私馆者，女馆之未入贼籍者也。

（陈作霖：《可园备忘录》。《太平天国》，第四册，第358页。罗尔纲、王庆成，桂林：广西师范大学出版社，2004。）

**【江苏省南京·咸丰三年四月】**初十日，有城外卖菜人来，外祖买蚕豆、鲜笋、猪肉共食，荤腥久断，不啻龙脂凤髓之珍矣。十一日，卖菜人来，云可间道出城，于是外祖始有行意。十二日，有贼来，欲住机匠馆宅，乃随外祖移至四圣堂。十三日，见贼多带伤入城者，盖自六合败归，相传为神火所焚也。十四日，卖菜人来，与外祖订行期。十五日，外祖欲携予出走，至女馆告祖母，祖母不许。十六日，外祖随卖菜人出城，予独居馆中，不能无恐。

（陈作霖：《可园备忘录》。《太平天国》，第四册，第360页。罗尔纲、王庆成，桂林：广西师范大学出版社，2004。）

**【江苏省南京·咸丰三年五月】**初十日黎明，乘众人未起，襆被急行，至油市蔡宅寄居。时蔡宅亦为机房。三外祖等咸在。予至此，不入名籍中，日买米以炊，差役不及焉。

（陈作霖：《可园备忘录》。《太平天国》，第四册，第361页。罗尔纲、王庆成，桂林：广西师范大学出版社，2004。）

**【江苏省南京·咸丰三年五月】**十五日，随家君至安品街沈姓买米。沈，舆夫也，时米百文一升，私卖者有禁，沈以旧役代购，可感也。

（陈作霖：《可园备忘录》。《太平天国》，第四册，第362页。罗尔纲、王庆成，桂林：广西师范大学出版社，2004。）

**【江苏省南京·咸丰三年五月】**二十五日，米炊完，无处购买，乃向外舅索得斗余。

（陈作霖：《可园备忘录》。《太平天国》，第四册，第362页。罗尔纲、王庆成，桂林：广西师范大学出版社，2004。）

**【江苏省扬州·咸丰三年六月十五日】**[城内居民]计每人每日均得口粮二斤，现在米粮将尽，和麦放给。

（《时闻丛录》。《太平天国史料丛编简辑》，第五册，第151页。太平天国历史博物馆，北京：中华书局，1962。）

**【江苏省扬州·咸丰三年九月】**贼诸馆林立，有一技皆收录。如避而不入其中，名曰"外小"。"外小"恒苦饥。九月初三日，忽传令诈"外小"至南门领粮。时伪总制陈酋驻南城楼，督牌刀手自后蹙之出城，即被杀戮。初九日，又传令谓前此人数实厌其多，今则真领粮矣。"外小"误信而踵至，驱戮之无一遗，委尸于河，河为满。

（臧穀：《劫余小记》上。《太平天国资料》，第85—86页。北京：科学出版社，1959。）

**【江苏省南京·咸丰三年十一月】**贼入城后，无论老弱强壮，皆迫为圣兵，无论金银衣服，皆掳入圣库。又分男女为二馆，名为男营、女营。或二十五人一营，或五十人一营，以广西、湖南男女贼首统之。而戒淫甚严，犯奸者立斩。其不愿当兵以及不分馆者全杀……每日男子发米一升，女子发米三合，其后则谷半升。

（《张继庚遗稿》。《中国近代史资料丛刊：太平天国》，Ⅳ，第760页。中国史学会编，编者：向达、王重民等，上海：神州国光社，1952。）

**【江苏省南京·咸丰三年】**男女日皆给米，米完给稻。稻少则女给二合，老人则日给四合，较胜于扬州之贼。扬州乏食，已杀老弱男女，并烧死数万人矣。女人逐日削竹签、担砖、挖沟、(驼)[驮]米稻、割麦豆秋禾。令将裹成之脚脱去缠足布，有女百长四更即起而催促，无不残虐之人。女伪官出行，亦有伞有锣，敲不歇声。老人则为牌尾，为扫街、拾字纸、看鱼塘菜园、割菜子蚕豆等事。

（佚名：《金陵纪事》。《太平天国史料丛编简辑》，第二册，第46页。太平天国历史博物馆，北京：中华书局，1962。）

**【江苏省南京·咸丰三年】**逆匪所刻妖书逆示颇多，省中现有续诏、书诏、义诰等，文理不通，辞极狂悖。内有待百姓一条例，诡称不要钱漕；但百姓之田，终年所得粒米，全行归天王收去，每年每大口给米一石，小口减半，以作养身。所生男女，选择于天王。铺店本利，亦归于天王，不许百姓使用。如此则魂得升天，不如此即是邪心，即为妖魔，不得升天，其罪极大云云。间有长发贼传人齐集，谓之讲道，即仿佛此等言语。

（张锡庚：《难民陈述贼情折》。向荣：《向荣奏稿》卷三《饬调吴健彰速赴镇江片》附《顺天府府丞张锡庚折》。《中国近代史资料丛刊：太平天国》，Ⅶ，第152页。中国史学会编，编者：向达、王重民等，上海：神州国光社，2004。）

**【湖北省武昌·咸丰三年】**劈户穿房气太雄，随身利刃疾如风。倾囊倒箧搜寻遍，百万家资片刻穷。[原注：贼三五成群，见高门大户，闯然而入。衣物银钱，器具粮食，席卷一空。前贼既去，后贼复来，初五、初六、初七三日，民家劫掠或十余次，或数十次。居民纵善藏匿，亦所存无几，况无从藏匿乎。]

（张汉：《鄂城纪事诗》。《太平天国资料》，第35—36页。北京：科学出版社，1959。）

**【江苏省南京·咸丰四年夏】**城中食粥薄如水。[贼恐粮绝，令被胁者食粥，日给米二合。]

（马寿龄：《金陵城外新乐府》。《中国近代史资料丛刊：太平天国》，Ⅳ，第743页。中国史学会编，编者：向达、王重民等，上海：神州国光社，1952。）

**【江苏省南京·咸丰四年闰七月二十七日】**[南京太平军放]妇女出城割稻，老弱者听其自散，留城者于十二月"指名配给"。[因粮渐尽。]

（佚名：《平贼纪略》。《太平天国史料丛编简辑》，第一册，第226页。太平天国历史博物馆，北京：中华书局，1962。）

**【江苏省南京·咸丰四年十一月】**至五月间，年伯[祁]旧仆有尤姓者，竟寻访至，如米柴衣物皆系伊设法送来，至今十一月未衰，以故年伯母不领贼粮，免当贼差。

（《张继庚遗稿》。《中国近代史资料丛刊：太平天国》，Ⅳ，第761页。中国史学会编，编者：向达、王重民等，上海：神州国光社，1952。）

[按：此等不吃太平天国供应粮菜，不受派遣的，被称为"外小"。]

**【江苏省苏州·咸丰十年六月十五日】**馆子又发米，薛妪得三升二合，另有茶叶少许。

（汪德门：《庚申殉难日记》。《太平天国史料专辑》，第10页，上海：上海古籍出版社，1979。）

**【江苏省常熟县·咸丰十年八月二十四日】**留[在常熟城中]者每日每口给米三合，否则就食馆中。

（龚又村：《自怡日记》。《太平天国史料丛编简辑》，第四册，第367页。太平天国历史博物馆，北京：中华书局，1962。）

**【江苏省苏州·咸丰十年】**金陵之陷也,贼勒民分别男女设馆,不许同室,而日给以米…… 至苏城,却不尽沿此例,间或设立女馆……故有今日立馆明日便散者,有早晨设馆午后旋逐者。

(潘钟瑞:《苏台麋鹿记》卷上。《中国近代史资料丛刊:太平天国》,Ⅴ,第276页。中国史学会编,编者:向达、王重民等,上海:神州国光社,1952。)

**【江苏省常熟县·咸丰十一年三月初四日】**路遇无数难妇,知赴南城总局点名,每日一粥两饭,无屋者常住姚局,有屋者由家就食。

(龚又村:《自怡日记》。《太平天国史料丛编简辑》,第四册,第392页。太平天国历史博物馆,北京:中华书局,1962。)

**【江苏省南京·咸丰十一年七月】**十一日,有人自南京逃回者,言:城中贼不满万人,余皆被虏者。每日每名只给糙米四合。无执事者,令出城樵柴,日限三十斤,少则责罚,仍下日补足。逃亡日众,一路贼卡盘查亦懈。

(姚济:《小沧桑记》。《中国近代史资料丛刊:太平天国》,Ⅵ,第470—471页。中国史学会编,编者:向达、王重民等,上海:神州国光社,1952。)

**【江苏省松江县·天历十二年春】**[清军勾结华尔之洋枪队反攻松江,太平军守城时,]老幼废疾者日给升米养之……[太平军退出松江时,]遗米万余石。[洋兵与清兵]顾米而争……穷民转不能望撮勺。

(黄钧宰:《金壶遁墨》,卷四,《分米》。)

**【江苏省苏州·同治二年五月初七日】**[沈韵篪从上海来,言:]伪忠王以苏城所掳皆生意人,城中食指浩繁,货物不给,财用将匮。故令各头子开店,如染坊、药材,粮食等项。所用染匠等皆从上海雇去,货物皆从上海进去,故苏城情形上海纤(悉)[细]皆知。

(沈梓:《避寇日记》。《太平天国史料丛编简辑》,第四册,第256页。太平天国历史博物馆,北京:中华书局,1962。)

**【江苏省南京·同治二年六月】**[初八日有南京城内英国人来降,]言城内米甚少,大家吃羊、马、犬肉度活。

**【初十日】**有归正人来说,贼中米少。城外居民赴大胜关一带贩米济匪,每斗千三百文,贼中转贩者每斗千五百文。近因官军严拿,正法数人,为之者渐少。

(赵烈文:《能静居日记》,第二册,第662页。长沙:岳麓书社,2013。)

**【江苏省南京·天历十三年七、八月间】**那时我有银米可以暂将城内穷家民户以及各穷苦官兵之家,开册给付银米,以救其生,开造册者有七万余,穷苦人家各发洋钱二十元,要米二担,俱到(保)[宝]堰领取。有力之人,即去宝堰领米,无力之家,自各领银作些小买卖。救至去年[指十三年]十二月又不能了,我亦苦穷,无银无米,苏杭又失,京城困紧。

(广西壮族自治区通志馆:《忠王李秀成自述校补本》,第96—97页。南宁:广西人民出版社,1962。又见《太平天国》,第二册,第388页。罗尔纲、王庆成,桂林:广西师范大学出版社,2004。)

**【江苏省南京·同治二年冬】**[清军水师每夜巡江,陆师每夜绕过钟山拦截太平门出入之路,]于是外粮已断,贼犹时以大股远至句容一带接粮。[同治三年正月]……[清军在草鞋夹登岸,相机围守,]于是内出接粮亦甚艰难。[正月二十一日,忠王出朝阳门又被打败,清军夺下钟山之垒,]于是合围之势始定……贼甚慌遽,始有内应之事。

(赵烈文:《能静居日记》,第二册,第737页。长沙:岳麓书社,2013。)

**【江苏省南京·天历十三年十一月】**[京城惟富豪官兵有食],穷家男妇俱向我求,我亦无法,主又不问此事……[天王命]合城俱食甜露。

(广西壮族自治区通志馆:《忠王李秀成自述校补本》,第95页。南宁:广西人民出版社,1962。又见《太平天国》,第二册,第387页。罗尔纲、王庆成,桂林:广西师范大学出版社,2004。)

**【江苏省南京·同治三年六月二十日】**余又问:"城中使今日不陷,尚能守乎?"[李秀成]曰:"粮尽矣。徒恃中关所入无几,不能守也。"余曰:"官军搜城,见米粮尚多,曷云无食?"曰:"城中王府尚有之,顾不以充饷,故见绌。此是我家人心不齐之故。"

(赵烈文:《能静居日记》,第二册,第804—805页。长沙:岳麓书社,2013。)

## 附:19世纪中叶城市的规模

**【广西省桂林·1851年】**据说桂林有四十多万人口。这个数目,只有见过中国城市的人才知道是正确的。

([法]加勒利、伊凡原著,徐健竹译:《太平天国初期纪事》,第58页。上海:上海古籍出版社,1982。)

**【湖北省武昌·1852年】**湖北省城武昌府,该城有四十余万居民。

([法]加勒利、伊凡原著,徐健竹译:《太平天国初期纪事》,第103页。上海:上海古籍出版社,1982。)



**【江苏省南京·咸丰三年】**城守。江宁城周九十六里,门十三,原闭四门,开九门。贼又闭三门,开六门:正东朝阳、正南聚宝、西南水西、正西汉西、西北仪凤、东北太平。

（张晓秋：《粤匪纪略》。《太平天国》，第四册，第52页。罗尔纲、王庆成，桂林：广西师范大学出版社，2004。）

**【江苏省南京·咸丰三年】**贼自五月在南京要家家悬有门牌，户各二十五名。伊自所谓衙及机房、各行铺店、种菜户、水炉、豆腐店，则人数众寡不等。两广人多谓之“功勋”，实数只有七百零。余则湖南北及各路人，并南京、镇江、扬州人。合计不过两三万人。妇人转有十余万。伊欲知人数，责令司马、百长及各衙逐月查实在人数造报清册，各人名下所有之父母兄弟子侄及入何营、何时入营皆备，其父兄伯叔之老病者即随入其营。将来破城后得其清册，必有按户查办者矣。顾贼实泼而勤警，只因无治人之术。自男女各分馆后，既不能得民欢心，又不能禁众人逃走，古谓盗亦有道，此则无道之盗也。

（佚名：《金陵纪事》。《太平天国史料丛编简辑》第二册，第51—52页。太平天国历史博物馆，北京：中华书局，1962。）

**【湖北省武昌·1853年】**阳历2月底左右，有些商人从苏州府来到上海，证实叛军已乘二百艘船驶入扬子江，占领了湖北省城武昌府。该城有四十余万居民，位于扬子江右岸，靠近汉水入江之口……

我从不厌倦地注视着这两条河流。它们像天蓝色的丝带似地环绕着这三座大城。扬子江真是一个内海。海豚[按：应译作“江豚”。]在江中嬉戏，宛如在海洋里一样。许多极大的船只航行于激流上。汉水虽不如它所流入的江水大，却也是一条美丽的河流，滚滚的波涛，颇与法国的都兰斯河[Durance]相似，那里的波浪也是很大的。中国的船确乎是世界上最喧闹的，时时刻刻都敲着锣，放着鞭炮。试想五六千只船会合在一起发出多么可怕的喧嚣！在这一片几乎无边的平原上，金属物的铿锵声和火药爆炸声夹在一起，刺入我的耳鼓，好比大蜂房里嘈杂的嗡嗡声。

你们读到“五六千只船会合在一起”这句话，一定会付之一笑，以为是荒诞不经的。其实这是大家都公认的事实。到中国游历的旅行家估计中国的财富和人口时，动辄以千万计算，好像卖钉子的商人似的。[按：应译作“好像商人卖的钉子似的”。]虽然如此，我却相信这是真的。昨天我看见有一千多只载着盐的小船，停泊在武昌的江岸。这个港口吐纳着中国的一切产品，以及从曼彻斯特、利物浦和美国运到中国来的一切工业品。

汉水流入扬子江的交叉点，本地人称为汉口。中国人认为这地方是国内最大的商埠。汉口距海有两千余里。但是江流全程可以航行最大的船只。一直在一起航行的船只，到达交叉点时，便分为两批，一批停在武昌，一帮驶入汉水。这些船只因行业不同，形状各异。假使我对航海知识更完备些，我可以描述形形色色的笨重的老式船，桅杆上装饰着丝带与旗子，满载着欧洲人所需要的茅宁茶(Moring)，江西的木材，饶州府的瓷器，布匹，棉货，刀剑，以至夷人走私的鸦片烟。因为任何一个商业繁盛的地方，都必定有很多走私者。

武昌、汉阳、汉口的外貌的确很庄严，大江环绕着。这三座城为水所环绕着。这些河流使中国的财富一直流布到帝国的内地。在房屋中间高耸着九层高塔。江上漂浮着林立的桅杆。这些桅杆宛如三重尖顶的堡垒，装饰着黄色、红色、蓝色的旗子。

一个欧洲人的想象力，很容易设想这些布满弧形屋顶的城市，和那些川流不息的小船，装饰得跟我们过节日的船一样。船夫和平民都有辫子，戴着宽大的竹帽。总之，这幅景象既滑稽可笑，而又美丽如画。但是，在我们国内长大的人，是不能了解这广大的平原的。它为河水灌溉得和尼罗河两边的土地一样丰富，并为树木和房屋覆盖着。这三座孪生的城市比马赛和里昂还大，只是为一条大江所隔开。这条江连最强健的船夫，也要好几个小时的猛划才能渡过。

（[法] 加勒利、伊凡原著，徐健竹译：《太平天国初期纪事》，第 103—105 页。上海：上海古籍出版社，1982。）

**【江苏省南京·1853 年 2 月】**叛军占领湖北省城及毗连的几座大城后，又沿扬子江而下，继续占领九江、安庆和芜湖。江南总督得此讯息，率领他所能召集的军队，驻守南京，命令他所有可用的军队集中在这个受威胁的省城里。沿江各地的官吏和富商都很惊惶；官吏准备保卫城市，而苏州、镇江等地一般谨慎的商人，却毫不注意保卫他们的国家，挟带财产急速逃跑。这真是各逃生路。这时，金钱和粮食逐渐稀少，金价大涨，米价陡增三倍。叛军利用这种恐慌，攫取江中所有的商船，大获其利，于是五王统领庞大的舰队和五万陆军直抵南京城下。

这座城有五十多万人口。在明代……是全中国的首都。城内面积至少比巴黎大三倍。但是在荒芜的街道当中，有着大块的耕地，过去泊着三排大船的码头上，已经长满了青草。

（[法] 加勒利、伊凡原著，徐建竹译：《太平天国初期纪事》，第 121—122 页。上海：上海古籍出版社，1982。）

**【江苏省南京·1853 年】**我们已经说过，南京已经从昔日的繁华时代衰落了：旧城墙形成一个极大的区域，即便从山顶上看下来，也辨不清这些倾圮的城墙。新城虽有五十万人口，与那仅存城垣的大城比起来，不过像一个小村庄而已。

（[法] 加勒利、伊凡原著，徐建竹译：《太平天国初期纪事》，第 123 页。上海：上海古籍出版社，1982。）

**【江苏省南京·1853 年】**在一个中国人看来，没有比从南京和苏州府来的东西更美、更好、更精巧、更雅致、更有风味的了。我们这墨守(陈)[成]规的民族，只有一个城市开风气之先，中国则有两个这样的城市。天朝的"时髦样式"分为两派：一派来自南京，一派来自苏州府。我们还不知道这两个劲敌究竟哪一个会占上风。至于北京，那个政府所在的京城，在风雅和娱乐方面是不足道的，只是一味(的)[地]令人厌恶。

（[法] 加勒利、伊凡原著，徐建竹译：《太平天国初期纪事》，第 133—134 页。上海：上海古籍出版社，1982。）

**【江苏省南京·1853年10月至11月】**［公使于一八五三年十一月初五日抵天京，有随行天主］教(师)［士］入城住两日一宿……据教(师)［士］回称："……凡城中妇女，皆分地别居，亦分派队伍，以一万三千女为一军，有女将官员各职衔……女旅计有四十八万名……惟定条：男女不得聚处往来，即夫妇亦不得并栖，俟版图悉归服属，始听各人夫妇完娶，克期可卜云云。计男丁士旅六十万人。"

(《佛兰西公使赴天京记》。原载《遐迩贯珍》1854年第2号9页上。《太平天国史料》，第517—518页，金毓黻、田余庆编，北京：中华书局，1955。)

**【江苏省南京·咸丰四年】**贼中人数，通共粤人九百余人，两楚一万余人，江南三万余人。此系在伪天官丞相处查月册家册者，妇女则仅余二十三万人。

(《张继庚遗稿》。《中国近代史资料丛刊：太平天国》，Ⅳ，第764页。中国史学会编，编者：向达、王重民等，上海：神州国光社，1952。)

［编者按：既有家册，又有月册，是每月查一次户口口数，以便发粮食。］

**【江苏省南京·咸丰五年夏】**寇江宁时，据云统掳胁共两万余人。嗣陷江南、江西各州县，随裹随增，随增随散，日有逃归。至广西真正贼匪，自粤至江宁，被诛及病死者，将及千名。第一次分股寇北，尽被诛戮六七百名。二次寇北，被诛百余名。两年来，各处被诛及江宁大营兵剿戮四五百名。逆首自诛，并自逃亡者二百余名。分领贼众占据州县者四五百名。是以现今江宁城内，不过千名。其余除郴州土匪外，皆被掳百姓，城内并城外贼营，统老弱约计三万余人。湖南十之一，湖北十之二，江宁十之三，安庆、镇江、扬州、江西及各省十之三，其间老弱者十之六七，此乙卯夏间江宁城内外之大略也。

(张晓秋：《粤匪纪略》。《太平天国》，第四册，第50—51页。罗尔纲、王庆成，桂林：广西师范大学出版社，2004。)

**【浙江省杭州·咸丰十一年十二月十三日】**杭人在城者，向查门牌有七十余万口，饿死者几半，被掳者闻十二万有余，存者不过二三分而已。

(沈梓：《避寇日记》。《太平天国史料丛编简辑》第四册，第107页。太平天国历史博物馆，北京：中华书局，1962。)

**【江苏省常州、苏州·咸丰十一年十二月二十二日】**常州先查保甲时，合城内外有户一万三千，计户不计灶。分析言之，一户中一、二户，三、四、五、六户不等。实在四万户，每户牵算五口，即二十余万口。每口每日米半升，一日即须米千余石，每岁四十余万石。苏州七、八年分查户口时，城内外土著、寄籍共五十余万户［？口］。

(赵烈文：《能静居士日记》。《太平天国史料丛编简辑》第三册，第217页。太平天国历史博物馆，北京：中华书局，1962。)

**【长江下游地区·1862 年】**在其兴盛的日子里,财富都集中在这几省的城市里。它们都成为发展工商业的中心。有些城市因人文荟萃而闻名于世。

(《关于占领上海附近各省的主张》。《北华捷报》第 615 期,1862 年 5 月 10 日。《太平军在上海——〈北华捷报〉选译》,第 310 页。上海:上海人民出版社,1983。)

## 第三节

# 市民态度

［参见第二章第三节］

## 一、欢迎、跟随

**【湖北省武昌·咸丰二年十二月至三年正月】**爆竹喧阗满市廛，香炉高捧跪门前。愚民枉作贪生计，怕死谁知死在先。［原注：破城之时，爆竹之声满城不绝，又有手执香炉，跪接门前者。贼最恶焚香放炮，因之被杀受伤者不可胜计。惟闭门不出可免。］

［编者按：太平天国反对焚香放炮敬菩萨。］

（张汉：《鄂城纪事诗》。《太平天国资料》，第 34 页。北京：科学出版社，1959。）

**【江西省浮梁县景德镇·咸丰三年】**贼到景镇，大族巨商，多闻风送款。

（晏家瑞：《江西战垒纪闻·查项敌》。杜德风选编《太平军在江西史料》，第 531 页，南昌：江西人民出版社，1988。）

**【江苏省扬州·咸丰三年二月二十三日】**贼焚福缘庵，鼓行入城，衢衖皆遍；城中之人裹红巾以应者且错出，则贼间也。［盖匿居久矣。又云：尔辈岁以贱值市腌苴莱菔何哉？皆吾辈所为也。］时淮纲替矣，扬之民奢侈如故习，都人士女服物都丽。又地绾南北轴，富商大贾，轺使寓公，鳞次栉比，金玉、瑰宝、钟鼎、图籍、米粟、缯纩累千万计，皆惑寿民言，惮不徙，贼尽攫之。使居者门额粘顺字，示降服。

（倪在田：《扬州御寇录》卷上。《中国近代史资料丛刊：太平天国》，V，第 104 页。中国史学会编，编者：向达、王重民等，上海：神州国光社，1952。）

**【江苏省扬州·咸丰三年二月】**［二十三日太平军入扬州城，］翌晨，教场下街诸茶社犹启门。

（臧穀：《劫余小记》。《太平天国资料》，第 82 页，北京：科学出版社，1959。）

**【江西省南康县·咸丰三年五月】**粤匪自金陵窜江右,连樯入湖口。未至南康前一日,郡民数百人醵钱峙钱米等既备,乃入县廨诱令出,胁往城东(偏)[边]同善堂,启狱出囚。明日,郡守行香城隍庙,民又胁以往,环守之。日午,望贼舟近,并银米食物缚守令,迎而献焉,贼纳之。数逆酋使导之入城,周视讫,火一二祠寺竟去,民有随去者。

(刘坤一等修:光绪《江西通志》卷九十七《武功三》。)

**【江西省浮梁县·咸丰三年五月】**浮梁之陷,莠民石仁源、石亮、余得溃、余得厚等,亦执知县谢方润,搜印、敛钱以馈贼。方润不屈,死。事定,获仁源,凌迟,亮、得溃、得厚斩枭。

(刘坤一等修:光绪《江西通志》卷九十七《武功三》。)

**【江苏省扬州·咸丰三年十一月二十四日】**[太平军决定退出扬州时,]鸣锣谕众云,大队即刻往南京,凡兄弟姊妹愿去者随行,不愿去者听……二十五日,贼复鸣锣谕众云:愿去者自随行,不愿去者,如湖南北、江西、芜湖之口音,固遭大兵之杀戮,即扬郡新兄弟姊妹,亦难免大兵之荼毒而奸淫。自示之后,兄弟姊妹愿投金陵,速出徐凝门登巨舟,终不愿去之人,勿以未尝相强而贻后来之怨悔也。至是从贼者如归市矣……去者极多,留者半系安心就戮之人暨老稚残疾……二十六日,红头将妇女二三十岁以上者恐骗而去,所余亦仅十之一也。

(佚名:《咸同广陵史稿》卷上第7—9页。扬州:江苏扬州人民出版社。又见《太平天国》,第五册,第97页。)

**【江西省抚州·1856年9月10日】**丁韪良博士报告其于1856年9月10日[阴历咸丰六年八月十二日]与一卖书商人晤谈所得:……太平军到,屯东城下,居民开城迎之。

(英传教士丁韪良博士 Dr. Wm.Martin 的报告,《华北先驱》323号,1856年10月4日。译文引自简又文:《太平天国典制通考》上册,第405页。香港:简氏猛进书屋,1958。)

**【江西省抚州·1856年9月】**府城原有清兵三千人驻守,一遇险象发生,即弃城而遁。留下大炮,甚至其他军械,尽资敌人。太平军到,屯东城下,居民开城迎之。乃先遣八人骑马先入,巡行各街道,安抚百姓。大队乃继之进城。其后派队四出在各村镇募兵,持有"奉命招兵"大旗,迅即招得志愿军几至万人……本地绅士被邀合作,有被任重职者,而一般士人则被雇用为书手先生。有一少年曾在江西太平军服务多时,得抚州后,欲回原籍省视孀母。太平军长官准其荣归,赠其"老太太"以银两丝绸。此事表现他们敬老崇孝,予人至好印象,使人感服……太平军减税至半额,禁止部下屠宰耕牛。凡有暴行祸民者,皆严刑惩罚,以故深得民心。而清军则尽反其道,肆行强暴,屠宰农民耕牛,强掳人民妻女,勒索人家财物。太平军政治严明而有力。

（英传教士丁韪良通讯。《华北先驱》323号，1856年10月4日。译文引自简又文：《太平天国典制通考》上册，第405—406页。香港：简氏猛进书屋，1958。）

**【江苏省苏州·咸丰十年四月十二日】**五鼓，粤东人李文炳为内应，贼遂入城。忠逆使伪巡查二百人宣令曰：毋杀人，毋奸淫，违令者斩。十三[日]午后，掠丁男三十万，退踞浒墅关。十四[日]夜三鼓，宣令入城。至阊门，火犹未烬，遍地瓦砾，热不可耐。被掠者履舄皆焦，足底亦烂。分门入踞，天犹未明也。

（谢绥之：《燐血丛钞》卷一。《太平天国史料专辑》，第388页，上海：上海古籍出版社，1979。）

**【浙江省桐乡县·咸丰十年】**五月朔，董某创议纳款。与议者，有南马、北周、西费及乌南黄、何诸人，勒派殷户各店铺洋银数千，又备礼物，内有南枣百斤，龙灯千，雄鸡五百，隐寓"早登龙基"以媚贼，使徽人方某及耆老四人，具舟至禾，谓之进贡。方某匿银洋半，只以其半，并礼物进。贼给以红旗四，伪示一，佥谓可免祸矣。已而方潜脱去。

六月十二日，贼踞苏州者，由震泽焚南浔。南浔距镇[按：青镇。]西三十里余，夜登东塔望，火光烛天。

（皇甫元垲：《寇难纪略》，抄本。藏于浙江图书馆等处。）

**【江苏省常熟县·咸丰十年八月】**[王市，由汪胜明]率市民耆老十六七人[出迎，商议投降。长毛提出]民户免动，独取典当。[议未成，乃被打先锋，]搜索财物，打开典铺，恣取金银，更入民家搜刮细软。

（汤氏：《鳅闻日记》卷上。《近代史资料》，1963年第1期，第88页。又见《太平天国》，第六册，第315页。罗尔纲、王庆成，桂林：广西师范大学出版社，2004。）

**【浙江省杭州·咸丰十年十二月】**杭城于[十一月]二十九日辰时破城，城中食尽，升米一洋，且不可得，死者数万，民心遂变。是以一面与官兵打仗，一面百姓开门迎贼。

（沈梓：《避寇日记》。《太平天国史料丛编简辑》，第四册，第99页。太平天国历史博物馆，北京：中华书局，1962。）

**【江苏省太仓州·咸丰十一年十二月二十二日】**子珊[按：原任清太仓知州蔡子珊]降贼，颇见信用。是日带兵数百，直至松门。松门当铺主家亦黄岩人，邀之到地弹压。兵过后，南路土匪帖然，四乡道路亦渐通。

（叶蒸云：《辛壬寇纪》。《中国历史文献研究集刊》第三集，第183页。又见《太平天国》，第五册，第370页。罗尔纲、王庆成，桂林：广西师范大学出版社，2004。）

[附]

**【福建省漳州、同安县·咸丰三年】**[《泰晤士报》的记者写道：]漳州和同安都投降了叛军。虽然后者未免受了重大的损失。同安的居民虽允许驱逐清朝官吏,但是一致拒绝叛军作任何行政措施,宣称他们自己是自由独立的市民,能够自己管理自己。

([法]加勒利、伊凡原著,徐健竹译:《太平天国初期纪事》,第182页,上海:上海古籍出版社,1982。)

[编者按:占领厦门和同安县的,是当地的起义者,而非太平天国的军队。《清政府镇压太平天国档案史料》将镇压厦门、同安起义的史料收录其中,亦误。]

## 二、以钱买平安

**【江苏省苏州·咸丰三年】**官绅日议馈贼。有颜姓者为通线索,定议六十万。将赍往矣,适向军门追贼至金陵,截其下窜之路,苏常一带暂可无虞,馈贼之议遂止。

(沈守之:《苏城失陷略论》。《借巢笔记》,第8页。按:海虞学钓翁《粤氛纪事诗》注云:"苏州效赍银,为向督师荣遏截遣还,遂与杨督署联衔劝谕练勇输饷示内叙及此事。")

**【江苏省扬州·咸丰三年二月初二日】**江寿民向我言:"我之请老弟来者,奉劝老弟不必认真操练乡勇,靠你二百多人,安能御贼数十万之众。现在我已差人送礼,倘贼来时,你万不可动手。如动手激怒了贼,是送满城百姓之命矣。"我言:"……为今之计,自当竭力倡率守城,不负受朝廷五品之荣,何以竟为富户所支使,一至于此。"……至十四日,地方官仍无举动,遂点齐乡勇,将江寿民捆缚送漕台发落。行至中途,张太守、文参府、宋都阃前来劝住,我执意不从,三位云:"江寿民固属有罪,众富户之罪更重,你将江寿民交与我,追出富户,那时再杀之不迟,何必送漕台也。"我执不过,遂将江寿民交与三位。谁知我走之后,他们即将江寿民释放回家,竟置之不问。

(张翊国述:《自叙扬州事》。《太平天国》,第四册,第322—323页。罗尔纲、王庆成,桂林:广西师范大学出版社,2004。)

**【浙江省象山县·咸丰十一年十一月】**大集在城绅耆于姜毛庙会议……定策以羔酒银币送诸境外……致宁海黄溪口谒见张酋……酋甚喜,即以令旗、告示谕城中人民,但粘"太平天国顺民"于门,不需迁避。十五日辰刻张酋入城……十六日,即传伪令各乡村进贡……十七、八日,有城绅出乡,令各处殷实绅士充当乡官。十二月初五日,众乡官入城见张酋。

(民国《象山县志》卷九。)

## 三、得商本的小商人



**【江苏省苏州·天历十二年】**十二年回转苏州。那时我上江西、湖北招兵之时,将苏州、浙江、嘉兴军务、民务妥交陈坤书执掌,我方去。后十二年回到苏省,民已失散,房屋被拆,良民流泪来禀……苏省之民,又被陈坤书扰坏。后我回省,贴出为民之钱、米,用去甚多,各铺户穷家不能度日者俱给本钱;田家未种,速令开耕。我在省时,斯民概安,仍然照旧发米二万余石,发钱十万余千。发此钱、米之后,百姓安居乐业。后丰足之时,各民愿仍将此本归还。我并不追问,其自肯还我也。后又将郡县百姓民粮、各卡关之税,轻收以酬民苦。

(《李秀成自述》。《中国近代史资料丛刊:太平天国》,Ⅱ,第820—821页。中国史学会编,编者:向达、王重民等,上海:神州国光社,1952。)

## 四、对抗者与罢市

**【湖北省武昌·咸丰二年十一月十二日】**破汉阳……贼尽掠商民金钱缯帛米盐……萧裕宝者,字秉吾,失其名,裕宝其设肆称也……以娼起家,小封,因往来粤东,贩珠宝、西洋技巧器物,累资数十巨万。双福[按:湖北提督。]常负裕宝债,以故相友厚,情如弟兄……双福于危城中,持为心膂者,裕宝一人耳。

(佚名:《武昌兵燹纪略》。《中国近代史资料丛刊:太平天国》,Ⅳ,第568—569页。中国史学会编,编者:向达、王重民等,上海:神州国光社,1952。)

**【湖北省武昌·咸丰三年春】**太平军攻克武昌探报[编者说明:这份资料录自《清代杂咏》(抄本,近代史研究所藏),原篇名《贼陷湖北密单》。其内容是咸丰三年(1853年)春,清方坐探密报太平军克复武昌沿江东下九江的情形。记载比较具体,兹选录刊出。]

军务不清,羽书沓来。容蒙腊将军吩示,各坐省不许抄送,缘因奸细混迹入川,恐有泄漏之虞。兹将历次情形,胪列于后:

一、粤匪攻陷汉口、汉阳之后,连日攻打武昌不下,该匪等突退无踪。越日,又有难民船只千余号,奔靠武昌城外,互相号泣,遂有船夫一二百人上岸。因事口角,两相斗殴,各有头破血流。城上文武员弁瞥见,呼禁不应,因恐船夫人等再滋事端,严行禁止。各船遂尔进城喊冤,门军放入,禀知抚台,发交首府勘问。维时他贼又由文昌门地道挖入,药发,乃该船夫等竟由首府衙门突齐动手,内外夹攻,省城即陷。

一、粤匪攻陷武昌之后,抚台常大淳急入藩司衙门。不意藩司先被捉拿,是以奔入库内,用带自缢间,即被匪首追入库中,用箭攒而殉节矣。

一、湖北藩司梁星源、臬司瑞允,城陷被贼匪抢获,用竹篓将两[人]装抬游街,打骂凌辱毕,先将臬司(废)[毙]命。甫行告知藩司,以伊在广东陈臬时,著有循声,颇称名臣,令其自裁,是以殉节。

(《贼陷湖北密单》。《清代杂咏》,抄本,近代史研究所藏。)

**【湖北省武昌·咸丰四年六月】**咸丰甲寅六月初二日,武昌再陷。[程之桢]维周广文又有诗纪事云:"记得春镫化战场,鄂门局又变沧桑。蜡书路绝鸾抛纸,木偶人嗟燕处堂。

压卵一城悬旦夕，投戈千里走衡湘。可怜铸铁难成错，不死登陴死出疆。”“献策纷纷幕府颠，禳灾魇胜托神仙。黄金价少无双士，白骨缠腰当十钱。[城中饷绝，守城兵每日给米一勺，当十钱二文。]锁钥汉阳先弃地，疮痍全楚尽呼天。上游重镇称南纪，覆辙何堪蹈往年。”“索饷饥军举槊争，睢阳不作念难平。羊头屡受军中赏，蜗角徒观壁上兵。嫠妇几家悬破釜，乱燐青昼闪空城。空知故鬼逢新鬼，惨说三年虎口生。”“坐镇蛮天肃达平，雄(碱)[城]委弃等泥沙。红羊已换仍逢劫，黄鹄如归不见家。阵月销残金口垒，腥风刮尽秣陵花。王师何日收江汉，再拓东南清塞笳。”此亦当日仅存之一斑也。

（王葆心：《续汉口丛谈》卷四，第10—11页。）

**【湖北省武昌·咸丰四年六月二十七日】**兼署湖广总督、新授湖北巡抚奴才杨霈跪奏，为奴才驰赴新任后，谨当遵旨赶紧调集官兵，查明各官下落，兹先行由驿恭折覆奏，仰祈圣鉴事。窃奴才于咸丰四年六月二十三日承准军机大臣字寄，六月十六日奉上谕：台涌奏武昌失守，巡抚等官不知下落等因。钦此。仰蒙指授机宜，莫名钦佩。伏查武昌省城于六月初二日失守，奴才以信阳三关紧要，先饬南汝光道余炳焘督率兵勇加意严防。

（杨霈奏。军机处全宗·录副奏折。中国第一历史档案馆编《清政府镇压太平天国档案史料》第十四册，第624—625页。北京：社会科学文献出版社，1994。）

**【湖北省·咸丰四年六月二十七日】**再，闻此次武昌失守，实以粮饷未充，不能不出城迎剿。现在已经被陷，情形艰窘，更在意中。因思兵力亟宜厚集，粮饷尤应速筹，豫省切近邻封，奴才深知既无可调之兵，又无可拨之饷。缘连年兵差络绎，民力艰难，应征钱粮又无起色；且奉拨各处军饷及本省东南北三路防堵兵勇口粮，在在均须支给，若望河南接济，必致徒托空言，而楚省待饷孔殷，又不能不速为筹计。可否[仰]恳天恩，俯念楚省军务紧要，饬下山陕抚臣各先迅速筹解银各十万两，以济目前之急。谨附片具奏，伏乞圣鉴训示。谨奏。咸丰四年七月初二日奉朱批：已有旨，令川陕协济矣。钦此。

（杨霈奏。军机处全宗·录副奏折。中国第一历史档案馆编《清政府镇压太平天国档案史料》第十四册，第627页。北京：社会科学文献出版社，1994。）

**【浙江省杭州·咸丰十年二月】**[杭州城内绍兴籍锡箔工作者数千，被招为勇。]……三月初一日贼至西门人家掳劫，正箔作人聚集处也，竟出厮杀，将军领兵亦出接应，伤贼及福勇数百，贼势大窘。

（冯氏：《花溪日记》。《中国近代史资料丛刊：太平天国》，Ⅵ，第659页。中国史学会编，编者：向达、王重民等，上海：神州国光社，1952。）



**【浙江省嘉兴·咸丰十一年】**[太平军四月二十六日占嘉兴府城。]五月十二日，新塍罢市，因长毛施天燕[刘得功]索金子三百五十两，新塍不能供故也。

至十九[日]，符天燕来[新塍]讲道理安民，于是开店。

（沈梓：《避寇日记》。《太平天国史料丛编简辑》，第四册，第 67 页。太平天国历史博物馆，北京：中华书局，1962。）

**【浙江省嘉兴屠甸镇·同治元年正月】**一杭人新自屠镇逃来云，十三、十四闻长毛至罢市，十五日长毛过屠镇，将至桐乡，屠镇罢市逃，长毛不掳。

（沈梓：《避寇日记》。《太平天国史料丛编简辑》，第四册，第 129 页。太平天国历史博物馆，北京：中华书局，1962。）

**【浙江省嘉兴屠甸镇·同治元年正月】**[二十二日，]适得屠镇信，云是日屠镇起潮头罢市，长毛在硖石等处掳，亦有到屠镇者……三十日，闻长毛过硖石大掳，过澉浦亦大掳，皆从海宁塘来，故屠镇亦罢市。

（沈梓：《避寇日记》。《太平天国史料丛编简辑》，第四册，第 131、133 页。太平天国历史博物馆，北京：中华书局，1962。）

**【浙江省秀水县新塍镇·同治元年三月三十日】**闻朗天义三公子到新塍……带船四五十号由盛泽至乌镇过新，携有拦抢肉店中者，于是罢市。

（沈梓：《避寇日记》。《太平天国史料丛编简辑》，第四册，第 150 页。太平天国历史博物馆，北京：中华书局，1962。）

**【浙江省秀水县·同治元年五月十三日】**长毛从陡门进塘至新塍，路过圣堂桥、蒲鞋浜两处，乡人家有被掳者，新塍罢市。

（沈梓：《避寇日记》。《太平天国史料丛编简辑》，第四册，第 159 页。太平天国历史博物馆，北京：中华书局，1962。）

**【浙江省秀水县新塍镇·同治元年五月】**五月望边，新塍过长毛约千人，掳米行、丝行者其头子杨姓……镇上罢市。

（沈梓：《避寇日记》。《太平天国史料丛编简辑》，第四册，第 165 页。太平天国历史博物馆，北京：中华书局，1962。）

## 五、逃避者

**【湖北省武昌·咸丰三年一月初二日】**[贼]呼曰："将焚九门内居，男妇悉从东行。"……[不愿东去者]，贼无奈何亦舍之也……男妇未从贼去[者]甚夥。

（佚名：《武昌兵燹纪略》。《中国近代史资料丛刊：太平天国》，Ⅳ，第 572 页。中国史学会编，编者：向达、王重民等，上海：神州国光社，1952。）

**【江苏省镇江·咸丰十一年二月】**闻得镇江各乡镇生意大起,而吴家桥尤胜。丹阳城内贼匪闻之,令镇市上各业捐送洋蚨一千元,贸易者惧而各散。

(佚名:《蘋湖笔记》,手稿本。南京大学历史系太平天国史研究室编《江浙豫皖太平天国史料选编》,第117页。南京:江苏人民出版社,1983。)

# 第十八章
# 太平天国战争对清政府管辖区经济的影响（战争期间 1851—1864）

# 第一节
# 对清政府管辖区农民、市民、少数民族斗争的影响

## 一、清管辖区佃户抗租斗争与租额下降

**【广西省永淳县·咸丰元年春】**[太平军起义后不久,一度参加太平军之邱二娘在贵县领导农民起义。永淳农民黄可经等十人号召农民"抗租"。地主控告,在诉讼中农民代表说地主"逼勒成单,实无田据"。知县逼令佃农还租,拘为首者九人下狱。农民说:]"县现田地,皆我屯人祖业,业主毫无凭据,何得历代收租。"[进一步提出"革租承粮"的办法,即要使田归佃农所有。]

(《永淳县志》抄本)

**【广西省永淳县·咸丰元年秋】**[农民用武装抗租,驱逐或杀死收租之地主。]元年秋,永淳客民佃户相仇杀,佃贼李(? 黄)可经等倡议免输,连村结合,啸聚数千人。(《平桂纪略》,卷一)

(《永淳县志》抄本)

**【广西省永淳县·咸丰二年春】**[数千武装农民向清知县要求"派户编粮",即"革租承粮"的具体实行,要清政府承认其为粮户。知县勒令交租,农民于是在三月廿九日,共万余人涌进县城,被打败。次日,增至数万人,即在各地杀地主,破市镇,清知县被迫保证过去的租粮一概"不收,不追,不究",释放黄可经等。]

(《永淳县志》抄本)

**【江苏省扬州城郊·咸丰三年】**绿杨城郭近如何?依旧芜城长碧芜。四境田庐皆铲尽,三年贡赋未输租。

(钱塘《偶山遗稿·癸丑书事》。周村:《太平军在扬州》,第 46 页。上海:上海人民出版社,1957。)

[编者按:太平军 1853 年 4 月 1 日第一次进入扬州城,即受清军琦善、陈金绶、雷以诚、慧成等之包围,12 月 26 日退出扬州城。这八个月中,在城郊和清军作战,也配合瓜

洲、仪征的太平军打击乡勇团练，在扬州府属各地有流动性作战，对农民抗租斗争有影响。时清军加紧在扬州的搜刮。扬州城郊是“未输租”的。]

**【江苏省江都、泰州、泰兴等县·咸丰三年】**江都、泰州、泰兴土匪滋事，三邑士民震动，雷[雷以诚]帅拨勇驻大桥镇备剿。余以为乡愚无知，希图抗粮抗租而已，一经剿洗，不独良户受累，设匪等沟通瓜[瓜洲]逆，我营四面受敌，东路不可问矣。帅然之，即日奉檄微行，历三昼夜，探实头目姓氏、住址，并获有伪示等件，密陈设法寻讯，供认不讳，奏明正法，其事遂平。

（梁承诰：《独慎斋诗钞·唧檄》。周村：《太平军在扬州》，第46—47页。上海：上海人民出版社，1957。）

**【江苏省泰州·咸丰三年】**城东南隅聚众抗租，集十三里汪，僧道正主其事，曹某者实左右之。事觉，请兵大营，立杀数人以徇，首从先后伏诛。奸民乘乱齐抗租，大兵入境按名诛。髑髅满地膏血涂，咄哉戎首闻风逋。[官命捕役，为我踪迹，获僧道正，罪人斯得。]僧过捕役势麕集，啜其泣矣何嗟及。惟时羽翼有曹生，如夔一足跛著名。小车辚辚载入城，琅珰锁索齐解营。骈戮枭示公案了，田荒庐毁行人少，十三里汪无青草。

（赵瑜：《晋砖室诗存》。周村：《太平军在扬州》，第47页。上海：上海人民出版社，1957。）

**【湖北省黄梅县·咸丰三年以后】**吾乡自粤逆倡，贫民挟贼凌富，而佃风大坏，舞弊名色多……是区区者能有几何，经如许术弄，又加以包心、垫底、掺沙土和空壳，空壳不足，互相乞假，所有迟早粘糯穗叶皆付课谷内。

（邓文滨：《醒睡录》卷七。）

**【江苏省青浦县、震泽县·咸丰三年二月七日】**青浦县张令于正月二十七日出差船十八只捉邹连村，乘其不备，获其家属。彼即时鸣锣聚众，十五只先逸，三只被拘，差人俱逸，家属仍被夺回云。震泽县佃不肯还租，粮户不能完粮。

（王文镕：《癸丑纪闻录》。《太平天国史料专辑》，第481页。上海：上海古籍出版社，1979。）

**【江苏省常熟县·咸丰三年】**四月，麦收大减。有上谕：苏五属上忙银秋后启征，稍纾民力。麦租概不得收。

（柯悟迟：《漏网喁鱼集》，第18页。北京：中华书局，1959。）

**【江苏省昭文县·咸丰三年八月】**初十日晴，闻昭邑张市郑梅轩为收租事，佃户聚众，将家物尽行毁坏。

（佚名：《癸甲日记》。《太平天国史料丛编简辑》，第二册，第 382 页。太平天国历史博物馆，北京：中华书局，1962。）

**【江苏省常熟县·咸丰三年九月至十二月】**吾常邑蕞尔之区，其时北门木樨盛开，纨绔子弟登山临水，游兴依然。惟是风鹤之警，开征劝捐皆隐。［花区］收租亦畏缩。斯时天心日怒，人心日离，皆由迩来官吏积弊所致。文武大员云集上海，未能克复，还租绝迹，稻区亦效尤。十一月，业户开追，县差甫下乡。十四日，东周市瞿又被佃农拆毁，报不勘办。二十日，太仓差船抵横泾追租，亦被农人殴差烧船。二十二日，鸣锣聚集举人顾承藻家，毁烧净尽。二十三日，冯家又复一空，二更乡张宅拆屋烧毁。二十四、五等夜，处处有黑夜打抢。苟有余粟之家，卧不成寐矣。二十六日，州牧蔡带弁勇数百下乡，一面咨会昭文陈庆长会勘，先谕各海口封港。抵横泾，先传耆老询确，连夜拿获首犯二名，供实，就地枭首悬示。差地昼夜四出搜捉，在镇则鸡犬无声，在乡则鸡犬不宁。斯时州尊声愈大，胆愈壮，绅民香花跪送，即出示减价收租，以抵赋税，自此又有尔我之势也。吾方赖其余威，岂浅鲜哉！常邑西乡如是者不少，亦大加剿洗，军需局严提逼捐，不拘何项生意，皆要捐。十二月中出示：本年漕米，无分大小户，奉宪折色每石四千，除恩减三分，荒缓一分七厘。先将良懦给串清收，实皆赔垫，人情拮据，田产无可契售，收租每亩不过百文出入。

（柯悟迟：《漏网喁鱼集》，第 20—21 页。北京：中华书局，1959。）

**【江苏省无锡县、金匮县·咸丰三年】**十月，无锡之面长埭地方大业户周氏开仓收租，倪孟寿等抗租，抢周家，被镇压……［三坝桥平阿方等］以抗租聚众，二坝桥赵氏开仓收租，为其抢掠一空。金匮县令［去捕，失败。请兵于府，才镇压下去。］同时后桥、曹墓塘邹阿多等亦是抗租抢掠案，死于狱者五六人。

（佚名：《平贼纪略》。《太平天国史料丛编简辑》，第一册，第 222 页。太平天国历史博物馆，北京：中华书局，1962。）

**【江苏省常熟县·咸丰三年十一月十三日】**与同局请官谕南乡地保，协同催子催租，缘时将近腊，业户肯格外折让，而顽佃尚同心抗租也。

（龚又村：《自怡日记》。《太平天国》，第六册，第 18—19 页。罗尔纲、王庆成，桂林：广西师范大学出版社，2004。）

**【浙江省嘉善县·咸丰三年十一月】**十四日，顾令［顾准，县令］请兵来，沿城河泊有数十只，云以示八中区之顽佃也。先是花行杨信泰有八中田千余亩，来还限米者，颗粒无欠，往往隔夜露宿，不得一餐，乡人怨之。又有浦六者，素与守愚之父，共往东路买花，后借杨本二百千，以自种田抵押，逐年还租。前年浦欲以租作带本消，而杨仅算为子钱，遂涉讼，累审未结。浦遂为首，相与结社，扬言不还限米，只许摇讨，将港口填塞，鸣锣看守。今日有司事下去，不知如何劝谕。官业出详抚宪，恐彼处效尤，租米不还，难以办赋，遽以兵来，不知作何了局也？

（王文镕：《癸丑纪闻录》。《太平天国史料专辑》，第510—511页。上海：上海古籍出版社，1979。）

**【江苏省太仓州、常熟县·咸丰三年十一月】**

[十八日]太仓之三家市为开租事，佃户拆毁差船滋事。昭邑之东周市为征租事，佃户聚众千人，拆毁业户房屋，瞿少卿家被毁，刘伯文家幸免。

[十九日]巳刻市北[稿本此句旁注"蒋泾"二字]土地堂佃户为开租事，鸣锣聚众二百余人，扬旗，手执器械，至市上自东至西，自西至南，到城隍庙寻获差船，打毁烧坏。[稿本此处有眉批"起事在茅家村"。]下午伍胥庙有停泊收租船亦打坏。太、镇之乡，四处打毁差船。佃户之变，一至于此。

二十二日冬至，晴。巳刻，茅家村土匪聚有五六百人，拆毁顾涧南家房屋，书籍、衣服尽行烧毁，钱财抢夺一空。

二十三日，晴。土匪打毁冯万程家。是夜，地保四处设法败散，茅家村之匪稍息。

（佚名：《癸甲日记》。《太平天国史料丛编简辑》，第二册，第382页。太平天国历史博物馆，北京：中华书局，1962。）

**【江苏省金匮县、无锡县·咸丰三年十一月】**十九日，锡令杀无为教首陈汤元，枭示黄埠墩。先是乡人有张宝者，素奉无为邪教，传徒于钱桥一带，来城则寓惠山之离垢庵。局中钱勖素知之，并悉其口诀。孙元楷之子勋立[鼎烈]亦在局帮办，乘月夜率乡勇往擒到局，钱以口诀投之，悉合，及送县究出教首陈汤元。陈，丹阳人，邑北门外修发匠也。捕治之，无讳饰，乃坐以通贼，杀之。寻将张宝解苏，局人遂率乡勇毁离垢庵，起获其传徒名籍，按名擒拿，将兴大狱。有争之者曰：是邪教，非贼匪也，诛其渠魁足矣，若欲尽杀之，恐生变。乃止。

十二月初二日，王侯汝林来摄锡令。吴令杀陈汤元后，方自谓整顿地方，忽被劾去。

初四日，金邑三坝桥纠众抗租滋事。是岁大稔，而各乡佃户不肯纳租，三坝桥则地总费阿庆主其谋。有大户赵姓首县，乘其来城应卯，为县所拘。其邻镇张金[泾]桥绅士顾凤仞为之调停，请县释放。乃愈调停而势愈(蹶)[獗]张，竟有聚众劫抢赵姓之事。

锡邑西阳山下亦纠众抗租。阳山一带鸣锣聚众约数千人，扬言要抢大户，并指算要抢新渎桥钱勖家。钱大惧，遂议请常郡团练局绅董赵振祚来锡商办。

初七日，常绅赵振祚率洲勇来县查拿乡人之不法者。是日乘船数十，整队下乡，旗帜鲜明，前往阳山一带，示威于各乡镇。过新渎桥，有吴增寿者出言狂悖，立擒之。增寿父某，诸生，即钱之业师也。阳山人闻风远飏，遂往三坝桥，彼处约众抗拒，沙勇火枪并举，烧毁村庄，村人始惧，逃遁一空。顾凤仞以酒肉迎犒，遂回城。赵骑马，穿大红斗篷入城，观者以为贼。

十七日，金三坝桥拿获费继祖[等]二犯，正法枭示。费继祖即地总费之弟也，俗所云

"顶缸"者。

二十一日,锡倪孟寿、孙杏寿、吴增寿正法枭示。

锡令本将以立枷毙之,数日不死,乃杀之。

(佚名:《勾吴癸甲录》。《太平天国史料专辑》,第 80 页。上海:上海古籍出版社,1979。)

**【浙江省嘉善县·咸丰三年十一月】**廿七日,昨官绅至乡,乡人云:租米别业户皆肯载上门还,惟杨信泰须令载讨,递有冤单一纸,历陈还租吃苦之事,其耆地保甲及老人等数十人共出一结,[此结官不收。]官及兵勇,俱已退归。

(王文镕:《癸丑纪闻录》。《太平天国史料专辑》,第 511 页。上海:上海古籍出版社,1979。)

**【江苏省常熟县·咸丰三年十二月】**初一日,陶坝匪烧军船,西洋蔡氏、殷氏,被土匪劫物毁屋。次日,野塘吕氏又被匪徒抢劫。俱持农器,鸣锣聚众,夺人家军械,追差拒捕。数处一并报案。自此各乡租米又中止。初四日,游击赛□□暨邑令黄公领兵勇下西乡,拿获多人,有鸣金朱关荣刳腹枭示。

(龚又村:《自怡日记》。《太平天国》,第六册,第 19 页。罗尔纲、王庆成,桂林:广西师范大学出版社,2004。)

**【江苏省·咸丰三年十二月十二日】**金山之乡民因抗租,拆去本图四铺堂阮姓之房屋,毁坏什物。在珠泾之县公馆亦被毁。

(王文镕:《癸丑纪闻录》。《太平天国史料专辑》,第 512 页。上海:上海古籍出版社,1979。)

**【江苏省常州·咸丰三年十二月十四日】**辰刻至郑庄,步行往大干村,离镇二里,佃户三十余家率居是村。今年登谷颇丰,而升斗细民,皆以贼烽在迩,官司无暇为人理田事,辄欲强减旧数,田舍翁斤斤持之,往往相哄。此间民风视他处尤狡。议已久定,亩租仅三斗二升。余家薄田百亩余,去折去耗,计所入不及三十石。然较之遭难流徙,田园零落者,目前为犹幸矣。

(赵烈文:《落花春雨巢日记》。《太平天国史料丛编简辑》,第三册,第 38 页。太平天国历史博物馆,北京:中华书局,1962。)

**【江苏省常熟县·咸丰三年十二月十四日】**挈大侄下乡收租。婉言诱导,仅得六七分。

(龚又村:《自怡日记》。《太平天国》,第六册,第 19 页。罗尔纲、王庆成,桂林:广西师范大学出版社,2004。)

【江苏省苏州·咸丰四年】湖滨乡民聚众抗租、抗粮，震泽令姚铣言于江督怡良、巡抚吉尔杭阿，拟使苏州抚标中军何信义，率抚标兵至乡。平望镇人吴汝瑞言于姚："抚标兵若至，地方益多供给，而君与地方多不利，不如使枪船捕之为便。"姚然其言。时巡抚令已下，何信义方调集兵勇，不日就道，汝瑞乃商之姚，急以照会给卜小二等，与以团防名义，卜小二等遂捕抗粮、抗租之众送县。姚令乃禀省上何信义勿行，而将抗租、粮者廿余人解苏州杀之。姚去职，后任县令王寿迈下乡晓谕，乡人聚众殴辱，杀其护勇一人。汝瑞更使枪船捕杀，因保六品官。然人心益觉骚动，而枪船遂悬挂震泽县正堂旗，隐执地方实权，县令拱手而已。然不抢劫，不掳掠，绅士多与酬酢来往，苟安一时。枪船素无大志，既非助清，亦非助洪，与两方俱通声气……枪船横行四乡如故，各行其是，两不相犯，仅扯太平军旗号而已……卜小二本扯龙字旗号，至是，亦易太平军旗。太平军小帮弟兄之"打先锋"者，辄为卜小二部下截杀，而夺其劫掠之物，谓之"剥毛皮"。"打先锋"即掳掠之别名。时李秀成在苏州，其部下陈炳文、陈坤书到处"打先锋"，秀成不问，惟发赈济民，以是军民各道忠王好。

（万流：《枪船始末》，抄本。南京大学历史系太平天国史研究室编《江浙豫皖太平天国史料选编》，第125、126、127、128页。南京：江苏人民出版社，1983。）

【安徽省·咸丰四年二月初四日】夫粤匪起于广西，继而入伙者湖南、湖北之人居多，经各处兵勇剿杀，约有数万计。粤楚贼匪窜至安徽，谅已无几。以远方之人忽来异地，果本处百姓不肯附从，何能猖獗至此？乃奸民好利，冀归贼党，遂可任意掳掠，则有愿为勾引者；愚民、贫民亦望贼来既可不纳佃租，不完官粮，并可从中渔利，则有望风依附者。其离贼较近之处，虽官欲开征，而愚民不知大义，竟敢公然抗欠。倘稍有勒逼，即酿成乱阶。人心之涣散，风气之顽梗，至于斯极。必俟贼匪平后，痛加惩创，方可挽回积习。且安省向多大商富户，自逆匪盘踞江面，四出掳胁，已越一年。江以南之商贾不能交通，江以北之米粮无由粜变。民间银钱艰绌，既难于供赋课，更何以报捐输？况贼踪密迩，佃户藉端霸租，富家尽被劫盗，以臣所过州县，凋敝困苦之状触目伤心，诚为他省所未见。于此而议开征开捐，不独民心不从，民力亦有所不给。皖省情形臣已访察确实，断不敢因前次奏请开征稍涉回护。

（福济奏。宫中全宗·朱批奏折。中国第一历史档案馆编《清政府镇压太平天国档案史料》第十二册，第425页。北京：社会科学文献出版社，1994。）

【江苏省太仓州·咸丰四年二月】十六日又雨。自正月起，天晴不满十一二日，民间米价渐增，粮户皆观望不输，佃户之欠租者亦难追索，二麦将坏。上海县兵力厚集，无恢复之信。州县小试，亦无日期。真时势之变也。

（佚名：《癸甲日记》。《太平天国史料丛编简辑》，第二册，第383页。太平天国历史博物馆，北京：中华书局，1962。）



【江苏省常熟县·咸丰四年十二月初三日】吾邑开仓，蠲一缓二，而大小户一律，规定折价，每石三洋一角半，制钱约五千六七百文，米约二石二斗五升，连加斛百，必须二石之四斗，又复旧额矣。唯极低之区，一完四缓，因租米不及五成，不得不重为轻减耳。

（龚又村：《自怡日记》，抄本，卷十三。）

**【江苏省常熟县·咸丰四年十二月】**初四日下乡，收未了之租，跋涉三天，而米之折减过甚，灾区殊难抵赋，可焦虑也。

（龚又村：《自怡日记》，抄本，卷十三。）

**【安徽省桐城县·咸丰五年】**东庄有佃化为虎，司租人至撄其乳；西庄有佃狼如羊，掉头不顾角相当。

（光聪诚：《闲斋诗集》后编《食新叹》。）

**【江苏省江都县·咸丰五年】**董三妄子，一村农耳。当军务倥偬之际，州县未启征，凡佃人田者，亦思抗租不纳，豚酒莅盟，推董为首。董以武孝廉蒋某最倔强，必先除之，乃率众前，时尚无械，锄棒而已。蒋某应以火器，当者辄毙，后各骇散。雷营[雷以诚]闻其事，即派众往剿，访知董匿女婿家，初搜不获，已将去，见床忽振动，疑之，盖床以木承板，更有曲木外护，董即贯卧其中，至是亦惧，其身战栗，故就擒焉。是役也，克期扑灭，幸不为害，然不无少滥。据韩仲甫世丈云：勇目孙德富等所献首级有白发垂垂，而耳环眼分明者，岂老妇人亦叛党耶？

（臧穀：《劫余小记》上。《太平天国资料》，第 84 页。北京：科学出版社，1959。）

**【江苏省常熟县·咸丰五年十一月二十九日】**下乡收租，幸年谷告成，尚属省力。

（龚又村：《自怡日记》，抄本，卷十四。）

**【江苏省扬州·咸丰六年】**厥后天、六失守，地当贼冲，风闻王姓业已沦没，何天不佑善人耶？抑予所抚心内愧者也。是役也，得陈氏兄弟娣姒之力居多。乡民黠者，乘人之危，主佃不免。

（程畹：《避寇纪略》。《太平天国》，第四册，第 368 页。罗尔纲、王庆成，桂林：广西师范大学出版社，2004。）

**【浙江省平湖县·咸丰六年】**农民托言祈雨闯入县署，自此法纪荡然，而冬还租者益复寥寥。

（马承明：咸丰八年《当湖外志》卷八第 12—13 页。）

**【江苏省扬州、泰州·咸丰六年】**时扬州旱，武举某恃势征租不肯息，群佃怒欲杀之，吏以叛告。[雷]以诚使萧永明、江德、张凤三、张凤五等攻之，获其昌言者名董三王，一老农也，余党尽逸。诸勇斩耕夫乞丐者首以告捷，其别党真谋叛者反遁免泰州东台，聚党携耰锄，耀武于州城及曲塘镇，亦以旱故抗不纳租也。以诚皆剿之，事在去年。盖自三年后，以诚益聩，纵其子若婿恣行不义，亩捐言入三十余万万钱，人谓实不止此，而婪弋不已。

（倪在田：《扬州御寇录》卷上。《中国近代史资料丛刊：太平天国》，V，第117页。中国史学会编，编者：向达、王重民等，上海：神州国光社，1952。）

**【江苏省常熟县·咸丰六年十月】**花地租息，毫无成色，纵有千百顷美产，与家徒四壁同，虽民力实竭，而业主犹恐节外生枝，互相畏缩，故未滋事。然而用度倍常，条漕必酷，亦难设施。

（柯悟迟：《漏网喁鱼集》，第28页。北京：中华书局，1959。）

**【江苏省常熟县·咸丰六年十二月初二日】**下乡收租欠，虽皆结账，而亏折颇多，通算不过六成。

（龚又村：《自怡日记》，抄本，卷十五。）

**【江苏省常熟县·咸丰七年十一月二十七日】**下南乡刮租，奔波三日而回，本年租米，本可足额，第折钱太多，因定价每石三千四百，比他家稍贱之故，虽有风伤减少，百姓陈租补垫，唯米粒未坚，不耐碓，亏折甚多。

（龚又村：《自怡日记》，抄本，卷十六。）

**【江苏省常熟县·咸丰八年十一月二十八日至二十九日】**在乡收租，年虽中稔，而间有坏稻，佃户多枯，较旧转有零欠。

（龚又村：《自怡日记》，抄本，卷十七。）

**【江苏省常熟县·咸丰九年十二月初七日】**下南乡，旧租欠，米多白稃，佃户又掺粞谷，亏折太夥。除因歉收让又减一二成，办赋之余，仅留食米。

（龚又村：《自怡日记》，抄本，卷十八。）

**【江苏省常熟县·咸丰十年】**[太平军将到时，塘市农民]借言贼到肆凶威，打屋拿银任指挥。[趁势即将本镇绅富房屋全行打坏，什物抢掠，租簿掷于污泥水中。]

（归庆柟：《让斋诗稿·八月杂咏》。）

**【江苏省常熟县·咸丰十年五月】**上忙条银不开征，麦租未动。二麦收成尚可，然价大贱，约一千二三。米不过二千六七，布扯一百六七，尚无售处。

（柯悟迟：《漏网喁鱼集》，第42页。北京：中华书局，1959。）

**【江苏省松江县浦南、浦北·咸丰十年十一月】**十八日,衡堂家叔由浦南来寓,为塘北租务事,一饭而去。言:"华、娄两邑及本府欲办亩捐,浦南已哗然。"

**【十二月】**初五日,偕菱溆渡浦至三摆渡访单芷湄,一宿而返。闻浦南田租大有生色,多者六成,少亦五成;浦北则彼此观望,未有粒米送仓。

十四日,渡浦至杨胥浦访庄松筠、董汲承,知浦南近日风声尚静。

(姚济:《小沧桑记》。《中国近代史资料丛刊:太平天国》,Ⅵ,第458页。中国史学会编,编者:向达、王重民等,上海:神州国光社,1952。)

**【浙江省海宁州·咸丰十年十二月】**十五日,海宁州张公泻[卸——原注]任,调长安州(畔)[判]宋公为之,开仓征漕,分三等,兵灾三分四,潮灾二分六,寇灾一分四。该年秋收本歉,租户乘机延挨,每十不还一。

(冯氏:《花溪日记》。《中国近代史资料丛刊:太平天国》,Ⅵ,第671页。中国史学会编,编者:向达、王重民等,上海:神州国光社,1952。)

**【浙江省太平县·咸丰十年至十一年】**庚申之秋,东洋金姓以租船被抢,诉于县。会营往缉地匪林光发,参将蓝、守备张俱往;光发拒捕,营兵大败,官亦被辱。自是营员不敢出门,而地痞效尤矣。县令吴[奎祥]复畏葸,掳人勒赎之事,无日无之,辄以一批了事,棍胆愈张。

高子诰招无赖为乡勇,横行乡里,吴令反屈己下之。四方有事,不诉于县,而诉于高,视令为赘瘤。爱憎荣辱,惟意所欲,大为民患。至辛酉五月,喧传子诰将杀令而代之,合邑惴惴。时值亢旱,端阳后三月不雨,禾不登,四乡皆抗不缴租;城中富家租船且被截夺,索重赂而后还;吴令皆置若罔闻。

(叶蒸云:《辛壬寇记》。《中国历史文献研究集刊》第三集,第180—181页。又见《太平天国》,第五册,第366页。罗尔纲、王庆成,桂林:广西师范大学出版社,2004。)

[编者按:太平军于咸丰三年到江苏,上述几条资料记咸本三年至十年间佃户抗租与地主收租情况。资料显示,1850—1864年清管辖区的地租额,越靠近太平军占领区的越低,地主的让步越多。]

**【江苏省奉贤县·1861年】**由于清政府企图在奉贤征收赋税,引起村民的反抗与骚动,结果知县受到重伤,县署也遭焚毁。这一骚动恐怕难于弭平。我们也担心那里居民可能会投奔叛军。

(《太平军在苏浙两省各地建立地方政权》。《北华捷报》第559期,1861年4月13日。《太平军在上海——〈北华捷报〉选译》,第184页。上海:上海人民出版社,1983。)

**【江苏省常熟县·同治二年】**巡抚李鸿章饬县给单收租完饷。常熟册籍遗失,昭文尚存。十月，奉宪减成收租，给发收租易知由单，业户持单向佃收租，以杜假冒。遵照定章，全熟照额减收五成，内留交佃户饷捐一成五分，随捐经费钱九十文。杂粮，照花田章程，每亩千文减收五百，内留交佃户饷捐一百六十文，随捐经费钱六十文。馀租缴该业收领，不得将经费兜收。常总书徐燮、昭总书鲁心如、言允卿，谕各图经地先行收捐。由是四乡设局，大斛淋收，浸食舞弊。佃户以为业经完粮，咸不愿还租，是年业户收租皆有名无实。

（陆筠：《海角续编》。《漏网喁鱼集》，第141—142页。北京：中华书局，1959。）

## 二、下层群众乘机起事，聚众反抗官府

**【江苏省常熟县·咸丰二年】**四月，浙江鄞县征漕不妥，致农民拒捕滋事，将知县碎尸。上司提营会剿，又伤协镇佐贰等三十余员，兵勇无数。农亦有毙。闻于上，不作叛论，为首正法，刊碑永禁浮勒。

（柯悟迟：《漏网喁鱼集》，第14页。北京：中华书局，1959。）

**【江苏省金坛县·咸丰二年十二月】**该县未征上年熟田漕粮，为数尚多，现值兑开吃紧，正宜踊跃催科，居民藉词拖欠，更属有意刁抗，合亟一并饬查……仍将未征漕粮赶紧催完，分别兑运粜变，依限解纳。如有抗欠，衿革民究，随时详办。该县不得稍事[疑原文漏字]，亦干未便。

（《镇江府金坛县出示晓谕筹防》，1853年1月。《吴煦档案选编》，第114页。太平天国历史博物馆，南京：江苏人民出版社，1983。）

**【湖北省应城县·咸丰三年】**先是，贼窜湖北时，土匪陈士党与数百人乘机响应，盘踞邑南黄滩镇两岸，要胁富室，劫夺乡村，道路几不通。

（光绪《应城县志》卷之六。）

**【湖北省广济县、黄梅县·咸丰三年】**咸丰三年春，广济土匪宋观佑等因粮滋事……观佑等佯为受抚，不三日，纠其众入城，肆杀掠，[邵]纶及[黄梅知县鲍]开运均遇害，同时死事者……等一百八十余人。

（英启：光绪《黄州府志》卷十三《职官志·秩官传》，第37页。）

**【江苏省南汇县、浙江省嘉善县·咸丰三年二月】**十七日，前者南汇县有粮户二千余众，至县滋闹，县官从后门逃至府，府乃另委员从缓办理云。前日，本县[嘉善县令顾准]至西塘，在县丞署内出总牌，拿欠租佃户十余人，责之流血。现在北路乡人，因邻近江南，颇染吴江、震泽抗玩习气，但未聚众闹事耳，官与业主亦无如何矣。

（王文镕：《癸丑纪闻录》。《太平天国史料专辑》，第486—487页。上海：上海古籍出版社，1979。）

**【江苏省无锡县南乡·咸丰三年二月】**二十二日,锡邑南乡张西桥土匪丁阿葸,倡众抢劫。是时,人心惶惶,土匪窃发。邑南太湖之滨,日日鸣锣聚众,始于二十一日斩代站头秦墓数百年松楸,一朝而尽。逾日,张西桥又抢李典,荡然一空。其近村烧香浜,有大户萧某者,乡人遍贴传单,约于二十六日午刻毁其居。有富家陆,寄居于萧,闻信夜遁。届期如蜂屯蚁集者千人,萧延许舍拳勇顾大成保卫,并许给放平米,始稍稍解散去。时各乡俱粜平米,乡中大户及由城徙乡者皆有捐,诸不逞稍安。平米者,向例于歉岁青黄不接时周济平民者也。

二十七日,锡令吴[时行]拿获丁匪杖毙之,徇于南吊桥。

是日,有官兵哗于北门外,遂讹言贼匪已到,城中人纷纷南窜,于丁匪徇处互相践踏,死者二十七人,逾时人心始定。自丁匪毙后,土匪稍敛迹。

(佚名:《勾吴癸甲录》。《太平天国史料专辑》,第 77 页。上海:上海古籍出版社,1979。)

**【江苏省上海县·咸丰三年四月】**上海县征收漕尾,乡民拥入署肆蛮,乡勇御敌受伤。建、广匪徒乘机抢夺行铺,皆不究。

(柯悟迟:《漏网喁鱼集》,第 18 页。北京:中华书局,1959。)

**【江西省太和县·咸丰三年七月】**村中有人自太和归,云太和亦有聚众戕官之事。六月初十日黎明,有数十人入县署,县令逃走,家属被害。旋入各衙署,官俱走,遂号召无赖据城起事。

(毛隆保:《见闻杂记·七月见闻记》。杜德风选编:《太平军在江西史料》,第 492 页。南昌:江西人民出版社,1988。)

**【江苏省常熟县、太仓县·咸丰三年八月】**[小刀会起义占领嘉定县、上海县城后,]于是苏省大震,迁避更多。宝山、青浦随陷,川沙、奉贤又失。南汇不守,知县章惠拒守,被贼逼降,大骂自缢,贼亦怜之。初九日,张家市郑光祖催租倚势,佃农鸣锣聚众数百人,打毁什物,内室倾烧,获解一人,知县任鲲池不勘不办。十一日,复聚千余,欲拆其屋,所解之人索还始免。太仓无所措,钱宝琛先遁。十三日,嘉定贼来,太仓州牧蔡映斗骑马绰刀,领勇数十冲出,力杀数贼,馀退。十六日,复来,蔡州尊戎装当先,追杀百数十,后溃,回署犒赏毕,欲弃官去,阖城男女焚香挽留。

(柯悟迟:《漏网喁鱼集》,第 19—20 页。北京:中华书局,1959。)

**【江苏省上海县·咸丰三年八月初六日】**八月初六日,闻上海于初四夜戕官劫狱,朱家峪[角]等处有抢案。

(王文镕:《癸丑纪闻录》。《太平天国史料专辑》,第 506 页。上海:上海古籍出版社,1979。)

**【江苏省嘉定县、太仓州·咸丰三年八月】**十三日晴。嘉定土匪突入太仓南门，已至州署前，幸大堂上团练乡勇未散，州尊蔡印斗即时奋勇出堂，用火器独龙炮轰毙数人。有粮船水手黄头郎者，为乡勇首，手刃数人。土匪为首者带红兜，乘间逸去。余二三百人，俱带红巾，共杀死四十余人。

(佚名：《癸甲日记》。《太平天国史料丛编简辑》，第二册，第382页。太平天国历史博物馆，北京：中华书局，1962。)

**【江苏省六合县·咸丰三年十月】**[知县都桀森]吸食鸦片，任性妄为，于六合任内，征粮加耗，阖城罢市……又索米铺、席铺、盐商等银钱。

(《清文宗实录》第一一〇卷，第24页。)

**【江苏省华亭县、娄县·咸丰三年十月二十一日】**华、娄开征下忙白银，闻但设柜而已，罕有来完者。松属民风之变。何一至于此！

[二十四日]辰刻，知华亭总局董事[一张一吴]会同府知厅朱，赴北乡劝捐，至沙岗庵地方，于昨夜二鼓后，被乡民鸣锣啸聚，将官董坐船尽行烧毁，诸人徒步而回，幸未伤人。似此乡民恃众肆强，目无法纪，原其故，皆由上海官兵畏缩不前，纵贼自在，尤而效之，将不止是也，可胜慨哉！

[十一月]十五日，华、娄各乡佃户均纷纷结社，[是日各学开仓，]蓄意吞租，以致良佃为所挟制，无有一人敢送仓者。为之奈何！

十六日，闻金山干吕港地方有富室马，因期以租抵捐，开请差提，致遭拒捕，几酿成大案。

二十二日，华治有辉巷乡民鸣锣倡议霸租。

[十二月]初二日，华亭有沙九图姓，因图中捆送霸租人到松，全家被烧，居人仅以身免。

[初五日]娄县有庙总闵芷塘，因经办善堂租米，作寓枫镇。于昨获有顽佃一名，专差解松。及至今晨，竟有近镇一、二图乡民聚众进寓，将芷塘劫去，未有下落，闻之实堪诧异。

十六日，金山乡民因业主阮姓催租起衅，聚众拆房，并打毁县署大门等。

十七日，华亭县姚公将德，往南乡催征，舟抵叶榭，闻乡民鸣锣啸聚，连夜折回。似此藉众滋事，顽视官长，变坏已久，下元劫运，恐不只是也。

十八日，闻华亭于是日开仓，并无一钱一米到仓者。奈之何哉！

二十八日，闻金山县因前获滋事之乡民当场正法，余众汹汹，有复仇之举，署中上下颇事戒严。似此民不畏法，日以报复为事，恐尤而效之者不止于松属各县已也。岁云暮矣，时事日非，不知同此食(钱)[毛]践土之性，何一变而至于斯极也。伊谁之咎哉！

**【甲寅四年】**三月初一日，闻昨华亭县因勘窃在乡，游民滋扰，踉跄而回。家人口姓被殴几死，亦一变兆也。

十二日，华邑尊姚又往亭林一带征粮，被乡民聚众毁烧船只，不及回至镇上，将奉谕帮办之五虎将住房尽行拆毁。

十九日，娄邑尊温往泗泾乡征粮，亦被乡民抛掷砖石，冒险而回。

（姚济：《苟全近录》。《近代史资料》，1963年第1期，第55—63页。）

**【江苏省常熟县·咸丰三年十一月】**即出示减价收租，以抵赋税，自此又有尔我之势也。

（柯悟迟：《漏网喁鱼集》，第20页。北京：中华书局，1959。）

**【江苏省常熟县·咸丰三年十一月初五日】**恬庄杨氏催租，竟被塘桥悍夫周曙云殴差焚船。县令于次日领兵勇下乡，不料已拆杨氏房屋，持刀肆劫，因党羽极多，寡不敌众，官船半途而回。

（龚又村：《自怡日记》。《太平天国》，第六册，第18页。罗尔纲、王庆成，桂林：广西师范大学出版社，2004。）

**【广西省连州·咸丰四年】**昔日之匪到处焚劫，今日之匪往往假惠以牢笼患贫之民，而愚民附焉，贼之狡计因而得逞。是昔之碉堡易成，而今之碉堡难成也。[嘉庆时坚壁清野法难成也。]况近日之书役，不特为土匪之耳目，且多为土匪之心腹。近日之衿棍，不特为土匪之渊薮，且常为土匪之渠魁也。夫天下奸胥豪吏刁衿地棍比比皆是……两粤风俗之坏……其结盟拜会，动辄千百为群，已非一日。近日肆行劫杀，视戕官攻城为常事。日来闻连州江台等处，且设立伪官矣。

（王鑫：《与左季高先生》，咸丰四年八月初五日。《王壮武公遗集》卷八《书札一》，第32—34页。）

**【湖北省·咸丰四年三月初二日】**又时据各县禀报，土匪冒充长发，或勾结逆贼，攻县穿城，焚署抢劫，不得不拨兵剿捕。

（崇纶等奏。军机处全宗·录副奏折。中国第一历史档案馆编《清政府镇压太平天国档案史料》第十三册，第73页。北京：社会科学文献出版社，1994。）

**【湖北省·咸丰四年三月初二日】**臣崇纶自上年二月到任，起紧制造各种军械、火器、铅药、旗帐，招募兵勇训练，为时无几，先有通城、崇阳之叛，又接广济之乱，田镇之防，堵城之变，金口之失，用去军器、船炮不知凡几，毫无一存。

（崇纶等奏。军机处全宗·录副奏折。中国第一历史档案馆编《清政府镇压太平天国档案史料》第十三册，第74页。北京：社会科学文献出版社，1994。）

**【湖北省·咸丰四年三月初三日】**臣查黄州逆匪自湖北兵勇溃散之后，大肆猖獗，莫撄其锋，所过郡县无不被其残破。而湖北之崇阳、通城等县土匪又复勾结滋扰，遂即乘风直上，于二月初一日窜陷岳州，驶过洞庭……现在岳州业已收复，道路已通，然逆氛未靖，仍须加意严防。且新祥一带及北省之崇阳、通城、通山、兴国、大冶等州县土匪四起，逼近岳州府属之巴陵、平江、临湘等县，难保不勾结滋扰。

（骆秉章等奏。宫中全宗·朱批奏折。中国第一历史档案馆编《清政府镇压太平天国档案史料》第十三册，第98—99页。北京：社会科学文献出版社，1994。）

**【河北省武邑县·咸丰四年三月十一日】**僧格林沁等奏报将活埋官兵之武举张攀桂等正法等情片。再，奴才由舒城追剿逆匪，因匆迫遄行，以致各营官兵行走参差。及至阜城扎营后，查点各营官兵，竟有数十名未经来营。奴才以此项官兵若非迷失路径，误被土匪戕害，即系中途潜逃，均须确切查办。当经严饬各营统带上紧查缉，并经酌派兵勇，在于大队路经附近村落一带紧密访查去后。旋据禀报，访得武邑县属粉张村马回台村武举张攀桂等素行强横，现闻有活埋官兵情事。奴才派员酌带兵勇，将武举张攀桂等二十四名先后查拿到营。讯据张攀桂等六名，供认活埋官兵及勒毙戕害各情不讳。由该村起获被害尸身五具，内有一具辨认，确系巡捕营兵林万芳。奴才因案情较重，必须详切覆鞫。当就近札调武邑县知县范骥、河间县知县王宝权来营，会同研讯无异。除将起意为首及情节较重之武举张攀桂，民人张清玉、吕成幅、吕恒梅、刘二千、周二奎立即军前正法，尚无下落官兵另行查办外，其余各犯即饬交该县等详报本省上司衙门照例办理。再，查拿此案时复有不法之人乘隙至该村落肆行焚抢，奴才闻报饬派官兵查拿，捕获人犯五十七名。内王升隆、张幅、赵连城、高永太、孙胜、薛万兴、韩得、康大、张国胜、任奎、李八、潘国珍、朱平如、严得林、王东来、贾金城、李起凤等十七名，供认焚抢属实。奴才因该犯等不法已极，自应从重惩办，当将该犯等分别解赴犯事地方，立正军法，枭首示众，以安民心，其余各犯，重责保释。谨附片具奏。[咸丰四年三月二十三日朱批：]知道了。

（僧格林沁等奏。宫中全宗·朱批奏折。中国第一历史档案馆编《清政府镇压太平天国档案史料》第十三册，第347—348页。北京：社会科学文献出版社，1994。）

**【浙江省奉化县·咸丰四年三月十七日】**方徽之警报日紧，臣正登山涉水，亲历各险要，指示机宜，谕令挖筑堡，伏兵安炮，为一劳永逸之举，固已日无暇晷。乃宁波府属之奉化地方，有逆匪洪世贤，蓄发多年，以妖术惑众，暗中勾结，不少附从之众已受伪职。臣与段光清皆有所闻，密访踪迹，出没无常，不难先剪其羽翼，而一动手，便走漏风声，激变固在目前，巨魁势必漏网。必得确探巢穴，擒获该逆正身及同谋之人，然后余匪不击自散。布置已久，尚未得手，近已与上海之匪相为应援。抚臣许乃钊亦有所闻，自沪密函，嘱臣必须妥办，否则事机莫测等语。现乘徽州之急切图起事，以与安庆及上海之匪一气，使臣等四顾弗遑。该护道段光清侦知其在奉化县莼湖西谢西方、谢保山家中阴谋不轨，随身爪牙已有千名，散布之匪数千。该处前山后海，冒昧而进，必致堕其诡计，而首逆终兔脱。该护道素得民心，改装易服，密赴奉邑，会商该令丁昌谷，亲见该邑绅民，于旱路节节布置义民、乡勇数千。复派令勇首布兴有，督带水勇，从海滨潜入莼湖地方，以堵其水路。兵民齐心，遂于十四日黎明，一挥齐进，直抵巢穴，生擒洪世贤及伪军师、伪丞相董铃冈、董得彰三名，起出伪示千余张，字大径寸，用黄纸刷印逆书及板片、簿册多件，将洪世贤一名就地凌迟处死。其董铃冈、董得彰二名，由段光清带回衙门，询悉情节后一并凌迟处死，均枭首示众。

（黄宗汉奏。军机处全宗·录副奏折。中国第一历史档案馆编《清政府镇压太平天国档案史料》第十三册，第298页。北京：社会科学文献出版社，1994。）

**【山东省馆陶县·咸丰四年四月十三日】**再，山东地方土匪四起，馆陶一带尤甚。奴才前者拔营追剿逆匪，大兵过后，随后车运锅帐以及粮台，并文武官弁车驮，沿途土匪肆行抢夺。且前因逆匪窜踞临清时，南面未能合围，恐其乘隙窜逸。经奴才派令吉林七起委参领阿昌阿、防御盛安、委骁骑校额勒德恩布等三员，带兵二十一名，善禄派令盛京（骑）[骁]骑校札音阿带兵二名，密赴南路，伺探贼踪，久无禀报。今探闻已在临清以南姜家油房一带，被土匪抢劫衣物，戕害灭尸。似此大兵临境，尚复肆无忌惮，其平昔为害地方，已可概见。

（胜保奏。军机处全宗·录副奏折。中国第一历史档案馆编《清政府镇压太平天国档案史料》第十四册，第11页。北京：社会科学文献出版社，1994。）

**【湖南省安化县里七桥·咸丰四年】**六月中旬，粤兵[太平军]将常德衙署打得前通后塌，搜括前河后河银钱谷米，掳取壮丁船只，齐赴岳阳，筑城避暑，扬言秋凉决取长沙。其时，里七桥、新桥上民乘机掳掠。六月下旬，粤兵[太平军]尽归岳州，本朝官胡林翼领兵来守常德。时桃花溪财东杨大进，恨佃杨芷兰勾众分伊庄谷，比闻胡道台到案，以土匪劫抢，首出告发。次引府城天窗铺，恨里七桥人劫他货船，亦傍案附禀。胡道台即时准差究办，因金多效验，拿到即斩……七月初旬，武县副爷图财病发，带兵数十，竟来里七桥（辑）[缉]拿人犯，抄掳家财，烧毁民屋，不分良匪。惹起里七桥数团众怒，一时呼集数百人，追至官仓……自此里七桥一处，渐渐聚众，一时生死同盟者约二三千人，日造枪刀，谨防官兵复来。又扬言官兵复来，誓将首状之家，先行诛戮抄烧。唬得杨大进等枕席不安，日坐针毡。后出多金讲和，方息。

（李汝昭：《镜山野史》。《中国近代史资料丛刊：太平天国》，Ⅲ，第7—8页。中国史学会编，编者：向达、王重民等，上海：神州国光社，1952。）

**【广东省·咸丰四年闰七月初二日】**正在筹办间，忽于七月初八日，据署肇罗道李敦业禀称，现接探差禀报，高明县之三洲地方，忽有匪船啸聚，密派伙党，先行潜入县城。六月二十八日薄暮时候，大伙拥至，该匪里应外合，由西门拦入，该文武均不知下落。复据署顺德县马映阶禀报，股匪四起，水陆共有万余之众，贼船不下二百余号，声言欲攻县城。该县往陈村雇募船勇堵截等情。旋据探报，顺德已于初九日被陷。又据探报，肇庆府忽有新兴江口水陆贼匪骤起会合直扑，郡城猝不及防，亦于十二日失守，所有该郡县在城文武尚不知下落各等情。臣等闻报之下，心胆俱裂。奈省城正在万分紧迫之际，实无兵勇可以分拨，焦灼莫名。查粤东近年以来筹饷调兵，殆无虚日；雇船购炮，不留余力。本省空虚情形，已为贼所窥破。叠据获犯供称，洪逆潜遣伙党，自江南由火轮船陆续回粤，勾结丑类，同谋滋事，是以各路匪徒乘机窃发，同时并起，如响斯应。盖洪逆知广东为江南、楚省军营之后路，欲纷扰以断接济。现于阵前夺获贼旗，均有伪太平王等字样，其为同谋助逆，更属显然。

（叶名琛等奏。军机处全宗·录副奏折。中国第一历史档案馆编《清政府镇压太平天国档案史料》第十五册，第157页。北京：社会科学文献出版社，1994。）

**【浙江省乐清县·咸丰三年至四年】**甲寅夏，金佩铨自金陵归，而逆谋遂决。铨本永嘉人。其父光沛贾于虹桥，积有资产，遂家焉。沛死，铨与弟佩钰席资居货，岁得其赢，与汉［按：指瞿振汉］最相契。癸丑秋，铨伪为贾客至江宁，入长发党。翌年，蓄橐金乘间逸归，经镇江为军门逻卒所获，将执送行辕，有瓯弁闻其声曰："此吾乡人也。"诘之，金诡云："瓯郡布商，来九江索逋，陷城中数月得脱。幸念乡谊全吾命。"弁语逻卒纵之去，且还其资斧。铨乃剃发易衣，从容就道。四月间抵家，怂恿振汉举事，谓："金陵诸头目半我熟识，子能取郡城为根本，吾当往通金陵，浙省可传檄定也。"汉壮其言，益修械器衣甲，相机而动。铨与同村监生倪廷模、徐立金鬻田以佐其费。

（林大椿：《红寇记》。《太平天国史料丛编简辑》，第二册，第242页。太平天国历史博物馆，北京：中华书局，1962。）

**【浙江省海宁州·咸丰六年八月】**此时米价已五千，至明年正二月，已七千矣。六年十一月，饥民昭粘坐饭，计被抢家：峰山马、万、沈三姓家，后捉逆民数人，俱牢毙之。

（冯氏：《花溪日记》卷上。《中国近代史资料丛刊：太平天国》，Ⅵ，第658页。中国史学会编，编者：向达、王重民等，上海：神州国光社，1952。）

**【浙江省慈溪县、余姚县·咸丰八年秋】**咸丰八年秋，慈、余二邑始亢旱，继霪潦，高下田亩丰啬悬殊，姚乡黄李鲍佃人假名岁歉，创议减租，自度谢氏［谢守雄］田最广，其必不允，思有以觇之。乃挽谢戚黄春生，先为辞说，窥其意旨。谢果不允，会共酌，春生又要之。时谢已薄醉，语侵春生。盖春生素业儒，家亦中人产，乃忿而归，谓众曰：谢氏之租，吾不敢任，惟我应收准减其半。于是群佃德黄而仇谢。谢既征租，悍不付，夥其允减而后解，谢忿与争。群佃乃纠集两陇等佃，拥众诣县，以黄春生自甘减租为辞，胁县官当堂给示盖印，并颁官称，照旧县行十四两之式。官被佃拥遮，不获已，给之。谢亦诣县申诉，官莫能可否。其酿祸自此始矣。吾慈西乡殷富首屈董，次则叶，皆田数千亩。董氏又有义庄田若干亩……先年秋获征租，十九都佃人合众恃强，只允半租，凶悍无人理。后鸣官惩治，案尚未结。会兹［慈］、姚佃事兴，邑之龙山、十九都等佃，遂与黄李鲍并，亦拥众诣县，踵而效之，各立伪局，使人逻察，如有照旧输租者，即毁其家，势颇汹汹，其情叵测。黄李鲍以黄春生为首,两陇以宣士文、姜家渡以倪庆三[为首],均在本处伪设十八局与主树敌,以为恃有官谕,莫若较也。是时,贼寇两浙,×大宪以经饷不敷,派各县殷富捐输。谢既应报效之诚,奈无丝粟之入,爰禀请上宪置备炮械,倾资募勇与佃斗争。自戊[戊午,1858 年]秋至己[己未,1859 年]春,常相殴击,未能宁结。谢宅故当市心,周环巨河,垣墉峻固,设机出伏,佃尽披靡,捉捕局首,置之极刑。黄春生潜去无踪,其案乃寝……[十年二月廿七日太平军占杭州,谢进御萧山,后至上虞。]是时黄春生、宣士文等窃踞大兰、小皎山中,招集流亡数千人,侦谢远出,于十一月十一日突入姚城,乘机窃发,声复前仇,[被谢回归打败]……十一年春,两陇余孽复萌,勾串诸暨乌兰党四出劫掠,谢又克之,遂驻兵于绍城。

[编者注:同治元年九月初谢被何文庆军设计被捕,刳剧而死。]

(柯超:《辛壬琐记》。《太平天国资料》,第 193—195 页。北京:科学出版社,1959。)

**【浙江省慈溪县、余姚县·咸丰八年秋】**余姚安山桥,当伪十八局地,故从贼者十家恒七八。其邻郑巷村有郑宝林者,家素封,洁己自好,耻与贼为邻,每咄咄不乐。而伪官利其富,勒索益苛。

何文庆者,本诸暨富家虎而冠者也。[咸丰十年组织武装对抗太平军,因清军内部矛盾而各树一帜,后投太平军,作为向导,占诸暨,绍兴。][十一年]十月廿六日,文庆自余姚率其丑类暨黄李鲍十八局佃匪,由旱道九里山、渔溪、三七市直入慈城……次日有佃匪局首倪庆三,初缘漏网未获,至是出而从贼,乃制旗为号,勒令龙山、渔溪等处农民改换贼装,各授器械,会于慈城。而农人之不及避匿者,畏其威胁,不得已勉从之,以此其党益众。

(柯超:《辛壬琐记》。《太平天国资料》,第 196—200 页。北京:科学出版社,1959。)

**【浙江省余姚县·咸丰八年至十一年】**初,咸丰八年,余姚黄李鲍佃户称谓岁歉减租,伪设十八局,拥众诣县,逼胁出示,官莫能制。时有姚西第泗门谢汝璋者,财雄一乡,不甘被胁,忿与佃斗。几将及年,获杀佃匪无算,始各逃散。至是[十一年十月廿二日太平军占余姚之时。]十八局匪徒乘隙报复,引领何贼[何文庆],作其向导,共同作乱。

(柯超:《辛壬琐记》。《太平天国资料》,科,第 180 页。北京:科学出版社,1959。)

**【贵州省·咸丰十年】**思州征粮激民变,思南、石阡、湄婺教匪应之。帕首皆白,称白号。

(《成山老人自订年谱》。见《咸同贵州军事史》。)

**【浙江省海宁州·咸丰十年二月】**自贼至杭时,我宁沿海土匪乘机抢劫,势甚猖獗,花溪以西被祸不少。

(冯氏:《花溪日记》卷上。《中国近代史资料丛刊:太平天国》,Ⅵ,第 659 页。中国史学会编,编者:向达、王重民等,上海:神州国光社,1952。)

**【江苏省吴县、元和、长洲三县·咸丰十年十月】**[苏州府三首邑绅士公呈。]粮从租出。前因各佃疲玩,禀经前大宪费百陶出示严办在案。兹届开征租米,职等酌为量减三四成收租,诚恐奸徒造谣,顽佃延抗,环求给示各地总,捐牌晓谕催纳,以便上输国课。

(《三首邑函抄十月初八日录》。《太平天国史料丛编简辑》,第五册,第463—464页。太平天国历史博物馆,北京:中华书局,1962。编者注:事后,苏州府乔知府为此出示:"为严禁顽佃抗租以裕漕赋事:照得粮从地出,租自佃交,事本相连……业户完赋,农佃纳租,理有一定。"同书,第473页。)

**【浙江省绍兴县·咸丰十一年】**又云:宁波之失,夷人招长毛来也。初浙抚及宁绍道送银若干万与夷人,令其保宁、绍两府,夷许保宁波而不保绍兴。宁波城垣皆涂石灰,宁波人亦不知夷人何意也。既而贼在绍兴,夷人招之来城中,某街钱庄数百爿,夷人倡言贼至,首先掳掠钱庄银百千万两,尽行掳去。比长毛进城,银钱已空,仅掳其衣服家用等物,乃夷人之余也。

(沈梓:《避寇日记》。《太平天国史料丛编简辑》第四册,第116页。太平天国历史博物馆,北京:中华书局,1962。)

**【江苏省奉贤、华亭、娄等县·咸丰十一年】**三月初一日,闻昨日奉贤东乡因闻县官欲征奉旨蠲免之旧漕尾,聚众入城滋事,值县官下乡催租,焚总胥及幕友顾某寓……二十五日……浦北各乡遭贼蹂躏,即间有一二完善之地,闻警抛荒,所在不免,故上年租籽不过十分之三,且有粒米无收者。自田捐之说起,好事绅董仰承风旨,设局征收,娄[邑]则在卖花桥、包家桥等处,华[邑]则在莘桥、华阳桥等处,亩收一百五十至二百五十[文]不等。奸胥蠹保,互相侵蚀,美其名曰助饷,不知实际几何?

(姚济:《小沧桑记》。《中国近代史资料丛刊:太平天国》,Ⅵ,第462、464页。中国史学会编,编者:向达、王重民等,上海:神州国光社,1952。)

**【浙江省绍兴·咸丰十一年八月二十八日】**八月,廖梓臣太守[宗元]署绍兴知府,先一日嘱设灵座,以白衣冠吊如礼。[时遭国服]。其带来炮船楚勇采昌安门外菱角与民争,太守亲临弹压,众谓其系贼捐纳者也,共殴之……此二十八日也。闻廖公是日卒。

(范城:《质言》。《太平天国》,第四册,第419页。罗尔纲、王庆成,桂林:广西师范大学出版社,2004。)

**【浙江省太平县·咸丰十一年】**[十一月初六夜半十八党夺城,遍掠富室。十八党领袖高子凤旋出城,被地主杀死。]

(叶蒸云:《辛壬寇纪》。《近代史资料》,1963年第一期,第191页。)



**【广东省·同治元年九月初二日】**广东新闻纸云,有匪徒聚太平会,均茹素,凡有资财一概公用，并分散党羽欲乘机作乱。无知愚民竟被煽惑，有资者亦受骗出资助饷。

（《会防局翻译新闻纸》同治元年五月十七日至九月十九日。《近代史资料》，1955年第3期，第38页。）



**【江苏省长洲县·同治四年四月】**按察使衔候选道徐佩瑢，呈为顽佃朦禀吞租，叩请并案集讯事：

窃职于上年捐缴田一千亩有零，内有坐落台治下十二都下九图据字圩官田五亩，额租米六石，佃户朱万丰，耕种多年。咸丰九年，朱姓将此田面，凭中杨德乾典于郑春帆种五周年为满，典价钱八千四百文，立有上下契两纸分执。十一年冬，郑春帆病故，伊子郑银福无力耕种，邀中将田面并上契退还，朱姓因年限未满，未还典价。其下契据云遗失，亦未还郑姓。同治元年，朱姓又将田面放于杨三和耕种，其田内郑姓所种春熟，亦系杨姓收取。二年冬间，杨姓又复退还。三年分，朱万丰既不自种，又未典出，以致田亩抛荒，田租无着。忽于冬间朦禀，此田已归郑姓耕种，意图狡赖。本年三月间，台差归松等两次拘提，复匿不面。因将伊图内经伙高茂椿解案着交。伊弟朱廷昌复从中贿嘱礼书方湘帆，朦禀经造催甲等串诈伊兄，致兄避匿不归。嗣因高茂椿在临顿路途扭朱万丰交差解案，伊弟又拦舆喊禀台差私押等情。窃思朱万丰若非情虚，何必避匿不面，反串伊弟贿嘱朦禀。既云被诈避匿，何以又被经伙在城扭解。显见朱万丰有意串吞图赖。伊弟朱廷昌自恃熟识书差，强自出头霸租，尤为骇异。至职栈历年收租，各佃繇单，向列原佃姓名，即使该佃典放别人耕种，业主总向原佃的名，派繇收租。惟该原佃已将田面绝卖他姓，邀同催甲到栈说明，方可换立户名。今朱万丰并未典放，又无绝卖等情，尤应循旧向朱收租，未便硬派郑姓代缴。况赋从租出，租由佃完。以朱姓一户之租，朦禀归郑完缴，其事虽小，万一闻风效尤，业主收租种种掣肘，将来(维)[惟]正之供，讵无关碍？此系接奉照会委办之件，用敢不揣冒昧，据实缕陈。仰乞公祖大人，俯赐饬提原佃朱万丰及郑春帆子郑银福，催甲原中人等，并勒提插讼朱廷昌暨所控人等，吊卷并案，集讯察断，实为公便。上呈。

（《徐佩瑢呈直知州署长洲县蒯明府[德模字子范]四月二十日》。《双鲤编》，卷三。《近代史资料》总34号，第86—87页。北京：中华书局，1964。）

## 三、穷人吃大户，佃户打抢地主之家

**【安徽省曲阳县·咸丰三年】**族有富豪者，其贫苦者皆聚而食诸其家，或勾结土匪而为之内应，此同姓之变也。

（耕石老农：《〈皖碧吟〉序》。《太平天国史料丛编简辑》第六册，第426页。太平天国历史博物馆，北京：中华书局，1962。）

[按：此序记言太平军至皖后，未占领地区曲阳县，姻娅、同姓、宦途、河道、行旅、风尚之变。总的趋向是：阶级关系突出了，扫除了其他的外衣。此是一例。]

**【江苏省吴县·咸丰三年正月】**[太平军占九江、安庆。]时有江北流民持该县护照,招集多人,以逃荒为名,到处索钱米,稍不遂意,肆行斗殴,乡人无可奈何,辄如其所欲与之。二月七日,有五六十人至镇,栖宿全福寺,两当铺已许钱二十八千,复至叶民酱园索钱十千,不应……洞墙垣,毁什物,势甚汹涌。

(陶煦:《周庄镇志》卷六《杂记》,第19页。)

**【江苏省常州·咸丰三年二月十三日】**英夷闹事后,广东人以知府余保淳[纯]为汉奸之首,欲得而甘心焉。余回籍常州城中,宦囊富甚,以三十万顶苏州某钱庄开张,令其弟主之,多置田产,取租过猛,曾为佃户入其家,打碎物件颇多。近日闻警,看定乡间某处,欲搬往住。其乡人曰:汝若来此,吾等先抢汝财。乃舍去。易一处,则亦曰:汝来正佳,吾等与贼亦何异乎?不得已买一空地,购料将起造矣,而邻近俱哗,不许,余仍退住城中云。

(王文镕:《癸丑纪闻录》。《太平天国史料专辑》,第485页。上海:上海古籍出版社,1979。)

**【江苏省常熟县·咸丰三年四月】**各州县词讼不理。西乡白日打抢,阖县惊恐,即募勇护勘。

(柯悟迟:《漏网喁鱼集》,第18页。北京:中华书局,1959。)

**【江苏省昭文县·咸丰三年八月】**初十日晴。闻昭邑张市郑梅轩为收租事,佃户聚众,将家物尽行毁坏。

(佚名:《癸甲日记》。《太平天国史料丛编简辑》,第二册,第382册。太平天国历史博物馆,北京:中华书局,1962。)

**【江苏省常熟县·咸丰十年四月十五日】**[太平军将到之时,]闻张港泾数家被里人持械哄吓,逼令发米,计口给以斗石,方得散去。

(龚又村:《自怡日记》。《太平天国史料丛编简辑》,第四册,第348页。太平天国历史博物馆,北京:中华书局,1962。)

**【江苏省常熟县·咸丰十年八月】**[塘市农民,在太平军将到时,]借言贼到肆凶威,打屋拿银任指挥。[趁势即将本镇绅富房屋全行打坏,什物抢掠,租簿掷于污泥水中。]

(归庆枬:《让斋诗稿》,《八月杂咏》。)

**【江苏省长洲县·咸丰十年至同治二年】**[张家栅一村,村民聚处约数十家。]苏城先陷,群起为盗,四出劫掠[俗称短毛]。[以李福山、寿山兄弟为首,]遭其荼毒者不可胜计。后由蕴芜林炳会同永昌徐氏及各乡勇星夜剿戮,房屋多付一炬,该村至今荒废。

(施兆麟:民国《相城小志》卷五《杂记祥异》,第24页。)

## 第二节

# 对清政府管辖区粮户、商户、地方政府负担的影响



## 一、粮户负担加重与抗粮抗差斗争

[编者按：战后地主募佃耕种的成本提高，购买土地，经营农业生产的利润低，加上大地主经济衰落，地主的资金转移到农业以外的领域，是田地久荒的原因。]

**【湖南省湘潭县·咸丰初】**广西乱寇出湖南，州县残破阻隔，惟湘潭近县未被寇，倚以供饷，催科愈急而银价益昂，两至钱三千，漕米石当纳二十余千，南米半之，民稍稍逋赋。县遣丞尉四出，户吏亦乘之，结粮愈多，乡民大扰。县人周焕南约城乡士民合词诉巡抚。时骆秉章委事左宗棠，宗棠习知牧令重征厚敛，思改制，敢中饱者充公佐饷，因为焕南划计：以助军为名，定丁粮银两加四钱，减于前三钱；漕折石银三两，减于前四两；南折石一两，减于前二两；凡减浮收银四万余两，实增于正纳三万余两。焕南等议之，宗棠主之，藩司百计挠之，知县明阻之。咸丰五年九月改例，十月开征，户吏不肯收漕。焕南等复诉之，巡抚许士民设局自征解，十二月收银一十一万两，本年全完，并带征前欠过半，而户粮吏及漕书反抗欠，巡抚严檄勒拿。知县孙坦知藩司权不胜巡抚，亦改计从民便，漕事大兴。于是定章每漕石银三两，除旧折一两三钱，加助饷银八钱，余九钱以资办公；又定卷票、纸张钱每票五文，共岁得一千二百余千，以为诸吏外费。湘潭既行新章，更推之列县。其后胡林翼巡抚湖北，曾国藩督两江治饷江西，皆仿行之，法湘潭也。朝廷严加赋之律，秉章上奏，犹恐议者绳以文法，故明增九厘而愁叹，今益二两而颂声，非民力之赢，抑其感于皇仁者深且久也。

(王闿运纂：《湘潭县志》光绪十五年刻本卷六《赋役》)。

**【安徽省潜山县·咸丰三年正月】**春正月，贼破九江，窜安庆，郡城陷，安徽巡抚蒋[讳文庆]死之。贼全趋江南，陷江宁，驻防将军死之。贼改江宁曰天京。

潜民立公局，富户输粮给贫乏。

二月，总兵吉进皖省，出安民示。贼悉赴下游也。

夏五月，安徽巡抚李[讳嘉端]退驻庐州府。

六月,潜民立族长,申家规。

秋八月,知县王日川出示征钱粮,民不应。

(储枝芙:《皖樵纪实》卷上。《太平天国史料丛编简辑》,第二册,第92页。太平天国历史博物馆,北京:中华书局,1962。)

**【江苏省奉贤县·咸丰三年三月初十日】**奉贤县官前因粮户打毁衙署,公馆在府城内袁云溪令坦家之对门,不敢贴门条。奉贤完米折价,上年六洋一角,今又加上五六角,故粮户不肯完而滋事,奉贤及南汇两县皆向知府请命剿杀粮户,因本府不许而止。

(王文镕:《癸丑纪闻录》。《太平天国史料专辑》,第499页。上海:上海古籍出版社,1979。)

**【江苏省南汇县·咸丰三年七月】**南汇县设柜征收漕尾,每石仍需八千八百文。本地乡民不服,聚众六百余人赴南汇,将漕总陶姓屋宇器物尽行打毁。陶姓吃生鸦片殒命。章邑尊于十二日自缢。

(《粤匪杂录》。《太平天国史料丛编简辑》,第五册,第56页。太平天国历史博物馆,北京:中华书局,1962。)

**【江苏省·咸丰三年七月】**青浦土豪周立春抗粮聚众,乡人既多附和,邻邑亦有响应,遂谋叛逆。七月晦壬申,招集南汇、奉贤土匪百龙党之众,陷青浦及嘉定县城,分犯太仓,为刘河营都司吾邑邹建勋击退。

(佚名:《平贼纪略》。《太平天国史料丛编简辑》,第一册,第220页。太平天国历史博物馆,北京:中华书局,1962。)

**【浙江省·咸丰三年七月至八月】**七月廿四日,闻桐乡县民因粮滋闹,秀水县杨去调排。廿八日,闻杭州府新城县乡民戕害县官及家丁五名,拆毁衙署,放出监犯。

(王文镕:《癸丑纪闻录》。《太平天国史料专辑》,第506页。上海:上海古籍出版社,1979。)

**【江西省南昌县梓溪镇·咸丰三年十二月】**《兑米偶成》:一月三回谒县前,如斯屯米剧堪怜。贼徒蹂躏犹征赋,胥吏贪刁横索钱。况复天灾芽自稻,都如哑子食黄连。迅雷风烈终无变,只合将情默问天。

(邹树荣:《蔼青诗草(选录)》。《太平天国资料》,第72页。北京:科学出版社,1959。)

[按:此诗作于太平军撤南昌围后,邹去南昌求免粮米。]



**【江苏省常熟县·咸丰四年春】**一春晴朗,麦得丰收,还租尚可。有旨上忙缓至秋后起征。大营催提军饷紧急,而漕尾、上忙迭至。

(柯悟迟:《漏网喁鱼集》,第 22 页。北京:中华书局,1959。)

**【江西省南昌县·咸丰六年】**《不雨谣》:大兵大旱忧农父……当事委员勒军需,县官差吏催田租。富户十九罄藏储,折色踊跃争将输[邑侯高梦麟出示一石米折制钱三串,民因往年完粮之苦,争自完纳]。

(邹树荣:《蔼青诗草(选录)》。《太平天国资料》,第 78 页。北京:科学出版社,1959。)

**【河南省涉县·咸丰六年十月】**其漕粮每石至制钱九千八百文。

(《清文宗实录》第二百一十卷,第 2 页。)

**【江苏省长洲县·咸丰七年闰五月】**每遇缓征年分,匿荒私敛,每米一石折制钱八九千文。

(《清德宗实录》第二百二十七卷,第 20 页。)

**【浙江省湖州·咸丰七年十二月】**十二月初四日,阮勤叔来说,湖州粮户闹事,与过往官兵打仗,杀死都司一、千总一、百总、兵十人,尸弃之太湖,现乌程、归安两知县皆禁府监云。

(王文镕:《癸丑纪闻录》。《太平天国史料专辑》,第 527 页。上海:上海古籍出版社,1979。)

**【江苏省苏州·咸丰九年】**[彭]中堂者,即蕴章也,亦吴人,现居首辅,然而官声素不廉洁,其家向不完粮。

(柯悟迟:《漏网喁鱼集》,第 35 页。北京:中华书局,1959。)

**【江苏省苏州·咸丰九年】**有人一律云:……略存旧画因无税,尽卖良田只为租[?赋]。

(柯悟迟:《漏网喁鱼集》,第 35 页。北京:中华书局,1959 年。)

**【江苏省昭文县·咸丰九年】**王庆元,字芰初,大兴人,咸丰九年署昭文县。时粤寇日逼,庆元务安静,不以催科扰民。曰:当此时,岂宜重困吾民也。十年春,苏垣陷,庆元激励民团防守,各乡相持百余日。

(光绪《重修常昭合志稿》卷廿一《名宦志》,第 36 页。)

**【浙江省会稽县·咸丰九年十一月】**加收浮勒,每年可收十余万两,官吏朋吞,捏报灾歉，拖延不解，并重征米石，每年可得一万八千余石。

（《清文宗实录》第三百卷，第 2 页。）

**【江苏省·咸丰九年十二月】**征收漕粮时，如敢宽放斛身，甚至以四五斛作为一石。

（《清德宗实录》第三百零二卷，第 22 页。）

**【咸丰九年十二月】**谕内阁……本月据桂良等奏称，查阅原奏，于官民交团胥役影射诸弊，尚有不实不尽。如小民之苦，由于州县之浮收而非由于业田；绅户业田之苦，不得谓较贫民为更甚。

（《清文宗实录》第三百零二卷，第 22 页。《东华录》第八十九卷，第 21 页。）

**【浙江省新城县·咸丰十年】**清咸丰十年，典史戴霆创办民团，以御粤寇。[粤寇踞安徽之宁国。是年春，于潜、分水等县均被寇。新城介于两县，警报日至。戴霆创练民团御之，设局塔山，设分局各乡，按户抽丁，约得五六万人。当时有"鳏夫锁门、寡妇雇人"之谣。]

（徐士瀛等：民国十一年《新登县志》卷十九《武备》，第 4 页。）

[按：地主派丁团练，劳力离田。]

**【浙江省·咸丰十年二月廿三日】**平湖县有粮户陆姓，纠合盐贩闹事，抢去二库书、二差人。[此初十左右事。]

（王文镕：《癸丑纪闻录》。《太平天国史料专辑》，第 531 页。上海：上海古籍出版社，1979。）

**【江苏省奉贤县·1861 年 4 月】**由于清政府企图在奉贤征收赋税，引起村民的反抗与骚动，结果知县受到重伤，县署也遭焚毁。这一骚动恐怕难于弭平，我们也担心那里居民可能会投奔叛军。

（《太平军在苏浙两省各地建立地方政权》。《北华捷报》第 559 期，1861 年 4 月 13 日。《太平军在上海——〈北华捷报〉选译》，第 184 页。上海：上海人民出版社，1983。）

**【河南省河内县·咸丰十一年四月】**折征粮，粮每石加至四两九钱有零，计浮收银二万五六千两。地丁钱粮，每两加至一两五钱，计浮收银一万六七千两。

（《清文宗实录》第三百四十八卷，第 33 页。）



**【河南省商城县·咸丰十一年七月】**额征粮，知县任正训改征制钱，每亩收一百七十余文，浮收二万余贯，粮票上却仍写银数，从中取利。[按：此利用物价——折价——实物与货币——货币关系谋利。]又：房田税契，厚空价银一百两交税银三两，该县改为钱一百

贯交税银三两，又浮收二万余贯。［按：此利用银钱比价——货币关系取利。］

（《清文宗实录》第三百五十六卷，第 5 页。）

**【江苏省松江·咸丰十一年十月】**廿二日，闻府中定议："本年秋稻，每亩各提二成为团练之费。"绅董以为提数太多，恐遭浮冒，有妨租籽大局……［十一月］初二日，绅董公议田捐章程，始定每亩计收钱三百六十文，以十分之三提充一府二县公用，以二分作城乡局费，其余五分留充团练经费，较去年加至二倍矣。

（姚济：《小沧桑记》。《中国近代史资料丛刊：太平天国》，Ⅵ，第 478、481 页。中国史学会编，编者：向达、王重民等，上海：神州国光社，1952。）

**【湖南省永明县·同治三年】**我邑于咸丰初年、末年匪踪迭扰，钱粮收纳遂无成例。乱定之后，经历任官会绅迭商，迄未妥协，致酿同治三年闹粮大变。邑附生何泽元、童生龚为国等，以匪乱初定，民气未复，拟钱粮定例每两加一火耗，均照时价完纳，外每两加公费四百文，与县令吴炳雯面商，不允，又不将民间刁翘情形揭禀台司，率尔立柜于三元宫，倡言自征自解。吴令恶其擅也，遽以抗粮团反通禀，一面发禀，一面带差勇围三元宫，指名拿反徒何、龚等，拿到重责收押。民众忿官横加反徒之名，齐团营救，一倡百和，至者千余。城厢居民惶惶，白日为之昏暗。时童大畇守永州，已得前禀，继闻此事，不暇详察，立发兵勇至县。民知冤无可伸，则男妇流窜者数千家。适台司有闻，而事已不可收拾，吴令仅与摘印，何、龚等骈首示惩。故老云，此次之乱，视十四次匪劫过数倍云。

（周诜诒纂：《永明县志》，光绪三十三年刻本，卷十三《赋役志·提纲》。）

**【江苏省江宁、苏州·同治三年至光绪六年】**皆苦田多农少。有田之家大率募佃耕种，工本倍费，租息甚微。且昔时大户，今皆中落，稍有力者类皆别谋生计，视田业为畏途，故未垦荒田，迄今尚复不少。

（刘坤一：《查实江苏各属荒熟田地报部折》光绪六年。《刘坤一遗集》，第二册，第 570 页。）

**【江苏省高邮州·同治十年九月】**职员陈文霖等呈诉：高邮州知州征收钱粮，于粮差地保外，添设现年名目，具限领催，凡贫疲抗欠之户，均由现年包完。一有逾限短交，即禀提追比，甚至破产等语。

（《清穆宗实录》第三百一十九卷，第 16 页。）

**【山东省博平县·光绪元年五月】**每斗浮收制钱七百文之多。

（《清德宗实录》第十二卷，第 6 页。）

**【浙江省余姚县·光绪六年五月】**又每逢开柜之时，粮差出役，即将小户零星粮票，暗中藏匿，封柜后，即作为漏粮，持票讹索，每银一钱，勒令完钱二三千文不等，并有勒索差费情事。

（《清德宗实录》第四卷，第7页。）

**【浙江省余姚县·光绪六年五月】**征收钱粮，于向章酌留平余外，每银一两，增收二百数十文，并合上下忙一律征收。

（《清德宗实录》第一百一十四卷，第7页。）

**【浙江省余姚县·光绪六年七月】**上下忙一律启征，正课外浮收至万余千两之多，私加每两串底、每户串票钱文。

（《清德宗实录》第一百一十七卷，第6页。）

**【浙江省富阳县·光绪七年一月】**[书吏十余人]造串舞弊，自同治四年开征起，历年蒙征不下数十万两……该县地丁银每两现增至二千二三百文，漕粮每石勒折钱六千七百五十文，并(蘧)[剧]增至九千九百五十文。

（《清德宗实录》第一百二十六卷，第14页。）

**【河北省武邑县·光绪八年二月】**征收钱粮，每两耗羡等项，向例约计四千余文，今竟加至五千余文。

（《清德宗实录》第一百四十三卷，第2页。）

**【河南省罗山县·光绪九年五月】**御史丁振铎奏：河南罗山县钱粮，上下忙一并起征，责令里书代纳，每因赔垫官项，至于破家。且举报里书，劣衿蠹役择肥而噬，往往因抑勒承充，酿成人命。

（《清德宗实录》第一百六十三卷，第2页。）

**【江西省·光绪九年八月】**[御史谭承祖奏]如江西之吉安、赣州县、建昌等府属，当征收之时，则书吏将催票裁去，令其子弟及其亲友等，携票带领图差，分赴各乡，设立公所，催征钱粮，汇齐解县，谓之乡征，于各户应完之数，每斗每升加钱若干文，每户票每张索钱若干文，易知单每张索钱若干文。其乡民之家资稍厚者，虽所有应纳钱粮概已完清，而本姓或本村有欠粮者，便勒令包完，必得重贿乃免，否则诬以把持，扭送管押。

（《清德宗实录》第一百六十九卷，第8页。《东华录》第五十五卷，第16页。）



**【顺天宁河县·光绪九年十二月】**每粮一百，辄费使用东钱二千。

（《清德宗实录》第一百七十五卷，第11页。）

【江西省·光绪十年八月】收本色时,每石加耗至一倍有余,仅开仓三日或继日为止,迫收折色,每石定价七八千有多至十余千者。

(《清德宗实录》第一百九十一卷,第 20 页。《东华录》第六十四卷,第 7 页。)

【光绪十年八月】[翰林院侍读王邦玺奏],开征之初,书差辄择中上家产能自完纳之花户,代为裁串完粮,然后执票向本户加倍勒还入已,名曰代票,其稍贫之户,无费可噬者,则不肯代也……绅衿恃符抗欠,不过自占便宜,且愿他人及早完纳,藉以抵塞卯限,其无故挺身为一村包抗者,尚无其事……近来地方官听信丁役怂恿,辄将本甲或本村积欠,勒令殷富代完,丁役又复从中索诈。富民既革侵削,顽民更多拖欠,从此征收愈不易办。

(《清德宗实录》第一百九十一卷,第 20 页。《东华录》第六十四卷,第 7—8 页。)

【浙江省杭嘉湖三府各州县·光绪十一年八月】杭嘉湖三府各州县之南米,折斛每石不过三千数百文,而折收至五六千文之多。

(《清德宗实录》第二百一十四卷,第 4 页。)

【湖北省宜城县·光绪十二年五月】应征钱粮,每两浮收七百余文。

(《清德宗实录》第二百二十八卷,第 12 页。)

【浙江省杭嘉湖三府各州县·光绪十五年五月】此三府南粮在同治四年定价每石约需钱三千八百文。当时米价昂贵,尚无轩轾,今则米价日减,折价日增,竟有增至五千至七千不等。自光绪十五年起,取消南米折价名目,漕南一律征收(米)[本]色。

(《清德宗实录》第二百七十卷,第 2 页。)

## 二、田赋捐税的减、免、缓

### (一) 广西

【广西省·道光三十年】道光三十年十月二十七日内阁奉上谕:广西各属近来被贼蹂躏,吾民颠沛流离,致多失业。现在征调频仍,兵差络绎,各处绅民犹能举行团练,杀贼立功。朕每览该省奏报,嘉尚之余,益深悯恻。因念穷黎荡析,杼轴几空,若仍令其输纳正供,不惟民力拮据,朕心实有不忍。所有广西本年应征钱粮,着林则徐迅即遴委贤员,查明被贼滋扰及官兵经过各地方,分别蠲免缓征。其已经征收之区,尤应确查核实办理,毋令官吏蒙混滋弊。林则徐务当悉心体察,轸恤民艰,迅速详查具奏,以慰朕怀。钦此。

(上谕。军机处全宗·剿捕档。中国第一历史档案馆编《清政府镇压太平天国档案史料》第一册,第 90 页。北京:社会科学文献出版社,1992。)

【广西省·咸丰元年】咸丰元年二月二十四日内阁奉上谕:李星沅、周天爵奏,广西省本年新赋恳请缓征一折。本年元旦，经朕降旨，饬令各省将积年民欠钱粮查明，奏请豁免。所有广西积年民欠应行查豁者，自已核实办理。惟念该省军务未蒇，地方多被蹂躏，何忍更事追呼。着再加恩，将广西本年应征地丁兵折等银，一并缓俟军务完竣再行启征，以示体恤。该部知道。钦此。

（上谕。军机处全宗·剿捕档。中国第一历史档案馆编《清政府镇压太平天国档案史料》第一册，第 250 页。北京：社会科学文献出版社，1992。）

**【广西省·咸丰元年八月初九日】**户部奏遵议广西省应豁民欠地丁等项一折。广西桂林等七府属临桂等十九汉土州县司，未完道光二十八、九两年民欠地丁耗羡米折，共银二万六千七百六十两零，均着加恩一体豁免。该督等即刊刻誊黄，查明民欠细数，各按里户开列，遍行晓谕，务使实惠均沾，毋任吏胥舞弊，用副朕轸念民依至意。余依议。钦此。

（上谕。军机处全宗·上谕档。中国第一历史档案馆编《清政府镇压太平天国档案史料》第二册，第 222 页。北京：光明日报出版社，1990。）

**【广西省桂林等府州·咸丰元年十月二十七日】**咸丰元年八月初五日钦奉上谕：邹鸣鹤奏遵查广西省道光三十年实欠在民钱粮，恳请豁免等语。广西省被贼扰累，节经降旨加恩，期与吾民休息，何忍更事追呼。所有道光三十年民欠地丁钱粮，着该抚查明确数，开单具奏，准其豁免。其前请缓征案内声明照常征收之三丨年应征本折米石官谷，并着查明，如有输将拮据之处，据实具奏，准其一体豁免，以纾民力……臣当经恭录行司，敬谨刊刻誊黄，颁发各属，遍贴晓谕。并即转饬各府州，查明所属道光三十年分实欠在民钱粮银米谷石，造具细数清册，第查流水红簿，串报送司核办去后。兹据署藩司吴鼎昌详，据桂林等府州属将各汉土州县，自道光三十年分实欠在民地丁米折耗羡部领存留以及田例柴马兵粮改征官租米谷等项，共银一十八万八千九百四十三两八钱五分二厘，又兵粮米一万四千五(月)[百]一十石五斗一升七合九勺九抄，又改征谷一万三千六百七十六石八斗五升六合二勺，又官租谷一千三百九十三石二斗四升，一并造册申缴前来。臣复核无异……敬呈御览，伏乞皇上圣鉴。

（邹鸣鹤奏。《钦定剿平粤匪方略稿本》。中国第一历史档案馆编《清政府镇压太平天国档案史料》第二册，第 475 页。北京：光明日报出版社，1990。）

**【广西省·咸丰元年十一月】**咸丰元年十一月二十六日内阁奉上谕：

户部奏遵查广西省道光三十年民欠银米各款请旨豁免一折。广西各属叠被贼匪扰累，民力实形拮据，所有该省道光三十年民欠地丁等项银十八万八千九百四十三两零、兵粮米一万四千五百十石零、改征谷一万三千六百七十六石零、官租谷一千三百九十三石零，既系实欠在民，加恩准其一并豁免。该抚即刊刻誊黄，遍行晓谕，务令实惠均沾，毋任吏胥舞弊，用副朕轸念边陲覃敷闿泽至意。余依议。钦此。

（上谕。军机处全宗·剿捕档。中国第一历史档案馆编《清政府镇压太平天国档案史料》第二册，第 559 页。北京：光明日报出版社，1990。）

**【广西省桂平等七州县·咸丰二年十二月】**咸丰二年十二月初十日内阁奉上谕：劳崇光奏，查明叠被贼扰之各州县，请将应征兵米分年带征一折。广西桂平等七州县或被扰较重，或逼近贼巢，致妨耕作，民力未免拮据，自应酌加调剂，以示体恤加恩。着照所请，所有咸丰元年分额征兵米桂平县七千一百四十八石零、平南县三千三百四十六石零、贵县五千九百五石零、宣化县四千九百九十一石零、象州二千七百六十四石零、昭平县六百八十三石零、横州一千九百五十三石零，均着准其于咸丰二年带征五分，余归咸丰三年带征全完，以纾民力。该抚即刊刻誊黄，遍行晓谕，务使实惠均沾，毋任吏胥舞弊，用副朕轸念穷黎至意。

（上谕。军机处全宗·剿捕档。中国第一历史档案馆编《清政府镇压太平天国档案史料》第四册，第 208 页。北京：社会科学文献出版社，1992。）

### （二）湖南

**【湖南省·咸丰二年八月十四日】**内阁奉上谕：现在湖南军务未竣，地方间被贼扰，朕每披章奏，念吾民流离颠沛，深堪悯恻。所有湖南被贼各地方应征本年地丁钱粮，着该督抚迅即确切查明，分别奏请恩施，以慰廑念。

（上谕。军机处全宗·剿捕档。中国第一历史档案馆编《清政府镇压太平天国档案史料》第三册，第 535 页。北京：社会科学文献出版社，1992。）

**【湖南省·咸丰二年十二月】**诏：被贼窜扰之道州、嘉禾、郴州、江华、桂阳州、永明、永兴、安仁、茶陵、攸县、醴陵、长沙、善化、湘阴、宁乡、益阳、巴陵、岳州卫十八州县卫应完钱粮，分别蠲缓有差。

（曾国荃等纂：《湖南通志》光绪十一年刻本，卷五十四《赋役志七·蠲恤》。）

**【湖南省、湖北省·咸丰二年十二月】**咸丰二年十二月初一日内阁奉上谕：张亮基奏请将漕粮停运一折。湖南长沙等府被贼窜扰，前经朕特降谕旨，令该督抚查明，分别蠲缓，以苏民困。兹据该抚奏称，有漕州县被贼扰害，难以照额征收。而岳州为该省兑漕，水次运道未通，无从开兑等语。现在湖北汉阳等处地方被贼滋扰，漕船经行亦恐不免梗阻。所有湖南、湖北两省本年新漕，均着停运一年。其已征漕粮，暂存各州县仓，归于下年带解。应给丁舵口食等项及回空漕船停泊处所，着该督抚等预为妥筹，毋致贻误。仍着徐广缙、常大淳、张亮基各遵前旨，将被贼州县应行蠲缓钱漕之处，确切查明具奏，候朕施恩。余著照所议办理。该部知道。钦此。

（上谕。军机处全宗·剿捕档。中国第一历史档案馆编《清政府镇压太平天国档案史料》第四册，第 176 页。北京：社会科学文献出版社，1992。）

**【湖南省·咸丰二年十二月】**咸丰二年十二月三十日内阁奉上谕：张亮基奏，遵查被贼窜扰各州县，恳将未完钱粮蠲缓一折。湖南道州等各州县卫本年被贼蹂躏，深堪悯恻，前经降旨，饬令确查。兹据查明，恳请分别蠲缓加恩。着照所请，所有被贼窜扰之道州、嘉禾、郴州、江华、桂阳、永明、永兴、安仁、茶陵、攸县、醴陵、长沙、善化、湘阴、宁乡、益阳、巴陵、岳州卫等十八州县卫民欠未完咸丰元年、二年正耗未征钱粮，均准其分别被扰轻重，照例蠲缓，以纾民力。该署督抚即刊刻誊黄，遍行晓谕，务使实惠及民，毋任吏胥舞弊，用副朕轸念穷黎至意。余着照所议办理。该部知道。钦此。

（上谕。军机处全宗·剿捕档。中国第一历史档案馆编《清政府镇压太平天国档案史料》第四册，第332页。北京：社会科学文献出版社，1992。）

**【湖南省·咸丰三年四月】**诏：湖南被贼窜扰各属，所有咸丰元年未完各钱粮，准其展缓至咸丰三年秋后带征。又临湘县上年被贼窜扰，所有民欠未完元年、二年钱粮，准其分别蠲缓。

（曾国荃等纂：《湖南通志》光绪十一年刻本，卷五十四《赋役志七·蠲恤》。）

**【湖南省武陵县·咸丰四年】**蠲恤。四年复准：粤匪蹂躏，豁免以前各项钱粮。

（陈启迈纂：《武陵县志》同治二年刻本，卷十六《食货志一·田赋》。）

**【湖南省·咸丰五年正月】**诏：被贼窜扰之长沙、善化、清泉、宁乡、湘阴、巴陵、临湘、华容、岳州卫、武陵、龙阳十一县卫应完钱粮等项，分别蠲缓、展缓。

（曾国荃等纂：《湖南通志》光绪十一年刻本，卷五十四《赋役志七·蠲恤》。）

**【湖南省宁乡县·咸丰六年】**里中罗仙寨斋匪何满杂货倡乱，邻县匪多响应……宁乡钱漕积弊，石米率折银至七两有奇，浮收银多或至二万两，官绅瓜分。而谷值甚贱，收谷百石之家须耗其三之一始免征。比适黄其勋、杨业勤等诉院司，请改新章。[咸丰六年]巡抚骆秉章允悉照漕规。镜春遂与刘典创设钱漕局，定制尽剔宿弊。

（刘宗向纂：《宁乡县志》民国三十年活字本，《故事编》第十《先民传》五十九。）

**【湖南省·咸丰七年十二月】**诏：被贼窜扰之永明、酃县、湘阴三县，所有咸丰三、四、五、六等年应完钱漕、南驴津贴等项，分别蠲免、缓征。

（曾国荃等纂：《湖南通志》光绪十一年刻本，卷五十四《赋役志七·蠲恤》。）

**【湖南省·同治二年十二月】**诏：武陵、龙阳、沅江、澧州、安乡、巴陵、华容、湘阴、益阳、芷江、麻阳、黔阳、会同、绥宁十四州县被水、被旱、被贼窜扰，应完钱漕、芦课等项，分别蠲缓、递缓。

（曾国荃等纂：《湖南通志》光绪十一年刻本，卷五十四《赋役志七·蠲恤》。）

### （三）江西

**【江西省南昌县·咸丰三年】**今年岁事更觉差，天灾人祸相交加。秋收之日大霖雨，洪水泛涨民咨嗟。低田禾没没，高田谷生芽。况复贼兵肆蹂躏，小民困苦多无家。贼退腊月征漕粮，城外赁屋当官仓。[官仓在进贤门外，被焚。赁邑绅吴文澜仓作官仓，在进贤门外九莲寺面前数十步。]官差四出催完纳，星火之急风雷狂。瓜者呈状缓征告，黠者冒渎来公堂。买灾卖灾相蒙蔽，丁差胥吏饱橐囊。[低乡之民呈状告缓征。高田之乡，有不能完者或不愿完者，或冒称有灾，亦难缓征，一石米以钱一千或八百文不等，与丁差胥吏使用，以买宽限。]惟有良民心独苦，闻此信息惊无措。被贼肆掠分固当，官府租税难抗拒。芽谷之米恐不收，往往鬻物输仓府。开仓进米更比往年酷，百般讹索肆鱼肉。顷刻风波有万重，一家哭变一路哭。

（邹树荣：《蔼青诗草·南昌仓》。杜德风选编《太平军在江西史料》，第 477—478 页。南昌：江西人民出版社，1988。）

**【江西省德化、瑞昌、湖口、彭泽、九江、星子、都昌等县·咸丰四年】**臣确加复核，均系实在情形，合无仰恳天恩，俯准将数被蹂躏扰害最重之德化、瑞昌、湖口、彭泽，九江府同知暨星子、都昌等县应征咸丰三年丁耗屯粮丁余租随漕兵折兵加湖课，并四年压征三年芦课等款钱粮，同星子县之救生船田租、白鹿洞书院田租、屯濠地租、藉田租谷、牛牙二税，及二年以前旧欠民屯余租、湖课、芦课、籽种谷石概予蠲免。

（陈启迈奏。宫中全宗·朱批奏折。中国第一历史档案馆编《清政府镇压太平天国档案史料》第十四册，第 156—157 页。北京：社会科学文献出版社，1994。）

**【江西省·咸丰四年四月十四日】**臣查江省自上年解围后，逆匪分窜楚皖，势犹披猖，至今未靖，水陆错壤，在在堪虞，守御弗敢稍疏，只缘舆情懦怯，习俗浮动，风鹤常惊，播迁频仍，人心总未大定，民力本觉拮据，钱漕甚难催征。此次贼匪窜至都昌，虽无大害，适与义宁、武宁先后告警而流言四起，以为贼匪水陆抄袭，遂致人心惶惑。正值钱漕吃紧之际，刁民藉兹抗延，良民因而观望。倘边圉有警即完纳不前，于军饷大有窒碍。

（陈启迈奏。宫中全宗·朱批奏折。中国第一历史档案馆编《清政府镇压太平天国档案史料》第十四册，第 26 页。北京：社会科学文献出版社，1994。）

**【江西省·咸丰四年五月】**缓征江西南昌等四十厅州县被灾被扰地亩额赋，并分别蠲免屯濠湖课等款钱粮，赏江西浮梁被扰难民一月口粮，并房屋修费。

（李滨：《中兴别记》。杜德风选编《太平军在江西史料》，第 402 页。南昌：江西人民出版社，1988。）

**【江西省南康县·咸丰十年】**城口之战，阵亡塘江、文峰团勇三十余名，疫死者二千余名。勇糈十二万，虽蒙粤抚全数解给，而县署惟日裁粮串给发军供，继复分派各户铃票若干，遣勇坐索，号曰飞票，民力益困，盖有尽室逃亡者。

（同治《南康县志》卷五《武事》。）

**【江西省湖口县·同治三年三月】**初，贼在湖口设立伪官，押征钱粮。官军到，民间自咸丰三年来所应完钱粮，完纳殆尽。至十一年，诏十年以前概行豁免。

（张宿煌：《备志纪年》。《太平天国》，第五册，第138页。罗尔纲、王庆成，桂林：广西师范大学出版社，2004。）

## （四）江苏

**【江苏省·咸丰三年三月】**咸丰三年三月二十日内阁奉上谕：前经叠降谕旨，令各督抚将被兵各属及附近地方分别奏请蠲缓。兹据倪良耀奏，请将苏、松各属钱漕暂缓启征一折。贼匪窜扰江南地方，江宁、镇江、扬州均被蹂躏。其苏、常一带壤地毗连，小民闻警迁移，亦不免流离失业。若仍照常征收，民力实有未逮。加恩着照所请，先将苏州、松江、常州、镇江、太仓四府一州属应征本年上忙地漕、新赋及应完上年奏销地丁钱粮，缓至本年秋后启征，以示体恤。该藩司即刊刻誊黄，遍行晓谕，毋任吏胥藉端扰累。其江宁、扬州等府被兵各属及附近地方，仍着杨文定、许乃钊遵照前旨，查明应蠲、应缓，分别具奏，候朕施恩。该部知道。钦此。

（上谕。军机处全宗·剿捕档。军机处全宗·录副奏折。中国第一历史档案馆编《清政府镇压太平天国档案史料》第六册，第70页。北京：社会科学文献出版社，1992。）

**【江苏省·咸丰三年十一月】**咸丰三年十一月十一日内阁奉上谕：怡良、许乃钊奏查明被兵及邻近各州厅县恳恩分别蠲缓一折。江苏省江宁、扬州、镇江三城被贼久踞，上海县亦以匪徒滋事尚未收复，并曾被贼匪蹂躏之嘉定等各州厅县，颠沛流离，实堪悯恻，其邻近各州县均以风鹤频惊，四民失业，间有田亩荒芜，未经耕种，即距贼较远之区，亦复以伺应兵差，集资守御，民力倍形竭蹶，自系实在情形。加恩着照所请，所有上元、江宁、江都、甘泉、丹徒、上海、江浦、六合、仪征九县全境及嘉定、宝山、青浦、南汇、川沙、太仓、镇洋七州厅县被兵各村庄，应完本年新赋及节年旧欠概予蠲免。句容、丹阳二县全境及泰州边界被贼侵犯各村庄，应征新赋减免五成，其余五成缓至来年带征。青浦县未被贼扰之西南乡各村庄，着减免十分之六。长洲、元和、吴县、吴江、震泽、昆山，新阳、金坛八县，著与嘉定、宝山、南汇、川沙、太仓、镇洋未被贼扰各村庄，均减免十分之四。华亭、娄县、奉贤、金山、武进、阳湖、无锡、金匮、江阴、宜兴、荆溪、靖江、常熟、昭文、溧阳、太湖等十六厅县，均减免十分之三。其余江南北各厅州县与泰州未被贼扰各村镇，均减免十分之二。以上各厅州县应征咸丰三年地漕盐课正杂耗羡钱粮，及芦课学租杂税归公官租公费关租地租增协屯米杂(辨)[办]银漕南行赠局恤等项米豆，均着按分蠲减。其各卫所屯田，即照坐落地方分别蠲减，减剩银米仍着征收，毋许浮勒。其漕粮项下白粮米石，凡全蠲之处着一并蠲免，其减免各处仍照成案，于应征漕粮内照额拣选办运。至减免各处本年上忙钱粮已经完纳者，即于下忙钱粮内扣除，如上下忙钱粮均已全完，着流抵咸丰四年分新赋。

（上谕。军机处全宗·上谕档。中国第一历史档案馆编《清政府镇压太平天国档案史料》第十一册，第159—160页。北京：社会科学文献出版社，1994。）

**【江苏省常熟县·咸丰四年春】**一春晴朗，麦得丰收，还租尚可。有旨上忙缓至秋后起征。大营催提军饷紧急，而漕尾、上忙迭至。

（柯悟迟：《漏网喁鱼集》，第22页。北京：中华书局，1959。）

**【江苏省六合、浦口等县·咸丰三年至七年】**初沿江州县被贼者皆免赋税。六合练勇之费，始则按亩捐派，名曰借征，不足则以厘税佐之……及丙辰［咸丰六年］旱歉，户少盖藏……丁巳［咸丰七年］以后，滁［州］、全［椒］继陷，商贾星散，又钱皆私铸，物价昂贵，加制钱一倍，勇费所出，惟蠲派富户，追比纷纭，上下告匮，额饷不能月给。继而统帅移镇浦口，官兵逾二万人，于是裁汰练勇，其黠骜者相率叛去。

（周长森：《六合纪事》卷二。《中国近代史资料丛刊：太平天国》，Ⅴ，第160页。中国史学会编，编者：向达、王重民等，上海：神州国光社，1952。）

**【江苏省苏州·咸丰七年】**本府薛出示，其略云：虽系迭次书捐抽厘，尔等总加货价，名为乐输，实尽出于买者。此次务各勉力输将，仍可并数邀恩奖赏。除二十千资本沿街摆摊自食其力外，一例书捐。倘有畏缩规避不即书捐者，必非良民等语。即着委员(同)［图］董，沿门勒写，进门时如化缘和尚，不遵捐数如弄蛇恶丐。斯时米珠薪桂，生意寥落，亦难设施，后渐松。甫毕，即催缴。茶馆每碗加一文。各乡麦苗甚盛，二三月间晴朗，四月初各镇放赈一次。菜麦将实，其苗甚茂。忽闻粤匪由江西闯入闽界。土匪乘势抢夺，警防不得不严。道路又阻，致布价骤跌。又遭淫雨，麦收大减，米价又涨。五月，蝗子尽出，初，小而无翼，各州县皆然，已蔽野，即出示捕收，每斤七八文。于是老稚藉有生计。然愈捕愈多，愈后愈大。又出示设局收买，每斤十五六文。扫山网水，可得钱四五百文。又劝捐相济，业户不能坚辞，禾苗不敢插莳，赈捐各户将欲报销，又有奖叙。无如功名已经重叠，虽稚子孩童皆已奖励，故将捐条折色货卖，甚而硬揢骗受，逼写履历。学宪李联琇到昆山科试，各县另加广额，教官仍勒索贽礼，廪生乘势搜罗，即公禀学院严禁，后大为节省。闰五月初，大雨时行，高低区尽可插莳，蝗已飞，雨后倏而绝迹，不知所之，各处皆然……蝗害既无，田可灌溉，人心稍定，米价渐平。昭邑［昭文县］吴士松贪虐无比，出缺，民心大快。新任恩［溥］接署。郡尊薛焕，深得民望，擢升江苏督粮道兼巡浙江盐务，办漕犹冀其大加整顿，民命自可贴席矣。新府尊朱，办事简洁明净。新制军何桂清，严参各省大员，兵备道蓝蔚文立即拿下。五、六月，风雨调，无酷热，于是高低田禾，无处不丰盈气色，各省不闻有水旱偏灾。藩司王(友麟)［有龄］、督粮道朱焕、兵备道薛焕、本府蔡映斗，力除积弊，毫不贪酷，各州县稍觉敛迹。乡里设木铎，亦冀化道愚顽。金贱到一七五六，银串一二四五，洋值一千，当十钱渐渐隐,各捐款有停,似觉大有生机。七月,禾刚秀,木棉盛开。中旬,飓风猛雨五六日,潮涌数尺,禾稻受伤极重,木棉亦伤。旋幸天晴,犹冀挽回万一。八月初一,有蝗虫,即遮天蔽日,较旧秋来势更胜十倍,间落地,豆荚草根,一饮而尽,稻亦有伤,皆南去,不知为害否?九月,稻尚有六七成,米价三千七八。木棉仅得四五,价只四千。客路不通,人情窘迫。兼之租税实严,搜刮殆尽。开仓,小户恩减一分,荒五厘;大户减一分,荒三分,顽劣仍可缓五分,岁内一例,上仓折价六千六百六十。雷催电比,不容稍缓,仍由上海运津。其小户业田,竟要赔累,反受经差追呼。世运衰微,民遭潦倒。虽有何制军及藩道力除积弊,似言行背谬,终无实在。镇江城粤匪遁,即凯奏克复。圣主赦镇江蒂赋十年,苏属蒂欠六年份以前一概赦免。然而大小官僚终非了局,苟得一官,皆图利而不图名,要财而不要命,其实皆子民膏血,国家厄运也。安知非天降之灾,生民涂炭,非天数,即人数也。明年戊午,正科乡试,其大员汇议,苏城造盖贡院,皆行乡试,以收士人之望。所需费,派入场士子捐办,计路程远近,定捐之大小,抵作盘缠。已有明示,后奏闻,驳去之。

(柯梧迟:《漏网喁鱼集》,第 29—31 页。北京:中华书局,1959。)

**【江苏·咸丰八年】**现屡颁大赦钱粮,可谓至矣。然而所赦者,皆州县漕蠹之侵吞,顽绅劣衿之抗欠,业户毫无沾惠丝毫。

(柯悟迟:《漏网喁鱼集》,第 34 页。北京:中华书局,1959。)

[编者按:由于佃户抗租,地主收入减少,若照旧额征粮,地主负担加重。清政府为了缓和与有土地者的矛盾,只得减缓田赋。实际效果是,清政府收入因此减少,但有土地者的负担过重的情况并未好转。]

**【江苏省昭文县·咸丰九年至十年】**王庆元,字芰初,大兴人。咸丰九年署昭文县。时粤寇日逼,庆元务安静,不以催科扰民,曰:当此时,岂宜重困吾民也。十年春,苏垣陷,庆元激励民团防守,各乡相持百余日。

(光绪《重修常昭合志稿》卷廿一《名宦志》,第 36 页。)

**【江苏省·同治二年】**编者按:同治二年五月,两江总督曾国藩,江苏巡抚李鸿章奏请减轻苏松太三属粮额。其文甚长,现摘录其主要内容。(“”内之字为原文。)

1. 苏松太赋重之情况。[上溯之,比之元代多三倍,比宋代多七倍;旁证之,比常州多三倍,比镇江多四五倍。以长洲为最。]其原因[宋末之官田多,嘉靖中将官田民田分摊定额,亦即沿袭前代官田租额,以致民田之粮超过官田之租额,每亩科米有至三斗七升者(长洲)。]

2. “苏松漕粮积弊,视他省为甚,其最大公平者,莫如大小户之分”。“因有大小户之名目,一以贵贱强弱定钱粮收数之多寡”。“臣查钱粮浮收,自嘉庆以后,渐次加增,其时州县之殷富已渐不如从前,而浮收反为重者,则以弥补州县亏空,定为摊赔之例,挪东掩西,弊端百出,一切取偿于钱粮”。

3. 大小户的形成，“推源其故，皆由钱粮额征过重，激成大户把持，而迫州县剥削小户”。“盖因州县征收钱粮皆有折色平余，世家大族，即以正供定额与州县相持，于是一切摊之民户，惟所诛求，漫无限制”。“积习相沿，竟无善全之术”。

4. 乾隆时，苏松太办全漕数十年。至嘉庆，“其实州县之殷富已不如从前”。至道光癸未大水，癸巳大水，“而后无岁不荒，无县不缓，以国家蠲减旷业，遂成年例”。自道光十一年至咸丰十年之三十六年中，辛卯(1831 年)以后十年共一千三百余万，内除官垫民欠，得正额之七八成。[苏属全漕定每年一百六十万。]辛丑(1841)以后十年共九百余万，除官垫民欠，得正额之五六成。咸丰辛亥(1851 年)以后十年，共七百万，内除官垫民欠，得正额之四成而已。咸丰十年中，百万以上者仅一年，八十万以上者六年，而皆有官垫民欠十余万在其中，是最多之年，民完实数不过九十万。

5. 太平天国之后：“各厅县册报荒者居三分之二。”人民“亦无骨可敲，无髓可吸矣”。

6. “又官垫民欠一项，所谓垫者，岂州县果能垫乎？不过移杂垫正，移缓垫急，移新垫旧，移银垫米，以官中之钱完官中之粮，将来或豁免，或摊赔，同归无着，犹之未完也”。

7. 军额苏属全漕一百六十万，现与常镇二属通融缴计，仍将每年起运交仓白耗米一百万以下九十万以上者为完额。

(《东华录》第二十二卷，第 37 页。)

**【江苏省常熟县·同治二年】**[八月]月底有收租之议，禀请上宪，抚军亦惑于是听，书吏亦有生发。先是汇造业佃清册，然而百姓倒悬已久，四月贼退，幸麦收在迩，得苟延残喘；况已有旨，钱粮概行豁免，今竟议照田起捐，半公半私。无如苏城正吃紧之时，务使充裕，亦属两难。业主将佃户、田亩报明备案，随给三联单，一存官，一给业主，一给佃户，然后可以收租。军饷一半差经地向佃户收，一半业主自行收，此恐业户全行自收而不肯缴军饷故也。十月初一，城中设局征收按亩军饷，各乡镇皆起铺捐，挨户抽厘。贼时亦曾写铺捐，吾镇不过四百七八十文，今竟写到五千光景，不过夜间可以贴席。此皆白茆巡厅刘沐淳到镇猛势威迫，各店家亦无可如何。

(柯悟迟：《漏网喁鱼集》，第 96 页。北京：中华书局，1959。)

**【江苏省苏州·同治三年十一月】**谕内阁：该省[江苏]历届清查各案应行摊补之项，为数甚多，而州县筹补之法，不免仍借资民力，甚至恣意浮收，有提无解……不肖官吏，或至藉口朘削。

(《清穆宗实录》第一百二十一卷，第 3 页。《东华录》第四十卷，第 16 页。)

[编者按：据此可知，“清查”不过是督使官吏再一次勒索人民，对官吏有利而无害之事，所以许多省的“清查”，既无财政实效，又不能整顿吏治。]

**【江苏省苏松常三府与太仓州·同治五年七月】**李鸿章等奏，查明苏松等属裁除浮收实数钦遵勒石，永远奉行。

苏州府一厅九县减定赋额应征米五十九万九百余石，共减去浮收米十九万二千八百余石，共减去浮收钱七十五万三千五百余串。

松江府属一厅七县减定赋额应征米三十一万九百余石，共减去浮收米十万八千八百余石，共减去浮收钱五十万五千七百余串。

常州府属八县减定赋额应征米三十二万三百余石，共减去浮收米七万三千石零，共减去浮收钱二十一万五千二百余串。

太仓州所属三县减定赋额应征米十一万五百余石，太仓、镇洋共减去折价浮收钱九万四千串零。

嘉定、宝山共减去折价浮收钱十万七千六百余串，镇江府尚未定。

以上共减浮收米三十七万四千六百余石，钱一百六十七万六千二百余串。

（《清穆宗实录》第一百八十一卷，第 3 页。《东华录》第五十八卷，第 4 页。）

**【江苏省常熟县、昭文县・咸丰七年至光绪元年】**豁免钱粮。

咸丰七年十二月因绅民捐饷办团出力，奉旨将六年以前民欠钱粮漕米等项概行豁免。

同治三年正月奉旨应征二年、三年地漕等项钱粮漕米全行蠲免。

同治五年十二月奉旨常、昭等地抛荒田地本年钱粮漕米全行蠲免。

七年，已垦复荒田、荒田豁免。

（《重修常昭合志》卷七。）

## （五）浙江

**【浙江省绍兴・咸丰十年】**粤匪之乱，自入皖南来，吾郡即疲军糈，[太平军攻占安庆后，安徽巡抚移驻庐州，对皖南鞭长莫及，清政府遂将皖南暂归浙江巡抚管辖，浙江派军入皖南助守，并输军饷。]厘捐之外，继以户捐，六七年间，捐逾百万。居民产登百亩，名列捐单，无不惴焉。庚申，王公有龄抚浙，正杭城失守收复之初，吴中大营岌岌，需饷尤亟。吾乡孝廉某，适自抚幕奉委劝绍捐。绍捐设局，义仓久归乡绅操纵，官听命焉。某必反之，持单指派，首及局董，次亦局所庇者。

（陈昼卿：《蠡城被寇记》，抄本。南京大学历史系太平天国史研究室编《江浙豫皖太平天国史料选编》，第 253 页。南京：江苏人民出版社，1983。）

**【浙江省宁波・同治三年】**[同年根据左宗棠奏，减去宁波府属浮收钱粮]“除正耗仍照常征解外，其一切摊捐名目及各项陋规，概行禁革，共减去钱十万四千有余，米八百余石”。永为定章。

（《清穆宗实录》第一百一十卷，第 32 页。《东华录》第三十六卷，第 30 页。）



**【浙江省・同治三年七月】**同治三年，根据左宗棠奏，减去浙东各属征收钱粮“最多”、“浮收之弊亦最甚”之绍兴府属之浮收钱粮。除正耗仍照常征解外，共减去钱粮二十二万有余，米三百六十余石，永为定章。

（《清穆宗实录》第一百卷，第 1 页。）

**【浙江省嘉兴·同治四年】** 同治四年，根据蒋益澧奏，核减嘉兴府属浮收钱粮：

嘉兴县减去钱四万二千七百二十八千。

秀水县减去钱三万五千五百六十四千。

嘉善县减去钱五万七千四百七十八千。

海盐县减去钱一万九千四百一十四千。

平湖县减去钱三万九千七百七十九千。

石门县减去钱二万九千三百四十九千。

桐乡县减去钱三万一千三百二十六千。

统计各属共减去浮收钱二十五万五千六百三十八千，永为定章。

（《清穆宗实录》第一百二十九卷，第 16 页。《东华录》第四十三卷，第 48 页。）

**【浙江省·同治四年五月】** 谕内阁……况恤民之政，不在减定额，而在裁浮收……左宗棠于上年杭、嘉、绍、湖四属地漕银一百八十二万余两，核减浮收银五十七万余两之多。

（《清穆宗实录》第一百四十六卷，第 15 页。《东华录》第四十八卷，第 8 页。）

**【浙江省杭嘉湖三府·同治四年闰五月】** 同年，据左宗棠、马新贻奏，将杭、嘉、湖属漕粮酌量核减。三属漕粮，除南粮并白粮春耗两项毋庸议减外，杭州府九州县额征米十七万八千一百八十九石零，拟减米二万五千七百三十五石零。嘉兴府七县额征米五十八万七千四百七十五石零，拟减米十四万五千四百十六石零。湖州府属除丰县尚不科米外，其余六县额征米三十八万十四石零，拟减米九万五千六百十三石零。通计三属共减米二十六万六千七百六十五石零。永为减免。

（《清穆宗实录》第一百四十二卷，第 1 页。《东华录》第四十七卷，第 59 页。）

［编者按：减去四分之一弱。］

**【浙江省金华府、衢州府、严州府、处州府·同治四年闰五月】** 据马新贻奏，核减金华、衢州、严州、处州四府属浮收银米。

金华府属共减去钱十五万六千一百余串，米五百二十余石。

衢州府属共减去钱十万三千九百余串，米六十五石。

严州府属共减去钱六十一万九百余串。

处州府属共减去钱六千八百百余串，洋银八百千二百余元。米一百二十余石。

（《清穆宗实录》第一百四十二卷，第 3 页。《东华录》第四十七卷，第 61 页。）

**【浙江省杭嘉湖三府·同治四年十月】** 谕内阁……计杭州府属可减浮收米六万四千

六百余石，嘉兴府二十八万五千三百余石，湖州府十三万六千八百余石。杭、嘉、湖三府南米共可减浮收折色钱二十四万七千余串。

（《清穆宗实录》第一百五十六卷，第30页。《东华录》第五十二卷，第53页。）

## （六）湖北

**【湖北省黄州府·咸丰元年至光绪六年】**咸丰元年蠲免道光三十年以前民间积欠。十一年蠲免被兵地方钱粮。同治元年蠲免咸丰九年以前民欠钱粮，军务省份以九年为断，完善地方以奏销到部为凭。三年、五年、六年蠲免地丁银，蠲缓漕粮正米各有差。七年蠲免黄州所属各州县被贼扰最重之处六年以前钱粮，凡属实欠在民者，概予豁免。光绪六年蠲免民欠钱粮。四年蠲免咸丰七年至同治十年民欠钱粮，并渍淹挖压，缓征各项银两。

（英启：《黄州府志》光绪十年刊，卷八《赋役·蠲恤》。）

**【湖北省·咸丰三年六月】**咸丰三年六月二十六日内阁奉上谕：张亮基、崇纶奏，查明被扰各属应征漕粮漕项请分别蠲缓一折。上年湖北省武昌等属各州县，或被贼窜扰，或经过肆掠，民力实形拮据，自应各按轻重情形，将漕粮、漕项分别蠲缓，加恩着照所请。所有江夏、武昌、咸宁、嘉鱼、蒲圻、通城、兴国、大冶、汉阳、沔阳、黄冈、蕲水、蕲州、黄梅、广济、监利等十六州县内被扰较重各村庄未完咸丰二年漕粮米石及随漕浅船驴脚闲丁津贴等款正耗钱粮，均着一律按户蠲免。其未完道光三十年应征熟田漕项钱粮，着缓至本年秋后起分限一年带征。原缓并未完元年漕粮、漕项，着缓至本年秋后起分限两年带征。又被匪经过及逼近地方播迁失业各村庄未完咸丰二年漕粮米石同漕项等款，均着缓至本年秋后起分限两年带征。其原缓咸丰元年漕粮米石及漕项钱粮，并着递缓俟二年分漕米征完后，再行接续起征，以纾民力。其各卫应免应缓漕项钱粮，均照屯坐州县一律办理。此外，完善之区及全未被扰各属，应完元年、二年漕粮漕项，仍着照案催征。

（上谕。军机处全宗·剿捕档。中国第一历史档案馆编《清政府镇压太平天国档案史料》第八册，第210—211页。北京：社会科学文献出版社，1993。）

**【湖北省汉阳县·咸丰七年至九年】**咸丰七年豁免汉阳县积欠正银八千六百一十七两四分八厘。

咸丰八年豁免汉阳县积欠正银七千三百三十一两一钱七分五厘。

咸丰九年豁免汉阳县积欠正银七千六百三十五两四钱八厘。

（贡式度等：《汉阳县志》卷八《蠲恤》，第51—52页。）

## （七）广东



**【广东省·咸丰元年五月】**咸丰元年五月初七日内阁奉上谕：徐广缙、叶名琛奏，请将被贼各属未完上年钱粮分别缓征等语。广东佛冈、英德、翁源等厅县地方，自上年秋间叠被游匪抢掠，现虽渐臻安谧，惟小民甫经复业，何忍遽事追呼。又肇庆、高州、廉州等府属各州县，多与广西毗连，民间被扰情形较之英德等厅县为尤甚，朕心实深悯恻。除道光二十九年以前民欠钱粮应归入豁免案内办理外，其被贼滋扰之佛冈、英德、翁源等厅县及肇庆、高州、廉州等府属各州县，实欠在民未完道光三十年地丁银米，着该督抚等迅即遴委贤员，确实查明，分别缓征，以纾民困。余着照所拟办理。该部知道。钦此。

（上谕。军机处全宗·剿捕档。中国第一历史档案馆编《清政府镇压太平天国档案史料》第一册，第 486 页。北京：社会科学文献出版社，1992。）

**【广东省·同治六年二月】**广东巡抚蒋益澧奏，粤东征收色米，州县折价太多。广东色米一项，以正耗统计，不过银二两上下，即敷支销。乃广州府属十县征收色米，每石征银多者八两有余，少亦七两零，惟新安一县征银五两四钱，较之支销之数，浮收甚重。同治五年十一月谕核实裁减。至六年二月丁酉，瑞麟，蒋益澧奏：

南海、番禺，每民米一石连耗折征银五两八钱。

香山、新会、顺德、龙门，连耗折征银五两五钱。

花县、增城、三水、清远，连耗折征银五两。

东莞、从化、新安、新宁，连耗折征银四两八钱。

以上每年共减征银十六万五千四百余两。又惠、潮、嘉、肇、罗、韶、连、佛等属所收米羡之浮收，通计核减每年共十九万九千八百三十余两。

（《清穆宗实录》第一百九十卷，第 20 页。《清穆宗实录》第一百九十六卷，第 32 页。）

### （八）安徽

**【安徽省、江苏省、浙江省·同治元年一月】**谕内阁：前以军饷浩繁，度支不足，不得已议亩捐厘捐之举，地方有司不知善为经理，暴敛横征，漫无限制。方冀逆贼荡平，轻徭薄赋，与吾民共登衽席。何堪贪吏朘削，竟致民不聊生，殊堪痛恨……至各直省地方，水旱偏灾，近因经费不充，地方官或至讳匿不报，仍复征收，四野鸿嗷，岂容坐视！江苏、安徽、浙江失陷郡县，本年钱粮，业经降旨，悉行豁免。

（《东华续录》同治，第五卷，第 21 页。《清穆宗实录》第十五卷，第 2 页。）

**【安徽省南部·同治四年】**同治四年免民欠钱漕，婺源至同治元年，休、祁至同治二年，歙县至同治三年，绩溪至同治四年。

（同治《黟县三志》，第 25 页。）

### （九）直隶

**【直隶·咸丰三年十一月初七日】**咸丰三年十一月初七日内阁奉上谕：桂良奏查明被贼窜扰各州县请分别蠲赈一折。本年直隶省沙河等州县被贼滋扰，居民失业，若令照常输纳，民力未免拮据。加恩着照所请，所有合境被扰之沙河、任县、隆平、柏乡、赵州、藁城、栾城、晋州、深州、献县、交河、沧州、静海等十三州县，应征下忙新旧粮租并出借折色口粮等项，均著概予豁免。其被贼经过之永年、武强、南皮、青县等四县，着将被扰各村庄、市镇应纳下忙粮租同出借折色口粮一律豁免。屯米谷豆并河淤海防地租均照民地办理，耗羡银两随正豁除，如有花户长完，准其抵作下年正赋，以纾民力。其各州县被贼村庄鳏寡孤独人等，糊口无资，自应分别抚恤。着准其在豫、东新漕内酌拨粮米十万石，即饬各该地方官查明户口，极贫给赈四个月，次贫给赈三个月，按名核实散放，毋使一夫失所，事竣照例报销。

（上谕。军机处全宗·上谕档。中国第一历史档案馆编《清政府镇压太平天国档案史料》第十一册，第112页。北京：社会科学文献出版社，1994。）

## 三、商人负担加重

**【黑龙江省·咸丰三年四月初一日】**详查续调征兵二千名，分作八起。头起业于三月十九日起程，续起各间一日起程前进。及奴才接奉令官兵暂缓起程之谕旨，其官兵已经起程前进者五起，未起程者仅有三起。因其整装银两已经垫办发给，置备齐楚，起程未便暂缓。是以奴才请仍遵前旨，催令后三起全行起程赴京恭候调遣之处，于三月二十七日恭折由驿奏闻在案。现未起程官兵，只有一起。计日头起官兵已抵奉天境界，四月中旬可以到京。除催令末起官兵起程前进[外]，奴才因续调官兵奉有迅速来京，毋得迟误谕旨，不敢以无项办给整装等项银两，致误军行。核计共应需银九万两，除暂由库存抽扣抵用本年秋季俸饷等项银三千余两全行动用发给外，尚不敷银二万余两，暂向铺户商民通融垫办发给。其黑龙江各城，行令亦照省城办给。惟布特哈处库无存项，又无铺商，暂由该处现存本年领来春季一半俸饷，应俟六月间会集时，始行分放，先将俸饷银内动拨发给。所有通省不敷银两，暂令各铺户商民共垫办银六万余两。奴才当时已分饬明白晓谕，一俟部库拨解到日，照数归补。据各铺户商民咸称，现在军需孔亟，且又维日无多，即行归还，伊等情殷踊跃，暂为垫办等语。奴才详察该铺商等实出至诚，是以辗转通融办理，实无勒派扰累之处。

（英隆奏。军机处全宗·录副奏折。中国第一历史档案馆编《清政府镇压太平天国档案史料》第六册，第252—253页。北京：社会科学文献出版社，1992。）

**【北京·咸丰三年六月初五日】**臣闻山西富商在京师开设账行，数十年于兹。乃于本年春间，因湖北、江南贼匪不靖，忽尔业歇西去，收回现银不下数千万两。逆匪闻知，未必不垂涎于此，启戎心而资盗粮，此商人等之蠢愚无知也。若蒙皇上明颁谕旨，饬令本省大吏，详察殷实之家，恺切晓喻，暂时与之挪借，以助国用。其成数多寡，由该抚奏明，先恳圣恩酌加懋赏，以奖其踊跃急公之义。其所借之项，俟军务既毕，仍分年按数赏还，先发给藩库执照，或户部钞票，以示明信。在该商既可仰沐恩施，而又资本并无亏损，且可免盗贼蹂躏之虞，未必不乐于从事也。

（周祖培奏。原折。中国第一历史档案馆编《清政府镇压太平天国档案史料》，第七册，第483页。北京：社会科学文献出版社，1993。）

## 四、地方政府负担加重

**【河南省裕州·咸丰三年正月十九日】**再，据裕州知州姚庆溥禀称，本年正月十九日，山东青州头起驻防官兵二百五十名到站，所需马匹、草料，该官兵等不由按名支发，恃众强抢，复又重索，每马一匹折钱三百文。又，二十二、三两日续有德州、青州两起官兵先后到站，除备饭食外，该官兵等每名索折饭钱四百文，长马勒折喂养钱三百文，并折车价、马价、酒席钱文及前站官员索取程仪银两。该州恐误兵行，勉从应付，且复恃众喧闹，将张姓骡店铺门砸毁等情。

（陆应谷奏。军机处全宗·录副奏折。中国第一历史档案馆编《清政府镇压太平天国档案史料》第五册，第154页。北京：社会科学文献出版社，1992。）

**【河南省长葛县·咸丰三年正月二十一日】**乃兹据长葛县知县彭元海禀报，本年正月二十一日，陕西宁夏营都司雍恰布带领宁夏延绥营弁兵四百五十名到站，当即遵照传牌，备给车二百九十二辆、马八十九匹，并按名应付盐粮，催令前进。讵该兵丁将发给车马私行卖放，复向讹索车辆马匹，勒折价钱一百四十余串，并有兵丁数十人拥至公所喧闹，率将衣包衣服等物攫去。该县家丁余升上前拦阻，即被攒殴，践伤小腹，告知带兵大员，推诿不理等情。臣查此项官兵系调赴荆襄防剿，该县既已照付车马，乃辄私行卖放，复向讹索滋扰，勒折钱文，实属目无法纪。该都司坐视不管，恐难保无故(从)[纵]情弊。惟该官兵业已过境，行抵襄阳，未能扣留，相应请旨，将陕西宁夏营都司雍恰布革职，交办理军务云贵督臣罗绕典就近审明办理，并将该都司原带兵另行派员管带。

（陆应谷奏。军机处全宗·录副奏折。中国第一历史档案馆编《清政府镇压太平天国档案史料》第五册，第153—154页。北京：社会科学文献出版社，1992。）

**【河南省裕州·咸丰三年二月】**咸丰三年二月初十日内阁奉上谕：李僡奏官兵沿途需索，请饬查办等语。山东青州驻防官兵经过河南裕州地方，强搬草料，抢取食物，勒折钱文。佐领以下各员及兵丁、马匹、车辆自行开单，索取钱文，又勒取饭钱、程仪，稍不遂意，辄恃众殴打人役。又有前站湘姓、多姓声称，正红旗常姓、正黄旗胆姓、正红前旗会姓、镶白旗愿姓实用车辆外，再折每辆车价钱十千文，共折价四十一辆。似此种种需索，实属大干例禁。着河南巡抚陆应谷、带兵青州副都统常清按照所参各款，确切查明，据实参办，无稍徇隐。

（上谕。军机处全宗·剿捕档。中国第一历史档案馆编《清政府镇压太平天国档案史料》第五册，第130页。北京：社会科学文献出版社，1992。）

**【山东省·咸丰三年三月十五日】**伏思天威震怒,又即命将出师,诚不惜数千万帑金,救民于水火,并使失机者皆议罪,违律者不加宽,我土臣民咸知怯战之非,靡不振臂奋起。贼即金陵窃据,何异釜底游魂?趁此四面围攻,立可一鼓歼尽。是兵力之厚,事机可图,莫若此时。臣以为断不可再有续调,劳苦远方。且江南风土不宜,卑湿易致疾病。近来兵骄将懦,沿途骚扰,其弊尤不可胜言。即如二月间黑龙江官兵行抵东境,地方官照例应付之外,遗其酒食,给其程仪,辄又需索多方,惟命是听。盖恐蹈办理不善之咎,不得不隐忍处之,以期安静。乃复纷闯民舍,一见妇女,恣行顽戏。官员禁止,不服弹压。并将驾车之骡马牛驴用意鞭挞,刀扎飞跑,或挞令过站,以致倒毙许多,均系雇用民物,又须酌价赔给。困官病民,莫不惊惧。是战守尚未见有益,而各处已受累无穷。此后正值农忙之时,更恐相继滋扰,转致激成事端。以臣愚见度之,利害大,固不可因噎废食,尤未便挖肉补疮。相应吁恳天恩,俯念南省调集官兵足资防剿,所有吉林、黑龙江及归化、绥远、密云、热河各路劲旅如已起程,即暂缓前进,或留于京畿,以壮声势。庶于内外控制严密,益使吏民安堵如常,防患未然,非仅为劳师糜饷起见也。

(李僡奏。军机处全宗·录副奏折。中国第一历史档案馆编《清政府镇压太平天国档案史料》第六册,第3—4页。北京:社会科学文献出版社,1992。)

**【直隶省·咸丰三年四月十一日】**窃照征兵过境,应支车马廪给例有定数,不容稍有浮滥。此次奉调山西官兵三千名,赴山东、江南一带防剿,系分六起由直隶前进。据沿途经由州县禀报,该官兵由晋入直,每起用大车一百四十辆,驼骡数十头,或大车一百七十辆、马数十匹不等。并准晋省知会,兵丁、跟役、解丁除应付饭食外,每兵另给大钱二百文,每跟役、解丁另给大钱一百文。各该地方官因系山西省如此应付,若遽行裁减,该兵丁势必有所借口,是以均照原来之数应付,俾免阻滞。乃该二起官兵行抵正定时,该县石元善照依上站之数,拨给大车一百七十辆、马三十匹,并供应饭食之外,兵丁、跟役如数给与饭钱,该兵丁忽又节外生枝,强索大车一百九十辆。署守备张廷杰、把总王铎纵令滋闹,带兵官署参将高培不能约束,该县恐滋事端,权宜添给。该兵丁又称,山西系给饭食大钱四百文,否则重欲食饭,拥至署前喧嚷,势甚汹涌,正定镇暨该府弹压始散。查询为首之兵系吴顺、于隆二人,带兵官坚不交出,带同起行等情。

(纳尔经额奏。军机处全宗·录副奏折。中国第一历史档案馆编《清政府镇压太平天国档案史料》第六册,第352—353页。北京:社会科学文献出版社,1992。)

**【山东省·咸丰三年五月初四日】**再,臣自兖起程后,一路见麦已成熟,次第刈获。连年被水,各州县涸出田亩种麦者,仅十之三四。此外,荒芜处所现已补植豆谷高粱,所望秋后收成,藉资生计。徐州、铜、睢、邳、宿一带情形亦属相同。而目前人情稍安,实仰蒙皇上叠次赈恤所致。惟兵差络绎,各起拥挤,凡州县应付车辆,本由民间用重价雇办,臣沿途目击牛马驴骡倒毙不少,车辆折轴损辕,随处弃掷,即有尚堪驱策者,车夫亦委之而去,相率逃避。揆其苦况,皆由于乘坐官兵不知体恤,日夜奔驰,出境州县打越过站,种种扰累,殊不胜言。查东省灾歉连年,民间久形凋瘵,当此农忙之际,若不另行设法办理,深无以慰胞与之慈衷。

(李德奏。军机处全宗·录副奏折。中国第一历史档案馆编《清政府镇压太平天国档案史料》,第七册,第38页。北京:社会科学文献出版社,1993。)

**【直隶省·咸丰三年十二月初七日】**窃据署布政使穆清阿详称,直隶额征地丁钱粮等银一百九十万两有奇,每年应支陵工俸饷、旗绿各营兵饷马乾、河营兵饷以及各州县留支缺额、俸工工料、采买兵米脚价、铜批饭食等项约需银二百十余万两。常年征收,供支约短绌银二十余万两,本系额缺之区,历年均经奏明,由部指拨邻饷协济。嗣因部库支绌,直隶省协饷未能按年准拨,频年以来,均由司库借拨正杂银款筹垫供支。前于咸丰元年奉旨清查库款案内,前任藩司陈启迈查明,自道光十一年起至三十年止,因兵饷不敷支放,统计筹垫未归银一百六十四万两有奇,经前任总督奏奉谕旨,敕部就款开除在案。是司库情形,纵使乂安无事,年谷顺成,非按年协济,不敷支放兵饷。若遇水旱偏灾,每致动形掣肘。本年秋雨连绵,各河盛涨,查明秋禾被水灾歉者共计六十余州县,额征粮租应蠲应缓,较之常额约减十之二。迨逆匪窜入直境,蹂躏十余州县,应征钱粮业经奏豁,较之常额约减十之一。通盘筹计,现应找发秋季以及冬春二季兵饷并加以陵工俸饷暨驿站工料等项要款,共需银一百余万两,约计下忙钱粮应征银三十九万余两,尚短银六十余万两。平时春秋报拨各款,尚可通融筹垫,今则征兵云集,粮饷浩繁,凡正杂应解应支之款,均已动垫,无可借拨,各营纷纷请领饷银,几无虚日,转瞬岁暮,营饷无项支发,贻误堪虞。直隶为畿辅重地,值此逆氛未靖之时,兵糈一有缺乏,关系殊非浅鲜。请由山陕等省筹拨地丁银五十万两,解直凑放等情。详请具奏前来。臣复与该司通盘筹计,据请协济银五十万两,虽系必需之数,惟现在部库支绌,筹拨维艰,邻省库项亦有关支解,如非实在紧要,未敢率行具奏,只以兵饷要需,不得不据实陈明。臣拟再少请协济银十万两,由司通融筹办。合无仰恳圣恩,敕部指拨山西、陕西等省地丁银四十万两,以济直隶兵饷急需。

(桂良奏。军机处全宗·录副奏折。中国第一历史档案馆编《清政府镇压太平天国档案史料》第十一册,第452—453页。北京:社会科学文献出版社,1994。)

**【河南省·咸丰三年十二月十一日】**再,现据军需总局司道会详,以豫省调派山西、陕西等省官兵并本省兵勇统计万余,分拨在皖楚交界地方防堵,及调派归德府各属剿办土匪兼守御黄河各口岸,每月支发盐菜、口粮、马乾银两为数甚多,又应付过境兵差、制造军装药铅等项,需费浩繁。前拨饷银,早经用罄,复于司库无论何款,先其所急,挪借支用,计自秋间以来,尚多积欠。现在下忙钱粮除已征解并蠲缓外,输将未见踊跃,解到不敷供支,无款可筹,只赖设法劝捐,以资协济。查有现收捐输制钱五万余串,拟请先行动用。但军需各项均系给发银两,若以收捐钱文易银支给,值此银价日昂,折耗甚多,现在经费万分支绌之时,似应撙节变通办理,俾免贻误。该司道等悉心酌议,请将拨解宿迁(粮)[钱]粮兵饷并本年十月以前积欠各项仍全数解支银两外,所有官兵练勇盐菜、口粮、马乾暨制造军火一切用项,均自十一月起以钱折放。如用钱文,即仿照本年八月间部议八旗兵丁领饷成案,每银一两折给制钱二千文,以示公允而昭画一。

(英桂奏。军机处全宗·录副奏折。中国第一历史档案馆编《清政府镇压太平天国档案史料》第十一册,第 503 页。北京:社会科学文献出版社,1994。)

## 第三节

# 对清政府管辖区商业状况、物价、商税的影响

## 一、盐路、盐价、盐税与盐商

**【江苏省丹徒县·咸丰七年】**朱张圩［镇城东乡，属丹徒县］朱泰临私立卡局江面，托言抽厘助饷，其实到公只十分之一耳。

（佚名：《蘋湖笔记》，手稿本。南京大学历史系太平天国史研究室编《江浙豫皖太平天国史料选编》，第108页。南京：江苏人民出版社，1983。）

### （一）淮盐、浙盐滞销与潞盐、川盐、粤盐入楚、湘

**【湖南省澧州县·咸丰初年】**粤匪扰江南，淮运不通，湖南下游一带改食川盐，奏准抽厘助饷。同治三年，江宁克复，两江总督曾国藩疏请规复淮引故地，由商人赴淮请票运售，官为督销，澧州督销分局设津市。

（魏式曾纂，黄维瓒增修：《直隶澧州志》同治十三年增补刻本，卷五《食货志一·盐法》。）

**【湖南省、湖北省·咸丰二年】**湖南、北经贼窜扰，江路梗塞，淮引不到南省，盐价每斤至八九十文或百余文不等。奏请借销粤盐，由官办运，一面飞咨两广总督迅借拨二万引，以应急需，经部认准。嗣因粤盐成本昂贵，借引不行。三年，部议以湖南、湖北需盐接济。是时湖北借销引盐，亦奏言成本太重，奏准仿明臣王守仁立厂抽税之法，凡川、粤盐入楚，无论商民，均许自行贩鬻，不必由官借运。惟择楚省堵私隘口，专驻道府大员，设关抽税，或将本色抽收，或令折色输纳，均十取一二，以为定制，并令四川、广东各督抚招徕商贩，运赴邻封。此项盐斤，既不在本省引地销售，应令减半完交正课，其商支外款不得丝毫摊派，以轻成本。又准部咨：湖南之郴、桂等州向为粤私浸灌，若不讲求抽税之法，盐利归私，岂不可惜，令即妥筹办理，嗣又迭催迅速复奏。

（曾国荃等纂：《湖南通志》光绪十一年刻本，卷五十六《食货志二·盐法》。）

**【湖南省长沙县·咸丰二年】**发逆窜扰，江路梗阻，淮盐不行，抚部院张奏请借销粤

盐，以济民食，并设局抽收厘税，以充军饷。咸丰三年，又经湖北巡抚罗奏请，以川盐、潞盐接济楚北。自是楚南亦便食川盐，多由宜昌办运。同治三年，两江督盐部堂曾奏请规复皖西、楚、鄂淮盐引地，颁发刊定章程。湘省在城内永丰仓设立督销总局，派委大员驻局，并会同盐道衙门办理售盐定价、扣厘、缉私等事。复由总局先后详请在常德、益阳、湘潭、靖江、岳州、津市、新市、平江、辰州等处设立分局，暨湘潭之朱亭，衡州之石湾、东洲、耒河，澧州之澧安等处设立卡所，派委员绅分途经理。通省每年原定八万引，加增四万引，共运十二万引。长沙并善化二县每年通共约销二万引内外，各分局约销引六万以内，合计每年七八万引，每引售银二十四两，每百斤合银四两。

（张延琦等纂：《长沙县志》同治十年刻本，卷之八《赋役》。）

**【江苏省·咸丰三年以后】**[太平军占领南京后，淮南盐]遂至片引不行，经户部奏令就场收税，每盐百斤收税钱三百文，始犹一年收钱数万串，渐至一年数千串。又经总督奏改泰坝设立总局，每百斤盐或交钱三百，或交银一钱五分，听商自便。行之数年，亦毫无起色。总缘长江不通，盐无出路，即办无善法。

（王守莹：《盐法议略》。《皇朝政典类纂》卷七十一《盐法》二第 29 页。）

**【湖北省·咸丰四年】**楚人食盐，仰给于淮。江面道梗，民食川私，奏请准食。仍以川产盐少，不敷外运。其由东坝、常玉山至者，每斤价二百文。应城县地本产石膏，今忽于石膏洞内积水味咸而化为盐，故民不病淡。

（周振钧：《分事杂记》。《太平天国史料丛编简辑》，第二册，第 19—20 页。太平天国历史博物馆，北京：中华书局，1962。）

**【江苏省、安徽省、湖北省·光绪四年】**[御史张观准奏：]原淮南盐商信成和等十三家殷实票商。淮运被[太平军]阻后，即至湖北改运川盐入鄂。现禁川盐，恐失业，又欲复为淮盐商，每捐银四两，得票一引，愿捐四十万两，得鄂引十万道。当时曾国藩曾奏定只准旧商轮流循环转运，不准新商加入。

（《皇朝政典类纂》卷七十一《盐法》二第 25 页。）

### （二）淮盐改由浙入皖、湘、赣，湘、浙茶盐互运

**【江苏省高淳县·咸丰三年至六年】**盖自江路梗阻，豫章、吾皖皆由东坝贩浙淮之盐，吾桐[城]来市者不下千人。

（许奉恩述，方濬颐记：《转徙余生记》。《中国近代史资料丛刊：太平天国》，Ⅳ，第 505 页。中国史学会编，编者：向达、王重民等，上海：神州国光社，1952。）



**【江西省·咸丰四年四月十四日】**江西巡抚臣陈启迈跪奏，为委员采办浙盐大概情形，恭折具奏，仰祈圣鉴事。窃照江西行销淮引，因运道不通，盐难到岸。前请借拨粤盐，

业经两广督臣叶名琛以实碍难行,奏明停止。嗣复招商采办闽浙饷盐,经前抚臣张芾奏奉谕旨允准。无如数月以来,间有一二商人呈请承运,不过数十引或数百引不等,而盐斤尚无到岸。总缘江西重围解后,民困未甦,即有资本之人承运,皆视为畏途,兼以商民采买不过就近在行销浙引之江西广信府及安徽婺源县等处中途转贩,以该处运商已获重利之盐到岸销售,价昂则民嫌食贵,难以敌私,价贱则成本不敷,更虞亏折,以致各商裹足,民食缺乏,国课虚悬。兹据署盐法道事候补道王训会同藩司陆元烺详称,伏查江省每岁额销淮盐二十七万七千二百九十九引,前督臣陆建瀛改章减额以后,亦应销盐二十一万七千六百八十一引,此时贼踞金陵,江路梗阻,淮盐久未报到,即使指日荡平,招商捆运,计非七八月之久,难以到岸。该道职任督销,再四筹思,除委员采办邻盐外,别无补救良策。查江省鹾岸与浙、闽、粤三省引地均属毗连,而浙省距江尤近,往返转运不过两月,应遴委明干大员先赴该省采买六百斤成引大盐四万引,回江设局售销,以济目前之急。所有发重捆运等事,会同浙运司熟商妥办,无论嘉、松、杭、绍四所已掣未掣之盐,悉准采买,以期迅速。至江西现办军务用项繁多,国家经费有常,似不能不酌量取费,以资津贴。详经前抚臣张芾札委候补道沈涛赴浙采办,并将纳课售盐津贴军需一切事宜,通盘筹划,议呈条款,批饬遵照。今准沈涛移知,先在常山绍所采办浙盐三千二百引,合淮盐六百斤大引一千七百七十五引,即日运江济售。并据该道沈涛报于二月初七日到浙,查得浙省积盐甚多,现在先偬绍所售卖,庶期转运便捷,拟以四万引分为十批起运。常山先买之盐陆续趱运赴岸,只须销售畅旺,总可源源接济。并据委员高淳运到盐三百五十引,由道核定价值,详准遴派素谙鹾务官绅,在于省城设立总局,经理其事,转发各属铺贩领买分销,以冀岸有储盐,民无淡食。惟盐务攸关,课程行销向有定额,江省此次采买浙盐,接济民食,系一时权宜之计,应请先行奏咨,俾彼此有所遵循,不致推诿脱误。如此后江路疏通,淮盐运到,即由盐道察看情形,详明移会沈涛停止采办。倘目前销售较畅,四万引外尚有不敷,亦即移会接续办运,以济岸销,期于国课民食两有裨益等情。呈请具奏。

**(陈启迈奏。军机处全宗·录副奏折。中国第一历史档案馆编《清政府镇压太平天国档案史料》第十四册,第30—31页。北京:社会科学文献出版社,1994。)**

**【浙江省·咸丰四年十二月】**此间[按:指浙江]公事无一不棘手,以寿翁[按:指卸任浙江巡抚黄宗汉,字寿臣。]之才力,尚且了不了,况弟初到?外边惟有开诚布公,虚心实力,办到那里算那里。至于防务,自然以保邻封徽、宁为要,事事均照旧章。所难者,以前有钱,此后无钱也。设法办理捐输,流通钞票,鼓铸当十大钱[能行],或可支持。盐务上年虽杭、嘉、松三所不销,尚赖绍所甚畅。今年因徽、宁告警后,私销充扩,绍所亦不能足,其奈之何?加以淮盐常常想假道浙境,公文络绎不绝,随覆随来。惟海运一事,尚不至短少迟误,不足以济之,且私累日重。只以受两朝深恩,不敢言退。若能有都中参核,罢此一官,亦快事也。京仓乏米,浙漕定然全运,不惟不截留,并且较之上届尤多,方遂私愿。刻下兼且劝捐米石,随漕运京。弟首先倡捐一千石,未及半月,已有一万四千石矣。捐实职者每石合银六两,捐虚衔、封典、翎枝者,每石合银八两四钱。

(《何桂清致自娱主人等书札》。《何桂清等书札》,第4—5页。)



**【湖南省·咸丰五年】**湖南因江路梗阻,奏请由两淮运司设法采买淮盐十万引,由浙河转运湖南,以济民食,淮、楚分岸纳课,以济军饷。户部奏令楚、浙两省盐、茶互运,以浙盐十余万引运赴湖南,易茶十余万道,令两省巡抚设法妥办。如一时难于筹款,各先运二三万引,以后陆续继运,俟销售后,除去成本运脚各费,余银着核实报部,以备京饷及江楚军饷之用。查咸丰六年湖南省城设立盐茶局,以江西道梗,未能互运,其淮盐由浙运楚一层,亦经浙抚奏明停办。

(曾国荃等纂:《湖南通志》光绪十一年刻本,卷五十六《食货志二·盐法》。)

**【浙江省·咸丰五年二月初一日】**盐务则无从下手。从前尚有杂可抵,此时更无法。此事谁不知要缉私。殊不知小缉无济于事,大缉非有名无实,即激成事端。当此邻封不靖,土匪又多卖私盐,已算自食其力的好人,真无法办理。高明何以教之?

(《何桂清致自娱主人等书札》。《何桂清等书札》,第8页。)

**【浙江省·咸丰五年十月二十八日】**惟盐务非弟所能。此事公私皆有益,尤朝夕设法欲其行者,无如无一人能办。所谓老于得盐者,皆束手无策。各商任呼不应,时而上一禀,即至就所禀情形即饬速办,仍旧杳无下文。日复一日,月复一月,不得已而官办。官办亦不能畅,势非军务肃清,不能补救。若有一线之路,断不因循也。

(《何桂清致自娱主人等书札》。《何桂清等书札》,第2页。)

**【湖南省·咸丰六年】**咸丰五年,户部奏请楚、浙盐茶互易,抽税助饷,议运浙盐十余万引易楚茶十余万道。六年二月,秉章复饬于省城设立盐茶局。时江西道梗,无从互易,总理局务裕麟禀请遵照前奉部议,仿明臣王守仁设厂抽税之法,先于郴州、宜章、临武、岳州等处设立卡局抽收茶税、盐税及百货厘金,详定盐税每大包抽钱七百文,茶税每箱抽银四钱五分,其余百货过载卡税,均照仙女庙章程办理。又以湘潭为茶商汇聚之地,另立盐茶分局。醴陵县及澧州之安乡大湖口[后改设花畹冈],并石门、慈利各县,衡州府属之东州、白沙河、耒阳口;辰州府之南、北两河;岳州平江之龙门厂;临湘之聂家市等处;永州府城暨江华之马头铺,或为水陆经过孔道,或为邻盐浸灌要津,一律分途设卡。

(曾国荃等纂:《湖南通志》光绪十一年刻本,卷五十九《食货志五·榷税》。)

## (三)江湘米盐互运

**【江苏省洪泽湖·咸丰四年四月二十一日】**适准军机大臣字寄,咸丰四年四月十四日奉上谕:据袁甲三奏,临淮地方有小船蜂聚,以贵价购米,所买米石,探系运入洪泽湖,归并大船,驾船人多系湖北口音等语……伏查淮北票盐向由湖贩运至皖豫销售,湖贩先运钱米,由正阳、临淮等关达于洪湖,复由洪湖载盐而去,往返懋迁,由来已久。现在贼踞瓜洲,近处接济自以下河为便,然有雷以诚、慧成等驻扎东岸,断难偷越。若由洪湖运米复从清淮南下,道远路迂,计不出此。惟闻庐州、金陵等贼近颇缺盐,今既多湖北口音,诚恐奸匪假扮商贩,以米易盐,或混迹清淮,冀图内应。当此军务万分吃紧、钱粮万分支绌之际,均不可不防。除密委熟悉洪湖情形之河营参将蔡天禄、山盱同知曹炯、候补通判胡志章并该管营县,分赴洪泽湖上下及临湖岸之盱眙县一带,严密稽查,如有形迹可疑船只,即时查拿究办。并因米盐交易系在湖口河县地方,并饬兼理县丞李万杰认真盘诘。又因桃源县成子河等处亦通洪湖舟楫,密谕右营游击常海、桃源县知县王献琛梭织巡逻外,臣即由桃源南岸取道湖滨回浦,沿途密查,以杜接济而消隐患。

(杨以增奏。军机处全宗·录副奏折。中国第一历史档案馆编《清政府镇压太平天国档案史料》第十四册,第103页。北京:社会科学文献出版社,1994。)

### (四) 盐价遽增

**【湖南省龙山县·咸丰十一年】**其盐价值,同治[?咸丰]以前凡白盐一斤贱则廿余文,贵则四五十文;巴盐一斤贱则四五十文,贵则七八十文。自发逆乱后,遽增昂贵,白盐一斤至七八十文,巴盐一斤至一百二三十文不等。

(刘沛增纂:《龙山县志》光绪四年续修刻本,卷四《田赋·杂税》。)

### (五) 盐税盐厘加重与私煮私枭

**【江苏省·咸丰三年以后】**[太平军占领南京后,淮南盐]遂至片引不行,经户部奏令就场收税,每盐百斤收税钱三百文,始犹一年收钱数万串,渐至一年数千串。又经总督奏改泰坝设立总局,每百斤盐或交钱三百,或交银一钱五分,听商自便。行之数年,亦毫无起色。总缘长江不通,盐无出路,即办无善法。

(王守莹:《盐法议略》。《皇朝政典类纂》卷七十一,《盐法》二,第29页。)

**【江苏省·咸丰三年以后]**始抽盐厘,自癸丑[咸丰三年】以后,岸商失业,淮引不行,贫民由秦栏负贩而至,私枭日起,中途劫掠,至是订厘则,禁劫夺,上河商贩以米谷易盐,来者万计,始设局铸钱。钱法既变,当五十、当百滞积不行,惟当十钱与制钱三七搭配,制钱益少。[温]绍原先立钱票,以钱五十至三百为度,亲为署押,由局支付,令市肆仿行。既而制钱悉化为私钱,商民坐困,乃设局鼓铸,收废铜及当五十当百钱改之,以便民用……三月东路土匪纠众劫盐……八月,始行官运[盐]。

(周长森:《六合纪事》卷一。《中国近代史资料丛刊:太平天国》,Ⅴ,第156—157页。中国史学会编,编者:向达、王重民等,上海:神州国光社,1952。)

**【安徽省·咸丰四年六月】**咸丰四年六月十九日内阁奉上谕:户部奏,遵议将滞销盐引接济军饷一折。所有淮北滞销盐斤如何筹运济饷之处,着怡良会同袁甲三妥筹办理,所收课银,分解江苏、安徽军营,以资接济,仍分别纲数银数,核实造册报部。钦此。

（上谕。军机处全宗·剿捕档。中国第一历史档案馆编《清政府镇压太平天国档案史料》第十四册，第597页。北京：社会科学文献出版社，1994。）

**【江苏省扬州·同治六年】**［赖文光部被镇压后，］盐有正课，有杂支。杂支按例报销，其数不逾于正课。以故商人获利，为广结纳。自军兴以来，易为盐厘，较课大。盖督臣主之，由外支销，如军饷之报部，滴滴归公关。凡夫秋风游客，投止两淮者，往往兴尽而返。

（臧榖：《劫余小记》下。《太平天国资料》，第91页。北京：科学出版社，1959。）

### （六）盐商衰落

**【江苏省·咸丰三年后】**自遭兵灾之后，运商四散，盐商亦皆逃亡。

（何桂清奏。《淮南盐法纪略》卷八。）

**【江苏省、浙江省、湖北省·咸丰三年二月初四日】**若陆建瀛又有甚焉。东南，财赋所出，国家所取给以维西北者，而河、漕、盐三大政，两江总督一身肩之。陆建瀛如力不能胜，则宜及早辞退；能胜，则必有把握。乃独排众议改盐法，以为有起色，从而劝之者指为阻挠。广西用兵，以己酉纲提存灾赈等项未用银三十万两，请解军营。未及解往，而丰工决口，便谓库无存款。向来军务、河工，淮商无不首先报捐数百万，今则寂然无闻。常大淳因湖北省城不可恃，谋周围筑土城一道，估需银七万两，绅民卒无以应。若不改票盐，则汉口商人于湖南用兵时凑军饷三百万，可一日而集，何至七万金无处筹措？土城可筑，则地雷无所施其技。是湖北省城之失，改票盐与有咎焉。即以扬州而论，盐商照旧，则筹措百万金，亦顷刻可集，今尚能乎？所谓起色者何在？

（吴廷溥奏。原折。中国第一历史档案馆编《清政府镇压太平天国档案史料》第五册，第49—50页。北京：社会科学文献出版社，1992。）

**【同治三年】**［左宗棠奏］自咸丰三年金陵失陷，淮海私盐乘机浸灌。杭、嘉、松三所销数骤减，甚至片引不销……至咸丰十年以后，安徽之徽州府、广德府，暨江苏之苏、常、松、太各府州，以次不守，继而浙省告陷，所属郡县，几无完土。官商星散，灶户逃亡；奸民投隙而入，公然以贩私为恒业；其时遍地贼□，无人过问。自浙东郡县先后收复以来，始饬绍兴设局暂行试办票盐……本年……亟宜实力整顿，以冀改复旧观。无□案牍全行毁失，商灶又大半凋零。间有一二旧商，亦皆避寇甫归，赤贫如洗，势难责令照旧运销。［于是从同治四年起行票盐法。］

（《皇朝政典类纂》卷七十三，《盐法》四，第5页。）

**【浙江省·同治五年】**［浙江巡抚马新贻奏］咸丰三年以后，遂至停办奏销。十一年省城复失，全浙沦陷，商人靡不遭难，奸徒乘机贩私，无人禁止。从此盐务溃败决裂，不可收拾矣。同治元年以来，浙东各府属逐渐规复，而私贩充斥，不得已就盐抽厘；两年以后，又在绍兴招办票盐;三年省城克复,全省肃清,而引商大半死亡贫乏,无可招徕……将杭、绍、嘉、松四所一律改行票运,抵充军饷,设局收支……两浙盐务,自遭兵灾,旧商星散,无可招徕,不得已改行票运。

(《皇朝政典类纂》卷七十三,《盐法》四,第 7 页。按:前一段是根据盐运使高卿培、署运使秦缃业之禀。)

**【浙江省·道光二十年至同治七年】**[两浙盐务败坏,始自]道光年间,私盐渐盛,官引滞销……道光二十年后,水患频仍,海疆多事,私盐日益充滞,官引日益壅滞……适咸丰庚申以后,两浙引地尽为贼扰,旧商既已困乏,复遭兵燹,不但无殷实之家,且多人亡户绝。

(李经畬等编:《合肥李勤恪公政书》卷四《查明两浙盐务情形折》同治七年十一月二十八日,原书无页次)

## 二、粮食的储备、运输与价格

### (一) 官仓、常平仓与社仓被毁

**【湖南省巴陵县·咸丰二年】**巴陵县常平仓,旧在县南乾明寺前,即明预备仓故址。道光二十二年崇阳有警,知县沈履正详请迁建于府治之东。咸丰四年贼毁。旧志载户粮册额贮常平仓谷八千石,留备谷二千六百八十八石五斗七升,停运豫省谷一万石,加贮谷六千石,收借给旧江村息谷一百三十四石八斗,收买停运漕船丁舵月粮食米归款外,余谷四百六十五石五斗八升,总共谷二万七千二百八十八石九斗五升。又乾隆三十二年府仓归并县仓谷二万七千六十九石七斗一升,附贮另案官民劝捐谷一百一十八石九斗五升七合。又雍正七年奉文新颁制斛较漕斛每石浮谷八合,共存浮谷一十八石四升。又乾隆四年收簰洲坏船拨存谷七十六石外,附贮城社谷九百三十石四斗零,总共谷五万五千五百五石六斗六升七合。咸丰二年毁于贼。

岳州卫常平仓,旧在卫署仪门内两旁。旧志谓今册载实存谷五千一十一石二斗四升九合。咸丰二年毁于贼。

岳州卫社仓,附卫署常平仓内。旧志今册载实存谷一百九十五石一斗二升九合五勺。咸丰二年毁于贼。

(吴敏树等纂:《巴陵县志》同治十一年刻本,卷六《积贮》。)

**【湖南省·咸丰二年】**自咸丰二年兵事起,江路梗塞,巡抚骆秉章请改征漕米折色,支充军饷,通起运一正四耗,每米一石,折银一两三钱,解粮道库候拨。同治二年,巡抚恽世临请并赠贴米二斗,折价提解。

(郭嵩焘纂修:《湘阴县志》光绪六年县志局刻本,卷二十一《赋役志·漕米》。)

**【湖南省江华县·咸丰二年】**常平仓,十六廒,在县署内,编忠、质、文、仁、义、礼、智、信、福、寿、公、平、丰、鼎、升、恒字号。额储谷七千八百一十九石七斗一升六合……康熙间官捐谷四十石，每年动碾永州镇左营岭东专营兵米谷一千一百六十七石四斗七升四合，秋收赴藩司领价采买还仓。咸丰二年，粤匪陷城，耗散，今颗粒无存。

（唐为煌纂：《江华县志》同治九年刻本，卷三《赋役·积储》。）

**【湖南省桂阳州·咸丰二年】**广西寇陷城，公署半毁。严升伟、俞晟先后修葺。九年，石达开来寇，毁后厅[嘉禾县]常平仓，在县署，凡十二间，贮谷五千一百三十余石，咸丰二年寇掠不存。

（王闿运纂：《桂阳直隶州志》同治七年刻本，卷六《工志》。）

**【江西省吉安县·咸丰三年】**时太和土贼窃发，扰吉安，围攻南门。知府王本梧督军守御，历五昼夜，贼不得入，焚古东山安福囤储漕米。

（刘坤一等修：光绪《江西通志》卷九十七《武功》。）

**【湖南省永兴县·咸丰三年】**常平仓，在城内衙后左路北……咸丰三年西匪焚掠一空，砖瓦木石无一存者。

（李献君纂：《永兴县志》光绪九年刻本，卷十四《公署志·仓廒》。）

**【湖南省临湘县·咸丰四年】**常平仓，谷六千石，嘉庆间增至二万五百四十石。咸丰四年，遭寇劫无存。

（熊兴杰等纂：《临湘县志》同治十一年刻本，卷四《食货志·仓储》。）

**【湖南省武陵县·咸丰四年】**贼剽掠府库储积一空，四出焚劫，所至土匪争导之，境内蹂躏殆遍。

（陈启迈纂：《武陵县志》同治二年刻本，卷二十五《武备志三·纪兵》。）

**【湖南省龙阳县·咸丰四年】**粤匪陷武昌，踞岳州，以窥常德，会盛夏湖水涨溢，东北风大作，贼乘巨舰千艘径西湖，一日抵龙阳，兵弁无一人御者。焚毁县署、各武弁衙署、仓库、民舍殆尽，火光达天。

（陈保真等纂：《重修龙阳县志》光绪元年刻本，卷十三《武备·纪事》。）

**【江西省分宜县·咸丰六年】**二月，伪官曹立本率党开常平仓，将谷抢散，烧毁。

（同治《分宜县志》卷五《武备·武事》。）



**【江西省贵溪县·咸丰六年】**十月，贼由金溪窜扰渐浦三十五都，掳掠漕米，焚毁社仓。时楚军李元度带兵驻贵。二十四日，分哨败贼于上清，贼遂焚上清店铺以去。

（同治《贵溪县志》卷五之二《武备·武事》。）

**【江西省瑞金县·咸丰七年五月初七日】**贼经此恶战，胆落，遂于次日引遁。遁之日，放火焚烧圣庙、衙署、仓库，并沿路民房。

（同治《瑞金县志》卷十六《兵寇》。）

**【湖南省兴宁县·咸丰九年】**春二月，大股西匪石达开由桂阳回陷宁城，灰灭常平仓谷，邑令彭嗣昌出资赔还。绅民妇女不受污屈，被害者一百八人。初，西匪陷桂阳……于二月十一日遂陷宁城，大肆蹂躏，近城二三十里劫掳殆尽。前股既出，后股复来，络绎不绝，城厢内外水为之枯。又有一股从南乡五里桥斜入恒魁、海水，出西乡东江，与前股合窜郴州入桂，火焚常平仓谷数百石。自二月初至三月底，近城四十五里绝烟火者月余，掳去人民数千，后多有逃回者，面皆刺字。

（黄榜元等纂：《兴宁县志》光绪元年刻本，卷十八《杂纪·纪异》。）

**【湖南省龙山县·咸丰十一年】**本城里南门土司城社谷四百三十石，隔闹坡社谷一百一十四石，西门螺蛳滩社谷四十石，大喇里社谷五十石零二斗三升，坡脚里社谷四十九石。原社仓本城及各里共一十七处，原贮社谷一千一百三十七石七斗六升一合。发寇之乱，多遭焚毁。现除详明无着外，实存本城西、南两门，大喇、坡脚两里社谷共六百八十五石三斗三升。

（刘沛增纂：《龙山县志》光绪四年续修刻本，卷四《田赋·杂税·社仓》。）

**【湖南省靖州·同治二年】**[会同]常平仓额谷八千石，又溢谷七百六十一石，外附官民捐谷三十七石二斗。同治二年发逆焚毁。

（唐际虞等纂：《靖州直隶州志》光绪五年刻本，卷四《贡赋·积储》。）

### （二）清军缺粮

**【广西省·咸丰年间】**当洪、杨初起时，官兵赴粤者数万人，岁靡饷项数千百万，督师着令有能杀贼献一人者赏白金五十两，生擒一名者百两，楚军得之甚多。后递减至数金，及是仅与铜钱八百枚而已。粤西府库磬悬，武慎所部近万人，飞挽不时，军中乏食。或于流亡所在，掘民间薯芋疗饥，[李]明惠等知之，必严绳以法。

（刘坤一等纂：《新宁县志》光绪十九年金城书院刻本，卷二十六《人物传·李明惠》。）

**【安徽省·咸丰三年四月初二日】**皖省兵额除分防书识外，不过四千余名，加以调遣溃散之余，兵力益形单弱。即如庐州城内，现仅存兵力五十余名，其招募之勇一千余名，未经训练，器械不齐，断难任以防剿。又以经费不充，大有欲散之势。臣周天爵招募之勇，先已散去一千五百余人，中有剽悍之徒，更虑其散后结捻滋事。为今之计，剿匪必须增兵，增兵必先筹饷。去岁皖省地丁及地方捐输之项已解安庆者,皆为贼有。未解者,又因团练兵差等费,动用无存。其民欠未完者,兵荒之际,流亡满道,无自征收。重以阴雨经旬,麦田减色,春征亦难催比。兼之各处商贾不行,铺户无钱,概欲关闭。地方疲困已极,无款可筹。而饥民待赈,练勇待费,调兵待饷,皆刻不容缓之需。再四思维,十分焦灼。

(李嘉端奏。军机处全宗·录副奏折。中国第一历史档案馆编《清政府镇压太平天国档案史料》第六册,第 261 页。北京:社会科学文献出版社,1992。)

**【江苏省江浦县浦口·咸丰四年四月初七日】**琦善奏报浦口官兵缺粮及发银购拨片。再,江浦县地方户鲜盖藏,民心不固。据武庆禀称,浦口现因贼扰,百姓逃徙已空,市井萧条,官兵口粮缺乏,无从买食等情。臣已发银五百两交署六合县知县温绍原,札饬该县迅速购备米石,就近陆续运赴浦口军营,并饬行营粮台拨给米一百石以资糊口,合并陈明。谨奏。(咸丰四年四月十二日朱批:)览。

(琦善奏。宫中全宗·朱批奏折。中国第一历史档案馆编《清政府镇压太平天国档案史料》第十三册,第 556 页。北京:社会科学文献出版社,1994。)

**【湖北省武昌金口·咸丰五年八月十二日】**而臣营勇粮已积欠至八、九、十日不等。屡催饷船未到,支绌万分,因于奓山扼要安营。而各路嗷嗷待哺,连月以来,不特银钱久停支发,即薪米亦甚艰难。初八日贼以大股分七八路围扑臣营,各勇竟以无粮,不肯出队。臣激以大义,督令出师,强而后可,心终不固。逆匪以数千抄后,大众散走。臣现在一面督集溃勇,暂驻大军山,一面飞催饷项,补放口粮。

(胡林翼奏。军机处全宗·录副奏折。中国第一历史档案馆编《清政府镇压太平天国档案史料》第十七册,第 507 页。北京:社会科学文献出版社,1994。)

**【湖北省英山、蕲水、罗田三县·咸丰五年八月二十一日】**伏查该道自正月以来大小十余战,屡挫凶锋,克复蕲水、英山两城,阵斩渠魁田金爵,劳绩尤著。惟据前后禀称,所带各勇从征半年,未给口粮,屡次血战,不惟赏恤无资,甚至日鲜一饱。每勇日给白面四两,或两日领米一升,该道与各委员并有断炊之事。叠派许垣、娄业仕等分途劝捐米石,往往为贼所阻,不得入城,必俟贼退,二千余人始得一饱。三月内曾分别遣散,五月间豫勇饥瘦过甚,竟以小挫致溃等情。臣接阅之下,不胜感喟。何桂珍以二千瘦劳之卒,当群盗出没之区,数月无饷,转战不休。在该道受恩深重,自当力图报效,其从征员弁兵勇,劳苦倍于他军,合无仰恳天恩,准臣择尤保奏,以作士气,抑或归于皖楚各督抚保奏之处,伏候圣裁。

(曾国藩奏。军机处全宗·录副奏折。中国第一历史档案馆编《清政府镇压太平天国档案史料》第十七册,第 524 页。北京:社会科学文献出版社,1994。)



**【浙江省湖州·咸丰十年】**时杭城失守,绍兴继陷,贼分股扑湖。道员萧翰庆率师由鄂援浙,抵湖,饥溃,翰庆阵亡,溃卒抵城,贼营密迩,奸宄莫辨。[廖]宗元出城诘得实,知翰庆军饥甚，令百姓作炊饷之，全军四千人皆果腹，且资给之。士卒转戚为喜，矢出死力报，连战得大捷，贼望风遁，围遂解。

（童秀春纂：《续修宁乡县志》同治六年刻本，卷二十六《人物一·忠义一》）

**【广西省融县·咸丰十年】**蒋和玉总理粮台，而邻省协饷多不应，勇弁假归，日问粮台索口粮，往来喧噪，同人有惧色，和玉委曲筹补，多方开导，率皆欣然而去。十一年，石达开回窜融县，坤一督师截之，飞檄请饷，道路多梗，同人皆不欲往。和玉愤然曰：军无见粮，稍缓必溃，其能惜死乎？遂躬偕通判熊良倬往。及至，营众汹汹欲溃，饷至顿定，坤一深嘉之。

（曾国荃等纂：《湖南通志》，光绪十一年刻本，卷一百九十《人物志三十·宝庆府》）

**【江苏省金坛县·咸丰十年六月】**十二日，设油榨。小菜已尽，民家惟存酱油，即派送各营冲汤嗄饭，嫌无油不能食，各腐店以各勇争买闹事闭歇，尚存黄豆千余担，捐取打油，每棚二两，按日派送，民不准食也。

（佚名：《金坛围城追记》，手稿本。南京大学历史系太平天国史研究室编《江浙豫皖太平天国史料选编》，第75页。南京：江苏人民出版社，1983。）

**【江苏省金坛县·咸丰十年七月】**初一日，城民粥食。初搜米，令民留百日粮，后改留一月，至是令民尽食大麦粥，留米供军。

（佚名：《金坛围城追记》，手稿本。南京大学历史系太平天国史研究室编《江浙豫皖太平天国史料选编》，第77页。南京：江苏人民出版社，1983。）

**【浙江省杭州·咸丰十年十一月初四日】**杭州绅民归来者不少，以弟为足恃。吁！岂足恃哉。况杭城向不存米，警信频来，米商裹足，更有绝粮之虑。所以有至好来询者，均以实告。然此时较之四月间，大约人口加以数倍计。此不足为喜，实为可忧。犯湖之贼，竟有久居之势。郡城以外，西、南、北遍地贼氛。浙省兵力全注于衢、严，江西之河口尚为贼拒，徽州仍无官兵。恐再窜入，则杭城孤立，何能久持？至于千秋、昱岭等关，无日无贼。不能设防，只好(仍)[任]其来省，再作主意。缘两处前曾派防四五千人，尚奉送器械而已，不如不防。嘉贼现攻平湖，其意在收漕，亦不能顾及，问心殊觉不安。

（《王有龄致吴煦函》1860年12月14日。《吴煦档案选编》第一辑，第418页。太平天国历史博物馆，南京：江苏人民出版社，1983。）

**【浙江省杭州·1861年12月】**12月29日杭州为忠王李秀成部所攻占的消息，是由一个姓周的难民带到此地的，他在省城陷落之日从那里逃亡出来。

据说被围困在这座省城里的军民忍饥挨饿已经陷于垂死挣扎的困境。由于所有与外界的交通已被全部切断，杭州城内的米粮供应迅即耗尽。如果谁的手头尚有多余的粮食，那只有按比平时高出十倍的价格始肯出售。既然所有的牲畜[甚至家犬和马匹]都已被吃光,挨饿的居民已有多天靠树皮草根度日,而当这些东西也被吃净时,他们只有靠啃煮熟的小块皮革来苟延残喘。最后,人肉竟以每斤160文的价格在街上出售。由于再也支撑不下去,清军的兵勇们打开候潮门[即南门],把这座省城交了出来。然而,已有数千名军民被饿死。浙江巡抚王有龄据信已自缢身亡。

(《有关叛军动态的备忘录》。《太平天国》,第十册,第328—329页。罗尔纲、王庆成,桂林:广西师范大学出版社,2004。)

## 附:缺衣、缺械与缺马

**【蒙古·咸丰三年四月十四日】**查商都牧群骒骟马共一百四十一群,太仆寺两翼骒骟马共一百二十七群,每群额设牧长、牧副、牧丁、护军有八九名及十名不等。正月派往河南军营送马官兵二百九十一员名,迄今尚未交卸回归。此次所调马五千匹,核计马匹数目,官兵应派总在四五百员名之数,长途往返需日最久。正当牧放吃紧之际,马浮于人,牧放难期周到,且游牧蒙古不服内地暑热,赶马行走诸多不便,自系实在情形。合无仰恳皇上天恩,将此次所调两起马五千匹,可否援照嘉庆十八年解送直隶保定府马匹成案,奴才派委牧群翼长等官带同兵丁,并添派张家口满洲营官员照料,将马解送直隶,由直隶总督派委将弁,按站解送江南军营,庶马匹沿途不致迟延,而蒙古官兵得以早归,不惟与牧务有裨,亦可以省靡费。如蒙俞允,请旨饬下直隶总督转饬沿途派员护送前进,不致贻误。

(盛桂奏。军机处全宗·录副奏折。中国第一历史档案馆编《清政府镇压太平天国档案史料》第六册,第405页。北京:社会科学文献出版社,1992。)

**【直隶省·咸丰三年四月二十八日】**再,查江南淮、徐一带沿江濒河,卑湿沮洳,水草之性既异,地势高下不等,路狭径窄,马匹每难展其所长。且时当炎夏,察哈尔马匹于内地水土素所未习,骤令于赤日之中,奔驰数千余里,非沿途纷纷倒毙,即疲乏不堪乘骑。况以所调马五千匹计之,每日约需马干并管解官役盘费、口粮等银五百两。今由口外送至江南,道途遥远,费用甚巨。如果马匹适用,经费原可不计,而帑项徒事虚糜,马匹难收实效,殊觉可惜。臣愚昧之见,可否停止调往,仍留口外备用。如军营马匹实在不敷,即由江南各粮台就地采买,并在于河南、山东购觅,于费用既大可节省,而马匹服习水土,亦可不致动辄倒毙,似属两有裨益。

(纳尔经额奏。军机处全宗·录副奏折。中国第一历史档案馆编《清政府镇压太平天国档案史料》第六册,第571—572页。北京:社会科学文献出版社,1992。)

**【江苏省·咸丰三年五月初九日】**窃臣于五月初五日承准军机大臣传谕,五月初一日奉上谕:讷尔经额奏,江南淮、徐一带沿江濒河,现当炎夏,察哈尔马匹于内地水土素所未习,骤令奔驰数千里,非沿途倒毙即疲乏不堪,且核计日需马乾及解管官役盘费口粮费用甚巨，请停止调往，即由江南各粮台就地采买等语，自系实在情形。此次所调察哈尔马匹，着即毋庸解赴军营，仍留口外牧放，听候调用。如军营马匹现在不敷，即著陈启迈、郑敦谨派委妥员，于河南、山东等处就近购买，毋误军行。将此由六百里传谕知之等因。钦此。臣等伏查现赴淮、扬及来徐扼剿之吉林、黑龙江官兵急需马匹乘骑，前因接奉部咨，已拨察哈尔捐输马五千匹尚未解到，经臣陈启迈将咨部催解缘由，于五月初一日附片奏明在案。兹察哈尔马匹停止调解，自应钦遵谕旨，就近购买。惟查河南、山东等处均非产马之区，民间喂养牛、驴居多，间有马匹亦系土驹，乡民以之拉车，军营不堪适用。现在臣等虽已派委妥员分赴各该处采买，而确访情形，向来秋冬之交，间有客商由张家口等处贩运马匹前来售卖，至春夏并无贩运之商。若零星收买，委实不能购办数千匹之多，即或购得二三百匹，亦不敷用，更恐旷日需时，贻误军行。若咨由直隶、山西两省动拨多伦诺尔厅征存木税等银及归绥道库存项，在张家口、归化城等处购买，可期应手。第该处距江省道路较察哈尔虽为稍近，而于军前要需亦恐缓不济急。臣等公同商酌，拟请仿照上年奉部奏准成案，酌调近省营马。查河南、山东原额营马本属无多，且山东省前已调拨一千一百匹，该二省均值防堵吃紧，碍难抽调。惟直隶省原额营马八千一百二十余匹，内前调马二千二百匹，业经该省买补足数。山西省原额营马四千余匹，内除前已调拨一千一百匹，尚存马二千九百余匹。似可将该二省营马共调五千匹，就近解赴军营供用。

（陈启迈等奏。军机处全宗·录副奏折。中国第一历史档案馆编《清政府镇压太平天国档案史料》，第七册，第77—78页。北京：社会科学文献出版社，1993。）

**【江苏省·咸丰十年八月初三日】**而金坛溃出之兵二千余名，仅穿破裤、破短杉，情尤可悯。

（《薛焕致吴煦函》1860年9月17日。《吴煦档案选编》第一辑，第418页。太平天国历史博物馆，南京：江苏人民出版社，1983。）

### （三）百姓缺粮与饥民抢食

**【江西省吉安·咸丰三年七月】**［邹恩隆］遂与其党刘得添等进攻府城，薄南门，焚古东山囤储漕米，并分窥各门。

（民国《吉安县志》卷一《大事志》。）

**【江西省南安县·咸丰四年】**五月至十二月，各军驻扎南安，米价腾涌。

（同治《南安府志》卷二十九《祥异》。）

**【湖南省安乡县·咸丰四年】**王秉三，字奉斋，南充举人。咸丰四年，令安乡……五月，粤匪过境，公多方备御，县治不扰。旋有饥民乘间窃发，被捕收押，督兵某欲尽杀之，公力为申解实非匪贼，得全活者百十人。

（佚名撰：《安乡县乡土志》，同治间残稿本，卷一上编《历史》。）

## （四）阻米出境

**【湖南省邵阳县·咸丰七年至八年】**彭洋中，字彦深，号晓杭，道光戊子举人。初官邵阳训导……巡抚骆文忠公移督四川，檄令总理通省厘务，先后筹饷数百万以济军需，积功以知府用加道衔。及署潼川，会岁饥，邻境遏粜，乃力请于大府，通饬弛禁而自运米以活民，居半载，卒于官。

（黄楷盛纂：《湘乡县志》同治十三年刻本，卷十七《人物志一·宦业》。）

**【江苏省金坛县·咸丰十年三月】**廿四日。昨溧阳信闻，城中尚安堵。今早又闻局董某某送眷出城，人遂纷纷迁徙。邑侯出为劝谕，听妇女老幼出，少壮者留守，衣物资财任人携带，惟禁钱、米两项出城，除零用食米外，不得搬运。

（佚名：《金坛围城追记》，手稿本。南京大学历史系太平天国史研究室编《江浙豫皖太平天国史料选编》，第63页。南京：江苏人民出版社，1983。）

**【湖南省·同治元年】**恽世临，阳湖人……同治元年署湖南布政使。二年擢巡抚，时大旱，州县阻米出境，民无所告籴，多聚众谋劫掠。世临榜示所属，弛其禁，复募商贩米入境，蠲其税，米值遂平。

（曾国荃等纂：《湖南通志》光绪十一年刻本，卷一百零八《名宦志十七·国朝六》。）

## （五）粮价

**【上海·1862年2月】**

以下是太平军进犯上海前后各种主要必需品的价格一览表，由此我们可以对该军此种行动造成的促使粮食价格上涨的后果，得出一个准确可靠的概念：

| | 太平军进犯上海以前的价格 | 目前的价格 |
|---|---|---|
| 大米　　每担价格 | 铜钱4 000文 | 铜钱6 000文 |
| 面粉　　每担价格 | 铜钱2 400文 | 铜钱4 400文 |

（《麦华陀领事致何伯提督函》。《太平天国》，第十册，第388页。罗尔纲、王庆成，桂林：广西师范大学出版社，2004。）

**【江西省·咸丰三年五月初二日】**又，另片奏，江省谷多壅积，部议将仓谷粜变之处，实多窒碍难行。着张芾随时体察，如粮价稍有起色，即行粜变易银，解赴大营应用，以济急需。倘米价过贱，亏折太多，自宜权其轻重，变通办理。将此由五百里谕知张亮基、崇纶、张芾，并谕陈孚恩知之。

（寄谕。军机处全宗·剿捕档。中国第一历史档案馆编《清政府镇压太平天国档案史料》,第七册,第 12 页。北京：社会科学文献出版社,1993。)

**【江苏省镇江·咸丰三年九月】**闻得琦善在扬,不准江北米来南,商人每担纳钱五十文方可。有弹奏者,方免,仍通商无阻。

(佚名：《蘋湖笔记》,手稿本。南京大学历史系太平天国史研究室编《江浙豫皖太平天国史料选编》,第 96 页。南京：江苏人民出版社,1983。)

**【浙江省嘉兴·咸丰四年二月】**八日,嘉兴完粮折色每石贱至三洋七角云。正月十八日,始见当十钱,由钱琢斋令郎在苏城桐油行内寄来者。

(王文镕：《癸丑纪闻录》。《太平天国史料专辑》,第 513 页。上海：上海古籍出版社,1979。)

**【安徽省黟县·咸丰五年正月】**县城再陷,旋复。元麦、石米钱五千有奇,始捐输军饷。

(同治《黟县三志》。)

**【浙江省嘉善县·咸丰六年】**善邑六年冬漕米价：粒字[正查]五元九角一分六。三七善字五元三角一分一。四六善字五元一角一。念仓[石五头]三元九角。臣字[折申]四元五角五分。心字[折科]五元一角五分。清字[折讼]五元三角。以下系买米进仓：红字三元九角,稽字三元四角,读字三元六角四分。洋作一千一百。

(王文镕：《癸丑纪闻录》。《太平天国史料专辑》,第 526 页。上海：上海古籍出版社,1979。)

**【安徽省黟县·咸丰七年正月】**咸丰七年正月,石米五千至六千四百有奇。邑始有质押,店始设卡抽厘济练。

(同治《黟县三志》。)

**【江苏省吴江县芦墟·同治三年七月十六日】**米价五元四五角,可以渐平。

(柳兆薰：《柳兆薰日记》。《太平天国史料专辑》,第 320 页。上海：上海古籍出版社,1979。)

**【江苏省吴江县·同治三年八月初十日】**闻日上米价顿昂,每石六元外矣。

(柳兆薰：《柳兆薰日记》。《太平天国史料专辑》,第 325 页。上海：上海古籍出版社,1979。)

**【江苏省吴江县·同治三年八月十一日】**元音侄来,粜饭米二十石,每石六元。

（柳兆薰：《柳兆薰日记》。《太平天国史料专辑》，第325页。上海：上海古籍出版社，1979。）

### （六）漕粮收入、运粮渠道与漕粮改折

**【河南省·咸丰二年十一月十九日】**一、粮台宜核实供给。向来办理粮台人员，每不以兵丁米面为急，多方置备绸缎、皮货及绍酒、海菜等件，以为供应统兵大员及随从文武员弁之需，次及提、镇等官，亦皆多为预备，习为固然，不复禁止。以此层层浪费，虚糜帑金，转于兵丁口食之资不能充裕。米面既多次色，斤两亦不足数。即发银折给，而行军之地，钱贵银贱，所得无几。安分者已难甘心，桀骜者谁思戮力。应请粮台供应兵丁米面选顶好者，斤两必与足数。如米面食有余剩，必须折银以供衣履之需，亦必按照市价发给，毋得短扣。庶几士卒饱腾，兵气可壮。一、行营买卖街宜令距营稍远。行营咨金，向有买卖街跟随行走，以便兵丁易于买食。但商贾错杂，即难保无奸匪混迹其中。设遇贼匪不远之地，突有奸人为之内应，事出仓皇，必致茫无措手。且烟火稠密，亦复宵警可虞。应请于距营二三里外，方准安设买卖街，安静待沽，不准前赴营盘。庶几防范严肃，可备不虞。

（琦善奏。《钦定剿平粤匪方略稿本》，中国第一历史档案馆编《清政府镇压太平天国档案史料》第四册，第114—115页。北京：社会科学文献出版社，1992。）

**【江苏省江宁县·咸丰三年正月十九日】**再，江宁省城向无储蓄，米牙、砻坊均在城外，民间日需米粮全赖店铺辘轳转运，三日无米进城，便有乏食之虞。现议防守城池，米粮尤关紧要，与其筹款采买，莫若银米并捐，但须定以限制。凡捐米一石，谷则倍之，应并令捐银一两，每米一石作银二两，每谷一石作银一两。捐银则照数实收，概以漕平市色上兑，以示体恤而广招徕。

（陆建瀛等奏。军机处全宗·录副奏折。中国第一历史档案馆编《清政府镇压太平天国档案史料》第四册，第489—490页。北京：社会科学文献出版社，1992。）

**【江苏省·咸丰三年三月三十日】**火轮船及广艇并在镇江之(海)[江]口拦住贼船，恐其劫海运米石，并不能借来与贼打仗也。

（王文镕：《癸丑纪闻录》。《太平天国史料专辑》，第504页。上海：上海古籍出版社，1979。）

**【江苏省·咸丰三年四月】**咸丰三年四月二十九日内阁奉上谕：许乃钊奏请将商贩赴苏米石，暂免关税一折。所有江苏无锡商贩米石运赴省城售买，准其于经过浒墅关时，暂行免税，以济民食。余着照所议办理。该部知道。钦此。

（上谕。军机处全宗·剿捕档。中国第一历史档案馆编《清政府镇压太平天国档案史料》第六册，第574页。北京：社会科学文献出版社，1992。）

**【浙江省·咸丰三年十一月二十六日】**清晨晤袁云溪翁,云:乌程、归安粮户以八折完粮,悉载至府城,湖[州]府甚难办理。署德清知县胡德璐,因海运费须赔五百文一担,若不海运,卖米交银,则更须赔五万余洋,业已告病换官矣。

(王文镕:《癸丑纪闻录》。《太平天国史料专辑》,第 511 页。上海:上海古籍出版社,1979。)

**【湖北省·咸丰七年十月】**胡林翼密奏:其征收折色,每石折收钱或五六千,或七八千,或十二三千,或十五六千,竟有多至十八九千者。其征收本色,每石浮收米或五六斗,或七八斗,或加倍收,竟有多至三石零者。此外,又有耗米水脚等项,分款另收。又有田单券票、样米、号钱等名,多端需索……[奏折中揭示,其所以如此,一是因上司要交成规或房费。二是交北米时,丁船处处要费,交南米时也要交费。因此不得不向粮户浮收。]州县既有浮收,势不能不受刁民挟制……又有刁绅劣监完纳,其零取于小户者重,其整交于官仓者微,民谓之蝗虫。更有挟州县浮收之短,分州县浮收之肥,一有不遂,相率告状,甚或聚众哄抢。名虽为民请命,实则为己求财也。官谓之蝗虫费……于是大户折色之价日减,小户折色之价日增。

(《清文宗实录》卷二百三十八,第 8 页。咸丰七年十月戊辰。《东华录》卷七十六,第 9 页。)

## 三、对外贸的影响

**【广东省·咸丰三年十二月十四日】**再,臣等钦奉谕旨:着购备夷炮五百斤、三百斤重者合千余尊,解至武昌,以便配搭船只,分布水师各营,为水陆夹击之计等因。钦此。当经饬令署广州协副将怀塔布,密派妥员,前往香港、澳门地方,将现存夷炮赶紧分投购买,运至省城,施放有准,即行解往,并饬怀塔布赶造炮架、炮垫、炮扫、炮撬、引门盖等具,飞调水师提督阳江、碣石各标营演炮纯熟兵丁,派令干弁督带,分起运送。已于十月初八日由驿具奏在案。随据署广州协副将怀塔布委员初次购得夷炮八十尊,派委署广东水师提标左营外委薛飞雄管带精熟演炮兵丁四十名,于十月十一日头起押解起程。又二次购得夷炮一百二十尊,派委碣石镇中营把总魏丹成带同左营外委陈武龙、右营记委施成任管带精熟演炮兵丁九十八名,于十一月十八日二起押解起程。又三次购得夷炮一百二十尊,委派阳江镇左营千总刘瑞麟、广海寨左哨二司把总李雄彪、吴川营右哨头司外委何卓然,带(向)[同]记委曾安邦、曾秉忠管带精熟演炮兵丁九十七名,于十一月二十八日三起押解起程。以上三次,共购运夷炮三百二十尊,内六百斤重炮三十尊,五百三十斤重炮二十尊,五百斤重炮十一尊,四百二十斤重炮五十六尊,四百斤重炮十四尊,三百二十斤重炮五十五尊,三百斤重炮五尊,二百六十斤重炮三十五尊,二百三十斤重炮十八尊,二百斤重炮七十六尊,均照炮身长短配齐炮架具项,由广东省城押解起程,至韶州府乐昌县,经湖南宜章等县直抵湖北武昌城投收,并令各兵在楚听候调遣。惟澳门、香港夷船带来炮位业已购买无存，臣等现仍饬怀塔布派员前赴澳门等处查看，俟（齐）［夷］船续有炮带到，立即赶紧购买，运送到省，即行验放，委弁迅速［运送］以备应用。

（叶名琛等奏。军机处全宗·录副奏折。中国第一历史档案馆编《清政府镇压太平天国档案史料》第十一册，第550—551页，北京：社会科学文献出版社，1994。）

**【江苏省上海县·1853年】**在上海，一般人都注视这样一个进展神速的革命运动，最初是感到关切，接着是感到不安。省会一被占领，革命军的浪潮不会冲到上海来吗？中国官府十分焦急，考虑着防护措施。商业界——英美商界和中国商界一样——眼见着自身利益受到了威胁，交易已经日趋迟滞；自一八五二年年底起，货物就已经开始滞积。现在，上海各货栈堆积的存货，据估计，值二千万英镑之巨……一八五三年一月二十一日法国领事敏体尼(Montigny)写给法国使馆的一封信，对彼时情况提供了若干有趣的实例。他说："英美商人都在叫苦，几星期来，他们的棉布或毛料一匹也销不出去了，就是鸦片烟也都无法销售，每箱价格由五百六十元跌到三百九十元，四百元。"这种商业滞顿有三个原因："一、革命军进展神速；二、盗贼利用无政府状态，特别猖獗，拦路打劫，造成纷乱；三、内河水浅。"

（［法］梅朋：《上海租界当局与太平天国运动·第一章》，范希衡译。南京大学历史系太平天国史研究室编《江浙豫皖太平天国史料选编》，第386—387页。南京：江苏人民出版社，1983。）

**【江苏省上海县·1853年4月】**现方与官军对抗之革命军所驻之确实地域，及其首领等对于外国人之真实态度如何，皆未能详悉。但据吾人所得之一切报告，已深足以令人忧虑而惊惧；在上海如此巨量的产业已处于危境，及广大的商业利益亦受牵累，尤足以使人焦急万状。

（《濮亨上克拉兰登伯爵书之附件一，濮亨致费煦卜司令书》1853年4月11日自上海发。曹墅居译、简又文校：《英国政府蓝皮书中之太平天国史料》。《中国近代史资料丛刊：太平天国》，Ⅵ，第889页。中国史学会编，编者：向达、王重民等，上海：神州国光社，1952。）

**【江苏省上海县·1853年5月】**此间商业现完全在停滞中，如革命军一日不离开扬子江南岸，恐商业即将一日无起色也。

（《濮亨上克拉兰登伯爵书》1853年5月6日自上海。曹墅居译、简又文校：《英国政府蓝皮书中之太平天国史料》。《中国近代史资料丛刊：太平天国》，Ⅵ，第896页。中国史学会编，编者：向达、王重民等，上海：神州国光社，1952。按：这两封信说明太平天国对上海外贸的影响。）



**【浙江省、江苏省·咸丰十年六月】**晓帆仁兄大人阁下：

二十五日又由宁波专寄寸函,谅可入览。兹因沿江及江西河口屯聚茶叶甚多,未能赴沪。现派炮船由鳖子门出口,探至上海。如沿途便于行运,华夷生意尚在贸易,再行劝令由鳖子门运沪,庶贵关税项旺收,敝处捐款亦不无小补。伏乞斟酌示知为荷。

(《王有龄致吴煦函》1860 年 7 月 15 日。《吴煦档案选编》第一辑,第 316 页。太平天国历史博物馆,南京:江苏人民出版社,1983。)

**【江苏省上海县·1863 年】**[从英国的进口贸易]去年[1862 年]上半年,进口贸易的情形极为不振,交易上没有什么生气。对进口商人来说,当时的物价是无利可图的。无论在哪个地方的市场,工业制造品的存货都是很多的,而以上海市场最为特殊。在这里,大量供应的货物远远超过日益降低的消费量,这使上海存货继续趋于膨胀。但到去年 7、8 月间,情况很为明显,支配国内市场的高物价,已在实际上使航运归于停顿,而由于每条邮船都带来国内物价继续高涨的消息,致使我国在上海的商品价格,日益同国内货价失去平衡。掌握货物在手的人,开始恢复他们的信心。外国商人带头进行投机,买进货物,而后外国与中国商人同样买进,致使原已低落的物价得以逐步提高。这种物价上涨的趋势,后来受到从英国陆续传来的消息的鼓舞,而且这种情形一直继续到去年年底。

[棉织品]

在这个时候,进口物资的数量比较低落,而在上海这个商业中心的存货已有所减少,因为一部分货物已转运到其他口岸,一部分已在本地市场推销,其数量虽不算大。到去年年底,物价一般都在上涨,而在中国对外贸易史上,它要比任何时期的物价为高。虽然如此,这里的物价仍然要比曼彻斯特的市价为低,那里物价之所以升高,是由于美国发生内战,致使棉花供应缺乏的缘故。去年年终,商人手中所存各种棉织品存货的数量,虽与年初不同,不算过多,然而平均说来,货源仍极充分,照许多人估计,足敷此间一年的消费。

[原棉]

应该注意的是,大理原棉存货是中外商人投机的对象,而掌握该项存货的,主要为外国商人,其次是华人资本家。汉口、九江、天津这三个地方,向来都是从上海市场得到原棉供应的。前两个口岸从上海吸进的物资,在数量上大致同前一年相等,天津与华北其他口岸的贸易则显著下降,据估计,去年消费量约等于 1861 年的三分之一。

[鸦片]

鸦片虽不属于生活的必需品,且不列入制成品名单之内,然而我们对鸦片这项进口贸易,确有予以注意的必要,因为它在我国贸易中具有价值,它可以为我们从中国换回同等价格的土产品。同前一年交易情形相比,1862 年的鸦片贸易量确有所增加,并为我们带来更多的利润。这项进口的药物不仅在消费量上有所增长,而且它的价格已经高达六百三十两一箱,这是多年来没有见过的价格。鸦片价格在 1861 年的幅度,是五百十五两到六百两。而在 1862 年内,它的最低价格是五百四十两,年终时则高达六百三十两。至于进口鸦片的数量,据每年交货的帐目,1861 年是两万一千六百四十八箱,1862 年是三万零一百四十二箱,说明在一年内增加八千四百九十四箱……

鸦片这项物品的贸易,在上一年[1861年]曾大受叛军的扰害,因为他们在各地方出现,中国商人便不能将鸦片运到内地去。但联军却排除这种困难,极力将叛军从内地市场上驱逐出去,使中国商人恢复他们的信心,并使鸦片贸易的规模比过去还大。太平叛军为我军驱逐后,由于我们在扬子江上以及通往华北各埠的海岸,开辟了经常行驶的轮船航线,鸦片贸易进口商人感到无比满足,这些口岸的鸦片贸易逐年在增长。

(《外国商业与航运在中国的发展》。《北华捷报》第653期,1863年1月31日。《太平军在上海——〈北华捷报〉选译》,第466—468页。上海:上海人民出版社,1983。)

**【湖北省汉口·同治元年二月二十八日】**上海道吴煦雇来火轮船七只,专接李少荃一军赴沪,议明水脚十八万。洋人之在汉口入内地卖买者,照例子口半税,归各关收取。湖北当事以其数较厘金为少,遂并此不收。甚至上海交纳与否,亦不可知。

(赵烈文:《能静居士日记》。《太平天国史料丛编简辑》第三册,第228页。太平天国历史博物馆,北京:中华书局,1962。)

[按:连子口半税也主动地放弃。]

**【浙江省·同治二年】**有桑无蚕,有蚕无具,有具无食,男既废耕,女亦废织。

共道新丝足救贫,那知蚕具遭兵尽。坐见桑芽日日青,小姑无事空愁窘……四月不成茧,五月不成绸,况复厨娘告炊断,蚕不愁饥人自愁。

(许瑶光:《雪门诗草》卷六《饲蚕愁》。)

**【江浙地区·1864年】**马迦(John Major)刚从产丝区域收茧回来,大为失败,天蚕全部失收……原来春天叛军自产丝区域撤退前烧掉了房屋,正当蚕的头眠和成茧的时期天气太冷,下雨,又起暴风……因此不到做茧便会死去。

(《1864年6月20日开斯维克致香港什希佛尔》。严中平译:《怡和书简选》。北京太平天国历史研究会编《太平天国史译丛》第一辑,北京:中华书局,1980。)

**【江苏省上海县·咸丰十年一月】**惟上海华夷杂处,各省商贩辐辏,岁收关税厘捐不下四百余万,各路饷需大半赖此,洵为关系极重之区。

(《吴煦为调吴淞营兵移驻上海填防禀王有龄(底稿)》1860年3月3日。《吴煦档案选编》第一辑,第172页。太平天国历史博物馆,南京:江苏人民出版社,1983。)

**【江苏省上海县·咸丰十年八月】**浙省丝捐间有所收,第夷人自办之丝,种种巧避。目前难与力争,俞丞回沪后,清厘各事芥蒂当可渐释。

(《吴煦上王有龄禀(底稿)》1860年10月。《吴煦档案选编》第一辑,第429页。太平天国历史博物馆,南京:江苏人民出版社,1983。)

**【湖北省武昌汉口咸丰十年十月至十一月】**汉口已设新关,郑谱香观察接办税务,以未奉上谕,而英国领事官未经妥议,暂未收税。

(《唐训方致金逸亭书》。《太平天国史料专辑》,第470页。上海:上海古籍出版社,1979。)

**【江西省九江·1861年3月8日】**九江及其城郊已成一片废墟。自从三年前叛军放弃这座城市后,重建这座城市的信心始终没有恢复过来。然而,在城郊有许多殷实的店铺是新建的。有一两所新设立的衙门已经建成。如果这个口岸对外商开放,不久贸易就会重新开展。我相信绿茶必然会运到这里,尽管叛军对盛产绿茶的婺源有所影响。然而,要开发该埠的财富资源需要经历一段时间,因为贸易早已停顿,经营贸易的商人由于近八年来的战乱纷扰而被完全赶跑了,我们英国所有的工业制造品,连同蔗糖和别的华南农产品和日本货,将会在此间找到销售的市场。

我在商店里看到了许多货物的样品。我可以给你列举一连串行情,许多织物每英尺各值多少钱,但是,这样的行情将会证明毫无用处,很可能会比别的东西更加使你迷惑。我所看到发售的货物有美国的厚斜纹布,浅灰和洁白的衬衫料子,土耳其的大红布,雪白和七彩的锦缎,手帕,羽纱,西班牙的条纹布和粗绒布,日本的海藻,等等。这些货物是从上海经由水道运来的。仅仅在本地居民中间有销路,销路也极有限。

(《米切致安特罗巴士函》。《太平天国》,第十册,第160页。罗尔纲、王庆成,桂林:广西师范大学出版社,2004。)

[按:米切为英商广隆洋行职员。]

**【江苏省上海县·1862年】**茶叶而外,生丝的生产与出口构成中国对外贸易另一个重要部门。这项商品在季节开始时价格很高,而且正是因为它的价格高,商人才急于将生丝的收成运出遭受叛军骚扰的危险地区,这自然使运到市场的生丝多而且快,以至市场存货充斥,并使开市时的生丝价格略趋下降。在生丝季节过去一个时期后,大家对这年生丝收成是一个小年的预计得到证实,市场情形因告恢复。后来由于生丝货源缺乏的情形日益显著,丝价因即逐步回升,等到当年年终,它竟达到极高的标准。

(《外国商业与航运在中国的发展》。《北华捷报》第653期,1863年1月31日。上海社会科学院历史研究所编译:《太平军在上海——〈北华捷报〉选译》,第472页。上海:上海人民出版社,1983。)

**【江苏省上海县·1862年】**在整个生丝季节中,叛军对生丝的运输,很少加以干扰,而在某些地区,他们似乎还急于扶植这种贸易,因为他们可以从这种贸易中得到一笔可观的税收。然而毋庸怀疑,由于叛军在极其重要的时刻到达产丝的地区,他们确曾严重地干扰生丝的收集工作,而且大体上正是由于这个原因,去年年终生丝市场货源缺乏的情形才得到说明。

（《外国商业与航运在中国的发展》。《北华捷报》第 653 期，1863 年 1 月 31 日。上海社会科学院历史研究所编译：《太平军在上海——〈北华捷报〉选译》，第 472 页。上海：上海人民出版社，1983。）

**【江苏省上海县·1862 年】**由于俄国在关税制度上作出修改，使茶叶得以经过俄国的海口而进入那个国家，其价格既足与陆路上输入俄国的茶叶相竞争，且终将消灭陆上这项贸易。这一改变对英国茶叶市场，特别是宜于在该市场推销的红茶，是一个巨大的刺激。投机商人纷纷活跃起来，他们以比过去五年为高的价格买进优质茶叶。大家认为销售中国出产的这种茶叶的前景，是极足令人鼓舞的，因为据某些人估计，俄国每年消费量约为三千万磅。这些使人兴奋的消息，是当新的茶叶季节开始前在中国收到的，外国商人因此派出很多华人经理，到各地山区设立行庄，以便收购茶叶。外国行庄之间发生竞争，与前一年同一时期相比，茶叶价格迅速增涨，足足涨了百分之五十。

（《外国商业与航运在中国的发展》。《北华捷报》第 653 期，1863 年 1 月 31 日。上海社会科学院历史研究所编译：《太平军在上海——〈北华捷报〉选译》，第 469—470 页。上海：上海人民出版社，1983。）

**【湖北省武昌汉口·1862 年】**茶叶市场于去年[1861 年]5 月底在汉口开始，最优等的茶叶每担值纹银三十六两。大量茶叶不断从产区运到市场，而在茶叶季节过去相当时候以后，茶叶质量虽然较差，但仍能充分维持开市时的价格。到 11 月初，茶叶出口增加的情形真是惊人，以致引起外国商人的注意，从而对茶叶的需求趋于停滞。这种情形之所以发生，无疑是由于茶叶价格很高，茶叶商人能够从中猎取巨额利润，于是尽量将茶叶运到市场。由 11 月到年终，此项买卖主要是用以货易货方式进行结算，即以茶叶换回进口的制成品。

（《外国商业与航运在中国的发展》。《北华捷报》第 653 期，1863 年 1 月 31 日。上海社会科学院历史研究所编译：《太平军在上海——〈北华捷报〉选译》，第 470 页。上海：上海人民出版社，1983。）

**【江苏省上海县·1862 年】**由于每一艘从欧洲开到的邮船，都为我们带来关于欧洲市场不利的消息，而且由于俄国所将吸收茶叶的种类与数量也变化无常，故在去年 12 月底，市场对茶叶的需求几乎完全停止，除非价格比过去下降，买户是不会出面购进的。在茶叶季节当中，许多茶叶商人大都愿意将茶叶运至上海。出口情况起初很好，但后来由邮船从英国带来的消息一次不如一次，商人们不得不将茶叶售出以套回现款，而他们也不能再用以货易货办法使自己的货物脱手。由于这个原因，到去年年底，也就是茶叶季节快要结束的时候，上海方面的茶叶市价，竟比扬子江上同茶区最为接近的通商口岸汉口的茶价为贱。

去年年初，绿茶曾照最高价格成交大宗买卖，它主要是运往美国市场销售的，但自收到关于特兰特事件消息后，绿茶即无人过问，每担价格差不多下降三两。整个春季期间内，茶叶市场的情形都甚疲敝，直到新茶上市，价格都没有变化。由于大家指望茶叶，特别是优质茶叶的供应量将会缺乏，茶叶价格将逐步回升，故在去年年终时，茶叶价格比起同季度最低点来，回升七两。到 12 月 31 日止的这一季度，或说六个月期间，各种茶叶出口总数为八千五百九十四万一千零七十三磅，而估计 1862 年至 1863 年十二个月的出口数应为一亿二千万磅。同过去出口数字相比，1861 年至 1862 年十一个月间的出口为九千八百九十八万九千六百二十二磅，1860 年至 1861 年十二个月为九千零六万六千一百六十磅，1859 年至 1860 年十二个月为八千五百五十六万零四百五十二磅，1858 年至 1859 年十二个月为六千五百七十八万零七百九十二磅。

（《外国商业与航运在中国的发展》。《北华捷报》第 653 期，1863 年 1 月 31 日。上海社会科学院历史研究所编译：《太平军在上海——〈北华捷报〉选译》，第 470—471 页。上海：上海人民出版社，1983。）

### （附：清军与鸦片烟）

**【江苏省金坛县·咸丰六年七月】**廿一日，城内烟[鸦片烟]绝，贼攻城益急。幸张国梁率军亲往送烟入城，兵气稍振。

（佚名：《蘋湖笔记》，手稿本。南京大学历史系太平天国史研究室编《江浙豫皖太平天国史料选编》，第 107 页。南京：江苏人民出版社，1983。）

## 四、商品运输路线受阻与物价变动

[粮价与盐价见本章第三节“盐价”目与“粮食的储备、运输与价格”目]

**【安徽省、江西省、湖北省、江苏省·咸丰三年正月十七日】**有人奏，访闻逆贼现用木排，舟行中流，排行傍岸，上堆泥垛，枪炮遮列四面，直若无基之城，有足之马，结阵而行，战船不能及前，火攻不能透内。又有连环小排，一遇敌军，可以围裹。又用木排铺板，上覆厚土，接连两岸，可以遏遮上游之师，若坦途然，以利行旅。凡过者皆以银钱与之，如此则川江、汉江之兵米不能踰越，铁铜等船必被格断。

（寄谕。军机处全宗·剿捕档。中国第一历史档案馆编《清政府镇压太平天国档案史料》第四册，第 431 页。北京：社会科学文献出版社，1992。）

**【湖北等省·咸丰三年】**上谕：现在京局铜钱短绌，各起运员多因江路梗阻，不能抵通。湖北省城现有存留两运铜斤，四川巴县现有截卸四运铜斤，据该部[户部]奏请，均令运赴樊城，或河南新野县登陆，即用商贩雇车揽载、包装、包卸之法，运抵河南内黄县，计陆程一千三百余里，即由楚旺集入卫河，交豫省运粮军船洒带，归各省运员押运，以期迅速抵通，接济京局之用。

（《清朝续文献通考》卷二十，考七六九六，商务印书馆十通本。）

［编者按：咸丰三年以后，太平军占领了长江一带口岸，使滇铜无法利用长江和运河达到北京，造成北京铸钱原料短缺和滇铜无法外运，以致铜产阻滞，铜矿停开，直到同治六年才恢复河运。因运河河道淤塞，运输困难，滇铜产量不能恢复旧观，到光绪年间，更一落千丈。］

**【江苏省上海县·咸丰三年四月二十一日】**上海民夷尚属安静，惟各路闻有警报，商贾不通。

（吴健彰禀文。军机处全宗·录副奏折。中国第一历史档案馆编《清政府镇压太平天国档案史料》第六册，第512页。北京：社会科学文献出版社，1992。）

**【江苏省南汇县·咸丰三年八月】**十七日，陈华泉表叔云：顷有人从南汇买棉花，每百文得十五两。

（王文镕：《癸丑纪闻录》。《太平天国史料专辑》，第508页。上海：上海古籍出版社，1979。）

**【江西省南昌县·咸丰三年九月】**城内各铺家避乱去，门首或贴"暂停歇伏"，或贴"此内有人看守"，掩耳盗铃，亦可笑也。先是铺家无人者，多为兵打入，恣取财物，并多拆毁，多系江臬司兵。嗣后官府见之不能堪，乃出封条，无人者即封之。

（毛隆保：《见闻杂记·九月见闻记》。杜德风选编《太平军在江西史料》，第503页。南昌：江西人民出版社，1988。）

**【浙江省嘉善县·咸丰五年】**三月初，马邑尊同沈典史封锁杨信泰棉花行，令人看管，以其违例开行也。东城门下贴有告示，余亲见之。

（王文镕：《癸丑纪闻录》。《太平天国史料专辑》，第519页。上海：上海古籍出版社，1979。）

**【浙江省·咸丰五年四月二十一日】**［方］效曾又云：杭省茶客出关，每担须勒捐银一两，现在货已买好，客俱不出。何巡抚［桂清］让价至五钱，客仍不愿。湖州拆去府堂，亦以税茶之故。据云：现聚三十万人，势将闹事也。又聚银数万馈长发，要伊理直此事，谅无此事。并告知上海夷人，夷遣四人来省禀知，惟上海关茶叶出进不加捐款云。

（王文镕：《癸丑纪闻录》。《太平天国史料专辑》，第521页。上海：上海古籍出版社，1979。）



**【浙江省常山县·咸丰五年十二月】**［初四日，至草平。浙江省常山县属，江西、浙江判境处］百货维行，负担相望，商旅纠资治道，平直如砥。

（赵烈文：《落花春雨巢日记》。《太平天国史料丛编简辑》，第三册，第 48 页。）

**【江西省玉山县·咸丰五年十二月初五日】**［城中］舍宇寥落。城外商贾凑集之所，喧溢十倍。是春经贼焚掠，方图兴建，板筑之声达于远近。孝拱尝云："今世一商贾之天下。"信哉言乎。

（赵烈文：《落花春雨巢日记》。《太平天国史料丛编简辑》，第三册，第 48—49 页。太平天国历史博物馆，北京：中华书局，1962。）

**【江西省于都县·咸丰六年】**六月，贼据于城，商旅不通，北乡鲤汾阻泊盐船数十艘。初五日，城内贼突出掳船，相顾骇愕。

（同治《赣州府志》卷三十三《武事》。）

**【江西省信丰县·咸丰六年】**［八月至十二月］数月来，各乡联丁并城内兵民与贼数十战，围不解。城内青菜每斤百钱，鸡鸭猪鱼每斤千钱，他物称是。火药亦渐不敷，邑侯忧之，谕各乡救援。近城贼营绵亘数十里，不得过越。

（同治《信丰县志》卷之七《信丰被寇纪事》。）

**【江苏省·咸丰八年初八日】**若江苏军饷自广连失事以后，上海关税厘捐即行减色，迨浙东用兵，茶叶之来路断绝，天津河船阻滞，并无北货运回，上海地方渐形萧索。

（何桂清奏。方略馆全宗·钦定剿平粤匪方略稿本。中国第一历史档案馆编《清政府镇压太平天国档案史料》第二十册，第 523 页。北京：社会科学文献出版社，1995。）

**【浙江省杭州、安徽省宁国·咸丰十年三月】**至饷需一节，更祈筹措一二。杭城之失，由于宁国。宁国之败，由于缺饷。正、二两月，该防兵勇二万余人，领过约银一万九千两，此致变之所由来也。前车可鉴，能不惊心！所冀老兄助我一臂，不然真无可设想。素知梓谊最厚，谅不肯漠视。况沪上浙人最多，即江右、皖省茶叶生理者，道出杭州，能一路无阻，于生意方可通达。情之一字，最能动人，尚祈留意。

（《王有龄致吴煦函》1860 年 4 月 11 日。《吴煦档案选编》第一辑，第 201 页。太平天国历史博物馆，南京：江苏人民出版社，1983。）

**【浙江省绍兴——江苏省上海县·咸丰十年五月】**查近日杭州新丝，徽、严茶叶，有由宁出口者。昨委丁守在绍兴设局，代收上海税捐并本地捐项，但未知能妥办否……再，绍兴赴宁出口茶丝，恐不进上海口，其沪关税捐均由绍局代收［将来可以划收或作账］，特将照票寄呈。［所开数目，有无错误？祈查示。］

（《王有龄致吴煦函》1860 年 7 月 10 日。《吴煦档案选编》第一辑，第 290—291 页。太平天国历史博物馆，南京：江苏人民出版社，1983。）

**【浙江省、江苏省·咸丰十年六月】**茶叶由内河行走，船只已绝迹，是以设法走鳖子门，现闻亦不能去，可惜之至。浙省厘捐已绝，钱粮无征，每月极少三十万，如何支持？弟真不知死所耳。

（《王有龄致吴煦函》1860年7月28日。《吴煦档案选编》第一辑，第340页。太平天国历史博物馆，南京：江苏人民出版社，1983。）

［按：茶叶出口改道，造成浙江财政困难。］

**【浙江省湖州·咸丰十年十一月初九日】**第湖属遍地皆贼，丝客不由湖郡捆包，［丝捐］无从查办。

（《王有龄致吴煦函》1860年12月20日。《吴煦档案选编》第一辑，第452页。太平天国历史博物馆，南京：江苏人民出版社，1983。）

**【湖北省武昌汉口·咸丰十一年十二月】**初十日，癸亥，晴，风微……鲁山北麓下即汉口，所为［谓］汉水触大别之坡是也。从古为重镇，由荆、襄以窥中原必争之地。今为商贾凑集最盛之区。以利薮之故，遂招异类踞我要冲，可忧也。

（赵烈文：《能静居士日记》。《太平天国史料丛编简辑》，第三册，第213页。太平天国历史博物馆，北京：中华书局，1962。）

**【湖北省武昌汉口·咸丰十一年十二月】**二十二日，乙亥，晴。晨起同程君云卿、舒叔、慎弟出武胜门［北门，俗呼草湖门］，渡江到汉口游步。市井繁凑，行半日，不见首尾。到宝顺洋行访广友黄君恒山、唐君亦坪［九江司马唐蕴泉之侄］。闻上海夷事，大略与昨执之所说相仿佛。洋行来此已十余家，俱造屋市中。又于市北买地数十顷，将大兴工作。每亩地五六百金价目。

（赵烈文：《能静居士日记》。《太平天国史料丛编简辑》，第三册，第216页。太平天国历史博物馆，北京：中华书局，1962。）

**【江苏省上海县·1862年2月19日】**当然，姑且承认目前执行严守中立的政策是唯一正确的策略，而且在防守上海县城和外国租界时，不论采取何种行动，我们都要小心翼翼地遵守这一重要原则。但本领事认为，这要基于对与目前的危机紧密相关的两个问题的考虑才能作出决断。一是我们对于县城和外国租界的供应究竟拥有哪些来源；二是目前太平军的行动究竟在多大程度上威胁到这些供应，乃至于为了我们本身的防务，有必要对他们进行干预。

鉴于就供应而论，上海当地居民所必需的物品是应予考虑的主要问题，本领事准备专门就华人展开论述。华人的生活必需品主要为稻米、小麦、面粉、蔬菜、家禽、山羊、棉花，以及包括木柴、棉花梗和芦苇在内的燃料。在和平时期，上海市场上出售的稻米，其产区多半在无锡、常熟、昆山、白鹤江与黄渡等地，这些地方都是位于上海县城以北和以西的乡村和市镇,目前都在太平军占领之下。自从这些地方受到太平军的肆扰和蹂躏以来,此间市面上的稻米一直是从松江周围以及上海和松江之间的乡村地带采购来的。本领事听说,如果这一米粮来源也告断绝,我们只能从两个地方去采办[除进口洋米外],其一是崇明岛,其二是该岛以北的扬子江沿岸,如果运米的沙船能够倚仗护航而安全地驶进黄浦江口。据估计,上海每日所消耗的稻米至少为 2 000 石,而据报告,上海目前拥有的稻米大概仅能满足一个月的需要。上面列举的其他必需品历来是由浦东乡村供应的,而近来这些乡村已全部遭到太平军的肆扰和蹂躏。

以下是太平军进犯上海前后各种主要必需品的价格一览表,由此我们可以对该军此种行动造成的促使粮食价格上涨的后果,得出一个准确可靠的概念:

| | 太平军进犯上海以前的价格 | 目前的价格 |
|---|---|---|
| 大米　　每担价格 | 铜钱 4 000 文 | 铜钱 6 000 文 |
| 面粉　　每担价格 | 铜钱 2 400 文 | 铜钱 4 400 文 |
| 木柴　　每担价格 | 铜钱 450 文 | 铜钱 1 000 文 |
| 柴草　　每担价格 | 铜钱 240 文 | 铜钱 600 文 |
| 棉花梗　每担价格 | 铜钱 320 文 | 铜钱 800 文 |
| 芦秆　　每担价格 | 铜钱 350 文 | 铜钱 800 文 |
| 江西茶叶　每斤价格 | 铜钱 160 文 | 铜钱 260 文 |

第二个问题是:由于目前上海近郊的乡村惨遭太平军的劫掠破坏,我们的必需品供应究竟是否已陷于极大的危险,从而证明我们有正当的理由立即制止此种劫掠破坏的行为。本领事曾经指出,由于太平军占据上海周围各地的结果,我们的必需品供应已经大为减少。考虑到太平军已从我们这里得到明确的警告,要他们切勿进入与上海相距一定路程的地域,不容置疑,上述情况已足以使我们有正当的理由郑重地要求太平军对他们所造成的巨大损害承担责任。然而,截至目前为止,他们始终被认为是无罪的;他们对于我们所提出的劝告故意摆出熟视无睹的姿态,如果我们现在迫使他们对此承担责任,已经为时过晚。本领事同时想到,我们决不准许他们利用我们的宽宏大度,把他们的劫掠和入侵行动扩张到上海县城的大门口,因为一旦这么做,他们自然而然地要把一大批难民驱逐到我们的防线之内,从而在未来的几个月里,促使难民丧失其维持生活的手段和财源。其结果将会是,我们不仅要为更多的居民提供粮食,而且不出几个星期,在我们中间便会出现一批游手好闲与无家可归的无赖之徒。他们将会像任何外来的敌人一样,构成一群实际存在而又难于对付的危险分子。

本领事认为,就太平军寇盗部队肆无忌惮地向上海邻近地带进逼一事而论,可以由我们派遣军队,定期轮流值勤,前往距上海城门不出 15 英里的各个区域巡逻,就能很容易地制止他们的挺进。就目前而论,如果派遣一支侦察部队在吴淞对面登陆,并嘱令他们深入乡村地带,到叛军扎营固守的高桥,然后再绕道向南和向西前进,直到返抵董家渡座堂上游与河道交汇的黄浦江岸边为止，这样的策略最为有用。这样一次巡逻搜索将会在黄浦江东岸的全部乡村地带收到扫荡污浊气氛的效果，而现在浦东内陆六至八英里的地带是遭受太平军蹂躏最为惨重的地方。经过此种扫荡，必将在很大程度上恢复上海县城及其四郊广大居民的信心。

（《麦华陀领事致何伯提督函》。《太平天国》，第十册，第387—389页。罗尔纲、王庆成，桂林：广西师范大学出版社，2004。）

## 五、商业状况

**【江苏省·咸丰三年六月二十二日】**一、采办请照民价也。军营需用物件，率皆例价少而时价多，委员无力赔垫，非因此勒派民间，即借口苛累行户。至有官勇经过地方，行店关闭，甚至日用食物无处购买，累官累兵因而累民，殊非核实办公之道。拟请军营需用一切，概照民价购买，其有时价较省于例价者，即以此之有余补彼之不足。事竣通盘核算，如有不敷，归于行兵省分摊补。

（福济等奏。军机处全宗·录副奏折。中国第一历史档案馆编《清政府镇压太平天国档案史料》第八册，第154页。北京：社会科学文献出版社，1993。）

**【江苏省丹徒县·咸丰三年七月十二日】**奴才泊舟丹徒镇，见民房间有烧毁，而市廛贸易尚多。逆匪前次滋扰之后，闻和春援兵已到，旋即退回镇城。现在丹徒镇兵勇防堵甚密，民情安定。

（怡良奏。军机处全宗·录副奏折。中国第一历史档案馆编《清政府镇压太平天国档案史料》第八册，第469页。北京：社会科学文献出版社，1993。）

**【湖南省、长江中下游沿江一带·咸丰三年十一月二十六日】**再，臣闻湖北以下沿江市镇逃徙一空，千里萧条，百货俱无可买。臣此次一出，必须将米盐油薪等物多为储备，用船装载，即以水次为粮台，使兵勇无乏食之患，庶无溃散之虞。查本年湖南漕米虽有改征折色之议，而州县仍谨遵谕旨，照旧征收。相应奏明请旨，准臣提用漕米二三万石。事关紧急，臣一面具奏，一面咨商督抚，酌提傍水州县之漕米赶紧交兑。俟兑定后，某县实交若干石，再行开单咨明户部查照办理。

（曾国藩奏。军机处全宗·录副奏折。中国第一历史档案馆编《清政府镇压太平天国档案史料》第十一册，第353页。北京：社会科学文献出版社，1994。）

**【江西省·咸丰五年十二月】**初八日，午过铅山县河口[镇]……与景德、吴城、樟树埒，号为豫章四镇……四方维旅道皆出此，牙货泉涌，商侩雾集，尤多闽、广人。

（赵烈文：《落花春雨巢日记》《太平天国史料丛编简辑》，第三册，第49页。太平天国历史博物馆，北京：中华书局，1962。）

**【江苏省苏州·同治三年十二月】**初三日，西北风。顺帆晚行，有雾。饭前过北望亭，有卡及驻扎兵船。午前进浒墅关，两岸均是荆榛瓦砾，人市阒寂，令人感喟无任。过枫桥，光景与关相到[衍字?]同。到大塘则渐形喧闹。阊门外渡僧桥头廛市，盛于昔日。泊舟三元弄口，同人上岸，各办物件。余至渡僧桥山塘街复号买南货，公盛买水果，所过店肆，耳目一新，居然升平景象矣。

（柳兆薰：《柳兆薰日记》。《太平天国史料专辑》，第350页。上海：上海古籍出版社，1979。）

**【江苏省常熟县黄家桥·同治二年十二月三十日】**市上热闹，生意颇隆，还帐亦好。

（佚名：《庚申避难日记》。《太平天国史料丛编简辑》，第四册，第570页。太平天国历史博物馆，北京：中华书局，1962。）

## 第四节 对清政府军事工业的影响

### 一、制造军火

**【北京·咸丰三年三月十八日】**本月初六日，镶黄旗汉军都统顺承郡王春山等奏请筹储火药、铅丸，以备操防一折。奉旨：着交工部。钦此。臣等窃惟行军利器以枪炮为先，现值办理军需，火药、铅丸自应亟为筹备。臣部向来定例制造火药，有军需、演放两种，其工价之多寡不啻加倍，碾造之迟速亦复悬殊。军需火药存储以三十万斤为率，演放火药除每年支放外，存储以三四十万斤为率。上午十一月间，臣部左侍郎兼管火药局臣哈芬以军需火药局存四万余斤，各处存备二十五万余斤，试验尚堪适用，奏明先办演放火药，其军需火药俟咸丰五年再行造办在案。臣瑞麟到署任后，因军需火药给发调拨吉林等处官兵恐不敷用，当将演放火药物料中提造加工手碾二万斤，奏明分存两翼前锋营、八旗护军营一万八千斤，亦在案。复于演放火药内改造军器火药二十万斤，加工手碾二万斤。造成尚需时日，俟稍有成数，再由该局具奏。此现办军需火药之情形也。今八旗汉军炮营请领火药二百四十一万二千七百六十余斤，应需硝一百九十三万二百十斤零，磺二十四万一千二百七十六斤零。计库存磺尚有余，而硝斤仅存五十一万六千零，所短甚多。除已经行取尚未解到者严行咨催外，现有宽为调取，但一时未能到齐。应将库存硝斤先行配磺，发局制造，俟解到时陆续发给。惟制造火药加碾愈多，则药力愈猛，既不容草率减工，设遇风雨寒暑，即须停手，尤未能克期蒇事。查军需火药固为刻下要需，而平时兵丁操演所以练习准头亦须赶造支给。现在局设大石碾六十盘，又新修小石碾五十盘。臣等公同酌议，拟请每月碾造军需火药三万斤，演放火药六万斤，或再另择宽敞严密公所地方添设碾盘分造，庶可多为储备，于操防两有裨益，伏候钦定遵行。至铅丸一项，据原奏单开数目，应需正耗黑铅四百四十八万七千七百十九斤零。查臣部库存铅子共二十六万斤零，除枪营请求六万一千六百五十斤外，所存仅二十万斤。黑铅现存二十五万四千五百四十二斤，贵州解送运员报入东境者六起，叠经严催未到，即到齐亦仅得六万斤。又提取宝源局余铅十五万斤，尚不敷三百八十余万斤。按照时价采买，应需银三十余万两，为数甚巨。现当经费支绌之时，且恐近京一带采买亦不能足额，应否敕下户部筹备款项，设局量为收买？俟命下之日，臣部即行遵照办理。又铁炮子、火绳等项，除广生铁由颜料库行取外，统计各项物料火工银六万零八百余两、制钱三万三千七百七十余串文,例由户部支领。相应请旨,饬令户部照数发给,工竣造册核实奏销。

(卓秉恬等奏。军机处全宗·录副奏折。中国第一历史档案馆编《清政府镇压太平天国档案史料》第六册,第56—57页。北京:社会科学文献出版社,1992。)

**【浙江省·咸丰三年七月二十四日】**浙江巡抚臣黄宗汉跪奏,为委弁采办军需硝斤,恭折奏祈圣鉴事。窃照火药一项,为施放枪炮克敌首重之物,必须宽为储备。自军兴以来,浙省各营额存火药,经江宁、江苏、安徽等省先后咨借,以及水陆官兵配带出征,动缺不少。现在浙东、浙西节节设防,无处不需军火,又据江西广信府禀请拨借前来,亟应赶紧春配。除需用硫磺前经奏明委弁赴晋采办本届正磺二万五千斤,并预买下届正磺二万五千斤外,所有旧存硝斤,现亦不敷配用。溯查从前夷务案内,曾经采办军需硝十万斤,应即照案往购净硝十万斤,按八四成色计,应办毛硝十一万九千四十八斤。查核例价,净硝每一百斤需银二两五钱,计实银二千五百两。又每一百斤例给包索运费银一两一钱一分三毫九丝,计银一千一百一十两三钱九分,除六分平余六十六两六钱二分三厘,计实银一千四十三两七钱六分七厘。二共应给实银三千五百四十三两七钱六分七厘。循照成案,由司在于筹防经费款内如数动支,发交杭州协饬委城守营把总刘铨前赴豫省赶紧采买,运回济用。仍俟旋浙之日,取造实用价脚册结报销。其扣除运费平余银两,并于事竣后,由筹防局归于经费项下统计销算。据署藩司黄乐之详请奏咨前来。

(黄宗汉奏。军机处全宗·录副奏折。中国第一历史档案馆编《清政府镇压太平天国档案史料》第八册,第636页。北京:社会科学文献出版社,1993。)

**【北京·咸丰六年】**[工部]咸丰六年,铸造万斤重大铜炮四位,九千斤重大铜炮四位,八千斤重大铜炮二位,钦定名号为威武制胜大将军。又铸三千斤重铁喷炮二十位,六百斤重铁炮五位,二百斤重铁炮七位。万斤重铜炮,长一丈一尺,口径一尺四寸,膛口五寸七分,用火药十斤,铅子三十一斤。九千斤重铜炮,长一丈一尺,口径一尺二寸五分,膛口五寸一分,用火药八斤,铅子二十二斤。三千斤重铁喷炮,长五尺七寸,口径一尺一寸,膛口六寸,用火药三斤八两,铅子十五斤。六百斤重铁炮,长四尺六寸五分,口径五寸九分,膛口二寸三分,用药十二两,铅子二十八两。二百斤重铁炮,长三尺七寸,口径三寸四分,膛口二寸,用火药十两,铅子二十四两。炮车全。

(《光绪大清会典事例》卷八百九十四。)

**【湖北省武昌·咸丰六年】**林翼铸万斤巨炮登山击城,再发炮裂。

(庄受祺:《湖北兵事述略》。《太平天国》,第五册,第56页。罗尔纲、王庆成,桂林:广西师范大学出版社,2004。)

**【江苏省金坛县·咸丰十年六月】**廿四日,煎硝。火药告竭,县库有获存私磺八十余斤,请苏游府派人于正学堂起灶,煎硝制药,得硝一石,给工价银十四两。

(佚名:《金坛围城追记》,手稿本。南京大学历史系太平天国史研究室编《江浙豫皖太平天国史料选编》,第76页。南京:江苏人民出版社,1983。)

**【江苏省上海县·同治初年】**窃自同治初年臣鸿章孤军入沪,进规苏浙,辄以湘淮纪律,参用西洋火器,利赖颇多。念购器甚难,得其用而昧其体,终属挟持无具;因就军需节省项下,筹办机器;选雇员匠,仿造前膛兵枪、开花铜炮之属。上海之有制造局自此始。

(李鸿章:《上海机器局报销折》。《李文忠公全集·奏稿》,卷二十六,第13页。)

**【江苏省上海县·同治元年】**窃自同治元年臣军到沪以来,随时购买外洋枪炮,设局[按:指上海洋炮局。]铸造开花炮弹,以资攻剿,甚为得力。

(李鸿章:《置办外国铁厂机器折》。《李文忠公全集·奏稿》,卷九,第31页。)

**【江苏省松江·1862年】**我[马格里 Sir Halliday Macartney]在被批准脱离英国军役之后,便投效了李鸿章。第一件事我就向他指出,当时他购买外国军火所付的代价过高,和他重新整顿军队所需要的军需支出怕将要过于庞大。买一颗从英国炮船上偷来的很普通的12磅炮弹要费30两银子,买一万粒最坏的铜帽也要19两银子,即6英镑。我告诉他欧洲各国都开办大工厂制造军火;中国若为本身利益着想,也应该建立这样的制造厂。李鸿章很赞成我的建议,但是他深恐中国工人制造不出枪炮来。我遂用事实向他证明此事的可能:过些日子便造出了一个炮弹、几个药引和几枝炮门纸管自来火。我一方面设法为这新事业打下根基,一方面担任步兵两队和炮兵一队的统帅。在英国士迪佛立[Staveley]将军第二次进谒的时候,李鸿章给他看这些制成的军用品,并向他征求意见,但并未说明东西的来源。士迪佛立将军的好评使李氏立刻授权给我雇用50名工人,在邻近的一座庙宇里开始进行制造。[按:此为上海洋炮局。]

工作马上开始了。除了锤子和锉刀之外,什么机器、熔铁炉或其他的工具一概都没有。临时用附近田野里的黏土造了一座熔化器。

(鲍尔吉:《马格里传》,第79页。转引自孙毓棠编《中国近代工业史资料》第一辑,上册,第253页。北京:科学出版社,1957。)

**【江苏省苏州·1863年】**苏州攻克后……李鸿章即移驻城中……他命马格里和他的队伍也移到此地,于是马格里便迁到苏州,占用了纳王原住的王府……马格里忙着把他的小兵工厂从松江移到苏州来。此事他是奉李鸿章之命,并且从李鸿章处支领了款项。[按:此为苏州洋炮局的建立。]

(鲍尔吉:《马格里传》,第123页。转引自孙毓棠编《中国近代工业史资料》第一辑,上册,第255页。北京:科学出版社,1957。)

**【江苏省苏州·1863年】**第一个西洋式兵工厂系李鸿章在进攻太平天国的时候在松江所创办。苏州攻下以后，李鸿章进驻苏州省城，松江的兵工厂即迁到那里并且扩充了；嗣后李氏升任为[署两江]总督，他又把苏州的兵工厂迁到南京。

（《论中国军火制造》。《北华捷报》，1872年4月11日。）

## 二、军械短缺与制造修理枪炮、船只

**【湖北省·咸丰三年】**时署两湖总督张公亮基在楚制造炮船多只，派向帅之子荫生向继雄，并奏留楚北差委之已革知府谢继超管带东下，原责令防守江口，以杜上窜。乃携带妓女终日欢娱，并未实力堵守。

（萧盛远：《粤匪纪略》。《太平天国》，第四册，第24页。罗尔纲、王庆成，桂林：广西师范大学出版社，2004。）

**【江苏省南京·咸丰三年三月】**嗣向军门因屡攻金陵不能得手，即于大营开炉铸造七万斤大炮，遂各路调取铜斤，时越数月之久，费银数万之多，方得造成，逆匪闻而惊惧。择日开放，炮子落地未及城根，不但不能致远，而炮身业已炸裂，转为贼人所笑。此炮现弃金陵城外，办理不精，诚为可惜也。

（萧盛远：《粤匪纪略》。《太平天国》，第四册，第24页。罗尔纲、王庆成，桂林：广西师范大学出版社，2004。）

**【广东省顺德县·咸丰三年三月二十五日】**臣展阅内云，红单商船俱出顺德县属之陈村等处，素以贩油为业，涉历大洋，往来吕宋、暹罗诸国。其船只之快利、炮火之精锐、点放之娴熟，较之额设师船得力不啻数倍。且其船规制系仿古人彻法，每合数十家共造一船，所有舵工、水手皆其父子兄弟，从不向外间雇觅。故众心齐，一遇敌皆合力向前，无推诿溃散之虞。其船大者约计水手六十余人，次亦四五十人，或三十余人不等。价值合共牵算，每船每月纹银一百四十余两。其头人系黄开广、梁定国二人。彼时洋匪剿平之后，当将黄开广收入行伍，屡因捕贼立功，已擢任南澳镇标右营游击。该游击水勇出身，与该船户等必素相联络，若使之雇募管领，似属相宜等语。臣复查赵长龄雇用红单船剿平洋匪，既经着有成效，证以运司杨霈之言，益觉确凿有据。该运司并称，粤东战艘，兵船不如米艇，米艇不如拖风，拖风不如红单。缘红单船身较小，驾驶便捷，若与夷船对敌，夷船所放之炮能高而不能低，红单船可以躲避。而红单则船身既低，其炮位所向，皆直射敌船船底，故炮无虚发，为夷船所素怯。用以自护，货物从无疏虞。

（孙瑞珍奏。军机处全宗·录副奏折。中国第一历史档案馆编《清政府镇压太平天国档案史料》第六册，第149—150页。北京：社会科学文献出版社，1992。）

**【江苏省仪征县·咸丰三年四月初三日】**又据署仪征县知县都棨森禀称，该县于三月十九日酉刻，带领壮勇夺获贼匪炮船一只，载贼七八人，见壮勇往击，即泅水逃去。起获船上大小炮位四十三尊。查看炮身多有锈蚀，不堪应用。当经臣琦善批饬该县将炮逐加洗刷，试其可否。旋据覆称，所有起获各炮逐一洗刷，仅挑得大小共二十尊，加以修理，尚可施放，其余小炮二十三尊，锈蚀落剥，不堪应用。复由臣琦善批令，将此项炮位留于该县赶紧修理，添制铅丸，配药备用，以资捍卫。

（琦善等奏。军机处全宗·录副奏折。中国第一历史档案馆编《清政府镇压太平天国档案史料》第六册，第274页。北京：社会科学文献出版社，1992。）

**【湖南省衡州、湘潭县·咸丰三年五月】**［曾国藩］设衡州、湘潭两局，制造炮船及各种战艇。

（佚名：《平贼纪略》。《太平天国史料丛编简辑》，第一册，第220页。太平天国历史博物馆，北京：中华书局，1962。）

**【河北省张家口·咸丰三年七月初九日】**再，据驻防张家口正白旗满洲文生员前锋常德同子闲散隆福呈称：窃察哈尔八旗额设鸟枪全行带赴军营，以备征剿。现八旗随时操演，并无利器。常德父子情愿捐造鸟枪各八十杆，以重操防而尽微忱等情。查文生员前锋常德、闲散隆福，因察哈尔八旗额设鸟［枪］全行带往军［营］，情愿捐造鸟枪各八十杆，以重操防，实属通晓大义，自应准其制造。当饬该管协领、佐领等官监视制造鸟枪共一百六十杆，每杆重五斤，长三尺五寸，造就呈报验收。

（盛桂奏。军机处全宗·录副奏折。中国第一历史档案馆编《清政府镇压太平天国档案史料》第八册，第418页。北京：社会科学文献出版社，1993。）

**【直隶省天津·咸丰三年七月十四日】**再，六品顶戴宗室奕纪，已于七月初五日由吉林驰抵清化军营。查该宗室素日留心兵事，曾在天津海口防堵，充当翼长，于行阵一切事宜较为熟悉，相应请旨派令帮同办理奴才军营事务。并据该宗室呈称：途经天津时，亲造式样捐资铸有联捷铁炮三百尊，每尊计重七八斤不等，开放远近可至三百弓，每独轮小车一辆，可推运十尊。开放之时，即就车上联环装放，尚觉轻便，而能致远。因不敢久停，统将铸造工资交付长芦盐政文谦处代为照式监铸。携有铸成式样一尊，请行试放，如堪合用，再由天津运送到营。呈请前来。奴才当将该宗室携来铁炮演放，与呈内所称尚属相符，可以合用。相应请旨饬下文谦查明，如已经铸造齐全，即运送军营，以资要需。奕纪曾任大员，自备微资，捐置炮位，不敢妄邀恩叙。

（恩华奏。军机处全宗·录副奏折。中国第一历史档案馆编《清政府镇压太平天国档案史料》第八册，第505页。北京：社会科学文献出版社，1993。）



**【湖南省·咸丰三年十一月二十六日】**惟炮船一件，实有不宜草率从事者。臣前发折后，即鸠工购材，试行造办，成造样船数只。皆以工匠太生，规模太小，不足以压长江之浪，不足以胜巨炮之震。近由抚臣处送到水师守备成名标一员，又由督抚臣处咨到广东绘来之拖罟、快蟹船式二种，始细加讲求，照快蟹之式重新制造。现已先造十号，更须添造二三十号。计必中宫能载千余斤之炮，两旁能载数百斤之炮，乃足以壮军威而摧逆焰。惟新造之舟，百物未备，虽日夜赶办，亦难遽就，上油未干，入水既虞其重涩，捻灰未固，放炮又患其酥松，必须一月以外，乃可下河。至价买旧船，修改舱面，其用力稍省，其为日自少，然至二三百号之多，亦须一月余之久。盖为数过少，则声势太孤，贼众之船未遇，我军之心先怯。至拖罟船只，本奉谕旨令两湖督抚照式制造者，武昌现在照造，未知合用与否。衡州匠少技拙，现在尚未试造。前经奉旨特派之广西右江道张敬修，带有工匠自粤来楚，若其到湘尚早，臣当令其赶办。如其到湘太迟，亦不能以势难遽成之拖罟，延刻不可缓之时日。此办船之大略也。

（曾国藩奏。宫中全宗·朱批奏折。中国第一历史档案馆编《清政府镇压太平天国档案史料》第十一册，第350—351页。北京：社会科学文献出版社，1994。）

**【湖南省衡州·咸丰四年二月初二日】**窃臣于上年十一月二十三日奉旨援剿皖省，迄今已满两月，曾经具奏，一俟战船办齐，广炮解到，即行起程，两次奏明在案。兹于正月二十六日衡州船厂毕工，臣即于二十八日自衡起程。湘潭分造之船厂尚未尽毕，臣到潭须耽搁数日，昼夜督办，到长沙时支领军械数千余件，搬运子药二十余万，又须守催数日即行趱程长征，驰赴下游。臣所办之船，拖罟一号、快蟹四十号、长龙五十号、三板艇一百五十号，皆仿照广东战舰之式，又改造钓钩船一百二十号，雇载辎重船一百余号，所配之炮借用广西者一百五十位。广东购办者，去年解到八十位，今年解到二百四十位，本省提用者一百余位。所募之勇，陆路五千余人，水师五千。陆路各营编列字号，五百人为大营，不满五百者为小营。水路分为十营，前后左右中为五正营，正营之外又分五副营，正营旗用纯色，副营旗用镶边。陆路操练已久，差觉可用。水路招集太骤，尚无可恃。所备之粮台，带米一万二千石、煤一万八千石、盐四万斤、油三万斤，军中应需之器物、应用之工匠一概携带随行。合以陆路之长夫、随丁，水路之雇船水手，粮台之员弁、丁役，统计全军约一万七千人。臣才识浅薄，素乏阅历，本不足统此大众。然当此时事艰难，人心涣散之秋，若非广为号召，大振声威，则未与贼遇之先，而士卒已消沮不前矣。是以与抚臣往返函商，竭力经营，图此一举。事之成败，不暇深思，饷之有无，亦不暇熟计，但期稍振人心而作士气，即臣区区效命之微诚也。

（曾国藩奏。军机处全宗·录副奏折。中国第一历史档案馆编《清政府镇压太平天国档案史料》第十二册，第401—402页。北京：社会科学文献出版社，1994。）

**【江苏省扬州瓜洲·咸丰四年三月】**贼[守瓜州之太平军]闻湘军作长龙快蟹船，亦作多桨船济艇师，卒无绩。

（倪在田：《扬州御寇录》卷上。《中国近代史资料丛刊：太平天国》，V，第113页。中国史学会编，编者：向达、王重民等，上海：神州国光社，1952。）

**【江西省·咸丰四年三月初七日】**该道夏廷樾亦即遵旨回湖南赶办造船事宜，当经前抚臣张芾饬将木排八架并用粮船安设炮位，交升任参将罗玉斌带赴吴城罐子口，安设水营，以备堵御。又因粮船不能作为战船驶用，于十月间奏明，饬委知府林福祥等承办制造战船，并声明被寇之后，工商皆未复业，鸠工庀材，非旦夕所能蒇事，且招募水勇演习驾驶，尤非可轻率从事，致利器反为贼用，统俟办有头绪，随时奏报在案。臣查江西自遭兵燹，江船多被贼掠。其本省商船板薄钉稀，向不能涉历江湖。是雇募民船及用旧船改造皆属难以得力，必须制造战船，方可出江截剿。而城外商存木植复已焚烧殆尽，须赴外郡采办。且工匠既拙，又无成式可仿，经该委员等口讲指画，竭力经营，于本年正月初造成十只，驶至省河。查看每船可容五六十人，安设大炮六七位、子母炮二十座，当令曾娴水师之兵勇上船驾驶，试演枪炮，亦尚灵便。

（陆元烺奏。宫中全宗·朱批奏折。中国第一历史档案馆编《清政府镇压太平天国档案史料》第十三册，第146页。北京：社会科学文献出版社，1994。）

**【江苏省苏州·咸丰四年三月初十日】**伏查苏州省城自上年春间设立总局以来，造解火药已将二十万斤，未尝缺少，致误军情。其中解赴江宁大营、镇江陆营、焦山水营火药、铅丸、炮弹及军装、器械等项业已不少……二月初八、十一两日接到钦差大臣琦善咨开，焦山水营火药、铅丸、铅弹将尽，饬局速为拨解。奴才随饬源源解往，即据省局具报，于二月十五日委员解二千斤，二十六日解二千斤，二十八日解三千斤，并大小铁弹一千七百颗、大小铅丸四千斤。计半月之内，解赴焦山水营粮台火药共有七千斤。此后自当随时济用。署抚臣许乃钊因江宁、镇江、焦山、上海四处所用火药甚巨，恐苏局赶造不及，曾移会兼署漕督南河督臣杨以增，饬令漕河两标就近赴徐州一带购买硝斤，分营赶造。

（怡良奏。宫中全宗·朱批奏折。中国第一历史档案馆编《清政府镇压太平天国档案史料》第十三册，第181—182页。北京：社会科学文献出版社，1994。）

**【江苏省·咸丰四年三月二十二日】**怡良等奏报营中火器及吴健彰密雇洋人制造炸弹等情片。再，三月十六日奉朱批：铜帽枪实为利器之最，尤利于风雨等因。钦此。臣跪诵之下，仰见圣明于一火器之微，无不周知洞悉，曷胜钦佩。查行军制器，火器为先，而营兵习火器者止三四成，勇则仅有二成。缘江宁、镇江之贼，[按：指太平军。]刀矛多于火器，是以兵勇亦不甚于此讲求。今上海之贼，[按：指小刀会起义者。]所得吴健彰备送江宁、扬州大营火器，本已不少，该逆又向夷人购买，是以每次攻城，城上枪子动如雨集，比炮弹尤为难避。官兵无可遮蔽，往往受伤。其初，各兵勇惮于习火枪者，后亦渐知其利，乐于从事。臣因通饬各营添备抬枪、鸟枪，一律习练。上年十二月间，狼山镇总兵阳承升与吴健彰拖船拿获夷奸，为贼代购洋枪五十八杆及火药、铜帽等物，当令分拨各营学习。无如兵勇素未娴熟，转不若火绳灵便，是以未曾置办。又有一种短枪，长仅六七寸，中有短轴，轴中可用子药五出或六出不等，打放至六七十步之远。预先装好，盖以铜帽，藏诸怀中，探出打放，三四十步之内，力可贯革。夷人谓之敌面笑，大小贼目随身佩带至三四杆之多。

官兵追贼已近,时有回身照打者,令人猝不及防。此皆金陵等处之贼所无也。又,夷兵枪重七斤半者,受药三钱,弹重九钱,远可一百二十余丈,中靶六十丈,枪上另安枪头,刀头可以击刺,夷兵皆用之。又有重至九斤者,其力与内地抬枪相等。近时夷炮亦用铜帽,尤为便利,皆数年前所无者。吴健彰现在密雇花旗夷人制造炸弹、飞炮及一切火器、火药等物,并雇有英、弗等国炮手专管开放夹板船及烂泥渡台上炮位。贼匪炮台,亦复雇募夷人,且有用以与官兵接仗者,闻皆夷奸获罪逃进城中受雇,虽夷酋亦不能禁止也。理合附片奏闻。谨奏。咸丰四年四月初四日朱批:知道了。以后制造情形,顺便再奏。钦此。

(怡良奏。军机处全宗·录副奏折。中国第一历史档案馆编《清政府镇压太平天国档案史料》第十三册,第383—384页。北京:社会科学文献出版社,1994。)

**【福建省·咸丰四年五月二十一日】**正在留心查访间,准浙江抚臣黄宗汉咨,布政司衔前任浙江运司潘仕成因病不能赴任,经部开缺,遣人赍缴文凭并捐造炮位、鸟枪、军械到浙。臣伏查该员潘仕成,籍隶广东,曾任刑部郎中,臣任京职即与熟识,知其留心时事,精测量铸造之法,于枪炮火器尤能斟酌新意,悉心讲求,实为办理军务有用之员。

(王懿德奏。军机处全宗·录副奏折。中国第一历史档案馆编《清政府镇压太平天国档案史料》第十四册,第404页。北京:社会科学文献出版社,1994。)

**【湖南省·咸丰四年闰七月十六日】**窃维天下大局,西北之形势在陆利用车马,东南之形势在水利用舟楫。自逆贼狂窜以来,糜烂数省,濒水郡县生灵受其荼毒,掳胁日众,凶焰日张。所以纵横恣肆未能遏其冲突者,贼掠取江湖舟舰以数万计,长江数千里民船为空,沿江险要均为贼踞,一旦顺风扬帆,伺便狎至,官军有陆路而无水师,来莫拒而去莫追,以致坐受其困。自奉明诏筹备舟师,始有湘潭、岳州诸大捷。逆贼大股剿败,疆圉危而复安,此则舟师协剿之明效也……惟洋炮一项,未谙作法,则蒙奏调浙江候补知县龚振麟及其子之棠如能速携铁模来南,固可即由绅局捐资铸造。倘来此需时,诚恐缓不及急,即由官咨催广东采办夷炮,以济急需。至制船工料并旗帜、军械一切,均由绅设局捐办。趱造大小战船百余只,如捐项较多,再行添造。现在一面采购船料,择吉兴工,一面分投劝捐,以期迅速。臣查该绅等当兹饷需匮乏之时,犹能力肩重任,倡议集资捐办,实为难得。湖南民风敦朴,夙重节概,即此可见。上年曾奉谕旨,绅民人等情愿雇备船炮随同剿贼,着该督抚等随时保奏奖励。今该绅民捐资监造,更与雇备者不同,可否仰恳天恩,俟船炮造成,估验合用,即照筹饷例给与各捐生奖叙,以昭激劝,出自鸿施。此项船炮,既由绅捐绅办,将来自应免其造册报销,容臣于专案奏奖时,再为声明。

(骆秉章奏。军机处全宗·录副奏折。中国第一历史档案馆编《清政府镇压太平天国档案史料》第十五册,第256—257页。北京:社会科学文献出版社,1994。)

**【山东省高唐州·咸丰四年七月十九日】**再四思维,惟有轰开城墙,即可破入。武成、永固炮位仅止三千余斤,不能轰动坚城。奴才前在扬州,曾经试用一万四千斤大炮,足以摧坚破垒。因一面采办生铁,招募炉匠,拟铸一万五六千斤大炮,以便轰城,志在必破……咸丰四年七月二十二日奉朱批:借此迁延时日,断无此办法。即使造成能放,何以运转灵活?朕闻汝等营盘离城有十里外者,览此益征。盖万余斤大炮非近攻之具,不过冀其猛烈,实先存畏葸之心。胜保近日习气已深,朕为汝惜。利害太分明,身家之念重,朕为汝恨。钦此。

(胜保等奏。军机处全宗·录副奏折。中国第一历史档案馆编《清政府镇压太平天国档案史料》第十五册,第70页。北京:社会科学出版社,1994。)

**【湖北省襄阳·咸丰四年七月二十五日】**再,军行攻剿,以火器为最要。此次省城失守,所有炮位、火器一概无存,德安府上年制有器械,亦全行遗失。现在水陆必需之具,一件俱无。除委员前赴河南借用枪炮等件外,兹复委员前赴襄阳星夜鸠工购料,赶造火箭、火罐、喷筒、火桶等器,陆续运送,以备水路进剿之用。合并附片陈明。谨奏。咸丰四年闰七月初一日奉朱批:知道了。钦此。

(杨霈奏。军机处全宗·录副奏折。中国第一历史档案馆编《清政府镇压太平天国档案史料》第十五册,第113页。北京:社会科学文献出版社,1994。)

**【江苏省·咸丰四年八月十三日】**再,空心炸弹一项,业已配准各炮膛口铸成数百枚,虽经候补知府刘存厚制造各种炸药,加以发焰、耐火之物,在旷野地方较量远近,究未施放入城,不敢深信,因传令于八月初七日寅刻,东西南三面炮台六处一律施放,打折贼旗,轰坍房屋不计其数。

(吉尔杭阿奏。军机处全宗·录副奏折。中国第一历史档案馆编《清政府镇压太平天国档案史料》第十五册,第422页。北京:社会科学文献出版社,1994。)

**【四川省、湖南省·咸丰四年八月二十二日】**军机大臣字寄四川总督裕、湖南巡抚骆。咸丰四年八月二十二日奉上谕:自逆贼窜踞金陵,分扰扬镇,继复攻陷安庆、庐州等处,蹂躏再及武汉,长江之险半为贼占,皆由我军仅能扼截陆路,而水师战船不敷堵剿,以致贼匪横行江面,恣其奔突。近来红单、艇罾各船渐集瓜洲等处,即获胜仗,向荣所派之兵亦收复太平,进剿至采石矶以下。湖南曾国藩统带兵船,现已沿江东下,直抵金口,距武昌仅六十里,是剿贼兼赖水军,已有明验……现在江面更为吃紧,四川地方完善,多产材木,购料兴工,较为便易,着裕瑞督饬湖北藩司夏廷樾办理战船,以资攻剿,或在川购造,或但购材木,筹拨银两,带赴湖南制造,与骆秉章迅速商办。

(寄谕。军机处全宗·剿捕档。中国第一历史档案馆编《清政府镇压太平天国档案史料》第十五册,社会科学文献出版社,1994年,第464页。)



**【江西省·咸丰四年八月二十二日】**该省素产材木,并着陈启迈督饬所属购料加造若干只,派委干员管带出江,与上下游战船互相策应,为扫荡贼氛、肃清江面之计。即如吴城等处贼船，前已被剿败退，因我军缺少船只，未能穷追，可见水陆两途必当兼备，著陈启迈赶紧设法竭力筹办。

（寄谕。军机处全宗·剿捕档。中国第一历史档案馆编《清政府镇压太平天国档案史料》第十五册，第467页。北京：社会科学文献出版社，1994。）

**【浙江省、江苏省太湖·咸丰十年二月】**翁能早出苏境堵御，则嘉湖来路可以无虞。惟太湖辽阔，不可不防。而额设之太湖水师，万靠不住。务祈迅速雇备炮船，驶入太湖，以防贼渡。能有多少，即雇多少，总须以速为妙。

（《王有龄致吴煦函》1860年3月4日。《吴煦档案选编》第一辑，第174页。太平天国历史博物馆，南京：江苏人民出版社，1983。）

**【江苏省·咸丰十年闰三月二十六日】**晓帆三兄大人阁下：

此番大营溃退，兵勇皆赤手空拳，何以御敌？省中赶造，又不能多而且速，以应急需。前恳速购洋枪、火药，并自五百斤至一千斤之洋炮，务祈随有随解，愈速愈妙。事在至急，拜恳拜恳。张副帅于廿五日已到丹阳。现在丹阳有兵二万七千名，其有军装器械者不过四成。其镇江防务系交与冯萃亭镇军，有兵二万，亦系空手者一万三千余人。此布。即请勋安。弟何桂清顿首。闰三月二十六日未刻。

密启者：接常镇道十六日未刻来禀，大营兵勇全溃散，和帅、张副帅已退至离镇江六七里，即率队伍迎接，俟到城再续禀等语。似此情形，祈迅饬火轮船星夜入江，至镇拦剿，千万不可缓，至要至要。又及。

（《何桂清致吴煦函》1860年5月16日。《吴煦档案选编》第一辑，第217—218页。太平天国历史博物馆，南京：江苏人民出版社，1983。）

**【江苏省上海县·咸丰十年十一月初四日】**闻沪上大修战船，可羡之至。然非老兄绸缪，曷克至此。曾允堂亦系好手，可以成一旅水师，于江南大有益处。杭州无一大注饷银，不过造十余只即中止。炮位又极难得，现亦拟制造，不知如愿否也。

（《王有龄致吴煦函》1860年12月15日。《吴煦档案选编》第一辑，第450页。太平天国历史博物馆，南京：江苏人民出版社，1983。）

**【安徽省安庆·咸丰十一年】**徐寿字雪村，江苏无锡人。道咸间东南兵事起，遂弃举业，专研博物格致之学……尤精制器。咸丰十一年从大学士曾国藩军，先后于安庆、江宁设机器局，皆预其事。寿与衡芳及吴嘉廉、龚芸棠试造木质轮船，推求动理，测算汽机，衡芳之力为多；造器置机，皆出寿手制，不假西人。数年而成，长五十余尺，每一时能行四十余里，名之曰"黄鹄"。

（《清史稿·艺术传四》，第6—7页。）

**【安徽省安庆·咸丰十一年十一月】**［曾国藩］札司道设立善后局……分设谷米局及制造火药、子弹各局,委员司之。又设“内军械所”,制造洋枪洋炮。广储军实。

（黎庶昌：《曾文正公年谱》卷七,第20页。）

**【浙江省杭州·同治初年】**同治元年冬,宁波诸军进攻粤贼于绍兴,三战三捷,将薄其城,而火药告罄。史士良观察令余赴上海,向李爵相商借数千斤。乃爵相亦以剿贼药尽,而洋船不至,正在踌躇无可应付。余乃遄返,谓不如自己仿照造之,于是开局制配。无机器则以手舂当之,无洋硝则以土硝炼净抵之,无藤炭则以柳炭及杉炭代之,以意加樟脑等物,舂配极细,居然造成。第力较洋药少逊,且发后有渣滓留存管底,须时加刮洗耳;然足以资救急之用。爵相闻之,亦饬余在宁局制造万斤。久之,洋人之药运到,遂止。然自是知药可配造,因从而推广及洋枪、洋炮等类。并仿造小火轮船二只,试之均能合用。第以公费甚巨,无款可筹,且贼已将次剿灭,乃置之不讲。

（陈其元：《庸闲斋笔记》卷十一,第34页。）

**【安徽省安庆·同治元年六月】**二十八日,己卯,雨,下午晴。晡时到徐雪村、华若汀处看火轮机。两君所作,用火运动,与洋制无异。

（赵烈文：《能静居士日记》。《太平天国史料丛编简辑》,第三册,第238—239页。太平天国历史博物馆,北京：中华书局,1962。）

**【安徽省安庆·同治元年七月初四日】**华蘅芳、徐寿所作火轮船之机来此试演。

（曾国藩：《曾文正公手书日记》卷十四。）

**【安徽省安庆·同治二年七月】**初十日,甲寅。安庆来铸洋炸炮委员丁仲文观察来访［杰,广东人］。所铸炸弹,本日用之,甚利。

（赵烈文：《能静居士日记》。《太平天国史料丛编简辑》第三册,第280页。太平天国历史博物馆,北京：中华书局,1962。）

**【浙江省杭州·同治三年】**于时洋军已遵约遣撤,公引洋将德克碑、日意格考求西国机器制造,仿造小轮船试行于西湖。

（罗正钧：《左文襄公年谱》卷三,第27页。）

**【江苏省苏州·同治三年四月】**十一日,英如［徐佩瑛］赴十全街军需分局,会同善后局王,水师支应所桂,营务处陈,出盘门到营。松由公馆出葑门回营。未刻,敬亭诸君嘱将各船由盘门开赴葑门外,听候明日验收船只、军火、器械、旗帜等件。

十二日晴。桂芗亭来营,点验炮船。制造局万［年青］汉三遣友来营点收军械。内军械所遣友来营,点收洋炮、细洋药。

（程希孟：《从征隙驹集》。《近代史资料》总 34 号，第 155 页。北京：中华书局，1964。）

**【江苏省上海县·同治四年】**设制造局。李巡抚所部枪队，皆购外国军火，用英、法两国洋人教习，故称雄于天下。平寇后，令道员丁日昌、副将韩殿甲、知县刘佐禺，与洋人马格里设制造局于上海。购欧罗巴机器铁厂造枪炮及炸炮，而工作日广。

（佚名：《平贼纪略》。《太平天国史料丛编简辑》第一册，第 317—318 页。太平天国历史博物馆，北京：中华书局，1962。）

# 第五节

# 对清政府管辖区金融的影响

## 一、官票、大钱的发行与收回

（关于太平天国对清政府货币发行的影响，可参见中国人民银行参事室金融史料组编《中国近代货币史资料》第一、二集，北京：中华书局，1964。）

**【北京·咸丰年间】**鼓铸制钱，国有定式。自咸丰年间，铜斤见绌，京师始铸当十大钱，为一时权宜之计，乃历久弊生，私铸充斥，银价与物价递增。昔用制钱换银一两，不过京钱三千。今当十钱换银一两，竟至京钱二十千。斗米值京钱五六百者，今不止京钱五六千，其他诸物皆然。名为以一当十，几至以十当一。当十钱行不及百里外，而受累者不知几千万家，是公私交病也。

（清代钞档：光绪四年三月初一日，马相如奏。转引自彭泽益编《中国近代手工业史资料》，第一卷，第583页。北京：三联书店，1957。）

**【北京·咸丰年间】**要收官板大钱，不收市间日用常行之钱，每收一串，可多出数十文，而交纳者每千文只能换得大钱九百文。

（《东华录》第六十四卷，第9页。）

［编者按：清政府为解决太平天国战争引起的财政困难，在钱币方面实行制钱减重。乾隆五十五年，各省铸钱在重量上已参差不齐，但法令上京局制钱仍旧维持一钱二分的标准。咸丰二年改为一钱。］

**【北京·咸丰三年】**咸丰三年，军旅数起，饷需支绌，东南道路梗阻，滇铜不至，刑部尚书周祖培、大理寺卿恒春、御史蔡绍洛先后条陈钱法，请改铸大钱以充度支。朝廷下其议于户部。时寿阳祁寯藻权尚书，力赞成之。五月，先铸当十钱一种，文曰咸丰重宝，重六钱，与制钱相辅而行。八月，增铸当五十钱一种，重一两八钱。十一月，因巡防王大臣之请，又增铸当百、当五百、当千三种，当千者重二两，当五百者重一两六钱，铜色紫；当百者重一两四钱，铜色黄……文曰咸丰元宝；而减当五十者为一两二钱，当十者为四钱四分，又减为三钱五分，再减为二钱六分。四年正月，宝源局铸当五钱一种，重二钱二分。三月，铸铁当十钱。六月，铸铅制钱。

（缪荃孙：《光绪顺天府志》第五十九卷第2页。）

**【北京·咸丰三年】**上谕："前有旨派左都御史花沙纳，陕西道御史王茂荫会同户部堂官妥议钞法奏明办理。兹据花沙纳等公同酌议具奏，并绘具官票式样进呈。朕详加披览，所拟章程各条，尚属周密。着即照所请，定为官票名目，先于京师行用。俟流通渐广，再颁发各省一律遵办。官票之行，与银钱并重，部库出入，收放相均。其民间银钱私票行用仍听其便。"

（《清朝续文献通考》卷二十，考七六九六，商务印书馆十通本。）

**【北京·咸丰三年】**咸丰三年，户部奏请暂行银票期票并开设官银钱号以便支取折。其中有云："拟请暂行银票期票，仿照内务府官钱铺之法，开设官银钱号以便支取……并请于京城内外招商设立官银钱号三所，每所由库发给成本银两，再将户工两局每月交库卯钱由银库均匀分给官号，令其与民间铺户银钱互相交易，即将户部每月应放现钱款项一概放给钱票，在官号支取，俾现钱与钱票相辅而行……至开设官银钱号处所，应由顺天府府尹督饬大、宛两县购觅铺房，由五城防官招殷实商人加具保结，送部核办。"

（《皇朝政典类纂》钱币三，第7—8页。）

**【福建省泉州、安溪县·咸丰三年】**二月间米贵，每升须钱五六十文……五月初九，省垣奉抚军开仓平粜，出示云：以[纸]票买米，每斗三百文，一斗为则。现钱买米，每斗三百二十文，一斗为则。钱粮等项只收纸票，不纳现钱。是欲流通纸票，以便接济。

（《时闻丛录》。《太平天国史料丛编简辑》，第五册，第136页。太平天国历史博物馆，北京：中华书局，1962。）

**【江苏省扬州·咸丰三年六月】**俄增钞票、大钱，强责商民输现金，而以纸钞抵之，公私勒阻，受者成废楮。而当百当千至当十者，伪冒从增，卒不可用。

（倪在田：《扬州御寇录》卷上。《中国近代史资料丛刊：太平天国》，V，第110页。中国史学会编，编者：向达、王重民等，上海：神州国光社，1952。）

**【咸丰三年六月二十三日】**陕西道监察御史臣何其仁跪奏，为拟请颁发官银票，以备军营犒赏，藉裕度支，恭折仰祈圣鉴事。窃惟理财之道，固贵随时变通，而制用之方，尤在因事推广。近日户部办理钞法，京师业已奉行。臣查部臣等会议试行章程原奏内有试行官票，以京师为始，俟有成效，再为推行各省。又造票以十二万两为准，日久流通，再行添造等语。盖以民间习用银票已久，骤闻官票名目，或不敢轻易行使。兹官民行用已逾一月，亦未闻有窒碍之处，仰见朝廷立法均平，人尽乐从，由此各直省地方固可仿照推行。而臣窃谓此时有可推广而人并乐其便者，则军营中犒赏之所需，可酌量颁给也。近日江南、江西、河南等省请拨兵饷，部臣几至无款可筹。际此攻剿吃紧之时，纵使经费支绌，岂可使统兵大员致形掣肘？因思军营之中所急需者，曰口粮，曰犒赏。口粮稍缺，即不足以固兵心；犒赏无资，又将何以鼓士气？臣日夜思维，知二者均关紧要，而其间亦有可通变者。夫口粮为兵丁日用所需，惟银则行使乃便。而犒赏乃军士赢余之项，得票亦携带尤宜。是则口粮仍给现银外，而犒费一切则直可以用官票也。且以官票为犒赏之件，而军士更有乐其便者。彼于兵马倥偬之际，杀贼立功，迭邀厚赏，其孑然一身，岂能多带？诚使官票发给军营，则蒙赏者必以赍银之重不如赍票之轻，且赍银尚有疏失之虞，不如赍票可免劫夺之戒。是军士之于犒赏，得票尤称便于得银也。顾或以军士素未见闻，给以一纸谓可当银，势难取信。然军士于军营中所得功牌，亦属一纸，则书官职于纸，既可信为有是官，岂书银数于纸遂不信为有是银乎？拟请饬下户部，按照成式，赶为造办数千万两，候旨颁发。其现在用兵等处，于拨给款项外，或发给二十万两，或发给三十万两，以作犒赏开支。仍请谕令统兵大员，先行出示晓谕，此项官票俟军务告蒇时，勿论京师本省外省，均可执票至部库、藩库领银。并由户部行知各直省藩司，嗣后有军士持票领银者，照数给发，勿得克扣。所收官票，即准将来作地丁项下解部支销。如此则官与兵两得便益，中与外渐次流通，不惟可济目前兵饷之乏，而国用亦日见充裕矣。臣为官票有便于军营行使起见，是否有当，伏祈皇上圣鉴训示。谨奏。咸丰三年六月二十三日奉朱批：户部速议具奏。钦此。

（何其仁奏。军机处全宗·录副奏折。中国第一历史档案馆编《清政府镇压太平天国档案史料》第八册，第 171—172 页。北京：社会科学文献出版社，1993。）

**【北京·咸丰三年九月十八日】**谕内阁："惠亲王等奏请颁行银钱钞法一折。据称：'银票以便出纳，钱钞以利流通。请令京师及各直省均由户部颁行银票钱钞，任听民间日用行使，并完纳地丁钱粮盐关税课及一切交官等项。俾文武官员军民人等咸知银票即是实银，钱钞即是制钱，核定成数，搭放搭收，以期上下一律流通'等语。自来制用常经，银钱并重。用楮作币，历代通行。现在银价昂贵，需用浩繁，民间生计维艰，必须与时通变，使钞票与银钱兼权并用，以冀裒多益寡，日见充盈。兹据巡防王大臣、大学士、军机大臣、户部合词吁请，实已询谋佥同。着即照所议，由户部制定钱钞，与现行银票相辅通行。其应如何搭收搭放，酌定成数，以昭限制，总期官民两便，出纳均平，所有一切应办事宜，着户部详细酌核，妥议章程具奏。"

（《东华录》咸丰，第二十七卷，第 10 页。）

**【江苏省·咸丰三年】**十月，[江苏]熔铸咸丰当十当百大钱，令民使用。[搭配二成。因私铸，遂废。所铸当百钱，未用。每张五百钱钞票]，仅苏省行之，后亦废。

（佚名：《平贼纪略》。《太平天国史料丛编简辑》，第一册，第 222 页。太平天国历史博物馆，北京：中华书局，1962。）

**【直隶顺天府·咸丰三年十二月十三日】**军机大臣字寄兼管顺天府府尹事务工部尚书翁、顺天府府尹宗。咸丰三年十二月十三日奉上谕：翁心存等奏军营搭放钞票窒碍情形一折。官票、宝钞之兴，原以济银钱之不足，现当章程甫定，正期中外大臣力求变通，设法推行。顺天为首善之区，尤宜倡率遵办，以为各省之式。且出纳皆以五成为限，民间完缴正项钱粮与盐关课税及一切交官等款，皆须钞票与银钱相辅而行，前降谕旨甚明，民间宜无不周知，方且购求钞票，以为交课之用，尚何窒碍之有？该兼尹等率据粮台道员详文，谓须先由地方试行有验，方可行使，是先存一试行无验之心，为此阻挠之说，并未将如何流通一为筹及，直甘心置钞票于不用，是何居心？该兼尹、府尹轻听该道之词，意存见好属员，率请拨给现银、制钱，岂户工两局现铸大钱日不暇给与库项空虚，该兼尹等竟茫无所知？即谓兵丁行使，初尚未便，而随营官员应领款项甚多，岂亦难以搭放？是直畏难不办，竟置大局于不顾。至该员定保详称，系奉参赞大臣札令径详核办，该兼尹等亦不复咨查是否确实，遽信为实在情形，尤不可解。想僧格林沁公忠体国，不当如是也。所有应行次第施用钞票之处，即着该兼尹等妥速筹商，俾无阻滞。将此谕令知之。钦此。遵旨寄信前来。

（寄谕。军机处全宗·剿捕档。中国第一历史档案馆编《清政府镇压太平天国档案史料》第十一册，第516—517页。北京：社会科学文献出版社，1994。）

**【湖南省·咸丰三年至七年】**宝南局鼓铸钱文，旧系按年筹议，委员赴滇采办高低铜斤，赴汉买运黔省白铅，及本省桂厂办解铜铅……咸丰三年，部议推行官票，颁发各直省，照奏定章程按成抵银收放。又议添制宝钞，与银票相辅而行，开设官银钱号，以便兑买，由部刊发钞法汇览一书。六年，奏明湖南钞法刻难遵办，请俟江西贼氛稍息，招徕富商，再行照章办理。七年，部查前此颁发官票曾否行用，又将搭放搭收之难详细咨复，仍请暂缓办理。后来南省讫未举行。

（曾国荃等纂：《湖南通志》光绪十一年刻本，卷五十七《食货志三·钱法》。）

**【北京·咸丰四年】**又谕，惠亲王、恭亲王奕䜣、定郡王载铨奏，试铸铁 钱有效，请旨办理一折。现在户工二局所铸大钱，业已畅行，更得铁钱相辅，国用民生，当可益臻饶裕。着惠亲王等悉心详定章程，添炉鼓铸，总期与现用铜钱并行不滞。所请设厂安炉各款，均着照所议办理。

（《光绪大清会典事例·工部鼓铸局钱》，卷八百九十。）

**【北京·咸丰四年】**向来户局内例铸制钱，仅七万余串，自添铸大钱以后，合抵制钱二十四万余串。工局钱数，亦浮于常例三分之二。加以克勤郡王庆惠等所铸为数益多，现虽停铸当千、当五百两种，而每月京饷必取盈于户局，故当百、当五十大钱，仍不能少铸，此大钱所以日多也。京城未用大钱以前，岁铸制钱一百三十余万串，日积月累，市肆流行，数原甚巨。乃改铸大钱以来，所有制钱，市侩囤积，既已尽数收藏，奸民私销，又复半归乌有，此制钱所以日少也。

凡物多则贱，少则贵；多则必形壅滞，少则不敷用转。盖大钱整，而制钱散，昔人所谓整不如散者，诚以市井小民，每日糊口一切米盐菜蔬皆零星购买，所需不过数十文，或仅止数文。整用之处少，散用之处多，一遇当百、当五十大钱，与者碍难分折，受者不愿找零，每有手持大钱，不能易米而食者。有整无散，在贫乏倍觉难堪，此非仅大钱日多之患，乃大钱多而散钱少之为患也。

惟现当部库支绌，铜斤短少之时，欲停铸大钱，则经费借何补苴？欲专铸制钱，则局铜不敷提取。上筹国计，下念民生，顾此失彼，几无两全之策。臣等日夜焦思，通盘筹划……惟有量为变通，作釜底抽薪之法，少铸当百、当五十大钱，以杀其势；添铸当十以下各钱，以补其偏。拟自八月以后，宝泉局鼓铸各项钱文，酌分成数，按十成计算。铸当百大钱二成，当五十大钱二成，以示限制，其余六成，添铸当十大钱。并铅钱下短若干，再由铁钱局提取铁钱凑足六成之数。至宝源局所铸钱数，即由臣部行知，一律搭配办理。如此酌盈剂虚，以散配整，庶几子母相权，民皆适用，虽未能遽收实效，数月以后，或可暂次流通。

（清代钞档：咸丰四年八月初三日，大学士管理户部事务祁寯藻等奏。转引自彭泽益编《中国近代手工业史资料》，第一卷，第 559 页。北京：三联书店，1957。）

**【浙江省嘉兴 · 咸丰四年二月】**八日，嘉兴完粮折色每石贱至三洋七角云。正月十八日，始见当十钱。由钱琢斋令郎在苏城桐油行内寄来者。十九日，三儿其渊亦由无锡寄一钱来，云此钱市面通行云。

（王文镕：《癸丑纪闻录》。《太平天国史料专辑》，第 513 页。上海：上海古籍出版社，1979。）

**【江苏省徐州 · 咸丰四年二月十二日】**再，臣部于上年九月曾发皖省官票银十万两，又于十一月因臣部右侍郎王茂荫奏请加发官票银十万两。现闻此项官票银二十万两均存徐州粮台未动。查臣部所发粮台官票准交官项，并准事平领银，原可宝贵行用。惟军营支发，多所零星，且难从容稍待，必得地方大吏与公正绅士通融筹画变换银钱，方可以应急需。应请饬该抚会同回籍团练之刑部郎中李文安熟商，设法易银济用。为此附片谨奏。

（祁寯藻等奏。原折。中国第一历史档案馆编《清政府镇压太平天国档案史料》第十二册，第 493—494 页。北京：社会科学文献出版社，1994。）

**【山东省 · 咸丰四年二月二十日】**奴才胜保片奏：再，现准户部颁发官票银十万两、宝钞十万串，解交奴才粮台，自应查照章程，分别搭放。惟银价每银一两易制钱二千一二百文，而钞票则以制钱二千文为定，已有盈绌之分。然使钞票果可易钱，则所绌无多，尚可搭放，兵丁等亦无不愿领。无如所得钞票，不能易钱，附近各府州县亦无收钞之处。兵丁等所得饷糈借以糊口，如必至京方可易钱，实属远莫能致，不得已以贱价出售，至有以二千之钞易钱一千者。现虽勉强搭放，仅能至二三成而止。各兵勇效命疆场，所得盐粮断不能增之例外。若再加成搭放，强以所不便，似非体恤兵丁之道。推原钞票不便之故，总因官未广收，以致行多窒碍。查部臣原议，令各省设立官钱总局，或于市集辐辏之区提镇驻扎之处添设分局，广铸制钱、大钱，运交官钱局，以为票钞资本。得银票者准按时价支取现钱，得钱票者可支制钱、大钱等语。若果如此，原可流通。乃自上年七月奏准迄今已八阅月，奴才经过省份，未闻何处有官钱局，以致兵丁得钞无从易钱。应请饬下直隶总督及各省督抚，督饬藩司，速即遵照部议，设立官钱总局、分局，遇有持钞票支钱者，照数给发。使兵丁等得钞无异得钱，而搭放可期便利。至户部解到钞票，本令粮台与现银搭放。但自上年十月至本年正月，因解款未到，积欠兵饷甚多。蒙恩特拨内帑银二十万两，又山西续解银十万两，俱于正月中旬到营，立即将积欠各营兵饷支放，彼时尽可将钞票搭放二三成，而钞票尚未解到，及至解到，现银支放将尽。此时银已无存，钞票尚多未发。若以钞票悉抵现银支放，不特人情不愿，且与定例不符。尚恳皇上天恩敕部，速即筹拨现银解赴奴才军营，以资搭放。

（胜保奏。宫中全宗·朱批奏折。中国第一历史档案馆编《清政府镇压太平天国档案史料》第十二册，第 571—572 页。北京：社会科学文献出版社，1994。）

**【咸丰四年二月二十四日】** 查每年户工二局所用之铜本及工食等项银两约有一百四十余万两，而所铸出钱文通盘合计，不过一百二十万串。以一串即作为银一两合算，是一年所用银至一百四十余万两，尽得钱值银一百二十万两，是每年一准亏银二十余万两矣。此历年办理之章程如此。近来江路不通，运铜不能依限到京，虽有捐铜买铜之举，殊不知官铜既无项可收，则私铜又何由而至？至局中所煎炼及挖出铜斤，闻尚可敷衍至四月，过此又当如何？再四思维，惟有以铁铸钱，或可补偏救弊。经奴才等奏准试办，旋于二月初七日开炉试铸，连日以来，督同文彩、崇纶、熙麟等带同曾任钱大使朴昌细心讲求，与匠役多方讨论，竟日之力，一炉只能铸得铁钱二十五次。内除去铁斤料本渣煤价本工食钱文外，则所得不敌所出。是开炉鼓铸，不但无余，而转须费本，似难如此照办，且断无因此中止之理。因是而寻思，可将铁钱改铸一当十者，可加十倍而用。则以一每炉二十五次计算，每日可得当十钱七千五百个，可折制钱七十五串。内除铁煤价本及工食一切费用外，约得四成盈余。若以百炉一年而计，可得百万余串。如此一转移间，在民间日用，较诸钞票似有实凭，而于官项尤无窒碍。如蒙恩准，每岁可得自然之利，丝毫不取之于官，在部库不无小补。如果试办有效，再当随时体察推广当五十、当百以及当千，总期多多益善，方于帑项有裨。抑更有请者，每月所铸出铁钱尽行交部，其局中应用所有应领之价，尽由官钱铺按月给发，不过由部中再发给官钱铺而已，如此可杜流弊矣。如蒙允准，奴才等即招商捐办，虽王公大员，亦准一体捐输。总祈皇上破格施恩，自必源源报捐，不患不能足数。此筹饷之一端也。

（载铨奏。原折。中国第一历史档案馆编《清政府镇压太平天国档案史料》第十二册，第 630 页。北京：社会科学文献出版社，1994。）

**【北京·咸丰四年三月二十日】**开始设立铁钱局,铸造一文和当十两种铁钱。

(《东华录》第三十三卷。)

**【北京·咸丰四年五月】**弟自病后,颇厌烦嚣。乃三月间,郭都转强令出来,而嘱办盐务。各事无一不形棘手,直至四月中方有头绪,亦不过抑令各商纳些钱粮,以应军需而已。是月杪,应司寇之召,束装赴营。现在团练捐输,奉旨责成司寇经理。而里下河只此地方,颇难专恃捐输,于是有推广捐厘之奏。刻下复欲劝捐铜斤鼓铸大钱,委弟总司其事。弟自揣于钱法并未讲求,且此中弊窦极多,亦未深悉,是以未敢承办。而司寇坚令独任其难,于即札委。不得已奉荐数友襄办,俟工匠一到,即拟开铸矣。

(《吴云致澹廉函》,1854年6月11日。《吴煦档案选编》第一辑,第130—131页。太平天国历史博物馆,南京:江苏人民出版社,1983。)

**【河南省·咸丰四年七月】**有人奏,中州兵差络绎,民力凋疲。自交纳钱粮,有半银半钱之章程,而官取之于民者,依然是银。民执章程以请命,官即以为刁抗,民所以不能甘心,致滋事端。至州县官亦因钱二千作银一两,则耗银无出,办理钱粮必致棘手,应预筹官民两便之方,消患未萌等语。所奏均系实在情形。

(《清文宗实录》第一百三十六卷,第14页。《东华录》第三十七卷,第6页。)

**【咸丰四年闰七月初十日】**再,钞票之设,原以救敝补偏,辅银钱之不足,意美法良,历代行之而无害。比年所议钞法章程至周至密,诚使各直省大吏遵奉章程,实心办理,讲求推广之法,确然示信于民,一律通行,何至群相疑畏?即如各省商贾开设银号,代人汇兑银两,累万盈千,第持一票为凭,虽远隔数省,往来无间。又如钱店开写钱票,或多或寡,但凭一纸,即可行用,彼固以有票可取银钱,而又便于携带也。如果现在各省于省会地方设立官钱局,凡藩库运课、关税及一切完纳官项银两搭收钞票,并使民间所得钞票听其持赴官钱局支取,以钞当钱,并可以钞易钱,始自都会省城行之,渐推渐广,浸至郡县,以逮穷乡僻壤,随处皆可使用。至于积久相安,自觉钞票之与银钱毫无区别,不但使民以钞为甚便,并略舍钞而反不便者,推行尽利,理有固然。奴才窃见钞票现已颁发各省试行,经年未收大效,总由各省上自大吏,下至有司,畏难苟安,不肯实力筹办,罔识济时之策,先存歧视之心,小民怀疑观望,几以便民之良法误为愚民之诈术,纷纷私议,视钞票为畏途。京城地面尚可折算行用,至于外省距京较远之区,钞票无人收买,几成废纸。地丁、税课一切交官之项,本准搭收钞票五成。无如现在解部之款少,抵拨之款多,地方各官因抵拨之款难于搭放钞票,遂一律收取现银,不令交纳钞票。在官人役与商民交易,则又强给钞票。官可以钞票强用于民,民不能以钞票强用于上,并不能自相行用,不得已贱价出售,受累甚多。国家布一政,下一令,必有以取信于民,民始信从而不惑。今名为钞票,与银钱并重,实阴示以轩轾之不同。名为钞票,可以易现钱,实则各省官钱局并未设立。至于交官各项不收钞票,尤属显违定制,于此而欲钞法流通,财用不匮,犹却行而求前也。奴才愚以为,钞票之行，非示信于民不可。既云令各省设立官钱局，准民以钞票易钱矣，即当令在必行，迅饬各藩库力筹抄本，听民支取，不过数月，民间晓然于钞票果可以易钱，自然信用。既经信用，自必收藏钞票，或互相行用。不愿易钱地方，官吏知民间既已流通，亦必听其按成交纳官项，不致歧视，上下通行，何虞窒碍？即就奴才军营而论，从征将士距家穹远，往往因家有父母妻子，撙节口粮银数两、钱数串，欲寄回家，以资养赡。诚得钞法流通，则寄钞较为轻利，自必人人愿领。议者必以为若筹抄本听民支取，必须数千万金。当此经费支绌之时，安得此数十万金闲款作为抄本？不知凡事当务其大者、远者，不可囿于一隅而不筹全局，不可苟安目前而忽于远图。筹款之难在一时，钞票之行其利在百世。且钞票所以抵银钱，未行钞票以前，收放本系现银，今准民以钞票支取现钱，不过暂与未行钞票时无异，并非格外筹款，迨行之既久，渐推渐远，民皆收钞而不取钱，抄本自无虞短绌，而大利溥于无形矣。如不筹抄本，则民不信；民不信，则法不行。虽有章程，岂非虚设？自军兴(於)[以]来，蠲免缓征，所在多有。而南方财赋之区，又久为贼匪蹂躏，现当逆氛未靖，需饷浩繁，实难以有限度支供无穷之经费，即军务早能完竣，其办理善后事宜，需用亦复不少，奴才统筹全局，寝馈难安。此时若别求生财之方，率皆迂缓。其能有利无害足以救目前之急者，莫良于钞法。若不实力奉行，是有治法而无治人，必致补救莫及。奴才身历数省，体察人情，极知钞法之弊，不在立法之难行，而在奉行之不力。应请饬下户部通行各省督抚，每省速筹抄本若干，遵照部议，勒限于省城设立官钱局，广为宣示，听军民人等以钞票支取现钱，务使取信于民，无病于民，俾钞票与银钱相辅而行，无分轻重，仍严禁奸商、蠹役阻挠舞弊。在目下似觉筹办为难，数月以后，日见流通，钞票之行于外者多，支取现钱者少，十万两之抄本，可当二十万两之用。行之既广，利源日开，不独军饷不觉支绌，而国用亦自充裕矣。奴才愚昧之见，谨附片具奏。咸丰四年闰七月十二日奉朱批：户部酌核议奏。钦此。

（胜保等奏。军机处全宗·录副奏折。中国第一历史档案馆编《清政府镇压太平天国档案史料》第十五册，第208—210页。北京：社会科学文献出版社，1994。）

**【北京·咸丰四年八月初七日】**谕内阁，见在户工两局于按成铸造大钱以外，加铸铅质制钱，与各项大钱相辅而行，已足以资周转。

（《皇朝政典类纂》钱币二，第11—12页。）

**【北京·咸丰三年至四年】**国朝制钱，以康、乾两朝所铸为最，皆取给于滇铜。逮咸丰初，军旅数起，国库匮乏，滇铜亦因道梗不至……癸丑三年[咸丰三年]，先铸当十钱一种……八月，增铸当五十一种……十一月，复增铸当百、当五百、当千三种，名曰钞钱……甲寅[咸丰四年]正月，增铸当五钱一种……三月，铸铁当十钱。六月，铸铅制钱。其时盗铸钞钱之案蜂起，严刑不能禁。官中既限于收兑，民间亦不复流通。先后奏请废止，惟留铜铁当十钱。后铁当十亦废，仅留铜当十一种。谕令大钱与制钱并行，而京城乃不用制钱，出城数十里又复不用大钱。纷纷扰扰，圜法大坏。

（徐珂：《清稗类钞》第四册，度支类，第22—24页。）

**【北京·咸丰三、四年后】** 自咸丰三、四年后，京师因兵饷不继，部议搭放银票宝钞，及当百当十大钱，以致银价增长十余倍，每银一两换制钱至二三十串之多，物价日增，兵民交困。

（清代钞档：同治元年七月十八日，官文奏。转引自彭泽益编《中国近代手工业史资料》，第一卷，第582页。北京：三联书店，1957。）

**【江苏省六合县·咸丰三年至十一年】** 始抽盐厘，自癸丑[咸丰三年]以后，岸商失业，淮引不行，贫民由秦栏负贩而至，私枭日起，中途劫掠。至是订厘则，禁劫夺，上河商贩以米谷易盐，来者万计。始设局铸钱。钱法既变，当五十、当百滞积不行，惟当十钱与制钱三七搭配，制钱益少。[温]绍原先立钱票，以钱五十至三百为度，亲为署押，由局支付，令市肆仿行。既而制钱悉化为私钱，商民坐困，乃设局鼓铸，收废铜及当五十当百钱改之，以便民用。

（周长森：《六合纪事》卷一。《中国近代史资料丛刊：太平天国》，V，第156—157页。中国史学会编，编者：向达、王重民等，上海：神州国光社，1952。）

**【江苏省扬州·咸丰五年五月】** 五月初旬，北门内米铺遵宪示收钞钱十分之三，居邻开私门者尽用钞钱强买，口角揪扭，理势不敌，即约烟嫖之大兵五七人，拆屋抢米捶店伙(滨)[濒]死。(世)[适]府尊路过目击，饬差严查，群凶四散，赶禀将军，阖营呼饬不放一卒。府尊不得已，签拿卖烟之米邻照律定拟。前自托将军接任，营务废弛，大兵荼毒，郡城铺面，大率皆以钞钱硬买，不受则刀鞭齐下，而于吃食店尤甚，酒酣气炽，稍有不投，即将店内所有撞之蹴之而不留余地，文武官不能禁。顷有罢市之议，赖知府究办，人心稍定。

（佚名：《咸同广陵史稿》。《太平天国》，第五册，第115页。罗尔纲、王庆成，桂林：广西师范大学出版社，2004。）

**【江苏省扬州·咸丰五年七月】** 七月以来钞钱不行。先是钞钱自北直来，清江以上行之，清江以下扬属一带各大宪示，民每如制钱一千，准搭当百者一，当五十者二，当十者十三分之一也，民亦甚便。迨大宪发北来之钞，交知县饬差勒四乡典商，以制钱加耗易之，制钱尽美铜，入仙女镇文藩官局。文听信劣员，将美铜另改铸钞可获重利。利之所集是否入营作饷资，(亦)[抑]或归库听解拨，皆未立奏案，其意殊不可测。惟是国宝荷神灵之呵护，至贵至坚，顺治、康熙以及道光字样皆经久不化。丧心者浇以粪汁始获销熔，舞弊之徒更私用破坏之窑器盗换精粹之孔方，俾如金如锡尽为泥为沙，外强中干，秤之分轻而振之声哑，笺不耐碰，入市交易佥以为私。始犹制钱七百换改铸之当百者十，继则以当百者当五十无人肯受矣。且钱粮柜不收钞，捐输局不纳钞，官喜出而恶入，民易入而难出，虽上宪促之行，而店家私禁。向使守三分用一之制而不参以私，钞钱势必源流。而大小奸吏不顾国计民生，可胜诛哉。

（佚名：《咸同广陵史稿》。《太平天国》，第五册，第 117 页。罗尔纲、王庆成，桂林：广西师范大学出版社，2004。）

**【江苏省扬州·咸丰五年八月】**八月初间，营兵齐集鼓噪，欲杀营员鞠殿华并口称造反。是鞠殿华出队，见有退葸之兵用刀背朴之，记名归寨，更打二三十棍以示惩，起局饮食又不与同甘苦，是以兵皆衔恨。今鞠殿华给散兵饷照例参以钞钱，势不可遏，众兵大哗，将生变故，陈金绶急来向大众云：兵变例死予，何如先杀予后杀鞠，兵乃跪泣。陈问原由，佥云：钞钱入市，即持强动武亦无人肯收，不收者以捐厘局不收，捐亩局不收，指捐局不收，钱漕局不收，绝无转望人收之处也，当兵忍饿，法律所无，鞠某不代达下情等词。陈金绶允以不给钞钱，众始散。

（佚名：《咸同广陵史稿》，《太平天国》，第五册，第 117—118 页。罗尔纲、王庆成，桂林：广西师范大学出版社，2004。）

**【江苏省扬州·咸丰五年九月】**九月，闻江南承宣布政司兼管江宁等处何出示，略云：鼓铸钞钱奉旨一律通行，如奸徒阻挠，初次枷号示众，胆敢再犯，发烟瘴之地充军。部议已定，本司查酌定章程，钞钱搭十分之三，利国便民，与制钱无异。凡盐课关钞钱粮捐输抽厘等事，以及当典铺户交易往来，皆遵三成用钞。倘市侩奸巧，物价腾昂，俾三成之钞如未搭，亦与阻挠者同，为此仰四民知悉等因。此示一发，当即知照宁藩粮台文，文不得不示谕通省与何相表里，示略云：凡捐输照章减二成，准以一千六百文作银一两，奏明在案。今里下河丰收，富商捐纳较多，除照章减二成及一千六百文作银一两外，以半钱半钞上兑，无论是何处钞票，皆准搭交，钞票每银一两照例作钱二千文外，补平银六分。至雷藩前定章程，每捐银一百两加银五钱，每捐粳米一担加银五分之处，一概裁除。所有领取实收各捐生应缴部照银一项，前雷藩收每张银六钱，今本司收每张银三钱，惟领照费，仍遵雷藩旧章等词。复闻十月内上谕，自推行钞法以来，京省日见流通，藉资周转，而各直省迭奉部文后总未实力奉行，皆由不肖官吏有意延搁，非畏难苟安，即意图中饱，无以取信于民，安能推行无碍耶。着各省督抚照该部折内所议，勒限三个月，将应立官号一律开设，并将开设官号章程于接到部文一月内先行奏报。

（佚名：《咸同广陵史稿》。《太平天国》，第五册，第 119—120 页。罗尔纲、王庆成，桂林：广西师范大学出版社，2004。）

**【浙江省·咸丰五年十二月二十日】**户部行钱钞之志已决，此事恐先不利于浙。此邦所以能支持者，钱漕尚可办足分数。其分数不减者，为银价不昂，虽铸大钱，仍在每两易钱二吊以内者居多。将来都中钱钞一来，钱价必落，钱价落，则钱漕皆棘手矣。无识之人不能言经济。

（《何桂清致自如主人等书札》。《何桂清等书札》，第 33 页。）

**【河北省玉田县·咸丰六年】**有人奏,署玉田县知县范骥,于通行当十大钱,并不出示晓谕。钱粮税务,不收大钱。复私买大钱钞票,解交藩库。且收受当商陋规,任听阻挠钱制,以致物价骤昂。

(《清文宗实录》第二百一十卷,第23页。)

**【河北省正定县·咸丰七年四月】**御史孟传金奏,直隶正定县知县钱万青……复将库中银钱,尽入私囊。并于钱粮差徭任意苛派,不遵者锁押刑讯。其征收钱粮,大钱钞票,一概不收。每银一两,浮收制钱一千余文,又自造伪钞万余张,逼令民间行使。

(《清文宗实录》第二百二十四卷,第21页。)

[编者按:京城脚下的一个知县竟不用朝廷发行的大钱钞票,却另造钞票,可知钱币之乱。]

**【北京·咸丰七年正月十一日】**上谕:"京师鼓铸大钱,铜铁并重……原期上下周转,永为宝贵。乃闻近月市间渐不行使铁钱,以致物价日昂,铺户间有歇业……于军饷民食大有关系。"

(《东华录》第四十四卷。)

**1851—1861年大钱、铁钱、银票、宝钞及京钱票发行数**

| 项　目 | 发行数量 | 折合银两 | 比重(%) |
|---|---|---|---|
| 户部、工部两局历年铸钱交库数(1851—1861年) | 11 090 500串 | 5 545 250 | 9.05 |
| 铁钱局历年铸钱共合京钱数(1854—1859年) | 15 026 000吊 | 3 756 500 | 6.13 |
| 户部银票历年发行总数(1853—1860年) | 9 781 200两 | 9 781 200 | 15.96 |
| 户部宝钞历年发行总数(1853—1861年) | 27 113 038串 | 13 556 519 | 22.12 |
| 乾天九号历年交库京钱票折合制钱数(1853—1861年) | 49 447 910串 | 24 723 955 | 46.74 |
| 宇字五号清查时京钱票发行余额(截至1857年8月) | 15 707 814吊 | 3 926 954 | |
| 总　计 | 银9 781 200两<br>钱87 651 448两<br>京钱30 733 814吊 | 61 290 378 | 100 |

资料来源:银票总数据《农曹案汇》记载,其余根据清代钞档:户部银库大进黄册和四柱册及有关钱法档案,计算而得。

(彭泽益:《十九世纪后半期的中国财政与经济》,第115页。北京:人民出版社,1983。)

**发行票钞及铸钱收入在银库总收入中所占比重示例**　　(单位：千两)

| 年　度 | 库银大进银钱总　额 | 其中发行票钞及铸钱收入数 | 其比重(%) |
|---|---|---|---|
| 咸丰二年 | 9 196 | 833 | 9.1 |
| 三年 | 5 638 | 1 199 | 21.3 |
| 五年 | 9 957 | 6 744 | 67.7 |
| 六年 | 9 220 | 6 168 | 66.9 |
| 九年 | 15 581 | 4 448 | 28.5 |
| 十年 | 9 397 | 2 335 | 24.8 |

资料来源：据户部银库大进黄册计算。

[大钱、铁钱、宝钞、银票和京钱票的发行，都是从咸丰三年开始，咸丰十一年后基本停止。这些发行在咸丰三年以后各个年度银库总收入中所占的比重并不算小，少则平均占24.9%，多则高达67%以上。如果按照前面对各项发行数量补充计算，咸丰三年至咸丰十一年间大钱票钞全部发行合银约60 249 000两以上[①]，而同一时期，户部银库收入总计大约在86 673 000两[②]。前者约当后者的69.5%。同样说明了发行票钞和铸钱收入在当时户部银库总收入中占有的重要性。]

**(彭泽益：《十九世纪后半期的中国财政与经济》，第83—84页。北京：人民出版社，1983。)**

**1853年以来发行各种新币简表**

| 名　称 | 奏准试办谕令发行年月 | 额面种类 | 面值单位 | 停铸停发年月 |
|---|---|---|---|---|
| 银票(即“户部官票”) | 咸丰三年二月二十七日(1853年4月5日) | 一两、三两、五两、十两、五十两 | 银两 | 咸丰十年二月二十九日(1860年3月21日)停造。各省延至同治七年三月十九日(1868年4月11日)停止收兑，宣布作废。 |
| 宝钞(即“大清宝钞”，又称钱票或宝钞) | 咸丰三年十一月二十四日(1853年12月24日) | 五百文、一千文、一千五百文、两千文、五千文、十千文、五十千文、一百千文 | 钱文 | 咸丰十年二月二十九日以后，仍有少数发行。至咸丰十一年四月二十八日(1861年6月6日)始裁撤宝钞总局分局。 |

① 这是减去咸丰元年和二年所铸制钱数后的合计。因为当时还没有开始铸大钱。

② 这一时期户部银库总收入，依据前引银库大进银钱总数，咸丰八年以大出总数代替，咸丰七年以上下年度平均数代替，集计而成。

续　表

| 名　称 | 奏准试办谕令发行年月 | 额面种类 | 面值单位 | 停铸停发年月 |
|---|---|---|---|---|
| 铜大钱 | 咸丰三年三月十八日(1853 年 4 月 25 日) | 当五、当十、当五十、当百、当二百、当三百、当四百、当五百、当千 | 钱文 | 咸丰四年(1854 年)七月前后,当千、当五百及当二百、当三百者相继停铸。咸丰五年(1855 年)当百、当五十者,奏准停铸。其后只铸当十文者,行使京城,光绪十六年(1890 年)始停铸。 |
| 铁钱 | 咸丰四年二月初二日(1854 年 2 月 28 日) | 当一、当五、当十 | 钱文 | 咸丰九年七月二十八日(1859 年 8 月 26 日)奏准停铸。 |

资料来源:根据清代钱法档案编制。此外,当时还试铸铅钱,随即停止,故未列入。

(彭泽益:《十九世纪后半期的中国财政与经济》,第 88 页。北京:人民出版社,1983。)

各种大钱的含铜量　　单位:两

| | 当十 | 当五十 | 当百 | 当五百 | 当千 |
|---|---|---|---|---|---|
| 含铜量 | 0.44 | 1.20 | 1.40 | 1.60 | 2.00 |
| 相当制钱一文的倍数 | 3.67 | 10.00 | 11.67 | 13.33 | 16.67 |

据彭泽益编:《中国近代手工业史资料》,第 1 卷,第 570 页资料改制。北京:三联书店,1957。

## 二、私钱泛滥

**【北京・咸丰四年】**咸丰四年[七月初十日]谕,前据户部奏请停铸当千、当五百大钱,并庆惠等奏请停铸当二百、三百、四百大钱,均经降旨允行,原以折当稍重,恐于民间日用,不无妨碍,是以斟酌时宜,准其停铸。至当百以下大钱,子母相权,整散互易,通行远近,尤为便民。乃据户部奏称,访闻近日当百大钱,又有奸商折算等弊,请饬严禁等语。钱法损益,朝廷自有权衡,如果于民生稍有不便,不难随时变通,若法本尽善,而廛市小民,妄肆阻挠,任意折算,实属目无法纪,此风断不可长。着户部步军统领衙门顺天府五城,一体出示严禁。嗣后商民行使当百以下大钱,倘敢不遵钱面数目字样,妄行折减使用,甚至造言煽诱,抗不收使,以致愚民相率猜疑,即行拿交刑部,从重治罪。此等奸商,阻挠钱法,必应从严加等惩治,着刑部迅速定拟罪名具奏。至私铸大钱人犯,业经刑部奏定加重罪名,此后私铸当百以下大钱者,并着刑部再行严拟罪名具奏。钦此。遵旨议准。

(《光绪大清会典事例》第三百二十卷,《户部钱法》。)

## 三、典当,钱铺、钱庄,账行[房],票号

**【浙江省乌程县青镇、桐乡县乌镇·道光至光绪】**乌青镇的典业,最盛时有十三家之多。太平军到来时仍有七家。咸丰十年悉数被毁。光绪年间有典业五家,二十年办钱庄一家。

(卢学溥修:民国《乌青镇志》卷二十一《工商》。)

**【江苏省扬州·咸丰三年正月】**典铺歇甚多,钱庄俱未开拆,诸项生意甚少。虑外患未宁,内变将作,奈何,奈何?

(《吴云等致冯桂芬书札》。《何桂清等书札》,第216页。)

**【北京·咸丰三年三月三十日】**孙介廷来信,大约云京师惟两日大扰,因银号关去九十余家,银价贱至一百三十文一钱。

(王文镕:《癸丑纪闻录》。《太平天国史料专辑》,第504页。上海:上海古籍出版社,1979。)

**【江苏省扬州·咸丰六年】**扬州钦差雷以(诚)[諴]年来专事聚敛,怨声载道。其子某开钱铺,民间捐项皆输其铺业,有重利必趋之,与民争利。或云雷二三年内家资已有两三百万。

(佚名:《蘋湖笔记》,手稿本。南京大学历史系太平天国史研究室编《江浙豫皖太平天国史料选编》,第104—105页。南京:江苏人民出版社,1983。)

**【北京·1853年】**《北华导报》(*The North China Herald*)对北方诸省情况有如下的记载:官军军费拮据的情形,由邸抄所载的诏谕奏议以及北京私人函件充分证实。有一个奏议说,两千余万两的银子已经消耗在军费上。我们知道,政府自从对英赔款使财源枯竭以来,尚未能恢复。中央政府现在不得已发行钞票。此物除表示国库已空外,毫无其他作用,在市场上没有一点价值。发行之后,有一百多家私人钱庄一日之内都关闭了。他们的纸[庄]票[金额低到一百小钱],原为北京流通的媒介物。钱庄倒闭的结果,使下层社会的人民直接受到穷困和痛苦。他们的生活已经因粮价高涨而窘迫了。

([法]加勒利、伊凡原著,徐健竹译:《太平天国初期纪事》,第184页。上海:上海古籍出版社,1982。)

**【浙江省杭州·1860年】**开设便民押当,实为济贫善政。来禀已发司议。一年为期,力恐难支,奈何,奈何!倘能广劝多开,众擎易举,否则存本断不能小,虽限以定数,而有当无赎,一年后方能转手办理,似有所难。

(《赵炳麟上吴煦禀》1860年5月14日。《吴煦档案选编》第一辑,第215页。太平天

国历史博物馆，南京：江苏人民出版社，1983。）

【江苏省苏州·咸丰十年五月】十八日……祝秋波在彼[车坊]督办团练，所需经费，先于祝氏当内自行捐备，毫无吝惜，其当照常开设，赎者免其出息，颇有定章。

（吴大澂原著、丙子季春溶卿氏重订：《吴清卿太史日记》。《中国近代史资料丛刊：太平天国》，Ⅴ，第338页。中国史学会编，编者：向达、王重民等，上海：神州国光社，1952。）

【浙江省宁波·咸丰十一年十二月三十日】某街钱庄数百爿，夷人倡言贼至，首先掳掠钱庄银百千万两，尽行掳去，比长毛进城，银钱已空。

（沈梓：《避寇日记》。《太平天国史料丛编简辑》，第四册，第116页。太平天国历史博物馆，北京：中华书局，1962。）

【北京·咸丰至同治年间】在京师则交结内府，走动各部。在外省则应酬仕宦，出入衙门，借势借财，纯益自丰，措置自如……但至咸丰三年[1853]，太平天国变起……辗转十有八年，票庄所受损失，几至一蹶不振。

（新泰厚票号北京等处管事赵子香所撰《票庄遗事纪略》。）

【浙江省杭州·同治元年六月二十八日】黠商胡光墉者，业杭城钱肆。省中候补牧令莫不与往来，丐其余润。王巡抚昔在杭府，委以事而办，才之。既抚浙，引以为用。胡有所捐助，屡保至江西道员。胡向与绍城钱业张存浩争利有隙。绍之风俗，缙绅皆兼业商贾，张力即厚，袒之者多。怀太守素畏土著。胡知不可用，遂言之巡抚，以廖宗元来守绍。廖者强吏，向协守孤城有效，佥言其宜。而廖友胡久，胡私意则欲其助之攘利而已。廖之至，乞水师四十艘于林藩台，又亲勇数百人，皆至。水师骚甚，民咸畏怒。胡托他事干廖，以释憾于张。廖不知而行之。绍绅慑其兵力，不敢违，私愤益切。九月二十四日，贼既陷萧山，东至郡城尚百里，未得耗，但知有警，遣水师十六艘往，未遇贼即溃，大掠而返。民群起歼数十人，廖出抚民，为邑绅所拘。庄时为山阴令，往力解，事得释。廖返，未抵署，邑中水龙夫要之于道，殴之几死。水龙夫者，董事赵德山、王纪泉二人所嗾。二人张存浩党，殴官实由私愤，其意欲辱之使去而已，故不至死。然祸既搆，城内大乱，势不得止。复围廖亲勇于某庙，不克，皆逸去。

（赵烈文：《能静居士日记》。《太平天国史料丛编简辑》，第三册，第239—240页。太平天国历史博物馆，北京：中华书局，1962。）

## 四、银钱比价



【直隶省北京、顺天府·咸丰三年五月二十七日】奴才僧格林沁等谨奏，为京城银价骤昂，有碍军民生计，请旨饬部妥议事。窃维近年银价固属昂贵，然系由渐而长，每两纹银不过合京钱四吊文，为日已久，军民相安。惟自二月十五日关闭钱铺不下百余处之后，每两止合京钱三吊三四百文，现时每两换京钱四吊三、四、五、六百文不等，仅数日之内价值低昂，大相悬殊。显系奸商因兵饷每月按照二十九日市价数目搭放大钱、官票，故昂银价，有意从中阻挠。奴才等伏思兵饷按照市价搭放大钱、官票，原为筹备国用变通办理，若按现时市价搭放，转于国用殊有妨碍。且查京师食用物件，向多现钱交易，而商贩人等皆系用银贩运。今银价骤长，在该商贩等势不能不倍(僧)[增]物价，于军民生计日用大有关系。奴才等公同商酌，每银一两官为拟定京钱四吊，以搭放下月兵饷大钱、官票。可否请旨饬下户部、顺天府，即按京钱四吊易银一两之处，斟酌妥议，总期利国用，以平市价而便军民。倘部臣等以银价增减，应听商便，碍难官为定准，奴才等拟请嗣后兵丁饷银，官银钱号定为每银一两易京钱四吊，如兵丁愿赴官号兑换者，应按该佐领汇总钤用图记赴官号兑换。倘官银、钱号任意勒措及有短少钱文等情，准该佐领呈明该管堂官奏明究办，以免混淆之弊。

（僧格林沁奏。军机处全宗·剿捕档。中国第一历史档案馆编《清政府镇压太平天国档案史料》，第七册，第 351 页。北京：社会科学文献出版社，1993。）

**【长江下游各地·咸丰三年六月】**货值，亦随军情好歹为之贵贱。金银价值最易起伏。

（佚名：《平贼纪略》。《太平天国史料丛编简辑》第一册，第 219 页。太平天国历史博物馆，北京：中华书局，1962。）

**【山东省·咸丰三年十二月十八日】**窃照东省本年司库拨项甚多，正杂钱粮尽征尽动，不敷周转。现在本省南北两路筹防，用款更繁，仅恃年额正赋，实有缓不济急之虑。查前经户部奏明，各处官生报捐官职，准赴粮台上兑，照筹饷新例及现行常例银数酌减十分之二。东省兖州粮台亦经遵照出示遍行劝捐。乃半载有余，所收捐项尚未及二万两。推原其故，实缘银价过昂，各处冲要市镇竟有有钱而无购银之处，且附近各省兑收捐项，均经奏明以制钱一千五百文作银一两，独东省仍须以银上兑，故官生观望不前，非量为变通，难期踊跃。合无吁恳天恩，俯准援照江南等省现行成案，在东报捐官生，无论指捐官职及仅捐虚衔，除照原奏部议酌减二成外，均以制钱一千五百文作银一两收兑，并请新捐各员除例应引见之正印官仍照例办理外，其例不引见之首领佐杂等官均免赴部验看。指捐东省者，即以上兑之日为到省日期，挨次序补，指捐他省者，一面发给实收指部换照，一面咨会该员指捐省份，听其径行前往，分别试用候补，俾各官生等得以及时自效，庶期争先乐输，于军需要款可资源源接济。

（张亮基奏。军机处全宗·录副奏折。中国第一历史档案馆编《清政府镇压太平天国档案史料》第十一册，第 601 页。北京：社会科学文献出版社，1994。）

**【安徽省·咸丰四年一月甲寅】**安徽巡抚福济奏，皖省庐、凤、徽所属州县，去年下忙地丁分厘未解……[凤阳等处以制钱一千八九百文作银一两。]近来银日昂，不敷报解。一议加增，人情惶骇。请将完善之区本年上忙新赋，准交制钱二千作银一两。

（《清文宗实录》卷一百一十八，第19页。）

**【河南省·咸丰四年七月】**有人奏：中州兵差络绎，民力凋疲。自交纳钱粮，有半银半钱之章程。而官取之于民者，依然是银。民执章程以请命，官即以为刁抗，民所以不能甘心，致滋事端。至州县官亦因钱二千作银一两，则耗银无出，办理钱粮必致棘手，应预筹官民两便之策，消患未萌等语。所奏均系实在情形。

（《清文宗实录》第一百三十六卷，第14页。《东华录》第三十七卷，第6页。）

[编者按：钱贱银贵使官民交困，矛盾尖锐，农户抗粮。如该省许州尉氏县都有抗粮案。]

**【浙江省嘉善县·咸丰八年三月】**二十三日，预支束修洋四元。是日，当价洋作一千一百五十六文。

（王文镕：《癸丑纪闻录》。《太平天国史料专辑》，第528页。上海：上海古籍出版社，1979。）

**【安徽省黟县·同治初年】**钱价陡长。米每石制钱七千零。时邑无典铺，私押价不及十分之一，每月三分取息，三月便满。

（黄德华：《感事》原注，当作于同治初年。《黟县三志》卷十六之五《艺文·诗》，第6页。）

**【江苏省上海县·同治元年十一月二十四日】**适陈五官、顾妪趁杨世富船上来。接朗相、慎甫、吉甫、梦书信。知家中尚属苟安，惟开销不敷，甚难支持。亲族之应酬，亦力难为继，奈何……乔梓所托之件，知日上大松，不过七二三，决计存于彼处，第汇零用二数而已。

（柳兆薰：《柳兆薰日记》，《太平天国史料专辑》，第292页。上海：上海古籍出版社，1979。）

**【江苏省上海县·同治元年十一月十九日至同治二年三月三十日】**

[柳兆薰在上海做银洋生意时的银洋价与物价。]

同治元年十一月十九日。下午，至生禄斋，携三宝复之，所办之事，在川当手，如得意，两人分润之，计数九千八百七十三两正。

同治元年十一月二十二日。下午，徐少卿来，知今日广花　七四，英洋七钱九分三厘，市面之活如此。

同治二年二月七日。下午，同梦书、春山至兴仁里振隆庄上，春山要汇本洋划银，命洋次二肩　八六，大花　七六，后兑九钱，交易不成。总牵日上市面，本洋大涨。

同治二年二月十七日。下午，悦安居馆上来算账。酒席无多[其子结婚共摆十席]，已费英洋一百十余元。此间浮费大率类此。

同治二年二月二十一日。张浩舟来，与之茗饮。其弟衡洲撑梨里航船，住东栅孙倍昌(三)[山]货行。头期则逢五、逢十，每人趁船一千四百，饭钱每顿六十。

同治二年二月二十六日。下午，至振隆庄，知晚市英洋七八三五。少卿、雨亭、丽江、喻兰、子祥俱在，谈至良久而回。所托丽江划花七十，每元七六八。

同治二年二月二十七日。下午，至振隆庄上长谈。中午，市头七八三，晚市七八八。述做汇划七八七五。未知明日松、涨若何？余托少卿，如果明日　七九分内，买一大数，初十为期。

同治二年二月二十八日。下午，少卿遣郎一山持札来，有所商。即作札复之，约如息照市，明日来取。英洋今饭后市七八三五，代办一万银根，初十为期。未识能有生色否？

同治二年二月二十九日。少卿遣人持札来，即以元康三五票作字复付之。下午，至振隆庄，知晚市七八五。晤少卿、子祥，藉知所商原委。

同治二年三月初一日。下午，接少卿札，知英洋汇划七六七，现兑七六五。公使船已到，发财二字，望之甚难。

同治二年三月初二日。下午，由振隆庄至钱业公所，知英洋今日中市七七七，晚市七七三半。

同治二年三月初三日。朝市，英洋七六九。大儿晚间自振隆来，知晚市七七三。

同治二年三月初四日。英洋价今日不知，传说七七分八厘。

同治二年三月初五日。晤少卿，知今日晚市英洋初十期七八分。至钱业所看簿，其说相同。

同治二年三月初六日。英洋朝市七八六，中市七八四晚市七八三五。

同治二年三月初七日。回来。知英洋今日大松，饭后市七七七五。昨日不卖出，悔恨无及矣。午后，复命墀儿去探听。回，知午后市七七三五，尚无售主。少卿意谓买出现折，不如调二十期，贴还十日拆息，尚可希图侥幸。决计从之。晚市去办，想无误也。

同治二年三月初八日。晴。饭后，走至振隆庄，解宝两一〇八七钱，以备英洋亏折之用，交子祥登入往来账上。知所买英洋现已调二十期，据云要贴六十两，二十日付，未识胜负何如？且找顾要二百余洋，殊属贪而自取其咎。后至振隆庄。知洋，晚市七六九，中市七八〇五。回寓后，至生禄斋晤憩棠兄，昨自练塘来，确知芦墟被掳极酷。述甫回寓，知英洋晚市七八四收盘。

同治二年二月初九日。大儿、述甫自庄上回，知今日晚市英洋收盘七七九五，朝市七八四。二十日期交易极少。

同治二年三月十日。今日英洋南市现兑七七三五，北市不知。

同治二年三月十一日。半晴。下午，走至振隆庄，知今日英洋午市七八一。

同治二年三月十二日。今日英洋大松，中市七七二。

同治二年三月十三日。今日英洋七六九，少卿为余出卖一数，七七，三十期，未识能斡补不足否？森甫八一分卖出，七八六补数，可多五六十洋，尚可差强人意。

同治二年三月十四日。英洋今日市七七三。

同治二年三月十五日。今日英洋闻七七分。

同治二年三月十六日。遇吉生，与之明日有约，茗饮良久，同至庆昌兑现英洋而还。市价七六六，明抬二厘……至振隆庄，知今日中市三十期七七七，兑现七六八。

同治二年三月二十日。晚间，述甫自振隆庄来，少卿寄信踏空，三十期已买，出补数七六六五。

同治二年三月二十一日。下午，至振隆庄，知晚市七六〇五，初十期七六六。

同治二年三月二十三日。与述甫谈，知今日英洋松至七五二五，此数真令人不能测度也。少卿为做卖出五千，余做又二千五，七五分，初十期七五九。

同治二年三月二十四日。下午，至振隆庄，知今日中市英洋七六分，三十期。大儿应墀同来。约少卿明日将本元三数到庄看过，以便随时换汇。现只留一数，馀则和盘托出，所存已不成数矣。囊头只此，恐亦不能久持也，如何，如何？作信天翁可耳。

同治二年三月二十五日。接少卿札，即付本物三大数。余亦随至振隆。吴先生九卿为分三等拣选。少卿观剧不遇。至钱业公所，知晚市洋价七五九，初十七六五五。拟买三千，托严先生。墀儿在庄等候严公回音，余则回寓矣。述甫知庄上已代办三千两，七六六。

同治二年三月二十六日。下午，至振隆庄。知今日公司船已到。英洋来者百万，而价仍不松。晚市三十期七五九，初十期七六三五。与少卿商，似乎不凑手，约明日回复。可知在人手者不易取携，无兴还寓。

同治二年三月二十七日。英洋中市七五七五，三十期，七六二五初十期。

同治二年三月二十八日。晴。饭后，走至兴圣街恒兴栈中，候祝秋波，一号子回，答汪黼翁。秋波与周峙亭师之郎雨春两亲家，同川尚有房屋，已不能住，在崇明、海门接壤处北沙上，地名十〇图，镇上大有房屋、田产，交易买卖，以步计，每一千步计　亩，四　亩一分六厘六毛[毫]，种杂粮者每　亩约四千文，种稻者每亩值百千文。祝氏世居于崇，迁居本是还乡，真桃源福地也……下午，至振隆，初十期又买二千五百两，七六八，通牵归本要七六三。晚市开盘七六九五。现在做踏空，尚要亏六厘半。生意之难做如此。回寓，祝秋波来答。大谈崇邑租风、粮务，一时妙处几不能解。

同治二年三月三十日。知英洋昨日七六三，晚市，朝市则七七一。今日朝市七六六。东洋船昨又回来一只，洋约数万。否则昨日不能松。今日复涨，不知何故？生意发财，殊不容易。

（《柳兆薰日记》。《太平天国史料专辑》，第291—316页。上海：上海古籍出版社，1979。）

## 第六节

# 对清政府收支的影响

## 一、开支增加

### (一) 制造、购买、租用武器、船只费用

**【江苏省上海县·咸丰三年正月二十八日】**闻上海道往借英吉利火轮船五只,其国因粤匪滋事以来,货物昂贵,情愿助顺,自备资斧由福山口入江,驶至九江协剿。

(赵烈文:《落花春雨巢日记》。《太平天国史料丛编简辑》第三册,第 26 页。太平天国历史博物馆,北京:中华书局,1962。)

[按:这可能是清政府租用外国轮船对付太平军之始。]

**【江苏省上海县·咸丰三年】**上海的道台比其余的中国人要欧化些。他购买了许多美国船,武装起来抵抗叛军。并且澳门商人供给他一些大炮。至于皇帝听说叛军把所遇到的船只都占用了,便下了一道谕旨,要点如下:

第一条,凡取得逆匪船只者即归己有;船上所载财物,除火药军器外,亦皆属己有。

第二条,凡烧毁逆匪船只者,得重赏。

第三条,凡杀死一个或若干长毛首领者,皆有功于国家。

([法]加勒利、伊凡原著,徐健竹译:《太平天国初期纪事》,第 129—130 页。上海:上海古籍出版社,1982。)

**【江苏省上海县、南京·咸丰三年正月二十九日】**先是,上海道周自行采买连环洋铜炮六百尊,火药三千斤,交南京军营备用。见正月初五日邸报。

(王文镕:《癸丑纪闻录》。《太平天国史料专辑》,第 479 页。上海:上海古籍出版社,1979。)

[按:这可能是清政府买外国军火之始。]



**【江苏省上海县·咸丰三年正月三十日】**上海道宪借火轮船两只往镇江口,以防贼来。

（王文镕：《癸丑纪闻录》。《太平天国史料专辑》，第 480 页。上海：上海古籍出版社，1979。）

**【江苏省镇江·咸丰三年二月二十六日】**杨抚军驻扎镇江，又有火轮四只，广艇百余艘，沿江一带防堵甚为妥当。

（王文镕：《癸丑纪闻录》。《太平天国史料专辑》，第 491 页。上海：上海古籍出版社，1979。）

**【江苏省上海县·咸丰三年三月初二日】**上海之英夷，传闻肯帮道台与匪打仗。[如坏火轮一只，赔伊银五十万，上海人以将作战场，故多搬运。]

（王文镕：《癸丑纪闻录》。《太平天国史料专辑》，第 494 页。上海：上海古籍出版社，1979。）

**【江苏省上海县·咸丰三年三月】**初六日，闻匪下战书与上海道吴公[健彰]。吴因借夷人火轮船数只，兵船百余只，以备打仗。黄浦内之商船，俱令退出海口去。

（王文镕：《癸丑纪闻录》。《太平天国史料专辑》，第 497 页。上海：上海古籍出版社，1979。）

**【江苏省上海县·咸丰三年三月初九日】**上洋有火轮船六只，夷船二只，系吴道台所留，欲俟匪来打仗也。

（王文镕：《癸丑纪闻录》。《太平天国史料专辑》，第 498 页。上海：上海古籍出版社，1979。）

[按：既借外国火轮打仗，自己也买了火轮船?]

**【北京·咸丰三年三月二十七日】**军机大臣字寄两广总督叶、广东巡抚柏。咸丰三年三月二十七日奉上谕：孙瑞珍奏，据前任广东按察使赵长龄呈递说帖，称该员前在肇庆府任内，曾雇用红单商船剿平廉州洋匪，着有成效。该商船素以贩油为业，涉历大洋，其驾驶之快利、炮火之精锐、点放之娴熟，较之额设师船得力不啻数倍。南澳镇标游击黄开广系水勇出身，与该船户等素相联络。若使之雇募管领，驾赴江南，攻剿可期制胜等语。现在逆匪窜踞江宁、扬州、镇江等府，叠经琦善、向荣驰奏，屡获胜仗，大挫凶锋。惟贼艅蚁聚江干，非有得力舟师不能制胜。前饬调之广东外海师船，既据该督等奏称笨重难行，能否驶入长江，尚难预定。现当江面攻剿吃紧之际，着叶名琛、柏贵迅即将此项红单船只酌定数目，赶紧募雇，配带炮位、铅丸、火药，即派游击黄开广管领，星速由海入江，听候钦差大臣向荣等调遣，以资攻击。

（寄谕。军机处全宗·剿捕档。中国第一历史档案馆编《清政府镇压太平天国档案史料》第六册，第 207 页。北京：社会科学文献出版社，1992。）

**【江苏省徐州·咸丰三年四月初一日】**再，臣吕贤基、臣周天爵接据办理徐州粮台司道查文经等禀称，奉札饬办铅子三万斤。遵即委员赴东、豫等省购备。据委员覆称，分投采办，因各省防堵无不需用铅斤，江路梗塞，铅船不能北来，非特价值昂贵，且竟无从购觅，不能如数办齐。惟查有东省济宁州地方，贵州委员押解京铅船只停泊，业经东、豫两省奏请截留数十万斤，尚存有黑铅四万余斤，禀请奏留济用等因到臣。[臣]等查铅斤一项，最为军中要需，现值南北商运不通，各属均须备防，以后采办更属不易。该司道所请截留京铅就近挹注，可期无误军需。相应请旨，饬下山东抚臣，行令该委员将所押铅船，迅速解交徐州粮台备用。

（周天爵等奏。军机处全宗·录副奏折。中国第一历史档案馆编《清政府镇压太平天国档案史料》第六册，第 250 页。北京：社会科学文献出版社，1992。）

**【浙江省·咸丰三年三月二十二日】**所铸炮位尚不敷用，已委员在上海购买夷炮五十六门，分拨各炮台安设。

（有凤等奏。军机处全宗·录副奏折。中国第一历史档案馆编《清政府镇压太平天国档案史料》第六册，第 108 页。北京：社会科学文献出版社，1992。）

**【江苏省·咸丰三年四月二十一日】**至西洋各国火轮兵船，已奉署督宪于巡抚任内札发照会公使商借帮剿，置未答复，想必或因兵力不足之故。英、佛两国到有师船一二只，因知贼匪船多人众，且见有伪示，欲与丑夷决战，兼之谣言种种，心存恇怯。而各商人均欲自顾生业，公使亦无能为役，职道反复开导，坚不应允。而署督宪犹嫌船只单薄，总以非西夷火轮兵船，不可剿灭贼艘。三月十八日，查有停泊吴淞口之英国火轮船一只，并未知会职道转报，已开赴长江，当即飞禀署督宪查照，尚未奉有批示。至浙江藩司麟桂于本年二月十二日到沪，称为招募广艇而来。职道当告以沪上广艇已经雇募派往金陵，现在无广艇可雇，所有绅商捐造各项艇船并商雇夹板夷船三只，业已先后驶往，现复咨请宁绍台道募雇澳艇来沪，随到随行之语。次日，该司即开船回浙。日来迭据探报，金陵我兵屡获胜仗，贼有畏心，船已纷纷东下，扬州匪党亦受剿窜逃，瓜洲、镇江为贼盘踞，沿江安炮设备。丹阳一路，已奉钦差大臣向挑选精兵堵截，当不致窜入内地。所需炮位、弹子、火药，职道遵札购置，委解济用。如有广艇续到，总当随时招雇遣往，断不敢稍事延误。

（吴健彰禀文。军机处全宗·录副奏折。中国第一历史档案馆编《清政府镇压太平天国档案史料》第六册，第 512 页。北京：社会科学文献出版社，1992。）

**【广东省广州、江苏省上海县·咸丰三年五月十六日】**伍崇曜又复多发密探，从旁再三究诘，始知文翰于二月间甫到上海时，该道即往面见，借雇船炮，当经辞复；马沙利到上海时，吴健彰又复往借，该夷仅派兵船一只前往试水，未进海口，业已搁浅，即行折回，甚为怫然。

（叶名琛等奏。军机处全宗·录副奏折。中国第一历史档案馆编《清政府镇压太平天国档案史料

国档案史料》，第七册，第 195 页。北京：社会科学文献出版社，1993。）



【江苏省上海县·咸丰三年九月】闻府道两君在上[海]租一火轮船，每月租价八百洋，水脚二百六十洋，日坐其中，与上城相对，同发一笑！

[二十四日]闻上海当事诸公与英夷约议，让停关税三年，及准其在苏州河马头造堂、交易，为帮[剿]闽广贼匪计。

（姚济：《苟全近录》。《近代史资料》1963 年第 1 期，第 53 页。）

【广东省·咸丰四年二月二十日】再，臣等前因钦奉谕旨：着购买夷炮五百斤重者合千余尊，解至武昌，以便酌搭船只，分布水师各营，为水陆夹击之计等因。钦此。当经饬令署督标中军副将怀塔布先后购得夷炮三百二十尊，另派精熟演炮弁兵二百四十四名，分为三起，管解起程，赴楚听候调遣。嗣准湖广督臣吴文镕咨开：续调水师营兵丁，复拟添调二百六十名，并委升任山东登州镇总兵陈辉龙前往湖南，会同督带炮船，以资攻剿各缘由，已于上年十二月十四日、本年正月二十三日两次由驿具奏在案。兹据怀塔布复委弁兵前往香港、澳门等处向新到夷船购得夷炮一百尊，内七百斤炮四十一尊，五百八十斤炮二尊，四百三十斤炮一尊，四百二十斤炮八尊，四百斤炮二尊，三百五十斤炮六尊，三百二十斤炮十二尊，二百六十斤炮十二尊，二百斤炮十六尊，均照炮身长短，配齐炮架、炮具等项，即委奏调赴楚管带炮船之升任山东登州镇总兵陈辉龙，并添委广东水师提标右营游击沙镇邦，带同精熟广演炮弁兵九十六名管解，现于二月二十五日由粤起程，赴楚会商督带炮船，以期肃清江面。

（叶名琛等奏。军机处全宗·录副奏折。中国第一历史档案馆编《清政府镇压太平天国档案史料》第十二册，第 581 页。北京：社会科学文献出版社，1994。）

【广东省·咸丰四年三月二十八日】寄谕叶名琛等，着酌拟情形，将续购洋炮派员解赴江西攻剿。军机大臣字寄两广总督叶、广东巡抚柏。咸丰四年三月二十八日奉上谕：陆元烺奏，战船将次竣工，急需炮位，请饬广东赶紧筹解等语。昨据叶名琛等奏，续购夷炮一百尊，派员解楚，并令副将怀塔布查探，如有夷船续到，当再行购买运送楚省。现经饬令曾国藩于搜捕湖南逆匪后即日统师东下，肃清江面。兹据陆元烺奏称，除已造各船并雇备渔船百余只外，尚拟添造战船四十只，为上下游夹击之计。惟旧有之炮不敷拨用，前曾咨会广东省购买，请饬速行解往，自应亟为筹拨。着叶名琛等迅速酌量情形，如解往楚省之炮位四百二十尊及驶赴江南军营之红单等船炮位约可敷用，即将续购夷炮配齐炮架、炮具等，派委妥员，带同演炮弁兵，克即解赴江西，以资攻剿。并将续购夷炮已有若干尊及如何分拨之处，先行驰奏。将此由六百里加紧谕令知之。钦此。遵旨寄信前来。



（寄谕。军机处全宗·剿捕档。中国第一历史档案馆编《清政府镇压太平天国档案史料》第十三册，第 450—451 页。北京：社会科学文献出版社，1994。）

**【江苏省·咸丰四年五月十七日】**再,臣顷据署总兵李德麟禀称,所雇广艇四只,船主系属夷人,据称现有贼匪拦江,我等不能上攻。当经该镇开导,复称须看大队师船过去,方能继进,倘见前船有阻,即行驶回焦山。一味持蛮不听命,力求辞退撤回。该夷桀骜性成,不服化诲,今既心生畏葸,情愿撤回,即使勉留,亦难得用,自应即予撤回,以免另生枝节。查有由粤来江投雇之拖罾船六只,船炮均属利用,堪以雇剿。核计六船月租亦不过巨,即以去艇四只月租抵用尚可有省无浮,现将撤回各艇租价给清,方能督师上驶,以免该夷留难滋事,断不敢藉延贻误。等情前来。

(琦善奏。宫中全宗·朱批奏折。中国第一历史档案馆编《清政府镇压太平天国档案史料》第十四册,第352—353页。北京:社会科学文献出版社,1994。)

**【广东省·咸丰四年五月二十四日】**再,购买夷炮解赴湖南、江南、广西、江西四省,共计一千一百七十五尊,除红单船炮位系由各绅士捐办外,其余各省炮位皆系在奏拨购买夷炮项下支给。此外,另有江西粮台咨调夷炮二十尊,火箭四百枝,火罐六百个,火绳三千盘,铅子一千斤,火药五千斤。又准湖南省咨调藤牌一千面,竹盔帽二千顶。又准湖北省两次咨调挑刀三百杆,竹扎枪三百枝,藤牌二千六百面,竹盔帽五千顶,火箭五百枝,均已陆续分起解往。现又准江南大营咨调火药十万斤,急须赶造。所有购运各省军火经费尤当宽为储备,以应急需。拟再拨封储银三万两,太平关羡余银一万二千两,扣平银一万六千两,以为嗣后各省咨调军火之用。谨附片具奏,伏乞圣鉴。谨奏。

咸丰四年六月二十六日奉朱批:知道了。钦此。

(叶名琛等奏。军机处全宗·录副奏折。中国第一历史档案馆编《清政府镇压太平天国档案史料》第十四册,第435页。北京:社会科学文献出版社,1994。)

**【江苏省镇江·咸丰四年五月二十五日】**再,臣差赴据江岸兵丁回营报称,二十二日艇师各船上驶行过南岸镇江甘露寺一带,贼营开放大炮,极为凶猛。有雇募之夹板夷船一只,因贼炮对船轰击,引燃船上火药,登时延烧,烈焰冲霄,遥见船上之人多有伤亡,且有被贼放船掳去者,其船淌回焦山,火犹未熄,业已焚毁等情……局艇系上海道吴健彰所备,此外夹板夷艇仅有两只。

(琦善奏。宫中全宗·朱批奏折。中国第一历史档案馆编《清政府镇压太平天国档案史料》第十四册,第445页。北京:社会科学文献出版社,1994。)

**【江苏省·咸丰四年六月初四日】**再,前月二十二日艇师上驶之时,有夹板夷船一只被烧,业将大概情形,附片具奏在案。兹据该总兵叶常春等禀称,据管带夷船之职员唐廷铨、梁文经等禀报,是日唐廷铨督带金同业夹板夷船,正对贼匪炮台攻击。讵意贼炮轰穿药舱,引燃火药,致被烧毁。其时大帮各船均已驶上瓜洲,回救无及,梁文经即令水勇分驾脚艇往救,将唐廷铨及水勇水手十余名捞救回船,该夷船已被焚毁。查点船上之人有蓝翎千总兵吴镇邦等暨水勇、水手、夷人共三十八员名,同时阵亡等情。又据该总兵等禀称,各船多有阵亡、受伤兵勇,除饬令水师查验,一并造册呈报咨部办理外。又据拿获瓜洲奸细、难民佥供,是日镇江贼匪捞获被焚夷艇上之夷人五名,拘絷数日,均已杀害等情。理合附片陈明。

(琦善奏。宫中全宗·朱批奏折。中国第一历史档案馆编《清政府镇压太平天国档案史料》第十四册,第506页。北京:社会科学文献出版社,1994。)

**【湖南省·咸丰四年七月十一日】**再,查水师事宜,以造船、置炮二者为最要。船只纵修造坚固,而风波间有飘失,战阵不无损伤。数月之后,损失者必须添补,完好者亦须油捻。若非早为预备,随时整理,直待全数破坏之时,众船齐修,必致停兵待船,坐失机宜。臣国藩自洞庭遇风之后,即于三月中旬在衡州设厂,续造新船六十号。自靖江贼退之后,又于四月下旬在长沙设厂,修理旧船百余号。衡州厂工于五月之末完竣,长沙厂工于六月之末完竣。现虽整备各船足资征剿,而两处船厂仍不停工。臣秉章与臣国藩悉心咨商,酌留战舰十余只,兵勇数百余人,在省河操演。如出征之船偶有损坏,则由衡厂、省河驾放好船,前往更换,庶源源接济,无老师糜饷之患。至于炮位适用之品,最为难得,此次蒙皇上屡降谕旨,饬令两广督臣叶名琛购备洋炮,为两湖水师之用。现已先后解到六百尊来楚,皆系真正洋装、选验合用之炮。湘潭、岳州两次大胜,实赖洋炮之力。惟原奉谕旨共购办千余尊,现止来六百尊,尚属不敷分配。且江面非可遽清,水师尚须增添,尤须有洋炮陆续接济,乃能收愈战愈精之效。相应请旨饬催两广督臣,将应行续解之夷炮数百尊,赶紧分起运解来楚,于江面攻剿大有裨益。谨附片具奏请旨。咸丰四年七月二十三日奉朱批:另有旨。钦此。

(骆秉章奏。军机处全宗·录副奏折。中国第一历史档案馆编《清政府镇压太平天国档案史料》第十五册,第23—24页。北京:社会科学文献出版社,1994。)

**【广东省·咸丰四年七月二十三日】**军机大臣字寄两广总督叶、广西巡抚柏。咸丰四年七月二十三日奉上谕:骆秉章、曾国藩奏,水师攻剿急需洋炮接济,请饬广东省将应行续解之炮赶紧解楚等语。前据叶名琛等奏,因江西战船将次竣工急需炮位,已将本拟续解楚省之夷炮一百尊改解江西。兹据骆秉章等奏称,水师克复岳州,湖南贼艅全数殄灭,曾国藩即日统师东下。江面攻剿必须洋炮陆续接济,广东先后所解之炮,俱甚得力,惟现止解到六百尊,尚属不敷分配,自应由粤省续行解往,以资攻剿。着叶名琛等迅速设法购办,将应行续解楚省之夷炮数百尊,配齐炮架、炮具等件,派委妥员,克期分起解赴湖南,无稍迟延。将此由六百里加紧谕令知之。钦此。遵旨寄信前来。

(寄谕。军机处全宗·剿捕档。中国第一历史档案馆编《清政府镇压太平天国档案史料》第十五册,第90页。北京:社会科学文献出版社,1994。)



**【广东省·咸丰四年闰七月初三日】**着叶名琛等即于水师内拣选得力镇将二三员,饬令赶赴曾国藩水营听候调遣,并将续购洋炮若干位配齐架具,迅派妥员一并解往备用。

（寄谕。军机处全宗·剿捕档。中国第一历史档案馆编《清政府镇压太平天国档案史料》第十五册，第 162 页。北京：社会科学文献出版社，1994。）

**【山东省高唐州·咸丰四年八月十二日】**该逆皆楚粤老贼，凶悍绝伦，虽横尸累累，慌乱之际，尚摇旗不退，拼命死拒。奴才复令将铜炮洋炮调至切近，让开我兵，向贼众连环轰放，击倒大黄旗两面，并将执旗之贼击死，贼势不支，拖尸奔回。

（胜保奏。宫中全宗·朱批奏折。中国第一历史档案馆编《清政府镇压太平天国档案史料》第十五册，第 418 页。北京：社会科学文献出版社，1994。）

**【浙江省·咸丰四年十一月二十日】**因经费日绌，已裁无用之勇。盐则无法能畅销。新漕可以如上届之数，但要格外出力。沿海各处，因粤东不靖，上海未收，盗船常来，欲劫[乍浦、宁波]商船。现在拟买火轮船[二只]以毁之。大约必行……苏、松、常销路皆不畅，盐亦无法起色，今年不能不再加累。

（《何桂清致自娱主人等书札》。《何桂清等书札》，第 2 页。）

**【湖北省·咸丰五年十月二十二日】**外江水师船多炮少，取给湖南炮局，暂可供用。惟模范较小，不如粤东所购洋炮之美。查上年侍郎臣曾国藩奏请炮位，因道梗未能运竣，应请皇上天恩，敕下两广督臣叶名琛购运五百斤以上、千斤以下洋炮六百尊，派兵妥护交湖南舟运湖北，期以冬杪交(附)[付]转交侍郎臣曾国藩自配，以资异日东征利用。此又炮位之宜预备者也。谨附片奏祈皇上圣鉴训示。谨奏。咸丰五年十一月初五日奉朱批：另有旨。钦此。

（胡林翼奏。军机处全宗·录副奏折。中国第一历史档案馆编《清政府镇压太平天国档案史料》第十七册，第 646 页。北京：社会科学文献出版社，1994。）

**【浙江省·咸丰五年十月二十八日】**即如火轮船，在办漕之大吏，皆不明白，而向帅[荣]独服区区愚直，并欲先借入江剿贼。弟因转瞬即开运，故未敢轻许。且八、九两月又在南洋连次打贼，前后共击坏盗船六七十只。现因轮子稍伤，刻下已赴粤东修理，一月可回，将苏省一只火轮暂统其众。[现在亦击毙贼匪甚多，生擒三十余名。]最可笑者，苏省但思回护前奏，总不爽快直认，亦已购就火轮一只。

（《何桂清致自娱主人等书札》。《何桂清等书札》，第 25 页。）

[按：这是地方政府购买外国轮船。]

**【广东省·咸丰五年十一月初五日】**军机大臣字寄协办大学士两广总督叶、广东巡抚柏。咸丰五年十一月初五日奉上谕：胡林翼奏，请饬购运洋炮等语。据称，现在外江水师船多炮少，取给湖南炮局暂可供用，而模范较小，不如粤东所购之洋炮。上年曾经曾国藩奏请，因道梗未经运竣，请饬购运以资利用。着叶名琛、柏贵赶即购运五百斤以上、千斤以下洋炮六百尊，派委兵弁妥为护送，由湖南舟运解赴湖北胡林翼军营，俾资应用，无误要需。将此由六百里谕令知之。钦此。遵旨寄信前来。

（寄谕。军机处全宗·剿捕档。中国第一历史档案馆编《清政府镇压太平天国档案史料》第十七册，第659页。北京：社会科学文献出版社，1994。）

**【江苏省·咸丰八年】**近年长毛打不过官兵者，为带兵官以及兵目勇头皆有洋枪也。[每人(?)有带至二三十杆之多，每杆自一响以至六响。]而夷人自用之洋枪，较之在上海所买者尤精。故现与殿臣密商，遍访善战而又知夷人之伎俩者，始知惟抬头[炮]足以破之。于是加重加工造办，每件合工价银十七两，自冬至今已造成三百尊，[现又续造二百]。大营五万兵勇中能施放新造之抬炮者，可得三千人。[非胆大力大者不可用。]拟造炮一千尊[两人抬，一人放]，能打洋枪三四倍之远。以此为头炮，所向无前。夷人虽精于火器，独不能用抬炮，以腿不便，而下力胜。故用我之所长，以攻彼之所短。既冲入阵中，则以砍马刀断其腿。此百战百胜，知己知彼之言也。但曰我利于陆，而以寻常兵器打之，恐见洋枪即逃矣。以其人打着我，我不能打着人耳。

（《何桂清致自娱主人等书札》。《何桂清等书札》，第81页。）

**【江苏省·咸丰八年九月】**轮船二只已泊镇江。大帅欲俟殿帅兵到江浦，然后水陆夹击，乘其不备，可以断绝江路，办理方有把握。昨先遣水师参将赖镇海前往犒以食物，谕以少停即令随同攻剿。而船上夷人尚欲得彼处兵头一言，方敢从事。我处所派员弁董事，亦以为须大帅函致制府，制府饬尊处知会局董商之兵头各等情。大帅以为船既由我购买，人亦由我雇募，且上海动身时必已讲明进江助剿，何以忽又有此周折？此等琐屑之事，不欲更烦制府，属鄙人致阁下谕知局董即行办理。诸望酌度示复为幸。

（《许乃钊致薛焕函》，1858年10月22日。《吴煦档案选编》第一辑，第158页。太平天国历史博物馆，南京：江苏人民出版社，1983。）

**【江苏省·咸丰八年】**十一月三十日，闻贼至东坝，官兵大败，提督邓绍良、总兵戴黑皮死之，几失东坝。幸夷人以兵船六七十只胜之，贼始退。

（王文镕：《癸丑纪闻录》。《太平天国史料专辑》，第528页。上海：上海古籍出版社，1979。）

[按：这是清政府雇洋人兵船与太平军打仗。]

**【江苏省江浦县九洑洲·咸丰九年二月】**弟因发逆北渡，水师未能遏截，贼由九洑洲出巢四扰，是以亲督大队于前月初五日驰驻江浦，并前赴九洑洲前敌，相机剿办。昨已速获胜仗。惟贼势甚重，且九洑洲又濒临大江，该逆扼险死守，陆军难期得力。用特专函布恳，敢祈费神向洋人假用落地开花炮，以击九洑洲贼营，庶可得手。倘能告成功，当以四万金酬之。烦鼎言转向商办，即盼示复。若非军情正紧，弟早派人来购火轮船矣。

(《李世忠致吴煦函》,1859 年 3 月 9 日。《吴煦档案选编》第一辑,第 159—160 页。太平天国历史博物馆,南京:江苏人民出版社,1983。)

**【浙江省杭州·咸丰十年一月】**洋枪、洋炮,均已购得解来,凑手之至,事急不能计价也。支销零税明文,当即回明抚宪照办,泐此。即请勋安。愚弟王有龄顿首,二十日未刻。

(《王有龄致吴煦函》,1860 年 2 月 11 日。《吴煦档案选编》第一辑,第 170 页。太平天国历史博物馆,南京:江苏人民出版社,1983。)

**【浙江省、江苏省太湖·咸丰十年二月】**太湖防不胜防,更为棘手。收防渔船,以防偷渡,业已委员会同厅协赶办。夹浦水陆两通,尤为紧要,昨又专函饬令委员等速为筹布也。轮船助防,甚是得力,可否先用内地船只前来探水?如果可来,则俟万分为难时,饬令驶近,朝发即可夕至。此时若先令小轮进探,窃恐地方惊疑多扰,尊见以为如何?宁波钓船已有十余只,请陆续赶办炮船,先来五只。印度人改装内地服饰,能不触目尤妙。洋炮七十余尊,极是利器,奈此巨款何!容再筹商奉复。专泐。顺请勋安。不具,愚弟王有龄顿首。

(《王有龄致吴煦函》,1860 年 3 月 6 日。《吴煦档案选编》第一辑,第 175—176 页。太平天国历史博物馆,南京:江苏人民出版社,1983。)

**【浙江省·咸丰十年二月】**沪城设备及松江总口安置炮船,具见硕画周详,钦佩之至。洋枪系得用之物,应即购买。一切均请在零税项下支用,容即转回抚宪可也。

(《王有龄致吴煦函》,1860 年 3 月 9 日。《吴煦档案选编》第一辑,第 178 页。太平天国历史博物馆,南京:江苏人民出版社,1983。)

**【江苏省·咸丰十年四月】**[何]桂清日与薛、查谋掩饰功罪,以炫惑上听,绝不问各属蹂躏情形。旋欲约夷人攻复苏州,许以事成后,自苏达汉,任设夷馆。夷意尚怀观望,桂清已由八百里驰奏。

(谢绥之:《燐血丛钞》卷一。《太平天国史料专辑》,第 402 页。上海:上海古籍出版社,1979。)

**【江苏省上海县·咸丰十年四月】**上海已万分张皇。现委王叔彝雇炮船二十只,土勇五六百名前赴昆、青交界之蒉葭浜扼堵,(已)[以]固松、太门户。一面商之夷人,允为保护。上海城乡均令夷兵帮同防堵。此本急不暇择,万分无可如何之事,(尤)[犹]有谓与体制未符,恐有后患者。卑府力屏诸迂说,毅然照办。将来后患获咎,愿以一人任之。拟上海站定脚跟,立即[与]夷人商办救援之法,必须以战舰力攻金陵,并以水陆兵由内河前往苏州一带。然此事甚大,夷人愿否尚不可知,而上宪谁人担当,茫无头绪。从前之议,常州以"缓办"复之,苏州无人做主。唯苏府吴平斋屡催议办,苦于欲办不能。辰下事急,有不能不办之势。现拟令宁、沪各商公禀，备陈目前溃败情形，江、浙已不可保，出于众商之愿，请夷兵两路夹攻，以此转报请奏。万一苏省不奏，大人能否垂允转奏？即求示遵。缘苏亡，浙亦不保，所关实非浅鲜也。一面与夷酋商酌，办到如何光景，随时禀请训示。但夷兵夹攻，总得有中国一支劲旅会同前往，始成局面，否则专靠夷力似亦不像。此事果否，宪辕有可拨猛将劲兵否？有一二千亦可应急，此不过(赔)[陪]往成功而已。

(《吴煦上王有龄禀〈底稿〉》1860 年 5 月 26 日。《吴煦档案选编》第一辑，第 223—224 页。太平天国历史博物馆，南京：江苏人民出版社，1983。)

**【浙江省杭州·咸丰十年四月】**仅此兵力，何能保固苏垣？余无可乞之师，为今之计，救急良方莫如尊议借夷一法。前已迭次为言，未能定策。不知日内苏、常有无筹办之意。现复根帅信，又将此意致及。应请阁下再与彼族相商，陈说利害，苟能保住苏、常，则彼亦通商便利。况急人之难，无俟邀请也。杨启堂昨已回沪，能请说合舟师马队并进，固我苏、常门户为幸。有无后患，此时亦不暇计及，想阁下亦必深筹熟虑也。专肃。敬请勋安。愚弟王有龄顿首。初三日辰刻。

(《王有龄致吴煦函》1860 年 5 月 23 日。《吴煦档案选编》第一辑，第 220 页。太平天国历史博物馆，南京：江苏人民出版社，1983。)

**【浙江省杭州·咸丰十年四月】**刻接苏州来信，大帅已退至大关，溃兵纷纷下来，常州之失可想而知。现在惟有请夷兵速来，或到苏，或到杭，均可。事平之后，弟当任其咎。匆匆手泐。即颂勋安。愚弟龄顿首。初五辰刻。

(《王有龄致吴煦函》1860 年 5 月 25 日。《吴煦档案选编》第一辑，第 221 页。太平天国历史博物馆，南京：江苏人民出版社，1983。)

**【江苏省上海县·咸丰十年五月】**昨拜手书，知专丁管解洋炮六十尊，已蒙鉴收，转解抚辕。唯因此炮先由尊处托购，谓系绅士所嘱，是以未备公牍。今既解呈抚宪，系属公事，且须划抵款项，自须另有备案之件。可否转请抚宪饬发收到洋炮六十尊公文一件，或由煦补具文批，申请补掣批回，一面另请划解款项，务即代为请示遵行……借夷一说，苦于无人担当。觐宪不为天下先，亦知此时非此不可，然不肯先奏。鄙意以江、浙商民公同禀求保全地方贸易，愿借夷兵剿贼，请江浙两抚宪会奏，出自众愿，非越俎可比。圣(人)[上]亦不能归咎。况救全东南大局，消弭北直兵衅，一举两事可了，何乐不为？夷既助顺，则偿费等事亦出有名，较之被逼受制，好看得多矣。近闻夷兵已纷纷北去，若再因循，恐欲办不能，真令人焦跳欲绝。此果天数使然耶！不胜哀痛。

(《吴煦致吴云函底稿》1860 年 5 月 31 日。《吴煦档案选编》第一辑，第 229—230 页。太平天国历史博物馆，南京：江苏人民出版社，1983。)



**【江苏省上海县·咸丰十年五月】**此时救急之法，唯有和夷剿贼，一举可消两衅，岂止杜贼北窜而已。一面力攻金陵，一面规取苏州，必可闻风而遁。该酋既许可办，只此一线生机，无可再事瞻顾。难在前无人担当，虽职署道逐日筹画，无能担许。且该夷明知事急相求，必多要挟，与春间情形已大不同。且英国大兵头督带大半兵船北去，法酋数日内亦北上，必须迅速定议，则已去者可返，未去者可止。即使商办正多转折，非宪驾亲临面商不可，舍此更无别策。纵有援兵速到，若不会夷夹击，未必迅速奏效，更不必另筹无益之举。现特专派小火轮委松海防同知俞斌驰赴浏河，恭迎节钺，务求迅赐贲临，俾得禀商一切。

（《吴煦上何桂清禀〈底稿〉》1860 年 6 月 5 日。《吴煦档案选编》第一辑，第 237 页。太平天国历史博物馆，南京：江苏人民出版社，1983。）

**【浙江省杭州 · 咸丰十年五月】**如两国已许剿贼，务恳老兄先救杭州之急，一面攻苏，或可希冀挽回，否则将天下全送与长毛而已。事在危急万分，恐此后不能作信矣。手泐。即颂勋安。盼切复者。愚弟龄顿首。二十三日卯刻。

（《王有龄致吴煦函》1860 年 6 月 12 日。《吴煦档案选编》第一辑，第 246 页。太平天国历史博物馆，南京：江苏人民出版社，1983。）

**【江苏省松江 · 咸丰十年七月】**即是各民夫受夷人鞭打并刀背斫者，叫苦连天，昨日下午全行逃散。赶嘱廖令重雇，每人许日给千文，始雇到数十名。唇焦舌敝苦况，非身亲者未悉其详也。

（《吴云致吴煦函》1860 年 8 月 9 日。《吴煦档案选编》第一辑，第 370 页。太平天国历史博物馆，南京：江苏人民出版社，1983。）

**【江苏省 · 咸丰十年八月】**初五日接诵前月廿日手书，聆悉种切。上海虽已受伤，尚得站住，西人之力也。天津和议已成，彼肯出力为我制贼，贼得早平，则我受益不浅。当此破烂不堪言状之时，尚在说官话，可叹！可叹！吾兄赞成此举，总以速为妙。亿万生灵感且不朽，即使以此获咎，其子孙食报，未可限量。务望速成此议，祷切！望切！

（《王有龄致吴煦函》1860 年 9 月 22 日。《吴煦档案选编》第一辑，第 421 页。太平天国历史博物馆，南京：江苏人民出版社，1983。）

**【江苏省通州、海州 · 咸丰十年八月】**敬启者：顷诵来示，一切均悉。通、海昨日来禀，弟处已批。轮船入江必须奏明方能办理，且未必仰邀俞允。况商借一层，彼族万不允办，仍饬设法堵御，并飞饬各水师酌驶下游防剿。长龙船仍调来沪，以免混迹。惟梅德尔即有此说。查通、海两处天主教甚多，可否嘱金小庄等饬教内人商之主教，令其拨轮船保护。况小庄来禀，本有由该处酬劳之语，是否可行？仍希裁酌，函致通、海，并与梅德尔商办可也。

（《薛焕致吴煦函》1860 年 9 月 26 日。《吴煦档案选编》第一辑，第 423 页。太平天国历史博物馆，南京：江苏人民出版社，1983。）

**【江苏省·咸丰十年八月十七日】**敬启者,顷奉来示,一切均悉。夷务摇摇不定,总非吉兆。惟既有此说,必须探一确实情形。缘近日即须发折,以便斟酌用意也。夷商寄信劝和之说,烦密酌启堂兄向怡和等行一商,无论事成与否,总算遵旨办事,方为妥当,亦祈照办。手此。复请台安。弟焕顿首。十七日。

(《薛焕致吴煦函》1860 年 10 月 30 日。《吴煦档案选编》第一辑,第 438 页。太平天国历史博物馆,南京:江苏人民出版社,1983。)

**【江苏省上海县诸翟镇·咸丰十年八月二十五日】**敬禀者。昨诸翟团董来城,以贼氛密迩,随在可虞,具禀请大人筹拨西兵助剿,并请三四十人驻乡教练火器,其实欲借夷势以资防守。赞当即拦阻,谓西兵不肯出剿,无从议请,驻守一节,大为难行。第一渠必不肯下乡。第二藩宪请拨,恐需议及经费,无从筹给。第三将来相处恐滋事端,官难调停。此事断不可行,无须复禀。晚间,王兰卿、吴锄非、武生庄仰之等复来,俱言已见法国教头梅神父,具说贼踪飘忽,乡民将届收割,势难安堵。乡团现议办剿,须在藩宪处具禀请拨西兵出助,并往公使处递呈,未谂允否。渠一力担承,言法兵近日已到六千余,来正无既,尽堪做事。藩台商拨,便要筹费,恐无银可筹,不如汝辈邀集各乡董事联名具呈,地愈广,人愈多愈好。我送公使,待公使转请英国。非惟不须筹费,包可出兵,或剿或守,为近地先行肃清,徐及苏州云云。锄非现已往青浦、娄、嘉、黄渡、法华、徐家汇、泗泾、七宝等处,集各绅董来城矣。赞以为藩署亦必具禀,请拨民团相辅助剿,一面会同英、法公使商量,即为带路,方是道理。此事英、法明以小(忠)[恩]小惠,沽名市义,买嘱地方,惟时既实逼处此,势亦无可如何。天津信回,倘或廷议不允,夷人借口吾民,更觉有词可说。似须回明制军,将来民团具禀,谕拨若干带路助剿,尚是一着地步,入奏时亦可借以转身,堂皇冠冕,不致大权旁落,全让外人做好,事虽细而关系甚大。

(《袁熙赞禀》1860 年 10 月 9 日。《吴煦档案选编》第一辑,第 426—427 页。太平天国历史博物馆,南京:江苏人民出版社,1983。)

**【江苏省上海县·咸丰十年九月十八日】**现在英国上海兵尽调往再战,而佛国兵不与协和,已将撤归。又闻该国兵船驶入直沽口,均搁浅不能进退,口粮、牛、羊将绝,土人不与通市。又地寒,水将冰,狼狈无策,欲归不得。而上海官民乃事夷如神,以七月初御退贼兵,以为贼实畏之,募其兵守城。每名日食洋银一元,城上皆树其帜,夷兵有不戢,莫之敢禁。

(赵烈文:《能静居士日记》。《太平天国史料丛编简辑》,第三册,第 157 页。太平天国历史博物馆,北京:中华书局,1962。)



**【浙江省、江苏省上海县·咸丰十年十月十一日】**前月二十五日布复一函,未识何日达览。顷接初五日专足手书,备悉种种。和议得成,无论其他,权且苟安。该夷欲通贸易之路,情愿剿贼,业已众论佥同,额酋谅难一人作梗。此时逆势蔓延,实非彼族为力不可,但望速行,不至中变为妙。嗟乎!若五月间此议得遂,大局何至糜烂若此!此皆劫运为之,殆非人力所能挽也。

(《王有龄致吴煦函》1860 年 11 月 23 日。《吴煦档案选编》第一辑,第 444 页。太平天国历史博物馆,南京:江苏人民出版社,1983。)

**【江苏省上海县·咸丰十年十一月】**助剿之议,又复变更,大失所望。闻法国有此请,江苏能否照行?鄙意总令商人雇办,于理亦顺。江苏非借重彼族,恐难肃清。即以沪上兵力而计,得一处,留守一处,再作进攻,恐兵力甚属不敷。若等候曾帅前来,则江苏百姓无遗类矣!且人寿几何?老兄全局在握,定能决一善策。不但江南亿万生灵感恩不朽,即梓里亦受福无穷。

曾帅尚在祁门,闻攻休宁。虽屡次胜仗,倘不分兵屯溪,进攻徽州,休邑未易得手。奈何!奈何!日前弟曾冒昧作函,作刍荛之献。唯恐河口失守,又将先顾景德镇后路,未必攻徽也。敝处七月以后,未接京信,折弁四个月未回,圣驾计已回京,尊处见闻较速,祈谕知。吟樵详示日来议和已定,新章将行,想阁下更费一番心血耳。书不尽言,神驰左右。虔请勋安。愚弟龄顿首。十一月初四日。

再,闻曾广福为镇江所获,又为陶姓保去。此人实系投贼,可恶之至,祈留意。弟又启。

(《王有龄致吴煦函》1860 年 12 月 25 日。《吴煦档案选编》第一辑,第 450 页。太平天国历史博物馆,南京:江苏人民出版社,1983。)

**【江苏省镇江·咸丰十一年】**先是苏、常未失时,兵饷皆出于苏、常,二年来一归江北。镇江守城冯公捐名曰火捐,镇江府师公捐名曰府捐,道台英公捐名曰道捐,又有局捐、日捐、保卫捐、大捐、小捐,而今又有借捐,纷纷不一。大委员、小委员,一委员必附以本地董事二名,各处殷实者可以周知,而镇江人谋作董事者最夥,廪生蒋汝霖、邹丙荣,举人钱青选、赵彦修,又有业贾者吴某、盛某。

(佚名:《蘋湖笔记》,手稿本。南京大学历史系太平天国史研究室编《江浙豫皖太平天国史料选编》,第 118—119 页。南京:江苏人民出版社,1983。)

**【浙江省绍兴·咸丰十一年】**时日[日意格]姓税务司偕夷目领枪队,请于张[指宁绍台道张景渠],愿以三万金复上虞,二万金复郡城。张难之。已来沪,请于吴[吴煦],且曰:“先复城而后受值。”吴问绍人谁敢任者?予出应募。吴奇之,问何恃。予谓先借沪银偿夷,而以户捐偿借,以亩捐偿夷。盖吾郡踞贼方勒收田租,度不复,租亦贼有,若许以偿夷值,直借贼资耳。

(陈昼卿:《蠡城被寇记》,抄本。南京大学历史系太平天国史研究室编《江浙豫皖太平天国史料选编》,第 258 页。南京:江苏人民出版社,1983。)

**【江苏省、安徽省·同治元年正月二十一日】** 又[周弢甫]十七日信内云，揆帅[按：指曾国藩。]命购轮舟。小者已谐价，万二千。大者索五万五千[即吾去年所趁威林篾]。属朱君乘坐赴上游，请揆帅一看。[此事，帅意价昂未买。]

（赵烈文：《能静居士日记》。《太平天国史料丛编简辑》第三册，第222页。太平天国历史博物馆，北京：中华书局，1962。）

**【浙江省·同治元年】** 壬戌正月，左侯宗棠乃率军由江西入浙。初，左侯于上年十月奉命以太常卿督办浙江军务。越二月，授浙江巡抚，而省城早陷，上游全没矣。时朝命屡促左军入衢，而左惧为贼长围所困，乃奏言现时既不循全[？前]明故道自广德、泗安、安吉入独松关，直捣省城，自当由徽、歙窥严州为根本。顾欲窥严州，必先复开、遂以绝后顾；欲复开、遂，必先扼华埠以通衢防，方为万全。惟臣军除募未到外，现不满九千人，分向遂安、开化外，随战不过五千人。徽、信两防虽归臣节制，而两处正在吃紧，未能移动衢州李定泰、江山李元度两军。李世贤由遂昌猛扑方急，亦未可恃。前奏调益澧一军，非由广东清给欠饷不能进。刘培元新募一军，非由湖南给发行资不能来。又宁、绍、台等沦没，非遵旨迅购洋人船炮，不足佐臣军之不逮。皆嘉纳。乃设粮台于玉山，扫清歙、婺前进，温、处军事由闽军以堵为剿。台、宁由彼处绅士募洋人办理。此左侯初入浙之事也。

（李应珏：《浙中发匪纪略》，抄本。南京大学历史系太平天国史研究室编《江浙豫皖太平天国史料选编》，第208—209页。南京：江苏人民出版社，1983。）

**【浙江省宁波慈溪、奉化等县·同治元年】** 四月初九日，寅刻复镇海，即日乘潮进取宁波。时夷船多泊北岸界河下，必俟贼炮及其船，始肯助我。郡绅郑义门及[？乃]许银六万两，于是洋人应募出助。自辰、申轰塌城垣十余丈，洋兵、民团遂复府城。英国阵亡参将水师等三人，法国伤副将水师等十七人，阵亡二人，我军死百余人，于是专请轮船协剿……八月二十五日，复犯慈溪，中外官兵遂一面扼守余姚四门镇，一面折回宁城守御。二十六日，英总兵去乐德克及副将华尔赴慈溪与贼战于距城二十里之半浦大西坝。二十七日再克慈溪城。美将华尔中炮死。其秦公岭贼二十七逾岭由溪口再陷奉化，知县侯永清死之。贼进屯南北渡，距郡城四十里。闰八月初一，复从小路至栎社，距郡城十五里，直扑郡城。中外军合击，贼仍退守奉化。十六，中外兵船进攻奉化，苦战三日，再将奉化克复。英兵头那师及洋兵死十一人，伤二十余人，我军死伤数十人……与彼洋队较各营勇饷加昂，人多归之，中外月(縻)[靡]至八万余金。左侯乃令浙江提督叶炳忠及张景渠等进规杭省，又以广勇与外国兵头构衅，奏请不必俟省城收复，先将宁所练洋队千五百人遣撤。

（李应珏：《浙中发匪纪略》，抄本。南京大学历史系太平天国史研究室编《江浙豫皖太平天国史料选编》，第224—225页。南京：江苏人民出版社，1983。）



**【江苏省青浦县·同治元年四月】** 同治壬戌，福建候补道李鸿章、安徽副将程学启，自上海进兵攻青浦。李恒嵩以兵助之。华尔率夷军号洋枪小队协攻。官军肉搏登城，而城上红旗一挥，贼皆死斗，无有退者，即被伤之贼，亦勉力卧斗。官军是以屡登屡却，竟不得进。红旗者，独眼龙之纛也。程学启素知其善守，乃商之华尔，购西洋大炸炮，名火龙，利用之攻城。盖此炮以精钢制成龙形，鳞甲、口角、五爪中皆贮火药，铅丸大小不等。大丸落地即炸，细子如豆四射。小丸则如樱桃而力猛，可穿石壁。其未发也，叠折若盘香，藏以木匣。匣高六尺余，四围方四尺。药有线，从匣底小孔中抽出，燃以火，龙自破匣，飞腾入城，滚舞上下，其身之铅丸乱炸；凡一鳞内射十余丸出。而口中大丸如雨，角触爪攫，回旋屈伸，左右前后，方三里之中，无物不摧。阅两时许，子药罄尽，始横地不动。西人以其过于猛烈，倘用之不慎，反自伤其军，故必测量远近，分寸不容差误，是非精熟此器者，不敢任也。是以器虽备，未尝轻用。华尔不得已购之，且偕两西人来。先饬官军整队一里外，架此物于前，离城半里，择平地，安放稳妥，戒勿至，两旁掘深坎。两西人左右立物侧，各出短尺，对城测量，良久，曰：不误。然后抽药燃火。火甫燃，两西人各跌坎中，疾如脱兔。时日影初昃，贼亦立陴望，始但闻隆隆，如雷之初起，骤而霹雳一声，人颠马翻，物已出匣，毒烟迷空，隐约见黑影，蜿蜒若龙痕，向城直进，越垣而落。两西人出坎曰：幸不辱命。斯际闻城内天崩地塌，黑烟似浓云，笼罩全城。既则声愈烈，烟愈浓，城影昏暗不可辨。历三时之久，烟渐疏，声渐息，城垣依稀在望。西人请官军入城，至则城门大开，城内之尸叠积，焦头烂额，体裂肢分，秽气扑鼻，不辨民贼男女。青浦本小城，方不过三十里，民不过二千家，一旦至此，凡房舍屋宇，悉为瓦砾之堆，而余火犹灼然未息。官军觅独眼龙尸而不获，有谓负伤出逃者。西人汲水灌火龙，此物僵横七丈余，钢质尚红，亟灌冷之，仍叠折于匣，送还西国。于是青浦城方始力拔，而城中阒其无人。

（王步青：《见闻录·青浦记事》。《太平天国史料专辑》，第563—564页。上海：上海古籍出版社，1979。）

**【1862年5月】**英国代中国向美国订炮船，洋五十万。天津地方仿外国式样打造洋枪、抬枪。现在外国有铁寄往，以此作枪管子，实较中国之铁得用。

（《会防局翻译新闻纸》同治元年五月十七日至九月十九日。《近代史资料》1955年第3期，第35—36页。）

**【江苏省苏州·同治二年十月二十日】**［清军攻苏州城时］夷人火轮船泊太湖者且数百号，以大炮轰城。

（沈梓：《避寇日记》。《太平天国史料丛编简辑》，第四册，第284页。太平天国历史博物馆，北京：中华书局，1962。）

**【江苏省长洲县·同治四年】**敬再启者：窃于九月中，案奉长洲县莿，蒙札转奉宪札：“准美领事秦函开：‘据秦镇西禀，徐峩士票欠刘芝翁抵项，请速催缴等因。转札迅照条约，即提徐峩士到案，迅追解府转详。或其中另有轇轕，亦即据实申复核办’，等因。由县严提迅追，如果此项欠款，其中另有轇轕，许徐峩士据实声禀，听候核复”等因。奉此伏查前项禀欠银两，系少蘧六先兄，于咸丰十一年夏间，蒙前抚宪薛谕办苏城剿抚事宜，陆续在上海刘芝廷，即刘维忠处，凭中徐松泉，添办永昌团局火药洋枪等，共银五万余千两。除付净欠银一万七千余两。同治元年正月起，十一月止，由弟在沪找付银九千余两，净欠银八千余两。是年十二月，团局被冲，眷口仓皇赴沪，仅以身免。刘姓以前款未清，屡至沪寓凶吵。声言：不即清偿，必拉外国人来寓逼追，毋贻后悔等语。其时弟与十舍弟俱在营中，峩士七家兄恐老母受惊，勉力变措银四千两，付还刘姓，净少四千余两。若论寻常买卖，此项固属巨欠，今交易至五万余千两之多，此项似属尾欠。况当时照账兑付，并无分毫折扣，若使统打九扣，尽可销账。因其一味将外国人恐吓，坚要一并清还。七家兄畏其凶泼，是以邀中徐松泉，立有期票，意图暂纾眉急，此实无可(加)[如]何之计。今刘姓忽将前项划抵伊欠美商银两，渎请查追，希图挟制。但弟等刻下光景，窘迫异常，依然无力清理，并非有意抗违。除具禀由县转详外，先此据实具陈。仰乞宪台俯赐察核办理。感荷仁慈，靡有既极。瑶谨再禀。

(《徐佩瑶复苏松太道应宝时，铭斋加单》十一月十五日。《双鲤编》，卷四。《近代史资料》总 34 号，第 93—94 页。北京：中华书局，1964。)

**【江苏省长洲县·同治八年十一月】**禀解前欠刘芝廷置货尾找银两，按照原中七折立字，先行措缴九八规银壹千两，仰乞申解由。

候选员外郎徐佩璋即峨士呈为遵先筹缴乞赐申解事：窃职故兄佩瑗前欠刘芝廷置备团局军火尾找银两一案，屡奉钧牌，转奉关道宪涂札饬催传赴沪清理。当于十月中，据原中徐松泉自沪回苏面称，八月下旬经刘芝廷邀往[美国]秦领事处三面谈定，七折缴银三千九十九两六钱，于二十天内，先归银一千两，余银尽十一月底清缴，刘姓面许了案，嘱即立字为信等因，先行禀明在案。兹奉催追，因即按照七折缴银之数，遵先措缴九八规银壹仟两，呈乞公祖大人俯赐鉴核，批回申解道库兑收饬领。除八月中汇寄原中九八规银三百两，转交刘芝廷手收外，余少银一千七百九十九两六钱，尽十一月二十日续即措缴宪案转解完案。不胜戴德之至。沾仁上呈。

计粘呈九八规元壹仟两银票一纸[上海鼎源庄票一纸]。

(《徐佩璋禀长邑尊吴广庵》十一日初五日，红白禀。《双鲤编》卷四。《近代史资料》总 34 号，第 107—108 页。北京：中华书局，1964。)

[按：此系徐佩瑗向美商买军火案。]

### (二) 军需成例与军饷紧急

**【广西省·道光三十年九月八日】**道光三十年九月初八日内阁奉上谕：广西匪徒滋扰，现已调派各路官兵合力剿办。所有应用军需，昨已降旨，令徐广缙迅由广东筹拨银十万两，就近解往。仍着骆秉章于广东前解湖南省银二十万两内酌拨银十万两，迅速派员解赴广西。并着户部再行筹拨银一二十万两，迅即解往，以济要需。

(上谕。军机处全宗·剿捕档。中国第一历史档案馆编《清政府镇压太平天国档案史料》第一册,第 43 页。北京:社会科学文献出版社,1992。)

**【广西省·道光三十年十二月】**现调湖南、广东、贵州兵共六千三百名。每名实给银七分,米八合三勺。另招募乡勇[无定额],每名安家银十两,每名每日给与工银一钱二分,米八合三勺[庚戌十二月奏折]。

(《大事记》之二。《太平天国史料》,第 449 页。金毓黻、田余庆,北京:中华书局,1955。)

**【广西省·咸丰元年二月初六日】**查粤西军务正当吃紧之际,滇、黔、楚各省官兵,现均调至平南攻剿金田逆匪。初拟兵力厚集,克日歼除。讵该匪人数众多,据险负固,仍须相机妥办,一时尚难蒇功。而兵勇云集大营,所费不赀。其余南太等属,警报频闻,需兵甚殷,望饷亦切。思恩、庆远、柳州、梧州各粮台及省中军需总局,支应饷项为数甚(烦)[繁]。兹据署藩司吴鼎昌详称,上年十二月底止,实由司库支发银六十五万有零,内除前拨四十九万七千两尽数支用外,尚于地丁正项及解部减平各款内借支银十五万三千七百余两。又自正月初二日截止现今,止解赴浔州、南宁、柳州、平乐各粮台共银二十一万五千五百余两。因司库不敷动借,复拨盐道库西税等银九万三千二百余两。现今奉旨敕拨东省仅解银十万两,其余二十万两,亟望奉拨来粤。又本省各营本年夏秋俸饷例于春间支放,需银二十余万两,加以支放、存留各项均关紧要,实为无款可筹。至本省分局收捐,尤虑缓不济急。详请奏明,恳恩敕部宽为筹拨饷银八十万两,俾免贻悮。

(李星沅等奏。军机处全宗·录副奏折。中国第一历史档案馆编《清政府镇压太平天国档案史料》第一册,第 201 页。北京:社会科学文献出版社,1992。)

**【广西省·咸丰元年三月十七日】**计单内开,户部谨奏,为遵旨酌拨军饷,仰祈圣鉴事。据钦差大臣李星沅等奏,会剿广西盗匪,请续拨军饷一折。咸丰元年正月初五日奏朱批:户部速议具奏。钦此。查原奏内称,窃臣李星沅钦奉谕旨,会剿广西盗匪,前于行次桂林,即将军需拨款所存无多,附片陈奏在案。此次军需,自修、荔匪徒滋事以来,计由司库解运及截留广东饷银,拨解各粮台及各局支用,共银四十九万六千余两。内除湖南解到银五万两,广东解到银三十万两,动支拨解外,饬于司库地丁正项及解部减平各款内筹垫借支等情。臣等查广西此次军兴,本省、外省官兵壮勇人数众多,调遣往来需费正巨。既据该署司详称,前拨银两支用已罄,自当续筹接济,俾免临时周章。合无仰恳圣恩,饬部于附近省份酌拨军饷银三十万两,迅速解运来西,以备缓急。如获及早蒇事,支用有余,仍即咨明截留,或分别报拨,断不敢稍任糜费。谨会同两广总督臣徐广缙恭折由驿具奏等语。臣等伏查正月初五日钦奉上谕:徐广缙驰奏,广西剿匪屡获胜仗,及弁兵团练助剿情形一折。览奏均悉。现在广西兵勇云集,经费倍增,亟应续筹接济,俾得支发应手。着徐广缙于关税等款内筹拨饷银二三十万两,派委妥员,迅速解往广西,以支资应,毋稍延缓。钦此。钦遵在案。该督接奉谕旨,自必即为拨解。惟当剿捕吃紧之际,臣等深恐该省关税等款一时或有不敷，自宜宽为筹备，应仍如所请，于附近省份酌拨银三十万两。拟拨广东三十年秋拨留备地丁等银四万三千两，湖北三十年秋拨留协漕项等银一万三千两，湖南三十年冬拨实存地丁等银六万二千两，江西封储银三万两，江海关征存夷税银六万二千两，九江关约征税银五万两，两淮秋拨后续征盐课银四万两。以上共拨银三十万两。恭候命下，臣部行文该督抚等，于文到之日，迅即派委妥员，解赴广西，以备应用。查该大臣等原请拨银三十万两，今奉特旨，给与广东关税等银二三十万两，连臣部指拨银三十万两，计共银五六十万两，较该大臣等所请多至一倍。如该省军务照原请银数即可蒇事，所余银两自应仍行尽数解部，并令该抚将用过各款数目事竣之日核实造册报销，不得稍有浮冒。所有臣等遵旨速议缘由，理合恭折具奏，伏乞皇上训示遵行。谨奏请旨等因。抄移到院行司。

（龚裕题报。内阁全宗·题本。中国第一历史档案馆编《清政府镇压太平天国档案史料》第一册，第312—313页。北京：社会科学文献出版社，1992。）

**【广西省·咸丰元年三月二十五日】**咸丰元年三月二十五日内阁奉上谕：广西剿办贼匪，筹调兵饷最为先务。除该省陆续动用外，前经李星沅等奏请饬部拨饷八十万两。现复派大学士赛尚阿为钦差大臣，前往楚粤之交，督办防剿事宜。调兵较多，已饬部续拨饷银一百万两，星速解往，以济军需，自可收饱腾之效。惟念大兵云集，需用浩繁，必应宽为储备，源源接济，使后路粮台毫无支绌，则兵心无内顾之忧，奋迅勇往，庶期速靖边圉。着再由内务府广储司给发内帑银一百万两，作速解赴大营备用。朕眷怀南服，宵旰焦劳，小丑一日不除，粤民一日不靖，不惜大发帑金，馈饷转运，以殄群盗而安善良。谅该大臣等定能督饬领兵大员，奋力攻剿，迅速蒇事，俾匪党悉就歼灭，边陲立见肃清，用副朕靖寇绥疆之意。钦此。

（上谕。军机处全宗·剿捕档。中国第一历史档案馆编《清政府镇压太平天国档案史料》第一册，第342页。北京：社会科学文献出版社，1992。）

**【湖南省·咸丰元年四月初五日】**窃照湖南省前因广东、广西两省匪徒滋事，派往永州、郴州、靖州等属防堵并调赴广西协剿各官兵，应需盐、菜、口粮以及沿途应付兵差等项，经臣先后奏明，在于司库收捐监生项下，动拨银四万八千两，发交该管道府撙节支用。并因各营照例请领行装等项，节据司详，筹借银八千七百余两，饬发给领各在案。刻下广东匪徒接准该省咨会以次歼擒，郴州一带已经次第撤防。惟广西贼匪正集大兵围剿，湖南永州府属之江华、永明等县紧连粤境，处处有路可通，防堵最关紧要，已经臣奏明添拨沅州等协营官兵前往协防。并因广西贺县地方复有匪徒滋扰，酌派绥靖等镇营官兵及乡勇赴粤会剿。总计调防要隘及派赴贺县官兵丁勇共计四千二百余员名，每月支用盐粮及长夫脚费等银，约需万余两。其永州本营官兵离汛防守，酌给口粮，并各县添募乡勇垫发口粮夫马供应及一切杂费尚不在内，为数已属不少。现又钦奉谕旨，钦差大臣大学士臣赛尚阿等，统带京营四川精兵一千二百余名，前至湖南办理防堵。又安徽省调赴广西兵勇一千二百名，须由湖南经过，计日即可先后抵境。并准钦差大臣咨会，赶造帐房军火等项。又准户部咨，奏请饬令湖南采办米五千石，迅速解赴广西，以济军粮。所有应支盐、菜、口粮、夫马脚价、工料、米价等项，用费更为繁巨。湖南司库银两，因上年办理新宁军需，及常德、岳州等属办理水灾，发给抚恤口粮、籽种、堤工修费等项，共动用三十三万余两，现又经部拨解广西军饷银六万二千两，以致库款倍形支绌。虽本年五月办理道光三十年奏销，约可征收银三十六万余两。第尚有应发本年兵饷，暨部拨贵州兵饷铅本解部蜡价，并本省各属俸工等项银五十六万余两，均待本款支放，已属不敷，断难那借。其本年新饷，历须下忙始能踊跃输将。即有征解，为数无多，亦难济用。当兹办理防堵吃紧之际，一切支应均须按时发给刻不可缓之项，并恐随时添兵堵剿，支放尤多。若不宽为筹备，军需万紧，设有贻误，所关匪细。据署司陈之骥详请具奏前来。相应请旨饬下户部，在于湖南邻近之广东、江西、湖北等省，酌拨银二十万两，行令迅速委员解楚，以济要需。

（骆秉章奏。军机处全宗·录副奏折。中国第一历史档案馆编《清政府镇压太平天国档案史料》第一册，第360—361页。北京：社会科学文献出版社，1992。）

**【广西省贺县·咸丰元年四月初七日】**遵查贺县知县鹤年，实因贼匪扰民，未即扑灭，兵单饷乏，愁急自尽。案查起获亲笔遗书内云：自二月至今，已赔银数千两。应存兵饷银一千三百两，七月已发银五百两外，税厂粮局尚存银二百余两，城工借过银二百两。现存银二百余两，钱三百余千，以便接手人敷衍数日。所存衣物等件，皆可变价作为报效。此信可与大家一阅，以明我志。又字条一纸，上书诗句十六字：既不能谋，又不能战，无颜见人，死亦无憾。核之原奏，鹤年大书于壁曰，有银二万两，为后来能杀贼者赏等语，自系传闻异词。而鹤年洁己爱民，一力为公，十六字声泪俱下，殊堪悯恻。应恳恩饬部议恤，以昭激劝。

（李星沅等奏。军机处全宗·录副奏折。中国第一历史档案馆编《清政府镇压太平天国档案史料》第一册，第378页。北京：社会科学文献出版社，1992。）

**【咸丰元年十一月二十一日】**窃准户部咨奉上谕：户部奏请饬定军需章程等语。广西各股盗匪滋扰，迭经颁发内帑，并饬拨各省银两以济军需，兼令附近广西各省添防设备。现在办理粮饷款项纷繁，必须预定章程，方足以昭核实而杜浮冒。着该部即将军需则例颁给广西等省。按照例载，先将安设台站地名里数及大营何日改移、台站何日裁并绘图造册，奏明交部，并着广西巡抚暨总理粮台各员，邻近广西各督抚等通盘筹画，迅即遵照定例，妥议章程，酌定各项支发银数，奏明画一办理。其例无明文款项，一概不得滥支，以重帑项。钦此。仰见我皇上郑重军储，务期核实之至意……

谨将现办粮台条款缮具清单，恭呈御览。

一、调派绿营出征官兵，按品赏俸，及借支行装等项银两一款。

查军需则例内载，出征各省绿营官兵，提镇以下等官，各按品级，赏给二年俸银，外委赏银十五两，马兵赏银十两，步守兵及新募兵丁各赏银六两。效力武举，如系候补千总职衔者，照千把总应得俸银例赏给二年俸银。如系效力武举，照外委之例赏银十五两。仍于俸赏之外，提督酌借银五百两，总兵借银四百两，副将借银三百两，参将借银二百五十两，游击借银二百两，都司借银一百五十两，守备借银一百两，千把总各借银五十两，外委借银三十两，马兵借银十两，步守新兵借银六两，凯旋后分年扣还。又例载官兵剿捕在二百里内外，道路较近者，一切食用令其自备。或因事值紧迫，兵丁等必须裹带鞋脚等项者，奏明量予借给，事竣在于各本营粮饷内扣还各等语。

此次贼匪滋事，调派各省官兵长途跋涉，置办行装之费，在所必需。且此项借支银两，将来仍应扣还，与作正开销者有间，应请照例借支。惟各官兵于起程时，有已在原省借支者，有全未借支者，有在原省仅借一半抵粤后补借找借者，应由各带兵官造具印册印领，赴粮台分别领支。其俸赏一项，与借支行装相同，亦应照此办理。仍咨查各原省，如有重领情事，即由各原省扣还归款。至本省官兵，虽不准借支行装，但调赴军前，皆因事值紧迫，仓卒起程，不能不给予裹带鞋脚等项。应请援照道光二十一年粤东剿办英夷及道光十二年湖南剿办瑶匪各军需成案，照例定行装银数借支一半，均于本省军需项下动支，俟事竣分别咨行各原营，分年扣还归款。其俸赏一项，仍不准请领，以昭节省。

一、京城满营官兵所需盐菜、口粮、骑驮、马驼，请照例折夫支给一款。

查军需则例内开，京城满营出征官兵，将军月支盐菜银十二两，跟役三十二名、马二十匹、驼五只。参赞大臣月支盐菜银十二两，跟役二十八名、马十七匹、驼四只。都统月支盐菜银十二两，跟役二十四名、马十六匹、驼四只。前锋统领、护军统领、副都统月支盐菜银十二两，跟役二十名、马十三匹、驼三只。其作为领队大臣者，无论品级，均按副都统分例一体支给。御前侍卫、乾清门侍卫、巴图鲁侍卫、领队侍卫，均不论品级，每员各月支盐菜银九两，跟役十六名。营总翼长各月支盐菜银七两二钱，跟役十名、马十一匹、驼二只。头等侍卫、前锋参领、护军参领、参领、署参领、协领，各月支盐菜银四两二钱，跟役八名、马十匹，驼二只。二等侍卫、前锋侍卫、副护军参领、副参领、防守尉，各月支盐菜银四两二钱，跟役七名、马八匹、驼二只。三等侍卫、蓝翎侍卫、佐领、委署前锋侍卫、委署护军参领、防御，各月支盐菜银四两，跟役六名、马八匹、驼一只。亲军校、前锋校、护军校、骁骑校、署前锋校、署护军校、署骁骑校，各月支盐菜银二两五钱，跟役三名、马六匹、驼一只。副前锋校、副护军校、蓝翎长、赏给空翎拜唐阿，各月支盐菜银一两五钱，跟役一名、马四匹，每二名合给驼一只。銮仪卫官员，各按品级，照侍卫例一体支给。世职各官，各按委任职任，分例支给。领催、披甲兵丁，各月支盐菜银一两五钱，每二名合给跟役一名。每跟役一名，月支盐菜银五钱。每兵一名给马三匹，每三名给驼一只。跟役每五名合给驼马二匹。官兵并跟役各日支口粮米八合三勺。至派调京城官兵、带兵行走官员有一定额缺。实任官员不敷，由各该大臣拣选委署，一面报明兵部及军营将军大臣。有案者是谓部委。并非指定额缺报部有案者，仍照本身分例支给。其有未经议及官职衔名，应各按品级比较支给。又巴图鲁月支盐菜银九两，跟役十六名，每跟役一名月支盐菜银五钱各等语。

此次贼匪滋事，调派京城满营官兵，所需盐菜、口粮并官员例马干银，应照定例全数支给。其甲兵例给马匹及官兵、跟役驼折，请援照嘉庆五年川陕军需及道光二十一年粤东剿办英夷准销之案，甲兵马干折半支给，驼折夫价全数支给，官兵驼折跟役驼马均减半折夫。

各官员均照例支给盐菜口粮。至甲兵盐菜，粤西食物昂贵，兵丁买食维艰，如仅照例支给，实不敷用。业经前抚臣郑祖琛奏明，凡进征官兵，西路以永福县为出口，南路以临桂县六塘为出口。所调外省绿营兵丁，口内照例支给。出口以后，每兵每日支银八分，口粮米八合三勺。事竣造册报销，应请查照奏案办理。又文职随营办事满汉官员及办差地方文员应支盐菜、口粮、跟役、骑驮、马匹，悉照军需则例给领。其跟役之骑驮、马匹、折夫名数，仍照军需成案减半折给，以节縻费。

一、绿营官兵应需盐菜、口粮、骑驮、马匹，应照例支给一款。

查军需则例内开，提督月支银十二两，跟役二十四名。总兵月支盐菜银九两，跟役十六名。副将月支盐菜银七两二钱，跟役十二名。参将、游击，各月支盐菜银四两二钱；参将跟役十名，游击跟役八名。都司月支盐菜银三两，跟役六名。守备月支盐菜银二两四钱，跟役六名。千总月支盐菜银二两，跟役三名。把总月支盐菜银一两五钱，跟役三名。外委月支盐菜银一两五钱，跟役二名，每名月支盐菜银五钱。兵丁每名月支盐菜银九钱，又加给银四钱，每十名合给余丁三名，每名月支盐菜银五钱。又巴图鲁人等，不论品级，月支盐菜银九两，跟役十六名，每名月支盐菜银五钱。又派调各省绿营官兵官员乘骑本营例马，外委马步兵丁每二名给驮马一匹，官员之跟役每五名给驮马二匹。如马匹不敷，或山路崎岖马不得力之处，按每兵百名给夫八十名，除去例带余丁三十名，仍给夫五十名。跟役按应得马数，每马一匹折夫二名。口内每名每站给工价银五分，口粮米一升。口外给工价银八分，口粮米一升。安站处所均用站夫应付，未安站地方雇夫应付，每名日给工食银五分，不给口粮各等语。

此次贼匪滋事，调派外省绿营官兵，自应照例支给。惟粤西地瘠民贫，墟市本少，现值大兵云集，百物昂贵，兵丁买食维艰，如仅照例支给，实属不敷食用。业经前抚臣郑祖琛奏明，如在口内，照例每兵日支盐菜银三分，米八合三勺。出口以后，外省兵丁日支盐菜银八分，本省兵丁日支盐菜银七分，各支米八合三勺。应请查照奏案办理。其骑驮、马驼、折夫，应照另条所定日支夫价银数支给。至调派守城之本省兵丁，有离原营自二三百里至五六百里不等，跋涉艰辛，与远调进剿官兵只差一间，应请查照道光二十一年粤东剿办英夷军需准销成案，照进剿官兵应得盐菜银数减半支给，并支米八合三勺，仍不准支马驮、折夫，以示区别而归节省。

一、屯土官兵盐粮、跟役、夫马照例支给一款。

查军需则例内载，派调各省世袭土司官员，无论官职品级，各月支盐菜银二两四钱，跟役四名。土副将，土参将，土游击，土都司，土守备，土千总、把总，如打仗著有劳绩，钦奉特恩补授绿营官员实任者，按照绿营官员应得盐菜、跟役分例支给。如只因打仗出力，赏给绿营职衔者，土守备以上及土目、土舍，各月支盐菜银一两八钱，跟役三名。土千总、把总，各月支盐菜银一两四钱，跟役二名。土外委月支盐菜银九钱，跟役一名。外委仍照土兵例一体增减。土兵月支盐菜银九钱，又照绿营兵例加给银四钱。官兵、跟役均各日支口粮米八合三勺，自起程之日起支口粮。至军营起支盐菜，跟役只支口粮，不支盐菜。如奉调派在本处地方防堵者，只给口粮，概不准支盐菜。又例载，川省屯土官兵，遇有邻省调派土司与土副将以上，各给骑马三匹。土舍与大头人、土参游等，各给骑马二匹。小头人与土都守、千把等，各给骑马一匹。土外委兵丁，每二名合给驮马一匹。土司、头人官弁之跟役，照绿营官员跟役例，每五名合给驮马二匹。如马匹不敷，或山路崎岖马不得力之处，按每兵百名给夫八十名。跟役应得马数，每马一匹折夫二名各等语。

此次军需奉调川省屯土官兵，一切应支分例及骑驮、马驼、折夫均应照例支给。惟查盐菜、口粮，现在粤西百物昂贵，兵丁买食维艰，如仅照例支给，实属不敷日用，应请查照前抚臣郑祖琛奏明章程，口内照例支给，口外每名每日支银八分、口粮米八合三勺。至本省土司、土兵，仍请照例分别支给，以归节省。

一、投诚人等照例支给盐菜、口粮一款。

查军需则例内载，投诚人等如情愿随营进剿效力者，散众应得盐菜、口粮，照绿营兵丁之例支给。如有加减之项，伊等亦随其一体加减。其有赏给职衔者，即照屯土官弁分例支给盐菜、口粮、跟役，仍一面专折奏闻等语。

此次办理军需，所有投诚人等随营进剿效力者，其散众应得盐菜、口粮，与绿营兵丁事同一例，应请比照前抚臣郑祖琛奏定绿营兵丁口粮章程，口内照例支给，出口以后，每名每日支银八分、米八合三勺，事竣造册报销。

一、官兵口粮宜乘时采买，宽为预备，以免临时贻误一款。

查例载官兵口粮，如有仓储可动者，不必另为采买。或远道运送，较之就近采买所费转多者，查明情形，确访时值采买，将价值报部查核等语。

此次军需，各路进剿追捕，兵行无定，粮台时有迁移。若动碾仓谷，相随挽运，不特转滋糜费，且兵勇至数万之多，全动仓储亦恐于粜济民食有碍。所有军营食米，除将奉拨湖南、四川米石及捐输米石随时转运接济外，其余应在无贼蹂躏之州县，分投采买解运，以应军糈，其价值较为节省，仍照案按站支给运脚，事竣分别造册请销。

一、雇用站夫、随营长夫载运粮饷、军装、行李等项，应需工资、口粮从优酌给一款。

查例载，陆路运送军装、军火等项，雇用民夫，口内、口外均以一百里为一站。如山路崎岖难行，口内至减以七十里，口外至减以四十里为一站。军粮每米一石用夫二名，饷银一鞘用夫一名。军装、军火物料，每五十斤用夫一名。口内每名每站给夫价银五分、口粮米一升；口外每站给工价银八分、口粮米一升。又运送大炮，千斤以内者，按五十斤用夫一名，千斤以上者，按十五斤用夫一名，日支工价银八分、口粮米一升。又运送军粮物件，安站里夫，自籍起程，每名给与安家银二两，沿途日给路费银二分。口外改给口粮米一升，至安站处所之日停止路粮。又运送粮料人夫，常川在站，如遇空闲之日，每名每日支口粮米一升，不给工价。又口外安站人夫，按三十名设夫头一名，自原籍起程，沿途及站所至事竣之日止，每名月支工食银一两，日支口粮米一升等语。

此次贼匪滋事，河道不清，舟行濡滞。当此军务紧急，必须改由陆路行走。且被贼匪扰害之区，民多逃避，非出重价远招，必致贻误。所有雇觅人夫为难情形，业经臣等据实奏明，势不能不优给工价。至程站里数，粤西跬步皆山，极为险峻，民间肩挑负贩者不能以七十里为一站，应请查照道光十二年粤西办理贺县瑶匪及二十七年西延军需，口内照例以七十里为一站，口外概以四十里为一站，分别核计。仍照前抚臣郑祖琛奏明，西路以永福县为出口，南路以六塘为出口。所有雇用站夫工价，并请查照道光二十一年粤东剿办英夷成案，无论口内、口外，每名每站给工价银一钱五分，仍照例给口粮米一升。回空每名日给银一钱二分，空闲日给银八分，均不支粮米。其随营长夫情事亦同，亦应请照粤东剿夷成案，自到营之日起，每名日给银一钱三分，口粮米一升。以上夫役如系由远道应募者，每名给安家银二两，沿途日给路费银八分。如系就近应用，不得支给安家路费。每三十名仍设立夫头一名，各照站夫、长夫定价，一体给予工食口粮，令其管束众夫，事竣造册报销。

一、运送官兵军装、粮饷船只，应酌定程站水脚，并优给工价，以免贻误一款。

查例载，各省应付官兵船只，无论大小，按每员名每百里给银三分，军装行李每百斤百里给银一分。逆水每五员名给纤夫二名，军装行李一千五百斤给纤夫一名，每名给银五分。并按实在船户水手名数，每船以四名为率，每名每日给口粮米八合三勺。仍将雇用船户水手花名确数造册报部。又水路运送粮石，顺水每名每站给水脚银三分六厘，逆水给银七分。顺水以一百里为一站，逆水以八十里为一站等语。

此次贼匪滋事，民船多驶往远处逃避。其未经驶逃者，亦将船只避入荒港，搬空器具，只留老弱一二人看守。当军务殷繁之际，一经需用船只，无从雇觅，必须厚给工价，设法预为雇备，俾得招募水手、纤夫，听候随时调用。所有雇用船只，应请照粤东剿办英夷成案，无论大小船只，每员名每百里给银一钱二分。军装行李每百斤百里给银三分，逆水每五员名给纤夫三名。军装行李一千五百斤给纤夫二名，每名给银三钱，回空仅给船价，不给纤夫。水手名数照例每船以四名为率，每名酌给饭食银一钱，不给口粮。至运送粮石船价，亦应量为增给。应请顺水每名每站给水脚银五分，逆水给银一钱，以期雇募应手，免致贻误军行。事竣造册报销。

一、运送抬炮及大炮长夫支给工价口粮一款。

查军需则例，只载有运送大炮，分别道路平险，炮身轻重，用夫名数，给予工价、口粮，并无各省携带抬炮长夫应支夫价口粮之例。查此次奉调来粤各省弁兵，分派剿防，迁移靡定。虽每兵带有长夫，仅敷抬运兵丁行李军装之用。即各粮台设有长夫，各有运送物件，亦势难兼顾。是各营携带抬炮一项，夫役在所必需。查道光二十一年粤东剿办英夷军需成案，各营抬炮人夫按日支给工价银五分，口粮米一升。粤西山岭较粤东尤为险峻，挽运维艰。而抬炮及劈山等炮致远摧坚，实为军营利器，各营所带以及大营发往者甚多。所有前项夫役，若不给予工价，何肯受雇搬运？应请照粤东成案，每抬炮人夫一名，日给银五分，口粮米一升。各营携带炮位，均有册可稽。如各行营开报人数过多，仍令核减，以杜浮冒。

一、招募乡勇壮丁，应酌予安家银两，优给盐粮，并制给号衣、号帽、器械一款。

此次贼匪滋扰，几至通省。奉调各省征兵分路进剿，兵势既分，兵力即薄，不能不多雇壮勇协剿协防。惟各属多被贼匪滋扰，村民逃避，本地雇勇维艰，必须招之邻境。其中半系东省及闽楚客勇应募，多充头敌，效命疆场。况瘁辛勤既与兵丁无异，而兵丁平日本有口粮，迨奉调出征，于借支行装之外更给赏项，壮勇则舍其恒业远道从戎，若不给予安家银两,优给盐粮,无人应募。查道光二十一年江苏、浙江军需雇募壮勇,由邻境雇募者,每名给安家银十两;本境雇募者,每名给安家银五两。此次粤西军需,应请照浙江、江苏成案,分别邻境、本境,酌给安家银十两、五两,以期踊跃从军,奋勉出力。其应得工食,本境壮勇每名每日给银八分,邻境壮勇每名每日给银一钱三分,仍俱给米八合三勺。业经前抚臣郑祖琛附片奏明在案,今应照案支给。

再,该壮勇等来自田间,襫袯耰锄,难资御侮,应请查照粤东剿办英夷军需成案,每名制给号衣一件、号帽一顶,并制给军械一件,以便辨认而资利用,事竣造册报销。

一、调派团丁堵剿,应酌给口粮一款。

查调派团丁,酌给口粮,例虽未载。惟粤西贼匪横行几及通省,奉调各省征兵并募各处壮勇,为数虽多,无如贼踪靡定,出没无常,兼之粤西道路纷歧,山径丛杂,每致此击彼窜。如悉用兵壮防剿,难敷调遣。各属举行团练,俱已整齐,多有就近兼调团丁,分布隘口,协同剿堵。该团丁等均系舍其恒业,御侮折冲,与兵壮只差一间。如不酌给口粮,令其枵腹从戎,非所以示体恤。应请照雇募壮勇银数酌减,每名每日给银五分,不支食米,仍每名制给军械一件,以资利用,事竣造册报销。

一、阵伤兵勇预支恤赏一款。

查定例,凡打仗立功,受伤官兵,头等伤给银三十两,二等伤给银二十五两,三等伤给银二十两。乡勇阵伤者,照此例减半赏给。其受伤未分等第官兵,俱照三等伤例,给银二十两等语。是阵伤兵勇赏项,原系例应支给之款,但须汇案题咨,奉部覆准,始行照数给领。此次剿捕贼匪,所调各营官兵,打仗受伤者均经带兵各官随时具报,委员验明,分别等第,汇册详送有案。该官兵等或留营调治,有需医药之资,或遣令先归,待作盘川之用。应得恤费,请领纷纷,不能不按数发给,以示体恤。

至所募壮勇,多非土著之人,悉系暂募从军,原与在官额兵不同。每于攻剿受伤,官为验报之后,即行请领赏项,禀恳退归,势难令其久候,均不得不权宜预给,以顺人情。其阵亡官兵有亲属来营扶榇,呈请先支恤赏,藉作运费,其势亦难缓待,均应请一并给发,再行汇办,以劝有功。再,壮勇内有随同官兵打仗阵亡及受伤亡故者,应照步守兵丁之例,减半恤赏,仍将人数、籍贯、姓名详查造册,专案具题办理。

一、犒赏士卒以励戎行一款。

查军需则例,未载支销犒赏之条。惟军兴吃紧之时,奖励激劝在所必需。此次广西贼匪滋事,调兵至九省之多,跋涉远来,不避烟瘴,必须于派赴行阵并打仗获胜时分别行赏,方足励军心而鼓士气。况所募东勇、潮勇、闽勇,其人尤多贪利轻生,平日械斗顶凶,动辄以身殉利。若用之于公战,以厚利加其前,以严法随其后,即无不踊跃争先,奋身不顾,更当不惜重赏,以冀得其死力。至各属所办团练壮丁,随同官兵堵剿,实能昼夜不懈、罔避艰险、杀贼立功者,亦应优加赏犒,以示鼓励,仍俟事竣核实报销。

一、杂支项下平余请免扣收一案。

查军需则例内开,办理军需动用银两,除官兵俸饷、盐菜应给库平者毋庸扣收平余外,其余一切采买物料及商运脚价零星需用银两,每百两扣收平余一两等语。

此次军需动用经费银两，除官兵俸饷、盐菜，办差文职官员、跟役及乡勇、夫役、船户、纤夫、书识、医匠人等口粮、工资以及安家行装等项支用银两，均应给予库平，毋庸扣收平余外，其余一切采买物料零星动用，原应照例每百两扣收平余银一两。惟查粤西市镇向用广平，每两较库平加重五厘。今由官给价制买物料，照依库平支发，民间已觉减轻，且扣平则物价势必暗增，转起虚报之弊。查道光二十一年粤东剿办英夷军需案内，曾请免扣平余，两广所用之平不相上下，应请循照办理，以归核实。

（邹鸣鹤奏。军机处全宗·录副奏折。中国第一历史档案馆编《清政府镇压太平天国档案史料》第二册，第537—548页。北京：光明日报出版社，1990。）

**【北京·咸丰三年】**［户部奏称：］两载以来，军需河饷糜帑已二千数百万两，以致度支告匮，筹画维艰。

（《清朝续文献通考》卷二十，考七六九六，商务印书馆十通本。）

**【北京·咸丰三年三月二十三日】**上谕：军兴三载，需饷浩繁……统计所拨，已及二千七百余万两。

（《东华录》咸丰，二十一，第38页。）

**【北京·咸丰三年六月十六日】**［户部奏称］自广西用兵以来，奏拨军饷及各省截留筹解已至二千九百六十三万余两……现在银库正项待支银仅存二十二万七千余两。

（《东华录》咸丰，二十四，第25页。）

**【北京·1853】**《北华导报》（*The North China Herald*）对北方诸省情况有如下记载：

官军军费拮据的情形，由邸抄所载的诏谕、奏议以及北京私人函件充分证实。有一个奏议说，两千余万两的银子已经消耗在军费上。我们知道政府自从对英赔款使财源枯竭以来，尚未能恢复。

（［法］加勒利、伊凡原著，徐健竹译：《太平天国初期纪事》，第184页。上海：上海古籍出版社，1982。）

**【江西省·咸丰三年七月十九日】**谨将部拨各省应解江西粮台支应大营饷银截至咸丰三年七月底止除收到外，其余各省欠解银数，缮列清单，恭呈御览。计开：未收各省数目。广东省欠解捐监银一万六千二百六十一两；粤海关欠前解湖南银二十万两；粤海关续征税银除已报解外，欠银二十二万三千八百两；［内移存藩库银五万两。］；监督曾维续捐军饷银一万两；［已移交藩库。］粤海关新改拨福建不敷银四万五千二百三十八两。以上总共未收银四十九万五千二百九十九两，［内江西省现报续收银十四万七千两。］计实欠解银三十四万八千二百九十九两。江苏省欠解海运节省银十万二千两，又改拨浙江监饷不敷除已解外，欠银二千七百四十四两，共银十万四千七百四十四两。浙江省欠解封储银一万八千两，又收存杭州将军有凤捐银二千两，共银二万两。[俱福建改拨之项。]山西省欠改拨海运节省不敷银十万两，又绥远城将军托明阿捐银二千两，又归化城旗库积存银一万两，共银十一万二千两。四川省欠新拨官员续捐军饷银一万三千两，此亦湖北划抵浙江盐课之项。安徽省借拨银八万三千两。湖北省截留银十万两，除划抵浙江盐课已奉改拨外，尚欠银三万两。以上总共未收各款银七十万一千零四十三两。

（向荣等奏。宫中全宗·朱批奏折。中国第一历史档案馆编《清政府镇压太平天国档案史料》第八册，第564—565页。北京：社会科学文献出版社，1993。）

**【广西省、湖南省·咸丰二年六月二十七日】**再，臣接准广西抚臣劳崇光咨称，逆匪窜入楚境，粤西追剿兵勇二万余名，所需口粮及杂支等项，仍由广西派员支应，在永州设立粮台，每月约需银三十余万两。至广西防堵逆匪回窜，并剿捕艇匪及各属土匪，一切口粮经费每月亦约需银三十万两。合计每月共需银六十余万两。其湖南原防兵勇及续调官兵则另由楚局支应等因。是三处粮台每月已将及一百万两。而臣随营粮台所需尚不在此数。国家经费有常，筹拨维艰，凡在臣工应无不同深焦急。查楚局及永州粮台，现当大兵围剿，且续调兵勇正多，支销款项未敢悬揣。至广西省局所需之三十万两，既为防堵逆匪并剿捕艇匪、土匪之用。此时艇匪已全股歼灭，即防堵富、贺一带，亦由臣派拨兵勇前往，将来剿办郁林等属土匪，又皆派东省官兵，统由臣随营之局支应，则省局所发自可量行裁减，以免冒滥。且臣自抵梧州后，察知广西招募壮丁实皆有名无实，官吏之克扣，绅民之冒领，在在皆然，以致帑藏坐销，捍卫无术，实堪痛恨。臣现已移咨抚臣劳崇光确查办理，务使事归核实，不得任听局员开报，以节军饷而杜虚糜。

（徐广缙奏。《钦定剿平粤匪方略稿本》。中国第一历史档案馆编《清政府镇压太平天国档案史料》第三册，第429页。北京：社会科学文献出版社，1992。）

**【广西省梧州·咸丰二年七月十四日】**再，查广西梧州府知府汤俊，臣素未见其人，惟于公牍中阅其禀详事件，非涉颟顸，即属粉饰。是以历届年终密考，总谓其不能振作。及到梧州接见，察其人甚平庸。数日之后，访得其署内壮丁半系艇匪夥党，当嘱其妥为遣散。一面密饬封川江口文武委员，遇有梧州府散壮，严切查拿。嗣据江口防堵委员同知沈保颐、游击德庆等盘获四十六名。有二月十五日在封川江口为官兵击败逃入投充者，有三月二十九、四月初一等日在戎墟为东省炮船击败逃入投充者，均已解臣行营，讯明正法。并确知该府壮丁头人熊亮，勾串艇匪，指引打单，坐地分赃，无恶不作。设法诱至，立置重典，城厢商民无不称快，而该府如在梦中。是其阘茸昏愦，已可概见。且梧州为分设粮台，遇有广东批解西省军饷，由该府截留，就近分解各处。查该府自雇壮丁，既以少报多，冒领口粮，而发给所属防堵经费又复多有折扣，尤为贪劣可恨。相应请旨将广西梧州府知府汤俊先行革职，一面饬下总办粮台各司道确查该府截留银数，勒令分成赔缴。倘缴不足数，即从重治罪，以儆贪庸而重军饷。

（徐广缙奏。《钦定剿平粤匪方略稿本》。中国第一历史档案馆编《清政府镇压太平天国档案史料》第三册，第455页。北京：社会科学文献出版社，1992。）



**【湖北省·咸丰二年八月十七日】**窃思此次军需，蔓延粤楚，将即两年。凡在事文武员弁兵丁艰险备尝，原应量加体恤，惟不得过于冒滥。臣于该逆未经窜楚时，（会）[曾]将所需盐、粮、薪水，饬司参核例案，酌定章程。嗣粤省粮台迁移来楚，恐有歧异，复饬议详，并据该司道将粤省支发章程开列前来。臣逐加查核，凡属盐粮银数，无不例外加增，并有增至数倍者。虽经该省前抚臣奏明粤西地瘠民贫，食物昂贵，并系比照成案办理。但阅时已久，浮滥滋多，即如兵丁盐菜口粮，每名日给银八分，米八合三勺，已属与例不符。又每百名给长夫五十名，外加批运锣锅器械长夫三十名，合计每兵百名，即需长夫八十名。又如武职盐粮长夫，除提镇大员该省系随时酌定外，如副将一员，外省者每月支给银六十五两四钱零，本省者支给银四十二两四钱零，比较楚省连盐粮马干跟役共议给银三十一两七钱零，数已多寡不同。且该省复议有长夫，副将例马十二匹，折夫二十四名，外加增二十八名，每名价银一钱，每月即需银五两二钱。虽楚省先系防堵之地，未经议及长夫，而该省每派一营员，即支给长夫银两，此由定例所无。其余以下各官，亦大率类此。至文员，惟派赴军营办事及管理行营粮员暨各省投效各官，均支给长夫名数，其中浮冒亦多，余尚未经议给。窃以长夫一项，在该省原议之始，原因官兵奉调，本有例带长夫。惟路远途长，未必均能带往，每在行营州县临时雇觅。而该州县或地处偏僻，或时值农忙，更有被贼蹂躏之区，人多逃避，即出以重价，亦难应手，是以由各员弁先行雇备，以免临时周章。且每夫日给工价银一钱，较之随时雇募者亦尚便宜，似宜慎重通融之一法。殊不知兵逾数万，官亦不下千百余员，人人各有长夫若干名，即日需用工价银若干两，既无防剿之别，又无行坐之分，聚少成多，经费实难为继。又查该省雇募壮勇，价比兵饷为优，且亦给予长夫，计日授食，实则未曾定数，所耗尤属不资。夫国家不得已而用兵，今更不得已而用勇，如该勇果能助我兵力，奋勇冲锋，原亦不必惜费。但恐有名无实，转致别滋事端。然师老而疲，似目下情形，各勇亦有难于裁撤之势。臣每思及库藏支绌，逆焰难平，愧愤之私，难安寝馈，实不能不通盘筹计。无如粤省支发已久，现复同地同时，若将各官兵盐粮银数及需用长夫骤行分别议裁议减，必致军心松懈，关系非轻。钦差大臣大学士臣赛尚阿本不管理粮台，未识其中底细，臣面述亦焦灼同深，谆嘱及时酌减。因思该兵丁等或枕戈远戍，或用命疆场，现又值分剿万紧之时，不但盐粮仍应照旧支给，即长夫一项亦复令其得沾余润，以期士气饱腾。至武职各员，如果尽力戎行，勤劳克著，自有酬庸懋赏，迭沐殊恩，似应将其盐粮长夫量为酌减，或分防剿，或分行坐，总期于师行无误，力求撙节之方，庶可以杜浮销而重帑项。容俟臣悉[心]筹画，妥协办理。

（程矞采奏。《钦定剿平粤匪方略稿本》。中国第一历史档案馆编《清政府镇压太平天国档案史料》第三册，第549—550页。北京：社会科学文献出版社，1992。）



**【安徽省·咸丰二年九月】**[己巳谕军机大臣][咸丰二年九月，安徽蒋文庆奏清留饷募勇。咸丰根据户部奏清，以]国用支出，现在逆贼滋扰湖南，安徽尚非邻省……[责令]不可徒事张皇，转滋流弊。[不准留饷，并催解饷湖南。]

(《清文宗实录》卷七十，第7页。《东华续录》卷十七，第9页。)

**【北京·咸丰二年十一月十三日】**据宗人府、户部、军机大臣等会同奏查得：军兴两年以来，统计颁发内帑及户部拨解，共银一千八百万两。[十月初二、三邸抄奏折。]

(《大事记》之二。《太平天国史料》，第459页。金毓黻、田余庆，北京：中华书局，1955。)

**【湖北省武昌·咸丰二年十一月十四日】**再，湖南大营援兵到后，所有口粮等需，应由湖南行营粮台支应。查湖南军饷折回存库者约有四十余万，本省续请军饷解到十余万存库，暂可支持。惟向来武昌省城食用等物，俱仰给汉镇店市及客商货船。今因贼匪猝陷岳州，连船下窜，所有店货商船逃徙一空，钱米油烛等物俱无从购办。省局备贮无多，不能久济。又水陆上下俱被贼匪梗塞，更难转运进城。应请敕下湖南粮台，多为购办来北，及探查转运路径，以资接济。

(常大淳奏。《钦定剿平粤匪方略稿本》，中国第一历史档案馆编《清政府镇压太平天国档案史料》第四册，第96页。北京：社会科学文献出版社，1992。)

**【咸丰二年十一月二十四日】**咸丰二年十一月二十四日内阁奉上谕：御史周有篁奏，军营员弁浮冒钱粮，请严行稽查一折。据称军营统兵员弁希图浮领钱粮，捏开名数，以少报多，管带练勇之员亦皆效尤，阵亡兵勇数目并不据实开报，总局大员明知不查，预为奏销地步，致将军需要款半归私橐。所奏切中情弊。自军兴以来，叠经该部行查调兵到营日期及伤亡裁撤数目等款，并未据该省奏到，其为意存虚捏，已可概见。当此纷纷筹饷之时，何堪任听劣员从中渔利？

(上谕。军机处全宗·剿捕档。中国第一历史档案馆编《清政府镇压太平天国档案史料》第四册，第141页。北京：社会科学文献出版社，1992。)

**【湖南省·咸丰二年十一月二十七日】**窃照上年广东、广西两省匪徒滋事，湖南调集官兵办理防堵，迭经请拨饷项，以济军需。嗣值广西逆匪窜入楚疆，攻陷道州、江华、永明、嘉禾、桂阳、郴州、永兴、茶陵、醴陵等州县，窜扑省城，势甚猖獗。调集河南、四川、江西、陕西、贵州、福建、广东及湖北、湖南各省官兵，招募乡勇，合力围剿。并前大学士臣赛尚阿暨臣先后钦遵谕旨，来楚督办。所有京城满营官兵盐菜口粮、骑驮、马驼、折给夫价，四川及本省屯土官兵跟役盐菜口粮、骑马折夫；本省绿营官兵盐菜口粮、驮马口粮、折夫，官兵借支行装银两，例马草料，乡勇坐饷、号衣、器械，安设随营粮台、步塘腰站夫马，雇募站夫、长夫；水陆两路运送军火、饷糈，制造军火器械；办差文员骑驮马匹，采买米石，文员支给盐菜口粮，阵伤官兵赏项，采买马匹，雇用民马，抚恤难民，犒赏士卒；水陆两路应付夫马船只，解送军营马匹及一切物件，随营长夫搭盖棚厂，栖止军营，办理台站，各员随带书识，支给安家行装；军营差赴京城，官员差解大营纸张、笔墨、药料等物，调赴军营各项匠役，军营官员跟役，给与帐房，抬送炮位人夫，调赴军营医士，动用军需银两，查扣余平赏给投诚乡勇人等项；粮台应用，仓夫斗级；军营亡故官员回籍，阵伤亡故及在途病故兵丁骨殖回营；投诚人等情愿随营进剿效力，散众应给盐粮；军需公局经书辛工银两等项，已经前督臣奏请设立长沙、永州两局，并在衡州安设支应局、行营粮台，调派各员经理。臣伏查两粤匪徒滋事，首尾三年。湖南筹防筹剿，本省兵力不足，调拨外省官兵协济。又因官兵征调需时，不得不招募乡勇，以资攻守。各属山多路歧，要隘实繁，自应量地防守。迨至调募兵勇为数既多，饷项因而增费。国家经费有常，原欲力图撙节，惟历时既久，用广费繁，积少成巨，势所必然。本省历办军需，均系因地制宜，有为军中所必须而省之无可省者。自应斟酌损益，因时变通办理。兹据办理湖南粮台军需总局布政使潘铎、兼署按察使盐法长宝道周颚、衡永郴桂道张其仁、准升辰永沅靖道钟音鸿，将此项军需支发，或遵定例，或参成案，核议事宜，分列十八条，造具清册，会详请奏前来。臣随移咨留办粮台事务前督臣程矞采逐款核定，臣亦复核无异。

（徐广缙奏。《钦定剿平粤匪方略稿本》，中国第一历史档案馆编《清政府镇压太平天国档案史料》第四册，第 161—162 页。北京：社会科学文献出版社，1992。）

**【湖北省武昌·咸丰二年十二月十八日】**至武昌城中截留军饷三十余万两，尽为贼得，军营支用如何接济？此时拨饷在途者尚有若干？着徐广缙飞催前途绕道解运，并须加倍慎重。本日已寄谕叶名琛，令其设法筹画，由江西、湖南解运军营，以济急需矣。将此由六百里加紧谕令知之。

（寄谕。军机处全宗·剿捕档。中国第一历史档案馆编《清政府镇压太平天国档案史料》第四册，第 238 页。北京：社会科学文献出版社，1992。）

**【江西省九江·咸丰三年正月十七日】**但大兵自追贼以来，有两月未领口粮者，有四五十日未领者。行营总局自长沙追贼，至武昌已未赶到，现复由武昌至九江，而粮台离营更远，以致兵勇乏食。贼匪所过地方远近百姓早已逃亡，九江城内亦无一人。兵勇到此不但购米不出，即油、盐、蔬菜亦无处采买。既无饷银，又无粮米，势难枵腹荷戈。且连日风雪交作，实有冻馁饥寒之虞。奴才现已专弁飞咨抚臣张芾，务于江省迅速提银十万两，委员协同来弁管解大营分给，以济眉急。并多张告示，晓谕招商复业，派弁赴各村庄采买米粮，以资接济而免缺食。一面行调湖南、广西行营各粮员赶紧前来，或于九江府城设立总局，俾得就近支应。

（向荣奏。军机处全宗·录副奏折。中国第一历史档案馆编《清政府镇压太平天国档案史料》第四册，第 436 页。北京：社会科学文献出版社，1992。）

**【山东省·咸丰三年正月二十五日】**兹据藩司刘源灏详称，满洲营官兵出征，应查照军需例载，官员各按品级赏给一年俸银，前锋、领催、马甲赏银二十两，炮手、步甲赏银十五两,匠役赏银十两,官兵之跟役每名各赏皮衣银二两,核与道光二十一年青州满营派赴江宁防堵官兵情事相同,请援照办理,具详前来。相应仰恳天恩,俯准照派往出征之例,分别赏给,以示体恤,已饬司赶紧由地丁正项内支给,仍俟动支若干,分晰造册报销外,所有青州满营官兵前往豫省,援案给与俸赏行装银两缘由,理合恭折具奏,伏乞皇上圣鉴。谨奏。

（李僡奏。军机处全宗·录副奏折。中国第一历史档案馆编《清政府镇压太平天国档案史料》第四册,第564页。北京:社会科学文献出版社,1992。）

**【奉天省·咸丰三年三月二十一日】**再,查军需例载,盛京官员派往出征,将军赏资装银三百五十两,半月盐菜银六两,准跟役二十四名。协领赏资装银一百八十两,半月盐菜银二两一钱,准跟役六名。佐领赏资装银一百五十两,半月盐菜银二两,准跟役四名。防御赏资装银一百二十两,半月盐菜银二两,准跟役四名。骁骑校赏资装银八十两,半月盐菜银一两二钱,准跟役三名。前锋、领催、马兵各赏资装银三十两,半月盐菜银七钱五分,二人合给跟役一名。官兵之跟役,每名赏给皮衣银二两,半月盐菜银二钱五分。官员、兵丁、跟役各赏半月口米一斗二升四合五勺。世职各官各按委用职任分例支给。至派调官兵带兵行走官有一定额缺,实任官员不敷,由各该大臣拣选委署,一面报明兵部。及军营将军大臣有案者,是谓部委,其盐菜跟役口粮,照所委之衔支给。如仅系军营将军大臣鼓励委署,并非指定额缺报部有案者,仍照本省分例支给。盛京官兵,每人赏马一匹,折给价银六两五钱,俱由本处给发报销各等语。此次拣选出征协领,佐领委协领、防御委佐领、防御骁骑校、由委官委骁骑校九十六员,以及前锋、领催、马兵、跟役人等,共应行赏给资装、皮衣银两,俱遵照军需定例,由盛京户部如数领取赏给。统俟十六起官兵全数起程后,再将用过银数奏明核销。

（奕兴奏。军机处全宗·录副奏折。中国第一历史档案馆编《清政府镇压太平天国档案史料》第六册,第92页。北京:社会科学文献出版社,1992。）

**【北京·咸丰三年三月二十三日】**咸丰三年三月十二日奉上谕:载铨奏,派添兵宜先筹饷一折。着派大学士并派柏葰、翁心存会同户部速议具奏。钦此。钦遵由军机处交出到部。臣等即亲赴户部,连日熟商,检查添调兵数,参核军需例案,并就内库外省情形通盘筹画,诚有如载铨所奏,亟须预筹者。查本年二月惠亲王等奏请添兵筹饷,经臣等会同军机大臣、九卿议复,请调吉林官兵二千名、黑龙江官兵二千名、西安驻防兵一千名、宁夏驻防兵五百名、绥远城驻防兵五百名,前赴江南会剿,察哈尔马队四千名、土默特蒙古马队兵一千名预备调遣。当奉谕旨,遵即飞调起程。嗣复先后奉旨,添调山西官兵三千名、陕西官兵四千名、密云驻防兵一千名、盛京官兵八千名、归化城驻防兵二千五百名、绥远城驻防兵五百名、热河驻防兵一千名,计前后添调满汉马步官[兵]共三万一千名。除奉旨减调及暂缓启程各兵外,实在赴剿及调备兵二万五千名。所需俸赏、行装、盐菜、口粮、马干等项,各处远近不一,自起程至抵营,约以两个月牵折合算,每东三省兵一千名需银四万七八千两,驻防官兵一千名需银三万七八千两,绿营兵一千名按马步各半,需银一万八九千两。

是此次添调官兵，未及接仗，即需银七十五万余两，而备调之兵约需银十余万两尚在其外。需用浩繁，殊非仓猝所能措备。

（大学士等奏。军机处全宗·录副奏折。中国第一历史档案馆编《清政府镇压太平天国档案史料》第六册，第123页。北京：社会科学文献出版社，1992。）

**【奉天省·咸丰三年三月二十五日】**臣等查盛京兵四千名到京时驻扎德胜门外，所有安设营盘、支搭帐房以及支给口食钱文，并派员照料稽查各事宜，臣等行文各该衙门遵照向例备办。至文内声称，连日前进之处，恐驿站车马不敷轮转，应请照吉林官兵成案，以二百五十名为一起，间一日行走，以便沿途支应。该官兵应需车马，照例每兵一名给骑马一匹，每兵六名给行李车一辆。领队一、二品大员，每员给骑马十匹、车二辆。带队官每员给骑马五匹、车一辆。随队官每员给骑马三匹、车一辆。送至良乡更换。其经由直隶、河南、山东、江苏一带，应由该督抚查照成案办理。所需车辆，饬交顺天府雇觅应付，事竣据实报销。其官兵乘骑，每起约需马三百余匹。查臣部馆所额设差马五百匹，除日常预备各项差使外，所余马匹不敷往返应付，应遵照上次办过成案，俟该官兵到京时，拟调京旗各营官拴传事备差马七百匹、巡捕五营马七百匹，与臣部馆所马匹分班轮番驰送，庶马力得以循环休息。其官兵经由直隶、河南、山东、江苏等处，应行文该督抚迅饬各该州县先期妥协预备车马，毋致临期有误。

（裕诚等奏。原折。中国第一历史档案馆编《清政府镇压太平天国档案史料》第六册，第146页。北京：社会科学文献出版社，1992。）

**【盛京省、吉林省、黑龙江省·咸丰三年三月二十九日】**查乾隆四十一年奉部颁发例载，盛京、黑龙江、吉林等处出征者，协领赏给整装银一百八十两，佐领赏给整装银一百五十两，防御赏给整装银一百二十两，骁骑校赏给整装银八十两，前锋、领催、马甲各赏给整装银三十两，官兵跟役每名赏给皮衣银二两等语。其恩骑尉应赏整装银若干两，例无明文，现拟比照骁骑校整装银数核减发给银五十两，跟役、皮衣、盐菜俱照骁骑校例一体支给。今奉旨征调官兵二千名，当经恩华会同奴才景淳于吉林各旗并乌拉、伊通等处挑派协领一员、佐领七员、防御三员、骁骑校五员、兵七百名，宁古塔珲春协领二员、佐领三员、防御三员、云骑尉一员、骁骑校六员、恩骑尉一员、兵七百名，伯都讷协领一员、佐领一员、骁骑校一员、兵一百名，三姓协领二员、佐领五员、骁骑校五员、兵五百名，阿勒楚喀派协领一员，计应带跟役一千一百八十八名，共应赏给整装、盐菜，跟役皮衣等银七万一千八百二十六两四钱。

（景淳奏。军机处全宗·录副奏折。中国第一历史档案馆编《清政府镇压太平天国档案史料》第六册，第238页。北京：社会科学文献出版社，1992。）

**【湖南省·咸丰四年二月初三日】**查前准部拨饷银四百七十万两，楚省实止收银三百七十七万七千四百五十九两零。其余九十余万，或因无款可拨，或已改拨别省，或在湖北被贼掳去，俱未解到。此南省四年之间办理防剿军需及协济广西等省军火粮饷之大概情形也。现在司库仅存银五万余两，即留为本省支发之款尚属不敷，曾国藩亦深知其难，故有湖南、湖北、安徽、江西四省合防之议。然安徽、湖北屡遭蹂躏，自顾不遑。江西财赋较多，然亦有独力难支之势。惟上游之四川、广东，素称富庶，尚足以资接济，合无仰恳天恩，俯准敕下四川、广东、江西各督抚臣，预筹饷项，拨付北南两省专为曾国藩出师之用。并由曾国藩派员经理，事竣报销。臣仍不敢置身事外，一面饬司设法筹备，并再剀切劝捐，一有成数，随时解往应用。

（骆秉章奏。宫中全宗·朱批奏折。中国第一历史档案馆编《清政府镇压太平天国档案史料》第十二册，第414—415页。北京：社会科学文献出版社，1994。）

**【山西省·咸丰四年二月二十七日】**寄谕恒春著即先行筹垫银十万两速解直隶胜保军营。

军机大臣字寄山西巡抚恒，咸丰四年二月二十七日奉上谕：据胜保奏请筹拨军需等语。前经胜保派员前赴山西，劝谕捐输，藉助军饷。现在捐款已集有数万，一时未能缴齐。惟军营需饷紧急，若必待此项捐款收齐运解，必至贻误要需。即着恒春于该省司道各库无论何款，先行筹垫银十万两，即日遴委妥员，星速解赴直隶，交胜保军营，以济急需。一俟捐款收有成数，即行拨还归款。至应解京饷甚关紧要，并着迅筹起解，毋稍迁延，不准以部拨外省为数甚巨，遂置京饷于不顾，藉口稽迟，谅该抚不能当此重咎也。将此由六百里谕令知之。钦此。遵旨寄信前来。

（寄谕。军机处全宗·剿捕档。中国第一历史档案馆编《清政府镇压太平天国档案史料》第十三册，第8—9页。北京：社会科学文献出版社，1994。）

**【江苏省·咸丰四年二月二十八日】**臣营自上年七月以来，即已缺饷。续准部拨，迨拨款又虚，复议改拨，而改拨者仍是七八月间应领之饷也。改拨之款复归无着，于是辗转筹画，至再至三，而筹画者亦仍是七八月间应领之饷也。纸上之饷虽多，行间之粮早断。诚如圣谕所云，俱归画饼。况七八月间之饷既未开支，至七八月后之饷更未议及，竟似枵腹荷戈可习以为常者。兵丁虽愚，而于例支之饷未尝不默计锱铢，早已了然。积逋日多，饥疲日甚。馈运莫效泛舟之义，军中曾无辟谷之方，将何以安众心而资糊口？此皆皇上圣明所曲喻其艰难，而臣区区愚衷、忧虑彷徨不知所出者也……上年泰州开征，雷以诚以有妨勸输将其撤任。州县多未开征，催解亦非易易。

（琦善奏。宫中全宗·朱批奏折。中国第一历史档案馆编《清政府镇压太平天国档案史料》第十三册，第22—23页。北京：社会科学文献出版社，1994。）

**【山西省、陕西省·咸丰四年二月二十九日】**现在庐州情形紧急，兵勇需饷甚殷，扬州军营停兵待饷更甚于安徽，尤应急行筹画。惟现在部库告匮，京饷尤关紧要。山陕两省捐输银两及地丁盐务各款，必须迅速解京，源源接济，而琦善、和春等两营军饷亦断难置之不顾。

（寄谕。军机处全宗·剿捕档。中国第一历史档案馆编《清政府镇压太平天国档案史料》第十三册，第 27 页。北京：社会科学文献出版社，1994。）

**【安徽省·咸丰四年二月二十九日】**所请山西、陕西协解庐州军饷银各八万两一节。此时京饷及各处军营饷银均赖山陕两省接济。庐州每月需银十七万余两，为数甚巨，岂能全数取给于山陕？

（寄谕。军机处全宗·剿捕档。中国第一历史档案馆编《清政府镇压太平天国档案史料》第十三册，第 28 页。北京：社会科学文献出版社，1994。）

**【山东省临清州·咸丰四年三月初四日】**贼匪初遇大兵，受兹惩创，颇足丧胆。时已薄暮，查各兵自初一日由东昌起程至堂邑、临清，一路并无卖食之处。各兵两日未能眠食，兵马恐有疲乏，暂为屯扎闸口迤南五里庙，稍缓即为相机追剿。

（善禄奏。军机处全宗·录副奏折。中国第一历史档案馆编《清政府镇压太平天国档案史料》第十三册，第 108 页。北京：社会科学文献出版社，1994。）

**【湖北省·咸丰四年三月二十一日】**再，臣等查得城内、城外兵勇一万一千有余，统计一月兵饷必需六万有零。其文武大小官员盐粮及制造火药、铅丸、抬枪、鸟枪、帐房、刀矛一切军需器械尚不在内。至督抚司道各养廉自客岁九月起，未经支放。现在自正月十九日贼匪占据汉阳以来，四乡掳掠，道路梗塞，以致江西饷银行抵义宁州折回。又闻四川饷银行抵荆州，不能前进。是以省城孤悬，四面受敌，臣前折业经详陈在案。至于三月初六日兵饷已为告匮，臣等昼夜焦急，深虞自溃。所幸此次兵勇，经臣等激励，并屡获大小胜仗，正在齐心奋力之时。臣自接篆后，一面设法督饬各将弁多方劝导。该兵勇颇晓大义，尚知耐守，已经半月，洵属难得之人心。臣仍一面催令藩司，饬委江夏县知县严树森、拣发知县李映棻、通判陈凤辉等亲赴四乡，劝谕绅耆，或捐或借，务期于十日以内能凑二三万两，即可稍为放心。否则功败垂成，真为可惜。

（青麟奏。军机处全宗·录副奏折。中国第一历史档案馆编《清政府镇压太平天国档案史料》第十三册，第 353 页。北京：社会科学文献出版社，1994。）

**【湖南省、湖北省武昌金口·咸丰五年三月】**湖南用兵已久，库款既空，捐项亦竭。本年贼艅上窜，胡林翼等之陆军，彭玉麟等之水军，皆仰给于湖南。弁勇万余，嗷嗷待哺，有月余未给饷者，有两三月未给饷者，事机愈挫，来源愈断。现在金口一军，口粮不继。

（光绪《石钟山志》卷十《武功》。）

**【江苏省·咸丰六年三月】**此间一切告竣，明翼长拟日内见吉[吉尔杭阿]宪也。唯钱漕丝毫不起，赔累络绎而来，断不能支，只好奉求交卸。如能脱离苦海，于愿足矣，他非所望也。

（《陆保致吴煦函》1856年4月11日。《吴煦档案选编》第一辑，第136页。太平天国历史博物馆，南京：江苏人民出版社，1983。）

**【江西省·咸丰六年十二月】**不特东三省马队忠勇可风，即湘勇与水师，亦实不可多得之劲旅。惟是饷项匮乏，积欠口粮一百三十余日，吁恳天恩，饬催山西、陕西，迅将每月各协二万两，解至九江，专济此军之用。至于江西各府，分驻兵勇五万余人，旧欠无从补给，新岁尤难支持，再恳饬下两广督臣，月拨四万两以济急需。能多发一日之饷，则多一日劲卒之用；能早克一处之城，则早收一处钱粮之利，不胜惶悚待命之至。

（李滨：《中兴别记》引曾国藩疏。太平天国历史博物馆编《太平天国资料汇编》，第二册下，第504页。北京：中华书局，1979。）

**【江西省泰和县·咸丰七年春】**时潮勇、楚勇、乡勇，城中合兵三千余人，饷皆取之乡中，剔髓刮肉，不足应旦夕急。勇丁鼓噪，几成变乱。官绅百端图维，乃克有济。

（光绪《泰和县志》卷九《政典·兵寇》。）

**【安徽省庐州·咸丰八年四月初十日】**现各营被困，数日断炊，协拨不来，溃散立见。

（福济奏。宫中全宗·朱批奏折。中国第一历史档案馆编《清政府镇压太平天国档案史料》第二十册，第274页。北京：社会科学文献出版社，1995。）

**【浙江省·咸丰八年四月十九日】**以致江浙两省居民无不惊惶失措，杭州省城之迁徙来苏者踵相接。各路土匪必将乘机窃发。浙江之钱粮业已催征不前，苏松一带亦恐闻风效尤，上海夷税因货无来路，四月份上旬止征银九千余两。茶税则丝毫无征，厘捐较之往月不及十之一二。江南大营军需，五月份能否敷衍尚无把握。而宁国军需不继已有索闹之事，若再相持一两月，即使杭州幸保无虞，而有兵无饷，江浙、皖南同归束手，虽有善者亦未如之何也。

（何桂清奏。宫中全宗·朱批奏折。中国第一历史档案馆编《清政府镇压太平天国档案史料》第二十册，第313页。北京：社会科学文献出版社，1995。）

**【浙江省杭州、安徽省宁国县·咸丰十年三月】**至饷需一节，更祈筹措一二。杭城之失，由于宁国。宁国之败，由于缺饷。正、二两月，该防兵勇二万余人，领过约银一万九千两，此致变之所由来也。前车可鉴，能不惊心！所冀老兄助我一臂，不然真无可设想。素知梓谊最厚，谅不肯漠视。况沪上浙人最多，即江右、皖省茶叶生理者，道出杭州，能一路无阻，于生意方可通达。情之一字，最能动人，尚祈留意。

（《王有龄致吴煦函》1860年4月11日。《吴煦档案选编》第一辑，第201页。太平天国历史博物馆，南京：江苏人民出版社，1983。）

**【浙江省杭州·咸丰十年四月】**饷需之绌,更有难言者。每月需饷三十万,进款毫无。苏州带来之十万早已罄尽,此后何以为继?言念及此,五内如焚……弟思今日之办事,不过听其自然而已。不担重,不出主意,是为大本领。天下事所以坏到如是,言之可以痛哭长叹息。至弟现在处境,尤觉万难,无兵可用,无饷可支,有一事亦无一人可以商办。独立何能支此大厦?亦只有办一点算一点,尽吾心而已,他非所计也。

(《王有龄致吴煦函》1860年5月19日。《吴煦档案选编》第一辑,第218—219页。太平天国历史博物馆,南京:江苏人民出版社,1983。)

**【浙江省杭州·咸丰十年四月】**而溃兵散勇二三万到杭,不给口粮则立时决裂,一给即十数万出门。江苏解来之　三十万,已只存五六万金矣。如此局面,焦急欲死。而未敢即死者,尚希冀有挽回之日。倘再迁延半月,不死于贼,即死于兵勇之手,言之伤心。浙省迁徙已空,正款分文无进。即捐输,一月以来未见分厘。此从有生以来无此苦境也。五夜思维,实无良策,不得已又想到上海,明知尊处亦在万分为难,断难再顾浙省。然弟除此之外,别无可设法。可否仰恳阁下于浙商在沪者借银十万两[弟给印照为据]?此事非启堂兄出力不可。伏乞鼎力周旋,商之启堂、乃舟,以必办到,方能救目前之急。浙能保全,自当陆续付还,决不食言。阁下心存君国,当此仅存一线生机之时,必能为弟设法也。借兵一事,再迟即无益矣。

(《王有龄致吴煦函》1860年6月11日。《吴煦档案选编》第一辑,第245页。太平天国历史博物馆,南京:江苏人民出版社,1983。[　]内文字系原函夹注。)

**【江苏省上海县·咸丰十年八月】**然自常、昭、太仓相继沦陷以来,贼踪四逼,跬步难行。商贾无路可通,税厘来源顿绝,防费更无所出。昨委江署臬司驰赴江北办理江南粮台,专顾镇江一军及水师粮饷,勉凑银七万两,先去敷衍。此后万难为继,已蒙署督宪剀切陈请拨饷接济。现奉部文,指拨河南省清理交代银二十万两,显系有拨无解,岂能济此饥军!而曾帅杳无莅苏之信,各属民团力难持久,逐渐解散,纷纷投贼。苟安沪上,兵单饷绌,正不知作何支撑。前者尚冀夷兵效顺,可望助我一臂,乃北事变迁不定,因而游移莫决。

(《吴煦上王有龄禀(底稿)》1860年10月。《吴煦档案选编》第一辑,第428—429页。太平天国历史博物馆,南京:江苏人民出版社,1983。)

**【浙江省·咸丰十一年至同治三年】**初左侯在江西,勇仅八千,月给饷五万。奉命入浙时,已欠饷六个月。时拟添蒋、刘诸军二三万,月须饷二十四、二十五万。上谕闽、粤、江西各协月饷十万,两湖月饷三万,然各省力难兼顾,先后仅得三百万。壬戌正月,令知府钟世桢设粮台于广信,令知县章征设转局于玉山。滩高水浅,一舟仅载米十余石。惟玉山至常山可用小车,余皆挑负。以前乃请部给封典、翎衔,札副委员诚成劝捐,先后得各项捐银百七十余万。衢防稳固,又令同知李寿榛设立牙厘局,变通牙帖成案,并官办瓯盐运销江西引地。凡收复郡邑皆次地推行,先后收厘金百四十万,牙帖、盐课各十万。而各款一时未能凑集,癸亥腊竟欠勇饷至九个月。癸亥六月,浙东肃清,令道员王加敏、苏式敬移广信粮台于衢州。时宁绍月饷六七万,左军所部月饷三十万,乃奏请缓解宁波海关银五十余万。直至浙省全复,裁勇四十余营,又裁兵额十分之四,而加半其饷。令知府高卿培增订厘局章程,将南、北新关归厘局并收划解。又创行票盐,课厘并收,每斤抽钱十二。凡从前官吏中饱之弊,皆无所容奸。又先后收新旧钱漕藩库拨解银百有数万,于是稍足敷支。共计左军自辛酉十二月入浙,至甲子六月支勇弁口粮薪水六百二十余万,军械炮火船只六十余万,勇练赏恤六十余万,遣撤降贼三十余万,通共七百七十余万两。此左军先后筹饷之事也。

(李应珏:《浙中发匪纪略》,抄本。南京大学历史系太平天国史研究室编《江浙豫皖太平天国史料选编》,第227—228页。南京:江苏人民出版社,1983。)

**【浙江省杭州·咸丰十一年】**十一月初,城中粮尽,升米银一两,尚无从购觅。饥民满街市……甚有将人尸分割煮食以充饥……城中粮食搜罗净尽,宰驴马分给将士。迨初十日以后,守城兵勇至居民家搜取食物……民与兵仇矣。延至二十八日,兵勇已数日不食,力不能支,乃各溃散。

(华学烈:《杭城再陷纪实》。《中国近代史资料丛刊:太平天国》Ⅵ,第628—629页。中国史学会编,编者:向达、王重民等,上海:神州国光社,1952。)

**【江西省·同治二年七月】**己巳,沈葆桢奏以九江关洋税专供江忠义、席宝田两军。会曾国藩征饷九江,关道蔡锦青分税银万五千两以应,乃报巡抚。葆桢怒,诋锦青,移文诘问国藩。国藩逊词谢之,葆桢引疾乞假。

(李滨:《中兴别记》。太平天国历史博物馆编《太平天国资料汇编》,第二册下,第933页。北京:中华书局,1979。)

**【江西省·同治三年正月】**葆桢以江西军事方殷,奏留茶税牙厘,专供本省军。部议允之。国藩所部月饷需五十万两,度支裕时,岁给兵才六成。至是金陵围师益增,饷入益绌,岁给才四成,欠饷至十六七月,军士绝望。国藩因抗疏曰,臣初任江督,兼办皖南军务,其时江南六府糜烂,皖南仅存祁门一县,于是奏办江西厘金,以充东征诸军之饷,月拨漕折五万,洋税三万,先后奉旨允准。沈葆桢到任后,历停漕折洋税,臣均未具疏争辩。今臣军发饷四成,江西各军发饷八成以上,臣军欠饷十六七月,江西军欠饷不及五月。以民困而论,皖南宁国各属,市人肉相食,或数十里野无耕种,村无炊烟。江西亦尚不至此。

(王定安:《湘军记·援守江西下篇》。)



**【江西省玉山县·同治三年八月】**克勇、质勇、湘军押遂安、华埠一带新降贼来玉,请给口粮。章君[按:代理知县章澄。]设法支应,凡七日回衢,邑始安堵。

（同治《玉山县志》卷五《武备·武事》。）

**【江西省会昌县·同治四年五月】**初二日，先是韩进春督乡勇十三营，三年九月驻会昌南门外，九月移营麻洲观音岩，其军装口粮皆预行垫发，俟饷到日按数扣还。是年五月，各营以饷项支绌，禀请缓扣，[营务处董]得春不从。于是先锋三营自焚其垒，抢夺粮台，并掳掠附近居民，窜至高牌。进春派马队追剿，擒斩八人。各营相率鼓噪，马队畏避。进春以事急，孑身入城。平江营副将黄储宝驰往调停。乱勇之窜安远、信丰者，益肆掳掠。初九日，陆续召回水东乡团，蓄忿格斗，先胜后败，炮毙者四人。乱勇以乡团既罄，掠所有，更焚其祖牌。洪令飞请霆营来援，率绅民登陴。十二日，乱勇挟所掳循城登舟，绅民从城上抛石击之。乱勇怒，遂攻南门，毙城守二人。时霆营营官提督刘金波先一日抵黄坊，至是登南城，喝之使退，遂巡城一匝，调副中营入城协守。次日，巡道王文瑞至，乱勇始就抚，投缴军器。檄进春撤回于都，补给粮饷，全营遣散。

（同治《赣州府志》卷三十三《武事》。）

## （三）练勇费用

**【江西省·咸丰三年四月十八日】**窃照钦差大臣湖北提督向荣，前在广西、湖南征剿逆匪，所带捷勇、潮勇由湖北而至九江，因其犷悍不驯，带兵官难于驾驭，所过各地方时有抢掠、奸淫等情，且在大营打仗并不得力，已由提臣向荣奏明遣撤回籍在案。维时臬司恽光宸在九江办理粮台，与大营镇将会晤，每述及潮勇等凶悍贪婪情形，无不痛心疾首，实有一日不去一日不安之势，随与总司粮台前运司彭玉雯，向分带各勇头目议定从宽给与川资。自九江陆路起程，每名每日给发口粮银一钱，派员护送回粤，以免各勇借口沿途逗遛，当经禀明。臣派委文武大员带同弁兵，在于省城外沙井地方弹压，每名给发自江省至广东口粮，潮勇则由长宁出境而达平远，捷勇则由大庾出境而入南雄。一面饬知南、新二县雇备船只，并派拨籍隶广东之鄱阳县县丞萧锡璜等四员长途照料。另派峡江县知县蔡廷兰、候补知县王际昌携带银两随行。仍札饬经过州县会同营汛多带兵役，妥为弹压，不准该勇登岸片刻稽延，并示谕所属居民小心防范，铺商交易务各公平。如该勇等不遵约束，敢于抢掠滋事，许即格杀勿论，只照二月二十日所奉谕旨钦遵办理。惟口粮一项，不能不照九江所议之数宽为发给，俾免滋生事端。嗣据报，资送捷勇三千八十七名，潮勇二千三百名，旧潮勇一千四百五十名，患病潮勇七十八名，先后由九江抵省，又由省分送至广东南雄、平远等州县，止计口粮共用银一万七千五百四十八两五钱，夫船各价共用银五千七百七十二两三钱四厘，均在奏留防堵经费银内动用。兹据南安、赣州两府属禀报，自二月十六日至三月二十一等日全数出境，并据承办各员造具支销款册送司，经藩、臬两司细加综核，委无浮冒情弊，造册详请具奏前来。臣复核无异。除将清册咨部查核外，相应奏明请旨，俯准将动用银两敕部作正开销。所有应付潮、捷各勇过境口粮等项动用银两缘由，理合恭折具奏，伏乞皇上圣鉴训示。再，据南安府及大庾、南康二县先后禀报，该勇行至大庾县新城地方向居民索抢，被该处民人格杀十数人，又经官兵拿获滋事之勇十二名讯明确实，即按军法处治等情，合并陈明。谨奏。

（张芾奏。军机处全宗·录副奏折。中国第一历史档案馆编《清政府镇压太平天国档案史料》第六册，第468—469页。北京：社会科学文献出版社，1992。）

**【江苏省·咸丰三年四月二十三日】**再，臣向荣前遵谕旨，裁撤各省壮勇，所剩惟张国梁之捷勇，革员福兴之广勇暨广西胜勇，提标三项壮勇，湖南彪勇，四川义勇，总共不过五千余名。此项壮勇随臣日久，既遵约束打仗，又属勇往，其得力实与官兵无异。惟每月只有饷银，并无粮米，所到均系自买。但各省口音与江南土著不同，每于争多论少之间，未免时有口角。军中银贱米贵，所领之项往往不敷用度，其拮据情状，亦属可怜。查现在此间粮米甚属有余，臣等商筹拟请按照官兵每日给米八角三抄之例一体发给。则该勇等感激思奋，自必更加勇往。且该勇等免致出营买物，亦可藉息争端。

（向荣奏。军机处全宗·录副奏折。中国第一历史档案馆编《清政府镇压太平天国档案史料》第六册，第536—537页。北京：社会科学文献出版社，1992。）

**【咸丰三年六月十六日】**军机大臣字寄各直省督抚。咸丰三年六月十六日奉上谕：户部奏，度支万分窘迫，军饷无款可筹，密陈情形一折，览奏实深焦灼。国家经费有常，自道光二十年以后，即已日形短绌。近复军兴三载，糜饷已至二千九百六十三万余两。部库之款，原以各省为来源，乃地丁多不足额，税课仅存虚名。朕轸念时艰，特发内帑数百万金，并命部臣等预筹经费，拟定条款，颁行各直省酌量试行，迄今数月，覆奏者甚属寥寥。在督抚不过因事非易办，诿之部臣，抑思部臣筹款岂能不取给外省耶？即如各路粮台，需饷孔亟。部拨各款，该省既不能克期起解，而遇事辄复请拨邻省款项，徒托空言。现在部库仅存正项待支银二十二万七千余两，七月份应发兵饷尚多不敷，而三城尚未克复，贼势日见蔓延，若不及早筹维，岂能以有限之帑金，供无穷之军饷乎？本日已严谕琦善、向荣，速图攻剿，以节糜费。特再申谕各直省督抚大吏，其各就本省地方情形，力筹济急之策，权宜变通，其势不得不然，惟须得人经理，自有实效，岂可坐视大局涣散，一筹莫展？户部现行之官银票，招商分设官钱铺，俾官兵领票易钱，并购买铜斤，添炉鼓铸制钱之外，加铸大钱，以为票本，京师试行，颇有实际，已饬户部妥议章程，迅速通行各省办理。各督抚大吏具有天良，睹此支绌情形，岂不思为朕分忧耶？

（寄谕。军机处全宗·剿捕档。中国第一历史档案馆编《清政府镇压太平天国档案史料》第八册，第43—44页。北京：社会科学文献出版社，1993。）

**【江西省安福县·咸丰四年】**署县高抡会邑绅主事王垣等，设团练局，劝各殷实捐助，复衙署，修城垣，练勇数百人防守。

（同治《安福县志·武事》。）

**【江西省武宁县·咸丰四年】**六月十一，南昌府知府史致谔临县，督办团练……论定户解米摊费钱三千文,以资勇粮。

（同治《武宁县志》卷十九《武事》。）

**【江西省武宁县·咸丰四年十月】**巡抚陈启迈给犒银。中丞以武宁团练出力,为江西州县之冠,特赏犒军银七百两有奇,后又给张云汉勇粮银二百两。

（同治《武宁县志》卷十九《武事》。）

**【江西省武宁县·咸丰五年五月】**巡抚陈启迈给犒银。邑自军兴以来,屡膺犒赏,至是复给银千两,以昭激劝。亦以见地当吴楚小隘,团练实不容疏也。

（同治《武宁县志》卷十九《武事》。）

**【江西省会昌县·咸丰六年】**命各处设立团局,按期操演精熟,一旦有警,檄传即至。庶封家捐款存公,以应地方援急。

（同治《会昌县志》卷十四《武事》。）

**【江西省泸溪县·咸丰六年二月】**二十六日,前奉县谕,催各村举行团练,诸公相聚而谋,为保固地方之计,此诚今日急务。近日寇烽渐逼,土匪蠢蠢欲动,非团兵以守之,练甲以防之,一旦乘机窃发,为害不知胡底。顾其事有难焉者,团练则必需兵,兵之数从何而出？若挨户编派,良民必多畏缩。(旦)[且?]负耒易而荷戈,农民必至失业,势必出于招募矣。言兵而出于募,应其数者非乡曲之无赖,即城市之游手,藉口粮为饮博之资,恃军伍为吓诈之具。幸而无事则已,若不幸有事,其潜勾暗引为寇贼之导者,必此辈也。且养兵必备饷,兵数满千人,日给钱二百,一日需二百千,一月需六千千,积至一岁需七万二千余千,又将从何出乎？古之举团练者,必有巨富以为首,或数万或数千万,先出以为之倡,余者毕助,其给之也有继,而敛之也不劳。吾邑地僻民贫,家资盈一万者不满十家,皆并田产计之,银钱无有也。竭力以捐输,勉强可千余千,不够一月之给,若一旦兵饷既尽,群然相聚而哗,寇兵尚未兴波,乡兵先已发难,防患者反而生患,此之不可不虑也。

（同治《泸溪县志》卷十三《卢瑛与邑首事论团练书》。）

**【江西省会昌县·咸丰六年四月】**初六日,会邑自闻军兴,即起团练总局,不待寇氛之逼,城厢内外部署以定,以是骤闻警信,不至仓皇失措。在城绅士及寄居客侣,咸赴公庭,自请效力。知县刘松屏嘉其同仇敌忾也,备授方略,命偕兵勇,布扎四门,并将各肆存货,暂提以充军费。而肆内之货物,亦议各出所有协助,或纳钱粟,或造旗帜,或供犒师之饼饵,或献上夜之油烛。应用之件,顷刻粗备。户选壮丁,轮班守堞。老弱则传递饮食,妇女则搬运砖石。维时贼至城下,四面仰攻。忽闻吹角之声,垛中炮矢齐发,立毙枭悍多名,余皆抱头鼠窜。

（同治《会昌县志》卷十四《武事》。）

**【江西省宜春县·咸丰六年】**八月二十日，统帅刘遍檄乡绅举行团练，令于东南二路各隘扼要设防。十三乡同时起局，按户出丁，每团数千余人。札令乡绅带团勇来营，随同官军站队，旗帜如林，军容壮耀；并谕四乡绅士各起钱米捐局，接济军饷，不下十余万，报销在案。

（同治《宜春县志·武事·续记》。）

**【江西省建昌县·咸丰六年】**冬季，邑侯黄玉坡太守奉委来县。次年元旦与芳言等进城，再四商榷，设立排门、扫地各勇，不下数万人。并挑选壮丁一千七百余名，号建义军，分守城厢。一面照粮派捐，一面禀请河路及各乡市添卡抽厘，协济饷项，并制备军装器械，造办硝磺铅子，军声大振。

（同治《建昌县志》卷五《武备志·武事》。）

**【江西省湖口县·咸丰七年】**彭宫保令湖人起练勇，画地为五团，团各有总，有帮办。练勇外有排门勇，按户派费，除捐楚军凯右营军饷二万，本地练费实用捐银七万二千八百二十两有奇。

（同治《湖口县志》卷五《武备志》。）

**【江西省都昌县·咸丰八年四月】**越日，委办八邑团练广昌县儒学教谕刘文藻来城，查阅练勇，以团局过多，会商胡令、余守，将前局化散为整，编号分天干十团，每团另选勇一千二百名留资调遣。嗣是贼去渐远，民不苦贼而苦兵。缘师老粮匮，官绅又争募新营，其勇遂俨然各树一帜。胡承湖以纵容勇丁，撤营解任。而余体仁系在籍之绅，多募本乡之勇，未免希旨恃恩，不遵约束，方议遣散，而藉欠饷需，动辄鼓噪而至。余体仁竟以忧劳成疾，七月初四日在营身故。知县富伦泰即于其时到任，治兵筹饷，概诿为前任事，不与闻。城局诸绅日夜焦思，盖计自县城克复以来，时逾一载，勇数累增，寇氛杳至，疮痍未复，膏血旋倾，阖县皇皇，真有如水益深之虑。不得已就近禀明彭帅，蒙恩准多拨水师来县弹压，一面饬将口粮截止，设法筹款给散。始于九月二十二日裁撤营勇，惟令各团勇仍前防堵，而都邑绅民于兹而释重负矣。九年己未六月，景镇克复，又禀请裁撤团勇，每团只留护勇二十名，以供差使。

（同治《都昌县志》卷之八《武事》。）

**【江西省建昌县·咸丰九年】**团练告成，共报销十三万余金。凡在事出力者，俱得分捐请叙，合邑计请得实职三百余员，虚衔八百余名。芳言亦应得州县崇阶，辞而不受，旋因偕计北上，公局亦赠以百余金。

（同治《建昌县志》卷五《武备·武事》。）



**【江西省广信·咸丰九年】**己未，知府钟世桢添募民勇六百名，号礼字军，遴绅士弹压训练，以资城守，岁需饷银二万有奇，由上饶各都筹办。

（同治《广信府志》卷五《武备·武事》。）

**【江西省宜春县·咸丰十一年】**逮军兴以来，自咸丰三年起至十一年止，节次办团出征防守，通计给发各团练勇口粮及制办枪炮刀矛、铅弹、火药、旗帜、号衣等项，扣银十六万有奇，俱系各乡绅民自行捐输，实用实销。

（同治《宜春县志》卷五《武备·武事》。）

**【湖南省湘乡县·咸丰十一年三月】**署巡抚翟题，湘乡县为省城西南门户，咸丰九年二月江西南安股匪倾巢窦窜南境，绕及郴、桂、永、宝，该县毗连宝郡，卡隘甚多，知县赖史直劝谕绅民办理团练，捐用口粮军装等项，实用银一十一万七千六百六十九两二钱八分八厘，实属深明大义，急公可嘉，应请分别给予议叙。经吏、户二部遵旨议准咨复，所有湖南湘乡县团练案内之李续宽等执照七百二十四张，相应填写封发，转给各该员收执可也。按原题内湘乡县办理团练捐用口粮军装等项，实用银一十一万七千六百六十九两二钱八分八厘，实收各捐生银五万四千九百八十五两、钱九万六千八百二十一串，按每钱二串折银一两扣算，折银四万八千四百一十两五钱，动用厘金钱六千串，折银三千两。又知县赖史直倡捐银一千两，计不敷银一万零二百七十三两七钱八分八厘，系该县乡团零星捐用。

（黄楷盛纂：《湘乡县志》。同治十三年刻本，卷五上《兵防志二·团练》。）

**【浙江省宁波·1861年12月9日】**主要的军政显贵，即（护）[署]理提督陈世章和宁绍台道张景渠，都已逃到盟国战舰上避难。这就给调查者一个良好的机会，来听取他们各自的有关宁波陷落经过的报告。

这位（护）[署]理提督抱怨说，他属下的兵力不足以承担防守宁波的任务，由于军需供应不足，营养不良，饷银微薄，因而士气低落。据他说，这支部队包括六个镇标，共有4 106名士兵，其中1 000余名已奉调驰援杭州，另有1 000名用于机动的任务，因此，剩下来同他一起留在城内的军队大致不超过1 500人。

尽管他署理该省的提督职务，下辖72个镇标[每个镇标平均拥有700名士兵]，但是，或者由于交通阻隔，或者由于每座城镇或驻地都像宁波一样，迫切需要各自的军队尽全力防守，他无法调集来自外部的援军。这些清军士兵的正规饷银是平均每月一两银子，或者等于6先令8便士，而按时间和金额来计算时，这种军饷就要遭到极为惨重的克扣。例如，士兵最初获悉将领取六个月的饷银充当一年的收入，而当这笔军饷发放时，又要再打五折才支付，这就使他的实际收入只有应得饷银的四分之一，或者说，每月饷银净得1先令8便士。他领取此种遭到如此克扣的饷银，很可能心头抱着这样的保留意见，即他在军队中服役的价值必须与他所得到的报酬成正比。清朝官吏由于注意到士兵们所领饷银如此微薄，当要调动部下奔赴前线时，不得不向他们发放战地津贴，其数额足以迎合他们的日常需要，并且制止他们侵扰商店及其他普通职业。在宁波，此种战地津贴为每月二两银子[相当于每天约5便士],再加上每天配给口粮约大米18盎司。但是,这位(护)[署]理提督及其部下抱怨说,该项战地津贴直到敌军发动对府城进攻的前十天才发放,确实为时太晚,已经无法振作部下极度消沉的士气。对他来说,临时招募的兵勇是使他感到痛苦的较大根源,正如他所说的,是一切坏事之所以层出不穷地发生的主要原因。这些临时招募来的兵勇构成了清军每支部队的主干,因此,清军分为常备军和兵勇这两个互相对抗的团体,前者差不多是一支徒有其名的部队,绝大部分是由体弱年长的士兵或者在军籍名册上列有姓名的士兵的顶替者组成,而后者则可以领到比前者收入多三四倍的饷银,一般被置于行政长官的统辖之下。兵勇的队伍通常是仓促组建,而且无须经过先期通知就可以被解散。他们十之八九是从无业游民阶层中招募而来的,此等人如今在中国真是多得不可胜数。他们觉得投军当兵这一行能够成为有利可图而无多大危险的谋生手段。纵使是叛军士兵也可以被收容到清军兵勇的行列中来,而不会冒多大的事情败露的危险。只要是男丁,交战双方中哪一方给予的好处更多,他们就投奔哪一方服役。在宁波,清军约有2 000名这样应募的兵勇。据(护)[署]理提督宣称,在清军兵勇中有许多人[平民百姓中也有许多这样的人]同叛军相勾结,在叛军进军府城的过程中,兵勇们曾向他手下的军队开火。

(《巴夏礼论述叛军攻占宁波的备忘录》,《太平天国》,第十册,第294—295页。罗尔纲、王庆成,桂林:广西师范大学出版社,2004。)

**【道光三十年至同治四年】**镇压太平军的军费支出,固然以向荣、曾国藩、李鸿章等几个大兵团为其主要项目。据见于当时奏牍的军饷估计,八旗绿营每兵千名月需银7 000两,每勇千名月需银6 000两,湘军每千名月需银5 700两,"较之江南大营有减无增"[①]。此外,长江中下游各省的军费支出也都是比较重要的构成部分,而且战区以外的省份也都各有军费支出。有关这一部分的奏销数,详见下表:

**清军镇压太平军军费支出表**

| 项　目　内　容 | 报销银两 |
|---|---|
| (1) 户部拨给各省军需(道光三十年——咸丰三年六月) | 29 630 000 |
| (2) 向荣江宁大营粮台军需(咸丰三年一月——咸丰四年闰七月) | 3 000 000 |
| (3) 江西解拨向荣大营军饷(咸丰三年五月——十二月) | 557 500 |
| (4) 江南粮台军需(咸丰九年元月——咸丰十年八月) | 5 922 429 |
| (5) 江西协解江南大营及徽宁两防军饷(咸丰十年五月——同治三年六月) | 7 470 000 |
| (6) 江北大营(万福桥)军需(咸丰四年闰七月——咸丰六年六月底) | 771 060 |



① 《曾文正公全集·奏稿》卷二七,第25—26页。

续　表

| 项　目　内　容 | 报销银两 |
|---|---|
| (7) 湘军军需第 1～5 案(咸丰三年九月——同治四年五月) | 29 154 527 |
| (8) 上海“防剿”军需(咸丰十年二月——同治元年十月) | 5 051 540 |
| (9) 吴煦借款供常胜军饷银(咸丰十一年十一月二十九日——同治元年十月六日) | 635 381 |
| (10) 常胜军后期用款(同治元年十月——同治三年六月底) | 2 788 388 |
| (11) 苏沪军需第 1～3 案(同治元年四月——同治四年五月底) | 12 482 703 |
| (12) 洋枪炮队教练勇饷(同治三年七月——同治四年五月) | 650 245 |
| (13) 湖南省军需(道光三十年——咸丰三年十二月底) | 7 536 431 |
| (14) 湖南援赣军需及协济江西各军军饷(咸丰五年十月——咸丰八年八月) | 2 915 673 |
| (15) 湖北省军需(道光三十年——咸丰六年底) | 183 520 |
| (16) 湖北省南岸军需初案(咸丰五年元月——咸丰六年十二月) | 1 934 766 |
| (17) 湖北省军需第 4 起第 1～2 案(同治三年七月——同治五年六月) | 9 167 962 |
| (18) 江西省军需第 1 案内第 2 起(咸丰三年五月——十二月) | 2 940 976 |
| (19) 江西省军需第 2 案(咸丰十年——同治三年六月) | 10 828 350 |
| (20) 江西省军需(咸丰二年——同治六年十二月) | 18 414 835 |
| (21) 江西协解彭玉麟水师军饷(咸丰十年五月——同治三年六月) | 2 120 000 |
| (22) 福建援浙及协解外省军饷(咸丰十年——同治二年) | 6 941 589 |
| (23) 福建省援浙左宗棠等部军需(同治二年四月——同治三年九月) | 3 075 000 |
| (24) 直隶省军需(咸丰二年——同治六年) | 4 500 000 |
| (25) 山西省军需(咸丰六年——同治三年六月) | 1 931 229 |

资料来源：1. 档案：咸丰三年六月十六日管理户部事务祁寯藻等奏；2.《向荣奏稿》卷七,《太平天国》Ⅶ；3. 档案：同治元年十二月二十日江西巡抚沈葆桢奏；4. 档案：同治四年十二月初二日江苏巡抚李鸿章等折；5.《刘坤一遗集·奏疏》卷三、卷六；6. 档案：咸丰六年十二月初八日江宁布政使文煜折；7.《曾文正公全集·奏稿》卷二十五、二十七；8.《李文忠公全书·奏稿》卷九,又见档案；9.《吴煦档案中的太平天国史料选辑》；10.《李文忠公全书·奏稿》卷八；11.《李文忠公全书·奏稿》卷八、九,档案：同治八年六月二十九日折；12. 档案：同治八年七月二十日湖广总督李鸿章折；13. 同治五年二月二十八日湖南巡抚李瀚章奏；14.《骆文忠公奏稿》卷八；15. 档案：同治七年二月二十日护理湖北巡抚布政使何璟折；16.《胡文忠公遗集·奏疏》卷三十三、四十,续集未见；17. 档案：同治九年正月二十日湖广总督李鸿章、湖北巡抚郭柏荫会奏；18. 档案：同治元年十二月二十日江西巡抚沈葆桢折；19.《刘坤一遗集·奏疏》卷三；20.《刘坤一遗集·奏疏》卷五、六、八；21.《刘坤一遗集·奏疏》卷六；22. 档案：同治五年十月十六日闽浙总督左宗棠、福建巡抚徐宗幹会奏；23.《左文襄公全集·奏稿》卷十一；24.《刘武慎公遗书》卷五、十一；25. 档案：同治八年二月二十八日署理山西巡抚郑敦谨折。

(彭泽益：《十九世纪后半期的中国财政与经济》,第 127—128 页。北京：人民出版社,1983。)

清军镇压农民起义军费奏销数总计表

| 项　　目 | 银　两 | 百分比(%) |
|---|---|---|
| 镇压太平军部分 | 170 604 104 | 40.4 |
| 镇压捻军部分 | 31 730 767 | 7.5 |
| 镇压西北回民起义部分 | 118 887 653 | 28.2 |
| 镇压西南各族人民起义部分 | 78 736 500 | 18.6 |
| 镇压两粤闽台各族人民起义部分 | 22 336 935 | 5.3 |
| 合　　计 | 422 295 959 | 100.0 |

(彭泽益:《十九世纪后半期的中国财政与经济》,第136—137页。北京:人民出版社,1983。)

[编者按:军费支出中还有很大一部分不入奏销的团练军需。据彭泽益估算,全国团练军需超过两亿三千多万两。]

## 二、经常项目实收减少,库存减少

**【北京·咸丰三年九月庚申】**谕军机大臣等:现在贼匪滋扰,凡被兵各州县及被灾各区,分别蠲缓。[按:一是因为生产被破坏,一是为了抵销太平军经过的影响,争取民心。]未经被兵州县,自豁免民欠之后,各省复有民欠钱粮。山东省应征未解之粮尚有一百五十六万之多。推原其故,总由不肖州县,任意浮加,不恤民瘼,以致催虽追,裹足不前。又或胥吏隐匿侵息,以完作欠。

(《清文宗实录》卷一百零六,第35页。《东华续录》卷二十七,第18页。)

**【江苏省·咸丰四年正月二十四日】**兹又据该司详称,司库钱粮惟恃地丁为大宗。自道光二十年以后,被兵被水节次蠲减缓征,拨饷办赈库存各欵本已陆续凑动。近年以来,拨解广西等省军需丰北漫口银两已成百孔千疮之势。上年正月粤匪东窜,三城失守,全省震动,钱粮既无征收,用款则加数倍。咸丰二年地丁银两经前任藩司倪良耀奏请缓征银五十五万二千余两,三年分地漕银两除蠲减缓征外,多方劝谕,设法办理,仅止征完银十余万两,业已全数拨充各路军需。现在办理新漕,能否照额前完,虽无把握,而地丁银两势难同时并征。本年上忙新赋不特开征尚早,而难期踊跃,亦可以此类推。一年以来,筹解各处饷需,藉有司库零星存储及绅富捐输助饷,饬提典本,并江海、浒关税银辘轳转运,节节敷衍,今库项搜罗久尽,典本陆续提空,劝捐亦难指望。关税则因上海未复,无可稽征,新漕折色银两又须解部。此后应放各款内本省兵饷上年尚有未放银二十二万余两,本年春季又约需银十三万两,京口、上海、常州、省城等处军营台局每月需银十一二万两,尚有年例支销断不可缺之杂支等费。若再加以每月拨解金陵大营军需七万两,无米之炊,实难措手。若缄默不言,一旦军需不继,大局涣散,实在意中,详请奏明敕部筹拨前来。

(怡良等奏。军机处全宗·录副奏折。中国第一历史档案馆编《清政府镇压太平天国档案史料》第十二册,第355—356页。北京:社会科学文献出版社,1994。)

**【江苏省·咸丰四年二月二十二日】**目下兵丁衣履变卖一空,日止一餐,或供薄粥,才得半饱。尪瘠之余,益多疾病,饥寒所迫,变故易生,其患殆有不可胜言者。万不得已,向雷以诚借制钱三千串分给兵丁,而人数众多,所得无几,何济于事?臣既深知左藏之空虚,复目击戎行之困苦,再四思维,实无良策。查扬州自经蹂躏,满目疮痍,瓜洲、京口为南北咽喉,尚为贼踞。市贩不通,而关税之利失;江淮阻隔,而盐纲之利亦失。里下河虽有富民,无如捐输之项,皆耗于雷以诚募勇之费,搜括已空,勒捐未已。近日督臣派委已革运司但明伦,向士民劝捐,筹办善后。臣念善后尚可缓图,兵饷尤为急务。衡量重轻,自当先其所急。因传该革员来营,面嘱其劝捐济饷。据称流离未复,十室九空,中人之产,悉困于招募之捐资,积疲之商,犹怵于运司之抑派。纵使反复劝谕,终恐难期踊跃。臣现嘱令竭心力而为之,未知能否稍有所益。

(琦善奏。军机处全宗·录副奏折。中国第一历史档案馆编《清政府镇压太平天国档案史料》第十二册,第610页。北京:社会科学文献出版社,1994。)

**【甘肃省·咸丰四年四月初八日】**陕甘总督臣易棠跪奏,为甘省兵饷紧要,请将本年岁征额粮酌改折色,以备支放,恭折具奏,仰祈圣鉴事。窃照甘肃地处边陲,兵多赋少,岁需口内、口外兵饷银四百余万,全赖各省协济,以供支放。自军兴以来,各省欠解协饷已积至三百余万两。本年新饷虽经户部照常指拨,目下并无解到,节经奏咨催解。各省非以军需紧急,即以库款支绌,无从筹解,空言回复。而兵饷按期支放,势难短少。现虽筹办铜斤鼓铸大钱,以资搭放,并饬提生息银两,即司库应支各项亦均分别停减。无如数百万兵饷为数过巨,值兹竭蹶万分,臣日与藩司悉心计议,苟可稍裨涓埃,自当力筹变通,以济眉急。查甘省每年额征四十八万余石,在驻扎重兵之处征粮较少,每年尚须酌请采买,无可置议。其征多用少之区,历年陈陈相因,似可暂征折色,以济要需。

(易棠奏。宫中全宗·朱批奏折。中国第一历史档案馆编《清政府镇压太平天国档案史料》第十三册,第569页。北京:社会科学文献出版社,1994。)

**【河南省·咸丰四年七月初三日】**河南巡抚臣英桂跪奏,为豫省奉拨京饷、军饷,通筹合计,实在短绌情形,据实恭折奏祈圣鉴事。窃臣于咸丰三年十二月二十五日准户部咨,为酌拨甲寅年京外官兵俸饷银两奏内开,酌议协拨河南地丁银一百万两,陆续分批解部,以供京饷之用。又准户部奏催京饷银两原折内开,山东、河南二省原拨京饷,迄今尚未(据)[报]分厘,实属推诿因循,怠玩过甚。刻下该二省虽有办理防剿事宜,支应较繁,款项或一时未能凑手,惟京饷紧要,亦须设法陆续趱解,应令河南、山东二省每月各批解银五万两,为数不多,筹措较易。如再违延拖欠,即指名严催等因。遵即转行藩司办理在案。兹据布政使郑敦谨详称：先后奉文奏拨皖省、庐州、扬州三处军饷银二十万两，又续拨扬州军饷银三千二百两，又奏拨直隶军饷银一十万两，已解过银二十万五千两，未解银九万八千二百两，现在设法筹措，陆续批解。惟查豫省收款以地丁为大宗，自道光二十一、二十三年祥符、中牟决口以后，连年旱潦成灾，钱粮多有蠲缓，河工用项甚繁，计一年所入，不敷一年所出。上年五月间被贼蹂躏者祥符、陈留、杞县、中牟、郑州、荥阳、荥泽、汜水、密县、新乡、商丘、宁陵、鹿邑、柘城、睢州、武安、涉县、河内、济源、武陟、温县、巩县、确山、西平、遂平、罗山、许州、临颍、郾城、长葛等三十州县，又被捻匪扰亦经被兵之永城、夏邑、虞城、沈丘、项城、正阳、桐柏、信阳、固始、光山、商城等十一州县，又上年秋禾被淹之兰仪、安阳、汤阴、临漳、内黄、汲县、新乡、获嘉、延津、封邱、考城、阳武、淮宁、太康、扶沟、息县等十六县。新郑、荥阳、桐柏、信阳、固始、光山、商城七州县钱粮照常征收外，其余祥符等五十州县钱粮分别轻重，或征新缓旧，或割收一半[?]新，或酌量蠲缓，未能照额征收，度支益形短绌。且河南地处中州，自军兴以来，征调官兵在豫驻扎，由豫经过者络绎不绝，统计供应兵差之处，又有祥符等五十五州县之多。其被贼州县流离颠沛，田土荒芜，近贼州县闻警远避，废时失业。至支应以及协济兵差之处，无不精疲力尽，十室九空，百姓凋敝，商贾歇业。现今北贼未平，南匪时虑北窜。豫省为南北通衢，神京保障，既须守北界以杜贼之南奔，又须扼南境以防贼之北渡。水陆要隘，处处皆通，兵勇防剿，在在需备。各路兵勇一切支应，每月总须七万余两，经费异常空匮。当此世事多艰，民心浮动，催科实属不易，而舍此又别无可筹，不敢不宽严并用。无如民困已深，输将未能踊跃。核计三年旧管新收各款，共银一百五十一万五千七百七十两零。开除各项共银一百五十万五千二十四两零，应存银一万七百五十两零，尚未应支未发各款银一百四十八万二千四百四十五两零。即将存项全完支发，计尚不敷银一百四十七万一千六百九十五两零。此三年一年统收、统支及应支未发之实数也。又四年正月起至四月底止，旧管新收各项共银三十七万二千五百四十二两零。开除各项共银三十五万三千一百二十八两零，应存银一万九千四百一十四两零，尚有应支未发各款银二百三十一万六千二百三两零。即将存银全数支发，尚不敷银二百二十九万六千七百八十九两零。此四年正月至四月底止统收统支及应支未发之实数也。统计三年一年、四年上忙共计不敷银三百七十六万八千四百八十四两零。其中有款关紧要自当移缓就急，勉力腾挪，先行支发。若非万分紧急之款，亦只可缓图补苴。至捐输、劝捐二次开局以来，截至四年四月底止，劝捐解司钱二十一万串，又盐课钱三万串。除支发官兵盐菜、口粮、车价、兵差经费，制造军装、火器、清野伐树工价，挑挖城壕河道岁料粥厂经费共用钱三十三万四千一百三十五串零，应存钱五千八百六十四串零。又捐输项下自二年开局起至三年六月止，共收银六万六千六百二十九两零，已支拨湖北防堵经费三万三千三百两，本省筹备防堵经费银三万三千二百七十一两零，应存数五十八两，实难济事。伏思京饷何等紧迫，而庐、扬、直隶军饷亦不容稍纵，将本省实关重要之款姑置无论，即此军饷、京饷衡量并重，缓急难分，均须兼顾。而来源日绌，需费益繁，何敢缄默，致贻重咎。除竭力筹措陆续凑解外，合将实在支绌情形，详请具奏前来。臣思逆匪肆扰，我皇上念切苍生，不惜数千万帑金，拯民于水火之中。征兵选将，宵旰忧勤，臣与藩司受恩深重，具有天良，自当勉竭血诚,共济时艰。奈官民交困,筹划实非容易,奉拨京饷、军饷惟有多方设法,陆续报解,实难预定时日。所有实在情形,理合恭折具奏,除将藩司所呈收支各款细数清折咨送户部查核外,伏乞皇上圣鉴训示。谨奏。咸丰四年七月十三日奉朱批:应仍设法筹解,断难任汝等备述窘状,一奏了事。钦此。

(英桂奏。军机处全宗·录副奏折。中国第一历史档案馆编《清政府镇压太平天国档案史料》第十四册,第651—653页。北京:社会科学文献出版社,1994。)

**【山东省·咸丰四年十一月丙申】**山东地丁银两积欠至一百七十余万。

(《清文宗实录》卷一百五十卷,第1页。《东华续录》卷四十二,第2页。)

**【浙江省·咸丰四年十二月初一日】**此时所难者,一穷字尽之矣。得过且过,多少惊危都化为无事,此刻已算好光景。

(《何桂清致自娱主人等书札》。《何桂清等书札》,第3页。南京大学历史系、江苏师院历史系,南京:江苏人民出版社,1981。)

**【浙江省·咸丰四年十二月】**此间[按:指浙江。]公事无一不棘手,以寿翁[按:指卸任清浙江巡抚黄宗汉,字寿臣。]之才力,尚且了不了,况弟初到?外边惟有开诚布公,虚心实力办到那里算那里。至于防务,自然以保邻封徽、宁为要,事事均照旧章。所难者,以前有钱,此后无钱也。设法办理捐输,流通钞票,鼓铸当十大钱[能行],或可支持。盐务上年虽杭、嘉、松三所不销,尚赖绍所甚畅。今年因徽、宁告警后,私销充扩,绍所亦不能足,其奈之何?加以淮盐常常想假道浙境,公文络绎不绝,随复随来。惟海运一事,尚不至短少迟误,不足以济之,且私累日重。只以受两朝深恩,不敢言退。若能有都中参核,罢此一官,亦快事也。京仓乏米,浙漕定然全运,不惟不截留,并且较之上届尤多,方遂私愿。刻下且劝捐米石,随漕运京。弟首先倡捐一千石,未及半月,已有一万四千石矣。捐实职者每石合银六两,捐虚衔、封典、翎枝者,每石合银八两四钱。

(《何桂清致自娱主人等书札》。《何桂清等书札》,第4—5页。南京大学历史系、江苏师院历史系,南京:江苏人民出版社,1981。)

**【浙江省·咸丰五年六月初七日】**此地各防与徽、宁每月无事亦须十万,外加以金陵六万,[按:指为南京城郊的清江南大营筹饷六万两。]江左二万,合一年之入,不敷半载之出。捐输早已告罄,盐觔片引不行,而竟居然过至此时,殊不可解。

(《何桂清致自娱主人等书札》。《何桂清等书札》,第11页。南京大学历史系、江苏师院历史系,南京:江苏人民出版社,1981。)

**【咸丰六年六月戊戌】**何璟等奏,惟地丁一款,溯自道光年间,每岁尚完八分有奇。厥缘军兴减色,约输六七分不等。近年设法整顿,完数或及八分,与前相去无多。臣等明查暗访,并非地荒不治,亦非州县不征,实由小民生计拮据,以至催科未能足数。

(《东华续录》卷三十五,第 9 页。)

**【山西省·光绪八年八月辛酉】**谕内阁:张之洞奏:晋者患贫,至今而极。然非匮乏之患,而弊混之患。何也?自咸丰军兴,费广用急,纷纭牵补,不为限断,以至于今。盖上距道光二十九年,未经彻底清查者三十三年矣。外困于供亿之烦,内困于垫款之巨,亏挪掩复,无有穷期。藩吏以淆杂为秘扃,有司以拖欠为得计。若再不为之所,譬如上填下漏,虽休养数十年,岁入数百万,无救于贫。一由于军需报销之案,岁月过陈。一由于善后之案,挪移过巨。一由于交代之案,未结过多。三案不清,遂生五弊:一、筹垫,以此款抵彼款。二、滥支。三、拨抵。四、借动。五、隐匿。有省款隐匿数十万而巡抚毫不所知者。

(《清德宗实录》第一百五十卷,第 5 页。《东华续录》卷四十九,第 15—17 页。)

[编者按:太平军未到过山西。但太平天国战争却影响了山西的财政经济。太平天国对它未到过地区的财政经济也发生过影响,举此一例以说明。]

**户部银库收支状况**

**1852—1863 年**

| 年度 | 大进 | | | 大出 | | | 盈亏 | | |
|---|---|---|---|---|---|---|---|---|---|
| | 银(两) | 钱(串) | 合计(两) | 银(两) | 钱(串) | 合计(两) | 银(两) | 钱(串) | 合计(两) |
| 1852 | 8 361 836 | 835 109 | 9 196 945 | 10 268 560 | 835 108 | 11 103 668 | −1 906 724 | | −1 906 724 |
| 1853 | 4 443 174 | 1 195 206 | 5 638 380 | 8 471 745 | 1 368 406 | 9 840 151 | −4 028 571 | −173 200 | −4 201 771 |
| 1854 | 4 996 127 | 10 891 895 | 10 442 075 | 5 031 018 | 10 875 092 | 10 468 564 | −34 891 | 16 803 | −26 489 |
| 1855 | 3 067 774 | 13 778 185 | 9 956 867 | 3 233 178 | 13 692 022 | 10 079 189 | −165 404 | 86 163 | −122 322 |
| 1856 | 2 669 662 | 13 100 788 | 9 220 056 | 2 704 989 | 12 873 841 | 9 141 910 | −35 327 | 226 947 | 78 146 |
| 1858 | ? | ? | ? | 3 061 904 | 13 500 902 | 9 812 355 | ? | ? | ? |
| 1859 | 4 463 477 | 22 234 354 | 15 580 654 | 3 808 417 | 19 083 760 | 13 350 297 | 655 060 | 3 150 594 | 2 230 357 |
| 1860 | 5 429 090 | 7 936 702 | 9 397 441 | 7 279 488 | 11 032 083 | 12 795 530 | −1 850 398 | −3 095 381 | −3 398 089 |
| 1861 | 6 678 613 | 859 938 | 7 108 582 | 6 331 925 | 499 440 | 6 581 645 | 346 688 | 360 498 | 526 937 |
| 1863 | ? | ? | ? | 7 263 494 | 155 582 | 7 341 285 | ? | ? | ? |

资料来源:根据清代钞档:户部银库大进黄册、大出黄册及进出银钱四柱册编制。其中 1854 年、1856 年、1859 年、1861 年根据四柱册原额;其余据大进大出黄册集计;1855 年、1860 年大出据上年"实在"额,本年"新收"额与下年"旧管"额推算。合计额系将钱额按官定比价折成银两计算而得。[1852—1853 年为制钱一串折银一两,1854 年起为大钱二串折银一两。]

(彭泽益:《十九世纪后半期的中国财政与经济》,第 74 页。北京:人民出版社,1983。)

## 三、开辟增收措施

［编者按：在清政府为应对财政危机而开辟的众多增收措施中，起了重要作用的是以下五种。其中，作用力最大、影响时间最长、流弊亦最大的是厘金制度。］

### （一）捐输、捐纳、临时捐项、赎罪

**【广西省・咸丰元年正月二十日】**况各府属被贼蹂躏者不少，阳春虽届尚未耕，值此流离转徙之余，更难望其布种宜时。且米一缺，虽有银不能救急。况米价日贵，则银价日减贱，以贱银买贵米更为失算。臣等通盘筹计，焦灼万分。查现在广东省奏请捐输为两省剿捕之用，已蒙俞允在案。惟有仍恳天恩，俯念军行首重粮食，准于广西省城设立米局，就近收捐。查照江苏捐米成案，酌量核减，每米一石作银一两八钱，外加折耗等银三钱，共银二两一钱。如有以谷交纳者，照米价减半计算。所有剥船脚价食米以及沙船犒赏席片、捐生运脚等费，概行删除，以昭核实。米色悉随本地所产，运赴省仓验收，由水陆转运各府属军营接济，俟有成数，仍照顺天捐输章程核计银数之多寡，随时奏请议叙，以备缓急而杜贼粮。臣等见事机之会，间不容发，不敢拘泥致蹈贻误之咎。

（周天爵奏。军机处全宗・录副奏折。中国第一历史档案馆编《清政府镇压太平天国档案史料》第一册，第 171 页。北京：社会科学文献出版社，1992。）

**【江苏省江宁・咸丰三年正月十九日】**再，江宁省城向无储蓄，米牙、砻坊均在城外，民间日需米粮全赖店铺辘轳转运。三日无米进城，便有乏食之虞。现议防守城池，米粮尤关紧要，与其筹款采买，莫若银米并捐，但须定以限制。凡捐米一石，谷则倍之，应并令捐银一两，每米一石作银二两，每谷一石作银一两。捐银则照数实收，概以漕平市色上兑，以示体恤而广招徕。

（陆建瀛等奏。军机处全宗・录副奏折。中国第一历史档案馆编《清政府镇压太平天国档案史料》第四册，第 489—490 页。北京：社会科学文献出版社，1992。）

**【北京・咸丰三年】**咸丰三年三月二十三日内阁奉上谕：朕以军兴三载，需饷浩繁，特命大学士裕诚等并尚书柏葰、翁心存会同户部妥速议奏。本日陈奏各条，均属妥协，已依议行矣。并据奏请推广恩纶，申劝捐输，以裕军饷。披览之下，有不能不宣示朕怀者。国家定制，岁入有常，维正之供，不容短绌。此外一丝一粟皆吾民勤动所余，苟非军国要需，何忍重劳百姓？比年以来，各省奏报绅士商民输将踊跃，除随时奖叙外，并将捐数较多之山西、陕西、四川等省，酌广乡试中额并生员学额，以昭激劝。现在大江南北军营援剿之兵，数逾十万，连日捷音叠奏，大挫凶锋。近复调集各路重兵，克期赴剿，合之前调之兵，不下二十余万。朕不惜帑金，为民除害，统计所拨已及二千七百余万两。际兹大兵云集，需饷尤殷，仍不能不借资民力，以济军储。朕每览军营奏报，小民于流难失所之余，尚复输粟

犒师，深为悲悯。即各省距贼较远地方，亦复因军行征调，供亿维艰。若再谕令捐输，实非朕心所愿。惟念贼匪一日不灭，民生一日不安。虽疆圉远近攸分，而民情惊扰则一。恤邻有福，古训昭垂。朕之命将出师，原不仅为东南数省生灵救灾雪愤，但得搀枪迅扫，海寓义安，薄赋轻徭，与民休息，升平之福，朕与天下共之。凡尔士民，谅亦共喻。着照大学士等所请，由各省督抚妥为劝导，无论已捐未捐省份，凡绅士商民捐资备饷一省至十万两者，准广该省文武乡试中额各一名；一厅州县捐至二千两者，准广该处文武试学额各一名。如应广之额浮于原额，即递行推展。倘捐数较多，展至数次犹有赢余者，准其于奏请时，声明分别酌加永远定额。加额银数及如何归并划除之处，悉照大学士等所议办理。其捐生本身应得奖叙，仍准奏请另予恩施。如有一人一家捐资累万及毁家纾难、接济粮台者，破格殊恩，不在此列。

（上谕。军机处全宗·剿捕档。中国第一历史档案馆编《清政府镇压太平天国档案史料》第六册，第127—128页。北京：社会科学文献出版社，1992。）

**【湖南省醴陵县·咸丰初】**咸丰初，东南用兵，军需孔亟，募民输助，部议按捐多寡量加学额，以昭奖劝。计捐银万两加永额一名，二千两加暂额一次一名。醴陵先后捐银二十万两有奇，以例限不得过十名，除陆续按加暂额不著为例外。

（江普光纂：《醴陵县志》。同治九年刻本，卷四《学校·学额》。）

**【北京·1853年】**我们在上面已经提到，北京金融极其困窘。从邸抄上表明，政府似乎被迫采取完全自杀的办法。前大臣赛尚阿和钦差徐广缙的财产已被没收充公……除此之外，大量借款正在向富户，如穆彰阿、耆英以及其他前任大臣勒索，数目之大，等于没收其一部分财产。

（[法]加勒利、伊凡原著，徐健竹译：《太平天国初期纪事》，第184—185页。上海：上海古籍出版社，1982。）

**【北京·咸丰三年四月十一日】**前因军饷浩繁，不能不借资民力，叠经降旨，令各省督抚妥为劝谕捐输；复允大学士等所请，推广中额、学额，鼓励人材，以昭奖劝，谅已刊布誊黄，遍行晓谕矣。兹据惠亲王、恭亲王奕䜣、定郡王载铨奏称，各省富庶之区，以广东、山西为最，若劝捐得人，示以破格之赏，自能有济于事等语。朕思军兴三载，征调频仍，凡被贼蹂躏地方及官兵经过处所，赈抚供亿，类皆民力是资。即广东、山西等省素称殷实，近来踊跃输将，为数亦复不少。若非值此万不得已之时，岂忍重累吾民。惟念贼匪自粤而楚，扰及江省。现在大兵云集，水陆进剿，若军饷稍有不济，致令逆贼南北奔窜，即完善之区亦难自固。着叶名琛、柏贵、哈芬遴选各该省曾任京外各官、公正乡绅人望素孚者，传旨饬令劝谕绅士商民人等竭力输将，随时奏请优奖，仍各就该省所捐总数及各州县捐数加广中额、学额。如该省富家大族有能捐资至百万或数十万者，即赏加五等封爵，其次赏加轻车都尉等官，并准予以袭次，俾民间咸知捐资助饷即与效力行间无异。如殷实之户力能多捐，不愿荣身者，即明白晓谕给予藩司印照，填写借用银数，俟军务告竣，即行如数发还，仍先行酌请优奖。惟须善为开导，克期集事，俾军饷源源接济，大功迅速告蒇。朕所以谕令选用公正绅士者，为其宣扬上意，通达下情，俾蠹吏无从侵渔，商民不致扰累。该督抚其善体朕意，妥速遵行。

（寄谕。军机处全宗·剿捕档。中国第一历史档案馆编《清政府镇压太平天国档案史料》第六册，第350页。北京：社会科学文献出版社，1992。）

**【江西省清江县樟树镇·咸丰三年七月】**夏观察至省，复即率乡勇赴樟树防堵吉安匪。兼造战排，驻樟树勒捐，民不堪命。兵又无大约束，民益被扰。

（毛隆保：《见闻杂记·七月见闻记》。杜德风选编《太平军在江西史料》，第492页。南昌：江西人民出版社，1988。）

**【江西省南昌县·咸丰三年八月】**其后奉命写军饷，藉官勒索孰敢抗！急如星火疾如雷，吾亦助银三十两。时命练勇往各乡，意思强悍言语狂。专持传票字一张，逼之至局索输将，否则治罪押班房，[梓溪祠堂内有班房有牢，明文端公时所以治族中不法之子弟也。今之富户有不速捐或捐不多者，即饬练勇传此等人坐此，永不释放，押入班房。以故乡里富户言若干数即捐若干数，苦甚。]更甚县令征漕粮。呜呼此举诚非良。

（邹树荣：《蔼青诗草·梓溪局》。）

**【江西省丰城县·咸丰三年八月】**二十一、二日，前陕西粮道方用仪至丰城县写捐……伊在三江口写捐万家，写钱七万千云。

（毛隆保：《见闻杂记·八月见闻记》。杜德风选编《太平军在江西史料》，第493页。南昌：江西人民出版社，1988。）

**【江西省宜春县·咸丰三年】**八月，知府元善、知县李锟，札令绅士段东逻、刘昌蕃等，于郡城设局募勇五百，训练成军，编立队伍，制造军器，以绅士费嘉桢、李起风管带，驻城守御，名为“保卫局”。自癸丑秋历甲寅冬，用费不下数万，均由各乡捐输接济，报销在案。

（同治《宜春县志·武事·续记》。）

**【山西省、陕西省、四川省·咸丰三年十月二十七日】**朕惟军兴三载，征调频仍，各省被贼地方或耕作失时，或盖藏罄尽，加恩赈贷，犹虞民困未苏，何忍于完善之区复有征求之举？第逆匪一日不灭，民生一日不安。畿辅之贼未除，则山陕皆难安堵。江路之贼不尽，则川陕仍事筹防。无论风鹤惊疑，流离迁徙，即商贾不通，资财日耗，已足坐困民生。朕夙夜焦思，不遑寝馈，惟有叩吁上苍，速殄逆氛，以安黎庶。比年内外筹拨军需不下四千余万两，内府所积，随请随发，不惜巨款，为吾民求衽席之安。中外臣工条陈军饷，凡有不便于民者，朕必审慎再三，不肯轻为允准。诚念我朝二百余年以来，列祖列宗深仁厚泽，浃洽寰区,从无科敛病民之举。此次议及借征,事定仍照数蠲免,已非朕心所安。即王大臣等亦未尝不仰体朕意,慎重咨诹,特以除莠安良,必须宽筹兵饷,不能不借资民力,以济要需。着照所议,所有山西、陕西、四川三省咸丰四年钱粮,即行借征一年,于今冬开征,明年春季全数征完。其咸丰五年钱粮,即于明年秋季接征,按年递推,一俟军务告竣,国帑渐裕,即将该三省应征额赋停征一年,以纾民力而复旧制。其山西省被贼各州县,仍着毋庸借征,用昭区别。各该省地方绅士商民比岁捐资备饷,为数较多,忠义之忱,朕所嘉许,今就正供赋额提趱半年,取之民者,还以卫民,凡我编氓,同仇敌忾,具有天良,自无不输将踊跃,以助军需。

(上谕。军机处全宗·剿捕档。中国第一历史档案馆编《清政府镇压太平天国档案史料》第十一册,第16页。北京:社会科学文献出版社,1994。)

**【江苏省·咸丰三年十一月初八日】** 刑部右侍郎臣雷以诚跪奏,为设局收捐已有成数,分起咨报,并请颁给部照,以期踊跃而济军需,仰祈圣鉴事。窃臣奉命帮办军务,募勇协剿,兼保东路,以军饷无从支应,奏明于泰州、宝应设局,按照筹饷事例及现行常例减二成收捐,并因里下河地方钱多银少,又银价长落不一,请以钱作银,便宜收捐。嗣河臣杨以增亦请照臣议以银一两作钱一千六百文,已蒙恩准。臣复于九月二十五日附片奏请照河臣原议一体收捐,于十月初九日奉到朱批:另有旨。同日奉上谕:雷以诚奏军需紧要,请照杨以增奏明以钱作银数目一体收捐等语。着照所请,准以钱一千六百文作银一两收捐,以备军需。该部知道。钦此。钦遵在案。兹据泰州、宝应两局委员知府衔南河候补同知孔继铼、前湖南桂阳直隶州知州俞昌会、提举衔两淮候补盐运判许乃常将捐生姓名、报捐官职及以银合钱之数分起造具清册,先行请奖前来。臣按名复核,与筹饷事例及现行常例减二成银数均属相符。除造具清册分咨各部外,相应请旨,饬部速为按册查核给奖,以期观感乐输。现在自六月初一日起,泰州截至十月十六日止,宝应截至九月二十日止,两局共收捐钱二十二万零一百二十六千三百六十文,其已收呈应交钱文,俟有成数,再行随时奏报。并据该两局委员会禀,以捐生既各情殷报效,惟望及早给与执照,俾咸知就近捐输之便,则捐项可望陆续加增,藉资接济,实于军务有裨等语。伏查军需甚繁,劝捐不易,臣营练勇四千余名,防剿几及半载,粮台未解分文,惟恃此捐项以供支发,而各捐生初尚踊跃,近亦渐觉寥寥。盖缘已捐者一时未能请照,未捐者不免观望生疑。况里下河一隅富室只有此数,设使捐生一朝裹足,饷无由出,即军无由供,勇皆新募,非如官兵之有尺籍伍符以固结之也。前准钦差大臣向荣咨称,八月二十五日奉上谕:向荣等奏请倡捐军饷之知县优奖等语。江苏候补知县薛焕着以升衔仍留江苏补用,以示奖励。至军营各项捐输军饷人等,着该部于奏咨到日迅速核议,发给执照,毋稍迟延。钦此。仰见圣泽优隆,体恤士民,无微不至。今各捐生待照情殷,臣营需饷孔亟,惟有仰恳天恩,饬部迅按咨册查核,填给执照,颁发到营,由臣转给,俾各捐生收领,以期踊跃而济军需。



(雷以诚奏。军机处全宗·录副奏折。中国第一历史档案馆编《清政府镇压太平天国档案史料》第十一册,第129—130页。北京:社会科学文献出版社,1994。)

**【湖南省·咸丰四年】**开办厘捐,湘阴城乡商贾交会处设局凡九,准算缗法折征,以千取二十文为率……岁解军需局万余缗。咸丰六年,湖北巡抚胡林翼奏请捐领牙帖充军饷,定上、中、下三则,由布政司颁给印帖,更换旧帖者折缴半值,湖南亦仿其法行之,于是牙帖亦视旧加增。

(郭嵩焘纂修:《湘阴县图志》。光绪六年县志局刻本,卷二十一《赋役志》。)

**【湖南省、江西省、四川省·咸丰四年三月初五日】**祁寯藻等奏,遵议印发执照分颁曾国藩军营及湖南等省折。大学士管理户部事务臣祁寯藻等谨奏,为遵旨速议具奏事。咸丰四年二月二十五日内阁奉上谕:曾国藩奏劝捐军饷,请预颁部监执照一折,着户部速议具奏。钦此。钦遵于二十六日抄出到部。据原奏内称,现在贼船窜扰汉阳、京口一带,湖、广、江、皖四省只有臣处一支兵勇较多,每月需饷银八万两,专恃劝捐一途,以济口食。现今湖南、江西、四川较为完善,于此三省中各择官绅数员,湖南则择署盐道夏廷樾、编修郭嵩焘,江西则择前任刑部侍郎黄赞汤、升用知府朱孙诒,四川则择按察使胡兴仁、前翰林院编修李惺。请旨饬谕各该员办理捐输,专济臣军营之用。并请颁发空白执照四千张,内职衔照一半、监照一半,分发臣军营暨湖南、江西、四川各该员经收筹办等语。臣等伏查上年奏准颁发空白职衔封典各执照,又捐监一项预将空名部监二照交各直省藩司转发各州县劝捐,已经办有成效在案。今该前侍郎曾国藩军营需饷孔亟,应如所奏,由臣部印发空白执照四千张,分别颁给。至所请湖南、江西、四川三省每省选择官绅各一员,承办劝捐,自系为责有专属,易于集事起见。惟一省之大,以一二人筹办,恐难周备。可否请旨俯如该前侍郎所请,湖南即派署盐道夏廷樾、编修郭嵩焘,江西即派前任侍郎黄赞汤、升用知府朱孙诒,四川即派按察使胡兴仁、前编修李惺,各就地方妥为办理,抑或饬令此三省督抚添选贤能妥员协同办理之处,恭候圣裁。如蒙俞允,由臣部印发空白执照四千张,均匀搭配,颁发该前侍郎军营一千张,湖南、江西、四川三省专办之员各一千张收领,妥为筹办,源源接济该前侍郎曾国藩中军需之用。

(祁寯藻等奏。原折。中国第一历史档案馆编《清政府镇压太平天国档案史料》第十三册,第 112—113 页。北京:社会科学文献出版社,1994。)

**【江苏省苏州·咸丰四年三月】**所喜者,捐输票尚能折色货卖。所滥者,功名路尽可买票纳输。无论虚衔实职,分发荣封,皆可顷刻而待,遑论其身家清白耶!空白监生照,尚现银兑,亦不论其刑伤过犯耶!奎学院考试尚无物议,今最堂皇冠冕不受胥吏关津之累者,惟有两业;小则私盐,大则鸦片而已。

(柯悟迟:《漏网喁鱼集》,第 23 页。北京:中华书局,1959。)

**【北京·咸丰四年四月初二日】**柏葰等奏报官商民捐输银钱数目并请奖励折。

会议军器大臣臣柏葰等谨奏,为续捐炮位,据情恭折奏闻请旨事。自三月二十一日起至二十九日止,据官员商民人等陆续呈称,因逆氛未靖,志切同仇,情殷报效,捐资制造炮位，具呈前来。查报效人等洵属急公好义，踊跃输将，庶如何鼓励之处，出自皇上天恩。臣等谨将报效人等呈交银钱数目并拟请奖励，另缮清单，恭呈御览，伏乞圣鉴训示遵行。再，此次共收银二百零二两，内有官银票一百零一两，共收钱二万二千九百零五吊，内有官银票二千五百四十七两，合宝钞京钱一万零一百八十八吊。自去年五月至本年三月，统计共收银三十九万三千三百八十八两，统计共收钱四十七万四千零三十八吊，合并声明。为此谨奏请旨。

［朱批：］该部衙门速议具奏，单并发。其陆有恒报效钱文，应如何给与优叙之处，着户部一并核议。

（柏葰等奏。宫中全宗·朱批奏折。中国第一历史档案馆编《清政府镇压太平天国档案史料》第十三册，第486页。北京：社会科学文献出版社，1994。）

**【陕西省·咸丰四年四月】**兹据藩司司徒照转据泾阳、鄠县、大荔、朝邑、韩城、华阴、邠州、三水、绥德等州县，共报捐银十八万八千五百八十二两二钱八分，俱已兑收存库，分别拨用。并陆续开造捐生姓名、履历、银数，按照筹饷条款及减成各例酌议应叙京外官阶职衔请封加级，由司汇册详请具奏前来。臣查该绅民等踊跃乐输，实皆出于至诚，洵堪嘉尚，自应钦遵谕旨，随时奏请甄叙，以奖其报效之忱。除捐银五百两以下捐生另行咨部议叙外，其捐银六百两至数千两之绅民，谨分别等差开缮清单，恭呈御览，合无仰恳恩施格外敕部即与核覆，以冀观感而昭激劝。［咸丰四年四月十六日朱批：］户部速议具奏，单并发。

（王庆云奏。宫中全宗·朱批奏折。中国第一历史档案馆编《清政府镇压太平天国档案史料》第十三册，第506页。北京：社会科学文献出版社，1994。）

**【江苏省扬州·咸丰四年闰七月二十四日】**伏查臣在扬州东路练勇一载有余，所有一切勇粮及军装、器械、杂用等项，间有提用盐课地丁等款，多半由于劝谕捐输。计先后收到捐项银二万八千五百四十一两七钱一分，提用淮北盐课银五千两，提用泰州地丁并各县典息银二万二千二百六十四两一钱四分四厘三丝五忽，借用琦善行营银二千两，收到河南粮台解交钞票银五千两，共收银六万二千八百五两八钱五分四厘三丝五忽。计先后收到捐输钱五十一万七百二十四千三百二十文，收情殷报效不邀奖叙捐项钱六千二百七十七千八百文，收各州县铺户商贾捐厘钱十六万八千六百五十一千四百三十文，又提用泰州漕米变价钱六千九百串，共收钱六十九万二千五百五十三串五百五十文。内解过慧成营钱一千串，解过艇船钱一万串，解过琦善营钱三万五千串，拨给扬州府筹办善后用项钱三千七百四十六串五百三十六文，臣本营先后支发勇粮、军装等项钱六十一万二千八百七串十四文，共计支用钱六十六万二千五百五十三串五百五十文。又拨解福济营银三千两，臣本营支用银五万九千八百五两八钱五分四厘三丝五忽，共支用银六万二千八百五两八钱五分四厘三丝五忽，现今净存制钱三万串。又买存铜四万八千斤，收捐铜二万三千斤，本拟设炉鼓铸大钱，因铜斤尚少，未经奏请开局，应连前存钱文一并移交后任接收。

（雷以诚奏。军机处全宗·录副奏折。中国第一历史档案馆编《清政府镇压太平天国档案史料》第十五册，第288—289页。北京：社会科学文献出版社，1994。）

**【安徽省·咸丰四年闰七月二十八日】**兹大兵攻剿，庐、舒持久不下，其他贼所分据之处虽来往无常，然民皆胁从而不能自拔，官多迁避而难以前进，百姓日望倒悬之解，而大兵动多牵制之虞，加以土匪成群，所在皆有，饷糈坐耗支绌时形，劝捐无可再筹，团练不能远调。此近日军务万难之实在情形也。

（袁甲三奏。军机处全宗·录副奏折。中国第一历史档案馆编《清政府镇压太平天国档案史料》第十五册，第299页。北京：社会科学文献出版社，1994。）

**【陕西省·咸丰四年八月初二日】**臣查此项捐输军饷银两，前接部咨，经大学士等会议奏准，一省捐银十万两，加文武乡试中额各一名。一厅、一州、一县捐银二千两，加文武学额各一名。如所捐银数浮于应加之额，即归下次按数加广，或捐银较多，逐次加广尚需多时，准其奏请酌加，作为永远定额。所加之额，按一省捐银三十万两加文武乡试定额一名，一厅、一州、一县捐银一万两加文武学定额一名等因。

（王庆云奏。宫中全宗·朱批奏折。中国第一历史档案馆编《清政府镇压太平天国档案史料》第十五册，第323页。北京：社会科学文献出版社，1994。）

**【江苏省扬州·咸丰五年十一月】**顷又见江都教谕沈奉藩台文煜札谕出示，略云：军需缺乏，全仗捐输等因。

（佚名：《咸同广陵史稿》。《太平天国》，第五册，第123页。罗尔纲、王庆成，桂林：广西师范大学出版社，2004。）

**【江苏省扬州·咸丰五年十二月】**捐事纷纷。计一年来指捐、捐厘、捐亩、捐夫、捐赈米、捐艇炮、捐碾坊、捐军需、捐钞钱、捐树共十大捐，民不聊生。

（佚名：《咸同广陵史稿》。《太平天国》，第五册，第124页。罗尔纲、王庆成，桂林：广西师范大学出版社，2004。）

**【江西省铅山县·咸丰六年】**初，学使督办军务廉兆纶饷缺，率知府沈葆桢赴河口镇劝捐，时侍郎黄赞汤督办炮船捐务，兵备道林福祥、前署铅山县知县张韶南办茶饷捐务，候补知县蔡锦青办河口厘金，均驻河镇。

（同治《广信府志》卷五《武备·武事》。）

**【江西省会昌县·咸丰六年】**初，援粤诸军约四万众，皆取道于会邑。复命委员邹凤冈、刘长景，就地设立粮台十余处，采办米谷柴草，邑民皆肩送军前，虽远勿惮。往往不待给值，一得委员手票，立即应付，源源接济，未尝缺乏。

（同治《会昌县志》卷十四《武事》。）

**【江西省上犹县·咸丰六年五月】**程令自回邑复城之后，常自贼警，军务渐繁，既无饷可请，不得不筹之民间。诸绅中贤愚不等，遂有以筹饷为名，怂恿搜求，懦民多受其害。

（光绪《上犹县志》卷十六《军务纪略中》。）

**【江西省宜春县·咸丰七年】**正月，统领刘札谕绅士彭日魁、邓元燮、易云衢、张尧举、易炳庆，并十三乡绅士，在城内文昌宫设局，办理善后事宜。转运吉、临、抚、建各郡大营粮饷，并军装器械等项，均由捐输接济，不下十数万，报销在案。

（同治《宜春县志·武事·续记》。）

**【江西省安福县·咸丰七年】**于是，复围吉安，逾年克复。是役也，安福捐助接济钱三千余万[?]缗，米近十万石，而乡都团练之费不计焉。

（同治《安福县志·武事》。）

**【江西省龙泉县、崇义县·咸丰七年】**龙泉、崇义县境，计自剿办以来，所有饷糈，除汪巡道报润拨给银六千两，知府广甫拨给仓谷三千石，其一切军火、口粮，悉派民捐云。

（同治《南康县志》卷五《武事》。）

**【浙江省·咸丰八年六月二十五日】**又张芾奏，在籍河督潘锡恩悭吝性成，首先抗捐，以致绅富效尤，并借口老病，于办团等事避匿不出，请责令倡捐饷银数十万两，并将粮台遗失饷械责令赔偿等语。本日已明降谕旨，将潘锡恩革职，并令何桂清饬令该革员督办劝捐事宜。至该革员系奉旨督办团防总办粮台之员，六年三月间，贼陷宁国，团练星散，饷米、军械悉行遗失，岂能辞咎？倘能毁家纾难，即捐饷银数十万两，以赎前愆，尚可宽其既往；如敢仍前卑吝，致徽宁各户皆有所借口，贻误捐输大局，即着何桂清将该革员从前遗失饷械，分晰查明，责令悉数赔偿，并将如何治罪之处定拟请旨，毋稍宽纵。

（寄谕。军机处全宗·剿捕档。中国第一历史档案馆编《清政府镇压太平天国档案史料》第二十册，第 451 页。北京：社会科学文献出版社，1995。）

**【江苏省·咸丰八年九月初三日】**该督另片奏，革员潘锡恩于接奉督办劝捐谕旨后，仍以老病推诿，并未能倡捐银两，仅将田产开单请入官充饷等语。此等败类无足与较，奉旨倡捐尚如此悭吝，天良已灭，想去死不远矣。潘锡恩于捐务既推诿不办，所有宁国捐输事宜即着张芾督同该管道府妥为经理，无须该革员督办。至其管理宁国粮台时疏失饷米军械，仍着何桂清饬令该道查明，责令照数赔偿，如稍有延宕，即着奏请严办，至轻亦必远戍边城。将此由六百里各谕令知之。钦此。遵旨寄信前来。

（寄谕。方略馆全宗·钦定剿平粤匪方略稿本。中国第一历史档案馆编《清政府镇压太平天国档案史料》第二十册，第 605 页。北京：社会科学文献出版社，1995。）

**【浙江省·咸丰十年十一月初七日】** 夷税一层，已函查宁关。事至如此，能早死为得计，他非所恤也。丝捐闻有不令在沪办理之语。以弟揣之，觐翁与阁下断无是言。浙能保全，未始非沪之福。倘舍此而无，大局尚堪设想耶？况梓谊情深，断无不关切之理。且前此在沪办捐，亦非弟始。尚祈大力主持，浙之幸即大局之幸也。心绪如麻，不知所谓，尚乞原宥。手泐，即颂勋安。愚弟龄顿首。初七日。

（《王有龄致吴煦函》1860 年 12 月 18 日。《吴煦档案选编》第一辑，第 451 页。太平天国历史博物馆，南京：江苏人民出版社，1983。）

**【陕西省汉中·同治元年】** 令百姓捐银助饷，始而按亩摊捐，令百姓自行举报田亩多寡，倘有隐瞒，事后查出将田亩充公；复因城内人多，农工商贾不一，按所住房间派捐，无论租赁均属一律，视房屋之美恶分捐户之等第，共分九等，上上每间二十千，上中每间十六千，上下每间十二千，以次递减。房捐之后，又设人捐，以富贵贫贱分等第，共分三等，上等每男丁捐钱四十千，女口减半，十岁以下不派，中等每丁二十千，下等十千八千不等。至是而百姓之脂膏已竭，听其敲比，忍死而已。周以无饷可筹，遂分街段派勇就食，任兵勇自行搜取。于是大肆搜掠，凡些须米粮之藏在妇女身边者，均被探取无遗。勇将粮搜去复卖于民，每升渐至三四十两，民刚买得，不旋踵复被他勇搜去，勇以此为敛财之谋。

（陈才芳：《思痛录》。《太平天国》，第四册，第 438 页。罗尔纲、王庆成，桂林：广西师范大学出版社，2004。）

**【浙江省嘉善县·同治二年冬】** 甲子[同治三年]五月初九日，遇朱君霞轩自禾城[嘉兴]来，言新府尊许公于廿七八间莅任。初到时接见属员，谒局中诸绅士，蔼然可亲，绝无一言及政事。次日，罢不便于民者四：其一，去租捐以苏民困；其二，禁小船以靖地方；其三，治土匪以安良善；其四，禁侵占以清地主。于是嘉邑所设王店、石佛寺、徐婆寺三局，秀邑所设八字桥、余贤埭、南汇、北沈湾、东禅寺五局，皆一时辍去，万民称便。先是嘉善之降也，在去年十月，民间未甚遭灾，而贼又未办收漕，于是官绅会通设计立租捐局，盖收漕之别名也。每亩以二斗为率，一斗归产主，六升归军柴，四升归局，盖较贼粮六七斗之例已减去三分之二矣，民岂不快。若嘉秀地方之冬漕，则贼已收去，其势不可复矣。今年正月江苏大兵来攻郡城，屯扎油车港王江泾等处，着地方绅董筹办军柴，一时无可取资。遂仍嘉善后局旧章为设租捐局，藉此支应军需……其后禾城恢复，而府县吏及善后局绅董支应各款亦皆取资于此，于是分设各局，大收租捐，竟为牢不可破之例。府尊语两县曰："当时大兵在禾，租捐之设不可谓尔非计，今大兵俱撤，则租局亦可罢收，其余需用各款，行当别为筹划。"

（沈梓：《避寇日记》。《太平天国史料丛编简辑》，第四册，第 308—309 页。太平天国历史博物馆，北京：中华书局，1962。）

【江西省安远县·同治四年】自咸丰四年以来,各坊堡团练乡勇及请潮勇、三标勇,或战或守,所费军需口粮数十万。始则富户捐输,继则按亩抽谷,继又自备口粮。十余年贫富交困,民不聊生。

(同治《安远县志》卷五之二《武事》。)

## (二)实行抵征,实力催征

【北京·咸丰三年四月十二日】查现在各省防剿兼施,供应繁费,在封疆大吏谅无不办理竭蹷,要在各就地方情形,实力筹画,设法变通,或于留之待用之款先为垫解,或于未完未解之款认真催提,或于当杂各商量为(那)[挪]借,加息归还,或于殷富官绅广为劝捐,破格请奖,推之盐关税课,亦应因时制宜,变通尽利。至臣部前会奏推广恩纶,申劝捐输,酌加中额、学额一条,已奉谕旨俞允,饬令各省誊黄刊布。该督抚等果能妥速筹办,不难目前收效。总之,部库各款,皆出自外省,值此军需浩繁之际,部臣筹之于内,疆臣筹之于外,但期缓急有济,无不可暂为权宜。即如京城暂收铺租,试行官票,及开设官银钱号、开采银矿、收买铜器、加铸大钱等项,无非极力变通之方。各省督抚大吏世受国恩,身膺简畀疆寄重任,一省(才)[财]赋出纳,视其转移。若奉拨不解,又复毫无筹画,仅改拨他省为词,亦不计及他省之盈绌,似此辗转推诿,必致贻悮。臣部职司度支,兼权通计,焦灼万分。惟有请旨申谕各直省督抚,于臣部指拨银两,务须设法筹解,以济要需。在各省众擎易举,而臣部亦藉资周转。如再率请截留改拨,致悮大局,臣部亦不能不照例参奏。所有部拨支绌及各省留改各情形,理合密封陈奏,伏乞皇上圣鉴。谨奏。咸丰三年四月十三日奉朱批:朕看各该督抚一筹莫展,动请部拨,有平日漫不经心者,有避嫌避怨不肯为者,亦有限于定例、格于处分不敢为者。前二款惟在各省大吏激发天良,惟末一条,则在权宜办理,不可拘执。现当紧急之时,朕必贷其处分,宽其定例,求事之有实济也。钦此。

(祁寯藻等奏。军机处全宗·录副奏折。中国第一历史档案馆编《清政府镇压太平天国档案史料》第六册,第361—362页。北京:社会科学文献出版社,1992。)

【山东省·咸丰四年八月十一日】所有下忙正杂钱粮,着崇恩督饬各该地方官实力催征,总期比较上忙为数增多,方见起色。倘有顽梗之徒抗粮生事,必当严加惩办,勿稍宽纵。

(寄谕。军机处全宗·剿捕档。中国第一历史档案馆编《清政府镇压太平天国档案史料》第十五册,第403页。北京:社会科学文献出版社,1994。)

【安徽省潜山县·同治元年四月】每亩收钱四百文,曰抵征,四乡设局,绅士经办。

(储枝芙:《皖樵纪实》。《太平天国》,第五册,第48页。罗尔纲、王庆成,桂林:广西师范大学出版社,2004。)

【安徽省潜山县·同治二年四月】复收抵征钱。

(储枝芙:《皖樵纪实》。《太平天国》,第五册,第 48 页。罗尔纲、王庆成,桂林:广西师范大学出版社,2004。)

## (三) 卖官地

[官地,含荒地。溢坦屯田,沙地,滩地,等等。]

**【北京·咸丰三年四月十一日】** 窃前次王公大臣会同户部筹备所议二十三款,业经奉旨允行在案。内有捐输、捐封、赎罪各款,均系可一不可再。即开矿一条,所得亦难预料。惟房田补税,虽属零星,尚可应手听拨。至所议旗民交产十六款内,旗人售卖房田准取具图结,赴部呈报后,令置产之民人赴县补税纳粮,亦蒙俞允,准行出示各在案,业已详议周备。独各省海滩、江洲、河闪、山荒而私垦、私种者,尚未税契纳粮,犹未议及。即如奉、直两省,近临海滨,山河闪出,堪种者亦复不少。兼有抄产遗漏者,有旗圈绝嗣失迷者,有交家奴经管而家奴死后失迷者,有入沉而复淤者,名目不一,均系夹空黑地,不下亿万余顷,而力农者无不纳赋。无如各州县官多方刁难,胥役任意需索,或指为官庙香火代征,或指为抄产入官,并有庄头移圈换段,影射侵占,而地势土豪恶霸私垦冒认为旗产揽头者,不可胜数。历年增租夺佃等情,力农之民竟不堪生,常有赴户部呈控案件,不过文行该处查复,甚有数十年不结之案,在赋课既无盈余,则民财早已尽竭矣。查此次准其旗民交产补税升课,原期裕国便民,恐各州县阳奉阴违,仍不能尽善尽美。奴才再三熟思,不如仿照补税条款,剀切出示晓谕,令其自行呈报,较捷便于行查。而行查胥役互相隐匿,地方官无从查核,必致空纸声复呈报。小民出于自诚,稍有不实,必被人呈控。所有前种私垦荒淤夹空等地,自出示之日为始,准其赴户部自行呈报,即拣选贤能任劳任怨司员一二人,带同呈报之人,赴该处协同地方官眼同令其指勘议租后,将呈报之人取其连环甘结,给领执照,仿照内务府办理,充派庄头,以作奖励激劝,仍毋得夺佃,免滋事端。所有租项银两,令其赴户部自行交纳,不假手于州县。种地之人既免其受人挟制,又无胥吏需索,而州县无所用其征解,亦不能就中侵挪。再,州县难以徇庇,则胥役亦不能掩饰侵吞,奸民何敢挟嫌捏报,至于罪戾?似此一变通,于库款民情两有裨益。

(德奎奏。军机处全宗·录副奏折。中国第一历史档案馆编《清政府镇压太平天国档案史料》第六册,第 351 页。北京:社会科学文献出版社,1992。)

**【广东省·咸丰三年九月乙巳】** 上谕:有人奏,广东滨海之区,沙田数千万顷,多未升科,皆由办理详咨费用太多,人皆畏缩。若减价征收,计可得银数百万两。

(《清文宗实录》第一百零五卷,第 115 页。《东华录》卷二十七,第 4 页。)

**【广东省·咸丰四年一月甲子】** 户部侍郎罗淳衍奏,请以广东屯田溢坦地亩变价,设捐输,银两买米运天津。

(《清文宗实录》第一百一十九卷,第 13 页。《东华录》卷三十一,第 17 页。)

**【广东省·咸丰十一年九月壬寅】**［溢坦屯田，］变价充饷，原限于咸丰九年底一律变售。至此时已变坦九百四十九顷零，未变坦九百六十余顷。

（《清穆宗实录》卷五，第2页。）

**【广东省·同治二年八月癸未】**耆龄奏，广东顺德县沙棍马逢亨包充胥吏，通同舞弊，多置炮船，霸占沙田。晏端书复奏："所设巡艇，防护禾照，由县给照"。"马逢亨在屯田局董事多年……取腴弃瘠……认缴之屯坦价银十二万两，着即勒限严催完缴"。

（《清穆宗实录》卷七十五，第35页。）

［按：此事先见于《清穆宗实录》卷二十二，第16页。《东华录》卷七，第7页。同治元年三月丙申。］

**【广东省·同治五年五月甲戌】**御史朱镇奏，广东沿海州县，每于海潮退后，水涸成滩，名曰沙地，绅衿据为私产，请饬清查丈量以裕国课而免侵渔。上谕：认真丈量，悉数造册，计亩升科，毋任该绅垄断弊混。办理得力之州县官，准仿近年办理黑地章程奏请奖叙。

（《清穆宗实录》第一百七十七卷，第1页。）

### （四）增加田赋附加

**【四川省、山西省、陕西省·咸丰三年六月二十八日】**军机大臣字寄署四川总督裕、山西巡抚哈、陕西巡抚张。咸丰三年六月二十八日奉上谕：户部奏急筹接济库款一折。现在库存银两尚不敷七月份应放各款之用，必须妥为筹画，以应急需。前据裕瑞奏粜变仓谷一百万石，该部照成案核算，约可得价六七十万两，着即饬属赶紧粜变。惟该省距京较远，所变谷价恐一时未能解到，着哈芬于山西省先筹银十五万两，张祥河于陕西省先筹银二十五万两，均无论何款迅即凑足，委员赶解，于七月内到部，以供支放，毋稍迟误。至山陕二省现办防堵，需用亦急，著裕瑞先将应粜谷价筹垫银四十万两，分解山西、陕西还款。如此一转移间，庶部库供支可以不误。其余变价银两，仍着裕瑞迅速报部候拨，毋令属员藉词延宕。至库款万分支绌，前有旨谕令哈芬、张祥河于殷商富户暂为(那)［挪］借，并劝谕捐输。现在究有若干，迄今未据覆奏。军饷待用甚急，朕心实深焦灼。哈芬现已出省，郭梦龄前办捐输颇有成效，着即督同绅士，迅速筹办。徐继畬帮同办理防堵，即可就近与该抚藩商酌，随时知照各属绅士，劝谕商民，以期及早集事。其陕西捐输，并着张祥河督同绅士设法劝谕，集有成数，随时奏闻请奖。朕念军兴日久，生民涂炭，寝食不安，而筹饷维艰，不能不借资民力。前叠降谕旨，该督抚等应如何剀切申劝，妥筹速办，为民除患，为朕分忧也。将此由六百里谕知裕瑞、哈芬、张祥河，并传谕山西布政使郭梦龄、前任太仆寺少卿徐继畬知之。钦此。

（寄谕。军机处全宗·剿捕档。中国第一历史档案馆编《清政府镇压太平天国档案史料》第八册，第242—243页。北京：社会科学文献出版社，1993。）

**【安徽省·同治三年四月】**夏四月,开征官银,两江总督曾[国藩]定章每正银一两,加耗银三钱七分。

(储枝芙:《皖樵纪实》。《太平天国》,第五册,第48—49页。罗尔纲、王庆成,桂林:广西师范大学出版社,2004。)

**【安徽省潜山县·同治三年十一月】**十一月,江南乡试本科,并补行咸丰戊午科,停武举。开征漕米,定折色每担收钱四千七百文。

(储枝芙:《皖樵纪实》。《太平天国》,第五册,第49页。罗尔纲、王庆成,桂林:广西师范大学出版社,2004。)

## (五) 征收厘金

[编者按:关于中国厘金制度,有罗玉东的《中国厘金史》、(1936年8月由商务印书馆出版,1970年台湾学海出版社、1977年香港大东图书公司、1979年台湾文海出版社等先后影印再版。商务印书馆2011年重排版。)何烈《厘金制度新探》、(台湾中国学术著作奖励委员会丛书第61种,1972年。)郑备军《中国近代厘金制度研究》(中国财政经济出版社2004年版。)等专著可供参考。本书所录,限于与太平天国有关的厘金资料。]

### 1. 厘金的兴起与江苏省的推行

**【江苏省扬州·咸丰三年六月】**厘金之法,以取之坐贾者为板厘,按月征之。别值卡局,截水陆,名活厘。浙人钱江实创其议。江于以诚履验丰工时劝其讨贼,且曰:"不调兵而募勇,不请饷而抽厘,其事必集。"以诚信之。且故楚人也,习见其乡人会馆提厘之辙,遂以告而立捐。故厘捐首设于扬州。江固遣犯,复得志,气势张横,人共恶之也。其后以诚亦忿江拂己,即席斩之,诬以踪迹诡祕,搜其箧多通贼之书云。

(佚名:《咸同广陵史稿》卷上。第29页。扬州:江苏扬州人民出版社。)

**【江苏省扬州·咸丰三年七月】**中旬,琦[善]营兵饷皆由解拨,而雷营兵饷出之于捐,捐例渐广矣……十月以后,雷营劝捐,自湾头镇以下,仙女庙、宜陵各铺捐厘,为数甚巨。琦善知之而不问。

[按:因其有利于己也。收捐者大都贪污,收捐又便于贪污。咸丰四年九月以后,乡镇米行捐厘,每担捐五十文。其他商店按生意大小报捐。亩捐每亩八十文,不论贫富。扬州府属以下一律推广。但明伦在雷以诚下专办火捐事。又对富户派指捐,积产至万两者捐一千,余类推。捐员又勒小铺户写皮纸条,或十千文,或二三十千文。]

(佚名:《咸同广陵史稿》卷上。《太平天国》,第五册,第95、96、105—106页。罗尔纲、王庆成,桂林:广西师范大学出版社,2004。)

**【江苏省苏州·咸丰四年三月】**南京沦陷以来,天下纷纷征调,所需粮饷,无非苛捐民间。苏州府示，有除粪行、茶馆不捐外，其余各业，概要抽厘。然而客货来已经重重津贴，土产去亦须节节税捐，滴滴归源，无非小民膏血；层层剥削，实充官吏肝肠。

（佚名：《咸同广陵史稿》卷上，第29页。扬州：江苏扬州人民出版社出版。）

**【江苏省扬州·咸丰四年三月十八日】**雷以诚奏陈商贾捐厘助饷业有成效请予推广折。已革刑部左侍郎臣雷以诚跪奏，为军需紧急，试行商贾捐厘助饷，业有成效，应推广照办，以裕军储，仰祈圣鉴事。窃自粤匪窜扰以来，地已十省，时及四年。各处添兵，即各处需饷，兼之盐引停运，关税难征，地丁钱粮复间因兵荒而蠲免蠲缓。国家经费有常，入少出多，势必日形支绌，而逆匪蔓延，又不知何时平定。有饷无兵，尚可招募，有兵无饷，更难支持。上年夏间请于里下河设局劝捐，藉练壮勇，保守东路。一经开导，无不输将踊跃。盖绅民身家念重，痛痒相关，故臣之劝捐视各处较易。然皆不过晓以大义，劝其忠爱之良，非别有抑勒把持之术也。特为时既久，精力已竭，诚恐未能源源接济。臣昼夜思维，求其无损于民，有益于饷，并可经久而便民者，则莫若各行商贾捐厘一法。因里下河为产米之区。米多价贱，曾饬委员于附近扬城之仙女庙、邵伯、宜陵、张网沟各镇，略仿前总督林则徐一文愿之法，劝谕米行捐厘助饷。每米一石捐钱五十文，计一升仅捐半文，于民生毫无关碍，而聚之则多。计自去岁九日至今，只此数镇米行几捐至二万贯，既不扰民，又不累商。数月以来，商民相安，如同无事。古人云，逐末者多，则廛以抑之。捐厘之法，亦即本古人征末之微意，而变通行之，入少则捐少，入多则捐多，均视其买卖所入为断，绝不强民以所难。况名为行铺捐厘，其实仍出自买客，断不因一二文之细，争价值之低昂，所(为)[谓]征于无形而民不觉者也。臣因此法商民两便，且细水长流，源远不竭，于军需实有裨益。是以现在复将此法推之里下河各州县米行并各大行铺户，一律照捐。大约每百分仅捐一分，甚有不及一分者，令各州县会同委员斟酌妥议，禀明出示起捐。其小铺户及手艺人等概行免捐，以示体恤。现在仙女庙各行铺户均已议妥，业于三月初十日起捐，并将该镇所立章程刊刻刷印，发交各州县照办。俟里下河各处劝齐起捐后究竟可以收捐若干，自应随时据实奏闻。如果为数较多，不惟臣营可资守御，并可协济琦善军营之需。夫富家之捐输有尽而商贾之转运无穷。当此帑项拮据之时，若不设法熟筹，必至束手坐困。而取之无方，又恐于民有碍，故不得不于藉资民力之中，仍寓勤恤民隐之意。轻而易举，绝无苦累。惟里下河特弹丸一隅，乃河臣杨以增劝捐于斯，前漕臣李湘棻劝捐亦于斯。此去彼来，商民几无所适从。其实臣捐厘之处，仅止扬、通两属，其余大江南北各府州县未经劝办者尚多。如果江苏督抚及河臣各就防堵地方，分委廉明公正之员，会同各该府州县，于城市镇集之各大行铺户照臣所拟捐厘章程，一律劝办，以于江南北军需可期大有接济。统俟军务告竣，再行停止。臣为筹饷起见，是否有当，伏乞皇上圣鉴。谨将捐厘章程，开单恭呈御览。谨奏。

附现在酌定里下河推广捐厘章程清单。谨将现在酌定里下河推广捐厘章程缮写清单，恭呈御览。

一、扬州各属逢灾赈之年，本有一文愿之法。无论绅民商贾均行出捐，以救暂时之急。本年逆氛不靖，各乡绅富大约皆捐过军需，各村镇自行团练，防堵所费又属不少，为时过久，未便再令续捐。今拟只捐大行铺户，不令住户捐厘，以纾民力。

一、捐厘之法，本古人征末之遗意。每百分仅捐一分，或有不及一分者，在各行铺户原无所损，况仍出自买物之人，不过由伊经收。买者所费无多，亦断不以为苦。查各行铺户平常多有抽厘办公之举，相沿已久，并非始自今日，于商民两无妨碍，而聚少成多，实于军需有裨。商民受国家二百余年豢养之恩，涓埃之报，未有不愿从者。诚能剀切劝谕，自莫不鼓舞欢欣。

一、江、甘二县米行每石捐厘五十文。原因其逼近大营，自应以助饷为保卫身家之计。现在推广各州县，每石酌定为三十文，稻谷减半，为数既少，更属轻而易举。

一、江、甘二县米行捐厘已经数月，绝无滞碍扰累。此次推广，自应一律仿办。除小铺户及手艺人等不计外，其余城市集镇之大行铺户，均由各该州县会同委员各就地方买卖大小，传知行董，分别应捐与否，公同酌定数目多寡。若恐稽查难周，自愿议明定数者，亦听其自便，仍禀请出示起捐，以杜牙侩借题渔利之弊。

一、各处典商均已捐过军需，且民团惟典商出钱最多，而当物者大半皆系穷民，此次自应免其零捐。

一、书役不准经手，更不得令其稽查收取，致滋扰累。如有借端需索者，除将书役治罪外，仍将各该地方官严参。

一、利与弊原相连，断不能因噎废食。查各行铺户大约领官帖开张(俱)[据]多，亦间有无帖者。有帖之行，应责成行头。无帖之铺户，即责成铺中之总管稽查。倘查有隐匿，即加倍罚赔。其或有侵蚀情弊，从重惩办，以儆其馀。

一、各行头均系同业，难保不徇私容隐，应由该地方官慎选本地公正绅董专司稽查。即由该绅董经收，或径解营，或交捐输局。其实在出力者，事竣后酌量请奖。至米行捐厘，均设有印簿。此次推广，各行亦应照办，由官盖印饬发，以杜蒙混。此举原为军饷而设，一俟军务告竣，即行停止。

**(雷以诚奏。宫中全宗、朱批奏折。中国第一历史档案馆编《清政府镇压太平天国档案史料》第十三册，第305—308页。北京：社会科学文献出版社，1994。)**

**【江苏省扬州·咸丰四年三月十八日】**雷以诚奏陈军需竭蹶设法劝捐以助兵饷折。已革刑部左侍郎臣雷以诚跪奏，为军需竭蹶，急宜统筹全局，因时变通，借助兵饷，恭折奏祈圣鉴事。窃臣防守东路，垂及一载，军饷各项皆取给于里下河十数州县之捐输，用能撙节敷衍，以至于今。上年秋冬间曾接济琦善制钱一万贯、艇船一万贯，又分拨福济银三千两、慧成钱一千贯。本年正月以扬城内遗骸数以万计，急应及早瘗埋。扬州府县一时无款可筹，当由臣借拨钱三千七百余贯。二月初间因琦善营内乏饷，先经协济钱三千贯，现又续解二千贯。臣与琦善共办一事，但有余力，必当随时筹拨。无如一隅之地，所捐有限，实无许多赢余，而琦善兵饷又系万分短绌。臣目睹情形，焦急万状，必欲于万难之中，求一补苴之计。查东路要口甚多，处处可通里下河。该商民之所以乐于输将者，亦以其为身家性命所关，恃臣驻守东路练勇以为保障。故臣得以因势利导，断难全行撤勇,以致地方惊疑。然事必先其所急,军需如此拮据,势不能不变通办理。入春以来,臣亲赴仙女庙、邵伯镇、霍家桥、张网镇及各村集逐加履勘,所劝筑土围、碉楼、砦堡均一律完整,尚堪保卫。并细查附近要隘所团各乡勇,间亦颇有技艺,可以守望相助。复思琦善与陈金绶及各镇将现扎营陈家巷、三岔河、桂花庄一带,系属扬郡前路,臣驻万福桥及分扎霍家桥、八江口等处,系属东面后路。设使前路之兵因饷乏溃散,则后路防御益难。况官兵受国家豢养之恩,较之新募之勇究属训练已久,与其乏饷而致兵溃,何如减勇而佐兵糈?且艇船现已提至焦山,上游江口亦少有屏蔽。臣再四熟筹,惟有将附近要口各镇民勇鼓其忠义,令其自相保卫,协同防堵,以壮声势,民勇不费官饷,则臣营之勇可以酌量渐次裁减。即以裁减馀项接济琦善各营官兵之用。如此变通办理,东路不致空虚,军需亦稍有接济。臣仍极力设法劝捐,专以筹饷为要务。纵不能十分足敷官兵之需,亦可藉以陆续添补,而琦善亦得专力防剿矣。臣受恩深重,当此时事多艰、国帑支绌之际,惟有竭尽血诚,不敢稍涉畏难,以图补救。所有臣统筹全局冀助兵饷设法劝捐缘由,是否有当,谨缮折由驿五百里驰奏,伏乞皇上圣鉴。谨奏。(咸丰四年三月二十四日朱批:)所奏是。另有旨。

(雷以諴奏。宫中全宗·朱批奏折。中国第一历史档案馆编《清政府镇压太平天国档案史料》第十三册,第308—309页。北京:社会科学文献出版社,1994。)

**【江苏省·咸丰四年三月二十四日】** 寄谕琦善着即饬雷以諴晓谕里下河商民实力劝捐。军机大臣字寄钦差大臣琦:咸丰四年三月二十四日奉上谕:雷以諴奏,设法劝捐,以助兵饷一折。据称防守东路以来,军饷各项皆取给于里下河十数州县之捐输。上年秋冬及本年二月间,曾叠次拨解琦善等营军饷。现拟将所募练勇酌量裁减,即以裁减余项接济琦善各营官兵之用,仍极力劝捐,专事筹饷等语。所奏自系因时变通之法,尚属筹办得宜。着琦善即饬雷以諴将里下河一带商民谆切晓谕,实力劝捐,俾该商民等咸知捐输接济兵糈,即所以保卫身家,自能踊跃急公,不至迁延观望。至仙女庙、邵伯镇等处各村集,既据雷以諴奏称,所筑土围、碉楼、砦堡均一律完整,并附近要隘所团各乡勇亦颇有技艺。着琦善仍饬令该革员认真查勘,毋得始勤终怠。所有捐输团练事宜,即责成雷以諴悉心妥办为要。其另奏捐厘、助饷等语,已谕知怡良、许乃钊、杨以增各就地方情形,斟酌办理矣。该大臣务当督率水陆将弁,迅将瓜洲余匪悉数扫除,毋再迁延,老师糜饷,致干重罪。将此由六百里谕令知之。钦此。遵旨寄信前来。

(寄谕。军机处全宗·剿捕档。中国第一历史档案馆编《清政府镇压太平天国档案史料》第十三册,第391—392页。北京:社会科学文献出版社,1994。)

**【江苏省·咸丰四年五月初三日】** 再,臣劝捐练勇,保卫里下河,所劝之处,仅止扬、通两属,缘以地方之财为地方保卫,故民情乐输,虽及一年之久,毫无怨谤,加以委员劝谕有方,益觉捐生踊跃。其准安府属之山阳、盐城等县,间亦有来捐者,为数甚属寥寥。近因捐数日见其少,故不得已设立抽厘之法。除臣营练勇口粮、军装等件需用外,尚须接济琦善营，入少出多，深恐来源不济。乃河臣杨以增劝捐委员接踵而来，并于如皋县设立专局，该河臣亦是因军务起见，臣何敢与分畛域？无如扬、通两属民力只有此数，况如皋与臣泰州捐局相离不远，而河臣所委各员又复办理不善，一隅之地设立两局，致令乐输绅富无所适从，非徒无益，转致两(防)[妨]。且河臣尚有淮、徐、海三属可以设法筹捐，又何必再赴扬、通两属，互相牵掣？臣已两次函商，嘱其将捐局裁撤，未准河臣咨覆。应请饬下河臣杨以增，将所设如皋捐局并所委各员撤回，在于淮、徐、海三属设法筹捐，其扬、通两属照旧归臣办理，庶不致彼此牵掣，以期两有裨益。伏乞皇上圣鉴。谨附片具奏。（咸丰四年五月初九日朱批：着照所拟，应如是划清办理也。即由汝处转行杨以增知之。）

（雷以諴奏。宫中全宗·朱批奏折。中国第一历史档案馆编《清政府镇压太平天国档案史料》第十四册，社会科学文献出版社，1994年，第222页。）

**【江苏省无锡县城南水仙庙·咸丰四年五月十二日】**五月十二日，南水仙庙增设盘查局。是为南局，按船抽厘，孙元楷主其事。先是二月间，孙早拟设此局，侯侍郎力阻之曰：此何事？必请旨乃可。孙复挽常绅赵振祚来商。侯贻书反复驳辩。突于五月初，局中人扬言已奉宪谕收税矣，随于南水仙庙设栅收鸦片厘头，谓之洋货。而两县实未奉明文。且鸦片久干例禁，亦无可明文者，邑人皆愕眙不解。又以南乡有蚕桑之利，乡地赶买新丝，并于丝价抽厘。何孝廉近山，南乡人也，特为其乡请免。不得已，十日乃止。

（佚名：《勾吴癸甲录》。《太平天国史料专辑》，第81—82页，上海：上海古籍出版社，1979。）

**【江苏省无锡县·咸丰四年七月一日】**县示本邑商店酌捐助饷，凡船载货物禁止抽厘。出示之后，一面谕撤南局。

（佚名：《勾吴癸甲录》。《太平天国史料专辑》第83页。上海：上海古籍出版社，1979。）

**【江苏省·咸丰四年闰七月二十三日】**再，上年八月间，曾经臣委员劝谕附近大营之乡镇米行捐厘助饷，截至本年三月初十日，已陆续捐钱一万九千七百五十六千四百四十六文。臣因军饷支绌，而大捐又难为继，且捐厘之法仅取百分中之一二，于民无损，于饷有益，是以奏准推广，于扬、通两属之各铺户商贾一律遵行。现在江、甘二县地方均已办齐，连活厘、呆厘[朱批：此两项名目何谓?]计自三月十一日以后，陆续起捐，至七月三十日及闰七月十五等日止，共捐厘钱十一万七千九百五十五千零十八文，其余高邮、宝应、泰州、东台、兴化、通州、如皋、泰兴、海门厅各属，有甫经办竣，亦有尚未办完，已陆续解到厘钱三万零九百三十九千九百七十六文。连三月以前所捐之米厘计算，共收捐厘钱十六万八千六百五十一千四百三十文。此项捐款呆厘出自铺户，活厘出自商贾。商贾之营运有时，水路之通塞无定，每日捐数多寡原不能预必，但就现在各州县所捐之数通年牵算，每月呆厘、活厘约可得制钱四万串内外，于军需亦不无小补。但头绪纷繁，稽查不易，必须慎选妥员会同地方官并公正绅董经理其事,方可持久。臣已于闰七月二十日交藩司文煜接办,其未经办完之州县,即责成文煜认真催劝核收。所有臣办理捐厘数目,谨附片具奏。咸丰四年闰七月二十九日奉朱批:知道了。钦此。

(雷以諴奏。军机处全宗·录副奏折。中国第一历史档案馆编《清政府镇压太平天国档案史料》第十五册,第286页。北京:社会科学文献出版社,1994。)

**【江苏省扬州·咸丰四年九月】**九月以后,雷营捐务纷繁,一捐厘,乡镇米行,每担捐五十文,其他油布、绸缎、南北货各店,按生意之大小报捐。一捐亩,照漕粮正册花户,无论贫富每亩捐钱八十文。扬州府八属以下一律推广,接济艇船军饷。前运司但本应发往军台,缘雷某奏留专办大捐事宜,特驻邵伯街,委佐贰绅衿,更于捐厘捐亩外,校订册簿,排列花名。虽厘亩之已捐,尚家私之甚裕,如积产至一万两者捐银一千两,至十万两者,捐银一万两,多少类推,谓之指捐。捐至一百万告止。谕帖一下,员董狂诈。

(佚名:《咸同广陵史稿》。《太平天国》,第五册,第105—106页。罗尔纲、王庆成,桂林:广西师范大学出版社,2004。)

**【江苏省金匮县·咸丰八年九月】**金匮北乡观庄西章一带磨麦面为业者颇众,日以面粉至城市易麦,往还常为五丫浜水卡留难勒索,乡众愤甚。八年秋,[烧去卡岸之芦棚,县令被逼宽其额,]谕乡民面粉以三担免税,外则照捐。

(佚名:《平贼纪略》。《太平天国史料丛编简辑》,第一册,第248页。太平天国历史博物馆,北京:中华书局,1962。)

**【江苏省常熟县·同治三年七月初四日】**收抽厘自今日始,余店每日四十文。[按:黄家桥抽厘,初二日共收一千二百余文,庙桥一日各店共收四千余文。]

(佚名:《庚申避难日记》。《太平天国史料丛编简辑》,第四册,第584页。太平天国历史博物馆,北京:中华书局,1962。)

2. 其他各省仿效

**【湖南省平江县·咸丰初至同治初】**粤盗鸱张,军饷告棘,四方赋税,不以时至,虽减百官廉俸,辍军人常廪,开例纳粟,尤不足以赡军兴,而圣祖皇帝先有田不加赋、户不抽丁之恩旨,计臣莫敢轻议,乃仿汉唐告缗率贷、宋经制总钱遗意,而厘金之局设矣。初从侍郎雷以諴之请,设局扬州仙女庙,寻推及各行省,仍仿刘晏用士人法,遴官绅以司征敛。湖南居上游,赖此饷军,卒夷大乱,亦当世得失之林也。平江县,旧惟茶税银十两,各牙贴为税无多,业户契税尽征、尽解无定额。自咸丰五年设厘金局于县城,又分局长寿,汨江下游设水卡,邑以产茶,故岁榷税钱十万缗有奇,随时解省局备军饷。遇本邑界防急,亦酌拨以饷防兵。六年、七年,江西、湖南道梗,各商由义宁出长寿,买舟达湘潭,最称繁辏。迨瑞、袁克复,仍如其旧。十年,两江总督曾国藩督师东下,值苏、常继陷,饷无所出,檄湖南添设东征局，推广厘税。于是，平江兼有东征局，即以厘局官绅兼管而酌加其人，税则视原章少杀。同治三年，江南平。四年，乃奏停东征局，而厘金局如故。梁元龤有言，圣人敛山泽之货，以宽田畴之税，收关市之征，以助什一之储，原以摧浮淫兼并而恤农也，今则军饷亦借济焉。江宁既复，有以停厘请者，司农以捻匪、回匪、苗匪未平，格其议。盖厘税非古，犹愈于加赋，一时权宜之计，有不能不出于此者。军务一平，自当罢免，司计者必不以无艺之征，视同平世之常制也。

（李元度纂：《平江县志》光绪元年刻本，卷二十一《食货志二·厘税》。）

**【湖南省浏阳县·咸丰五年至七年十二月】**自五年四月至是月，防堵历二年余，东南界隘三十余所，事棘时调团丁至四五千名，大小战凡八，以军功得奖者二百余人，请祀昭忠、节孝祠者六百余人。城乡军需凡十八万有奇，大吏拨地丁银三千两易钱六千余缗，支厘金钱九千余缗，常平谷价四千五百余缗，余悉按亩科捐，不足请给空名，实收七百余缗，就地劝民捐钱九万九千余缗销抵，又不足，盖财力惫矣。

（邹焌杰等纂：《浏阳县志》。同治十二年刻本，卷十三《兵防·粤贼之难》。）

**【湖南省·咸丰五年】**自广西贼起，蹂躏半天下。军饷浩繁，帑藏匮乏。咸丰四年，江苏布政使雷以諴在泰州仙女庙等处，劝谕商贾抽厘助饷，既行之有效，乃胪列章程，详钦差大臣胜保奏请通饬用兵各省仿照举行。五年，湖南巡抚骆秉章接准部咨，遂以是年五月于省城设立厘金总局，檄署盐法道裕麟总理局务，并遴委各员绅襄办，复选派绅士分赴各府、州、县，会同地方官次第试行。自潭州以及常德、益阳、湘阴、浏阳、安化、湘乡、攸县、衡州、衡山、邵阳、新化、武冈，暨澧州之津市，辰州之浦市，靖州之洪江，其各州、县口岸并酌设分局，而以城局总之，仍饬各守巡道就近督率办理。抽厘章程由省局员绅传集客商酌中议定颁发，各局权市物获利之多寡，以定捐厘之轻重，生意微者免抽。分局官绅各就地方情形斟酌照办。省局所收厘金银钱，按月将收支数目造册申报。各分局解省厘金，每月由省局将收支数目另册具报，仍由各分局按季汇报院司查核。

（曾国荃等纂：《湖南通志》。光绪十一年刻本，卷五十九《食货志五·榷税》。）

**【湖南省·咸丰五年】**南抚骆秉章以抽厘济饷嘱［黄］冕。冕因地制宜，设局定章，岁得饷百数十万，以济本省军务，兼得资以援鄂、援江、援黔。大军进剿江宁贼魁，复设东征局，以时馈运。厥后进规安庆，克葳金陵大功而军不饥者，皆其力也。

（张延琦等纂：《长沙县志》同治十年刻本，卷二十四《人物二》。）

**【湖南省湘潭县·咸丰五年】**县人周焕南等诉改漕折。县自嘉庆后，知县递有浮收，号为漕折。凡有声气及诸大猾，官吏畏其挠，因私饵之，成岁例，号漕口。至是，县人不胜其愤，诉之。巧猾蠹役窜逐有差，积弊清厘，正供益饶。是年，立厘金分局于湘潭各市集繁盛处，易俗河、三门、槠洲、朱亭皆设卡局。六年，设湘潭盐茶分局，商民请立水师。

（王闿运纂：《湘潭县志》。光绪十五年刻本，卷三《事记》。）

**【湖南省湘乡县·咸丰五年】**厘金局，凡二处，一在县城河边，水东门右，系买置民房，计六间。一在文家滩，县东北三十里，系僦居民房。咸丰五年五月，奉文劝谕客商抽收厘金以助军饷，省城设总局二，同治五年归并一局，以盐法道领之。凡收自盐、茶者解盐茶局，收自百货者解厘金局，均由官随时报解。时知县唐逢辰因军需紧要，初设局十余处，札委绅士分办，后以客贩稀少，迭次裁撤，统归县城及文家滩两局收缴。咸丰十年增筹东征饷，同治三年，江南平，改为邻省协饷。

（黄楷盛纂：《湘乡县志》。同治十三年刻本，卷三上《建置志一·公署》。）

**【湖南省澧州·咸丰五年至同治三年】**津市厘金局，咸丰五年设，抽收落地货物厘金，按季解省，接济军饷。其州城、新州及安福县属之新安、合口各市镇设立分局，统归津市总局汇办。

澧安厘税总卡原在大湖口，同治二年移设花畹冈，抽取往来舟运货物厘金解充军饷。其安乡县城河及大湖口、青石碑等处分卡均归总卡汇办。又咸丰十年，两江总督曾国藩奏准添设东征局，按照厘金章程抽收以供军需，檄委员绅附入厘金局司办。同治三年克服江宁后奉文裁撤。

（魏式曾纂，黄维瓒增修：《直隶澧州志》。同治十三年，增补刻本，卷五《食货志一·厘税》。）

**【湖南省醴陵县·咸丰六年】**是年冬，设厘金局，立卡于县城、渌口、泗汾、柘塘坪，抽取百货厘金。置乐输局。

（刘谦纂：《醴陵县志》。民国三十七年醴陵县文献委员会铅印本，卷一《大事记》。）

**【湖南省岳州·咸丰六年】**国朝咸丰初元，广西贼大起，军繁而饷乏，江苏布政使雷以諴倡议抽厘助饷，始事于泰州仙女庙等处，劝谕商贾，行之有效。钦差大臣胜保奏上其法，请通饬用兵各省仿照举行。于是湖南巡抚骆文忠公以五年五月，檄署盐法道裕麟总理通省厘务，号理所为厘金总局，此湖南办厘之始。盖止试行于长沙、湘潭、常德、益阳卖买较大之处，未及岳州也。明年，骆文忠复令设局省城，权盐茶。时江西道梗，无从互易，总理局务裕麟请遵照前奉部议，仿明臣王守仁设厂抽税之法，先于郴州、宜章、临武、岳州等处设立卡局，抽取茶税、盐税及百货厘金，岳州自是有厘卡。卡分上、下水，一驻城陵矶，一驻郡西门河岸，辅以炮船梭巡之。主卡，初用绅，后兼用员，最后专用员绅，各司所职而已。当金陵既平，多有援前约，军务告竣即行停抽为请者，省城盐茶总局及湘潭盐茶分局，均于同治四年归并厘金总局办理。而岳州卡局，则经奏定为长江新设水师饷源，岁输十余万金，盖与田赋正供并为永制云。

（李和卿等纂：《巴陵县志》。光绪十二年修，光绪二十六年刻本，卷四十九《职官志二·附岳州厘卡》。）

**【湖南省·咸丰八年】**所有江楚广南各货物，总以每钱一千，抽收二三十文上下为率，均仿照仙女庙章程办理。如买卖零杂，不能指定货色，难以计算者，即酌量按月抽捐。其郴、宜等处盐税每包抽钱七百文，茶税每箱抽银四钱五分，因茶商在各口岸装箱时曾抽过厘金银一钱五分，到卡又复缴纳厘金银四钱五分，为数较各货为多，准每字号缴税后，酌给从九职衔议叙一名，以昭平允。章程有不便于商民者，随时更正。承办官绅有不甚妥协者，随时撤换。大致在于严杜中饱，以裕国计，禁绝扰累，以恤商情。归局而不归署，以防胥吏需索之源；用官而兼用绅，以通商民难达之隐。计自咸丰四年五月设厘金局、咸丰六年三月设盐茶局试办以来，至上年十二月底止，总计拨解藩库军需局银一百七万九千五百八十九两有奇，足典钱二百四十七万一千二十五串有奇，均经陆续支发军饷。

（曾国荃等纂：《湖南通志》。光绪十一年刻本，卷五十九《食货志五·榷税》。）

**【湖南省武冈县·咸丰十年】**设东征厘局。钦差大臣曾国藩以征江南发贼乏饷，饬武冈南厘局带抽助饷，俱依南厘局征收，视南厘减半。劝捐，为筑炮台及补修城垣故也。筑炮台，补修四门城垣，知州谢廷荣奉文选派绅士劝捐督修。于州城正北面建大炮台一座，方长二十余丈，圆长四十余丈。东北建大炮台一座，方圆长短略同。又筑小炮台五十二座，修补四门城垣共八百六十三丈七尺五寸。以是年正月兴工，十一年二月告竣，费银一万八千四百七十六两有奇。

（邓绎纂：《武冈州志》。同治十二年刻本，卷一《大政志·劝捐》。）

**【江西省南昌县·咸丰四年】**秋，曾国藩督师至江西，虑客兵不敷调遣，饷亦不继，与巡抚陈启迈谋就近募兵筹饷之法，划河抽取厘金。

（民国《南昌县志》卷五十四《兵革》。）

**【江西省·咸丰十年五月初三日】**至江西岁入之款，除钱漕外，专恃牙税、厘金。臣现咨商抚臣毓科仿照湖南章程，牙厘另设一局，遴委道府大员专管，不归作藩司收款。复仿照湖北章程，督臣、抚臣分办牙厘、钱漕，各臻踊跃，仍互相通融，互相稽考，以期无误饷需。此后江西通省钱漕应归抚臣经收，以发本省绿营及各防兵勇之饷；通省牙厘归臣设局经收，以发出境征兵之饷。似此眉目分明，庶官吏各有职守，银钱出入滴滴归源，杜绝影射浮冒诸弊。

（曾国藩奏。宫中全宗·朱批奏折。中国第一历史档案馆编《清政府镇压太平天国档案史料》第二十二册，第310页。北京：社会科学文献出版社，1996。）

**【安徽省·咸丰四年七月十六日】**军机大臣字寄钦差大臣琦：咸丰四年七月十六日奉上谕：皖省庐郡攻围日久，未能克复。秦定三带兵剿办舒城逆匪，虽屡经获胜，亦尚未攻克。本日据和春等奏，复有大股贼匪由英山、霍山窜至六安，并因舒城攻剿紧急，贼众由金陵、桐城、安庆前来接应。是皖省剿贼情形极为吃紧，且各路派员防堵以及劝谕捐输，设法筹饷，在在需人经理。已革刑部侍郎雷以诚，现在里下河驻扎，着琦善即传谕该革员，迅速前赴安徽和春、福济军营，帮同办理筹饷防堵各事宜。其所带里下河募勇并经手事件，着琦善另派得力干员前往接办，毋稍疏虞。将此由六百里加紧谕知琦善，并传谕雷以诚知之。钦此。遵旨寄信前来。

（寄谕。军机处全宗·剿捕档。中国第一历史档案馆编《清政府镇压太平天国档案史料》第十五册，第 52 页。北京：社会科学文献出版社，1994。）

**【安徽省黟县·咸丰七年正月】**咸丰七年正月，石米五千至六千四百有奇。邑始有质押，店始设卡抽厘济练。

（同治《黟县三志》。）

**【安徽省华容镇·咸丰十一年七月】**二十日，丙午，晴，午后少雨。晨发华容镇，有曾营水师在此抽厘，舟少住……闻督帅言，现在全部共五万余人，正饷每月即须二十万两，加以赏恤官薪，军需杂支，非三十万金不可。而所恃止江、皖抽厘一项，仅有得半之道。各营口粮已欠至六月余云云。饷源支(拙)[绌]至此，可为焦虑。

（赵烈文：《能静居士日记》。《太平天国史料丛编简辑》，第三册，第 180—181 页。太平天国历史博物馆，北京：中华书局，1962。）

### （六）借外债

**1861—1865 年清政府外债表**

| 年　月 | 名称 | 承办者 | 贷者 | 款　额 | | 利息 | 期限 | 担保 | 用途 |
|---|---|---|---|---|---|---|---|---|---|
| | | | | 原额 | 折合库平银(两) | | | | |
| 1861.11 | 江苏借款 | 江苏巡抚薛焕署布政使吴煦 | 上海洋商 | 规平银 20.5 万两 | 18.7 万 | ? | 半年 | — | 雇船至安庆运淮军至上海 |
| 1861.12 | 苏松太道借款 | 苏松太道吴煦 | 英商怡和洋行 | 规平银 10.0 万两 | 9.1 万 | 7%月息 | 4 个月 | 江海关关税 | 上海会防局用款 |
| 1861 | 福建借款 | 福建巡抚瑞瑸 | 福州、厦门洋商 | | 35.6 万 | 贴息 4.9 万两 | ? | 闽海关关税 | 福建军饷 |
| 1862 | 福建借款 | 福建巡抚徐宗幹 | 福州、厦门洋商 | | 8.9 万 | 贴息 1.1 万两 | ? | 闽海关关税 | 福建军饷 |

续　表

| 年　月 | 名称 | 承办者 | 贷者 | 款　额 | | 利息 | 期限 | 担保 | 用途 |
|---|---|---|---|---|---|---|---|---|---|
| | | | | 原额 | 折合库平银(两) | | | | |
| 1862.4 | 苏松太道借款 | 苏松太道吴煦 | 英商怡和洋行 | 规平银20万两 | 18.2万 | 10%年息 | ? | 江海关关税 | “常胜军”饷银 |
| 1862.5 | 苏松太道借款* | 苏松太道吴煦 | 英商阿加拉洋行 | | 40.0万 | 12%年息 | 5个月 | 江海关关税 | |
| 1862.8 | 苏松太道借款 | 苏松太道吴煦 | 德商惇裕洋行 | 规平银30万两 | 27.4万 | 12%年息 | 5个月 | 江海关关税 | “常胜军”饷银 |
| 1862.12 | 苏松太道借款 | 苏松太道吴煦 | 英商阿格剌洋行 | 规平银9.64万两 | 8.8万 | ? | 10个月 | ? | “常胜军”入长江运费 |
| 1863 | 江苏借款 | 江苏巡抚李鸿章 | 上海洋商 | 规平银18万两 | 16.4万 | 1% | — | 江海关关税 | 部分湘军军饷 |
| 1863 | 江苏借款 | 江苏巡抚李鸿章 | 上海美商洋行 | 规平银3.8万两13.5万元 | 12.4万(连息) | —— | | —— | 上海会防局洋枪队军需等费 |
| 1864 | 福建借款 | 福建将军英桂 | 福州、厦门洋商 | | 15.0万 | 8%年息 | 一年 | 闽海关关税 | 拨给李泰国采购船炮费 |
| 1864—1865 | 江苏借款 | 江苏巡抚李鸿章 | 上海洋商 | | 8.1万(连息) | — | ? | 江海关关税 | 上海会防局用款 |
| 1865 | 广东借款 | 两广总督瑞麟 | 英商??洋行 | 10万元 | 9.2万 | 15%年息 | 一年 | 广东藩司出票 | 广东军需,防太平军汪海洋部 |

本表据徐义生:《中国近代外债史统计资料,1853—1927》,页4—10,表一改制。*借据影印件,见苏州博物馆展品。

## 四、减少经常项目支出

**【河南省·咸丰三年四月二十九日】**窃臣准户部咨开,议覆太仆寺卿李维翰奏暂停养廉,以充军饷一折。经部议请武职自三品以上停给二成,文职一品至七品暂停养廉六成,八品以下免其停扣,应令各省藩司将此项银两于应支本款内核明数目,提出另存,由督抚专折奏报听候拨用,一俟军务告竣,仍复旧额等因具奏。奉旨:依议。钦此。遵即转行钦遵查照扣廉数目造报去后。兹据署藩司沈兆沄、臬司林扬祖详称,豫省清查案内无着之款,奏明由巡抚、司道、府厅、州县分成扣廉,并提公费限年弥补。除巡抚、司道、知府养廉暂停六成,清查应扣之款及三成公费仍行提扣,并同知、通判养廉一体暂停六成外,惟各厅州县清查弥补,扣廉五成,现扣六成,已属不敷。且自道光十年间,经部议奏各省工程概行停止,嗣后应修坛庙、仓廒、衙署、监狱等工均藉养廉,以资修费。应请遵奉现议扣廉六成,其余四成留为各厅州县办公之需。所有清查案内应扣五成养廉暂行停扣,一俟军务告竣,养廉仍复旧额,再行循照奏案扣成弥补。至武职城守尉品级虽崇,而养廉未厚,文职六七品之布政使经历、都事、按察使经历、州同、州判等项杂职养廉甚微,是否一体免其停扣。又署事及暂行护理各员,有例应支食半廉并例不应支之员,自应量为变通,请以署事等员半支半扣、不支不扣。又,现任人员调赴军营当差,例食全廉,应否一律停扣等情,详请具奏前来。相应请旨,敕部核覆,以便遵照,造具扣数清册,咨部备查,按照半年一奏,归于春秋拨册造报。再,此项暂扣养廉请自本年四月初一日为始,合并陈明。

(陆应谷奏。军机处全宗·录副奏折。中国第一历史档案馆编《清政府镇压太平天国档案史料》第六册,第597—598页。北京:社会科学文献出版社,1992。)

**【四川省·咸丰三年六月二十九日】**兼署四川总督成都将军臣裕瑞跪奏,为查明川省文武各官应扣六成、二成廉银确数,并请将廉银内应扣正副销各款暂行停止,以示体恤,恭折奏祈圣鉴事。窃臣接准户部咨,会议太仆寺卿李维翰奏停廉银一折,抄录原奏,咨行来川。原奏内开,武职廉银自三品以上停给二成,余皆毋庸停给。文职一品至七品停给廉银六成,八品以下免其停给等因。臣当经行司遵照去后,随督同藩司杨培悉心筹商。查得养廉一项,增自我朝,为旷古未有之殊恩。百余年来,内外大小臣工,无不仰蒙豢养。当此军务未竣,度支匮乏之时,自应遵照部咨,分别按成扣减,以济军需。惟支食已久,其间在养廉内扣还之款亦复不少,必须斟酌至当,通融办理,庶于军饷有裨,而各官亦不致办公竭蹶。查川省文职各官,自一品以至七品,每年共应支养廉银一十六万四千一百八十两。内除廓尔喀军需案内副销银一百四十六万四千八百四十六两二钱,前经奏明在于通省文职各官养廉内按年摊扣二成;又廓尔喀军需正销删减银五十万二千九百八十两三钱三分四厘五毫八丝,二共正副销银一百九十六万七千八百二十六两五钱三分四厘五毫八丝,分年按成接扣。嗣复奏请以道光十年为始,除冲繁苦缺之理事同知、水利同知,松潘、杂谷、城口、马边、峩边、雷波、越隽、石柱等厅,成都府通判,及后经裁缺之顺庆府通判,并茂州、剑州、成都、华阳、昭化、梓潼、纳溪、石泉、汶川、垫江、青神、冕宁、芦山、清溪、西充、筠连、兴文、黔江等三十厅州县,免扣正副销外,其余均照常摊扣。又采办天坛望灯杆木植,须用工费,借动司库银八万二千五百五十七两九钱五分七厘,亦经奏明于文职养廉内按年摊扣一成。兹复奉部议停给六成,是各官所得养廉,除去正副销二成、木植一成、停止六成,所余仅止一成,尚有搭放赏借赏番钱文二成,以及捐解雷、马、峩、越四厅经费,均应在廉银内摊扣之款，各项系属本省要需，势难裁撤，又未便将各员廉银尽数扣收，致使办公无资。现经通盘筹画，惟有于应扣各款内酌量暂缓扣减。除搭放赏借钱文二成，应将扣存廉银归还鼓铸铜铅工本。其所获息银，应支放武职养廉、屯弁养廉、赡世职俸银、士兵炒面茶价等项费用，各有专文，应仍其旧，毋庸另议更张。至正副销银一百九十六万七千八百二十六两五钱三分四厘五毫八丝，自嘉庆元年起至咸丰元年止，已共摊扣银一百九十二万四千七百八十两五钱九分一厘，咸丰二年分各官养廉尚未摊齐，约计可摊扣银二万五六千两。除已摊扣外，未摊完银仅止一万七八千两。又有达州军需案内长支骡脚银二十余万两，现因正副销银两未经扣完，尚未起扣。其木植工费借动司库银八万二千五百五十七两九钱五分七厘，自道光二十四年冬季扣起至咸丰元年止，除已全数扣还归款外，尚余银九千四百七十八两六钱九分六厘六毫，收入摊捐木植项下，曾经咨部留作下届办理木植之需。以上三款，或未完之数无多，或尚未起扣，或已全充，尚有余剩。相应请旨敕部议覆，将正副销二成、木植一成均自咸丰三年二月十三日奉旨停给养廉之日为始，暂行停扣。其尚未起扣之达州军需案内长支骡脚银两，亦一并停止，俟军务告蒇，库项充裕，养廉复旧之时，再行分别起摊归款。所有川省文职各官自一品至七品总督、司、道以及府、厅、州、县、布按经历、州同、州判，共计一百八十二员，每年共应支养廉银一十六万四千一百八十两，遵照部咨停给六成，每年应减银九万八千五百八两。以本年二月十三日奉旨之日为始，按成扣减，每季可减银二万四千六百二十七两，扣存司库，分作四季报部拨用。其八品以下各官，仍照旧支给，免其停扣。至武职自一品至三品，将军、副都统、提督、总兵、副将、参将、游击，共计四十六员，每年共应支养廉银二万九千七百四十两，遵照部咨停给二成，每年应减银五千九百四十八两。亦以二月十三日起，每季可减银一千四百八十七两，与文职养廉一体按季报拨。其文武署事人员应得养廉，亦一律扣减，以昭画一。截旷银两，亦随案咨报。此外学政一员，系由钦简，并无一定品级，亦无俸银，每年应支养廉银三千二百两，应照文职一体扣减六成，分季汇报。惟文职七品以上停给养廉六成，已十去其六，所得无多，且应领养廉内尚有摊捐之款，若再扣二两平，未免更形短绌。合无仰恳天恩，免其再扣减平银两，以示体恤。其八品以下各员养廉，并未减成，仍照旧扣平，用归公允。据藩司具详前来，理合恭折具奏，伏乞皇上圣鉴训示。谨奏。

（裕瑞奏。军机处全宗·录副奏折。中国第一历史档案馆编《清政府镇压太平天国档案史料》第八册，第261—263页。北京：社会科学文献出版社，1993。）

# 第七节
# 战争及四种武装力量的破坏

## 一、破坏经济的四种武装力量

### （一）清政府坚壁清野政策及清军的抢劫烧杀

**【广西省·道光三十年十二月十二日】**军机大臣字寄钦差大臣李、署广西巡抚周、现署广西巡抚劳。道光三十年十二月十二日奉上谕：有人奏，广西现调兵丁宜加防范，有四可虑等语。国家用兵所以卫民，第恐驾驭无方，则卫民之兵，适以害民。搜捕贼匪，出入民舍，藉端抢夺，患与贼等。乡勇在前，固称得力。官兵在后，宜筹策应。至于楚兵之骄悍，土兵之勾连，尤赖统兵大员随时训练，逐处稽查，方能有备无患。着李星沅等按照折内所指各情，悉心体察，总期兵与民安，勇与兵睦，同心戮力，绥靖边疆，方为不负委任。原片着钞给阅看。将此谕令知之。钦此。遵旨寄信前来。

（寄谕。军机处全宗·剿捕档。中国第一历史档案馆编《清政府镇压太平天国档案史料》第一册，第124页。北京：社会科学文献出版社，1992。）

**【广西省·咸丰元年三月十四日】**窃维广西军兴已逾半载，征调各省官兵数以万计，现复奉上谕，调云南、贵州、湖南兵三千名，安徽兵一千名，又命大学士臣赛尚阿等酌带官兵，一并驰驿。查各省驿站，半皆舟车不通，专恃民夫抬送，山县地方窄小，驿舍无多，又须借用民房。当皇上除莠安良，宵旰勤劳之际，各省官民岂敢稍惜劳费，致形怨咨。且带兵将领具有天良，自必加意防闲，毋任滋扰。惟人数众多，设令觉察未周，而跟役兵丁人等，或借端挑斥，讹索银钱；或包带客货，多用民夫；甚至广占民房，凌辱州县，种种弊窦，难保必无。况届农功吃紧之时，更宜体恤。

（汪元方奏。军机处全档·录副奏折。中国第一历史档案馆编《清政府镇压太平天国档案史料》第一册，第297—298页。北京：社会科学文献出版社，1992。）

**【广西省贵县·咸丰元年】**杨秀清教众贼蓄发，推洪逆为伪天王，揭竿起事，假行仁义，不淫杀，不掳掠，土寇有扰民者擒而斩之，声势日张。警报传至省城，而大吏皆讳言兵，不发大军往剿，视为平常之贼，仍令本郡兵役下乡缉捕，惟滋扰良民，而不敢近贼，巧于趋避，当时民谣云："贼去兵方至，兵来贼已空；不知兵与贼，何日得相逢？日日皆防贼，村村望发兵；谁知兵更恶，杀掠不容情。"皆记实之词。

（半窝居士：《粤寇起事纪实》。《太平天国》，第四册，第 3 页。罗尔纲、王庆成，桂林：广西师范大学出版社，2004。）

**【湖南省安乡县·咸丰元年七月十一日】**程矞采奏参约束不严之带兵各官一折。湖北提标左营游击珠尔松阿管带兵丁赴粤，自应认真弹压，乃先一日启行，致兵丁漫无纪律，行至澧州安乡县境内，辄敢于支给盐粮外讹索各费，滋闹喧哗。该游击珠尔松阿擅离队伍，实属瞻玩，着摘去顶戴，仍令带罪前赴军营效力。千总吴必海于所带兵丁滋事不行阻止，显系有心徇纵，著即革职，解往湖南，交该省藩臬两司，提集该州县办差丁役质讯惩办。此外带兵各弁有无随同徇纵，并着查明惩处。其统领之宜昌镇总兵阿勒经阿未能先事预防，亦难辞咎，着俟定案时，声明请旨。该部知道。钦此。

（上谕。军机处全宗·剿捕档。中国第一历史档案馆编《清政府镇压太平天国档案史料》第二册。第 148 页。北京：光明日报出版社，1990。）

**【湖南省衡阳县·咸丰二年】**十月，毁城外民屋。七月，寇绕郴州、茶陵围省城。十月，省城解围，总督先得罪去。衡州官士闻长沙以城外附近民房高墉厚垣多屯寇，不利防守，故毁之。

（殷家俊等纂：《衡阳县志》。同治十三年刻本，卷二《事记》。）

**【湖南省、湖北省·咸丰二年十二月初一日】**再，据奏潮勇六千余名，近在河西，不服约束，肆扰乡村，现已商同徐广缙酌量裁撤。随营各勇每多恣悍不法，节次谕令分别良莠，妥速遣散。此项潮勇系何人管带，即着徐广缙、张亮基严饬带勇各员，迅速解归原籍，仍须设法资遣弹压，勿令沿途滋事为要。将此由六百里各谕令知之。

（寄谕。军机处全宗·剿捕档。中国第一历史档案馆编《清政府镇压太平天国档案史料》第四册，第 177 页。北京：社会科学文献出版社，1992。）

**【河北省良乡·咸丰二年十二月初七日】**咸丰二年十二月初七日内阁奉上谕：给事中金肇洛奏，兵差骚扰过甚，请饬严查一折。近年贼氛不靖，叠次命将出师，原期除暴安良，屡经降旨，令带兵各员严加约束，不准兵丁沿途滋扰。若如该给事中所奏，官兵需索车马酒食，千把总以上等官酒席之外又有程仪，及另折车价、船价各名目，沿途讹索，有增无减。稍不如意，则百般凌辱，甚至任意逗留，不肯出境，逼令该省督抚参办州县，以致地方苦累，民不聊生。此等恶习，总由带兵各员不能身为表率，兵丁效尤，益无忌惮。若不严行约束，何以整饬戎行？着统兵大员严饬将弁，遍行晓谕，兵丁经过地方于例外丝毫不准骚扰。并着各督抚饬令该州县按例支应，催令前进。如有前项弊端，立即将滋事官兵指名禀报，由该督抚奏闻扣留讯究，即照军律严行惩办。至所称此次古北口兵行至良乡，即将该县所备食器摔碎，桌凳烧毁，几至延烧房屋一节，着讷尔经额迅即查明具奏，毋稍徇隐。

（上谕。军机处全宗·剿捕档。中国第一历史档案馆编《清政府镇压太平天国档案史料》第四册，第200页。北京：社会科学文献出版社，1992。）

**【江西省南昌县·咸丰三年】**泥丸村闭已经旬，成败关头难问因。浪说豫章无有败，[俗传有云，如要江西败，铁树开花卖。]犹欣佳贼不惊民。[贼到处，秋毫无犯。]贡来土物称兄弟，[贼围新城、澹台、章江三门，南、新二邑以豕鸡鹅鸭银米进贡者不知凡几，相见皆呼以兄弟，甚属亲热。即报以“太平诏书”、“天条书”、“幼学诗”、“三字经”数卷，执帖一张，物重者或报以棉花油盐衣服等物，乡民皆快焉。]教祀耶稣绝鬼神。[贼重耶稣教，凡庵堂寺庙有神像者，皆行砍伐焚毁，其给发乡民各书，皆以阎罗为妖云云。]最是官烧城外屋，怜他真作乱离人。[十七夜，官烧外城凡三里之地，民房焚化一空，甚属惨烈。]

（邹树荣：《蔼青诗草·六月十八日江省被围感》。）

**【江西省南昌县·咸丰三年】**事平，[江]忠烈奉命帮办江南军务，誓师东下。在道闻南昌警，疾驰赴援。[江]忠济登城周察形势，请于忠烈，即日拆附郭民房。城外市廛栉比，资货巨亿。令下时，贼尚未至，民情大哗。忠济毅然不顾，督令速拆，不及拆者，纵火焚之。俄而贼抵城下，扑灭烈焰，夺据余存铺屋及文孝庙以为巢穴，即于其中开地道攻城，人始服忠济之有先见。

（刘坤一等纂：《新宁县志》。光绪十九年金城书院刻本，卷二十六《人物传》。）

**【湖北省汉口·咸丰三年正月】**汉镇为数省通衢，百货山积，迁避不及，被焚掠五昼夜殆尽。

（杜文澜：《平定粤寇纪略》卷一，第10页。上海申报馆仿聚珍版印。）

**【湖北省武昌·咸丰三年正月十七日】**又准南阳镇臣柏山来函，据署新野营守备王胜祥禀报，选派亲信弁兵邓文福、汤试扮作肩贩，前往查探。现据回营禀报，该弁兵等于正月初四日进武昌省城，探得初二日贼匪即将掳掠男女钱粮尽装船只，顺江下行。城内衙署、民房被贼放火焚烧大半。汉口一带尚无大伤。当经向荣带兵进城，扑灭余火，酌留镇筸镇官兵八百名守城。

（陆应谷奏。军机处全宗·录副奏折。中国第一历史档案馆编《清政府镇压太平天国档案史料》第四册，第434—435页。北京：社会科学文献出版社，1992。）

**【江苏省镇江·咸丰三年四月】**初五日，西门外民房为贼烧尽。

（佚名：《蘋湖笔记》，手稿本。南京大学历史系太平天国史研究室编《江浙豫皖太平天国史料选编》，第92页。南京：江苏人民出版社，1983。）

**【江西省南昌县·咸丰三年】**五月［江廉访］到江，登城相度形势，令尽烧民房以防伏贼。因贼破江宁坚城，皆伏傍城屋挖洞而进，用地雷轰攻。廉访洞悉敌情，谋中机宜，城外数万家烟灶，鳞次相接，民皆遁逃。廉访将统兵发火。邑令某君念延烧多屋，耗民财，力争。廉访厉声曰：吾谋不行，大事去矣。麾兵火之。

（晏家瑞：《江西战垒纪闻·江廉访》。杜德风选编《太平军在江西史料》，第528页。南昌：江西人民出版社，1988。）

**【江西省南昌县·咸丰三年五月】**初八日，南康府失守。初十日，中丞檄予拆毁靠城濠内房屋……［十七日］江廉访驻章江门城楼，闻贼匪已抵吴城，乃派楚勇缒城，烧毁濠外房屋。

（林福祥：《守南昌广饶记·守南昌府记》。杜德风选编《太平军在江西史料》，第521页。南昌：江西人民出版社，1988。）

**【江西省南昌县·咸丰三年五月十七日】**癸丑五月十七夜，贼船探报泊樵舍。城中大吏心胆寒，命人四出持火把。焚烧城外各屋庐，某坊某铺无遗者。骤然号令闻不虞，千人万人同叫呼。

（邹树荣：《蔼青诗草·烈火烧》。《太平天国资料》，第73页。北京：科学出版社，1959。）

**【江西省南昌县·咸丰三年】**五月十七贼初到，城中募人巡街道。十六千钱一月工，烛费二千外增找。从九品职加布衣，六品职衔加俊造。在城士庶应募多，厚赏偏如书上考。

（邹树荣：《蔼青诗草·巡街道》。《太平天国资料》，第75页。北京：科学出版社，1959。）

**【江西省南昌县·咸丰三年五月】**有人于十七日夜，见向省城一角天红，盖是日省城官兵放火烧城外民房也。

（毛隆保：《见闻杂记·五月见闻记》。杜德风选编《太平军在江西史料》，第484页。南昌：江西人民出版社，1988。）

**【咸丰三年六月】**［下令各直省行坚壁清野之法，］自兵兴讫荡平，终以此为策首。

（杜文澜：《平定粤匪纪略》卷二，第11页。上海申报馆仿聚珍版印。）

**【江苏省扬州·咸丰三年十二月十四日】**窃查扬州收复后，琦善严令闭城，纵令所部弁兵搜括银钱、衣物。当典铺户，贼匪未穷搜者，弁兵搜洗一空。妇女附身衣着，贼匪不肯取者，兵丁剥取净尽。马载骡负，充溢街巷，七昼夜不绝于道。或曰逆匪破败，即以败匪之所有分赏战士，在古人偶有行之者。至老弱、细小、饥饿不能出门户者，民间煮粥担饼，思欲进城散放，琦善禁之，使不得入。七日之间，死者鳞藉。城内贼火所未烧者，琦善兵丁从而火之，烟焰迷空，黯蔽天日。难民有向城下掇取枯木者，开炮轰击，民命草菅，哭声相续，见不忍见，闻不忍闻。窃思扬州被陷几至一载，百姓颠沛流离，延颈企望，以有今日，而琦善之作威又复如此。窃恐百姓解体，土匪勾结为患，此诚民心向背之一大关键也。相应请旨饬下琦善，迅速责成地方官妥为抚恤，以收民心而消隐患，苍生幸甚。

（晋康奏。军机处全宗·录副奏折。中国第一历史档案馆编《清政府镇压太平天国档案史料》第十一册，第544页。北京：社会科学文献出版社，1994。）

**【江西省九江县·咸丰四年】**凡觇军事之胜败，先视民心之从违。前此官兵有骚扰之名，贼匪有要结之术，百姓不甚怨贼，且有甘心从逆者。今年以来，贼聚日多，抢劫日甚，升米尺布，掳掠一空，百姓恨之刺骨。大军所到，夹道欢迎，或送薪米，或馈猪羊。蓄发之人愿为侦探向导。

（杜文澜：《平定粤寇纪略》卷三，上海申报馆仿聚珍版印。）

**【湖北省·咸丰四年三月】**湖北诸城残破不可胜数，施南、郧阳以山僻免害，形势之地惟荆、襄存。

（杜文澜：《平定粤匪纪略》卷三，第3页。上海申报馆仿聚珍版印。）

**【江苏省扬州瓜洲·咸丰四年五月十七日】**再，瓜洲江汊宽深，贼匪恃险为固……现在新麦登场，其附近贼营之处，诚恐小民趋利，重价资敌。已饬扬州府知府传集商贩，广为收买，并令地保向乡民劝谕迅速运卖。而无知乡愚尚有被贼重利相啖，间济贼用者，其田中耕作之男妇亦往往遇见官兵出队，转向贼中逃避，良莠不齐，又难抚为我用。惟有仍督官兵尽力攻剿，一面催提水师上驶夹击，以期速扫妖氛，少纾宸念。理合据实附陈。谨奏。咸丰四年五月二十二日朱批：览奏均悉。

（琦善奏。宫中全宗·朱批奏折。中国第一历史档案馆编《清政府镇压太平天国档案史料》第十四册，第352页。北京：社会科学文献出版社，1994。）

**【安徽省徽州·咸丰五年六月初七日】**现在召勇无一留徽，芸斋已全行撤回。此勇到此时，虽芸斋亦不能颂扬，以实在丢脸也。昨日晏彤甫尚自徽来信云：贼来先跑，贼去即抢，已成习惯，万不可用。此确论也。从前不败露，而但为民间切齿者，以未尝真打过一战耳。今年处处出现元[原]形矣，可叹可恨。弟之所以不遽裁者，正恐贻患温、台，即如□[？去]年乐清之事，亦若辈助之也。今则到处百姓皆要杀，到处军营皆不要，恶贯满盈，神人共愤；而弟仍养其廉耻，不助人高兴，且屡出示开道。其实无怪远处要杀，即以省垣而论，无一日不闹事，自弟另雇江北勇一千七八百名到来，[城中自三月起始举行团练，此从来所无，若辈始不敢施真伎俩。城外僻静处间有之。]现在存者不过数百，皆安静之人。惟散勇尚驱逐不尽，敬兄亦大受一惊，以□有十数人曾夜至其宅也。川、潮各勇皆不安□[分]，然能打战，不似召勇但勇于私斗也。

(《何桂清致自娱主人等书札》。《何桂清等书札》，第 11 页。)

**【湖北省武昌汉口・咸丰五年七月】**江夏程维周广文之桢《漂萍集》，有《哀汉口》一诗，乃述咸丰乙卯七月十八日粤贼焚杀汉口事也……诗云：……油幢高拥襄河秋。坐使豺狼张巨吻，可怜民命轻于蚓。夺妇谁鸣委巷冤，搜牢莫雪商人愤。白旗插江江水黑，义声一齐呼杀贼……乡团见贼不见兵，连营战鼓僵无声……只今贼去焦土冷，犹看尸积青山高……繁华一霎荆棘凉，半础无存断瓦荒……此诗所述，盖纪十年[？五年]三月武汉失陷，总督杨霈走襄阳，至七月，始经胡文忠[胡林翼]督彭刚直[彭玉麟]等，自七月十五日至二十五日，与贼大战汉口，均用火攻，大毁贼船贼营，而居民亦□此劫也。

(王葆心：《续汉口丛谈》卷一，第 17—19 页。)

**【湖北省・咸丰五年七月初八日】**军机大臣字寄湖广总督官。咸丰五年七月初八日奉上谕：胡林翼奏，署湖北提督讷钦前经杨霈咨调，挑带官兵防剿粤匪，兵不满千，坐索行装银两费至万金，并有兵丁多人将埠头范廷鉴等扭殴致伤，该提督、署都司多恩听信兵丁，逼勒水手聚众逞凶，沿河停泊各船多被滋扰，所求不遂，即将差总王安殴打，伤痕遍体。前西安将军扎拉芬孤军力战，该署提督近在咫尺，并不发兵应援，且所带兵勇见贼先溃，请饬查办等语。讷钦以专阃大员督兵防剿，辄敢任意需索，纵容弁兵肆行滋事，据奏各情，殊堪痛恨。

(寄谕。军机处全宗・剿捕档。中国第一历史档案馆编《清政府镇压太平天国档案史料》第十七册，第 452 页。北京：社会科学文献出版社，1994。)

**【江西省南昌县・咸丰六年五月初八】**曾公国藩礼侍郎，籍贯湖南县湘乡。办贼江右赐关防，[礼部侍郎曾国藩请旨团练，奉旨命在江西剿贼，赐钦差大臣关防。]平江练勇私未忘。[在江西驻扎二年，所用练勇皆岳州平江县人，有中军、左护军、右护军等名。]战功未必在疆场，实实受害惟南昌。二月梅姓扎营房，伐树拆屋摧门墙。妇女逃窜毁容妆，太史第宅成芜荒。[梅家巷梅启照以庶吉士改主事在京，里中第宅遂成丘墟。]相近数里各村庄，用器食物皆夺攘。关门闭户天昏黄，或有畸零小地方，夜深公然上妇床。三月扎营梧桐冈，抢夺民物持刀枪。秆堆竹木皆精光，车犁锄耙亦丧亡。或作爨材炊黄粱，或索赎值充私赃。

(邹树荣：《蔼青诗草・纪平江勇事》。《太平天国资料》，第 77 页。北京：科学出版社，1959。)

**【江西省于都县・咸丰六年】**五月十六日，潮勇入城，方恣掠财物，俱不复追贼。已而赣贼数千来援，反扑县城，潮勇败退，乘流赴赣，县城仍为贼踞。

（同治《赣州府志》卷三十三《武事》。）

**【江西省南昌县·咸丰六年】**奸淫掳掠贼相同，到处搬移一扫空，不信避兵如避寇……

（邹树荣：《蔼青诗草·口占七绝四首》。《太平天国资料》，第80页。北京：科学出版社，1959。）

**【江西省会昌县·咸丰七年四月二十六日】**各堡米粮牲畜，以已运入山寨，坚壁清野，无可掳掠，贼又饥甚，二十八夜乃潜遁。

（同治《会昌县志》卷十四《武事》。）

**【江西省都昌县·咸丰八年四月】**越日，委办八邑团练广昌县儒学教谕刘文藻来城，查阅练勇，以团局过多，会商胡令、余守，将前局化散为整，编号分天干十团，每团另选勇一千二百名留资调遣。嗣是贼去渐远，民不苦贼而苦兵。缘师老粮匮，官绅又争募新营，其勇遂俨然各树一帜。胡承湖以纵容勇丁，撤营解任。而余体仁系在籍之绅，多募本乡之勇，未免希旨恃恩，不遵约束，方议遣散，而藉欠饷需，动辄鼓噪而至。余体仁竟以忧劳成疾，七月初四日在营身故。知县富伦泰即于其时到任，治兵筹饷，概诿为前任事，不与闻。城局诸绅日夜焦思，盖计自县城克复以来，时逾一载，勇数累增，寇氛沓至，疮痍未复，膏血旋倾，阖县皇皇，真有如水益深之虑。不得已就近禀明彭帅，蒙恩准多拨水师来县弹压，一面饬将口粮截止，随设法筹款给散。始于九月二十二日裁撤营勇，惟令各团勇仍前防堵，而都邑绅民于兹而释重负矣。九年己未六月，景镇克复，又禀请裁撤团勇，每团只留护勇二十名，以供差使。

（同治《都昌县志》卷之八《武事》。）

**【长江中下游·1858年】**关于革命党所致之毁坏，前已多所叙述。大凡内战，皆有如此结果，而尤以在中国为然，盖我另在本书他章曾表出：那是清政府定计，务将革命党所曾占领的地方全部要加以破坏。俄理范先生[H. Oliphant，按：1858年随英专使额尔金爵士到长江中下游巡视者。]之叙述足以证明这一点，因为他见的城镇，凡是由革命军手上夺回者，无不遭受大毁坏。然而凡在革命党占领的地方，则比较上皆得好好的保存，只有芜湖一处是例外。但如有一城被围攻，则四郊自然大受灾害了。许多人意见皆如威妥玛先生，[T. Wade，按：先受清政府雇用在海关任职，后充额尔金之翻译官，最左袒清方者。]，咸以毁坏地方之罪归诸革命党。然考其实，每当清军一逐去革命党而收复一城之时，一向革命军之毁坏工作尚未及半者，他们即完成之。

（译自：John Scarth：*Twelve Years in China*，Chap. 24. P274f 1860年出版，引自：简又文：《太平天国典制通考》上册，第487页。香港：简氏猛进书屋，1958。）

**【江苏省无锡至常州 · 1859年底(11月12—13日)】**我们在苏州及在运河上沿途所见到的荒废情形,一部分是由于张玉良军队退却时所破坏的,一部分由于土匪的洗劫,还有一部分是由太平军自己破坏的了。忠王在苏州时,曾竭力禁止焚劫。凡扑灭放火打劫有功的人,或用金钱赏犒,或以官爵酬劳,他下了三道禁令:一、不许兵士杀戮良民。二、不许兵士屠宰家畜。三、不许兵士放火烧屋。有犯三罪之一的,死刑随之。忠王至无锡时,有一乡村长老因纵容土匪焚烧民房数间,便被砍头了。

(Yung Wing, *My Life in China and America*, *1909*, P103-104,中文本,容闳:《西学东渐记》。此处按梁方仲译文。)

**【江西省南昌等县 · 咸丰九年至同治元年】**烽火章门警急多,城西四县可如何?不堪焚炬连烧屋,正及秋成未刈禾。[贼在沙井西十余里烧民舍,日夕望见火光。时七月初旬,居民纷纷逃徙,田禾已熟,不敢刈割。]

(邹树荣:《蔼青诗草 · 杂感》。《太平天国资料》,第79页。北京:科学出版社,1959。)

**【江西省上犹县 · 咸丰十年】**旧史氏喟然而叹曰:悲夫,天下兵革之祸,有如吾邑咸丰八、九、十年之事之冤苦者哉!非苦于贼,而苦于勇。非徒苦于拳勇以杀贼,而贼不胜杀,苦于无用之勇,耗有用之粮。勇多而贼少,不及旬月,而罹勇之毒遂至经年屡岁而未穷,而民莫敢白其冤也。

(光绪《上犹县志》卷十六《军务纪略下》。)

**【江苏省金坛县 · 咸丰十年三月】**初八日,制府遣总兵萧知音带干、冠等勇一千数百名来守城,调熊总兵赴丹阳。又札艾得胜就地招奇胜勇一千名并楚良勇一并统带,会同萧总兵、周参府驻坛防堵。大都江北及孝陵卫无籍之徒纷纷投效。数复不足,将本地游民、乞丐均招入伍,各店大受滋扰,茶酒面饭各馆多闭歇者。

(佚名:《金坛围城追记》,手稿本。南京大学历史系太平天国史研究室编《江浙豫皖太平天国史料选编》,第65页。南京:江苏人民出版社,1983。)

**【江苏省金坛县 · 咸丰十年三月】**廿五日,制府[按:指两江总督何桂清。]未发兵。辰刻,总统张公[按:指江南大营帮办张国梁。]遣总兵马德照[昭]带兵四千来援,扎营东、北两门外,局中支应不给,兵勇入各店抓人充夫,搬抢民物,城中惊乱。

(佚名:《金坛围城追记》,手稿本。南京大学历史系太平天国史研究室编《江浙豫皖太平天国史料选编》,第63页。南京:江苏人民出版社,1983。)

**【江苏省江宁县 · 咸丰十年】**行至龙都镇,见街西火犹未息,而街东火又起;死尸纵横,有身首异处者。至湖熟镇亦然。各处烧、杀、抢、掠,亦多有为溃败之官军所为者,不尽属贼也。又,官军败贼,及克复贼所据城池后,其烧、杀、劫夺之惨,实较贼为尤甚,此不可不知也。

(李圭:《思痛记》。《中国近代史资料丛刊:太平天国》,Ⅳ,第 474 页。中国史学会编,编者:向达、王重民等,上海:神州国光社,1952。)

**【江苏省南部·咸丰十年】**忠王以一炮艇送余返。沿途见人民各回乡里,而极大之黄色告示到处悬挂。阿林为余译之,大要劝人安居乐业,守法纳税而已。在苏州城门及他处乡镇,往往见人头累累,系于高处。下帖告示,宣布其罪状,或劫掠民财,或吃鸦片,或奸淫妇女,皆军人之违法者。

沿途所历各村,每三四处,必有一完全焚毁者;亦有三村相连处,二村未动,而中一村则仅余焦土者。余问之乡人,或云为官军所毁;或云居民逃避,而官军焚其房屋以示警诫;或云为满军占守,太平[军]攻击之遗迹。

余回三里桥时,买丝事犹未完毕。余乃再事游历。离三里桥四英里之地,田野荒芜,遍地荆棘,鸡犬不留,浑似沙漠。此地大约为太平[军]与官军奋斗之剧场。余闻三里桥人言:太平军购物极有规则,非出相当之价,虽一鸡蛋不妄取;其行为与官军大异。

(林利著,孟宪承译:《太平天国外纪》卷上,第 39 页。上海:上海商务印书馆,1926。)

**【江苏省南部·咸丰十年】**是以庚申之劫,遭之者众。四月初,清野火光[按:下缺七个字。]如倾。是时迁徙之家,同声号哭。

(沧浪钓徒:《劫余灰录·序》。《太平天国史料丛编简辑》,第二册,第 137 页。太平天国历史博物馆,北京:中华书局,1962。)

**【江苏省苏州·咸丰十年四月五日】**有伪总兵马姓,飞骑入城,直至中丞署见巡抚徐有壬。徐素柔荏无远略。马谓徐曰:"常州危在旦夕,君犹高枕无忧,即速办饷银十万两,先于城外坚壁清野,焚毁附郭民居为战守计。"徐犹豫未决。马曰:"事急矣。"横刀径出城,谕民述中丞令,遂于阊门南濠一带纵火延烧数里。初五、初六两日事也。

(佚名:《寇难琐记》卷一,手抄本。南京大学历史系太平天国史研究室编《江浙豫皖太平天国史料选编》,第 132 页。南京:江苏人民出版社,1983。)

**【江苏省苏州·咸丰十年】**四月朔,总督何由常退苏,巡抚徐不纳,遂有大营不支紧报。初三,有败勇无算,或步或舟进浒关,临城,阊、胥两门遂闭。初四晨,阖城顷刻罢市,居民望东而走者填街塞巷。申刻,得抚宪令,沿城房屋限日拆毁,行坚壁清野法,令未行。晚有马总镇者,登城纵火,阊、胥两门外烈焰四起,抢掠大乱,连烧十里许,三昼夜不熄。

(戴熙:《吴门被难纪略》,《太平天国》,第四册,第 396 页。罗尔纲、王庆成,桂林:广西师范大学出版社,2004。)

**【江苏省吴江县·咸丰十年四月廿四日】**,贼至吴江,据其城。邑令田□、震泽县范□[乌程南浔人]俱遁。遂下平望,连艘数百,泊莺脰湖。遂由王江泾直犯嘉兴,沿塘纵火掳掠无算,恣意淫戮,枕藉死者,岸上河滨相望于道。时禾城[嘉兴]毫无防堵,城门洞开,鼓噪而入。知府张玉藻早避去,知县彭□[大学士蕴章子]与秀水县俱不知踪迹。贼首朗天安陈坤书出令安民,其焚劫略减于未陷城时。廿九日,由九里汇至新塍镇焚毁东栅,所在村庄无不蹂躏,而严墓、乌镇一带闻警,遂商犒赂之策。

(佚名:《寇难琐记》卷一,手抄本。南京大学历史系太平天国史研究室编《江浙豫皖太平天国史料选编》,第133页。南京:江苏人民出版社,1983。)

**【江苏省苏州·咸丰十年】**四月初四日……午后有马镇军兵勇入城……自此城内哄然罢市矣。

四月初九日……所烧房屋皆系昔日繁华之地……询系马镇军所烧,城外广匪乘机抢夺。

四月十三日……[清军散兵]路遇行人,给以白布尺许,唤令随行,领至典铺殷富之家,帮同抢掠……

四月廿五日……曹陶轩之胞兄梅轩亦与同胁一处,贼目怜其力懦不任肩挑,令两贼押送出境……

四月廿六日……闻城内长毛一股由吴江而南八斥平望蝉联而去,并不杀人抢物……

四月廿七日……探知长毛所过吴江八斥平望一路……并未杀戮。

(吴大澂:《吴清卿太史日记》。《中国近代史资料丛刊:太平天国》,Ⅴ,第327—334页。中国史学会编,编者:向达、王重民等,上海:神州国光社,1952。)

**【江苏省金坛县·咸丰十年五月】**捐小菜。端节后,城中除烟酒外,各物俱尽。兵勇遂入民家搜寻小菜,令各坊民派干菜、豆豉等物送营,以免滋扰。

(佚名:《金坛围城追记》,手稿本。南京大学历史系太平天国史研究室编《江浙豫皖太平天国史料选编》,第80页。南京:江苏人民出版社,1983。)

**【江苏省金坛县·咸丰十年五月】**初六日,艾得胜出示,令民献烟土。闰三月,局中曾备存烟土五十包,以济兵勇之急,至是已尽。艾得胜出示,谓兵无烟食,无力战守,着有土者献出平卖。初尚由局觅买,继则兵勇自入民家搜查,甚至将素贩土者捉营吊讹。后禀县假监追名,将被捉者入外监躲避,始免。

(佚名:《金坛围城追记》,手稿本。南京大学历史系太平天国史研究室编《江浙豫皖太平天国史料选编》,第69—70页。南京:江苏人民出版社,1983。)



**【江苏省金坛县·咸丰十年五月】**十八日,邑侯示,禁民买兵勇物。自得胜出示后,各勇借搜土名,掠民物,街卖。无知者贪廉争买,于是搜土勇益多,不能禁。请邑侯出示,独禁民买。派地保巡查,犯者立拘,照价以一罚十,买物入官,仍枷号一月示惩。掠物者无售主,搜土风始息。

(佚名:《金坛围城追记》,手稿本。南京大学历史系太平天国史研究室编《江浙豫皖太平天国史料选编》,第70页。南京:江苏人民出版社,1983。)

**【江苏省上海县、苏州·1860年6月】**人们有过许多关于"长毛叛军"残酷行为的传说,但这种指责是虚构的。我们没有看到一点故意破坏的迹象。不错,他们杀人,但他们必须杀人,否则便会被人杀。他们放火,但就我们观察所及,他们放火总是为了自卫。许多纵火焚烧的事情,是在叛军到达以前清军干的。自杀的事情也比屠杀多得多。太平军准许松江所有的妇女离开松江这一事实,以及如所周知,他们曾多次设法拯救跳河投江的男女,都足以证明他们并不是残暴的匪兵,像传说的那样。按照极其严格的意义来说,他们确是革命者;不论是杀人或是掠夺,只有在为达到革命的目的而有必要时才采取这样手段。这些是伴随着这种运动而发生的不可避免的不幸,是否正当,需要就运动本身是否正当来判断。

(《传教士艾约瑟等五人赴苏州谒见干王和忠王的经过》,《北华捷报》第519期,1860年7月7日。《太平军在上海——〈北华捷报〉选译》,第59—60页。上海:上海人民出版社,1983。)

**【江苏省金坛县·咸丰十年六月】**廿三日,设三营总巡局。奇胜勇带洋银十余元,或八、九□,□凿磨坊,强委之,拉牛宰杀,请艾得胜禁之,不能止。他勇亦遂假大棕绳穿之。现在民俱留米供兵,自食大麦,需牛磨粉。城中剩牛数只,诸勇扰扰不休。又夜乘各民守垛,入人家强取衣物,请三统带各派营员,会设总巡局,滋事兵勇归局严办。局员为巨都司、戴都司、楚良勇营千总王姓三人。

(佚名:《金坛围城追记》,手稿本。南京大学历史系太平天国史研究室编《江浙豫皖太平天国史料选编》,第76页。南京:江苏人民出版社,1983。)

**【江苏省上海县、苏州·1860年8月】**还有人说,人们往往将焚烧事件归罪于叛军,实则这种纵火焚烧的事情很多是在叛军到达之前清军所干的。烧毁城郭与乡村以保全城市或军营的办法,在中国兵法上叫做"坚壁清野",被认为是有道理的。

(《传教士艾约瑟等五人赴苏州谒见忠王的经过》。《北华捷报》第527期,1860年9月1日。《太平军在上海——〈北华捷报〉选译》,第63页。上海:上海人民出版社,1983。)



**【江苏省南部·1860—1864年】**无锡之陷也,官军屠戮居民六千人。其人平日受太平军之赈济者,至是亦饥饿而死。慈善二字,满洲政府所无也。余在无锡时,每闲行郊野,触目皆英军干涉之悲惨结果。哀鸿遍地,民不聊生。至是出太平境,再至上海,更疮痍满目。平时产丝区域，亦桑枯蚕死，寂寞荒凉。加以清军到处屠戮，愁惨之景象，以战血渲染之，不忍睹矣！昆山失陷后，余亦尝重游其地，每日约过小村二三十。然家家有饿殍，户户断炊烟，其存者析骸而食，惨不忍睹！英人干涉之政策，不但为愚策、为自杀，且大伤人道也。

或者疑杀戮劫掠者，非英军，非戈登军，非官军，乃长发贼也。余无以难之，请述以下之证据：

一、昔之游历产丝区域，投书《支那之友》云：

白齐文至南京时，此地至苏州间一带，皆富饶殷实；沿运河十八里，廛舍栉比，人民熙熙攘攘，往来不绝。官军克苏州后，房舍、桥梁尽被拆毁，十八里中杳无人烟，鸡、犬、牛、马亦绝迹……自此至无锡，沿途如沙漠，荒凉万里。虽禽鸟、鹿、豕，可供猎取，然遗骸积血，望而生畏。行经一营幕时，有兵士二三万，鼓噪大呼"洋鬼子"、"洋鬼子"之声盈耳，弄枪舞剑，故示威吓。官军殆全无尊重外人之意也。

至常州，途中九十五里不见人影。桑麻枯槁，田野芜秽。戈登将军见此，观念如何？自常州至丹阳，枯骨累累，遍地皆白。有古塔一座，四千年古物也。余登临之，则层层积尸如古墓矣。余此行在采取桑树，然所行愈远，景象愈恶，太平强盛之产丝区域，不图雕耗至此！过丹阳四十五里，嗒然折回。[见《支那之友》，一八六五年一月十三日。]

一八六四年四月二十八日，《支那之友》载戈登军官二人之投函云：

无锡饿民载道。官军入城时，尽搜稻、粱、菽、粟而去，令人不解。余等在军中，目击一老叟持斗米行于途，被官兵横夺，而莫敢如何。在常州时，贫民有丐数升米者，兵士辄鞭挞之。余细心观察贫民人数，自官军入城日起，逐渐增加。盖兵士掳掠凶残，无所不至也。

又，一八六五年一月三十一日投函云：

贵报载太平军弃昆山时焚毁劫掠事，殊与当时事实不符。祠、庙、偶像、官署等，确系太平军所毁。至民居房屋，则官军毁之。余首先入城，目击一切情状：官军统领程学启、李恒嵩二人，专教兵士劫掠屠戮，惨状殊不忍睹！

（林利著，孟宪承译：《太平天国外纪》卷下，第 40—43 页。上海：上海商务印书馆，1926。）

**【江苏省南京·咸丰十年】**至官军一面，则溃败后之掳掠，或战胜后之焚杀，尤属耳不忍闻，目不忍睹，其惨毒实较贼又有过之无不及。余不欲言，余亦不敢言也。

（李圭：《思痛记》。《中国近代史资料丛刊：太平天国》，Ⅳ，第 481 页。中国史学会编，编者：向达、王重民等，上海：神州国光社，1952。）

**【浙江省嘉兴县练市·咸丰十一年】**辛酉四月十四日，献天豫已回姑苏。练市突有官军毁弃三官殿，遂于西栅营房阁桥西筑土城，高不逾肩，以竹木店板为藩篱，厚尺许，长数百步，布幕于上，名为守望。戍兵时出外掠人财物，店铺诛求，执途人而搜攫之，其凶戾甚于长毛。或诉之陆武生篑山。陆曰："非我所能约束也。"余如领兵武弁王、刘、彭、李诸人，俱无远略,裹粮坐甲而已。陆簣山□市俞家兜人,不检细行。庚申夏,抢事避匿,有荐于赵景贤,充卒伍之役。会击苕西长毛,着微劳,授以武衔,今旋故里,襄督戍兵。军需多取给于菱湖袁家汇诸赌博局抽头所出,每日得钱数十贯,不敷所用,逍遥作嫖妓船行乐而已。时事至此,犹用此辈人,欲寇氛之廓清得乎?

(佚名:《寇难琐记》卷一,手抄本。南京大学历史系太平天国史研究室编《江浙豫皖太平天国史料选编》,第149—150页。南京:江苏人民出版社,1983。)

**【浙江省桐乡县乌镇·咸丰十一年四月】**是月十四日,两镇重经扰乱之余,土城既不能克,所来嘉兴援兵乘势占据民房,以防御贼军为名,所过炉头、陈庄及乌镇,专事掠财物,大小人家无不蹂躏。正值蚕忙上蔟之时,多取而覆溺之,蹴踏之,见人便捉人,俘男女数百人去。

(佚名:《寇难琐记》卷一,手抄本。南京大学历史系太平天国史研究室编《江浙豫皖太平天国史料选编》,第151页。南京:江苏人民出版社,1983。)

**【湖南省乾州·咸丰十一年】**恩绶,号静泉,满洲正旗人,荫生,咸丰十一年署厅同知……粤逆石达开拥众十余万破青林界入楚,所过县邑多失守,逆氛甚炽。绶适闻讣丁艰卸事,士民深情依恋,诉道乞留,绶不得已,多方戒备。及逆囤浦市久,度下游辰州扼重兵,贼不能过,坚壁清野,邻近凤、泸壮勇,携老幼、运衣箱、谷米入城约万计,不稍禁,丁强粮足,人心安贴,仍详请道标兵飞约西路统领周洪印师入城添守,贼不敢近,遂夜窜。绶出奇督剿,截得被掳难民千余人,各给票遣回籍,生擒贼百数名,分别诛治。长发耳级百二十双,器械旗帜五百余件解省。

(张先达增纂:《续修乾州厅志》,光绪三年校刻本,卷九《名宦·文职》。)

**【湖南省靖州·咸丰十一年】**夏四月,援军纷至沓来,犒赏供张,日不暇给,上下数十里风水林木俱为一空,洵所谓贼如梳、兵如篦也,张牧哀之。时援军骚扰,唯龙勇尤甚,凡淫掳烧杀诈骗油索之案,层见叠出,靖民恶之,遂处处齐团驱逐,杀毙莫知所终,乃于七月移驻沅州。

(唐际虞等纂:《靖州直隶州志》光绪五年刻本,卷十二《事纪·兵燹》。)

**【江西省广信·咸丰十一年】**五月,贼由汀州,沿宁都、金溪、贵溪、弋阳南境上窜,盘踞铅山南境湖坊等村,掳掠至百里之遥。

(同治《广信府志》卷五《武备·武事》。)



**【浙江省·咸丰十一年八月】**[清军]奸淫劫掠,大为民害。

(沈梓《避寇日记》。《太平天国史料丛编简辑》,第四册,第78页。太平天国历史博物馆,北京:中华书局,1962。)

[编者注：该书作者认为清军纪律不如太平军。同书第 88 页。]

**【安徽省休宁县、屯溪县·咸丰十一年十月】**十九日，良字营至万安街掳掠，后放火烧去房屋数十间，挑物而回休城。十一月廿六夜，遂安之贼一股，三更走白镜岭到屯溪。店家不知，(豁)[突]然而来，货物丝毫未搬，遭货无算，房屋烧去十余间，百姓亦死十余，打掳而回。一枝到郡域，强中营将城门紧闭，亦不出战。贼众四乡烧屋、杀人、打掳。腊月十一日，掳物而去。

（佚名：《徽难全志》，抄本。南京大学历史系太平天国史研究室编《江浙豫皖太平天国史料选编》，第 299 页。南京：江苏人民出版社，1983。）

**【浙江省太平县·咸丰十一年十一月下旬】**路桥郑正选，前日长发败时，匿其渠帅数人，贼德之，予以官，为总制。已酉拔贡、原任太仓知州蔡子珊亦降贼。子珊原名壬，革职后改名宝森，为伪丞相。路桥以郑力求保全，贼许之，定议和。赵八愚[步程]至路桥，托其达意，求纳银止兵。郑与邱善乔世好，以善乔死，怨吾太。善乔所领土匪千余，皆路桥人，大半被杀，路桥人亦怨吾太，力沮和议。惟许泽库一村和。八愚转托子珊进言贼酋李世贤[世贤封侍王]，许之。议设乡官，以监军任重，人敢莫为，同行者咸推林少筠。少筠力辞。众交劝之曰："阖邑人民生死攸关，君何得置身局外！"少筠不得已，从之。副贡李汝皋为中军帅[名锦莲]，廪生张桂馨为东军帅，江惠风为南军帅，周西教为西军帅，叶小攀[一山]为北军帅。武生林汝鳌以锦一匹馈李世贤，世贤悦之，授伪将军[名振扬]。各给木印。河头武童林崇有随至黄岩共议，议定设乡官，崇有不得与，愤甚，禀贼酋侍王，给以恩赏将军，令头裹黄帕，袍褂皆用大红，得意而归。议定，世贤往金华，太平得全。

贼凡陷郡县，亦不肆行焚杀。若被官军团勇克复，一旦再至，必以焚杀示威。独我太陷而即复，复而旋陷，而终得保全，贼自起事以来未有也，信有数存焉耳。

（叶蒸云：《辛壬寇记》。《中国历史文献研究集刊》第三集，第 182—183 页。又见《太平天国》，第五册，第 369 页。罗尔纲、王庆成，桂林：广西师范大学出版社，2004。）

**【江苏省上海县·一八六二年】**四月三日，联军进攻距徐家汇几公里的王家寺[Wang kiatche][土音 Wongkaza——作者]。那是一个建了工事的村庄，在河港的左岸。英方有一千五百人，带九门炮，还有华尔洋枪队三百多人。法方有四百一十人，四门炮。离徐家汇一公里，就是一片败瓦颓垣，因为革命军曾到过那里。下午快到四点钟的时候，我们到了七宝，依预定计划在这里过夜。这镇市在太平军来之前有二万五千人口，现在完全空了；抢掠和焚烧毁灭了一切，真是十室十空，连庙也难免。窄狭的街道上塞满了砖瓦、破家具，烧掉一半的栋梁。

（[法]梅朋：《上海租界当局与太平天国运动·第三章》，范希衡译。南京大学历史系太平天国史研究室编《江浙豫皖太平天国史料选编》，第 449 页。南京：江苏人民出版社，1983。）

**【安徽省绩溪县·同治元年】**湘军冬月初一日进城，见强中营城中掳掠，湘军退出城外扎营。初三日带百余人进城向唐公云："百姓被贼遭之不堪，又被官军掳掠，民不(料)[聊]生。"唐公听之，即捉一二人杀之。

（佚名：《徽难全志》抄本。南京大学历史系太平天国史研究室编《江浙豫皖太平天国史料选编》，第 301 页。南京：江苏人民出版社，1983。）

**【安徽省黟县西递·同治元年十一月初六日】**贼又连夜而来，天未明已到西递，百姓走不及者，被贼所掳，并杀死共十数人，烧去房数间，掳去之物不少。

（佚名：《徽难全志》抄本。南京大学历史系太平天国史研究室编《江浙豫皖太平天国史料选编》，第 302 页。南京：江苏人民出版社，1983。）

**【安徽省祁门县·同治元年十一月初七日】**叶道台不许民家搬移货物。探马回祁，贼之马队冲至三里岗，叶道台走之，县令亦走之，百姓之货亦搬不及了，只得空手而逃。众贼均到矣，杀人，放火，打掳，房屋、人、货物三者被其统遭无算。

（佚名：《徽难全志》抄本。南京大学历史系太平天国史研究室编《江浙豫皖太平天国史料选编》，第 302 页。南京：江苏人民出版社，1983。）

**【浙江省绍兴·同治二年】**又以农桑为衣食本，今见军士日斫桑林为薪，此非十年之树不成，即日克复民穷之源也，请令各营禁止，违按军法从之。

（范城：《质言》。《太平天国》，第四册，第 422 页。罗尔纲、王庆成，桂林：广西师范大学出版社，2004。）

**【江苏省昆山城内·同治二年四月十四日】**老宅房屋尚无恙，为长毛积谷千数百担于屋内，亲兵[李鸿章部]与洋枪队[用夷法部勒]，争谷不胜，怒而火之。

（王德森：《先世遗闻》。《岁寒文稿》卷三，第 18 页。）

**【浙江省嘉善县西塘镇·同治二年八月初二日】**我兵亦以西塘百姓之助贼也，故于破西塘时，焚劫杀戮惨酷特甚，镇遂为墟。

（沈梓：《避寇日记》。《太平天国史料丛编简辑》，第四册，第 268 页。太平天国历史博物馆，北京：中华书局，1962。）

**【安徽省、江苏省·同治二年九月初一日】**抵芜湖……鲍帅[鲍超]奉檄援青，青围解，改调泾、宁一带要贼路。其坐船在此尚未登岸，部兵则已从繁昌、南陵而去。自江宁沿江而上，濒江为之一扫。军之无纪，终为相国[曾国藩]名德之累。方志及是，一鲍兵来掠余舟，叱而去之。

（赵烈文：《能静居士日记》。《太平天国史料丛编简辑》，第三册，第 295 页。太平天国历史博物馆，北京：中华书局，1962。）

**【江苏省无锡县·同治二年十一月初九日】**城外之屋，乱兵毁其二，贼至毁其三，土匪及贼渐渐之尽。城内之屋，复城时尚存十之七八，官兵进城火其半，仅存十之二。

（佚名：《平贼纪略》。《太平天国史料丛编简辑》，第一册，第306页。太平天国历史博物馆，北京：中华书局，1962。）

**【江苏省南京·同治三年】**［清军］乱兵至，杀二兄于庭，乃入口诸室。一壮者索得余，挐以出，弟牵其衣，母跪而哀之。彼怒曰："从贼者杀无赦，主帅令也。"遂杀母及弟。长嫂至，又杀之。掠余行，而仲嫂则不知何往。余时悲痛哭詈求速死，彼大笑曰："吾汝爱，不汝杀也。"遂系余于其居，旋迁于舟，溯江而上。

（黄淑华：《江南黄烈女遗诗·诗序》。同治十三年长沙刊本。）

**【江苏省南京·同治三年】**［清军］约搜子女如胡虏，真载明珠返故乡！

（伍承钦：《燹余杂咏·归里有感》。罗尔纲：《太平天国史记载订谬集》，第44页。北京：三联书店，1955。）

**【江苏省无锡县·同治三年】**邑城克复后，计民居十不存一。城中则贼毁其二，土匪毁其一，留防勇丁之所毁，殆不啻十之六也。

（施建烈：《纪（无锡）县城失守克复本末》，卷四。《中国近代史资料丛刊：太平天国》，Ⅴ，第267页。中国史学会编，编者：向达、王重民等，上海：神州国光社，1952。）

**【江西省新城县·同治三年二月】**是时，曾大帅合围江宁急，贼溃，经江右信州旁窜南丰、新城。窜新众数万，将固守，运近乡粟至城，燔上南市民舍，筑高墩瞭远。

（民国《新城县志》卷六《保甲》。）

**【江苏省南京·同治三年六月二十二日】**武葆初来，言城中遍掘坟墓求金，属余言之中丞下禁。

（赵烈文：《能静居日记》。《太平天国》，第七册，第274页。罗尔纲、王庆成，桂林：广西师范大学出版社，2004。）

**【江苏省南京·同治三年六月二十三日】**计［曾国荃攻］破城后……其老弱本地人民，不能挑担，又无窖可挖者，尽遭杀死；沿街死尸十之九皆老者。其幼孩未满二三岁者，亦斫戮以为戏。匍匐道上，妇女四十岁以下者一人俱无，老者无不负伤，或十余刀、数十刀。哀号之声，达于四远。其乱如此，可为发指！

（赵烈文：《能静居士日记》。《太平天国史料丛编简辑》第三册，第274—275页。太平天国历史博物馆，北京：中华书局，1962。)

**【江苏省南京·同治三年七月初五日】**所恨中丞厚待各将，而破城之日全军掠夺，而无一人顾全大局。

(赵烈文：《能静居日记》。《太平天国》，第七册，第277页。罗尔纲、王庆成，桂林：广西师范大学出版社，2004。)

**【江苏省、浙江省、江西省·光绪七年正月】**查粤寇之乱，自粤入楚，而终于大江南北；皖、楚之兵合围而成其功……功成之后，无论是贼是民，皆为皖、楚人所有。此固天时人事之偶然，三江人不能与争者也。然而三江自此穷困日甚。

(《申报》光绪七年正月二十日。)

**【江苏省南部地区】**民间畏兵如虎，不堪其扰也。主将虽严，耳目有所不及。故云"兵不畏官而畏贼，民不畏贼而畏兵"之语。

(沧浪钓徒：《劫余灰录》。《太平天国史料丛编简辑》，第二册，第158页。太平天国历史博物馆，北京：中华书局，1962。)

### (二)"常胜军"等外籍雇佣兵的抢劫破坏

**【江苏省青浦县·咸丰十年六月】**敬禀者：叩辞后于初九日午刻到防，俞游击已率艇师赴青。闻青浦城外各门吊桥均为贼匪曳起，南门外有要隘地方，逆贼俱有暗伏。该处民团聚有万人，助官兵进剿，而打头阵非夷兵不可。昨日夷酋黄胡子与俞乃舟讲话，亦深怨华尔太凶，好处俱归一人，伊等大头目亦不过数百洋，尚未见现货。[并欲不等华尔到来，先打青浦。]其时，云尚未回防，乃舟再四笼络，该酋见城中有米，要得千石作为另赏，如不依允，大有散伙之意。乃舟不得已，许之。鬼戏本来难唱，而当此非我莫为之际，不能不曲意周旋。然华尔处必得一人与之剀切晓劝方好，否则将来众鬼鼓噪，将若之河。今日有鬼[三夫]来见，系是头目，亦以华尔不给钱为言，刻又散去十数人，现在共有一百五十人，据称尚有续到，尚须点名，明日始能动身，[天雨尚难行走。]洋枪尚不够用，只好嘱渠与乃舟商酌。

(《吴云上吴煦禀》1860年7月27日。《吴煦档案选编》第一辑，第337—338页。太平天国历史博物馆，南京：江苏人民出版社，1983。[ ]内文字系原有夹注。)

**【江苏省、浙江省·咸丰十年至同治三年】**为欲明了下述之战事如何进行，必须注意，战争之地面系在扬子江与杭州湾所造成之一个广大半岛上，在江南之一大片泛滥洲滩上，面积约有五万方里。设欲明了此地区从一八六一年至一八六四年之情势，则必须念及太平军驰入此区中和平之村庄，富裕之镇市，摇旗鸣锣，毁坏佛像及庙宇，接收贵重物件，管制民宅。凡有不顺从者，皆以天条处理之。青年妇女自相惊扰；但并未损坏庄稼，拆除房屋,杀戮男丁。其后联军将彼等驱走,用长距离之来复枪向之射击,用重大炮弹轰击其防御物。太平军撤退该处,又向上海附近地区前进。但该次,[常胜军]在一种愤怒暴乱之情态中,烧毁一切,使饥饿之城的周围区域尽成废墟,驱走所有之村民。最后,常胜军在战场出现。[常胜军]并非每战必胜,然常能奏凯。该军依照欧式训练,并有外国军官,利用重炮队处置问题。在一八六〇年之时,著者曾亲临该地观察,景象极为美丽,平原富裕而肥沃。目前已被践踏,农作物已消耗殆尽,柳木式之若干小桥已塌坏,宝塔一、二座已倾圮,村庄房屋之墙壁焦黑而折断,镇市街上寂然无人。在多泥溪流之两岸,有无数浮肿而烧焦之尸体;在幽秀之竹林下亦有之。晚间时见红色火焰飞腾,与深黑色之天空相辉映。试再加以猜度,两军相接地方糜烂,其状况为欧洲人所不能臆测。而其发出之呼声,痛苦可怖,不减于受害村民等之所宣泄者也。中国江南地域所发生之大悲剧,令人可想像得之。

(威尔生:《常胜军》,Andrew Wilson, *The Ever Victorious Army*。罗尔纲:《太平天国史记载订谬集》,第 36 页。北京:三联书店,1955。)

**【浙江省·咸丰十一年】**又云:宁波之失,夷人招长毛来也。初浙抚及宁绍道送银若干万与夷人,令其保宁、绍两府,夷许保宁波而不保绍兴,宁波城垣皆涂石灰,宁波人亦不知夷人何意也。既而贼在绍兴,夷人招之来城中,某街钱庄数百爿,夷人倡言贼至,首先掳掠钱庄银百千万两,尽行掳去,比长毛进城,银钱已空,仅掳其衣服家用等物,乃夷人之余也。

(沈梓:《避寇日记》。《太平天国史料丛编简辑》,第四册,第 116 页。太平天国历史博物馆,北京:中华书局,1962。)

**【浙江省绍兴·同治元年】**绍兴离宁波约一百英里。官军与英、法兵进攻时,大败,法将军勒白累登战死。塔提夫继统其军,与英海军少佐迪阿再进,冀雪前耻。除常用之野炮、枪械外,迪阿带六十八磅大炮一尊,为斯丹夫雷将军所借,海军大尉丁林率水兵数人专管之。行进时过一大镇,联军掳掠二日。劫夺之财物,储船五百艘。官长与兵士同恶相济,吸烟酗酒,全无纪律。以保护人民自任,而其行为适足以增生命财产之损失,酿成惨酷之战祸也。

(林利著,孟宪承译:《太平天国外纪》卷下,第 11—12 页。上海:上海商务印书馆,1926。)

**【江苏省嘉定等县·1862 年 4 月】**乃于[1862 年三月]二十四日[公历四月二日],由何伯、史迪佛立、卜罗德等商订上海《防卫协定》四条如下:

一、占领嘉定、青浦、松江、南桥、柘林。

二、松江、青浦,由华尔军防守;嘉定、南桥、柘林由法军防守;并由英法军各驻兵二百名于嘉定南桥以资协助,俟华尔军兵力充足乃来接替。

三、攻占之地,不许单独抢掠,应平均分配(赃物)。

四、将来成功之后，法国在上海留步兵五百，英国六百，另炮兵半中队。

（郭廷以：《太平天国史事日志》，第884—885页。重庆：商务印书馆，1946。）

**【江苏省上海县周浦镇·1862年】**当在[周浦]镇上搜索各家房屋时，我军发现大批珍贵的珠宝、金银、现洋以及值钱的衣服，使我方官兵得到一种堂堂正正的掳获。一名水手找到一千六百块现洋，有几名士兵每人找到五百余元，还有许多人捡起耳环、手镯以及珍珠、宝石等装饰品。这对每个人来说，是一个从事掠夺的光荣日子；我们听到有一队士兵，当其在太平军财库中发现数千元现洋时，每个士兵自己的口袋都装满后便心满意足，而为减轻布袋的负荷起见，不得不以一些现洋分给他人，这真是小人发财如受罪一个显著的事例。

（《周浦之战》，《北华捷报》612期（1862年4月19日）。《太平军在上海——〈北华捷报〉选译》，第299页。上海：上海人民出版社，1983。）

**【江苏省上海县·同治元年五月初二日】**遇乌镇周枚卿自上海来，备述夷兵情形，言：……[夷兵]又惟利是视，介乎长毛官兵二者之间。

（沈梓：《避寇日记》。《太平天国史料丛编简辑》，第四册，第154—155页。太平天国历史博物馆，北京：中华书局，1962。）

**【江苏省嘉定县、昆山县·同治元年五月】**十六日，有昆山人被掳自海宁逃出者，言官兵、夷兵实同破嘉定城，官军先围城三日，惟一门不围，欲以纵贼之遁也，而贼困守不退，夷兵因放火龙攻之，烧死无数，贼乃遁去。夷兵入城，略得贼所积金玉币帛百余万，大喜，请合兵攻昆山，去昆十余里扎营。官军以嘉定之破也，所得金帛少，积不能平，至是夷兵复谓之曰："我为若破昆山城，须我先入城三日，而后若入之。"官军不听，夷人遂退。贼觇知其情，遂冲失官军营盘三，官军亦遁。于是贼以苏城大队人马来，复大掳，嘉定、昆山附近百里为墟，百姓被掳及殉难者无算，嘉定复陷，遂进兵攻青浦云。

（沈梓：《避寇日记》。《太平天国史料丛编简辑》，第四册，第159—160页。太平天国历史博物馆，北京：中华书局，1962。）

**【江苏省上海县·同治元年十二月十四日】**[上海]官民商贾倚夷人如长城，进退号令，唯命是从。而夷人得利则进，失利则退。

（沈梓：《避寇日记》。《太平天国史料丛编简辑》，第四册，第204页。太平天国历史博物馆，北京：中华书局，1962。）

**【江苏省苏州·同治二年十月二十日】**是则苏城之破，四王之力，而要皆柯之推心置腹有以致之也。先是夷人约："凡克城，必夷兵先入掳三日，而后官兵入。"是时李以苏城之降非夷兵力，理应我兵先入城，夷兵不得争也。夷人恪恭听命。其日，李中丞入于苏城，兼请诸降伪王及降将宴,欲分调降兵改隶他属。诸伪王不发一言,惟伪纳王言曰:"调兵之举,乃嫌疑所界,理固当然,但我等乃真心归顺,非有所反侧也。且情愿效力为国家用,赎罪以雪前愆,则所属之兵不宜轻调。何也?以素所服从,呼遣得力,若一经调开,上下不属,何能立功报国乎?"中丞遂反颜大怒曰:"调兵不从,必有异志。"速命亲兵执之,柯总兵力保不得,于是诸伪王皆被戮,伪官亦多从戮者,此中丞杀降之失计也。中丞之亲兵初入城,即至贼馆大掠,伪官被杀者数百,其余死者数千人,柯总兵请中丞禁止之不得,城中大乱。幸贼兵多系良民,不至激变,此中丞纵兵之害也。惟柯公兵入城秋毫无犯,柯以四王之降与己有成言,而中丞反之,柯无颜以见贼中降兵,遂请以其兵出驻扎昆山塘。数日后,夷兵入城矣。夷人闻中丞之杀伪王也,并中丞亲兵之大掠也,遂欲抄贼馆,并抄营兵之囊橐,营兵不可,又大乱。中丞乃遣人和解而调停之。

(沈梓:《避寇日记》。《太平天国史料丛编简辑》,第四册,第285—286页。太平天国历史博物馆,北京:中华书局,1962。)

### (三)太平军的破坏

**【广西省·咸丰元年五月二十七日】**窃为广西自去年秋季以来,匪徒滋扰,转掠数府州县,本省文武率领兵勇,且战且堵,未能得力。我皇上至仁恻怛,深念贼势披猖,小民荼毒,钦派大臣督率文武剿办防堵,屡次各省调兵拨饷,以期速就荡平。仰惟圣虑忧勤,时深兢业。只以贼匪未除,斯民失所,贼一日不净,民即一日不安也。臣闻粤西之民,至不安矣,贼过一村则一村扰,过一墟则一墟扰,过一县则一县扰。逃者幸脱,而家室不知何归,匿者偷生,而衣食已非己有。男不得耕,女不得织,而生业废;男为贼役,女为贼孥,而生理亡。闻之心伤,念之心恻,是不可不思所以安之。安之之术,莫善于设立民堡,莫急于收恤难民……

粤民遭贼蹂躏掳掠,老弱转沟壑,妇孺投塘井。愚者被诱而困于无知,怯者被虏而屈于无力,黠者诈从以观衅,良者四散以逃生。急切无告之时,其可原可悯亦非一事,而要在天心怀保惠鲜之中。臣愚以为地方有司之官,急仰体好生之德,如伤之仁,各府州县收恤难民,其鳏寡孤独,按日给以口粮,壮者有技艺者,或令其随营为役,或分入堡中,以备耕作及防御等事。因人制宜,因事驭众,要不使一民不得其所,则转危为安,同登衽席矣。

此二者,皆将来善后事宜所必办之事,与其办于贼平之后,不若办于未平之时。贼正披猖,斯民涂炭,逃窜无门,流离遍野,得此堡寨以复旧业,而又加以存活,始得回死为生。贼未平而民先安与贼平而民后安,其得失大有间也。况得此而民日益多,贼日益蹙,其利害更不相侔矣。所有办理经费,约计不过十余万,即请归入善后事宜内,据实核销。

(唐鉴奏。军机处全宗·录副奏折。中国第一历史档案馆编《清政府镇压太平天国档案史料》第二册,第27—28页。北京:光明日报出版社,1990。)

**【广西省永安州·咸丰二年正月初十日】**本日据赛尚阿、邹鸣鹤会奏,邻省拨解钱文诸多窒碍,现在劝谕商民,分别洒带领运,以平钱价等语。着即照所拟妥为办理。又邹鸣鹤片奏各属团练渐收成效，仍着通饬妥办。永安蕞尔孤城，如果四面各州县严杜接济，则贼匪自闰八月朔据城后，几及半载，盐粮、火药何以不见困乏，仍能抗拒自如？团练以资防守，而断贼接济尤为要务。着严饬近贼各属地方及带兵文武员弁，一体实力杜绝，使贼资粮内匮，则大兵会合攻剿，可期迅速蒇功，不致虚延月日矣。将此由五百里各谕令知之。

（寄谕。军机处全宗·剿捕档。中国第一历史档案馆编《清政府镇压太平天国档案史料》第三册，第1—2页。北京：社会科学文献出版社，1992。）

**【广西省永安州·咸丰二年二月十六日】**伏查逆匪自踞永安以来，因粮于民，剽掠附近各村粮，是食以米谷等项尚无短绌。至盐斤、火药，节经严饬各路文武，督率兵壮、团练于各该要隘实力巡拿。乃奸党匪徒贪利亡命，仍复由山僻间道暗为转运。叠据各地方官并军营带兵文武员弁拿获多起多名，均即立置重典。其长发逆匪，由永安翻山潜出探信，勾结购买接济者，亦屡经擒获正法。现在各路兵勇军威整肃，北路逼城甚近，各隘口把守严密，其势不能透漏。惟其南则崇山峻岭，鸟道羊肠，隘口甚多，奸匪易于翻越。且贼匪之营，北面则有东西炮台、红庙、摩天岭、旧县等处；南面则有水窦、莫村之隔，尚未能近逼州城。此三十里中，山径分歧，所有总要路口，业经分拨兵勇驻扎，复饬文武员弁详查通匪路径。无论小口窄道，或一人可行樵径，一体多设巡卡，悬立重赏。如有匪徒运送盐、粮、火药翻越济匪者，立即悉数截拿。一面清厘本地土棍，倘敢勾通窝结，按法重办。仍晓谕附近贼巢村民，迅速移徙，务使坚壁清野，毋赍盗粮。近据诸路禀报，陆续获讯奸细，佥供贼营粮食尚可支撑，盐、药实已缺乏不继，其硝则系发墙挖土煎熬，铅子则系捡拾官兵打入所遗者充用。[朱批：日日攻扰，使其不能窜逸，固为善策，然徒费铅药，不能得力，甚为可惜。朕不能身临其境，不知情形何如。若别有方法可施，卿自酌之。]兹复钦遵谕旨，飞饬近贼各属地方文武，转饬团练人等，认真搜捕。

（赛尚阿片奏。《钦定剿平粤匪方略稿本》。中国第一历史档案馆编《清政府镇压太平天国档案史料》第三册，第29页。北京：社会科学文献出版社，1992。）

**【江西省南昌县·咸丰三年五月】**二十六日，城中各户首，俱用黄纸墨书顺字贴之。铺家招牌有顺字者，俱改去中一直，传闻贼匪令贴此字者可免也。又传有贼匪告示一张，系杨秀清者，云特授开国军师平满大元帅杨示，禁土匪滋扰，约数十字。又次传一张，亦系杨秀清者，衔名如前，内有令各乡将旗匾扯毁者。于是各乡有功名匾额，均行撤去，上点并将祠堂中有官衔主位俱收藏矣。又云贼匪恶门联，各乡遂将门联福字亦俱洗去。又恶门神，城中将门神俱用颜色刷盖矣。贼匪又恶神佛，只观音、关圣、文昌不毁，于是县城将各神像，纷纷迁徙避匿。即最显如天符大帝、三王菩萨俱匿去，万寿宫即改许氏宗祠，各庙俱改文昌宫、关帝殿、观音堂。上点北屏庵(扁)[匾]额均改去。

（毛隆保：《见闻杂记·五月见闻记》。杜德风选编《太平军在江西史料》，第485页。南昌：江西人民出版社，1988。）

**【湖北省武昌汉口·咸丰五年七月】**江夏程维周广文之桢《漂萍集》,有《哀汉口》一诗,乃述咸丰乙卯七月十八日粤贼焚杀汉口事也……诗云……油幢高拥襄河秋。坐使豺狼张巨吻,可怜民命轻于蚓。夺妇谁鸣委巷冤,搜牢莫雪商人愤。白旗插江江水黑,义声一齐呼杀贼……乡团见贼不见兵,连营战鼓僵无声……只今贼去焦土冷,犹看尸积青山高……繁华一霎荆棘凉,半础无存断瓦荒……此诗所述,盖纪十年[? 五年]三月武汉失陷,总督杨霈走襄阳,至七月,始经胡文忠[胡林翼]督彭刚直[彭玉麟]等,自七月十五日至二十五日,与贼大战汉口,均用火攻,大毁贼船贼营,而居民亦遭此劫也。

(王葆心:《续汉口丛谈》。卷一,第 17—19 页。)

**【湖北省·咸丰五年十月二十二日】**再,湖北贼势自秋冬以来,大股专注于南岸,即下游金陵、皖、江之贼亦专以逼胁多人分股上窜为计,而总不离松江两岸。我所以制贼之死命者,惟以精水师、断贼粮为先务之要,或疑贼之掳掠银钱聚于金陵,财多人众日增,猖獗为虑。臣愚以为不然。自来盗贼之扰害,其志专在财利,彼岂能以财利与人哉?即至穷蹙,忍不能舍,固贼情之常也。考古今平贼之略,必以掳上游形势、断贼粮为先,而财帛之丰歉不与焉。武汉则金陵之上也,荆襄关南北之大局,而武汉又荆襄之咽喉,两湖及巴蜀之米多于吴会,故谚有"湖广熟、天下足"之语。昔年江道安静,米艘蔽江而下,日夜转输,今乃久为贼阻。通筹吴楚之全势,必以武汉得手,设立重镇,屹然不可再摇。乃会合江西内湖一军,以水师之全力制贼,而下游红单巨舰亦得并力以扼贼吭。

(胡林翼奏。军机处全宗·录副奏折。中国第一历史档案馆编《清政府镇压太平天国档案史料》第十七册,第 645—646 页。北京:社会科学文献出版社,1994。)

**【江苏省南京·咸丰十年闰三月二十日】**伏念洪逆嵎踞金陵已经八载,各路贼党皆有所恃,以为声援,到处蜂起,迄无已时,计惟有先拔本根,则枝叶自萎,用是不敢畏难,竭力图维。又以此城高大坚厚,唯有断其粮道,克复尚有可望。是以奏明南北合围,绝彼生路。又知铤走困斗,势所必至。

(和春奏。军机处全宗·录副奏折。中国第一历史档案馆编《清政府镇压太平天国档案史料》第二十二册,第 216 页。北京:社会科学文献出版社,1996。)

**【浙江省桐乡县、乌程县·咸丰十年】**八月朔……望两镇烈焰飞腾,如在咫尺间。贼踞镇三日,昼夜摽掠,乌镇西北市屋焚且半;青镇则北自油车汇,南至崇福宫,皆成焦土。惟东市以董某故独完。予祖居老屋亦烬,族同居者俱罹劫,而兰槎侄故屋特存,新居亦不毁……是劫也,镇人之被戕、被掳者,以千百计,予所素识名隶学校者,如桐邑恩贡张砚史士彬、湖府廪生徐仁山保寰,皆同时被害。归安诸生杨楚萍廷钺、丁松圃、潘子山汝霖、桐邑诸生郑秋史鸿鉴、萧子嘉儒钰、族侄幼泉镠,亦同时被掳。子山子嘉,于同治三年寇殄后始返。幼泉侄即于是冬脱归,而楚萍、松圃、秋史,竟不得知存亡。又有姚子圻贵琛者,亦桐学诸生,以父大挑知县,在苏殉寇,故荫云骑尉。其人故慷慨士,常于绅众中诋董某为贼。董憾甚，乘乱嗾枪匪吴坤劫之舟，断其首而去，惨甚矣。

（皇甫元垲：《寇难纪略》稿本。浙江省图书馆藏。）



**【江苏省、浙江省·咸丰十年八月二十二日】**凡被贼窜扰之处，积骸成莽，村落邱墟，流离转徙之民或肢体伤残，或妻孥失散，道殣相望，泽雁哀鸣，言者伤心，闻之坠泪。

（王有龄奏。军机处全宗·录副奏折。中国第一历史档案馆编《清政府镇压太平天国档案史料》第二十二册，第523页。北京：社会科学文献出版社，1996。）

**【安徽省黟县·咸丰十年】**贼头忠王统带有三万之众，在城中打馆。贼四乡打掳、杀人、放火。

（佚名：《徽难全志》抄本。南京大学历史系太平天国史研究室编《江浙豫皖太平天国史料选编》，第297页。南京：江苏人民出版社，1983。）

**【湖南省龙山县·咸丰十一年九月】**贼党且四出焚民房，火光连数十里，星月色为之掩，而龙山亦自焚其附城民房，远近火光相照耀，竟夜不熄。

（刘沛增纂：《龙山县志》光绪四年续修刻本，卷七《兵防下·兵事》。）

**【湖南省溆浦县·咸丰十一年】**十月，石达开复大股自广西越青林界窜靖州，由黔阳自怀化驿入辰溪，焚浦市。时驻浦通判潘清奉府檄带团勇扼守辰溪大路。贼侦知大路有备，绕道细篾陇小路，由辰溪对岸至浦市，踞四日。冬月二十日，遂烧民舍，走泸溪、乾州，以窜四川。浦市为沅水大埠头，黔、蜀、鄂、湘商货交通之地，烟火万家，富庶称最，本郡差务多资取办。至是悉付一炬，延烧旬日始熄。

（觉罗清泰编：《辰州府乡土志》，光绪三十三年修，抄本，第四章《兵事》。）

**【安徽省绩溪县·同治二年二月】**初一，贼一股走羊栈岭到十都，往九都。贼闻此村未有到过，烧去房屋百十间，杀去数十人，打掳财物无数。

（佚名：《徽难全志》抄本。南京大学历史系太平天国史研究室编《江浙豫皖太平天国史料选编》，第303页。南京：江苏人民出版社，1983。）

**【安徽省黟县西递·同治二年】**三月初五日，西递之贼退往二、三、四、五、六、九都打馆，杀人、放火、打掳，日夜火光冲天。贼首史王、凤王、相王、蓝王、甫王、广王，花旗、黄旗兵三四十万贼，百姓死去数百人。

（佚名：《徽难全志》抄本。南京大学历史系太平天国史研究室编《江浙豫皖太平天国史料选编》，第305页。南京：江苏人民出版社，1983。）



## （四）土匪与团练的烧杀

**【湖南省永明县·咸丰二年】**五月二十日，土匪二三千，冒潮勇名越龙虎关至桃川。

其头目李当成，初至时，村人以为官兵也，喜如天降。乃不二日，遍责乡居富户纳财物，且妄拟进贡名色。时所城内王汝成决其非官兵也，独以家财散给团丁，严为防备。次日，该匪果至各村肆行淫掠，汝成率团举战于上墟之桥头。该匪不能取胜，既将上、下两墟焚毁，复入所城焚汝成居，乃率队趋城，经过十五、十四各都，剽劫尤甚。二十三日午后到县，李当成犹骑马诣守备拜会，官民正在犹疑，而十四、五都团练追诉其剽劫情形，于是城厢亦齐团抵御。李当成知不能掩饰众目，方欲骑而遁，有乡勇恨之刺骨，从后以矛撞之，复舍骑逃往江渎社，遂死乱刃下。群匪四窜，被团擒者约二三百，悉藁首于南洲。后十日，逃去各匪又合大股二三千众，仍冒潮勇名，亦越龙虎关，由桃川而至县城，屯于城内各铺户及祠宇中，掘洲上尸首，且奠且哭。城厢集团日夜防不稍懈，匪知有备，遁去。先是元年之冬，有赛帅大营溃归潮勇约千人，由县趋广西，至桃川已初夜，遂分众伏于各村外。一更时，忽炮声四起，既遍淫妇女，复将财物卷掳，仍奔县城，列物于市而贱售之。桃川为邑膏腴地，此次受害甲于各乡。虽以常邑令之精明强干，亦莫可如何。其名则官兵，其实土匪。创募潮勇之人，其肉岂足食哉。

（周诜诒纂：《永明县志》光绪三十三年刻本，卷三十二《武备志·兵事》。）

**【江苏省扬州·咸丰六年四月】**先是土匪拆民房卖与乡镇势豪，仅三千文一间，已拆在城十分之四，至此稍平。

（佚名：《咸同广陵史稿》。《太平天国》，第五册，第129页。罗尔纲、王庆成，桂林：广西师范大学出版社，2004。）

**【浙江省太平县·咸丰十一年二月】**太平祸难多在土匪，城中十户八九皆空。

（陈懋森：《台州咸同寇难纪略》。《太平天国》，第五册，第198页。罗尔纲、王庆成，桂林：广西师范大学出版社，2004。）

## 二、对建筑物的破坏

［编者按：太平天国战争时期，对建筑物的破坏遍及城乡，而以城镇为甚。］

### （一）综合情况

**【湖北省武昌、江苏省南京、镇江、扬州等·咸丰三年】**湖北武、汉，江南江宁、镇江、扬州等处，多富商大贾，士文民逸，享受承平之福二百余年，其骄奢淫逸，恣情暴殄，匪夷所思，莫可穷诘，故此数处受害最久，被祸尤惨。

（张德坚：《贼情汇纂》卷十二《杂载》。《中国近代史资料丛刊：太平天国》，Ⅲ，第314页。中国史学会编，编者：向达、王重民等，上海：神州国光社，1952。）

**【湖南省江华县·咸丰初】**常平仓，在县署内左……咸丰间毁于贼，今存六间。锦冈巡检署,在县南六十里,巡检薛克中建,咸丰间毁于贼。城守署,在县治前,咸丰初毁于贼。凝香书院,在南关外半里许……咸丰初毁于贼。

(唐为煌纂:《江华县志》同治九年刻本,卷二《建置·公署》。)

**【湖南省嘉禾县·咸丰二年】**知县公署……咸丰二年洪、杨过兵毁之,县官假城隍庙听事……旧典史署,在今县署后……咸丰二年焚。把总署,在城隍庙右……咸丰二年亦毁。文庙亦曰学宫,明伦堂在焉……咸丰二年被毁,工不易兴,遗址荡废,徒存文庙岭之名。武庙,即关庙……咸丰二年毁其前室。

(雷飞鹏纂:《嘉禾县图志》民国二十年铅印本,卷一《建置篇上一》。)

**【湖南省武陵县·咸丰四年】**夏五月,粤寇犯郡,兵吏皆走,居民多俘以去,惟妇人及老疾免焉,其资粮财贿之在市者皆尽。纵党四掠,野无完堵。

(杨彝珍续纂:《武陵县志》同治七年朗江书院刻本,卷十六《纪兵》。)

**【湖北省·咸丰四年三月】**湖北诸城残破不可胜数,施南、郧阳以山僻豁免害,形势之地惟荆襄存。

(杜文澜:《平定粤寇纪略》卷三,第3页,上海申报馆仿聚珍版印。)

**【湖南省兴宁县·咸丰五年】**秋七月,西匪大股由郴入宁,陷城三日,大肆掳掠,纵火城厢祠庙民房而遁,七日火始灭。乡勇死者一百余名,绅民妇女不受屈辱死者五十余人。

(黄榜元等纂:《兴宁县志》光绪元年刻本,卷十八《杂纪·纪异》。)

**【长江中下游·1858年】**俄理范先生本来是反对革命党的,但其所述额尔金爵此行[按:指巡视长江中下游。]之经过,适足以与我[施嘉士,赞同太平军者。]的意见相印证。他指出:凡各城邑之被清军收复者皆成为可怖的荒地。镇江,九江、黄州、汉阳及武昌诸城受害最烈。凡有官军大队驻扎之处,毁坏即最甚,而人民则逃避他处,任其蹂躏地方,不敢回来,显是避之则吉,因为在他处所见,如黄石港及汉口系官军少到之地方且亦无城墙保护者,则人民聚居,商业繁荣。汉口屡经革命党占领,曾一度被毁,此大约系在第一次被官军收复之时。关于此事,俄理范先生记载一奇迹。据云:武昌人民之重建房舍者,屋内皆无神龛。"无一[神龛]可见,此为人民顺从长毛反对偶像之倾向无疑"。由此推测,这些新房屋必系在革命党占领期间所重建的。

俄理范先生所叙述者,又有其他事件,在在均指出清军是破坏地方之主要分子。例如:据言,在武昌府城内,不到三分之一的地方是有建筑物的,或有人居住的,其中大块大块的地方尽成荒芜[瓦砾]之场。虽然总督衙门系"由革命军所留下",如果各种毁坏,系出自革命党之手,则此衙门断不至得保留了。清军惯例或曾尽毁民房,但必不至毁坏此衙门的。据俄理范先生所叙述,凡革命党所占据的地方而为清军所围攻者,其四郊尽成为荒芜之区。然而,除芜湖一城而外,各城邑比较上均得保存甚好。其叙述未有提及太平府、池州府,或安庆之曾被毁坏。反之,此数城均在重建或修理之中,虽其居民多半隶属于王[当时为英王]治下。俄理范先生说:在南京城内"房屋耸立者甚多"……其在安庆,则于官军开到之前,人民纷纷逃避至革命党治下以求保护。俄顷间"各处浓烟四起,直干云霄,即可证明官军之破坏工作已在进行中,而远近房舍村庄均被夷为灰烬了"。如果一般乡民的房舍是被革命党所毁坏的,则他们断不至逃到他们那里去。这一点真凭实据,确足以证实致令此大毁坏之罪人,向以为是革命党者,其实究是谁人了。

(译自:John Scarth:*Twelve Years in China*. Chap.26,P318,转抄自简又文:《太平天国典制通考》,第 487—488 页,香港:简氏猛进书屋,1958。其中所引英人俄理范之书,即 H.Oliphant:*Narrative of Lord Elgin's Misson*。)

**【江苏苏州南部·咸丰十年】**四处小巷房屋十无一二,止通衢中十留八九也。克复之后,但缺门窗而已。其余广厦留者多,而毁者少也。

(沧浪钓徒:《劫余灰录》。《太平天国史料丛编简辑》,第二册,第 143 页。太平天国历史博物馆,北京:中华书局,1962。)

**【浙江省杭州·咸丰十年三月】**生灵之荼毒,不堪言状。计上半城约烧毁民舍万间,男女自经、投水、践踏及被戕焚死者不下十万人,尸横通衢。

(佚名:《寇难琐记》卷一,手抄本。南京大学历史系太平天国史研究室编《江浙豫皖太平天国史料选编》,第 136 页。南京:江苏人民出版社,1983。)

**【江苏省镇江·1860 年】**一年前我装扮成本地人来这里时,街上人群喧闹,繁盛兴旺,如今却已是荒凉不堪。当爱国军队逼近时,居民都已逃走,丢下商店、住宅、大部分家具、动产、器皿等各类财物。大部分房屋尚还完好,但门窗俱无——上文说过,门窗都已被拿去构筑山上和该城前面江岸上的栅栏。屋里的桌子、椅子、箱子、盒子、床架、炊具等狼藉满地,或乱堆在一起,混杂着草、灰、碎纸、破布和各种各样的垃圾。这一切与一年前的情境相比实在令人痛心。

(戴作士:《在华五年记》。《太平天国》,第九册,第 74 页。罗尔纲、王庆成,桂林:广西师范大学出版社,2004。)

**【江西省九江·咸丰十一年七月十四日】**(问)[闻]土人云,居民十成死一,民居十成存一,大乱仅此,已厚幸矣。

(赵烈文:《能静居士日记》。《太平天国史料丛编简辑》,第三卷,第 179 页。太平天国历史博物馆,北京:中华书局,1962。)

**【湖南省溆浦县·咸丰十一年十一月】**浦市商民辐辏,阛阓喧阗,财货多登舟而未解缆。贼掩至,望见旗帜者,犹谓乡团来,通判署点名一人趋而视,贼戕之,乃群哗为贼来,市远未知者,尚贸易如故。少顷大队拥集,扰攘满街巷,居民或死或掳或逃,不可数计,时为十一月十五日也。

(舒立淇纂:《溆浦县志》民国十年活字本,卷三十一《文征三·文三》。)

**【湖南省溆浦县·咸丰十一年十一月十五日】**贼住浦市五六日,搜刮金银细软物约十之二三。二十一日起行,二十三日行尽。次日江军始抵浦市,乃肆抢掠、焚店宇,浦市遂荡然一空。

(舒立淇纂:《溆浦县志》民国十年活字本,卷三十一《文征三·文三》。)

**【江苏省南京·同治三年六月十七日】**时城中伪天王府、忠王府等尚在,余王府多自焚。贼呼城中弗留半片烂布与妖享用。官军进攻,亦四面放火,贼所焚十之三,兵所焚十之七,烟起数十道屯结空中,不散如大山,紫绛色。亭午,二伪府皆烧。

(赵烈文:《能静居日记》。《太平天国》,第七册,第270页。罗尔纲、王庆成,桂林:广西师范大学出版社,2004。)

**【江苏省无锡县、常州·同治三年十月】**十二日,晴。顺帆同行,是夜由同川至锡山驿停泊,城外无屋,城内亦荒。

十三日,晴。顺风至常州。午后停宿。监临李爵抚[李鸿章]舟同行,一路弁兵,各营接护,整齐严肃之至。常州城外俱荆棘,城内渐形楚楚。城内颇好。

(柳兆薰:《柳兆薰日记》。《太平天国史料专辑》,第341页。上海:上海古籍出版社,1979。)

**【江苏省吴江县——苏州·同治三年十二月】**初三日。西北风。顺帆晚行,有雾。饭前过北望亭,有卡及驻扎兵船。午前进浒墅关,两岸均是荆榛瓦砾,人市阒寂,令人感喟无任。过枫桥,光景与关相到[衍字?]同。到大塘则渐形喧闹。阊门外渡僧桥头廛市,盛于昔日。泊舟三元弄口。同人上岸,各办物件。余至渡僧桥山塘街复号买南货,公盛买水果,所过店肆,耳目一新,居然升平景象矣。

(柳兆薰:《柳兆薰日记》。《太平天国史料专辑》,第350页。上海:上海古籍出版社,1979。)

**【江苏省长洲县·道光至光绪】**相城所属市镇之盛衰易递。南塘镇[去县治东北四十五里。]原"商业繁盛,洪杨劫后,顿形荒凉,流为村墟矣。"陆巷镇[去县治四十六里。]"初不甚兴旺,自南塘衰后,是镇始著"。蕴芜镇[去县治五十四里。]"道咸前为镇,巨富林氏全盛时代,相城东北一带大镇也。洪杨劫后稍衰,今为荒村矣"。潇泾镇[去县治五十二里。]"光绪前无甚市集,自蕴芜衰败,是镇始盛也"。

（施兆霖：民国《相城小志》卷首。）

## （二）校舍、考棚

**【湖南省江华县·咸丰年间】**江华县学在县治左……咸丰间燃于兵。

（曾国荃等纂：《湖南通志》，光绪十一年刻本，卷六十三《学校志二·学宫二》。）

**【湖南省长沙、湘阴、茶陵·咸丰二年】**长沙府府学在府城正南门右……咸丰二年，粤寇犯长沙，因屯兵毁坏……湘阴县学……咸丰四年兵燹后重加修葺。茶陵州学在州城南……咸丰二年，粤寇毁坏。

（曾国荃等纂：《湖南通志》光绪十一年刻本，卷六十二《学校志一·学宫一》。）

**【湖南省永兴县·咸丰二年】**永兴县学在县城西北隅……咸丰二年粤寇毁。

（曾国荃等纂：《湖南通志》光绪十一年刻本，卷六十六《学校志五·学宫五》。）

**【湖南省长沙县·咸丰二年】**岳麓书院在善化县西岳麓山下……咸丰二年粤寇犯长沙，斋舍倾圮。城南书院在府城南门外……咸丰二年寇犯长沙，堂室斋舍毁坏。

（曾国荃等纂：《湖南通志》光绪十一年刻本，卷六十八《学校志七·书院一》。）

**【湖南省益阳县·咸丰二年】**龙洲书院在益阳县南龟台山……咸丰二年毁于寇。

（曾国荃等纂：《湖南通志》光绪十一年刻本，卷六十八《学校志七·书院一》。）

**【湖南省攸县·咸丰二年】**东山书院在攸县东城外……咸丰二年粤寇过境，堂斋被毁，五年修复。

（曾国荃等纂：《湖南通志》光绪十一年刻本，卷六十八《学校志七·书院一》。）

**【湖南省宁乡县·咸丰四年】**玉潭书院在宁乡县东门外……咸丰四年粤寇过，堂斋被毁。

（曾国荃等纂：《湖南通志》光绪十一年刻本，卷六十八《学校志七·书院一》。）

**【江西省安福县·咸丰五年九月】**贼遂踞城，大肆掳掠，焚署及学宫祠庙，坠安邑城，其店房民舍被焚过半。

（同治《安福县志·武事》。）

**【江西省广昌县·咸丰六年八月二十三日】**贼遂入县城，次日，焚考棚而去。

（同治《广昌县志》卷之一《历代兵事》。）

**【湖南省邵阳县·咸丰九年】**邵阳县学在邵水东……咸丰九年毁于兵。

（曾国荃等纂《湖南通志》光绪十一年刻本，卷六十四《学校志三·学宫三》。）

**【湖南省桂阳县·咸丰九年】**桂阳县学在县城内……咸丰九年粤寇毁。

（曾国荃等纂：《湖南通志》光绪十一年刻本，卷六十六《学校志五·学宫五》。）

**【湖南省祁阳县·咸丰九年】**祁城东永昌书院……咸丰己未春，石逆窜祁，踞是院，穿壁穴墉，撤毁楼槛，门窗殆尽。

（刘希关等纂：《祁阳县志》，同治九年刻本，卷二十三《艺文中·补修永昌书院记》。）

**【湖南省桂阳县·咸丰九年】**桂阳学宫，在县城东……咸丰已未正月，发逆陷城，正殿被毁……至圣神主，前明朱恭简用沉香木为之，今被寇毁。

（朱炳元等纂：《桂阳县志》同治六年活字本，卷十《学校志·学官》。）

**【湖南省芷江县·咸丰十一年】**粤逆窜榆，毁败[钟毓书院]房屋。同治二年，逆又窜榆，愈毁败。

（盛一林纂：《芷江县志》同治九年刻本，卷十二《义学》。）

**【江西省东乡县·同治三年】**五月，浙江余孽据县城，拆毁城内外民屋无算，学宫成墟。踞守两月，遂刈民禾。

（同治《东乡县志》卷九《附兵氛》。）

## （三）官署

**【湖南省嘉禾县·咸丰二年】**县署，咸丰二年，西匪入城焚毁。未经修复，权借城隍祠为衙署。防守廨署，咸丰二年遭匪焚毁。典史廨署，在县署后，咸丰二年遭匪焚毁。文庙，在东门外，咸丰二年遭匪全毁。关帝庙，在南门内，咸丰二年遭匪焚毁下座。

（吴绂荣增纂：《嘉禾县志》同治二年刻本，卷七《公署志》。）

**【湖南省永兴县·咸丰二年】**永兴县署，在东门内……咸丰二年西匪焚毁。典史署，旧在丞署左……咸丰二年西匪焚。

（李献君纂：《永兴县志》光绪九年刻本，卷十四《公署志》。）

**【湖南省龙阳县·咸丰四年】**县治，旧在南街……咸丰四年毁于贼。常平仓，共仓廒五十二间，咸丰四年毁于贼。都司署，县正街东，嘉庆二年改守备署，咸丰四年毁于贼。把总署，四所，俱县正街东，咸丰四年毁于贼。

谨案：龙邑旧署……本朝又历年二百余不损，可谓坚矣。咸丰甲寅，贼自湖中来，残郡城累月。

（陈保真等纂：《重修龙阳县志》光绪元年刻本，卷五《建置一·官廨》。）

**【湖南省宜章县·咸丰五年至十一年】**县署，在城中偏北隅……咸丰五年毁于贼。六年知县陈秀芝重建，九年复毁。知县吴清鹓重修，十年又毁。知县雷寿南重修。旧外委驻房，一在县西南九十里黄沙堡城内，头门一，左侧马王庙，前厅一，后厅一，计大小房屋七间……在县东六十里赤石市，清咸丰时毁于贼，未建，外委僦居民房办公。

（邓典谟纂：《宜章县志》民国三十年活字本，卷六《建置志·官署》。）

**【江西省宜春县·咸丰六年正月】**令贼众拆取民房、官署、庙宇、考棚，于城上添设敌楼、窝房、挡牌、擂木、乱石等项。周城四围疏渠开濠，沟深约一二丈，阔三四丈许。又于四门增筑石垒，创设堑门、吊桥，每门役民夫数百人，贼目监守，缓则鞭挞立加。又于西关外扎营凤凰山，筑土城，竖木栅，以拒官军。掘毁坟墓无数。

（同治《宜春县志》卷五《武事·续记》。）

**【江西省上犹县·咸丰六年四月】**无如我军在外围攻，贼即在城内纵火，文武衙署，俱被焚毁。我邑首富张姓及尹姓质铺均在城内，若黔庐赭赭，则精华已尽。军饷向资官绅，踌躇未得良策。

（光绪《上犹县志》卷十六《军务纪略中》。）

**【浙江省桐乡县乌镇、乌程县青镇·咸丰十年】**所陷城邑内，凡有公署衙门，毁留者各得半之数。乌青镇巡司署不毁，千总署拆摧不留一瓦。湖捕同知署先毁大堂，辛酉春又毁头门，遂为赤土矣。

（佚名：《寇难琐记》卷一，手抄本。南京大学历史系太平天国史研究室编《江浙豫皖太平天国史料选编》，第147页。南京：江苏人民出版社，1983。）

**【湖南省靖州·咸丰十年九月】**绥宁县署……迁建于北门旧址南向。至咸丰十年九月，发逆破城，俱为毁烬。

（唐际虞等纂：《靖州直隶州志》光绪五年刻本，卷二《建置·官署》。）

**【江苏省·同治六年】**三十余州县，除上海、嘉定两县有衙署外，余皆租住民房庙宇……今年元和县到任，无民房可租，竟在客店接印视事。

（丁日昌：《抚吴公牍》卷四十六，第5页。）

### （四）寺庙、祠堂、善堂

**【湖南省安仁县·咸丰二年】**药湖寺，在县东南四十里，宋嘉熙间建，本朝咸丰壬子兵毁,同治六年修复。白衣庵,在县北城外里许……咸丰壬子毁于兵,己未士民重修。三元宫,在县西城外,黄云卿建。咸丰二年粤逆烧毁,遗址仅存,右有树,亦被乱贼所焚。财神殿,在西城内……咸丰二年为粤逆毁破。

(张鹏等纂:《安仁县志》同治八年刻本,卷十六《事纪·兵燹·外纪·寺观》。)

**【湖南省道州·咸丰二年】**咸丰壬子,粤逆陷境,各神祠俱被毁,慢神侮圣,罪通于天。克复州城后,前任陈公、冯公次第修理完缮,焕然一新。

(许清源等纂:《道州志》光绪三年刻本,卷十一《艺文下·重修城隍庙碑记》。)

**【湖南省道州·咸丰二年】**武庙,在城内永泰坊城隍庙北……咸丰壬子,粤匪陷城,庙焚于火。城隍庙,明洪武同知盖恒弼建于铜佛寺后,九年移州治北,即故营道儒学基。咸丰壬子粤逆陷城,庙宇倾圮。东岳宫,在东门外,咸丰壬子焚于兵燹。南岳庙,在水南南街,咸丰二年毁于贼。仰山庙,在城南外,祀伯夷、叔齐,咸丰壬子焚于火。开元观,在州西南二里江岸之上,又为飞霞山……咸丰壬子焚于贼。

(许清源等纂:《道州志》光绪三年刻本,卷二《建置·祠庙·寺观》。)

**【湖南省江华县·咸丰二年】**六月,粤匪由道州诈称潮勇,回窜江华。初八日卯刻至县城,率众猛攻,城陷,邑令刘兴桓、教谕欧阳复均被害。匪众四处滋扰,城乡庙宇房屋焚烧殆尽。

(唐为煌纂:《江华县志》同治九年刻本,卷七《兵防·寇变》。)

**【江西省彭泽县·咸丰三年春正月】**粤逆陷九江,联樯东下。十六日,抵彭泽县,肆劫掠。向军门营尾追。夏五月,贼上窜,陷县城,焚文武庙及各庙神像。秋八月二十日,复陷县城,掳掠一空,四乡市镇为墟,邑宰遁。

(同治《彭泽县志》卷十八《军卫》。)

**【江西省南康县·咸丰三年五月】**粤匪自金陵窜江右,连樯入湖口。未至南康前一日,郡民数百人醵钱峙银米等,既备,乃入县廨诱令出,胁往城东偏同善堂,启狱出囚。明日,郡守行香城隍庙,民又胁以往,环守之。日午,望贼舟近,并银米食物缚守令,迎而献焉,贼纳之。数逆酋使导之入城,周视讫,火一二祠寺竟去,民有随去者。

(刘坤一等修:光绪《江西通志》卷九十七《武功三》。)



**【江西省都昌县·咸丰三年八月】**十五日,其另股贼自饶州败回,亦于是日扬帆抵县城,独城外经归祠、城内城隍庙被焚,余无所犯。经宿而退。

(同治《都昌县志》卷八《武事》。)

**【江西省南昌·咸丰三年十二月】**城外焚烧一扫无,不知此地竟荒芜。繁华寺院归空地,[进外如绳金塔寺、法华堂、圆觉堂、宿觉堂、百福寺、天寿寺、法云律堂、祇园庵、珠林庵;惠外如圆觉寺、观音庵、西方庵;德外如天空寺、泰宝寺、龙光寺、龙河寺、悦仙堂、北兰寺、药师院;章外[①]如石哥寺等,类不可胜数,皆焚毁殆尽。其余未焚者,亦遭土匪残败。]附近村庄半废墟。[如沙锅地方、新洲、潮王洲、黄牛洲、打缆洲,其居民皆迁徙无存。]差喜山河犹不异,可怜风景已相殊。石砖瓦砾纷纷是,何日升平复旧图。

①“进外”,指南昌进贤门外。“惠外”,指惠民门外。“德外”,指德胜门外。“章外”,即章江门外。

(邹树荣:《蔼青诗草·八月二四日贼退十二月初遍观城外感》。《太平天国资料》,第72页。北京:科学出版社,1959。)

**【湖南省武陵县·咸丰四年】**善卷祠,在德山……咸丰四年兵毁。江神庙,县东五里石柜上,咸丰四年兵毁。乾明寺,县东德山麓……咸丰四年兵毁。忠义寺,小西门外……咸丰四年兵毁。

(陈启迈纂:《武陵县志》同治二年刻本,卷十二《建置志五·秩祀》。)

**【湖南省龙阳县·咸丰四年】**关帝庙……咸丰四年贼毁其半。奎星楼……咸丰四年毁于贼。城隍庙……咸丰四年毁于贼。净照寺,在县西一里……咸丰四年毁于贼。云台寺,在县南二十五里云台山,咸丰四年毁于贼。鸡鸣观,在县西关文昌坊……咸丰四年毁于贼。上林寺,在县西上小江口……咸丰甲寅毁于贼。

(陈保真等纂:《重修龙阳县志》光绪元年刻本,卷八《秩祀·庙坛》。)

**【安徽省黟县·咸丰五年至同治七年】**近年兵燹,祠堂存毁略半。

(《黟县三志》卷七《祠堂》第3页。)

**【江西省万载县·咸丰五年十月】**粤匪在城十余日,搜劫铺户人家银钱一空。二十四日,焚各官衙署。二十六日,毁圣庙及城隍庙。

(同治《万载县志》卷七之二《武备·武事》。)

**【江西省分宜县·咸丰六年】**二月,伪官曹立本率党开常平仓,将谷抢散,烧毁。踞分城,每日辰刻礼拜,号曰“拜上”。毁各庙宇神像。

(同治《分宜县志》卷五《武备·武事》。)

**【江西省湖口县·咸丰六年】**三月,贼城梅家洲。洲地本污下,贼欲为犄角势,令伪官分派人工,大兴力役,民间祖茔一枝一叶有不能保者,甚至此贼来封,讹钱未去,而彼贼又至,百姓大困。先是官军在月台山架炮攻城,至是并将此山立造营房,乡下庙宇尽行拆毁,即着百姓搬运。父母死，禁不得招魂设醮，而祇园佛子，缁衣道流，一并在劫中矣。

（张宿煌：《备志纪年》。《近代史资料》总34号。第191页。北京：中华书局，1964。）

**【江西省于都县·咸丰六年四月】**二十九日申刻城陷，店铺民居一抢如洗，文武各庙俱被毁，贼众盘踞。

（同治《于都县志》卷六《武事》。）

**【浙江省桐乡县乌镇·咸丰十年】**贼崇奉天主教，与释、道两家如仇敌，所在若庵、观、寺、院，尤毁除不遗余力。吾镇刹宇，魏逆初欲尽拆，缁衣羽流知其嗜利，请司事行贿而后得存大半，如索度祠、寿圣寺、崇福宫、密印寺皆是。

（佚名：《寇难琐记》卷一，手抄本。南京大学历史系太平天国史研究室编《江浙豫皖太平天国史料选编》，第146—147页。南京：江苏人民出版社，1983。）

**【江苏省苏州·咸丰十年】**因而毁圣庙。苏城圣庙有三，悉为瓦砾之区。一切神佛庙宇，或毁或焚，无有存者。

（王步青：《见闻录·苏州记事》。《太平天国史料专辑》第540页。上海：上海古籍出版社，1979。）

**【江苏常熟县、昭文县·咸丰十年十二月】**尼僧逼令留发还俗，寺庙庵堂一概拆毁。城内圣庙学宫亦不免，三教俱废。

（汤氏：《鳅闻日记》。《近代史资料》1963年第一期，第112页。又见《太平天国》，第六册，第340页。罗尔纲、王庆成，桂林：广西师范大学出版社，2004。）

**【湖南省靖州·咸丰十一年】**光明寺……咸丰十一年，发逆围城，火毁。

（唐际虞等纂：《靖州直隶州志》光绪五年刻本，卷三《祠祀·寺观》。）

**【湖南省永明县·咸丰年间】**武圣关帝庙，在东城外一里……咸丰间毁于兵。城隍庙，在县治北城内……咸丰中毁于兵。

（周诜诒纂：《永明县志》光绪三十三年刻本，卷二十三《祀典志一·庙祠》。）

**【湖南省江华县·咸丰年间】**武庙，在县治西，前后共五座……咸丰间兵燹频仍，惟正殿后殿及八公祠存。龙王庙，旧附建武庙三公祠后，咸丰间毁于贼。刘猛将军庙，旧在南关外，咸丰间毁于贼。东岳庙，在县东里许，临江颇幽胜，历有修理。同治二年，遭粤贼毁于火。吕祖阁，在豸山岩之例，咸丰间毁于贼。观音阁，在豸山岩之半……咸丰间毁于贼。

（唐为煌纂：《江华县志》同治九年刻本，卷二《建置·坛庙》。）

**【浙江省嘉兴·同治二年三月初一日】**[荣王廖]传谕各乡官听令……其令:一办漕银,一拆妖庙毁妖像;一拿小船。乡间有私留妖庙者,每圩罚洋五百元。

(沈梓:《避寇日记》。《太平天国史料丛编简辑》,第四册,第244页。太平天国历史博物馆,北京:中华书局,1962。)

## (五)民房、店铺、名胜

**【江西省南昌县·咸丰三年五月】**停数日,进寇南昌。张中丞闭城力守,贼掘地攻城不一次。城外民屋及滕王阁等处,尽归焚炬。

(张宿煌:《备志纪年》。《近代史资料》总34号。第188页。北京:中华书局,1964。)

**【江西省南昌县·咸丰三年九月】**城外自抚州门外周围无一椽存者,滕王阁俱毁,惟一碑岿然立瓦砾中,系御碑亭三字……里河内粮船为贼匪损坏者约六七十只,可怜,可怜……官兵烧屋俱用火伞,一重屋只需一把靠门壁,有药线一发即冲上,顷刻屋即灰烬。贼来时,官兵放火烧房,有湖南兵持火伞,至伊村欲放火,嗣因伊系夏廷樾本家获免,亦幸也。各洲上民房焚烧净尽,否则为贼据,惟伊村独存。十七、十八日,官兵烧民房,烟迷数十里,伊家俱对面不见人云。

(毛隆保:《见闻杂记·九月见闻记》。杜德风选编《太平军在江西史料》,第496—497页。南昌:江西人民出版社,1988。)

**【江西省瑞昌县·咸丰四年】**三月二十四日,贼旋聚千余拥至,众寡不敌,曹宝珩阵亡,战勇多伤,被烧村房数十间,掠去家资服物无算……五月初二日黎明,大股匪掩至,绅勇众寡不敌,阵亡文童田富间等多名,被杀男妇数十人,被焚村房五百余间……十三日,逆目刘中坤、黄万鉴,率匪党千余,突寇西乡沙平湖地方。是处人少地偏,拒贼不胜,阵亡土勇三名,被焚徐、何二姓屋计七十余间,劫夺财物无算……[七月]三十日,发逆数百由兴国黄冈桥直扑大屋冯姓村庄。冯姓壮丁隔溪堵御,众寡不敌,败仗。蜂拥过溪,路杀壮丁多名,阵亡冯信亮、冯毕仁,追入村庄杀毙男妇老幼三十七名,受伤者无数。时值收获,露积尽被焚毁,烧房百余间,银钱劫掠无算。

(同治《瑞昌县志》卷五《武备》。)

**【江西省新建县·咸丰四年】**冬十月,贼由湖北田家镇败走,窜入新建吴城镇,焚烧店房一空。

(同治《南昌府志》卷十八《武备·兵事》。)

**【江西省万载县·咸丰五年十月】**粤匪在城十余日,搜劫铺户人家银钱一空。二十四日,焚各官衙署。二十六日,毁圣庙及城隍庙。

(同治《万载县志》卷七之二《武备·武事》。)

**【江西省袁州·咸丰六年三月】**贼乃退回袁城,日役数百人疏渠开濠,深广各数丈。拆取房舍砖料,于城上添设敌楼,增筑石垒、堑门、吊桥守御。又于西关外凤凰山筑土城,竖木栅,以拒官军……七月初七日,贼众自城蜂拥而出,协勇火药不敷,战失利。彬江一带被掳掠,芦岳等房屋亦被焚烧。

(同治《袁州府志》卷五《武备·武事》。)

**【江西省安远县·咸丰六年五月】**十八日,贼焚上魏圩周围房屋数百间,劫财物不计,杀伤长幼二十余人。

(同治《安远县志》卷五之二《武事》。)

**【江西省高安县·咸丰六年七月】**贼日夜拆城砖、民屋,治守具。兵勇继之。民居市肆近北城者,贼毁之。近窜官兵营者,官兵下令拆之。遂无一椽片瓦存者。

(同治《高安县志》卷九《兵事》。)

**【湖南省酃县·咸丰六年】**秋八月十二日,贼分党突至尹氏村,烧毁祠宇、民房殆尽,连下馆龙、李各姓住房均遭焚掠。团勇俱敢战拒贼。

(周作翰纂:《酃县志》,同治十二年重修刻本,卷十一《事纪·兵燹·祥异》。)

**【江西省饶州·咸丰六年】**八月十六,贼由信郡败窜德兴,练勇堵御隘口,贼分一股潜窜兴安。二十日,逾葛岭,众勇移队,逆扑,格杀数贼,局勇死者十余人,是夜贼遁。民房铺户延烧百五十余家。

(同治《饶州府志》卷八《武备志·武事》。)

**【江西鄱阳县·咸丰七年】**二月十七日,张贼[按:指太平军指挥张立旺。]移踞四十里街,筑土堡连接范家山一带,拆民房为营屋,周围三十余里村居殆尽。

(同治《鄱阳县志》卷二十一《武事考》。)

**【江西省弋阳县·咸丰七年三月】**初四日,前股窜入弋城,知县善普因公出境,城内巷无人民,贼遂将各家房屋连栟拆入南河,用大门楼板铺作浮桥。

(民国《弋阳县志》《兵革·武事》。)

**【江西省玉山县·咸丰七年】**七月,伪翼党杨国宗大股由一都杨宅渡河围城,潜凿地道。时平江营守城,于大西门内添设木栅,门外店屋一时尽毁。

(同治《玉山县志》卷五《武备·武事》。)



**【江西省饶州·咸丰七年】**八月,镇贼大股犯境,凡二十一昼夜不绝,乡团战溃,延烧二万余家，城乡如洗。

（同治《饶州府志》卷八《武备志·武事》。）

**【江苏省镇江·咸丰七年十一月三十日】**查镇江府城自被贼占据以来已将五载，城内坛庙、衙署、民房百不存一，本地居民几至靡有孑遗。所有救出难民数千，俱由两湖、江皖、金陵、扬州等处裹胁而来，绝粒业已数日，鸠形鹄面，衣不蔽体。经乔松年专派委员督饬府县劝谕绅董设厂收养，始觉稍有人色。有亲戚可依者随时遣散，无家可归者仍行留养。迁避居民数日后开始有归来者。据询房屋何以尽成瓦砾之故，则因该逆拆取砖石筑砌贼垒，又将砖块碓碎煮硝，其木料或拆盖贼垒中房屋，或作薪烧毁所致。城之西南一带数十里间，为历年征战之地，并无寸椽片瓦。其东北二面成为焦土者亦有数里。城内外白骨蔽野，残骸遍地，收埋累日，始克完竣。

（何桂清奏。宫中全宗·朱批奏折。中国第一历史档案馆编《清政府镇压太平天国档案史料》第二十册，第85页。北京：社会科学文献出版社，1995。）

**【江西省弋阳县·咸丰八年】**正月二十五日，伪翼王罗大江[按：实为石达开。]由抚州、建昌两处窜入里东乡，上中、港口之范、李、杨三姓及附近民居被焚殆尽。自蒋家桥至双港，连村一片焦土，而上坊方姓、马岭翁姓被害尤甚。

（民国《弋阳县志》《兵革·武事》。）

**【江苏省苏州南部·咸丰十年】**四处小巷房屋十无一二，止通衢中十留八九也。克复之后，但缺门窗而已。其余广厦留者多，而毁者少也。

（沧浪钓徒：《劫余灰录》。《太平天国史料丛编简辑》，第二册，第143页。太平天国历史博物馆，北京：中华书局，1962。）

**【江苏省常州·咸丰十年四月】**初一日，纵火焚城外民房，火日夜不息，幸城尚未闭，居民出者甚众。城守兵勇，夹持白刃，难民出者不得持一裹，进者不禁，故得脱者皆孑身无物。

（赵烈文：《能静居士日记》。《太平天国史料丛编简辑》，第三册，第141页。太平天国历史博物馆，北京：中华书局，1962。）

**【浙江省桐乡县乌镇·咸丰十年八月初三】**统计三昼夜焚去庐舍数千余家，掠去民人，乡镇约计三千余，自死投河被戕者不下千人。西镇受此惨祸，于斯为极。

（佚名：《寇难琐记》卷二，手抄本。南京大学历史系太平天国史研究室编《江浙豫皖太平天国史料选编》，第162页。南京：江苏人民出版社，1983。）

**【湖南省会同县·咸丰十一年】**冬十月十九日，发逆石达开由绥境至大竹坪入县境，从燕子塆过岩头窜入县城,住十日。内外民居店房焚毁过半,掳掠士女、伤残人民不计其数。

(黄世昌纂:《重修会同县志》光绪二年刻本,卷十四《外纪·灾异》。)

**【浙江省嘉兴县练市·咸丰十一年】**北宫之北马道巷内,有严太守比玉宅,高廊广庑,旧有花木亭台,计屋百余间,雕甍绣闺,擅胜一时。太守未仕时,尝偕其子缁生太史读书于此,又时集宾朋文燕,有玉山草堂风韵。自咸丰辛酉夏为魏长毛毁拆,仅留上屋。是冬,改作廒仓,贮米数万石。输纳者半由败瓦坏垣蹂践而进。

(佚名:《寇难琐记》卷一,手抄本。南京大学历史系太平天国史研究室编《江浙豫皖太平天国史料选编》,第158页。南京:江苏人民出版社,1983。)

**【江西省铅山县·咸丰十一年】**至铅城,毁城堞,燔城楼,焚城内之屋十之七,焚城外之屋十之三,元气之伤,莫此为甚。

(同治《铅山县志》卷十《武备·兵事》。)

**【江西省弋阳县·咸丰十一年】**六月初一日下午,贼众反扑,转胜为败,阵亡勇丁三十四名。贼知大兵未能遽至,传檄伪云安民,逼勒银两,不从者焚其居。以故里东饶、辜二姓,二十四都胡、俞、范,二十三都徐、童等姓村庄,焚烧房屋一空。

(民国《弋阳县志》《兵革·武事》。)

**【江西省建昌县·咸丰十一年六月】**纵横数十里,打馆几满各村,掘地抄掠,什物几尽。至二十九日,悉纵火拔营而去。由是归者无家,即未焚者亦室如悬磬。阵亡者尸身腐变,亲属无从验埋,鬼哭人号,愁惨莫诉。

(同治《建昌县志》卷五《武备志·武事》。)

**【江西省进贤县·咸丰十一年】**七月,伪忠王李秀成由瑞州府转窜进邑,入境放火,被烧者十之四五,村落半为灰烬,然亦不敢久踞,随即飏去。

(同治《进贤县志》卷二十二《兵革》。)

**【江西省清江县·咸丰十一年七月】**贼令上自新干,下及薛家渡,拆屋结筏东渡,而扰樟树镇等处,焚毁村落,遍(收)[搜]岩谷。

(同治《清江县志》卷之六《武事》。)

**【江西省峡江县·咸丰十一年】**七月,[太平军]复回窜峡江,拆屋结筏东渡,所过村落,焚毁殆遍。

(同治《峡江县志》卷之五《武事》。)

**【浙江省·咸丰十一年十二月】**仲冬廿五、廿六日，苏州长毛十余万攻击杭州。有先回者，道出乌戍西栅，欲登岸掳掠，项长毛拒之不听，适莱天福至，自海宁飞骑而出，麾旄不许入镇，于所过船只逐细搜缉，皆沿途打先锋所得者。此役，贼本非攻战，志图劫夺，西北百余村墅，凡马要以上，将近深山旧馆驿，百余里间，多半为墟。室家俘去流落者，书之不胜书。

（佚名：《寇难琐记》卷一，手抄本。南京大学历史系太平天国史研究室编《江浙豫皖太平天国史料选编》，第159—160页。南京：江苏人民出版社，1983。）

**【浙江省桐乡县·同治三年一月二十九日】**[清军攻乌镇，]特开大炮，打死无算，百姓十死八九……合镇焚烧十九。

（沈梓：《避寇日记》。《太平天国史料丛编简辑》，第四册，第298页。太平天国历史博物馆，北京：中华书局，1962。）

**【江苏省无锡县、常州·同治三年十月】**十二日，晴。顺帆同行，是夜由同川至锡山驿停泊，城外无屋，城内亦荒。

十三日，晴。顺风至常州。午后停宿。监临李爵抚[李鸿章]舟同行，一路弁兵，各营接护，整齐严肃之至。常州城外俱荆棘，城内渐形楚楚。城内颇好。

（柳兆薰：《柳兆薰日记》。《太平天国史料专辑》，第341页。上海：上海古籍出版社，1979。）

## 三、对环境的破坏

[编者按：太平天国时期，战争从多个方面造成经济资源损失和生态环境恶化。以人的死亡为例。人死，不仅使劳动力减少，田地无人耕种而荒废，还因自杀者投河投井，弃死者之尸体于河井，使水资源和环境污染。关于人的死亡情况，见第八章。由于许多方面的资料已收入其他章节，这里仅限于对林木的破坏。]

**【湖北省、江西省·咸丰三年二月初六日】**查自武昌失守后，江中船只全为逆匪所有，而我兵应用船只临时制造，则缓不济急。奴才查湖北、江西遍山产木，可以随时砍伐，即由上游沿江一带编造木排，价廉工省，易于成集。上安炮位，以其半防守各港口，以其半顺流直下，冲击匪贼，与福山所进之兵上下声势互相应援，必须厚集兵力，蹙之江中，不使东西奔突。

（奕湘奏。原折。中国第一历史档案馆编《清政府镇压太平天国档案史料》第五册，第83页。北京：社会科学文献出版社，1992。）



**【江苏省扬州·咸丰三年八月】**城内除荒荆蔓草外，凡诸葛菜、马狼头俱掘作甘旨……两湖贼兵暨江工亡命之徒,食狗食猫,猫尽食鼠,鸦雀亦枪毙无孑遗……况尸水灌井,疫气满空,受之者摇头辄死。

(佚名:《咸同广陵史稿》。《太平天国》,第五册,第 95 页。罗尔纲、王庆成,桂林:广西师范大学出版社,2004。)

**【江西省都昌县·咸丰四年十一月】** 凡有志事者各举家避去。而都昌境内,县城若寄,林木为摧。鸡犬时惊,农商昼伏。盖至是则无论居山临水,百里之地,直无一片干净土矣。

(同治《都昌县志》卷八《武事》。)

**【江苏省扬州·咸丰十年】** 而[李]若珠自六合出,孱弱惊悖[? 悖],疾不能军……纵采樵,无或禁,环城四邑,林园坵墓,榆、柳、松、柏,挥斧斤责负戴者朝夕不得息。伙夫一至,村民匿迹,而使妇女闭门应,兵佯不入,亦间淫掠。教谕陈国藩以愬,则执之,其部益横。

(倪在田:《扬州御寇录》。《中国近代史资料丛刊:太平天国》,Ⅴ,第 130 页。中国史学会编,编者:向达、王重民等,上海:神州国光社,1952。)

**【浙江省·咸丰十年闰三月十二日】** 至臣由苏来浙,道经嘉兴石门,该处居民前因闻警迁徙,至今尚未复业,景象颇觉萧条。行抵杭关,一望十余里,尽成焦土,城内外东南一带凋残尤甚,并见被难穷黎纷纷扶老携幼,迎跪道旁,向臣泣诉遭贼情形,目击心伤,恻然泪下。

(王有龄奏。军机处全宗·录副奏折。中国第一历史档案馆编《清政府镇压太平天国档案史料》第二十二册,第 195—196 页。北京:社会科学文献出版社,1996。)

**【苏南——皖北·咸丰十年四月以后】** 四乡有硝馆,拆民房以熬硝。柴薪灰草,供应火食,支发夫价,皆取给于民。故民望官军若旱苗之待霖雨。[太平军]其办柴也,下乡有树即封,大小斫伐不遗。故贼住之地,年久数百里无树木,无瓦屋。

(余一鳌:《见闻录·伪官职》。《太平天国史料丛编简辑》,第二册,第 125—126 页。太平天国历史博物馆,北京:中华书局,1962。)

**【浙江省桐乡县·同治二年二月初九日】** 我乡伪乡官项姓者,恃势横行,不可抗欠,有不缴者,则责令砍活桑树为柴,计值以入之,不然,则毁其庐舍,鬻砖木以入之,又不然,则鬻妻子以入之……去秋所收谷米,除完粮外,所余无几,谋举蚕桑以资种田,全家茂桑五亩,桑树砍去者已四亩矣,恐又不能无绝粮之厄也。

(沈梓:《避寇日记》,《太平天国史料丛编简辑》,第四册,第 236—238 页。太平天国历史博物馆,北京:中华书局,1962。)

**【浙江省杭州·同治二年】** 又以农桑为衣食本。今见军士日斫桑林为薪,此非十年之树不成,即日克复民穷之源也。

(范城:《质言(节录)》。《近代史资料》1955年第3期,第80—81页。又见《太平天国》,第四册,第422页。罗尔纲、王庆成,桂林:广西师范大学出版社,2004。)

**【江西省湖口县·同治二年】** 七月,贼退。芦舍丘墟,田园榛莽。今安定十余年来,树木尚鲜大一围者。

(同治《湖口县志》卷五《武备志》。)

**【浙江省湖州·同治三年】** 湖郡各邑向以丝、谷并重……在荒田,一二年开垦即可成熟;蚕桑非五六年栽培养,不得有成。

(吴云:《两罍轩尺牍》卷五《程安德三邑禀清减赋公呈》。)

**【浙江省海宁州·同治二年四月】** 廿四日酉刻,北来贼匪船三十二只,泊茶院镇,俱疑是掳掠,皆逃避;岂知明日四散伐木,以作薪用,谓之打柴火。

(冯氏:《花溪日记》。《中国近代史资料丛刊:太平天国》,Ⅵ,第710页。中国史学会编,编者:向达、王重民等,上海:神州国光社,1952。)

# 第十九章
# 太平天国战争结束时的经济状况与战后清政府恢复经济的政策

# 第一节
# 战后经济残破状况

## 一、经济残破状况

### (一) 人相食

**【安徽省桐城县·咸丰六年冬至七年正月】**时各邑荒歉,饥民嗷嗷,充勇仍不可活生,俱苟且从贼;贼因乌合之众,半壁沸腾……甫至三十里铺,寥寥村镇,久绝人烟,沿路枯骸,尽属逃勇,桐已无地筹米,惟采买舒[城]粮,彼军送而此军迎,中途贼尚窥伺。

(胡潜甫:《风鹤小草》。《中国近代史资料丛刊:太平天国》,Ⅴ,第27页。中国史学会编,编者:向达、王重民等,上海:神州国光社,1952。)

**【长江上游和江苏省无锡等地·咸丰十年至同治二年】**庚午,复掩至,我方四散就食,几为所乘,后者凫水免。团勇顺福死难。而贼中号吾里为孙家庄,过者有戒心,地处冲衢,逆踪上下如织,不轻越河,非大队无止宿,亦不久留。

踰年,贼途径渐习,每昏夜四出掩袭,谓之摸黑。穷陬僻壤无得安枕。间归家,塞门伏处,反获宁所,而耕者稍稍归农矣。其遇害大都在他乡,稍有力者徙江北若上海,则幸生全。

洎同治壬戌、癸亥间,长江上游贼势穷蹙,则大纵扰,耕者、居者无旦夕之安。岁饥,斗米值千,道殣相望,杀伤死亡不可指数。

(孙鼎烈:《纪粤寇难》。《太平天国史料丛编简辑》,第二册,第170页。太平天国历史博物馆,北京:中华书局,1962。)

**【浙江省宁波、杭州·同治元年二月】**是年二月初旬,官军克复宁波,旋收绍兴,乘势遂取萧山。先是,约英夷从金华取道浦江席卷而来,往由绍兴之诸暨穷追,出贼不意,溃围而窜,不一月复两郡、八县,军势大振,立营西兴一带,过江指日可待。无如蔓延甚众,未及攻省城。然贼已穷蹙,四散奔逸,向余杭、泗安、广德各处乡镇,无可搜括,见有烟火处辄打先锋。余杭上下百里间及苕西数处,一片蔓草,累累白骨,间有老弱存者,枯槁无人色。有仆于路,有呻吟未死,或割其肉食之,亦有单身入僻乡,为饿殍人所见,则驱而剥剐其肌肤以供一啖。此时景况，真不忍闻见也。

（佚名：《寇难琐记》卷三，手抄本。南京大学历史系太平天国史研究室编《江浙豫皖太平天国史料选编》，第199—200页，南京：江苏人民出版社，1983。）

**【安徽省·同治元年】**同治元年，诏起家署安徽布政使。安徽新复，民物凋残，泾、歙、黟诸县皆大饥，人相食。[江]忠浚莅任，倡率同官捐廉赈之，所活全特众。乃招抚流亡，给民牛、种、农器，修复各路学校，严饬郡县长吏皆以劝课为先，有更代者尤必慎其选择。以谓乱离之后，满目疮痍，倘守令不贤，小民安望有再生之日也。

（刘坤一等纂：《新宁县志》光绪十九年金城书院刻本，卷二十六《人物传》。）

**【陕西省汉中·同治二年】**城内粮食既绝，百姓无以疗饥，凡木耳、海带、牛胶以及药店中之元参、兔丝等物，无不搜食净尽，每斤俱卖白金四五两、六七两不等。甚至鞋底皮掌俱割食无遗，草根树皮皆绝，于是资人肉为食，始割已死之人，后并不待死而即割之，残骸遍地，惨绝人(烟)[寰]。陈镇初犹禁止，见割食人肉者即杀之，枭首以示。至明日，则所杀之人已被割取无遗，所枭之首已破其脑。饥饿所迫，虽极刑亦不能禁止也。卢勇更肆扰害，凡民间 草根树皮之能食者亦被搜去，并非自食，排列市中，仍卖与百姓。

（陈才芳：《思痛录(选录)》。《太平天国》，第四册，第439页。罗尔纲、王庆成，桂林：广西师范大学出版社，2004。）

**【江苏省太仓州、常熟县等地、安徽省徽州·同治二年十一月】**[常熟]各图地方设局收饷，每亩共催六百文，除饷捐钱一百六十零，费六十外，其余听业主自行催取，佃户家先将饷款清缴，业主仍迟延。低区米租，竟有无成色。太仓佃户每亩一千，均业主收，一月清。军饷交四百零，无蒂欠。太属业户素所激公。吾境业户玩习已深，况目下室如悬磬，待哺嗷嗷。然而佃农亦皆撒手。贼所骚扰地方，吾方似最为轻，夏秋两忙，尚未荒芜一熟，故人口流亡绝少。如常州以上，人无影迹，地断炊烟。新丧不敢出棺，出必倾尸而食。更有人云：父女二人垂毙，父曰，吾欲割汝股以啖。女曰，待吾气绝时任凭可也。父又曰，汝不绝，吾要先绝矣。竟生剜之。徽州人向出外谋生者多，因粤匪作乱，尽归家，而不知徽地素不产米，专赖江西、杭州两路运筹，今两[地]被贼踞，无由得入，又无别路搬运，家中虽积累金银，亦不得换升斗，饿死者十有七八。

（柯悟迟：《漏网喁鱼集》。第96—97页，北京：中华书局，1959。）

**【安徽省宁国·同治三年正月】**葆桢以江西军事方殷，奏留茶税牙厘，专供本省军。部议允之。国藩所部月饷需五十万两，度支裕时，岁给兵才六成。至是金陵围师益增，饷入益绌，岁给才四成，欠饷至十六七月，军士绝望。国藩因抗疏曰，臣初任江督，兼办皖南军务，其时江南六府糜烂，皖南仅存祁门一县，于是奏办江西厘金，以充东征诸军之饷，月拨漕折五万，洋税三万，先后奉旨允准。沈葆桢到任后，历停漕折洋税，臣均未具疏争辩。

今臣军发饷四成,江西各军发饷八成以上,臣军欠饷十六七月,江西军欠饷不及五月。以民困而论,皖南宁国各属,市人肉相食,或数十里野无耕种,村无炊烟。江西亦尚不至此。

(王定安:《湘军记·援守江西下篇》。)

**【江苏省无锡县·同治三年正月至三月】**自正月至于三月,人相食,自西南乡渐迤而北。

(施建烈:《纪(无锡)县城失守克复本末》卷四。《中国近代史资料丛刊:太平天国》,Ⅴ,第266页。中国史学会编,编者:向达、王重民等,上海:神州国光社,1952。)

**【江苏省无锡县·同治三年十月】**西南乡人相食。吾邑庚申以前,城乡民稠地密,半里一村,十里一镇,炊烟相接,鸡犬相闻,市肆繁盛。花、米、布三大宗交易,米为最……日(消)[销]数万斛,装载浙江,故称米码头也。布乃四乡土产,销于淮安、六合、江北一带。棉花自崇明、通州而来,销于浙省者多……遇难以后,附郭周围,一望平芜……乡则东北尚可,西南不堪……[间有]以人相食。

(佚名:《平贼纪略》。《太平天国史料丛编简辑》,第一册,第316—317页。太平天国历史博物馆,北京:中华书局,1962。)

**【广西省·同治六年七月】**同治六年七月初五日,丙辰,晴。午后,涤师来久谈,言芸仙在粤声名之劣,罗椒孙至与骆吁门书云:故乡大吏皆如豺虎。民间又有:人肉吃完,惟有虎豹犬羊之廓;地皮刮尽,但余涧溪沼沚之毛[毛季云也]之联。

(赵烈文:《能静居士日记》。《太平天国史料丛编简辑》,第三册,第414页。太平天国历史博物馆,北京:中华书局,1962。)

### (二)缺粮与粮价

**【浙江省桐庐县·同治元年】**[罗士雅]偕喻义赴浙江,闽浙总督左宗棠重其才,命参军事,以克复严州功,擢知县。明年,檄署桐庐。桐庐江上冲,数遭兵燹,至则暴骨成丘,饥民载道,公私庐舍荡然。士雅亟设同善局,施粥糜,给药饵,瘗诸死者骼,招徕抚循,创夷渐息。

(张修府纂:《清泉县志》同治八年刻本,卷八《人物·列传·罗士雅传》。)

**【江苏省仪征县、六合县、安徽省滁州·同治二年正月十二日】**记难民情形:江南有沅帅[曾国荃]纠合水师捐资给赈,凡采米数千石,受赈者妇孺十万人。先是每人三日一升,至是不给,改为三日五合。虽沾惠者众,而充腹不足。沿江野地,匍匐挑掘野菜草根佐食者,一望皆是。鸠形鹄面,鸟聚兽散,酸楚之状,目不忍视。而江北一带,俱属李世忠管辖,下至仪、六,上抵滁、和,环转数千里,一草一木皆有税取,民至水侧掘蒲根而食,犹夺其镰劖,以为私盗官物。其稍有资本趁墟赶集者,往往为其兵勇凭空讹索,所有一空。民生之艰，诚不啻在水火。嗟呼！李本一盗耳，少迟日月，亦更化为盗耳，何足责！而袁甲三无识庸妄，养成其羽翼，官至帮办提督，众至数十万，地至千里，误国殃民，虽族诛不足以塞责，转得安然而去，以苗、李二大逆贻之后人，其肉岂足食哉！

（赵烈文：《能静居士日记》。《太平天国史料丛编简辑》，第三册，第 263 页。太平天国历史博物馆，北京：中华书局，1962。）

**【浙江省·同治二年四月】**此间需米甚殷，而江西、安徽均已遏粜。闻宁波洋米每石重一百五十斤，而价亦不过六千上下，较此处尚为合算。务须采办三四万石，陆续屯贮义桥，由许守瑶光陆续转运，能多更妙。盖此时闽、粤各军并入楚军，军食较多，且青黄不接，民间尤虞缺食，以最要着，希即留意。此款可从钱粮项下筹画，如急需添数，则犹当于绍郡义桥、窄溪等处卡局谋之，但须早为示知耳。

（左宗棠：《史氏家藏左宗棠手札》，钞件。南京大学历史系太平天国史研究室编《江浙豫皖太平天国史料选编》，第 239 页，南京：江苏人民出版社，1983。）

### （三）民穷财尽，市场萧条

**【江西省金溪县·咸丰六年六月】**委员杨照黎以劝捐接署县事。官军索饷甚急，复委员屈蟠等于浒湾镇另设一局，办理西南北三乡捐务。城内及东路则杨主之。邑民骤苦流离，勉措捐银七八万接济郡营。九月，官军失利，各营溃散，冷逆再至，贼势愈炽。伪将军、总制等按乡勒捐，必如输官之数，不给者，以火灼口鼻，酷刑拷掠，远逃者则毁烧房屋，几于乡无完村，村无完室。

（同治《金溪县志》卷十四《兵氛》。）

**【江西省上高县·咸丰六年十一月】**原欲迎大兵以解倒悬，奈顺贼者征粮纳贡，民膏吸尽；仇贼者焚杀淫掳，正气消耗，益深益热。

（同治《上高县志》卷四《武事》。）

**【江西省乐安县·咸丰八年二月】**戊午二月初九日，大兵至，离城二十里扎驻。十四夜，贼悉遁去，而城乡内外已化焦土。

（同治《乐安县志》卷五《武备·武事》。）

**【江苏省苏州·咸丰十年四月】**初六日，庚午，阴。午间微有日色。辰刻到黄土桥，登岸步行，前日雨后，泥泞犹甚，步欲跌，购路人草履着之。七、八里至金黄桥，难民来者纷纷不绝。田父皆持耕锄为劫，余时戎服，拔刀大呼，皆迸走，为之一笑。又数里，至虎丘山后，绕道渡山塘河，夹岸市肆，十去其九，断砖摧栋，纵横满道，尚吐焰不息，惟虎丘寺(嵬)[巍]然尚存。

（赵烈文：《能静居士日记》。《太平天国史料丛编简辑》，第三册，第 142 页。太平天国历史博物馆，北京：中华书局，1962。）

**【江西省新城县·咸丰十一年四月】** 贼自汀州来，分二队。其前队四月二十八日抵邑，馆城内及南市。近村鸡犬皆空，贼远掠数十里外，率夜分冥行。

（民国《新城县志》卷六《保甲》。）

**【广东省·同治元年十二月十一日】** 接施蓉坡广东信，言广东无兵患，惟民穷财尽而已。

（沈梓：《避寇日记》。《太平天国史料丛编简辑》，第四册。第203页。太平天国历史博物馆，北京：中华书局，1962。）

**【浙江省绍兴县·同治二年】** 贼遗妇女又劫于军士，不纳者货之，其值以妍媸为断。军中溪壑，庶几其盈乎！

（古越隐名氏：《越州纪略》。《中国近代史资料丛刊：太平天国》，Ⅵ，第773页。中国史学会编，编者：向达、王重民等，上海：神州国光社，1952。）

**【江苏省无锡县、金匮县·同治二年五月】** 官军越近，民心越寒，迁避常熟乡镇者十有其八……是时居民十不及一。

锡、金士农工商，迁聚常、昭最多，贸易者颇众，土人诸事掣肘。

（佚名：《平贼纪略》。《太平天国史料丛编简辑》，第一册，第294页。太平天国历史博物馆，北京：中华书局，1962。）

**【江西省湖口县·同治二年七月】** 七月，贼退。芦舍丘墟，田园榛莽。今安定十余年来，树木尚鲜大一围者。

（同治《湖口县志》卷五《武备志》。）

**【江苏省无锡县、金匮县·同治三年至光绪七年】** 惟克复后，城中民居十无一二存，盖贼毁其二，土匪毁其一，其五六则兵勇争贼遗物不均遂付之一炬耳……今十数年来，年谷顺成，休养生息，井邑乃得复完，而家鲜盖藏，市廛萧索，欲如乾嘉时之全盛，竟不可复觏矣。

（光绪七年修《锡金县志》卷七《兵事》第19页。）

**【浙江省·同治二年三月十八日】** 言左抚台[左宗棠]驻衢州，官员充斥，府城竟为省会，捐官颇贱且易，有捐米助饷者，顷刻出奏得官，第苦民穷财尽，无人捐输耳。

（沈梓《避寇日记》。《太平天国史料丛编简辑》，第四册，第245页。太平天国历史博物馆，北京：中华书局，1962。）

**【浙江省湖州·同治三年七月】**伏念湖郡自咸丰十年二月发逆窜扰,[同治]元年五月沦陷,至今年[同治三年]七月收复,阅时五载之久。多一日攻战,即多一日焚杀,环城数百里无一处不居民离散,庐屋成灰,白骨青磷,惨难言状。

(吴云:《两罍轩尺牍》卷五《程安德三邑禀请减赋公呈》。)

**【江苏省丹徒县·同治三年至光绪初年】**[战后,有的地主立即回家;有的慑于农民革命余威,回来较迟。]邑之外贸与避寇者未敢遽归……邑里萧条,人民寥落。

(光绪五年刊《丹徒县志》卷六十《纪闻及跋》。)

**【江苏省常州·同治四年二月初四日】**至一村,登岸访探,但见白骨狼藉丛莽中,或以桶盛尸,皆不久之饿殍。一村民屋计不啻百余家,觅半日,仅睹一妇人与二幼童,糜粗粝为食……至一市……土人见余舟旗械纷然,疑兵至,皆闭门欲遁。余以乡音再三慰藉而后定……午刻,舟赴东山。至山椒,数乡民匿丛苇中,见余舟旗械,奔逃四散。

(赵烈文:《能静居士日记》。《太平天国》,第七册,第296—297页。罗尔纲、王庆成,桂林:广西师范大学出版社,2004。)

**【江苏省甘泉县·光绪十一年】**境内之民,夙称富庶。自兵兴以来,其西、南、北三面,皆当贼冲,数被寇掠,营垒屯戍,所在而有。前岗、后湖之民,既多丧亡散失,邵伯埭虽未受贼扰,而商旅视为畏途,则皆间道而去。今承平几二十年,井里幸无湮废,而百利丧于烟烽,孑遗困于桑海,商失旧业,农尢石田。昔之富庶,尽成贫瘠。

(范用宾等:光绪十一年《甘泉县志·序》第1页。)

## (四)户口稀少,土地荒芜

[参见第八章]

**【湖南省郴州·咸丰九年二月】**石达开由江西寇湖南。二月,陷郴城,盘踞四出,杀戮之惨,莫此为甚,掳去居民少生还者,村落尽成灰烬,几于十室九空。

(谢馨槐等纂:《郴州直隶州乡土志》光绪三十三年刻本,卷上《兵事》。)

**【安徽省安庆·咸丰九年九月】**查皖北粤、捻各匪,蔓延日广,南为金陵、芜湖之援,北为齐、豫数省之患。自安庆至宿、亳千余里,人民失业,田庐荡然,火热水深,迫切待救。

(曾国藩:《会商大略折》咸丰九年九月十二日。《曾文正公全集·奏稿》卷十一,第23页。)



**【江苏省昆山县·咸丰十年以后】**庚申[一八六〇]之乱,人民流亡者十有八九。今虽休养生息二十年,为按册稽之,计现在本籍以及招徕农民,尚不及从前十分之六。

（汪堃等：光绪六年《昆新两县续修合志》卷首《序文》第1页。）

**【湖南省临武县·咸丰十年十一月】**车田岩，距县城十里许，东路一小村落也。村背一岩门甚仄，内坦平，蛇行以入，逶迤三里余，约容数百人。咸丰十年十一月，贼由广西出，绕道经此。团长曾继盛、邝腾飞议将老羸男妇避入岩腹，盛率丁壮迎战。贼初来甚少，击退。寻大股至，盛料力难敌，引所部左旋入岩，以石闭其门。贼觉之，分阵环攻，益迫之降也。岩中人固守不出，贼怒甚，启其闭，爇毒草薰之，尽歼焉。邑侯翟允之亲(谐)[诣]祭之，所毙曾姓四十四名，邝姓一百九名，黄姓十六名。其余转徙在外，未经入岩者仅存十五人，村几为墟。

（陈佑启等增纂：《临武县志》同治六年增补刻本，卷三十三《续忠义志》。）

**【浙江省海宁州·咸丰十一年十二月】**廿八、廿九两日，又大雪连夜，积雪三尺余，时花溪房屋止存十之三，故人民稀少，市易绝，复因雪阻，斗米千二百。

时师旅所处，荒灾并仍，妖氛日炽，毒流四境，杀害贞良，惨渎鬼神，土匪窃发，乘机抢劫，局贼狠逼，不胜其扰，阴阳树木尽遭斫伐，枪匪勒诈趁势长发，田野污莱，鸡犬无音，父子乖离，家室荡析，米价腾贵，糟糠无继，警报不时，人事俱废，所谓贞良弊于豺狼，忠臣猝于虎口，望烟火而无门，号冷风而绝命者，咸惴惴重足立，则茫然无措矣。悠悠苍天，曷其有极！

（冯氏：《花溪日记》。《中国近代史资料丛刊：太平天国》，Ⅵ，第698页。中国史学会编，编者：向达、王重民等，上海：神州国光社，1952。）

**【安徽北部·同治初年】**照得皖北被贼蹂躏，已逾十载，小民非死即徙，十去七八；凋敝情形，不堪言状。本署部院前由安庆移节临淮道，经凤、定各县，环视数百里内，蒿莱弥望，炊烟几绝。

（唐训方：《兴办屯垦告示》。《唐中丞遗集·条教》，第6页。）

**【安徽省北部、江苏省宜兴县·同治初年】**皖北三河运漕一带，有百里无人烟者；江南宜兴一带，有十里无人烟者。

（冯桂芬：《垦荒议》。《显志堂稿》卷十第21页。）

**【江苏省无锡县·同治初年】**户口计去其六七。

（施建烈：《纪无锡县城失守克复本末》。《中国近代史资料丛刊：太平天国》，Ⅴ，第242页。中国史学会编，编者：向达、王重民等，上海：神州国光社，1952。）

**【江苏省苏州·同治元年四月】**［赌博工具上题字：］一十年来贫转富，二十年来富转贫。

（蒋寅生：《寅生日录》同治元年四月二十三日条。《太平天国史料专辑》，第425页，上海：上海古籍出版社，1979。）

**【江苏省松江·同治元年七月】**廿九日……而登城四望，烟火萧条，散者归聚无期，存者栖身无所；南北乡开耕之田，十仅二三。饥民嗷嗷，日甚一日。八口之家，一日三四百文，方可图一饱，加以疫疠盛行，日有十数家，市粽为之一空。

（姚济：《小沧桑记》。《中国近代史资料丛刊：太平天国》，Ⅵ，第507页。中国史学会编，编者：向达、王重民等，上海：神州国光社，1952。）

**【江苏省松江·同治元年八月】**廿九日，本府传华、娄两邑议：今冬仍收田捐，每亩钱数仍照上年，惟章程稍改耳。华、娄境内熟田，闻不及十分之五，加以房屋被烧，人多被(虏)[掳]，即稍有收成，亦只够目前敷衍；设身处地，殊为怅惘！

（姚济：《小沧桑记》。《中国近代史资料丛刊：太平天国》，Ⅵ，第511页。中国史学会编，编者：向达、王重民等，上海：神州国光社，1952。）

**【江苏省太仓州·同治元年十一月二十四日】**太仓自庚申失城后，安民收粮，本属完善之区，自今春官兵、长毛往来焚劫，遂成荒墟，城外百余里几无人迹。

（沈梓：《避寇日记》。《太平天国史料丛编简辑》，第四册，第200页。太平天国历史博物馆，北京：中华书局，1962。）

**【安徽省六安州·同治元年】**六安产米之区，近日百姓流亡，田荒不耕，关系极大。弟与希庵熟商，调唐鹤九署六安州，专为召集流亡，设法耕种。若今年合州种稻，秋收后可以供湘军之食，不须由湖北运米赴霍、六一带，则所省多矣。

（曾国藩：《复官中堂》。《曾文正公全集·书札》卷十八，第6页。）

**【江苏省松江、太仓州·同治二年五月】**自粤逆窜陷苏、常，焚烧杀掠之惨，远接宋建炎四年庚戌金阿术故事，盖七百有三十年，无此大劫。臣鸿章亲历新复各州县，向时著名市镇，全成焦土，孔道左右，蹂躏尤甚……连阡累陌，一片荆榛。凡田一年不耕，便为荒田，今已三年矣。各厅县册报，抛荒者居三分之二；虽穷乡僻壤，亦复人烟寥落。间于颓垣断井之旁，遇有居民，无不鹄面鸠形，奄奄待毙。伤心惨目之状，实非郑侠《流民图》可比。已复之松、太如此，未复之苏州可知。

（李鸿章：《裁减苏松太粮赋浮额折》，同治二年五月十一日。《李文忠公全书·奏稿》，卷三，第58页。）



**【浙江省湖州·同治三年】**湖郡各邑向以丝、谷并重……在荒田，一二年开垦即可成熟；蚕桑非五六年栽培养，不得有成。

（吴云：《两罍轩尺牍》卷五《程安德三邑禀清减赋公呈》。）

【安徽省·同治三年十二月】惟安徽用兵十余年,通省沦陷,杀戮之重,焚掠之惨,殆难言喻,实为非常之奇祸,不同偶遇之偏灾。纵有城池克复一两年者,田地荒芜,耕种无人,徒有招徕之方,殊乏来归之户……查安徽全省贼扰殆遍,创巨痛深。地方虽有已复之名,而田亩多系不耕之土。其尤甚者,或终日不过行人,百里不见炊烟。

(曾国藩:《豁免皖省钱漕折》,同治三年十二月二十七日。《曾文正公全集·奏稿》卷二十一,第 77 页。)

【安徽省广德州·同治四年】兵燹之后,各省之中以皖南北荒田为最多,其地方亦以皖南为最盛,如宁国、广德一府一州,不下数百万亩。诚能查明归官,召佃经理,计可岁得谷数百万斛。

(金安清:《皖南垦荒议》。《皇朝经济文编》卷四十,第 16 页。)

【浙江省·同治五年至宣统元年】粤匪之乱,浙江蹂躏最甚,户口凋零,田畴荒芜。同治五年克复后,据各属册报荒芜田、地、山、荡至一十一万二千三百六十六顷七十四亩有奇。历年招徕新垦,听民自行承报,其后陆续编查,数十年来,迄未复额。截至宣统元年止,尚有荒芜未垦者四万一百四十四顷有奇。

(《财政说明书·浙江省·岁入部·收款田赋》,第 7 页。)

【江苏省上元县·同治七年】乱后农民十存二三。

(丁日昌:《抚吴公牍》卷四十九,第 6 页。)

【江苏省·同治七年】公[丁日昌]抚吴时,江南底定三年耳。兵灾久,民气凋,田莱荒芜,疮痏弥望,兼以各郡邑版籍正失,旧规荡然,吏治松弛,纷不可理。

(沈葆桢:《抚吴公牍·序》,第 1 页。)

【江苏等省·同治】今江苏田荒未垦者尚数百万亩。合计经寇各省,荒田不啻十倍于此。

(强汝询:《海防议》。《求益斋文集》卷七,第 22 页。)

【湖北省广济县·同治年间】[旧志曰]迩年兵寇相仍,灾荒岁接,土著稀少,佃客半招外县,民间储积罄悬,妇子惟守颓壁,田在草间,狐兔族聚,民莫聊生,而狼子骈胁之夫,相煽为盗,莫可控止。

(朱荣实主修:同治《广济县志》卷二《营讯》第 2 页。)

【浙江省昌化县·同治以后】洪杨之役,由淳窜昌,首当其冲,民气雕残,垂六十余年,未易恢复原状。因之客民纷纷盘踞,以四、七两都及外五都占大多数,不似他处之纯粹族居。

(曾国霖等:民国十三年《昌化县志》卷首,第 1 页。)

［按：此类地区六十年尚未恢复原状。］

**【江苏省溧水县·光绪初年】**当是时［乾隆四十年］，户口殷繁，村居稠密；经乱后，有全村而为墟莽者矣。

（丁维城等：光绪七年《溧水县志》卷二《舆地志》第52页。）

**【江南地区·太平天国后】**几乎百里无人烟。其中大半人民死亡，室庐焚毁，田亩无主，荒废不耕。

（王韬：《弢园文录外编》卷七，第6页，《平贼议》。）

**【太平天国后】**［全国人口减少了一半。耕地减少了三分之二。］

（麦仲华：《皇朝经世文新编》卷八《国用》。）

**【江苏省上元县·光绪十九年】**上元县东三十五里宋墅村，赭寇［太平军］前共有千余户。迨红羊浩劫，室化邱墟，瓦砾场中几无人迹。嗣恶氛净扫，始有复我邦族者，然采堇之歌，荒凉寥寂，及至今日，亦不过数十家。

（《益闻录》第一三〇九号，光绪十九年八月二十八日。）

**【江苏省·1813—1900年】**

**江苏省11县人口变动情况表**

| 地　区 | 太平天国革命前 | | 太平天国革命后 | |
|---|---|---|---|---|
| | 时期 | 人丁数 | 时期 | 人丁数 |
| 嘉定县 | 1813 | 436 466丁 | 1864 | 223 131丁 |
| 句容县 | 1809 | 306 968丁 | 1900 | 79 053丁 |
| 吴江县 | 1820 | 304 057丁 | 1864 | 113 653丁 |
| 青浦县 | 1810 | 332 164丁 | 1865 | 208 870丁 |
| 常熟县 | 1820 | 377 918丁 | 1865 | 213 532丁 |
| 昭文县 | 1820 | 260 839丁 | 1865 | 185 571丁 |
| 无锡县 | 1830 | 339 549丁 | 1865 | 72 053丁 |
| 金匮县 | 1830 | 258 934丁 | 1865 | 138 008丁 |
| 江阴县 | 1839 | 564 603丁 | 1876 | 176 603丁 |
| 溧水县 | 1847 | 185 143丁 | 1878 | 30 847丁 |
| 高淳县 | 1847 | 188 930丁 | 1869 | 55 159丁 |
| 丹徒县 | 1859 | 331 713丁 | 1867 | 107 611丁 |

（李文治：《中国近代农业史资料》第一辑，第 151 页。北京：三联书店，1957。）

## 二、农业生产要素减少

### （一）农具残缺

**【湖南省・咸丰六年五月】**《纪平江勇事》丙辰五月初八日作

［述曾国藩之湘军之抢劫，使车犁锄耙亦丧亡。］市人皆噤声不扬，将来铺户难开张……传闻贼首称翼王，［名石达开，号翼王。］仁慈义勇头发长，所到之处迎壶浆，耕市不惊民如常，贼至犹可兵则殃。

《不雨谣》丙辰

大兵大旱扰农父当事委员勒军需，县官差吏催田租。富户十九罄藏储，折色踊跃争将输。［邑侯高梦麟出示一石米折制钱三串，民因往年完粮之苦，争自完纳。］

《口占七绝四首》

奸淫掳掠贼相同，到处搬移一扫空，不信避兵如避寇……

（邹树荣：《蔼青诗草（选录）》。《太平天国资料》，第 77—80 页。北京：科学出版社，1959。）

**【江苏省松江・同治元年五月】** 三十日……贼退城开，而附郭村庄焚掠一空，乡民有从一二十里外入城籴米者。东北乡田亩既荒，又乏农具，能下种者不过十之三四。目前如是，日后不堪设想。

（姚济：《小沧桑记》。《中国近代史资料丛刊：太平天国》，Ⅵ，第 503 页。中国史学会编，编者：向达、王重民等，上海：神州国光社，1952。）

### （二）耕牛减少

**【江苏省丹阳县・咸丰十年三月】**［二十九日太平军入丹阳城。四月初十］时匪已据丹阳，常雇附近农夫向山北掳掠，夜半至，名为出黑队，清晨至，名为打先锋。吾村向来贸易者多，力田者少，耕田凿井，全仗丹阳农夫作雇工，故村之虚实，工所素知，工指身村为殷实，故往来搜索较甚于邻村……未乱以前，本村耕牛百有余头，此时［1861 年］非独本村无牛，邻近村庄亦无一存者。当耕种时，有力者不惜价昂向洲中租用，其无力者望天浩叹，本村之田，大半荒芜矣。同治元、二年夏秋雨水稀少，沟塘虽满，车灌无具，收成寡薄。匪征求无厌，存活良难。又有本地棍徒助匪为虐，出则结党剪径，入则勒诈资财。冤苦填胸，无可控告。莠民存而良民益苦矣。

（解涟：《遭难纪略》。《中国近代史资料丛刊：太平天国》，Ⅴ，第 85—86 页。中国史学会编，编者：向达、王重民等，上海：神州国光社，1952。）

### （三）官吏与豪强乘机占田

**【同治二年十二月丁酉】** 上谕：地方官吏于清查叛逆各产时，则侵吞入己，于逃户归籍认领原产时，则多方需索。或虚报逃户姓名，请人代领，据为利薮。或地方奸民任意侵冒。各种情弊，皆所不免。

（《清穆宗实录》第八十九卷，第八十二页。《东华录》第二十九卷，第三十九页。）

**【同治八年三月乙酉】** 御史徐景轼奏……用兵省份……现经克复地方，小民极宜复业。乃田畴或占于豪强，猝难认领。旧赋或亏于官长，恐迫追呼。

（《东华录》卷七十七，第19页。）

**【江苏省新阳县・光绪二十六年一月】** 刘坤一奏：新阳县辖境地，地广人稀，承平已三十余年，尚有荒芜额田约十万亩，无人耕种。奸民任意私占，又不完粮，不愿有人开垦。

（《东华录》第一百五十八卷，第2页。）

## 三、户口、经济恢复的进程

**【浙江省平湖县・乾隆三十七年至光绪元年】**［乾隆三十七年］岁报，烟户五万八千一百一十七户，共男妇大小三十三万七十八丁口。五十二年，增烟户一万二百四十五户，三万九千一百九十四丁口。五十四年，增烟户一百五十八户，二千四十五丁口。嘉庆九年，增烟户一千一百九十二户，八千五百六十五丁口。道光十八年，增烟户四千一百二十七户，二万四千四百二十四丁口。［按：咸丰朝烟户，虽经兵燹，档册无存，至克复后清查，约耗十分之八。］同治三年岁报，烟户二万八千七百二户，共男女大小五万七百五十丁口。光绪元年岁报，烟户三万一千二百二十八户，共男妇大小五万五千八十二丁口。

（王志纂：光绪十二年《平湖县志》卷六第3页。）

**【江苏省溧水县・乾隆四十年至光绪六年】** 当是时［乾隆四十年］，户口殷繁，村居稠密；经乱后，有全村而为墟莽者矣。

（丁维城等：光绪七年《溧水县志》卷二《舆地志》第52页。）

**【江苏省昆山、新阳县・乾隆六十年至宣统元年】** 乾隆六十年，丁口曾至二十九万余。光绪元年册报男丁之数仍止七万余。宣统元年正附户丁口共二十五万，客户之占籍者亦在其中，视全盛之世犹未及半也。

（《昆新两县续补合志》卷三第18页。）

**【江苏省嘉定县・嘉庆二年至光绪六年】** 嘉庆二年册报：十万二千四百十八户，四十二万一千三百五十六丁。

十八年册报：十万六千五百六十七户，四十三万六千四百六十六丁。

咸丰二年册报：男丁二十五万六千一百七十九。

同治三年册报：民数三十八万五千五百八十五口，内男丁二十二万三千一百三十一。

光绪六年册报：四万七千八百六户，三十九万八千三百七十五口，二十三万三千五百八十三丁。

我朝康熙间，续生人丁着令永不加赋，驯至嘉庆，户逾十万，今且十减其五，无亦粤寇之余，流徙涣散，二十年休养，未足复生聚之旧欤。

（杨震福等：光绪八年《嘉定县志》卷四第11—12页。）

**【浙江省桐乡县·嘉庆四年至同治十二年】**嘉庆四年，户五万五千一百七十五，大小丁一十六万五千五百六十七，大小口一十万九千二百五十九。道光十八年，户六万八千一百五十一，大小丁一十九万四千五百二十九，大小口一十三万二千五百九十六。同治十二年，户五万五百五十七，大小丁六万八千五百六十四，大小口四万五千七百九。

（严辰等：光绪十三年《桐乡县志》卷六第3页。）

**【江苏省句容县·嘉庆十四年至光绪十六年】**嘉庆十四年，吕府志载句容县详报丁册共民丁男三十万六千九百六十八丁，除原额计节年滋生人丁二十五万七千七百十八丁……咸丰[六年]丙辰、[十年]庚申两遭兵火，乱后遗黎不及十之二。四十年来，休养生息，然较嘉、道间人丁不过十之三。光绪二十六年，清查烟户，共计三万八千九百三十六，男丁七万九千五十三，妇女三万九千七百二十一，合计十一万八千七百七十四口。

（萧穆等：光绪三十年《句容县志》卷五《田赋》第16页。）

**【江苏省吴江县·嘉庆十五年至同治十三年】**嘉庆十五年，男丁二十九万九千八百八十九。二十五年，男三十万四千五十七丁，妇女二十六万八千二十六口[据府志]。道光时无考。至咸丰[十年]庚申，粤匪下窜，户口散亡多矣。今姑据同治先后年报摭录之……同治三年，旧管男女共二十万四千六百五十三丁口，新收滋生迁回男女共五千九百七十二丁口，开除故绝男女共三千三百二十一丁口，实在丁口共二十万七千三百四。[男十一万三千六百五十三丁，女九万三千六百五十一口。据档册。]四年，册报实在通共男丁一十一万八千五百八十八丁。[据同治四年《赋役全书》。]十三年，旧管二十六万一千七百十四丁口，[大男一十万四千六百七十四，小男四万七百六；大妇七万二千六百三十一，小女四万三千七百三。]新收五千一百二十三丁口，[大男一千九百七十一，小男九百三十八；大妇一千四百五十五，小女七百五十九。]开除四千八百二十四丁口，[大男一千六百九十三，小男九百七十五；大妇一千三百七，小女八百四十九。]实在共二十六万二千十三丁口。[大男一十万四千九百五十二，小男四万六百六十九；大妇七万二千七百七十九，小女四万三千六百十三。据档册。]

（熊其英等：光绪三年《吴江县续志》卷九《赋役》，第1页。）

**【江苏省青浦县·嘉庆十五年至光绪元年】**嘉庆十五年册报……实在男丁三十三万

二千一百六十四丁。二十一年编查,实在男妇大小二十一万三百五十口……同治四年册报,实在人丁二十万八千八百七十丁……[按:三年以前,兵燹后,人民未归,无从造报。道、咸间档册无征,故阙载。]光绪元年册报,旧管人丁三十七万四千三百六十六丁[女口在内]……实在现存人丁三十七万四千四百五十二口。

(熊其英等:光绪三年《青浦县志》卷六《田赋》第7—8页。)

[编者按:同书卷二第17页:"咸丰庚申兵燹后,居民转徙,十室九空。"]

**【江苏省常熟县、昭文县·嘉庆二十五年至光绪十五年】**[嘉庆]二十五年,常熟县男丁三十七万七千九百十八丁,妇女二十七万四五百二十口;昭文县男丁二十六万八百三十九丁,妇女二十万一千一百五十五口[府志]……同治四年,常熟县二十一万三千五百三十二丁……昭文县十八万五千五百七十一丁……光绪十五年,常熟县二十三万四千五百九十一丁;昭文县二十万一千五百四丁。二十年,常熟县二十三万七千六百八十八丁;昭文县十九万九千三百五十二丁。二十九年,常熟县二十九万一千五百八十六丁;昭文县二十万四千一百五丁。

(庞鸿文等:光绪三十年《常昭合志稿》卷七第3—4页。)

**【江苏省常熟县、昭文县·嘉庆十五年至宣统二年】**

常熟县、昭文县嘉庆十五年至宣统二年户口数

| 县别 / 时间 | 常熟 | 昭文 |
|---|---|---|
| 嘉庆十五年 | 364 216丁 | 148 998丁 |
| 嘉庆廿五年 | 男丁377 918丁<br>妇女274 520口 | 男丁260 839丁<br>妇女201 155口 |
| 道光十年 | 188 037丁<br>[疑为288 037丁] | 270 562丁 |
| 同治四年 | 213 532丁 | 185 571丁 |
| 同治十二年 | 204 656丁 | 195 935丁 |
| 光绪十五年 | 234 591丁 | 201 504丁 |
| 光绪廿年 | 237 688丁 | 195 352丁 |
| 光绪廿九年 | 291 586丁 | 204 105丁 |
| 光绪卅四年 | 352 146丁 | 256 1131丁 |
| 宣统二年 | 401 769丁 | 256 323丁口 |

(《重修常昭合志稿》卷六《赋税志》。编者按:最后的二年系清乡调查数,较前为准确。)

**【江苏省无锡县、金匮县·道光十年与同治四年】**道光十年奏报，无锡县实在通共男丁三十三万九千五百四十九丁，原额当差充饷人丁外，节年滋生并免徭人丁共二十六万五千六百九十六丁；金匮县实在通共男丁二十五万八千九百三十四丁，原额当差充饷人丁外，节年滋生并免徭人丁共一十九万二百七十八丁。同治四年奏报，无锡县实在通共男丁七万二千五十三丁；金匮县实在通共男丁一十三万八千八丁，原额当差充饷人丁外，节年滋生并免徭人丁共六万九千三百五十二丁。

（秦湘业等：光绪七年《无锡金匮县志》卷八《赋役》第7页。）

**【浙江省嘉兴·道光十八年与同治十二年】**

**嘉兴府各州县户口统计**

| 州县名 | 道光十八年(1838) | | 同治十二年(1873) | |
|---|---|---|---|---|
| | 户数 | 口数 | 户数 | 口数 |
| 嘉兴府 | 541 386 | 口 1 267 816<br>丁 1 665 948 | 253 447 | 口 406 893<br>丁 546 160 |
| 嘉兴县 | 100 741 | 口 202 864<br>丁 316 713 | 42 122 | 口 73 756<br>丁 84 958 |
| 秀水县 | 78 934 | 口 226 630<br>丁 276 230 | 19 169 | 口 54 857<br>丁 79 116 |
| 嘉善县 | 68 049 | 口 119 530<br>丁 157 483 | 16 379 | 口 42 979<br>丁 53 499 |
| 海盐县 | 97 232 | 口 203 783<br>丁 319 678 | 51 967 | 口 80 262<br>丁 100 587 |
| 平湖县 | 73 839 | 口 109 884<br>丁 194 442 | 30 753 | 口 45 067<br>丁 64 323 |
| 石门县 | 54 440 | 口 172 529<br>丁 206 893 | 42 500 | 口 64 263<br>丁 94 113 |
| 桐乡县 | 68 151 | 口 132 596<br>丁 194 520 | 50 557 | 口 45 709<br>丁 68 564 |

资料来源：吴仰贤等：光绪四年《嘉兴府志》卷二十第8—28页。

编者注：据《大清会典》："凡民男曰丁，女曰口，未成丁[男年十六为成丁]亦曰口。"

（李文治：《中国近代农业史资料》第一辑，第156页。北京：三联书店，1957。）

**【浙江省海盐县·道光十八年与同治十三年】**道光十八年，户九万七千二百三十二，大小丁三十一万九千六百七十八，大小口二十万三千七百八十三[于志]。同治十三年，户五万二千三百，大小一十八万一千二百一十八丁口。

（徐用仪等：光绪二年《海盐县志》卷九第2页。）

**【江苏省江阴县·道光十九年至光绪二年】**[道光]十九年编审,滋生人丁六千七百二十一,实在共户八万九千三百六十五,丁口九十七万八千四百六十一。[男五十六万四千六百三丁,妇女四十一万三千八百五十八口。庚申以前卷宗尽行燹废,以后无从考查,故编民数自甲子年始。]同治三年编查,户三万二千五百二十八,口十万一千六百四十九……[光绪]二年编审,滋生人丁实在共三十万九千四百四十一口。[男十七万六千六百三丁,妇女十三万二千八百三十八口。]

(季念诒等:光绪四年《江阴县志》卷四《民赋户口》第6—7页。)

**【江苏省溧水县·道光二十七年至光绪七年】**今考道光二十七年奏报,实在男丁一十八万五千一百四十三丁……同治二年,克复溧水,十三年,知县丁维清查烟户,共计丁口三万七千一百八十八。光绪四年,知县傅观光清查,烟户一万八千一百八十三,男丁三万八百四十七,妇女一万一千九百三十三口,合计四万二千七百八十口……七年清查,烟户一万八千五百八十九,男丁四万七千六百七十七,妇女二万一千一百三十五,合计六万八千八百十二口。

(丁维城等:光绪七年《溧水县志》卷六《赋役志》第9—10页。)

**【江苏省高淳县·道光二十七年至光绪六年】**道光二十七年奏销册载,高淳男丁十八万八千九百三十丁。咸丰年间,粤匪[太平军]扰害,民遭荼毒,户口十亡七八。克复后至同治八年稽查孑遗,实存男丁五万五千一百五十九名,妇女三万四千二百九十四口。同治十一年复查,男丁六万一千二百七十二名,妇女三万八千一百三十六口。光绪六年,查通境实在人民数目,男丁七万九千九百二十名,妇女四万九千六百九十三口。综核民数虽较道光二十七年奏报不及一半,第十数年间生齿递增,足征轻徭薄赋休养生息之盛也。

(陈嘉汉等:光绪七年《高淳县志》卷七《赋役户口》,第2页。)

**【江苏省丹徒县·咸丰九年与光绪三年】**[咸丰]九年,三十三万一千七百十三丁……同治六年,丹徒县人丁十万七千六百十一丁……[光绪]三年,十三万一百七十六丁……兵燹后,田多未垦,粮户陆续复业,兹查户属既征粮户共计十一万四千五百余户。

(吕耀斗等:光绪五年《丹徒县志》卷十二《户口》第18—19页。)

**【浙江省归安县·咸丰十一年】**埭溪以上五庄至十七庄皆山乡,咸丰庚申[十年]以后,遭兵(火)[灾]尤甚,居民十不存一。村墟寥落,荒田多为客民开垦。

(陆心源等:光绪七年《归安县志》卷六第2页。)

**【湖北省大冶县·咸丰同治间】**近来山藷广种。邑三乡濒水,粮食不□饶裕,赖番[薯]以补其不及,常食之最能益人。

(黄丙杰修:同治《大冶县志》卷之二《物产》页二十一。卷之一《风俗》页六[明志云]

“丈夫力田作苦,女工纺绩不蚕,以故服用朴略”。页八,旧志,治邑地处陬隅,民鲜素封之积……国朝定鼎……但粮役习为包收……)

**【江苏省无锡县、常州·同治二年八月二十五日】**然闻诸商人,其地数百里无人烟,贼兵所不居,但为路过之地,虽得之犹获石田也。

(沈梓:《避寇日记》。《太平天国史料丛编简辑》,第四册,第269页。太平天国历史博物馆,北京:中华书局,1962。)

**【江苏元和县周庄镇·同治二年】**[清政府查造门牌]计元和一千零六十九张,吴江七十七张。共一千一百四十六张。

周庄镇本镇八百五十余户,土著三千二百余口,雇工夥友一千余口。[占1/3。]寄居一百六十余户,六百七十余口。东浜寺前一百二十余户,三百五十余口。共计一千一百三十余户[与前数相符],五千二百余口。

(陶煦:《周庄镇志·贞丰里庚申见闻录》卷下第11页。)

**【江苏省·同治二年七月初二日】**有常州人言:常州百姓所剩不及十分之一,人少兽多,频出虎豹食人。

(沈梓:《避寇日记》。《太平天国史料丛编简辑》,第四册,第264页。太平天国历史博物馆,北京:中华书局,1962。)

**【江苏省无锡县·同治二年十一月乙巳】**[清军占领该县]三年,留防勇丁皆城居,每肆扰,遗民裹足,四年始集。老氏曰:“大军之后,必有凶年”。而吾邑独否。十余年来屡丰,间遇偏灾不为害;且兵燹后,滨太湖之民,习蚕桑,利倍农亩。天于吾民,若有偏爱,生今日者,宜如何痛定思痛,以答天庥?乃士务奢侈,而偷薄成风;农工商贾务财利,而诪张倍昔。

(施建烈:《纪(无锡)县城失守克复本末·序》。《中国近代史资料丛刊:太平天国》,Ⅴ,第243页。中国史学会编,编者:向达、王重民等,上海:神州国光社,1952。)

**【浙江省严州·同治三年】**严郡乱后,人民稀少:遂安人存十之七,桐庐、寿昌人存十之五,淳安、建德人存十之四,分水人存十之二。

(戴槃:《重建严郡育婴堂记》。《严陵记略》,第23页。)

**【江苏省昆山县·同治三年后】**椿里村在陈墓镇北数里。[太平天国后]江北歉收,灾民南过长江,地主多集人杀之[此事发生在庚戌年],焚死灾民老小五六百人。因官不敢理灾民事,当灾民来时,本地无赖与之结合,稍有家贯者咸徙去。

(王德森:《纪椿里村焚杀游匪事》。《岁寒文稿》卷五,第1—3页。)

**【江苏省江宁、苏州·同治三年至光绪六年】** 皆苦田多农少。有田之家大率募佃耕种,工本倍费,租息甚微。且昔时大力,今皆中落,稍有力者类皆别谋生计,视田业为畏途,故未垦荒田,迄今尚复不少。

(刘坤一:《查实江苏各属荒熟田地报部折》,光绪六年。《刘坤一遗集》第二册,第570页。)

**【浙江省杭州、嘉兴、湖州·同治初年至光绪九年二月初八日】** 先是杭、嘉、湖三府,经兵燹后,田地荒芜,有两湖、豫、皖及本省宁、绍客民搭棚垦荒,土客情意未洽,每因口角启衅,土民畏其凶横,久深积忿……有陈大木出头,声言客民屡次强横,土民难以安身,[在陡门塘南北放火烧客民草棚,又至董家桥、新塍、濮院一带,到处草棚焚烧,烧死十一人。处理办法,]将秀水境内河南等省被累客民,妥为抚恤,其有情愿回籍他徙各户,或给川资,或还垦本,分起押送出境……本省宁、绍客民,均愿仍留垦种,酌给籽本,照常复业。惟桐乡被累客民,尚未开报,于四月间屯聚乌镇地方,先只三十余人,以找寻绅士申冤复业为词。桐属河南、湖北客民共五十四户,其中十七户领垦本,三十七户仍耕如前。

(民国《乌青镇志》卷四十,《大事记》,第11—12页。)

**【江苏省吴江县、苏州·同治三年十二月】** 初三日。西北风。顺帆晚行,有雾。饭前过北望亭,有卡及驻扎兵船。午前进浒墅关,两岸均是荆榛瓦砾,人市阒寂,令人感喟无任。过枫桥,光景与关相到[衍字?]同。到大塘则渐形喧闹。阊门外渡僧桥头廛市,盛于昔日。泊舟三元弄口。同人上岸,各办物件。余至渡僧桥山塘街复号买南货,公盛买水果,所过店肆,耳目一新,居然升平景象矣。

(柳兆薰:《柳兆薰日记》。《太平天国史料专辑》,第350页。上海:上海古籍出版社,1979。)

**【浙江省·同治五年】** 通计各州县内,如富阳、余杭、临安、于潜、新城、昌化、长兴、孝丰、安吉、武康、分水等县,被灾最重,荒产最多。又田地本极瘠薄,收获之利不丰,荒废已历数年,开垦之费甚巨。故虽上年发给牛、种,仅止本地有数遗民承领垦种,核之各该县原额,田、地、山、荡不及十分之二三,情形最为可悯。次则仁和、钱塘、嘉兴、秀水、嘉善、海盐、平湖、石门、桐乡、乌程、归安、金华、兰溪、汤溪、龙游、建德、桐庐、寿昌、诸暨等县,被灾次重,荒产亦少。计上今两年垦种田地,约及原额十分之四、五、六。其海宁、德清、东阳、义乌、永康、浦江、西安、开化、遂安、武义等州县,被灾较轻,荒产亦少。计上今两年垦种之数,约及原额十分之七、八、九不等。

(马新贻:《办理垦荒新旧比较荒熟清理折》,同治五年。《马端敏公奏议》卷三,第50—51页。)

**【江苏省金坛县·同治七年】** 兵灾之余,居民十不存一。

（丁日昌：《抚吴公牍》卷五，第 4 页。）

**【江苏省·同治八年】**江南地方，自粤逆［太平军］窜扰后，田地类多荒废。江宁、镇江、常州三府，暨扬州府之仪征县，被兵最重，荒田最多；其江都、甘泉二县与苏州所属次之；松江、太仓二属又次之。同治三年，军务平定，设局招垦。数年以来，认垦者虽不乏人，而未垦荒田尚复不少。推原其故，实因兵燹后户口零落、佃农稀少所致。各该县荒熟田地，虽多寡不一，统而计之，荒田尚居原额十之五六。即现在成熟启征之田，大抵皆同治五年江北水灾，饥民逃荒南来，经业主给以牛、种开垦者居多。此等灾民，原籍本有田可种。而江南熟田均经开征，即科则无考之处亦经权办抵征。赋出于租，租出于佃。开荒之人，因利息无多，往往弃田而归，业主莫可如何，以致已熟田地，复又抛荒者，不一而足。

（马新贻：《招垦荒田酌议办理章程折》，同治八年。《马端敏公奏议》卷七，第 50 页。）

**【同治八年三月】**谕：见经克复地方，小民亟宜复业。乃田畴或占于豪强，旧赋或亏于官长。困苦情形，殊堪矜悯。着各督抚慎选牧令，加意拊循。流亡有归业者，为之清还田产，缓其逋租，假以籽种，俾有归农之乐，以恤民艰，而固邦本。

（《东华续录》卷七十二，第 19 页。）

**【江苏省江宁·同治十三年】**查江宁各属，原额田地共六万三千九百二十二顷八十亩有奇……各县现在垦熟田地共二万九千二百二十三顷四十一亩有奇……计垦熟田地居原额仅及十成之五。

（李宗羲：《奏请减征疏》，同治十三年。萧穆等：光绪三十年《句容县志》卷五《田赋》第 22—23 页。）

**【江苏、浙江、安徽、江西、福建等省山区·同治至光绪初年】**湖州以西一带山岳，皆棚民垦□，尤多植苞谷。一孝丰人云，山多石体，石上浮土甚浅，苞谷最耗地力，根入土深，使土不固，土松遇雨则泥沙随雨下。种苞谷三年，则石骨尽露，山头无复有土矣。棚民多温、处流入。初至时，以重金啖土人赁垦山地，赁之钱倍于买值，以三年为期。土人不知其情，往往贪其利。三年期满，棚民又赁垦别山，而故口垦处，皆石田不毛矣。流人之来益众，则棚盖益广，西至宁国，北至江宁，南且由徽州绵延至江西、福建，凡山径险恶之处，土人不能上下者，皆棚民占据，性凶悍，强垦人土，或掠人妇女畜产，土人不敢较，官吏不敢诘。

（沈垚：《落帆楼杂著》。光绪六年《乌程县志》。）

**【浙江省孝丰县·同治末年】**丰自立治至明季，增损无多。鼎革之际，闾井晏然。复承累世休养之余，生齿日繁，亦既林总有象矣。乃粤匪［太平军］所经，仅存三十之一，今著于册者也。幸客户踵至，月盛岁增。

（刘濬等：光绪三年《孝丰县志》卷四，第 1 页。）

**【浙江省昌化县·同治以后】**洪杨之役,由淳[淳北]窜昌,首当其冲,民气雕残。垂六十余年,未易恢复原状。因之客民纷纷盘踞,以四、七两都及外五都占大多数,不似他处之纯粹族居。

(曾国霖等:民国十三年《昌化县志》《卷首》第1页。)

**【浙江省嘉兴·同治以后】**咸、同兵火之后,田地荒芜,讫未复额。非惟人户雕耗,亦以重赋所困。佃户既畏归耕,业主亦畏赔粮,往往脱籍徙业,不敢承种,比比而是。自光绪间垦荒令下,客民丛集,有温台帮、宁绍帮,有河南江北帮,均系无业游民,恣为盗贼,又为土著添一苦累。该客民则始利其免科,继则利其租轻,争先后垦。暨乎辛亥改革之后,客荒一律升科,与土著无异,渐觉无利可图,或舍而他徙,或典卖徙业,颇有所闻。是客垦之额既难持久,而土著之额日就衰耗,亦复难期永守勿失。从前丝业一项,洋庄利市十倍,民间以丝之有余,补田之不足,已形竭蹶;今则丝业之利十减六七,继此以往,有日减之势,而赋则视旧暗增。是丝业之衰,亦即田业之衰也。

(金蓉镜:《嘉兴士绅请求减征银米呈内阁财政部稿》,民国五年四月。《均赋余议》,第18页。)

**【江苏省昆山县、新阳县·光绪初年】**敦善堂起于嘉庆末年募捐建,嗣增至共计田八千余亩。光绪初元以后……四方无事,漕政宽大,年谷丰登,米值转昂,承[?成]熟田渐增至六千余亩,抛荒者尚二千余亩……而书院之膏火,义塾之束修,列于文会局者亦在焉。然其田大抵各业户删剔低下者捐之。而咸丰年间浮粮时,捐入为脱累者尤多。又有各小局力不能办,并入其中者,故敦善堂积田特多。

(王德森:《敦善堂源流记略》,辛丑六月初二日面呈陈侯。《岁寒文稿》卷三,第9—11页。)

**【江苏省江宁·光绪三年】**臣葆桢莅任后,因各属荒田严催未垦,而江宁府属转多垦而复荒者,骤闻之不胜其疑。再四访求,佥称江宁赋重亚于苏、松,而地硗等于徐、海。以十余年废耕之土,责诸数百里孑遗之民,倘钱漕照额征收,窃恐年复一年,流亡多而污莱更甚。旋据前两广督臣邓廷桢之孙优贡生邓嘉缉禀称:祖遗田地贰佰肆拾余亩,无人招佃,情愿充公。言之甚痛。臣派员履勘,有佃承耕者尚一百七十余亩,抛荒者仅七十余亩。缘恐岁非上稔,佃复续逃,垫完既苦乏资,积逋可胜负疚。夫以累世簪缨之族,尚因无力赔赋,弃之如遗,则穷檐小民,困于追呼,何堪设想!

(沈葆桢:《江宁府属拟请酌减漕粮折》,光绪三年六月二十八日。《沈文肃公政书》卷六,第17页。)



**【安徽省建平县·光绪四年】**卑县隐垦无主熟田,又陆续查出一万九千一百四十亩四分……至卑县荒田,约计尚有十四万亩有奇。

（汤鼎煊：《建平县详复公田款文》。丁宝书等：光绪七年《广德州志》卷五十一第 18 页。）

**【浙江省孝丰县·光绪四年】**

**浙江省孝丰县荒熟田地比较表**

**1867 年**

单位：亩

| 田地类别 | 原额田地 | 原熟田地 | 新垦田地 | 抛荒未垦田地 |
|---|---|---|---|---|
| 共计 | 762 737 | 77 519 | 9 091 | 676 626 |
| 田 | 119 539 | 16 513 | 9 091 | 93 934 |
| 地 | 57 338 | 8 659 | — | 49 178 |
| 山 | 584 340 | 52 311 | — | 532 028 |
| 荡 | 1 520 | 36 | — | 1 486 |

资料来源：据刘濬等光绪《孝丰县志》卷四页 8—15 编制。

（李文治：《中国近代农业史资料》第 1 辑，第 161 页。北京：三联书店，1957。）

[编者注：资料中的"原额田地"指太平天国革命前应征原额熟田。"原熟田地"指太平天国失败后应征熟田。]

**【浙江省·光绪五年】**金、衢、严三属被兵较重，山深土瘠，垦复较难。现据续查出田、地等项一千一百二十八顷，尚有荒产一万数千顷。杭、嘉、湖三府，除海宁、海盐、长兴尚未复到外，据各属续报查出田、地、山、荡八千三百七十四顷，尚有荒产四万余顷之多，殊不可信。

（谭锺麟：《各属荒熟田地开单奏报片》，光绪五年。《谭文勤公奏稿》卷七，第 8—9 页。）

**【江苏省高淳县·光绪七年】**道光二十七年奏销册……原额田、地、山、塘、柳墩、草场等项七千三百九十顷二亩……督宪李以劝农局改清查局……清查各乡田地等项，自同治四年起至光绪六年春止，报次各乡不等，共计熟田、地、山、塘等项四千一百五十一顷八十七亩……又未经垦熟荒废田、地、山、塘等项三千二百三十八顷十五亩。

（陈嘉汉等：光绪七年《高淳县志》卷七第 8—9 页。）

**【江苏省新阳县·光绪十三年】**[光绪十三年春，有温、台等州客民络绎来昆，欲往西北乡开垦，来者日益，过昆城者日数十百人。土客斗争，大府乃发兵弹压，资遣回籍，十四年冬始解散。后十余年，苏品仁为县令，复有缴价垦荒之举，]大都是宁绍帮，强悍稍逊于温台一路人，然亦良莠不齐，盗案迭出，良民不能安枕，贻害之至于今。

（王德森：《记新阳低区客民垦荒事》，戊午年拟入志稿。《岁寒文稿》卷四，第 6 页。）

**【江苏省昆山县、新阳县·光绪十三年】**春有温、台等州客民络绎来昆，欲往西北乡低区开垦荒田,遂踞地盖棚为开垦计。来者益众,牵牛而过城者皆长大汉子,日数百人。而携农具,皆异常式。动辄为居民持械争斗,强弱悬殊……客民愈横,蠢蠢欲动。

(《昆新两县续补合志》卷二十三第 9 页。)

**【江苏省新阳县·光绪十四年】**光绪十四年,有宁波省客民来新境垦荒。次年来者络绎不绝,时与乡民启衅。当经地方绅士禀奉护抚黄彭年派委王祖钦,协同新令周镡,到乡将客民驱逐出境。

(《昆新两县续补合志》卷二十三第 13 页。)

**【江苏省句容县·光绪十九年】**句容县居江宁东九十里,地土膏腴,人烟稠密。自遭赭寇,十室九空,鸡犬之声,几无鸣吠。向也天王寺、樊家边一带,村落千余户,今不过两三洽比而已。又大树凹一带村前亦百余户,迩亦不过三四人而已。目前报往踆来,枝栖鷦寄者,皆两湖及河南各省之人,耕凿优闲,良莠不一。

(《益闻录》第 1294 号,光绪十九年七月初五日。)

**【江苏省新阳县·光绪二十五年】**再,苏州府属新阳县辖境,地广人稀。承平已三十余年,尚有荒无额田约十万亩,无人耕种。

(刘坤一:《招垦苏州府属新阳县境荒田疏》,光绪二十五年。《皇朝道咸同光奏议》卷二九,第 24 页。)

**【安徽省石埭县·光绪二十六年】**石邑前经兵燹,田宅契据百无一存,而迄今未垦之地尚十之四。

(姚锡光:《杨储争讼拟勒限讯结原由上池州府笺》,光绪二十六年三月。《吏皖存牍》卷上,第 32 页。)

**【江苏省·太平天国后至 1894 年秋】**[荒田尚占]十分中之二三。

(《光绪朝东华录》,总 3715 页,光绪廿一年十二月辛未赵翘奏。)

**【安徽省·太平天国后到 1880 年】**仍有荒田八万余顷,占原有耕地的四分之一。

(《德宗实录》,卷一百一十,光绪六年十二月癸亥裕禄奏。)

**【江苏省丹徒县·光绪三十三年】**杨林村在丹徒县西南乡,三面环山,土田肥沃。山中树木茂盛,樵采者取之不穷。所产青石,烧成石灰,物高价贵。故承平时,居民一百余家,族大丁繁,皆称富庶。自红羊苍狗,兵燹罹灾,村内人民半为赤眉所害。加以连年瘟疫,鬼籍频登,年来只剩二十余户,田荒野旷。

(《益闻录》第 632 号,光绪三十三年一月初十日。)

## 第二节

# 太平军撤退后清政府在原太平天国占领区实行的农村政策

### 一、综合性的

**【湖南省道州・咸丰三年】**冯昆，字春皋，陕西咸阳举人。咸丰三年由慈利调署道州，时值粤逆扰乱后，人民逃匿，田地荒芜。昆莅任，励精图治，洁己爱人，凡建署废圮者修复之，百姓离散者招辑之，缓赋役，裁首户，清衙蠹，革陋规，抚绥有道，御敌有方，民始得安。

（许清源等纂：《道州志》光绪三年刻本，卷四《职官・治绩》。）

**【安徽省黟县・咸丰八年】**米石八千有奇……[曾国藩]发借牛种银。

（谢永泰：《黟县三志》卷十一《政事・蠲赈》。）

**【江苏省苏州・咸丰十年十月】**[知府乔在《严禁顽佃抗租以裕漕赋事》的告示中写道：]"照得粮从地出，租自佃交，事本相连……业户完赋，农佃纳租，理有一定。"

（《忆昭楼时事汇编》。《太平天国史料丛编简辑》，第五册，第473页。太平天国历史博物馆，北京：中华书局，1962。）

**【江苏省南部・咸丰十年】**况自有此举，贼酋伪荣王称为奇功，使其[沈枝珊]总办各卡厘捐，两年所得不下百万，所捐不过数十分中之一分耳。是时苏省中丞李鸿章、藩台刘郇膏、臬台郭柏荫、首府李铭皖，俱潘太傅门下士。潘曾玮把持营务，擅作威福，鬻卖保举，霸收田租，创立新政，悉仿长毛酷虐积弊，势炎熏灼，威震江南。拥有重资之贼，无不收列门下，富堪敌国。服食器皿，拟于王侯，潭潭相府，竟为梁山泊忠义堂矣，可堪浩叹。

（鹤樵居士：《盛川稗乘》。《太平天国史料丛编简辑》，第二册，第194页。太平天国历史博物馆，北京：中华书局，1962。）



**【浙江省・咸丰十一年】**[蒋益澧]既克浙江，凡公署、学校、祠庙及诸名胜古迹皆筹资修复之，补行乡试。士久困于兵力，不能治装，则出私财助之赆，舆颂翕然。

（曾国荃等纂：《湖南通志》光绪十一年刻本，卷一百八十一《人物志二十二·长沙府》。）

**【浙江省严州·同治初年】**会贼陷浙中，东南数省悉为贼薮，其悍党萃于浙之严[州]，群帅泥于进取。[魏喻]义奉驱剿，谓定全浙必拔要域，乃以孤军间道深入，首克严州，断贼连属，各郡相继规复。朝论韪之，命守严。在任赈灾黎，葺讲舍，重修钓台。士民讴恩，为之立生祠，献舆颂。先是坚城虽下，民志未定，金、兰、桐、富之贼犹环据，以图反噬。义屡保危城，旁收县邑十余，全浙藉以底定。当事举其绩以闻，擢温处[道]观察。既而金陵贼溃，义越境穷追，且剿且抚，贼酋举众乞降者宥之，并禁攘夺，解散难民四十万众，均护遣之。事定，回温处任。时海滨苦渔税，欠逃行劫，捕杀多冤，义至，免税之，并剔除地方积习陋规。

（许清源等纂：《道州志》光绪三年刻本卷六《兵防·寇变》。）

**【安徽省·同治元年】**同治元年，诏起家署安徽布政使。安徽新复，民物凋残，泾、歙、黟诸县皆大饥，人相食。[江]忠浚莅任，倡率同官捐廉赈之，所活全特众。乃招抚流亡，给民牛、种、农器，修复各路学校，严饬郡县长吏皆以劝课为先，有更代者尤必慎其选择。以谓乱离之后，满目疮痍，倘守令不贤，小民安望有再生之日。

（刘坤一等纂：《新宁县志》光绪十九年金城书院刻本，卷二十六《人物传》。）

**【江苏省常熟县·同治二年】**[八月]月底有收租之议，禀请上宪，抚军亦惑于是听，书吏亦有生发。先是汇造业佃清册。然而百姓倒悬已久，四月贼退，幸麦熟在迩，得苟延残喘。况已有旨，钱粮概行豁免，今竟议照田起捐，半公半私。无如苏城正吃紧之时，务使充裕，亦属两难。业主将佃户、田亩报明备案，随给三联单，一存官，一给业主，一给佃户，然后可以收租。军饷一半，差经地向佃户收，[另]一半业主自行收，此恐业户全行自收而不肯缴军饷故也。十月初一，城中设局征收按亩军饷，各乡镇皆起铺捐，挨户抽厘。贼时亦曾写铺捐，吾镇不过四百七八十文，今竟写到五千光景，不过夜间可以贴席。此皆自茆巡厅刘沐淳到镇猛势威迫，各店家亦无可如何。

（柯悟迟：《漏网喁鱼集》。第 96 页，北京：中华书局，1959。）

**【江苏省长洲县、元和县·同治二年八月】**凡长[洲]、元[和]各乡已经克复者，秋禾可望丰收。因苏城沦陷后，各佃租籽或由土豪代收，或由伪职征取，业户则颗粒俱无。凡成熟田，一亩共收佃户租米六斗，以二斗报捐军米，以一斗四升捐办抚恤，以一升充办公经费，馀米二斗五升给还业户，计每亩共捐出三斗五升，并无所谓四斗之事。

（李鸿章：《陈明租捐丈田清理民房情形片》同治四年六月初一日。《李文忠公全集·奏议》卷九，第 8—9 页。）

**【江苏省吴江县・同治二年十月】**十一日,委员徐致和奉抚军札,至同里办饷捐租息事。章程二十四条,每亩照额五成,以二斗捐饷,以六升作抚恤,以二成半给业户租息,余作局费。农民自业田每亩共完米二斗八升。俱照时价折钱。城局有总董,同里有董事三人,设局陆家埭郑宅。各业户报田数造册,乡民亦报数核对。

[十一月]初七日,饷捐租息局设五柜分收,另一柜专收自业田、荡。每柜司事六七人,由单收票司事十余人。内设总柜、委员、董事,经理军饷,随收随缴。租息五日一期,业户出领资给发,石米折价钱三千八百。又有书役差船数十人。

[十二月]二十四日,饷捐租息局停收,业田收不及什四,自业田、荡约收什七。同里所属,惟南路一带夏秋之间遭贼蹂躏,馀皆成熟,所以迟滞者,因乱后人心变也。周庄局收十之八。芦墟局亦仿佛。

(倦圃野老:《庚癸纪略》。《太平天国》,第五册,第330、332页。罗尔纲、王庆成,桂林:广西师范大学出版社,2004。)

**【浙江省嘉兴・同治三年】**[新知府许本高四月下旬到任后,]次日,罢不便于民者四:其一,去租捐以苏民困。其二,禁小船以靖地方。其三,治土匪以安良善。其四,禁侵占以清地主……先是嘉善之降也,在去年十月,民间未甚遭灾,而贼又未办收漕,于是官绅会通设计,立租捐局,盖收漕之别名也。每亩以二斗为率,一斗归产主,六升归军柴,四升归局,盖较贼粮六七斗之例已减去三之二矣,民岂不快。若嘉、秀地方之冬漕,则贼已收去……遂仍嘉善旧章,为设租捐局,藉此支应军需,未必非权宜之道。

(沈梓:《避寇日记》。《太平天国史料丛编简辑》,第四册,第309页。太平天国历史博物馆,北京:中华书局,1962。)

**【江西省湖口县・同治三年】**二月赈。初,贼在湖口设立伪官,押征钱粮。官军到,民间自咸丰三年来所应完钱粮,完纳殆尽。至十一年,诏十年以前概行豁免。

(张宿煌:《备志纪年》。《近代史资料》总34号,第193页。北京:中华书局,1964。)

**【浙江省・同治三年】**[左宗棠]奏定章程十二条。城乡各设同善堂。一曰收养幼孩。八岁以下皆准收留,人日给米半斤、盐菜钱八文,两人共絮被一床。愿养作子者,准援道光时成案给予执照,宗族不得阻挠。一曰收养妇女。教以纺织,变价归局。愿养作女媳者,由官给与执照。一曰恤养孤寡。由地保写缘簿,准其沿门乞食。一曰收埋胔(络)[骼]。掘冢深四尺者给钱二百。一曰增盐茶厘税。每百斤加钱五百。一增船税,每船可载百石者,加钱四百。一劝捐祠庙义租三分之一。一捐钱八十千至二十千者,量给六品以下功牌。以上皆充善堂之用。一贩卖抢掠人口者斩。一诈索受胁绅民者罪。一兵勇扰害闾阎者诛。一屠宰耕牛者罚。凡所复城邑皆着为令,由瓯盐项下邑给钱二百缗为之倡。

(李应珏:《浙中发匪纪略》,抄本。南京大学历史系太平天国史研究室编《江浙豫皖太平天国史料选编》,第228页,南京:江苏人民出版社,1983。)

**【江苏省无锡县、金匮县·同治三年二月至四月】**［二月］邻城叠克，吾邑流民还乡者十之六七。

［四月，李鸿章］奏，请豁武进、阳湖二县全赋三年不征，以为劝，诏允行……诏各直省新复地方准予全免漕粮一年，减免一二年……立卡捐饷。［铺捐］，以铺户大小计之，每日捐钱数十文至数百文不等。［卡捐］估本每千抽数十至百文，［设卡极密。］……

［李鸿章］议召集流氓，给芦席竹苇，俾就田搭棚栖宿，补种黄豆蔬菜等物，及取溧阳、宜兴贼遗之谷，派给乡(名)［民］为种子，惠及锡、金数千石，由地保赴县具领。流氓者内多散贼，无锡富安乡起，由宜兴、和桥、张渚、罗埠，延至浙江之长兴、余杭等山一带，种田者无数，所谓客民是也。今已二十余年，生育繁兴，难以数计，虽称安分守业，时与土民争竞焉。

(佚名：《平贼纪略》。《太平天国史料丛编简辑》，第一册，第308、310、311—312页。太平天国历史博物馆，北京：中华书局，1962。)

**【江苏省·同治三年九月】**因苏州府属十厅县收成中稔，奏仿上年租捐章程变通办理。计长、元、吴三县，凡收租米一石，捐钱八百文，分上、中、下计成缴捐。此外各属情形不同，准其酌量增减……即所收数目，以三年收成及市价核计，每石不过缴捐四分之一，较之完纳地漕钱粮，所省实多，民情尚称安贴。惟素来短交钱漕之绅户，亦几等于齐民，是甚于催科之说所由来。

兵燹以后，田亩界址不清，册籍单串大半毁失，不能不查办清粮。用冯桂芬实地丈量之后，在川沙试办，清丈数月，止得万亩，将房基坟地等剔除，实田仅七千有奇，既与经界不符，更恐亏短正课，后改为由各州县督同本地绅董自行经理。

松江府属同治二年各漕，据华、娄、青浦三县，因清粮尚未竣事，在官册籍不全，责成图董确查造册，代收佃租，分别应完粮者，由董代完，应完租者，由佃清交，虽系偏重图董，亦即着佃完粮之意，行之一年，尚无流弊。同治三年各漕，金山县仿照办理，并无贻误。此系暂时变通之法，官民两便。惟素来抗欠漕粮之绅户，非其所愿，毁谤之兴，或由于此。此着佃交粮之大略也。

(李鸿章：《陈明租捐丈田清理民房情形片》同治四年六月初一日。《李文忠公全集·奏议》卷九，第8—9页。)

［编者按：可知1862年冬漕，苏州府属之长、元、江、震是租、粮并收由团练局设租粮局。1863年冬漕，松江府属华、娄、浦三县是着佃征粮。1864年金山也实行这种办法。殷兆镛责此系“仿照贼匪办法”。］

**【江苏省苏州·同治四年六月初一日】**侍郎殷兆镛奏苏州前年亩捐四斗，上年民间收租一石，捐钱八百余文。甚至有不肖官吏，私制步弓丈量，浮增亩数，着佃征粮者。

(李鸿章：《陈明租捐丈田清理民房情形片》。《李文忠公全集·奏议》卷九。)



**【江苏省昆山县·同治中后期】**兵燹之余，为着佃完纳之法，谓业户远徙来归，或本系客民,恐其延宕,着保向佃户扣除,每乡各拨差役坐备收征。于是悍吏之势横行,地保之狡黠者助之为虐,每逢差至,骚扰一乡,佃户唯命是从,苟一龃龉,则拥至舟中,无名之费,倍于正额,不待闻于业主而已任渠勒索矣。

(《昆山县志》卷五《田赋》。)

**【光绪十年八月壬午】**王邦玺奏:承粮管业之家,其地亩多系佃与农人耕种。

(《东华录》第六十四卷,第 8 页。)

## 二、土地政策

### (一)清理地权

[编者按:清理地权的目的,一是明确产权,使田归原主;二是查出隐漏田亩,增加升科起粮的田亩数和官荒地数量。增加官荒地数量,可以用于招佃垦荒,恢复生产,也可出售官荒地以增加财政收入。]

1. 据尚存的地契与田册重新登记田产

例一:安徽省

**【安徽省石埭县·同治至光绪】**石邑自遭兵燹以后,向存鱼鳞册、黄册荡然无存,即民间田产契据亦多半遗失。历年民间垦荒田地,只报都书收入粮册,县中无案可稽。而册内亦仅列某都某甲某户垦田若干,应征税粮若干,并无座落四至;其光绪二十三、二十四及本年[二十六年]新垦田地,列有座落而无四至。究竟其报垦之地是否业主,亦无从查考。是以每有田土词讼到县,在官既无丝毫案据,在民亦无典杜契券。当两造争持,互腾口说,官每四顾周章,莫从判断。即勉强讯结,亦不能证实断定,以箝其口。是以刁民恒以借词狡抗,案悬莫结者有之,屡翻屡控者亦有之。

(姚锡光:《田地官私册据经乱无存讼繁断窒拟请清查照通禀》,光绪二十六年三月。《吏皖存牍》卷上,第 29 页。)

**【安徽省旌德县·同治年间】**[地主汪某,原有田千余亩,太平天国占领期间]契券失弃,十分之九为旁人占耕。

(汪声龄等:《皇祖府君行略》。《汪氏家乘》,第 2 页。)

例二:江苏省

**【江苏省镇江·1853 年 3 月至 1857 年 12 月】**太平军捣毁官衙,烧毁了地亩册籍。

(《英国皇家亚洲学会会报》卷二十三,第 98 页。)

**【江苏省太仓州·咸丰十年至同治初年】**[地亩]册籍毁于兵燹。[清政府]令民人自报田亩，[设清粮局]清丈田亩。[卒无成效。]

（民国七年《太仓州志》卷七第32页。）

**【江苏省松江·1861—1863年】**官之册籍，民之契书，多有毁失，各属赋额无籍。

（光绪九年《松江府志》卷十二第24页。）

**【江苏省昆山县·同治初年】**昆山丈田事，王兆仪[按：作者王德森之父]、王研云等为董事。[该县康熙时丈田，东南乡用六尺弓，以田额不敷，改为缩弓。再不敷，改为缩缩弓。故昆新田，东南宽，西北乡最窄。故一县之内，田亩宽窄不同。太平天国后，江苏巡抚丁日昌主清丈田，用六尺弓。丈了三乡，一乡未讫。丁日昌离巡抚任后]县上官吏反对清丈，事遂停，已丈者图册束之高阁。

（王德森：《本生先考阳叔公先状》。《岁寒文稿》卷三，第2—3页。）

**【江苏省昆山县、新阳县·同治三年】**昆邑自兵燹后，图籍散佚，田则、粮数淆乱不清。前年听业户自报，领取清单，类多差误，业户亦时有隐匿。复立更正局，迁延半载，迄无定见。经费一收再收，群议哗然。今则上台委员催迫而锐意清丈矣。

（彭龙光：《清丈议》。《昆新两县续补合志》卷十八第14页。）

**【江苏省昆山县、新阳县·同治三年】**有田者曰业主，承种者曰佃户。业主又择乡农之谨愿以使守田曰经催。农事既毕，业主书其受租月日以授经催，曰由单。经催以告于佃。不及期而输纳者，曰飞限。飞限者有或一斗，或二斗，或数升。及期而不纳者曰自户。今岁而负纳于来岁曰陈租。良佃卒岁而毕纳，其次春熟而毕纳，下者或累岁而不纳。岁有丰歉，田有肥瘠，农民有贫富，风气有美恶也。惟陈墓之佃，岁终而毕纳，故置田者称上产焉。

（《昆新两县续补合志》卷十八第2页。）

**【江苏省昆山县、新阳县·同治三年】**蒙垂议清丈一事。昆、新自兵燹以后，各图鱼鳞细册大半散失。田亩多少，斗则高下，无可稽查。或凭业户报明，或由庄保约略，以致失册诸图缺少田额三万五千亩有奇。

（黄元炳：《清丈议》。《昆新两县续补合志》卷十八第16页。）

**【江苏省常熟县·同治三年三月】**甲子三年春三月，巡抚李鸿章饬县清理田粮。

正月，奉宪设清粮照单，亦名十户册，发业户，亲自填写户名、都、图、场、分字号、斗额、坵头、四址匀、佃户、租额，一一开报，听候勘丈。如有迁延不报，无凭查核，将佃户入册，田地入官。

[秋奉宪清粮，改善后局为清粮局。]

（陆筠：《海角续编》。《漏网喁鱼集》，第142、145页。北京：中华书局，1959。）

［按：这类无凭查核的耕地，在清查田亩后，所有权入官，由佃户直接向政府交粮。这是另一类型的着佃交粮。它是由地主逃亡情况下的着佃交粮直接演变而成。］

**【江苏省昭文县·同治三年五月初九日】** 昭文界东路，刻下丈量田地。

（佚名：《庚申避难日记》。《太平天国史料丛编简辑》，第四册，第581页。太平天国历史博物馆，北京：中华书局，1962。）

**【江苏省长洲县·同治三年六月】** 兹启者：日前黄公祖来寓，抄奉善后总局宪札委，会同尊处查明弟处所捐田亩，是否皆有执业田单印契，即日逐细点收清楚。并令弟处查开坐落都图、圩号、田数、催甲花名、佃户额租及向年完纳有无闰银米各数清册，克日呈候核议，拨充公用。并奉尊谕，如无执业田单印契，应令承种此项捐田各佃户，按名开具承揽，呈送备案。窃查弟处所捐祖遗业田千亩，本应检呈田单印契，以为凭信，奈自贼窜以来，均经遗失，万一后首检出及他处寻到，应行概作废纸无用。所云取具各佃承揽，现届忙月，且按户开造，约有七八百户，为数既多，必致需延时日，又恐散而无纪。是以于遵奉钧谕之中，稍示变通之意，令看管此项捐田之催甲七人，开具担承七纸，书押送核。将未领发徭单，催缴额租，既可责成，较有把握。其坐落都图、圩号、田数等清册一本，一并送呈台览。是否有当，均乞裁示。如蒙许可，并不责其简易，即希会同黄公祖迅赐具复善后局宪。倘得早日详奏，感荷仁施，永镂心版。外附呈黄公祖处菲程三十元，又随封三元，乞为转致，并道歉忱。一是统容晤谢不尽。专泐肃请云云。治愚弟徐佩瑶顿首。

计呈清册一本、担承七纸。

（《徐佩瑶复长邑尊何(光纶)实甫公祖》，六月十五日。《双鲤编》卷二，《近代史资料》，总34号，第81—82页。北京：中华书局，1964。）

**【江苏省常熟县·同治三年八月初七日】** 迩日各段经造照田亩绘图册，各业户填照单，核对后，造册完粮。本年要征收漕米，业户收租，尚未示明如何办法。

（佚名：《庚申避难日记》。《太平天国史料丛编简辑》，第四册，第586页。太平天国历史博物馆，北京：中华书局，1962。）

［按：清政府明确更低的目的在于按此征收田粮。］

**【江苏省常熟县·同治三年八月初七日】** 同俞书庭、王聘轩入城，缴粮单，附田册一本。总局设徐氏，理梅经办单书向居现住都图、粮田租额、佃户催子及方单契据有无。

（龚又村：《自怡日记》卷二十三。《太平天国》，第六册，第150页。罗尔纲、王庆成，桂林：广西师范大学出版社，2004。）

［按：江苏省常熟县田册毁失情况，还可见《海角续编》和《续碑传集》。］

**【江苏省吴江县芦墟·同治三年八月十二日】**暇阅契券,未毕。

(柳兆薰:《柳兆薰日记》。《太平天国史料专辑》,第325页,上海:上海古籍出版社,1979。)

[按:此地主自己清理契券。]

**【江苏省嘉定县·同治三年至光绪八年】**嘉邑田产,向以契据为凭,至是[按:太平天国退出后。]旧契多失,官造田单,开明图圩号段,业户姓名,田亩斗则四至,及额征正闰银米若干,给与执业。如弃买瓜分,呈请倒换。嗣因胥吏需费,经诸生俞飞鹏等请,仍以契据过户完粮,而田单寝费[? 废]不用。

(杨震福等:光绪八年《嘉定县志》卷三第28页。)

[按:旧契已失,新田单又不起作用,在此情况下,一些人耕地不交粮,一些业主收不到租。]

**【江苏省吴江县芦墟胜溪·同治四年五月至闰五月】**五月初一日。倒单闻已开局,当至[吴江]城中探听。初五日,慎甫自江[按:指吴江县城。下同]还,知倒单事颇形紧急。

初六日。晴。热。饭后始属吉老开春花账。以田单底数属朗老、包老录一清副本,俟各圩单检定后,立办粮户,然后赴江倒单。此事差不得,且一应代单、馀单,均未商定办理,荒田亦无若何呈报章程。上午,点检本村田数,略已排齐矣。

初七日。晴。热。饭后,检阅田单……田单一(吉)[结]底本略清。

初八日。下午,慎老来,定见包卍老修三三两六九串,限内半股,此人不值,账上出亮三十两。来年四月初一日为一年,再议。略坐。问渠倒单若何一定章程,渠亦无主见。此事有不直落者,颇难动笔。

初九日。微雨,即晴。上午,梦书自江回,知倒单之事,局中诸吏亦无一定法则。看来此项亦非清公事,今冬断难(吉)[结]题也。暇则检阅田单。大富一圩,朗亭理毕,眉目爽然,毕竟老办。余检点三(吉)[结],均已誊清。

初十日。梦书今日开春花账,已极迟迟。终日校阅田单之不直落者,一一注明。大富圩今日始毕事。

十一日。晴朗。饭后检田单,大胜、北玥两圩始蒇事。然一律告竣,尚须宽以时日也。

十三日。暇阅田单数(吉)[结]。观工人插种,此风是田家美景,自避寇迁沪,不及见者已二载矣。

十四日。暇则校录田单。

十六日。晴朗。饭后校阅方单……倪胜来缴合账,持清票算,尚盈七十有余。日后当谢之。

十七日。晴朗。饭后阅查田单,金尊、玉富均已毕事。

十八日。检阅田单。

十九日。晴。饭后检阅田单,誊录者不满十之半。

二十日。上午,检阅田单。

二十一日。晴朗。饭后，正欲点阅田单，适总书顾小云来催倒单，延之厅上坐，略问章程，不尽可行，姑以已理清之田单面付之，约田八百九十余亩。约月初上去即有。中午后，将东路之单，一一登清毕事，命账房校查。

二十二日。晴。渐热。开日。饭后，检阅田单，第二册初毕。

二十三日。校单数张。

二十四日。上午，校看田单，头绪颇繁。

二十五日。上午，检阅田单。下午，登立户总数，颇觉眼花手忙。

二十六日。阴，微雨。饭后，检阅田单，颇形繁杂。下午，梨川账船还。

二十七日。半晴。饭后，检阅田单，至晚始停手。圩田之多者，略已毕事。

二十八日。夏至节。终日阴雨。田农休息志喜。上午理查田单。

二十九日。阴雨绵绵。田水汩汩可听。上午，理查田单。梨里角初动手。

闰五月初二日。阴晴参半。午前理阅田单。下午，登清立户总账，急写半日，尚未蒇事。

初三日。阴晴参半，渐欲开霁。饭后至东玲，约慎甫明日到江。返后，点齐田单，此次共十四(吉)[结]，约田一千二百余亩。前次二十(吉)[结]，约八百九十余亩。以后，已直落者五百余亩，尚未理齐，未直落者一百五十余亩，均须细查来历，迟送局中矣。

初四日。晴，热。朝起，舟至东玲，同慎甫赴江。饭于舟中。一帆颇利，到江不过午初，即至南门顾局。啸云未出门，以单六百四十九张付之。检点毕，不肯多立户，改并颇多。新单未齐，先收二百廿五张，馀俟明日。长谈，甚做假诚人，不过讨好，为异日索费计耳。

初五日。上午突热。至顾局，单尚未齐，户头又多变换，(属)[嘱]其抄账存根。最可恶者，惠下王局，将大嫂处所分之户，尽列于余处，混杂不清。乙溪适来，又等其面交小云，即同慎甫由雷尊殿弄内至王局，会其当手钱梅波，即命更正填注，尚不至十分留难。归途汗下如雨，仍茗叙西门良久。阵雨将来，始登舟，雨已酣注，黄昏息点。夜眠稍凉，蚊扰亦减。前(吉)[结]缺单十五张，面托小老代存，不再顿候。

初七日。新方单不及校对，属账房两公先对一遍。余将未报田单已直落者，一一理齐。

初八日。暇则校录田单。

初十日。上午校阅田单。

十一日。还家理齐田单，自名下直落者略毕。

十二日。终日校阅田单，公祭产亦已毕事。

十三日。晴。潮湿异常，尚有大雨。暇则检点田单之未直落者，颇踌躇。以文三首寄子屏改。

十四日。晴，闷热，潮湿如故。检点田单，将分倒[按：倒单]补给，一一理清。然颇有难下手处，俟细查(制)[置]产簿再商，然后赴局。慎甫来谈，知萧山、诸暨蛟水大发，人家屋上均有水，遭劫者又亿万人。天降大灾，言之可惧。携谱经奏稿而去。清田一事，略须停手，日上必要对账。

十五日。有乡人凌姓，抽赎长葑圩田一亩半，是逊村公祭产。其嗣父嘉庆廿三年兑在老账者，今则力田渐致充盈，亦是乱后一盛事也。付洋，以契与之。其钱已分给萃和、友庆矣。终日碌碌，为米友出冬，须照应。闻米价南头已平。

十六日。雨，冷。外边必有发水者。饭后，与吉老对账，午后毕，不过奉行旧例。如欲效先大人之循名责实，发奸擿伏，不特时有不同，实力有不逮。

十七日。晴，朝上微雨。饭后，与梦书对账，下午始毕。欠户之多，莫如惠字及老祭。[按：指公堂祭田。]招[陈]朗相来，留之仍旧。渠意虽有推挽，亦只将计就计，因熟办无人也。

十八日。阴雨终日。水又长数寸，未识岁有秋否？下午，略阅文，心思不叙。吉老上午去，约六月初五日来。梦书至内絮谈，去留仍持两端，余取其账内无苟，且仍留之。与之约，今冬办账，秋间须预赶讨，若仍要干自己事，不如果于他图。再四踌躇，始以再办一年请，余则允之，其能不荒与否，尚难尽信也。明(年)[天]要回去，至秋始来。

二十日。晴，仍极风凉。饭后查清单账，以便登记。

廿一日。暇则查录田单之未直落者，略已登清。

廿二日。晴，渐热。饭后录清(吉)[结]田单账，动笔不过一时许，差友范秋亭持粮厅薛名片来，为倒单点董。辞以出门他往。

廿三日。晴。饭后登录田单。

廿四日。午前，录田单之有头绪者。不及一页，粮厅薛公持片来，以到江辞之。此事竟用差及经造追，殊不情理，总由门面太无，鱼肉如此，不胜可叹。略花费而去。

廿五日。大雨，终日淋漓，晚间始霁。饭后，抄补给单略备，属卍老抄誊。下午，作札梦书，将已理齐之单，烦渠缴局。舟回，约明日来，后日上去。

廿六日。上午，理清欲缴田单及补填之户，均已登账矣。

廿八日。梦书来，以田单七(吉)[结]二百四十一张、补给四十二张，细账一篇，簿一本，前(吉)[结]账一纸，面托赴局交小云。匆匆即去，约明日下午放舟至北舍上去。

(柳兆薰：《柳兆薰日记》。《太平天国史料专辑》，第 376 — 386 页，上海：上海古籍出版社，1979。)

[编者按：这是一个大地主清理田单的全过程，是一份典型资料。其中有地主不敢彻底清查田亩的记载。]

**【江苏省松江・同治年间】**查苏省各属，遍遭兵燹，田地大半抛荒，业田复多转徙，顷亩科则难期有条不紊。兵兴之后，官之册档，民之契券，多有毁失，各属赋额无稽。若按县按亩丈量，不特旷日持久，糜费滋多，且恐办理未周，即致别滋弊混。

(姚光发等：光绪九年《松江府续志》卷十三《田赋志》第 24 页。光绪《苏州府志》卷十二《田赋一》记载与此相同。)

[按：政府害怕彻底清查田亩。]

**【江苏省上海县·同治年间】**在哲米逊的文件中，有1889年2月22日［亚洲］通讯社的会议记录。在会议上，讨论社长哲氏论中国采地制一文时，加尔斯［Carls］君起发言：在社长论文中有两三点讲到上海和上海附近的采地制。按该处在被太平天国蹂躏时人民多向外逃难，十室九空。后来人民还归故里，政府设法使各人管有自己土地，但旧时文契多已消灭，政府不得不重新发契。

（李一尘：《太平天国革命运动史》，第132—133页。上海：上海光华书局，1930。张霄鸣：《太平天国革命史》第178页。上海：神州国光社，1932。）

［编者按：太平天国期间田契毁失，清政府重发地契，使田主各占原业。］

**【江苏省松江·同治年间】**松郡自兵燹后，各县田亩旧册或缺或失。咸丰十一年秋，知府贾益谦造单给华、娄业户，是谓府单。同治二年，华、娄邑令清厘田粮，凡丈量处，号数亩分重为编定，另给新单，已不能暗合旧册。同治八年，娄县又以新单多舛，开局更换，迄今仍未能出额。是皆谓之县单。今府单已如废纸，而县单有业户未及领者，皆存书差、保正处，实足为将来肇讼之由。

（姚光发等：光绪九年《松江府续志》卷四十《拾遗志》第10页。）

**【江苏省句容县·光绪中叶】**查田、地并计共得五万一百六十九亩七分四厘五毫……现报各产大率有主居多；即客垦各田，亦半称向土民契买而来。现为约略计之，有主者居十之八九，无主者居十之一二。

（邓炬：《署理江宁府句容县事公牍存稿》，第12页。）

例三：浙江省

**【浙江省遂安县·咸丰十一年二月】**咸丰十一年二月十三日，伪感王陈荣由白漈岭到境，入据城中，焚县署架阁库，阖邑征收鱼鳞册尽归一炬。

（毛淦：《粤寇遂窜纪略》。）

**【浙江省遂安县·咸丰十一年】**［将］县署所获阖邑鳞图税册，连架搁库，一并烧尽。

（王中孚：《遂安历劫记》，抄本，浙江图书馆藏。转引自《史学月刊》1965年5期王兴福文。）

**【浙江省·咸丰十一年十一月】**［太平军退出浙江太平县城，被团勇杀数百，］无真长发，皆黄［岩］、太［平］、临海无赖之徒。其在城也，无家不到……取书卷法帖以拭粪，田单契卷投之圊溷，真无人理。自古贼匪，未有如此顽蠢者。

（叶蒸云：《辛壬寇纪》。《近代史资料》，1963年第1期，第192页。又见《太平天国》，第五册，第367页。罗尔纲、王庆成，桂林：广西师范大学出版社，2004。）

**【浙江省武川县·1861—1862年】**图册那肯献鱼鳞?[原注:勒民开丁口,民以假名应之。]

(何德润:《武川寇难诗草·伪设门牌》。梁方仲:《易知由单的研究》。《岭南学报》11卷2期第182页。梁方仲按:鱼鳞图册为田亩册,乃以圻领户,不应载丁口。此乃文人之诗,不足深论。然武川县之户口实征册已散佚则可证。)

**【浙江县乐清县·1861—1862年】**地符庄帐付焚如,官牒私笺总扫除。墨水飘零文字厄,儒宫残废诵玄虚。枣梨碎断麻沙版[新邑志版],藩溷纷投绵子书。差幸鱼鳞图尚在,后来犹可议储胥。

(林大椿:《乐成感事诗》。载《垂涕集》。)

**【浙江省慈溪县·同治元年四月廿四日】**余于是日自江北岸雇小划船,同袁婿归家。道有积尸,室无剩物,书箱契券,半被焚毁,见之痛心。

(柯超:《辛壬琐记》。《太平天国资料》,第186页。北京:科学出版社,1959。)

**【浙江省兰溪县·1862—1863年】**记得1936年笔者去兰溪县调查田赋,据县人说该县鱼鳞册亦于太平天国时被焚掉。天国时[?后],终归倚靠深明大义的旧干部的力量将图籍追查出来。政府有了威信,各县粮赋才不敢亏欠。

(梁方仲:《易知由单的研究》。《岭南学报》11卷2期第182页。)

**【浙江省桐乡县·同治三年五月初九日】**[嘉兴知府告示]禁侵占以清地主。

(沈梓:《避寇日记》。《太平天国史料丛编简辑》,第四册,第309页。太平天国历史博物馆,北京:中华书局,1962。)

例四:福建省

**【福建省·同治以后】**业田之户,田亩界址及应完粮数,曩有记载之书,曰鱼鳞册、柳叶册,至为明晰。自经兵燹,销毁荡然,遂无从更求其故。

(《福建财政沿革利弊说明书:田赋类》,第7页。)

2. 战后清丈田亩

**【江苏省江阴等县·咸丰七年至光绪八年】**咸丰七年、同治七年两届丈量,光绪六至八年又丈量,江阴、武进、丹阳、宝山、丹徒、常熟、上海、南汇、川沙,统共应升科滩地三十五万五千一百四十二亩,特重地七千二百八十六亩,坍没地二万四千七百七十五亩,未定案未围筑地二万五千八百九十四亩。

(《东华录》第五十卷,第17页。光绪八年十月。)

**【江苏省·同治初年】**保富所以济贫,地方官若竭力鱼肉之,恐富者不能终富矣。

(丁日昌:《抚吴公牍》卷二十三,第9页。)

[编者按:清政府保护富人政策的理由。]

**【安徽省太湖县·同治元年】**同治元年清查出的学田,计此七项为同治十二年《太湖县志》所载。

(民国《太湖县志》卷十二《学校志·学田》第8—10页。)

**【安徽省黟县·同治三年】**上年六、八及本年四月太平军入境,四月后无警。署府刘傅祺设法招种荒田,奉文丈量田亩,招徕开垦。知县谢永泰示纳契税、查办丈量,奉乔抚院颁发苏州丈田图说。

(同治《黟县三志》。)

**【安徽省·同治三年六月辛卯】**御史朱澄澜奏……至外省业主,田亩半系祖产,粮册田契类已遗亡,犹恐同姓之人顶名捏造……逆产例应入官,特恐贪劣之员,将贼所强踞及与贼稍毗边者牵涉入官,产主不敢自明,因而失业……至若租户人等诡充业主,尤为可虞。[按:可见有租户夺取业主土地的情况。]亦令于业主领回时声明实无私占假冒情弊,方准给领。如有占冒者,即行从重治罪。

(《清穆宗实录》第一百零七卷,第12页。)

**【江苏省吴江县芦墟胜溪·同治三年七月至九月】**七月初二日晚间,沈吟泉来。以沈邑尊清查田数告示致余,当留存抄出。此事今冬看来要报出,暇当赶办。

七月八日。慎甫来长谈,留便中饭,以所抄田数呈报册式相示。

七月十五日。下午,将先大人所录置产底本阅之,一目了然,是征先人创业艰难,经营辛苦。若不肖性笨,又不务勤,殊难继守勿坠。今本邑清田之谕已颁。从事于处,颇觉头绪纷纭,不胜畏难之至。

七月十七日。细阅先大人所录置产底本,眉目极清,然笨人尚嫌头绪繁,了之不易。

七月十八日。慎甫自江[吴江]回,知报数已清。委员设局城中,晚间均去。

七月十九日。下午,看置产底本。

七月二十七日。邑尊有催报田数谕帖,并有传董到城相商意。此事花样亦有变幻处,防不胜防。姑先干办田根,已命朗老照清粮置产簿细细查抄,先自本村起。

七月二十八日。饭后,细查田单,一圩归一圩,庶查核尚易。

七月二十九日。余作札致梦书,田捐执照及米洋已来。下午与朗相查对所报田数。

七月三十日。晚,与朗老对田数。

八月一日。下午,与吟泉细谈,并与朗相对田数。

八月二日。饭后,理田单,第一次换排略遍……各圩圩甲来催报数。此事赶紧在前,尚恐局促……下午静坐，与朗相对账。

八月三日。白毛墩圩甲沈、萧二人来，通知要抄田数。下午，与朗相对账。

八月六日。朗相清田数，第一册已书毕。

八月七日。余校对北玥、大胜、小胜三圩单田，两合符节。

八月八日。晴阳参半。饭后，清理田单。

八月初九日。吟泉今日回去，约即日再来助余录田账副本。上午，(较)[校]理田单。下午，至北舍会梦书，不值，省三出见，以十三日载梦书来溪办田务告之。

八月十三日。朗相大富圩田，今日抄齐，明日可以对单。

八月十六日。与朗相校对两日田账。

八月十七日。朗相第二本田册今日抄完。明日要细查田单。

八月十八日。饭后，校大富圩田单……论报数事，俟二十四、五日间回江[按：指吴江]定夺……吟泉约二十二、三间去载。余要誊报数各圩发出册。奈外账两人，均不能应手，故烦及之。

八月十九日。饭后，校对田单。金、尊两圩已毕。

八月二十日。午前，荒字圩甲来催报田数，近地亦来，颇为所嬲，约重阳边与之。此事业主恐亦难免重报。第二册抄好，校对已遍，缺单三张。惟殿字一张不应不见，然欲重寻，烦恼之至。

八月二十一日。饭后，晒书。适倪荣堂来送腌菜二甏，酒则却还。亦世故中有意谊也。长谈，以叶田事托售，殊属非知心者。……墀儿今日至莘溪外家盘桓……下午，接墀儿回，禀知凌氏业、佃分报，佃户处听其所承种报出，并不与账，业主查粮另报，其法甚善。

八月二十二日。沈慎甫来谈，知报数一事，在上不过以收数钱为急，以云清理，若竟相反。当于即日到江探听后相复。不若自报，免受圩甲等重索也。午前即去。钱中兄来，则有业、佃相混两报之说，殊属不成公事。中午祀先，盖是日先继母忌日也，思之怅然。下午，理单，多有当存而不见者，烦恼之至。

八月二十三日。上午，查单，所不见者均在，欣然久之。

八月二十四日。招沈吟泉来，烦渠录报数各圩零给册。七老相来，今日动手。午后，录费芸《舫窗稿》一篇。晚间，对田账，朗相第三册田数亦完篇。明日查单。

八月二十五日。对南、北四玲田单，缺一张。晚间，吟泉所抄大富，吉老所抄北玥、大胜均将毕，一一校对。

八月二十六日。饭后，较[校]理田单第三册，大义圩少单两张。下午，梅老来，停手。晚间，对正零给之张。

八月二十七日。租捐若何，三县尚无章程。本县报田数紧急，大略相同。……晚与吟泉、朗亭对账。

八月二十八日。午后，吟泉至东易，晚回述渠尊翁言，知昨自[吴]江回，催数甚紧，其式不要丘号，只要单数、亩角，佃户另开承种某圩亩角，两不相符，在九五外者不计，每亩五十，随册同缴，不能稍(暖)[缓]。余家之账，要另抄过。幸底账已录，头绪尚清，然已周折之至。慎甫即日到[吴]江，先在同川源源衣庄会头，明日须要问订一日期。看来此行出月必须亲往。是日接总局洪、叶二公信，亦为催报田数，述邑尊之意紧甚。

八月二十九日。饭后，查对田单。下午，至一溪处，以老祭产所收租息问之，渠意欲余处算偿，今年归二、大房冬间收租，余处报数，其费公出对派。如愿允之，免伤和气。龚二嫂处亦复言明，小祭亦归今冬大嫂处办，二年分所收租息，即日算还，来年八月中交簿轮出。慎甫在萃和堂长谈，约天晴初四日到同会头报数。晚回东浜。灯下与吉老对今日所誊之账。吟泉嫌不合式，要重录过，甚属费手。

八月三十日。晴朗。朝上，舟至梦书处，扰渠朝饭。约渠初五日去载到溪报数，账必须誊清，未识渠能如约否？若再唐突，同事中万难交代，殊深切虑。回家与朗亭对账，第四册告成，只剩惠字及两祭产未动手，嘱与吟泉共写宽字号报数账，吟誊，朗算，甚属对手……俞又乔来谈，知省中饷捐章程已定，着业办理缴局，每亩六百六十，租米五六斗之数……灯下与吉老对账。

九月一日。上午，校对第四册田单。下午，与吟泉谈，今日及昨日已共抄田数四百余亩，甚替梦书一肩也。灯下与吉甫对账。大富圩甲浦明海略与佃户账，暇则略书大富报田样式，为梦书抄写，免差地步。

九月二日。上午，与吟泉同抄田数。宝文来，停手，一茶而去。以旧墨一丸送墀儿。子屏、渊甫同来，闻报田数章程。

九月初三日。晴。饭后，持物色将老祭二年分租息面交乙溪，小祭面交龚二嫂。午后对田数，订齐田册，先报一千零三十九亩六分六厘四毛，约须费八十洋左右。梅厓来，以洋四十元，田册一本，约六百亩左右，托致慎老。吟泉明日要回东玲，余部叙一切，明日决计小舟先到同川。

九月四日。知江邑报数不算清粮，不过敛钱需索。同至街上闲行，市头兴旺盛于曩时。

九月初五日。早茶后，即同慎甫到[吴]江，坐小舟，一时许已出塘，见城外一片荆棘，并无片瓦留存，惨不忍睹。直至北门外，叫开水城门，余与慎甫步行进城，始见人踪。到邑尊公馆内清粮局报数。总书顾小云，眈眈之状，更盛于前，如所欲每亩六十六文给之，尚嫌田数不齐，勒令十五之前，一例缴清，含忍允之而退。至慎甫家中阅看，坍败不堪，修理为难。饮茗茶寮良久，聊无兴趣，惟见胥吏纷纷索钱而已。

九月六日。至乙溪处，述慎老意，赶抄田数，初十日须到。梦书已来，恰好誊账，从便只报佃户、田数，单数且停。十五日左右拟报清，免其骚扰。朗相清单总册已完，此事头绪已清，亦非老手不办，甚惬余怀。

九月七日。晴。上午，与七老相对账。吟泉来谈，留便中饭。下午，顾淡春夫人袁氏表嫂来谈，春卅年分冬间，仍以东胜圩单两张，借洋二十元，如数让利。将单契交还清讫。在此时，渠家光景甚属平常，表嫂了故夫欠项，不肯负人，已为世俗中矫矫不群，况女子身乎？絮语家常，给单而去。朗相清单五册，对读已毕，明日要回去。

九月初八日。晴朗。饭后，心绪纷如，不能坐室。看田账亦心眼俱花，万难校对，略将清单册五本,开写簿面收藏,以备来岁真欲清单地步。

九月初十日。舟回,对梦书所抄账,卤莽之至,殊不能放心即报出。

九月十一日。晴。上午,查报田数,属梦书将上则田抄过半页。下午,将对阅(吉)[结]总数。

九月十二日。晴朗。饭后,查核所抄报数账。金少谷来谈,午前去。慎甫来,知乙溪自江回,报数一节,吾辈大约鱼肉,不能少缓。慎甫约余十九日去,索性报足,以免葛根。乙溪此番叶石湖中,几乎遇盗,幸有后船得免。慎老回东玲。余即招吉甫进来,属渠登昨日两折。梦书又去。今岁租米,大约局收。

九月十三日。晴朗。饭后,校对田单。下午,将清单册细校完毕,只剩祭产未过目。

九月十五日。饭后,检点祭产田单。今日清单之事,始已告竣。

九月二十一日。晴暖。朝上同慎甫下船。东南一帆风顺,日未午,已到江城。至清粮局,以[田]数及洋面缴总书顾小云,此番如其所欲,面目一变,与之委蛇而出。

十月初一日。上午,登录置产簿。

(柳兆薰:《柳兆薰日记》。《太平天国史料专辑》,第318—336页,上海:上海古籍出版社,1979。)

**【安徽省颍州·同治年间】**[安徽省颍州知府李文森拟定淮北善后章程,规定]占人田产不退回者,仍按逆论。[按:可见太平军占领期间,有占人田产事。清政府战后土地政策中的田归原主,其中包括将农民已得到手中的土地归原地主。]

(《清穆宗实录》第一百零七卷,第12页。)

**【江苏省昆山县、新阳县·同治年间】**昆山、新阳二县应办清丈失册各图更正通境田粮事宜,自同治七年闰四月开局至今,前后办至三年之久,两邑尚有缺额田三万余亩仍未清出,殊堪诧异。

(丁日昌:《抚吴公牍》卷四十七,第9页。)

**【江苏省溧阳县·同治年间】**溧阳县额田百十三万亩。访闻该县熟田约有五十余万亩,同治四年开办清粮,至今只报熟田三十万余亩,其中定有隐匿未报及以熟作荒之弊。[按:可见隐匿田亩数量之多。]

(丁日昌:《抚吴公牍》卷五十,第14页。)

**【江苏省·同治年间】**[江西丁忧补用知府王守向丁日昌提出,籍册失佚,所报田亩,显有隐漏,清丈是做不到的,建议]无论荒熟未报,期以一年自陈,免究。再一年,许该族人代报,即以其田作为该族醮田。无族者,许该村代报,即以其田作该村社田。隐漏之户,仍按律痛惩。

(丁日昌:《抚吴公牍》卷十二,第2页。)

【江苏省昭文县·同治三年五月初九日】昭文界东路，刻下丈量田地。

（佚名：《庚申避难日记》。《太平天国史料丛编简辑》，第四册，第 581 页。太平天国历史博物馆，北京：中华书局，1962。）

【江苏省·同治四年】［李鸿章、刘郇膏疏陈减额章程］第九条，清厘田粮，应由各属妥办也。查苏省各属遍遭兵焚，田地大半抛荒，业佃复多转徙，顷亩科则难期有条不紊。前因失火以后，官之册档，民之契券，多有毁失，各属赋额无稽。若按县按亩丈量，不特旷日持久，(縻)［靡］费兹多，且恐办理稍有未周，即致别滋弊混。是以由苏州绅士前赴川沙，督董先试一隅。因田数未能悉符原数，业经议清停办。仍以访求册卷，根询业佃为主。如有界址不清，必须查丈之处，由本地绅董督同业佃自行清理在案。

（光绪《重修常昭合志稿》卷十《田赋志》第 18 页。）

【安徽省黟县·同治五年】同治五年，知县刘永泰设局十都清丈。除已完外，豁免。

（同治《黟县三志》。）

【江苏省金坛县·同治九年】［金坛知县到任时］察看坛邑情形凋蔽、农民稀少，以致田地荒芜……前定垦荒章程尚嫌太严，盖趋利避害，人之常情，非疏节阔目，使有余利可图，安望趋之若鹜。兹有应商数条，祈为酌加采择。一曰兴修水利……一曰代筹粪料……一曰严杜冒认各处荒田。

（丁日昌：《抚吴公牍》卷三十七，第 7—9 页。）

### （二）垦荒政策及其绩效举例

［编者按：从本目资料可以看出，各省垦荒政策稍有差异，概括而言，主要措施有以下几种。］

1. 设劝农局管理开垦荒田事

【安徽省·咸丰八年】

曾国藩核定皖省开垦荒田章程

皖南田产荒芜者，以宣城、南陵、泾县、旌德、太平、绩溪、青阳、石埭、建德九县为最，本部堂筹拨银二万七千两，分给九县，每县各三千两，承办开垦荒田事。

共六条

一、设劝农局。

二、局中不理外事。

三、散给牛本种籽。买牛给领，减价十分之二，三年缴价。

四、计资分年开垦。

五、查明业主佃户。

荒田之有业主有佃户者，认垦自有原主原佃，应无庸议。

其有业主无佃户者，应由业主自行招佃开垦。

其无业主有佃户者，应由佃户具结暂垦，声明原系何人之业。

其业主、佃户并无人者，应由局查明报县立案。一面募人佃种，声明业主何人，倘日后回乡，仍将原田归还。至佃户应纳之租，由业主自备垦费者，租数听其自定；由局支领垦费者，局员酌量丰歉，劝令业主稍减租数，以纾佃力。一二年后，准照向例办理。

六、清厘出入数目。

此九县以外，凡皖南皖北，有应照此兴办者，由各官绅随时禀请推广行之。

（谢永泰：《黟县三志》卷十一《政事·蠲赈》第23—25页。）

**【浙江省·同治初年】**百姓之失业多矣，国家之赋税缺矣……不开荒，则赋悬无着……[招垦乃]息盗之一法……[使]无业之民，率之归农……何所为盗?

（刘淡璆：《清查荒地议及上左季高中丞议清粮开荒书》。《皇朝经世文续编》卷三十三《户政十》。）

[编者按：这说明清政府招农认垦荒田的目的。]

**【江西省·光绪年间】**天彭县对客民佃户之管束

刊给团保条约章程告示……彭邑……

一、业主招佃，必须确查客房系由何处迁移，若来自外州县，更须仔细问明，有人认保，方可招佃。若只图重租，含混佃住，倘佃客有窝盗情弊，定提业主并究。

（杨兆堂辑：《潘文轩禀批条数》。光绪廿年刻印《天彭治略》卷二。）

**【光绪八年三月】**侍读学士文硕奏：绅士竟有包揽词讼，颠倒是非，及包纳钱粮，把持垦荒等弊。谕内阁……至开垦荒地，额赋攸关，岂容稍有隐匿，着彻底清查。

（《东华录》第四十七卷，第6页。光绪八年三月甲辰。）

**【江苏省句容县·光绪十六年】**句容境内，自行开垦而后，客民争携耜耒受塍廛。其中强有力者，飞来客燕，敢欺本地篱鹍，有主田畴，强行霸占，有喧宾夺主情形，乡民无可如何。

（《益闻录》第971号，光绪十六年四月二十四日。）

**【浙江省、江苏省·光绪中期】**县[浙江省钱塘县]中旧俗，本以离乡弃井为重。近四五十年，以浙西及江苏偏僻诸县开垦荒莱，前往营田，多得上腴之利，移家置宅，为富人居，乡里喧传，群趋若鹜。其编式以棚数多寡分区段广狭，二十人为一棚，十棚为一总，一次散出必数百人。

（吴承志：《答问》。《逊斋文集》卷十二，第43页。）

**【浙江省桐乡县、乌程县·同治年间至民国前期】**按青镇各乡客民垦荒田地及侵占田地，均不纳赋，间有报升客粮者，官厅并不开除土粮，故农民向多完纳空粮。民国十九年桐乡清丈告竣，始得清赋，民无完纳空粮者矣。

（《民国乌青镇志》卷七《农桑》，第9—10页。）

2. 撤勇归农，将荒地给遣散之游勇开垦

**【浙江省长兴县·同治至光绪初年】**长兴一邑，当赭寇[按：指太平军。]消灭之日，土著之户十存一二，田地荒芜，征收无着。自左伯相[按：指左宗棠。]创行撤勇归农之法，于是荒田始渐开垦。而业已易主，土著有被掳在外迟归本乡者，反不得与垦户争。诸垦户以守籍之故，从前定章改为蠲赋收租，以田之成熟，年之久暂，判其成则。十余年来，田已尽辟，而租收之法，因循未改，以故官与客民两得其利。盖认垦之时，一片汙口，亩分不可核实，一亩之田占至二亩者有之。初认几亩，其毗连之田，无人承认，因而侵[占]及归并者有之。往往完租十亩，而实垦二三十亩，客民利之。而官以发收租息全归善后之用，不若正赋必须报解，其中侵肥正自不少。因而省中或有宪文催查，总以荒田不能尽垦为词。年复一年，缺额无从复旧，官亦利之。历任知县既无不饱攫以去，而客民以官与有利，势必庇护，是以有恃无恐，欺凌土著，霸占强买之风，所在皆有。综计阖邑，惟业归旧主之田，照章完粮，为国家之正赋。其余已不啻官为业主，而客民为佃户。缺之肥于程安者，职此之由。

（《申报》光绪六年四月十六日。）

**【江苏省·同治年间】**金场流民失业，经开导，先行缴械，改业归农，划出荒地，令其开垦，然交压荒地价至第三年，每熟一晌，仍交大小租市钱六百六十文，又查出私垦熟地，不追夺荒，但收三年租，每晌一千九百八十文。

（《东华录》第五十九卷，第22页。《清穆宗实录》第一百八十七卷，第2页。）

**【安徽省广德等州县·同治九年闰十月庚寅】**谕军机大臣等：御史李宏谟奏，安徽广德等州县，客民麇集，劫夺频闻，强占田宅，并造有会馆，私藏军器，动辄聚众，地方官并不严办。江、浙与皖南毗连处所，客民亦复不少，恐彼此煽惑为患，不可胜言。请饬妥为筹办等语。东南各省兵燹之后，地旷人稀，各处遣散游勇，所在盘踞，欺压良民，乘机滋事。若不预为防范，必致愈无忌惮。着曾国藩、张之万、英翰、杨昌濬遴派明干大员，前往各该州县，认真体察情形，分别良莠，将安分守业之民量给荒田，暂行耕种，俾安生业。其强横不法之徒，查明原籍，递回管束。

（《清穆宗实录》卷二百九十五，第33页。）

3. 对无主之田，或没收归公，招佃经理或卖给垦户为私产

**【安徽省·同治三年六月辛卯】**[朱澄澜奏]贼所强据，贼所取租[的土地入官]。

（《安徽通志稿》。）

［编者按：可见太平天国曾没收了一批土地或田租。］

**【安徽省宁国、广德州·同治四年】** 兵燹之后，各省之中以皖南北荒田为最多，其地方亦以皖南为最盛，如宁国、广德一府一州，不下数百万亩。诚能查明归官，召佃经理，计可岁得谷数百万斛。

（金安清：《皖南垦荒议》。《皇朝经济文编》卷四十，第16页。）

**【安徽省广德州·光绪初年】** 李公摄州篆办理垦务。当时初定章程，着令有主之田，以一半给垦户作为垦费，一半归业主听其自便。其无主承认者，亦以一半给垦户作为己产，一半充公，每年收租，除完粮外，办理一切善后事宜。如此，则客民无论垦田多寡，及有无业主承认，垦百亩者得五十，皆有一半入己，且不必另出买价，立法公平，土客自无争竞。乃李公计不出此，竟议将无主之田，不论高下，以每亩制钱六百文卖与客民为业。自此，不肖官吏及贪劣董保，皆借买卖公田一事高下其手，从中渔利……又信用其私亲候补主簿吴佪，作威作福，鱼肉人民。当开丈之时，李公虑土民多认田亩，则充公之田少而卖价无多。于是四乡同日齐丈，使业主奔走不及，又不准其托人代认。而祠庙公田、祭田一概充公，不准承认。间有刁民素无田产者，贿嘱地保、委员，则轻可以他人之田认为己产。其忠厚良民，既畏客民之强，又无嘱托之力，认田本属无多，既认之后，仅许每亩得小秤租谷八十斤。如欲变卖，先佋垦户，不准卖与他人，又不能起佃自种，卖则得价甚少……土民有田者，十分之中仅认一二，每亩租谷八十斤。即使垦户全交，除去粮银，所余已属无几。乃竟有二三年颗粒无偿者，业主以钱粮无出，不得已而具控。李公并不追究，反当堂劝令业主卖田。于是客民效尤，纷纷抗租，以为勒卖之地。土民欠粮，则追比甚急。客民欠租，则从容不理。而且一讼到官，差费已去若干，及至堂讯，依然抗租如故……土民有田不敢多认，其田既已充公矣。其业主远出未归无人代认之田，理当分立年限，乃亦硬作公田……其意惟欲多卖公田，多得钱文，任意挥霍，全不顾地方大局。又所卖田价制钱十余万千，除委员、董事薪水外，滥支滥用，捏款报销，现仅存五六万千，而于地方一切善后事宜，一件未办。

（《张光藻上州尊书》。丁宝书等：光绪七年《广德州志》卷五十六《杂著》第14—17页。）

［编者按：据此规定，垦有主之荒地，垦户可得永佃权。］

**【江苏句容县·光绪中叶】** 查田地并计共得五万一百六十九亩七分四厘五毫……现报各产大率有主居多，即客垦各田亦半称向土民契买而来。现为约略计之，有主者居十之八九，无主者居十之一二。

（邓炬：《署理江宁府句容县事公牍存稿》，第12页。）



4. 承认垦户对已垦土地的所有权，其中有业主者，给业主补偿低廉的地价

**【安徽省宁国·同治初年至光绪初】** 宁郡自遭兵燹后，土地荒芜。有主之业，百不获

一;侵占之产,十居其九。历年来,虽由客民开垦,援例纳粮,然其折亩数,隐亏耗,奸民串卖,蠹书漏册,种种弊端,不胜缕述。刻下桂观察业已拟定章程,大约仿照广德州成例,迭经派委妥商,谕令各董保,凡客民开垦田土,无论已买未卖者,准于明正清丈,庶无弊窦,而重课赋。从此土客熙融,各有恒产,可永为盛世之良民矣。[按:清政府对现实的土地所有权予以承认,使之合法。]

(《益闻录》第83号,光绪六年十二月初九日,第三册,第310页。)

[按:从此件可看出太平天国战争对土地产权冲击之大。]

**【浙江省、安徽省·同治初年】**[浙江、安徽交界一带]客民系因出示招垦而来……设局造册,分别田业有主无主,或归田价,或偿子本。

(《清穆宗实录》,第二百零六卷,《清实录经济资料辑要》,第115页。)

**【安徽省宁国·光绪七年二月】**皖宁一带,前奉上游奏委桂观察中行督办丈量、开垦诸务,先由宣城开办,已于上月朔开局。观察居心极慈,办事极慎。因念客民携挈眷属,僦居是乡,类多安居乐业,不忍过事更张。乃于万难中筹一善法,熟田令客民备洋一元四角给与业户,即发买契,永为世业。熟地七角,荒田三角,荒地二角。似此从权办理,亦可谓仁至义尽矣。讵上月二十四、五两日,开丈至南乡花田团、九里团等处,有湖北客董孙品山者,昧于事理,竟敢鼓众鸣锣,约同客民数百人,均手执农器,欲与观察抗拒。观察旋请调防营兵勇,以资护卫。一面多方剀导,令其即行解散,毋得妄生异志。乃乡愚易惑难晓,骤见兵威所至,即欲以器械抵御。观察知难理喻,与委员再四筹商,始将为首之孙品山拿获,就地正法,以儆其余,客民概不深究。恩威并济,乡愚多有知感者。此后开丈各处,定必咸臻妥洽矣。

(《益闻录》第九五号,光绪七年三月十一日,第三册,第81—82页。)

[编者按:这是客民将荒田垦熟之后,又要出钱向原业主买地权。]

5. 对有主荒田,许人承领;禁止冒领垦民已垦之地和私占荒地

**【江苏省金坛县·同治年间】**各处荒田,往往垦民甫经办有眉目,即有自称原主,串同局董书差,具结领回。垦民空费经营,转至为人作嫁。鄙意原主弃田不耕已十余年,业已与田义绝,无论是真是假,均不准领。且此外荒田尚多,何必刻舟求剑。冒领之禁一严,则垦民得尺则尺,不复存观望游移之念矣。

(丁日昌:《金坛县禀到任情形并请免减津贴公费》。《抚吴公牍》卷三十七,第9页。)

**【浙江省于潜县·同治初年】**田亩荒芜……不得已有招垦之举,除阳宅、坟山仍归原主外,田亩许人承领。

(《浙江续通志稿·风俗》,稿本。王兴福《太平天国后浙江的土地关系》,转引自《史学月刊》1965年第5期。)

**【浙江省严州·同治五年】**查有棚民一项，向来以种山为业，地方农民不与为伍。自咸丰十年后，粤匪滋扰，棚民僻处深山，未受大害，现较农民尚胜一筹。昔日无田可种，不能不种山。今日有田可种，而能改种山为种田。田之出息究厚于山，各棚民非不愿种，实不敢种，须设法招之使种。此余所以有棚民开垦之议也……一、宜令垦户三年后即行执业也。三年后如无业主来认，准垦种各户作为己业，过户完粮。既得利息，复有恒产，自必踊跃从事。所有沟港取水，本地农民不准阻止。倘有筑堰蓄水之事，亦必按亩均摊，毋令垦户多出钱文……一、宜令原业主早为呈报也。荒田有人垦种，如实系自外间回来者，方准照数收回，到籍三日内即须禀报。倘系在籍之户，不即行报明，延至日久，俟田已垦熟，再行呈报，显系有意取巧，询明地邻，即将所种亩田罚半归垦户执业。至于业主之亲族，不得混行争执……荒田垦熟后，本籍奸民固有借端假冒，甚则衙门书差串出乡民冒认，借端勒诈……如有非业主前来冒认，并凭空匿造假契，讯明情节，严行惩办。

（戴槃：《定严属垦荒章程并招棚民开垦记》，同治五年。《严陵记略》，第1—4页。）

**【浙江省汤溪县，同治六年】**［知县王日新告示：所垦之地］倘数年后无主归认，准垦户作为己业，报税过户。

（民国《汤溪县志》卷十五，第23页。）

6. 垦户所垦之田，三年内，纳官租，三年后，十之八归己，十之二归公

**【浙江省湖州·同治初年】**客民入境，争垦无主废田数千亩，使垦户纳官租三年，而后以所垦之田给十之八为垦户产，约归其二于公。

（同治《湖州府志》卷十八。）

7. 政府招佃垦荒，官给伙食、耕具、种子，收获物官七佃三

**【江苏省溧阳县·同治四年】**查溧阳所办官垦，每四十亩招佃一人，每日给米一升五合，钱二十文，发至五个月秋苗成熟为止，(耔)［籽］种耕具在外，计须米二石二斗五升，价值宽估作钱十千文，零用钱三千文，耕具(耔)［籽］种约亦三千文，共十六千文，租入业七佃三。

（赵烈文：《能静居日记》。《太平天国》，第七册，第295页。罗尔纲、王庆成，桂林：广西师范大学出版社，2004。）

8. 招民开垦荒地，开垦期间三年不交粮，三年后所垦之田为垦户私有，升科交粮

**【江苏省·同治八年】**盖垦种荒田，类皆穷苦农民，图为己产。如有原主，则明知此田不为己有，安肯赔贴心力，代人垦荒。故必以无主之田招人认垦，官给印照，永为世业。仍自垦熟之年起，三年后再令完粮。此等垦户即属业主，必不肯舍之而去，久之即成土著矣。

（马新贻：《招垦荒田酌议办理章程折》，同治八年。《马端敏公奏议》卷七，第52—53页。）

［编者按：清政府规定一些官地，可以出卖或升科，但实际进程缓慢。原因之一是胥吏利于不出卖，利于官地收租。出卖了，胥吏不能经手收租，从中贪污勒索了。见《清宣宗实录》第三百四十二卷，第 5 页。道光二十年十二月庚申，给事中朱成烈奏。］

**【广西省大荔等州县・光绪四年】**上则二石，折钱每石麦一千文。中则一石三斗，折钱每石米一千五百文。下则一石。

光绪十年又改。仍存荒地八万八千五十五亩。上则一石半。中则一石。下则七斗五升。三年后起租。

光绪十四年仍存荒地五万三千余亩。再定已垦未交足租者七折交纳，未垦者招垦。上则一石，中则六斗七升。下则五斗。三年后起租，七折收钱。

大荔县，上则四钱。中则三钱二分。下则二钱四分。三年后起租，七折收钱。

（《东华录》第九十五卷，第 2 页。光绪十五年六月。）

［编者按：所以逐年减租额的原因：一、好的地先被认垦，剩的是坏地。二、有力者已交足租，领照为己业，不能交足者实无力。无力之原因是种的是坏地，政府又要租粮并纳。三、招垦民荒不纳租课，属限升科，佃民先去认垦民荒。］

9. 只准官为招佃，不准民间指请升科

**【湖北省广济县・咸丰末年至同治初年】**细民牟利，将江滩地、芦苇地开垦为私有，或盗典盗卖。出示禁止。

（朱荣实主修：同治《广济县志》卷二《水利》，第 3—5 页。）

**【湖南省龙阳、华容、安乡三县・光绪十六年】**现合龙阳、华容、安乡三县辖境计之，广袤几二百里，土人名之月南洲，贫穷私垦，豪强争占［有碍水利，今后］禁私筑堤垸，私垦官荒……亦只准官为招佃，不准民间指请升科。

（《东华录》第九十七卷，第 13 页。光绪十六年一月乙巳。）

## 三、田赋政策

### （一）最初几年减免钱粮与几年后浮收的反弹

1. 战后几年的减免钱粮捐项

**【湖南省桂阳州・咸丰二年】**咸丰二年广西寇迭出犯州，三县纷扰。寇退，诏议蠲免，省城以饷绌，未暇奏请也。五年寇复至，据州城百余日。及退，巡抚骆秉章札谕知州，以民力拮据，应蠲钱粮，饬查明办理。署桂阳直隶州知州冯文灿上言：卑州五都五十一里，每年起存各项应征正耗钱粮并间丁银二万一千五百五十一两九钱七分四厘三毫，遇闰加征正耗银十三两四钱九分五厘九毫。咸丰二年，逆贼陷州，邻氛四起。自是以来，四民失业，或转徙颠沛，稼穑坐荒，或团练守御，资财耗竭，其横罗劫掠，焚荡室庐，被患尤深，息肩无所者十室而九。民积疲困,官无存恤,连年丁粮,任其追呼,上下交损,莫此为甚。去岁六月,贼据州城,田禾被野,鞠为蔓草,四乡涂炭,山谷蹂藉。当此之时,士庶奔迫,老幼号呼,有死之途,无生之路。然以危急存亡之秋,奋同仇敌忾之情,裹创振臂,赢粮并集,各召丁勇,如报私仇,非有将帅之倡率,符檄之督催,父勉其子,妻劝其夫,数月之间,万众同力,既克州城,复援邻封。官军合力,狂寇僵仆,民力尽矣。庶几小愒,天不哀(闵)[悯],霜霰冱寒,秋稻既空,冬麦冻死,百里之内,莫能相济。方欲吁告,欣承畴咨,奉檄感涕,仁风已被于四境矣。伏查宪札所询有无区别,及上年与二年情形异同。以卑职所周历访察所闻知,二年贼未屯留,犹可匿免;去岁自夏及秋据城百日,贼所至者秋毫无遗,贼所未至悉兴团练,财力并困,诚效宜褒,仅议蠲缓,尚难苏息,欲别轻重,更无区分大难。

(王闿运纂:《桂阳直隶州志》同治七年刻本,卷五《赋役》。)

**【湖南省巴陵县·咸丰二年至五年】**二年被水成灾,应完钱漕、芦课等项分别蠲缓递缓。是年十二月,诏被贼扰之道州、嘉禾、郴州、江华、桂阳州、永明、永兴、安仁、茶陵、攸县、醴陵、长沙、善化、湘阴、宁乡、益阳、巴陵、岳州卫十八州县卫应完钱粮分别蠲缓有差。

四年粤逆陷城,诏县卫钱粮全行蠲免,其已完在官银米,照例抵完新赋。

五年被水成灾,应完钱漕、芦课等项分别蠲缓展缓。是年崇阳、通城股匪窜入县境,诏蠲缓受害村落钱粮有差。

[按:档册咸丰元年至五年阖邑被贼扰害,民欠全行蠲免。]

(李和卿等纂:《巴陵县志》光绪十二年修,光绪二十六年刻本,卷十六《政典志四·蠲恤》。)

**【湖北省黄州·咸丰元年至光绪六年】**咸丰元年蠲免道光三十年以前民间积欠。十一年蠲免被兵地方钱粮。同治元年蠲免咸丰九年以前民欠钱粮,军务省分以九年为断,完善地方以奏销到部为凭,三年、五年、六年蠲免地丁银,蠲缓漕粮正米各有差。七年蠲免黄州所属各州县被赋扰最重之处六年以前钱粮,凡属实欠在民者,概予豁免。光绪六年蠲免民欠钱粮,四年蠲免咸丰七年至同治十年民欠钱粮,并渍淹挖压,缓征各项银两。

(英启:光绪十年刊《黄州府志》卷八《赋役·蠲恤》。)

**【江苏省无锡县、金匮县·咸丰三年八月】**致吴侯书:国家承平二百余年,恩周黎庶。今以贼氛迫近,小民失业播迁,谕旨旧欠钱粮及本年上忙新赋缓至秋后察看。一议田捐,则凡零星小户均在派累之列,于圣意大有背谬,不可一。邑民自逢灾后,元气未苏,一议捐田,虽盖藏已罄,不容少减丝毫,于民力大有竭蹶,不可二。加赋预征,最为前明弊政,一议捐田,即已暗加于赋,于国体大有损失,不可三。田多未必尽富,田少或拥厚资,必取之有田之家,殷富典商转而从而减省,何以服人心?锡、金捐事,历有旧章。一议捐田,恐从此遵以为例,有田之累,伊于胡底?而况仅缴筹垫,既费周章;拖欠钱漕,更多借口,于时事大有关(拟)[碍],不可四。

又致吴侯书：臆见以为四不可之外，又有四难。捐田必先清粮，锡邑于道光八年办理推收，年分未远。金邑则雍正年间清粮之后，迄今一百三十年，差田差号，不知凡几。既不能户户核实，即恐有彼推此诿，其难一。正项钱粮，历年尚多拖欠，捐派之款，岂能一律清完？其难二。锡、金两邑平田共一百二十余万亩，今捐钱每亩五十文，可得钱六万串，其间大户居(甚)[其]七，本需捐输，其余三成一万八千串，应由小户捐出。殊不知大户数多而易集，小户数少而莫措，其难三。贫苦乡农，将来捐缴不前，势必追呼。如将种田资本挪以缴捐，田禾缺少栽培，收成歉薄，为害尤烈，其难四。有此四难，办理必多棘手，孰若于别项有余捐户之中酌加成数，补此一万八千串之阙，既免穷檐之累，更无按亩之应，造福于两邑者岂浅鲜哉。

（佚名：《勾吴癸甲录》。《太平天国史料专辑》，第 79 页，上海：上海古籍出版社，1979。）

**【安徽省霍山县、英山县・咸丰四年九月初八日】**咸丰四年九月初八日内阁奉上谕：怡良、福济奏请豁免英、霍钱粮，永增英山学额一折。安徽霍山、英山两县绅民捐资出力剿贼，克复城池，急公勇往，洵属可嘉。所有霍山、英山两县咸丰三、四、五等三年地丁钱粮，着加恩概予豁免。该督抚等即刊刻誊黄，遍行晓谕，务使实惠均沾，毋任吏胥舞弊。英山县每届岁考，着加文武学额各一名，科考加文学额一名，永为定额，以为好义效忠者劝。钦此。

（上谕。军机处全宗・剿捕档。中国第一历史档案馆编《清政府镇压太平天国档案史料》第十五册，第 578 页。北京：社会科学文献出版社，1994。）

**【江苏省六合县、来安县・咸丰六年】**七月，金陵大营溃，向帅退屯丹阳，南路援绝。江北大旱，斗米钱三千，天长之龙冈土匪蜂起，知县陆某告急。[温]绍原越[六合]境赴援，斩其渠，始定。八月，来安山匪叛。时数月不雨，高原赤地，民穷待毙，山民惑于奸细，揭竿起事，窜入县境……擒斩数百人，窜保鼓山，移来安安抚之，贼平。令城仓碾谷平粜，贫户计口给米，四乡按亩捐麦，择什长任之，分为数赈；产裕者收恤佃农，由是民免流散。

（周长森：《六合纪事》卷一。《中国近代史资料丛刊：太平天国》，Ⅴ，第 156 页。中国史学会编，编者：向达、王重民等，上海：神州国光社，1952。）

**【江苏省丹徒县・咸丰七年】**乡间数年赖余营保守，依然无恙。并蒙恩诏，将邑条漕缓至三年后起征，故八年、九年间，有田无税，力农之家，尚可苟完。

（解涟：《遭乱纪略》。《中国近代史资料丛刊：太平天国》，Ⅴ，第 84 页。中国史学会编，编者：向达、王重民等，上海：神州国光社，1952。）



**【江苏省常熟县・昭文县・咸丰七年至同治七年】**咸丰七年十二月，因绅民捐饷办团出力，奉旨将六年以前民欠钱粮漕米等项概行豁免。

同治三年正月,奉旨应征二年、三年地漕等项钱粮漕米全行蠲免。

同治五年十二月,奉旨常、昭等地抛荒田地本年钱粮漕米全行蠲免。

同治七年,已垦复荒田豁免。

(《重修常昭合志稿》卷七。)

**【湖北省汉阳县·咸丰七年至九年】**咸丰七年豁免汉阳县积欠正银八千六百一十七两四分八厘。

咸丰八年豁免汉阳县积欠正银七千三百三十一两一钱七分五厘。

咸丰九年豁免汉阳县积欠正银七千六百三十五两四钱零八厘。

(黄式度等撰:《汉阳县志》卷八《蠲恤》,第51—52页。)

**【湖北省武昌、汉阳、黄州·咸丰八年】**咸丰八年五月,内阁奉上谕:官文、胡林翼奏……湖北武昌、咸宁等州县,于咸丰五年被贼窜扰,农民荡析离居,不遑耕作。六年夏间,复因雨泽稀少,有种无收……加恩着照所请,所有武昌府属之……黄州府属之……等十四州县,咸丰六年分钱粮漕米、南米、芦课、杂税等项,并屯坐各该卫屯馕钱粮,武昌、汉阳、黄州三府应征湖课、房税、商税船、牙当税、南北干鱼府钞等银,均着免勘成灾分数,一律全行豁免,以纾民力。

(英启:光绪《黄州府志》卷首《圣谕》,第52页。)

**【湖北省黄梅县·咸丰八年十一月】**黄梅县未完七年漕粮,着缓至八年秋后,分三年募征。

(英启:光绪《黄州府志》卷首《圣谕》,第53页。)

**【江苏省、浙江省、安徽省太平军占领的州县·咸丰十年】**[咸丰十年十一月二十七日内阁奉上谕]……惟念陷(城)[贼]州县,小民如在倒悬,将来地方克复,若将新旧钱粮照常征收,民力其何能给!所有江苏、浙江、安徽所属被贼占据各州县,应征本年新赋及历年实欠在民钱粮,着一律豁免,以苏民困。其被贼窜扰,未经占据地方,并着各该督抚查明应征、应缓,分别具奏。

(佚名:《庚申避难日记》。《太平天国史料丛编简辑》,第四册,第499页。太平天国历史博物馆,北京:中华书局,1962。)

**【安徽省、江苏省、浙江省·同治元年】**谕内阁:前以军饷浩繁,度支不足,不得已议亩捐厘捐之举,地方有司不知善为经理,暴敛横征,漫无限制。方冀逆贼荡平,轻徭薄赋,与吾民共登衽席。何堪贪吏朘削,竟致民不聊生,殊堪痛恨……至各直省地方,水旱遍灾,近因经费不充,地方官或至讳匿不报,仍复征收,四野鸿嗷,岂容坐视!江苏、安徽、浙江失陷郡县,本年钱粮,业经降旨,悉行豁免。

(《东华续录》同治,第五卷,第 21 页。《清穆宗实录》第十五卷,第 2 页。同治元年一月乙酉。)

**【江苏省、安徽省、浙江省·1863 年 1 月】**清政府从遭受兵乱各省陆续上呈北京的报告来看,说明各省穷困与灾难的情形已经到达这种程度,各地方征收捐税的官吏,已经感到无法从土地与粮食方面征到经常的税收。为对遭受太平叛军蹂躏较甚的江苏、安徽、浙江等省不幸的居民采取一种仁慈的措施,并作为一项公平的待遇,皇帝用特颁发上谕,准予豁免这些省份安分守己的居民的捐税,不必缴纳钱粮,且同时对他们因叛乱而蒙受的灾难与痛苦深深表示怜惜。

(《恭亲王及其摄政时期》,《北华捷报》第 651 期,1863 年 1 月 17 日。《太平军在上海——〈北华捷报〉选译》,第 461 页。上海:上海人民出版社,1983。)

**【江苏省苏、松、太三属地方·同治二年】**[两江总督曾国藩、江苏巡抚李鸿章奏请减轻苏、松、太三属粮额。其主要内容有如下几点:]

1. 苏、松、太浮赋重之情况[上溯之,比元代多三倍,比宋代多七倍;旁证之,比常州多三倍,比镇江多四五倍。以长洲为最。原因是宋末之官田多,明嘉靖中按官田民田分摊定额,亦即沿袭前代官田租额,以致民田之粮超过官田之租额,每亩科米有至三斗七升者(长洲)。]

2. "苏松漕粮积弊,视他省为甚,其最不公平者,莫如大小户之分。""因有大小户之名目,一以贵贱强弱定钱粮收数之多寡。""臣查钱粮浮收,自嘉庆以后,渐次加增,其时州县之殷富已渐不如从前,而浮收反为重者,则以弥补州县亏空,定为摊赔之例,挪东掩西,弊端百出,一切取偿于钱粮。"

3. 大小户的形成,"摊派其故,皆由钱粮额征过重,激成大户把持,而迫州县剥削小户。""盖因州县征收钱粮皆有折色平余,世家大族,即以正供定额与州县相持,于是一切摊之民户,惟所诛求,漫无限制。""积习相沿,竟无善全之术。"

4. 乾隆时,苏、松、太办全漕数十年。至嘉庆,"其实州县之殷富已不如从前"。至道光癸未大水,癸巳大水,"而后无岁不荒,无县不缓,以国家蠲减旷业,遂成年例"。自道光十一年至咸丰十年之三十六年中,辛卯[1831 年]以后十年共一千三百余万,内除官垫民欠,得正额之七八成。[苏属全漕定每年一百六十万。]辛丑[1841]以后十年共九百余万,除官垫民欠,得正额之五六成。咸丰辛亥[1851 年]以后十年,共七百万,内除官垫民欠,得正额之四成而已。咸丰十年中,百万以上者仅一年,八十万以上者六年,而皆有官垫民欠十余万在其中,是最多之年,民完实数不过九十万。

5. 太平天国之后:"各厅县册报荒者居三分之二"。人民"亦无骨可敲,无髓可吸矣"。

6. "又官垫民欠一项,所谓垫者,岂州县果能垫乎?不过移杂垫正,移缓垫急,移新垫旧,移银垫米,以官中之钱完官中之粮,将来或豁免,或摊赔,同归无着,犹之未完也。"

7. 苏属全漕一百六十万,现与常、镇二属通融缴计,仍将每年起运交仓白、耗米一百万以下、九十万以上者为完额。

（《东华录》第二十二卷，第 37 页。同治二年五月己巳。）

**【江苏省元和县·同治二年】** 十月八日，饷捐总办王太守学懋，有札与商隐、馥棠，令其帮办田捐。时各属绅士禀请新复地方愿减五成收租，所收三分之一归业户，而以一分捐助军饷，一分作善后抚恤经费。

（陶煦：《周庄镇志·贞丰里庚申见闻录》卷下，第 18 页。）

**【江南地区·同治三年】** 户部预筹江南财赋以行图课一折，请禁粮捐、亩捐、草捐、花布捐等厘捐，因而有碍正赋。

（《清穆宗实录》第一百零一卷，第 1 页。同治三年四月辛卯，《东华录》第三十三卷，第 36 页）

**【浙江省绍兴·同治三年】** 根据左宗棠奏，减去浙东各属征收钱粮"最多"、"浮收之弊亦最甚"之绍兴府属之浮收钱粮。除正耗仍照常征解外，共减去钱二十二万有余，米三百六十余石，永为定章。

（《清穆宗实录》第一百卷，第 1 页。同治三年四月辛巳。）

**【浙江省宁波·同治三年】** 根据左宗棠奏，减去属浮收钱粮，"除正耗仍照常征解外，其一切摊捐名目及各项陋规，概行禁革，共减去钱十万四千有余，米八百余石"。永为定章。

（《清穆宗实录》第一百卷，第 32 页。《东华录》第三十六卷，第 30 页。同治三年七月甲子。）

**【江苏省·同治三年】** 谕内阁：该省[江苏]历届清查各案应行摊补之项，为数甚多，而州县筹补之法，不免仍借资民力，甚至恣意浮收，有提无解……不肖官吏，或至藉口朘削……蠲免江苏省咸丰十年之前的清查摊补欠项。

[编者按：可知"清查"不过是督使官吏再一次勒索人民，对亏欠官吏有利而无害之事，所以许多省一次"清查"，既无财政实效，又不能整顿吏治。清查无效，所以免之。]

（《清穆宗实录》第一百二十一卷，第 3 页。《东华录》第四十卷，第 16 页。同治三年十一月己酉。）

**【浙江省杭州、嘉兴、绍兴、湖州四府·同治三年】** 谕内阁……况恤民之政，不在减定额，而在裁浮收……左宗棠于上年杭、嘉、绍、湖四属地漕银一百八十二万余两，核减浮收银五十七万余两之多。

（《清穆宗实录》第一百四十六卷，第 15 页。《东华录》第四十八卷，第 8 页。同治四年五月戊午。）

**【江苏省常熟县、昭文县同治三年至十年】**同治三年，江苏长洲等县先后克复。被兵以后，民困未苏，奉旨将应征二、三年分地漕等项钱粮，全行蠲免。五年奉旨……将常、昭等县抛荒田地五年分钱粮漕米全行蠲免。七年以春间旸雨失调，入夏又复被水，将常熟、昭文等县已垦复荒田亩应征本年地漕银米全行蠲免。常熟、昭文两县四、五两年熟田民欠漕项，均递缓至八年秋后，再行察看启征。十二年恭奉大婚礼成，恩诏豁免同治四、五、六年分未完民欠钱粮……十三年，因岁歉，奏准后征钱粮……光绪元年，恭奉登极，恩诏豁免同治七年至十年未完民欠钱粮。

（光绪《重修常昭合志稿》卷十二《蠲赈》，第15—16页。）

**【江苏省常熟县、昭文县·同治四年】**同治四年减定科则，减了近一半，对新得土地之自耕农有利。

（光绪《重修常昭合志稿》卷六《赋税志》。）

**【浙江省杭、嘉、湖三府·同治四年】**谕内阁：同意马新贻奏。计杭州府属可减浮收米六万四千六百余石，嘉兴府二十八万五千三百余石，湖州府十三万六千八百余石。杭、嘉、湖三府南米共可减浮收折色钱二十四万七千余串。

（《清穆宗实录》第一百五十六卷，第30页。《东华录》第五十二卷第53页。同治四年十月庚子。）

[编者按：本节所录五件谕内阁中，共同之点是：1. 减去之数永为定章。2. 禁止官吏在定章之外别添名目。3. 禁止有大户、小户之分，禁止大户包揽及不遵章完纳。4. 从前以钱收纳者悉统照银数收纳。]

**【浙江省嘉兴·同治四年】**根据蒋益澧奏，核减浮收钱粮：

嘉兴县减去钱42 728千。

秀水县减去钱35 564千。

嘉善县减去钱57 478千。

海盐县减去钱19 414千。

平湖县减去钱39 779千。

石门县减去钱29 349千。

桐[乡]县减去钱31 326千。

统计各属共减去浮收钱255 638千，永为定章。

（《清穆宗实录》第一百二十九卷，第16页。《东华录》第四十三卷，第48页。同治四年二月癸酉。）

[编者按：原文献史料的数字为汉字，现为方便统计，改用阿拉伯数字，以下史料也作同样处理。]

**【浙江省杭、嘉、湖属·同治四年】**据左宗棠、马新贻奏,将漕粮酌量核减。三属漕粮,除南粮并白粮舂耗两项毋庸议减外,杭州府九州县额征米178 189石零,拟减米25 735石零。嘉兴府七县额征米587 475石零,拟减米145 416石零。湖州府属除丰县尚不科米外,其余六县额征米380 014石零,拟减米95 613石零。通计三属共减米266 765石零。永为减免。

(《清穆宗实录》第一百四十二卷,第1页。《东华录》第四十七卷,第59页。同治四年闰五月甲戌。)

[编者按:杭、嘉、湖原额1 145 678石,减去266 765石,减去四分之一弱。]

**【浙江省金华、衢州、严州、处州·同治四年】**据马新贻奏,核减四府属浮收银米。

金华府属共减去钱156 100余串,米520余石。

衢州府属共减去钱103 900余串,米65石。

严州府属共减去钱61 900余串。

处州府属共减去钱6 800余串,洋银8 200余元,米120余石。

(《清穆宗实录》第一百四十二卷,第3页。《东华录》第四十七卷,第61页。同治四年闰五月戊寅。)

**【安徽省南部婺源等五县·同治四年】**免民欠钱漕,婺源至同治元年,休、祁至同治二年,歙县至同治三年,绩溪至同治四年。

(同治《黟县三志》。)

**【江苏省溧阳县·同治四年】**奉准漕额米豆普减一成,银征如原额。

(《溧阳县续志》。)

**【江苏省常熟县、昭文县·同治四年】**同治四年,李鸿章、刘郇膏疏陈减额章程,重订《赋役全书》,与道光十年《赋役全书》比较,其情况如下表。

| | | 道光十年 | 同治四年 |
|---|---|---|---|
| 田地山荡等 | 常 | 927 571 亩 | 927 506 亩 |
| | 昭 | 769 014 亩 | 769 014 亩 |
| 科平米 | 常 | 216 470 石 | 150 176 石 |
| | 本色 | 108 690 石 | 77 469 石 |
| | 昭 | 175 762 石 | 124 011 石 |
| | 本色 | 87 537 石 | 63 979 石 |
| 折合银 | 常 | 67 583.5 两 | 67 580 两 |
| | 昭 | 54 874.4 两 | 54 874.4 两 |
| 随还五分耗羡银 | 常 | 3 379 两 | 3 379 两 |
| | 昭 | 2 743 两 | 2 743 两 |

(资料来源:光绪《重修常昭合志稿》卷十《田赋志》第12—19页。)

**【江苏省苏、松、常、太四府州・同治五年】**李鸿章等奏，查明苏、松等属裁除浮收实数钦遵勒石，永远奉行。

苏州府一厅九县，减定赋额应征米590 900余石，共减去浮收米192 800余石，共减去浮收钱753 500余串。

松江府属一厅七县，减定赋额应征米310 900余石，共减去浮收米108 800余石，共减去浮收钱505 700余串。

常州府属八县，减定赋额应征米320 300余石，共减去浮收米73 000石零，共减去浮收钱215 200余串。

太仓州所属三县，减定赋额应征米110 500余石，太仓镇共减去折价浮收钱94 000串零，嘉定、宝山共减去折价浮收钱107 600余串。

镇江府尚未定。

以上共减浮收米374 600余石，钱1 676 000余串。

（《清穆宗实录》第一百八十一卷，第3页。《东华录》第五十八卷，第4页。同治五年七月癸酉。）

**【广东省・同治五年至六年】**广东巡抚蒋益澧奏：粤东征收色米，州县折价太多。广东色米一项，以正耗统计，不过银二两上下，即敷支销。乃广州府属十县征收色米，每石征银多者八两有余，少亦七两零。惟新安一县征银5.4两。较之支销之数，浮收甚重。同治五年十一月谕入核实裁减。至六年二月丁酉，瑞麟，蒋益澧奏定：

南海、番禺，每民米一石，连耗折征银5.8两。

香山、新会、顺德、龙门，连耗折征银5.5两。

花县、增城、三水、清远，连耗折征银5.0两。

东莞、从化、新安、新宁，连耗折征银4.8两。

以上每年共减征银165 400余两。又惠、潮、嘉、肇、罗、韶、连、佛、□等属所收米羡之浮收，通计核减每年共199 830余两。

（《清穆宗实录》第一百九十卷，第20页。同治五年十一月辛巳。《清穆宗实录》第一百九十六卷，第32页。同治六年二月丁酉。）

**【江苏省金匮县・同治六年二月】**金匮县公布办理田赋章程碑

钦加运同衔候补直隶州调补元和县署常州府金匮县正堂加四级随带加二级纪录十次吴，为勒石永守事。奉布政司丁札开：照得各属征收钱粮，户多册繁，稽核不易。往往刁顽之民，串同书差，高下其手，飞洒隐匿，诡寄花分，种种情弊，指不胜屈。兵燹以后，各册籍毁失无存，更难稽考。当此清粮减赋之时，若不妥立章程，将前项各情弊，实力裁除，必致日久法弛，无以裕国课而便民生……

同治六年二月　日。

（江苏省博物馆编：《江苏省明清以来碑刻资料选集》，第536页。北京：三联书店,1959。)

**【江苏省长洲县·同治六年二月】**至璋等自省垣克复以来,郡中绅士挟六先兄立局时捐饷之嫌,屡思寻衅,壹是情形,不堪殚述。即如去岁收租一节,郡绅议减租额,刻有章程一本,璋等寻绎之下,见其中所议有未能恪遵先皇上谕旨之处,是以未便听从一律遵减,第于收租时,除照业七佃三定例核减外,格外每石让米四升。阳与绅议不符,其实减数较多,如此变通办理,似无不合之处。乃诸绅有意欺懦,公函禀请藩宪饬县差提究办。璋等呈递亲供后,幸官长晓事,不加罪责。而诸绅大不谓然,逼令长洲县蒯公祖罚捐璋等三千洋。声言若不允捐,渠等拟将先兄立局办团,身死贼中情节,捏饰事端,函致都中,嘱令入告。璋等身处窘乡,如此巨款,势难允许。又恐衅端一开,纵可了结,仍多破耗,是以尚未决绝回复。万一事出意外,在京得有信息,总祈设法,转托照拂,不胜感祷之至。外附去章程一本,公函稿一纸,并希荃鉴。

(《徐佩璋等复前浙江布政使司壮介公麟趾蕉园令嫒元珠小姐》,丁卯二月十四日。《双鲤编》卷四,《近代史资料》,总34号,第100页。北京:中华书局,1964。)

**【江苏省长洲县·同治六年二月】**家乡去岁[同治五年]收租一事,郡绅议减租额,刻有章程一本。侄孙等寻绎之下,见其中所议虽善,而于先皇谕旨,转若视为未尽平允者,因此未便遵减。且恭查雍正谕旨,原可业户自行酌减,不必官为经理。是以于收租时,除照业七佃三定核减外,格外多让米若干。阳若与绅议不符,其实减数较多于绅。如此变通办法,本无不合之处,乃郡中有挟六兄立局时捐资助饷之嫌,怂恿冯、顾、潘、汪诸君,函请藩宪饬县查办,责其上违宪示,下朘佃力。幸侄孙等所递亲供,以恭遵谕旨为主。官长亦明知此事无可加罪,置之不论。而郡绅大不谓然,屡嘱长洲县蒯公祖罚捐侄孙等三千洋,声言若不允捐,渠等拟将六兄立局办团身死贼中情节,捏饰事端,函致都中,嘱令入告。蒯公祖心窃笑之,而亦无如之何。惟如此巨款断难允许。所虑捏诬起衅之后,虽可了结,难免破耗,因此,尚未决绝回复。不识叔祖大人是否有以教之也。

(《徐佩璋复绍圃三叔祖》,二月二十四日丁字第一号。《双鲤编》卷四。《近代史资料》,总34号,第101页。北京:中华书局,1964。)

**【江苏省长洲县·同治六年三月】**

子范公祖大人阁下:

月初接奉钧牌,饬催到案。当于初五日带病进城,寻晤佑禄兄传谕,前途坚执要捐三数,倘不应允,公祖亦势难照拂,只得暂且看管。至公差亦经来寓两次。窃思公祖热肠一片,有意调停,瑞独何心,不知感激。惟是无米之炊,难为巧媳。去冬所奉台谕,实以不敢故违,勉强承允。平心而论,一年薄产所入,除缴银米之外,稍有赢余,仅可敷衍日用。至欲料理宿逋,已属万分竭蹶。今以积累之身,复欲筹此巨款,实属无从剜补。但为公祖设想,此事亦未便悬搁,延不赴案。奈瑞近患湿症尚未大愈,家兄佩璋拟于十三日午后,代瑞诣案，或令敝友前来，壹是总祈见原格外，始终矜全。是否有当，只候示遵。临颖不胜感祷之至。

（《徐佩瑺简道衔即补府长洲县正堂蒯德模》，三月十二日。《双鲤编》，卷四。《近代史资料》，总 34 号，第 102 页。北京：中华书局，1964。）

**【江苏省长洲县 · 同治六年四月】** 窃于去冬，接奉钧牌，转奉布政使司王札准郡绅函请，访查职故兄二品顶戴道衔徐佩瑗长子恩荫世袭骑都尉徐源名下萃丰栈，本年收租零数，并未遵照宪示绅议章程核减，饬提究办等因。当以职侄徐源年仅九龄，租务系司帐经管，经职代为呈递亲供，求请转详在案。旋奉严谕，饬照绅等议罚三千串之说，再予详销。前案叠奉饬差催追，延今未了。窃思职等乡居，离城较远，去秋闻有减租之说，尚未看见明文，即须发由收租，是以恭照先皇上酌量宽减谕旨，填由发出，并无不合之处。继于开仓时奉到宪示，不及追改租由，又于各佃还租之日，除照各栈让限柒升、让灾三升之外，每石加让四升，如此权宜核减，比较绅议章程，实已有赢无绌。倘有多收情弊，各佃岂肯甘心，何以并无一人赴告。仅因先不除额，郡绅即行议罚，职侄益所不甘。但公祖格于绅议，若使遽行详销，在郡绅不肯受访查不确之名，或转以公祖为袒护，职侄益深罪戾。惟自故兄死难以来，职侄家产荡然，所有千余田亩，系祖母养膳之田，暂行给予收租度日，安有余资议罚。再四思维，拟于职等五房内勉力凑捐钱二千串，陆续呈缴，请即拨归郡中善举经费之用，以赎不及追改之愆，并将前案即赐详销。此系职不得已之苦衷，为孤侄从长计议，曲为调停。是否有当，仰乞公祖大人俯赐鉴察，批示遵行，实为德便。上呈。

（《按察司衔即选道徐佩瑺禀长洲县蒯德模》，四月。《双鲤编》，卷四。《近代史资料》，总 34 号，第 104—105 页。北京：中华书局，1964。）

**【江苏省长洲县 · 同治六年九月】**

候选员外郎徐佩璋禀为被灾田亩分别呈报事：

窃职处五房，每房分受祖遗台治下各都图不等则田壹千余亩。今夏雨水过多，各佃纷来报灾，已于月初陆续亲往看过。计恒丰栈管业田一千七十亩七分四厘八毫，内被水全白田一百三十二亩九分四厘一毫，灾田二百九十一亩八分一厘三毫。萃丰栈管业田一千二百七十亩五厘，内被水全白田一百七亩三分七厘一毫，成灾田二百六十八亩一分六厘六毫。益丰栈管业田一千一百廿八亩四分八厘四毫，内被水全白田一百十九亩一分七厘二毫，成灾田二百六十八亩四分三毫。大丰栈管业田一千二百七十九亩二分七厘八毫，内被水全白田一百四十七亩三分六厘七毫，成灾田二百五十一亩七分五厘。乾丰栈管业田一千二百七十七亩八分五毫，内被水全白田一百五十七亩三分二厘六毫，成灾田二百三十亩五分六厘七毫。刻届收租之际，除被水全白田亩，全让不收外，所有成灾之田，轻重不等，自应分别成数，酌量减收。是否有当，合亟禀陈。仰乞公祖大人俯赐察核批示遵行，实为公便。沾仁上呈。

（《徐佩璋禀长邑尊吴广庵》，九月廿六日。《双鲤编》，卷四，《近代史资料》，总 34 号，第107页。北京：中华书局，1964。）

**【江苏省·同治七年至九年】**［沈葆桢、丁日昌抚吴］大要以澄吏治，正人心为本。

（《抚吴公牍序》。载丁日昌：《抚吴公牍》。）

**【江苏省·同治七年至九年】**豪强大姓及吏之不奉职者皆不便其所为，日腾谤书，百出百变，公［按：指丁日昌。］屹不为动，一意兴革。

（翁同龢：《丁公实政录序》。载丁日昌：《抚吴公牍》。）

**【浙江省秀水县·同治至光绪二年】**秀水王孙斋都转……家于盛泽镇，有长［洲］、元［和］田数千亩。立有章程，从不口一佃户。每年折租价，无论米价昂贵，总在二千文以内。又每石让米二斗至斗半不等，鳏寡孤独之户，查明酌减，病即施药，寒则施衣。农民皆踊跃欢喜，以得佃盛泽王氏之田为幸。

（《申报》光绪二年十二月二十日。）

**【山东省·光绪四年一月】**山东沿河一带濮、范、寿张等州县……并将多年逃亡空户之钱粮，监押灾民，勒令包纳，以致众心惶惧，相率逃离。

（《清德宗实录》第六十六卷，第10页。）

### 附：其他起义军地区

**【安徽、江苏、山东、河南、湖北五省各州县·同治七年八月】**奉上谕……命各督抚查明被扰轻重情形分别奏请蠲缓钱粮，以示普沛恩膏……所有被［捻］扰最重的安徽凤阳、颍州、泗州，江苏徐州、海州，山东曹州、济南、青州、沂州，河南开封归德、陈州，许州、汝州、光州，湖北黄州、德安所属各州县，同治六年以前钱粮，除业经蠲免外，其实欠在民者，均着概予豁免。

（英启：光绪《黄州府志》卷首《圣谕》第73页。）

2. 几年之后浮收反弹

**【江苏省长洲县·咸丰七年前】**每遇缓征年分，匿荒私敛，每米一石折制钱八九千文。

（《清德宗实录》第二百二十七卷，第20页。咸丰七年闰五月丁亥。）

**【江苏省·咸丰九年】**征收漕粮时，如敢宽放斛身，甚至以四五斛作为一石。

（《清德宗实录》第三百零二卷，第22页。咸丰九年十二月辛丑）



**【江苏省·同治四年十二月十三日】**在子卿兄处见《新漕删减浮费章程》一本。江苏州县每年漕费、日用捐、摊款三项，牵中定算，除浮费议减外，尚须三万五千余缗。已删减者如是，未删减者可知；可形诸笔墨者如是，不可形诸笔墨者可知；牵中者如是，费多者可知，欲民脂膏之不尽得乎！今年减赋之后，首办新漕，各规例虽云议减，而究竟有此官不能无此费，若欲尽除例外横征，是非朝廷省官不可。今幸诸贤在上，力挽颓风，而后人未必皆爱民，目前之计终难永久。且折色每石四千五百，一遇米贵之年，即须赔垫方够采办，况加运兑之费邪？

（赵烈文：《静能居日记》。《太平天国》，第七册，第314—315页。罗尔纲、王庆成，桂林：广西师范大学出版社，2004。）

**【江苏省通州·同治七年】**通州漕米，绅户每石收钱二千八百文，乡户或六千，或八千，或十二千不等，多至十千为止。[按：可见该官吏差保等平日浮收勒索，鱼肉乡民。]

（丁日昌：《抚吴公牍》卷二十，第4页。）

**【江苏省·同治年间】**[各州县差役]下乡催缴钱粮，往往任意需索，常有花户所欠无多，而应给之差费反浮于应纳之正供。

（丁日昌：《抚吴公牍》卷二十八，第9页。）

**【江苏省·同治年间】**[闻应县贾逵、李和等]收漕之时，先代乡户代完，下乡加价征收。

（丁日昌：《抚吴公牍》卷三十六，第11页。）

**【江苏省·同治年间】**江苏省各属，粮户呈报荒歉，州县书差保甲，必勒索使费，名曰荒费。有者虽熟可免，无者虽荒亦征……于是豪强之户，藉此挟制，硬占荒数；懦弱之户，隐忍含泣，赔完荒粮。

（丁日昌：《抚吴公牍》卷一，第13页。）

**【江苏省泰兴县·同治年间】**泰兴县复成洲沙民聚众进城，以改用旧[尺]丈沙为名，实则因委员需索沙费。该县收粮折色，则于告示定价外，里书每石索贴费钱一千二百文。盖该邑里书，分图书、群书、册书三项，名目已多，诛求益觉无已，民心安得不变。

（丁日昌：《抚吴公牍》卷十七，第11页。）

**【江苏省桃江县·同治年间】**淮安府桃江县叶成如欠完地丁银仅止二钱六分，又米一斗二升五合，县家丁盖林带差并邀同汛弁吕文清等前往查提，称欲罚款一百千，叶成如肯出钱数十千，长跪求释放，不准。叶被迫自缢而死。

（丁日昌：《抚吴公牍》卷十七，第1页。）

**【江苏省邳州·同治年间】**邳州圩董戴锡玲等派有圩捐、牛捐、戏捐、外户捐、贴捐等名目。圩捐一项，每亩派钱百文及数十文，麦一二升及米升不等，或一年一捐，或一年两捐。

（丁日昌：《抚吴公牍》卷四十七，第17—18页。）

**【江苏省·同治年间】**地方官尚有藉办善后为名，仍将从前捐输旧欠追呼不已，吾民流离颠沛之余，竟无安枕息肩之日，富者如之何不贫，贫者如之何不散也。

（丁日昌：《抚吴公牍》卷十，第7页）

**【江苏省·同治年间】**盖派捐之有损于下，而无益于上，至处皆然……江北为尤甚。百姓经兵灾之余，饱暖者十不获一，奈何又从而束缚久，摧折之。从前厉民之事，只有派捐一端，今则既派捐，又有厘捐，必使小民生计尽绝而后已，老弱者如之何不转沟壑，强壮者如之何不散四方也。

（丁日昌：《抚吴公牍》卷十七，第6页。）

**【浙江省余姚县·光绪六年】**上下忙一律启征，正课外浮收至万余千两之多，私加每两串底每户串票钱文。

（《清德宗实录》第一百一十七卷，第6页。光绪六年七月癸卯。）

**【浙江省富阳县·光绪六年】**[书吏十余人]造串舞弊，自同治四年开征起，历年蒙征不下数十万两……该县地丁银每两现增至二千二三百文，漕粮每石勒折钱六千七百五十文，并蘧[剧]增至九千九百五十文。

（《清德宗实录》第一百二十六卷，第14页。光绪七年一月壬午。）

**【江西省·光绪十年】**收本色时，每石加耗至一倍有余。仅开仓三日或继日为止。追收折色，每石定价七八千，有多至十余千者。

（《清德宗实录》第一百九十一卷，第20页。光绪十年八月壬午。《东华录》第六十四卷，第7页。）

**【浙江省杭州、嘉兴、湖州·光绪十一年】**杭、嘉、湖三府各州县之南米，折斛每石不过三千数百文，而折收至五六千文之多。

（《清德宗实录》第二百一十四卷，第4页。光绪十一年八月乙酉。）

[编者按：此三府南粮在同治四年定价每石约需钱三千八百文。当时米价昂贵，尚无轩轾。今则米价日减，折价日增，竟有增至五千至七千不等。自光绪十五年起，取消南米折价名目，漕南一律征收本色。见《清德宗实录》第二百七十卷，第2页。光绪十五年五月戊申。]

**【湖北省宜城县·光绪十二年】**应征钱粮，每两浮收七百余文。

（《清德宗实录》第二百二十八卷，第 12 页。光绪十二年五月甲寅。）

### （二）着佃交粮、交捐

**【浙江省浦江县】**官吏不问业为谁主，而问佃户征收钱粮……业主置产，不能收租。

（光绪《浦江县志》卷九第 24 页。）

**【浙江省兰溪县·同治初年】**令百姓田，种者皆完粮。派胥役下乡，就佃编户。

（光绪《兰溪县志》，卷二，《田土》。）

**【安徽省庐江县·同治初年】**绅衿钱粮，惯归佃户完纳。

（《皖志便览》卷一，《庐州府序》，第 15 页。）

**【江苏省华亭、娄、青浦县·同治二年】**同治二年华、娄、青浦三县，因清粮尚未竣事，在官册籍不全，责成图董，确查造册，代收佃租。分别应完粮者，由董代完；应完租者，由佃清交。虽系偏重图董，亦即着佃完粮之意。行之一年，尚无流弊。

（李鸿章：《陈明租捐丈田清理民房情形片》，同治四年六月初一日。《李文忠公奏稿》卷九。）

［编者按：清政府继续实行着佃交粮方法。］

**【江苏省常熟县·同治二年九月十八日】**（雨）［两］邑清田局则设归宅、曾宅，现议每亩佃代业户出费九十文。

（龚又村：《自怡日记》卷二十二。《太平天国》，第六册，第 139 页。罗尔纲、王庆成，桂林：广西师范大学出版社，2004。）

**【江苏省常熟县·同治二年十月初七日】**附王氏船至城，偕聘轩、星轩、芙江、暨时西生、金宝之、张润夫［福华］赴清粮局报田数，晤徐理梅，缘书手忙甚，领空白由单，自填租数，缴局用印，大约饷捐每亩一斗五升，费三升，或折钱九十，着佃户办，各图经造催收解局。业户除捐自收三斗二升。

（龚又村：《自怡日记》卷二十二。《太平天国》，第六册，第 140 页。罗尔纲、王庆成，桂林：广西师范大学出版社，2004。）

**【江苏省常熟县、昭文县·同治二年秋、冬】**巡抚李鸿章饬县给单收租完饷。

常熟册籍遗失，昭文尚存。十月奉宪减成收租，给发收租易知由单，业户持单向佃收租，以杜假冒。遵照定章，全熟照额减收五成，内留交佃户饷捐一成五分，随捐经费钱九十文。杂粮照花田章程每亩千文减收五百，内留交佃户饷捐一百六十文，随捐经费钱六十文。馀租缴该业收领，不得将经费兜收。常总书徐夔、昭总书鲁心如、言允卿，谕各图经地

[经造、地保]先行收捐,由是四乡设局,大斛淋收,浸食舞弊。佃户以为业经完粮,咸不愿还租,是年业户收租皆有名无实。

(陆筠:《海角续编》。柯悟迟:《漏网喁鱼集》,第 141—142 页。北京:中华书局,1959。)

**【江苏省常熟、长洲、无锡、金匮四县·同治二年十一月初十日】**知相城饷局被游勇抢散,因折价每石三千八百,佃农贪其便宜,缴者如市,故有此劫。长洲定议每亩收五成,业主归成半,余作饷捐经费及抚恤捐,[无]锡、金[匮]亦尔。

(龚又村:《自怡日记》卷二十二。《太平天国》,第六册,第 142 页。罗尔纲、王庆成,桂林:广西师范大学出版社,2004。)

**【江苏省常熟县·同治二年十一月初八日】**初八,晴。本镇设局收[军]饷,每亩一斗五升,收租二斗五升。

(佚名:《庚申避难日记》。《太平天国史料丛编简辑》,第四册,第 567 页。太平天国历史博物馆,北京:中华书局,1962。)

**【江苏省吴江县·同治三年十二月】**[太平军退出吴江县后一年半,退出南京后半年,吴江同里镇]佃农观望,租收寥寥。吴江县沈公两次到镇,提佃严比,稍得疏通。然收至年终,大局不过四五分之数。

(倦圃野老:《庚癸纪略》,同治三年十二月初十日记。《太平天国》,第五册,第 334 页。罗尔纲、王庆成,桂林:广西师范大学出版社,2004。)

**【江苏省吴县、长洲、元和、吴江、震泽、华亭、娄县、青浦、金山等县·同治初】**行"着佃交粮"至两年之久。

(李鸿章:《陈明租捐丈田清理民房情形片》,同治四年六月初一日。)

**【江苏省常熟县·同治七年至九年】**其征收钱粮,分设乡局,令粮户自封投柜……尤为地方要务。

(丁日昌:《抚吴公牍》卷十三,第 6 页。)

[编者按:这是由着佃交粮恢复为粮户交粮。]

**【江苏省江阴县·同治七年至九年】**捐办积谷,所议由保甲按户收缴,及着佃扣留代缴二层,均迹涉繁琐,且易滋弊窦,碍难照行。

[编者按:指照娄县积谷由着佃扣留办法。该县是着佃征粮的。]

(丁日昌:《抚吴公牍》卷三十,第 6 页。)

**【江苏省苏州、常州·同治七年】**查苏省兵燹之余，乡村市镇，百姓复业者十无四五，偶开市铺，不过小本经营。[行商亏本则可不做，亦可不再交厘，坐商]则不论有无生意，但开一日店，即要一日厘[铺捐。某]微行苏常各属，亲见穷民菜色鹄形，父老晚餐，有以盐送食者。询问何以不买 菜，答曰："铺捐至，物价高，买不起也。"民捐十文，公家不得五文之用。

（丁日昌：《抚吴公牍》卷十三，第 10 页。）

**【江苏省苏州·同治至光绪初年】**租户与田主各半完粮。

（《申报》，光绪九年八月初七日。）

**【江苏省·同治年间】**淮关胥役征收，过于苛刻，无论何人经过，翻箱倒箧，无异盗贼。偶有漏税，则罚款非数十倍不可。将来良商必致裹足不前，黠者必串通洋商司事，专行子口半税。为丛驱雀，实此辈阶之厉也……因该处胥役办事毫无分寸，将来酿成天下皆是子口半税，祸根不小，故不能不痛哭流涕以陈之也。

（丁日昌：《抚吴公牍》卷十四，第 11 页。）

**【安徽省·光绪六年】**有人奏，皖省催征钱粮，州县仍用里书，以至浮征之数，过于正供数倍。相城县尤甚。

（《清德宗实录》第一百一十二卷，第 16 页。光绪六年四月辛酉。）

**【广东省海康县、陆丰县·光绪七年】**[战后加倍浮收，徐赓陛]署海康县年余，杀人数百。获匪不讯虚实，以五人缚作一起，沉诸海中。追抵陆丰县署任，下乡催粮，因郑姓老人言语触犯，将其活埋至死。又监沈亚包等二十余人，滥杀沈八虾等五人。经征钱米，加倍浮收，并刑追已蠲民欠，革笞生员关尧等，得银三万两有余。

（《清德宗实录》第一百四十卷，第 5 页。光绪七年十二月丙寅。）

**【浙江省·光绪二十五年六月己亥】**刚毅奏：各省兵灾之后，田多荒芜。其中捏熟作荒，实属不少。即如浙西杭、嘉、湖三府，短缺银米甚钜。一由于官吏匿报，或改田粮为地税。二由于湘、楚客民来去无定，抗不升科。三由于绅户包揽抗欠，是以地已熟，赋不增。

（《东华续录》卷一百五十四，第 14 页。）

**【湖北省孝感县·太平天国后】**有田者皆自有而至无，无田者皆自无而至有。

（光绪《孝感县志》卷五《风俗》。）

**【浙江省·太平天国后】**[一些地区的佃户]仅代完粮。

（光绪《重修嘉善县志》卷十《土田》。）

### （三）租捐局与分局收租

**【浙江省嘉兴·同治二年冬】**甲子[同治三年]五月初九日，遇朱君霞轩自禾城[嘉兴]来，言新府尊许公于廿七、八间莅任。初到时接见属员，谒局中诸绅士，蔼然可亲，绝无一言及政事。次日，罢不便于民者四：其一，去租捐以苏民困；其二，禁小船以靖地方；其三，治土匪以安良善；其四，禁侵占以清地主。于是嘉邑所设王店、石佛寺、徐婆寺三局，秀邑所设八字桥、余贤埭、南汇、北沈湾、东禅寺五局，皆一时辍去，万民称便。先是嘉善之降也，在去年十月，民间未甚遭灾，而贼又未办收漕，于是官绅会通设计立租捐局，盖收漕之别名也。每亩以二斗为率，一斗归产主，六升归军柴，四升归局，盖较贼粮六七斗之例已减去三之二矣，民岂不快。若嘉、秀地方之冬漕，则贼已收去，其势不可复益。今年正月江苏大兵来攻郡城，屯扎油车港、王江泾等处，着地方绅董筹办军柴，一时无可取资。遂仍嘉善旧章为设租捐局，藉此支应军需，未必非权宜之道，而乡民大病矣。其后禾城恢复，而府县吏及善后局绅董支应各款亦皆取资于此，于是分设各局，大收租捐，竟为牢不可破之例。府尊语两县曰："当时大兵在禾，租捐之设不可谓尔非计，今大兵俱撤，则租捐亦可罢收，其余需用各款，行当别为筹划。"

（沈梓：《避寇日记》。《太平天国史料丛编简辑》，第四册，第 308—309 页。太平天国历史博物馆，北京：中华书局，1962。）

**【江苏省昭文县·同治三年】**十月设催租局。李抚饬县仍办租捐，给单收租完饷，以济军需。十月给收租由单，着令业户先将佃名、田数等项开报，造收租由单清册，送县编号、用印，发交业户，持单向佃收租。该佃还租后，将单填明所收米数若干，给之。佃将此单交地[保]、催[头]缴局备查。业户应先完捐，换给捐照。设催租局……委员到局比追，各地保将租由出验，谓之比租由。租捐定例，每收米一石，完捐四百八十文……四年五月，昭文县知县梁蒲贵因业户呈报照单与鱼鳞册不符，未能注册，给业户互对田粮单，将单给该佃收执，随交业主核对，由业将单交予经造，以凭查对，准予换取草单倒给印单入册办赋。常邑未用此法。

（陆筠：《海角续编》。柯悟迟：《漏网喁鱼集》，第 145—146 页。北京：中华书局，1959。）

**【江苏省吴江县·同治三年九月二十一日】**晤凌海香及其东席顾西庭，知租捐一事，县家要着业办，每亩八百许，令就近设局[租捐局]，随收随缴，官遣内丁取解。凌氏诸人深是此议，俟私议定后，再行关照。然洪、叶二公，不以此议为然也。

（柳兆薰：《柳兆薰日记》。《太平天国史料专辑》，第 333—334 页。上海：上海古籍出版社，1979。）



**【江苏省吴江县芦墟·同治三年九月二十四日】**桂轩侄来，知今科南闱，渠家弟、侄、子三人应试。分局收租，渠意亦以为然。旧岁田捐请奖，开局上海，一百六十千，准银一百两，加费六两六钱，要现银。

（柳兆薰：《柳兆薰日记》。《太平天国史料专辑》，第334页，上海：上海古籍出版社，1979。）

**【江西省·光绪十一年】**江西巡抚德馨奏：

江西从前完纳丁漕，民间向有义图之法，按乡按图，各自设立董事，皆地方公正绅耆公[?]轮充。且有总催、滚催、户头，各县名目不同，完纳期限不一，严立条规，互相劝勉，届期扫数完清，鲜有违误。兵灾以后，惟靖安、高安、新昌、临川、宜春、万载、玉山、广丰、瑞昌、安远、宁都、定南等厅县，均有义图，是以丁漕每年或全数报完，或及九分以上，皆由义图尚存之故。此外各县，义图十隳八九，至近年收数递行减色，积欠日多。

（《东华续录》第七十二卷，第5—6页。光绪十一年八月丁丑。）

### （四）由本色改折色，分限加价

［编者按：年内加限和限期短，加价大，对地方官吏好处大：过去加价钱文归州县办公，此次改为提解道库；过限之加价归己，而对上以未过限报，如甲已过限，罚300文，对上说此人未过限完纳，以致限期往往订在未收获之前。］

**【安徽省祁门县、黟县、休宁县·1829—1880】**12户地主的412宗租佃中，太平天国前的1829—1846年间由分成租改定额租者10宗，由定额租改分成租者1宗；1860—1863年，由定额租改分成租者3宗，由分成租改定额租者仅1宗；1871—1880年，由定额租改分成租者7宗，由分成租改定额租者9宗。改制前后的租额变化，有如下表。

| 年 代 | 地租形式变换 | 宗数 | 原租额 | 新定租额 | 改制前三年地租实收量 | 改制后三年地租实收量 | 后三年为前三年% |
|---|---|---|---|---|---|---|---|
| 1829—1846 | 分租改额租 | 10 | | 492 | 377 | 467 | 124 |
| | 额租改分租 | 1 | 40 | | 33 | 23 | 70 |
| 1860—1863 | 额租改分租 | 3 | 514 | | 274 | 255 | 93 |
| 1864—1870 | 分租改额租 | 1 | | 420 | 327 | 326 | 100 |
| | 额租改分租 | 17 | 2678 | | 1533 | 1719 | 112 |
| 1871—1880 | 分租改额租 | 7 | | 459 | 318 | 399 | 125 |
| | 额租改分租 | 7* | 1025 | | 790 | 861 | 109 |

*原为9宗，其中一宗改制前曾一度自种，另一宗改制后多年未记收数，均不便比较，故略去。据中国社会科学院经济研究所藏皖南租簿材料编制。

（章有义：《明清及近代农业史论集》，第140页。北京：中国农业出版社，1997。章有义原注："此文系与刘克祥同志合撰，原题《太平天国失败后地租剥削问题初探》。承允收入本书，特此申谢。这里对个别地方作了修订。"）

**【江苏省高淳县·同治至光绪四年】** 兵燹以后,户口凋敝,田卒汙莱,佃种利微,输完粮重,不堪其累,相率抛荒……数年以来,该县业田之家,愈形困苦,皆缘租不抵赋。

(沈葆桢:《奏请豁除高淳县田地虚粮折》,光绪四年。《沈文肃公政书》卷七。)

**【江西省·同治四年至光绪九年】** 江西巡抚德馨奏:同治四年奏明厘定漕粮改折章程,分限加价。自九月或十月间起征,每月为一限,过限完粮者,二限每石加价银一两。民间无论贫富,一经收获,莫不及时变价,先其所急,冀免加价之多。同治七年部议改为二三两限,每石各加银三钱,已不及前时踊跃。同治十三年又改为仿照江苏办法,年外完粮,每石加价钱五百文,从此州县催征,毫无把握。因民间见至十二月前何时完粮,没有区别,于是始则收谷待价,继则变价图利,届期钱尽粮空。光绪九年奏请复漕粮三限,户部不同意,仍守年外加价旧辙。至此又改为年内三限,自开征之日起,初限一月内不加,第二月为二限,每石加价钱三百文,过此以后均为三限,每石加钱五百文。

(《东华续录》第七十二卷,第5—6页。光绪十一年八月丁丑。)

**【江苏省·同治六年八月二十一日】** 午间涤师来久谈,言及丁雨生布政来此,余因言苏属漕务有便民实政一盍举行乎。师问何事,余曰:"下游连岁丰稔,米价贱至一千五六百文一石,而州县收折价至四千七百文之多,是三石而输一也,民何以堪?目下各县仓廒俱已修建,应饬本折兼收,庶几残黎有限之脂膏,不至尽饱吏橐。"师曰:"吾亦计及此,收本色虑米色不齐,且岁内难于截数,恐至迟缓,故议折价随时值外许加钱一千作为州县办公经费,此外不准再加,小民亦不至受累矣。"又言减赋后而大户如潘曾玮、冯桂芬等仍抗租不完,故州县亦不得不略与沾润以资弥补耳。

(赵烈文:《能静居日记》。《太平天国》,第七册,第335页。罗尔纲、王庆成,桂林:广西师范大学出版社,2004。)

# 第三节

# 战后工商业状况

## 一、战后富户生计的变化与商业状况

### （一）战后富户生计的变化

［参见第十章第三节“富户衰落的后果”目之一“生计变化”］

**【安徽省·咸丰十年】**贼踞府城，歙、休、绩三县均是贼巢，杀人、放火、打掳，扰之不堪。三县之贼，停有三时之久。有钱者搬往江之左右，无钱者不能逃出，多已饿死，填沟壑者无算，亦是三县难民之劫数也。

（佚名：《徽难全志》，抄本。南京大学历史系太平天国史研究室编《江浙豫皖太平天国史料选编》，第 297 页，南京：江苏人民出版社，1983。）

**【浙江省绍兴县·同治二年三月二十六日】**初贼兵之在绍也，设乡官理民务，贼兵有不法者，乡官得而治之，地方粗安。自［蒋］藩台以夷兵克城……故夷兵之累甚于贼兵，而官兵所至，关卡店捐等项皆照长毛事不甚相远也。

（沈梓：《避寇日记》。《太平天国史料丛编简辑》，第四册，第 247 页。太平天国历史博物馆，北京：中华书局，1962。）

**【江苏省吴江县·同治四年闰五月初九日】**谱翁［编者注：殷兆镛。］为减赋、抽厘两大弊政，据实直陈。

（柳兆薰：《柳兆薰日记》。《太平天国史料专辑》，第 382 页。上海：上海古籍出版社，1979。）

**【江苏省昆山县·同治至光绪初年】**邑人拙于经商，巨肆生贾多客户之占籍者，［皖人及浙之宁绍人为多］。

（《昆新两县续补合志》卷一第 4 页。）

**【江苏省娄县·光绪中期】**贼平后，方家窑遂为废地。同治末，稍有居民。光绪中，始得成为小市。而金姓子孙无存，宅亦灰烬矣。

（王步青：《见闻录·方家窑记事》。《太平天国史料专辑》，第556页。上海：上海古籍出版社，1979。）

**【浙江省吴兴县·太平天国后】**盖洪杨乱后约十年，湖州流亡在外者逐渐来归，务力蚕桑。外商需求既殷，收买者踊跃赴将，于是辑里丝价雀起，蚕桑之业乃因之而愈盛。然无资农民“以蚕为命”，所得系辛苦换来，生活虽较昔略丰，而由布衣崛起，一跃而为豪富者则极希。至有资产者则不然，此时以低价向农民购丝，以高价售之于上海之洋行。一转手间，巨富可以立致。其间虽不无几许困难，然其致富之机会，显较贫苦之农民占优势。于是小富者一跃而为中富，中富者一跃而为巨富，一时崛起者甚众。

（刘大钧：《吴兴农村经济》，第122页。）

## （二）城镇商业与物价

**【浙江省湖州·咸丰十年四月】**浙省已如累卵。敝郡虽非孔道，却与苏境毗连。且自宜兴失陷以后，长兴又紧，东西兼顾，势实万难。城守近已布置，虽未可恃，似尚可观。惟军需各物，目前虽可支持，久之尚恐不继。米石尽有，所最需要者油、烛、子、药四物，以后倘有匮乏，只可赴沪上采买，尚祈照拂为祷。湖郡民团甚好，自经贤等设法劝谕之后，民心愈固，士气愈扬。育蚕之事，除实在残破各乡外，余俱照常。民生商业攸关，若能力敌外氛，自可如前贸易，于尊处税务，本郡局务，均有小补。惟恐平望以东道梗，还祈赐以一旅，以便两面夹攻，保此一隅，即为恢复全局地步。想总筹大计者，必以为然也。尊处钓船，闻已驶回，能分十只以顾太湖，幸甚！肃此布臆，敬请勋安，统希伟鉴不庄。愚侄赵景贤，如弟姚觐元顿首。十七日。

（《赵景贤姚觐元致吴煦函》，1860年6月6日。《吴煦档案选编》第一辑，第239—240页，太平天国历史博物馆，南京：江苏人民出版社，1983。）

**【浙江省宁波·同治初年】**无如宁波之饷，恃厘税为大宗，而现在厘税两项收数，日形短绌，盖缘百货昂贵，开销日重，经营未能获利，商贩不免稀少。

（史致谔：《史致谔档案》。《太平天国资料》，第174页。北京：科学出版社，1959。）

**【江苏省苏州·同治二年十一月二十三日】**出来，路过如意斋首饰店，见招牌装修，俱系原物，且咸丰五年之告示，亦已挂出。合城走遍，各铺各户无不变动，惟此店安然无恙，甚为难得。

（蒋寅生：《寅生日录》。《太平天国史料专辑》，第442页，上海：上海古籍出版社，1979。）

【江苏省长洲县·道光至光绪】相城所属市镇之盛衰易递。南塘镇[去县治东北45里]原商业繁盛,洪杨劫后,顿形荒凉,流为村墟矣。陆巷镇[去县治46里],初不甚兴旺,自南塘衰后,是镇始著。蕴芜镇[去县治54里],道咸前为镇,巨富林氏全盛时代,相城东北一带大镇也,洪杨劫后稍衰,今为荒村矣。潇泾镇[去县治52里],光绪前无甚市集,自蕴芜衰败,是镇始盛也。

(施兆霖:民国《相城小志》卷首。)

【浙江省桐乡县乌镇、乌程县青镇·道光至光绪】太平天国以前,嘉兴、湖州两府贡黄白丝八千斤。太平天国以后,减半,每斤官价银九钱九分二厘。官丝局向丝行收买每斤只给银六角,余归书吏中饱。丝行每斤贴洋五元。

(卢学溥修:民国《乌青镇志》卷二十第2页。)

【湖南省嘉禾县·咸丰四年、同治元年】咸丰四年,每洋银一元换钱二千二百文,购米十三斗,盐百钱半斤。同治元年……五月,米价顿昂,洋银一元买米八升,至七月始减其价。

(吴绂荣增纂:《嘉禾县志》同治二年刻本,卷二十一《祥异·纪事》。)

【江西省铅山县河口镇·咸丰五年十二月】初八日,午过铅山县河口镇[与景德、吴城、樟树埒,号为豫章四镇],四方维旅道皆出此,牙货泉涌,商侩雾集,尤多闽、广人。

(赵烈文:《落花春雨巢日记》。《太平天国史料丛编简辑》,第三册,第49页。太平天国历史博物馆,北京:中华书局,1962。)

【浙江省杭州·咸丰六年三月初七日】至龙井,廛舍如故。

(赵烈文:《落花春雨巢日记》。《太平天国史料丛编简辑》,第三册,第65页。太平天国历史博物馆,北京:中华书局,1962。)

[按:该年二月底太平军曾至此镇。]

【浙江省湖州双林镇·咸丰十一年】去年[咸丰十年]十二月一大烧,今年三月一烧,五月又一大烧,七月一烧,九月又一大烧,合镇烟火万家,今所剩者不过三百间之数。与南浔同一局面。

(沈梓:《避寇日记》。《太平天国史料丛编简辑》第四册,第109页。太平天国历史博物馆,北京:中华书局,1962。)

【江苏省上海县·咸丰十一年五月二十六日】薛公[焕]军饷捐输充裕,无援苏之意,虽每(日)[月]得饷二十万,半充囊橐,亦无恢复之志……迁客在彼地者,纷华糜丽,甚于昔日,洋街市面,闹于苏城十倍,彼处他年必有大劫。

（柳兆薰：《柳兆薰日记》。《太平天国史料专辑》，第 194 页。上海：上海古籍出版社，1979。）

**【江苏省常熟县黄家桥·同治二年十二月三十日】**市上热闹，生意颇隆，还帐亦好。

（佚名：《庚申避难日记》。《太平天国史料丛编简辑》，第四册，第 570 页。太平天国历史博物馆，北京：中华书局，1962。）

**【浙江省、江苏省·同治三年】**［左宗棠奏］自咸丰三年金陵失陷，淮海私盐乘机浸灌。杭、嘉、松三所销数骤减，甚至片引不销……至咸丰十年以后，安徽之徽州府、广德府，暨江苏之苏、常、松、太各府州，以次不守，继而浙省告陷，所属郡县，几无完土。官商星散，灶户逃亡；奸民投隙而入，公然以贩私为恒业；其时遍地贼薮，无人过问。自浙东郡县先后收复以来，始饬绍兴设局暂行试办票盐……本年……亟宜实力整顿，以冀改复旧观。无奈案牍全行毁失，商灶又大半凋零。间有一二旧商，亦皆避寇甫归，赤贫如洗，势难责令照旧运销。［于是从同治四年起行票盐法。］

（《皇朝政典类纂》卷七十三《盐法》四第 5 页。）

**【江苏省吴江县芦墟·同治三年七月十六日】**米价五元四五角，可以渐平。

（柳兆薰：《柳兆薰日记》。《太平天国史料专辑》，第 320 页。上海：上海古籍出版社，1979。）

**【江苏省吴江县·同治三年八月初十日】**闻日上米价顿昂，每石六元外矣。

（柳兆薰：《柳兆薰日记》。《太平天国史料专辑》，第 325 页。上海：上海古籍出版社，1979。）

**【江苏省吴江县芦墟·同治三年八月十一日】**元音侄来，粜饭米廿石，每石六元。

（柳兆薰：《柳兆薰日记》。《太平天国史料专辑》，第 325 页。上海：上海古籍出版社，1979。）

**【江苏省金坛县·同治三年至八年】**同治三年两浙盐运使详请浙抚左宗棠，兵燹后，旧商星散，私贩充斥，销数大减，课饷支绌，宜变通成法，改行票盐。是年十月入奏，四年三月经户部议，令试办一年。五年八月浙抚马新贻查报销数，奏请暂不行票，以收实济，仍俟数年后再行察看情形，改变旧章。同治八年，浙抚李瀚章以票商并无限制，奏请仍复纲运，是年按府招商，经申商认运。

（光绪《金坛县志·赋役志》）



**【江苏省淮南·同治三年】**自遭兵灾之后，运商四散，盐商亦皆逃亡。

（江督何桂清奏。《淮南盐法纪略》卷八。）

**【江苏省·同治三年至七年】**海州地方，积年旱涝，无岁不歉，皆因水利不修，民生日绌，则私煮与私枭势必充斥，盐务亦必暗受其害。

（丁日昌：《抚吴公牍》卷三十六，第5页。）

**【浙江省·同治五年】**［浙江巡抚马新贻奏］咸丰三年以后，遂至停办奏销。十一年省城复失，全浙沦陷，商人靡不遭难，奸徒乘机贩私，无人禁止。从此盐务溃败决裂，不可收拾矣。同治元年以来，浙东各府属逐渐规复，而私贩充斥，不得已就盐抽厘；两年以后，又在绍兴招办票盐；三年省城克复，全省肃清，而引商大半死亡贫乏，无可招徕……将杭、绍、嘉、松四所一律改行票运，抵充军饷，设局收支……

两浙盐务，自遭兵灾，旧商星散，无可招徕，不得已改行票运。

（《皇朝政典类纂》卷七十三《盐法》四第7页。）

［编者按：前一段是根据盐运使高卿培，署运使秦缃业之禀。］

**【浙江省·同治十一年】**［浙江巡抚杨昌濬奏：］杭、绍、嘉三所甲商联名禀称……佥称浙省被贼蹂躏，旧商尽散，规复后，各商度日维艰，无力重整旧业。嗣奉改办票运，间有一二措资试办，全赖委员招商开行，既济民食，且利行销。及同治五、六等年，旧商渐次归里。八年奉谕改票，各纲商等勉强承认，实亦力有未逮。［今又欲先课后盐］委实难以措办……

迨同治三年省城克复以后，无商可招，不得已改行票运，由官设局招商开行发销。

（《皇朝政典类纂》卷七十三《盐法》四第13页。）

**【江苏省元和县、吴江县·1880年】**周庄左苏台乡之贞丰里也，今为元和、吴江两县也。镇东属元和，镇西兼隶吴江。在苏城东南六十里，距吴江之同里、黎里、莘塔，元和之车坊、六直、陈墓诸镇，均不过二三十里。东走沪渎，南通浙境。居民数百家，水环之。与昆山接。殷赈万家，烟水天际。

（陶煦：《贞丰里庚申见闻录》。）

［按：可见江苏省南部市镇之密。］

### （三）上海兴起与繁荣状况

［附宁波］

**【江苏省上海县·咸丰初年】**上海，古华亭县地，又名沪渎。晋袁将军崧御海寇孙恩于此。元始置县焉。其治当吴淞江、黄浦［江］合流入海处，富商大贾操奇赢，北贩辽左，南通闽粤，车击毂，人肩摩，帆樯如织，百货骈集，五方之音，钩辀格磔不可辨。自道光二十二年，复通西南洋诸商，率异言异服，与土人杂城外，并营宫室，殊形诡制，金碧万状，既庶且富，人皆谓海东利薮也。俗尚利好贾，而多夸衣食之欲，恣所华美，不知稼穑之艰。善运筹者，豪奴黠隶，皆可致富。故丈夫半嬉游，身安逸乐，薰染及妇女，士亦多尘言俗状，鲜亲诗书。郑姬赵女设形容，挟笙竽，长袂利屣，曲房深宫，盛歌宴以昵富厚。市肆斗鸡走狗，作色相矜，医巫、技术、伶工之属如涂附，而里巷少年，椎埋攻剽，借交报仇，劫人作奸，走死地如鹜者比，要皆为利使耳。夫以濒海之区，县邑之地，其浮靡繁富，几埒都会，俗又不醇，此其隐忧，固有不可言者。

（朱作霖：《上海寇变纪略》。《太平天国史料专辑》，第 90 页。上海：上海古籍出版社，1979。）

**【江苏省上海县·1853 年 3 月】**革命军进逼南京一举之最弊的一点，乃在其令上海大小商人发生恐慌，因而影响到我等之商业亦受损害，现时几至无生意可做，现金亦甚缺乏。现在多了两艘兵舰到来，使外侨信心稍复，然此时接近上海各地已陷入于无可如何之混乱状态中，而其最后结果如何，亦极难预料，如期望商业繁盛，直是戛戛乎其难矣。

（《濮亨致罗塞尔之报告书》，1853 年 3 月 28 日自上海发。曹墅居译。简又文校：《英国政府蓝皮书中之太平天国史料》。《中国近代史资料丛刊：太平天国》，Ⅵ，第 882—883 页。中国史学会编，编者：向达、王重民等，上海：神州国光社，1952。）

**【江苏省上海县·咸丰十年】**顾贼嗣是拥众数十万，驰骋蹂躏于浙东西，千里中陷城无虚月，势益张。江、浙孑遗，无不赶上海，洋泾之上，新筑室纵横十余里，地值至亩数千金。居民殆不下百万，商贾辐辏，厘税日旺，官中益得以招将募勇。

（冯桂芬：《皖水迎师记》第二册，第 225 页。）

**【江苏省·天历十年】**其江南一带残妖，以海隅为藏身之所，是伊等之惊心丧胆，概可知矣……但以天京以及各处子女，大半移徙苏郡，又由苏郡移居上海，所谓惊弓之鸟，无地自容。

（《忠王李秀成给上海百姓谆谕》。《太平天国》，第三册，第 71 页。罗尔纲、王庆成，桂林：广西师范大学出版社，2004。）

**【江苏省上海县·咸丰十年七月十九日】**是时苏城合省大小官员皆逃匿[上海]夷人所，故贼书谓夷人藏妖，确也。

（沈梓：《避寇日记》。《太平天国史料丛编简辑》，第四册，第 28 页。太平天国历史博物馆，北京：中华书局，1962。）



**【江苏省上海县·咸丰十年】**上海为松江府属最小之邑，地僻海滨，黄浦流其南。自道光末年，海外各商至其地贸易，始见租界，立夷场，人烟渐稠密。庚申岁，咸丰之十年也，六月,贼既陷松江,又灭各乡团练之兵,遂于二十六日犯上海,离城西门三里余,时苏省新署官僚,皆集上海城内。

(王步青:《见闻录·松江记事》。《太平天国史料专辑》,第546页,上海:上海古籍出版社,1979。)

**【江苏省上海县·1860年】**苏州之陷落,乃是空前未有的大恐慌之信号,因各处人民弃家逃难到上海者甚众。这恐慌传到上海,此处人民亦离城而避到浦东。

(晏玛太著,简又文译:《太平军纪事(讲词)》。《中国近代史资料丛刊:太平天国》,Ⅵ,第939页。中国史学会编,编者:向达、王重民等,上海:神州国光社,1952。)

**【江苏省·1860年】**惟老亲与亲朋皆在通州敝座师王菽原方伯处,上下并幕友及家人等,共有六七十人。祈阁下即在上海代觅海船,一日可到通州,持弟家信,请老亲率众人即到上海,或赴苏或暂在船上,俟到上海再酌量也。特此拜恳,敬请台安。弟桂清顿首。闰三月三十日。

(《何桂清致吴煦函》,1860年5月20日。《吴煦档案选编》第一辑,第220页。太平天国历史博物馆,南京:江苏人民出版社,1983。)

**【江苏省上海县·咸丰十一年】**上海诸妖头,皆文弱不能战,畏洋人如虎,惟命是听。洋行数百家,皆高门大厦,街市亦宽阔数倍,矞皇富丽,大异中原。江、浙两省之避匿上海者,富户则挥金如土,饮酒宿娼。贫户则男人乞丐,女人鬻身。

(谢绥之:《遴血丛钞》卷四。《太平天国史料专辑》,第414页。上海:上海古籍出版社,1979。)

**【江苏省上海县·咸丰十一年】**咸丰辛酉秋冬,粤匪窜踞江、浙,两省沦陷几尽,独松、沪、宝山三城,恃夷以免。已而贼饵夷三十万金,几易沪城去。商使薛公焕初抚苏,布政刘公郇膏犹任邑令,拥兵四万,与战不利。吴公煦榷沪关兼苏藩,杨公坊以粮道综夷务,任夷弁华尔练洋枪队数千,号"常胜军",与薛、刘各一帜,而沪尤赖之。十月,宁、绍新陷,江、浙士商数万户,避居洋泾浜。子女玉帛之聚,至尺地寸金,骈足而立。夷、贼交涎,危不旋踵。

(陈锦:《松沪从戎纪略》。《太平天国史料丛编简辑》,第二册,第209页。太平天国历史博物馆,北京:中华书局,1962。)

**【江苏省上海县·咸丰十一年九月十七日】**上午,招凌耕云侄婿来,谈及上洋繁华如故,屋价极昂,居之亦颇不易。中午留饭,酌之。

(柳兆薰:《柳兆薰日记》。《太平天国史料专辑》,第213页。上海:上海古籍出版社,1979。)

**【江苏省上海县·咸丰十一年十一月】**江浙遍地贼氛,咸以沪地为乐土,迁居者万计,商贾辐辏,厘税月税,贼窥日甚,犹以未测西人虚实,不敢深入。

(佚名:《平贼纪略》。《太平天国史料丛编简辑》,第一册,第 280 页。太平天国历史博物馆,北京:中华书局,1962。)

**【浙江省宁波·1861—1862 年】**[1861 年冬,太平军占领宁波时,住在宁波江北的英国人干涉太平天国的治安措施,至 1862 年]于是甬江各行贾客群集于斯,昔日荒田皆为廛舍矣。

(柯超:《辛壬琐记》。《太平天国资料》,第 182 页。北京:科学出版社,1959。)

[按:外国人的记载,在上海的宁波商人此时有回宁波经商者。]

**【江苏省上海县·1862 年 5 月】**而我们很满意地指出,我们在全世界找不到一个可以和上海相比拟的城市。这个城市似乎在一天之内修建起来,它的商业好像在一小时以内迅速获得成长,在扬子江溷浊的水面上,大队汽轮云集,借以为祖国同胞的工业打开一条出路。

(《关于由英国占领江南的主张》。《北华捷报》第 614 期,1862 年 5 月 3 日。《太平军在上海——〈北华捷报〉选译》,第 302 页。上海:上海人民出版社,1983。)

**【江苏省上海县·同治元年九月二十二日】**早起,食点心、粥,始徐步至黄浦滩上,又觉耳目一新,店新开者极多,不及三月,风景又变矣。

(柳兆薰:《柳兆薰日记》。《太平天国史料专辑》,第 281 页。上海:上海古籍出版社,1979。)

**【浙江省·同治元年】**[太平军围湖州时]湖[州]城大家多在上海,有一半家眷在城中。

(沈梓:《避寇日记》。《太平天国史料丛编简辑》,第四册,第 167 页。太平天国历史博物馆,北京:中华书局,1962。)

**【江苏省上海县·同治元年十一月十四日】**夷人来收巡捕费,又付三个月。

(柳兆薰:《柳兆薰日记》。《太平天国史料专辑》,第 290 页。上海:上海古籍出版社,1979。)

**【江苏省上海县·同治元年十二月二十九日】**下午,闲坐。(吉)[结]算到寓后一切开销,约要八百千文左右。此地比长安,居大不易,米珠薪桂,甚难调度,思之甚费踌躇。

(柳兆薰:《柳兆薰日记》。《太平天国史料专辑》,第 297 页。上海:上海古籍出版社,1979。)

**【江苏省吴江县·同治二年四月二十四日】**盛川富贵家各以眷属赴申江，廿二夜扬帆去者大船四十余号。

（沈梓：《避寇日记》。《太平天国史料丛编简辑》，第四册，第254页。太平天国历史博物馆，北京：中华书局，1962。）

**【江苏省上海县·同治二年八月】**十三，晴。闻上海各业生意甚好，比之往常加增数倍。捐军饷抽厘，一日有十万之数，以故军饷不虚，此亦天助之也。

（佚名：《庚申避难日记》。《太平天国史料丛编简辑》，第四册，第564页。太平天国历史博物馆，北京：中华书局，1962。）

**【江苏省上海县·同治二年九月二十五日】**又有友从京津来，言刻下上海文武官二三品者不下百余，以次而降，不下万余。

（沈梓《避寇日记》。《太平天国史料丛编简辑》，第四册，第278页。太平天国历史博物馆，北京：中华书局，1962。）

**【江苏省上海县·同治二年十月十六日】**是日，震泽人及乌镇人家眷赴申者颇多。

（沈梓：《避寇日记》。《太平天国史料丛编简辑》，第四册，第282页。太平天国历史博物馆，北京：中华书局，1962。）

**【江苏省上海县·同治二年十一月二十七日】**清军打下苏州后，“盛泽为吴江地界，惧吴江官军南冲，故中下家产者亦挈家而去”上海。

（沈梓：《避寇日记》。《太平天国史料丛编简辑》，第四册，第287页。太平天国历史博物馆，北京：中华书局，1962。）

**【江苏省上海县·同治二年十二月一日】**早晚时到上海新码头，停好船，当即饬渡船摆至王家码头，以行李遣舟人挑上，遂偕芸兄返寓。寓中甚属热闹，芸兄未坐，即进城，悉楼房业已租与潘姓居住，人多数倍，与余赴苏时已大不相同矣。

（蒋寅生：《寅生日录》。《太平天国史料专辑》，第444页。上海：上海古籍出版社，1979。）

［按：蒋寅生十一月十五日离开上海。］

**【江苏省上海县·同治二年十二月三十日】**至三鼓时方归。满街往来人尚多，却与他日所不同，各店铺锣鼓声相继不绝，处处笙箫齐奏，家家灯烛辉煌，较吾苏金阊虽未能及，然繁华已不过如是。

（蒋寅生：《寅生日录》。《太平天国史料专辑》，第446—447页。上海：上海古籍出版社，1979。）

**【江苏省上海县·同治】**据叶丞禀复,近年上海贸易清淡,华商殷实者少,无从垫资办铜,以致出示招商,迄无应募之人……洋商售铜,每百斤库平银十六两三钱左右。

(丁日昌:《抚吴公牍》卷二十三,第13、15页。)

**【江苏省上海县·1863】**上海在贸易上既然具有这种便利的条件,因而传到国外的消息是:不论在违禁品贸易或在合法的商业方面,人们都可以冒险发财。因此正如我们所预料的,大批外国人涌到上海这个地方来。而在这一年当中,太平叛军却最为猖獗,他们在上海附近肆行骚扰,大批中国难民因此挤进租界,以便求得外国人的保护而获得安全。结果是租界人口增加三倍,而且这些人很不方便地蜎集在狭隘的街道上,他们熙来攘往,如同登在蜂房内一样,每个人由日出到日落都设法做点生意。在过去,外国人住宅内的空地很多,现在在租界防御线的栅寨内,中国人的房屋以及中国人的街道,像魔术师变戏法一样出现在上海,致使这个小小租界要负起一个同大城市相等的任务。这就使受我们委托管理这块地方的工部局的责任大为增加,而由它统治的居民,在风俗习惯以及在思想方法上,彼此都是迥然不同的。

(《上海港航运的大量增长》。《北华捷报》第656期,1863年2月21日,《太平军在上海——〈北华捷报〉选译》,第478页。上海:上海人民出版社,1983。)

**【江苏省上海县·同治四年之后】**徐焕藻(1840—1905),字伯平,号颐园居士。[自祖父徐锄梅以商业起家,为乌镇大族,燕鲁巨贾踵集于门。]太平天国时迁于上海,同治乙丑后在上海经商,商业益振,捐官得刑部郎中,一年而返家,左宗棠用兵西北,他与转运之役,加四品衔。癸未土客斗争,他与当道谋解散其众,复资遣之,已丑为通商银行总董。

(民国《乌青镇志》卷十八《墓城》第18页,秦绶章:《徐公墓志》。)

[按:太平天国促使江浙地区人口、商业资本集中到上海。这种传说在战后发生变化。李鸿章在同治四年六月初一日的《覆奏殷兆镛等条陈江苏厘捐折》(《李文忠公奏稿》卷九)中说到东南腹地肃清,上海商贾四散,亦不尽走苏境,厘捐减少。]

**【嘉、湖、苏、松、常地区】**而上海为通商大埠,各洋商所□集。所有嘉、湖、苏、松、常各处巨室,无不避地而来,视为世外桃源,藉洋人以自固。

(严辰等:光绪十三年《桐乡县志》第二十卷第16页。)

**【江苏省上海县】**时里人多往上海。其力可迁而未能释然远去者,系舟于岸,急则登舟入澄湖。

(杨引传:《野烟录》。)



**【江苏省、浙江省】**江浙两省流徙者并集夷场,增建房屋,三年间何止万间,地密人稠,视为乐土。

（潘钟瑞：《庚申噩梦记》下。）

### （四）农村商品经济

**【江苏省乌程县青镇·同治三年后】**乾隆二十五年董世宁修《乌青镇志》：县志陈庄居民以竹器为业，四方贸鬻甚远，苕霅诸山货竹者，皆集于此（页 6）。《光绪桐乡志》：乱后竹市多移青镇。清陈沄《柞溪櫂歌》："朱村北去接陈庄，春至红闺事渐忙，多买江干黄竹子，趁闲预织女儿箱。"（页 7）

（卢学溥修：民国《乌青镇志》卷十四《乡村》。）

**【江苏省仪征县·同治六年】**纺纱织布，种棉栽桑……该县地方即向来习此。

（丁日昌：《抚吴公牍》卷五十，第 4 页。）

**【江苏省宿迁县·同治六年】**［鸦片］种植之区，已十居其一，小民贪利，相率效尤。

（丁日昌：《抚吴公牍》卷三十六，第 2 页。）

**【安徽省砀山县·同治六年】**［种植鸦片］业已十居其一。

（丁日昌：《抚吴公牍》卷三十六，第 3 页。）

**【江苏省新阳县·同治六年】**廖纶购桑秧数万株，给四乡分种，并著《种桑说》以劝民蚕，惜地势低下，不利栽植，旋去任，未竟其效。

（《昆新两县续补合志》卷十第 1 页。）

**【江苏省新阳县·同治六年至光绪初年】**旧时邑鲜务蚕桑，妇女间有蓄之。自国朝同治中，巴江廖纶摄新阳事，教民蚕桑，设公桑局，贷民工本。四五年后，邑民植桑饲蚕不妨农事，成为恒也。

（《昆新两县续补合志》卷八第 6 页。又卷一第 2 页。）

［按：说的是光绪初年的事。］

**【江苏昆山县·同治六年以后】**邑中向以纺绩为女工，而妇女亦务农者多，蚕桑则无之。自同治六年昆山知县王定安、新阳知县廖纶倡始捐俸购陈地栽桑，延娴其事者，教以树桑、养蚕、煮茧、调丝之法，今则渐次风行，亦阜民财、厚风俗之一善政也。

（《昆新两县续补合志》卷一第 23 页）

**【湖北省汉阳县·同治七年】**其则曰扣布，南乡治此犹勤，妇女老幼，自春作外，昼则鸣机，夜则篝灯纺绩，彻夕不休，比巷相闻。人日得布一匹，远者秦、晋、滇、黔贾人争市焉。厚而密如毳如褐，间作花纹者曰绒布，制为氅可御风雪，曰线毯者，氍毹之类也。邓家岭居人多如此。

（黄式度等修：《汉阳县志》卷九《物产》第 3 页。）

**【安徽省太平县·同治年间】**大乱后，绝户多，十家并一。茶叶地，采不尽，只愁无人。

（周公楼：《劫余生弹词》。）

**【江苏省苏州·光绪十年】**[城市地主收租，太平天国前]均斛收本色，[太平天国后]一律完缴折色。

（《申报》，光绪十年九月初十日。又据光绪十二年十月初八日《字林沪报》载："苏地租米，拒收折色。"）

**【江苏省苏州·光绪十三年】**[棉纱]妇女……纺之，复束成绞，以易于市，遂捆载至浙江硖石镇以售。

（陶煦：《周庄镇志》卷一《物产》第 33 页。）

## （五）战后城市房屋政策

**【江苏省无锡县·同治二年十一月】**定被毁典卖房屋章程

城外之屋乱兵毁其二，贼至毁其三，土匪及贼渐拆之尽。城内之屋，复城时尚存十之七八，官兵进城火其半，仅存十之二。大宪定章，凡典屋未毁者，执业人修理完整，典主照契价回赎。或有基无屋者，执业与典主均之。或执业人复造者，典主照契价加四回赎。大略如此。

（佚名：《平贼纪略》。《太平天国史料丛编简辑》，第一册，第 306 页。太平天国历史博物馆，北京：中华书局，1962。）

**【江苏省无锡县·同治二年十一月】**定被掳栈房积货章程

栈房者，堆米、谷、麦、豆、棉花、油饼诸货也。西北城外最多，南门外次之，而东门则无。城陷时，各栈堆存米麦诸货约计三百万石，乱兵及土匪抢去数万石，余为贼取之。货是囤户所积，从中将栈货向富室抵借银钱者十居六七。兵燹后概置勿论，与典当同。惟钱债还一二人不等。

（佚名：《平贼纪略》。《太平天国史料丛编简辑》，第一册，第 306 页。太平天国历史博物馆，北京：中华书局，1962。）

**【江苏省长洲县·同治三年七月】**呈为霸屋不交，恳恩押迁事：

窃家长候选员外郎徐佩璋，有祖遗坐落台治下北利一图中街路市房一所，自去冬省城克复后，即于本年正月初前往收管。骇有绍兴人陈惟高踞住在内。家长向催出屋，渠央同中保木匠朱永江情恳暂租三个月，租价付讫，押租情让。言明正月初十日起租，至四月初十日为满。嗣因阊门路善后分局，另向租户收去租价三个月，捺至七月初十日为满。迄又过期，延不出屋，屡催不理。为此情迫，抄粘暂租契纸，叩乞大老爷迅赐饬差押迁，俾得执业而儆霸横，实为德便。除已报局领照外，沾仁上呈。

（《徐佩璋家属徐坤呈词》，甲子七月三十日。《双鲤编》卷三，《近代史资料》，总34号，第82页。北京：中华书局，1964。）

### （六）厘金等商税之害与交通运输业

**【安徽省太湖县·咸丰三年至同治十二年】**在太平天国以前，有原编商税[31.56两]，协济昌平州银[3两]，马路河地租[55.61两]，牙帖税[72.6两]，典税银[5.5两]，房地[0.35两]，新增驿站，倒马皮张[10两]，税契[每两征0.03两]，牲畜，棉花，油，烟，布尺税。[棉每石征税0.012两，油0.252两，烟0.12两，布10尺征0.018两，牲畜税价每两征0.03两。]同治元年至同治十二年修志时止，原编商税协济昌平，马路地租，典税，房地五款，因阛阓被毁，商贾失业，尚未启征；牙行向有六十八帖，现仅六帖。

（民国十一年《太湖县志》卷九《食货志·杂课》第34页。）

**【江苏省常熟县·同治三年七月初四日】**收抽厘自今日始，余店每日四十文。[按：黄家桥每日一千二百余文，庙桥四千余文。]

（佚名：《庚申避难日记》。《简辑》，第四册，第584页。太平天国历史博物馆，北京：中华书局，1962。）

**【浙江省·同治三年至七年】**同治三年，左宗棠在浙西岱山设局按盐抽厘，未能办成。后马新贻在吴淞口设局收买，禁止由别口进港，岱人聚众滋闹，旋即撤局。

（李经畬等编：《合肥李勤恪公使书》，卷四，《查明两浙盐务情形折》，同治七年十一月二十八日，原书无页次。）

**【江苏省·同治四年闰五月】**杜眉生处阅邸抄，殷兆镛参论江苏捐务，有粪担捐、妓女捐之目，并云恃功朘民，言殊恶赖。

（赵烈文：《能静居日记》。《太平天国》第七册，第308页。罗尔纲、王庆成，桂林：广西师范大学出版社，2004。）

**【江苏省无锡县、金匮县·同治五年春】**“商民闹捐”，抗议“复行铺捐”，罢市。李金镛在锡，甘为领袖。“旋有邑绅调停，以捐一年为止。并免李罪。遂开市，照常贸易。”

（佚名：《平贼纪略》。《太平天国史料丛编简辑》，第一册，第320页。太平天国历史博物馆，北京：中华书局，1962。）

**【江苏省扬州·同治六年】**[同治六年赖文光部被镇压后，]盐有正课，有杂支。杂支按例报销，其数不逾于正课。以故商人获利，为广结纳。自军兴以来，易为盐厘，较课大。

盖督臣主之，由外支销，如军饷之报部，滴滴归公关。凡夫秋风游客，投止两淮者，往往兴尽而返。

（臧穀：《劫余小记》下。《太平天国资料》，第 91 页。北京：科学出版社，1959。）

**【江苏省娄县·同治七年】** 娄县西门外三里桥地方有五库分卡，所有厘捐，每日私收三四千或一二千。七年九月初二日，有草柴船过卡，强买五十捆，每捆给钱三文，而市价乃七八文，柴主不肯，即被殴打。

（丁日昌：《抚吴公牍》卷二十八，第 13 页。）

**【江苏省吴江县·同治年间】** 芦墟镇厘卡曾于十月间，有一顾姓一船装载豆饼驶过，拿回议罚，只应四五千文，其后连罚连谢，共用去钱七八十千文。船上无钱，将客货变卖了结。

（丁日昌：《抚吴公牍》卷五十，第 12 页。）

**【江苏省江北一带·同治年间】** 如皋县东南两门外，各有厘卡，其沿河一路力王桥、丁堰桥亦有厘卡，又有分卡。各卡收捐，钱则每千文索盘费十文，银则每月短两色，洋价每天短作三十文，扦手使费照捐加二，此外尚有捐票钱二十四文，照票钱六十四文……罚款开口十倍，究竟三、四、五倍不等。[东台县、泰州、通州等处皆如此。船亦勒费三四百文至二元之多。]商人偶然漏报，事之恒情，稍罚亦足示儆。乃委员司事人等，视同叛逆大罪，既已非刑吊打，而又勒罚十倍、五倍；公罚之外，又有私罚。商人饮泣吞声，惟有听客之为而已。

（丁日昌：《抚吴公牍》卷三十四，第 7—8 页。）

**【江苏省·同治年间】** 查苏省厘捐繁重，商民穷困日重。

（丁日昌：《抚吴公牍》卷六，第 1 页。）

**【江苏省苏州·同治年间】** [苏州牙厘局自六月初一日为始，将所属城乡市镇铺捐全行裁撤。]铺捐日少，而员董局费依旧如故，无益军饷……自三月以来，淫雨不止，生意毫无；而铺捐丝毫不能短少，是以近时店铺日少一日。且卡捐尚有委员作主，铺捐则系董事经理，高下其手，受害尤深。

（丁日昌：《抚吴公牍》，卷十三，第 9—10 页。）

**【江苏省昆山县·同治年间】** 昆山停铺捐后，即有书役以修理城隍庙为名，另起日捐，民间每日五至二三十文，铺户十至七八十文。

（丁日昌：《抚吴公牍》，卷十四，第 1 页，又卷十六，第 3 页，卷十四，第 7 页。）

**【江苏省上海县·同治年间】** 所禀饬委陈倅驻苏稽查洋药，已行苏省牙厘总局核饬遵照矣。惟据该局所称,近年报验箱畋,日见减少,奸商私买漏捐,以至官货滞销,私货充斥,总不能有私不获等情况,现在军饷紧迫,全靠上海厘捐为大宗。

(丁日昌:《洋药税捐局禀陈通关可否札委驻苏稽查洋药请示由》。《抚吴公牍》卷四十八,第2页。)

## 二、手工业的恢复与机器的使用

### (一)手工业的恢复

**【江苏省苏州·同治元年七月二十五日】**华若汀言苏州阊门外旧有钢行三家,以李永隆为最,其业专炼铁取钢,用本甚重,非有存铁十万斤不可。其钢甲于天下,遭乱无复有矣。

(赵烈文:《能静居士日记》。《太平天国史料丛编简辑》,第三册,第241页。太平天国历史博物馆,北京:中华书局,1962。)

**【江苏省、浙江省·同治年间】**《咨行查禁轮匪枪船器械勒令改造销毁章程》:

[清政府先已由地方官出示销缴枪械,但]民间愚懦者怀疑,刁顽者抗匿,未缴之处尚多。或沉水中,或藏僻处,亦有居然流放在家者……务将枪船器械,勒令改造销毁,以期尽绝根株而杜后患。[当时枪船改造为农船者计已十去其九]只有一等枪夥,装贩私盐,其未改者,投充县中盐捕,托名官船,张立旗号,每藉缉私名滋事,窝私贩私,无所不为。江、震、嘉、桐诸县皆有之。

(丁日昌:《抚吴公牍》卷二十七,第2页。)

**【浙江省吴兴县、桐乡县·明嘉靖——清光绪】**浙西冶业集中于炉镇。大坊专铸铁釜,别小炉数家铸钟鼎等物。考炉镇冶坊始于明嘉靖间,有沈济,字绣川者,自湖州迁居炉镇,创始开设沈亦昌冶坊,当时出品最著名……同治五年分设于青镇。青炉两冶,设炉七座,冶工均无锡人。[泥土必向宜兴、无锡等处运来。]……每炉一座,三昼夜约出大小锅釜五百只。乌炭来于余杭等处。原料除废锅铁外,向汉口购运。工场分工,有管场、浇铁、领挡、风挡、光房、焦光。光绪四年有顺昌、福昌冶坊。至光绪九年即停。

(民国《乌青镇志》卷二十一《工商》,第2页。)

### (二)机器的使用

**【湖北省·咸丰十一年七月】**十三日,己亥,下午雨。晨起登岸,到新设宝顺行,晤广友徐君渭南[钰亭族侄名兆璜]、吴君子石[宗瑛]、郑君阶[齐东],又杭人郁君子枚,盘桓一日,夜在分机内住。此行所趁船名威林,船主名拔金,船可容五六千石,每目[月]费煤七吨,计百十二石。船主之下,夷人有副手名大伙,犹言伙长,司客货;再下大车、二车、三车,俱主火轮动止,又有带水等名。广人司行舟者七八人,司煤灶者十人,司厨六人,传递奔走四五人。本船约三十余人,在轮船为中下等。其机括大略如丁心泉侍御所绘图,而船船不同,不可尽其底蕴也。

(赵烈文:《能静居士日记》。《太平天国史料丛编简辑》,第三册,第178页。太平天国历史博物馆,北京:中华书局,1962。)

**【长江中下游・咸丰十一年七月十四日】**见楚督官文奏办给票赴淮采买食盐一折,六月初八日奉旨交部议。原呈系广商,则知轮船曳运之事谋之者多矣。原呈章程四条:一由楚给票;一每票十万斤为率,禁止零贩;一请东征水师查斤;一每斤抽银一分归楚饷,抽钱三文与东征水师。

(赵烈文:《能静居士日记》。《太平天国史料丛编简辑》,第三册,第179页。太平天国历史博物馆,北京:中华书局,1962。)

**【江苏省上海县・同治元年九月十四日】**现在上海生意兴旺,所以外人拟合伙将中国能用之外国物件带来使用。比利时国带来会造火轮船之匠人、机器,并有向习经手船舱之人;另有一人带来伙计多名,拟于上海制造煤气。又新开洋行用铁为模做砖,并可铁铸大小厚薄之木,甚为快便。经手作砖之好手已至上海,查看浦东地方甚为合式,其沙泥曾经带往他国试用,作砖甚好,是于该处拟造大屋以为此种工作之地,将来该行做出之砖,较中国之砖价值较轻。

(《会防局翻译新闻纸》同治元年五月十七日至九月十九日。《近代史资料》1955年,第3期,第40页。)

**【江苏省・同治七年】**据商号吴南记等禀呈,现据集资购买轮船四只,试行漕运,以补沙船之不足。[河运难复,楚皖省漕粮都势将改海运。]米数日多,船数日少。[轮运是所必需。]……目前正是穷极而通之时,多办轮船,一可收回利权,一可精习水战,断断不可扬牵时论,致失事机。某昨与缘仲熟商,不过藉商办以为嚆矢,较无痕迹,并将……函达爵相伯帅。

(丁日昌:《抚吴公牍》卷十三,第1—2页。)

**【江苏省镇江・同治八年】**镇江府徒阳运河,扎筋机器局配拨火轮机器一具,运往挑挖,候补孙道曾用机器挑挖黄渡一带河道,妥速如式。

(丁日昌:《抚吴公牍》卷四十四,第1页。)

[编者按:疏河机器为丈二尺阔的机器方船。见丁日昌《抚吴公牍》卷四十六,第4页。]





**【江苏省・同治年间】**[通商大臣批示,禀请集资办理轮船一案。]究以装货揽载为第一义,以运漕办公为第二义……尊谕所言揽载为第一义,运漕为第二义,实已洞见症结,但起办之初,贵在立脚坚定,又似非先办运漕无以为体,继办揽载无以为用也。

(丁日昌:《抚吴公牍》卷十三,第 12 页。)

**【江苏省·同治年间】**《海洋水师章程别议》第六条,精设机器局,俾体用兼备。水师与制造相为表里,偏废则不能精。拟三洋各设一大制造局,每一制造局分为三厂,一厂造轮船……一厂造枪炮火箭及各军器……一厂造耕织机器。

(丁日昌:《抚吴公牍》卷二十五,第 15—16 页。)

**【湖北省广济县·光绪二年正月】**光绪二年正月奉上海军机大臣等李鸿章等奏鄂省试开采煤铁一折,据称湖北广济县所属阳城山产煤甚旺,兴国州所属山地并产铁矿,两处均可开筹。现由李鸿章、翁同爵筹拨资本制钱共三十万串,拟即派员设局试办等语……饬令盛宣怀妥为经理,并饬道员李明墀会同筹办……至煤铁所凭价银,即着照所拟提还湖北、直隶资本,俟提清时,即以此项馀利,作为江海筹防经费……将此由四百里谕令知之。钦此。

(吴启:光绪《黄州府志》卷首《圣谕》第 75 页。)

**【江苏省常熟县、太仓州·光绪中叶】**光绪中,常熟创办轮船以通申江,路经昆山之东门外。厥后太仓亦有轮船,停泊朝阳门外之小马路口,以便附乘火车者。

(《昆新两县续补合志》卷五,第 3 页。)

## 三、金融政策与金融状况

### (一) 开办公典和招商开典以抑制高利率

**【江苏省扬州·同治年间】**照得扬州府城为南北冲衢,官商云集。克复以来,未据报开典当。访闻小押甚多,每押钱一百文,扣钱五文,实给钱九十五文,以一百天为满,本利足串共二百文,方准取赎。贫苦小民,不堪其累。自应设法招商开典,便民缓急。但招商甚难,能否于运库提闲款为本大宗,而后集腋,仿照苏省前开公典办法,亟当妥议举办。

(丁日昌:《抚吴公牍》卷十八,第 10 页。)

**【江苏省江都县、甘泉县·同治年间】**访闻扬州江、甘两属,有等罔利之徒,于各乡镇开设小押,分官私两种。私押以百日为满,每日一分起息,出钱九五串,入钱足底。如押物得钱九百五十文,一月往赎,即须一千三百文。官押则各衙门皆有陋规,为费既多,扣利更重。查律载典当财物,每月取息不得过三分……今小押每月取息,较例定直增至十余倍之多。

(丁日昌:《饬禁小押并议招商开典》。《抚吴公牍》卷三十一,第 8 页。)

**【江苏省如皋县·同治年间】** 有两典当,因印官索规五六百千,佐杂数十千,是以向例二分者,今加一分。

(丁日昌:《抚吴公牍》卷三十六,第9页。)

## (二)金融状况

**【江苏省·同治三年至八年】** 苏省典铺,从前取利以二分为率,当期以三年为满。自匪扰克复后,先经变通章程,招开公典,取利三分,一年为满。续经饬据前署司议定,自八年分起,当本三十两以上者,减为二分四厘;十两以上者,减为二分六厘;十两以内者,减为二分八厘。仍以十二个月为满。详经批准饬遵……惟查苏省典铺逐渐增开,[应减月利而宽当期]。

(丁日昌:《饬司核减苏省各典当利息议复》。《抚吴公牍》卷四十七,第13页。)

**【江苏省高邮州·光绪中叶】** 纸币以钱铺所出戳票为大宗。其米、布、杂货各业及乡镇富户亦有出戳票者……其额巨者百、千及数十千。每年惟清明时暂出,缘村人田价兑付悉在此时,无大票不足以资周转。其平日流行市上,多一、二千,三、五千文者。但商人贪其虚本实利,任意多出,一遇金融停滞,互保者齐倒。官府莫可如何,而闾阎之损失不堪设想。

(高树敏等:民国十一年《三续高邮州志》卷一《钱币》,第95页。)

[按:地权流转快以至货币筹码不足,纸币充斥市场。]

**【光绪十年八月】** 要收官板大钱,不收市间日用常行之钱,每收一串,可多出数十文。而交纳者每千文只能换得大钱九百文。

(《东华录》第六十四卷,第9页。光绪十年八月壬午。)

## 第四节

# 太平天国战争对各阶级心理的影响

## 一、农民思想状态与主佃关系的变化

**【江苏省·咸丰三年至六年】**凡从贼稍久逃出难民，无不眼光闪烁不定，出言妄诞，视世事无可当意，于伦常义理及绳趋墨步之言行，询之皆如隔世，视我官吏若甚卑。

（张德坚：《贼情汇纂》卷十二。《中国近代史资料丛刊：太平天国》，Ⅲ，第327页。中国史学会编，编者：向达、王重民等，上海：神州国光社，1952。）

**【安徽省桐城县·咸丰五年】**东庄有佃化为虎，司租人至撄其乳；西庄有佃狠如羊，掉头不顾角相当。

（光聪诚：《闲斋诗集》后编《食新叹》。）

**【江苏省丹徒县·咸丰至同治】**公讳昕，字曜如……时洪杨事起……公固巨族，有洲田数百顷。避兵，族居其中。佃际乱时，率多不逞。堂兄葵公富，众涎之。一日，聚佃数百，械葵入荒庙中，将勒索而绝其命。公黑夜渡大江入府署呼吁，守派委会营往击，众溃，葵公得不死。讼兴，而葵公卒。佃又纵火，杀其纪纲，阖族仓皇，争相走避。公呈县督兵役获首从三十余人，置诸狱，按律皆斩。公复为陈说，乞舍从而置首于罪。苏抚高其义，如所请，从得尽释。讼平，佃安于耕，族安于食。

（黄以霖：《吴曜如先生传》。《古润吴氏宗谱》卷之首《传》。）

**【浙江省·咸丰同治年间】**嘉善县乾嘉时，农民力耕而畏法；咸同以后，惰耕而玩法，附近城镇主农习惯于抗租。

（《嘉善县志》卷八。）

**【安徽省建德县·同治年间】**乱后人心变也！

（邓文滨：《卖脱父亲能抵课》。《醒睡集》，卷七。）

**【河南省鄢陵县·同治年间】**梁廷拭曰，邑俗从来不善贸易……衣冠之家，更不能手自操作矣。佣耕者俗名为把手，凡既种既戒[？械]耒耜钱镈之费，皆田主自为经营，而把手止日[？用]劳力，逮收获时，夏春二八分，秋禾三七分。此固多历年所而不变者。大乱之后，尊卑混淆，法纪废弛。且田主避乱远出，彼有力者耕无主之田，为衣食资而有余。间或附椎埋掩掠之徒，不难以财自润。其男若妇，视□不爽饷馌，有傲然不屑意，反唇相稽，立而谇语，田主受辱者比比矣。巨室名族犹得稍绳以法，编户齐民，至特设丰筵，饮以酒肉，婉语哀恳，彼或睨笑，而姑诺之去者为幸。所以田不获尽辟，辟而复归于荒者，职此故也。其情事似微而关乎民生国用甚巨，幸赖吕、孙两公严惩明谕，今稍稍隐忍强就役，不然掉臂可散，田主惟有束手坐视而已，其何以糊口而完赋税哉！

（同治《鄢陵文献志·农事》）

**【浙江省·同治三年至光绪七年】**浙江自发逆肆扰以来，通计各府，惟杭州，湖州两府各属受灾最重。盖杭州之余、临、于、昌等邑，与湖属之安吉、孝丰、武康相接壤，粤逆盘踞安徽，而徽州、宁国二郡为入江西、浙江之要路，是二郡失守数次，贼每旁窥他者，而浙江则此数县实当其冲……自几次被贼窜扰之后，人民离散，田野荒芜，克复之际，地方几无人焉。经多方招徕，而后城中稍有铺户。然四郊荒漠，田不能耕，既有孑遗，难复旧业。于是创立招垦之法，广收异乡人，使之分田垦辟，岁令完捐若干缴官，以充地方公用，而赋额则阙而弗征。此固一时权宜之术，原欲待客民安居日久，尽成土著，而田亩之荒者渐变为熟，然后照从前额征之数，收而解之于省，亦不得已之为也。不谓所招之人，伦类不齐，土著之势不敌客户，以致械斗抢劫之案，层见迭出。地方官不能惩治，而烦省中之兴兵……温、台滨海之区，平时内地常苦人满，无田无产，则入海而为盗。粤匪至浙东，迄于宁波，而不及温、台，故受灾转轻。虽或贼踪偶至，而民团犹能御之，旋陷旋复，民不受其殃。闻杭、湖各属，有招人垦荒之举，皆愿来也。或携(是)[眷]至，或结伴以行，非不有愿受一廛之志。然其性情剽悍，习尚强卤，固无异于入海为盗也。此外更有遣撤之勇，流落不归者，亦改而务农。其人则皖、楚、闽、粤，不同乡贯，而其性尤桀黠顽冥，不可教训。使其杂处于温、台人之间，以助客籍之焰，其势更非土人所能抗衡也。盖同治三、四年间，地方新复，有司急于求治，又虑科之无出，仅以招垦为得计，而不暇谋其久远，以至今日。一则荒田太多，初来客民，任力之强弱，以垦田之多少。而又聚于一处，并不由地方官酌量安插，迨愈来愈众，则党(与)[愈]结而愈固。而土著之流亡者，一旦生还，反致无所归宿，田为人有，屋为人居，力不能夺，讼不能胜，乃不得已而亦舍己芸人，占别家之产以自治。展转易主，遂至境内之田，尽非原户……一则自办招垦以来，先听荒芜，几年渐而(或)[成]熟，然后计亩收指。自克复至今，亦阅十余年，土著则归者多，客民亦来者众。其间或有先至之时力不能多垦，而后则倍蓰其亩数者，约计境内亦将及十之八九；所剩荒田无几矣。乃频年输捐，而不按科则以征粮。在地方官以为征粮则有常额，将来客户或有迁徙，则缺额无从补足，而捐项则报多报少，自有权衡，不无挹彼注兹之便。故近数□□□之银，较之同治年间，亦并未加多也。然垦田之人，无论为土为客，均以纳粮为便。盖完捐则产尚虚悬，土人以

□□□□为虑，客民以官之驱逐为忧，而纳粮则业可世守，既不患原户之索归，又不虑后来之侵占。一则势暂，而一□□□，人情固不堪相远也。而况客籍之人，既皆性情剽悍，而又大半未有家室，孑然一身，自食其力，苟使纳粮，示以现□□产即可世守，则谁不动身家之念，而为子孙之计，循循然消戾气于无形乎？夫此二者，当时急于招垦，固未能筹之尽熟，然因势利导，随时制宜，有司之责也。

（《申报》光绪七年四月十九日。）

**【江苏省长洲县·同治四年二月】**子范公祖大人阁下：

日前曾肃一函，谅登签室。即维贤劳倍著，政绩日优为颂。代收之租，现尚未及二成，既蒙委办，自当极力。惟自阴雨以来，各佃心怀观望，殊恐不能报命。兹特将现收洋三百五十五元零，并垫付洋二百四十四元零，共计洋六百元，先行缴上，乞为点收，并付收条。至前函请发差船来乡，务希饬办为感。专泐，肃请升安。名正肃。

（《徐佩瑗简长邑尊蒯子范明府》四年二月初九日。《双鲤编》卷三，《近代史资料》总34号，第86页。北京：中华书局，1964。）

**【江苏省长洲县·同治四年五月】**子范公祖大人阁下：

日昨有已故佃户郑春帆子郑银福来舍，据云：本月初五日，该图经造徐世华，持有钧牌，将前项朱万丰抛荒之田，着伊接种，伊实无力，不敢承揽，而经造不允。为此情急，具呈申诉，恳请代为封送等情。弟思此事前以经保安置未妥，致延今日，因劝郑素系力田，何必过却。伊云："田有五亩，承种需人，资本亦巨。且朱万丰现种田三十余亩，尚复故事推诿，何况于某，断不敢勉强收受，致令抛荒后无从归缴也。"弟再四筹思，确亦未便谆劝，又恐日迟一日，不及插种，误公匪浅。用特专函，将原呈一并封呈电鉴，仰乞鉴裁赐示为幸。肃请筹安不一。

附录郑银福呈底。

民人郑银福，年三十□岁，具呈为无力承种，求请另召事：窃身住居台治下十二都二十图，身父郑春帆，前于咸丰九年，有邻图朱万丰，凭中杨德乾，将承种徐业，坐落台治下十二都下九图据字圩官田五亩，典与身父耕种，计典价钱八千四百文。十一年冬，身父病故，身因无力，将田面退还朱姓，迄今业已多年。兹于本月初五日，据身图经造徐世华称：现奉钧谕，将朱万丰抛荒之前项官田，着身承种。窃思身本系务农为业，若非无力耕种，前此身父故后，何必退还朱姓。况此项田面，原系朱产，朱不自种，应行自择合式佃户，彼此情愿，接召承种。前闻朱具呈求请饬召接种，已属率渎，今令身种，身实无力，不敢接受，免使抛荒，致干罪戾，并非抗违。为此沥情叩请大老爷俯赐批示，饬将前项田亩，另召妥佃接种，俾无荒废而释农累，实为恩便。沾仁上呈。

（《徐佩瑗致即补直隶州署长洲县蒯公祖》，又五月八日。《双鲤编》卷三。《近代史资料》，总34号，第88—89页。北京：中华书局，1964。）

**【浙江省、江苏省·同治七年五月二十七日】**[浙抚咨苏抚]有匪徒敛钱聚众,名曰子孙会,起于诸暨,蔓延多县,并及苏、松……查会匪约有数等,有结会为匪者,情节不同……其结会之初,又有号召之名,所以纠约之故,否则钱不可得而敛,众不可得而聚也。

(丁日昌:《抚吴公牍》卷八,第10页。)

**【江苏省松江·同治至光绪】**《华亭志》云,田面由佃户之间授受者曰顶种,佃户退业另召种。《金山志》云,佃之强悍者倡首抗欠,群率效尤,谓之霸租;或以一田两卖,谓之搂卖。是由黠佃而业田者,有刁侩而业田者尤困。

(光绪《松江府续志·农产》。)

**【浙江省嘉兴·同治至光绪四年】**往时谷既登,富农供惟正外,得高廪盖藏以备凶荒,佃农输租大家,稍贮以给春作。近来佃农奸顽,将田中稻谷先时砻舂,或趁时贵粜,或投典贱质,妄希贸易以搏利,甚且不安分以图事。又或于春夏时告贷富室,谓之生米。[得之则生,不得则死,故名,还之最早。]又有他方商客投牙放米,谓之行账。独租米迁延日月,借口岁歉收薄,各尽以砻头晒谷约略半偿。官司催科甚急,告追每置不问。于是田主称贷,粜米上廒,而田主病。佃户贷米,以延须臾之死,质粜以作不急之务,其后贸易折阅,息利倍加,逋负盖积,逃亡随之,而田丁又病。[谚云:计出赖赖,强如做债。赖赖,淋漓貌。言禾半熟而计出淋漓者,刈而食之,犹胜举债也。]两者交病,在当事者立法以导之也。

(光绪四年《嘉兴府志》。)

**【浙江省石门县·同治至光绪四年】**斗米百钱,旧志以为异,今率三百钱一斗,岁歉有贵至四五百钱者。农人田亩,大半佃耕,视米为宝,恒多欠租。即有还者,总无嘉谷。甚且疲癃挟制,妇稚号呼,田主以收租为畏途,以有产为累事。丰年完课而外,所余无几;稍遇灾荒,辄至鬻田以赔赋。恒产不足恃,而浇薄之风起矣。

(光绪四年《石门县志》。)

**【江苏省无锡县、金匮县·光绪初年】**邑中巨族向以诗书世家而冶游之习,结队成群,近日尤甚。农民勤力作,无不毛之地,故田之贵数倍于前。而佃不输租者,每为业户之累。

(光绪七年《无锡金匮县志》。)

**【江苏省嘉定县·光绪初年】**[太平天国前]"佃户驯良,逋租绝少"。[太平天国后]颇以抛荒挟制业户。

(光绪《嘉定县志》卷五《风俗》,光绪《金坛县志》卷首。)

**【浙江省嘉善县·光绪初年】**[太平天国前,农民]畏法。[太平天国后]顽法,习惯抗租。

（光绪《重修嘉善县志》卷八。）

**【安徽省桐城县·光绪年间】**以强为胜，以恶为能，以诗书礼乐为无用之物，以仁义道德为迂腐之谈。

（方宗诚：《俟命录》卷七，第4页。）

**【浙江省桐乡、乌程等县·光绪年间】**完租：[志稿]江南完租，并佃户送至业主之家，吾乡无此例，必业主乘舟至乡量取，至丰之年，每亩不过一石左右，稍歉即减，有仅三四斗者。又或歉岁缓征，官不开仓，则租无颗粒。然漕粮分三年布征，而租米不收，永无带征之事也。[《乌青镇志》]赁以耕之佃户，向时人尚谨愿，除实租外，[照田根立券者曰虚租。有预议折实米数，不论水旱，曰实租。]视丰歉为盈缩。年来奸猾成风，顺成之岁且图短少，小涉旱涝，动辄连圩结甲，私议纳数，或演剧以济众心，或立券以为信约，偾有溢额者，黠者遂群噪其家责以抗众，不则阴中以祸。是国家以旱涝为忧，而奸细反因以为利也。惩薙此风，则公私并受其福矣。

（光绪《南浔镇志》。）

[编者按：太平天国后的租佃关系的变化，有几种情形：

一、以前的业主与佃户都存在，土地未荒，业主受到打击，佃户受了洗礼，已不如过去那样顺从。

二、原日佃户已逃亡，地主招民开垦。如是有与外地来的客民关系和永佃权问题。

三、原地主已逃亡，耕地或为佃户隐占，或成为无主荒地，入官，由佃户交粮。

四、地主与佃户皆逃亡，由新起或外地来的地主，招募客民开垦。]

## 二、地主的心理状态与主佃关系的变化

**【江苏省松江·咸丰十年】**握算持筹心计多，万间广厦奈人何？我经寇乱发深省，心愈平时气愈和。[原注：有平日严于课租者，避地时诸佃不纳。]

（佚名：《庚申纪事》（抄本）。）

**【江苏省吴江县芦墟胜溪·咸丰十年四月二十六日】**二十六日，晴。饭后望烽烟在正南，知嘉禾一带已遭惨劫矣。正在疑虑间，夏仿仙自梨[里]来。镇上昨日尚安靖。知平望贼匪已到，焚烧房屋不少，亦不停留。吾乡尚可缓劫，然人心惶恐，盗匪蜂聚，终亦难免。殷选之率枪船打仗，不利而逃，此公已矫矫不群矣。是日，发防御费第二期，费钱一百四十四千二百文，余处独办，此时急宜散财也。

（柳兆薰：《柳兆薰日记》。《太平天国史料专辑》，第118页，上海：上海古籍出版社，1979。）

**【江苏省吴江县芦墟胜溪·咸丰十年七月二十三日】**午后中兄来长谈,至傍晚去。所云际此世局,能保房屋、人口已大幸事,财必散尽,犹恐事事荆棘。旨哉斯言。

(柳兆薰:《柳兆薰日记》。《太平天国史料专辑》,第136页,上海:上海古籍出版社,1979。)

**【安徽省·咸丰十年八月】**绩溪人不辰生《咸丰庚申八月纪乱》十首,《伪招》:“直容狐假到乡官。”[贼立乡官颇多,借权恣意。]《回乡》:“行装零落从头检。[搬出之物,被掠殆尽。]……四望邻居余瓦砾,[邻居俱为煨烬。]半间俘虏是朋俦。入门大笑吾犹幸,尚有空空四壁留。”

(胡在渭:《徽郡哀音》,选录。1924年5月油印。《近代史资料》1963年第1期,第150页。)

**【江苏省吴县、元和、长洲三县·咸丰十年十月】**苏州府三首邑绅士公呈。

……粮从租出。前因各佃疲玩,禀经前大宪费百陶出示严办在案。兹届开征租米,职等酌为量减三四成收租,诚恐奸徒造谣,顽佃延抗,环求给示各地总,揗牌晓谕催纳,以便上输国课。

(《忆昭楼时事汇编·三首邑函抄》。《太平天国史料丛编简辑》第五册,第464页。太平天国历史博物馆,北京:中华书局,1962。苏州府乔知府为此出示:“为严禁顽佃抗租以裕漕赋事:照得粮从地出,租自佃交,事本相连……业户完赋,农佃纳租,理有一定。”同书,第473页。)

**【江苏省苏州·咸丰十年】**光绪壬午年[1882]长洲叶昌炽为其《贞丰里庚申见闻录》作序云:……柳光生之意重有进者。居安忘危,古人所戒。劫运之徂,二十年矣。风俗骄奢,人心靡敝,泄泄沓沓,罔有纪极。试与言当日剥斮之惨,号呼之声,荡析梁摇之状,茫茫然不识为何事。苟取是编示之,有不瞿然以惊,悚然以思乎?

[此亦陶煦之原意:]而痛定思痛,安不忘危,亦古人戒慎恐惧之意也,故摭其事而追书之。

(陶煦:《周庄镇志·贞丰里庚申见闻录》,第1—2页。)

**【江苏省吴县甫里·咸丰十年至同治二年】**是冬,凡里人有田者,由乡官劝谕欲稍收租,而佃农悍然不顾,转纠众打田主之家。桃浜村为之倡。事起于南栅方氏。于是西栅金氏,东栅严氏家,什物尽被毁坏,而严氏二舟泊屋后亦被焚。陈某被缚于昆山城隍庙石狮子上,几饱众拳。方氏之宅深而广,其被殴者,同族及同居之家,而田主反脱祸。居停殷氏待佃农素宽厚,故未波及。

(杨引传:《野烟录(选录)》。《太平天国史料丛编简辑》,第二册,第176页。太平天国历史博物馆,北京:中华书局,1962。)

**【江苏省常熟县·同治二年十二月初十日】**予唤舟收租，到小潭荡，夕宿贾梅溪家。次日冒雨到莘庄……十三日回寓，两次共收租廿余石。力竭米少，幸价昂，尚可补亏。

（龚又村：《自怡日记》卷二十二。《太平天国》，第六册，第144页。罗尔纲、王庆成，桂林：广西师范大学出版社，2004。）

**【江苏省常熟县·同治三年十一月十六日】**到金家宅大坟内讨租……［二十日］到古坟头收租，收米五斗……［二十三日］到坝头讨租……［十二月二十日］又到古坟、金家宅讨租。

（佚名：《庚申避难日记》。《太平天国史料丛编简辑》，第四册，第592—594页。太平天国历史博物馆，北京：中华书局，1962。）

**【江苏省吴江县·同治年间】**自庚申乱后，烽火连天，盗贼满地，亲朋有欲一面而无从者。是年冬，松琴家兄倏归道山，不胜悲涕。寒家刻无宁居，资财罄尽，而土匪劫夺依然。二小儿颇肯固穷读书，而惊悸成疾，竟殁于壬戌初春。骨肉多变，风鹤愈紧，不得已始于是夏挈眷迁避到沪，完大儿之婚，定一廛之屋。而夷场风气，日事浮华，虽减之又减，而所费又复不资。且目见耳闻，于鄙性不近，以故居夷两载，闭门韬迹，所时相过从者，惟俞丈少甫、令叔古心执丈而已。时于令叔处得悉阁下近状，稍慰下怀。而弟自迁沪后，时多疾病，常以未达一书通问为罪。甲子仲夏，始议迁回。先人尚遗田园，薄资衣食，敝庐托庇无恙。弟有何积累，而劫后馀生，尚叨馀荫若此，平心自恤，恐惧弥深。我乡一带，今夏二麦，秋收颇丰。而胥吏虎苛，狠于昔日者百倍。际此时局，支持门户，大难措手，奈何？弟因乱多病，齿豁发苍，老境日增。诗文从前既无根底，今则荒落日增，决计废弃不讲矣。

（柳兆薰：《柳兆薰日记》附《给鸿舫信》。《太平天国史料专辑》，第340页。上海：上海古籍出版社，1979。）

# 第五节

# 太平天国战争对阶级关系和生产关系的影响

## 一、阶级关系方面的表现

### （一）地主追收旧欠地租与佃农继续抗租

**【安徽省黟县·道光二十七年至同治初年】**有六名佃户，从道光二十七年开始记账以来从未交租。

［编者按：有关黟县地主清租追欠的详细情况，参见章有义：《太平天国失败后地主阶级反攻倒算的一个实例》，《文物》，1974 年第 4 期。］

**【江苏省丹徒县·同治二年】**［丹徒县育婴堂在］婴洲各佃［在太平天国统治时期］抗不完租。迨同治二年由常镇道许出谕董派委往洲清理，设局征收，暂减为夏秋两季亩完租钱五百四十一文。

（光绪五年刊《丹徒县志》卷三十六《尚义》。）

**【江苏省常熟县·同治二年九月十六日】**有业主收租，经造收每亩一斗□升作军饷。告示已贴……十一月初八日本镇设局收饷，每亩一斗五升，收租二斗五升……［十二月六至八日］稍有还租者……十二月二十六日余到金家宅大坟里讨租。

（佚名：《庚申避难日记》。《太平天国史料丛编简辑》，第四册，第 565、567、569、570 页。太平天国历史博物馆，北京：中华书局，1962。）

**【江苏省、浙江省·同治二年十一月】**谕内阁：御史吕序程奏：因思各省州县被贼盘踞多年，其土著之贼及勾结入伙者所有逆产，自宜查明入官。至附近贼匪村庄沦为贼产者，亦应勘明给还原主，以恤流亡……有原业主者，即行给领。尚未查得业主者，即着暂行造册登记……酌给难民降众量为耕种以资衣食，俟业主续归，再行给还。

（《清穆宗实录》第六十八卷，第 32 页。《东华录》第二十八卷，第 23 页。）

**【江苏省常熟县·同治二年十一月十六日】**适钱晓岚……陪莫少尉谕催地追租，订予在南乡相会，爰于次早步行至四万荡，两姪留饭，朴园弟首先缴租，亦佣中佼佼……[二十九日]旋陪挹翁回南，承借船刮租，到四万荡等处……[十二月初五日]招朱梅二发租票，孰知佃农半死，仅存孤寡，房屋多为贼毁，人家固贫，民情复悍，田租一概未偿。

（龚又村：《自怡日记》卷二十二。《太平天国》，第六册，第142—144页。罗尔纲、王庆成，桂林：广西师范大学出版社，2004。）

**【江苏省苏州·同治二年十一月二十五日】**念五，戊辰日，晴。早起，舟人来搬行囊，即与云兄告别。遂偕诵兄、少愉至潘儒巷，过陈心兰住所，进去略看而出。到饷捐总局，与小舫母舅代领租息。

（蒋寅生：《寅生日录》。《太平天国史料专辑》，第443页，上海：上海古籍出版社，1979。）

[按：蒋寅生于十一月十五日从上海乘船，二十一日到苏州。途中所经周镇、车坊皆有收租局。]

**【江苏省常熟县·同治二年十二月廿三日】**丁黼廷员外禀刘方伯请谕催租，昭令梁次翁亦下乡谕佃。

（龚又村：《自怡日记》卷二十二。《太平天国》，第六册，第144页。罗尔纲、王庆成，桂林：广西师范大学出版社，2004。）

**【江苏省常熟县、昭文县·同治三年正月二十九日】**言两邑[按：指常熟县和昭文县]令因佃不还租，有人霸横，乃面禀抚宪，即发告示，有霸租地棍照乱民论等语。以故福山塘左右设总租局。

（龚又村：《自怡日记》。《太平天国》，第六册，第145页。罗尔纲、王庆成，桂林：广西师范大学出版社，2004。）

[按：此为禁止霸租，惩罚抗租者。]

**【江苏省常熟县·同治三年六月十四日】**到坝头顺和官家说田事……[八月十七日]到坝头巷为田事说话……[九月初一日]到顺和官家催租。

（佚名：《庚申避难日记》。《太平天国史料丛编简辑》，第四册，第583、587、588页。太平天国历史博物馆，北京：中华书局，1962。）

**【江苏省常熟县·同治三年八月二十七日】**豆租还者甚多，收数或七折，或八折，或六折。

（佚名：《庚申避难日记》。《太平天国史料丛编简辑》，第四册，第587页。太平天国历史博物馆，北京：中华书局，1962。）

**【江苏省常熟县·同治三年九月初一日】**余到顺和官家催租。

(佚名:《庚申避难日记》。《太平天国史料丛编简辑》第四册,第 588 页。太平天国历史博物馆,北京:中华书局,1962。)

**【江苏省吴江县梨里·同治三年九月二十九日】**明日命吉老[账房中人]梨里下乡去,未识旧租稍有收否?

(柳兆薰:《柳兆薰日记》。《太平天国史料专辑》,第 336 页,上海:上海古籍出版社,1979。)

**【江苏省苏州·同治三年十月】**苏属九邑仍办饷捐租息,每亩照(顾)[额]六成,实租或七八成不等……租田[? 由单]概用县印,发各佃户,另造册存县核对……长[洲]、元[和]、吴[县]各业,皆于十月中旬开收。江、震各业,皆于十一月初旬开收。

(倦圃野老:《庚癸纪略》。《太平天国》,第五册,第 334 页。罗尔纲、王庆成,桂林:广西师范大学出版社,2004。)

**【江苏省常熟县·同治三年十月二十八日】**余写自己租由单、照单。

(佚名:《庚申避难日记》。《太平天国史料丛编简辑》,第四册,第 591 页。太平天国历史博物馆,北京:中华书局,1962。)

**【江苏省常熟县·同治三年十一月初五日】**常熟县尊[汪]下乡催捐,佃户还租等事。

(佚名:《庚申避难日记》。《太平天国史料丛编简辑》,第四册,第 591 页。太平天国历史博物馆,北京:中华书局,1962。)

**【江苏省常熟县·同治三年十一月十六日】**余到金家宅大坟内讨租。

(佚名:《庚申避难日记》。《太平天国史料丛编简辑》,第四册,第 592 页。太平天国历史博物馆,北京:中华书局,1962。)

**【江苏省常熟县·同治三年十一月二十日】**余到古坟头收租,带车子去,收米五斗而回。

(佚名:《庚申避难日记》。《太平天国史料丛编简辑》,第四册,第 592 页。太平天国历史博物馆,北京:中华书局,1962。)

**【江苏省常熟县·同治三年十一月二十三日】**余到坝头讨租。

(佚名:《庚申避难日记》。《太平天国史料丛编简辑》,第四册,第 592 页。太平天国历史博物馆,北京:中华书局,1962。)

**【江苏省·常熟县·同治三年十一月廿六日】**夜半抵家,家人喜慰,谓谣言南京被围,李抚所带兵均变,应试士子遭殃。五百里中,尚有捏造妖言,何况别省,想系佃农所造,欲租事瓦解,为赖租地耳。

(龚又村:《自怡日记》卷二十三。《太平天国》,第六册,第154页。罗尔纲、王庆成,桂林:广西师范大学出版社,2004。)

**【江苏省常熟县·同治三年十二月二十日】**余到古坟讨租,金家宅讨租。

(佚名:《庚申避难日记》。《太平天国史料丛编简辑》,第四册,第594页。太平天国历史博物馆,北京:中华书局,1962。)

**【江苏省吴江县芦墟胜溪·同治三年十二月】**初五日,自出门五十五日,诸俗务丛集。大儿筹画尚妥。租务,各家开限六折取租,按石缴饷八百七十文。是夜酌账户诸公。乙溪兄、慎翁表兄来谈,得悉租事一切章程。

初六日。晴,暖,东南风。早起,至限厅上略阅租簿,所收不过三成,今岁颇觉迟延。

初八日。租务日上,未能踊跃。

初九日。晴。朝上颇冷。饭后冰路渐通,还租者继至,在限厅上坐观而已……梦书自江[吴江]归,租饷已缴局,其收票[按:当指收租票,]仍未出清,约下埭,想不误事。

初十日。晴。终日在限厅上督看收租。

十一日。晴。终日收租五十余石。

十二日。晴,暖。是日收租寥寥,统计成色不过一半。开销颇大,甚费踌躇。

十三日。阴,似有变意。饭后收租,殊不踊跃……到家黄昏,租事甚无起色。

十四日。晴,颇冷。收租依然不能生色。

十五日。是日收租一百馀亩[?石]。头限截数,明日当转二限。(吉)[结]账二鼓后,统计六成。

十六日。晴,东北风。是日二限。午前,巳、染两圩来还租,因被灾之区,格外让米从宽,每亩二千收之。大富、分湖滩亦渐上限。明日属梦书到江[吴江]再缴饷捐。朗亭书清数,并吉[结]账,颇夜深。

十七日。阴,微雨即止,似有风雪意。终日收租寥寥。

十八日。阴雨终日。租务寥寂。

十九日。晴,风冷。终日收租三四户。

二十日。晴,东北风。终日收租二十馀石。

二十一日。晴。终日收租十馀石。

二十二日。晴。终日收租二十馀石……余处饷票千馀两串,约明年新租上。以票[按:当指饷票。]易票[按:当指收租票。]。

二十三日。风稍厉,晴。终日收租十馀石。

二十四日。晴朗。终日收租二十馀石。自昨日截数,已收之田,无论已清未清,登簿缴出。慎甫下午来,明日到江[吴江],即以物色二二及由单、账面托之,匆匆即去,云至三古堂安排一切。

二十七日。租米今夜(吉)[结]账,不过七成。夜酌账房诸公。明日回去,开岁开收,共约早日齐来。

二十八日。诸佃尚有来还租者,从权收之。老振与余会计均不精,颇形局促。

同治四年正月初三日。暇录尊堂、玉富各佃欠单,尚有四五成未还,不知何故迟延?大异未乱时人心。今岁不得不顶真些,然已拖欠,恐难一半起色。

初八日。暇录佃户欠单,不及一半。

初十日。上午抄欠单。

十一日。暇录欠单。

十二日。饭后抄录欠单。

十四日。上午开写欠单。

十九日。余暇则抄录田租欠单,草率蒇事,未识额租可免写否?

二十三日。是日始有还租。

二十九日。以缴租簿属朗亭补登。

三十日。今日贺家浜始有来还租米。

二月初一日。沈慎[甫]翁来拜年。留之便中饭,渠齿痛不饮。以欠单托渠到江[吴江]请开欠,[按:当指下文所说的租欠签单。]共四百五十六户。十六页又九户,每页二十八户。

初三日。账船已停,紧催为难。

初七日。仍雨,阴冷。春花大碍。租(风)[户]借端抗欠,奈何?

初九日。此月中租务难望。

十三日。明日命开账船。

十六日。慎甫自江[吴江]回,以租欠签单交余,约天晴举行。

二十一日。晴朗。上午,有吴江水利厅陈公来催租捐,衣冠见之。知邑尊在镇,约即去缴捐,并要看日收簿。余处一无隐漏。一茶后即至账房内,与之细阅。渠亦以为清楚,无可吹求,取条约期而去。午前,陪云汀小酌,大有醺意。下午,云汀回去。余至慎甫处,约明日到镇缴捐。

二十二日。晴,渐暖。饭后至东玲,载慎甫到芦川,即赴局缴数。二十二之前,一概缴清,取印收而回。

二十三日。晴,朝上大雾。是日交春分节。陈朗亭旧病复发,委顿之至。饭后送渠回去。日上要开欠追租欠,殊属不凑手,只好自办。

二十五日。日上欲开租欠,而还租者仍裹足不至,殊应[?]所望。

二十六日。晴,暖。上午,正欲抄文,适账房内有还租事,终日计论,颇嫌迟钝,甚矣,此道亦非熟谙不办。

二十七日。北风,阴,渐冷。终日静坐,还租寂然。

二十九日。晴,风仍尖寒。饭后正欲抄文,适范差秋亭自梨[梨里]来,即以切脚付彼,明日开追仰仙、陆启元,巧字圩顽佃。下午,略有还租,登账收。

三月初一日。上午，吉老账船来自梨里，所收有加，有不加，只好听之，无可切其究竟。大富始有来还租，明日要去差追。

初三日。迟仰仙来归吉[结]租欠，不到……闻邑尊在乡镇催捐，书差虎威颇猛，余处签单亦及。

初四日。大富一带始有还租，一一收之。下午始无事，拟即日自己誊清饷捐账。朗相回去，极不便当。新墨实无暇披阅。夜间誊捐租账。

初五日。大富今日略有还租。仰仙明日复朝，未识能进场否？

初六日。上午，巧字催子来归结租欠内账回去，外账船催，调度乏人，落肩殊觉草草。

初七日。上午，开租欠，未进场，约期再办，差友回去。

初八日。下午，录清租捐已还之户。

十一日。上午，大富顾佃开欠，进来完(吉)[结]，仍从宽收之。是日收数略多。下午，慎甫来谈，约十四日去缴捐。夜间录李辛垞文半篇，誊算租账。

十二日。终日风阻，还租绝无。

十三日。晴朗。饭后(吉)[结]算缴捐账，适签差复持朱符催缴。知府尊、江[吴江]令均在同里追催。吾乡一带，无不受胥役之扰者。此时光景，其猛厉倍烈于未乱之前，可叹。约期明日出缴而去。然以后租米万难起色，而追呼之声，仍恐不免，奈何？

十四日。阴晴参半。饭后，拟属梦书去征饷租捐。慎甫来谈，商酌未定，而邑尊又差持朱符专提余及两房，恶吏极狰狞，无声势，忍气受之。即同慎甫下午赴局，将已收之户照数完缴。委员陈公以邑尊之势，挟余到江[吴江]，勒令填清。余恐中其计，即允之。晚间到家，部叙一切，慎甫亦来，恰好同往，夜宿舟中。是日孙秋伊先生来，余为追呼所迫，不能叙谈衷曲，命大儿陪之终日。

十七日。晴，暖。朝行到家。上午，开欠归(吉)[结]者少，约期者多。梦书又他往，账房办事无人，殊属不能应手。

十八日。晴。朝行到同里，极早。即载慎老赴江[吴江]，到总房交洋而出。后邑尊回署，府尊回苏，此事即日收帆，特馀波万难当耳。茗饮良久，复至孟青处，照未收亩角减租，按钱划票，亏尽英豪锐气，如其所愿而止。

十九日。明日吉老同差船到南、北斗催租收取。虽叮属一番，然其心终难恃也。

二十日。晴。在账房收租两户。

二十一日。阴晴参半。在账房与佃户催甲论租，收大义船中开欠两户，尊字一户。

二十二日。南富来还租米。催甲叶庆龄颇为办事能干。

二十三日。终日收租寥寥。迟南、北斗账船未还。晚回，账情略可过去。

二十四日。属梦书至分湖滩同差船追租，未识能如愿否？

二十八日。账船同差船还。大富一带略有所收，然零欠极多。

二十九日。开欠差追，今日停止。计收账一成，然垫数万，难弥补。

四月初九日，晴朗。饭后有尊字佃理新旧租，从宽收之。

(柳兆薰：《柳兆薰日记》。《太平天国史料专辑》，第351—372页。上海：上海古籍出版社，1979。）

**【江苏省长洲县·同治四年五月】**

子范公祖大人阁下：

日昨曾以租捐一节，肃达寸函，谅邀青睐。顷间衹奉教言，令将代收之租，除已缴外，应找钱九百三十千七百六十一文，交差带回等因。惟核弟已缴各数，照七五折算，应找钱六百九十六千另七十九文，不符来函催缴之数。犹忆当时与贵友孙秋槎兄面议收数，诚恐折头过大，收数不足，无益于公，适以病农，因与再四谈定七五折收，方敢承担下乡收取。今即照此核算，其中各户尚多尾欠，赔垫业已不少。若照来函，势难应命。矧现届节间，应行开销之项，纷至沓来，一时实不凑手。可否仰乞宽期，至月杪设法备齐呈缴，不胜感感。附去抄账一纸察收。专泐，复请升安不一。

计开抄账一纸。

照来册应欠额米六百四十二石七斗九升四合，七五折，实米四百八十二石九升六合。除去在署收过各佃还米六十九石二斗七升二合，在乡应收米四百十二石八斗二升四合。[每石三百三十四文]，合钱一千三百六十二千三百十九文。二月初九日，付过本洋六百元[九六价]，合钱五百七十六千。四月初八，又米廿石，[每石四元七角]，合洋九十四元，计钱九十千另二百四十文，除去应找钱六百九十六千另七十九文。

（《徐佩瑺复县尊蒯子范》，五月三日。《双鲤编》，卷三。《近代史资料》总 34 号，第 88 页。北京：中华书局，1964。）

**【江苏省长洲县·同治四年四月】**按察使衔候选道徐佩瑺，呈为顽佃朦禀吞租，叩请并案集讯事：

窃职于上年捐缴田一千亩有零，内有坐落台治下十二都下九图据字圩官田五亩，额租米六石，佃户朱万丰，耕种多年。咸丰九年，朱姓将此田面，凭中杨德乾典于郑春帆种五周年为满，典价钱八千四百文，立有上下契两纸分执。十一年冬，郑春帆病故，伊子郑银福无力耕种，邀中将田面并上契退还，朱姓因年限未满，未还典价。其下契据云遗失，亦未还郑姓。同治元年，朱姓又将田面放于杨三和耕种，其田内郑姓所种春熟，亦系杨姓收取。二年冬间，杨姓又复退还。三年分，朱万丰既不自种，又未典出，以致田亩抛荒，田租无着。忽于冬间朦禀，此田已归郑姓耕种，意图狡赖。本年三月间，台差归松等两次拘提，复匿不面。因将伊图内经伙高茂椿解案着交。伊弟朱廷昌复从中贿嘱礼书方湘帆，朦禀经造催甲等串诈伊兄，致兄避匿不归。嗣因高茂椿在临顿路途扭朱万丰交差解案，伊弟又拦舆喊禀台差私押等情。窃思朱万丰若非情虚，何必避匿不面，反串伊弟贿嘱朦禀。既云被诈避匿，何以又被经伙在城扭解。显见朱万丰有意串吞图赖。伊弟朱廷昌自恃熟识书差，强自出头霸租，尤为骇异。至职栈历年收租，各佃繇单，向列原佃姓名，即使该佃典放别人耕种，业主总向原佃的名，派繇收租。惟该原佃已将田面绝卖他姓，邀同催甲到栈说明，方可换立户名。今朱万丰并未典放，又无绝卖等情，尤应循旧向朱收租，未便硬派郑姓代缴。

况赋从租出，租由佃完。以朱姓一户之租，朦禀归郑完缴，其事虽小，万一闻风效尤，业主收租种种掣肘，将来惟正之供，讵无关碍。此系接奉照会委办之件，用敢不揣冒昧，据实缕陈。仰乞公祖大人，俯赐饬提原佃朱万丰及郑春帆子郑银福，催甲原中人等，并勒提插讼朱廷昌，暨所控人等，吊卷并案，集讯察断，实为公便。上呈。

（《徐佩瑀呈即补直隶州知州署长洲县蒯明府》，四月二十日。《双鲤编》，卷三。《近代史资料》总34号，第86—87页。北京：中华书局，1964。）

**【江苏省长洲县·同治四年七月】**按察使衔即选道徐佩瑀，呈为顽佃吞租霸种，叩请饬差押刈事：

窃职佃户李文庆，承种职处坐落台治下十七都二十六图祖遗田一十三亩一分五厘七毫，计额租米一十五石有零，上年粒米未还，因于本年五月间具呈在案。蒙批饬令经保，另召接种。讵该佃贿嘱延搁，仍将应退田亩，恃蛮霸种。目下收获在即，若复听其自便，势必仍蹈故辙。不特新旧租米三十石有零，均归无着，并恐各佃闻风，相率效尤。为此情迫，呈请公祖大人俯赐察核，批差协同该经保由职处自行约数刈获，以儆刁顽，实为公便。再职处上年此项租捐，早经垫缴，合并声明。沾仁上呈。

（《徐佩瑀呈即补直隶州知州署长洲县蒯子范》，七月十五日稿。《双鲤编》卷三。《近代史资料》总34号，第93页。北京：中华书局，1964。）

**【江苏省长洲县·同治五年十一月】**按察使衔即选道徐佩瑀呈递亲供求请宪鉴：窃查萃丰系职六房胞侄源名下之栈名。胞侄年仅九龄，自遭难以来，分授祖遗家产，久经尽绝。母亲戈氏，垂念孤寡，因将己名下养膳田一千余亩给侄收租度日，租务俱由职等代为经理。本年职栈填写租由时，闻郡绅有议减租额之说，城乡远隔，未见明文。或言每石九八减收；或言照减赋之多寡，分别减租；或言重额以一石二斗一升为则。传说不一，无所适从。恭查定例内载，凡遇蠲免钱粮之年，将所免钱粮分作十分，以七分免业户，三分免佃户。雍正十三年十二月内钦奉上谕："蠲免之典，业户邀恩者居多，彼无业贫民，终岁勤动，按产输粮，未被国家之恩泽。欲照所蠲之数，履亩除租，绳以官法，则势有不能。其令所在有司善为劝谕，各业户酌量宽减佃户之租，不必限定分数，使耕作贫民有余粮以赡妻子。若有素封业户，能善体此意以加惠佃户者，则酌量奖赏之。其不愿者听之，亦不勉强从事。特谕，钦此。"恭绎之下，知减租之事，似可听凭业户酌减。是以酌量核减，填由发出，重额亦未过一石二斗一升之数。继闻郡绅所议章程，业经禀请大宪出示。惟职栈租由，早经发出，收回重造，势有不及。而大宪原恤佃力之至意，职又不敢不遵。因于收租时除照泰丰栈让限七升、让灾三升之外，多让四升，每石共让一斗四升。似此权宜遵减，租由虽与各栈两歧，减数仍无不合。在上宪未悉下情，致奉查问。而职实未敢上违宪示，下朘佃力。如以职为饰辩，未可凭信，应请饬吊萃丰栈租簿核对有无苛刻情弊，布算可得，断难朦混。再，萃丰栈管业不等则田一千二百七十亩五厘，原额租米一千三百六十石九斗六升九合，以绅议章程核之，约减去米七十余石。以职侄租由所减之数核之，约减去米五十余石。

再，除让限七升、让灾三升外，以每石多让四升核之，又减去米五十余石，两共减去米一百余石。核与绅议章程，固已有赢无绌。合并声明。兹奉提讯合具亲供是实。

（《徐佩瑶呈道衔即补府长洲县正堂蒯子范》，十一月二十七日呈。《双鲤编》卷四。《近代史资料》总34号，第98—99页。北京：中华书局，1964。）

**【安徽省·光绪初年】**安徽广德州，光绪初，每亩只能收到八十斤。江宁府“租息甚微”，每亩从白米一石减为几斗。

（沈葆桢：《沈文肃公政书》卷七，《江宁府拟酌减漕粮折》；《刘忠诚公奏疏》卷十六，《查实江苏各属荒熟田地报部折》。）

**【江苏省江宁·光绪二年】**[江苏江宁府属]力田之家，添雇客民，工本既大，花息尤微，从前每亩收米一石者，今只收谷一石。

（《刘坤一选集》，第一册，光绪元年奏。）

**【江苏省苏、松地区·光绪三年】**[江苏江宁府属]招募客民给以资本……费资多而交租少。大约从前每亩收米一石者，今则收稻百斤或七八十斤，碾米不能四斗。

（沈葆桢：《沈文肃公政书》卷七，光绪三年奏。）

**【江苏省元和县·光绪六年二月初十日】**元和县永禁私用大斛收取佃租及散给由单役费碑元和县抄奉钦命护理江苏巡抚部院谭，为出示勒石永禁事。照得苏省兵燹之后，业经奏准永减赋额，革除漕弊。无分绅民大小户，一律漕斛，挡平征收。所有业户收租，取于佃农者，亦应以漕斛为准，不得任意加增。乃近年苏省各业户收租之时，私用大斛，较之漕斛，尤为宽大。乡民终岁勤动，盈余无几，何堪受此侵削。又长洲等县，经造洒派银米由单，于乡间自业小户，每亩索费钱贰百文，厘毫必算，孤弱之家，需索尤甚。不则揹不给发，以致民无由单，柜书推诿，无从完纳，反受追呼。延至撤柜后，经造代完，勒加柜价差费，舟盘小民，不堪其累……为此示仰阖邑军民人等一体遵照。嗣后收取佃租，均即一律以漕斛为准，不得私用大斛，刻剥农民。并不准经造代完，勒加各费。其散给由单役费，亦着永远禁革，不准索取分文。如敢抗示勒索，准即指名禀究……本护院言出法随，勿谓言之不预也。凛之切切。特示遵。右谕通知。

光绪六年二月初十日示。

（江苏省博物馆编：《江苏省明清以来碑刻资料选集》。第262—263页。上海：三联书店，1959。）

**【江西省·光绪十年八月】**翰林院侍读王邦玺奏：民间光景既形萧索，幸遇丰年，谷石又苦不能得价。如有田百亩计，应收租谷二百五十石。按今时风土，虽值大稔之岁，至多不过收租八分，得粮仅二百石。如逢谷价极贱之时，每石只能粜钱四五百文，除匣金外，得钱不满百千，完纳丁漕需其大半，所留余以事父母、畜妻子者几何？不必有胥役之苛索而急公已觉吃力。

（《东华录》第六十四卷，第 8 页，光绪十年八月壬午。）

**【江西省·光绪年间】**［江西在太平天国革命后二三十年间，租额只从前的八九成，少的三四成，丰年足岁也收不到全租。］

（《光绪朝东华录》，总，第 1806 页。）

**【江西省雩都县·光绪年间】**［有的佃农］捎租不还。

（光绪《雩都县志》卷五《民俗》。）

**【浙江省乐清县·太平天国后】**顽佃欠租，所在皆然，惟我邑尤甚。

（光绪《乐清县志》卷四《风俗》。）

**【安徽省祁门县·1879 年至 1897 年】**［有的佃户租米］颗粒未交。

（转引自章有义：《明清及近代农业史论集》，第 113 页。北京：中国农业出版社，1997。章有义原注："此文系与刘克祥同志合撰，原题《太平天国失败后地租剥削问题初探》。承允收入本书，特此申谢。这里对个别地方作了修订。"）

### （二）奴仆星散

**【浙江省绍兴县·咸丰十一年】**遇李氏两内嫂，言："家为贼踞，奴仆星散，多被虏去者。"

（鲁叔容：《虎口日记》。《中国近代史资料丛刊：太平天国》，Ⅵ，第 793 页。中国史学会编，编者：向达、王重民等，上海：神州国光社，1952。）

## 二、生产关系方面的表现

### （一）土地占有状况的变化

**【江苏省苏州城内·同治初年】**从善后局清理房屋地基，各业户给照为凭，如至今未据领照，即系无主荒地。

（丁日昌：《抚吴公牍》卷五，第 7 页。）

**【江苏省苏州城内·同治初年】**乃因民房经贼改造，而概以充公，不为公允，乃议给民价买，或按月付租。

（丁日昌：《抚吴公牍》卷十，第 1 页。）

**【浙江省汤溪县·同治初年之后】**自发贼之乱，富室多中落，田易佃为主，自有而自耕之者十且七八。

（民国《汤溪县志》卷三，第49页。）

**【安徽省庐江县·同治三年至光绪十一年】**［产权的集中与分散：］旧志称庐民勤稼穑而多殷富，富户不为商贾，有余资则占田招客户耕种，于是有东佃之目。自经兵燹，十室九空，田归富户，富者益富，贫者益贫。

（卢钰等：光绪十一年《庐江县志》卷二《风俗》，第4页。）

**【浙江省杭、嘉、湖、严等地区·同治至光绪初年】**［客民］迁入年稍久者，多有积资，置田产以养子孙。

（陶成章：《浙案纪略》。）

**【安徽省石埭县·同治三年】**时家中田价极贱，每上田一亩，不过洋钱一二元。稍有力者，置之以居奇。

（苏虞廷：《流离记》。）

**【江苏省华亭县·清初至光绪】**国初，顺治辛卯米贵，每石至四两。康熙丙午大熟，斛米二钱。己未米贵，每石二两四钱。乾隆戊辰米多腾贵，石麦三两，斗米二百文。壬申大熟，斗米不足百钱。己亥米贵，斗米二百文。丙午米贵，每亩［？石］至五百六十文。道光癸未，水灾，斗米亦五百六十文。旋因川米接济，米价渐平。己酉水灾，斗米百文。至同治壬戌秋，粤匪初退，田多荒弃，石米竟至一万三千五百文云。

田之价值，下乡之膏腴者最贵，以粮较轻而易租易得也。然三十年前亩值七折钱五十两者，及嘉庆甲戌歉收后，已减十之二三。自道光癸未后，则岁岁减价矣。癸巳冬，此等田欲以易钱十千，无受之者。等而下之，有亩原易千钱者，则尤难去之耳。此业户买回之价，俗云田底是也。又有田面之说，是佃户前后授受之价，亦视其田之高下、广狭、肥瘠以为差等。向来最上者一亩可值十余千，递降至一二千钱不等。若村落稠密，人户殷富，进水出水便当，即下田亦如上田之值。惟田亩狭窄者，虽田脚膏腴，而农民多恶之，不愿承种。至近今三年弃田赖租抛荒者众矣，奚暇计及田面哉。［姜皋：《浦泖农咨》案。］漕田价至咸丰年为最贱。自同治初赋减米贵，价渐增焉。惟地方蹂躏较深，村落凋敝之处，田价仍贱。若滨海折田价，向亩值三四十千者，今仅止十余千。至田由乡间佃户接受者曰顶种，佃户退业另招者曰招种，其价全视村落之盛衰以为准，谚云"田落富家村"是也。田的贵贱亦系之。今岁非丰而米仍贱，至有召价亩需千钱而无承种者，农贫益可见矣。

（光绪《重修华亭县志》卷二十三《杂志》。）



**【浙江省西部·道光至光绪后期】**看到像这样的一个得天极厚的谷地，只住着这样少的人，而这些人又都是这样的穷，这是一个使人惊异的现象。变乱[按：指太平天国。]以前，田地值四万文一亩，现在则只值一千文。眼看着土地要被一些有钱的人收买了去。

(Richthofen：Tagebücher aus China 李希霍芬：《旅华日记》卷下，第58页，1907。见李文治：《中国近代农业史资料》第一辑，第176页。北京：三联书店，1957。)

[按：人少地多，地价下降与有钱人集中地权。]

**【江苏省清河县·同治至光绪初年】**前河南候补知府李会文有湖滩地十四顷，在清河县境内，让与该省[广西右江道兼袭云骑尉张汝梅]耕种，借得菽水无缺，每年除完官租、食用外，仍有所余，陆续又添购湖田熟地三十余顷，草地七十余顷，起有集市、土房，皆频年余款所增置。光绪二、三年间，豫省旱荒，来就食者不下三百余人。该道均留养于湖地之内……道奉亲事毕，服阕后，仰荷圣恩，简放广西右江道，岁入廉俸足养眷属……且田地不在本籍，请将所置清河县境内之湖田、草地约共一百余顷，捐入清河、山阳两县书院膏火并育婴堂经费……该道所捐地亩，现实价值约三万余串，每年所收地租约三千串，历年耕管完纳官租无异。现以该处窎远，各佃户五方杂处，乏人照料，情愿捐作地方费用。

(马丕瑶：《张汝梅捐田立案折》。《马中丞遗集》卷二，第47—48页。)

**【光绪八年二月己丑】**[御史张鸿远奏：]豫省前遭奇荒，民间卖田存活。经涂瀛奏明，凡荒年所置田产，准其一律回赎。民间多因赎地兴讼……请饬一律禁止[回赎]。

(《清德宗实录》卷一百四十四，第2页。)

[编者按：土地买卖中回赎制度减少，有利于土地流转。]

**【江苏省上海县·光绪二十二年一月庚申】**[外国人买土地，]署两江总督张之洞奏，严禁上海洋人于租界外侵占地址，民间亦不得以界外地私行卖与洋人，以收地利而保政权。

(《清德宗实录》卷三百四十八，第8页。)

**【光绪二十二年十二月】**翰林院侍读陈秉和奏：同治四年法国使臣与总理各国事务衙门定议专章，教堂买地，本无报明地方官字样。所以出现洋人爱某处房宅，其人不卖，则寻一无业奸民，指为已物，卖与洋人，并串通书吏，窃印文约，洋人即据为已有，驱逐业主，地方官不敢科以盗买盗卖[之罪]。

(《东华录》卷一百三十八，第17页。)

**【浙江省·光绪二十四年五月一日】**谕军机大臣等：电寄刘坤一，法领事强索四明公所义地，至以炮兵胁拆围墙，并调兵炮。而宁波人传单罢市，事机甚迫，势恐莠民藉端滋扰，酿成巨案。着刘坤一、奎俊，飞饬派出各员，一面向法领事切实劝导，就宁人可让之地，允助建屋等费，和商息事。一面严饬文武各员，实力弹压商民，务令静候议办，毋任恃众衅寡，以遏乱萌。

(《清德宗实录》卷四百二十一,第2页。)

**【光绪二十八年九月】**[盛宣怀奏:]近来各国谋办矿者,游历内地,或以教士出名,或以华人出名,购得各省矿地已属不少,甚有一洋人而购得数十矿者。

(《东华录》卷一百七十六,第8页。)

**【湖北省武昌·光绪二十八年九月二十五日】**湖北省城北武胜门外,直抵青山滨[江]一带地方,与汉口铁路码头相对……近年洋行买办,托名华人,私买地段甚多。

(张之洞:《收买通商场地亩折》。赵德馨主编《张之洞全集》第四册,第73—74页。武汉:武汉出版社,2008。)

**【光绪二十九年闰五月乙未】**[出使比国大臣杨兆鋆奏:]近年来增设通商口岸,洋商教士来者尤众,纷纷购买地亩,或造市廛,或建教堂……民基以契为凭。兵灾以后,地荒无主者多,狡黠之徒,立私契以愚外人,执此契而指彼地,影射为奸,不可究诘,二也。口岸一经通商,地价骤昂,奸民辄假名洋人以贱价预购多地,辗转相售,藉以渔利,遇有轇轕,恃洋人为护符,欺压贫民,官办棘手,三也。

(《清德宗实录》卷五百一十七,第10页。《东华录》卷一百八十,第11页。)

**【安徽省芜湖县·光绪末期】**府君[按:指周馥。]感其[按:指周馥妻吴太夫人。]谊,乃就芜湖万顷圩购田二千亩为义庄。

(周学熙、周学渊、周学辉:《[周馥]行状》。周馥:《周慤慎公全集》第一册,第49页。)

**【直隶省·1880—1922】**

**直隶省滦县一地主历年买地的地契件数及地亩面积分组统计**
**(1880—1922)**

| 年 代 | 1—5亩 | | 5.01—10亩 | | 10.01—20亩 | | 20.01—50亩 | | 52.35—172亩 | | 合计 | |
|---|---|---|---|---|---|---|---|---|---|---|---|---|
| | 件数 | 亩数 | 件数 | 亩数 | 件数 | 亩数 | 件数 | 亩数 | 件数 | 亩数 | 件数 | 亩数 |
| 总计 | 158 | 493.622 | 137 | 977.201 | 73 | 998.719 | 41 | 1 302.608 | 13 | 1 210.870 | 422 | 4 983.143 |
| 1880 | — | — | — | — | 2 | 26.281 | 1 | 29.709 | — | — | 3 | 55.990 |
| 1881—1885 | — | — | 5 | 41.844 | 1 | 15.022 | 8 | 260.865 | 2 | 164.328 | 16 | 482.059 |
| 1886—1890 | — | — | 1 | 9.740 | 4 | 45.097 | 2 | 85.586 | 2 | 139.332 | 9 | 279.755 |
| 1891—1895 | 19 | 61.460 | 29 | 213.960 | 14 | 211.447 | 3 | 102.120 | 4 | 351.578 | 69 | 940.565 |
| 1896—1900 | 5 | 19.774 | 5 | 37.339 | 4 | 51.700 | 1 | 30.263 | — | — | 15 | 139.076 |
| 1901—1905 | 5 | 15.940 | 14 | 107.020 | 15 | 219.013 | 12 | 360.255 | 3 | 378.228 | 49 | 1 080.456 |

| 年代 | 1—5亩 | | 5.01—10亩 | | 10.01—20亩 | | 20.01—50亩 | | 52.35—172亩 | | 合计 | |
|---|---|---|---|---|---|---|---|---|---|---|---|---|
| | 件数 | 亩数 | 件数 | 亩数 | 件数 | 亩数 | 件数 | 亩数 | 件数 | 亩数 | 件数 | 亩数 |
| 1906—1910 | 58 | 187.467 | 36 | 250.786 | 11 | 123.941 | 7 | 218.476 | 1 | 52.350 | 113 | 833.020 |
| 1911—1915 | 35 | 104.405 | 16 | 105.968 | 9 | 121.172 | 3 | 80.785 | — | — | 63 | 412.330 |
| 1916—1920 | 34 | 97.185 | 30 | 205.340 | 13 | 185.109 | 4 | 134.549 | 1 | 125.054 | 82 | 747.237 |
| 1921—1922 | 2 | 7.391 | 1 | 5.264 | — | — | — | — | — | — | 3 | 12.655 |

资料来源：据中国科学院经济研究所藏，直隶滦县开平镇"利合堂地亩老帐"编制。

[编者注：利合堂主人姓刘，兼营商业。从1880年到1922年，该堂购买土地，以契约件数计，共为422件；以田地面积计，共为4 983亩。每件契约上所载的地亩面积，最小者不满五亩，最大者在五十亩以上。本表即系按照这种契约面积分组统计而成。]

（李文治：《中国近代农业史资料》第一辑，第177页。北京：三联书店，1957。）

**【直隶省·1880—1922】**

**直隶滦县一地主历年买地契约件数的季节分配**
**1880—1922年**

| 年代 | 正月 | 2月 | 3月 | 4月 | 5月 | 6月 | 7月 | 8月 | 9月 | 10月 | 11月 | 12月 | 合计 |
|---|---|---|---|---|---|---|---|---|---|---|---|---|---|
| 总计 | 20 | 95 | 51 | 24 | 6 | 22 | 2 | 4 | 10 | 12 | 84 | 92 | 422 |
| 1880(光绪六年) | | | | | | | | | | | | 3 | 3 |
| 1881—1890 | 2 | 2 | | | | | | | | | 16 | 5 | 25 |
| 1891—1900 | 1 | 13 | 19 | 1 | | | | | 2 | 6 | 18 | 24 | 84 |
| 1901—1910 | 7 | 59 | 23 | 17 | 4 | 19 | 1 | | 2 | 3 | 14 | 13 | 162 |
| 1911—1920 | 10 | 21 | 8 | 6 | 2 | 2 | 1 | 3 | 6 | 3 | 36 | 47 | 145 |
| 1921—1922 | | | 1 | | | 1 | | 1 | | | | | 3 |

资料来源：据中国科学院经济研究所藏，直隶滦县开平镇"利合堂地亩老帐"编制。

（李文治：《中国近代农业史资料》第一辑，第178页。北京：三联书店，1957。）

**【江南·1869年】**江南的农村，大批佃农参加了太平军，经过清军的火烧大杀，造成人口零落，土地荒废。由于劳动力的减少，一方面既存的地主，因垦种乏人，田地荒芜，而负担粮不少，有田无益，大多贱卖，上等的每亩值三四千文[约合白银二两，或谷一担]，中等的一二千文，山圩田地水旱可虞的仅止数百文。在此情况下，大地主减少，少数农民贱价买受荒田,成为私产。另一方面清政府为了维护税收和稳定社会秩序,不得不以招垦荒田为要务。故1869年两江总督马新贻在给皇帝的奏折[见马新贻奏议卷七:《招垦荒田酬议办理章程折》。]中说:江南地方虽经五年的设局招垦,但荒田还占十分之五六,主要是因佃农稀少。因此在他建议的招垦章程中规定:(一)凡未垦荒田,原主到次年十二月尚未认业,即作无主论,听官招人开垦,如已招垦成熟,原主始出告争,虽有契据亦不准理;(二)无主的田,招人认垦,官给印照,永为世业。当时无主田是不少的。

(罗尔纲:《太平天国史事考》,第196—199页。北京:三联书店,1955。)

**【土地改革时江苏南部各地的土地集中情况:】**苏州、上海、镇江与南京四地比较,镇江土地很分散,南京相当集中,苏州和上海的土地则很集中。

(罗尔纲:《太平天国史事考》,第195页。北京:三联书店,1955。)

1. 学田、义庄田、祭祠田、寺院田等民间公产与官田的变化

**【广西省桂平县·道光三十年至同治六年十月】**查复浔阳桂邑两书院田租记

慨自近岁边警浸剧,武备日张,当事者急其所急,势有不暇兼营。故道光庚戌以后,其膏火田租日就短缺。洎乙卯之变,浔垣失陷,其田遂半为奸细隐匿,又或为居民占据,租谷因以俱乏,几乎毡亡毛存。辛酉秋,天兵南下,克复浔垣,当戎马倥偬之际,前署太守覃公远琎投戈讲艺,慨然以兴复书院为己任,每月取列生童肆业课文。然当艰难甫定,虽时给奖银,而膏火额数实十不获五。越三年,余自宕昌移权桂篆,按照前章,每月课士,计其膏火资息,甚属渺渺,心殊悯之。于军书旁午之暇,细询邑绅,然后知其田产谷石欺隐侵占为数甚巨。爰派真实公正绅士张世珍、蔡长年、黄炳筠等,各诣社坡、水柳、蒙墟、拆岭等处认真查核。余旋亲(底)[抵]该处,集佃于庭,以理谕之,以法律之,随令各佃将田坵点清,并丈量绘图而襄事。诸绅虽经严风积雪,亦不辞瘁,而后其田之被隐占者渐次查复。所难查究者十中间有一二。惟其田租均照原额折价升收。历数阅月始克卒事。今以后,缺者补,亏者完,而吾邑中俊秀,幸诵习之有赖,将尽解弓剑而谈诗书,庸知中陵菁莪,不藉盈尺之脂膏,愈征蕃茂,满门桃李,不缘十分之润泽,倍见生成耶。然书院,向有斋舍,已遭兵燹,余方欲于黉宫峻事后,重谋修葺,不意卸篆在迩,未克终举,是又在后之莅斯土与邑中之好义者矣!兹查复田租,时际多故,恐有遗失,将述颠末而勒于石,因弁数言于左。时同治六年丁卯初冬,升署太平府知府,署桂平县事徐延旭命邑人黄炳筠代撰,邑人张秉燧熏沐书丹。

(《太平天国文献史料集》,第351—352页。北京:中国社会科学出版社,1982。碑现存桂平县文物管理所。)



**【江苏省常熟县、昭文县·咸丰至同治年间】**梅里书院在镇之西街……计则粮田一百四十二亩六分五厘。董事经手收租。又存交信东,玉成两典七折钱三百两,利一分六厘取

息，以为师生膏火。咸丰年间，又增置田十八亩零。自粤匪来，两典存项无遗，膏火亦资租息。同治八年，于书院复立义学，亦募捐田三十余亩，以资经营。

（夏冈纂新修《梅李小志》，抄本。）

**【江苏省·同治年间】**［江西丁忧补用知府王守向丁日昌提出，籍册失佚，所报田亩，显有隐漏，清丈是做不到的，建议］无论荒熟未报，期以一年自陈，免究。再一年，许该族人代报，即以其田作为该族醮田。无族者，许该村代报，即以其田作该村社田。隐漏之户，仍按律痛惩。

（丁日昌：《抚吴公牍》卷十二，第2页。）

**【江苏省丹徒县·同治三年至光绪五年】**［丹徒县恤嫠会，原在］菱塘、乌庄山田一百三亩六分八厘七毫……迨咸丰寇乱后，佃多死亡，田皆荒废。同治间，先后召垦，仅成熟田三十余亩，每年秋季如果丰收，可收租钱十千文。

（光绪五年刊《丹徒县志》卷三十六《尚义》。）

**【江苏省无锡县、金匮县、太湖厅·同治七年】**《饬令封闭锡、金、太湖等处尼庵》。［因其］卖俏诲淫……所有屋宇租石，一概归入义学。

（丁日昌：《抚吴公牍》卷三十，第1页。）

［编者按：计无锡有城内六庵，金匮有城内一庵，城外二庵，洞庭东山二十余庵。尼庵田归义学。］

**【江苏省扬州·同治七年】**扬州城北关外有重宁寺、慧因寺于雍正、乾隆年间，经淮商黄二德等捐资创建，招僧住持。两寺共布施田地一万余亩。遭兵灾之后，殿宇倾颓，重宁寺僧海云现仅师徒三五人，慧因寺仅师徒二人，坐拥多田，殊失昔日布施善意，况前经御史陈各处寺院，自遭兵灾，毋庸重建，钦奉谕旨饬旨在案……况自兵灾之后，僧徒大半还俗，今仍有如许良田，动人觊觎，无赖之徒，势必广邀不耕不织之民，多入无父无君之教，亦非尝非人心风俗之忧也。除该二寺有余田亩，业已另牍请充善举外，此外倘有似此田多僧少之寺，亦可一律拨充书院及各善堂经费。但董事务须选择得人，方免仍归中饱，否则供董事之挥霍与供僧徒之挥霍厥咎等耳。

（丁日昌：《抚吴公牍》卷二十六，第2—3页。）

［编者按：太平天国毁寺观，驱逐僧尼，寺观的田产无人管理，成为无主的物业。太平天国之后，丁日昌等人将其改为学田或善堂田产，民间共有土地结构因此有了改变。］

**【江苏省江阴县·同治八年】**以庙产提充义学经费，果能董理得人，滴滴归公，是化无用为有用，于地方原有裨益。惟此项田亩，本为人所觊觎，一经拨作公产，侵吞隐占各弊，往往相缘而生。从前各处善堂田产，此时尽归乌有，其明征也。现议拨产充公或以倡义始而以渔利终,饱董事之橐,与饱缁流之橐何以异?

(丁日昌:《抚吴公牍》卷四十一,第9页。)

**【江苏省沛县·同治八年】**以衍圣公祀田坐落江苏沛县,缺额二千余顷,曾于同治八年,经前两江总督曾国藩拨补入官,每年代征租价制钱一百四十四千,听候委员守提。

(《东华录》第一百二十三卷,第2页。光绪二十年十一月丙子。)

**【直隶省·同治十三年】**有人奏,直隶乐亭县知县王霖……藉修道差徭勒派民钱,令书吏盗卖官地。

(《清穆宗实录》第三百六十九卷,第10页。同治十三年十月癸亥。)

**【安徽省·同治后期至光绪二十二年】**[巡抚福润奏:]溯自发捻削平,已三十年,地利所在,人争趋之,岂有任其抛荒之理。皖北间有土硗薄因而废置者,皖南间有地旷人稀未尽垦种者,其内皆确有荒数。兵灾后,鳞册既失,版籍不清,绅族豪宗,交相侵占,以多报少,以熟报荒,地方官明知之而不敢过问,平民习见之而相率效尤,积而复多,官恐激而生事,未收核实清量之效,先蹈办理不善之咎,亦遂隐然不发。

(《东华录》第一百三十三卷,第7页。光绪二十二年三月己未。)

**【湖北省·光绪初年】**军屯田地额不断减少。[原额75 663.142亩,实在成熟田70 433.71亩,乾隆五十五年实额70 270.178 333亩。]

(英启:光绪《黄州府志》卷八《赋役志·军屯》。)

**【四川省成都·光绪初年】**成都将军恒训等奏……派员丈出[马厂]新垦各地一百余顷,应征租银五百余两。

(《清德宗实录》第一百二十七卷,第9页。光绪七年二月甲辰。)

**【安徽省宿州·光绪二年】**周田畴,字沛然,宿州人。咸丰间,巡抚周天爵致戎幕……办宿州团练……保知府赏加道衔……光绪二年,捐田四十一顷八十七亩入书院。

(魏家骅等:光绪三十四年《凤阳府志》,卷十八,第31—32页。)

**【江苏省常熟县、昭文县·光绪四年至二十九年】**[光绪]四年,绅士苏文海、杨汝孙等呈由,常熟县知县汪详准,将鹿苑至黄泗浦沿江一带漕田复涨滩地,除已拨崇德堂、鹿苑书院等九百八十亩外,其余概归本邑备荒之用。自十二年分起,陆续围筑德善、四善……各圩及乌沙港塌,共三十二起,计滩塌田三千零七十四亩三分八毫。每亩由佃承缴滩面洋钱五元,自行围筑耕种,租额岁收钱四百五十文,塌田减半。二十九年,经省委清丈升科完粮,名备荒公产。由佃每亩增租钱五十文,又脚捎钱二十文。[此项田租由城绅总理稽核,所有召佃、围筑、收租,均由官专派乡董经管。]嗣又围筑……各圩,及义善、正善两圩外塌,计滩塌田三百二十七亩八分七厘六毫。

(光绪《重修常昭合志稿》卷十二《蠲赈》,第16—17页。)

**【直隶省·光绪前期】**再,前准镶红旗汉军都统奏明,候选道王海先后建设义学八处,以六处归顺天府派员经理,并将所捐自置旗地红白契纸、祖遗圈地图书印册,并六处义学房间、契纸、家俱等项,及实存租银二千一百两,一并呈出交代……臣等查该绅王海呈出前项地亩,坐落涿州、良乡、房山、固安四州县,共旗地一百七十九顷零五分七厘,每年应征租京制钱一万一千一百六十千零一百二十六文,向于九月间收租。今既归官经理,自应先行带同该绅原取租之人分投对地对佃,方归核实。

(周家楣:《期不负斋全集·政书六》,第38页,《职官捐置义学租产派员经理片》,光绪十年。)

**【两江、两湖·光绪年间】**刘坤一、张之洞奏:查各州县大率皆有充公之田,私垦官荒,并未升科之地,及原主久亡,契处[?据]久失,地棍冒认,争讼不休之业,此类各项田地,若认真清查,一州县至少亦有数十顷。

(《东华录》卷一百六十九,第18页。光绪二十七年八月癸丑。)

[编者注:这指出了官地田亩统计数比实际数小得多。]

**【四川省成都·光绪五年】**成都驻防马厂地亩,自光绪元年由扎朗阿承管,任领承种民人积欠租米至六百余石之多,且有私葬坟茔,私相顶种等弊。

(《清德宗实录》第九十六卷,第18页,光绪五年六月癸丑。《东华录》第二十九卷,第10页。)

**【江苏省·光绪十年】**古之田值贵,故寻常小康之家不得而有之……今亩止一二十贯,又群惩粤寇之乱,金宝庐舍转瞚灰烬,惟有田者岿然而独无恙,故上自绅富,下至委巷工、贾、胥吏之俦,赢十百金,即莫不志在良田。然则田日积而归于城市之户,租日益而无限量之程;民困之由,不原于此乎!

(陶煦:《租核》,第6页。)

**【江苏省苏州·光绪年间】**吴县建诵芬文庄,汪廷枏捐田一千余亩。

(民国《吴县志》卷六十六下《列传》。)

**【直隶省·光绪十四年】**李鸿章奏:直隶省属八项旗租地亩,科则过重。旗租地本与民粮处处毗连。民粮地亩征银在四分八厘以下十居八九,在四分八厘以上者十仅一二,并有每亩只征数厘者，旗租地每亩须征银八分至二钱一分。虽民粮地皆有差役，旗租地不尽有差徭，但原定科则过重，地之所出，不足应上供之需。且民粮地弓尺较大，或以亩半作一亩，或以数亩作一亩。故自嘉庆年间加重州县经征处分以来，小民惧严刑比追，往往弃地逃避，为人侵占；或反出资推租与人，惟求不再承佃，冀免后累，甚有捏报无粮黑地及自置产，朦混升科者。因科则过重，遂致相率为伪，已数十年于兹。近以地方凋敝，官累日深，垫办不起……且直属地亩，本无鱼鳞册可稽，民间又扶同隐匿，究竟侵占及捏报开科之地，各在何村何里，一时无从追查。

（《东华续录》第八九卷，第21页。光绪十四年六月。）

**【直隶省·光绪十六年】**李鸿章奏：缘顺直两次，旗圈地亩，迷失多年，无粮无租之地，遂于接陌连阡。自旗民交产两次弛禁以后，民间私相典卖，规避失科，既不向旗人纳租，亦不向州县完粮，殊不成事[体]。推原其故，半由刁民骩法贪利，半由报官勘丈吏胥留难需索，是以相率隐匿，粮多缺额。光绪十三年三月户部奏定顺直各属议租议赋章程，声明若不因时制宜，赶紧清理，恐畿辅数千顷公私地租赋尽归无着。[数月以来]各属绅民首报颇形踊跃，共计开科地三千余顷，俱已遵章议粮，先后报部核准，为数十年来所无之事。其中大半系旗民交产，未经弛禁以前，民人价买旗业，从未报税纳粮者；亦有不知来历，向无粮租者；又有因地无主，久讼未结，不能完粮者。

（《东华录》第九十七卷，第21页。光绪十六年闰二月。）

**【福建省·光绪十六年十二月丙寅】**福建台湾巡抚刘铭传奏，全台田亩，清丈完竣，年额征银五十一万二千九百六十九两零……加官庄租额银二万八千余两。

（《清德宗实录》第二百八十二卷，第5页。光绪十六年十二月丙寅。）

**【浙江省·明清】**民国《乌青镇志》住所记公产

褒忠祠。康熙六年置。祀田17亩。（卷十四，页13）

车溪神庙，永乐九年建，同治元年修。（页14）

正法庵，崇祯九年置，产30余亩。（页15）

土地神祠，同治十年捐田1.6亩。（页17）

石汇义渡，9.2亩。（页31）

泽罡庙，嘉靖初。3.6亩。（页38）

青莲庵，乾隆四十七年有田38亩，地3.2亩。（卷十六《寺观》页17）田在震泽县，后无查考。只剩庵旁余地约4亩。

密印寺，乾隆八年续置饭僧田15亩7分。（页20、22）

寿圣塔院，18亩+38.7亩，22.7亩，通共84.63亩。

十六观堂，田400亩，茅荡360亩。以上皆董志，即乾隆以前的。

安济婴堂

钱宏生以 2 万金创办(光绪间)

并捐田 10 亩　地 4.55 亩

| 田 | 地 |
|---|---|
| 4.4 亩 | 0.46 亩 |
| 6.2 亩 | 3.00 亩 |
| 13.5 亩 | 6.00 亩 |
| 6.6 亩 | 1.17 亩 |
| 0.86 亩 | 1.00 亩 |
| 5.4 亩 | 0.6 亩 |
| 0.66 亩 | 0.6 亩 |
| 2.76 亩 | 4.8 亩 |
| 1.6 亩 | |

蒋家桥抚婴堂的田地

17.7 亩+13.6 亩+2.2 亩+1.7 亩+64.2 亩+23.2 亩+33.7 亩+43.6 亩=199.9 亩

义冢 8.55 亩,价 32 916 文。同治八年,则每亩为不足 4 000 文。(卷十八,页 23)

(民国《乌青镇志》卷十四、十六、十八《寺观》。注:田亩数字经编者整理。)

**【江苏省元和县周庄·光绪初】**全福寺,饭僧田七十余亩。

(陶煦:《周庄镇志》卷三《祠庙》,第 4 页。)

**【江苏省元和县周庄·光绪初】**永庆庵,常住田五十余亩。

顺治年间又增置庙田若干。

后田亩断尽,无力接众。

(陶煦:《周庄镇志》卷三《祠庙》,第 10 页。)

**【江苏省元和县周庄·光绪初】**清远庵,有常住田若干。

雍正时增加田亩,“倍增”。雍正至乾隆中减少十分之七。乾隆中增置常住田,共二十余亩。呈诸官长钤印给示,遍告里中护法。

(陶煦:《周庄镇志》卷三《祠庙》,第 14—16 页。)

**【江苏省元和县周庄·光绪初】**万寿尼庵,雍正七年,卖常住田十亩,得六百七十余金。

乾隆十年,置青[浦]邑田十三亩有奇,作常住供佛饭僧之用。

(陶煦:《周庄镇志》卷三《祠庙》,第 21 页。)

**【江苏省元和县周庄·光绪初】**宁庆庵,旁有隙地数亩,可种菜蔬,守庵者资法鸟。

(陶煦:《周庄镇志》卷三《祠庙》,第 22 页。)

**【江苏省元和县周庄·光绪初】**［瑞福尼庵］因近米市，抽捐较易，道光咸丰间屡经修葺。

（陶煦：《周庄镇志》卷三《祠庙》，第 21 页。）

**【江苏省元和县周庄·光绪初】**报福庵□祐，置田一亩二角，张某助租五石，田三角（?分），至宝祐间，买坍田，凿池栽藕，道众力勤耕耨。

（陶煦：《周庄镇志》卷三《祠庙》，第 23—24 页。）

**【江苏省元和县周庄·光绪初】**［思敬庵碑文上有］众姓助田之数。

（陶煦：《周庄镇志》卷三《祠庙》，第 25 页。）

**【江苏省元和县周庄·光绪初】**石神庙，有田若干。

（陶煦：《周庄镇志》卷三《祠庙》，第 27 页。）

**【江苏省元和县周庄·光绪初】**福神庵，先有田六亩有奇，更增若干亩。

（陶煦：《周庄镇志》卷三《祠庙》，第 29 页。）

**【江苏省元和县周庄·光绪初】**崇善庵，同治间置常住田九亩有奇。

（陶煦：《周庄镇志》卷三《祠庙》，第 30 页。）

**【江苏省元和县周庄·光绪初】**净土庵，圩田六亩。

（陶煦：《周庄镇志》卷三《祠庙》，第 31 页。）

2. 自耕农在农户中所占比重上升

**【江苏省、浙江省·同治、光绪年间】**战后自耕农估计有所增加，一是开垦无主荒地，但不是主要的；二是在战后地价贱落时，某些农民买入土地。江宁府和镇江府有此情况，金坛有的地区两斤大麦或一只鸡可换到一亩土地，八百文可买一亩土地。［一九六一年调查。］

（茅家琦：《太平天国革命后江南土地关系试探》。《新建设》1961 年 12 期，第 55 页。）

**【浙江省桐乡县·光绪初年】**周历四乡，凡邑属十四都区无不到。到则引其乡人而问之，佥言差保浮收是实。惟大户之有力者，能于二三月春征时先完，则仅需二千二百八十；而小户之仰给蚕收以完丁银者，皆不能不听命于差保。而微有异者，塘北六都区，塘南之七、八都区、二十九都区，皆收至二千七、八、九百不等，而塘南之五、六都区，则仅有收至二千三百，极多四百止矣。佥称果得贤父母，准其自封投柜，无不踊跃输将者。但数十亩以上之户，尚可并力至城完纳，而十亩以下之零星小户，统邑计之，殆无［虑］万万数也，势不能勒令到城。

（严辰：《桐邑征银刍议》。光绪十三年《桐乡县志》卷六《新政》，第9页。）

**【直隶省故城县·光绪初年】**人情惜财益甚，俭啬成风。有余资必增田，而户鲜盖藏，起家皆由锱铢积累。从前间有巨室，今则田过三十顷者指不数屈也。

（范翰文等：光绪十一年《故城县志》卷四，第29页。）

**【浙江省桐乡县·光绪前期】**善后局兼办米捐局……每亩收捐三百文，以济海塘要工……塘北从二十亩起捐，塘南从十亩起捐……于收足二万串后，即予停办。

案：严辰上抚藩两宪禀呈：伏查桐邑米捐，现虽办至一万数千，而民生困苦，惨被追呼，不能不为执事渎陈之，以代数万穷黎请命。窃以桐邑塘北一带，上年春间惨遭湖贼焚掠，民不聊生……特与王令商定章程，塘北从二十亩起捐，塘南亦从十亩起捐。盖因塘南虽未被兵灾，而收成歉薄，故亦使之同邀宽典……初意以为二十亩、十亩以上之户，尚可有力完捐，劝办较易。乃自腊月初开局以后，完者寥寥……至于本邑大户，田有千亩、数百亩者，早经辰等将清单开送王令，并自行劝缴，已十得八九矣。

（严辰等：光绪十三年《桐乡县志》卷四，第13—14页。）

［编者注：对这条资料，有两种分析。一种是李文治的，他认为：一、桐乡户口，道光十八年为六八，一五一户，三二七，一二五丁口；同治十二年为五〇，五五七户，一一四，二七三丁口。二、桐乡田亩，同治四年以后，十二年以前，为田四三〇，九七八亩，地八三，五三九亩，山三七九亩，荡一，三四六亩。由上列资料，可做出以下之推论：一、纳捐章程："塘北从二十亩起捐，塘南从十亩起捐"，可知塘北从二十亩以下，塘南从十亩以下，皆不起捐。二、纳捐章程又规定：每亩收捐钱三百文，共收捐钱二万串文。由此可以推算：纳捐亩数应为六六，六六七亩。即以三百文除二万串文所得。三、该县除去地、山、荡不计外，仅田亩一项已有四三〇，九七八亩。由此数减去纳捐亩数［六六，六六七亩］，则不纳捐亩数应为三六四，三一一亩。此项田亩应为占田二十亩、十亩以下之农户所占有。以百分比计，占田亩总数百分之八十四以上。由此可知，占有土地二十亩、十亩以下的小所有者的户数所占比重是相当大的。见李文治《中国近代农业史资料》第一辑，第173—174页。另一种是茅家琦的，他认为：《中国近代农业史资料》第一辑，页174，关于浙江桐乡土地关系的材料的计算是错误的，因假设各户应收米捐总额为二万串，这个假设是错误的。因原文是"收足贰万串即予停办"，照茅家琦据此材料计算为十亩以下的占土地20%，十亩（塘南）二十亩（塘北）以上的占土地60%，加上占地数百亩千亩以上的大地主，则地主阶级占百分之七八十。此数虽说明是"大概"但亦不会符合实际。见茅家琦《太平天国革命后江南土地关系试探》《新建设》，1961年12期，第50页。］

**【江苏省江宁等地·同治至光绪】**从前江宁府属权办抵征……为数甚廉，似乎争先开垦，趋之若鹜。乃求之汲汲，而应者寥寥。实由兵燹之余，乡民自种自食，每户不过十余亩

而止。余地招募客民,给以资本。[编者按:自耕农增加。各地为争取劳力而改善开垦条件]

(萧穆等:光绪三十年《句容县志》卷五,第29页。)

【浙江省湖州·同治至民国】郡西,山田荒旷尤多,温、台人及湖北人咸来占耕……[又]蔓延郡东,凡一圩中无主荒田,无不占据耕种……每圩被占者不下数十百亩。

(民国《南浔志》卷三十。)

【江苏省长江北·1865—1888年】镇江附近的农业经营面积平均为二十亩,大约在十至五十亩之间。太平天国革命后,大地主已不复存在,仅剩下自耕农……

在长江以南,十分之九的土地为耕者所自有……

如上所述,长江以南大地主的数目是很少的,在长江北岸三十英里以内的地方,情形大致相同。由此再往北,大地主就比较普遍,自耕农便少了。一家姓陈的大地主,据记拥有四十万亩土地……一个姓杨的大地主拥有三十万亩土地。而拥有四万亩至七万亩的地主,为数不知凡几。太平军虽然几乎消灭或驱逐了镇江附近的居民,捣毁官衙,焚毁了地亩册籍,但对江苏北部各州县,却很少破坏,原有地主仍保持了他们的土地。一八六五年以后,长江以南的土地为先来者所占耕。他们耕种几年以后,便发给他们一张地契,令完纳田赋。在这种情况下,当然只有靠田地生产而能维持生活的穷苦农民才能占耕土地,而且只是小量的土地。[编者按:自耕农增加,大地主减少。]

(《英国驻江苏省镇江领事E.L.Oxenham的报告》,1888年12月15日。《英国皇家亚洲学会中国分会会报》*Journal of the China Branch of the Royal Asiatic Society*,第二十三卷,第98页。1889年,上海。)

【江苏、浙江等省·1871—1891】太平军经过各省战后佃户及无地户所占比重

**1871—1891年**

| 地　区 | 资料年代 | 佃户和无地户所占的比例 |
|---|---|---|
| 江苏省金山县 | 1877 | 农家占总户数的80%—90%,其中佃农占50%—60% |
| 江阴县 | 1878 | 农家占总户数的80%—90%,其中佃农占50%—60% |
| 苏州 | 1884 | 佃农占农户总数80%—90% |
| 浙江省杭州 | 1888 | 佃农占农户总数50%—60% |
| 江西省新城县 | 1871 | 农户占总户数的90%,其中无地者占70% |
| 湖南省巴陵县 | 1891 | 农民之中有60%是佃农 |

资料来源:此表据同治《新城县志》、光绪《金山县志》、光绪《江阴县志》、光绪《巴陵县志》、《皇家亚洲学会中国分会会报》、陶煦《租核》等书编制。

(李文治:《中国近代农业史资料》第一辑,第 195 页。北京:三联书店,1957。)

**【江苏省、湖北省、浙江省·1888】**太平军经过各省战后自耕农及自耕地概况

**1888 年**

| 地　　区 | 自耕农及自耕地概况 |
|---|---|
| 江苏省兴化县、泰州 | 自耕地占全部耕地的 20%—30% |
| 江南各州县 | 自耕地占全部耕地的 90% |
| 镇江 | 太平天国革命后,大地主还不复存在,仅有自耕农 |
| 浙江省仁和县 | 一般农民除自有耕地外,并租进一些土地 |
| 杭州 | 自耕农占总农户的 40%—50%,其余为佃农 |
| 湖北省广济县 | 自耕地占全部耕地的 10%—30% |

资料来源:《皇家亚洲学会中国分会会报》卷二十三,第 79—117 页。

(李文治:《中国近代农业史资料》,第一辑,第 195 页。北京:三联书店,1957。)

**【湖北省汉口·1869—1912 年】**学田载在《汉阳县志》约计数顷。[1899 年]分治后,并未划分。现查得属夏口境内者,有柏泉乡城隍台、瓦匠湾、骡子庙三处。惟久未收租,以致各佃户将该地据为己有。

柏泉乡城隍台,田十三石六斗五升,共八十一亩二分九厘,随田塘一十八亩二分六厘。除随田塘不科租外,每亩纳谷一石三斗四升八合二勺余,该租谷一百九石六升,内应完正赋谷六十石。

柏泉乡瓦匠湾,田九石四斗,共二十八亩七分八厘七毫,随田下地三亩三分。除随田下地不科租外,每亩纳谷一石二斗三升三合三勺,该租谷二十五石八斗四升一合,内应完正赋谷一十石四斗二升四合。

柏泉乡骡子庙[又名罗祖庙],田三石,共三十七亩八分一厘四毫。每亩纳谷一石一斗九升七合三勺,该租谷四十五石一斗四升,内应完正赋谷一十九石二斗八升。

附《徐知事[按:指徐声金]告示》

为出示晓谕事,照得学田一项,原备文庙一切应用之费,关系最为重大。自己巳、庚午[1869—1870 年]年水灾后,该田租课,各佃俱未呈缴,未免抗玩已极。近民国成立,百端更始,查有学田在……民国元年以前,所有租课概行豁免。今派本区议长陶绅大瀛调查此项产业,该租户等限二十日内一律报知陶绅验明,承佃起租。如逾限隐匿不报,不但将此田驳佃,仍即照例重罚,决不宽贷。

元年五月八日示。

(侯祖畬修:民国《夏口县志·补遗》第 3—4 页。)

[按:租种学田的佃户已 40 年未交租。]

**【浙江省衢州·太平天国后】**绝户所余，逃民所弃[之土地]，奸徒因利乘便，田则据为一己之私。

（刘汝璆：《上左季高中丞议清粮开荒书》。《皇朝经世文续编》卷三十三《户政》。）

［编者按：此即农民占无主之地。］

**【直隶省望都县·1905年】**直隶望都县五村土地占有情况

**1905年**

| 村别 | 总户数 | 总田额 | 占地及户数分配情况 | | | |
|---|---|---|---|---|---|---|
| | | | 400—500亩户数 | 100—150亩户数 | 30—80亩户数 | 10亩以下户数 |
| 北高岭村 | 100＋ | 800＋ | | 1—2 | 60＋ | 40＋ |
| 野场村 | 100＋ | 1 000＋ | 1 | 1—2 | | 100＋ |
| 侯陀村 | 100＋ | 900＋ | | 1—2 | | 100＋ |
| 南陶邱村 | 70—80 | 1 400—1 500 | | 3 | 8—9 | 50＋ |
| 十里铺村 | 78 | 1 100 | | 2 | 4—5 | 71 |

资料来源：《望都县乡土图说》，第5—105页。光绪三十一年。

原编者注：(1) 望都田土贫瘠，据上引图说，"非有六亩之田，不足供一人之用"。

(2) 侯陀村，除一二户占田100余亩外，其余100余户，每户占地只0.8—1.0亩。又南陶邱村，10亩以下栏所列50余户，包括占地20—30亩者，据原书，此等户皆列入贫民。

（李文治：《中国近代农业史资料》第一辑，第196页。北京：三联书店，1957。）

**【江苏省昆山、南通县和安徽宿县·1905年】**有地与无地农户的比重

**1905年**

合计＝100

| 县别 | 自耕农％ | 半自耕农％ | 佃农％ |
|---|---|---|---|
| 昆山 | 26.0 | 16.6 | 57.4 |
| 南通 | 20.2 | 22.9 | 56.9 |
| 宿县 | 59.5 | 22.6 | 17.9 |

资料来源：乔启明：《江苏昆山、南通，安徽宿县农佃制度之比较以及改良农佃问题之建议》，第9页。1926年。

（李文治：《中国近代农业史资料》第一辑，第196页。北京：三联书店，1957。）

3. 大地主示例



**【江苏省苏州·同治年间】**［冯桂芬］其人工心计，寓上海，购地亩数百于洋泾浜。及苏州克复，斥卖殆尽。复购地数十区于阊门市，一出入间，获利无算。

（徐宗亮：《归来谭往录》。）

［按：作土地投机生意。］

**【江苏省丹阳县·同治八年】**仍饬丹阳县设法将［普生］庄田清出，召佃垦种征租。

（丁日昌：《抚吴公牍》卷五，第7页。）

［编者按：普生庄乃救长江船遇难者。］

### （二）土地买卖与货币财富的流向

1. 地价

**【江苏省嘉定县·嘉庆至光绪初年】**至嘉、道间，亩至二十余金。地狭民稠之处，有贵至四五十金者。同治初，兵燹凋残，侨客以贱价售之，亩不过三五金，近渐增十余金。西乡较贱，土著既少，客佃又易迁脱，颇以抛荒挟制业户也。

（杨震福等：光绪八年《嘉定县志》卷八第2页。）

**【江苏省·江阴等六县·咸丰七年至同治初年】**兹查咸丰七年改佃为买案内，江南之江阴、武进、常熟、宝山、丹徒、丹阳等六处均有承买之案，价银本系按限呈缴。后因被贼窜扰，小民荡析离居，致有尾欠。而现在各县之底册，业户之单照，均已遗失无存，究竟某户欠银若干，无凭悬拟。且目前执业之户，并非当日承买欠价之人，若责成现业补完，未免桃僵李代。若查提原主催缴，又多物故迁移，徒事吹求，毫无实济……因思失守以前，历年钱漕及摊征借款，俱已蒙恩豁免，此项情事相同，自应仰体皇恩，普律蠲除……凡咸丰七年承买滩地，所欠价银，概予免缴。一俟照章交清补课银两，即行造册，咨部升科。

（丁日昌：《抚吴公牍》卷二十七，第10页。）

**【安徽省南陵县·同治至1927年】**在此人烟稠密，地价高昂的地方，原不易产生大地主。唯洪杨劫后，土著死亡殆尽；地广人稀，劳工缺乏，少数遗民，皆不欲多占土地，以负纳税义务，因致土地几等无价值。乃有他处豪富，多量收买，而造成四家大地主，此即称为某某堂者也。其有田最多者，约两万余亩。及后客民迁入，人口增加，当不能再有此种地主产出。此堂之主人，皆他县或他省之豪族，并不居住县内，不过设有机关，以为处理田产，彼则遥领之耳。

至居住本地之地主，历史上自洪杨以后，仅以有三千余亩者为最多；现时最多者，不过二千余亩。

（刘家铭：《南陵农民状况调查》。《东方杂志》第二十四卷，第十六号。民国十六年八月。）

**【浙江省衢、严、台、温四府·同治七年至光绪二十一年三月】**［廖春丰奏：］浙江衢、严、台、温四府各卫所津租银两，前因兵灾后招徕未复，丁佃疲累，征难足额。于同治五年，由巡抚马新贻奏将温、台两卫津租以七折核减，严、衢二卫以八八折减收，著为定额。实收情况，衢州卫照额核计，现完尚不足八八折，严八八折，温七折，台则按照减折银价征收，惟未将银价数目明白立案，今按原额二千二百六十文之七折，定每年征收一千六百文，永为定式……台州卫屯田坐落临海、黄岩、太平、天台四县，与民田错杂。兵灾之后，册籍荡然，清查丈量均不易办。

（《东华录》卷一百二十五，第13—15页。光绪二十一年三月己亥。）

2. 买主

[佃户与客民，城里人，外地人，外国人]

**【安徽省黟县·咸丰年间】**君姓汪氏，讳湖……年十五，废读而贾。赭寇扰黟，君在江西之玉山……肆务殷繁，烽烟一月数徙，备历险艰，或竟日不食，或终夜不寝，生平精力瘁于是时，而业亦以是渐裕矣。迨大局底定，奉亲归里，买田筑室，以垂久远之规，至今家门隆盛。

（吴翔藻：《汪赠君卓峰家传》。程寿保等：民国十一年《黟县四志》卷十四《文录》第77页。）

[按：此商人资金流向之例。]

**【直隶省文安县·同治】**张锦文，天津县人，系盐商，慷慨好施。同治间，文邑连年被水，居民艰苦异常，虽欲将地亩减价出售，亦无人承买，以致觅食无方，饿殍遍野。张公悯之，收买大洼水地二百余顷，以资救急，贫民赖以度日。后积水尽消，地价亦昂，张公知会各地户，照原价赎回，人民德之，送公匾额曰“义高焚券”。

（李兰增等：民国十一年《文安县志》卷之六第2页。）

**【江苏省扬州·同治至光绪初年】**扬州仙女镇有王俊夫者，阀阅家声，中年剥落。方其兄松樵署新昌县篆……松樵见弟至，即以宦囊所羡，为之授例报捐同知衔。旋得海防差，果蒙厚禄。事竣腰缠归里，广置田宅，并开店铺二处，以收什一之利。数年来愈积愈丰，顿成巨富。

（《益闻录》第八十八号，光绪七年正月二十一日。）

**【江苏省通州·光绪元年至二十九年】**[张謇]东宅执业王定元、陈桂林、李嘉猷、陈朝玉、沈霖等案额租田三十四万六千三百二十六步二分五厘六毫，吴克信案底面田九千二百八十四步，活契田一万一千三百步，市房祥隆栈三十一间，牌楼衖店房一间，后园租房五间，价租详簿，随宅田一万一千七百三十二步。契存东宅。

西宅执业钱德英、崔集庵、周诗、季元邦、戴性存、易永升、西赵堂等案额租田三十四万步零，吴克信案底面田一万一千二百步，活契田一万零四百七十步，随宅田一万三千二百二十五步。契存西宅……

方光绪初,啬菴贫困出游,母亲尝顾而太息,谓安得家收三四百千之租,儿辈在吾眼下耕田授读,以免冻馁,而处乱世乎。今所有过之远矣。

[按:以上张謇家东西两宅合计共田七十八万一千六百八十七方步,折亩三千二百五十七亩有零。大部为光绪元年至二十九年购买。]

(《张季子九录·文录》卷一,第18页。张謇:《析产书》。)

**【江苏省高邮州·光绪前期】**高邮某甲,家有良田数十顷,淮北票盐数十号,固俨然一富家也。复出资千余串,设钱肆于西坝。

(《申报》光绪九年十二月初六日。)

[按:盐商、地主、票号主三位一体。他们投资钱庄是趋势。]

**【浙江省镇海县·光绪中期】**君姓李氏,讳嘉,自号曰梅塘。世居镇海小浃口。祖曰敬明。敬明二子,次子容,江苏候补知府,贸迁致高(訾)[资],为富室。知府君一子,即君也……知府君尝欲置田赡族亲,未果。君乃取膏腴二千亩成其志,曰养正义庄。

(马其昶:《镇海李府君家传》。《抱润轩文集》卷十二第10—11页。)

[按:由官而经商,再买地,成为官僚、商人、地主之例。]

**【江苏省靖江县·光绪十四年】**靖江与暨阳只一江之隔。该县王某素称殷实,良田千余亩,各处铺户林立。

(《益闻录》第七百七十九号,光绪十四年六月六日。)

[按:此地主兼商人也。]

**【江苏省六合县·光绪十五年】**即派委江苏候补道守沈谦,驰赴徐承祖[二品顶戴候选道]六合原籍,督县将该革员所有财产严密查封,计住屋并钱铺赁屋各一所,荒熟田地一千七百余亩。

(曾国荃:《查讯徐承祖疏》,光绪十五年三月初四日。《曾忠襄公奏议》卷三十第25页。)

**【江苏省海州·清末】**盖殷克勤、葛润田等向开粮载牙行,包揽出口,获利甚厚……相传殷克勤有田七八千亩,仅捐二百串。葛润田有产二十余万金,仅捐一千串。姜有珍田产有五六万千,竟分文未捐。

(《东方杂志》七年六期,宣统二年六月。《中国大事记补遗》,第40—43页。)

[按:此地主兼粮商也。]

**【山西省·光绪二十五年】**都察院奏:山西京官呈诉洋人在山西购买民田,地方官多方胁制,请饬认真稽查,听民自便。

(《清德宗实录》第四百五十五卷,第10页。光绪二十五年十一月丙寅。)

**【吉林省·光绪二十八年】**吉林将军长顺等奏,吉林三姓所属拉哈苏苏地方,俄人拟租荒地,作为轮船码头及田庄牧厂……外务部……恐各国援以为例,应请饬该将军等婉词阻止。

(《清德宗实录》第五百零六卷,第7页。光绪二十八年十月癸巳。)

**【湖北省·光绪二十八年】**,湖北省城北武胜门外,直抵青山滨[江]一带地方,与汉口铁路码头相对……近年洋行买办,托名华人,私买地段甚多。

(张之洞:《收买通商场地亩折》,光绪二十八年九月二十五日。赵德馨主编:《张之洞全集》第四册第73—74页,武汉:武汉出版社,2008。)

**【河北省·光绪三十年】**[袁世凯奏]遵化北乡旗民赵文荣等盗卖旗地与俄国主教。后将价退回,印契撤销。

(《清德宗实录》第五百三十七卷,第4页,第五百四十八卷,第3页。光绪三十年十一月庚辰,三十一年八月癸卯。)

**【光绪三十一年】**按条约规定,外国商人只准在租界内建置,外国传教士只可买作教堂公产,可是现在,"近年以来,各省私作矿地矿山之案,屡见叠出;至各处租界之外,民间农田房屋,亦漫假而售诸外人"。

(《东华录》第一百九十四卷,第6页。光绪三十一年六月。)

3. 交易过程与频率

**【江苏省武进县·同治初年】**《武进县禀民间置买产业只准写立绝契不得告找告赎请示由》

所禀是否可行,仰苏藩司确核妥议,如无弊窦,即由司通饬各属,一体遵照办理。

(丁日昌:《抚吴公牍》卷四十六,第13—14页。)

[按:规定田产绝卖,有利土地流通。]

**【广西省·光绪中叶】**贫瘠之区,荒秽多而户口少,其[税契钱粮]弊尚轻。富庶之地,厦屋良田,栉比鳞次,人烟如雾,阡陌如云,问舍求田,朝秦暮楚。购产者络绎,输税者几微,岂尽由民间隐漏哉。闻州县前后任交替之际,减价收税。卸事之期愈逼,则价愈减,而税愈多。卸事前一日,银契交投,盖印者自晨及夕,至于深夜,不得停辍。汇而计之,所税契价少者三五万,多者百十万。及其解司也,曾不及一二成,其余悉归官吏中饱。

(张联桂:《筹拟开源节流十条折》,光绪二十一年。《张中丞奏议》卷三,第59页。)

[按:富庶地区买卖土地者多,土地流转速度加快。]

**【陕西省·光绪二十八年十月】**蒙古部落首领乌审台吉当木令才当投入天主教，将纵横百余里的地契捐送教堂，蒙众不服，争讼多年，几酿事端，后由官执款，议价赎回。

（《清德宗实录》第五百零六卷，第13页。光绪二十八年十月辛亥。）

### （三）新兴地主与老官僚地主的膨胀

1. 军功地主

**【湖南省湘乡县、衡阳县·咸丰至同治三年】**甲子同治三年……忠襄公[曾国荃]每克一名城，奏一凯战，必请假还家一次，颇以求田问舍自晦。文正[曾国藩]则向不肯置田宅。澄侯公子咸丰五年代买衡阳之田，又同治六年修富厚堂屋费七千缗，皆为文正所责……

文正官京师时，俸入无多，每年节啬，以奉重堂甘旨，为数甚微。治军之日，亦仅年寄十金、二十金至家。及功成位显，而竹亭公[按：指曾国藩之父。]已死，故尤不肯付家中以巨资。至直督任时，始积俸银二万金。比及死逝，惠敏[按：指曾国藩之子曾纪泽。]秉承遗志，谢却赙赠，仅收门生、故吏所醵集之刻全集费，略有余裕，合以俸余，粗得略置田宅。

（曾纪芬：《崇德老人自订年谱》，第3—4页。）

**【浙江省·咸丰十年闰三月初三日】**翼长提督王俊主钦差营务，婪索无厌，大小二百营，每营按月贿纳自二百金至百金不等。去岁江苏筹饷五十万为新勇口粮，总统[张玉良为苏营总统]以三十万与新勇，二十万与翼长及各营务要津，按股自肥，由是谤讪充塞。总统恐和[春]知之，遂以宝玉玩器为赂，和亦欣纳，上下蒙蔽，士卒解体，败可立待矣。

（赵烈文：《能静居士日记》。《太平天国史料丛编简辑》第三册，第138页。太平天国历史博物馆，北京：中华书局，1962。）

**【江苏省常州·咸丰十年四月】**初一日，纵火焚城外民房，火日夜不息，幸城尚未闭，居民出者甚众。城守兵勇，夹持白刃，难民出者不得持一裹，进者不禁，故得脱者皆孑身无物。

（赵烈文：《能静居士日记》。《太平天国史料丛编简辑》第三册，第141页。太平天国历史博物馆，北京：中华书局，1962。）

**【安徽省合肥县·咸丰至同治】**中兴功臣之富者，惟合肥李姓为最。兄弟六人，一、二、四房约皆数百万，而不得其详。三房则知之确，分爨时，析为五，每有现银三十五万两，田产、典铺在外。六房早卒，遗寡妻幼子，兄弟五人，合银二百万两与之。而五房极富，家中田园、典当、钱庄值数百万不算，就芜湖而论，为长江一大市镇，与汉口、九江、镇江相埒，其街长十里，市铺十之七八皆五房创造，贸易则十居其四五。合六房之富，几可敌国。所居之村，惧盗抢劫，四围筑墙如城，金宝皆居其中，仿佛郿坞……若杨玉科、席宝田、刘铭传诸将，皆数百万。其骄横不法者，则逼占人妇女，强买人田宅，亦未闻合肥禁制之。

（欧阳昱：《中兴功臣家》。《见闻琐录·后集》卷二，第24—25页。）

**【安徽省郎溪县·同治年间】** 远在太平天国时，这一带居民流散，圩堤倒塌。满清的一个姓方的统领，领着一部分军队，镇压了太平天国的革命之后，就到了郎溪，看见这一带地方好，就剥削士兵劳动力，修筑了永新圩。该圩有田二千八百亩，至今方家仍独占二千亩。

（祝向群：《大地主剥削花赛圩农民的纪实》。华东军政委员会土地改革委员会编：《地主罪恶种种》，第15页。）

［按：这是军官剥削士兵劳力开垦荒地成为地主的。］

**【湖南省湘乡县·同治至光绪】** 湘乡两曾之富，文正［曾国藩］逊于忠襄［曾国荃］，世所知也。然忠襄之财亦不及百万，不若近今疆吏之筮仕数年，可致千万也。花农兄之次女杏文，适忠襄之嫡长孙慕陶侍郎，尝言忠襄身后仅有田六千亩，长沙屋二所，湘乡屋一所。文正余蓄且半之。惟文正长子惠敏［曾纪泽］一人所获，远过文正。自俄使归而薨，赙资得十余万，可谓巨矣。

（徐珂：《康居笔记汇函·仲可笔记》，第78页。）

**【湖南省·同治三年至光绪七年】** 湘省自江南收复后，文武将领之冒饷致富者，行盐起家者，田宅之外，如票号，如当店，以及各项之豪买豪卖，无不设法垄断。贫民生计，占搁殆尽，实已不堪其苦……桓以辛巳［光绪七年］自浙归来，窃见湘省风俗益奢，民生益困，较丁丑［光绪三年］以前我公抚治之日，不逮远甚。贫民之流为会匪者，几于十居五六。虽乡团族团奉示清理，而阴违者比比然也。然流为会匪者，亦各图自保身家，不得已而挂名其中，求姑免劫掠之患，实非甘心信从。苟力作可以自全，亦断不至从乱如归，自贻伊戚。此桓之广听默审可操左券者也。

（李桓：《上王□石中丞书》。《宝书斋类稿》卷九十三，第46—48页。）

**【江苏省·同治四年闰五月初八日】** 旧制勇丁须五百人一营，今则三百人已为满数，故一充营官统领，无不立富，家中起房造屋，水面连艅大舟，四出营利，而士卒恒半菽不饱，人心思乱，已非一日云云。

（赵烈文：《能静居士日记》。《太平天国史料丛编简辑》第三册，第400页。太平天国历史博物馆，北京：中华书局，1962。）

**【湖南省湘潭县·同治至光绪十四年】** 谭拔萃，字冠英。家世儒……湘军起，应募，隶刘松山营……松山所至辄从。［同治］六年征回陕西……擢总兵，加提督衔。九年，平陕北叛回……征回诸将，以久役绝寨，率侈于食用，一饭至百金，拔萃廉谨不妄费……［光绪］二年……进军收客剌沙尔……四年，官军凯旋。拔萃请补服母丧，因率归师入塞，还乡持丧，不接宾客，归装萧然，不及万金。先是，诸将帅还者，挥霍煊赫，所过倾动，良田甲第期月而办。拔萃家居踰年，城人不知也；诸官长亦不识其姓名。军兴统将，举无与为比。

（王闿运：光绪十四年《湘潭县志》卷八《列传》第 186 页。）

**【安徽省合肥县·同治至光绪二十一年】**已革总兵卫汝贵，起自盛军营兵功，善逢迎，不数年而统淮军十七营。兵多缺额，饷入私囊，拥资数十万，悉由克扣盘削而来……其五河县之允泰，邳州之允祥，睢宁县之允仁、允隆，泗州之允升五典，均系卫汝贵所开……又宿迁县开有同升、永升二典……原籍合肥县……有租一千二百余石，田七十八石。

（张之洞：《查抄卫汝贵家产折》，光绪二十一年三月三十日。赵德馨主编：《张之洞全集》第三册，第 233—234 页，武汉：武汉出版社，2008。）

**【安徽省涡阳县·同治至光绪】**马绍统者……有心计，其农业为一时最。其族人玉昆［按：此人咸丰九年晋官至提督。］忠武公尝谓之曰：吾今已庶几富连阡陌矣，乃受廛而寄食于吾者，水旱濒告，逋负累乏……心窃忧之，而无如何。今日观吾子之穑，乃知田之果不足以累人也。

（黄佩兰等：《涡阳风土记》卷八《食货志》第 16 页。1924。）

**【安徽省合肥县·同治以后】**合肥东乡李姓兄弟，西乡周［按：指周盛传、周盛波兄弟，皆官至提督。］、刘［按：指刘铭传，官至巡抚。］、唐［按：指唐殿金、唐定奎兄弟，皆官至提督。］、张［张树声、张树珊兄弟，前者官至总督，后者官至提督。］诸望族，所置田亩究有多少，不但外人不知，即其内中人，所知恐亦不尽、不实。且田地向无丈量，粮赋极为混乱。当时显宦、地主权势甚大，政府每放任不敢整理，粮柜更相与狼狈为奸，因此大户多匿粮或短报，田亩多少遂无从稽查。

据东乡佃户所称，李氏田地当占全乡三分之二，为数约在五十万亩以上。李翰章、李鸿章兄弟六人，每人平均约有十万亩。其在外县者更无论矣。兹查李鸿章本人所置田业，每年可收租稻五万石，［此系仓房管事员口报，实数决不止五万。］田地面积当在五万亩以上。李翰章、李庚余收入租额尤多。即现［一九三六］李文忠公享堂赏产每年收租稻仍有三万余石。其租稻分布区域：一在本乡大兴集三千余石，二在本乡马冈一万五千余石，三在霍山县一万余石，四在六安、舒城共千余石。是则一个骷髅地主仍有田地三万余亩矣。

西乡周、刘、唐、张诸大地主，原各有租稻二万石至五万石。其田地大抵在本乡及六安、舒城各邻县。所有面积较东乡李氏略少。现以各族私房分承之后，每户年收租稻不过三数千石，亦有仅存数百石者。一户所有田地，面积最多似无超过五千亩。

（郭汉鸣，洪瑞坚：《安徽省之土地分配与租佃制度》，第 48 页。1936。见李文治：《中国近代农业史资料》第一辑，第 182—183 页。北京：三联书店，1957。）

**【江苏省清河县·光绪前期】**前河南候补知府李会文有湖滩地十四顷，在清河县境内，让与该省［广西右江道兼袭云骑尉张汝梅］耕种，借得菽水无缺。每年除完官租、食用外，仍有所余，陆续又添购湖田熟地三十余顷，草地七十余顷，起有集市、土房，皆频年余款所增置。光绪二、三年间，豫省旱荒，来就食者不下三百余人，该道均留养于湖地之内。

（马丕瑶：《张汝梅捐田立案折》。《马中丞遗集》卷二第47—48页。）

**【江苏省、浙江省、江西省·光绪七年正月】**查粤寇之乱，自粤入楚，而终于大江南北。皖、楚之兵合围而成其功……功成之后，无论是贼是民，皆为皖、楚人所有。此固天时人事之偶然，三江人不能与争者也。然而三江至此穷困日甚。

（《申报》光绪七年正月二十日。）

[按：三江财富入于湘、淮军官手中。]

**【安徽省合肥县·光绪八年三月】**有人奏，李翰章、李鸿章之子弟族人，在合肥县广营田产，包揽垦荒，并有主持词讼、闭关卡情事。

（《清德宗实录》卷一百四十四，第12页。光绪八年三月甲辰。）

**【湖南省湘潭县·光绪十四年】**郭松林，字子美。其先世贾也。父缙修，朴愿无他长，家骤落。松林不事农、儒，跌宕乡里。父怒，恒欲逐之……捻寇平，论功……封一等轻车都尉……出军中资获，置田宅值十余万金，悉以公之高祖以下诸族亲……复治宅省城……侈于姬妾……多有末疾。

（王闿运：光绪十四年《湘潭县志》卷八《列传》第182页。）

2. 团练地主

**【浙江省太平县·咸丰初至十年】**[夏]宝庆，黄岩巨棍，与临海桂大五、太平李大六齐名。咸丰初，长发乱，官募乡勇，桂大五、李大六以控省案多不敢往，惟宝庆出应募。未几，桂大五为仇家擒解至县，立长枷中，钉其足，数日毙。大六兄弟俱为官兵所擒斩。宝庆在军带勇数百，日以抢掠为事，遂至富。夤缘冒功，官至都司，授宁波参将。在外久，妻有丑声，乃纳妾，构宅居焉。置腴田五百亩。咸丰十年，长发破杭州，宝庆以失守拟正法，逃归，时虑官兵之掩执也。

（叶蒸云：《辛壬寇记》。《中国历史文献研究集刊》第三期，第189页。又见《太平天国》，第五册，第380页。罗尔纲、王庆成，桂林：广西师范大学出版社，2004。）

**【江苏省扬州·咸丰十年】**詹启纶驻三汊河，年最久，独当一面，其功自不可没，然苛敛妄杀，就传闻所得者，非只一二端。后虽积有巨资，退居郡城，几于闭门学圃，不与世事，识者隐卜其难全终焉。

（臧穀：《劫余小记》上。《太平天国资料》，第88—89页。北京：科学出版社，1959。）



**【江苏省扬州·咸丰十年】**詹启纶请立营捐自食其部，[李若珠]许之，遂植旗、牌、刀、箭于营次，[大书奉旨抽厘箭印令矢以侈观]，舟税而人索。至于避贼之民，携稻种必横税，执绕行者，捶而罚输百、十倍，共呼阎王关。以是富无艺，购田庐，筑馆舍，罗伎妾，粉白黛绿，鳞列待幸。又自军于三汊河，执民夫为土堙，起宝塔湾，次旧港，按户而役，使捐代之。大拘工匠、竹、木，为炮船，饰营幕，不胜役者亦使捐代之……所入营捐，不隶乎粮台，兵饷自握，颇若藩镇然，若珠一切许之。被税之物，亦不复有票照簿计，直如攫夺，而淫求横杀以济，若珠亦一切许之。又作马草捐……计亩赋草额数百斤，使输于垒。民畏见启纶，则折色，亩数百至七八百钱。层立乡董，荒洲小落，必以一人长之，转相吞噬。村氓嫠妇，鬻簪珥，货豚、卵，茹泣以供者勿绝也。

（倪在田：《扬州御寇录》。《中国近代史资料丛刊：太平天国》，V，第 130—131 页。中国史学会编，编者：向达、王重民等，上海：神州国光社，1952。）

**【江苏省·咸丰至同治】**［江都、甘泉境内棍徒］杨石秋尤为刁狡。在詹启纶营中为之主谋，占屋占田，已保花翎县丞。

（丁日昌：《抚吴公牍》卷七，第 9 页。）

**【安徽省宿州·咸丰至光绪二年】**周田畴，字沛然，宿州人。咸丰间，巡抚周天爵辟致戎幕……办宿州团练……保知府，赏加道衔……光绪二年，捐田四十一顷八十七亩入书院。

（魏家骅等：光绪三十四年《凤阳府志》卷十八下第 31—32 页。）

［按：这个团练头目显然是个大地主。］

**【江苏省·同治】**绅董之不自爱，其弊甚于书差。何则？书差尚惧官为之箝制，绅董则内结衙门，外通土豪，可以为所欲为。即有认真办事之民牧，欲绳以法，又惧撼之不动，反为所伤，往往隐忍优容，酿成大变。

（丁日昌：《抚吴公牍》卷四十七，第 18 页。）

**【同治八年三月】**谕：见经克复地方，小民极宜复业，乃田畴或占于豪强，旧赋或亏于官长，困苦情形，殊堪矜悯。着各督抚慎选牧令，加意拊循，流亡有归业者，为之清还田产，缓其逋租，假以籽种，俾有归农之乐，以恤民艰，而固邦本。

（《东华续录》卷七十二，第 19 页。）

**【江苏省江宁县·同治年间】**江宁县王永林，捐给普育堂"田五十六亩，地二亩八分，草房九间"。

（同治《上江两县志》卷二十四下《耆旧》，又卷十一《建置》。注：上，上元；江，江宁。）

**【江苏省苏州·光绪六年】**苏州娄门外永仓某绅，家有良田万亩，均在附近一带。

（《申报》，光绪六年十月二十九日。）

**【安徽省六安州·光绪九年】**涂宗瀛[湖广总督]廉耻自持……惟其历任缺分尚优,居身过于节俭。在本籍六安州乡间买有庄房两所,田数百亩,分与两胞侄为世业。本身子孙两房,乡间有老屋一所,城内新街住屋一所,买田计不足千亩,留为退老及子孙教育之资,此皆人情之常。

(彭玉麟:光绪九年《遵查湖广总督参款折》。《彭刚直公奏搞》卷三,第63页。)

[按:在官僚看来,买田千余亩,属人情之常。]

**【四川省万县·光绪二十年】**我们访问了一个年轻富人的住宅,这是他最近得到的遗产;另有土地三千英亩。听说这些土地每年有七万两银子的收入。主人已随他的老师在乡下读书,准备应翰林考试。由看守的人接待我们,引导我们参观漂亮的客厅,金光辉煌的牌匾,宽大的庭院,以及花园山石等等。这是一座漂亮的住宅,系用木料和石头建筑,极为坚固。门窗都有精致的雕刻。

(莫里逊G.R.Morrison:《中国纪游》,*An Australian in China*,第31页,1902。)

**【江苏省·光绪二十一年】**已革参将呈诉在籍总兵林宜华等利诱吴奂记之子捏卖霸田。谭钟麟马丕瑶查复奏称:林"出入衙门,恃符纵恣"。

(《清德宗实录》第三百六十五卷第3页,第三七三卷第10页。《东华录》第一百二十六卷第2页,第一百二十八卷第18页。光绪二十一年四月乙巳、二十一年七月辛酉。)

**【1882年】**深得李鸿章信赖的一个中国官吏,最近为了种植鸦片而购置了一万亩土地。

(《北华捷报》,*North China Herlad*,1882年2月15日,第178页。)

3. 新官僚地主

**【安徽省凤台县·咸丰】**徐善登……统军从英翰转战直、东、豫、鄂诸省,所向克捷,积功保花翎记名提督……尝捐二千金助赈,置地三十顷,入州来书院。

(魏家麟等:光绪三十四年《凤阳府志》卷十八之中《人物传》第32页。)

**【江苏省扬州·咸丰六年六月】**本日有人奏……[雷以諴军营委员]黄斌、黄钟在扬州方家巷置买潘庄田产,"劝捐发饷,种种营私舞弊"。

(《清文宗实录》第二百零一卷,第14页。咸丰六年六月甲辰。《东华录》第六十一卷,第10页。)

**【江苏省扬州·咸丰六年八月】**黄斌[系雷以諴的女婿],以在营当差,私置田宅违例,入官。

(《清文宗实录》第二百零六卷,第12页。咸丰六年八月丙午。《东华录》第六十三卷,第 7 页。)

**【同治二年】**王一陶新置田房极多

(《清穆宗实录》第八十七卷,第 31 页。同治二年十二月壬午。《东华录》第二十九卷,第 30 页。)

**【同治八年】**[总兵林自清携死党回籍]私设厘局,霸占田地。

(《清穆宗实录》第二百五十四卷,第 2 页。同治八年三月癸酉。《东华录》第七十七卷,第 16 页。)

**【湖南省临湘县·光绪十二年】**据长沙府知府文镛,督同署临湘县知县陆承享,遵将抄出已革台湾道刘璈原籍资产,按照原单传纪核实估计,内:住屋一所,共六十八间,估值银四千五百八十八两七钱五分四厘;田契,四百三十一纸,核明原价估值银六千二百九两九钱九分七厘;又谷米,估值银八百六十四两三钱三分二厘;男女衣服、绸、布以及零星服饰,磁、锡、木器、杂物,共估值银一千七百二十两七钱八分三厘。总共估值库平银一万三千三百八十三两八钱六分六厘。由县出示招买。

(《益闻录》第五百七十八号,光绪十二年六月十六日。)

**【安徽省建德县·光绪年间】**夫人性简静慈爱,勤俭操作……尝节省历年食用,捐万余金,购田千余亩,以岁恤戚族之孤寡极贫者。

(周馥:《亡室吴夫人传》,光绪三十三年撰。《周慤慎公全集》文集二,第 45 页。)

**【安徽省建德县·光绪后期】**余[按:周馥,曾任山东巡抚、两江总督、两广总督。]置田千余亩,皆苦瘠。非余好瘠田也,不能多办价值,故宁就瘠田。其膏腴沃壤,则大有力者为之,余不能也。然细思膏腴之价数倍于瘠田,遇水旱之时,膏腴亦未尝不减;丰稔之年,瘠土亦收,而租倍于膏腴矣。

(周馥:《周慤慎公全集·负暄闲话》,第 15 页。)

[按:这揭示出地主买坏田的原因:地价低。]

**【湖南省衡山县·光绪二十二年】**是年三月,张太夫人在湘处分亦峰公遗产暨历年所置田宅,书立分关。略云:汝父[聂尔康]自粤东解组归来,宦囊无几。余因撙节,多获赢余,所有公馆、田业,均系自置。今余年将七十,精力衰疲,难于料理,请凭族戚将公馆、田业概行分析。田业共计租谷七千石,伯元兄弟各分一千五百石。公馆二栋,一在黄泥塅,一在浏阳门正街。黄泥塅公馆系公分所置,本应三股平分,余恐兄弟同居难于翕洽,则专归伯元。浏阳门公馆系仲芬历年在官奉余月费所置,则专归仲芳。第伯元、仲芳均有公馆,季萱独无,爰于千五百石之外,加分租五百石,听其自置。除分授外,尚存二千石,余留作日用供膳服御之需，五女食用亦在其内。俟余终年，则将所存之租内提五百石，余银提二千两，分归五女，其余千五百石租存作公项。

（曾纪芬：《崇德老人自订年谱》，第19—20页。）

**【甘肃省·光绪】**董福祥［官至提督］夺官归甘肃。福祥治塞上名田，连亘百余里，牛、羊、驴、马、橐驼以万计，岁入三百万。大起第宅，后房妇女数十人。实拥重兵为观望。荣禄贪黩好贿，福祥重啖之，岁奉金玉玩好，填委其门，自于阗致玉床，役军士三百人，故尤深相结。

（李希圣：《庚子国变记》。《中国近代史资料丛刊：义和团》，Ⅰ，第38页。中国史学会编，编者：向达、王重民等，上海：神州国光社，1952。）

**【甘肃省·光绪年间】**王湘绮光绪三十四年三月二十五日日记有云：董福祥家资八千万，枪炮无数，仲颖太师以后，又一富家翁也。

（徐珂：《康居笔记汇函·梦湘呓语》，第69页。）

**【湖南省衡山县·光绪三十一年】**是年自浙江回湘。张太夫人因公中收租银钱等事难于操心，欲交我房经营。因令中丞公［按：即聂缉椝，光绪二十六至三十一年前历任湖北及浙江巡抚。］手书析据，以田业每年收租二千五百石作银二万八千两，又现银二万二千两，共作银五万两，每月归老人息三百两，自是年冬月十五日起息。

（曾纪芬：《崇德老人自订年谱》，第22页。）

**【江苏省、安徽省、浙江省、湖南省·光绪末年】**太平军经过的江苏省、安徽省、浙江省、湖南省新官僚地主占地举例

| 地　　区 | 地主姓名及职衔 | 土地面积或租额 |
|---|---|---|
| 江苏省清河县 | 张汝梅（右江道） | 10 000⁺亩 |
| 六合县 | 徐承祖（候补道） | 1 700⁺亩 |
| 浙江省秀水县 | 王荪斋（都转） | 数千亩 |
| 山阴县 | 许某（不详） | 1 000亩 |
| 山阴县 | 周某（不详） | 4 000⁺亩 |
| 慈溪县 | 密某（直隶候补道） | 1 300⁺亩 |
| 安徽省凤台县 | 徐善登（提督） | 3 000亩① |
| 宿州 | 周田畴（不详） | 4 187亩① |
| 郎溪县 | 方某（统领） | 2 000亩 |
| 芜湖县 | 宋某（霆营将领） | 2 000亩 |

续表

<table>
<tr><th>地　区</th><th>地主姓名及职衔</th><th>土地面积或租额</th></tr>
<tr><td>合肥县</td><td>李鸿章(大学士)六兄弟</td><td>600 000 亩②</td></tr>
<tr><td>合肥县</td><td>周盛傅(提督)</td><td rowspan="4">以下四家,每家收 2 000—5 000 石③</td></tr>
<tr><td>合肥县</td><td>刘铭传(巡抚)</td></tr>
<tr><td>合肥县</td><td>唐殿奎(提督)</td></tr>
<tr><td>合肥县</td><td>张树声(总督)</td></tr>
<tr><td>合肥县</td><td>卫汝贵(总兵)</td><td>1 200 石④</td></tr>
<tr><td>建德县</td><td>周馥(总督)</td><td>4 000⁺ 亩</td></tr>
<tr><td>六安州</td><td>徐宗瀛(总督)</td><td>1 000⁻ 亩</td></tr>
<tr><td>湖南省湘乡县</td><td>曾国荃(总督)</td><td>6 000 亩</td></tr>
<tr><td>长沙县</td><td>聂尔康(知府?)</td><td>7 000 石⑤</td></tr>
</table>

资料来源:上表据《马中丞遗集》、《曾忠襄公奏议》、《当差纪略》、《地主罪恶种种》、《安徽省之土地分配与租佃制度》、《张文襄公奏稿》、《周慤慎公全集》、《彭刚直公奏稿》、《崇德老人自订年谱》、光绪《凤阳府志》、《时报》(光绪三十二年一月十五日,光绪三十三年五月十一日)等书刊编制。

原编者注:① 系捐入书院田。

② 系兄弟六人所有土地合计。

③ 系每一家所收租额。

④ 系租额,此外另有田 78 石。

⑤ 系租额。

(李文治:《中国近代农业史资料》第一辑,第 189 页。北京:三联书店,1957。)

**【江苏省・咸丰六年】**[雷凤翥,雷以諴之侄,军营委员,劾捐发饷舞弊]挪凑支发局银两,交监生石光达营运。

(《清文宗实录》第二百零六卷,第 12 页。咸丰六年八月丙午。《东华录》第六十三卷,第 7 页。)

4. 老官僚地主的膨胀

**【河南省项城县・咸丰至同治】**大哥原存一款,自应遵请姑母经理为最要协。惟数千金生息,计除陈州于家典铺似属可靠外,此零星散放,却非善法,似又不如兼置田产,即留为并归他日祭田之地步,或尚可恃……惟张营约是若干,新桥南庄约各若干顷,弟以前太不留神……大谱以合共四五十顷计,每份二顷余,仅供一房上下七八口之用,实不算甚窄。

(《袁氏家书》卷四第 23—24 页。项城袁氏袁甲三家集本。)

**【江苏省苏州・同治初年】**潘曾玮为宰相之子,一门科第,渠独以科场舞弊斥革问罪,大臣子弟不知自爱，甘为违条犯法之事，素行不端，已可概见。收复苏城时，带领定勇，抢搜贼馆，所获金银不计其数。甚至将贼馆妇女，用巨船载往上海鬻入娼家。拥资已逾数百万，犹不知足，复垂涎贼产，广为搜罗，门庭若市。一时大吏多有世谊，倾心委任，言无不听，任其妄为，从不过问，遂使衔怨受害之人切齿腐心，无从控告，毒焰薰灼，帝制自为，人言不足恤，公论不足畏矣。但未知太傅在地下何如耳！

（鹤樵居士手辑：《盛川稗乘》。《太平天国史料丛编简辑》，第二册，第201—202页。太平天国历史博物馆，北京：中华书局，1962。）

**【直隶省滦县·1880—1922】**直隶滦县刘姓地主历年兼并土地统计

**1880—1922年**

| 年　代 | 历年兼并额(亩) | 历年累积额(亩) |
|---|---|---|
| 1880 | 55.900 | 55.990 |
| 1881—1885 | 482.059 | 538.049 |
| 1886—1890 | 279.755 | 817.804 |
| 1891—1895 | 940.565 | 1 758.369 |
| 1896—1900 | 139.076 | 1 897.445 |
| 1901—1905 | 1 086.456 | 2 977.901 |
| 1906—1910 | 833.020 | 3 810.921 |
| 1911—1915 | 412.330 | 4 223.251 |
| 1916—1920 | 747.237 | 4 970.488 |
| 1921—1922 | 12.655 | 4 983.143 |

资料来源：据中国科学院经济研究所藏滦县开平镇“利合堂地亩老帐”编制。

［编者注：根据帐簿推断，利合堂主人姓刘，兼营商业，商业种类规模均不详。该户1880年以前没有土地，从1880年至1922年共买入土地4 983.143亩。此外尚买入果山4座，松山5处，庄基13.432亩，房基94间，并收当土地129.506亩。］

（李文治：《中国近代农业史资料》第一辑，第191页。北京：三联书店，1957。）

**【直隶省天津县小站·光绪末年】**小站一带，本斥卤不毛之地……竭盛军［周盛传部］十余年之力，始垦成熟田六百余顷；其时并无民田之说。甲午后，盛军裁撤，前升宪王饬设营田局，委经令文经理，招佃领种纳租。佃户多系盛军旧部，即昔年效力开垦者。时因成效大著，民人乃于营田上游之地，求水垦田。经令察其水势尚旺，禀定章程，先尽营田用水，以其余分润民田，并酌令民田每亩津贴钱二百文，以为疏河修闸之用。似此民田亦不过数十顷耳。庚子后，富绅大贾，争往购地垦田，而张道建勋一人，竟至三百余顷之多。既以贱价得营田上游之地，上年乃借包办营田为名，拦河截水，浸其荒地，致营田佃户聚众，以性命相争，几酿大祸，而营田亦报灾矣。兼以近年东漕停运，水源不旺，营田已荒废百余顷，即每年栽秧之四百余顷，尚以乏水浇灌，难望全收。若违先尽营田用水定章，漫无限制，则是喧宾夺主，以私废公，不特职局经费无着，且数百户淮军旧部将何以为安插之地耶……张道假公济私，欲使官家耗巨万之款，而一已坐享其利。所称开通海河口，逐日引潮，足敷中军等五营之用等语，则其意尤在腾挪。五营百余顷田之水，攘为已有，而潮水之难恃，五营营田之必废，则不顾也。

（《直隶营田局禀复核议张道筹拟营田办法文并批》。《北洋公牍类纂续编》卷二十，第39—40页。）

**【河南省项城县·光绪年间】**吾家南北庄及新桥田亩，约计当在三十顷外。弟于稼穑事虽不在行，然吾观乡亲族有二三顷田，十数口人丁者，亦竟是小康。则非田土之不丰，实视人之经划耳。

（《袁氏家书》卷四第12页。《项城袁氏家集本》。）

# 第二十章
# 清政府对太平军成员及其财产的处理

## 第一节

# 对起义者及其家属人身与财产的处理

## 一、对太平天国参与者及其家属人身的处理

### (一) 生存者

**【广东省花县·咸丰元年】**处置冯云山家属呈文

案奉委审逆犯冯云山家属冯亚养等一案,先经卑府屡提严讯,坚称冯云山外出多年,该犯等实不知谋逆情事。业经发县监禁。

兹奉谕按律拟办。伏查例载,反逆案内律应凌迟之子孙讯明不知谋逆情事者,无论已未成丁,均解内务府阉割,发往新疆为奴,缘坐妇女发各省驻防为奴。今冯亚养年十九岁,冯癸茂年十三岁,均系冯云山亲子,例应解京阉割,转发新疆。冯胡氏系冯云山亲母,冯练氏系冯云山嫡妻,例应发驻防为奴。

又历办缘坐之案,皆系正犯已获,随同拟办;如正犯在逃,则叛属监候等质。诚以知情与不知情,必须正犯对质也。今冯亚养等获案五年,正犯弋获无期,可否将本案先行具奏,声明监候待质,抑冯云山罪恶綦重,即将该家属等饬县权宜办理,毋庸具奏之处,伏候训示祇遵。谨呈。

(英国公共档案局,编号 F.O.682/289/3A. 新号 F.O.931/1594。《太平天国》,第三册,第 304 页。罗尔纲、王庆成,桂林:广西师范大学出版社,2004。又《太平天国文献史料集》,第 17 页。北京:中国社会科学出版社,1982。)

**【江苏省·咸丰年间】**英著者白灵克理氏 Capt. Brinkly 则确信太平军并没有肆虐滋扰人民及蹂躏毁坏地方,然而清军之躲在敌后或逃在敌前者,则肆行残虐横暴……每当太平军过境之后,清军随至,要人民尽负其不可避免的后果之责任[即被太平军占领该地],于是乎革命所经之地沿途满染血污,而并非全是太平军所致的……清军与太平军两方,各有相异的政策。清官以叛党断不能无民众拥护而生存,于是故意对人民作实际的表现——凡拥护赞助太平军将得如此的惩罚恶报。职是之故,清军每一重到太平军所曾占领之地,必大量屠杀人民以示教训。太平军则反之,每于胜利后得有充分力量则以宽容和谐而力图博取民众之拥护赞助。各方皆自依有智的动机,然语其结果乃大异:清军则残

杀、蹂躏，凡军行所至之处毁坏一切；而太平军则保护人民，保存物资，及防卫地方……再有一相异点：清军对待外人以厌恶及严酷之姿态，而太平军则欢迎之而且给予安全的通行。

（贾希尔：《华尔传》。简又文：《太平天国典制通考》中册，第1118—1119页。香港：简氏猛进书屋，1958。）

**【广西省·咸丰元年九月二十九日】**雷亚书供认，节次随同叶天良开角滋扰，并于道光三十年九月十六日，在昭平县天门岭，手刃县丞白良栋、外委黄英俊，并不识名姓兵壮五名不讳。核与原案相符。臣亲提审明后，即恭请王命，将该犯凌迟处死。并为白良栋、黄英俊设立牌位，摘心致祭，以慰忠魂。省会观者如堵，莫不称快。所有首先扎伤捆拿雷亚书之练丁何运章、彭天年、张廷佐，分别赏给顶带功牌，在场围拿各练丁兵役，重赏花红，以示鼓励。面谕该团练等，嗣后遇有获犯，均即就近送县讯办，以免疏虞。并仍严饬各属查捕逸匪，务尽根株，不准松劲外，所有情罪重大匪徒，随时严办缘由，理合由驿恭折具奏，伏乞皇上圣鉴训示。谨奏。

咸丰元年十月十六日奉朱批：知道了。嗣后仍着照此办理。钦此。

（邹鸣鹤奏。军机处全案·录副奏折。中国历史档案馆编《清政府镇压太平天国档案史料》第二册，第442页。北京：光明日报出版社，1990。）

**【江西省武宁县·咸丰四年七月初三日】**查验城内、城外贼尸枕藉，长发居多，黄衣、红衣贼目亦复不少。统计是役并沿途击斩及连日伤毙贼匪不下千余，其追逼落河淹毙及翻山跌毙者不可数计。陆续生擒匪徒冷绍仁、樊千受、陈大焕等共二百零三名，于讯明后均即军前正法。

（陈启迈奏。宫中全宗·朱批奏折。中国第一历史档案馆编《清政府镇压太平天国档案史料》第十四册，第655页。北京：社会科学文献出版社，1994。）

**【湖北省大冶县·咸丰四年九月二十七日】**各营生擒逆匪一百三十四名，因其掳掠奸淫，肆毒已久，谨予枭首，不足蔽辜，概令剜目凌迟，以泄居民之愤。

（曾国藩等奏。军机处全宗·录副奏折。中国第一历史档案馆编《清政府镇压太平天国档案史料》第十五册，第655页。北京：社会科学文献出版社，1994。）

**【江西省弋阳县·咸丰五年三月二十九日】**旋于二十一日克复县城，复擒获贼党五百余名。现又接据林福祥续禀，会同赵如胜于各乡搜获长发老贼一千余名，即行正法。剿办洵为奋勉妥速。

（陈启迈奏。军机处全宗·录副奏折。中国第一历史档案馆编《清政府镇压太平天国档案史料》第十七册，第243页。北京：社会科学文献出版社，1994。）

**【安徽省祁门县·咸丰四年二月二十六日】**鲍宗轼等擒获伪戌二王一名，并搜获册籍、伪书、伪贡单四十三件、顶天侯将使春分李侍卫后军各号衣二十二件、黄马褂一件。该府因贼已远窜，回驻县城，将伪戌二王讯明，脔割示众。计共生擒长发贼匪三十九名，当即正法，割获首级一百三十三颗。

（福济奏。宫中全宗·朱批奏折。中国第一历史档案馆编《清政府镇压太平天国档案史料》第十三册，第4页。北京：社会科学文献出版社，1994。）

**【安徽省庐州·咸丰四年三月十五日】**此日之战，自巳至申，接仗四时之久，约毙贼匪一千余名，共砍获首级九十一颗，生擒四十七名。内有长发伪两司马六名，当即正法。

（和春等奏。军机处全宗·录副奏折。中国第一历史档案馆编《清政府镇压太平天国档案史料》第十三册，第260页。北京：社会科学文献出版社，1994。）

**【安徽省巢县·咸丰四年三月十八日】**自辰至午，接战三时之久，约毙贼匪二百余名，生捡十二名，内有伪司马一名，均即正法。

（和春等奏。军机处全宗·录副奏折。中国第一历史档案馆编《清政府镇压太平天国档案史料》第十三册，第303页。北京：社会科学文献出版社，1994。）

**【江西省湖口县·咸丰四年三月二十一日】**臣亲提研鞫，缘潘世茞（即潘敬乎）、殷中杰、倪正洸、梅首枝、吴泳南分隶湖口、德化二县。潘世茞于道光元年在本省藩库报捐监生，殷中杰于二十二年科试入学，嗣因不安本分，经该学注劣详革。该犯等各在九江沿江一带小贸佣工，租田度日。咸丰三年五月间粤匪窜扑江西，路过沿江一带，扬言居民如不馈送礼物，定行屠戮，纷纷传播。潘世茞虑被杀害，起意邀同殷中杰、倪正洸买备酒米、猪只，挑送贼船。嗣粤匪在省败窜，于九月初间复从该处经过，潘世茞忆及前因馈贼，幸免杀戮，后起意与殷中杰、倪正洸商同各买鸡鸭食物挑往贼船馈送。贼夥伪总制不知名张姓将潘世茞等留住。维时贼党上岸抢掳，即将梅首枝、吴泳南掳捉上船，一并带回安庆，令潘世茞等各蓄头发。潘世茞等与梅首枝等先未见面，伪总制张逆以潘世茞馈礼最多，即封潘世茞为伪军帅，殷中杰、倪正洸并未得封，与潘世茞一并派在该逆营内听用，并将梅首枝派在不知名伪总制童姓营内，吴泳南派在不知名伪师帅钟姓营内，各打更煮饭。十二月间张逆营中乏粮，想及湖口与安徽连界，潘世茞等均系该县民人，派令潘世茞、殷中杰、倪正洸、梅首枝、吴泳南潜回湖口，探查男妇丁口数目，并张贴伪示，诱惑乡民，希图勒派米谷接济。是月十二日潘世茞携带伪旗、伪示与殷中杰等剃去长发，扮作商贾，从偏僻小路先后行走。十六日行抵该县，正欲张贴伪示，分赴各乡查点户口，即经该署县林蔚访闻。时督粮道邓仁堃带同员弁在于罐子口等处查勘设防情形，据禀并差探勇目王忠标面禀，即密饬员弁，会同该县营等先后获犯解省，发委南昌府知府史致谔讯拟。由司道勘转，经臣提审，据供前情不讳，究无另有同伙潜回及随同馈贼之人，案无遁饰。查律载：谋叛者不分首从皆斩，又断罪无正条援引他律比附各等语。此案已革监生潘世茞等胆敢听信逆贼流言，馈送礼物，潘世莒并受伪封，与殷中杰、倪正洸等一同潜回，探查户口数目，张贴伪示，煽惑乡民，勒派米谷接济，其情实与谋叛无异。梅首枝、吴泳南为贼服役，帮查户口，实属同恶相济，厥罪维均，自应比律问拟。潘世莒、殷中杰、倪正洸、梅首枝、吴泳南均应比依谋叛不分首从皆斩律拟斩立决，加拟枭示。潘世莒首先起意馈贼，并敢受贼伪封，尤属通案巨魁，并请加拟凌迟处死。该犯等均属罪大恶极，未便稽诛，当于审明后恭请王命，移委臬司恽光宸、署抚标中军参将祥麟将该犯潘世莒等绑赴市曹，分别凌迟处斩，仍一并枭取首级，传赴犯事地方，悬竿示众，以昭炯戒。犯系比律问拟，家属免其缘坐。潘世莒原领监照，饬县查追缴销，起获伪旗、伪示，案结销毁。

（陆元烺奏。宫中全宗·朱批奏折。中国第一历史档案馆编《清政府镇压太平天国档案史料》第十三册，第357—358页。北京：社会科学文献出版社，1994。）

**【直隶省·咸丰四年四月十一日】**直隶总督奴才桂良跪奏，为拿获从逆戕官要犯，审明正法，仰祈圣鉴事。窃据蠡县知县李培详报，盘获从逆要犯高刚头一名解省，当经奴才亲提严讯。据高刚头供，系抚宁县人，先充粮船水手，被贼裹胁入伙，沿途抗拒官兵，先后杀死兵勇一十七名……查高刚头胆敢从逆接仗，连戕官兵多名，实属罪大恶极。业于审明后，将该犯绑赴市曹，凌迟处死，枭首示众。一面设立颜锡敏、谢子澄等灵牌，剖心致祭，以抒众愤而慰忠魂。

（桂良奏。军机处全宗·录副奏折。中国第一历史档案馆编《清政府镇压太平天国档案史料》第十三册，第606—607页。北京：社会科学文献出版社，1994。）

**【山东省茌平县冯官屯·咸丰五年四月十六日】**奴才预料李开方必然藉此另生诡谋，当与奴才德勒克色楞、奴才西凌阿等详细审度，严密防范。该逆果于十三日巳刻遣令夥匪一百四十余名，夹混茌平、高唐难民数十名，一拥齐出，纷纷凫水，叫喊投降，并有李开方心腹伪先锋指挥黄大汗即黄近文一同投出。奴才揆度形状，实系诈降，仍佯为信实，将投出之人全数渡引出墙，除茌平、高唐之人严看外，其余一百四十余名全数诛戮。

（僧格林沁等奏。军机处全宗·录副奏折。中国第一历史档案馆编《清政府镇压太平天国档案史料》第十七册，第296页。北京：社会科学文献出版社，1994。）

**【江苏省江宁·咸丰七年十一月二十五日】**谨于审录供词后绑赴广野，使兵民聚观，即将该逆首伪元帅兼丞相赖元益凌迟处死，剜取心肝，以祭阵亡将士。

（德兴阿等奏。军机处全宗·录副奏折。中国第一历史档案馆编《清政府镇压太平天国档案史料》第二十册，第77页，北京：社会科学文献出版社，1995。）

［编者按：在清政府镇压太平天国档案中，这类记录连篇累牍，摘不胜摘.此处仅录几条作为例证。］

**【江苏省南京·同治三年六月二十日】** 二十日,己丑,晴。闻生擒伪忠王至,中丞亲讯,置刀锥于前,欲细割之。或告余,余以此人内中所重,急趋至中丞处耳语止之。中丞盛怒,于座跃起,厉声言:"此土贼耳,安足留,岂欲献俘耶?"叱勇割其臂股,皆流血,忠酋殊不动。少选,复缚伪王次兄福王洪仁达至,逆首之胞兄也,刑之如忠酋,亦闭口不一语。余见不可谏,遂退。

(赵烈文:《能静居日记》。《太平天国》,第七册,第 272 页。罗尔纲、王庆成,桂林:广西师范大学出版社,2004。)

### (二) 去世者

**【江西省九江·咸丰八年四月十一日】** 约两时之久,城内勇掩杀而出,城外勇冲杀而入,该逆无路可奔,号叫之声惨不可闻,自卯至午,歼除净尽,或死于水,或死于岸,尸骸堆积,流水腥红,军中逃贼认识伪贞天侯林启荣、伪元戎李兴隆各贼目,于乱尸中指出,随将贼尸寸磔,贼首枭示,以抒积愤。通计毙贼一万六七千名。

(官文等奏。宫中全宗·朱批奏折。中国第一历史档案馆编《清政府镇压太平天国档案史料》第二十册,第 278 页,北京:社会科学文献出版社,1995。)

### (三) 拥护者

**【江西省清江县·咸丰三年七月二十日】** 夏观察于樟树杀送贼匪礼者一人[系徐姓,监生也],亦私心也。

(毛隆保:《见闻杂记·七月见闻记》。杜德风选编《太平军在江西史料》,第 492 页,南昌:江西人民出版社,1988。)

## 二、对太平天国参与者其财产的处理

**【江苏省、浙江省·同治二年十一月戊辰】** 谕内阁:御史吕序程奏:因思各省州县被贼盘踞多年,其土著之贼及勾结入伙者所有逆产,自宜查明入官。至附近贼匪村庄沦为贼产者,亦应勘明给还原主,以恤流亡……有原业主者,即行给领。尚未查得业主者,即着暂行造册登记……酌给难民降众量为耕种以资衣食,俟业主续归,再行给还。

(《清穆宗实录》第六十八卷,第三十二页。《东华录》第二十八卷,第二十三页。)

**【原太平军活动地区·同治三年二月初三日】** 又见廷寄,光禄寺少卿郑锡瀛奏,请将各直省收复地方无主闲田,给兵耕种,以抵军食,及请清查各叛产并作官田给兵等语。交直省各督抚确切查明,就地方情形分别办理云云。

(赵烈文:《能静居士日记》。《太平天国史料丛编简辑》,第三册,第 316 页。太平天国历史博物馆,北京:中华书局,1962。)

**【安徽省颍州·同治年间】**[知府李文森拟定淮北善后章程,规定]占人田产不退回者,仍照甘心从逆论。

(《清穆宗实录》,第一百零七卷,第十二页。)

[按:可见太平军占领期间,有占人田产事。清政府战后土地政策中的田归原主,其中包括将农民已得到手中的土地归原地主。其性质属全面清算。]

## 第二节
# 对乡官的处理

## 一、对乡官人身的处理

**【安徽省桐城县·咸丰九年九月】**伪职□谟、项五正法。谟为伪军帅,最害人。项五为伪军典婚,多逼良家子女命。

（方宗诚:《颠沛余生录》。）

**【安徽省潜山县·咸丰十年闰三月】**闰三月,知县叶兆兰获伪军帅三名,伪师帅一名,伪旅帅二名,伪翰林一名,伪举人一名,伏诛。

（储枝芙:《皖樵纪实》。《太平天国》,第五册,第45页。罗尔纲、王庆成,桂林:广西师范大学出版社,2004。）

**【浙江省慈溪县·咸丰十一年】**[太平天国占领期间]县设军帅、旅帅等伪乡官二十余人,俱就地匪徒,供贼之指使掳括民财者也……幸我皇上……念恐有挟嫌株累,波及无辜者,乃命各省颁谕誊黄,凡经从贼者,无论逼胁乐从,除(无)[有]悖逆实情事实外,概行免究……不期皇上才开一面之网,而若辈便兴千丈之波,依然喋喋人间,恬不知耻。

（柯超:《辛壬琐记》。《太平天国资料》,第192—193页。北京:科学出版社,1959。）

**【浙江省杭州·同治二年】**又以农桑为衣食本。今见军士日砍桑林为薪。此非十年之树不成,即日克复民穷之源也。……又以余在绍时见官绅大索为乡官者,甚至累及乡官戚友……乃通牒曰:……请言今日亟应禁革者,莫如罚捐乡官一事。其初以该乡官虽有从贼署官之名,而得保卫村庄之实……全不念小民既遭烽火,复罹网罗,将见难后余生,靡有遗孑,小康之户,冤抑毁家,财尽民穷,乱萌滋蔓矣。夫民病即国病,今蒙仁宪 统军收复,如良医治病初愈,正宜培养元气。愚谓给籽种,发资本、耕牛,乃补剂也。不此之务而朘削之,奚可哉?是罚捐一事若不早为禁革,不但宁、绍等八属民不聊生,转瞬杭、嘉、湖三府克复,富户较多,陷贼更久,一旦被贪官污吏、劣绅恶衿如饿虎捕噬,尚可问乎?拟请通饬,嗣后再敢因公科敛者,从重照诈赃例计赃科罪;有献媚冀逃罪者与受同科;其为伪官而劣迹昭著者杀勿赦，勿及其孥……奉左公[宗棠]批："所陈切中时弊，仰候通饬凛遵，违按军法。"

（范城：《质言（节录）》。《近代史资料》1955年3期，第80—81页。又见《太平天国》，第四册，第422页。罗尔纲、王庆成，桂林：广西师范大学出版社，2004。）

**【浙江省宁波·同治二年十一月】**初九日，闻宁波府属城邑仍为官兵及夷兵收复，地方军师帅等仍命主收粮、抽捐等事。有被人首实者即诛之，于是为伪官者皆伏诛。

（沈梓：《避寇日记》。《太平天国史料丛编简辑》，第四册，第198页。太平天国历史博物馆，北京：中华书局，1962。）

## 二、对乡官财产的处理

**【安徽省六安州·咸丰四年】**咸丰四年，提督和、抚院福[即江南提督和春，安徽巡抚福济，当时率军驻定远、梁园、店埠一带。]札州确查迎贼之劣绅孔广春等，有无甘心从贼情由。讯无实事，分别昭雪。孔广春罚田三百余石。傅尔钧捐田三十石。又另案，韩钟灵甘受伪职，充公田三百五十石。及赵永浩、王以效、陈有、丘八仗等先后充公田。并潘锦堂、六任等先后捐公田产，均汇为一份。

（《六安州志·食货志》。）

**【安徽省桐城县】**故宜急查仓田租课，并收伪职充公之田以及庵观寺院之田。

（方宗诚：《柏堂集·俟命录》卷七。）

**【浙江省桐乡县·同治三年二月十三日】**[清军刚到，团练首领]沈牌士出告示于各乡，叠追圩长田地捐款，并追索伪官师、旅帅等钱。

（沈梓：《避寇日记》。《太平天国史料丛编简辑》，第四册，第302页。太平天国历史博物馆，北京：中华书局，1962。）

**【江苏省常熟县黄家桥·同治二年五月初九日】**镇上有善后分局，捐乡官钱，刻下甚多，旅帅起至司马不等数。

（佚名：《庚申避难日记》。《太平天国史料丛编简辑》，第四册，第558页。太平天国历史博物馆，北京：中华书局，1962。）

**【江苏省无锡县、金匮县·同治二年五月】**伪职输捐。

李巡抚委员开捐伪职之人，以裕军饷。檄杨宗濂等在常昭团局开办，经手捐到者，各有奖赏。于是无业游民，各处搜罗，报局捕捉，一律输捐。有力不逮者，逼死五六人。闻风远遁者，不计其数。旅帅、百长等家，百姓火其室。未几，有诏胁从罔治，寝罢其捐。惟入饱私橐者，乃借罪以倾其家。间有保护地方不得已而充伪职者，百喙莫辩，向隅而泣者不少。

（佚名：《平贼纪略》。《太平天国史料丛编简辑》，第一册，第 294 页。太平天国历史博物馆，北京：中华书局，1962。）

**【浙江省桐乡县·同治三年五月二十五日】**［原当局董、乡官等人被告，］夏蓉卿为讼事逃上洋。仲兰亭、杨青藜皆卖屋以了衙门。

（沈梓：《避寇日记》。《太平天国史料丛编简辑》，第四册，第 311 页。太平天国历史博物馆，北京：中华书局，1962。）

## 三、乡官的处境

**【江苏省常熟县·同治元年】**十二月初二，晨鹿苑师帅局被西路乌沙角等处人来抢劫，局中人尽逃走。午后，师帅黄竹轩屋被人烧去……晚间各处烧屋，如师帅黄竹轩家、百长汤义民、钱海官等不一而足。黄竹轩……殴死于上相堂路上……旅帅先生王月樵杀死于横塘桥路旁。旅帅方心葵逃走，其兄被人杀死。旅帅钱心岩一家烧死，只存三人。

（佚名：《庚申避难日记》。《太平天国史料丛编简辑》，第四册，第 542—543 页。太平天国历史博物馆，北京：中华书局，1962。）

**【江苏省·同治二年至三年】**各邑从逆匪徒，官军收复后，或畏查拿，或防讦告，意俱惴惴。一闻潘曾玮［编者按：军机大臣潘世恩之子，本人历任刑部郎中。江苏吴县人。］广收门生，莫不欢欣鼓舞，踊跃而来，竞献腴田沃产，金银珠玉，以结其欢。两载以来，拥资千万，江、浙两省之瑰珍瑰宝，法书名画，古玩重器，尽入其门。楠梨、紫檀、理石、玻璃之器具，充牣堆积。甚有购求内府遗物以献者。

（鹤樵居士：《盛川稗乘》。《太平天国史料丛编简辑》，第二册，第 205 页。太平天国历史博物馆，北京：中华书局，1962。）

## 四、全面清算

［编者按：清政府及其追随者在打败太平天国之后，对太平天国及其参与者全面清算：对人，或杀，或流放，或投入监狱，有的还株连家属，戚友；对财产，或没收，或焚烧；对思想，予以批判，企图肃清其影响；对太平天国的印刷品和钱币，全部收缴，销毁，以致后代人想看太平天国的印刷品，不得不到外国去找。从彻底程度可以看出 用力之大。罗列清政府的这种全面清算资料，非本书的任务。下面提及几个方面，显示太平天国的历史至此才结束了。］

### （一）销缴武器

**【江苏省·同治七年】**《咨行查禁输匪枪船器械勒令改造销毁章程》：

[清政府先已由地方官出示销缴枪械,但]民间愚懦者怀疑,刁顽者抗匿,未缴之处尚多。或沉水中,或藏僻处,亦有居然流放在家者……务将枪船器械,勒令改造销毁,以期尽绝根株而杜后患。[当时枪船改造为农船者计已十去其九。]只有一等枪夥,装贩私盐,其未改者,投充县中盐捕,托名官船,张立旗号,每藉缉私名滋事,窝私贩私,无所不为。江、震、嘉、桐诸县皆有之。

(丁日昌:《抚吴公牍》卷二十七,第2页。)

### (二) 地权

[见第十九章第二节"土地政策"目]

**【浙江省嘉兴·同治三年】**[嘉兴府知府许本高四月下旬到任后,]次日,罢不便于民者四:其一,去租捐以苏民困;其二,禁小船以靖地方;其三,治土匪以安良善;其四,禁侵占以清地主……先是嘉善之降也,在去年十月,民间未甚遭灾,而贼又未办收漕,于是官绅会通设计,立租捐局,盖收漕之别名也。每亩以二斗为率,一斗归产主,六升归军柴,四升归局,盖较贼粮示七斗之例已减去三之二矣,民岂不快。若嘉、秀地方之冬漕,则贼已收去……遂仍嘉善旧章,为设租捐局,藉此支应军需,未必非权宜之道。

(沈梓:《避寇日记》。《太平天国史料丛编简辑》,第四册,第309页。太平天国历史博物馆,北京:中华书局,1962。)

**【江苏省常熟县·同治三年五月初九日】**昭文界东路,刻下丈量田地。

(佚名:《庚申避难日记》。《太平天国史料丛编简辑》,第四册,第581页。太平天国历史博物馆,北京:中华书局,1962。)

### 附:对其他起义者土地的处理

**【云南回民起义地区·咸丰至光绪初年】**惟该回民等归业,所有田地房屋必须认真清查,实系祖遗,或在咸丰五年未乱以前自行备置,立契投税,中证确凿,方准认明清还。自咸丰六年既乱之后,时当回强汉弱,产业多被霸占,纵有契券可凭,无非恃强逼迫,其中原主故绝者,充作地方公项,概不准该回民认为已业。

(岑毓英:《安抚告示》。陈燕等:光绪《霑益州志》卷六《艺文下》。)

**【陕西省·同治二年十二月】**陕西巡抚张集馨奏,西、同两府回民起义地区的回民土地,以叛产入官。若令叛回仍归旧故土,与汉民共井同村,势必复起干戈……[上谕中以]若概不准其再入本境,又恐遗患邻村……所有西、同两府及邠、乾两州叛产,统计约在万顷以上。此项田亩,与其招佃认垦,不如作为屯田,可以绝四民之觊觎,而永远相安。既节省兵饷,[又]寓兵于农。如能作为旗兵之产,尤属合宜……[汉民]逃亡在外者,固宜招集归来,令其认领旧产,各安生业。如果户绝人亡,即应将田产归官。

(《清穆宗实录》第八十八卷，第 31 页。同治二年十二月戊子。《东华录》第二十九卷，第 33 页。)

**【陕西省·同治四年至六年】**[陕西张煦奏：]陕西营田，系同治初年隆回叛产，照例入官，同治四年设局清查，共计荒地四十一万二百二十七亩。招垦纳租，实则"默寓变价之例"。[因佃户交纳租额之后，发给执照，地归佃户管业(永业)。]

同治四年所设租额：

二十三州县，旱地，上则，每亩三石。中则，每亩二石。下则，每亩一石半。

长安县，水田，照上则[即每亩三石]。

大荔县，沙地，上则五钱。中则四钱。下则三钱。

至同治六年，共垦荒田三十四万四十余亩。租粮均未交足，酌改章程招垦。

(《东华录》第九十五卷，第 2 页。光绪十五年六月。)

**【陕西省·同治五年一月】**[陕西巡抚刘蓉奏垦荒章程：]叛产概令入官。绝产以三年为期，业主逾期不返，即行截止。客民认垦者，期至六年，租粮及额即为永业。

(《清穆宗实录》第一百六十七卷，第 16 页。同治五年一月乙酉。)

**【陕西省·同治五年十一月】**[御史林彭年奏：]汉中亦多绝产，闻该处地方官售卖征税，恐未能涓滴归公。

(《清穆宗实录》第一百八十九卷，第 9 页。同治五年十一月癸酉。《东华录》第六十卷，第 32 页。)

**【陕西省·同治五年十二月】**已故陕西凤邠盐法道黄辅辰……在陕西盐法道任内，兴办屯田，复采辑书籍为《营田辑要》，以利民食，正经界，定限制，缓钱粮，定租额，种种筹画，卒能以所言见诸施行。期年之中，查出叛绝各产三十余万亩，招民认垦，接济军食，陕民全活者甚众。

(《清穆宗实录》第一百九十一卷，第 25 页。同治五年十二月辛卯。《东华录》第三十六卷，第 13 页。光绪六年八月。)

### (三) 禁抗租，收欠租

[见第十九章第五节"阶级关系方面的表现"目之一"地主追收旧欠地租与佃农继续抗租"]

**【江苏省常熟县·同治二年九月十六日】**有业主收租，经造收，每亩一斗口升作军饷，告示已贴。

(佚名：《庚申避难日记》。《太平天国史料丛编简辑》，第四册，第 565 页。太平天国历史博物馆，北京：中华书局，1962。)

**【江苏省常熟县·同治二年十二月二十六日】**余到金家宅大坟里讨租。

（佚名：《庚申避难日记》。《太平天国史料丛编简辑》，第四册，第570页。太平天国历史博物馆，北京：中华书局，1962。）

**【江苏省常熟县·同治三年】**六月十四晚，余到坝头顺和官家说田事。

八月十七日，余到坝头巷为田事说话。

九月初一日，余到顺和官家催租。

（佚名：《庚申避难日记》。《太平天国史料丛编简辑》，第四册，第583、587、588页。太平天国历史博物馆，北京：中华书局，1962。）

**【江苏省常熟县·同治三年八月二十七日】**豆租还者甚多，收数或七折，或八折，或六折。

（佚名：《庚申避难日记》。《太平天国史料丛编简辑》，第四册，第587页。太平天国历史博物馆，北京：中华书局，1962。）

**【江苏省吴江县梨里·同治三年九月二十九日】**明日命吉老[账房中人]梨里下乡去，未识田租稍有收否？

（柳兆薰：《柳兆薰日记》。《太平天国史料专辑》，第336页。上海古籍出版社，1979.10。）

**【江苏省常熟县·同治三年十一月初五日】**常熟县尊下乡催捐，佃户还租等事，在鹿苑、恬庄二处。

（佚名：《庚申避难日记》。《太平天国》，第六册，第283页。罗尔纲、王庆成，桂林：广西师范大学出版社，2004。）

**【江苏省常熟县·同治三年十一月】**十六日，到金家宅大坟内讨租。

二十日，到古坟头收租，收米五斗。

二十三日，到坝头讨租。

十二月二十日，余到古坟讨租，金家宅讨租。

（佚名：《庚申避难日记》。《太平天国史料丛编简辑》，第四册，第592—594页。太平天国历史博物馆，北京：中华书局，1962。）

**【江苏省常熟县·同治三年正月二十九日】**言两邑令因佃不还租，有人霸横，乃面禀抚宪，即发告示，有霸租地棍照乱民论等语，以故福山塘左右设总租局。

（龚又村：《自怡日记》。《太平天国》，第六册，第145页。罗尔纲、王庆成，桂林：广西师范大学出版社，2004。）

### （四）利率

[见第十九章第三节“金融政策与金融状况”目之一“抑制高利率”]

**【江苏省·同治三年至八年】** 苏省典铺，从前取利以二分为率，当期以三年为满。自匪扰克复后，先经变通章程，招开公典，取利三分，一年为满。续经饬据前署司议定，自八年分起，当本三十两以上者，减为二分四厘；十两以上者，减为二分六厘；十两以内者，减为二分八厘，仍以十二个月为满。详经批准饬遵……惟查苏省典铺逐渐增开，[应减月利而宽当期]。

（丁日昌：《饬司核减苏省各典当利息议复》。《抚吴公牍》卷四十七，第13页。）

### （五）文化

**【江苏省·同治五年】** 苏省从前极盛之时……无业游民，因得鸠集资财，开设戏馆以为利薮。[严禁苏省城厢内外，再设戏馆。]无论已未盖成，一律将房屋基地入官。仍将创造之人，从重究办……其外府州县城乡，禁止点演淫戏。

（丁日昌：《抚吴公牍》卷二，第5页。）

**【江苏省·同治七年】** [丁日昌曾在同治七年二月二十一日奏明禁止。近来]《水浒》、《西厢》等书，几于家置一编，人怀一箧……而愚民甚少识，遂以犯上作乱之事，视为寻常，地方官漠不关心，以致盗案奸情，纷歧叠出。殊不知忠孝廉耻之事，千面人教之而未见为功，奸盗诈奸之书，一二人导之主萌其祸，风俗与人心相为表里，近来兵戈浩劫，未尝非此等踰闲荡检之说，默酿其殃。若不严行禁毁，流毒伊于胡底。

（丁日昌：《札饬禁毁淫词小说》。《抚吴公牍》卷一，第10页。）

[按：卷七第8页载山阳县收缴应禁各书五十余部，唱本二百余本，记功一次。]

**【江苏省·同治七年】** 乃东南风俗，崇信鬼神……乃兵灾以来，百姓衣食余者百不及一，而又有游勇之藉端滋事，盗贼之乘机劫窃，即使民间无隙可乘，尚恐变生意外。

（丁日昌：《札饬严禁结会烧香一案由》。《抚吴公牍》卷四十一，第14—15页。）

# 附　录

附录一　本书征引的主要文献目录

附录二　干支纪年、清纪年、公元纪年、天历纪年对照表

附录三　太平天国政区省郡县表

# 附录一

# 本书征引的主要文献目录



［编者注：因已出版有张秀民、王会庵编的《太平天国资料目录》和姜秉正编的《研究太平天国史著述综目》，此处只录我们引用较多的和值得读者重视的文献目录。］

## 一般文献

《中国近代史资料丛刊：太平天国》，第Ⅰ—Ⅷ册，中国史学会编，编者：向达、王重民等，上海：神州国光社，1952。

《太平天国》第1—10册，罗尔纲、王庆成，桂林：广西师范大学出版社，2004。

《太平天国史料丛编简辑》第1—6册，太平天国历史博物馆，上海：中华书局，1962。

《太平天国资料》，中国科学院历史研究所第三所，北京：科学出版社，1959.3。

《太平天国史料》，金毓黻、田余庆，北京：中华书局，1955。

《太平天国文书》，北平故宫博物院编，北平故宫博物院出版，民国二十二年(1933)，影印本。

《清政府镇压太平天国档案史料》第1—26册，中国第一历史档案馆，俞炳坤、吕坚、薛瑞录等主编，北京：社会科学文献出版社，北京：光明日报出版社，1992—1996。

《太平天国的文献和历史：海外新文献刊布和文献史事研究》，王庆成，北京：社会科学文献出版社，1993。

《太平天国革命亲历记》，(英)呤唎著，王维周、王元化译，上海：上海人民出版社，1997。

《太平天国革命在广西调查资料汇编》，广西壮族自治区通志馆，南宁：广西人民出版社，1962。

《太平天国历史地图集》，郭毅生，北京：中国地图出版社，1989。

《太平天国经济制度》，郭毅生，北京：中国社会科学出版社，1984。

《太平天国经济史》，郭毅生，南宁：广西人民出版社，1991。

《太平天国钱币》，马定祥、马传德，上海：上海人民出版社，1983年初版，1994年再版。

《太平天国实际真相》,周武等编著,上海：华东师范大学出版社,2000。

《太平天国史料译丛》,王崇武、黎世清,上海：神州国光社,1954。

《太平天国史料专辑》,上海：上海古籍出版社,1979。

《太平天国文书汇编》,太平天国历史博物馆,北京：中华书局,1979。

《太平天国文献史料集》,中国社会科学院近代史研究所近代史资料编辑室,北京：中国社会科学出版社,1982。

《太平天国资料汇编》第1—2册,太平天国博物馆,北京：中华书局,1979。

《太平天国资料目录》,张秀民、王会庵,上海：上海人民出版社,1957。

《影印太平天国文献十二种》,王庆成主编,北京：中华书局,2004。

《忠王李秀成自述校补本》,广西壮族自治区通志馆,南宁：广西人民出版社,1962。

《近代稗海》第1—14册,荣孟源、章伯锋,成都：四川人民出版社,1985。

《上海小刀会起义史料汇编》,上海社会科学院历史研究所,上海：上海人民出版社,1958。

《太平天国革命文物图录》,太平天国起义百年纪念展览会,上海：上海出版公司,1954。

《太平天国史事别录》,谢兴尧,上海：温知书店,1950。

《中国近代史资料丛刊"太平天国"附录》,张秀民,上海：上海人民出版社。

《太平天国革命文物图录补编》,郭若愚,上海：群联出版社,1955。

《太平天国历法考订》,郭廷以,上海：商务印书馆,1937。

《粤氛纪事》,夏燮,北京：中华书局,2008。

《十九世纪中国的常胜军》,史密斯,北京：中国社会科学出版社。

《太平天国史迹真相》,周武,上海：华东师范大学出版社,2000。

《摩盾余谈》,朱用孚,南京：江苏古籍出版社,2000。

《太平天国稀见史料三种》,周腾虎、徐僖,北京：中华全国图书馆文献缩微复制中心,1995。

《太平天国开国史》,钟文典,南宁：广西人民出版社,1992。

《太平天国史事日志》,郭廷以,上海：上海书店,1986。

《洪秀全集》,广东省太平天国研究会、广州市社会科学研究所编,广州：广东人民出版社,1985。

《洪仁玕选集》,扬州师范学院中文系编,北京：中华书局,1978。

《曾国藩全集》,曾国藩,长沙：岳麓书社,1985。

《曾国藩未刊信稿》,江世荣,北京：中华书局,1959。

《张之洞全集》,赵德馨主编,武汉：武汉出版社,2008。

《研究太平天国史著述综目》,姜秉正,北京：书目文献出版社,1984。

《太平天国词语、避讳研究》,史式、吴良祚,南宁：广西人民出版社,1993。

《太平天国词语汇释》,史式,成都：四川人民出版社,1984。

《太平军北伐资料选编》,济南：齐鲁书社,1984。

《太平天国初期纪事》,(法) 加勒利、伊凡原著,徐健竹译。上海：上海古籍出版社,1982。

《太平天国印书》,太平天国历史博物馆,南京：江苏人民出版社,1979。

《金田起义》,广西师范学院历史系《金田起义》编写组编,南宁：广西人民出版社,1978。

《李鸿章致潘鼎新书札》,年子敏,北京：中华书局,1960。

《漏网喁鱼集》,柯悟迟,北京：中华书局,1959。

《乙丙日记》,汪士铎,北京：文芸阁铅印本,1936。《近代中国史料丛刊》正编,第126册,台北：文海出版社。

《太平天国起义调查报告》,广西省太平天国文史调查团,北京：三联书店,1956。

《太平天国史译丛》第二辑,北京太平天国历史研究会,北京：中华书局,1983。

《浙江太平天国史论考》,王兴福,杭州：浙江人民出版社,2002。

《出自敌对营垒的太平天国资料：曾国藩幕僚鄂城王家壁文稿辑录》,皮明庥等,武汉：湖北人民出版社,1986。

《天父天兄圣旨：新发现的太平天国珍贵文献史料》,王庆生,沈阳：辽宁人民出版社,1986。

《太平天国史译丛》,北京太平天国历史研究会,北京：中华书局,1981。

《太平天国印书》,太平天国历史博物馆,南京：江苏人民出版社,1979。

《太平天国》,(日) 陈舜臣著、卞立强译,重庆：重庆出版社,2009。

《清咸同年间名人函札》,太平天国历史博物馆编,北京：档案出版社,1992。

《东游纪程》,聂士成,北京：中华书局,2007。

《郭著〈太平天国史事日志〉校补》,茅家琦校补,台北：台湾商务印书馆股份有限公司,2001。

《太平天国在广西调查资料全编》,饶任坤、陈仁华编,南宁：广西人民出版社,1989。

《太平天国文书汇编》,太平天国历史博物馆,北京：中华书局,1979。

《太平天国文书制度再研究》,朱从兵,合肥：合肥工业大学出版社,2010。

《广东地区太平天国史料选编》,陈周棠主编,广州：广东人民出版社,1986。

《太平天国研究论文集》,王承仁主编,武汉：武汉大学出版社,1994。

《近代秘密社会史料》,萧一山编著,长沙：岳麓书社,1986。

《太平天国时期苗彝回族各族人民大起义》,答振益编著,银川：宁夏人民出版社,1981。

《太平天国资料汇编》,太平天国历史博物馆,北京：中华书局,1980。

《太平天国时期壮族农民起义》,覃高积编著,南宁：广西人民出版社,1988。

《太平天国历史与地理》,郭毅生主编,北京：中国地图出版社,1989。

《〈金陵贼略〉和〈金陵被陷记〉——两本记叙太平天国首都天京的书》,史惟珍、姚海泉、李怀军,黄石师院学报,1984 年第 2 期。《金陵贼略》和《金陵被陷记》两本书的原件藏于武汉图书馆,其中《金陵被陷记》在英国剑桥大学图书馆亦有藏本。

皇甫元垲《寇难纪略》,抄本,藏于浙江图书馆等处。

张绍良《蒙难琐言》,抄本,中央民族学院图书馆藏抄本。

《吴煦档案选编》,太平天国历史博物馆,南京:江苏人民出版社,1983—1984。

《吴熙档案中的太平天国史料选辑》,静吾、仲丁,北京:三联书店,1958。

《太平天国史迹调查集》,罗尔纲,北京:三联书店,1955。

《太平天国散佚文献勾沉录》,罗尔纲、罗文起辑录,贵阳:贵州人民出版社,1993。

《太平天国史料考释集》,罗尔纲,北京:三联书店,1956。

《太平天国史事考》,罗尔纲,北京:三联书店,1955。

《太平天国文选》,罗尔纲,上海:上海人民出版社,1956。

《李秀成自述原稿注》,罗尔纲,北京:中华书局,1982。

《太平天国文书》,罗尔纲主编,太平天国历史博物馆,南京:江苏人民出版社,1991。

《太平天国诗文选》,罗尔纲选注,北京:中华书局,1960。

《太平天国史辨伪集》,罗尔纲,上海:商务印书馆,1950。

《太平天国史迹调查集》,罗尔纲,北京:三联书店,1958。

《太平天国金石录》,罗尔纲,上海:正中书局,1948。

《太平天国史记载订谬集》,罗尔纲,北京:三联书店,1955。

《太平天国文物》,罗尔纲主编,太平天国历史博物馆编,南京:江苏人民出版社,1992。

《天历考及天历与阴阳历日对照表》,罗尔纲,北京:三联书店,1955。

《太平军广西首义史》,简又文,上海:商务印书馆,1946。

《金田之游及其他》,简又文,上海:商务印书馆,1946。

《太平天国典制通考》,简又文,香港:简氏猛进书屋,1958。

《太平天国全史》,简又文,香港:简氏猛进书屋,1962。

《太平天国时期温州史料汇编》,马允伦,上海:上海社会科学出版社,2002。

《太平天国天京图说集》,聂伯纯、韩品峥,南京:江苏古籍出版社,1985。

《太平军汉中战争事实节钞》,陕西博物馆,西安:陕西人民出版社,1957。

《太平军攻克武昌的故事》,邓英,武汉:群益堂,1956。

《太平军在永安》,钟文典,北京:三联书店,1962。

《太平军在四川》,史式,成都:四川人民出版社,1985。

《太平天国农民革命在永安资料专辑》,蒙山县志办公室编,1986。

《湖南地方志中的太平天国史料》,杨奕清、唐增烈、向德育等,长沙:岳麓书社,1983。

《江浙豫皖太平天国史料选编》,南京大学历史系太平天国研究室,南京:江苏人民出版社,1983。

《苏松地区太平天国史料》,上海市文物保管委员会、苏州市文物保管委员会编,1962。

《广东地区太平天国史料选编》,陈周棠,广州：广东人民出版社,1986。

《杭州太平天国档案史料选编》,中国第一历史档案馆、杭州市档案馆编,北京：中国档案出版社,2007。

《浙江太平天国革命文物图录选编》,杭州：浙江人民出版社,1984。

《太平军在河南：中国历史故事》,王天奖,郑州：河南人民出版社,1974。

《太平军在安徽的军事斗争》,安徽省教育厅,合肥：安徽人民出版社,1959。

《太平军在扬州》,周村,上海：上海人民出版社,1957。

《太平军在上海——〈北华捷报〉选译》,上海社会科学院历史研究所编译,上海：上海人民出版社,1983。

《太平天国时期贵州农民起义军文献辑录与考释》,顾隆刚编著,贵阳：贵州人民出版社,1986。

《太平天国革命时期广西农民起义资料》,《太平天国革命时期广西农民起义资料》编辑组,北京：中华书局,1978。

《太平军在江西史料》,杜德风,南昌：江西人民出版社,1988。

《太平天国在浙江》,王兴福,北京：社会科学文献出版社,2007。

《太平军在杭州》,王兴福,杭州：浙江人民出版社,1959。

《浙江太平天国史论考》,王兴福,杭州：浙江人民出版社,2002。

《北华捷报》North China Herlad。或译《华北先驱》。

《申报》。

《文物》。

## 地　方　志

(本书征引的)

**广西壮族自治区**

光绪《郁林州志》,冯德材等修,文德馨等纂,光绪二十年刊本。

民国《永淳县志》,黄天锡修,陈尔训等纂,民国十三年修,抄本,广西图书馆藏。

道光《钦州志》,朱椿年等修,杜以宽、叶轮纂,道光十四年刻本。

民国《象县志》,苏瀚涛纂修,民国二十七年抄本,柳州市图书馆藏。

民国《象县志》,吴克宽、梁方津修,刘策群纂,民国三十七年铅印本,柳州市图书馆藏。

光绪《浔州府志》,夏敬颐、褚兴周纂修,光绪二十三年刻本。

道光《桂平县志》,袁湛业修,黄体正、王维新纂,道光二十三年刻本。

民国《桂平县志》,黄占梅修,程大璋纂,民国九年排印本。

民国《荔浦县志》,顾英明修,曹骏纂,民国三年刻本。

新修《岑溪县志(初稿)》上册,岑溪县志编纂委员会编,1960。

## 湖南省

光绪《湖南通志》，曾国荃等纂，光绪十一年刻本。

同治《安化县志》，何才焕纂，同治十年刻本。

同治《桂阳直隶州志》，王闿运纂，同治七年刻本。

光绪《东安县志》，胡元士等纂，光绪二年刻本。

同治《醴陵县志》，江普光纂，同治十年刻本。

民国《醴陵县志》，刘谦纂，民国三十七年醴陵县文献委员会铅印本。

同治《巴陵县志》，吴敏树等纂，同治十一年刻本。

光绪《巴陵县志》，李和卿等纂，光绪十二年修，光绪二十六年刻本。

光绪《重修龙阳县志》，陈保真等纂，光绪元年刻本。

光绪《湘潭县志》，王闿运纂，光绪十五年刻本。

同治《嘉禾县志》，吴绂荣增纂，同治二年刻本。

民国《嘉禾县图志》，雷飞鹏纂，民国二十年铅印本。

同治《浏阳县志》，邹焌杰等纂，同治十二年刻本。

民国《溆浦县志》，舒立淇纂，民国十年活字本。

同治《武陵县志》，陈启迈纂，同治二年刻本。

同治《武陵县志》，杨彝珍续纂，同治七年朗江书院刻本。

同治《衡阳县志》，殷家隽等纂，同治十三年刻本。

同治《长沙县志》，剑采邦等修，张延珂等纂，同治十年刻本。

光绪《龙山县志》，刘沛增纂，光绪四年续修刻本。

光绪《湘阴县志》，郭嵩焘纂修，光绪六年县志局刻本。

同治《江华县志》，唐为煌纂，同治九年刻本。

同治《临湘县志》，熊兴杰等纂，同治十一年刻本。

同治《沅陵县志》，许光曙纂，同治十二年刻本。

光绪《重修会同县志》，黄世昌纂，光绪二年刻本。

光绪《会同县乡土志拟编》，光绪间修，抄本。

同治《酃县志》，周作翰纂，同治十二年重修刻本。

同治《武冈州志》，邓绎纂，同治十二年刻本。

同治《直隶澧州志》，魏式曾纂，黄维瓒增修，同治十三年增补刻本。

光绪《平江县志》，李元度纂，光绪元年刻本。

同治《续修乾州厅志》，张先达增纂，同治十一年刻本。

光绪《辰州府乡土志》，罗清泰编，光绪三十三年修，抄本。

光绪《永明县志》，周诜诒纂，光绪三十三年刻本。

光绪《兴宁县志》，黄榜元等纂，光绪元年刻本。

同治《祁阳县志》，刘希关等纂，同治九年刻本。

同治《桂阳县志》，朱炳元等纂，同治六年活字本。

同治《芷江县志》,盛一林纂,同治九年刻本。

光绪《永兴县志》,李献君纂,光绪九年刻本。

同治《安仁县志》,张鹏等纂,同治八年刻本。

光绪《道州志》,许清源等纂,光绪三年刻本。

同治《临武县志》,陈佑启等增纂,同治六年增补刻本。

光绪《新宁县志》,刘坤一等纂,光绪十九年金城书院刻本。

同治《续修宁乡县志》,童秀春纂,同治六年刻本。

民国《宁乡县志》,刘宗向纂,民国三十年活字本。

光绪《靖州直隶州志》,唐际虞等纂,光绪五年刻本。

同治《安乡县乡土志》,佚名撰,同治间残稿本。

同治《湘乡县志》,黄楷盛纂,同治十三年刻本。

民国《蓝山县图志》,雷飞鹏纂,民国二十二年刻本。

光绪《郴州直隶州乡土志》,谢馨槐等纂,光绪三十三年刻本。

同治《清泉县志》,张修府纂,同治八年刻本。

**湖北省**

民国《湖北通志》,吕调元、刘承恩修,张仲炘、杨承禧纂,民国十年刻本。湖北人民出版社影印本,2010 年 12 月。

民国《夏口县志》,侯祖畲修,吕寅东纂,民国九年刻本。

同治《续辑汉阳县志》,黄式度修,王葆心纂,同治七年刻本。

同治《大冶县志》,胡复初修,黄昺杰纂,同治六年刻本。

光绪《应城县志》,罗缃、陈豪修,王承禧纂,光绪八年刻本。

光绪《黄州府志》,英启修,邓琛纂,光绪十年刻本。

光绪《蕲州志》,封蔚礽修,陈廷扬纂,光绪八年刻本。

同治《广济县志》,刘宗元、朱荣实修,刘燡纂,同治十一年活字本。

民国《英山县志》,徐锦修,胡鉴莹纂,民国九年活字本。

同治《通山县志》,罗登瀛、胡昌铭修,朱美燮、乐纯青纂,同治七年活字本。

[编者按:以上府县诸志都有江苏古籍出版社 2001 年出版的版本。]

**江西省**

光绪《江西通志》,刘坤一等修,刘铎、赵之谦等纂,光绪八年刻本。该志有凤凰出版社 2009 年出版的新版本。

同治《南昌府志》,许应鑅、王之藩修,曾作舟、杜防纂,同治十二年刻本。

同治《新建县志》,承霈修,杜友棠、杨兆崧纂,同治十年刻本。

同治《九江府志》,达春布修,黄凤楼、欧阳焘纂,同治十三年刻本。

同治《德安县志》,沈建勋修,程景周等纂,同治十年刻本。

同治《瑞昌县志》，姚暹修、冯士杰等纂，同治十年刻本。

同治《湖口县志》，殷礼、张兴言修，周谟等纂，同治十三年刻本。

同治《彭泽县志》，赵宗耀、陈文庆修，欧阳焘等纂，附《彭泽县志补遗》，陈友善修，张经畬纂，同治十二年刻本。

同治《武宁县志》，何庆朝纂修，同治九年刻本。

同治《南康府志》，盛元等纂修，同治十一年刻本。

同治《都昌县志》，狄学耕修，刘庭辉、黄昌藩纂，同治十一年刻本。

同治《建昌县志》，陈惟清修，闵芳言、王士彬纂，同治十年刻本。

同治《广信府志》，蒋继洙纂修，同治十二年刻本。

同治《弋阳县志》，俞致中修，汪炳熊等纂，同治十年刻本。

同治《玉山县志》，黄寿祺修，吴华辰、任廷槐纂，同治十二年刻本。

同治《贵溪县志》，杨长杰修，黄联珏等纂，同治十年刻本。

同治《铅山县志》，张廷珩修，华祝三纂，同治十二年刻本。

同治《饶州府志》，锡德修，石景芬等纂，同治十一年刻本。

民国《德兴县志》，沈良弼修，董凤笙纂，民国十年刻本。

同治《安仁县志》，朱潼修，徐彦楠、刘兆杰纂，同治十一年刻本。

同治《万年县志》，项珂修，刘馥桂等纂，同治十年刻本。

民国《宜春县志》，谢祖安修，苏玉贤纂，民国二十九年石印本。

同治《分宜县志》，李寅清、夏琮鼎修，严升伟等纂，同治十年刻本。

民国《万载县志》，张芗甫修，龙赓言纂，民国二十九年铅印本。

同治《高安县志》，孙家铎修，熊松之纂，同治十年刻本。

同治《重修上高县志》，冯兰森修，陈卿云等纂，同治九年刻本。

同治《清江县志》，潘懿、胡湛修，朱孙诒等纂，同治七年刻本。

同治《新喻县志》，文聚奎、祥安修，吴增逵纂，同治十二年刻本。

同治《安义县志》，杜林修，彭斗山、熊宝善纂，同治十年活字本。

光绪《抚州府志》，许应鑅、朱澄澜修，谢煌等纂，光绪二年刻本。

同治《崇仁县志》，盛铨等修，黄炳奎纂，同治十二年刻本。

同治《乐安县志》，朱奎章修，胡芳杏纂，同治十年刻本。

同治《东乡县志》，朱士棻、王维新修，胡业恒纂，同治八年刻本。

同治《建昌府志》，邵子彝修，鲁琪光纂，同治十一年刻本。

同治《新城县志》，刘昌岳修，邓家祺纂，同治十二年刻本。

同治《进贤县志》，江璧等修，胡景辰等纂，同治十年刻本。

民国《吉安县志》，李正谊等修，邹鹄纂，民国三十年铅印本。

同治《泰和县志》，宋瑛等修，彭启瑞等纂，同治十一年刻本。

同治《安福县志》，姚濬昌修，周立瀛、赵廷恺等纂，同治十一年刻本。

同治《峡江县志》，暴大儒修，廖其观等纂，同治十年刻本。

同治《赣州府志》，魏瀛修，鲁琪光、钟音鸿纂，同治十二年刻本。

同治《雩都县志》，颜寿之、王颖修，何戴仁、洪霖纂，同治十三年刻本。

同治《信丰县志续编》，李大观修，刘杰光等纂，同治九年刻本。

同治《广昌县志》，曾毓璋纂修，同治六年刻本。

同治《南安府志》，黄鸣珂修，石景芬、徐福炘纂，同治七年刻本。

同治《南康县志》，沈恩华修，卢鼎峋纂，同治十一年刻本。

光绪《崇义县志》，廖鼎璋纂修，光绪二十一年刻本。

同治《彭泽县志》，赵宗耀、陈文庆修，欧阳寿等纂，同治十二年刻本。

同治《安远县志》，黄瑞图修，欧阳铎纂，同治十一年刻本。

光绪《上犹县志》，叶滋澜修，李临驯纂，光绪七年刻本。

同治《泸溪县志》，杨松兆、孙毓秀修，彭钟华、江璧、胡景辰等纂，同治九年刻本。

同治《金溪县志》，程芳等修，郑浴修等纂，同治九年刻本。

［编者按：江西府县志都有江苏古籍出版社 1996 年出版的影印版本。］

## 安徽省

光绪《重修安徽通志》，吴坤修等修，何绍基、杨沂孙纂，光绪四年刻本。

光绪《庐江县志》，钱鑅修，俞燮奎、卢钰纂，光绪十一年刻本。

民国《太湖县志》，高寿恒修，李英纂。

民国《潜山县志》，吴兰生、王用霖修，刘廷凤纂，民国四年。

同治《六安州志》，李蔚、王峻修，吴康霖纂。

光绪《续修舒城县志》，吕林锺等修，赵凤诏等纂。

光绪《凤阳府志》，冯煦修，魏家骅等纂，张德霈续纂，光绪三十四年刻本。

光绪《滁州志》，熊祖诒纂修，光绪二十三年木活字本。

民国《全椒县志》，张其濬修，江克让、汪文鼎纂，民国九年刻本。

光绪《广德州志》，胡有诚修，丁宝书等纂光绪七年刻本。

同治《黟县三志》，谢永泰修，程鸿诏等纂。

［编者按：以上各册，均有江苏古籍出版社 1998 年出版的版本。］

## 江苏省

同治《苏州府志》，李铭皖、谭钧培修，冯桂芬纂，光绪八年刻本(因刻于光绪八年，亦称光绪《苏州府志》)。

光绪《凤麓小志》，陈作霖撰，光绪二十五年刻本。

同治《续纂江宁府志》，蒋启勋、赵佑宸修，汪士铎等纂，光绪六年刻本。

光绪《宜兴荆溪县新志》，施惠、钱志澄修，吴景墙等纂，江苏古籍出版社 1991 年影印本。

民国《双林镇志》，蔡松纂，民国四年稿本，藏嘉兴市图书馆。

光绪《吴江县续志》,金福曾、金吴澜修,熊其英等纂,光绪五年刻本。

光绪《黎里续志》,蔡丙圻撰,光绪二十五年刻本。

光绪《无锡金匮县志》,裴大中、倪咸生等修,秦湘业等纂,光绪七年刻本。

光绪《丹徒县志》,何绍章、冯寿镜等修,吕耀斗、张玉藻、翁有成、高觐昌纂,光绪七年刻本。

民国《三续高邮州志》,胡为和、高树敏编辑,民国十一年刻本。

光绪《高淳县志》,杨福鼎修,陈嘉谋纂,光绪七年刻本。

光绪《续纂句容县志》,张绍棠修,萧穆等纂,光绪三十年刻本。

同治《上江两县志》,莫祥芝、甘绍盘修,汪士铎纂,同治十三年刻本。

光绪《溧水县志》,傅观光、施春青修,丁维城纂,光绪九年刻本。

光绪《昆新两县续修合志》,金吴澜等修,汪堃、朱成熙、李緗等纂,光绪六年刻本。

民国《太仓州志》,王祖畬、钱溯耆等纂修,王祖畬续修,民国八年刻本。

光绪《溧阳县续志》,王祖庆等修,冯煦纂,光绪二十五年木活字本。

光绪《常昭合志稿》,郑钟祥等修,庞鸿文等纂,光绪三十年木活字本。

光绪《梅李文献三志稿》,抄本,黄冈纂,藏上海市图书馆。

光绪《重修华亭县志》,杨开第修,姚光发纂,光绪五年刻本。

光绪《嘉定县志》,程其珏修,杨震福等纂,光绪八年刻本。

光绪《松江府续志》,博润等修,姚光发等纂,光绪九年刻本。

光绪《金坛县志》,丁兆基等修,汪国凤等纂,光绪十一年木活字本。

光绪《周庄镇志》,陶煦纂,光绪六年刻本。又,上海古籍出版社,1982。

民国《相城小志》,陶惟坻修,施兆麟纂,民国十九年木活字本。

光绪《增修甘泉县志》,徐成敟等修,陈浩恩、钱祥保、桂邦杰等纂,光绪十一年刻本。又,江苏古籍出版社影印本,1991。

光绪《江阴县志》,卢思成、冯寿镜修,季念诒纂,夏炜如续纂,光绪四年刻本。

光绪《青浦县志》,汪祖绶等修,熊其英等纂,光绪三年刻本。又,上海古籍出版社影印本,1990。

**浙江省**

民国《浙江续通志稿》(稿本),徐定超提调,沈曾植总纂,民国四年至七年修,浙江图书馆藏。

光绪《桐乡县志》,严辰纂修,清光绪十三年刊本。

民国《南浔志》,周庆云纂,民国十二年刊本。

光绪《奉化县志》,李前泮修,张美翊纂,光绪三十四年刊本。

同治《湖州府志》,宗源瀚等修,周学浚等纂,同治十三年刊本。

光绪《慈溪县志》,杨泰亨修,冯可镛纂,光绪二十五年刊本。

光绪《当湖外志》,马承昭纂,光绪元年刻本。

光绪《孝丰县志》，刘濬等修，陈漳辛补跋，光绪三年修、二十九年补刊本。

光绪《海盐县志》，王彬修，徐用仪纂，光绪二年刊本。

民国《海宁州志稿》，许传霈等原纂，朱锡恩等续纂，民国十一年排印本。

光绪《乌程县志》，潘玉璿、冯健修，周学浚等纂，江苏古籍出版社影印本。

光绪《平湖县志》，彭润章修，王志、叶廉锷等纂，光绪十二年刊本。

光绪《上虞县志》，储家藻修，徐致靖纂，光绪二十五年刊本。

民国《新登县志》，徐士瀛等修，张子荣等纂，民国十一年排印本。

民国《昌化县志》，陈培珽修，潘秉哲、曾国霖等纂，民国十三年排印本。

光绪《石门县志》，余丽元修，谭逢仕等纂，光绪五年刊本。

光绪《重修嘉善县志》，江峰青修，顾福仁纂，光绪二十年刊本。

光绪《嘉兴府志》，许瑶光修，吴仰贤等纂，光绪五年刊本。

光绪《归安县志》，李昱等修，陆心源纂，光绪八年刊本。

光绪《海盐县志》，王彬修，徐用仪纂，光绪二年刊本。

同治《太湖县志》，赵继元纂，同治十年修、同治十二年刊刻。

民国《汤溪县志》，丁燮等修，戴鸿熙等纂，民国二十年排印本。

光绪《兰溪县志》，秦簧等修，唐壬森纂，光绪十四年刊本。

光绪《忠义乡志》，吴文江编纂，1901 年刊行。

民国《剡源乡志》，赵霈涛纂修，民国五年铅印本。

光绪《龙游县志》，卢灿等修，光绪八年刻本。

民国《龙游县志初稿》，余绍宋撰，民国铅印本。

民国《乌青镇志》，卢学溥修，江苏古籍出版社影印本，1990。

光绪《诸暨县志》，陈遹声修，谭献主持，王蓉坡、沈墨庄、蒋鸿藻纂，光绪三十四年修，宣统二年刻本。

光绪《处州府志》，潘绍诒修，周荣椿纂，光绪三年刊本。

同治《象山县志》，黄丙堃修，江镜清、马嗣澄、虞峻、王莳兰、邓克旬、林曾安同纂，同治七年稿成未刊，抄本藏宁波市图书馆、南京大学图书馆。

民国《象山县志》，罗士筠修，陈汉章总纂，民国十六年铅印本。

新编《辛庄镇志》，高荣林、鲍尚贤、沈志高、张伦编，上海社会科学院出版社 2003 年。

附录二

# 干支纪年、清纪年、公元纪年、天历纪年对照表

| 干支纪年 | 清纪年 | 公元纪年 | 天历纪年 |
|---|---|---|---|
| 辛亥 | 咸丰元年 | 1851年 | 太平天国辛开元年 |
| 壬子 | 咸丰二年 | 1852年 | 太平天国壬子二年 |
| 癸丑 | 咸丰三年 | 1853年 | 太平天国癸好三年 |
| 甲寅 | 咸丰四年 | 1854年 | 太平天国甲寅四年 |
| 乙卯 | 咸丰五年 | 1855年 | 太平天国乙荣五年 |
| 丙辰 | 咸丰六年 | 1856年 | 太平天国丙辰六年 |
| 丁巳 | 咸丰七年 | 1857年 | 太平天国丁巳七年 |
| 戊午 | 咸丰八年 | 1858年 | 太平天国戊午八年 |
| 己未 | 咸丰九年 | 1859年 | 太平天国己未九年 |
| 庚申 | 咸丰十年 | 1860年 | 太平天国庚申十年 |
| 辛酉 | 咸丰十一年 | 1861年 | 太平天国辛酉十一年 |
| 壬戌 | 同治元年 | 1862年 | 太平天国壬戌十二年 |
| 癸亥 | 同治二年 | 1863年 | 太平天国癸开十三年 |
| 甲子 | 同治三年 | 1864年 | 太平天国甲子十四年 |

附录三

# 太平天国政区省郡县表

华　强　陈志楣

## 一、江南省

| | 郡县地名 | 攻占月日 | 失陷月日 |
|---|---|---|---|
| 江宁郡 | 江宁郡<br>清初,江宁府领县八。雍正八年,改溧阳属镇江。太平天国江宁郡领县六：江宁、尚元、句容、溧水、高淳、六合。江宁郡治所在江宁、尚元。 | 1853年3月19日<br>癸好三年二月十四日<br>咸丰三年二月初十日 | 1864年7月19日<br>甲子十四年六月初六日<br>同治三年六月十六日 |
| | 江宁县 | 1853年3月19日<br>癸好三年二月十四日<br>咸丰三年二月初十日 | 1864年7月19日<br>甲子十四年六月初六日<br>同治三年六月十六日 |
| | 尚元县<br>尚元县原名上元县,太平天国避上帝讳,改上元为尚元。江宁、尚元同城而治。 | 1853年3月19日 | 1864年7月19日 |
| | 句容县 | 1856年6月27日<br>丙辰六年五月二十一日<br>咸丰六年五月二十五日 | 1857年7月16日<br>丁巳七年六月初八日<br>咸丰七年闰五月二十五日 |
| | | 1860年4月23日<br>庚申十年三月十四日<br>咸丰十年三月初三日 | 1864年4月12日<br>甲子十四年二月三十日<br>同治三年三月初七日 |
| | 溧水县 | 1856年6月13日<br>丙辰六年五月初七日<br>咸丰六年五月十一日 | 1857年6月11日<br>丁巳七年五月初四日<br>咸丰七年五月二十日 |

续表

| | 郡县地名 | 攻占月日 | 失陷月日 |
|---|---|---|---|
| 江宁郡 | 溧水县 | 1858年10月24日<br>戊午八年九月十六日<br>咸丰八年九月十八日 | 1858年11月12日<br>戊午八年十月初四日<br>咸丰八年十月初七日 |
| | | 1860年4月18日<br>庚申十年三月初九日<br>咸丰十年三月二十八日 | 1863年11月22日<br>癸开十三年十月初十日<br>同治二年十月十二日 |
| | 高淳县 | 1854年8月 | 1854年8月22日 |
| | | 1856年9月18日 | 三日后弃守 |
| | | 1860年4月12日<br>庚申十年三月初三日<br>咸丰十年三月二十二日 | 1863年11月12日<br>癸开十三年九月三十一日<br>同治二年十月初二日 |
| | 六合县 | 1858年10月24日<br>戊午八年九月十六日<br>咸丰八年九月十八日 | 1862年1月22日<br>辛酉十一年十二月十二日<br>咸丰十一年十二月二十三日 |
| 镇江郡 | 镇江郡<br>太平天国镇江郡领县四：丹徒、丹阳、溧阳、金坛。镇江郡治所在丹徒。 | 1853年3月31日<br>癸好三年二月二十六日<br>咸丰三年二月二十二日 | 1857年12月27日<br>丁巳七年十一月二十日<br>咸丰七年十一月十二日 |
| | 丹徒县 | 同上 | 同上 |
| | 丹阳县 | 1860年5月19日<br>庚申十年四月初九日<br>咸丰十年闰三月十九日 | 1864年5月13日<br>甲子十四年三月三十一日<br>同治三年四月初八日 |
| | 溧阳县<br>秦置溧阳，以其在溧水之阳而名。 | 1860年4月13日<br>庚申十年三月初四日<br>咸丰十年三月二十三日<br>(《金坛守城日记》作咸丰十年三月二十二日) | 1864年3月9日<br>甲子十四年正月二十七日<br>同治三年二月初二日<br>(《溧安纪略》作同治三年二月初三日) |
| | 金坛县 | 1860年9月1日<br>庚申十年七月二十三日<br>咸丰十年七月十六日 | 1864年4月25日<br>甲子十四年三月十三日<br>同治三年三月二十日 |
| 扬州郡 | 扬州郡<br>清扬州府领州二、县六。太平天国扬州郡领县三：江都、仪征、甘泉天县。但其占领时间不足一年，故略。 | | |

## 二、天浦省

<table>
<tr><th></th><th>郡县地名</th><th>攻占月日</th><th>失陷月日</th></tr>
<tr><td rowspan="6"></td><td rowspan="6">天浦县(江浦县)<br>明洪武九年析六合县及滁、和二州地置江浦县于浦子口,清属江宁府。1853年,太平天国改江浦县为天浦县。1858年秋至次年春期间,天王洪秀全改天浦县为天浦省,省会即设于天浦县城。1859年春,天浦省失陷,1860年5月重建。</td><td>1856年4月14日</td><td>1856年4月26日</td></tr>
<tr><td>1856年5月28日<br>丙辰六年四月二十一日<br>咸丰六年四月二十五日<br>(《江宁咸丰三年以来兵事月日表》记咸丰六年五月二十五日)</td><td>1858年4月12日<br>戊午八年三月初四日<br>咸丰八年二月二十九日<br>(一作咸丰八年三月二十九日,其间时进时退)</td></tr>
<tr><td>1858年9月29日</td><td>1859年3月1日</td></tr>
<tr><td>待考</td><td>1860年3月</td></tr>
<tr><td>1860年5月<br>庚申十年四月<br>咸丰十年四月</td><td>1862年2月2日<br>辛酉十一年十二月二十三日<br>同治元年正月初四日</td></tr>
<tr><td>1863年4月3日</td><td>1863年6月25日</td></tr>
<tr><td rowspan="7"></td><td rowspan="7">浦口镇<br>本名浦子口,省称浦口。在天浦县东北二十五里,与天京下关隔江相对。</td><td>1853年3月12日</td><td>随即放弃</td></tr>
<tr><td>1853年5月13日</td><td>随即放弃</td></tr>
<tr><td>待考</td><td>1854年4月4日</td></tr>
<tr><td>1856年4月16日</td><td>七日后放弃</td></tr>
<tr><td>1858年9月26日</td><td>1859年3月2日</td></tr>
<tr><td>1859年11月21日<br>己未九年十月十二日<br>咸丰九年十月二十七日</td><td>1862年2月3日<br>辛酉十一年十二月二十四日<br>同治元年正月初五日</td></tr>
<tr><td>1863年3月21日</td><td>1863年6月25日</td></tr>
</table>

## 三、苏福省

| | 郡 县 地 名 | 攻 占 月 日 | 失 陷 月 日 |
|---|---|---|---|
| 苏州郡 | 苏州郡<br>苏州原属吴地,因名"吴县"。隋开皇九年,因城西南姑苏山得名苏州。明设苏州府。清为江苏巡抚治所。太平天国以苏州为苏福省省会。清苏州府领县十。太平天国苏州郡领县十:长洲天县、吴县、元和、常熟、昭文、昆珊、新阳、吴江、震泽、东珊。苏州郡治所在长洲天县、吴县、元和三县同城而治。 | 1860年6月2日<br>庚申十年四月二十三日<br>咸丰十年四月十三日 | 1863年12月4日<br>癸开十三年十月二十二日<br>同治二年十月二十四日 |
| | 长洲天县<br>唐分吴县置,取长洲苑为名。清雍正二年,析长洲置元和。太平天国改长洲为长洲天县。长洲天县与吴县、元和同治苏州城。 | 同上 | 同上 |
| | 吴 县 | 同上 | 同上 |
| | 元和县 | 同上 | 同上 |
| | 常熟县<br>别称秦川,与昭文县同城而治,合称常昭。 | 1860年9月16日<br>庚申十年八月初七日<br>咸丰十年八月初二日 | 1863年1月17日<br>壬戌十二年十二月初六日<br>同治元年十一月二十八日 |
| | 昭文县<br>清雍正二年析常熟县置。 | 1860年9月16日<br>庚申十年八月初七日<br>咸丰十年八月初二日 | 1863年1月17日<br>壬戌十二年十二月初六日<br>同治元年十一月二十八日 |
| | 昆珊县(昆山县)<br>太平天国避南王冯云山讳,改昆山县为昆珊县。 | 1860年6月15日<br>庚申十年五月初六日<br>咸丰十年四月二十六日 | 1863年5月3日<br>癸开十三年四月十八日<br>同治二年四月十四日 |
| | 新阳县<br>清雍正二年析昆山置新阳,与昆山同城而治,合称昆新。 | 同上 | 同上 |
| | 吴江县<br>吴江、震泽同城而治,合称江震。 | 1860年6月13日<br>庚申十年五月初四日<br>咸丰十年四月二十四日 | 1863年7月29日<br>癸开十三年六月十六日<br>同治二年六月十四日 |
| | 震泽县 | 同上 | 同上 |
| | 东珊县(东山县)<br>清乾隆元年设太湖厅。1862年太平天国改之为东珊县。 | 1862年初<br>辛酉十一年岁末<br>咸丰十一年岁末 | 1863年8月22日<br>癸开十三年七月初十日<br>同治二年七月初九日 |

续表

| | 郡县地名 | 攻占月日 | 失陷月日 |
|---|---|---|---|
| 常州郡 | 常州郡<br>清常州府领县八。太平天国常州郡领县七：武进、阳湖、抚锡、金匮、宜兴、荆溪、江阴。靖江县为清占。常州郡治所在武进、阳湖。 | 1860年5月26日<br>庚申十年四月十六日<br>咸丰十年四月初六日 | 1864年5月11日<br>甲子十四年三月二十九日<br>同治三年四月初六日 |
| | 武进县<br>清雍正二年析武进置阳湖，合称武阳。 | 同上 | 同上 |
| | 阳湖县<br>清雍正二年析武进置阳湖，以县东阳湖得名。武进、阳湖，同治常州城。 | 同上 | 同上 |
| | 抚锡县(无锡县)<br>汉初置无锡，新莽时改称有锡，东汉复无锡。别称梁溪，因城西梁溪得名。太平天国取吉利，改为抚锡。 | 1860年5月30日<br>庚申十年四月二十日<br>咸丰十年四月初十日 | 1863年12月12日<br>癸开十三年十月三十日<br>同治二年十一月初二日 |
| | 金匮县<br>清雍正二年析无锡置金匮，以城内金匮山得名。抚锡、金匮同城而治，合称锡金。 | 同上 | 同上 |
| | 宜兴县 | 1860年6月2日<br>庚申十年四月二十三日<br>咸丰十年四月十三日 | 1864年3月2日<br>甲子十四年正月二十日<br>同治三年正月二十四日 |
| | 荆溪县<br>清雍正二年析宜兴县置，以荆溪得名。宜兴、荆溪同城而治。 | 同上 | 同上 |
| | 江阴县 | 1860年6月2日 | 六日后弃守 |
| | | 1860年7月4日 | 1860年10月17日 |
| | | 1860年12月<br>庚申十年十一月<br>咸丰十年十一月 | 1863年9月13日<br>癸开十三年八月初一日<br>同治二年八月初一日 |
| | 靖江县 | 清占 | |

续表

| | 郡县地名 | 攻占月日 | 失陷月日 |
|---|---|---|---|
| 太玱郡 | 太玱郡(太仓郡)<br>清初,太仓属苏州府。雍正三年升直隶州。太平天国改太仓直隶州为太玱郡。清太仓州领县四。太平天国太玱郡领县二:镇洋、嘉定。宝珊、崇明为清占。太玱郡治所在镇洋。 | 1860年6月17日 | 1860年6月26日 |
| | | 1860年9月28日<br>庚申十年八月十九日<br>咸丰十年八月十四日 | 1863年5月2日<br>癸开十三年三月二十日<br>同治二年三月十五日 |
| | 镇洋县<br>清雍正三年析太仓置,因镇洋山得名。太仓、镇洋同城而治,合称太镇。 | 同上 | 同上 |
| | 嘉定县 | 1860年6月23日 | 三日后弃守 |
| | | 1860年7月22日<br>庚申十年六月十二日<br>咸丰十年六月初五日 | 1862年5月1日<br>壬戌十二年三月二十日<br>同治元年四月初三日 |
| | | 1862年5月26日 | 1862年10月24日 |
| 松江郡 | 松江郡<br>清松江府领厅一、县七。太平天国松江郡领县七:花亭、娄县、菁浦、奉贤、南汇、川沙、金珊。尚海为清占。松江郡治所在花亭、娄县。 | 1860年7月1日 | 1860年7月15日 |
| | | 1860年8月12日<br>庚申十年七月初三日<br>咸丰十年六月二十六日 | |
| | 花亭县(华亭县) | 同上 | 同上 |
| | 娄　县 | 同上 | 同上 |
| | 菁浦县<br>太平天国避杨秀清讳改青浦为菁浦。 | 1860年6月30日<br>庚申十年五月二十一日<br>咸丰十年五月十二日 | 1862年5月12日<br>壬戌十二年三月三十一日<br>同治元年四月十四日 |
| | | 1862年6月9日 | 1862年8月10日 |
| | 奉贤县、南汇县、川沙县、金珊县(金山县)设治期未满一年故略。 | | |

## 四、浙江天省

| | 郡县地名 | 攻占月日 | 失陷月日 |
|---|---|---|---|
| 杭州郡 | 杭州郡<br>清以杭州为省会。太平天国占领杭州,以此作为浙江天省省会。清杭州府领州一,县八。太平天国杭州郡领州一、县八:钱塘、仁和、富阳、余杭、临安、于潜、新城、昌化、海宁州。杭州郡治所在钱塘、仁和。 | 1860年3月19日 | 1860年3月24日 |
| | | 1861年12月29日<br>辛酉十一年十一月十九日<br>咸丰十一年十一月二十八日 | 1864年3月31日<br>甲子十四年二月十八日<br>同治三年二月二十四日 |
| | 钱塘县 | 同上 | 同上 |
| | 仁和县 | 同上 | 同上 |
| | 富阳县 | 1860年11月21日 | 二日后弃守 |
| | | 1861年1月 | 1861年2月17日 |
| | | 1861年11月15日<br>辛酉十一年十月初五日<br>咸丰十一年十月十三日 | 1863年9月20日<br>癸开十三年八月初八日<br>同治二年八月初八日 |
| | 余杭县 | 1860年3月25日 | 随即弃守 |
| | | 1860年8月5日 | 四日后弃守 |
| | | 1860年11月21日 | 七日后弃守 |
| | | 1861年10月20日<br>辛酉十一年九月十日<br>咸丰十一年九月十七日 | 1864年3月31日<br>甲子十四年二月十八日<br>同治三年二月二十四日 |
| | 新城县 | 1860年11月16日 | 待考 |
| | | 1861年1月19日 | 1861年2月18日 |
| | | 1861年10月14日<br>辛酉十一年九月初四日<br>咸丰十一年九月十一日 | 1863年3月21日<br>癸开十三年二月初八日<br>同治二年二月初二日 |
| | 海宁州 | 1862年1月1日<br>辛酉十一年十一月二十二日<br>咸丰十一年十二月初二日 | 1864年2月4日<br>癸开十三年十二月二十三日<br>同治二年十二月二十七日 |

| | 郡县地名 | 攻占月日 | 失陷月日 |
|---|---|---|---|
| 嘉兴郡 | 嘉兴郡<br>嘉兴别称嘉禾,简称“禾”。清嘉兴府领县七。太平天国嘉兴郡领县七:嘉兴、绣水、嘉善、海盐、石门、平湖、桐乡。嘉兴郡治所在嘉兴、绣水。 | 1860年6月15日<br>庚申十年五月初六日<br>咸丰十年四月二十六日 | 1864年3月25日<br>甲子十四年二月十二日<br>同治三年二月十八日 |
| | 嘉兴县 | 同上 | 同上 |
| | 绣水县(秀水县)<br>明宣德四年分嘉兴县置,因水得名。太平天国避天王兼避东王名讳,改秀水为绣水。 | 同上 | 同上 |
| | 嘉善县<br>明由嘉兴县析置。 | 1860年8月28日 | 三日后弃守 |
| | | 1860年9月1日 | 六日后弃守 |
| | | 1860年9月18日<br>庚申十年八月初九日<br>咸丰十年八月初四日 | 1864年1月7日<br>癸开十三年十一月二十六日<br>同治三年十一月二十八日 |
| | 海盐县 | 1861年4月6日 | 三日后弃守 |
| | | 1861年4月17日<br>辛酉十一年三月十三日<br>咸丰十一年三月十四日 | 1864年4月10日<br>甲子十四年三月二十八日<br>同治三年三月初五日 |
| | 石门县 | 1860年9月9日 | 1860年9月15日 |
| | | 1861年4月23日<br>辛酉十一年三月十三日<br>咸丰十一年三月十四日 | 1864年4月10日<br>甲子十四年三月二十八日<br>同治三年三月初五日 |
| | 平湖县 | 1860年8月31日 | 四日后弃守 |
| | | 1860年9月19日 | 1860年10月4日 |
| | | 1861年4月18日<br>辛酉十一年三月初八日<br>咸丰十一年三月初九日 | 1863年12月17日<br>癸开十三年十一月初五日<br>同治二年十一月初七日 |
| | 桐乡县 | 1860年9月11日 | 随即弃守 |
| | | 1860年9月16日 | 次日弃守 |
| | | 1861年3月<br>辛酉十一年二月<br>咸丰十一年二月 | 1864年2月15日<br>甲子十四年正月初四日<br>同治三年正月初八日 |

| | 郡县地名 | 攻占月日 | 失陷月日 |
|---|---|---|---|
| 宁波郡 | 宁波郡<br>清宁波府领县六。太平天国宁波郡领县五：鄞县、义县、奉化、镇海、象珊。定海为清占。宁波郡治所在鄞县。因此郡诸县太平天国设治未满一年，故略。 | 1861年12月9日 | 1862年5月10日 |
| 绍兴郡 | 绍兴郡<br>清绍兴府领县八。太平天国绍兴郡领县八：珊阴、会稽、莆珊、余姚、诸暨、尚虞、新昌、嵊县。绍兴郡治所在珊阴、会稽。 | 1861年11月1日<br>辛酉十一年九月二十二日<br>咸丰十一年九月二十九日 | 1863年3月15日<br>癸开十三年二月初二日<br>同治二年正月二十六日 |
| | 珊阴县(山阴县)<br>太平天国避南王名讳，改山阴为珊阴。 | 同上 | 同上 |
| | 会稽县 | 同上 | 同上 |
| | 莆珊县(萧山县)<br>太平天国改萧山为莆珊，避西王、南王名讳。 | 1861年10月27日<br>辛酉十一年九月十七日<br>咸丰十一年九月二十四日 | 1863年3月20日<br>癸开十三年二月初七日<br>同治二年二月初二日 |
| | 诸暨县 | 1861年10月29日<br>辛酉十一年九月十九日<br>咸丰十一年九月二十六日 | 1863年3月12日<br>癸开十三年正月三十日<br>同治二年正月二十三日 |
| | 尚虞县(上虞县)<br>太平天国避上帝讳，改为尚虞县。 | 1861年11月23日<br>辛酉十一年十月十三日<br>咸丰十一年十月二十一日 | 1862年11月22日<br>壬戌十二年十月十一日<br>同治元年十月初一日 |
| | 嵊　县 | 1861年11月9日<br>辛酉十一年九月三十日<br>咸丰十一年十月初七日 | 1862年11月26日<br>壬戌十二年十月十五日<br>同治元年十月初五日 |
| 湖州郡 | 湖州郡<br>清湖州府领县七。太平天国湖州郡领县七：乌程、归安、长兴、德清、武康、安吉、孝丰。 | 1862年5月30日<br>壬戌十二年四月十八日<br>同治元年五月初三日 | 1864年8月28日<br>甲子十四年七月十六日<br>同治三年七月二十七日 |
| | 乌程县 | 同上 | 同上 |
| | 归安县 | 同上 | 同上 |

续表

| | 郡县地名 | 攻占月日 | 失陷月日 |
|---|---|---|---|
| 湖州郡 | 长兴县 | 1860年3月4日 | 1860年4月5日 |
| | | 1860年6月7日 | 七日后弃守 |
| | | 1860年7月7日 | 1860年7月22日 |
| | | 1860年11月2日 | 1861年2月14日 |
| | | 1861年5月13日 | 1861年6月16日 |
| | | 1861年10月27日<br>辛酉十一年九月十七日<br>咸丰十一年九月二十四日 | 1864年6月27日<br>甲子十四年五月十五日<br>同治三年五月二十四日 |
| | 德清县 | 1860年3月18日<br>庚申十年二月初八日 | 二日后弃守 |
| | | 1861年5月30日<br>辛酉十一年四月十九日<br>咸丰十一年四月二十一日 | 1864年4月10日<br>甲子十四年三月二十八日<br>同治三年三月初五日 |
| | 武康县 | 1860年3月9日 | 随即弃守 |
| | | 1861年10月23日<br>辛酉十一年九月十三日<br>咸丰十一年九月二十日 | 1864年4月9日<br>甲子十四年二月二十七日<br>同治三年三月初四日 |
| | 安吉县 | 1860年2月29日 | 待考 |
| | | 1860年7月23日 | 待考 |
| | | 1861年10月3日<br>辛酉十一年八月二十三日<br>咸丰十一年八月二十九日 | 1864年8月29日<br>甲子十四年七月十七日<br>同治三年七月二十八日 |
| | 孝丰县 | 1860年3—4月 | 1860年4月4日 |
| | | 1861年1月 | 1861年5月23日 |
| | | 1861年10月12日<br>辛酉十一年九月初二日<br>咸丰十一年九月初九日 | 1864年7月7日<br>甲子十四年五月二十五日<br>同治三年六月初四日 |
| 严州郡 | 严州郡<br>清严州府领县六。太平天国严州郡领县六：建德、淳安、遂安、寿昌、桐庐、分水。治所在建德。 | 1860年10月20日 | 1860年11月19日 |
| | | 1861年5月 | 随即弃守 |
| | | 1861年7月26日 | 三日后弃守 |
| | | 1861年10月20日<br>辛酉十一年九月初十日<br>咸丰十一年九月十七日 | 1863年1月2日<br>壬戌十二年十一月二十二日<br>同治元年十一月十三日 |

续表

| | 郡县地名 | 攻占月日 | 失陷月日 |
|---|---|---|---|
| 严州郡 | 建德县 | 同上 | 同上 |
| | 寿昌县 | 1858年6月23日 | 1858年7月8日 |
| | | 1860年7月1日 | 1860年7月16日 |
| | | 1860年11月11日 | 当日弃守 |
| | | 1860年11月13日 | 次日弃守 |
| | | 1861年5月12日<br>辛酉十一年四月初一日<br>咸丰十一年四月初三日 | 1862年10月6日<br>壬戌十二年八月二十五日<br>同治元年闰八月十三日 |
| | 桐庐县 | 1861年1月 | 待考 |
| | | 待考 | 1861年2月7日 |
| | | 1861年10月20日<br>辛酉十一年九月初十日<br>咸丰十一年九月十七日 | 1863年3月18日<br>癸开十三年二月初五日<br>同治二年正月二十九日 |
| | 分水县 | 1860年4月27日 | 六日后弃守 |
| | | 1861年2月8日 | 1861年2月21日 |
| | | 1861年2月27日 | 1861年3月18日 |
| | | 1861年10月10日<br>辛酉十一年八月三十日<br>咸丰十一年九月初七日 | 1863年5月6日<br>癸开十三年三月二十四日<br>同治二年三月十九日 |
| 温州郡 | 温州郡<br>此郡与其辖县或为清占,或太平军攻占未满一年,故略。 | | |
| 台州郡 | 台州郡<br>太平天国台州郡领县六:临海、黄岩、宁海、太平、天台、仙居。太平天国攻占不足一年,故略。 | | |
| 金花郡 | 金花郡(金华郡)<br>太平天国避上帝耶火华名讳,改金华府为金花郡。治所金花县。清金华府领县八。太平天国金花郡领县八:金花、兰溪、东阳、义乌、永康、武义、浦江、汤溪。 | 1861年5月28日<br>辛酉十一年四月十七日<br>咸丰十一年四月十九日 | 1863年3月2日<br>癸开十三年正月二十日<br>同治二年正月十三日 |
| | 金花县(金华县) | 同上 | 同上 |

续表

| | 郡县地名 | 攻占月日 | 失陷月日 |
|---|---|---|---|
| 金花郡 | 兰溪县 | 1861年6月1日<br>辛酉十一年四月二十一日<br>咸丰十一年四月二十三日 | 1863年3月1日<br>癸开十三年正月十九日<br>同治二年正月十二日 |
| | 义乌县 | 1861年7月7日 | 二日后弃守 |
| | | 1861年9月30日<br>辛酉十一年八月二十日<br>咸丰十一年八月二十六日 | 1863年3月2日<br>癸开十三年正月二十日<br>同治二年正月十三日 |
| | 武义县 | 1858年5月24日 | 1858年7月17日 |
| | | 1861年6月1日<br>辛酉十一年四月二十一日<br>咸丰十一年四月二十三日 | 1863年3月2日<br>癸开十三年正月二十日<br>同治二年正月十三日 |
| | 浦江县 | 1861年9月27日<br>辛酉十一年八月十七日<br>咸丰十一年八月二十三日 | 1863年3月7日<br>癸开十三年正月二十五日<br>同治二年正月十八日 |
| | 汤溪县 | 1861年5月27日<br>辛酉十一年四月十六日<br>咸丰十一年四月十八日 | 1863年2月28日<br>癸开十三年正月十八日<br>同治二年正月十一日 |
| 衢州郡 | 衢州郡<br>清衢州府领县五。太平天国衢州郡领县四：隆游、江珊、常珊、开化。太平天国攻占杭州，清政府遂以衢州为浙江省省会。 | 清占 | |
| | 隆游县(龙游县)<br>“龙”为太平天国避讳字，规定写作“隆”。 | 1861年5月26日 | 二日后弃守 |
| | | 1861年7月29日<br>辛酉十一年六月十八日<br>咸丰十一年六月二十二日 | 1863年3月1日<br>癸开十三年正月十九日<br>同治二年正月十二日 |
| 处州郡 | 处州郡<br>清处州府领县十。太平天国处州郡领县八：丽水、缙芸、菁田、松阳、遂昌、芸和、景宁、宣平。 | 1858年5月10日 | 1858年7月25日 |
| | | 1961年6月23日 | 二日后弃守 |
| | | 1861年10月20日<br>辛酉十一年九月初十日<br>咸丰十一年九月十七日 | 1862年8月14日<br>壬戌十二年七月初三日<br>同治元年七月十九日 |
| | 丽水县 | 同上 | 同上 |

续　表

| | 郡县地名 | 攻占月日 | 失陷月日 |
|---|---|---|---|
| 处州郡 | 缙芸县(缙云县)<br>太平天国改缙云为缙芸,避南王冯云山名讳。 | 1858年5月20日<br>戊午八年四月十一日<br>咸丰八年四月初八日 | 1859年7月19日<br>己未九年六月初十日<br>咸丰九年六月初九日 |
| | | 1861年6月26日 | 次日弃守 |
| | | 1861年10月25日 | 1862年5月8日 |
| | | 待考 | 1862年7月16日 |

## 五、江西省

| | 郡县地名 | 攻占月日 | 失陷月日 |
|---|---|---|---|
| 九江郡 | 九江郡<br>太平天国占领九江后,以九江为江西省省会,以湖口县为九江郡郡治。清九江府领县五。太平天国改小池口为新城县。九江郡领县六:德化、湖口、德安、瑞昌、彭泽、新城。 | 1853年2月18日 | 东进路过 |
| | | 1853年9月29日<br>癸好三年八月二十五日<br>咸丰三年八月二十七日 | 1858年5月19日<br>戊午八年四月初十日<br>咸丰八年四月初七日 |
| | 德化县 | 同上 | 同上 |
| | 湖口县<br>五代南唐析置湖口县。太平天国以湖口县为九江郡治所。 | 1853年2月20日 | 东进路过 |
| | | 1853年6月18日 | 四日后西征 |
| | | 1853年9月 | 1857年10月26日 |
| | 彭泽县 | 1853年2月20日 | 东进路过 |
| | | 1853年6月13日 | 随即西征 |
| | | 1853年9月22日<br>癸好三年八月十八日<br>咸丰三年八月二十日 | 1857年11月7日<br>丁巳七年九月三十一日<br>咸丰七年九月二十一日 |
| | | 1860年12月20日 | 三日后弃守 |
| | 新城县(小池口)<br>太平天国甲寅四年改小池口为新城县。 | 待考 | 1855年1月1日 |
| | | 1855年2月2日<br>甲寅四年十二月二十八日<br>咸丰四年十二月十六日 | 1857年10月2日<br>丁巳七年八月二十五日<br>咸丰七年八月十五日 |

续表

| | 郡县地名 | 攻占月日 | 失陷月日 |
|---|---|---|---|
| 南昌郡 | 南昌郡<br>清南昌府领州一、县七。太平天国南昌郡领州一、县六：新建、丰城、进贤、奉新、靖安、武宁、义宁州。 | 清占 | |
| | 奉新县 | 1856年1月5日<br>乙荣五年十一月三十日<br>咸丰五年十一月二十八日 | 1857年1月30日<br>丙辰六年十二月二十四日<br>咸丰七年正月初五日 |
| | | 1861年5月14日 | 1861年8月7日 |
| 饶州郡 | 饶州郡<br>清饶州府领县七。太平天国饶州郡领县四：乐平、浮梁、安仁、鄱阳。余干、德兴、万年为太平天国势力范围。 | | |
| | 乐平县 | 1853年8月28日 | 西征路过 |
| | | 1855年3月 | 随即弃守 |
| | | 1856年4月上旬<br>丙辰六年三月<br>咸丰六年三月 | 1857年8月1日<br>丁巳七年六月二十四日<br>咸丰七年六月十二日 |
| | | 1857年10月5日 | 待考 |
| | | 1858年9月28日 | 随即弃守 |
| 广信郡 | 广信郡<br>清广信府领县七。太平天国广信郡领县六：弋阳、铅珊、兴安、尚饶、玉珊、桂溪，但仅为太平天国势力范围。广丰为清占。 | | |
| 南康郡 | 南康郡<br>清南康府领县四。太平天国南康郡领县四：星子、都昌、建昌、安义。但占期未满一年，故略。 | | |
| 建昌郡 | 建昌郡<br>清建昌府领县五。太平天国建昌郡领县三：南城、南丰、泸溪。新城、广昌为太平天国势力范围。 | 1856年4月4日<br>丙辰六年二月二十八日<br>咸丰六年二月二十九日 | 1858年6月4日<br>戊午八年四月二十六日<br>咸丰八年四月二十三日 |
| | 南城县 | 同上 | 同上 |

| | 郡县地名 | 攻占月日 | 失陷月日 |
|---|---|---|---|
| 建昌郡 | 南丰县 | 1856年4月 | 次日弃守 |
| | | 1856年8月23日 | 次日弃守 |
| | | 待考 | 1857年8月6日 |
| | | 1857年8月6日后 | 1857年8月22日 |
| | | 1857年9月15日<br>丁巳七年八月初八日<br>咸丰七年七月二十七日 | 1858年5月20日<br>戊午八年四月十一日<br>咸丰八年四月初八日 |
| | | 1864年3月26日 | 1864年8月19日 |
| 抚州郡 | 抚州郡<br>清抚州府领县六。太平天国抚州郡领县六：临川、金溪、崇仁、宜黄、乐安、东乡。治所临川。 | 1856年3月28日<br>丙辰六年二月二十一日<br>咸丰六年二月二十二日 | 1858年6月1日<br>戊午八年四月二十三日<br>咸丰八年四月二十日 |
| | 临川县 | 同上 | 同上 |
| | 金溪县 | 1856年3月 | 1856年5月12日 |
| | | 1856年11月6日<br>丙辰六年九月三十一日<br>咸丰六年十月初九日 | 1858年6月9日<br>戊午八年五月初一日<br>咸丰八年四月二十八日 |
| | | 1858年9月15日 | 即日弃守 |
| | | 1864年3月14日 | 四日后弃守 |
| | | 待考 | 1864年8月12日 |
| | 崇仁县 | 1856年3月30日 | 1856年10月7日 |
| | | 1856年11月4日<br>丙辰六年九月二十九日<br>咸丰六年十月初七日 | 1858年4月19日<br>戊午八年三月十一日<br>咸丰八年三月初六日 |
| | | 1858年9月24日 | 次日弃守 |
| | | 1864年5月31日 | 1864年8月12日 |
| | 宜黄县 | 1856年4月10日 | 1856年10月2日 |
| | | 1856年11月7日<br>丙辰六年十月初一日<br>咸丰六年十月初十日 | 1858年4月17日<br>戊午八年三月初九日<br>咸丰八年三月初四日 |
| | | 1858年9月26日 | 随即弃守 |
| | | 1864年5月30日 | 1864年8月13日 |

续表

| | 郡县地名 | 攻占月日 | 失陷月日 |
|---|---|---|---|
| 抚州郡 | 乐安县 | 1856年3月20日 | 1856年8月12日 |
| | | 1856年12月10日<br>丙辰六年十一月初四日<br>咸丰六年十一月十三日 | 1857年8月8日<br>丁巳七年七月初一日<br>咸丰七年六月十九日 |
| | | 待考 | 1858年3月29日 |
| | 东乡县 | 1856年3月29日 | 1856年4月24日 |
| | | 1856年11月 | 1857年10月16日 |
| | | 1858年1月 | 1858年6月4日 |
| | | 1858年9月 | 1858年9月25日 |
| | | 待考 | 1864年8月11日 |
| 临江郡 | 临江郡<br>清临江府领县四。太平天国临江郡领县四：菁江、新淦、新喻、峡江。治所在菁江。 | 1855年12月19日<br>乙荣五年十一月十三日<br>咸丰五年十一月十一日 | 1858年1月22日<br>丁巳七年十二月十五日<br>咸丰七年十二月初八日 |
| | 菁江县(清江县)<br>按太平天国避讳制度，清江应写作菁江。 | 同上 | 同上 |
| | 新喻县 | 1855年12月18日<br>乙荣五年十一月十二日<br>咸丰五年十一月初十日 | 1857年1月4日<br>丙辰六年十一月二十九日<br>咸丰六年十二月初九日 |
| | 峡江县 | 1855年12月23日<br>乙荣五年十一月十七日<br>咸丰五年十一月十五日 | 1857年2月11日<br>丁巳七年正月初六日<br>咸丰七年正月十七日 |
| | | 待考 | 1857年3月18日 |
| 瑞州郡 | 瑞州郡<br>清瑞州府领县三。太平天国瑞州郡领县三：高安、新昌、尚高。 | 1853年8月6日 | 七日后弃守 |
| | | 1855年12月18日<br>乙荣五年十一月十二日<br>咸丰五年十一月初十日 | 1857年9月1日<br>丁巳七年七月二十五日<br>咸丰七年七月十三日 |
| | | 1861年5月15日 | 1861年8月14日 |
| | 高安县 | 同上 | 同上 |

| | 郡县地名 | 攻占月日 | 失陷月日 |
|---|---|---|---|
| 瑞州郡 | 尚高县(上高县)<br>太平天国避皇上帝讳,改上高县为尚高县。 | 1855年12月 | 1856年7月26日 |
| | | 1856年7月26日后 | 1856年8月28日 |
| | | 1856年9月6日 | 1856年11月1日 |
| | | 1856年11月8日 | 1857年1月7日 |
| | | 1861年7月26日 | 待考 |
| 袁州郡 | 袁州郡<br>清袁州府领县四。太平天国袁州郡领县四:宜春、分宜、萍乡、万载。郡治在宜春。此郡及辖各县太平天国设治均未足一年,故略。 | | |
| 吉安郡 | 吉安郡<br>清吉安府领厅一、县九。太平天国吉安郡领县十:庐陵、泰和、吉水、永丰、安福、隆泉、万安、永新、永宁、莲花。郡治庐陵。 | 1856年3月1日<br>丙辰六年正月二十五日<br>咸丰六年正月二十五日 | 1858年9月21日<br>戊午八年八月十三日<br>咸丰八年八月十五日 |
| | | 1861年4月20日 | 二日后弃守 |
| | 庐陵县 | 同上 | 同上 |
| | 吉水县 | 1856年1月8日<br>乙荣五年十二月初二日<br>咸丰五年十二月初一日 | 1857年5月2日<br>丁巳七年三月二十五日<br>咸丰七年四月初九日 |
| | | 1857年8月7日 | 1857年12月4日 |
| | 永丰县 | 1856年1月13日 | 1856年9月 |
| | | 1856年9月 | 1857年5月11日 |
| | 隆泉县(龙泉县)<br>"龙"为太平天国避讳字,故改"龙"为"隆"。 | 1856年4月29日<br>丙辰六年三月二十三日<br>咸丰六年三月二十五日 | 1857年7月16日<br>丁巳七年六月八日<br>咸丰七年闰五月二十五日 |
| | 万安县 | 1856年4月10日<br>丙辰六年三月初四日<br>咸丰六年三月初六日 | 1857年6月16日<br>丁巳七年五月初九日<br>咸丰七年五月二十五日 |
| 赣州郡 | 赣州郡<br>清赣州府领厅二、县八。太平天国赣州郡领县一:雩都。定南为太平天国势力范围,他县为清占。 | | |
| 宁都州 | 宁州郡<br>清宁都州领县二。太平天国宁州领县一:瑞金。石城为清占。 | | |

续 表

| | 郡 县 地 名 | 攻 占 月 日 | 失 陷 月 日 |
|---|---|---|---|
| 南安郡 | 南安郡<br>清南安府领县四。太平天国南安郡领县三：大庾、南康、崇义。尚犹(上犹)为太平天国势力范围。 | | |

## 六、湖北省

| | 郡 县 地 名 | 攻 占 月 日 | 失 陷 月 日 |
|---|---|---|---|
| 武玱郡 | 武玱郡(武昌郡)<br>清为湖广总督及湖北省治所。太平天国攻克武昌后以此为湖北省省会。清武昌府领州一、县九。太平天国避北王韦昌辉名讳,改之为武玱郡。领州一、县九：江夏、武玱、嘉鱼、蒲圻、崇阳、通城、咸宁、兴郭州、大冶、通珊。 | 1853 年 1 月 12 日 | 1853 年 2 月 9 日 |
| | | 1854 年 6 月 26 日 | 1854 年 10 月 14 日 |
| | | 1855 年 4 月 3 日<br>乙荣五年二月二十七日<br>咸丰五年二月十七日 | 1856 年 12 月 19 日<br>丙辰六年十一月十三日<br>咸丰六年十一月二十二日 |
| | 江夏县 | 同上 | 同上 |
| | 武玱县(武昌县) | 1853 年 1 月 20 日 | 随即弃守 |
| | | 1853 年 2 月 11 日 | 东下路过 |
| | | 1853 年 10 月 17 日 | 同上 |
| | | 1854 年春 | 1854 年 10 月 26 日 |
| | | 1855 年 2 月<br>乙荣五年正月<br>咸丰五年正月 | 1856 年 7 月 5 日<br>丙辰六年五月二十九日<br>咸丰六年六月初四日 |
| | | 待考 | 1856 年 12 月 21 日 |
| | | 1861 年 6 月 15 日 | 1861 年 6 月 23 日 |
| | 蒲圻县 | 1852 年 12 月 19 日 | 随即北进 |
| | | 1854 年春 | 1854 年 9 月前 |
| | | 1855 年 3 月 | 1855 年 11 月 30 日 |
| | | 待考 | 1856 年 12 月 |
| | | 待考 | 1861 年 7 月 9 日 |

续表

| | 郡县地名 | 攻占月日 | 失陷月日 |
|---|---|---|---|
| 武玱郡 | 崇阳县 | 1854年春 | 1854年9月25日 |
| | | 1854年10月2日 | 1854年11月30日 |
| | | 1855年3月14日 | 1855年10月24日 |
| | | 1855年11月5日 | 随即弃守 |
| | | 1856年5月 | 1856年12月 |
| | | 待考 | 1861年7月13日 |
| | 通城县 | 1854年春 | 1854年4月5日 |
| | | 1854年4月11日后 | 1854年8月30日 |
| | | 1855年3月 | 1855年10月16日 |
| | | 1855年11月14日 | 随即弃守 |
| | | 1856年5月 | 1856年12月前 |
| | | 1861年6月9日 | 1861年7月10日 |
| | 咸宁县 | 1854年春 | 1854年9月30日 |
| | | 1855年3月 | 1855年12月19日 |
| | | 待考 | 1861年7月9日 |
| | 兴郭州(兴国州) | 1853年10月5日 | 随即弃守 |
| | | 1853年冬 | 1854年11月11日 |
| | | 1855年2月25日 | 1856年12月26日 |
| | | 1861年6月11日 | 1861年7月14日 |
| | 大冶县 | 1853年11月17日<br>癸好三年十月十三日<br>咸丰三年十月十七日 | 1854年11月11日<br>甲寅四年十月初六日<br>咸丰四年九月二十一日 |
| | | 1855年4月3日<br>乙荣五年二月二十七日<br>咸丰五年二月十七日 | 1856年12月23日<br>丙辰六年十一月十七日<br>咸丰六年十一月二十六日 |
| | | 1861年6月12日 | 1861年7月14日 |
| | 通珊县(通山县)<br>太平天国避南王冯云山名讳,改通山为通珊。 | 1854年2月18日 | 1854年12月10日 |
| | | 1855年3月9日 | 1856年12月19日 |
| | | 1861年6月10日 | 1861年7月13日 |

续 表

| | 郡县地名 | 攻占月日 | 失陷月日 |
|---|---|---|---|
| 汉阳郡 | 汉阳郡<br>清汉阳府领州一、县四。太平天国汉阳郡领州一、县四：汉阳、汉川、孝感、沔阳州。黄陂为太平天国势力范围。 | 1852年12月22日 | 1853年2月9日 |
| | | 1854年2月16日 | 1854年10月14日 |
| | | 1855年2月23日<br>乙荣五年正月十九日<br>咸丰五年正月初七日 | 1856年12月19日<br>丙辰六年十一月十三日<br>咸丰六年十一月二十二日 |
| | 汉阳县 | 同上 | 同上 |
| | 汉川县 | 1854年2月 | 1854年10月13日 |
| | | 1855年3月1日 | 1855年3月17日 |
| | | 1855年3月31日 | 1855年8月26日 |
| | | 1855年10月1日 | 随即弃守 |
| | | 1855年11月6日 | 1855年11月23日 |
| 黄州郡 | 黄州郡<br>清黄州府领州一、县七。太平天国黄州郡领州一、县六：黄冈、蕲水、罗田、蕲州、广济、黄梅、麻城。黄安为太平天国势力范围。治所黄冈。 | 1853年1月19日 | 随即弃守 |
| | | 1853年2月 | 东征路过 |
| | | 1853年10月17日 | 随即西征 |
| | | 1853年11月5日 | 随即弃守 |
| | | 1853年11月28日 | 1854年10月25日 |
| | | 1855年2月21日 | 1856年12月22日 |
| | | 1861年3月18日 | 1861年9月28日 |
| | 黄冈县 | 同上 | 同上 |
| | 蕲　州 | 1853年10月15日 | 待考 |
| | | 1853年11月21日 | 1854年12月3日 |
| | | 1855年2月17日 | 1856年6月4日 |
| | | 待考 | 1856年12月23日 |
| | | 1861年3月24日 | 1861年9月12日 |
| | 广济县 | 1853年10月29日 | 1854年9月24日 |
| | | 1854年12月4日 | 1854年12月16日 |
| | | 1855年2月16日<br>乙荣五年正月十二日<br>咸丰四年十二月三十日 | 1856年12月29日<br>丙辰六年十一月二十三日<br>咸丰六年十二月初三日 |
| | | 1861年4月21日 | 1861年9月15日 |

| | 郡县地名 | 攻占月日 | 失陷月日 |
|---|---|---|---|
| 黄州郡 | 黄梅县 | 1854年3月23日 | 次日弃守 |
| | | 1854年3月29日 | 1854年12月23日 |
| | | 1855年1月<br>甲寅四年十二月<br>咸丰四年十二月 | 1857年1月4日<br>丙辰六年十一月二十九日<br>咸丰六年十二月初九日 |
| | | 1857年2月25日 | 二日后弃守 |
| | | 1861年4月22日 | 1861年9月12日 |
| 德安郡 | 德安郡<br>清德安府领州一、县四。太平天国德安郡领州一、县三：安陆、芸梦、应城、随州。应珊为太平天国势力范围。郡治安陆。 | 1854年4月7日 | 1954年5月5日 |
| | | 1855年4月5日 | 1855年4月24日 |
| | | 1855年5月13日 | 1855年11月13日 |
| | | 1861年3月29日 | 1861年8月16日 |
| | 安陆县 | 同上 | 同上 |

## 七、安徽省

| | 郡县地名 | 攻占月日 | 失陷月日 |
|---|---|---|---|
| 安庆郡 | 安庆郡<br>清安庆府领县六。太平天国安庆郡领县六：怀宁、桐城、潜珊、太湖、望江、宿松。太平天国攻占安庆后，以此为安徽省省会。 | 1853年2月24日 | 东进路过 |
| | | 1853年6月9日 | 四日后弃守 |
| | | 1853年9月24日<br>癸好三年八月二十日<br>咸丰三年八月二十二日 | 1861年9月5日<br>辛酉十一年七月二十六日<br>咸丰十一年八月初一日 |
| | 怀宁县 | 同上 | 同上 |
| | 桐城县 | 1853年11月14日<br>癸好三年十月初十日<br>咸丰三年十月十四日 | 1858年10月13日<br>戊午八年九月初五日<br>咸丰八年九月初七日 |
| | | 1858年11月24日<br>戊午八年十月十六日<br>咸丰八年十月十九日 | 1861年9月7日<br>辛酉十一年七月二十八日<br>咸丰十一年八月初三日 |

续表

| | 郡县地名 | 攻占月日 | 失陷月日 |
|---|---|---|---|
| 安庆郡 | 潜珊县(潜山县)<br>太平天国避南王冯云山名讳,改潜山为潜珊。 | 1854年2月<br>甲寅四年正月<br>咸丰四年正月 | 1856年12月29日<br>丙辰六年十一月二十三日<br>咸丰六年十二月初三日 |
| 安庆郡 | 潜珊县(潜山县) | 1857年1月16日<br>丙辰六年十二月初十日<br>咸丰六年十二月二十一日 | 1858年9月27日<br>戊午八年八月十九日<br>咸丰八年八月二十一日 |
| 安庆郡 | 潜珊县(潜山县) | 1858年11月25日 | 1860年2月19日 |
| 安庆郡 | 太湖县 | 1853年8月17日 | 1854年12月8日 |
| 安庆郡 | 太湖县 | 1854年12月12日<br>甲寅四年十一月初七日<br>咸丰四年十月二十三日 | 1857年1月5日<br>丙辰六年十一月三十日<br>咸丰六年十二月初十日 |
| 安庆郡 | 太湖县 | 待考 | 1858年6月30日 |
| 安庆郡 | 太湖县 | 待考 | 1858年9月21日 |
| 安庆郡 | 太湖县 | 1858年12月1日 | 1860年2月17日 |
| 安庆郡 | 望江县 | 1853年11月<br>癸好三年十月<br>咸丰三年十月 | 1857年11月9日<br>丁巳七年十月初三日<br>咸丰七年九月二十三日 |
| 庐州郡 | 庐州郡<br>太平天国攻占安庆后,清政府移安徽省会于庐州。太平天国再克庐州,安徽巡抚移驻淮上。清庐州府领县四、州一。太平天国庐州郡领州一、县四:合肥、舒城、庐江、巢县、无为州。 | 1854年1月14日<br>癸好三年十二月初十日<br>咸丰三年十二月十六日 | 1855年11月10日<br>乙荣五年十月初四日<br>咸丰五年十月初一日 |
| 庐州郡 | 庐州郡 | 1858年8月23日<br>戊午八年七月十五日<br>咸丰八年七月十五日 | 1862年5月13日<br>壬戌十二年四月初一日<br>同治元年四月十五日 |
| 庐州郡 | 合肥县 | 同上 | 同上 |
| 庐州郡 | 舒城县 | 1853年11月29日<br>癸好三年十月二十五日<br>咸丰三年十月二十九日 | 1856年2月19日<br>乙荣五年正月十四日<br>咸丰五年正月十四日 |
| 庐州郡 | 舒城县 | 1857年2月27日 | 待考 |
| 庐州郡 | 舒城县 | 1857年10月6日 | 1858年10月24日 |
| 庐州郡 | 舒城县 | 1858年11月18日 | 1861年9月11日 |

| | 郡县地名 | 攻占月日 | 失陷月日 |
|---|---|---|---|
| 庐州郡 | 庐江县 | 1854年1月18日 | 西征路过 |
| | | 1854年3月23日 | 1854年10月21日 |
| | | 1854年11月17日<br>甲寅四年十月十二日<br>咸丰四年九月二十七日 | 1856年9月18日<br>丙辰六年八月十二日<br>咸丰六年八月二十日 |
| | | 1857年1月31日 | 1861年9月17日 |
| | 巢县 | 1853年10月7日<br>癸好三年九月初三日<br>咸丰三年九月初五日 | 1856年10月27日<br>丙辰六年九月二十一日<br>咸丰六年九月二十九日 |
| | | 1857年1月11日 | 1862年4月18日 |
| | | 1862年12月19日 | 1863年6月8日 |
| | 无为州 | 1853年9月9日 | 西征路过 |
| | | 1854年2月<br>甲寅四年正月<br>咸丰四年正月 | 1856年9月30日<br>丙辰六年八月二十四日<br>咸丰六年九月初二日 |
| | | 1857年1月11日<br>丙辰六年十二月初五日<br>咸丰六年十二月十六日 | 1861年10月23日<br>辛酉十一年九月十三日<br>咸丰十一年九月二十日 |
| 六安州 | 六安州<br>清六安州领县二。太平天国六安州领县二：英珊、霍山。 | 1854年2月17日 | 1854年6月11日 |
| | | 1857年3月3日<br>丁巳七年正月二十六日<br>咸丰七年二月初八日 | 1858年5月24日<br>戊午八年四月十五日<br>咸丰八年四月十二日 |
| | | 1859年3月8日 | 1859年4月21日 |
| | 英珊县(英山县)<br>太平天国避南王冯云山名讳,改英山为英珊。 | 1853年8月10日 | 北伐军南归路过 |
| | | 1853年12月31日 | 1854年9月14日 |
| | | 1854年12月24日 | 五日后弃守 |
| | | 1854年12月31日 | 1855年3月21日 |
| | | 1855年6月25日 | 1855年7月9日 |
| | | 1855年12月11日 | 1855年12月18日 |
| | | 1857年4月27日 | 1857年5月4日 |
| | | 1858年3月26日 | 1858年4月1日 |
| | | 待考 | 1858年6月30日 |
| | | 1861年3月14日 | 待考 |

续 表

| | 郡县地名 | 攻占月日 | 失陷月日 |
|---|---|---|---|
| 凤阳郡 | 凤阳郡<br>清凤阳府领州二、县五。太平天国凤阳郡领县三：定远、凤台、寿州。郡治凤阳。 | 1853年5月28日 | 北伐路过 |
| | | 待考 | 1860年2月14日<br>庚申十年正月初六日<br>咸丰十年正月二十三日 |
| | 凤阳县 | 同上 | 同上 |
| | 定远县 | 1859年7月16日<br>己未九年六月初六日<br>咸丰九年六月十七日 | 1861年12月25日<br>辛酉十一年十一月十五日<br>咸丰十一年十一月十四日 |
| 宁郭郡 | 宁郭郡(宁国郡)<br>太平天国改宁国为宁郭。清宁国府领县六。太平天国宁郭郡领县六：宣城、泾县、宁郭、太平、旌德、南陵。治所宣城。 | 1856年5月2日 | 1856年12月28日 |
| | | 1860年9月26日<br>庚申十年八月十七日<br>咸丰十年八月十二日 | 1862年7月11日<br>壬戌十二年五月三十日<br>同治元年六月十五日 |
| | 宣城县 | 同上 | 同上 |
| | 泾 县 | 1856年4月29日 | 1856年5月31日 |
| | | 1856年7月14日 | 五日后弃守 |
| | | 1856年11月16日 | 1856年12月19日 |
| | | 1859年1月8日 | 次日弃守 |
| | | 1860年2月19日 | 1860年5月12日 |
| | | 1860年6月23日 | 1862年4月26日 |
| | 宁郭县(宁国县) | 1860年2月22日 | 1862年7月 |
| | | 1862年10月28日 | 1863年11月13日 |
| | 太平县 | 1856年4月26日 | 路过 |
| | | 1856年8月31日 | 随即弃守 |
| | | 1860年2月20日 | 1860年5月3日 |
| | | 待考 | 1862年4月20日 |
| | | 1862年12月23日<br>壬戌十二年十一月十二日<br>同治元年十一月初三日 | 1863年11月10日<br>癸开十三年九月二十九日<br>同治二年九月二十九日 |

续表

| | 郡县地名 | 攻占月日 | 失陷月日 |
|---|---|---|---|
| 宁郭郡 | 南陵县 | 1853年6月<br>癸好三年四月<br>咸丰三年四月 | 1856年12月28日<br>丙辰六年十二月二十二日<br>咸丰六年十二月初二日 |
| | | 1857年9月13日 | 1857年10月1日 |
| | | 1860年11月15日<br>庚申十年十月初六日<br>咸丰十年十月初三日 | 1862年4月28日<br>壬戌十二年三月十七日<br>同治元年三月三十日 |
| 徽州郡 | 徽州郡<br>清徽州府领县六。太平天国徽州郡领县四：歙县、休宁、婺源、黟县。因本郡与其辖县太平天国设治均未满一年,故略。 | | |
| 和州郡 | 和州郡<br>清和州府领县一。太平天国和州郡领县一：含珊。 | 1853年3月7日 | 东进路过 |
| | | 1854年9月28日 | 1856年10月26日 |
| | | 1857年11月30日 | 1858年4月16日 |
| | | 1858年5月8日 | 1862年4月20日 |
| | | 1862年12月21日 | 1863年6月11日 |
| | 含珊县(含山县)<br>太平天国避南王冯云山名讳,改含山为含珊。 | 待考 | 1854年5月8日 |
| | | 待考 | 1855年2月1日 |
| | | 1857年3月29日 | 1857年6月23日 |
| | | 1858年4月<br>戊午八年三月<br>咸丰八年三月 | 1862年4月18日<br>壬戌十二年三月初七日<br>同治元年三月二十日 |
| | | 1862年12月18日 | 1863年6月10日 |
| 池州郡 | 池州郡<br>清池州府领县六。太平天国池州郡领县六：桂池、菁阳、铜陵、石埭、建德、东流。治所在秋浦(今贵池)。 | 1853年2月26日 | 东进路过 |
| | | 1853年6月7日 | 西征路过 |
| | | 1853年10月18日<br>癸好三年九月十四日<br>咸丰三年九月十六日 | 1859年10月29日<br>己未九年九月二十日<br>咸丰九年十月初四日 |
| | | 1859年12月23日 | 待考 |
| | 桂池县(贵池县) | 同上 | 同上 |

续 表

<table>
<tr><th></th><th>郡县地名</th><th>攻占月日</th><th>失陷月日</th></tr>
<tr><td rowspan="25">池州郡</td><td rowspan="5">铜陵县</td><td>1853年2月28日</td><td>东进路过</td></tr>
<tr><td>1853年6月<br>癸好三年四月<br>咸丰三年四月</td><td>1855年9月12日<br>乙荣五年八月初六日<br>咸丰五年八月初二日</td></tr>
<tr><td>1855年9月20日</td><td>待考</td></tr>
<tr><td>1857年5月13日</td><td>1857年11月14日</td></tr>
<tr><td>待考</td><td>1861年9月16日</td></tr>
<tr><td rowspan="6">石埭县</td><td>1855年3月11日</td><td>1855年3月15日</td></tr>
<tr><td>1855年6月29日</td><td>随即弃守</td></tr>
<tr><td>1857年3月18日</td><td>1857年4月4日</td></tr>
<tr><td>1860年2月20日</td><td>1860年5月5日</td></tr>
<tr><td>待考</td><td>1862年4月19日</td></tr>
<tr><td>1862年12月30日</td><td>1863年11月9日</td></tr>
<tr><td rowspan="9">建德县</td><td>1853年9月24日</td><td>西征路过</td></tr>
<tr><td>1853年9月28日</td><td>西征路过</td></tr>
<tr><td>1853年11月</td><td>1854年10月11日</td></tr>
<tr><td>1854年11月15日<br>甲寅四年十月初十日<br>咸丰四年九月二十五日</td><td>1858年8月3日<br>戊午八年六月二十五日<br>咸丰八年六月二十四日</td></tr>
<tr><td>1859年3月18日</td><td>1860年2月14日</td></tr>
<tr><td>1860年12月15日</td><td>1860年12月28日</td></tr>
<tr><td>待考</td><td>1861年3月7日</td></tr>
<tr><td>1861年5月24日</td><td>1861年6月28日</td></tr>
<tr><td>1863年4月15日</td><td>1863年6月9日</td></tr>
<tr><td rowspan="4">东流县</td><td>1853年9月23日</td><td>西征路过</td></tr>
<tr><td>1853年11月<br>癸好三年十月<br>咸丰三年十月</td><td>1857年11月10日<br>丁巳七年十月初三日<br>咸丰七年九月二十四日</td></tr>
<tr><td>待考</td><td>1858年6月20日</td></tr>
<tr><td>1860年12月14日</td><td>随即弃守</td></tr>
</table>

续表

| | 郡县地名 | 攻占月日 | 失陷月日 |
|---|---|---|---|
| 太平郡 | 太平郡<br>清太平府领县三。太平天国太平郡领县三：当涂、芜湖、繁玱。 | 1853年3月7日 | 东进路过 |
| | | 1854年5月24日 | 随即弃守 |
| | | 待考 | 1854年9月6日 |
| | | 待考 | 1855年7月16日 |
| | | 待考 | 1862年5月18日 |
| | 当涂县 | 同上 | 同上 |
| | 芜湖县 | 1853年3月4日 | 东进路过 |
| | | 1853年6月4日<br>癸好三年四月三十日<br>咸丰三年四月二十八日 | 1854年10月2日<br>甲寅四年八月二十七日<br>咸丰四年八月十一日 |
| | | 1854年10月15日 | 1855年8月1日 |
| | | 1856年5月11日<br>丙辰六年四月初四日<br>咸丰六年四月初八日 | 1862年5月20日<br>壬戌十二年四月初八日<br>同治元年四月二十二日 |
| | 繁玱县(繁昌县)<br>太平天国改繁昌为繁玱。 | 1854年1月17日 | 待考 |
| | | 1857年克复 | 待考 |
| | | 待考 | 1858年5月2日 |
| | | 待考 | 1862年4月19日 |
| 泗州郡 | 泗州郡<br>清泗州领县三。太平天国泗州郡领县一：添长。 | | |
| | 添长县(天长县)<br>“天”为太平天国避讳字，天长应写作添长。 | 1858年9月30日 | 1858年10月30日 |
| | | 1859年5月12日<br>己未九年四月初二日<br>咸丰九年四月初十日 | 1862年1月24日<br>辛酉十一年十二月十四日<br>咸丰十一年十二月二十五日 |
| 滁州 | 滁州<br>清滁州领县二。太平天国滁州领县一：荃椒。 | | |
| | 荃椒县(全椒县)<br>太平天国避天王洪秀全名讳，改全椒为荃椒。 | 1858年5月10日<br>戊午八年四月初一日<br>咸丰八年三月二十七日 | 1860年3月15日<br>庚申十年二月初五日<br>咸丰十年二月二十三日 |

续 表

| | 郡县地名 | 攻占月日 | 失陷月日 |
| --- | --- | --- | --- |
| 广德州 | 广德州<br>清广德州领县一。太平天国广德州领县一：建平。 | 1860年2月24日 | 待考 |
| | | 1860年4月8日 | 1860年4月18日 |
| | | 1860年6月23日 | 随即弃守 |
| | | 1860年8月20日 | 1860年8月30日 |
| | | 1860年12月 | 1862年7月16日 |
| | | 待考 | 1864年8月30日 |
| | 建平县 | 待考 | 待考 |
| | | 1860年4月11日 | 1860年4月22日 |
| | | 1860年5月28日<br>庚申十年四月十八日<br>咸丰十年四月初八日 | 1863年11月16日<br>癸开十三年十月初四日<br>同治二年十月初六日 |

## 苏福省行政区划与县镇表

董蔡时　吴　竞

### 一、江苏布政使司所辖府县

1760年(清乾隆二十五年),江苏省增设江宁布政使司,管辖江宁、淮安、徐州、扬州四府和通州、海州二直隶州,直辖于两江总督。江苏布政使司管辖镇江、常州、苏州、松江四府和太仓直隶州。江苏巡抚和江苏布政使驻省城苏州。省制历朝相沿,至咸丰(1851—1861)、同治(1862—1874)年间并无变更,各府州辖县如下表:

| 府、州名称 | 属县名称 |
| --- | --- |
| 镇江府<br>辖四县 | 丹阳县<br>金坛县<br>溧阳县<br>丹徒县 |
| 常州府<br>辖八县 | 武进县<br>阳湖县:1724年(雍正二年)从武进县划出,以上二县通称武阳。<br>无锡县<br>金匮县:1724年从无锡县划出,以上二县通称锡金。<br>宜兴县<br>荆溪县:1724年从宜兴县划出,以上二县通称宜荆。<br>江阴县<br>靖江县:在长江之北。 |

| 府、州名称 | 属 县 名 称 |
| --- | --- |
| 苏州府<br>辖九县一厅 | 长洲县<br>吴 县<br>元和县：1724年从长洲县划出，以上三县通称长吴元。<br>常熟县<br>昭文县：1724年从常熟县划出，以上二县通称常昭。<br>昆山县<br>新阳县：1724年从昆山县划出，以上二县通称昆新。<br>吴江县<br>震泽县：1724年从吴江县划出，以上二县通称江震。<br>太湖厅：厅治设东山镇。 |
| 松江府<br>辖七县一厅 | 华亭县<br>娄 县：1655年（顺治十二年）从华亭县划出，以上二县通称华娄。<br>奉贤县：1724年从华亭县划出。<br>青浦县<br>金山县：1724年从青浦县划出。<br>上海县<br>南汇县：1724年从上海县划出。<br>川沙厅：1805年（嘉庆十年）从上海、南汇县划出。 |
| 太仓州<br>辖四县 | 镇洋县<br>崇明县<br>嘉定县<br>宝山县：1724年从嘉定县划出。 |

## 二、苏福省的建立

太平军攻取苏州后，忠王李秀成遵照天王洪秀全的指示，以清朝江苏省的常州府、苏州府、松江府和太仓州三府一州之地，建立了苏福省。以清江苏省省城苏州为省垣。沿袭清朝府、县的行政区划（唯吴县的盛泽镇划归浙江省秀水县）和府治所在地，但将府改为郡，厅改称县。清朝设立省、道、府、县四级地方行政机构，如在江苏巡抚辖区设常镇道、苏松太道。道、府二级都是省的派出承转机构，叠屋架床，机构重叠，反而降低了行政效率。太平天国领导当局有鉴于此，废除了道的一级，改变为省、郡、县三级地方行政制。这也反映了农民政权领导当局卓越的行政才能。

李秀成严格遵照《天朝田亩制度》中关于乡官制度的规定，郡设总制，县设监军，总制、监军由中央任命，总理郡、县的民政。就苏福省的情况看，监军大多委派本县民人充任。县以下城乡普遍建立军、师、旅、卒、两、伍各级基层政权，军帅以下称乡官，由本地民人公举或由上级委派。由本地民人担任乡官，基本上起了调动劳动人民参加革命的积极性。

苏福省位于太湖地区，这里素来是鱼米之乡，财赋重地，天王诏李秀成说："富庶之区首苏福，陪辅京都军用丰。"洪秀全特地简派李秀成掌管苏福省军民政务。

## 三、苏福省各郡县职名表

苏福省处于敌军三面包围之中，因此，各城设有佐将二员，分管军、民事务，带兵驻扎各城,并分兵驻乡镇要隘。监军除受总制节制外,并须听命于佐将。除常昭发现的资料外,一般史籍仅提各城主军的佐将。兹将苏福省所属郡、县总制、监军及各城佐将姓名列表于下:

(一) 各郡总制、县监军表

| 郡　名 | 总制姓名 | 县　名 | 监军姓名 | 在任时间 |
| --- | --- | --- | --- | --- |
| 常州郡 | 待考 | 武进县 | 待考 | |
| | | 阳湖县 | 待考 | |
| | | 无锡县 | 米业华二 | 1860 年夏至 1862 年春。 |
| | | | 童生厉双福 | 1862 年春至 1863 年 12 月无锡失守。 |
| | | 金匮县 | 贩小猪为业的黄顺元 | 1860 年秋至 1863 年冬。 |
| | | 宜兴县 | 待考 | |
| | | 荆溪县 | 待考 | |
| | | 江阴县 | 待考 | |
| | | 靖江县 | 清统治区 | |
| 苏州郡 | 降将何信义(攻克苏州之初,后调浙江省)清候补知县姚元璋(在任时间不详)。 | 长洲县 | 吴省秋 | 1862 年在任。 |
| | | 吴　县 | 刘春涛 | 1863 年 4 月到任。 |
| | | 元和县 | 原清千总章宝庆 | 待考 |
| | | 常熟县 | 篾匠汪胜明 | 1860 年秋至 1862 年后。 |
| | | 昭文县 | 朱姓 | 待考 |
| | | | 钱姓 | |
| | | 昆珊县 | 待考 | |
| | | 新阳县 | 待考 | |
| | | 吴江县 | 贫苦知识分子钟志成 | 1860 年秋至 1863 年 7 月吴江失守。 |
| | | 震泽县 | 待考 | |
| | | 东珊县 | 待考 | |
| 太玱郡 | 待考 | 镇洋县 | 豆腐业的韩吉廷 | 待考 |
| | | 嘉定县 | 待考 | |
| | | 郡属宝珊县、崇明县为清统治地区。 | | |

续表

| 郡名 | 总制姓名 | 县名 | 监军姓名 | 在任时间 |
|---|---|---|---|---|
| 松江郡 | 待考 | 菁浦县 | 待考 | |
| | | 郡属娄县、花亭县、尚海县、川沙县、南汇县、奉贤县、金珊县等为清统治区。 | | |

## （二）各郡县佐将表

| 省县城名称 | 佐将姓名 | 在任时间 |
|---|---|---|
| 省城苏州 | 求天义陈坤书主军事，后封护王。 | 1860 年夏至 1862 年春。 |
| | 左同检熊万荃主民务。 | 1860 年夏至 1862 年。 |
| | 逄天安刘肇钧主民务，后封凛王。 | 1860 年至 1862 年后。 |
| | 慕王谭绍光 | 1862 年秋至 1863 年 12 月苏州失守。 |
| 苏州郡 | | |
| 长洲县 | 珽天安黄 | 1862 年前后。 |
| 吴县 | 勋天福某 | 1861 年前后。 |
| | 李善交 | 1863 年 4 月上旬至下旬。 |
| 元和县 | 超天燕胡玉衡 | 1860 年夏到任。 |
| | 约天燕某 | 1863 年春到任。 |
| 常昭 | 定南主将黄文金，后封堵王。 | 1860 年 9 月至 10 月上旬。 |
| | 慷天燕钱桂仁主军，后封比王。 | 1860 年 10 月中旬至 1863 年 1 月常昭失守。 |
| | 详天福侯裕田，主民务。 | 1860 年 9 月中旬到任，1862 年冬受钱桂仁排挤离职。 |
| 昆新 | 江南文将帅李文炳 | 1860 年夏至 1862 年春，同年 5 月因谋叛被杀。 |
| 江震 | 颛姓 | 1860 年夏至 9 月。 |
| | 懋天福萧朝兴 | 1860 年 9 月至 1862 年 8 月。 |
| | 水师天军主将冀 | 1862 年 8 月至 1863 年 7 月。 |
| | 扬王李明成 | 1863 年 7 月到任，至同月底江镇失守。 |
| 东珊县 | 待考 | |
| 常州郡 | | |
| 常州（包括武阳） | 谒天安陈志书，后封志王。 | 1860 年夏至 1862 年春。 |
| | 护王陈坤书 | 1862 年春至 1864 年 5 月常州失守。 |

续 表

| 省县城名称 | 佐 将 姓 名 | 在 任 时 间 |
|---|---|---|
| 锡 金 | 济天义黄和锦,后封佐王。 | 1860 年夏至 1862 年 3 月。 |
| | 乾天义李恺运 | 1862 年 3 月至 1863 年 4 月。 |
| | 潮王黄子隆 | 1863 年 4 月至同年 12 月锡金失守。 |
| 宜 荆 | 汤惟攸 | 1860 年 6 月到任。 |
| | 刘佐清 | 1860 年秋至 1864 年 3 月宜荆失守。 |
| 江 阴 | 广王李恺顺 | 1860 年秋至 1863 年 9 月江阴失守。 |
| 靖 江 | 清统治区 | |
| 太玱郡 | | |
| 太 玱<br>(包括镇洋) | 会王蔡元隆 | 1862 年冬至 1863 年 5 月太玱失守。 |
| 嘉 定 | 待考 | 嘉定县基本上是清军与太平军的拉锯地区。 |
| 郡属宝珊县和崇明县是清统治地区。 | | |
| 松江郡 | | |
| 菁 浦 | 绍天豫周文嘉,后封宁王。 | 1860 年夏至 1862 年夏,其间一度调守绍兴。 |
| 郡城松江与娄县、花亭县、南汇县、奉贤县、金珊县、尚海县、川沙县为清统治地区。 | | |
| 备 注 | 太玱的玱、尚海的尚、菁浦的菁、昆珊的珊、花亭的花等字,均为太平天国的避讳字。 | |

## 四、苏福省各郡县下属重要村镇表

| 村镇名 | 属 县 | 资 料 来 源 | 备 注 |
|---|---|---|---|
| 奔 牛 | 武 进 | 《江苏全省舆图》 | 城西 |
| 圩 塘 | 武 进 | 《江苏全省舆图》 | 城北长江边 |
| 湟 里 | 武 进 | 《江苏全省舆图》 | 城南近宜兴 |
| 焦 溪 | 阳 湖 | 《江苏全省舆图》 | 城东北 |
| 雪堰桥 | 阳 湖 | 《江苏全省舆图》 | 城东南太湖边 |
| 漕 桥 | 阳 湖 | 《江苏全省舆图》 | 城南接近宜兴 |
| 和 桥 | 宜 兴 | 《江苏全省舆图》 | 城北离漕桥不远 |

续表

| 村镇名 | 属县 | 资料来源 | 备注 |
|---|---|---|---|
| 大浦 | 宜兴 | 《江苏全省舆图》 | 城东南濒临太湖 |
| 张渚 | 荆溪 | 《江苏全省舆图》 | 城西南 |
| 南闸 | 江阴 | 《江苏全省舆图》 | 城南不远 |
| 青旸 | 江阴 | 《江苏全省舆图》 | 无锡、江阴、阳湖三县交界处 |
| 华墅 | 江阴 | 《江苏全省舆图》 | 城东南 |
| 祝塘 | 江阴 | 《江苏全省舆图》 | 城东南 |
| 杨舍 | 江阴 | 《江苏全省舆图》 | 城东南 |
| 北漍 | 江阴 | 《江苏全省舆图》 | 城东南 |
| 玉祁 | 无锡 | 《江苏全省舆图》 | 城西北 |
| 洛社 | 无锡 | 《江苏全省舆图》 | 城西今沪宁线上 |
| 南方泉 | 无锡 | 《江苏全省舆图》 | 城南太湖之滨 |
| 东亭 | 金匮 | 《江苏全省舆图》 | 城东附近 |
| 安镇 | 金匮 | 《江苏全省舆图》 | 城东北 |
| 荡口 | 金匮 | 《江苏全省舆图》 | 城东 |
| 望亭 | 金匮 | 《江苏全省舆图》 | 城东近长洲界 |
| 茅塘桥 | 金匮 | 见《李秀成自述》中之马塘桥 | 城东，西距梅村约十里 |
| 黄埭 | 长洲 | 民国《吴县志》 | 苏州城西北 |
| 东永昌 | 长洲 | 民国《吴县志》 | 苏州城东北 |
| 渭泾塘 | 长洲 | 《江苏全省舆图》 | 苏州城北 |
| 横塘 | 吴县 | 《江苏全省舆图》 | 苏州城西 |
| 横泾 | 吴县 | 《江苏全省舆图》 | 城西 |
| 光福 | 吴县 | 《江苏全省舆图》 | 城西近太湖 |
| 香山 | 吴县 | 《江苏全省舆图》 | 城西 |
| 唯亭 | 元和 | 《江苏全省舆图》 | 城东 |
| 东珊 | 太湖厅 | 《清史稿・地理志》 | 城近太湖 |
| 周庄 | 元和、吴江 | 《周庄镇志》 | 城西淀山湖滨 |
| 同里 | 吴江 | 《江苏全省舆图》 | 城东 |
| 莘塔 | 吴江 | 《江苏全省舆图》 | 城东 |
| 芦墟 | 吴江 | 《江苏全省舆图》 | 城东 |
| 黎里 | 吴江 | 《江苏全省舆图》 | 城东 |
| 平望 | 震泽 | 《江苏全省舆图》 | 城南 |

续 表

| 村镇名 | 属 县 | 资 料 来 源 | 备 注 |
| --- | --- | --- | --- |
| 盛 泽 | 吴 江 | 《江苏全省舆图》 | 城南近浙江 |
| 正 仪 | 新 阳 | 《江苏全省舆图》 | 城西附近 |
| 巴 城 | 新 阳 | 《江苏全省舆图》 | 城北阳澄湖边 |
| 陈 墓 | 昆 珊 | 《江苏全省舆图》 | 城南 |
| 直 塘 | 太 玱 | 《江苏全省舆图》 | 城西北 |
| 双 凤 | 太 玱 | 《江苏全省舆图》 | 城西北 |
| 浏 河 | 镇 洋 | 《江苏全省舆图》 | 太仓城东北近长江 |
| 鹿 苑 | 常 熟 | 《江苏全省舆图》 | 城西北 |
| 塘 桥 | 常 熟 | 《江苏全省舆图》 | 城西 |
| 福 山 | 常 熟 | 《江苏全省舆图》 | 城北近长江 |
| 吴 塔 | 常 熟 | 《江苏全省舆图》 | 城南近长洲 |
| 王 市 | 昭 文 | 《江苏全省舆图》 | 城北 |
| 浒 浦 | 昭 文 | 《江苏全省舆图》 | 城东北临长江边 |
| 梅 李 | 昭 文 | 《江苏全省舆图》 | 城东浒浦之南 |
| 支 塘 | 昭 文 | 《江苏全省舆图》 | 城东近太仓境 |
| 白 茆 | 昭 文 | 《江苏全省舆图》 | 城东北长江边 |
| 南 翔 | 嘉 定 | 《江苏全省舆图》 | 城东南 |
| 高 桥 | 宝 珊 | 光绪《宝山县志》 | 城东吴淞口之东 |
| 泗 泾 | 娄 县 | 《江苏全省舆图》 | 松江城之东北 |
| 七 宝 | 娄县、菁浦 | 《江苏全省舆图》 | 青浦之东(南属娄县,北属菁浦。) |
| 张 堰 | 金 珊 | 《江苏全省舆图》 | 金山之东南 |
| 南 桥 | 奉 贤 | 《清史稿·地理志》 | 奉贤县城所在地 |
| 枫 泾 | 娄 县 | 《江苏全省舆图》 | 县治之西北地近浙江 |
| 白鹤港 | 菁 浦 | 《江苏全省舆图》 | 在城北二十里 |
| 朱家角 | 菁 浦 | 《江苏全省舆图》 | 在城西十二里 |
| 天马山 | 娄 县 | 《江苏全省舆图》 | 在城北十八里处 |

(原载郭毅生主编:《太平天国历史与地理》,第 294—319,160—168 页。北京:中国地图出版社,1989。)

# 后记/Postscript

在这里,我写两件事:成书的过程和为方便读者的设计。

## 一、历时57个年头和四个阶段

从1961年9月底开始搜集太平天国资料,到今天将这部书的清样稿寄出,历时57个年头。其间的工作,可分为四个阶段。每一个阶段都得到好人的帮助。

### (一) 1961年9月到1964年9月

1961年9月,我参加严中平先生主持的"中国近代经济史"教材编写组,负责"太平天国的经济"部分。工作的第一步是阅读前人的研究成果,第二步是搜集资料,第三步是进行专题研究。对于搜集资料来说,那时有两个难得的好条件。一是有专人帮助借书刊。凡是在北京能借到的,她都会借来。所以那时已经出版的和发表的有关论著,我几乎都阅读了。二是郭沫若准备写太平天国史,成立了一个学术办公室,成员是王戎笙(我的师兄)、贾熟村,龙盛运和何令修。他们帮助郭沫若搜集资料,从全国各地调来了未发表的抄本。他们风格高,很大方,将已摘抄出来的资料卡片,无代价地提供给我;尚未摘抄的,将原件借给我。虽然这些抄本中的绝大部分,后来都已出版,不再稀有,但是他们这种大公无私的精神感染了我一辈子。由于条件好,工作效率高。这本资料汇编中的大部分,就是在这个时期搜集的。由于没有太平天国专家的指导,自己瞎摸,走了一些弯路,吃了不少苦头,也给这本书留下了缺点。例如,对个别抄本的来源与藏所,没有作详细的访问和记录。

1964年10月,教材编写组解散,学校安排我参加"四清"运动。1965年5月,我被调到中共湖北省委理论工作小组办公室。接着是文化大革命,我的太平天国的研究工作完全中断。

### (二) 1979年到1983年

1978年冬,我回到经济史教学岗位。

1963年冬,上海人民出版社的一位副总编辑,到我家约稿,要我写一本关于太平天国与土地问题的书。1979 年,该社重申从前的约定。这使我重拾太平天国经济问题的研究。从 1979 年到 1983 年,在这方面,我做了五件事。1. 收集并阅读了 1964 年以来新发现的和新出版、发表的太平天国资料。将需要的段落抄在资料卡片上。2. 将资料卡片分类,并将繁体字改为简体字。3. 依据资料卡片的分类,重新拟制提纲。4. 请了两位教工和 12 个学生,将 1961 年以来写在卡片上的资料,誊写在稿纸上。5. 对 1960 年代写的个别专题,予以补充,交期刊发表。在写作过程中,对有关资料进一步系统化。

### (三) 1984 年到 2008 年

1983 年以后,我先后接受学校和湖北省人民政府给的任务,湖北和湖南两处人民出版社的约请,从事四个大项目。至 2006 年,我主编的《中华人民共和国经济史》第 1—5 卷,《中华人民共和国经济专题大事记》第 1—5 卷,《湖北省志 · 工业志稿》1—10 卷,《湖北省志》中的工业志、经济综述志和经济综合管理志,《中国经济通史》10 卷(12 册),《张之洞全集》12 册先后出版。在 1984 年至 2006 年的 23 年间,由于教学和研究任务极其繁重,已无精力顾及太平天国经济资料的整理,但心中却时常挂记着这件事。

2006 年,我们夫妇(我和周秀鸾教授)和堂妹赵辉映、唐泽定夫妇(两人都是湖南师范大学教授)去陕西、甘肃、新疆作调查研究和旅游。在火车上,我谈及这个心事,问辉映愿否帮助整理和请人打印。她立即允诺。回汉后,我请刘大洪教授用专车将我所有的太平天国的资料(约 130 万字)都运到长沙交给她。至 2008 年,辉映请人将它们打印好,校对好,这就将纸质本变成了电子文本。辉映妹的工作极为认真细致。

### (四) 2009 年至 2017 年

2009 年,我以“太平天国财政经济资料汇编”为题,申报国家清史委文献工程项目,12 月获准。2009 年 12 月至今的七年多的时间里,做了五件事。1. 收集并阅读了 1984 年以来新发现的和新出版、发表的太平天国资料,将需要的段落摘抄出来。补充新资料约 40 万字。2. 过去看过的文献,凡是有新版本的,将原已摘抄并打印好的资料,与新版本对照,一是校对有无错误,二是标明新版本的册次与页码,以便读者使用。3. 根据资料重新拟定提纲,按照提纲重新将资料分类,重新打印成册,呈交清史委审核。4. 根据清史委转来的专家意见,进行修正。其中包括对个别章节的调整。又一次打印成册。5. 该稿结项后,2015 年经清史委出版中心联系,上海古籍出版社同意出版,并请学养深厚、经验丰富的编辑审阅全书,纠正不少误植,提出很多好的建议。特别是在地域的确定,时序的调整方面,做了细致的工作。在此基础上,我请老伴再次将全稿与原文核对,力求准确。

在这个过程当中,得到了国家清史委和中南财经政法大学的资助,得到了下列诸位的帮助:华中师范大学科学研究部部长彭南生教授和他的博士生邵彦涛、历史文化学院院长吴琦教授、物理学院本科生周晴;中南财经政法大学图书馆馆长黄梦黎、信息咨询服务部主任李顺梅、读者服务二部主任张茂林。李顺梅主任从武汉地区各大图书馆借书,并送到我的家里。经济学院研究生乔珊、孙瑜、李洋及杨珑,本科生苏双杰、杜李根、孙思栋和陈希娟作了细致的编排工作。其中,孙瑜参与工作的时间最长,做的事最多。邹升柳、邹艳飞夫妇承担了全书的打印工作。在此书编辑成功之际,我向帮助过我的所有女士、先生表示衷心的感谢。

## 二、为了方便读者,自造难题

### (一) 对照新出版物,注明新版本的页码

收集资料经历50多年,版本就成了一个大问题。为了方便读者使用,尽可能地将资料与已有的出版物核对,注明出版物的版本、页次。这使我们花了大量的时间和精力,却仍然留有遗憾。举两例言之:

1. 龚又村的《自怡日记》。1962年上半年我看的是抄本,将所需的段落摘抄在卡片上。第二年春,得到1962年冬出版的《太平天国资料丛编简辑》第四册,其中收录了龚又村《自怡日记》的卷二十至二十三(咸丰十一年至同治三年)。我将卡片上的资料,逐条地与该书核对,填上该书的页码。2004年广西师范大学出版社出版的《太平天国》第六册,收录的龚又村《自怡日记》,比上书增加了卷十一(选录)(咸丰二年)。卷十二(选录)(咸丰三年),卷二十四(选录)(同治四年)。我又将卡片上与这三年有关的资料一条一条地与之核对,填上该书的页码。即使这样,卡片上还有少数资料,是这两本书上没有的,只得仍注明"抄本"。这是一种遗憾。我录自抄本的,能与已出之书对照的,有个别字不同,没有一一注明。

2.《李秀成自述》。我在收集资料之初,当然先读当时唯一的一套太平天国专题资料,即中国史学会主编(编者向达、王重民等)的上海神州国光社1952年出版的《中国近代史资料丛刊:太平天国》八册(本)。其中第二册中有《李秀成自述,附李秀成自述别录》。读时将所要的段落抄在卡片上。这是1961年秋冬间事。1962年冬,得到广西壮族自治区通志馆编,南宁广西人民出版社1962年5月出版的《忠王李秀成自述校补本》,又将这个本子看了一遍,将原卡片的与之核对,并将原卡片中所无的段落抄下。1963年冬,得到中华书局据台北影印本影印发行的《忠王李秀成自述》。又将原卡片的与其核对,并将所无的个别段落抄下。1983年,得到罗尔纲作注、北京中华书局1982年7月出版的《李秀成自述原稿注》,再进行核对,对个别字句作了改动。这样,本书所引《李秀成自述》,出自四种版本。(在校对时,对照了2004年广西师范大学出版社出版的《太平天国》第二册中的《忠王李秀成自述》。)1995年,北京中华书局出版了罗尔纲的《增补本李秀成自述原稿注》。我在翻阅了一遍后认定,这后出的是最权威的版本,但对我要做的工作来说,没有什么新的东西要补充;与原卡片核对,没有什么要作改动的,也不必将原抄的资料与之一一核对,注明新版本的页次。这样一来,在征引《李秀成自述》一事上,本书采用的是旧版本,且版本不统一,这当然是一种遗憾,也是无可奈何的事。如若我的工作是从今天开始,我自然会用《增补本李秀成自述原稿注》,且一次即可成功。

### (二) 将繁体改为简体

本书资料的来源,90%是用繁体字竖写的。繁体字中的多数,本已一字多义。现在通

用的简化字中的某些字，一字代替多个繁体字，如常用的"余"、"面"等，使所含的字义更多，使用时，在不少场合，不如繁体字准确。从这一点来说，编太平天国资料，以用繁体字竖排为宜。（罗尔纲写的《太平天国史》，1991 年出版，用的就是繁体字竖排。）在决定编辑本书之初，对出版时是用繁体字竖排，还是用简化字横排，一度拿不定主意。从资料的来源和保持资料的原汁原味而言，宜用繁体字竖排。从使用者的状况言，则以用简化字横排为妥。我在大学工作，接触各种年龄段和各种学历的中青年，对他们的文字水平颇为了解。早在 1980 年代中期，一位历史学专业毕业的硕士和一位经济学专业毕业的硕士，皆因不识繁体字，在几个课题前止步。以后年代毕业的学士和硕士，认识繁体字的能力更低。有些博士，认识的繁体字也不多。我编的这本书的主要读者，正是他们。考虑及此，我才下定决心用简化字横排。也是因为当代中青年的这种学养状况，我的这个决定使自己和周秀鸾教授多花了很多时间。第一次是在 1980 年代，请中青年将卡片的繁体字抄录到稿纸上，在由繁转简的过程中，发生了大量的错误。我俩不得不对一百多万字的抄录稿校正一遍。第二次是在 1990 年至 2012 年间，将新补充的、原文为繁体字的资料，请中青年打印为简化字的电子本。在由繁转简的过程中，发生了大量的错误。请周秀鸾教授对这几十万字的电子本又校正一遍。

**（三）在每条资料前加上时间和地区**

我认为，对于资料来说，如若不知其时间和地点，则毫无意义。本书采取的体例，可能使读者难于看出某些条目资料所说事件发生的时间和地点，所以决定在每条资料之前，加上一个【 】，注明资料所示事件发生的时间和地点，而且尽可能做到具体些。在时间上，能具体到月的，则具体到月；能具体到日的，具体到日。在空间上，能具体到县的，则具体到县；能具体到乡、镇、村的，则具体到乡、镇、村。这项工作，看来很简单，可要做好，却很费时间。主要原因是，不少资料的作者，在记载事件时，不注意说明事件发生的时间和地点。除此之外，还有一些县、乡、镇同名的。如太平县，在太平天国活动的地区和时期，浙江省、安徽省各有一个。（浙江省的太平县，1914 年改称温岭县。安徽省的太平县，1983 年 12 月撤销建制。）在此之前后和其他地区，山西省、四川省、湖北省和江苏省都有过太平县。还有因政区改制而隶属不同，如乌镇，在有关资料中，或写作"乌程县乌镇"，或写作"吴兴县乌镇"，或写作"桐乡县乌镇"。

现在要注明资料所示事件发生的时间和地点，就要费力去看前后文，有的还要考证。有时往往花掉几个小时，还得不出明确的结论。上海古籍出版社的责编在审稿时，做了大量工作，使其更加完善和准确。我十分感谢。

**（四）设"编者按"、"编者注"和"参见"**

为方便读者了解资料的内容，设编者注对某些事物加上注释，设编者按对某些事物加以说明。这些注释和说明是编者长期阅读太平天国资料获得的知识与认识。我阅读与太平天国有关的资料和研究太平天国财政经济问题前后长达 50 多年，抄录的相关资料不下

200 万字(收入本书的是其中的一部分)。迄今为止,发表的相关论文只 5 篇,总计六七万字。这本资料汇编的章节设置与编者按、编者注,是我阅读与研究心得的一部分。在这个意义上,这本书属于研究的成果。

在编者按、编者注之外,又设“参见”,这是考虑到下列情况:1. 本书的体例。本书事以类聚,按类的性质与层次分设章节目,按章、节、目组织资料。章与章之间,节与节之间,目与目之间,在内含上或有重叠,或有关联。2. 资料的内容。有些资料,涉及两类甚至多类事物,且对说明这些事物都不可或缺。3. 读者的习惯。本书字数多,一般读者很难在读完全书后挑选自己需要的资料。使用本书这类资料汇编的人,通常是从书的目录中直接选择自己需要的那些节或目。考虑到以上情况,编者采取两个办法。第一,将节目分得细一些;第二,设立“参见”。这样做的好处,一是对不准备看完全书,而只用其中某部分资料的读者,较为方便;二是尽可能地避免了重复,节省了篇幅。

最后,需要顺便说明的是,有些资料的断句,与原资料不同,未便一一注明。

期待着读者的批评与建议。

赵德馨

2017 年 4 月 28 日

**图书在版编目(CIP)数据**

太平天国财政经济资料汇编 / 赵德馨编. —上海：上海古籍出版社，2017.7
（国家清史编纂委员会.文献丛刊）
ISBN 978-7-5325-8392-8

Ⅰ.①太… Ⅱ.①赵… Ⅲ.①太平天国革命—财政史—研究 Ⅳ.①F812.952

中国版本图书馆 CIP 数据核字(2017)第 051122 号

**太平天国财政经济资料汇编**
**（全二册）**
赵德馨 编
上海世纪出版股份有限公司
上　海　古　籍　出　版　社 出版
（上海瑞金二路 272 号　邮政编码 200020）
（1）网址：www.guji.com.cn
（2）E-mail：gujil@guji.com.cn
（3）易文网网址：www.ewen.co
上海世纪出版股份有限公司发行中心发行经销
金坛市古籍印刷厂有限公司印刷
开本 787×1092　1/16　印张 92.75　插页 10　字数 2,000,000
2017 年 7 月第 1 版　2017 年 7 月第 1 次印刷
ISBN 978-7-5325-8392-8

K·2308　定价：398.00 元
如有质量问题，读者可向工厂调换